Fälle- und Fragenkatalog
für die Steuerfachangestelltenprüfung

Fälle- und Fragenkatalog für die Steuerfachangestelltenprüfung

Unter Berücksichtigung des Steuersenkungsgesetzes (Unternehmenssteuerreform) und zusätzlichen Fällen zur „Mandantenorientierten Sachbearbeitung"

Herausgegeben vom Studienwerk der Steuerberater
in Nordrhein-Westfalen e. V.

Bearbeiter: F. Borrosch, D. Dahms und R. Walkenhorst

24., überarbeitete Auflage

Verlag Neue Wirtschafts-Briefe
Herne/Berlin

Es haben bearbeitet

Steuerrecht im Jahresvergleich, Hinweise	Borrosch*
A. Einkommensteuer/Lohnsteuer	Borrosch*
B. Gewerbesteuer	Borrosch*
C. Umsatzsteuer	Walkenhorst
D. Abgabenordnung	Borrosch*
E. Buchführung	Dahms
F. Fachrechnen	Borrosch*
G. Wirtschaftslehre	Borrosch*
H. Mandantenorientierte Sachbearbeitung	Dahms

* Unter freundlicher Mitarbeit von
Herrn Dipl.-Finanzwirt (FH)
Michael Puke, Steuerberater

Die Deutsche Bibliothek — CIP-Einheitsaufnahme

Fälle- und Fragenkatalog für die Steuerfachangestelltenprüfung: unter Berücksichtigung des Steuersenkungsgesetzes (Unternehmenssteuerreform) und zusätzlichen Fällen zur „Mandantenorientierten Sachbearbeitung" / hrsg. vom Studienwerk der Steuerberater in Nordrhein-Westfalen e. V. Bearb.: F. Borrosch, D. Dahms und R. Walkenhorst. – 24., überarb. Aufl. – Herne ; Berlin : Verl. Neue Wirtschafts-Briefe, 2001
ISBN 3-482-47804-X

ISBN 3-482-**47804**-X – 24., überarbeitete Auflage 2001
© Verlag Neue Wirtschafts-Briefe GmbH & Co., Herne/Berlin, 1974
Alle Rechte vorbehalten.
Dieses Buch und alle in ihm enthaltenen Beiträge und Abbildungen sind urheberrechtlich geschützt. Mit Ausnahme der gesetzlich zugelassenen Fälle ist eine Verwertung ohne Einwilligung des Verlages unzulässig.

Druck: Griebsch & Rochol Druck GmbH, Hamm

Steuerrecht im Jahresvergleich

Wichtige Änderungen (Stand: 1. 4. 2001)

§§ des EStG	Inhalt	1999	2000	2001
		DM	DM	DM
3 Nr. 9	Steuerfreiheit für Abfindungen bis zur Höhe von mindestens ab 50. Lj., 15 Jahre Betriebszugehörigkeit ab 55. Lj., 20 Jahre Betriebszugehörigkeit	16 000 20 000 24 000	16 000 20 000 24 000	16 000 20 000 24 000
4 Abs. 5 Nr. 5, 9 Abs. 5	Verpflegungspauschalen bei Abwesenheit ab 8 Stunden ab 14 Stunden ab 24 Stunden	10 20 46	10 20 46	10 20 46
7 Abs. 2	Abschreibung, degressiv bis zu	30 %	30 %	20 %
7 Abs. 4 Nr. 1	Lineare Gebäudeabschreibung (Betriebsvermögen)	4 %	4 %	3 %
9 Abs. 1 Nr. 4	Fahrten Wohnung-Arbeitsstätte Kilometerpauschale Pkw (je Entfernungskilometer) * Entfernungspauschale 2001 gilt unabhängig von benutztem Verkehrsmittel	0,70 DM	0,70 DM	0,70 DM* ab 11. km 0,80 DM
9 Abs. 1 Nr. 5	Familienfahrten bei doppelter Haushaltsführung (je Entfernungskilometer bei Pkw-Nutzung)	0,70 DM	0,70 DM	0,80 DM*
20 Abs. 4	Sparer-Freibetrag	6 000/ 12 000	3 000/ 6 000	3 000/ 6 000
23 Abs. 1	Spekulationsfristen für Grundstücke, grundstücksgleiche Rechte Andere Wirtschaftsgüter	10 Jahre 1 Jahr	10 Jahre 1 Jahr	10 Jahre 1 Jahr
32 Abs. 4	Wegfall der Kinderermäßigungen für über 18 Jahre alte Kinder ab eig. Einkünften und Bezügen i. H. v.	13 020	13 500	14 040
32 Abs. 6	Kinderfreibeträge: monatlich Jahresfreibetrag	576 6 912	576 6 912	576 6 912

§§ des EStG	Inhalt	1999	2000	2001
66 Abs. 1	Kindergeld erstes und zweites Kind drittes Kind viertes und jedes weitere Kind	250 300 350	270 300 350	270 300 350
32a	Tarif Grundfreibetrag Eingangssteuersatz Spitzensteuersatz	13 067/ 26 135 23,9 % 51 %	13 499/ 26 999 22,9 % 51 %	14 093/ 28 187 19,9 % 48,5 %
33a Abs. 1	Unterhaltshöchstbetrag	13 020	13 500	14 040
§§ des UStG				
12	Allgemeiner Steuersatz	16 %	16 %	16 %

Übersicht zur Umrechnung in €-Beträge

Einkommensteuer/Buchführung

§§ des EStG	Inhalt	DM	€
1 Abs. 3	Grenzbetrag ausländischer Einkünfte für unbeschränkte Steuerpflicht	12 000	6 136
2 Abs. 2	Verlustverrechnung Alleinstehende Ehegatten	100 000 200 000	51 500 103 000
3 Nr. 9	Steuerfreiheit für Abfindungen	16 000 20 000 24 000	8 181 10 226 12 271
3 Nr. 15	Steuerfreiheit für Beihilfen (Eheschließung, Geburt)	700	358
3 Nr. 26	Übungsleiter-Pauschbetrag	3 600	1 848
4 Abs. 4a	Schuldzinsen, Gewinnhinzurechnung	4 000	2 050
4 Abs. 5 Nr. 1	Aufmerksamkeiten	75	40
4 Abs. 5 Nr. 5	Verpflegungspauschalen	46 20 10	24 12 6
4 Abs. 5 Nr. 6b	Arbeitszimmer-Höchstbetrag	2 400	1 250
6 Abs. 2	Geringwertige Wirtschaftsgüter	800	410
7g	Sonderabschreibung, Ansparabschreibung Betriebsvermögen Einheitswert Verlust Höchstbetrag der Rücklage	400 000 240 000 300 000 600 000	204 517 122 710 154 000 307 000
8 Abs. 2	Bagatellgrenze	50	50
8 Abs. 3	Rabattfreibetrag	2 400	1 224
9 Abs. 1 Nr. 4	Entfernungspauschale	0,70 0,80	0,36 0,41(?)

§§ des EStG	Inhalt	DM	€
9a Nr. 1–3	Werbungskosten-Pauschbeträge – Arbeitnehmer-Pauschbetrag – Einnahmen aus Kapitalvermögen – Sonstige Einnahmen	2 000 100 200 200	1 044 51 102 102
10 Abs. 1 Nr. 1	Unterhaltsleistungen	27 000	13 805
Nr. 7	Berufsausbildung	1 800 2 400	920 1 227
Nr. 8	Haushaltshilfe	18 000	9 204
10 Abs. 3	Höchstbetragsberechnung	2 610 5 220 6 000 12 000 360	1 334 2 668 3 068 6 136 184
10b	Spenden Großspenden Höchstbetrag Parteispenden	50 000 3 000 6 000	25 565 1 534 3 068
10c Abs. 1	Sonderausgaben-Pauschbetrag	108	36
Abs. 2	Vorsorgepauschale	6 000 2 610 54 1 305	3 068 1 334 36 667
Abs. 3	gekürzte Vorsorgepauschale	2 214	1 134
16 Abs. 4	Betriebsveräußerung	60 000 100 000 300 000	30 700 51 500 154 000
19 Abs. 2	Versorgungs-Freibetrag	6 000	3 072
20 Abs. 4	Sparer-Freibetrag	3 000 6 000	1 550 3 100
24a	Altersentlastungsbetrag	3 720	1 908
32 Abs. 4	Einkunftsgrenze	14 040	7 188
Abs. 6	Kinderfreibetrag Betreuungsfreibetrag	3 456 1 512	1 782 774
Abs. 7	Haushaltsfreibetrag	5 616	2 916
33 Abs. 3	zumutbare Belastung (Einkunftsgrenze)	30 000 100 000	15 340 51 130

§§ des EStG	Inhalt	DM	€
33a Abs. 1	Unterhaltsleistungen Höchstbetrag/Einkunftsgrenze anrechnungsfrei	14 040 1 200	7 188 624
Abs. 2	Ausbildungsfreibetrag anrechnungsfrei	1 800 2 400 4 800 3 600	924 1 236 2 148 1 848
Abs. 3	Haushaltshilfe	1 200 1 800	624 924
33b Abs. 3	Behinderten-Pauschbetrag	600 840 1 110 1 410 1 740 2 070 2 400 2 760 7 200	310 430 570 720 890 1 060 1 230 1 420 3 700
Abs. 4	Hinterbliebenen-Pauschbetrag	720	370
Abs. 6	Pflege-Pauschbetrag	1 800	924
34g	Steuerermäßigung Parteispenden	1 500 3 000	767 1 534

Gewerbesteuer

§§ des GewStG	Inhalt	DM	€
11	Abrundung Gewerbeertrag Freibetrag Staffelung	100 48 000 24 000	50 24 500 12 000

Umsatzsteuer

§§ des UStG	DM	€
1a Abs. 3 Nr. 2	25 000	12 500
3c Abs. 3 Satz 2 Nr. 1	200 000	100 000
18 Abs. 2 Satz 2	12 000	6 136
18 Abs. 2 Satz 3	1 000	512
18 Abs. 2a Satz 1	12 000	6 136
18 Abs. 5 Nr. 3 Satz 4	5	2,50
18a Abs. 6 Nr. 1	400 000	200 000
18a Abs. 6 Nr. 2	30 000	15 000
18a Abs. 8 Satz 2	5 000	2 500
19 Abs. 1 Satz 1	32 500	16 620
19 Abs. 1 Satz 1	100 000	50 000
20 Abs. 1 Nr. 1	250 000	125 000
20 Abs. 2	250 000	125 000
20 Abs. 2	1 000 000	500 000
23a Abs. 2	60 000	30 678
25a Abs. 4 Satz 2	1 000	500
26a Abs. 2	10 000	5 000
§§ der UStDV		
25	8,67 Pfennig	4,43 Cent
33 Satz 1	200	100
44 Abs. 1	500	250
44 Abs. 2 Satz 2	500	250
44 Abs. 3	2 000	1 000
44 Abs. 4 Satz 1	12 000	6 000
61 Abs. 2 Satz 1	400	200
61 Abs. 2 Satz 3	50	25
61 Abs. 2 Satz 4	1 000	500
61 Abs. 2 Satz 4	500	250
69 Abs. 3	120 000	61 356

Abgabenordnung

§§ der AO	Inhalt	DM	€
141	Buchführungspflicht Umsatz Gewinn	 500 000 48 000	 260 000 20 500
152	Verspätungszuschlag (Höchstbetrag)	50 000	25 000
238 Abs. 2	Zinsberechnung (Abrundung)	100	50
239 Abs. 2	Zinsfestsetzung (Mindestbetrag)	20	10
240	Säumniszuschlag (Abrundung)	100	50
329	Zwangsgeld (Höchstbetrag)	50 000	25 000

Verzeichnis der Rechtsquellen

1. **Einkommensteuer**
   1.1. Einkommensteuergesetz (EStG), zuletzt geändert durch das Steuersenkungsgesetz vom 23. 10. 2000
   (BGBl 2000 I S. 1433)
   1.2. Einkommensteuer-Richtlinien 1999 (EStR)
   1.3. Lohnsteuer-Richtlinien 2000 (LStR)

2. **Umsatzsteuer**
   2.1. Umsatzsteuergesetz (UStG), zuletzt geändert durch das Steuersenkungsgesetz vom 23. 10. 2000
   2.2. Umsatzsteuer-Richtlinien 2000 (UStR)

3. **Gewerbesteuer**
   3.1. Gewerbesteuergesetz (GewStG), zuletzt geändert durch das Steuersenkungsgesetz vom 23. 10. 2000
   3.2. Gewerbesteuer-Richtlinien 1998 (GewStR)

4. **Abgabenordnung (AO),** zuletzt geändert durch das Steuersenkungsgesetz vom 23. 10. 2000

Vorwort

In Berufsschule und Lehrpraxis begegnen Ihnen Rechtsvorschriften, die in einem umfassenden System miteinander verbunden sind. Insbesondere zu Beginn der Ausbildung fällt es erfahrungsgemäß sehr schwer, die abstrakten Vorschriften und deren Zusammenspiel zu begreifen und auf die Lebenssachverhalte anzuwenden. In den Lehrbüchern finden Sie zwar umfassende Darstellungen und Übersichten, diese helfen Ihnen aber nur zum Teil weiter, denn es fehlen dort Möglichkeiten, vorhandenes Wissen zu erproben und bei der Lösung von Fällen anzuwenden.

> *Der „Fälle- und Fragenkatalog" ist das auf die Steuerfachangestelltenprüfung besonders ausgerichtete Hilfsmittel, weil Sie durch die Arbeit mit diesem Buch die maßgebenden Vorschriften anhand von Fällen kennen lernen (induktive Lernmethode). Dazu mehr im Benutzerhinweis auf der nächsten Seite.*

In der schriftlichen Abschlussprüfung werden Sie anhand von Fällen geprüft, also sollten Sie sich auch anhand von Fällen auf diese Prüfung vorbereiten. Durch die Arbeit mit dem „Fälle- und Fragenkatalog" decken Sie mögliche Fehler und Lücken in ihrem Wissen sehr schnell auf. Die systematische Zusammenstellung der Fälle in Fallreihen vermeidet, in Einzelfällen zu denken. Vielmehr wird durch die logische Zusammenstellung der Fälle die Systematik der behandelten Rechtsvorschriften sehr leicht deutlich.

Der „Fälle- und Fragenkatalog" ist in erster Linie auf die besonderen Belange der Steuerfachangestelltenprüfung ausgerichtet, was in dem Titel zum Ausdruck kommt. Daneben werden aber auch alle „Einsteiger" in das Steuerrecht angesprochen, für die der Fälle- und Fragenkatalog eine hervorragende Einarbeitungsmöglichkeit darstellt.

Die vorliegende, neu bearbeitete 24. Auflage des „Fälle- und Fragenkatalogs" berücksichtigt die veränderten und gestiegenen Prüfungsanforderungen, die in den letzten Jahren zu verzeichnen gewesen sind. **Übungen aus dem Bereich der Körperschaftsteuer sind in dieser Auflage nicht enthalten, da die Steuerberaterkammern NRW bis einschließlich Winterprüfung 2002/2003 keine Aufgaben zur Körperschaftsteuer in die Steuerfachangestelltenprüfung aufnehmen werden.** Das Buch wurde sorgfältig bearbeitet. Eine Gewähr kann jedoch nicht übernommen werden, insbesondere wegen der teilweise sehr komplizierten Rechenvorgänge. Die Lösungen der Fälle entsprechen der Rechtslage vom 1. 4. 2001.

Wir hoffen sehr, dass Ihnen der „Fälle- und Fragenkatalog" die Vorbereitung auf die Prüfung erleichtert und wünschen Ihnen dabei den verdienten Erfolg.

Für Hinweise und Anregungen sind wir dankbar.

Münster, im April 2001 *Ihr*
Studienwerk der Steuerberater

Hinweise für den Benutzer

Die dem „Fälle- und Fragenkatalog" zugrunde liegende Lernmethode besteht darin, die gesetzlichen Vorschriften anhand von Fällen kennen zu lernen (induktive Lernmethode). Nach der induktiven Lernmethode wird der Lernende vom Besonderen zum Allgemeinen geführt. Zur Vorbereitung auf die Steuerfachangestelltenprüfung empfehlen wir Ihnen diese Lernmethode, denn Sie werden in der schriftlichen Abschlussprüfung anhand von Fällen geprüft. Also sollten Sie auch anhand von Fällen lernen.

Für ein erfolgreiches Arbeiten mit dem „Fälle- und Fragenkatalog" ist besonders wichtig, dass Sie stets den Gesetzestext griffbereit neben sich liegen haben und jeden der zitierten Paragraphen nachlesen, bevor Sie an die Lösung des Falles herangehen. Dadurch lernen Sie das Gesetz kennen (gewusst wo!). Dies ist deshalb von großem Vorteil für Sie, weil Ihnen im Prüfungsfach Steuerwesen Gesetzestexte als Hilfsmittel zur Verfügung stehen.

Und so gehen Sie vor:

Zunächst lesen Sie den Sachverhalt genau durch, Wichtiges sollten Sie unterstreichen. Sodann lesen Sie die Paragraphen und die Abschnitte der Richtlinien durch, die im Anschluss an die Frage/Aufgabe zitiert sind. Anschließend entwerfen Sie die Lösung. Kommen Sie bei der Lösung nicht weiter oder werden Sie unsicher, so lesen Sie nochmals die Paragraphen und Abschnitte der Richtlinien durch und auch die Erläuterungen dazu in Ihrem Lehrbuch. Nur wenn Sie auf diese Weise vorgehen, werden Sie die jeweiligen Vorschriften verstehen und auch behalten.

Erst wenn Sie den Fall gelöst haben, sollten Sie Ihre Lösung mit der Musterlösung vergleichen. Auf keinen Fall sollten Sie allzu früh die Musterlösung nachlesen. Zu den Musterlösungen sei vermerkt, dass auch andere sinnvolle Lösungen möglich sind.

Anmerkung zu den zitierten Richtlinien

Zitiert werden die Richtlinien der
NWB-Textausgabe „Wichtige Steuerrichtlinien", 17. Auflage 2000.

Diese vom Bundesfinanzministerium herausgegebenen Richtlinien behandeln Zweifelsfragen von allgemeiner Bedeutung. Die Finanzbehörden sind bei ihren Entscheidungen an die Richtlinien gebunden. Die Richtlinien bilden somit für die wirtschafts- und steuerberatenden Berufe eine wichtige Orientierungshilfe.

Hinweise für die Lösung schriftlicher Prüfungsaufgaben

Für die Lösung schriftlicher Prüfungsaufgaben sollten Sie unbedingt einige grundsätzliche Erfahrungen beherzigen:

1. Verschaffen Sie sich bei jeder einzelnen Aufgabe zunächst Klarheit über die Aufgabenstellung (Fallfrage). Erst dann lesen Sie den Sachverhalt – genau – durch. Nur so können Sie den Sachverhalt im Hinblick auf die Fallfrage richtig beurteilen. Andernfalls laufen Sie Gefahr, etwas zu untersuchen und zu erörtern, was neben der Sache liegt und gar nicht gefragt ist.

2. Haben Sie sich über die Fallfrage und den Sachverhalt Klarheit verschafft, so brauchen Sie nicht zu erwarten, dass sie die Lösung sofort zur Hand haben. Denn Prüfungsaufgaben sind gewöhnlich so gestellt, dass sie Nachdenken erfordern. Gehen Sie also ruhig und mit Überlegung an die Lösung heran.

   In einigen Bundesländern werden für die Prüfungsaufgaben die Gesamtpunktzahlen (z. B. 100 Punkte) und für jede einzelne Aufgabe die anteiligen Punkte (z. B. 6 Punkte) angegeben. Aus der Verbindung der Gesamtpunktzahl der Prüfungsaufgabe und der Bearbeitungszeit von 150 Minuten (für Steuerwesen und Rechnungswesen) bzw. 90 Minuten (für Betriebswirtschaftslehre) können Sie feststellen, wie viel Zeit für die Lösung der einzelnen Aufgabe vorgesehen ist.

   Beispiel: Die Prüfungsaufgabe Steuerwesen enthält eine Fachaufgabe, für deren richtige Lösung 25 Punkte vorgesehen sind. Mit der Lösung der Fachaufgabe sollten Sie innerhalb von ca. 37 Minuten fertig werden (150 Minuten : 100 Punkte × 25 Punkte).

3. Beachten Sie bitte, dass die Lösung nicht nur sachlich richtig beantwortet werden muss. Sie sollte sich auch in der Form nach der jeweiligen Frage richten. Ist z. B. gefordert, die Lösung in übersichtlicher Form darzustellen, so muss die Lösung entsprechend gestaltet sein.

   Unter „übersichtlicher Form" ist zu verstehen, die Lösung schematisch zu entwickeln wie z. B.:
   - Berechnung des zu versteuernden Einkommens (Fall 105),
   - Berechnung des Gewerbesteuermessbetrages (Fall 139),
   - Berechnung der Umsatzsteuerabschlusszahlung (Fall 277).

   Auch kann gefordert sein, die Gewinnauswirkung einzelner Sachverhalte, die Gewinnverteilung bei Personengesellschaften oder die Berechnung des Veräußerungsgewinns in übersichtlicher Form darzustellen.

4. Selbstverständlich ist, dass Sie stilistisch und orthographisch einwandfreies Deutsch schreiben. Am besten vermeiden Sie schwierige Wörter, insbesondere Fremdwörter. Erleichtern Sie dem Prüfer die Arbeit durch eine gut lesbare Handschrift. Bedenken Sie dabei auch, dass für viele Prüfer die Handschrift im Hinblick auf die spätere praktische Arbeit ein gewisses Beurteilungskriterium sein kann. So ist nicht zu ver-

leugnen, dass für die praktische Arbeit im Betrieb eine gut lesbare Handschrift von gewissem Nutzen ist. Eine gut lesbare Handschrift erleichtert erfahrungsgemäß erheblich die Orientierung, wenn sich Ihre Arbeitskollegen im Falle von Urlaubsvertretung u. Ä. in einen von Ihnen bearbeiteten größeren Vorgang einarbeiten müssen. Oft enthalten die Prüfungsaufgaben entsprechende Hinweise, wie z. B. im Bundesland Hessen (... auch die äußere Form wird bewertet).

5. Haben Sie alle Aufgaben bearbeitet, so sehen Sie bitte Ihre Arbeit noch nicht als beendet an. Wichtig ist, dass Sie abschließend Ihre Lösung nochmals genau durchgehen und evtl. Fehler berichtigen bzw. Auslassungen ergänzen. Dadurch vermeiden Sie Flüchtigkeitsfehler.

6. Der Umfang der Arbeit ist so bemessen, dass die meisten Prüfungskandidaten mit der Lösung ohne Hast fertig werden können. Teilen Sie also die zur Verfügung stehende Zeit bedachtsam ein. Sind Sie mit der gesamten Prüfungsaufgabe wesentlich früher fertig als Ihre Kollegen, so liegt die Vermutung nahe, dass Sie bestimmte Schwierigkeiten nicht erkannt haben. Lesen Sie dann unbedingt die gesamten Sachverhalte und die Fragen noch einmal durch.

7. Es kann vorkommen, dass Sie auf dem Gebiet einer einzelnen Aufgabe gar nicht bewandert sind oder trotz längerer Überlegung den springenden Punkt der Aufgabe nicht erkennen können. In einem solchen Fall sollten Sie sich nicht in die Aufgabe festbeißen, sondern sich lösen und die nächste Aufgabe, die Ihnen besser liegt, angehen. Heben Sie sich die „harte Nuss" für den Schluss auf. Wenn Sie die anderen Aufgaben erst einmal gelöst haben, können Sie am Schluss wesentlich ruhiger und überlegter die „harte Nuss" knacken.

Ausbildungsverordnung (Auszug)

Mit der Ausbildungsverordnung vom 9. Mai 1996 (BGBl I S. 672) wurde die Berufsausbildung zum/zur Steuerfachangestellten neu geregelt. Die Ausbildungsverordnung ist am 1. August 1996 in Kraft getreten. Sie ist grundsätzlich auf danach eingegangene Ausbildungsverhältnisse anzuwenden.

§ 3 Ausbildungsberufsbild

Gegenstand der Berufsausbildung sind mindestens die folgenden Fertigkeiten und Kenntnisse:

1. Ausbildungspraxis:
   1.1 Bedeutung, Stellung und gesetzliche Grundlagen der steuerberatenden und wirtschaftsprüfenden Berufe,
   1.2 Personalwesen, arbeits- und sozialrechtliche Grundlagen,
   1.3 Berufsbildung,
   1.4 Arbeitssicherheit, Umweltschutz und rationelle Energieverwendung;

2. Praxis- und Arbeitsorganisation;
   2.1 Inhalt und Organisation der Arbeitsabläufe,
   2.2 Kooperation und Kommunikation;

3. Anwenden von Informations- und Kommunikationstechniken;

4. Rechnungswesen:
   4.1 Buchführungs- und Bilanzierungsvorschriften,
   4.2 Buchführungs- und Abschlusstechnik,
   4.3 Lohn- und Gehaltsabrechnung,
   4.4 Erstellen von Abschlüssen;

5. Betriebswirtschaftliche Facharbeit:
   5.1 Auswerten der Rechnungslegung,
   5.2 Finanzierung;

6. Steuerliche Facharbeit:
   6.1 Abgabenordnung,
   6.2 Umsatzsteuer,
   6.3 Einkommensteuer,
   6.4 Körperschaftsteuer,
   6.5 Gewerbesteuer,
   6.6 Bewertungsgesetz,
   6.7 Vermögensteuer.

...

§ 7 Zwischenprüfung

(1) Zur Ermittlung des Ausbildungsstandes ist eine Zwischenprüfung durchzuführen. Sie soll vor dem Ende des zweiten Ausbildungsjahres stattfinden.

(2) Die Zwischenprüfung erstreckt sich auf die in den Anlagen I und II für das erste Ausbildungsjahr und die für das zweite Ausbildungsjahr unter laufender Nummer 4.2 Buchstabe d und laufender Nummer 4.3 aufgeführten Fertigkeiten und Kenntnisse sowie auf den im Berufsschulunterricht entsprechend dem Rahmenlehrplan zu vermittelnden Lehrstoff, soweit er für die Berufsausbildung wesentlich ist.

(3) Die Zwischenprüfung ist schriftlich anhand praxisbezogener Fälle oder Aufgaben in insgesamt höchstens 180 Minuten in folgenden Prüfungsfächern durchzuführen:

1. Steuerwesen
2. Rechnungswesen
3. Wirtschafts- und Sozialkunde.

(4) Die in Absatz 3 genannte Prüfungsdauer kann insbesondere unterschritten werden, soweit die Prüfung in programmierter Form durchgeführt wird.

§ 8 Abschlussprüfung

(1) Die Abschlussprüfung erstreckt sich auf die in der Anlage I aufgeführten Fertigkeiten und Kenntnisse sowie auf den im Berufsschulunterricht vermittelten Lehrstoff, soweit er für die Berufsausbildung wesentlich ist.

(2) Die Prüfung ist schriftlich in den Prüfungsfächern Steuerwesen, Rechnungswesen, Wirtschafts- und Sozialkunde und mündlich im Prüfungsfach Mandantenorientierte Sachbearbeitung durchzuführen.

(3) In der schriftlichen Prüfung soll der Prüfling in den nachstehend genannten Prüfungsfächern je eine Arbeit anfertigen:

1. Prüfungsfach Steuerwesen:
   In 150 Minuten soll der Prüfling praxisbezogene Fälle oder Aufgaben bearbeiten und dabei zeigen, dass er Fertigkeiten und Kenntnisse steuerlicher Facharbeit erworben hat und wirtschafts- und steuerrechtliche Zusammenhänge versteht. Hierfür kommen insbesondere folgende Gebiete in Betracht:
   a) Steuern vom Einkommen und Ertrag,
   b) Steuern vom Vermögen,
   c) Steuern vom Umsatz
   d) Abgabenordnung;

2. Prüfungsfach Rechnungswesen:
   In 120 Minuten soll der Prüfling praxisbezogene Aufgaben oder Fälle insbesondere aus den folgenden Gebieten bearbeiten und dabei zeigen, dass er Fähigkeiten und Kenntnisse dieser Gebiete erworben hat und Zusammenhänge versteht:
   a) Buchführung,
   b) Jahresabschluss;

3. Prüfungsfach Wirtschafts- und Sozialkunde:
   In 90 Minuten soll der Prüfling praxisbezogene Aufgaben oder Fälle bearbeiten und

dabei zeigen, dass er wirtschaftliche, rechtliche und gesellschaftliche Zusammenhänge der Berufs- und Arbeitswelt darstellen und beurteilen kann. Hierfür kommen insbesondere folgende Gebiete in Betracht:

a) Arbeitsrecht und soziale Sicherung,

b) Schuld- und Sachenrecht,

c) Handels- und Gesellschaftsrecht,

d) Finanzierung.

(4) Die in Absatz 3 genannte Prüfungsdauer kann insbesondere unterschritten werden, soweit die Prüfung in programmierter Form durchgeführt wird.

(5) Das Prüfungsfach Mandantenorientierte Sachbearbeitung besteht aus einem Prüfungsgespräch. Der Prüfling soll ausgehend von einer von zwei ihm mit einer Vorbereitungszeit von höchstens zehn Minuten zur Wahl gestellten Aufgaben zeigen, dass er berufspraktische Vorgänge und Problemstellungen bearbeiten und Lösungen darstellen kann. Für das Prüfungsgespräch kommen insbesondere folgende Gebiete in Betracht:

a) allgemeines Steuer- und Wirtschaftsrecht,

b) Einzelsteuerrecht,

c) Buchführungs- und Bilanzierungsgrundsätze,

d) Rechnungslegung.

Das Prüfungsgespräch soll für den einzelnen Prüfling nicht länger als 30 Minuten dauern.

(6) Sind in der schriftlichen Prüfung die Prüfungsleistungen in bis zu zwei Prüfungsfächern mit „mangelhaft" und in dem weiteren Prüfungsfach mit mindestens „ausreichend" bewertet worden, so ist auf Antrag des Prüflings oder nach Ermessen des Prüfungsausschusses in einem der mit „mangelhaft" bewerteten Prüfungsfächer die schriftliche Prüfung durch eine mündliche Prüfung von etwa 15 Minuten zu ergänzen, wenn diese für das Bestehen der Prüfung den Ausschlag geben kann. Das Prüfungsfach ist vom Prüfling zu bestimmen. Bei der Ermittlung des Ergebnisses für dieses Prüfungsfach sind die Ergebnisse der schriftlichen Arbeit und der mündlichen Ergänzungsprüfung im Verhältnis 2:1 zu gewichten.

(7) Bei der Ermittlung des Gesamtergebnisses haben die Prüfungsfächer das gleiche Gewicht.

(8) Zum Bestehen der Abschlussprüfung müssen im Gesamtergebnis, im Prüfungsfach Steuerwesen und in mindestens zwei weiteren der vier in Absatz 2 genannten Prüfungsfächer mindestens ausreichende Leistungen erbracht werden. Werden die Prüfungsleistungen in einem Prüfungsfach mit „ungenügend" bewertet, ist die Prüfung nicht bestanden.

Inhaltsverzeichnis

	Seite
Steuerrecht im Jahresvergleich	5
Übersicht zur Umrechnung in €-Beträge	7
Verzeichnis der Rechtsquellen	12
Vorwort	13
Hinweise für den Benutzer	14
Hinweise für die Lösung schriftlicher Prüfungsaufgaben	15
Ausbildungsverordnung	17
Gebräuchliche Abkürzungen	48

Erster Teil: Fälle- und Fragenkatalog

A. Einkommensteuer

Vorbemerkung 51

I. Persönliche Voraussetzungen für die Besteuerung

Übersicht 1:	Die Steuerpflicht nach § 1 EStG	52
Fall 1:	Persönliche Steuerpflicht	53
Fall 2:	Persönliche Steuerpflicht	53
Fall 3:	Gewöhnlicher Aufenthalt im Inland	53

II. Sachliche Voraussetzungen für die Besteuerung

Berechnungsbogen für die Einkommensteuer (Gang der Berechnung für das Kj 2000)		57
Fall 4:	Berechnung des zu versteuernden Einkommens	59
Fall 5:	Ersparte Ausgaben	59
Fall 6:	Veranlagungszeitraum, Ermittlungszeitraum	59

III. Vereinnahmung und Verausgabung (§ 11 EStG)

Fall 7–9:	Vereinnahmung und Verausgabung	60
Fall 10–11:	Weitere Fälle zu Vereinnahmung und Verausgabung (Wiederholung)	61

IV. Nicht abzugsfähige Ausgaben (§ 12 EStG)

Übersicht 2:	Abgrenzung der Kosten der Lebensführung von den Betriebsausgaben und Werbungskosten	62
Fall 12:	Kosten der Lebenshaltung	62

V. Einkünfte

Fall 13:	Einkünfte aus Land- und Forstwirtschaft	63
Fall 14:	Einkünfte aus Gewerbebetrieb, abweichendes Wirtschaftsjahr	64
Fall 15:	Einkünfte aus Gewerbebetrieb, Einnahme-Überschuss-Rechnung	64
Fall 16:	Einnahme-Überschuss-Rechnung, Anzahlungen und Vorauszahlungen	65
Fall 17:	Gewinnanteile aus einer Personengesellschaft	65
Fall 18:	Gewinnverteilung bei einer Kommanditgesellschaft	66
Fall 19:	Veräußerungsgewinn	67
Fall 20:	Berechnung des Veräußerungsgewinns	67
Fall 21:	Einkünfte aus selbständiger Arbeit nach § 18 EStG, Gewinnermittlung	68
Fall 22:	Gewinnermittlung nach § 4 Abs. 3 EStG für Freiberufler ...	69
Fall 23:	Privatnutzung eines betrieblichen Pkw	70
Fall 24:	Einkünfte aus nichtselbständiger Arbeit	70
Fall 25:	Bestimmung der Einkunftsart	71

Einkünfte aus Kapitalvermögen

Fall 26:	Einkünfte aus Kapitalvermögen	72
Übersicht 3:	Einkommensteuerliche Behandlung ausgeschütteter Gewinne von Kapitalgesellschaften	73
Fall 27:	Zinsen als Werbungskosten bei den Einkünften aus Kapitalvermögen	74
Fall 28:	Einnahmen aus Kapitalvermögen/Stückzinsen	74
Fall 29:	Zinsen aus festverzinslichen Wertpapieren, Stückzinsen ...	75

Einkünfte aus Vermietung und Verpachtung

Fall 30:	Einkünfte aus Vermietung und Verpachtung (1)	75
Fall 31:	Einkünfte aus Vermietung und Verpachtung (2)	76
Fall 32:	AfA bei Gebäuden nach § 7 Abs. 4 und 5 EStG	77
Fall 33:	Anschaffungskosten eines Gebäudes	77

Fall 34:	Herstellungskosten eines Gebäudes	78
Fall 35:	Hoher anschaffungsnaher Aufwand nach Erwerb eines bebauten Grundstücks	79
Fall 36:	Aufteilung von Grundstückskosten	79
Fall 37:	Aufteilung von Grundstückskosten, AfA-Berechnung	80

Wohnraumförderung ab 1. 1. 1996

Übersicht 4:	Wohnraumförderung nach dem EigZulG ab 1. 1. 1996	81
Fall 38:	Herstellung eines Einfamilienhauses	87
Fall 39:	Anschaffung einer Eigentumswohnung	87
Fall 40:	Herstellung eines Einfamilienhauses mit Öko-Förderung	88
Fall 41–42:	Objektbeschränkung, Folgeobjekt	88
Fall 43:	Ausbauten und Erweiterungen, Begrenzung	88
Fall 44:	Einkunftsgrenzen	88

Sonstige Einkünfte

Fall 45–48:	Sonstige Einkünfte	89

Alterseinkünfte

Fall 49:	Alterseinkünfte	90
Fall 50:	Pension aus einer Pensionskasse	90
Fall 51:	Berufsunfähigkeitsrente	90
Fall 52:	Weitere Alterseinkünfte	91

Einkünfte aus privaten Veräußerungsgeschäften

Fall 53–55:	Einkünfte aus privaten Veräußerungsgeschäften	91

VI. Altersentlastungsbetrag

Fall 56:	Altersentlastungsbetrag	93
Fall 57:	Altersentlastungsbetrag bei Ehegatten	93
Fall 58:	Gesamtbetrag der Einkünfte	93

VII. Sonderausgaben

Übersicht 5:	Sonderausgaben	95
Fall 59:	Sonderausgaben dem Grunde nach (Abgrenzung)	96

1. Berechnung der Sonderausgaben 97
2. Höchstbetragsberechnung (Schema) 98

Fall 60–62:	Vorsorgeaufwendungen, Höchstbetragsberechnung	98

3. Vorsorgepauschale (§ 10c EStG) 99
Fall 63: Vorsorgepauschale 100
Fall 64: Die Vorsorgepauschale bei Ehegatten 101
Fall 65: Gekürzte Vorsorgepauschale 101
Fall 66: Die gekürzte Vorsorgepauschale bei Ehegatten/Normalfall .. 101

4. Vorsorgepauschale bei Arbeitnehmer-Ehegatten in Mischfällen (§ 10c Abs. 4 EStG) 102
Fall 67: Die gekürzte Vorsorgepauschale bei Ehegatten/Mischfall ... 102

5. Übrige Sonderausgaben 103
Fall 68: Unterhaltsleistungen 103
Fall 69: Aufwendungen für die Berufsausbildung 103
Fall 70–71: Abzug verschiedener Sonderausgaben 104
Fall 72: Spenden, formelle Voraussetzungen 104
Fall 73: Begrenzung des Spendenabzugs 105
Fall 74: Spendenabzug, Berechnung des Höchstbetrags 105

6. Verlustausgleich/Verlustabzug 105
Fall 75: Verlustabzug 106
Fall 76: Fachaufgabe Einkommensteuer zu Sonderausgaben 107

VIII. Außergewöhnliche Belastungen
Übersicht 6: Außergewöhnliche Belastungen nach den §§ 33–33c EStG 108
Fall 77: Außergewöhnliche Belastungen dem Grunde nach (Abgrenzung) 108
Fall 78: Außergewöhnliche Belastungen im Allgemeinen (§ 33 EStG), zumutbare Belastung 109
Fall 79: Aufwendungen i. S. des § 33 EStG 110
Schema: **Aufwendungen für den Unterhalt nach § 33a Abs. 1 EStG, abzugsfähiger Höchstbetrag nach § 33a Abs. 1 EStG** ... 111
Fall 80–81: Unterhaltsleistungen 112
Fall 82–83: Unterhaltsleistungen in nur einem Teil des Jahres 112
Fall 84: Ausbildungsfreibetrag 112
Fall 85–86: Pflegekosten 113
Fall 87: Fachaufgabe aus der Einkommensteuer zu außergewöhnlichen Belastungen 113

IX. Veranlagungsformen

Übersicht 7:	Veranlagung von Ehegatten (§ 26 EStG)	115
Fall 88:	Voraussetzungen für die Ehegattenveranlagung	115
Fall 89:	Auflösung der Ehe, erneute Eheschließung im Laufe des Veranlagungszeitraums	116
Fall 90:	Veranlagung im Jahr der Eheschließung	116
Fall 91:	Zusammenveranlagung/Besondere Veranlagung	116

X. Einkommensteuertarif (§ 32a EStG)

Übersicht 8:	Geteilter Steuertarif	118
Fall 92–92a:	Tarif (§ 32a EStG)	118
Fall 93:	Anwendung des Splittingverfahrens	119
Fall 94:	Progressionsvorbehalt	119
Fall 95:	Tarifbegrenzung bei gewerblichen Einkünften (§ 32c EStG)	119

XI. Familienleistungsausgleich: Kindergeld, Kinderfreibetrag, Betreuungsfreibetrag, Haushaltsfreibetrag (§ 32 EStG)

Übersicht 9:	Voraussetzungen für Kindergeld und Kinderfreibetrag . .	121
Fall 96–98:	Berücksichtigung von Kindern, Kinderfreibeträge	122
Fall 99:	Kinderfreibetrag, Haushaltsfreibetrag	125
Fall 100:	Fachaufgabe Einkommensteuer (zu versteuerndes Einkommen)	125
Fall 101:	Härteausgleich	125

XII. Veranlagung von Arbeitnehmern (§ 46 EStG)

Fall 102:	Einkommensgrenze	126
Fall 103:	„Nebeneinkünfte" von insgesamt mehr als 800 DM	126

XIII. Fachaufgaben zur Einkommensteuer

Fall 104:	Fachaufgabe Einkommensteuer (festzusetzende Einkommensteuer)	126
Fall 105:	Fachaufgabe Steuerwesen (Einkommensteuer)	129
Fall 106:	Fachaufgabe Steuerwesen (Einkommensteuer und Umsatzsteuer)	132
Fall 106a:	Fachaufgabe Steuerwesen (Einkommensteuer und Gewerbesteuer)	133

XIV. Lohnsteuer

Fall 107–112:	Arbeitslohn	135
Fall 113:	Abfindung wegen Auflösung des Dienstverhältnisses	137
Fall 114–115:	Erstattung von Telefonkosten	137
Fall 116:	Zuschuss zum Mittagessen; zusätzliche Altersversorgung	138
Fall 117:	Unentgeltliche Nutzung eines Betriebs-Pkw	138
Fall 118:	Annehmlichkeiten, Betriebsausflug	138
Fall 119:	Arbeitsmittel – Absetzung für Abnutzung	139
Fall 120:	Arbeitsmittel – Bemessungsgrundlage für die AfA	139
Fall 121:	Arbeitsmittel – geringwertiges Wirtschaftsgut	139
Fall 122:	Häusliches Arbeitszimmer	139
Fall 123:	Telefongebühren eines Arbeitnehmers	140
Fall 124:	Fahrten zwischen Wohnung und Arbeitsstätte	140
Fall 125:	Unfall auf der Fahrt zur Arbeitsstätte	140
Fall 126:	Fahrten zwischen Wohnung und Arbeitsstätte – gemeinsame Fahrten von Ehegatten	141
Fall 127:	Mehraufwendungen wegen doppelter Haushaltsführung	141
Fall 128:	Lohnsteuerklassen, Zahl der Kinderfreibeträge	142
Fall 129:	Lohnsteuerklassen, Eheschließung im Laufe des Kalenderjahres	142
Fall 130:	Lohnsteuerklassen, Beendigung des Arbeitsverhältnisses	143
Fall 131:	Wahl der Steuerklasse	143
Fall 132–134:	Lohnsteuerpauschalierung bei Teilzeitbeschäftigten	143
Fall 135:	Weitere Übungen zu geringfügigen Beschäftigungsverhältnissen	144
Fall 136:	Freibetrag auf der Lohnsteuerkarte (1)	144
Fall 137:	Freibetrag auf der Lohnsteuerkarte (2)	145

Antrag auf Veranlagung

Fall 138:	Antrag auf Veranlagung	145

B. Gewerbesteuer

Vorbemerkung 147

Übersicht 10: Schema zur Berechnung der Gewerbesteuer 147

Abweichende Rechtslage in den neuen Bundesländern 147

Fall 139:	Berechnung der Gewerbesteuer	147
Fall 140:	Gewerbeertrag einer Kommanditgesellschaft	148

Fall 141:	Kontokorrentzinsen	148
Fall 142:	Zinsen für Dauerschulden/Kontokorrentschulden	149
Fall 143:	Gewerbesteuerrückstellung (1)	149
Fall 144:	Gewerbeertrag, Beteiligungen, Leasing	150
Fall 145:	Gewerbesteuer bei Verlusten	151
Fall 146:	Gewerbesteuerrückstellung (2)	151
Fall 147:	Fachaufgabe zur Gewerbesteuer	151

C. Umsatzsteuer

Vorbemerkung ... 153

I. Allgemeine Einführung

Fall 148:	Netto-Allphasen-USt mit Vorsteuer-Abzug	153
Fall 149:	Untergang der Ware	154

II. Steuerbarkeit

1. Steuerbarkeit gem. § 1 Abs. 1 Nr. 1 UStG

a) Lieferungen und sonstige Leistungen

Fall 150:	Lieferung/sonstige Leistung	155
Fall 151:	Vermietungsleistung	155
Fall 152:	Einheitlichkeit der Leistung	155
Fall 153:	Einstufung der Leistung	156
Fall 154:	Werklieferung	156
Fall 155:	Werkleistung	156
Fall 156:	Verkauf von Diebesgut	156
Fall 157:	Verbringen eines Gegenstandes	156
Fall 158:	Lohnveredelung	157
Fall 159:	Entnahme eines Gegenstandes	157
Fall 160:	Entnahme eines Geldbetrages	157
Fall 161:	Private Verwendung eines Gegenstandes	157
Fall 162:	Unentgeltliche Lieferung zwischen Gesellschaft und Gesellschafter	157

b) Unternehmer

Fall 163:	Unternehmer	158
Fall 164:	Jahreswagenverkäufer	158
Fall 165:	Nachhaltigkeit	159

Fall 166:	Einmaliger Umsatz	159
Fall 167:	Erfolglose Unternehmensgründung	159
Fall 168:	Einnahmeerzielung	159
Fall 169:	Teilselbständigkeit	159
Fall 170:	Organschaft	160
Fall 171:	Wohnsitz im Ausland	160
Fall 172:	Fahrzeuglieferer	160
Fall 173:	Ende der Unternehmereigenschaft	160

c) Rahmen des Unternehmens

Fall 174:	Unternehmen	161
Fall 175:	Rahmen des Unternehmens	161
Fall 176:	Verkauf eines Anlagegegenstandes	161
Fall 177:	Verkauf eines geerbten Gegenstandes	161
Fall 178:	Verkauf eines geerbten und unternehmerisch genutzten Gegenstandes	162
Fall 179:	Innenumsatz	162

d) Inland

Fall 180:	Verkauf im Ladengeschäft	163
Fall 181:	Beförderungslieferung	163
Fall 182:	Versendungslieferung	163
Fall 183:	Verschiebung des Lieferungsortes	164
Fall 184:	Reihengeschäft	164
Fall 185:	Innergemeinschaftliches Dreiecksgeschäft	164
Fall 186:	Verkauf in einem Flugzeug	164
Fall 187:	Versandhandel	164
Fall 188:	Lieferschwelle	165
Fall 189:	Personenbeförderung	165
Fall 190:	Güterbeförderung ohne USt-Identifikationsnummer	165
Fall 191:	Güterbeförderung mit USt-Identifikationsnummer	165
Fall 192:	Umschlag einer Ware	166
Fall 193:	Tätigkeit als Rechtsanwalt	166
Fall 194:	Vermietung eines Pkw	166
Fall 195:	Vermietung einer Wohnung	166
Fall 196:	Vermittlung	166
Fall 197:	Behandlungsleistung eines Arztes	167

e) Gegen Entgelt

Fall 198:	Leistungsaustausch	167
Fall 199:	Innenumsatz	168
Fall 200:	Schadensersatz	168
Fall 201:	Mitgliederbeiträge	168
Fall 202:	Zuschuss	168
Fall 203:	Leistung an Arbeitnehmer	168
Fall 204:	Zusammenfassendes Beispiel	169

2. Steuerbarkeit gem. § 1 Abs. 1 Nr. 4 UStG

Fall 205:	Einfuhr	169

3. Steuerbarkeit gem. § 1 Abs. 1 Nr. 5 UStG

Fall 206:	Innergemeinschaftlicher Erwerb	170
Fall 207:	Warenbewegung	170
Fall 208:	Erwerb für das Unternehmen	170
Fall 209:	Verbringen	170
Fall 210:	Funktionsändernde Werkleistung	171
Fall 211:	Juristische Person des öffentlichen Rechts	171
Fall 212:	Erwerbsschwelle	171
Fall 213:	Verbrauchsteuerpflichtige Waren	171
Fall 214:	Ort des innergemeinschaftlichen Erwerbs	172
Fall 215:	Innergemeinschaftlicher Erwerb neuer Fahrzeuge	172
Fall 216:	Innergemeinschaftlicher Erwerb gebrauchter Fahrzeuge	172

4. Geschäftsveräußerung

Fall 217:	Geschäftsveräußerung	173

III. Steuerbefreiungen

Fall 218:	Steuerbefreiungen	173
Fall 219:	Ausfuhr	173
Fall 220:	Ausländischer Abnehmer	174
Fall 221:	Innergemeinschaftliche Lieferung	174
Fall 222:	Tatsächliche Warenbewegung	174
Fall 223:	Erwerb für das Unternehmen	174
Fall 224:	Verkauf eines neuen Fahrzeugs	175
Fall 225:	Verbringen eines Gegenstandes	175
Fall 226:	Werkleistung	175

Fall 227:	Vermittlungsleistung	175
Fall 228:	Kreditgewährung	176
Fall 229:	Grundstücksumsatz	176
Fall 230:	Vermietungsumsatz	176
Fall 231:	Arztleistung	176
Fall 232:	Versicherungsvertreter	177
Fall 233:	Steuerbefreiung beim innergemeinschaftlichen Erwerb	177
Fall 234:	Option	177
Fall 235:	Einschränkung der Option	177

IV. Bemessungsgrundlagen

Fall 236:	Entgelt	178
Fall 237:	Bemessungsgrundlage bei zu niedrigem Steuerausweis	179
Fall 238:	Bemessungsgrundlage bei zu hohem Steuerausweis	179
Fall 239:	Zusätzliches Entgelt	179
Fall 240:	Bemessungsgrundlage bei einem steuerfreien Umsatz	179
Fall 241:	Bemessungsgrundlage beim innergemeinschaftlichen Erwerb	180
Fall 242:	Bemessungsgrundlage bei der Entnahme	180
Fall 243:	Bemessungsgrundlage bei der Verwendung eines unternehmerischen Gegenstandes	180
Fall 244:	Mindestbemessungsgrundlage	181
Fall 245:	Bemessungsgrundlage beim Verbringen	181
Fall 246:	Bemessungsgrundlage beim Tausch	181

V. Steuersätze

Fall 247:	Erhöhung des Steuersatzes	182
Fall 248:	Verzehr an Ort und Stelle	182
Fall 249:	Steuersatz beim innergemeinschaftlichen Erwerb	182
Fall 250:	Theaterumsätze	183
Fall 251:	Verabreichung von Heilbädern	183

VI. Sondertatbestände

Fall 252:	Unrichtiger Steuerausweis	183
Fall 253:	Unberechtigter Steuerausweis	184
Fall 254:	Änderung der Bemessungsgrundlage	184
Fall 255:	Reiseleistungen	184
Fall 256:	Differenzbesteuerung	185

VII. Entstehung der Steuer

Fall 257:	Besteuerung nach vereinbarten Entgelten	185
Fall 258:	Besteuerung nach vereinnahmten Entgelten	186
Fall 259:	Anzahlung	186
Fall 260:	Entstehung beim innergemeinschaftlichen Erwerb	186
Fall 261:	Innergemeinschaftlicher Erwerb ohne Rechnungsausstellung	186
Fall 262:	Entstehung beim Erwerb eines neuen Fahrzeugs	186

VIII. Vorsteuer

Fall 263:	VoSt-Abzug aus Rechnungen	188
Fall 264:	Gesonderter Steuerausweis	188
Fall 265:	Scheinrechnung	188
Fall 266:	Leistung von Privatperson	188
Fall 267:	Leistung für private Zwecke	189
Fall 268:	Einfuhrumsatzsteuer	189
Fall 269:	Erwerbsteuer	189
Fall 270:	Nicht abzugsfähige Aufwendungen	189
Fall 271:	Anschaffung eines Fahrzeugs	190
Fall 272:	Ausschluss vom VoSt-Abzug	190
Fall 273:	Ausnahmen vom Ausschluss des VoSt-Abzugs	190
Fall 274:	Aufteilung der VoSt	190
Fall 275:	Kleinbetragsrechnung	191
Fall 276:	Berichtigung des VoSt-Abzugs	191

IX. Verfahren

Fall 277:	Steuerberechnung	192
Fall 278:	Dauerfristverlängerung	192
Fall 279:	Zusammenfassende Meldung	193
Fall 280:	Abzugsverfahren	196
Fall 281:	Vergütungsverfahren	196
Fall 282:	Kleinunternehmer	196

X. Zusammenfassende Aufgabe

Fall 283:	Zusammenfassende Aufgabe	196

D. Abgabenordnung

Vorbemerkung

I. Einteilung der Steuern

Fall 284–298: Einteilung der Steuern 201

II. Zuständigkeit der Finanzämter

Fall 299:	Örtliche Zuständigkeit des Finanzamtes	204
Fall 300:	Örtliche Zuständigkeit des Finanzamtes (Sozietät)	204
Fall 301:	Örtliche Zuständigkeit (Grundstücksgemeinschaft)	204
Fall 302:	Örtliche Zuständigkeit bei Gesellschaften	205
Fall 303:	Zuständigkeit innerhalb einer Großstadt	205
Fall 304:	Zuständigkeitswechsel	205

III. Fristen im Steuerrecht

Übersicht 16: Fristen 206

Übersicht 17: Fristberechnung 207
Fall 305:	Einspruchsfrist, Tag der Bekanntgabe	208
Fall 306:	Frist für Umsatzsteuer-Voranmeldung	208
Fall 307:	Weitere Fristberechnungen	208

IV. Gang des Besteuerungsverfahrens

Übersicht 18: Steuerermittlungsverfahren 210

V. Steuerermittlungsverfahren

Übersicht 19: Rechte und Pflichten im Ermittlungsverfahren 211
Fall 308:	Erteilung von Auskünften	211
Fall 309:	Erklärungspflichten	212
Fall 310:	Verspätete Abgabe der Erklärung	212
Fall 311–312:	Verspätete Abgabe der Erklärung durch den Steuerberater	212
Fall 313:	Verspätungszuschlag, Erklärungsfristen	213
Fall 314:	Nichtabgabe der Steuererklärung	213

VI. Steuerfestsetzungsverfahren

Übersicht 20: Bindungswirkung nach § 182 AO 214
Fall 315: Form des Steuerbescheides 215
Fall 316: Schätzungsbescheid 215
Fall 317: Gesonderte Feststellung von Besteuerungsgrundlagen 215

VII. Festsetzungsverjährung

Fall 318: Festsetzungsverjährung 217
Fall 319: Festsetzungsverjährung 217
Fall 320: Ablaufhemmung bei der Festsetzungsverjährung 217
Fall 321: Einspruchsfrist, Festsetzungsverjährung,
Zahlungsverjährung 218

VIII. Änderung von Steuerfestsetzungen

Übersicht 21: Prüfungsschema: Berichtigung offenbarer
Unrichtigkeiten nach § 129 AO 219
Fall 322–323: Änderung von Steuerbescheiden nach § 129 AO 220

Übersicht 22: Prüfungsschema: Aufhebung oder Änderung von
Steuerbescheiden nach § 164 Abs. 2 AO 220
Fall 324: Änderung von Steuerbescheiden nach § 164 AO 221

Übersicht 23: Prüfungsschema: Aufhebung oder Änderung von
vorläufigen Steuerbescheiden nach § 165 Abs. 2 AO 221
Fall 325: Änderung von Steuerbescheiden nach § 165 AO 222

Übersicht 24: Prüfungsschema: Aufhebung oder Änderung von
Steuerbescheiden auf Antrag nach § 172 Abs. 1
Nr. 2a AO 222
Fall 326–327: Änderung von Steuerbescheiden nach § 172 AO 223

Übersicht 25: Prüfungsschema: Aufhebung oder Änderung von
Steuerbescheiden wegen neuer Tatsachen oder
Beweismittel nach § 173 AO 223
Fall 328–329: Änderung von Steuerbescheiden nach § 173 AO 224

Übersicht 26: Prüfungsschema: Aufhebung der Änderung von
Steuerbescheiden nach Aufhebung/Änderung eines
Grundlagenbescheides nach § 175 Abs. 1 Nr. 1 AO 225
Fall 330: Änderung von Steuerbescheiden nach § 175 AO 225

Fall 331:	Änderung von Steuerbescheiden, Vorbehalt der Nachprüfung	226
Fall 332:	Fehler des Finanzamtes in der Rechtsanwendung	226
Fall 333–338:	Weitere Änderungsfälle	227

IX. Steuererhebungsverfahren

Fall 339:	Entstehung und Fälligkeit von Steueransprüchen	229
Fall 340:	Fälligkeit der Umsatzsteuer-Abschlusszahlung	229
Fall 341:	Nachzahlungszinsen bei der Einkommensteuer	229
Fall 342:	Erstattungszinsen	229
Fall 343:	Stundung einer Einkommensteuer-Abschlusszahlung	230
Fall 344:	Stundungszinsen	230
Fall 345:	Stundungszinsen bei Teilzahlungen	230
Fall 346:	Stundung von steuerlichen Nebenleistungen	230
Fall 347:	Verspätete Zahlung von Umsatzsteuer	231
Fall 348:	Verspätete Zahlung von Lohnsteuer	231
Fall 349:	Berechnung von Säumniszuschlägen	231
Fall 350:	Verspätete Erklärung und Zahlung von Anmeldungssteuern	232
Fall 351:	Rückständige Einkommensteuer und Kirchensteuer	232
Fall 352–353:	Erhebung von Säumniszuschlägen	232
Fall 354:	Erlass von Säumniszuschlägen	233
Fall 355:	Erlass von Einkommensteuer	233

X. Rechtsbehelfsverfahren

Außergerichtliches Rechtsbehelfsverfahren 234
Gerichtliches Rechtsbehelfsverfahren 235

Übersicht 27:	**Rechtsbehelfsverfahren**	236
Fall 356:	Einspruchsverfahren	236
Fall 357:	Einspruchsfrist	237
Fall 358:	Einspruchsfrist bei Steueranmeldung	237
Fall 359:	Wiedereinsetzung in den vorigen Stand	237
Fall 360:	Aussetzung der Vollziehung	238

XI. Erteilung von Rat und Hilfe in Steuersachen

Fall 361–363:	Berufsrecht	240

E. Buchführung

I. Grundbegriffe

1. Buchführung, Buchführungspflicht

Fall 364:	Buchführungspflicht von Kleinbetrieben	241
Fall 365:	Buchführungspflicht von Gewerbetreibenden	242
Fall 366:	Buchführungspflicht bei einer Personengesellschaft	242
Fall 367:	Buchführungspflicht von Freiberuflern	242
Fall 368:	Buchführungspflicht von Land- und Forstwirten	242
Fall 369:	Beginn der Buchführungspflicht	242
Fall 370:	Gewinnermittlungsarten	243

2. Gewinnermittlung, Gewinnauswirkung

Fall 371:	Betriebsvermögensvergleich	244
Fall 372:	Betriebsvermögensvergleich bei negativem Kapital	244
Fall 373:	Kapitalkontoentwicklung	244
Fall 374:	Kassenbericht	244
Fall 375:	Ermittlung der Gewinnauswirkung nach BV-Vergleich und GuV-Methode	245
Fall 376:	Gewinnauswirkung von Geschäftsvorfällen	245

II. Buchung der laufenden Geschäftsvorfälle

1. Abgrenzung privater und betrieblicher Vorgänge

Fall 377:	Typische Berufskleidung	247
Fall 378:	Kosten für den Kindergarten	247
Fall 379:	Fahrschulunterricht	247
Fall 380:	Telefonkosten	247
Fall 381:	Verwarnungsgeld	247
Fall 382:	Steuerberatungskosten	248
Fall 383:	Anschaffung von Bekleidung	248
Fall 384:	Schadensersatz für Unfallfolgen	248
Fall 385:	Mitgliedsbeitrag	249
Fall 386:	Häusliches Arbeitszimmer	249

2. Buchungen im Warenverkehr

Fall 387:	Wareneinkauf	249
Fall 387a:	Wareneinkauf aus anderen EU-Ländern	250

Fall 387b: Wareneinkauf aus Drittländern 250
Fall 388: Warenverkauf 250
Fall 388a: Warenverkauf an Kunden aus anderen EU-Staaten 250
Fall 388b: Warenverkauf an Kunden aus Drittländern 251
Fall 389: Skontoabzug bei Wareneinkäufen 251
Fall 390: Preisnachlass 251
Fall 391: Innerbetriebliche Nutzung 251
Fall 392: Erhaltene Anzahlung ohne Steuerausweis 252
Fall 393: Erhaltene Anzahlung mit Steuerausweis 252
Fall 394: Geleistete Anzahlung mit Steuerausweis 252
Fall 395: Rabatt/Skonto 252
Fall 396: Warenverderb 253
Fall 397: Forderungsausfall 253
Fall 398: Kundenskonti 253
Fall 399: Rabatt/falscher Steuerausweis 253
Fall 400: Warenrücksendung 253
Fall 401: Diebstahl von Waren 254
Fall 402: Umtausch von Waren 254
Fall 403–404: Abgeschriebene Forderungen 254
Fall 405: Minderung des Kaufpreises 254
Fall 406: Tauschähnlicher Umsatz 255
Fall 407: Warenverkäufe in ausländischer Währung 255
Fall 408: Lieferung an Arbeitnehmer 255
Fall 409: Bonus 256
Fall 410: Anzahlung auf Waren 256

3. Entnahmen für Zwecke außerhalb des Unternehmens

a) Entnahme von Gegenständen

Fall 411: Private Warenentnahmen 256
Fall 412: Wertansatz für Warenentnahmen 257
Fall 413: Entnahme von selbst hergestellten Waren 257
Fall 414: Warenentnahme für andere Unternehmenszwecke 257
Fall 415: Entnahme eines Pkw 258

b) Verwendung von Gegenständen

Fall 416: Private Telefon-Nutzung 259
Fall 417: Privatfahrten (ohne Fahrtenbuch) 259

Fall 418: Private Kfz-Nutzung (mit Fahrtenbuch) 260

c) Andere sonstige Leistungen für außerunternehmerische Zwecke

Fall 418a: Einsatz von Arbeitnehmern für den Privatbereich 261
Fall 418b: Entnahme von Waren und sonstigen Leistungen 261

4. Nichtabzugsfähige Betriebsausgaben

a) Schuldzinsen auf Überentnahmen

Fall 419: Nichtabzugsfähige Zinsen 262

b) Geschenkaufwendungen

Fall 419a: Geschenke an Geschäftsfreunde 264
Fall 420: Blumen-Präsent 264

c) Bewirtungskosten

Fall 421: Bewirtungskosten (angemessen) 264
Fall 422: Bewirtungskosten (unangemessen) 265

d) Fahrtkosten für Fahrten zwischen Wohnung und Betrieb

Fall 423: Fahrten Wohnung – Betrieb (ohne Fahrtenbuch) 265
Fall 424: Fahrten Wohnung – Betrieb (mit Fahrtenbuch) 266

5. Buchungen im Anlagenverkehr

Fall 425: Anschaffung eines Lkw 266
Fall 426: Anschaffung einer Krananlage 267
Fall 427: Anschaffung eines unbebauten Grundstücks 267
Fall 428: Verkauf einer Grundstücksteilfläche 268
Fall 429: Anschaffung eines bebauten Grundstücks 268
Fall 430: Einlage eines unbebauten Grundstücks 268
Fall 431: Grundstückskauf/Reparaturkosten 269
Fall 432: Anzahlungen auf Anlagegüter 269
Fall 433: Kauf eines Lkw/Tausch mit Baraufgabe 270
Fall 434: Anschaffung von Anlagegütern aus EU-Staaten 270
Fall 434a: Pkw-Kauf in Dänemark 270
Fall 435: Anschaffungskosten beim Anlage- und Umlaufvermögen ... 271
Fall 436: Anschaffung eines Kopierers 271
Fall 437: Anschaffung einer Kaffeemaschine 271
Fall 438: Anschaffung eines Pkw-Kombi/Inzahlunggabe 272
Fall 439: Anschaffungskosten/Eigenleistung 272

Fall 440:	Anschaffung von Einrichtungsgegenständen	272
Fall 441:	Anschaffung neuer Computer-Programme	273
Fall 442:	Anschaffung Pkw/Inzahlunggabe/Damnum	273
Fall 443:	Umbauten/Abschlagzahlungen	274
Fall 443a:	Erwerb eines Betriebes	274

6. Buchungen im Personalbereich

a) Löhne und Gehälter

Fall 444:	Buchung von Gehältern	275
Fall 445:	Buchungen von Löhnen (Vorschuss)	275
Fall 446:	Buchung von Aushilfslöhnen	275
Fall 447:	Gehaltsbuchung	276
Fall 448:	Gehaltsbuchung (geldwerter Vorteil)	276
Fall 449:	Gehaltsbuchung (Verrechnung mit Leistungen des Arbeitgebers)	276
Fall 450:	Gehaltsbuchung (Verrechnung mit Warenbezügen)	277
Fall 451:	Gehaltsbuchung (Verrechnung mit Arbeitgeberdarlehen)	277

b) Reisekosten 2000

Fall 452:	Reisekostenabrechnung mit Tagespauschalen	278
Fall 453:	Reisekosten (Benutzung eines privaten Pkw)	278
Fall 454:	Mehrtägige Dienstreise	279
Fall 455:	Reisekosten des Unternehmers	279

7. Buchung von Steuern und steuerlichen Nebenleistungen

Fall 456:	Gewinnauswirkung von Steuerzahlungen	280
Fall 457:	Steuerzahlungen/Säumniszuschläge	280
Fall 458:	Steuerzahlung/Verrechnung mit Guthaben	280
Fall 459:	Verrechnung eines USt-Guthabens	281
Fall 460:	Steuererstattungen	281
Fall 461:	Steuererstattung/Verrechnung mit Steuerrückständen	281
Fall 462:	Erlass von Säumniszuschlägen	282
Fall 463:	Buchung einer GewSt-Nachzahlung	282
Fall 464:	Buchung der Gewerbesteuer	282
Fall 465:	Nachzahlung von Lohn- und Kirchensteuer	282
Fall 466:	Buchung von Umsatzsteuern	283

8. Buchungen im Wechselverkehr

Fall 467:	Wechsel/Präsentieren bei Fälligkeit	283
Fall 468:	Akzeptieren eines Wechsels	284
Fall 469:	Wechseldiskontierung	284
Fall 470:	Weitergabe eines Wechsels	284
Fall 471:	Wechselprotest und Rückgriff	285
Fall 472:	Wechselprotest und Forderungsausfall	285

9. Buchungen im Wertpapierverkehr

Fall 473:	Erwerb von Aktien	286
Fall 474:	Kauf von Aktien/Nebenkosten	286
Fall 475:	Kauf von festverzinslichen Wertpapieren	287
Fall 476:	Kauf, Verkauf, Dividende bei Aktien	287
Fall 477:	Kauf, Verkauf, Zinsschein bei festverzinslichen Wertpapieren	287
Fall 478:	Anschaffung/Dividende/Zinsen bei Wertpapieren	288

III. Buchungen beim Jahresabschluss

1. Zeitliche Abgrenzung

Fall 479:	Abgrenzungsposten	289
Fall 480:	Zeitliche Abgrenzung	290
Fall 481:	Berechnung der Abgrenzungen/Korrekturbuchungen	290
Fall 482:	Darlehensaufnahme	291
Fall 483:	Darlehensaufnahme/Damnum (Disagio)	291
Fall 484:	Darlehensgewährung	291
Fall 485:	Zeitliche Abgrenzung/Umsatzsteuer	292
Fall 486:	Zeitliche Abgrenzung/Vorsteuer	292
Fall 486a:	Bildung von Rückstellungen	292
Fall 487:	Gewerbesteuer-Rückstellung (5/6-Methode)	293
Fall 488:	Berechnung einer Gewerbesteuer-Rückstellung	293
Fall 489:	Gewerbesteuer-Rückstellung/Zu- und Abrechnungen	294
Fall 490:	Gewerbesteuer-Rückstellung bei Zerlegung	294
Fall 491:	Weitere Abgrenzungen	294

2. Bewertung des Betriebsvermögens

a) Zugehörigkeit von Wirtschaftsgütern zum Betriebsvermögen

Fall 492:	Abgrenzung Betriebsvermögen/Privatvermögen	295

Fall 493:   Darlehen als Betriebsschuld 296

b) Bewertungsmaßstäbe

Fall 494:   Anschaffungskosten und AfA bei einem Gebäude 297
Fall 495–496: Herstellungskosten bei Fertigerzeugnissen 297
Fall 497:   Einlage von nicht abnutzbaren Anlagegütern 298
Fall 498:   Einlage von abnutzbaren Anlagegütern 298
Fall 499–500: Einlage eines bebauten Grundstücks 298

c) Wertansätze in der Bilanz

aa) Bewertung von abnutzbarem Anlagevermögen

Fall 501:   Verschiedene AfA-Methoden 300
Fall 502:   AfA nach Maßgabe der Leistung 301
Fall 503:   AfA-Berechnung und Bewertung 301
Fall 504:   AfA bei beweglichem Anlagevermögen 301
Fall 505:   AfA bei angeschafften Betriebsgebäuden 302
Fall 505a: Herstellungskosten und AfA bei einem Betriebsgebäude ... 302
Fall 506:   Anschaffungsnaher Herstellungsaufwand 303
Fall 507:   AfA bei gemischtgenutzten Gebäuden 303
Fall 508:   AfA bei Außenanlagen 304
Fall 509:   AfA beim Firmenwert 304
Fall 509a: Bewertung einer unmodernen Maschine 304
Fall 510:   Bewertung eines Unfallfahrzeugs 305

bb) Bewertung von nicht abnutzbarem Anlagevermögen

Fall 510a: Bewertung eines unbebauten Grundstücks 305
Fall 510b: Bewertung von Wertpapieren/Anlagevermögen 305
Fall 510c: Teilwertabschreibung bei festverzinslichen Wertpapieren ... 306

cc) Bewertung von Umlaufvermögen

Fall 511:   Warenbewertung/Ermittlung der Anschaffungskosten 307
Fall 512:   Bewertung von Warenbeständen 307
Fall 513–515: Teilwertermittlung beim Warenbestand 307
Fall 516:   Bewertung von Forderungen 309
Fall 517:   Einzel- und Pauschalwertberichtigung 310
Fall 518:   Wertberichtigung auf Forderungen/Forderungsausfall 310
Fall 519:   Wertberichtigung auf Forderungen/Besonderheiten 310
Fall 520:   Eingänge auf wertberichtigte Forderungen 311

Fall 520a:	Teilweise abgeschriebene Forderung	312
Fall 521:	Bewertung von Forderungen/Korrekturbuchungen	312
Fall 522:	Verbindlichkeiten in ausländischer Währung	313

3. Rücklagen

Fall 523:	Zeitliche Verlagerung von Veräußerungsgewinnen	314
Fall 524:	Bildung und Übertragung einer Rücklage für Ersatzbeschaffung	314
Fall 525:	Rücklage für Ersatzbeschaffung/Auflösung	315
Fall 526:	Bildung einer Anspar-Rücklage	315
Fall 527:	Auflösung einer Anspar-Rücklage nach Investition	315
Fall 528:	Auflösung einer Anspar-Rücklage ohne Investition	316

4. Gewinnverteilung bei Personengesellschaften

Fall 529:	Gewinnverteilung bei einer OHG nach HGB	316
Fall 530:	Gewinnverteilung bei einer KG	317
Fall 531:	Gewinnverteilung/Tätigkeitsvergütungen	317
Fall 532:	Gewinnverteilung/typischer stiller Gesellschafter	318
Fall 533:	Gewinnverteilung/atypischer stiller Gesellschafter	318

5. Gewinnermittlung nach § 4 Abs. 3 EStG

Fall 534:	Gewinnermittlung nach § 4 Abs. 3 EStG	320
Fall 535:	Gewinnauswirkung § 4 Abs. 3 EStG/§ 5 EStG	322
Fall 536:	Gewinnermittlung gem. § 4 Abs. 3 EStG bei Ärzten	323

F. Fachrechnen

I. Dreisatz
Fälle 537–539: 324

II. Durchschnittsrechnen
Fälle 540–541: 324

III. Verteilungsrechnen
Fälle 542–546: 325

IV. Prozentrechnen
Fälle 547–552: 326

V. Mengen- und Preisabzüge bei Beschaffung und Absatz
Fälle 553–555: 327

VI. Handelskalkulation
Fälle 556–570: 328

VII. Industriekalkulation
Fälle 571–575: 331

VIII. Zinsrechnen
Fälle 576–588: 333

IX. Diskontrechnung
Fälle 589–591: 335

G. Wirtschaftslehre

I. Rechtliche Rahmenbedingungen des Wirtschaftens

Vorbemerkung 337

1. Die Gliederung des BGB 337

2. Die Gliederung des HGB 337

3. Der Kauf nach bürgerlichem Recht und nach Handelsrecht 337
Fall 592: Geschäftsfähigkeit/Rechtsfähigkeit 339
Fall 593: Taschengeld Minderjähriger 339
Fall 594: Willenserklärung 339
Fall 595: Vertragsabschluss 339
Fall 596: Vertragsabschluss, Anfechtung wegen Irrtums 340
Fall 597: Vertragsarten/Vertragsinhalt 340
Fall 598: Einzelne Rechtsgeschäfte 341
Fall 599: Kaufvertrag 341
Fall 600: Kaufvertrag 341
Fall 601: Unbestellte Ware 342
Fall 602: Erfüllung des Vertrages 342
Fall 603: Erfüllungsort 342
Fall 604: Fixgeschäft (Lieferverzug) 342
Fall 605: Lieferung unter Eigentumsvorbehalt 343
Fall 606: Handelskauf, Annahmeverzug 343
Fall 607: Besitzkonstitut (Besitzmittlungsverhältnis) 343
Fall 608: Schlechterfüllung eines Vertrages 343
Fall 609–611: Mängelrügen 344

Inhaltsverzeichnis 43

Fall 612: Zahlungsverzug 345
Fall 613: Verjährung 345
Fall 614: Verjährungsfristen 346
Fall 615: Verjährungsfristen 346
Fall 616: Unterbrechung der Verjährung 347
Fall 617: Unterbrechung der Verjährung 347
Fall 618: Berechnung einer Verjährungsfrist 347
Fall 619: Berechnung einer Verjährungsfrist 348

II. Die gesetzliche Sozialversicherung

A. Allgemeines zum Sozialrecht 348

B. Die gesetzliche Sozialversicherung 349

1. Überblick 349

2. Beitragsregelungen 349

3. Beitragsregelungen in der gesetzlichen Unfallversicherung 350

4. Begriffe aus der Sozialversicherung 350

Übersicht 28: Pauschalierung von Arbeitslohn 2000/2001 351
Fall 620: Sozialversicherung, Begriffe 352
Fall 621: Arbeitsentgelt in der Sozialversicherung 352
Fall 622: Unfallversicherung 352
Fall 623: Sozialversicherung 353
Fall 624: Mutterschaftsgeld, Erziehungsgeld 353
Fall 625: Arbeitslosengeld, Arbeitslosenhilfe 354
Fall 626: Arbeitsrecht 354

Übersicht 29: Der Kündigungsschutz 355

III. Zahlungsverkehr
Die Zahlungsarten 356

1. Barzahlung 356

2. Unbare Zahlung 356

a) Überweisung von Konto zu Konto 356

b) Zahlung mit Zahlschein 357

c) Dauerauftrag 358

d) Lastschrift 358

e) Scheck 358

f) Wechsel 359

Übersicht 30: Zahlungsarten 361

Übersicht 31: Die gesetzlichen Bestandteile von Scheck und Wechsel .. 361

Fall 627:	Quittung als Zahlungsnachweis	361
Fall 628–630:	Zahlungsarten	361
Fall 631:	Lastschriftverfahren	362
Fall 632:	Zahlungen an Finanzbehörden	362
Fall 633:	Vorlegungsfristen für Schecks	362
Fall 634:	Scheck mit abgelaufener Vorlegungsfrist	363
Fall 635:	Scheck „Nur zur Verrechnung"	363
Fall 636:	Barscheck	363
Fall 637:	Zahlung durch EC-Scheck	363
Fall 638:	EC-Scheck oder Bargeld	363
Fall 639:	Vordatierter Scheck	364
Fall 640:	Abweichende Schecksumme	364
Fall 641:	Wechsel/Begriffe	364
Fall 642:	Wechselrecht	364
Fall 643:	Verwendung eines Wechsels	365
Fall 644:	Indossament	365
Fall 645:	Wechselprotest	365
Fall 646:	Wechselkosten/Umsatzsteuer	365
Fall 647:	Diskontsatz	365

IV. Finanzierung

Fall 648–649:	Finanzierung und Investition	366
Fall 650:	Finanzierungsformen	367
Fall 651:	Pensionszusagen an Arbeitnehmer	367
Fall 652–655:	Kreditsicherung	367
Fall 656:	Kreditsicherung bei Grundstückserwerb	368
Fall 657:	Lieferantenkredit/Grundschuld	368
Fall 658:	Abtretung von Forderungen	369

Fall 659:	Finanzierung durch Wechsel	369
Fall 660:	Bürgschaft	369

Übersicht 32: Leasing 370

Fall 661:	Leasing	370
Fall 662:	Leasing/Steuerliche Zurechnung	371
Fall 663:	Factoring	371

V. Handelsrecht

Fall 664:	Kaufmannseigenschaft	372
Fall 665:	Gewerbeanmeldung	372
Fall 666:	Handelsregister	373
Fall 667:	Prokura	374
Fall 668:	Prokura, Handelsregister	374
Fall 669:	Handlungsvollmacht	374
Fall 670:	Handelsvertreter	375
Fall 671:	Kommission	375
Fall 672–673:	Firma	375

VI. Gesellschaftsrecht

Fall 674:	Gesellschaftsformen	376
Fall 675:	Stille Gesellschafter	376
Fall 676:	Offene Handelsgesellschaft	377
Fall 677:	Geschäftsführung in der OHG	377
Fall 678:	Personengesellschaft/Kapitalgesellschaft	377
Fall 679:	Kommanditgesellschaft; Gewinnverteilung und Privatentnahmen	378
Fall 680:	Gesellschaft mit beschränkter Haftung	378
Fall 681:	Beschlussfassung in der Hauptversammlung einer GmbH	378
Fall 682:	GmbH, Prüfung des Jahresabschlusses	379
Fall 683:	Aktiengesellschaft	379

VII. Finanzkrisen und Auflösung der Unternehmung (Insolvenzrecht)

Fall 684:	Unternehmensinsolvenzverfahren	380
Fall 685:	Verbraucherinsolvenzverfahren	382

H. Mandantenorientierte Sachbearbeitung

Fall 686:	Firmengründung Wahl der Rechtsform und Haftung, Firmenbezeichnung, Vertretung	383
Fall 687:	Verträge Vertragsarten, Formvorschriften, Störung von Verträgen, Verjährung, Buchung entsprechender Geschäftsvorfälle, gerichtliches Mahnverfahren	386
Fall 688:	Auslandsbeziehungen Im- und Exporte, innergemeinschaftliche Lieferung, innergemeinschaftlicher Erwerb, Buchung entsprechender Geschäftsvorfälle, Rechnen mit ausländischer Währung	388
Fall 689:	Kauf/Miete eines bebauten Grundstücks Vor- und Nachteile, Finanzierungsfragen, Zugehörigkeit zum Betriebsvermögen mit steuerlichen Auswirkungen, Erstellung der Anlage V und einer Umsatzsteuer-Erklärung .	391
Fall 690:	Abgrenzung von privaten und betrieblichen Aufwendungen, nicht abzugsfähige Betriebsausgaben, Bewertung des Betriebsvermögens, Gewerbesteuer-Rückstellung, Gewinnverteilung	393
Fall 691:	Betriebliche Kennzahlen, Kalkulation	399

Zweiter Teil: Lösungen

A. Einkommensteuer

Fälle 1–138: 401

B. Gewerbesteuer

Fälle 139–147: 495

C. Umsatzsteuer

Fälle 148–283: 501

D. Abgabenordnung

Fälle 298–363: 537

E. Buchführung

Fälle 364–536: 564

F. Fachrechnen

Fälle 537–591: 661

G. Wirtschaftslehre

Fälle 592–685: 678

H. Mandantenorientierte Sachbearbeitung

Fälle 686–691: 714

Stichwortverzeichnis 737

Gebräuchliche Abkürzungen

Abs.	Absatz
Abschn.	Abschnitt
abzgl.	abzüglich
a. F.	alte Fassung
AfA	Absetzung für Abnutzung
AFG	Arbeitsförderungsgesetz
AG	Aktiengesellschaft
AK	Anschaffungskosten
AO	Abgabenordnung
ArbL	Arbeitslohn
Art.	Artikel
BAföG	Bundesausbildungsförderungsgesetz
BdF	Bundesminister der Finanzen
BErzGG	Bundeserziehungsgeldgesetz
BewG	Bewertungsgesetz
BFH	Bundesfinanzhof
BGA	Betriebs- und Geschäftsausstattung
BGB	Bürgerliches Gesetzbuch
Bj	Baujahr
BKGG	Bundeskindergeldgesetz
BStBl	Bundessteuerblatt
BUrlG	Bundesurlaubsgesetz
BV	Betriebsvermögen
bzgl.	bezüglich
DBA	Doppelbesteuerungsabkommen
EigZul	Eigenheimzulage
EigZulG	Eigenheimzulagengesetz
einschl.	einschließlich
ErbSt	Erbschaftsteuer
ESt	Einkommensteuer
EStDV	Einkommensteuer-Durchführungsverordnung
EStG	Einkommensteuergesetz
EStH	Einkommensteuer-Hinweise
EStR	Einkommensteuer-Richtlinien
EUSt	Einfuhrumsatzsteuer
EW	Einheitswert
f., ff.	folgende, fortfolgende
FGO	Finanzgerichtsordnung

FinMin	Finanzministerium
FVG	Finanzverwaltungsgesetz
GewSt	Gewerbesteuer
GewStG	Gewerbesteuergesetz
GG	Grundgesetz
ggf.	gegebenenfalls
GmbH	Gesellschaft mit beschränkter Haftung
grds.	grundsätzlich
GrESt	Grunderwerbsteuer
GrSt	Grundsteuer
GuV	Gewinn und Verlust
GWG	Geringwertiges Wirtschaftsgut
H	Hinweis (im Einkommensteuer-Handbuch)
HB	Handelsbilanz
HGB	Handelsgesetzbuch
HR	Handelsregister
J.	Jahr(e)
i. H. v.	in Höhe von
InsO	Insolvenzordnung
InvZulG	Investitionszulagengesetz
i. S.	im Sinne
i. S. d.	im Sinne des
i. S. v.	im Sinne von
i. V. m.	in Verbindung mit
KapESt	Kapitalertragsteuer
KapGes	Kapitalgesellschaft
KG	Kommanditgesellschaft
KGaA	Kommanditgesellschaft auf Aktien
Kj	Kalenderjahr
KO	Konkursordnung
KSchG	Kündigungsschutzgesetz
KSt	Körperschaftsteuer
KStG	Körperschaftsteuergesetz
KWG	Kreditwesengesetz
LHK	Lebenshaltungskosten
LSt	Lohnsteuer
LStDV	Lohnsteuer-Durchführungsverordnung
LStR	Lohnsteuer-Richtlinien
lt.	laut
mtl.	monatlich
n. F.	neue Fassung
Nr.	Nummer(n)
NRW	Nordrhein-Westfalen

OHG	Offene Handelsgesellschaft
OWiG	Gesetz betreffend Ordnungswidrigkeiten
R	Richtlinie (im Einkommensteuer-Handbuch)
RAP	Rechnungsabgrenzungsposten
RFH	Reichsfinanzhof
RStBl	Reichssteuerblatt
RVO	Reichsversicherungsordnung
SBA	Sonderbetriebsausgaben
ScheckG	Scheckgesetz
SGB IV	Viertes Buch Sozialgesetzbuch
sog.	so genannte(r)
SolZ	Solidaritätszuschlag
StB	Steuerbilanz
StBerG	Steuerberatungsgesetz
StBGebV	Steuerberatergebührenverordnung
StEntlG	Steuerentlastungsgesetz
SteuerStud	Steuer und Studium (Zeitschrift)
Stkl.	Steuerklasse
Tab.	Tabelle
Tz	Textziffer
u. a.	unter anderem
USt	Umsatzsteuer
UStBMG	Umsatzsteuer-Binnenmarktgesetz
UStDV	Umsatzsteuer-Durchführungsverordnung
UStG	Umsatzsteuergesetz
USt-IdNr.	Umsatzsteuer-Identifikationsnummer
UStR	Umsatzsteuer-Richtlinien
VermBG	Vermögensbildungsgesetz
vGA	verdeckte Gewinnausschüttung
VO	Verordnung
VoSt	Vorsteuer
VSt	Vermögensteuer
VStG	Vermögensteuergesetz
VStR	Vermögensteuer-Richtlinien
VuV	Vermietung und Verpachtung
vwl	vermögenswirksame Leistung(en)
VZ	Veranlagungszeitraum
WoBauG	Wohnungsbaugesetz
Wj	Wirtschaftsjahr
zvE	zu versteuerndes Einkommen
z. Z.	zurzeit
zzgl.	zuzüglich

Erster Teil: Fälle- und Fragenkatalog

A. Einkommensteuer

Vorbemerkung

Für die praktische Tätigkeit im wirtschafts- und steuerberatenden Beruf sind umfangreiche Kenntnisse auf dem Gebiet der **Einkommensteuer** unerlässlich. Deshalb bildet die Einkommensteuer innerhalb des Prüfungsfaches **Steuerwesen** das wichtigste Fachgebiet. Den Berechnungsbogen für die Einkommensteuer finden Sie auf den nächsten Seiten.

I. Persönliche Voraussetzungen für die Besteuerung

Der Einkommensteuer unterliegen nur natürliche Personen, das sind lebende Menschen (§ 1 EStG). Juristische Personen (z. B. eine GmbH oder Aktiengesellschaft) sind nach dem Körperschaftsteuergesetz (KStG) steuerpflichtig. Nicht rechtsfähige Personenvereinigungen sind mit ihrem Einkommen weder nach dem EStG noch nach dem KStG steuerpflichtig. Ihre Gewinne werden auf die Beteiligten aufgeteilt und unterliegen dort der Besteuerung.

Übersicht 1: Steuerpflicht nach § 1 EStG

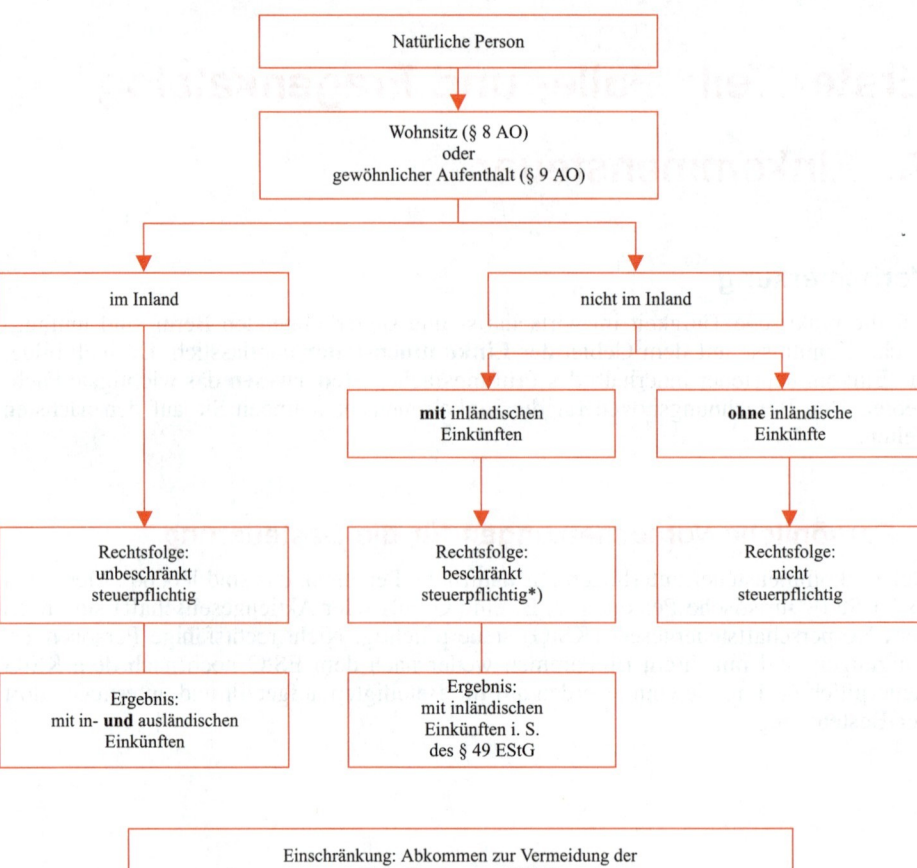

*) Anmerkung: Beschränkt Steuerpflichtige, die weit überwiegend inländische Einkünfte beziehen, können auf Antrag als unbeschränkt einkommensteuerpflichtig behandelt werden. Das ist möglich, wenn die Einkünfte mindestens zu 90 % der Einkommensteuer unterliegen oder die ausländischen Einkünfte nicht mehr als 12 000 DM im Kalenderjahr betragen (§ 1 Abs. 3 EStG).

Staatsangehörige eines Mitgliedstaates der Europäischen Union, die unbeschränkt einkommensteuerpflichtig oder als unbeschränkt einkommensteuerpflichtig zu behandeln sind, können nach § 1a EStG besondere familienbezogene Steuervergünstigungen in Anspruch nehmen.

In diesen Fällen kann auch der Ehegatte ohne Wohnsitz oder gewöhnlichen Aufenthalt im Inland auf Antrag für die Anwendung von § 26 EStG als unbeschränkt einkommensteuerpflichtig behandelt werden, d. h. die Ehegatten können zusammen zur Einkommensteuer veranlagt werden (§§ 26, 26b EStG).

Persönliche Steuerpflicht Fall 1

Sachverhalt:

a) Der in Bielefeld wohnende Grieche Theodor Amanlis bezieht nur Einkünfte aus nichtselbständiger Arbeit. Seine Ehefrau (nicht getrennt lebend) wohnt in Athen. Sie hat keine eigenen Einkünfte.

b) Georgio Paletti wohnt in Rom (Italien) und hat nur Einkünfte aus einer dort betriebenen Eisdiele.

c) Eva Tüchtig führt den gemeinsamen ehelichen Haushalt in Bonn und verfügt über keinerlei eigene Einkünfte.

d) Der Hoch- und Tiefbau GmbH mit Sitz in Dortmund sind Einkünfte aus Gewerbebetrieb zuzurechnen.

e) Der in Köln wohnende Josef Schmitz bezieht lediglich Einkünfte aus der Vermietung eines Hauses in Spanien.

f) Der in Eupen (Belgien) zusammen mit seiner Ehefrau wohnende deutsche Staatsbürger Dr. Emil Schlachter unterhält in Aachen eine Arztpraxis (inländische Einkünfte). Andere Einkünfte haben die Eheleute nicht.

g) Die Schulz & Co. OHG mit Geschäftsleitung in Bochum betreibt eine Schrotthandlung in Bochum.

Frage: Wie beurteilen Sie die Einkommensteuerpflicht?

▶ §§ 1, 1a u. 49 EStG, §§ 8 u. 9 AO

Persönliche Steuerpflicht Fall 2

Sachverhalt: Fabrikant Reich, wohnhaft in Hamm, verstarb am 15. 4. 2000 um 12 Uhr.

Frage: Ist Reich im Veranlagungszeitraum 2000 steuerpflichtig? Wenn ja, was hat das Finanzamt bezüglich der Steuerpflicht für den Veranlagungszeitraum 2000 zu berücksichtigen?

▶ § 1, § 2 Abs. 7, § 25 EStG

Gewöhnlicher Aufenthalt im Inland Fall 3

Sachverhalt: Der französische Sänger Rego, der zusammen mit seiner Familie in Le Havre lebt, machte in der Zeit vom 15. 09. 2000 bis 20. 05. 2001 eine Gastspielreise durch die Bundesrepublik Deutschland. Er wohnte jeweils in Hotels. Während des gesamten Monats Dezember 2000 wurde die Gastspielreise planmäßig unterbrochen. In dieser Zeit hielt sich Rego bei seiner Familie in Le Havre auf.

Frage: Ist Rego in den Veranlagungszeiträumen 2000 und 2001 unbeschränkt einkommensteuerpflichtig?

▶ § 9 AO

Bescheinigung EU/EWR
der ausländischen Steuerbehörde zur Einkommensteuererklärung

199___

- für Staatsangehörige von Mitgliedstaaten der Europäischen Union (EU) und des Europäischen Wirtschaftsraums (EWR)
- für Angehörige des deutschen öffentlichen Dienstes, die im dienstlichen Auftrag außerhalb der EU/des EWR tätig sind (§ 1 a Abs. 2 Einkommensteuergesetz) – erstmals für 1996

Angaben zur Person

Steuerpflichtige Person (Stpfl.), bei Ehegatten: **Ehemann** | **Ehefrau**

Zeile	Stpfl./Ehemann	Ehefrau
1	Name	Name
2	Vorname	Vorname
3	Geburtsdatum / Staatsangehörigkeit	Geburtsdatum / Staatsangehörigkeit
4	Ansässigkeitsstaat	Ansässigkeitsstaat
5	Postleitzahl, Wohnort	Postleitzahl, Wohnort
6	Straße, Hausnummer	Straße, Hausnummer
7	Verheiratet seit dem / Verwitwet seit dem / Geschieden seit dem	Dauernd getrennt lebend seit dem

Einkünfte, die im Ansässigkeitsstaat der Besteuerung unterliegen

	Stpfl./Ehemann		Ehefrau	
	Betrag / Währung	Betrag / Währung	Betrag / Währung	Betrag / Währung
Bruttoarbeitslohn				
Werbungskosten	–	▸	–	▸
Andere Einkünfte z.B. aus Gewerbebetrieb, Kapitalvermögen, Vermietung u. Verpachtung				
Art der Einkünfte			Art der Einkünfte	

Unterschrift

Ich versichere, daß ich die vorstehenden Angaben wahrheitsgemäß nach bestem Wissen und Gewissen gemacht habe.

Datum | Datum

Unterschrift Stpfl./Ehemann | Unterschrift Ehefrau

Bestätigung der ausländischen Steuerbehörde

Name und Anschrift der ausländischen Steuerbehörde

Es wird hiermit bestätigt,

1. daß die genannte(n) steuerpflichtige(n) Person(en) 199___ ihren Wohnsitz in unserem Staat hatte(n);

2. daß nichts bekannt ist, was zu den vorstehenden Angaben über die persönlichen Verhältnisse und über die Einkommensverhältnisse in Widerspruch steht.

Ort | Datum | Dienststempel und Unterschrift

Bescheinigung EU/EWR – *deutsch* – | 1. Ausfertigung für das deutsche Finanzamt

Einkommensteuer – Fälle 55

– Nur vom deutschen Finanzamt auszufüllen –

Zeile		Stpfl. / Ehemann DM	Ehefrau DM
1	**Berechnung der 90%-Grenze**		
2	Einkünfte, die in voller Höhe der deutschen Besteuerung unterliegen		
3	Einkünfte aus Land- und Forstwirtschaft		
4	Gewerbebetrieb		
5	selbständiger Arbeit		
6	nichtselbständiger Arbeit		
7	Kapitalvermögen		
8	Vermietung und Verpachtung		
9	Sonstige Einkünfte		
10	Summe		
11	Summe der Einkünfte aus Zeile 10		
12			
13	Einkünfte, die im Ansässigkeitsstaat der Besteuerung unterliegen (siehe die Zeilen 12 bis 17 der Vorderseite – in DM umgerechnet)		
14	Summe der Zeilen 10 und 13		
15	Summe der Einkünfte aus Zeile 14		
16	Betrag aus Zeile 11		
17	$\dfrac{\text{Betrag aus Zeile 11} \times 100}{\text{Betrag aus Zeile 15}} = \underline{\qquad}\%$	Falls der Prozentsatz kleiner als 90 ist, so ist der Antrag nach § 1 a Abs. 1 i.V.m. § 1 Abs. 3 EStG dennoch zulässig, wenn die Beträge aus Zeile 13 12 000 DM bei Alleinstehenden, 24 000 DM bei Ehegatten nicht übersteigen.	
18			
19			
20			
21	**Bei Alleinstehenden:** Die Voraussetzungen des § 1 Abs. 3 EStG * sind . . . . ☐ erfüllt. ☐ nicht erfüllt.		
22	**Bei Ehegatten:** Die Voraussetzungen des § 1 a Abs. 1 Nr. 2 i.V.m. § 1 Abs. 3 EStG (Zusammenveranlagung) sind . . ☐ erfüllt. ☐ nicht erfüllt.		
23	Falls die Voraussetzungen für die Zusammenveranlagung nicht vorliegen, ist zu prüfen, ob einer der Ehegatten allein die 90%-Grenze bzw. die 12 000 DM-Grenze erfüllt.		
24	Betrag aus Zeile 10		
25	$\dfrac{\text{Betrag aus Zeile 10} \times 100}{\text{Betrag aus Zeile 14}} = \underline{\qquad}\%$	Falls der Prozentsatz kleiner als 90 ist, so ist der Antrag nach § 1 Abs. 3 EStG dennoch zulässig, wenn der Betrag aus Zeile 13 12 000 DM nicht übersteigt.	
26			
27			
28	Die Voraussetzungen des § 1 Abs. 3 EStG * sind . . . . ☐ erfüllt. ☐ nicht erfüllt.		
29			
30			
31	*) Bis einschl. 1995: § 50 Abs. 4 EStG, sofern nicht die Voraussetzungen des § 1 a Abs. 1 Nr. 1, 3 oder 4 EStG erfüllt sind.		

II. Sachliche Voraussetzungen für die Besteuerung

Die unbeschränkte Einkommensteuerpflicht erstreckt sich auf sämtliche inländische und ausländische Einkünfte. Welche Einkünfte dabei im Einzelnen zu berücksichtigen sind, ergibt sich aus § 2 EStG. Diese zentrale Vorschrift des Einkommensteuergesetzes enthält eine Art „roten Faden" zur Ermittlung des zu versteuernden Einkommens, der Grundlage für die Festsetzung der Einkommensteuer.

Ausgangspunkt sind die sieben Einkunftsarten (Einfünfte aus Land- und Forstwirtschaft, Gewerbebetrieb, selbständiger Arbeit, nichtselbständiger Arbeit, Kapitalvermögen, Vermietung und Verpachtung und schließlich die sonstigen Einkünfte).

       Einkünfte aus den sieben Einkunftsarten (§ 2 Abs. 1 EStG)
= **Summe der Einkünfte**

Vermindert um den Altersentlastungsbetrag und den Freibetrag für Land- und Forstwirte erhält man den Gesamtbetrag der Einkünfte.

   ./. **Altersentlastungsbetrag (§ 24a EStG)**
   ./. **Freibetrag für Land- und Forstwirte (§ 13 Abs. 3 EStG)**
   = **Gesamtbetrag der Einkünfte**

Der Gesamtbetrag der Einkünfte, vermindert um die Sonderausgaben und die außergewöhnlichen Belastungen, ist das Einkommen.

   ./. **Verlustabzug (§ 10d EStG)**
   ./. **Sonderausgaben (§§ 10, 10b, 10c EStG)**
   ./. **außergewöhnliche Belastungen (§§ 33–33c EStG)**
   = **Einkommen**

Vom Einkommen sind schließlich (ggfs.) Kinderfreibeträge, der Haushaltsfreibetrag und sonstige Beträge abzuziehen, sodass man das zu versteuernde Einkommen als Bemessungsgrundlage für die tarifliche Einkommensteuer erhält.

   ./. **Kinderfreibetrag (§ 32 Abs. 6 EStG)**
   ./. **Haushaltsfreibetrag (§ 32 Abs. 7 EStG)**
   ./. **Härteausgleich (§ 46 Abs. 3 EStG)**
   = **zu versteuerndes Einkommen**

Die Richtlinie 3 der Einkommensteuer-Richtlinien (EStR 3) enthält eine detaillierte Übersicht zur Ermittlung des zu versteuernden Einkommens.

Einkommensteuer – Fälle

Berechnungsbogen für die Einkommensteuer (bei unbeschränkter Steuerpflicht)
Gang der Berechnung für das Kj. 2000

	Stpfl./Ehemann DM	Ehefrau DM	Zeile
1. Einkünfte aus Land- und Forstwirtschaft ⎫ Gewinn/Verlust			1
2. Einkünfte aus Gewerbebetrieb ⎬	+	+	2
3. Einkünfte aus selbständiger Arbeit ⎭	+	+	3
4. Einkünfte aus nichtselbständiger Arbeit			4

	Stpfl./Ehemann DM	Ehefrau DM			
Bruttoarbeitslohn.					5
Versorgungsfreibetrag (40 v. H. d. Versorgungsbezüge, höchstens 6 000 DM je Pers.).	–	–			6
verbleiben					7
Werbungskosten, mindestens Pauschbetrag von 2 000 DM.	–	–	▲ –	▲ –	8
5. Einkünfte aus Kapitalvermögen					9
Einnahmen.					10
Werbungskosten (ggf. Pauschbetrag von 100 DM, bei Ehegatten 200 DM)	–	–			11
Sparer-Freibetrag (3 000 DM; Ehegatten 6 000 DM)	–	–	▲ +	▲ +	12
6. Einkünfte aus Vermietung und Verpachtung			+	+	13
7. Sonstige Einkünfte					14
Einnahmen (bei Leibrenten nur Ertragsanteil)					15
Werbungskosten (ggf. Pauschbetrag von 200 DM)	–		▲ +	▲ +	16
Altersentlastungsbetrag für vor dem 2. 1. 1936 Geborene		Zwischensumme			17
Bruttoarbeitslohn ohne Versorgungsbezüge.					18
Positive Summe der Einkünfte lt. Nummern 1 bis 3 und 5 bis 7 (jedoch ohne Leibrenten)	+	+	↑ Summe der Einkünfte		19
zusammen					20
davon 40 v. H., höchstens je 3 720 DM		+	↑		21
Freibetrag für Land- und Forstwirte (ggf. 2 000 DM, bei Ehegatten 4 000 DM).					22

	Gesamtbetrag der Einkünfte	
	DM	

Sonderausgaben			
Vorsorgeaufwendungen: Höchstbetrag/Vorsorgepauschale			23
Übrige Sonderausgaben: Aufwendungen/Sonderausgaben-Pauschbetrag			24
Wohnraumförderung (§ 10e – § 10i EStG)			25

Außergewöhnliche Belastungen
Abziehbarer Betrag nach §§ 33, 33c EStG

26

27 v. H. des Gesamtbetrags der Einkünfte

28 Überlastungsbetrag – nicht negativ –

29 davon höchstens abziehbar nach § 33c Abs. 3 EStG

30 mindestens Pauschbetrag nach § 33c Abs. 4 EStG

31 Unterstützung bedürftiger Personen (§ 33a Abs. 1 EStG)

32 Ausbildungsfreibetrag (§ 33a Abs. 2 EStG)

33 Beschäftigung einer Hilfe im Haushalt, Heimunterbringung oder Unterbringung zur dauernden Pflege (§ 33a Abs. 3 EStG)

34 Pauschbetrag für Behinderte, Hinterbliebene und Pflegepersonen (§ 33b EStG)

35

36 **Einkommen**

37 **Haushaltsfreibetrag** für Alleinstehende mit mindestens einem Kind bei Grundtabelle (5 616 DM)

38 **Kinderfreibetrag** je Kind monatlich 576 DM (288 DM)

39 **Härteausgleich** nach § 46 Abs. 3 EStG, § 70 EStDV

40 **Zu versteuerndes Einkommen**

41 **Steuer nach Einkommensteuertabelle**

42 **Hinzurechnung des Kindergeldes** (§ 36 Abs. 2 Satz 1 EStG)

43 **Steuerermäßigungen**, z. B. für Kinder (§§ 34f, 10e EStG) und für Mitgliedsbeiträge und Spenden an politische Parteien (§ 34g EStG)

44 **Davon ab:** Lohnsteuer ____ DM + Kapitalertragsteuer ____ DM + anrechenbare Körperschaftsteuer ____ DM

45 Geleistete Vorauszahlungen

46 Erstattungsbetrag/Abschlusszahlung

Berechnung des zu versteuernden Einkommens Fall 4

Sachverhalt: Der Steuerpflichtige Redlich (40 Jahre, ledig) erklärt für das Jahr 2000 folgende Besteuerungsgrundlagen:

Gewinn aus Landwirtschaft	4 000 DM
Gewinn aus Gewerbebetrieb (Kfz-Reparatur)	50 000 DM
Einnahmen aus Kapitalvermögen	7 300 DM
Verlust aus Vermietung eines Wohnhauses	12 000 DM
außergewöhnliche Belastungen durch Krankheitskosten (nach Abzug der zumutbaren Belastung)	4 000 DM
abzugsfähige Sonderausgaben	3 780 DM
gezahlte Einkommensteuer für Vorjahr	5 338 DM

Frage: Wie hoch ist das zu versteuernde Einkommen für das Jahr 2000?

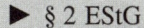 § 2 EStG

Ersparte Ausgaben Fall 5

Sachverhalt a: Steuerberater Fuchs fertigt jährlich seine Einkommen- und Vermögensteuererklärung selbst an. Dr. med. Gründlich nimmt bei Erkrankung seiner Familienangehörigen die Behandlung selbst vor.

Frage: Sind die ersparten Ausgaben bei der Gewinnermittlung als Einnahmen anzusetzen?

Sachverhalt b: Specht betreibt in Greven ein Möbelgeschäft mit Werkstatt. Im Jahre 01 hat er Decken und Wände seines Einfamilienhauses teilweise mit Holz verkleidet. Das Holz im Werte von 1 300 DM (Teilwert) hat er seinem Betrieb entnommen. Einmal hat ein Arbeiter aus seinem Betrieb bei der Arbeit mitgeholfen. Die Lohnkosten betrugen dafür 55 DM. Ein anderer Unternehmer hätte für das Verkleiden der Decken und Wände mit Holz 2 400 DM in Rechnung gestellt.

Frage: Muss Specht die ersparte Ausgabe versteuern?

 § 8 EStG

Veranlagungszeitraum, Ermittlungszeitraum Fall 6

Sachverhalt a: Ein Mandant befand sich vom 01. 01. bis 30. 06. 2000 ohne eigene Einkünfte in Berufsausbildung.
Vom 01. 07. bis 31. 12. 2000 erzielte er ein zu versteuerndes Einkommen von 15 000 DM.

Sachverhalt b: Ein Mandant ist am 30. 06. 2000 verstorben. Bis zu diesem Zeitpunkt erzielte er ein zu versteuerndes Einkommen von 25 000 DM.

Sachverhalt c: Ein Mandant eröffnet am 01. 08. 2000 einen Gewerbebetrieb. Er hat kein vom Kalenderjahr abweichendes Wirtschaftsjahr. Bis zum 31. 12. 2000 erzielt er einen Gewinn in Höhe von 15 000 DM. Bis zum 31. 07. 2000 war der Mandant Arbeitnehmer. Seine Einkünfte aus nichtselbständiger Arbeit betrugen vom 01. 01. bis 31. 07. 2000 12 000 DM.

Frage: Was ist jeweils der Veranlagungszeitraum und was ist der Ermittlungszeitraum? Erläutern Sie die Begriffe.

▶ § 25 EStG

III. Vereinnahmung und Verausgabung (§ 11 EStG)

§ 11 EStG regelt, in welchem Kalenderjahr Einnahmen und Ausgaben zu berücksichtigen sind. Die Regelung des § 11 EStG gilt unmittelbar bei Überschusseinkünften (§ 2 Abs. 1 Nr. 4 – 7 EStG), d. h. für die Zuordnung von Einnahmen und Werbungskosten, bei der Gewinnermittlung nach § 4 Abs. 3 EStG (jedoch nicht bei der Gewinnermittlung durch Betriebsvermögensvergleich, § 4 Abs. 1 EStG), bei Sonderausgaben und bei außergewöhnlichen Belastungen.

Einnahmen sind zugeflossen, wenn wirtschaftlich über sie verfügt werden kann. Dies ist z. B. bei Barzahlung, der Übergabe eines Schecks oder der Gutschrift auf einem Bankkonto der Fall. Umgekehrt sind Ausgaben abgeflossen, wenn wirtschaftlich nicht mehr über sie verfügt werden kann, z. B. bei Hingabe oder Absendung eines Schecks oder Erteilung des Überweisungsauftrages an eine Bank.

Einnahmen und Ausgaben sind grundsätzlich in dem Kalenderjahr zu berücksichtigen, in dem sie zu- oder abgeflossen sind. Bei Zahlungen um den Jahreswechsel ist die Ausnahmeregelung des § 11 EStG zu beachten.

Fall 7 Vereinnahmung und Verausgabung

Sachverhalt: Heidemarie Schön, die bei Steuerberater Fuchs ausgebildet wird, weiß nicht, für welches Kalenderjahr sie folgende Einnahmen und Ausgaben verbuchen soll:

1. Steuerberater Fuchs, der seinen Gewinn durch Überschussrechnung nach § 4 Abs. 3 EStG ermittelt, hat am 30. 03. 2001 von seinem Mandanten Fleißig einen Verrechnungsscheck über 1 200 DM für Beratertätigkeit in der Zeit vom 01. 07. bis 31. 12. 2000 erhalten. Der Scheck wurde am 10. 04. 2001 bei der Bank eingereicht und noch an demselben Tage gutgeschrieben.

2. Mandant Reich hat im Dezember 2000 an seinem Mehrfamilienhaus Reparaturarbeiten durchführen lassen. Die Rechnung des Bauhandwerkers vom 28. 12. 2000 in Höhe von 1 000 DM wurde am 30. 01. 2001 durch Banküberweisung bezahlt.

3. Einer der Mieter in dem Mehrfamilienhaus des Reich hat die Miete für Dezember 2000, fällig am 01. 12. 2000, erst am 8. 01. 2001 bezahlt.

Frage: In welchem Kj sind die angegebenen Beträge vereinnahmt und verausgabt?

▶ § 11 EStG

Fall 8 Sachverhalt:

1. Mieter A, der für einige Zeit verreisen will, zahlt bereits am 27. 12. 2000 seine Miete für Januar 2001, die zu Monatsbeginn fällig ist.

2. Ein Mandant hat seinen Krankenversicherungsbeitrag für den Monat Januar 2001, fällig zu Beginn des Monats, bereits am 28. 12. 2000 überwiesen.

3. Ein Mandant zahlte am 29. 12. 2000 in seine Lebensversicherung 630 DM. Es handelt sich um drei Monatsbeiträge, und zwar für

   Dezember 2000, fällig am 01. 12. 2000 210 DM
   Januar 2001,   fällig am 02. 01. 2001 210 DM
   Februar 2001,   fällig am 01. 02. 2001 210 DM

4. Ein Mandant (Arzt) zahlte am 28. 12. 2000 die Miete für seine Praxisräume in Höhe von mtl. 5 000 DM, fällig zu Beginn eines Monats, für ein Jahr im Voraus. Er zahlte somit 60 000 DM.

Frage: In welchem Kj sind die Beträge vereinnahmt und verausgabt?

▶ § 11 EStG

Sachverhalt: **Fall 9**

1. Ein Steuerzahler hat die Zinsen für sein Sparguthaben erst am 10. 02. 2001 in seinem Sparbuch gutschreiben lassen. Es handelt sich um Zinsen für das Kj 2000.

2. Ein Steuerzahler, der seinen Gewinn aus selbständiger Arbeit nach § 4 Abs. 3 EStG (Überschussrechnung) ermittelt, zahlte am 10. 01. 2001 seine Umsatzsteuer für den Monat Dezember 2000.

3. Ein Arbeitnehmer erhielt erst am 15. 01. 2001 seinen am 31. 12. 2000 fälligen laufenden Arbeitslohn für den Monat Dezember 2000 ausbezahlt, weil er für einige Tage verreist war.

Frage: In welchem Kj sind die Beträge vereinnahmt und verausgabt?

▶ § 11 Abs. 1 i. V. mit § 38a EStG

Weitere Fälle zu Vereinnahmung und Verausgabung (Wiederholung)   **Fall 10**

Sachverhalt: Ein Steuerzahler lässt im Dezember 2000 an seinem vermieteten Mehrfamilienhaus Reparaturarbeiten durchführen. Die Rechnung des Bauhandwerkers (Gewinnermittlung nach § 4 Abs. 3 EStG) vom 08. 10. 2001 bezahlt der Steuerzahler durch Banküberweisung (Eingang des Auftrags vom 30. 12. 2001 bei der Bank). Die Bank bucht den Betrag am 2. 01. 2002 vom Girokonto des Steuerzahlers ab. Der Betrag wurde am 07. 01. 2002 dem Konto des Bauhandwerkers gutgeschrieben.

Sachverhalt: Ein Steuerzahler ist mit seinen Beiträgen zur Lebensversicherung, die als   **Fall 11**
Sonderausgaben nach § 10 Abs. 1 Nr. 2b EStG berücksichtigungsfähig sind, in Rückstand. Die jeweils am 05. für den laufenden Monat fälligen Beiträge belaufen sich auf 50 DM. Am 15. 12. 2000 sind die Beiträge für Oktober bis Dezember 2000 noch unbezahlt (zusammen 150 DM). Zusammen mit dem Beitrag für Januar 2001 überweist der Stpfl. Ende Dezember 2000 die rückständigen Beiträge (insgesamt 200 DM). Die Bank bucht den Betrag am 27. 12. 2000 vom Girokonto des Steuerzahlers ab. Der Überweisungsauftrag ist am gleichen Tag bei der Bank eingegangen.

Frage: Wie beurteilen Sie die Fälle? Geben Sie bitte an, in welchem Kj die angegebenen Beträge bei dem jeweiligen Steuerzahler zu erfassen sind. Bestimmen Sie auch den genauen Zu- und Abflusstag.

▶ § 11 EStG

IV. Nicht abzugsfähige Ausgaben (§ 12 EStG)

Übersicht 2: Abgrenzung der Kosten der Lebensführung von den Betriebsausgaben und Werbungskosten

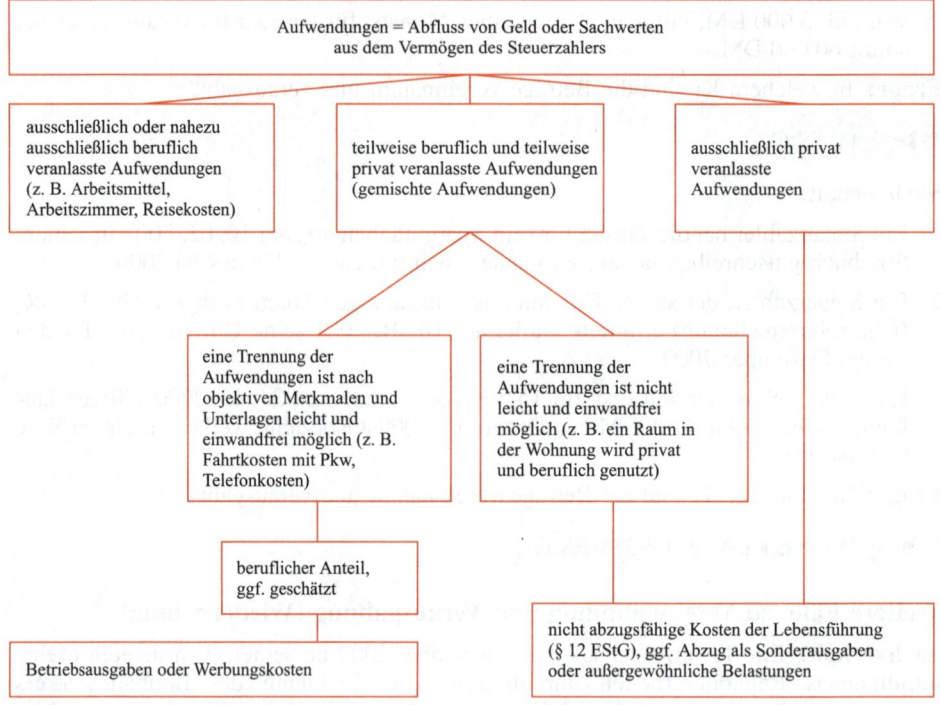

Fall 12 Kosten der Lebenshaltung

Sachverhalt: Heidemarie Schön, die bei Steuerberater Fuchs ausgebildet wird, weiß nicht, wie die folgenden Ausgaben des Mandanten Baumeister verbucht werden müssen. Baumeister ist selbständiger Architekt in Münster und versteuert seine Umsätze nach den allgemeinen Vorschriften des UStG.

a) Kosten lt. Rechnung Schuhhaus Zumnorde für ein Paar Herrenschuhe, schwere Ausführung mit Profilsohle = 200 DM. Baumeister will diese Schuhe immer dann benutzen, wenn er Baustellen aufsucht. Sie sollen ihm aber auch auf gelegentlichen Wanderungen gute Dienste leisten.

b) Kosten für einen Anzug 480 DM inkl. 16 % USt. Baumeister hatte sich auf einer Baustelle, auf der er die Bauaufsicht führte, an einem Nagel die Jacke seines Anzugs zerrissen. Der Anzug war dadurch nicht mehr brauchbar. Der Anzug war erst vor zwei Wochen für 480 DM gekauft worden.

c) Kosten für ein Tellergericht zzgl. Getränke, eingenommen am 15. 09. im Gasthaus Pinkus Müller in Münster = 30 DM. Baumeister hatte zwischen zwei Mandantenbesprechungen nicht genügend Zeit, um zum Mittagessen nach Hause zu fahren, und deshalb schnell in einem Gasthaus gespeist. Die Dauer der Abwesenheit von seiner Wohnung und seinem Büro betrug 9 Stunden. Baumeister zahlte mit privatem Geld.

d) Mitgliedsbeiträge an „Tennisverein Union" 360 DM und an „Tennisverein Spiel und Sport" 380 DM. Baumeister spielt nur selten Tennis, ist aber in den Tennisvereinen Mitglied, um Kontakte zu neuen Mandanten zu knüpfen.

e) Gehalt für eine Haushaltshilfe 15 000 DM. Baumeister ist verwitwet und hat drei minderjährige Kinder. Er hat aus beruflichen Gründen keine Zeit, sich um seinen Haushalt zu kümmern.

f) Geldbuße wegen zu schnellen Fahrens innerhalb einer geschlossenen Ortschaft 80 DM. Baumeister war während einer Geschäftsfahrt zu einem Mandanten in eine Radarkontrolle geraten.

g) Das Finanzamt hat Baumeister wegen verspäteter Entrichtung von Umsatzsteuer- und Einkommensteuer-Vorauszahlungen Säumniszuschläge in Höhe von 130 DM (Umsatzsteuer) und 170 DM (Einkommensteuer) auferlegt.

h) Baumeister besitzt einen Pkw, der zu seinem Betriebsvermögen gehört. Im VZ wurde der Pkw 15 000 km für betriebliche Zwecke und 5000 km für private Zwecke gefahren. Als Betriebsausgaben wurden folgende laufende Pkw-Kosten gebucht:
Treibstoff   3 000 DM
Reparaturen   500 DM
AfA   2 500 DM
Steuer, Versicherung   1 000 DM

i) Baumeister hat zwar ein eigenes Büro außerhalb seiner Wohnung, einen Teil seiner Arbeit erledigt er jedoch gelegentlich auch abends und an Wochenenden in seiner Wohnung. Das Zimmer, in dem er diese Arbeiten erledigt, nutzt er ungefähr zu 50 v. H. beruflich und zu 50 v. H. privat. Die auf dieses Zimmer entfallenden Kosten (Miete, Heizung etc.) betragen im VZ ca. 1 200 DM.

Frage: Was sagt Steuerberater Fuchs dazu?

▶ § 12, § 4 Abs. 5 EStG, EStR 117 u. 119

Weitere Übungen hierzu Fälle 377–386.

V. Einkünfte

Der Einkommensteuer unterliegen nur die Einkünfte aus den in § 2 Abs. 1 EStG abschließend aufgeführten sieben Einkunftsarten. Andere Vermögenszuflüsse (z. B. Lottogewinne und Geschenke) werden nach dem EStG nicht besteuert. Es werden die Gewinn- und die Überschusseinkunftsarten unterschieden. Einkünfte sind bei den Einkünften aus Land- und Forstwirtschaft, Gewerbebetrieb und selbständiger Arbeit der Gewinn und bei den anderen Einkunftsarten der Überschuss der Einnahmen über die Werbungskosten.

Einkünfte aus Land- und Forstwirtschaft   **Fall 13**

Sachverhalt: Schulze ermittelt den Gewinn aus seinem landwirtschaftlichen Betrieb nach § 4 Abs. 1 EStG. Er gibt seinen Betrieb am 30. 04. 2001 auf. Der Gewinn des

Wirtschaftsjahres 1999/2000 beträgt 60 000 DM und der des Wirtschaftsjahres 2000/2001 40 000 DM.

Frage: In welcher Höhe hat Schulze für den Veranlagungszeitraum 2000 Einkünfte aus Land- und Forstwirtschaft zu versteuern?

▶ § 4a EStG

Fall 14 Einkünfte aus Gewerbebetrieb, abweichendes Wirtschaftsjahr

Sachverhalt: Die im Handelsregister eingetragene Firma „Getränke Meyer" hatte bisher ein Wirtschaftsjahr, das dem Kalenderjahr entspricht. Mit Zustimmung des Finanzamts (§ 4a Abs. 1 Nr. 2 EStG) stellte die Firma im Kalenderjahr 2000 ihr Wirtschaftsjahr auf das Wirtschaftsjahr vom 01. 04. bis 31. 03. um.

Die Bilanzen für die einzelnen Wirtschaftsjahre weisen folgende Gewinne aus:

Wirtschaftsjahr vom 01. 01. 1999–31. 12. 1999	120 000 DM
Wirtschaftsjahr vom 01. 01. 2000–31. 03. 2000 – Rumpfwirtschaftsjahr	30 000 DM
Wirtschaftsjahr vom 01. 04. 2000–31. 03. 2001	120 000 DM

Frage: In welcher Höhe sind in den Veranlagungszeiträumen 1999–2001 Gewinne aus Gewerbebetrieb anzusetzen?

▶ § 4a EStG

Fall 15 Einkünfte aus Gewerbebetrieb, Einnahme-Überschuss-Rechnung

Sachverhalt: Der Radiohändler Heinz Ton ermittelt seinen Gewinn gem. § 4 Abs. 3 EStG. Tragen Sie in die unten stehende Tabelle ein, welche der folgenden Beträge im Kj 2000 als Betriebseinnahmen bzw. als Betriebsausgaben und welche nicht zu berücksichtigen sind.

1. Der Steuerpflichtige hat im Mai 2000 bei seiner Bank ein Darlehen in Höhe von 7 000 DM aufgenommen. Der Betrag wurde auf dem betrieblichen Bankkonto gutgeschrieben.

2. Für das aufgenommene Darlehen (s. 1.) belastet die Bank sein betriebliches Bankkonto im Oktober 2000 mit 280 DM Zinsen.

3. Im November 1999 hat der Steuerpflichtige Material gegen Barzahlung eingekauft. Da das Material leichte Mängel aufweist, erhält er aufgrund seiner Mängelrüge vom Lieferer im April 2000 als Preisnachlass einen Bankscheck über 190 DM.

4. Außerdem wurde ein Radio zum Einkaufspreis von 400 DM im September 2000 für private Zwecke entnommen.

5. Im Dezember 2000 wird eine Warenforderung in Höhe von 627 DM uneinbringlich, weil der Kunde in Konkurs geraten ist.

6. Mitte Dezember 2000 stellt er fest, dass ein transportabler CD-Player aus seinem Geschäft entwendet wurde, dessen Wiederbeschaffungskosten 137 DM betragen.

7. Die im Dezember 2000 an das Finanzamt abgeführte Umsatzsteuer-Zahllast betrug 1 340 DM.

8. Von einer Versicherungsgesellschaft erhält er im Juli 2000 1 650 DM als Ersatz für einen Wasserschaden im Warenlager auf das betriebliche Bankkonto überwiesen.

Nr.	Betriebseinnahmen DM	Betriebsausgaben DM	nicht zu berücksichtigen DM
1.			
2.			
3.			
4.			
5.			
6.			
7.			
8.			
Summe			

Frage: Wie hoch sind die zusätzlichen Betriebseinnahmen und Betriebsausgaben im Kj 2000?

▶ § 4 Abs. 3 EStG, EStR 16

Einnahme-Überschuss-Rechnung, Anzahlungen und Vorauszahlungen   Fall 16

Sachverhalt: Steuerberater Fuchs ermittelt seinen Gewinn für das Jahr 2000 nach § 4 Abs. 3 EStG und versteuert seine Umsätze nach vereinnahmten Entgelten. Der vorläufig ermittelte Gewinn beträgt 90 000 DM. Er überlegt, wie folgende Geschäftsvorfälle noch zu erfassen sind:

1. Fuchs zahlte am 15. 12. 2000 3 000 DM für eine neue EDV-Anlage für sein Büro an. Die Anlage wurde am 20. 01. 2001 geliefert und installiert. Die Nutzungsdauer beträgt 5 Jahre. Die Rechnung über 9 000 DM zzgl. 1 440 DM USt bezahlte Fuchs am 15. 02. 2001.

2. Fuchs erhielt am 30. 11. 2000 von einem neuen Mandanten einen Honorarvorschuss für die Erstellung des Jahresabschlusses zum 31. 12. 2000 zu Höhe von 2 000 DM zzgl. 320 DM USt.

3. Am 02. 12. 2000 erwarb Fuchs einen neuen Personal-Computer für seine Praxis. Den Kaufpreis von 3 000 DM zzgl. 480 DM USt bezahlte er am 05. 01. 2001. Die Nutzungsdauer beträgt 5 Jahre.

Frage: Wie sind die Geschäftsvorfälle im Jahr 2000 zu behandeln? AfA-Beträge sind nach § 7 Abs. 1 EStG zu berechnen.

▶ § 4 Abs. 3 EStG, EStR 16

Gewinnanteile aus einer Personengesellschaft   Fall 17

Sachverhalt: Zur Ermittlung des Gewinns **gem. § 5 EStG** der Klaus und Peter Weiden OHG liegen für das Wj 2000 folgende Zahlen vor:

Betriebsvermögen (Eigenkapital) zum 31. 12. 1999	210 000 DM
Betriebsvermögen (Eigenkapital) zum 31. 12. 2000	254 000 DM
Privatentnahmen der Gesellschafter	68 000 DM
Privateinlagen der Gesellschafter	12 000 DM

Folgende Vorgänge sind noch zu berücksichtigen:

a) Nicht in den Privatentnahmen enthalten sind das Geschäftsführergehalt des Klaus Weiden in Höhe von 42 000 DM, das über das Konto „Geschäftsführergehalt" gebucht wurde, sowie Pachtzahlungen in Höhe von 24 000 DM an Peter Weiden, gebucht über das Konto „Pachtkosten".

b) In 2000 aus Mitteln der OHG erworbene Wertpapiere (Umlaufvermögen), deren Anschaffungskosten 26 000 DM betrugen, wurden zum 31. 12. 2000 mit dem gestiegenen Kurswert von 39 000 DM bewertet und bilanziert.

Die Gesellschafter erhalten vom Gesellschaftsgewinn – nach Abzug ihrer Vorwegvergütung – (Gehalt + Pacht):

Klaus Weiden   60 v. H.
Peter Weiden   40 v. H.

Frage: Wie hoch ist der steuerliche Gewinn der Gesellschaft für das Wj 2000? Wie hoch sind die Gewinnanteile der Gesellschafter?

▶ § 4 Abs. 1, § 15 Abs. 1 Nr. 2, § 6 Abs. 1 Nr. 2 EStG

Fall 18 Gewinnverteilung bei einer Kommanditgesellschaft

Sachverhalt:
An einer KG sind Komplementär A mit 240 000 DM,
                Kommanditist B mit   60 000 DM und
                Kommanditist C mit 100 000 DM beteiligt.

Der Gewinn der KG zum 31. 12. 2000 beträgt 96 000 DM.

Nach dem Gesellschaftsvertrag erhält jeder Gesellschafter 6 % auf seine Einlage. Der Rest soll im Verhältnis 15 : 4 : 5 verteilt werden.

Gesellschafter A erhielt für die Geschäftsführung 48 000 DM.

An Gesellschafter B wurden für ein Gesellschafterdarlehen in Höhe von 100 000 DM zu 7,5 % = 7 500 DM Darlehenszinsen überwiesen.

Von Gesellschafter C wurde der gesamte Fuhrpark geleast; die jährlichen Leasingkosten wurden an C in Höhe von 18 000 DM überwiesen.

Diese Aufwendungen (48 000 DM + 7 500 DM + 18 000 DM) wurden als Betriebsausgaben gebucht.

Die Sonderbetriebsausgaben des Gesellschafters C für seinen Fuhrpark (AfA, Kfz-Steuer u. a.) betragen 9 200 DM und werden von C getragen. Gesellschafter A hat neben seinem Geschäftsführergehalt 12 000 DM Privatentnahmen vorgenommen.

Frage: Wie hoch sind

a) die handelsrechtlichen Gewinnanteile der Gesellschafter?

b) der steuerliche Gesamtgewinn der KG und die steuerlichen Gewinnanteile der Gesellschafter?

▶ § 15 Abs. 1 Nr. 2 EStG

Zur Gewinnverteilung bei Personengesellschaften siehe auch Fall 529 ff.

Veräußerungsgewinn   Fall 19

Sachverhalt: Der 62-jährige Schreinermeister Tanne ist unbeschränkt steuerpflichtig.

Am 02. 01. 2001 hat er seinen Gewerbebetrieb veräußert.

Die Buchwerte der veräußerten Wirtschaftsgüter betrugen zu diesem Zeitpunkt	294 000 DM
Schulden wurden nicht auf den Erwerber übertragen.	
Der Kaufpreis für den veräußerten Betrieb betrug	600 000 DM
Herrn Tanne sind Veräußerungskosten in Höhe von netto zuzüglich 16 % Umsatzsteuer entstanden.	3 740 DM

Frage: Wie hoch ist

a) der Veräußerungsgewinn des Herrn Tanne?

b) der Freibetrag gem. § 16 Abs. 4 EStG?

c) der steuerpflichtige Veräußerungsgewinn?

Prüfen Sie, welche weitere Vergünstigung Herrn Tanne noch zusteht.

▶ §§ 16 u. 34 EStG

Berechnung des Veräußerungsgewinns   Fall 20

Sachverhalt: Fabrikant Reich (65 Jahre) veräußert seinen Fabrikationsbetrieb zum 31. 12. 2000 für 650 000 DM. Auf den 31. 12. 2000 hat Reich folgende zutreffende Schlussbilanz erstellt.

31. 12. 2000

Grund und Boden	100 000 DM	Kapital	300 000 DM
Gebäude	200 000 DM	Verbindlichkeiten	100 000 DM
Inventar	50 000 DM	Darlehen	200 000 DM
Maschinen	100 000 DM	Darlehen Pkw	40 000 DM
Pkw	30 000 DM		
Forderungen	130 000 DM		
Bank/Kasse	30 000 DM		
	640 000 DM		640 000 DM

Den ausgewiesenen Pkw nutzt Reich ab dem Jahr 2001 für private Zwecke; er wird nicht mitveräußert. Der gemeine Wert des Pkw beträgt am 31. 12. 2000 45 000 DM. Das Darlehen für den Pkw wird ebenfalls nicht vom Erwerber übernommen. An Veräußerungskosten sind Reich 3 000 DM entstanden.

Frage: Ermitteln Sie den steuerpflichtigen Veräußerungsgewinn des Reich im Jahr 2000.

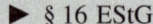 § 16 EStG

Fall 21 Einkünfte aus selbständiger Arbeit nach § 18 EStG, Gewinnermittlung

Sachverhalt: Dr. Peine ist selbständiger Zahnarzt. Er ermittelt seinen Gewinn nach § 4 Abs. 3 EStG und fügt seiner Einkommensteuererklärung für das Kj 2000 folgende Gewinnermittlung bei:

Betriebseinnahmen

Bareinnahmen	5 600 DM
Überweisungen auf Bankkonto	247 800 DM
Scheckeinnahmen	18 700 DM
Zinsen für privates Sparkonto	610 DM
Summe der Einnahmen	272 710 DM

Ein Scheck über 800 DM, den Dr. Peine am 30. 12. 2000 erhalten, aber erst am 17. 01. 2001 zur Bank gegeben hat, ist für das Kj 2001 als Einnahme erfasst worden.

Betriebsausgaben

Miete für Praxisräume	13 000 DM
Die Miete für Januar 2001, fällig am 02. 01. 2001 in Höhe von 1 000 DM, wurde versehentlich bereits am 15. 12. 2000 bezahlt und ist in dem o. a. Betrag enthalten.	
Miete für Privatwohnung	6 000 DM
Personalkosten für Angestellte	47 900 DM
Kosten für Putzfrau, Gesamtbetrag	8 200 DM
Die Putzfrau reinigt auch die Wohnung des Dr. Peine. Auf diese Arbeit entfallen ca. 30 % der Gesamtarbeitszeit.	
Materialkosten	69 800 DM
In diesem Betrag sind Kosten in Höhe von 1 200 DM enthalten, die am 25. 12. 2000 vom Lieferanten in Rechnung gestellt, aber erst am 08. 01. 2001 bezahlt wurden.	
Kosten für Strom, Heizung etc. für die Praxisräume	2 500 DM
Einkommensteuervorauszahlungen für das Kj 2000 einschließlich 200 DM Säumniszuschlag	24 900 DM
Anschaffungskosten für eine elektrische Schreibmaschine	2 400 DM
Der Betrag von 2 400 DM ist um 400 DM gemindert, weil eine alte abgeschriebene Schreibmaschine in Zahlung gegeben wurde. Die betriebsgewöhnliche Nutzungsdauer der neuen Schreibmaschine beträgt 10 Jahre. Die Anschaffung erfolgte im Mai 2000.	
Abschreibung einer Honorarforderung	2 000 DM
Der Patient verzog ins Ausland, ohne zu zahlen.	
Summe der Ausgaben	176 700 DM
Gewinn (272 710 DM ./. 176 700 DM)	96 010 DM

Frage: Ist der für das Kj 2000 erklärte Gewinn zutreffend? Wenn nein, wie hoch ist der richtige Gewinn?

▶ § 4 Abs. 3 EStG, EStR 16

Gewinnermittlung nach § 4 Abs. 3 EStG für Freiberufler   Fall 22

Sachverhalt: Der Arzt Dr. A. Bio hat für das Kj 02 Betriebseinnahmen in Höhe von 275 000 DM und Betriebsausgaben in Höhe von 100 000 DM aufgezeichnet. Seine Umsätze sind nach § 4 Nr. 14 UStG steuerfrei.

Folgende Sachverhalte sind noch nicht erfasst:

1. Kauf eines Pkw am 20. 09. 2000, der lt. Fahrtenbuch zu 60 % für berufliche Zwecke benutzt wurde, Banklastschrift am 01. 10. 2000 33 000 DM (Kaufpreis einschließlich USt 34 200 DM, Preisnachlass 1 200 DM).
2. Höchstmögliche lineare AfA für den Pkw (siehe Nr. 1), betriebsgewöhnliche Nutzungsdauer 6 Jahre.
3. Bankgutschrift für den am 10. 09. 2000 verkauften Pkw: 7 500 DM, Restbuchwert 01. 01. 2000 6 500 DM, AfA 2000 (zeitanteilig) 3 000 DM.
4. Private Nutzung der Fahrzeuge zu 40 %. Die neben der AfA zusätzlich für beide Pkw (siehe Nr. 1 und 3!) angefallenen Kosten (in den o. g. Betriebsausgaben enthalten) betragen 9 750 DM.
5. Im Januar 2000 vereinnahmte Honorare von Privatpatienten für Leistungen im IV. Quartal 1999: 7 880 DM.
6. Barzahlung (Dezember 2000) für Reinigungsmittel 232 DM (einschließlich 16 % USt), die je zur Hälfte für die Praxis und die Privatwohnung bestimmt sind. Die Reinigungsmittel wurden erst im Kj 2001 verwendet.
7. Bußgeld wegen eines Verstoßes gegen die Straßenverkehrsordnung während einer Fahrt zu einem Patienten: 50 DM (bar).

Dr. B. bittet ferner um Prüfung folgender Fälle:

8. Die Honorarrechnung (250 DM) für einen 1999 verstorbenen Patienten wurde von den Erben wegen eines Rechtsstreits zunächst nicht bezahlt. Daraufhin wurden 2000 250 DM als Betriebsausgaben erfasst. Ende 2000 überwiesen die Erben 200 DM auf das private Bankkonto des Dr. B. Er spendete diese 200 DM dem DRK. Der Betrag von 200 DM wurde bisher nicht berücksichtigt.
9. Dr. B. spielte regelmäßig Lotto. Seine Einsätze (1 000 DM) sind in den Betriebsausgaben und ein Gewinn in Höhe von 6 000 DM in den Betriebseinnahmen enthalten.
10. Die Rechnung für das Tapezieren des Wartezimmers (November 2000) erhielt Dr. B. erst im Februar 2001 (800 DM + 128 DM USt). Er hatte im Dezember 2000 eine Abschlagzahlung in Höhe von 500 DM geleistet und den Rest im Februar 2001 überwiesen. In den Betriebsausgaben 2000 ist der Gesamtbetrag (928 DM) enthalten.

Frage: Wie hoch ist der Gewinn für das Kj 2000? Verwenden Sie bitte folgendes Schema:

Nr.	Betriebseinnahmen + DM ·/.		Betriebsausgaben + DM ·/.	
1.	275 000		100 000 DM	
2.				
usw.				

▶ § 4 Abs. 3, § 12 EStG, EStR 16 und 118, § 4 Nr. 28 UStG

Weiter Übungen zur Gewinnermittlung nach § 4 Abs. 3 EStG Fälle 534 bis 536.

Fall 23 Privatnutzung eines betrieblichen Pkw

Sachverhalt: Der selbständige Schreiner Holz nutzt seinen zum Betriebsvermögen gehörenden Pkw (Listenpreis im Zeitpunkt der Erstzulassung: 60 000 DM) im Jahr 2000 ungefähr zu 40 % zu privaten Zwecken. Ein ordnungsgemäßes Fahrtenbuch hat Holz nicht geführt. Daneben fährt Holz im Jahr 2000 an 250 Tagen von seiner Wohnung zu seinem 10 km entfernten Betrieb und zurück.

Die gesamten Aufwendungen für den Pkw haben im Jahr 2000 30 000 DM betragen.

Frage: Wie hoch sind die abzugsfähigen Betriebsausgaben?

▶ § 6 Abs. 1 Nr. 4, § 4 Abs. 5 Nr. 6 EStG

Fall 24 Einkünfte aus nichtselbständiger Arbeit

Sachverhalt a: Der Mandant A war in der Zeit vom 01. 01. bis 31. 05. 2000 Beamter der Zollverwaltung und erhielt in dieser Zeit ein Nettogehalt von monatlich 3 190 DM. Das Bundesamt für Besoldung hielt monatlich 707 DM Lohnsteuer, 39 DM Solidaritätszuschlag und 64 DM Lohnkirchensteuer ein. Ab 01. 06. 2000 war der Mandant im Ruhestand und bezog eine Pension in Höhe von monatlich 2 900 DM brutto, letztmalig am 01. 09. 2000, da er am 10. 09. 2000 bei einem Verkehrsunfall ums Leben kam.

Von den Erben bei Abgabe der Einkommensteuererklärung des A für 2000 geltend gemachte Werbungskosten:

Aufwendungen für Fahrten zwischen Wohnung und Arbeitsstätte mit eigenem Pkw an 92 Tagen (in der Zeit vom 01. 01. – 31. 05.), einfache Entfernung 14 km; Beiträge an den Beamtenbund 78 DM.

Frage: Wie hoch sind die Einkünfte des Mandanten aus nichtselbständiger Arbeit im Kalenderjahr 2000?

Sachverhalt b: Der Fleischergeselle A arbeitet bei Metzgermeister B gegen einen Nettolohn von monatlich 1 910 DM. Metzgermeister B hat mtl. 422 DM Lohnsteuer und Solidaritätszuschlag an das Finanzamt und 1336 DM Sozialversicherungsbeiträge (Renten-, Kranken-, Pflege- und Arbeitslosenversicherung) an den Sozialversicherungsträger abgeführt. Von den Sozialversicherungsbeiträgen war je die Hälfte Arbeitgeber- und

Arbeitnehmerbeitrag.

Frage: Wie hoch sind die Einkünfte aus nichtselbständiger Arbeit des A im Kalenderjahr 2000?

▶ §§ 9, 19 EStG

Bestimmung der Einkunftsart   Fall 25

Sachverhalt:
- Freischaffender Künstler (Komponist) .... EStG
- Selbständiger Handwerksmeister .... EStG
- Selbständiger Rechtsanwalt .... EStG
- Angestellter Steuerberater .... EStG
- Student, der Nachhilfeunterricht erteilt .... EStG
- Fahrlehrer mit eigener Fahrschule .... EStG
- Zahnarzt mit eigener Praxis .... EStG
- Assistenzarzt in einem Krankenhaus .... EStG
- Inhaber einer Gärtnerei .... EStG
- Selbständiger Immobilienmakler .... EStG
- Selbständiger Handelsvertreter .... EStG
- Pächter einer Tankstelle .... EStG
- Reiseveranstalter .... EStG
- Staatlich geprüfte Krankengymnastin mit eigener Praxis .... EStG
- Selbständiger Futtermittelgroßhändler .... EStG
- Selbständiger Heilpraktiker .... EStG
- Amtsarzt beim Gesundheitsamt .... EStG
- Selbständiger Kfz-Sachverständiger mit Ing.-Examen .... EStG
- Selbständige Hebamme .... EStG
- Selbständiger Apotheker .... EStG

Frage: Welche Einkünfte werden aus den Tätigkeiten bzw. Berufen bezogen? Angabe der gesetzlichen Bestimmung genügt.

▶ §§ 13, 15, 18, 19 EStG

Einkünfte aus Kapitalvermögen

Zu den Einkünften aus Kapitalvermögen gehören alle Bezüge aus Beteiligungen an juristischen Personen (z. B. Dividenden aus dem Besitz von Aktien und Gewinnanteile aus einer Beteiligung an einer GmbH) und Erträge aus Geldforderungen aller Art. Bei der Ermittlung der Einkünfte wird nach Abzug der Werbungskosten bzw. des Werbungskosten-Pauschbetrags von 100 DM bzw. 200 DM (zusammenveranlagte Ehegatten) ein Sparer-Freibetrag von 3 000 DM bzw. 6 000 DM abgezogen.

Von Guthabenzinsen auf Kapitalforderungen jeder Art (§ 20 Abs. 1 Nr. 7 EStG) wird eine Zinsabschlagsteuer in Höhe von 30 % der Kapitalerträge von den Kreditinstituten einbehalten und an das Finanzamt abgeführt (§§ 43 Abs. 1 Nr. 7, 43a Abs. 1 Nr. 4 EStG).

Die Abzugsteuer wird auf die Einkommensteuerschuld angerechnet (§ 36 Abs. 2 Nr. 2 EStG).

Die Zinsabschlagsteuer ist nicht einzubehalten, soweit die Kapitalerträge den Sparer-Freibetrag und den Werbungskosten-Pauschbetrag (insgesamt: 3 100 DM bzw. 6 200 DM bei zusammenveranlagten Ehegatten) nicht übersteigen. Voraussetzung ist, dass dem Kreditinstitut ein entsprechender Freistellungsauftrag nach amtlichem Vordruck vorliegt (§ 44a EStG).

Fall 26 **Einkünfte aus Kapitalvermögen**

Sachverhalt a: Frau Edith Moos ist ledig. Sie hat folgende Einnahmen erzielt:

1. Zinsen aus Sparguthaben bei ihrer Hausbank für das Kj 2000   732,00 DM
   Gutschrift im Sparbuch am 10. 02. 2001.
   Die Zinsen für das Kj 2001 betrugen   864,00 DM
   Gutschrift im Sparbuch am 15. 03. 2002.
   Zinsabschlagsteuer wurde jeweils nicht einbehalten.

2. Dividenden folgender deutscher Aktiengesellschaften, und zwar jeweils nach Abzug von Körperschaftsteuer, Kapitalertragsteuer und Solidaritätszuschlag:
   A-AG   1030,75 DM

3. Zinsen aus Industrie-Obligationen Gutschrift   6 835,00 DM
   (nach Abzug von 3 000 DM Zinsabschlagsteuer und 165 DM Solidaritätszuschlag)
   Für die Obligationen hatte sie bei der Anschaffung im Juni 2001 120 000 DM zzgl. Stückzinsen 2 700 DM gezahlt.

Frau Moos wurde im Jahre 2001 von der Bank mit Depotgebühren von 183 DM belastet.

Frage: Wie hoch sind die Einkünfte aus Kapitalvermögen der Frau Moos im Kj 2001?

Sachverhalt b: P ist Aktionär der BASF-AG. Er hat 50 Aktien. Die BASF-AG zahlte in 2001 für das Kj 2000 eine Bardividende von 7 DM je Aktie (einschließlich 25 % Kapitalertragsteuer und Solidaritätszuschlag). P ist außerdem an der Landmaschinen-GmbH beteiligt, deren Stammkapital 50 000 DM beträgt. Die Beteiligung des P beträgt 40 %. Für das Wj = Kj 2000 schüttet die GmbH 10,5 % auf das Stammkapital aus. P hat am 22. 4. 2001 1 575 DM nach Abzug von 25 % Kapitalertragsteuer und Solidaritätszuschlag erhalten.

Frage: Wie hoch sind die Einnahmen aus Kapitalvermögen des P in 2001?

▶ § 20 Abs. 1 Nr. 1, 3 u. 7, § 36 Abs. 2 Nr. 3 EStG, EStR 154

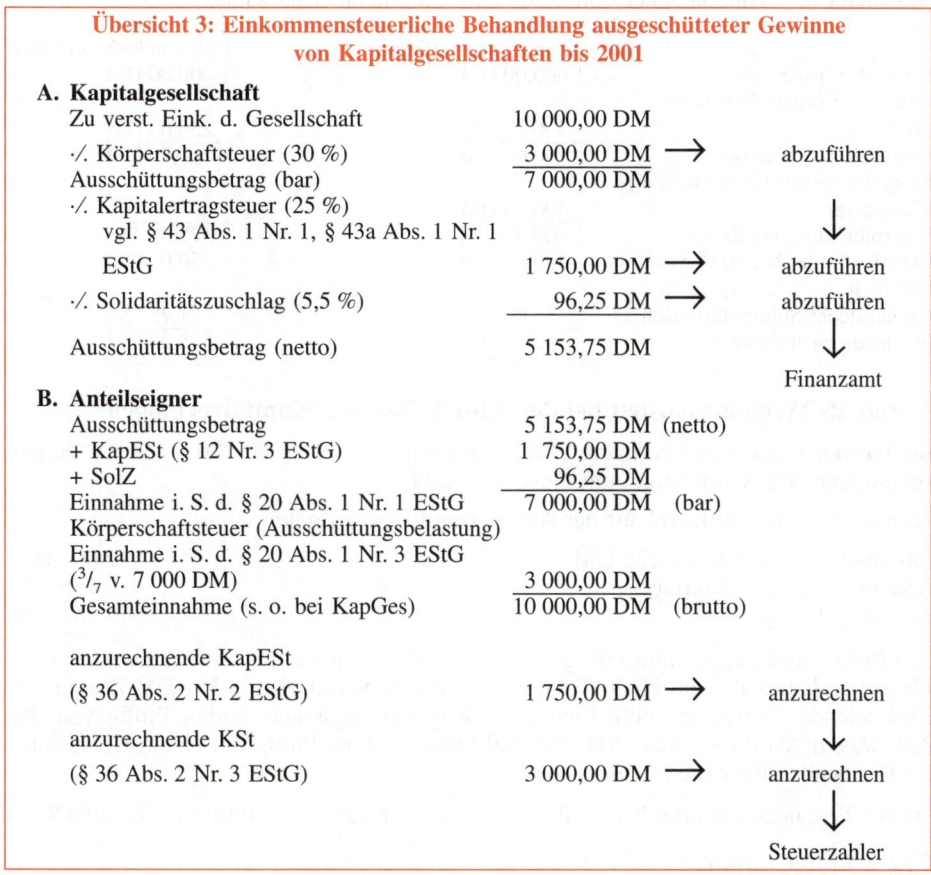

Neue Rechtslage nach der Unternehmenssteuerreform:

Mit der Absenkung der Körperschaftsteuer von 40 bzw. 30 auf 25 % und der Abschaffung unterschiedlicher Steuersätze für einbehaltene und ausgeschüttete Gewinne von Kapitalgesellschaften, wurde ab 2001 auch das oben beschriebene Anrechnungsverfahren abgeschafft.

Werden in 2002 daher Dividenden für 2001 ausgeschüttet, entfällt die Berücksichtigung der Körperschaftsteuer beim Anteilseigner nach § 20 Abs. 1 Nr. 3 EStG. Darüber hinaus findet eine Anrechnung der Körperschaftsteuer auf die Einkommensteuer nicht mehr statt. Die Dividende wird vielmehr nur noch zu 50 % als Einnahme steuerlich berücksichtigt. Auf der anderen Seite können Werbungskosten insoweit auch nur noch zur Hälfte angesetzt werden. Das Halbeinkünfteverfahren führt dann zu einem für den Anteilseigner günstigeren Ergebnis, wenn sein Steuersatz mehr als 40 % beträgt, wie folgende Beispielsrechnung zeigt:

Was bleibt dem Anteilseigner von 1 000 DM Unternehmensgewinn?

	Anrechnungsverfahren	Halbeinkünfteverfahren
Unternehmensgewinn	1 000,00 DM	1 000,00 DM
abzüglich Körperschaftsteuer (30/25 %)	300,00 DM	250,00 DM
Dividende für Anteilseigner	700,00 DM	750,00 DM
zuzüglich anrechenbarer Körperschaftsteuer	300,00 DM	–
steuerpflichtig (100/50 %)	1 000,00 DM	375,00 DM
Steuerbelastung bei 40 % Steuersatz	400,00 DM	150,00 DM
zuzüglich Kirchensteuer/Solidaritätszuschlag	58 00 DM	21,75 DM
Dividende nach Steuern	542,00 DM	578,25 DM

Fall 27 Zinsen als Werbungskosten bei den Einkünften aus Kapitalvermögen

Sachverhalt: Der Bankkaufmann Pfiffig erwarb am 10. 01. 2000 100 Stück Aktien der Volkswagen AG, Wolfsburg, zum Kurs von 120 DM.

Rechnung der mit dem Ankauf der Aktien beauftragten Bank:

100 Stück VW-Aktien zu 120 DM	12 000 DM
Provision, Spesen, Courtage	156 DM
Rechnungsbetrag	12 156 DM

Den Rechnungsbetrag zahlte Pfiffig aus Mitteln, die er sich durch Aufnahme eines Darlehens beschafft hatte. Im Kj 2000 zahlte Pfiffig für das Darlehen 1 350 DM Zinsen. An Bardividende (Betrag einschließlich 25 % Kapitalertragsteuer) erhielt Pfiffig von der Volkswagen-AG im Kj 2000 700 DM. Auf Dauer rechnet Pfiffig mit einem Überschuss der Dividenden über die Schuldzinsen.

Frage: Wie hoch sind die Einkünfte aus Kapitalvermögen des Pfiffig im Kj 2000?

▶ § 20 EStG, EStR 153

Fall 28 Einnahmen aus Kapitalvermögen/Stückzinsen

Sachverhalt: Wilfried Klein, ledig, erzielte im Kj 2001 aus Wertpapieren folgende Einnahmen:

- Zinsen aus einem festverzinslichen Wertpapier (Verzinsung 8 % jährlich, jeweils zum 01. 10. eines Jahres), das Klein am 01. 07. 2001 für 10 000 DM zzgl. Stückzinsen für 9 Monate (600 DM) erworben hatte,
  Gutschrift am 02. 10. 2001:   800,00 DM

- Erlös aus der Veräußerung einer Anleihe am 01. 04. 2001 (Verzinsung 7,5 % jährlich, jeweils am 01. 07. eines Jahres)

im Nennwert von 20 000 für	20 000,00 DM
zzgl. Stückzinsen für 9 Monate	1 125,00 DM
	21 125,00 DM

- Dividenden der X-AG nach Abzug von Körperschaftsteuer, Kapitalertragsteuer und Solidaritätszuschlag   5 153,75 DM

Die Bank belastete sein Girokonto im Kj 2001 mit Depotgebühren in Höhe von 125 DM. Von den Zinsen für das Wertpapier und den Stückzinsen wurde keine Zinsabschlagsteuer einbehalten, da Klein der Bank einen Freistellungsauftrag erteilt hatte.

Frage: Wie hoch sind die Einkünfte aus Kapitalvermögen?

▶ § 20 EStG

Zinsen aus festverzinslichen Wertpapieren, Stückzinsen Fall 29

Sachverhalt: Lehrer Ziegler erwarb am 01. 04. 2000 7%ige Kommunal-Obligationen. Nominalwert 4 000 DM, Kurswert 90 v. H. = 3 600 DM. Die Zinsen sind jeweils am 31. 12. und am 30. 06. fällig. Die Zinsen für das 2. Halbjahr 2000 wurden am 02. 01. 2001 gutgeschrieben. Die Bank stellte über den Ankauf folgende Rechnung aus:

Kommunal-Obligationen nominal 4 000 DM zum Kurs von 90 v. H. =	3 600 DM
+ Zinsen 7 v. H. für 90 Tage	70 DM
Summe	3 670 DM
+ Provision und Spesen	16 DM
Rechnungsbetrag	3 686 DM

Frage: Wie hoch sind die Einnahmen aus Kapitalvermögen des Ziegler im Kj 2000? Sind die von der Bank in Rechnung gestellten Kosten als Werbungskosten abzugsfähig?

▶ § 20 EStG

Einkünfte aus Vermietung und Verpachtung

Einkünfte aus der Vermietung und Verpachtung von Grundstücken, Gebäuden oder Gebäudeteilen sind die Miet- und Pachteinnahmen einschließlich Umlagen und Nebenleistungen abzüglich der mit den Einnahmen in wirtschaftlichem Zusammenhang stehenden Ausgaben (Werbungskosten). An Werbungskosten kommen u. a. Erhaltungsaufwendungen, Schuldzinsen und Finanzierungskosten, Grundbesitzabgaben und -versicherungen sowie die Absetzungen für Abnutzung (AfA) in Betracht.

Einkünfte aus Vermietung und Verpachtung (1) Fall 30

Sachverhalt: Reich erwarb am 01. 08. 1999 ein im Jahre 1920 erbautes Mehrfamilienhaus für 300 000 DM. Davon entfallen 20 v. H. auf den Grund und Boden.

Die Einnahmen im Kj 2000 lt. Mietbuch

a) Für das Erdgeschoss (Fläche: 100 qm), als Arztpraxis vermietet, Mieteinnahmen monatlich 1 000 DM zzgl. 50 DM für Garage. Am 30. 12. 2000 zahlte der Arzt die gesamte Miete für das Kj 2001 im Voraus, um seinen Gewinn für das Kj 2000 zu vermindern.

b) Für das I. Obergeschoss (Wohnfläche: 100 qm), als Wohnung vermietet, Mieteinnahmen monatlich 500 DM zzgl. 50 DM für Garage.

c) Für das II. Obergeschoss (Wohnfläche: 100 qm), als Wohnung vermietet, Mieteinnahmen monatlich 500 DM. Die Miete für den Monat Dezember 2000 hat Reich erst im Februar 2001 erhalten.

Die Mieten sind am 01. eines Monats im Voraus fällig.

Die Hausunkosten im Kj 2000 betrugen:

a)	Grundsteuer	500 DM
b)	Gebäudereinigung	400 DM
c)	Eigentümerhaftpflichtversicherung Reich zahlte die Versicherungsbeiträge am 25. 06. 2000 für die Zeit vom 01. 07. 2000 bis 30. 06. 2001.	200 DM
d)	Müllabfuhr, Wasser etc.	2 400 DM
e)	Hausbesitzerverein	50 DM
f)	Schuldzinsen für ein Darlehen zur – Finanzierung der Anschaffungskosten des Mehrfamilienhauses – der Wohnungseinrichtung von Reich	 13 000 DM 6 000 DM

Das gesamte Darlehen ist hypothekarisch auf dem Mehrfamilienhaus abgesichert.

Frage: Wie hoch sind die Einkünfte aus Vermietung und Verpachtung im Kj 2000?

▶ § 7 Abs. 4, § 9, § 21 EStG

Fall 31 Einkünfte aus Vermietung und Verpachtung (2)

Sachverhalt: Reich erwarb vor fünf Jahren ein Mietwohnhaus. Für den Veranlagungszeitraum 2001 belegt er folgende Einnahmen und Ausgaben:

Einnahmen: Vereinnahmte Mieten einschließlich 1 530 DM Umlagen für Wasserverbrauch, Müllabfuhr, Flur- und Kellerbeleuchtung und Ähnliches 43 500 DM

Als Werbungskosten erklärte Aufwendungen:

Tilgung der Hypothek	800 DM
Schuldzinsen für die Hypothek	4 000 DM
Leibrente an den Verkäufer des Grundstücks	12 000 DM
Der Verkäufer hatte bei Beginn der Rente das 71. Lebensjahr vollendet.	
Grundsteuer und Versicherungen	1 200 DM
Nachträglicher Bau einer Garage einschl. 16 v. H. USt	4 108 DM
Kosten der Reparatur des Dachstuhls	30 000 DM
Einbau einer Zentralheizung Bisher beheizten die Mieter ihre Wohnungen mit Einzelöfen. Die Einbaukosten für die Zentralheizung bezahlte Reich im Dezember 2001.	38 000 DM
Sonstige Reparaturkosten	1 900 DM
Gebühren der Stadtwerke für Wasser, Müllabfuhr, Strom für Flur- und Kellerbeleuchtung und Ähnliches	1 530 DM
AfA nach § 7 Abs. 4 EStG 2 v. H. von 319 500 DM =	6 390 DM

Einkommensteuer – Fälle

Reich wünscht, möglichst niedrige Einkünfte im Veranlagungszeitraum 2001 zu erklären.

Frage: Wie hoch sind die Einkünfte im Veranlagungszeitraum 2001?

▶ §§ 9, 21 EStG, EStR 157 Abs. 1 u. 3

AfA bei Gebäuden nach § 7 Abs. 4 und 5 EStG   Fall 32

Sachverhalt: Steuerberater Fuchs hat in folgenden Fällen die Gebäude-AfA zu berechnen:

a) Mietwohnhaus, Baujahr 1963, Anschaffungskosten in 1984 400 000 DM.

b) Mietwohnhaus, Baujahr 1923, angeschafft im März 2001 für 600 000 DM (Gebäudeanteil).

c) Mietwohnhaus, Bauantrag 1. 2. 1999, bezugsfertig 1. 12. 2001, Herstellungskosten 800 000 DM.

d) Mietwohnhaus, Baujahr 1912, angeschafft in 1980 für 400 000 DM (Gebäudeanteil), nachträgliche Herstellungskosten im Jahre 2001 durch Ausbau des Dachgeschosses 60 000 DM. Das Dachgeschoss war im Juli 2001 bezugsfertig. Die tatsächliche Nutzungsdauer beträgt noch 50 Jahre.

e) Mietwohnhaus, Baujahr 1907, angeschafft im Jahre 1980 für 300 000 DM (Gebäudeanteil), Nutzungsdauer im Jahre 1980 noch 20 Jahre.

f) Mietwohnhaus, Baujahr 1943, Herstellungskosten im Jahre 1943: 100 000 Reichsmark, Einheitswert des Grundstücks am 21. 6. 1948 = 80 000 DM (Anteil Grund und Boden 20 v. H.), nachträgliche Herstellungskosten durch Ausbau des Dachgeschosses im Oktober 2001 20 000 DM.

g) Mietwohnhaus, Herstellungskosten im Jahre 1965 82 000 DM, nachträgliche Herstellungskosten im Jahre 1971 48 000 DM, vom Steuerpflichtigen im Jahre 1980 unentgeltlich erworben (Erbfolge), Wert des Gebäudes im Jahre 1980 190 000 DM.

Frage: Wie hoch ist die Gebäude-AfA für das Kalenderjahr 2001?

▶ § 7 Abs. 4 u. 5 EStG, § 11d EStDV, EStR 42, 42a, 43 u. 44

Siehe hierzu auch Fall 501 ff.

Anschaffungskosten eines Gebäudes   Fall 33

Sachverhalt: A erwarb am 01. 10. 2000 ein Zweifamilienhaus (200 qm Wohnfläche), Bj. 1960, zum Preis von 320 000 DM. Die Finanzierung ist wie folgt belegt:
Eigenkapital   80 000 DM
Hypothek   240 000 DM

Den Kaufpreis entrichtete A vertragsgemäß in zwei Raten am 01. 10. 2000 und am 01. 07. 2001 in Höhe von jeweils 160 000 DM.

Die Wohnungen im Zweifamilienhaus sind ab 01. 10. 2000 vermietet. Die mtl. Miete beträgt jeweils 900 DM zuzüglich 150 DM Umlagen für Heizung, Wassergeld, Müllabfuhr, Treppenhausbeleuchtung.

A hatte im Jahre 2000 folgende Aufwendungen, die mit dem Zweifamilienhaus in wirtschaftlichem Zusammenhang stehen:

a) Notar- und Gerichtskosten für Abschluss des notariellen Kaufvertrages und Umschreibung im Grundbuch	2 400 DM
b) Grunderwerbsteuer	6 600 DM
c) Grundsteuer	250 DM
d) Maklergebühr für die Vermittlung des Grundstücks	7 600 DM
e) Hypothekenzinsen	4 400 DM
f) Hypothekentilgung	1 100 DM
g) Bankgebühren für die Hypothek, Kosten für die Eintragung der Hypothek im Grundbuch	3 200 DM
h) Heizungskosten – Öl, Zahlungen an Stadtwerke für Wassergeld, Müllabfuhr, Treppenhausbeleuchtung	900 DM
i) Hausversicherung (Feuer, Sturm, Haftpflicht) ab 01. 10. 2000 für das 1. Jahr	300 DM
j) Reparaturkosten	5 000 DM

Von den Anschaffungskosten für das Zweifamilienhaus entfallen 20 % auf den Grund und Boden.

Frage: Wie hoch sind die niedrigst möglichen Einkünfte des A im Kj 2000?

▶ § 7 Abs. 4, § 21 EStG

Fall 34 **Herstellungskosten eines Gebäudes**

Sachverhalt: A errichtete im Jahre 2000 auf eigenem Grund und Boden ein Mietwohnhaus. Den Grund und Boden hatte A im Vorjahr für 100 000 DM erworben. Im Zusammenhang mit dem Erwerb des Grund und Bodens zahlte A in 2000 an Grunderwerbsteuer 3 500 DM und an Gebühren für die notarielle Beurkundung des Kaufvertrages und für die Grundbucheintragung 1 500 DM.

Im Zusammenhang mit der Errichtung des Gebäudes (bezugsfertig 20. 12. 2000, Bauantrag vom 1. 3. 2000) sind in 2000 folgende Kosten angefallen:

Architektenhonorar	32 000 DM
Rechnungen der Bauhandwerker	480 000 DM
hiervon bezahlt bis 31. 12. 2000:	400 000 DM
Gebühren für Eintragung einer Hypothek zur Finanzierung des Mietwohnhauses	2 400 DM
Hypothekenzinsen	3 200 DM
Hypothekentilgung	1 200 DM
Kosten für Richtfest, soweit auf Handwerker entfallend	400 DM
Grundsteuer	600 DM
Wassergeld und Stromkosten während der Bauzeit	300 DM

Kosten der Versicherung des Rohbaus während der Bauzeit	150 DM
Straßenanliegerbeiträge an Gemeinde	66 000 DM
Kosten für Anschluss des Gebäudes (Leitungen, Rohre, Arbeitsstunden) an die gemeindlichen Versorgungseinrichtungen	15 000 DM
Kanalanstichgebühren an Gemeinde	1 200 DM

Fragen:
1. Welche Aufwendungen entfallen auf den Grund und Boden?
2. Wie hoch sind die Herstellungskosten für das Gebäude?
3. Wie hoch ist die AfA nach § 7 Abs. 5 EStG im Jahr 2000?
4. Welche Aufwendungen sind Werbungskosten (außer AfA)?

▶ §§ 7 und 9 EStG

Hoher anschaffungsnaher Aufwand nach Erwerb eines bebauten Grundstücks
Fall 35

Sachverhalt: Reich erwarb am 01. 07. 2000 für 230 000 DM ein Mietwohngrundstück, dessen abschreibungsfähiger Gebäudewert 180 000 DM betrug. Aufgrund der Aufforderung des Bauaufsichtsamts, Teile des Gebäudes instandzusetzen oder zu erneuern, ließ Reich in 2000 für 40 000 DM Instandsetzungsarbeiten durchführen. Dabei handelt es sich um Instandsetzen und Erneuern von Balkonen, um Klempnerarbeiten, Malerarbeiten, Hausbockbekämpfung und Ähnliches.

Die Mieteinnahmen aus dem Grundstück stiegen dadurch von 15 000 DM auf 22 000 DM jährlich an.

Reich möchte den Aufwand von 40 000 DM als Werbungskosten (Erhaltungsaufwand) behandeln.

Frage: Wird das Finanzamt den Aufwand in Höhe von 40 000 DM als Werbungskosten anerkennen?

▶ EStR 157 Abs. 4

Aufteilung von Grundstückskosten
Fall 36

Sachverhalt: Horst Meister betreibt in seinem im Jahr 1980 angeschafften Einfamilienhaus eine Schuhagentur. Das Einfamilienhaus wird dadurch zu 25 % seiner gesamten Nutzfläche als Büro und als Warenlager genutzt. Im Übrigen wird es zu eigenen Wohnzwecken genutzt.

Im Kj 2001 sind für das Einfamilienhaus insgesamt folgende Aufwendungen angefallen:

Zinsen für Hausdarlehen	20 000 DM
Aufwendungen für Heizung, Strom, Müllabfuhr, Wassergeld, Gebäudeversicherung, Grundsteuer	12 000 DM
Reparaturaufwendungen für Heizkessel, Dach und Haustür	5 000 DM
Reparaturaufwendungen für Tür im Warenlager	400 DM

Gebäude-AfA 2 % von 400 000 DM =   **8 000 DM**

Frage: In welcher Höhe sind die Grundstücksaufwendungen abzugsfähig?

▶ EStR 117

Fall 37 Aufteilung von Grundstückskosten, AfA-Berechnung

Zum 31. 10. 2000 (= Datum der Fertigstellung) hat Alex Möller ein gemischtgenutztes Wohn- und Geschäftsgebäude in Dortmund errichtet. Das Gebäude mit Bauantrag vom 1. 2. 1999 wird wie folgt genutzt:

Erdgeschoss:
320 qm **eigengenutztes** Ladenlokal (Supermarkt) des A. Möller, Bezug und Neueröffnung am 01. 11. 2000.

1. und 2. Obergeschoss
4 Wohnungen zu je 80 qm, die ab 01. 11. 2000 zu einem Mietpreis von 16 DM je qm vermietet wurden. Je Wohnung wird eine monatliche Umlage von 200 DM für Heizung u. a. erhoben.

Für das Gebäude liegen zusätzlich folgende Angaben vor:

1. Anschaffungskosten des Baugrundstücks   650 000 DM
   Herstellungskosten des Gebäudes   1 200 000 DM;

2. Darlehensaufnahme 01. 04. 2000,
   Darlehenssumme   500 000 DM;
   Zinssatz 8 %, Disagio 2 %,
   Tilgung: jährlich nachträglich 10 %.

3. Umlagefähige allgemeine Hauskosten   8 000 DM
   Gebäudeversicherung   3 500 DM

A. Möller möchte, dass nur das Erdgeschoss zu seinem Betriebsvermögen gehört. Für das Gebäude soll jeweils die höchstmögliche Abschreibung vorgenommen werden.

Fragen:

1. Ermitteln Sie für den Veranlagungszeitraum 2000 die endgültigen Einkünfte des Steuerpflichtigen aus Gewerbebetrieb.
   Der vorläufige Gewinn lt. Buchführung beträgt **bisher** 195 000 DM. Die Aufwendungen für das Ladenlokal sind hierin noch nicht berücksichtigt.

2. Ermitteln Sie für den Veranlagungszeitraum 2000 die niedrigst möglichen Einkünfte aus Vermietung und Verpachtung.

▶ §§ 7, 9, EStG; EStR 13 Abs. 4, 44 Abs. 6

Wohnraumförderung ab 1. 1. 1996

Zum 1. 1. 1996 hat das Eigenheimzulagengesetz die bisherige Wohnraumförderung nach § 10e EStG abgelöst. Die Fälle, die bisher eine Förderung nach § 10e EStG erhalten haben, werden als sog. Altfälle (bis zum Jahre 2002) weitergeführt.

Begünstigt ist die Herstellung oder Anschaffung einer Wohnung sowie deren Ausbau oder Erweiterung. Der Anspruch auf Zulage besteht nur für die Zwecke, in denen der

Stpfl. die Wohnung zu eigenen Wohnzwecken nutzt oder sie unentgeltlich einem Angehörigen zu Wohnzwecken überlässt.

Der Förderzeitraum beträgt 8 Jahre und beginnt mit dem Jahr der Fertigstellung oder Anschaffung der Wohnung.
Herstellung/Anschaffung und Nutzung zu eigenen Wohnzwecken müssen in demselben Jahr gegeben sein, damit die Voraussetzungen für die Eigenheimzulage erfüllt sind.

Der Anspruch auf Eigenheimzulage hängt auch von der Höhe der Einkünfte des Anspruchsberechtigten ab. Der Gesamtbetrag der Einkünfte darf im Jahr der Herstellung/ Anschaffung und dem vorangegangenen Jahr insgesamt 160 000/320 000 DM (Alleinstehende/Verheiratete) nicht übersteigen. Für jedes Kind, für das im Erstjahr die Voraussetzungen für die Inanspruchnahme der Kinderzulage vorliegen, erhöht sich die Einkunftsgrenze um 60 000 DM.

Die Eigenheimzulage besteht aus zwei Komponenten:

1. Fördergrundbetrag:

Neubauten: 5 % der Bemessungsgrundlage, höchstens 5 000 DM.

Altbauten: 2,5 % der Bemessungsgrundlage, höchstens 2 500 DM.

2. Kinderzulage:

Für jedes einkommensteuerlich zu berücksichtigende Kind 1 500 DM. Das Kind muss im Förderzeitraum zum inländischen Haushalt gehören oder gehört haben.

Es sind weitere Regelungen zum Objektverbrauch und zum Folgeobjekt zu beachten.

Übersicht 4: Wohnraumförderung nach dem EigZulG ab 1. 1. 1996

Die Wohnraumförderung besteht aus Eigenheimzulage und Vorkostenabzug
Anwendungsbereich Herstellung oder Anschaffung einer eigengenutzten oder einem Angehörigen unentgeltlich überlassenen Wohnung im Inland nach dem 31. 12. 1995.
Personenkreis Voraussetzung: Kein Objektverbrauch, Einkunftsgrenze insgesamt bis 160 000/320 000 DM (Alleinstehende/Ehegatten) im Erstjahr der Förderung und im vorangegangenen Jahr, Erhöhung der Grenzen um 60 000 DM je Kind.
Förderobjekt: Neubau: Herstellung oder Ausbau/Erweiterung (keine Zubehörräume) oder Erwerb innerhalb von zwei Jahren nach Fertigstellung Altbau: Anschaffung
Förderzeitraum Jahr der Herstellung/Anschaffung und die folgenden sieben Jahre.
Folgeobjekt Nicht ausgenutzte Jahre des Förderzeitraums können vom Erstobjekt auf ein Folgeobjekt übertragen werden.
Bemessungsgrundlage Herstellungs-/Anschaffungskosten einschließlich Grund und Boden

Art und Höhe der Eigenheimzulage

Die Eigenheimzulage ist progressionsunabhängig und besteht aus der Grundzulage und der Kinderzulage

Höhe der Grundzulage	Neubau	Altbau Ausbauten
Bemessungsgrundlage in DM höchstens	100 000	100 000
davon jährlich in %	5	2,5
jährlich in DM höchstens	5 000	2 500
Höhe der Kinderzulage		
Pro Kind/Jahr in DM	1 500	1 500

Begrenzung

Die Summe der EigZul im Förderzeitraum (Grundzulagen + Kinderzulagen) darf die Bemessungsgrundlage nicht überschreiten. Für Ausbauten beträgt die Höchstgrenze 50 % der Bemessungsgrundlage.

Zulage für ökologische Maßnahmen

a) Einbau von Solaranlagen, Wärmepumpen etc. im Förderzeitraum jährlich 2 % der Aufwendungen, höchstens jährlich   500 DM

b) Neubau eines Niedrigenergiehauses im Förderzeitraum jährlich   400 DM

Einkommensteuer – Fälle

Antrag auf Eigenheimzulage ab dem Jahr

An das Finanzamt

Steuernummer

Anspruchsberechtigte
bei gemeinschaftlichem Eigentum von Ehegatten: Ehemann

Telefonische Rückfragen tagsüber unter Nr.

Zeile			Anschrift
1	11	Name	
2	13	Vorname	Titel d. Ansprb./Ehemanns 14 / Titel d. Ehefrau 18
3	72	Geburtsdatum (Tag Monat Jahr) — Zur Einkommensteuer veranlagt? Ja / Nein	Anrede 10 / Ansprb. Person 40 / Postempfänger
4		Bei Wohnsitzwechsel: bisheriges Finanzamt/Steuernummer	
5	22	Straße und Hausnummer	
6	20	Postleitzahl, derzeitiger Wohnort	
7			
8	15	Vorname des **Ehegatten**	
9	16	ggf. von Zeile 2 abweichender Name	
10	73	Geburtsdatum (Tag Monat Jahr) — Zur Einkommensteuer veranlagt? Ja / Nein	99 11
11		Bei Wohnsitzwechsel: bisheriges Finanzamt/Steuernummer	10 Art der Bescheid-Kennzeichnung
12		Straße und Hausnummer, Postleitzahl, derzeitiger Wohnort (falls von Zeilen 5 und 6 abweichend)	11 Art der Zulagenfestsetzung
13		Verheiratet seit dem / Verwitwet seit dem / Geschieden seit dem / Dauernd getrennt lebend seit dem	15 Ablehnungsbescheid
14			73 Angaben zur Erstattung
15			83 Bescheid ohne Anschrift Ja = 1
16		**Bankverbindung** Bitte stets angeben! Die angegebene Bankverbindung gilt auch für andere Auszahlungen des Finanzamts, z.B. für Einkommensteuererstattungen	75 Zahl d. zusätzlichen Bescheide
17	31	Nummer des Bankkontos, Postgirokontos, Sparbuchs, Postsparbuchs / Bankleitzahl 30	
18	34	Geldinstitut (Zweigstelle) und Ort	
19		Kontoinhaber Name (im Fall der Abtretung bitte amtlichen Abtretungsvordruck beifügen) lt. Zeilen 1 u. 2 oder: 32	
20			
21		**Empfangsvollmacht** Der Bescheid soll nicht mir/uns zugesandt werden, sondern:	
22	41	Name	
23	42	Vorname	
24	43	Straße und Hausnummer oder Postfach	
25	45	Postleitzahl, Wohnort	

EZ 1 A – Antrag auf Eigenheimzulage – Jan. 97 (3)

Begünstigte Wohnung

99 15 Lage der Wohnung (falls vom derzeitigen Wohnsitz lt. Zeile 5 und 6 abweichend)

Im Ferien- oder Wochenendgebiet belegen

Zum Dauerwohnen baurechtlich zugelassen

Zeile		
27	22	Straße und Hausnummer
28	20	Postleitzahl, Ort
29		Eigentümer — Name — Miteigentumsanteil %
30		Name — Miteigentumsanteil %

99 20 Die Eigenheimzulage wird beantragt als:
- Erwerber **20** — Kaufvertrag vom **21** — Übergang von Besitz, Nutzen und Lasten am **22** — Baujahr
- Bauherr (auch bei Ausbau/Erweiterung) **25** — Bauantrag gestellt am **26** — Baubeginn am **27** — Jahr d. Fertigstellung

32

33 Eigengenutzt / unentgeltlich an Angehörige zu Wohnzwecken überlassen seit **30**

34 Bei unentgeltlicher Nutzungsüberlassung — Name des Nutzenden, Verwandtschaftsverhältnis

35 Für folgende Objekte wurden bereits erhöhte Absetzungen (z.B. n. § 7 b EStG) / Abzugsbeträge (z.B. n. § 10 e EStG) / Eigenheimzulage beansprucht (bei Ehegatten: auch Name d. Eigentümers):

36

37 Die Eigenheimzulage wird für ein Folgeobjekt beantragt — Lage des Erstobjekts, Begünstigungszeitraum

38

Anschaffungskosten / Herstellungskosten

39 Angeschafft / hergestellt wurde

Anspruchsberechtigter
1 = männlich
2 = weiblich
3 = Ehegatten

40 Einfamilienhaus / Eigentumswohnung — einschließlich Anschaffungskosten des Grund und Bodens — DM — **10**

11 Miteigentum %

41 Ausbau / Erweiterung einer eigengenutzten Wohnung — ohne Anschaffungskosten des Grund und Bodens — DM — **32** Ausbau /Erweiterung Ja = 1

42 Anderes Haus (einschl. Anschaffungskosten Grund u. Boden) — Anzahl der Wohnungen — Nutzfläche m² = 100 % = — DM — **31** Letztes Begünstigungsjahr

43 Auf die Nutzfläche der eigengenutzten / unentgeltlich an Angehörige zu Wohnzwecken überlassenen Wohnung entfallen — m² = % = ▶ DM — DM

44 Werden Teile der Wohnung nicht zu eigenen Wohnzwecken genutzt:

45 Wohnfläche der Wohnung — m² = 100 %

46 davon entfallen auf eigenbetrieblich / beruflich genutzte, vermietete oder an Nicht-Angehörige überlassene Räume — m² = % = — DM

47 Bemessungsgrundlage — **40** — **40**

48 Bei Miteigentum: Anteil an der Bemessungsgrundlage — **46** — **46**

49 Nur bei gesonderter und einheitlicher Feststellung: Festgestellter Anteil an der Bemessungsgrundlage — Finanzamt, Steuernummer — **41** — **41**

50

Ökologische Zusatzförderung

51

52 Für Wärmepumpenanlagen, Solaranlagen, Anlagen zur Wärmerückgewinnung

53 Bei Selbsteinbau: Aufwendungen für vor Bezug – und vor dem 1.1.1999 – eingebaute Anlagen (auch wenn in Zeile 47 enthalten) — **42** — **42**

54 Bei Anschaffung einer Neubauwohnung vor dem 1.1.1999: Von den Anschaffungskosten entfallen auf diese Anlage (in Zeile 47 enthalten) — **43** — **43**

55 Bei Miteigentum: Anteil an den Beträgen in Zeile 53 oder 54 — **47** — **47**

56 Nur bei gesonderter und einheitlicher Feststellung: Festgestellter Anteil an den Aufwendungen — Finanzamt, Steuernummer — **44** — **44**

57 Für vor dem 1.1.1999 fertiggestellte oder im Jahr der Fertigstellung angeschaffte Niedrigenergiehäuser: Der Jahres-Heizwärmebedarf unterschreitet um mindestens 25% den nach der Wärmeschutzverordnung geforderten Wert (Wärmebedarfsausweis ist beigefügt) — **45** Ja = 1

Einkommensteuer – Fälle

– 3 –

99 15 Begünstigte Genossenschaftsanteile (Satzung der Genossenschaft und Registerauszug bitte beifügen)

Zeile 58 | 50 | Name der nach dem 1.1.1995 in das Genossenschaftsregister eingetragenen Genossenschaft

99 20

Zeile					
	Höhe der Geschäftsanteile			51	DM
			Datum	52	DM
60	Einzahlung auf die Geschäftsanteile	53			
61	Beitrittszulassung vom	50			
62					

99 16 Angaben für die Kinderzulage

Zeile	Vorname des haushaltszugehörigen Kindes (ggf. auch abweichender Familienname)	Geboren am	Für das Kind erhält der Anspruchsberechtigte oder sein Ehegatte Kindergeld/ einen Kinderfreibetrag	Der andere Elternteil ist Miteigentümer der Wohnung (ausgenommen Ehegatten)	Kinderzulage 1 = 1, 2 = ½ 3 = 0
64					
65	1	31			51
66	2	32			52
67	3	33			53
68	4	34			54

69

Einkunftsgrenze
70

71 ☐ Der Gesamtbetrag der Einkünfte des Jahres, für das erstmals dieser Antrag gestellt wird, wird zusammen mit dem Gesamtbetrag der Einkünfte des vorangegangenen Jahres 240 000 DM, bei Ehegatten 480 000 DM voraussichtlich nicht übersteigen.
72

73

Zusätzliche Angaben
74

75   Bewilligte Zuschüsse aus öffentlichen Mitteln (Bitte Bewilligungsbescheid beifügen)   DM

76 ☐ Die Eigenheimzulage wurde bereits für den Erwerb von Genossenschaftsanteilen in Anspruch genommen

     in den Jahren   Finanzamt / Steuernummer

77

78

79 ☐ Für das begünstigte Objekt wurde für ein Kalenderjahr nach 1994 keine Steuerbegünstigung nach §§ 10 e, 10 h EStG (insbesondere für Aufwendungen vor Bezug der Wohnung) in Anspruch genommen.

80

81

Unterschrift

Bei der Anfertigung dieses Antrags hat mitgewirkt:

82 Ich versichere, daß ich die Angaben wahrheitsgemäß nach bestem Wissen und Gewissen gemacht habe.

83 Ich werde dem Finanzamt unverzüglich Änderungen der Verhältnisse mitteilen, die zu einer Minderung oder dem Wegfall der Eigenheimzulage führen, insbesondere wenn in einem Jahr des Förderzeitraums

84 – die Eigennutzung oder die unentgeltliche Nutzungsüberlassung endet, weil die Wohnung z.B. vermietet, veräußert oder verschenkt wird;

85 – für ein Kind, für das die Kinderzulage gewährt wird, das Kindergeld / der Kinderfreibetrag wegfällt.

86 Mir ist **bekannt**, daß die von mir in diesem Antrag angegebenen Tatsachen sowie die Tatsachen, die ich unverzüglich anzuzeigen habe, **subventionserhebliche Tatsachen** im Sinne des § 264 des Strafgesetzbuches sind.

87

88

89   Datum, Unterschrift(en); der Antrag ist eigenhändig, bei gemeinschaftlichem Eigentum von Ehegatten von beiden zu unterschreiben

Einkommensteuer – Fälle

Finanzamt		Datum
Steuernummer		Postleitzahl, Ort

für

Bescheid über eine Eigenheimzulage

für _____

A. Festsetzung

Die Eigenheimzulage wird festgesetzt

☐ für die Jahre _____ bis _____ auf jährlich _____ DM

☐ für das Jahr

B. Abrechnung   siehe besonderes Blatt

C. Rechtsbehelfsbelehrung

Die Festsetzung der Eigenheimzulage kann mit dem Rechtsbehelf des **Einspruchs** angefochten werden. Der Rechtsbehelf ist bei dem oben bezeichneten Finanzamt schriftlich einzureichen oder zur Niederschrift zu erklären.

Die **Frist** für die Einlegung des Einspruchs beträgt **einen Monat.** Sie beginnt mit Ablauf des Tages, an dem Ihnen dieser Bescheid bekanntgegeben worden ist. Bei Zusendung durch einfachen Brief oder Zustellung durch eingeschriebenen Brief gilt die Bekanntgabe mit dem dritten Tag nach Aufgabe zur Post als bewirkt, es sei denn, daß der Bescheid zu einem späteren Zeitpunkt zugegangen ist. Bei Zustellung mit Postzustellungsurkunde oder gegen Empfangsbekenntnis ist Tag der Bekanntgabe der Tag der Zustellung.

D. Berechnung

1. Begünstigte Wohnung

1.1 Anschaffungs-/Herstellungskosten

			DM
Einfamilienhaus / Eigentumswohnung	einschließlich Anschaffungskosten des Grund und Bodens		
Ausbau / Erweiterung an einer eigengenutzten Wohnung	ohne Anschaffungskosten des Grund und Bodens		
anderes Haus	einschließlich Anschaffungskosten d. Grund und Bodens	Nutzfläche des Hauses m² = 100 %	DM ———
auf die Nutzfläche der eigengenutzten / unentgeltlich an Angehörige zu Wohnzwecken überlassenen Wohnung entfallen		m² = %	▶
Wohnfläche der Wohnung		m² = 100 %	DM
davon entfallen auf eigenbetrieblich / beruflich genutzte oder vermietete Räume		m² = %	–
Bemessungsgrundlage			=
Bei Miteigentum (mit Ausnahme von nicht dauernd getrennt lebenden Ehegatten): Auf den Anspruchsberechtigten entfallen entsprechend seinem Miteigentumsanteil:		%	=

1.2 Fördergrundbetrag

	DM	höchstens		DM
5% der Bemessungsgrundlage aus 1.1	=	5000 DM	bei Miteigentum (mit Ausnahme von nicht dauernd getrennt lebenden Ehegatten) % von 5000 DM	=
2,5% der Bemessungsgrundlage aus 1.1	=	höchstens 2500 DM	bei Miteigentum (mit Ausnahme von nicht dauernd getrennt lebenden Ehegatten) % von 2500 DM	=

1.3 Ökologische Zusatzförderung							
für Wärmepumpenanlagen, Solaranlagen und Anlagen zur Wärmerückgewinnung		Bemessungsgrundlage DM		bei Miteigentum %	=	DM	DM
2% der Bemessungsgrundlage	=	höchstens 500 DM	bei Miteigentum (mit Ausnahme von nicht dauernd getrennt lebenden Ehegatten)		% von 500 DM	+	
für Niedrigenergiehäuser		pauschal 400 DM	bei Miteigentum (mit Ausnahme von nicht dauernd getrennt lebenden Ehegatten)		% von 400 DM	+	

1.4 Kinderzulage				
Anzahl der Kinder		× 1500 DM	=	+ DM
Anzahl der Kinder bei Miteigentum mit dem anderen Elternteil (mit Ausnahme von nicht dauernd getrennt lebenden Ehegatten)		× 750 DM	=	+

2. Begünstigte Genossenschaftsanteile				
3% der geleisteten Einzahlung von	DM	= DM	höchstens 2400 DM	= DM
Anzahl der Kinder		× 500 DM	=	+ DM

3. Eigenheimzulage	
Summe der Beträge aus 1.2 bis 1.4 oder aus 2.	= DM

E. Weitere Begründung und Nebenbestimmungen

Die Eigenheimzulage wird für das Jahr des Beginns der Nutzung der Wohnung zu eigenen Wohnzwecken innerhalb eines Monats nach Bekanntgabe dieses Bescheids, für jedes weitere Jahr des Förderzeitraums am 15. März, frühestens innerhalb eines Monats nach Bekanntgabe dieses Bescheids ausbezahlt.

Herstellung eines Einfamilienhauses Fall 38

Sachverhalt: Die Eheleute Heim haben im Oktober 2001 ihr eigenes Einfamilienhaus in Bochum fertig gestellt und ab 01. 11. 2001 zu eigenen Wohnzwecken genutzt. Es sind im Jahr 2001 folgende Aufwendungen angefallen:

Schuldzinsen	7 000 DM
Disagio 30. 06. 2001	4 500 DM
Anschaffungskosten des Grund und Bodens	100 000 DM
Herstellungskosten des Gebäudes	300 000 DM

Zum Haushalt der Eheleute Heim gehört ein Kind im Alter von 10 Jahren. Der Gesamtbetrag der Einkünfte der Eheleute betrug im Jahr 2000 145 000 DM und im Jahr 2001 210 000 DM.

Objektverbrauch ist bei den Eheleuten bisher nicht eingetreten.

Frage: Wie hoch ist die Wohnraumförderung der Eheleute Heim im Jahr 2001?

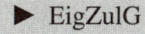 EigZulG

Anschaffung einer Eigentumswohnung (Neubau) Fall 39

Sachverhalt: Die Eheleute Neu haben im Jahr 2001 eine im Vorjahr 2000 fertig gestellte Eigentumswohnung zum Kaufpreis von 300 000 DM erworben (Anteil des Grund und Bodens 20 %). Anschaffungskosten (Notar- und Gerichtsgebühren) haben 10 000 DM betragen. Ab 01. 07. 2001 nutzen die kinderlosen Eheleute die Wohnung zu eigenen Wohnzwecken. Die Voraussetzungen für die Eigenheimzulage liegen vor.

Frage: Wie hoch ist die Wohnraumförderung der Eheleute Neu im Jahr 2001? In welcher Höhe könnten die Eheleute die Wohnraumförderung beanspruchen, wenn sie die Wohnung erst im Jahre 2003 erworben hätten?

▶ EigZulG

Fall 40 Herstellung eines Einfamilienhauses mit Öko-Förderung

Sachverhalt: Die Eheleute Guth haben am 01. 12. 2000 ein eigenes Einfamilienhaus fertig gestellt, das sie ab diesem Zeitpunkt zu eigenen Wohnzwecken nutzen. Die Eheleute haben eine siebenjährige Tochter in ihrem Haushalt. Die Herstellungskosten für das Einfamilienhaus haben 400 000 DM betragen, die Anschaffungskosten für den Grund und Boden 100 000 DM. In den Herstellungskosten sind Kosten für den Einbau einer Solaranlage in Höhe von 15 000 DM enthalten. Die Eheleute weisen durch einen Wärmebedarfsausweis nach § 12 WärmeschutzVO nach, dass der Jahreswärmebedarf des Hauses 30 % unter dem normalen Wärmebedarf liegt. Die Voraussetzungen für die Eigenheimzulage liegen vor.

Frage: Wie hoch ist die Wohnraumförderung der Eheleute Guth im Jahr 2000?

▶ EigZulG

Fall 41/42 Objektbeschränkung, Folgeobjekt

Sachverhalt: Die Eheleute M und F haben im Oktober 2001 gemeinsam ein Einfamilienhaus in Münster erworben, das sie ab 01. 11. 2001 zu eigenen Wohnzwecken nutzen. Zuvor haben die Eheleute ihre ihnen gemeinsam gehörende, zu eigenen Wohnzwecken genutzte Eigentumswohnung in Düsseldorf veräußert. Für die Eigentumswohnung konnten die Eheleute in den Jahren 1999 und 2000 bereits die Eigenheimzulage in Anspruch nehmen. Vor seiner Heirat mit F hatte M in den Jahren ab 1980 bereits erhöhte Absetzungen nach § 7b EStG für eine weitere Eigentumswohnung in Anspruch genommen.

Frage: Können M und F für das im Jahr 2001 erworbene Einfamilienhaus noch einmal die Eigenheimzulage erhalten?

▶ §§ 6, 7 EigZulG

Fall 43 Ausbauten und Erweiterungen, Begrenzung

Sachverhalt: Nach Geburt ihres fünften Kindes haben die Eheleute Meier im Jahre 2001 das Dachgeschoss ihres Einfamilienhauses für 30 000 DM ausgebaut. Bisher haben die Eheleute Meier erst für ein Objekt die Wohnraumförderung in Anspruch genommen.

Frage: Wie hoch ist die Eigenheimzulage für die Kj 2001 und 2002?

▶ EigZulG

Fall 44 Einkunftsgrenzen

Sachverhalt: Die Eheleute Heidenreich haben im Jahre 2000 für 300 000 DM eine Altbauwohnung erworben. Ihr Gesamtbetrag der Einkünfte beträgt in den Jahren

1999	2000	2001	2002	2003
187 500 DM	195 000 DM	191 250 DM	75 000 DM	300 000 DM

Frage: Können die Eheleute Heidenreich in den Jahren 2000 bis 2007 mit einer Eigenheimzulage rechnen?

▶ EigZulG

Sonstige Einkünfte

Einkünfte aus wiederkehrenden Bezügen sind grundsätzlich als sonstige Einkünfte nach § 22 Nr. 1 EStG zu erfassen, soweit sie nicht zu einer anderen Einkunftsart gehören. Wiederkehrende Bezüge liegen vor, wenn sie auf einem einheitlichen Entschluss oder Rechtsgrund beruhen und in gewissen Zeitabständen wiederkehren (EStR 165 Abs. 1). Sie werden nicht beim Empfänger angesetzt, wenn sie freiwillig (oder aufgrund einer freiwillig begründeten Rechtspflicht) oder einer unterhaltsberechtigten Person (z. B. Eltern, Kindern) gezahlt werden und der Geber unbeschränkt einkommensteuerpflichtig ist.

Sachverhalt: Schlapp wird seit Jahren von seinem in Bochum wohnenden Bruder Walter finanziell unterstützt. Im Jahre 2000 hat er mtl. 500 DM erhalten. **Fall 45**

Frage: Sind diese Bezüge steuerpflichtig?

▶ § 22 Nr. 1 Satz 2 EStG

Sachverhalt: Guth aus Münster zahlt seiner in einfachsten Verhältnissen lebenden Schwester Edith eine rechtsverbindlich zugesagte Rente in Höhe von mtl. 400 DM. **Fall 46**

Frage: Hat Edith die Rente zu versteuern?

▶ § 22 Nr. 1 Satz 2 EStG

Sachverhalt: Klug studiert in München. Er erhält von seinen in Köln lebenden Eltern mtl. 700 DM für Unterhalt und Ausbildung. **Fall 47**

Frage: Hat Klug die Unterhaltsbezüge zu versteuern?

▶ § 22 Nr. 1 Satz 2 EStG

Sachverhalt: Caroline B., wohnhaft in Düsseldorf, erhält Unterhaltszahlungen von ihrem in Köln wohnenden Ehemann in Höhe von mtl. 2 500 DM. Die Ehegatten B. leben seit zwei Jahren getrennt. Caroline B. hat zugestimmt, dass ihr Ehemann die Unterhaltsleistungen als Sonderausgaben gem. § 10 Abs. 1 Nr. 1 EStG geltend macht. **Fall 48**

Frage: Sind die Unterhaltszahlungen von Caroline B. zu versteuern? Wenn ja, wie hoch sind ihre Einkünfte?

▶ § 22 Nr. 1a EStG

Alterseinkünfte

Hinsichtlich der Besteuerung der Alterseinkünfte ist zwischen Einnahmen aus einem früheren Dienstverhältnis (z. B. Beamten- oder Betriebspensionen) und Bezügen, die auf eigenen Beitragsleistungen des Berechtigten beruhen (z. B. Renten aus der gesetzlichen Rentenversicherung), zu unterscheiden.

Einnahmen aus einem früheren Dienstverhältnis (Pensionen) gehören als Arbeitslohn zu den Einkünften aus nichtselbständiger Arbeit. Von Versorgungsbezügen bleiben 40 % der Bezüge, höchstens 6 000 DM im Kalenderjahr steuerfrei (Versorgungsfreibetrag). Bei Renten, deren Laufzeit vom Leben einer Person abhängt (Leibrenten), wird im Rahmen der Ermittlung der sonstigen Einkünfte im Sinne des § 22 EStG nur der „Ertragsanteil" steuerlich erfasst; der Kapitalanteil, der als Rückzahlung der geleisteten Beiträge anzusehen ist, bleibt steuerlich unberücksichtigt.

Fall 49 Alterseinkünfte

Sachverhalt: Der Buchdrucker Sonntag vollendete mit Ablauf des 31. 12. 2000 sein 65. Lebensjahr und bezieht seit dem 01. 01. 2001 eine Rente aus der gesetzlichen Rentenversicherung in Höhe von monatlich 1 000 DM.

Außerdem zahlt ihm sein ehemaliger Arbeitgeber eine Betriebspension, die nicht auf früheren Beitragsleistungen des Sonntag beruht, in Höhe von monatlich 300 DM.

Frage: Was für Einkünfte hat Sonntag in 2001 und wie hoch sind sie?

▶ § 19 Abs. 1 Nr. 2 u. Abs. 2, § 22 Nr. 1 EStG

Fall 50 Pension aus einer Pensionskasse

Sachverhalt: Autoschlosser Ehrlich erhält seit Vollendung seines 65. Lebensjahres neben seinem Altersruhegeld aus der gesetzlichen Rentenversicherung aus einer Pensionskasse, die sein früherer Arbeitgeber gegründet hat, eine zusätzliche Pension von monatlich 250 DM. Ehrlich hat gegenüber der Kasse einen Rechtsanspruch auf Leistung. Das Kapital der Pensionskasse, das zur Auszahlung der Pension zur Verfügung steht, stammt aus Einzahlungen des früheren Arbeitgebers zugunsten der Arbeitnehmer. Diese Einzahlungen des Arbeitgebers zugunsten der Arbeitnehmer in die Pensionskasse sind nach § 2 LStDV der Lohnsteuer unterworfen worden.

Frage: Um was für Einkünfte handelt es sich bei der Pension aus der Pensionskasse?

▶ § 22 Nr. 1 EStG

Fall 51 Berufsunfähigkeitsrente

Sachverhalt: Köhler, 55 Jahre, bezieht seit dem 01. 01. 2001 aus der gesetzlichen Rentenversicherung eine Berufsunfähigkeitsrente in Höhe von 900 DM, die zu Beginn eines jeden Monats ausgezahlt wird. Andere Einkünfte hat Köhler nicht.

Mit Vollendung seines 65. Lebensjahres (am 14. 04. 2009) hat Köhler Anspruch auf Altersruhegeld.

Frage: Wie hoch sind die Einkünfte des Mandanten Köhler in 2001?

▶ § 22 Nr. 1 EStG, § 55 EStDV, EStR 167 Abs. 7

Weitere Alterseinkünfte   Fall 52

Sachverhalt: Auguste Wagner ist seit Juni des **Vorjahres** mit 58 Jahren verwitwet. Frau Wagner erzielte in 2001 die folgenden Einnahmen:

a) „Große" Witwenrente (auf Lebenszeit) aus der gesetzlichen
   Rentenversicherung (Zahlung ab 01. 07. 2000 mtl. 500 DM)   6 000 DM

b) Vom früheren Arbeitgeber ihres verstorbenen Ehemannes erhielt Frau Wagner mtl. 400 DM. Die wegen des Todes ihres Ehemannes geleisteten Zahlungen entrichtete der Arbeitgeber aus eigenen Mitteln.   4 800 DM

c) Aus ganzjähriger Tätigkeit als Finanzbeamtin brutto   30 200 DM

Aufwendungen im Zusammenhang mit den unter Buchst. a bis c genannten Einnahmen macht Frau Wagner nicht geltend.

Frage: Wie hoch ist die Summe der Einkünfte im Kj 2001?

▶ § 19 Abs. 1 u. 2 EStG, § 22 EStG

Einkünfte aus privaten Veräußerungsgeschäften

Gewinne aus der Veräußerung von Wirtschaftsgütern werden einkommensteuerlich grundsätzlich nur erfasst, wenn sie im Rahmen einer Gewinneinkunftsart anfallen (z. B. Veräußerung eines Grundstücks, das zu einem Betriebsvermögen bei den Einkünften aus Gewerbebetrieb, Land- und Forstwirtschaft oder selbständiger Arbeit gehört). Als Einkünfte aus privaten Veräußerungsgeschäften werden gem. §§ 22 Nr. 2 und 23 EStG auch Gewinne aus der Veräußerung privater Wirtschaftsgüter innerhalb bestimmter Fristen nach ihrer Anschaffung durch den Steuerpflichtigen steuerlich erfasst. Die Spekulationsfrist beträgt bei Grundstücken 10 Jahre und bei anderen Wirtschaftsgütern, insbesondere Wertpapieren, ein Jahr. Maßgeblich ist der Abschluss des schuldrechtlichen Verpflichtungsgeschäfts (z. B. Datum des Kaufvertrags); auf den Eigentumsübergang oder die Verschaffung der Verfügungsmacht kommt es nicht an.

Ein Spekulationsgewinn ist in dem Jahr zu berücksichtigen, in dem er zugeflossen ist (§ 11 EStG).

Einkünfte aus privaten Veräußerungsgeschäften (1)   Fall 53

Sachverhalt: Mit Kaufvertrag vom 01. 07. 1991 erwirbt der Mandant ein unbebautes Grundstück zu einem Preis von 60 000 DM. Im Grundbuch wird der Mandant am 01. 09. 1991 eingetragen. Das Grundstück gehört zu seinem Privatvermögen. Die Anschaffungsnebenkosten (Grunderwerbsteuer, Notargebühren, Gebühren des Grundbuchamtes) betragen insgesamt 2 000 DM.

Mit Vertrag vom 16. 06. 2001 wird das Grundstück zu einem Preis von 70 000 DM verkauft. Die Umschreibung des Eigentums im Grundbuch erfolgt am 02. 09. 2001.

Im Zusammenhang mit der Veräußerung hat der Mandant in 2001 für die Vermittlung eines Käufers einen Betrag von 2 500 DM gezahlt. Der Veräußerungspreis wurde in 2001 vereinnahmt.

Frage: Liegt ein steuerpflichtiges, privates Veräußerungsgeschäft vor? Wenn ja, wie hoch ist der steuerpflichtige Gewinn?

▶ § 23 EStG

Fall 54 **Einkünfte aus privaten Veräußerungsgeschäften (2)**

Sachverhalt: Ein Mandant erwarb im Dezember 1999 folgende Wertpapiere:
- Aktien der Hoch-AG, Anschaffungskosten   8 400 DM
- Aktien der Tief-AG, Anschaffungskosten   12 700 DM

Im November 2001 musste er die gesamten Wertpapiere wegen einer privaten Notlage verkaufen. Er erzielte folgenden Kurswert:
- Aktien der Hoch-AG   8 200 DM
- Aktien der Tief-AG   14 600 DM

Die Verkaufsspesen von je 1,5 % der Kurswerte sind noch zu berücksichtigen.

Frage: Wie hoch sind die Einkünfte aus privaten Veräußerungsgschäften des Mandanten im Kj 2001? Bitte begründen Sie stichwortartig Ihre Entscheidung.

▶ § 23 EStG

Fall 55 **Einkünfte aus privaten Veräußerungsgeschäften (3)**

Sachverhalt: Lipper erwarb durch notariellen Kaufvertrag vom 17. 10. 2000 für 148 000 DM ein in Detmold gelegenes unbebautes Grundstück, um darauf ein Wohngebäude zu errichten. Als er im Jahre 2001 ein Mietwohngrundstück erbte, gab er seine Baupläne auf und verkaufte das unbebaute Grundstück durch notariellen Vertrag vom 15. 12. 2001 für 154 000 DM. An Verkaufskosten hatte Lipper 400 DM zu tragen. Der Erwerber bezahlte den Kaufpreis von 154 000 DM am 15. 12. 2001.

In der Zeit vom 01. 01. bis 15. 12. 2001 hatte Lipper das unbebaute Grundstück als Lagerplatz vermietet. Die Mieteinnahmen betrugen 550 DM. Im Jahre 2001 fielen 230 DM Werbungskosten (Grundsteuer und Versicherung) für das Grundstück an.

Frage: Liegt ein steuerpflichtiges, privates Veräußerungsgeschäft vor? Wenn ja, wurde ein Gewinn erzielt? Wie sind die Mieteinnahmen und die Werbungskosten (Grundsteuer und Versicherung) steuerlich zu behandeln?

▶ § 23 EStG

VI. Altersentlastungsbetrag

Ein Altersentlastungsbetrag in Höhe von 40 %
- des Arbeitslohns (ohne Versorgungsbezüge i. S. d. § 19 Abs. 2 EStG) und
- der positiven Summe der Einkünfte aus den übrigen Einkunftsarten (ohne Einkünfte aus Leibrenten und Versorgungsbezüge der Abgeordneten),

höchstens jedoch 3 720 DM werden von der Summe der Einkünfte eines Steuerpflichtigen abgezogen, der vor Beginn des betreffenden Kalenderjahrs das 64. Lebensjahr vollendet hat. Für den zweiten Teilbetrag muss also die rechnerische Summe aller übrigen Einkünfte positiv sein.

Altersentlastungsbetrag   Fall 56

Sachverhalt: Der pensionierte Finanzbeamte Greiff, am 01. 01. 2000 67 Jahre alt, hat im Kalenderjahr 2000 folgende Einnahmen bzw. Einkünfte:

Versorgungsbezüge (§ 19 Abs. 2 EStG) brutto	20 000 DM
Bruttoarbeitslohn aus Nebentätigkeit bei Steuerberater Fuchs	9 500 DM
Einkünfte aus Kapitalvermögen	+ 2 200 DM
Einkünfte aus Vermietung und Verpachtung	./. 7 500 DM

Frage: Wie hoch ist der Gesamtbetrag der Einkünfte des Greiff im Kalenderjahr 2000?

▶ § 24a EStG

Altersentlastungsbetrag bei Ehegatten   Fall 57

Sachverhalt: Ehegatten erklären für das Kj 2000 folgende Einkünfte/Bezüge:

	Ehemann	**Ehefrau**
Einkünfte aus Land- und Forstwirtschaft (§ 13 EStG)	0 DM	+ 4 000 DM
Einkünfte aus Gewerbebetrieb (§ 15 EStG)	+ 15 000 DM	0 DM
Versorgungsbezüge (§ 19 Abs. 1 Nr. 2 EStG) brutto	20 000 DM	0 DM
Einkünfte aus KapV (§ 20 EStG)	0 DM	+ 3 000 DM
Einkünfte aus VuV (§ 21 EStG)	./. 5 000 DM	0 DM
Einkünfte aus Leibrente (§ 22 EStG)	0 DM	+ 3 000 DM

Beide Ehegatten hatten vor Beginn des Kj 2000 das 64. Lebensjahr vollendet.

Frage: Wie hoch ist der Altersentlastungsbetrag im Falle einer Zusammenveranlagung der Ehegatten?

▶ § 24a EStG

Gesamtbetrag der Einkünfte   Fall 58

Sachverhalt: Ermitteln Sie in einem übersichtlichen Berechnungsschema den Gesamtbetrag der Einkünfte der Eheleute Fabian, wohnhaft in Düsseldorf, für das Kj 2001.

Franz Fabian (FF), zu Beginn des Kj 2001 66 Jahre alt, wird mit seiner Ehefrau Ottilie (OF), zu Beginn des Kj 2001 64 Jahre alt, zusammen zur Einkommensteuer veranlagt. Aus ihren Unterlagen entnehmen Sie Folgendes:

1. FF ist an einer Textilgroßhandlung in Neuss als stiller Gesellschafter beteiligt. Die Beteiligung erstreckt sich auch auf die stillen Reserven. Das Wirtschaftsjahr der Textilhandlung läuft vom 01. 02. bis 31. 01. Sein Gewinnanteil beträgt für das Wirtschaftsjahr 2000/2001 36 000 DM und für das Wirtschaftsjahr 2001/2002 12 000 DM.

2. Als Gesellschafter einer GmbH mit Sitz in Düsseldorf erhielt FF 2001 einen Gewinnanteil in Höhe von 21 000 DM (= ausgezahlter Betrag). Eine Steuerbescheinigung über einbehaltene Kapitalertragsteuer und Körperschaftsteuer liegt vor.

3. OF erhielt im Oktober 2001 für ihre Tätigkeit als Aufsichtsratmitglied 6 400 DM. Eigene abzugsfähige Ausgaben macht sie nicht geltend.

4. Als früherer Landesbeamter erhielt FF 2001 eine Pension in Höhe von 55 200 DM.

5. OF wurden 2001 Zinserträge aus festverzinslichen Wertpapieren mit einem Betrag von 12 480 DM gutgeschrieben. Das Kreditinstitut hatte an Zinsabschlagsteuer (Kapital ertragsteuer) 120 DM einbehalten.

6. OF hat in 2001 als frühere Angestellte eine monatliche Rente aus der Sozialversicherung in Höhe von 1 300 DM bezogen. Der Ertragsanteil gem. § 22 EStG beträgt 24 %.

Frage: Wie hoch ist der Gesamtbetrag der Einkünfte?

▶ § 15 Abs. 1 Nr. 2, § 18 Abs. 1, § 19 Abs. 1 u. 2, § 20 Abs. 1 Nr. 1, 3 u. 7, § 22 EStG

VII. Sonderausgaben

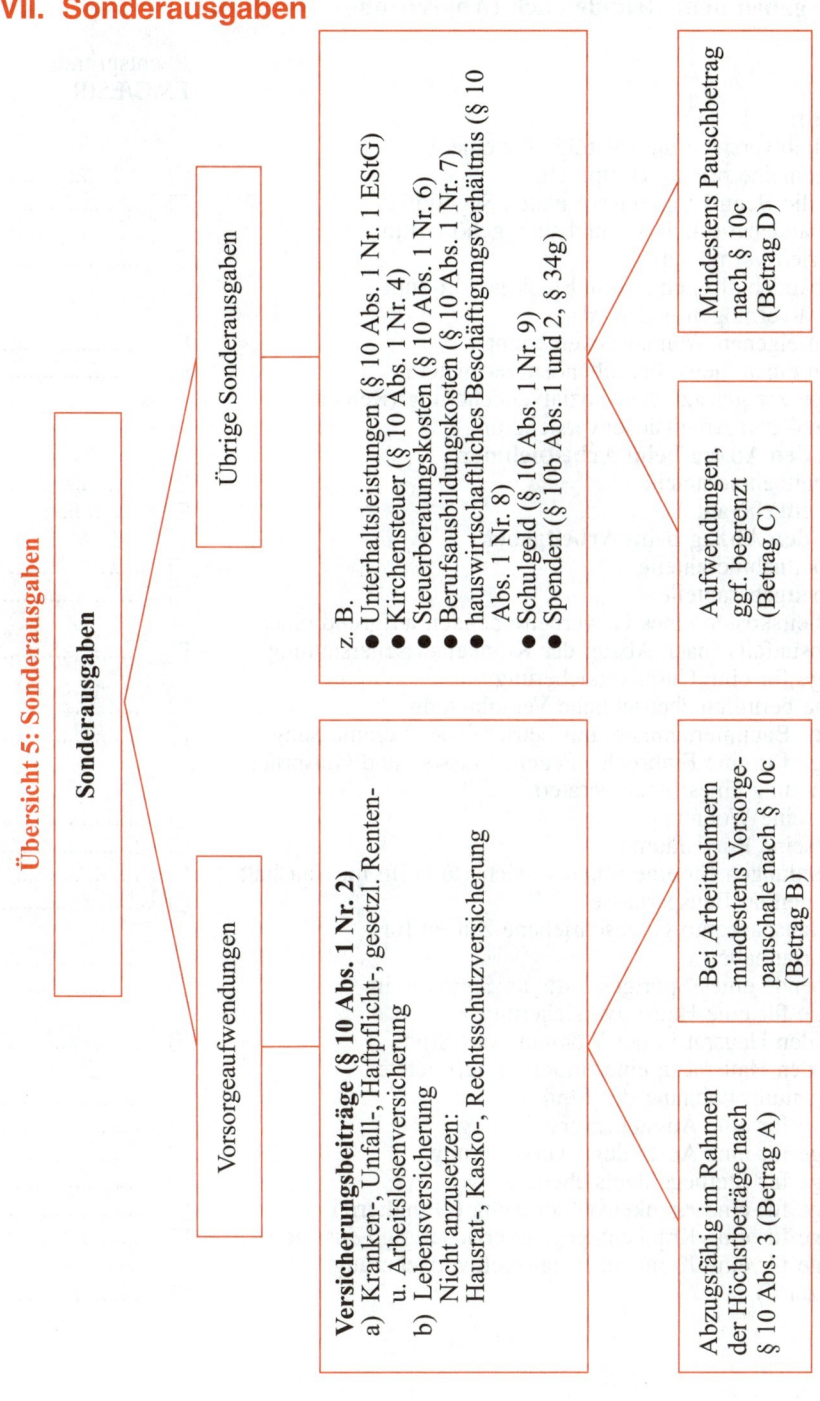

Fall 59 Sonderausgaben dem Grunde nach (Abgrenzung)

Rechtsgrundlage
EStG/EStR

Sachverhalt:
1. Haftpflichtversicherungsbeiträge für eine
   a) allgemeine private Haftpflicht ☐ ....
   b) für die Benutzung einer privaten Segeljolle ☐ ....
   c) Gebäudehaftpflicht (Grundstück gehört zum Betriebsvermögen) ☐ ....
   d) Gebäudehaftpflicht, Grundstück gehört zum Privatvermögen und wird
      – zu eigenen Wohnzwecken genutzt ☐ ....
      – an einen Gewerbetreibenden vermietet ☐ ....
2. Beiträge zur gesetzlichen Sozialversicherung (Renten-, Kranken- und Arbeitslosenversicherung)
   a) **für den Abzug beim Arbeitnehmer**
      Arbeitnehmeranteile ☐ ....
      Arbeitgeberanteile ☐ ....
   b) **für den Abzug beim Arbeitgeber**
      Arbeitnehmeranteile ☐ ....
      Arbeitgeberanteile ☐ ....
3. Krankheitskosten eines Gewerbetreibenden aufgrund eines Betriebsunfalls (nach Abzug der Krankenkassenerstattung) ☐ ....
4. Beiträge für eine Unfallversicherung
   a) ohne berufliche/betriebliche Veranlassung ☐ ....
   b) eines Bauunternehmers mit betrieblicher Veranlassung ☐ ....
5. Beiträge für eine Einbruch-, Feuer-, Wasser- und Glasbruchversicherung eines Steuerberaters
   a) für seine Wohnung ☐ ....
   b) für seine Praxisräume ☐ ....
6. Aufwendungen für eine pflichtversicherte Hilfe im Haushalt ☐ ....
7. Zahlungen an Bausparkasse ☐ ....
8. Dem Bausparkonto gutgeschriebene Zinsen für Bausparguthaben ☐ ....
9. Sachspende eines Sportgeschäfts an Sportverein ☐ ....
10. Beiträge für eine Hausratversicherung
    a) für den Hausrat in der Wohnung des Stpfl. ☐ ....
    b) für den Hausrat in einer möbliert vermieteten Eigentumswohnung des Stpfl. ☐ ....
11. Beiträge für eine Aussteuerversicherung ☐ ....
12. Beiträge für eine Ausbildungsversicherung ☐ ....
13. Beiträge für Sterbegeldversicherung ☐ ....
14. Beiträge für eine Krankenversicherung (Grundtarif) ☐ ....
    Beiträge für eine Krankentagegeldversicherung (Zusatztarif) ☐ ....
    Beiträge für eine Krankenhaustagegeldversicherung (Zusatztarif) ☐ ....

Einkommensteuer – Fälle

                                                                Rechtsgrundlage
                                                                EStG/EStR

15. Beiträge für Kfz-Haftpflichtversicherung, Nutzung des Kfz
    a) ausschließlich privat   ☐   ....
    b) ausschließlich betrieblich   ☐   ....
    c) zu 80 % betrieblich, 20 % privat   80 % ☐   20 % ☐   ....
    d) zu 60 % für Fahrten eines Arbeitnehmers
       zwischen Wohnung
       und Arbeitsstätte, zu 40 % privat   60 % ☐   40 % ☐   ....
16. Beiträge für Kfz-Kaskoversicherung, Nutzung des Kfz
    a) ausschließlich privat   ☐   ....
    b) ausschließlich betrieblich   ☐   ....
17. Beiträge für Insassenunfallversicherung (priv. Kfz)   ☐   ....
18. Kaskoversicherung (Diebstahl- und Feuerversicherung) für
    private Segeljolle   ☐   ....
19. Kirchensteuerzahlungen   ☐   ....
20. Steuerberatungskosten
    (kein Zusammenhang mit Einkünften)   ☐   ....
21. Mitgliedsbeiträge eines Arbeitnehmers
    a) an einen Sportverein   ☐   ....
    b) an eine politische Partei   ☐   ....
    c) an den ADAC   ☐   ....
    d) an DAS oder ARAG (Rechtsschutzversicherung)   ☐   ....
    e) an Beamtenbund (Gewerkschaft) oder DAG
       (Deutsche Angestelltengewerkschaft)   ☐   ....
22. Schulgeld für den Besuch einer freien Waldorf-Schule
    durch das Kind des Steuerpflichtigen   ☐   ....

Frage:

Zu welchen Ausgaben gehören die obigen Ausgaben?

1 = Betriebsausgaben (§ 4 Abs. 4 EStG)
2 = Werbungskosten (§ 9 EStG)
3 = Vorsorgeaufwendungen (§ 10 Abs. 1 Nr. 2 und 3 EStG)
4 = Übrige Sonderausgaben (§ 10 Abs. 1 Nr. 1, 1a, 4-9 und § 10b EStG)
5 = nicht 1 bis 4

Tragen Sie bitte die entsprechenden Ziffern 1 bis 5 und die jeweilige Rechtsgrundlage ein.

1. Berechnung der Sonderausgaben

Bei den Sonderausgaben (§§ 10 und 10b EStG) ist zwischen Vorsorgeaufwendungen und übrigen Sonderausgaben zu unterscheiden. „Vorsorgeaufwendungen" ist die zusammenfassende Bezeichnung für bestimmte Versicherungsbeiträge. Vorsorgeaufwendungen sind im Rahmen von Höchstbeträgen abzugsfähig.

Die Vorsorgehöchstbeträge ergeben sich aus der folgenden Übersicht (Angaben in DM):

Familienstand	Vorweg-abzug	Allgemeiner Höchst-betrag	Hälftiger Abzug (50 v. H. von)	Begünstigte Aufwendungen insgesamt (Spalten 1 bis 3)	Vorsorge-höchstbetrag [1])
	1	2	3	4	5
Alleinstehende	6 000	2 610	2 610	11 220	9 915
Ehegatten	12 000	5 220	5 220	22 440	19 830

1) Vorsorgehöchstbetrag = steuerlich wirksamer Betrag

Bei Arbeitnehmern wird die Vorsorgepauschale angesetzt, wenn die tatsächlichen Vorsorgeaufwendungen – im Rahmen der Höchstbeträge – zu einem geringeren Abzugsbetrag führen (§ 10c Abs. 2 EStG).

Für die übrigen Sonderausgaben ist mindestens der Sonderausgaben-Pauschbetrag von 108 DM/216 DM (Alleinstehende/Ehegatten) anzusetzen (§ 10c Abs. 1 EStG).

2. Höchstbetragsberechnung (Schema)

Versicherungsbeiträge			..... DM
vorweg abziehbar (6 000/12 000 DM*)	..... DM		
davon ab 16 v. H. des Arbeitslohns	..... DM		
verbleiben (nicht negativ)	..... DM >	..... DM >	..... DM
verbleiben			..... DM
Grundhöchstbetrag (2 610/5 220 DM*)		..... DM >	..... DM
verbleiben			..... DM
davon die Hälfte, höchst. 50 v. H. des Grundhöchstbetrages		..... DM >	..... DM
Summe = Vorsorgehöchstbetrag			..... DM

*) Alleinstehende/Ehegatten

Kürzung des Vorwegabzugs
Bei Arbeitnehmern ist der Vorwegabzug (6 000/12 000 DM) um 16 v. H. des Arbeitslohns zu kürzen. Zur Bemessungsgrundlage (Arbeitslohn) gehören nicht Versorgungsbezüge im Sinne des § 19 Abs. 2 EStG. Pensionären steht also der ungekürzte Vorsorgehöchstbetrag zu.

Fall 60 Vorsorgeaufwendungen, Höchstbetragsberechnung

Sachverhalt: Ein selbständiger Steuerberater, nicht verheiratet, hat im Kj 2000 folgende Aufwendungen geleistet:

Versicherungsbeiträge	17 000 DM
Spenden (DRK)	100 DM

Frage: Wie hoch sind die Sonderausgaben?

▶ § 10 Abs. 3, § 10c EStG

Einkommensteuer – Fälle 99

Fall 61

Sachverhalt: Steuerberater Fuchs möchte zwei Mandanten, die keinen Arbeitslohn bezogen haben, die erforderlichen Vorsorgeaufwendungen mitteilen, damit sie die Höchstbeträge nach § 10 Abs. 3 EStG voll ausschöpfen können:

Mandant 1: nicht verheiratet
Mandant 2: verheiratet

Frage: Wie hoch sind jeweils die erforderlichen Vorsorgeaufwendungen und welche Beträge wirken sich steuerlich aus?

▶ § 10 Abs. 3 EStG

Fall 62

Sachverhalt: Die Ehegatten Sparsam sind selbständig tätig. Sie haben im Kj 2000 bisher folgende Vorsorgeaufwendungen geleistet:

Krankenversicherung	2 400 DM
Haftpflichtversicherung	200 DM
Unfallversicherung	300 DM
Lebensversicherung	3 300 DM

Die Ehegatten möchten eine weitere Lebensversicherung abschließen und bitten um Auskunft, wie viel Versicherungsbeiträge sie noch aufwenden müssen, um den Höchstbetrag für Vorsorgeaufwendungen voll ausschöpfen zu können.

Frage: In welcher Höhe sollten die Ehegatten Sparsam noch Versicherungsbeiträge leisten?

▶ § 10 Abs. 3 EStG

3. Vorsorgepauschale (§ 10c EStG)

Bei Arbeitnehmern wird die Vorsorgepauschale angesetzt, wenn die tatsächlichen Vorsorgeaufwendungen – im Rahmen der Höchstbeträge – zu einem geringeren Abzugsbetrag führen. Die Vorsorgepauschale bezweckt, die typischen Vorsorgeaufwendungen der Arbeitnehmer, insbesondere die Sozialversicherungsbeiträge, abzugelten und damit den Einzelnachweis entbehrlich zu machen. Im Lohnsteuerverfahren gilt dies uneingeschränkt, weil die Vorsorgepauschale in die Lohnsteuertabelle eingearbeitet ist.

Die Vorsorgepauschale ist nach der Höhe des Arbeitslohns gestaffelt. Die Vorsorgepauschale ist unterschiedlich:
Rentenversicherungspflichtige Arbeitnehmer und Werkspensionäre erhalten die „ungekürzte Vorsorgepauschale", wohingegen Beamte, Richter, Berufssoldaten, Geistliche, Staatspensionäre und weiterbeschäftigte Altersrentner die „gekürzte Vorsorgepauschale" erhalten.

a) Berechnung der ungekürzten Vorsorgepauschale

Die Berechnung der ungekürzten Vorsorgepauschale wird nach den Regeln der „Höchstbetragsberechnung für Vorsorgeaufwendungen" vorgenommen. An die Stelle der tatsächlich geleisteten Versicherungsbeiträge tritt ein pauschal ermittelter Betrag in Höhe von 20 % des maßgebenden Arbeitslohns.

Der maßgebende Arbeitslohn beträgt:
Arbeitslohn (§ 19 Abs. 1 EStG)	..... DM
./. Versorgungsfreibetrag (§ 19 Abs. 2 EStG)	..... DM
./. Altersentlastungsbetrag (§ 24a EStG)	..... DM
Maßgebender Arbeitslohn	..... DM

Die Vorsorgepauschale beträgt:

20 v. H. des maßgebenden Arbeitslohns =			..... DM
vorweg abziehbar (6 000/12 000 DM)*		..... DM	
davon ab 16 v. H. des Arbeitslohns		..... DM	
verbleiben (nicht negativ)	..... DM >	..... DM >	..... DM
verbleiben		..... DM	
Grundhöchstbetrag (2 610/5 220 DM)*		..... DM	..... DM
verbleiben		..... DM	
davon die Hälfte, höchstens 50 v. H. des Grundhöchstbetrages	..... DM >	..... DM	
Summe = Vorsorgepauschale			..... DM
Abrundung auf einen durch 54 teilbaren Betrag			..... DM

* Alleinstehende/Ehegatten

b) Berechnung der gekürzten Vorsorgepauschale

Arbeitnehmer, die nicht rentenversicherungspflichtig sind (Beamte, Richter, Berufssoldaten, Pensionäre, Geistliche, weiterbeschäftigte Altersrentner), erhalten die **gekürzte Vorsorgepauschale**.

Sie beträgt 20 v. H. des maßgebenden Arbeitslohns (s. o.), höchstens 2 214 DM/ 4 428 DM (Alleinstehende/Ehegatten).

Die Vorsorgepauschale ist auf einen durch 54 teilbaren Betrag abzurunden.

Fall 63 Vorsorgepauschale

Sachverhalt: Der Arbeitnehmer Lehrig bezog im Kj 2001 einen versicherungspflichtigen Arbeitslohn von 23 400 DM. Lehrig ist 25 Jahre alt und nicht verheiratet. Seine Sonderausgaben betrugen im Kalenderjahr 2001:

Beiträge zur Krankenversicherung	1 404 DM
Beiträge zur gesetzlichen Rentenversicherung	2 246 DM
Beiträge an die Bundesanstalt für Arbeit	760 DM
Pflegeversicherung	200 DM
Arbeitgeberanteile in gleicher Höhe	
Gezahlte Kirchensteuer	236 DM

Frage: In welcher Höhe werden Sonderausgaben vom Gesamtbetrag der Einkünfte des Lehrig abgezogen?

▶ § 10 Abs. 3, § 10c EStG

Einkommensteuer – Fälle

Die Vorsorgepauschale bei Ehegatten — Fall 64

Sachverhalt: Die noch nicht 64 Jahre alten Eheleute Schnellmann sind beide sozialversicherungspflichtige Arbeitnehmer. Der Ehemann bezog im Kj 2001 einen Bruttoarbeitslohn in Höhe von 73 000 DM, die Ehefrau einen Bruttoarbeitslohn von 6 000 DM. An Sonderausgaben machen die Eheleute folgende Aufwendungen geltend:

Beiträge zur Krankenversicherung (Arbeitnehmeranteil)	4 740 DM
Beiträge zur gesetzlichen Rentenversicherung (Arbeitnehmeranteil)	7 580 DM
Beiträge an die Bundesanstalt für Arbeit (Arbeitnehmeranteil)	2 570 DM
Pflegeversicherung	670 DM
Arbeitgeberanteile in gleicher Höhe	
Kfz-Haftpflichtversicherung	350 DM

Frage: Wie hoch sind die Sonderausgaben der Eheleute im Falle der Zusammenveranlagung?

▶ § 10 Abs. 3, § 10c EStG

Gekürzte Vorsorgepauschale — Fall 65

Sachverhalt: Ein Beamter (40 J. alt), verheiratet, macht folgende Sonderausgaben geltend:

Beiträge zur Krankenversicherung	3 950 DM
Beiträge zur priv. Haftpflichtversicherung	110 DM
Beiträge zur Kfz-Haftpflicht	200 DM
Kirchensteuer	309 DM

Der Bruttoarbeitslohn des Beamten beträgt 73 000 DM.

Frage: Wie hoch sind die Sonderausgaben im Falle der Zusammenveranlagung?

▶ § 10 Abs. 3, § 10c EStG

Die gekürzte Vorsorgepauschale bei Ehegatten/Normalfall — Fall 66

Sachverhalt: Hans und Gerda Recht sind Eheleute. Hans Recht (65 Jahre) bezog für Januar 2000 ein Gehalt als Beamter von 4 000 DM monatlich. Ab Februar wurde er pensioniert und erhielt eine Pension von 3 000 DM monatlich. Gerda Recht (47 Jahre) hatte im Jahr 2000 Beamtenbezüge von 20 000 DM.

Die Ehegatten können folgende Sonderausgaben nachweisen:

Krankenversicherung	4 800 DM
Haftpflicht	400 DM
Kirchensteuer	1 700 DM

Frage: In welcher Höhe werden im Falle der Zusammenveranlagung Sonderausgaben abgezogen?

▶ § 10 Abs. 3, § 10c EStG, EStR 114

4. Vorsorgepauschale bei Arbeitnehmer-Ehegatten in Mischfällen (§ 10c Abs. 4 EStG)

Ist nur ein Ehegatte versicherungspflichtig und der andere Ehegatte nicht, wird die Vorsorgepauschale wie folgt ermittelt:

Der maßgebende Arbeitslohn ist für jeden Ehegatten gesondert zu berechnen und **nicht** zu einem Betrag zusammenzufassen.

Die Vorsorgepauschale beträgt:

Höchstbetrag der Vorsorgepauschale

20 v. H. des ArbL des vers.-pfl. Ehegatten		..... DM		
20 v. H. des ArbL des nicht vers.-pfl. Ehegatten, höchstens 2 214 DM		..... DM		
Summe		..... DM		
vorweg abziehbar	12 000 DM			
davon ab 16 v. H. des gemeinsamen Arbeitslohns		..... DM		
verbleiben (nicht negativ)		..... DM >	..... DM >	..... DM
verbleiben			..... DM	
Grundhöchstbetrag 5 220 DM			..... DM >	..... DM
verbleiben			..... DM	
davon die Hälfte, höchstens 50 v. H. des Grundhöchstbetrages			..... DM	..... DM
Summe = Höchstbetrag der Vorsorgepauschale				..... DM

Mindestbetrag der Vorsorgepauschale

20 v. H. des ArbL des nicht vers.-pfl.
Ehegatten, höchstens 4 428 DM ..... DM

Als Vorsorgepauschale ist anzusetzen:
Höchstbetrag der Vorsorgepauschale oder Mindestbetrag
der Vorsorgepauschale (höheren Betrag ansetzen) ..... DM

Abrundung auf einen durch 54 teilbaren Betrag ..... DM

Der Mindestbetrag der Vorsorgepauschale kommt in Betracht, wenn der maßgebende Arbeitslohn des versicherungspflichtigen Ehegatten nicht mehr als 11 070 DM beträgt.

Fall 67 Gekürzte Vorsorgepauschale bei Ehegatten/Mischfall

Sachverhalt: Die Ehegatten Hugo Lierz und seine Ehefrau Grete erklären für das Kalenderjahr 2000 folgende Einnahmen aus nichtselbständiger Arbeit:

Ehemann: Versorgungsbezüge brutto (§ 19 Abs. 1 Nr. 2 EStG)	32 700 DM
Ehefrau: Aktive Bezüge brutto (§ 19 Abs. 1 Nr. 1 EStG)	24 900 DM

Der Ehemann hat am 01. 01. 2000 das 65. Lebensjahr und die Ehefrau das 45. Lebensjahr vollendet. Der Ehemann ist pensionierter Beamter, die Ehefrau sozialversicherungspflichtige Angestellte.

Frage: Wie hoch ist im Falle einer Zusammenveranlagung der Ehegatten die Vorsorgepauschale für das Kj 2000?

▶ § 10c Abs. 4 EStG, EStR 114 Abs. 3

5. Übrige Sonderausgaben

Unterhaltsleistungen   Fall 68

Sachverhalt: Fabrikant Hans B. aus Köln zahlt seiner von ihm seit zwei Jahren in Düsseldorf getrennt lebenden Ehefrau Caroline B. Unterhalt in Höhe von mtl. 2 500 DM. Caroline B. studiert in Düsseldorf das Fachgebiet Biologie, um Lehrerin zu werden. Hans B. macht die Unterhaltsaufwendungen als Sonderausgaben geltend und fügt eine Zustimmungserklärung i. S. des § 10 Abs. 1 Nr. 1 EStG seiner Ehefrau Caroline B. bei (Anlage U). Außerdem setzt Hans B. Ausbildungskosten von 1 500 DM für seine Ehefrau an.

Frage: In welcher Höhe sind die Aufwendungen des Hans B. als Sonderausgaben abzugsfähig?

▶ § 10 Abs. 1 Nr. 1 EStG

Aufwendungen für die Berufsausbildung   Fall 69

Sachverhalt: Der Medizinstudent Ulrich Naber und die Krankenschwester Jane Naber aus Münster sind seit zwei Jahren verheiratet. Sie machen für den Veranlagungszeitraum 2001 u. a. folgende Aufwendungen geltend:

Ehemann
Aufwendungen für Medizinstudium
(Fahrtkosten, Bücher, Gebühren)   4 200 DM
Ehefrau
Aufwendungen für einen Fortbildungslehrgang
über neue Operationstechnik   600 DM
Aufwendungen für Sekretärinnenabendkurs:
Lehrgangsgebühr   910 DM
Bücher   172 DM
Fahrtkosten   466 DM   1 548 DM

Die Ehefrau ist gebürtige Engländerin und beabsichtigt, sich als Fremdsprachenkorrespondentin auszubilden.

Frage: Können die Aufwendungen als Sonderausgaben abgezogen werden und wenn ja, in welcher Höhe?

▶ § 9, § 10 Abs. 1 Nr. 7 EStG

Fall 70 Abzug verschiedener Sonderausgaben

Sachverhalt: Die Ehegatten Korn machen folgende Aufwendungen als Sonderausgaben geltend. Die Ehefrau ist 35 Jahre alt.

Sozialversicherung der Ehefrau (Arbeitnehmeranteil)	4 290 DM
Der Bruttoarbeitslohn betrug im Kj 2001	24 500 DM
Beiträge an private Krankenversicherung	4 240 DM
Beiträge an Lebensversicherung	7 425 DM

Die Versicherungsgesellschaft überwies am 15. 07. 2001 einen Überschussanteil aus dem Vorjahr von 810 DM auf das Konto des Steuerpflichtigen.

Zahlung an Bausparkasse	5 000 DM
Hausratversicherung	60 DM
Hundehaftpflichtversicherung	140 DM
Kfz-Versicherung (240 DM Haftpflicht, 220 DM Kasko)	460 DM
DAS-Rechtschutzversicherung	165 DM
Gezahlte Kirchensteuer	765 DM
Aufwendungen zur Fortbildung der Ehefrau im nicht ausgeübten Beruf (Steuerfachangestellte), nicht auswärts untergebracht	2 210 DM
Aufwendungen für Hauswirtschafterin	26 000 DM

Sozialabgaben wurden entrichtet.

Frage: Wie hoch sind die Sonderausgaben der Ehegatten Korn im Falle einer Zusammenveranlagung?

▶ §§ 10 u. 10c EStG

Fall 71 Sachverhalt: Frau Anita Meier ist seit zwei Jahren verwitwet. Sie betreibt in Köln ein Geschäft mit Damenmoden. Frau Meier beschäftigt eine Hausgehilfin, der sie vom 01. 01. 2000 – 31. 12. 2000 monatlich 2 500 DM (einschließlich der Pflichtbeiträge zur gesetzlichen Rentenversicherung) bezahlt. Der Gesamtbetrag der Einkünfte im Jahr 2000 beträgt 100 000 DM.

Frau Meier macht für das Jahr 2000 folgende Sonderausgaben geltend:

Personenversicherungen	10 630 DM
Mitgliedsbeitrag an die SPD, monatlich	30 DM
einmalige Parteispende	6 000 DM
Spende für gemeinnützige Zwecke	10 000 DM

Frage: Wie hoch sind die Sonderausgaben im Jahr 2000?

▶ §§ 10, 10b, 34g EStG

Fall 72 Spenden, formelle Voraussetzungen

Sachverhalt: Theo Birne spendet dem „Turnverein Köln 06" einen Geldbetrag in Höhe von 500 DM. Den Betrag übergibt er dem Kassenwart des Vereins gegen Quittung. Der „Turnverein Köln 06" ist wegen Förderung des Sports als gemeinnützigen Zwecken dienend anerkannt und nach § 5 Abs. 1 Nr. 9 KStG von der Körperschaftsteuer befreit.

Frage: Wird das Finanzamt diese Spende nach § 10b EStG anerkennen?

▶ § 10b EStG, § 48 EStDV

Begrenzung des Spendenabzugs   Fall 73

Sachverhalt: Ein Steuerberater, verheiratet, spendet

a) an eine Ortsgruppe der CDU	18 000 DM
b) an eine Hochschule für wissenschaftliche Zwecke	8 000 DM
c) an eine Kirchengemeinde	4 000 DM

Die formellen Voraussetzungen für den Spendenabzug liegen vor (§§ 48–50 EStDV).

Gesamtbetrag der Einkünfte	140 000 DM
Summe der Umsätze und Gehälter	290 000 DM

Frage: In welcher Höhe sind die Spenden abzugsfähig?

▶ §§ 10b, 34g EStG

Spendenabzug, Berechnung des Höchstbetrags   Fall 74

Sachverhalt: Der Steuerpflichtige Paul Lang, Siegen, ist verheiratet und wird mit seiner Ehefrau zusammen veranlagt. Er betreibt in Siegen einen Tabakwarengroßhandel. Der Gesamtbetrag der Einkünfte beträgt 110 000 DM. Die Summe der gesamten Umsätze und der in 2000 aufgewendeten Löhne und Gehälter hat 3 100 000 DM betragen. Er weist für 2000 folgende Spenden belegmäßig nach:

• Spenden für gemeinnützige Zwecke	900 DM
• Spenden für mildtätige Zwecke	1 000 DM
• Spenden für Krebsforschung	6 000 DM
• Spenden für kirchliche Zwecke	2 000 DM
• Spenden an eine politische Partei	10 000 DM

Frage: In welcher Höhe sind die Spenden abzugsfähig? Ermitteln Sie in einer übersichtlichen Darstellung den höchstmöglichen Spendenabzug gem. **§ 10b EStG,** indem Sie die unterschiedlichen Berechnungsmethoden gegenüberstellen.

▶ § 10b EStG

6. Verlustausgleich/Verlustabzug

Bei der steuerlichen Berücksichtigung von Verlusten, muss zwischen dem Verlustausgleich und dem Verlustabzug unterschieden werden. Unter Verlustausgleich versteht man die Verrechnung von positiven und negativen Einkünften innerhalb eines Veranlagungszeitraums. Im Rahmen des Verlustausgleichs verbleibende negative Einkünfte können im Wege des Verlustabzugs ggf. in anderen Veranlagungszeiträumen berücksichtigt werden.

Verlustausgleich (§ 2 Abs. 3 EStG)
Im Gegensatz zum vertikalen Verlustausgleich (Verrechnung von Verlusten innerhalb einer Einkunftsart) müssen beim horizontalen Verlustausgleich (Verrechnung positiver und negativer Einkünfte verschiedener Einkunftsarten) Verlustausgleichsbeschränkungen beachtet werden. Eine Verrechnung negativer Einkünfte einer Einkunftsart mit positiven Einkünften einer anderen Einkunftsart ist zunächst nur bis zu 100 000/200 000 DM

(Alleinstehende/Ehegatten) uneingeschränkt möglich. Ein darüber hinausgehender Verlust kann lediglich in Höhe von 50 % der verbleibenden (positiven) Einkünfte berücksichtigt werden.

Beispiel:

Einkünfte aus freiberuflicher Tätigkeit		300 000 DM
Einkünfte aus Vermietung und Verpachtung		./. 230 000 DM
Verlustausgleich:		
Positive Einkünfte aus freiberuflicher Tätigkeit		300 000 DM
Verlust aus Vermietung und Verpachtung	./. 230 000 DM	
1. Stufe des Verlustausgleichs	100 000 DM	./. 100 000 DM
	./. 130 000 DM	200 000 DM
2. Stufe des Verlustausgleichs		
höchstens 50 % von 200 000 DM	100 000 DM	./. 100 000 DM
verbleibender Verlust (für Verlustabzug)	./. 30 000 DM	
Summe der Einkünfte (Mindestbesteuerung)		100 000 DM

Verlustabzug (§ 10d EStG)
Ein verbleibender Verlust kann vom Gesamtbetrag der Einkünfte des vorangegangenen Veranlagungszeitraums abgezogen werden (Verlustrücktrag). Darüber hinausgehende Verluste sind in den folgenden Veranlagungszeiträumen zu berücksichtigen (Verlustvortrag). Für den Verlustabzug gelten die o. g. Verlustausgleichsbeschränkungen.

Fall 75 Verlustabzug

Sachverhalt: Der verheiratete Emil Meier erklärt für die Veranlagungszeiträume 1999, 2000 und 2001 folgende Einkünfte:

Veranlagungszeitraum	1999	2000	2001
Einkünfte aus Gewerbebetrieb	30 000 DM	40 000 DM	./. 120 000 DM
Einkünfte aus Kapitalvermögen	2 000 DM	3 000 DM	5 000 DM
Einkünfte aus Vermietung und Verpachtung	./. 10 000 DM	./. 10 000 DM	10 000 DM
Abzugsfähige Sonderausgaben	6 000 DM	6 000 DM	6 000 DM

Emil und seine Ehefrau wählen die Zusammenveranlagung.

Fragen: In welchen Veranlagungszeiträumen und in welcher Höhe kann nach dem vorstehenden Sachverhalt soweit wie möglich ein Verlustabzug gem. § 10d EStG berücksichtigt werden? Welche Änderungen in der Beurteilung würden sich ergeben, wenn Emil Meier nicht verheiratet wäre? Begründen Sie Ihre Entscheidung!

▶ § 10d EStG

Fachaufgabe Einkommensteuer zu Sonderausgaben **Fall 76**

Sachverhalt: Die Ehegatten Adam und Eva Baum, wohnhaft in Münster, sind im Kj 2000 66 Jahre (Ehemann) bzw. 40 Jahre (Ehefrau) alt.

Adam Baum ist selbständiger Handelsvertreter. Er hat für das Kj 2000 einen Gewinn in Höhe von 50 000 DM ermittelt. Der Privatanteil der Kfz-Nutzung von 30 v. H. wurde bei der Gewinnermittlung versehentlich nicht berücksichtigt. In den Betriebsausgaben sind folgende Kosten enthalten:

Jahres-AfA für Pkw	4 000 DM
Pkw-Haftpflichtversicherung	600 DM
Pkw-Vollkaskoversicherung	400 DM
Übrige Pkw-Kosten	5 000 DM

Eva Baum ist als Kontoristin und Buchhalterin im Betrieb des Ehemannes tätig. Ihr Monatsgehalt betrug im Kj 2000 netto 1 580 DM (ausgezahlter Monatslohn). An das Finanzamt und an die AOK wurden mtl. abgeführt:

Lohnsteuer und Solidaritätszuschlag	0 DM
Lohnkirchensteuer	0 DM
Rentenversicherung (Arbeitnehmeranteil)	203 DM
Arbeitslosenversicherung (Arbeitnehmeranteil)	65 DM
Krankenversicherung (Arbeitnehmeranteil)	135 DM
Pflegeversicherung (Arbeitnehmeranteil)	17 DM
Arbeitgeberanteile in derselben Höhe	

Die gesamten mit dem Arbeitsverhältnis im Zusammenhang stehenden Aufwendungen sind als Betriebsausgaben berücksichtigt. Das Arbeitsverhältnis wird steuerlich anerkannt.

An Sonderausgaben werden von den Ehegatten folgende Aufwendungen geltend gemacht (nicht in den Betriebsausgaben enthalten):

Beiträge an private Krankenversicherung	2 400 DM
Beiträge an private Unfallversicherung	60 DM
Beiträge an Sterbekasse	80 DM
Beiträge an Lebensversicherung	10 100 DM
Säumniszuschläge zur Umsatzsteuer	50 DM
Verspätungszuschläge zur Gewerbesteuer	250 DM
Säumniszuschläge zur Einkommensteuer	70 DM
Kirchensteuervorauszahlung	700 DM

Frage: Wie hoch ist das zu versteuernde Einkommen der Ehegatten Baum für das Kj 2000 im Falle der Zusammenveranlagung?

▶ §§ 10, 10c, 15, 19 und 20 EStG

VIII. Außergewöhnliche Belastungen

Übersicht 6: Außergewöhnliche Belastungen nach den §§ 33–33c EStG

Außergewöhnliche Belastungen allgemeiner Art – §§ 33 EStG –	Außergewöhnliche Belastungen in besonderen Fällen – § 33a EStG –	Sonderfall der außergewöhnlichen Belastung – § 33b EStG –

Keine Aufzählung von Einzelfällen im Gesetz, sondern lediglich allgemeine Begriffsbestimmung der außergewöhnlichen Belastungen.
Beispiel:
1. Aufwendungen zur Heilung gesundheitlicher Schäden, die durch Krankheit oder Unfall entstanden sind.
2. Aufwendungen aus Anlass von Todesfällen
	Typisierende Aufzählung von außergewöhnlichen Belastungen. Abschließende Regelung in § 33a (vgl. § 33a Abs. 5).
	1. § 33a Abs. 1
	   Unterhalt an gesetzlich unterhaltsberechtigte Personen
	2. § 33a Abs. 2
	   Ausbildungsfreibeträge
	3. § 33a Abs. 3 Satz 1
	   Beschäftigung von Hausangestellten
	4. § 33a Abs. 3 Satz 2
	   sog. Heimfreibetrag
		1. **Pauschbeträge** für Körperbehinderte
		Der Körperbehindertenpauschbetrag wird auf Antrag abgezogen, wenn nicht Aufwendungen nachgewiesen oder glaubhaft gemacht werden, die bei Anwendung des § 33 EStG zu einem höheren Abzugsbetrag führen.
		2. Pflege-Pauschbetrag § 33b Abs. 6

Kürzung um die zumutbare Belastung (§ 33 Abs. 3)	Keine Kürzung um die zumutbare Belastung	

Fall 77 Außergewöhnliche Belastungen dem Grunde nach (Abgrenzung)

Sachverhalt: Aufwendungen wegen

Rechtsgrundlage
EStG/EStR/EStH

1. Ärztlicher Behandlung*) ☐ ....
2. Behandlung durch Heilpraktiker*) ☐ ....
3. Naturmedizin, verordnet durch Heilpraktiker*) ☐ ....
4. Diätverpflegung*) ☐ ....
5. Besuch eines schwer erkrankten Angehörigen im Krankenhaus*) mit entsprechender Bescheinigung ☐ ....
6. Bandscheibenmatratze ☐ ....
7. Zugewinnausgleich bei Ehescheidung ☐ ....
8. Prozesskosten zur Erlangung eines Studienplatzes *) ☐ ....
9. Klimakur an der Nordsee *) ☐ ....
10. Mittagsheimfahrten eines Behinderten*) ☐ ....
11. Umzugskosten wegen Klimaveränderung ☐ ....
12. Anschaffung von Haushaltsgerät wg. Krankheit*) ☐ ....
13. Unterbringung im Krankenhaus *) ☐ ....
14. Kfz-Kosten eines Körperbehinderten, Grad der Behinderung 80 %*) ☐ ....
15. Badekur ohne amtsärztliche Bescheinigung der Kurbedürftigkeit*) ☐ ....

16. Wiederbeschaffung von Hausrat, verloren durch
    Feuer/Vertreibung/Flucht*) ☐ ....
17. Bestattung, kein Nachlass*) ☐ ....
18. Trauerkleidung*) ☐ ....
19. Bewirtung der Trauergäste*) ☐ ....
20. Aussteuer der Tochter*) ☐ ....
21. Ehescheidung: Anwalt und Gericht*) ☐ ....
22. Privatschulbesuch des behinderten Kindes*) ☐ ....
23. Schadensersatz durch Fahrradunfall*) ☐ ....
24. Unterbringung im Pflegeheim unter Verzicht auf den
    Pauschbetrag von 7 200 DM*) ☐ ....
25. Adoption eines Kindes*) ☐ ....
26. Unterstützung der Mutter, die kein Vermögen und keine
    eigenen Einkünfte hat ☐ ....
27. Unterhalt an früheren Ehegatten, weil dieser keine Einkünfte hat ☐ ....
28. Berufsausbildung eines studierenden Kindes ☐ ....
29. Hilfe im Haushalt, Steuerzahler ist 55 J. alt und zu 50 % behindert ☐ ....
30. Reinigungsarbeiten für den Steuerzahler, der in einem Heim lebt ☐ ....
31. Steuerzahler ist nach Unfall für mehr als 6 Monate hilflos ☐ ....
32. Steuerzahler hat ein körperbehindertes Kind ☐ ....
33. Steuerzahlerin pflegt ihren hilflosen Ehemann ☐ ....

*) nach Abzug eines Ausgleichs von dritter Seite

Frage: Können die obigen Aufwendungen als außergewöhnliche Belastungen angesehen werden?

1 = außergewöhnliche Belastungen nach § 33 EStG
2 = außergewöhnliche Belastungen nach § 33a EStG
3 = außergewöhnliche Belastungen nach § 33b EStG
4 = nicht 1 bis 3

Tragen Sie bitte die entsprechenden Ziffern 1 bis 4 und ggf. die Rechtsgrundlage oder Fundstelle ein.

Außergewöhnliche Belastungen im Allgemeinen (§ 33 EStG), zumutbare Belastung **Fall 78**

Sachverhalt: Ein Gewerbetreibender hatte im Kj 2000 folgende Aufwendungen:

Kosten für Zahnbehandlung 4 500 DM
Arztkosten anlässlich eines Unfalls im Ausland 1 500 DM

Auf seine Aufwendungen erstattete die Krankenkasse tarifgemäß im Kj 2000 2 000 DM.

Frage: Wie hoch ist die außergewöhnliche Belastung im Kj 2000, wenn der Gewerbetreibende in 2000 einen Gesamtbetrag der Einkünfte i. H. von 30 000 DM hat und

a) ledig ist und keine Kinder hat;
b) verheiratet ist, zusammen veranlagt wird und zwei Kinder hat?

Anmerkung:

Für die Berechnung der außergewöhnlichen Belastung bitte folgendes Schema anwenden:

1. Aufwendungen (§ 33 Abs. 1 und 2 EStG) ...... DM
   ./. Erstattungen bzw. Ansprüche auf Erstattungen ...... DM
2. Berücksichtigungsfähige Aufwendungen ...... DM
3. Gesamtbetrag der Einkünfte ...... DM
4. Zumutbare Belastung ..... % von Nr. 3 ...... DM
5. Außergewöhnliche Belastung
   Berücksichtigungsfähige Aufwendungen (Nr. 2) ...... DM
   ./. zumutbare Belastung (Nr. 4) ...... DM
   Außergewöhnliche Belastung ...... DM

▶ § 33 EStG

Fall 79 Aufwendungen i. S. des § 33 EStG

Sachverhalt: Held aus Lemgo macht für den Veranlagungszeitraum 2001 folgende Aufwendungen als außergewöhnliche Belastung geltend:

Krankheitskosten durch Magenoperation

Arztkosten	1 200 DM	
Kosten für Medikamente	350 DM	
Verpflegungskosten für 21 Tage à 200 DM	4 200 DM	
Summe	5 750 DM	
./. Erstattung Krankenkasse,		
Abschlagzahlung im Kalenderjahr 2001	2 000 DM	3 750 DM
Im Veranlagungszeitraum 2002 erhielt Held von der Krankenkasse tarifgemäß eine Restzahlung in Höhe von	3 090 DM	

Morgenmantel für Krankenhausaufenthalt des Held,
Anschaffungskosten   160 DM

Kosten einer Badekur des Stpfl.

Die Notwendigkeit der Badekur ist vom Amtsarzt bescheinigt worden. Die gesamten Kosten setzen sich wie folgt zusammen:

Fahrtkosten mit öffentlichen Verkehrsmitteln zum Kurort und zurück	150 DM
Verpflegungskosten 28 Tage à 40 DM	1 120 DM
Arztkosten	400 DM
Kosten für Medikamente und Bäder	900 DM
Summe	2 570 DM
./. Erstattung der Krankenkasse im	

Veranlagungszeitraum 2002	2 100 DM	470 DM
Kosten für ein Hörgerät des Held	1 460 DM	
./. Erstattung der Krankenkasse im Veranlagungszeitraum 2001	1 160 DM	300 DM
Beerdigungskosten		
Aufwendungen im Veranlagungszeitraum 2001 aus Anlass des Todes der Ehefrau, die im vorangegangenen Veranlagungszeitraum verstarb		5 300 DM
Die Ehefrau hinterließ ein Sparbuch mit einem Guthaben von	7 500 DM	

Diätverpflegung

Held ist zuckerkrank. Er hat eine ärztliche Bescheinigung über die Notwendigkeit einer Diätverpflegung beigebracht. Held beantragt, für die Mehrkosten durch Diätverpflegung einen Pauschbetrag anzusetzen, da er die genauen Mehrkosten gegenüber einer Normalverpflegung nicht nachweisen kann.

Frage: In welcher Höhe werden für den Veranlagungszeitraum 2001 die Aufwendungen des Stpfl. als außergewöhnliche Belastung (vor Abzug der zumutbaren Belastung) anerkannt?

▶ § 33 EStG, EStR 186 u. 189

Schema: Aufwendungen für den Unterhalt nach § 33a Abs. 1 EStG, abzugsfähiger Höchstbetrag nach § 33a Abs. 1 EStG

1. **Ermittlung der schädlichen Einkünfte und Bezüge bei gesetzlich unterhaltsberechtigten Personen**
1.1 **Einkünfte** der unterstützten Person (§ 2 Abs. 1 EStG) ..... DM
1.2 **Bezüge** der unterstützten Person ..... DM
1.2.1 ./. Kosten-Pauschale 360 DM
 verbleiben ..... DM > ..... DM
1.3 Summe der Einkünfte und Bezüge ..... DM
1.4 unschädliche Einkünfte und Bezüge ./. 1 200 DM
1.5 schädliche Einkünfte und Bezüge

2. **Berechnung des gesetzlich zulässigen Höchstbetrages**
2.1 vorläufiger Höchstbetrag 13 500 DM
2.2 ./. schädliche Einkünfte und Bezüge (Ziff. 1.5)
2.3 endgültiger Höchstbetrag

3. **Ermittlung der abzugsfähigen Aufwendungen**
3.1 tatsächlich geleistete Aufwendungen ..... DM
3.2 endgültiger Höchstbetrag (vgl. 2.3) ..... DM
3.3 abzugsfähiger Betrag (kleinerer Betrag aus 3.1 und 3.2) ..... DM

Ab 2001 beläuft sich der Höchstbetrag abzugsfähiger Unterhaltsleistungen auf 14 040 DM.

Fall 80 **Unterhaltsleistungen**

Sachverhalt: Ein Steuerzahler unterstützt seine 65 Jahre alte Mutter im Kj 2000 in Höhe von mtl. 700 DM, weil sie mit ihrer kleinen Rente von monatlich 600 DM nicht auskommt.

Frage: Erhält der Steuerzahler den Höchstbetrag nach § 33a Abs. 1 EStG?

▶ § 33a Abs. 1 EStG, EStR 190

Fall 81 **Sachverhalt:** Lieb unterstützt seit Jahren seine verwitwete Mutter in Höhe von jährlich 7 200 DM (mtl. 600 DM). Die Mutter bezieht eine Witwenrente aus der Sozialversicherung, die im Kj mtl. 700 DM betrug. Bei Beginn der Rentenzahlungen war die Mutter 65 Jahre alt. Der Ertragsanteil der Rente beträgt somit 27 v. H.

Frage: Können die Aufwendungen des Lieb für den Unterhalt seiner Mutter steuerlich berücksichtigt werden?

▶ § 33a Abs. 1 EStG

Fall 82 **Unterhaltsleistungen in nur einem Teil des Jahres**

Sachverhalt: Der Mandant A unterstützt seine Mutter in den Monaten Januar bis August mit monatlich 600 DM. In dieser Zeit erhält die Mutter Arbeitslosenhilfe in Höhe von monatlich 675 DM. Seit September ist die Mutter wieder berufstätig und bezieht ein monatliches Gehalt von 2 500 DM. Seit September erbringt A keine Unterhaltsleistungen mehr.

Frage: Wie hoch ist der Abzugsbetrag nach § 33a Abs. 1 EStG?

▶ § 33a Abs. 1 u. 4 EStG, EStR 192a

Fall 83 **Sachverhalt:** Guth unterstützt ab 01. 07. 2000 seinen allein stehenden Vater mit mtl. 400 DM. Der Vater erhält in 2000 Versorgungsbezüge von mtl. 300 DM und eine Rente wegen Erwerbsunfähigkeit (Ertragsanteil 27 v. H.) in Höhe von mtl. 400 DM.

Frage: Können die Aufwendungen des Guth für den Unterhalt seines Vaters steuerlich berücksichtigt werden?

▶ § 33a Abs. 1 EStG, EStR 192a

Fall 84 **Ausbildungsfreibetrag**

Sachverhalt a: Die Eheleute Kindermann, wohnhaft in Münster, haben zwei Töchter:

Lena vollendete am 15. 08. 2000 ihr 18. Lebensjahr. Sie lebt im Haushalt ihrer Eltern und besuchte in 2000 ein Gymnasium.

Marie vollendete am 20. 11. 2000 ihr 21. Lebensjahr. Bis zum 20. 09. 2000 lebte sie im Haushalt ihrer Eltern und besuchte die Universität Münster. Ab dem 21. 09. 2000 studiert Marie in Göttingen. Sie erhält im ganzen Kj 2000 6 000 DM Arbeitslohn.

Frage: Stehen den Eltern Ausbildungsfreibeträge für das Kj 2000 zu und wenn ja, in welcher Höhe?

Sachverhalt b: Der Sohn Peter der Eheleute Heim vollendet am 17. 06. 2000 sein 26. Lebensjahr. Während seines Studiums bis zum 30. 09. 2000 (auswärts untergebracht) erhielt er im Jahr 2000 einen Zuschuss nach dem BAföG von monatlich 300 DM. Ab Oktober 2000 erhält er als Ingenieur einen Arbeitslohn von monatlich 3 500 DM.

Frage: In welcher Höhe steht den Eltern ein Ausbildungsfreibetrag zu?

Sachverhalt c: Das über 18 Jahre alte Kind der Eheleute Holz befindet sich bis Ende September in Berufsausbildung und ist auswärts untergebracht. Den Eltern erwachsen durch die Berufsausbildung Aufwendungen. Dem Kind fließt im Kalenderjahr Arbeitslohn von 8 000 DM zu, davon 3 500 DM in den Ausbildungsmonaten. Die anfallenden Werbungskosten übersteigen nicht den Arbeitnehmer-Pauschbetrag von 2 000 DM. Außerdem bezieht das Kind für den Ausbildungszeitraum als Ausbildungshilfe einen Zuschuss aus öffentlichen Mitteln von 900 DM.

Frage: Wie hoch ist der Ausbildungsfreibetrag?

Gehen Sie in allen drei Fällen (a bis c) davon aus, dass ein Kinderfreibetrag oder Kindergeld während des Ausbildungszeitraums zusteht; insbesondere ist die Einkommensgrenze von 13 500 DM* für die Berücksichtigung von Kindern nicht durch die eigenen Einkünfte und Bezüge des Kindes überschritten.

▶ § 33a Abs. 2 EStG, EStR 191 u. 192a

Pflegekosten Fall 85/86

Sachverhalt: Die Tochter A nimmt ihre hilflose und mittellose Mutter (Schwerbehindertenausweis mit Merkzeichen „H" liegt vor) bei sich in ihrer Wohnung auf. Sie pflegt die Mutter selbst und stellt zusätzlich eine Pflegekraft ein, die auch hauswirtschaftliche Arbeiten erledigt. Die Aufwendungen für die Pflegekraft betragen 20 000 DM; Sozialabgaben werden entrichtet. Tochter A hat zusätzlich Ausgaben für Unterhaltsaufwendungen (Nahrung, Kleidung, Wohnung) in Höhe von 700 DM monatlich. Pflegegeld erhält A für die Pflege ihrer Mutter nicht.

Frage: Welche Sonderausgaben und außergewöhnlichen Belastungen ergeben sich aus dem Sachverhalt?

▶ § 10 Abs. 1 Nr. 8 EStG, § 33a Abs. 3 EStG, § 33b Abs. 6 EStG, EStR 188

Fachaufgabe aus der Einkommensteuer zu außergewöhnlichen Belastungen Fall 87

Sachverhalt: Die Ehegatten Merker, beide 40 Jahre alt, wohnhaft in Münster, haben ein Kind im Alter von 22 Jahren, das an der Technischen Hochschule in Braunschweig studiert und von ihnen unterhalten wird. Das Kind erhält einen Zuschuss nach dem BAföG in Höhe vom mtl. 300 DM.

---

* Einkommensgrenze 2001/2002: 14 040 DM

Einkünfte des Ehemannes

Der Ehemann ist Finanzbeamter. Sein Bruttoarbeitslohn beträgt im Kj 2000 40 600 DM. Zu seiner 11 km entfernten Dienststelle fährt er arbeitstäglich mit seinem Pkw an 230 Tagen im Kj. Für Fachliteratur hat er im Kj 2000 119 DM verausgabt. Als Werbungskosten werden außerdem Kontoführungsgebühren von 30 DM geltend gemacht. Aufgrund eines vor Jahren erlittenen Autounfalls ist er zu 70 v. H. erwerbsgemindert. Sein Schwerbehindertenausweis trägt das Merkzeichen „G".

Einkünfte der Ehefrau

Die Ehefrau hat aus der Vermietung eines Hauses Einkünfte in Höhe von 5 300 DM.

Die Ehegatten machen als Sonderausgaben 4 500 DM Versicherungsbeiträge und 560 DM Kirchensteuer geltend.

Als außergewöhnliche Belastung werden geltend gemacht:

1. **Kosten für die Beerdigung der Mutter des Ehemannes:**

Sarg	2 900 DM
Trauerkarten und -anzeigen	150 DM
Bestattungskosten	600 DM
Grabstein	4 000 DM
Grabstelle	500 DM
Schwarzer Anzug und schwarzes Kleid	900 DM
Bewirtung der Trauergäste	700 DM

   Die Verstorbene hat ein Sparbuch mit einem Guthaben in Höhe von 3 000 DM hinterlassen.

2. Die Ehegatten beschäftigen an 6 Tagen in der Woche eine Haushaltshilfe, jeweils morgens für 4 Stunden. Die Aufwendungen haben mtl. 500 DM betragen.

3. Der Ehemann verursachte während eines Fahrradausflugs an einem Sonntag einen Verkehrsunfall. Daraus sind ihm Kosten (Schadensersatz gegenüber dem beteiligten Verkehrsteilnehmer) in Höhe von 3 000 DM entstanden, die er im Kj 2000 bezahlt hat. Er finanzierte die Kosten durch Aufnahme eines Darlehens, das er ab 01. 08. 2000 mit monatlich 300 DM getilgt hat. Die Bank berechnete für das Kj 2000 350 DM Zinsen, die zum 21. 12. 2000 vom Girokonto des Ehemannes abgebucht wurden.

Frage: Wie hoch ist das zu versteuernde Einkommen der Ehegatten bei Zusammenveranlagung im Kj 2000? Es ist davon auszugehen, dass das Existenzminimum des Kindes durch das gezahlte Kindergeld von der Steuer freigestellt ist, d. h. dass kein Kinderfreibetrag abzuziehen ist (§ 31 EStG).

▶ §§ 33–33b EStG, EStR 186 ff.

IX. Veranlagungsformen

Übersicht 7: Veranlagung von Ehegatten (§ 26 EStG)

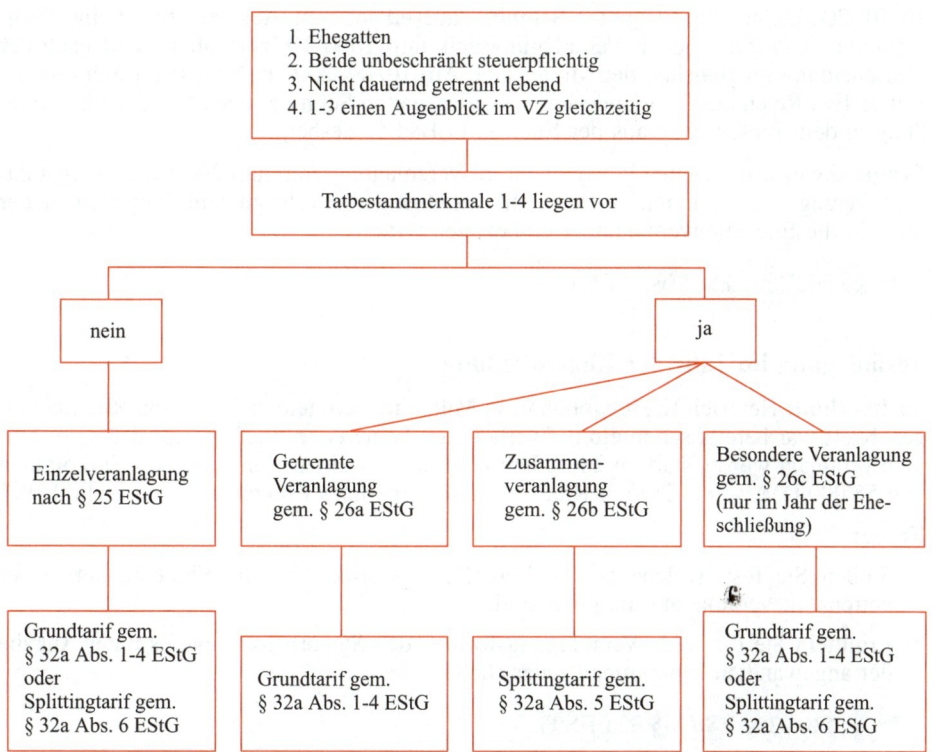

Nach § 25 EStG gilt als Grundsatz die Einzelveranlagung. Dies bedeutet, dass jeder einzelne Steuerpflichtige mit dem von ihm selbst bezogenen zu versteuernden Einkommen zur Einkommensteuer veranlagt wird.

Ausnahmen von diesem Grundsatz gelten für Eheleute, die die Voraussetzungen des § 26 EStG erfüllen.

Voraussetzungen für die Ehegattenveranlagung　　　　　　　　　　　　**Fall 88**

Sachverhalt: Hans Dampf aus Witten heiratete am 10. 12. 2000 in Lienz, Österreich, die Sennerin Eva Renzi. Die Eheleute ziehen am 15. 01. 2001 in die Mietwohnung des Ehemannes in Witten. Die Ehefrau hat sich vorher noch nicht in der Bundesrepublik Deutschland aufgehalten. Sie hat auch keine inländischen Einkünfte.

Frage: Welche Veranlagungsformen kommen für die beteiligten Personen in den Veranlagungszeiträumen 2000 und 2001 in Betracht?

▶ §§ 25, 26, 26b EStG

Fall 89 **Auflösung der Ehe, erneute Eheschließung im Laufe des Veranlagungszeitraums**

Sachverhalt: Die Ehe der in Köln lebenden Ehegatten Peter und Erna Schmitz, geb. Schulz, beide 40 Jahre alt, wurde am 13. 04. 2000 rechtskräftig geschieden. Ab dem 10. 01. 2000 lebten die Ehegatten Schmitz dauernd getrennt. Aus der Ehe ist eine Tochter hervorgegangen, die im Veranlagungszeitraum 2000 10 Jahre alt ist und nach der Ehescheidung im Haushalt der Mutter lebt. Am 10. 09. 2000 heiratet Peter Schmitz die Witwe Eva Reich aus Bad Godesberg. Die Ehegatten Schmitz leben seit der Eheschließung in dem Einfamilienhaus der Ehefrau in Bad Godesberg.

Frage: Zwischen welchen Personen ist im Veranlagungszeitraum 2000 eine Ehegattenveranlagung durchzuführen? Welche Tarifvergünstigungen stehen dem Ehegatten zu, der nicht in die Ehegattenveranlagung einbezogen wird?

▶ §§ 26, 26b, 32a Abs. 6 EStG

Fall 90 **Veranlagung im Jahr der Eheschließung**

Sachverhalt: Heinrich Kreft, wohnhaft in Mülheim, heiratete in 2001 Frau Rita Schneider. Kreft war bereits schon einmal verheiratet. Seine erste Ehefrau, mit der er zusammen veranlagt wurde, starb in 2000. Kreft hat in 2001 ein zu versteuerndes Einkommen von 55 000 DM, seine Ehefrau Rita ein zu versteuerndes Einkommen von 35 000 DM.

Frage:

a) Stellen Sie fest, welche beiden Veranlagungsformen für die Eheleute neben der getrennten Veranlagung möglich sind.

b) Ermitteln Sie für beide Veranlagungsformen den Steuerbetrag jeweils unter Angabe der angewandten Einkommensteuertabelle.

▶ §§ 26 – 26c EStG, § 32a EStG

Fall 91 **Zusammenveranlagung/Besondere Veranlagung**

Sachverhalt: Hans Herrlich (im Folgenden **Ehemann** genannt), geb. am 24. 12. 1951, ist seit dem 17. 12. 2000 verheiratet mit Heidi Herrlich (im Folgenden **Ehefrau** genannt), geb. am 1. 4. 1957. Für beide Ehegatten ist es jeweils die **zweite** Ehe. Die **erste** Ehe des Ehemannes ist am 9. 1. 1999 durch Tod, die **erste** Ehe der Ehefrau ist am 5. 11. 1999 durch Scheidung aufgelöst worden.

Die Eheleute Herrlich sind unbeschränkt einkommensteuerpflichtig, leben nicht dauernd getrennt und sind konfessionslos.

Angaben zu den Einkünften

Der **Ehemann** erzielte als freiberuflich tätiger Steuerberater im Kalenderjahr 2000 **Einkünfte** aus selbständiger Arbeit in Höhe von 110 000,00 DM.

Die **Ehefrau** erzielte im Kalenderjahr 2000 aus ihrer Tätigkeit als sozialversicherungspflichtige Arbeitnehmerin **Einkünfte** aus nichtselbständiger Arbeit in Höhe von 46 841,00 DM.

Außerdem erzielte die **Ehefrau** in 2000 aus der Beteiligung an einer Grundstücksgemeinschaft **negative Einkünfte (Verlust)** aus Vermietung und Verpachtung in Höhe von 25 000,00 DM.

Sonstige Angaben

Der **Ehemann** hat in 2000 Beiträge zu einer privaten Krankenversicherung und Lebensversicherung (Vorsorgeaufwendungen) in Höhe von insgesamt 19 200,00 DM geleistet.

Der Arbeitnehmeranteil am Gesamtsozialversicherungsbeitrag lt. Lohnsteuerkarte 2000 der **Ehefrau** beträgt 10 116,00 DM.

Frage:

Ermitteln Sie in einer übersichtlichen Darstellung und unter Verwendung der steuerlichen Fachbegriffe **die Höhe der für den Veranlagungszeitraum 2000 festzusetzenden Einkommensteuer,**

a) falls die Eheleute die Zusammenveranlagung (§ 26b EStG) wählen,

b) falls die Eheleute die besondere Veranlagung für den Veranlagungszeitraum der Eheschließung (§ 26c EStG) wählen.

Bearbeitungshinweise

a) Die Berechnung der **Vorsorgepauschale** gem. § 10c EStG ist nicht erforderlich.

b) Die Berechnung des **Solidaritätszuschlags** ist **nicht** erforderlich.

X. Einkommensteuertarif (§ 32a EStG)

Die Einkommensteuer ergibt sich durch Anwendung des Tarifs auf das zu versteuernde Einkommen (Zeile 41 im Berechnungsschema hinter Fall 1). Der **Grundtarif** ist im Falle der Einzelveranlagung und der getrennten Veranlagung von Ehegatten maßgebend, ferner im Falle der besonderen Veranlagung von Ehegatten.

Der **Splittingtarif** kommt nach § 32a Abs. 5 EStG im Falle der Zusammenveranlagung von Ehegatten, in besonderen Fällen der Einzelveranlagung (§ 32a Abs. 6 EStG) und ggf. auch im Falle der besonderen Veranlagung von Ehegatten in Betracht.

Übersicht 8: Geteilter Steuertarif Aufbau des Einkommensteuertarifs 2000		
I	II	III
Nullzone (Grundfreibetrag)	**Progressionszone**	**Obere Proportionalzone**
Steuerfrei bleiben: **Ledige** bis 13 499 DM **Verheiratete** bis 26 999 DM zu versteuerndes Einkommen **Steuerfrei**	Einem steigenden Steuersatz unterliegen: **Steuersatz 22,9 % bis 51 %** **Ledige** mit 13 500 bis 114 695 DM **Verheiratete** mit 27 000 bis 229 390 DM zu versteuerndes Einkommen	Einem gleichbleiben- den Steuersatz unterliegen: **Steuersatz 51 %** **Ledige** ab 114 696 DM **Verheiratete** ab 229 391 DM Jahreseinkommen

Das steuerfreie Existenzminimum entspricht dem Grundfreibetrag. Es beträgt für 2001/2002 = 14 093/28 186 DM (Alleinstehende/Ehegatten). Darüber hinaus gilt im Jahre 2001/2002 ein Eingangssteuersatz von 19,9 % sowie ein Höchststeuersatz von 48,5 %.

Fall 92 **Tarif (§ 32a EStG)**

Sachverhalt: Felix Krank verstarb am 15. 10. 2000. Seine Ehefrau Erna wählt für das Kj 2000 die getrennte Veranlagung, weil ihr verstorbener Ehemann hoch verschuldet war und sie nicht für ihn die zu erwartende Einkommensteuernachzahlung übernehmen will. Die Ehegatten haben ein gemeinsames Kind im Alter von 10 Jahren.

Am 15. 05. 2003 heiratet Erna den Metzgermeister Gustav Stark. Die Eheleute beantragten für das Kj 2003 die Zusammenveranlagung.

Frage: Welcher Einkommensteuertarif ist für die Kj 2000 – 2003 anzuwenden? Welche Freibeträge stehen zu? Gehen Sie hierbei davon aus, dass in allen Jahren anstelle des Kindergelds der Kinderfreibetrag gewährt wird. Auf welche Weise wird das gezahlte Kindergeld bei der ESt-Veranlagung berücksichtigt?

▶ § 31, § 32 Abs. 6 u. 7, § 32a, § 36 Abs. 2 EStG

Fall 92a **Sachverhalt:** Anton und Berta Meier sind seit Jahren verheiratet. Am 12. 01. 2000 verstarb Anton Meier. Seine Ehefrau Berta heiratete am 07. 12. 2000 den Carl Fröhlich.

Frage: Geben Sie die Veranlagungsform und den Einkommensteuertarif für Anton Meier sowie Carl und Berta Fröhlich für das Jahr 2000 an.

▶ § 26, § 32a EStG

Einkommensteuer – Fälle

Anwendung des Splittingverfahrens   **Fall 93**

Sachverhalt a: Die Ehegatten Hans und Hilde Klein werden zusammen zur Einkommensteuer veranlagt. Sie haben im Kj 2000 ein zu versteuerndes Einkommen (in der oberen Proportionalzone) in Höhe von 242 000 DM.

Frage: Wie wird die Einkommensteuer ohne Anwendung der Splittingtabelle berechnet?

Sachverhalt b: Die Ehegatten Hans und Hilde Klein werden zusammen zur Einkommensteuer veranlagt. Sie haben im Kj 2001 ein zu versteuerndes Einkommen in der Progressionszone in Höhe von 110 000 DM.

Frage: Wie wird die Einkommensteuer berechnet, wenn Sie nur die Grundtabelle zur Verfügung haben? Gang der Berechnung erforderlich.

▶ § 32a EStG

Progressionsvorbehalt   **Fall 94**

Sachverhalt: Die Ehegatten Hans und Hilde Klein werden zusammen zur Einkommensteuer veranlagt. Das zu versteuernde Einkommen beträgt im Jahr 2000 39 887 DM. Der Arbeitnehmer-Pauschbetrag (§ 9a Nr. 1 EStG) hat sich beim Ehemann bei der Ermittlung seiner Einkünfte aus nichtselbständiger Arbeit bereits mit 2 000 DM ausgewirkt.

Außerdem bezog Hans Klein in 2000 Arbeitslosengeld in Höhe von 10 100 DM.

Frage: Ermitteln Sie die festzusetzende Einkommensteuer für das Jahr 2000.

▶ § 32b EStG, EStR 185

Tarifbegrenzung bei gewerblichen Einkünften (§ 32c EStG*)   **Fall 95**

Sachverhalt: Der ledige Steuerpflichtige Stein (45 Jahre) erklärt für das Jahr 2000 folgende Besteuerungsgrundlagen:

Einkünfte aus gewerblichem Einzelunternehmen (Baustoffhandel)	154 000 DM
Einkünfte aus Vermietung und Verpachtung	66 000 DM
abzugsfähige Sonderausgaben	19 984 DM

Frage: Wie hoch ist die festzusetzende ESt?

▶ § 32a, § 32c EStG

XI. Familienleistungsausgleich: Kindergeld, Kinderfreibetrag, Betreuungsfreibetrag, Haushaltsfreibetrag (§ 32 EStG)

Der Familienleistungsausgleich, d. h. die steuerliche Freistellung des Existenzminimums eines Kindes, erfolgt durch den Kinderfreibetrag (§ 32 EStG) oder das Kindergeld nach §§ 62-78 EStG (§ 31 EStG).

---

* § 32c EStG wurde aufgehoben mit Wirkung ab 2001.

Das Kindergeld wird monatlich als Steuervergütung durch die Familienkasse des Arbeitsamtes ausgezahlt. Es beträgt für das erste und zweite Kind jeweils 270 DM, für das dritte Kind 300 DM und das vierte und jedes weitere Kind jeweils 350 DM (§ 66 Abs. 1 EStG).

Bei einer ESt-Veranlagung wird vom Finanzamt geprüft, ob der Abzug des Kinder- und ggf. des Betreuungsfreibetrags günstiger ist. In diesem Fall wird das Kindergeld der Einkommensteuer hinzugerechnet (§ 36 Abs. 2 EStG). Der Kinderfreibetrag ist günstiger als z. B. das Erst- oder Zweitkindergeld, wenn der Grenzsteuersatz mindestens 47 % beträgt (47 % von 576 DM = 271 DM).

Wird neben dem Kinderfreibetrag noch der Betreuungsfreibetrag gewährt (3 024 DM jährlich für Kinder unter 16 Jahren bzw. behinderte Kinder), so ist der Abzug der Freibeträge schon ab einem Grenzsteuersatz von 33 % günstiger als das Kindergeld für das erste oder zweite Kind (Kinderfreibetrag 6 912 DM + Betreuungsfreibetrag 3 024 DM = 9 936 DM, entspricht monatlich 828 DM x 33 % = 273 DM).

Da die Freibeträge nur im Rahmen der ESt-Veranlagung abgezogen werden, wenn diese günstiger sind, wirken sich die auf der Lohnsteuerkarte eines Arbeitnehmers eingetragenen Freibeträge auf die Höhe der Lohnsteuer nicht aus. Auf die Höhe des Solidaritätszuschlags und der Kirchensteuer haben nur die Kinderfreibeträge Auswirkung.

Für den Abzug der Freibeträge gilt – wie für das Kindergeld – das Monatsprinzip; d. h. der Abzug der Freibeträge ist auf die Monate beschränkt, in denen die gesetzlichen Voraussetzungen vorlagen. Die Kindbegriffe im Einkommensteuerrecht und im Kindergeldrecht stimmen weitgehend überein (§ 32, § 63 Abs. 1 EStG).

Kinder im einkommensteuerlichen Sinne (§ 32 Abs. 1 EStG)

- Kinder, die im ersten Grad mit dem Steuerpflichtigen verwandt sind (leibliche Kinder und Adoptivkinder),
- Pflegekinder.

Berücksichtigungsfähige Kinder (Kinderfreibetrag)

1. Kinder bis zur Vollendung des 18. Lebensjahres (§ 32 Abs. 3 EStG)

   Ein Kind wird bis zu dem Kalendermonat berücksichtigt, in dem es das 18. Lebensjahr vollendet hat (Monatsprinzip).

2. Kinder zwischen 18 Jahren und 21 Jahren (§ 32 Abs. 4 Nr. 1 EStG)

   Ein Kind wird berücksichtigt, wenn es arbeitslos ist und der Arbeitsvermittlung im Inland zur Verfügung steht.

3. Kinder zwischen 18 Jahren und 27 Jahren (§ 32 Abs. 4 Nr. 2 EStG)

   Kinder werden u. a. berücksichtigt, wenn sie sich in Berufsausbildung befinden.

   Hat ein Kind in den vorstehenden Nr. 2 und 3 den gesetzlichen Grundwehrdienst oder Zivildienst geleistet, verlängert sich die Altersgrenze von 21 Jahren bzw. 27 Jahren um die Dauer des Dienstes (§ 32 Abs. 5 EStG).

4. Berücksichtigung ohne altersmäßige Begrenzung (§ 32 Abs. 4 Nr. 3 EStG)

   Kinder werden berücksichtigt, wenn sie sich wegen Behinderung nicht selbst unterhalten können.

Einkommensteuer – Fälle 121

In den vorstehenden Nr. 2 und 3 (Kinder über 18 Jahre) entfällt eine Berücksichtigung, wenn die Kinder eigene Einkünfte und Bezüge in Höhe von wenigstens 13 500 DM haben (Einkunftsgrenze 2001/2002: 14 040 DM).

Übersicht 9: Voraussetzungen für Kindergeld und Kinderfreibetrag

	Kindergeld	**Kinderfreibetrag**
Kinder sind	leibliche Kinder, Pflegekinder, Enkelkinder	leibliche Kinder, Pflegekinder
Haushaltszugehörigkeit	ja	nein
Gemeinsame zusätzliche Voraussetzungen zum Alter des Kindes		

1. Kinder bis zum 18. Lebensjahr: Keine
2. Kinder über 18 Jahre:
   a) In Berufsausbildung oder im freiwilligen sozialen oder ökologischen Jahr, begrenzt bis zum 27. Lebensjahr, eigene Einkünfte und Bezüge von nicht mehr als 13 500 DM* jährlich oder
   b) arbeitslos bis zum 21. Lebensjahr, eigene Einkünfte und Bezüge von nicht mehr als 13 500 DM* jährlich oder
   c) wegen Behinderung nicht erwerbsfähig ohne altersmäßige Begrenzung.

* Verdienstgrenze 2001/2002: 14 040 DM

Berücksichtigungsfähige Kinder (Betreuungsfreibetrag, § 32 Abs. 6 Satz 1 EStG)

1. Kinder bis zur Vollendung des 16. Lebensjahres

   Ein Kind wird bis zu dem Kalendermonat berücksichtigt, in dem es das 16. Lebensjahr vollendet hat (Monatsprinzip).

2. Berücksichtigung ohne altersmäßige Begrenzung

   Kinder werden berücksichtigt, wenn sie sich wegen Behinderung nicht selbst unterhalten können.

Höhe der Freibeträge (§ 32 Abs. 6 EStG)

Im Fall der Zusammenveranlagung von Eltern beträgt der Kinderfreibetrag 576 DM, der Betreuungsfreibetrag 252 DM monatlich. Nicht miteinander verheiratete, geschiedene oder dauernd getrennt lebende Eltern erhalten jeweils den halben Kinderfreibetrag (288 DM) bzw. Betreuungsfreibetrag (126 DM). Der hälftige Freibetrag kann bei nicht wesentlicher Erfüllung der Unterhaltsverpflichtung durch den anderen Elternteil (nicht mindestens 75 %) übertragen werden. Der Freibetrag kann auch auf einen Stiefelternteil oder die Großeltern der Kinder übertragen werden, wenn sie das Kind in ihrem Haushalt aufgenommen haben.

Haushaltsfreibetrag (§ 32 Abs. 7 EStG)

Ein Steuerpflichtiger, der einzeln unter Anwendung der Grundtabelle veranlagt wird, erhält den Haushaltsfreibetrag von 5 616 DM, wenn er einen Kinderfreibetrag oder Kindergeld für mindestens ein Kind erhält, das in seiner Wohnung im Inland gemeldet ist.

Sind Kinder bei beiden Eltern im Inland gemeldet, erhält der Elternteil den Haushaltsfreibetrag, dem das Kind zuzuordnen ist.

Die Angaben zur steuerlichen Berücksichtigung von Kindern werden im Rahmen der Einkommensteuererklärung in der „Anlage Kinder" zusammengefasst. Die Anlage Kinder ist auf den nächsten Seiten abgedruckt.

Fall 96 Berücksichtigung von Kindern, Kinderfreibeträge

Sachverhalt: Die Tochter Marie der Eheleute Guth ist am 01. 08. 1982 geboren. Sie ist seit einem Jahr berufstätig.

Frage: Wie hoch ist der Kinderfreibetrag bei der Zusammenveranlagung für die Eheleute im Jahr 2000, wenn der Abzug des Kinderfreibetrags günstiger als das Kindergeld wäre?

▶ § 32 EStG

Fall 97 Sachverhalt: Der Sohn Peter der Eheleute Reich, Essen, ist am 20. 02. 1972 geboren. Peter hat während des ganzen Jahres 2000 noch in Bonn studiert (auswärtig untergebracht), da er zuvor noch den 15monatigen gesetzlichen Grundwehrdienst geleistet hat. Peter hat keine eigenen Einkünfte und Bezüge. Deshalb leisten seine Eltern während des ganzen Jahres Unterhalt (monatlich 1 100 DM).

Frage: Welche Steuervergünstigungen stehen den Eheleuten Reich bei ihrer Zusammenveranlagung im Jahr 2000 zu, wenn der Kinderfreibetrag günstiger als das Kindergeld ist?

▶ § 32, § 33a EStG

Fall 98 Sachverhalt: Wie Fall 97, jedoch hat Peter im Jahr 2000 einen Arbeitslohn in Höhe von 16 000 DM (Werbungskosten unter 2 000 DM).

Frage: Wie hoch sind die Steuervergünstigungen?

▶ § 32, § 33a EStG

Anlage Kinder 2000

Tax form "Anlage Kinder" (2000) — blank German income tax form for declaring children.

– 2 –

Zeile	Einkünfte und Bezüge der Kinder ab 18 Jahren		Bruttoarbeitslohn DM	darauf entfallende Werbungskosten DM	Öffentliche Ausbildungshilfen DM	Kapitalerträge (z. B. Zinseinnahmen) DM	andere Einkünfte/Bezüge (Art und Höhe)
30	Kind in						
31	Zeile 1	Einnahmen des Kindes im maßgeblichen Zeitraum					
32		außerhalb des maßgeblichen Zeitraums					
33	Zeile 2	Einnahmen des Kindes im maßgeblichen Zeitraum					
34		außerhalb des maßgeblichen Zeitraums					
35	Zeile 3	Einnahmen des Kindes im maßgeblichen Zeitraum					
36		außerhalb des maßgeblichen Zeitraums					
37	Zeile 4	Einnahmen des Kindes im maßgeblichen Zeitraum					
38		außerhalb des maßgeblichen Zeitraums					

Betreuungsfreibetrag Wird für Kinder unter 16 Jahren grundsätzlich vom Finanzamt berücksichtigt.

				19
39	Das Kind in			
				29
40	Zeile 1	☐ hat das 16. Lebensjahr vollendet und ist wegen einer Behinderung außerstande, sich selbst zu unterhalten.		39
41	Zeile 2	☐ hat das 16. Lebensjahr vollendet und ist wegen einer Behinderung außerstande, sich selbst zu unterhalten.		49
42	Zeile 3	☐ hat das 16. Lebensjahr vollendet und ist wegen einer Behinderung außerstande, sich selbst zu unterhalten.		
43	Zeile 4	☐ hat das 16. Lebensjahr vollendet und ist wegen einer Behinderung außerstande, sich selbst zu unterhalten.		86 Haushaltsfreibetrag Ja = 1

Übertragung des Kinderfreibetrags / Betreuungsfreibetrags

		Ich beantrage den vollen **Kinderfreibetrag**, weil der andere Elternteil seine Unterhaltsverpflichtung nicht zu mindestens 75% erfüllt hat.	Ich beantrage den vollen **Kinder- und Betreuungsfreibetrag**, weil der and. Elternteil im Ausland lebte vom – bis	Ich beantrage den vollen **Betreuungsfreibetrag**, weil das Kind bei dem anderen Elternteil nicht gemeldet ist.	Übertragung von Kinder- und Betreuungsfreibetrag Der Übertragung auf die Stief-/Großeltern wurde it. **Anlage K** zugestimmt.	Nur bei Stief-/Großeltern: Die Freibeträge sind it. **Anlage K** zu übertragen.
44						
45	Kind in					
46	Zeile 1	ja		ja	ja	ja
47	Zeile 2	ja		ja	ja	ja
48	Zeile 3	ja		ja	ja	ja
49	Zeile 4	ja		ja	ja	ja

Haushaltsfreibetrag

50		Die Kinder lt. den Zeilen 19 bis 22 waren m. 1. 1. 2000 (oder erstmals 2000) mit Wohnung gemeldet		Bei Kindern, die bei beiden Elternteilen oder bei einem Elternteil und einem Großelternteil gemeldet sind:	
51	Kind in	bei der stpfl. Person / dem nicht dauernd getrennt lebenden Ehegatten	und / oder bei sonstigen Personen (Name und Anschrift, ggf. Verwandtschaftsverhältnis zum Kind) oder in (Anschrift)		
52	Zeile 1				
53	Zeile 2			Ich beantrage die Zuordnung der Kinder / die Mutter / der Vater hat lt. **Anlage K** zugestimmt.	Ich habe zugestimmt, dass die Kinder dem Vater / dem Großelternteil zugeordnet werden.
54	Zeile 3				
55	Zeile 4				

Ausbildungsfreibetrag Bei Kindern unter 18 Jahren bitte auch die Zeilen 31 bis 38 ausfüllen.

				99	53
56		Aufwendungen für die Berufsausbildung entstanden	Auf den Ausbildungszeitraum entfallen aus den Zeilen 31, 33, 35 oder 37	Bei auswärtiger Unterbringung Anschrift des Kindes	Ausbildungsfreibeträge
57	Kind in	vom – bis	DM		65 vom – bis
58	Zeile 1				
59	Zeile 2				
60	Zeile 3				
61	Zeile 4				
62	**Nur bei geschiedenen oder dauernd getrennt lebenden Eltern oder bei Eltern nichtehelicher Kinder:** Laut beigefügtem gemeinsamen Antrag sind die Ausbildungsfreibeträge in einem anderen Verhältnis als je zur Hälfte aufzuteilen.				

Kinderfreibetrag, Haushaltsfreibetrag Fall 99

Sachverhalt: Heide Treu ist verwitwet und hat eine Tochter von 10 Jahren in ihrem Haushalt. Ihr Ehemann, der Vater ihrer Tochter, ist vor zwei Jahren bei einem Verkehrsunfall verstorben.

Heide Treu ist berufstätig.

Frage: Geben Sie die möglichen steuerlichen Vergünstigungen an, wenn die Freibeträge nach § 32 Abs. 6 EStG günstiger sind als das Kindergeld ist.

▶ § 32, § 33c EStG

Fachaufgabe Einkommensteuer (zu versteuerndes Einkommen) Fall 100

Sachverhalt a: Der seit mehreren Jahren verwitwete A, 66 Jahre alt, macht in seiner Einkommensteuererklärung folgende Angaben:

Bruttoarbeitslohn aus Versorgungsbezügen	10 000 DM
Zinseinnahmen	7 200 DM
Gewinn aus selbständiger Steuerberatung	137 000 DM
Die insgesamt abzugsfähigen Sonderausgaben betragen	3 000 DM

Der Stpfl. unterhält ein Pflegekind im Alter von 10 Jahren. Weitere Kosten werden von A nicht geltend gemacht. Gehen Sie bei der Lösung davon aus, dass das gezahlte Kindergeld für die Steuerfreistellung das Existenzminimum des Kindes nicht ausreicht (§ 31 EStG).

Sachverhalt b: Ehegatten machen in ihrer Einkommensteuererklärung folgende Angaben:

Ehemann

Einkünfte aus Land- und Forstwirtschaft	15 000 DM
Bruttoarbeitslohn aus Versorgungsbezügen	10 000 DM
Rente aus gesetzl. Rentenversicherung monatlich	2 000 DM

Bei Beginn der Rente vollendetes Lebensjahr: 65

Ehefrau

Bruttoarbeitslohn aus bestehendem Arbeitsverhältnis	10 000 DM
Bruttoarbeitslohn aus Versorgungsbezügen	11 000 DM
Die insgesamt abzugsfähigen Sonderausgaben betragen	7 000 DM

Alter der Ehegatten zu Beginn des VZ: Ehemann 66 Jahre, Ehefrau 62 Jahre.

Die Ehegatten werden zusammen veranlagt.

Frage: Wie hoch ist das zu versteuernde Einkommen im Kj 2000?

Härteausgleich Fall 101

Sachverhalt a: Ein lediger Arbeitnehmer hat folgende Einkünfte:

Einkünfte aus nichtselbständiger Arbeit (**ein** Dienstverhältnis)	23 000 DM
Einkünfte aus Kapitalvermögen	1 200 DM

Die abziehbaren Sonderausgaben betragen 4 000 DM.

Sachverhalt b: Ein lediger Arbeitnehmer hat folgende Einkünfte:

Einkünfte aus nichtselbständiger Arbeit (nebeneinander **zwei** Dienstverhältnisse/Steuerklasse I und VI)	23 000 DM
Einkünfte aus Kapitalvermögen	500 DM

Die abziehbaren Sonderausgaben betragen 4 000 DM.

Frage: Haben die Arbeitnehmer eine Einkommensteuererklärung abzugeben? Wie hoch ist das zu versteuernde Einkommen?

▶ § 46 Abs. 3 u. 5 EStG, § 70 EStDV

XII. Veranlagung von Arbeitnehmern (§ 46 EStG)

Fall 102 Einkommensgrenze

Sachverhalt: Der Bankangestellte Hugo Schimmelpfennig und seine Frau Emilie haben im Kj 2000 folgendes Einkommen:

Einkünfte aus nichtselbständiger Arbeit des Ehemannes	65 000 DM
Einkünfte der Ehefrau aus Kapitalvermögen	500 DM
Gesamtbetrag der Einkünfte	65 500 DM
·/. Sonderausgaben	7 000 DM
Einkommen	58 500 DM

Von den Gehaltsbezügen ist Lohnsteuer in zutreffender Höhe einbehalten worden.

Frage: Wird für die Ehegatten für das Kj 2000 eine Einkommensteuerveranlagung durchgeführt?

▶ § 46 Abs. 2, 3 u. 4 EStG

Fall 103 „Nebeneinkünfte" von insgesamt mehr als 800 DM

Sachverhalt: Der ledige Schulz hat folgende Einkünfte:

Einkünfte aus nichtselbständiger Arbeit	+ 15 000 DM
Einkünfte aus Kapitalvermögen	+ 1 800 DM
Einkünfte aus Vermietung und Verpachtung	·/. 1 200 DM

Frage: Wird für Schulz eine Einkommensteuerveranlagung durchgeführt?

▶ § 46 Abs. 2 EStG

XIII. Fachaufgaben zur Einkommensteuer

Fall 104 Fachaufgabe Einkommensteuer (festzusetzende Einkommensteuer)

Sachverhalt: Die Ehegatten Heinrich und Helga Kurz, wohnhaft in Bonn, machen zu ihrer Einkommensteuererklärung für das Kj 2000 unter anderem folgende Angaben:

Alter der Ehegatten: Ehemann 66 J. alt, Ehefrau 54 J. alt.

Die Ehegatten haben zwei Kinder:

Herbert, 31 J. alt, studiert seit Jahren Betriebswirtschaft in Köln und wohnt auch dort. Die Aufwendungen für seinen Unterhalt und seine Berufsausbildung trägt sein Vater. Die Aufwendungen betrugen im Kj 2000 14 400 DM. Eigene Einkünfte und Bezüge hat Herbert nicht.

Brigitte, 14 J. alt, besucht ein Bonner Gymnasium und wohnt bei ihren Eltern.

A. Einkünfte

I. Einkünfte des Ehemannes

1. Der Ehemann betreibt in Troisdorf eine Plastikwarenfabrik in der Rechtsform eines Einzelunternehmens.

    Der gem. § 5 EStG ermittelte vorläufige Gewinn beträgt 82 000 DM.

    Aus den Buchführungsunterlagen ergibt sich Folgendes:

    a) Eine Spende an den Caritas-Verband von 1 800 DM wurde als Betriebsausgabe gebucht.

    b) Ein für 400 DM (einschl. Vorsteuer) angeschafftes Geschenk an einen Geschäftsfreund wurde als Betriebsausgabe behandelt.

2. Im Nov. 2000 wurden dem privaten Bankkonto des Betriebsinhabers 7 650,62 DM gutgeschrieben. Es handelt sich hierbei um die ausgezahlte Netto-Dividende für 1999 aus privaten Aktien der Stahlhandels-AG in
Duisburg in Höhe von   7 730,62 DM
nach Abzug der Depotgebühren von   80,00 DM
= Gutschrift der Bank   7 650,62 DM
Ein Freistellungsauftrag wurde nicht erteilt.

3. Heinrich Kurz erwarb mit Wirkung vom 01. 02. 2000 (Kaufvertrag 05. 01. 2000) ein Mehrfamilienhaus, Baujahr 1970, mit vier Wohnungen. Der Kaufpreis beträgt 545 000 DM zzgl. Erwerbsnebenkosten (Grunderwerbsteuer und Notarkosten in Höhe von insgesamt 15 000 DM). Der Anteil der Anschaffungskosten am Grund und Boden beträgt 20 v. H.

    Alle vier Wohnungen haben dieselbe Größe (70 qm) und dieselbe Ausstattung. Drei Wohnungen sind für monatlich 1 000 DM vermietet. Die vierte Wohnung bewohnen die Ehegatten Kurz ab 01. 02. 2000. Die Voraussetzungen für die Eigenheimzulage (Objektbeschränkung, Einkunftsgrenzen) liegen vor.

    Im Zusammenhang mit dem Mietwohnhaus hat Heinrich Kurz im Kj 2000 nach dem 01. 02. 2000 noch folgende Aufwendungen:

    a) Reparaturen, Grundsteuer, Versicherungen etc.   16 000 DM
    b) Am 10. 02. 2000 gezahltes Disagio auf das Hypothekendarlehen   10 000 DM
    c) Zinsen für das Hypothekendarlehen für 2000   30 000 DM
    d) Tilgungsrate Hypothekendarlehen   15 000 DM

II. Einkünfte der Ehefrau

1. Die Ehefrau ist Kommanditistin der Müller KG in Siegen. Der Gewinnanteil für das Kj 2000 beträgt lt. Feststellungsbescheid des Finanzamts Siegen 14 000 DM.
   Die Firma überwies diesen Betrag am 13. 02. 2001 auf das Privatkonto der Ehefrau.

2. Die Ehefrau ist Angestellte in einem Rechtsanwaltsbüro.

   a) In 2000 erzielte sie aus diesem Arbeitsverhältnis ein Bruttogehalt von insgesamt 30 237 DM.

   Lohnsteuer von 2 900 DM, Kirchensteuer von 234 DM und Sozialabgaben (Arbeitnehmeranteil) in Höhe von 5 465 DM sind vom Arbeitgeber einbehalten und abgeführt worden.

   b) Frau Kurz fuhr an 230 Tagen mit eigenem Pkw von der Wohnung zur Arbeitsstätte – einfache Entfernung 25 km. Nach einem von ihr geführten Fahrtenbuch betragen die auf die Fahrten zwischen Wohnung und Arbeitsstätte entfallenden Kfz-Kosten einschließlich AfA nachgewiesenermaßen 4 500 DM.

   c) Weitere Werbungskosten sind nicht angefallen.

B. Weitere Angaben

1. Krankenversicherungsbeiträge (Ehemann und Kinder)	4 200 DM
2. Beiträge zur Lebensversicherung	7 500 DM
3. Unfall-, Privathaftpflichtversicherungsbeiträge	2 200 DM
4. Hausratversicherungsbeiträge	500 DM
5. Spenden für wissenschaftliche Zwecke lt. vorliegenden ordnungsgemäßen Bescheinigungen	900 DM
6. Kirchensteuervorauszahlung 2000	1 600 DM
7. Einkommensteuervorauszahlung 2000	20 000 DM

Ermitteln Sie das zu versteuernde Einkommen sowie die Wohnraumförderung 2000 der Ehegatten Kurz unter Berücksichtigung aller möglichen steuerlichen Vergünstigungen. Gehen Sie bei der Lösung davon aus, dass die Gewährung von Kindergeld für die Stpfl. günstiger als der Abzug von Kinderfreibeträgen ist. Folgende Gliederung ist einzuhalten:

    I. Steuerpflicht
    II. Veranlagungsform
    III. Berücksichtigung von Kindern, Tarif
    IV. Einkünfte
    V. Sonderausgaben
    VI. Außergewöhnliche Belastung
    VII. Zu versteuerndes Einkommen
    VIII. Festzusetzende Einkommensteuer
    IX. Eigenheimzulage

C. Anmerkung

Für die Lösung der Fachaufgabe werden 40 Punkte vergeben. Das entspricht einer Bearbeitungsdauer von ca. 60 Minuten.

Fachaufgabe Steuerwesen (Einkommensteuer)   **Fall 105**

Sachverhalt: Die Eheleute Dr. Anton und Berta Celen bitten um Erstellung der Einkommensteuererklärung für das Kalenderjahr 2000 und machen dazu die folgenden Angaben:

1. Persönliche Verhältnisse

1.1. Eheleute

Dr. Anton Celen (AC), zu Beginn des Kj 1999 65 J. alt, ist seit vielen Jahren verheiratet mit Berta Celen (BC), ebenfalls zu Beginn des Kj 2000 65 J. alt. Die Eheleute führen in Soest einen gemeinsamen Haushalt und haben die Zusammenveranlagung gewählt.

1.2. Kinder

Stefan (leibliches Kind), 22 J. alt, studierte während des ganzen Jahres 2000 an der Universität München Medizin und war deshalb auswärts untergebracht. Er erhielt von seinen Eltern eine monatliche Überweisung von 850 DM. Eigene Einkünfte und Bezüge lagen nicht vor.

2. Einkommensverhältnisse

2.1.

AC betreibt eine eigene Arztpraxis in Soest. In 2000 hatte er Betriebseinnahmen von 240 000 DM und (vorläufige) Betriebsausgaben (beachte Punkt 2.2) von 110 000 DM.

2.2.

Er ist Eigentümer eines Einfamilienhauses in Soest. Das Haus wurde vor 15 Jahren von ihm errichtet und wird seitdem von der Familie bewohnt. 80 % der Nutzfläche dienen eigenen Wohnzwecken, 20 % dienen den eigenen beruflichen Zwecken als Arztpraxis.

Der Einheitswert des Hauses beträgt 60 000 DM (Wert 1. 1. 1964). In 2000 wurden für dieses Haus bezahlt:
- Hypothekenzinsen   2 400 DM
- Grundbesitzabgaben   1 100 DM

Außerdem fiel Gebäude-AfA in Höhe von 4 000 DM an.

2.3.

AC war 20 Jahre lang im Gesundheitsamt tätig. Seit 5 Jahren bezieht er aus dieser früheren Beamtentätigkeit ein Ruhegehalt. Der Bruttoarbeitslohn laut Lohnsteuerkarte für das Kj 2000 beträgt 48 000 DM, die einbehaltene Lohnsteuer 3 048 DM, der Solidaritätszuschlag 0 DM und die einbehaltene Kirchensteuer 108 DM.

2.4.

BC hat in der Praxis ihres Mannes mitgearbeitet. Es besteht ein steuerlich anerkanntes Ehegatten-Arbeitsverhältnis. Sie erhielt in 2000 5 280 DM Arbeitslohn (440 DM × 12). Die pauschalen Sozialversicherungsbeiträge von 633 DM wurden in 2000 an die zuständige Krankenkasse abgeführt. Darüber hinaus wurde der Arbeitslohn pauschal besteuert (Lohnsteuer: 1 056 DM; Kirchensteuer: 73 DM). Der Gesamtbetrag von 7 042 DM wurde bereits als Betriebsausgabe (vgl. Pkt. 2.1) berücksichtigt.

2.5.1.

Die Eheleute besitzen ein gemeinsames Sparkonto. Die Bank schrieb für 2000 Zinsen in Höhe von 600 DM gut. Zinsabschlagsteuer wurde hiervon nicht einbehalten.

2.5.2.

BC ist Eigentümerin von Pfandbriefen. Daraus flossen ihr in 2000 Zinsen in Höhe von 17 800 DM zu (einschl. 2 000 DM Zinsabschlagsteuer und 110 DM Solidaritätszuschlag).

2.6.

BC ist als Kommanditistin an der Dalen KG, Soest, beteiligt. Das Wirtschaftsjahr der KG läuft vom 01. 04. – 31. 03. Ihr Verlustanteil für 1999/2000 beträgt 13 800 DM; für 2000/2001 beträgt ihr Gewinnanteil 16 400 DM.

3. Sonstige Angaben

Die Eheleute wiesen für 2000 noch folgende Ausgaben nach:

3.1.	Versicherungsbeiträge	
3.1.1.	Krankenversicherung	3 750 DM
3.1.2.	Lebensversicherung und Ärzteversorgung	14 468 DM
3.1.3.	Private Haftpflicht	650 DM
3.1.4.	Kfz-Haftpflichtversicherung	2 100 DM
3.1.5.	Hausratversicherung	980 DM
3.2.	Spenden/Parteibeiträge	
3.2.1.	Spende an das Deutsche Rote Kreuz	12 000 DM
3.2.2.	Beitrag an eine Partei im Sinne des Parteiengesetzes	240 DM
3.3.	Steuerzahlungen	
3.3.1.	KiSt-Nachzahlung für 1999	895 DM
3.3.2.	KiSt-Vorauszahlung für 2000	5 400 DM
3.3.3.	ESt-Vorauszahlung	60 000 DM

Einkommensteuer – Fälle 131

Anlage 1

	Ehemann DM	Ehefrau DM
1. Einkünfte aus Land- und Forstwirtschaft 2. Einkünfte aus Gewerbebetrieb 3. Einkünfte aus selbständiger Arbeit 4. Einkünfte aus nichtselbständiger Arbeit 5. Einkünfte aus Kapitalvermögen 6. Einkünfte aus VuV 7. Sonstige Einkünfte (§ 22 EStG)		
Summe der Einkünfte Altersentlastungsbetrag		
Gesamtbetrag der Einkünfte Verlustabzug (§ 10d) Vorsorgeaufwendungen Übrige Sonderausgaben Außergewöhnliche Belastungen		
Einkommen Kinderfreibetrag Haushaltsfreibetrag		
Zu versteuerndes Einkommen		

Anlage 2: Berechnung der zu zahlenden Jahreseinkommensteuer   **DM**

1. Steuerbetrag lt. Grundtabelle/Splittingtabelle

2. Tarifermäßigung gem. § 34g EStG   _____

3. Festzusetzende Einkommensteuer

4. Einkommensteuer-Vorauszahlungen

5. Einbehaltene Lohnsteuer, Kapitalertragsteuer   _____

6. Summe 4 – 5   _____

7. Erstattungsbetrag/Abschlusszahlung   _____

4. Aufgabe:

4.1. Berechnen Sie jeweils die für die Ermittlung des zu versteuernden Einkommens erforderlichen Zwischenwerte: I. Einkünfte, II. Gesamtbetrag der Einkünfte, III. Einkommen, zu versteuerndes Einkommen.

4.2. Ermitteln Sie das zu versteuernde Einkommen für den Veranlagungszeitraum 2000 anhand der Anlage 1.

4.3. Berechnen Sie die ESt-Nachzahlung bzw. -Erstattung für 2000 anhand der Anlage 2.

Gehen Sie bei der Lösung davon aus, dass die Gewährung von Kindergeld günstiger als der Abzug von Kinderfreibeträgen ist.

Anmerkung: Für die Lösung der Fachaufgabe werden 47 Punkte vergeben. Das entspricht einer Bearbeitungsdauer von ca. 70 Minuten.

Fall 106 Fachaufgabe Steuerwesen (Einkommensteuer und Umsatzsteuer)

Sachverhalt: Persönliche Verhältnisse:
Norbert Nobel (67 Jahre) ist seit Mai 1999 verwitwet und wohnt in einer gemieteten Wohnung.

Einkommensverhältnisse:

a) Herr Nobel kann Personenversicherungen in Höhe von 4 100 DM nachweisen.

b) Die Zinseinnahmen des Jahres 2000 betrugen 8 900 DM (einschl. Zinsabschlagsteuer und Solidaritätszuschlag).

c) Er bezieht ab dem 62. Lebensjahr aus der gesetzlichen Rentenversicherung eine Altersrente von 2 000 DM im Monat.

d) Weitere Einkünfte bezieht er aus der Vermietung seines Hauses Friedrichstraße 20 in Köln. Nobel hat das Haus (Baujahr 1975) am 03. 01. 1980 gekauft. Die Anschaffungskosten des Gebäudes wurden zutreffend mit 510 000 DM ermittelt, die Anschaffungskosten des Grund und Bodens betrugen 180 000 DM.

Zur Nutzung dieses Hauses im Veranlagungszeitraum 2000 macht Nobel folgende Angaben:

Geschoss	Art der Nutzung	Fläche (qm)	Einnahmen (einschl. Umlagen und USt)
Erdgeschoss	Geschäftsräume eines Buchhändlers	100	41 760 DM
1. OG	Praxisräume eines Rechtsanwalts	100	29 000 DM
2. OG	Vermietung an Familie Schulz	110	12 720 DM
3. OG	Vermietung an Familie Lux	110	12 720 DM

Er hat nach § 9 UStG auf die Steuerfreiheit der Vermietungsumsätze an den Buchhändler und den Rechtsanwalt verzichtet.

Im Veranlagungszeitraum 2000 leistete Nobel im Zusammenhang mit dem Haus folgende Zahlungen:
- Darlehenstilgung   6 800 DM
- Schuldzinsen   32 000 DM
- Grundsteuer und andere Gemeindeabgaben   1 700 DM
- Gebäudeversicherung inkl. 10 % Versicherungssteuer   670 DM
- Reparatur der Elektroinstallation im EG, 3 700 DM + 592 DM USt   4 292 DM
- Im 1. OG wurden in zwei Räumen alte Fliesen ersetzt, 3 800 DM + 608 DM USt   4 408 DM

- Die Hausfassade musste neu gestrichen werden,
  4 800 DM + 768 DM USt   5 568 DM
- Schornsteinfegergebühren, 150 DM + 24 DM USt   174 DM
- Im 3. OG wurde das Schloss der Eingangstür erneuert,
  250 DM + 40 DM USt   290 DM
- Die Summe der USt-Zahlungen im Jahr 2000 betrug   5 200 DM

Aufgabe: Ermitteln Sie für Herrn Norbert Nobel

a) die Umsatzsteuerschuld für das Kalenderjahr 2000; evtl. aufzuteilende Vorsteuerbeträge sollen nach Maßgabe der Flächen berechnet werden.

b) die Einkünfte aus Vermietung und Verpachtung für den Veranlagungszeitraum 2000;

c) die Einkommensteuerschuld für den Veranlagungszeitraum 2000.

Es ist auf volle DM-Beträge zugunsten des Stpfl. zu runden.

Anmerkung: Für die Lösung der Fachaufgabe werden 41 Punkte vergeben. Das entspricht einer Bearbeitungszeit von ca. 50 Minuten.

Fachaufgabe Steuerwesen (Einkommensteuer und Gewerbesteuer) — **Fall 106a**

Sachverhalt: Persönliche Angaben

Berta Billermann (* 05. 08. 1958) wohnt in Billerbeck und ist seit 1994 verwitwet. Sie hat zwei Kinder:

Tochter Lena (* 25. 06. 1978) studiert in Münster Betriebswirtschaftslehre, wo sie auch wohnt

Tochter Hannah (* 06. 12. 1983) besucht die Höhere Handelsschule in Coesfeld, wohnt aber noch bei ihrer Mutter.

Angaben zu den Einkünften

Die **Billermann & Co. KG** stellt Bettwäsche auf dem ausschließlich für eigene betriebliche Zwecke genutzten Grundstück Buchenstr. 10 in Billerbeck her. Das Grundstück steht zu 100 Prozent im Gesamthandseigentum der Gesellschafter.

Der **Einheitswert** des Grundstücks (01. 01. 1964) beträgt 372.000 DM.

An der Billermann & Co. KG sind Berta Billermann als Komplementärin und ihre Tochter Lena als Kommanditistin beteiligt. Die Einlage der Kommanditistin beträgt 100 000 DM und ist in voller Höhe eingezahlt.

Die **Gewinnverteilung** ergibt sich laut Gesellschaftsvertrag (siehe **Anlage**).

Der **vorläufige** Gewinn – vor Bildung der Gewerbesteuer-Rückstellung für den Erhebungszeitraum 2000 – ist der **vorläufigen Bilanz und Gewinn- und Verlustrechnung** (siehe Anlage) zu entnehmen.

Das Wirtschaftsjahr entspricht dem Kalenderjahr.

Die Tochter Hannah hatte im Veranlagungszeitraum 2000 aus der Grundstücksgemeinschaft mit ihrem Großvater laut Feststellungsbescheid des zuständigen Finanzamtes **positive** Einkünfte aus Vermietung und Verpachtung in Höhe von 44 820 DM. Weitere Einkünfte und Bezüge im Veranlagungszeitraum 2000 hatte Hannah nicht.

Sonstige Angaben

Berta Billermann hat in 2000 für **beide** Kinder Kindergeld (2 x 3 240 DM) erhalten.

Als abzugsfähige Vorsorgeaufwendungen kann Berta Billermann 9 915 DM ansetzen.

Bearbeitungshinweise

a) Die Lösung ist in einer **übersichtlichen** Darstellung vorzunehmen.

b) Berta Billermann hat für 2000 **keine** Einkommensteuervorauszahlungen geleistet.

c) Eine Vergleichsrechnung zwischen Kinderfreibetrag und Kindergeld ist **nicht** erforderlich.

Anlage

Vorläufige Bilanz zum 31. 12. 2000
Billermann & Co. KG, Billerbeck

Aktiva		Passiva	
Anlagevermögen	980 000,00 DM	Kapital	
		1. Festkapital	
		Berta Billermann	400 000,00 DM
		2. Variables Kapital	
Umlaufvermögen	400 000,00 DM	Berta Billermann	50 000,00 DM
		3. Kommanditkapital	100 000,00 DM
		Verbindlichkeiten	830 000,00 DM
	1 380 000,00 DM		1 380 000,00 DM

Vorläufige Gewinn- und Verlustrechnung vom 1. 1. bis zum 31. 12. 2000
Billermann & Co. KG, Billerbeck

Aufwendungen		Erträge	
Personalaufwand	240 250,00 DM	Umsatzerlöse	801 000,00 DM
Tätigkeitsvergütung Komplementär	36 000,00 DM		
Abschreibungen	70.000,00 DM		
Zinsen für Dauerschulden (Grundschulddarlehen)	22 250,00 DM		
Zinsen für kurzfristige Verbindlichkeiten (Kontokorrentkredit)*	5 600,00 DM		
Gewerbesteuervorauszahlung 2000	5 000,00 DM		
Sonstige betriebliche Aufwendungen	338 900,00 DM		
Vorläufiger Jahresüberschuss	83 000,00 DM		
	801 000,00 DM		801 000,00 DM

* Die Billermann & Co. KG hat im Kalenderjahr 2000 bei ihrer Bank einen Kontokorrentkredit, der mit 11 % zu verzinsen ist, beansprucht. Die täglich niedrigsten Kontostände lauteten:

1.) + 6 200 DM
2.) + 4 900 DM
3.) + 2 400 DM
4.) ./. 7 100 DM
5.) ./. 20 000 DM
6.) ./. 35 000 DM
7.) ./. 38 000 DM
8.) ./. 42 000 DM

Auszug aus dem Gesellschaftsvertrag:

> ...
> **§ 8 Gewinnverteilung**
> 1. Die Bemessungsgrundlage für die Gewinnverteilung ist der nach Berücksichtigung der Gewerbesteuer verbleibende Gewinn.
> 2. Der Komplementär erhält für seine geschäftsführende Tätigkeit eine monatliche Vergütung von 3 000 DM, die jeweils bis zum 05. des Monats im Voraus an ihn zu zahlen ist.
> 3. Aus dem verbleibenden Gewinn erhalten die Gesellschafter eine 4 prozentige Verzinsung ihres Festkapitals bzw. ihres Kommanditkapitals, der Rest wird im Verhältnis 4:1 verteilt.
> ...

Aufgaben:

1. Berechnen Sie nach der ⁵⁄₆-Methode die Gewerbesteuer-Rückstellung für den Erhebungszeitraum 2000. Der Hebesatz der Gemeinde Billerbeck beträgt 440 %.
2. Ermitteln Sie den endgültigen steuerlichen Gewinn der Billermann & Co KG für das Wirtschaftsjahr 2000.
3. Berechnen Sie die Höhe der Einkünfte aus Gewerbebetrieb im Veranlagungszeitraum 2000 jeweils für beide Gesellschafter. (Angabe in vollen DM-Beträgen)
4. a) Ermitteln Sie entsprechend der gesetzlichen Reihenfolge unter Nennung der steuerlichen Fachbegriffe die Höhe des zu versteuernden Einkommens von Berta Billermann für den Veranlagungszeitraum 2000.
   b) Begründen Sie jeweils den Ansatz bzw. den Nichtansatz von Kindergeld/Kinderfreibetrag bzw. Ausbildungsfreibetrag für Lena und Hannah.
   c) Ermitteln Sie die Höhe der festzusetzenden Einkommensteuer/Einkommensteuer-Abschlusszahlung für den Veranlagungszeitraum 2000. Die Berechnung des Solidaritätszuschlags ist nicht erforderlich.
   d) Nennen Sie die Veranlagungsart und den Tarif.

XIV. Lohnsteuer

Arbeitslohn (1)   **Fall 107**

Sachverhalt: Maurerpolier Stein stellt an einer Maschine einen Schaden fest. Durch schnelle Reparatur der Maschine bewahrt er seinen Betrieb vor einem hohen Schaden. Sein Arbeitgeber schenkt ihm deshalb 500 DM.

Frage: Gehören die 500 DM zum stpfl. Arbeitslohn des Stein?

▶ § 2 LStDV

Sachverhalt: Bäckergeselle Korn arbeitet für Bäckermeister Hörnchen gegen einen Stundenlohn von 15 DM. Korn hat im Hause seines Arbeitgebers freie Kost und Unterkunft.   **Fall 108**

Frage: Worin besteht der Arbeitslohn des Korn?

▶ § 8 Abs. 2 EStG, LStR 31 Abs. 3 u. 4

Fall 109 **Sachverhalt:** Buchhalter Pingelig hat ein Monatsgehalt von netto 1 910 DM. Der Arbeitgeber hat mtl. einbehalten:

Lohnsteuer	400 DM
Solidaritätszuschlag	22 DM
Kirchensteuer	36 DM
Sozialversicherung Arbeitnehmeranteil	632 DM

Der Arbeitgeber hat zusätzlich 632 DM Sozialversicherung (Arbeitgeberanteil) abgeführt.

Frage: Wie hoch ist der Monatslohn des Pingelig brutto?

▶ § 3 Nr. 62 EStG

Fall 110 **Sachverhalt:** Steuerfachangestellter Schlau hat lt. Arbeitsvertrag ein Monatsgehalt von 2 000 DM brutto. Arbeitgeber Fuchs zahlt zusätzlich mtl. 78 DM vermögenswirksame Leistungen i. S. des 5. VermBG. Der Betrag von 78 DM wird auf ein Bausparkonto des Schlau überwiesen.

Arbeitgeber Fuchs zahlt in jedem Monat weitere 40 DM zusätzlich in eine Direktversicherung i. S. des § 40b EStG zugunsten des Schlau. Nach dem Versicherungsvertrag erhält Schlau nach Vollendung seines 60. Lebensjahres 70 000 DM ausbezahlt.

Frage: Wie hoch ist der stpfl. Monatslohn des Schlau? Welche Vergünstigungen hat Schlau nach dem 5. VermBG? Welche Möglichkeiten ergeben sich für die abzuführende Lohnsteuer?

▶ VermBG, § 40b EStG

Fall 111 **Sachverhalt:** Arbeitnehmer Hurtig erhält zu seinem 65. Geburtstag von seinem Arbeitgeber eine Armbanduhr im Werte von 190 DM.

Frage: Gehört der Wert der Armbanduhr zum Arbeitslohn des Hurtig?

▶ § 8 Abs. 2 EStG, LStR 73

Fall 112 Arbeitslohn (2)

Sachverhalt: Ludwig Lenze aus Düsseldorf ist Angestellter des Baumarktes Kellermann. Bei den folgenden Bezügen möchte er wissen, ob und in welchem Umfang sie der Lohnsteuer unterliegen:

a) Der Arbeitgeber zahlte im Juli 2001 Urlaubsgeld von 400 DM.

b) Herr Lenze hilft den Kunden beim Einladen der Waren und erhält gelegentlich ein Trinkgeld. Im Jahr 2001 kamen insgesamt 2 900 DM zusammen.

c) Der Arbeitgeber hat für den Pausenraum einen Kaffeeautomaten angeschafft. Würde man die Anschaffungskosten auf die Belegschaft aufteilen, so entfielen auf Herrn Lenze 150 DM.

d) Dringend benötigtes Material, das im eigenen Baumarkt nicht vorrätig war, musste durch Herrn Lenze aus einer auswärtigen Firma beschafft werden. Er fuhr mit dem eigenen Pkw insgesamt 140 km. Der Arbeitgeber ersetzte ihm 140 × 0,80 DM = 112 DM.

Frage: Wie hoch ist der steuerpflichtige Arbeitslohn?

▶ § 3 Nr. 16 u. 51 EStG, § 2 LStDV, LStR 70

Abfindung wegen Auflösung des Dienstverhältnisses Fall 113

Sachverhalt: Dem Arbeitnehmer Treu wird mit 57 Jahren nach über zwanzigjähriger Betriebszugehörigkeit am 02. 03. 2000 gekündigt. Die ordentliche Kündigungsfrist würde bis zum 30. 09. 2000 laufen. Von April bis September 2000 hätte Treu noch einen Arbeitslohn von (6 × 4 000 DM =) 24 000 DM bezogen.

Treu willigt ein, dass das Arbeitsverhältnis bereits zum 31. 03. 2000 aufgelöst wird und erhält zum 31. 3. 2000 eine Abfindung von 50 000 DM. Für noch nicht genommenen Urlaub erhält er zusätzlich 800 DM.

Frage: In welcher Höhe liegt hinsichtlich der Abfindung und des Betrags von 800 DM steuerpflichtiger Arbeitslohn vor?

▶ § 3 Nr. 9 EStG, LStR 70

Erstattung von Telefonkosten (1) Fall 114

Sachverhalt: Die Firma Häger KG erstattet ihrem Prokuristen Pingelig die gesamten Telefonkosten in seiner Wohnung, weil Pingelig oft auch abends und an den Wochenenden für die Firma telefonieren muss. Einen zweiten – privaten – Telefonanschluss hat Pingelig nicht.

Die Firma erstattet:

Jahresgrundgebühr	424 DM
Gesprächsgebühren	1 120 DM

Die Gesprächsgebühren haben in keinem Monat die Grenze von 100 DM überschritten.

Frage: Liegt steuerpflichtiger Arbeitslohn vor und wenn ja, in welcher Höhe?

▶ § 3 Nr. 50 EStG, LStR 70 Abs. 2, BMF-Schreiben vom 11. 6. 1990, BStBl 1990 I S. 290

Erstattung von Telefonkosten (2) Fall 115

Sachverhalt: Die Firma Häger KG erwartet von ihren vier Außendienstmitarbeitern, dass sie auch von ihrem privaten Fernsprechanschluss für die Firma Gespräche führen. Die darauf entfallenden Gesprächsgebühren können die Außendienstmitarbeiter unter Vorlage entsprechender Aufzeichnungen der Firma in Rechnung stellen.

Frage: Liegt steuerpflichtiger Arbeitslohn vor?

▶ § 3 Nr. 50 EStG

Fall 116 Zuschuss zum Mittagessen, zusätzliche Altersversorgung

Sachverhalt: Kundig (K) ist Angestellter der Stadtverwaltung in Mainz. Für das Kj 2000 hat er einen tariflichen Arbeitslohn von 40 000 DM bezogen. K hat im Kj 2000 noch zusätzlich erhalten:

a) Arbeitgeberanteil zur Sozialversicherung 21 v. H. von 40 000 DM =   8 400 DM

b) Beiträge an die Versorgungsanstalt des Bundes und der Länder zur zusätzlichen Altersversorgung des K =   1 800 DM

c) Kostenlose Kantinenmahlzeit an 230 Arbeitstagen.
Nach der Sachbezugs-VO für 2000 beträgt der Sachbezugswert für jede Hauptmahlzeit 4,77 DM.

Frage: Wie hoch sind die Einkünfte aus nichtselbständiger Arbeit, wenn K keine Werbungskosten geltend macht?

▶ § 3 Nr. 62, § 8 Abs. 2 EStG, LStR 31

Fall 117 Unentgeltliche Nutzung eines Betriebs-Pkw

Sachverhalt: Prokurist Pingelig nutzt einen Betriebs-Pkw unentgeltlich für Privatfahrten und für Fahrten zwischen Wohnung und Arbeitsstätte. Der Neupreis des Pkw beträgt 35 000 DM inkl. Zubehör und Mehrwertsteuer. Die Entfernung zwischen Wohnung und Arbeitsstätte des Pingelig beträgt 15 km.

Frage: Liegt ein Sachbezug vor und wenn ja, in welcher Höhe?

▶ § 8 Abs. 2 EStG

Fall 118 Annehmlichkeiten, Betriebsausflug

Sachverhalt: Gastwirt Sonntag bittet Steuerberater Fuchs um Auskunft über folgende Lohnsteuerfragen:

1. In meiner Gaststätte spielt seit Anfang dieses Monats jeweils am Samstagabend von 19 Uhr bis 1 Uhr die Tanzkapelle Komet. Sie besteht aus 5 nebenberuflich tätigen Musikern. Jeder Musiker erhält als Vergütung pro Spielabend 500 DM in bar, ein Abendessen im Wert von 20 DM und Getränke im Wert von 10 DM.

    a) Sind die Musiker als Arbeitnehmer tätig, also unselbständig, oder sind sie selbständig tätig?

    b) Wenn sie Arbeitnehmer sind, wie hoch ist ihr Arbeitslohn? Könnte ich ggf. die Steuern pauschal übernehmen?

2. Meine Ehefrau ist in einem vom Finanzamt steuerlich anerkannten Arbeitsverhältnis in meinem Betrieb beschäftigt.

    a) Kann ich ihre Gehaltsbezüge, die bisher in bar ausgezahlt wurden, auch auf unser gemeinsames Urlaubskonto, über das auch ich allein verfügen darf, überweisen?

    b) Ist die meiner Ehefrau aus Anlass der Geburt unseres Sohnes Frank gezahlte Geburtsbeihilfe von 700 DM steuerfrei?

3. Im vorigen Monat habe ich einen Betriebsausflug durchgeführt. Daran waren außer mir insgesamt zwanzig Personen beteiligt, nämlich zehn Arbeitnehmer mit ihren Ehegatten. Die Kosten betrugen:

Fahrtkosten	200 DM
Kosten für die Musikkapelle	250 DM
Kosten für Essen und Getränke	600 DM
Gesamtkosten	1 050 DM

Wie muss ich diese Kosten lohnsteuerlich behandeln?

Frage: Was schreibt Steuerberater Fuchs?

▶ § 3 Nr. 15, § 40a EStG, LStR 15, 68 und 72, EStR 19

Arbeitsmittel – Absetzung für Abnutzung (AfA)   Fall 119

Sachverhalt: Richter Ast erwarb am 10. 08. 2000 für 900 DM einschließlich Umsatzsteuer eine Schreibmaschine, die er fast ausschließlich beruflich nutzt. Die private Nutzung ist von untergeordneter Bedeutung. Die Nutzungsdauer der Schreibmaschine beträgt neun Jahre.

Frage: Kann Richter Ast im Kj 2000 Werbungskosten geltend machen?

▶ § 9 Abs. 1 Nr. 6 u. 7 EStG, LStR 44

Arbeitsmittel – Bemessungsgrundlage für die AfA   Fall 120

Sachverhalt: Richter Ast erwarb am 10. 11. 2000 für 3 990 DM einschließlich Umsatzsteuer ein Diktiergerät mit div. Zubehör, Nutzungsdauer 7 Jahre. Er bezahlt 1 000 DM am 10. 11. 2000, den Restbetrag vereinbarungsgemäß am 10. 02. 2001. Das Diktiergerät nutzt Richter Ast ausschließlich zu beruflichen Zwecken.

Frage: In welcher Höhe kann Richter Ast im Kj 2000 Werbungskosten geltend machen?

▶ LStR 44

Arbeitsmittel – geringwertiges Wirtschaftsgut   Fall 121

Sachverhalt: Arbeitnehmer Holz erwarb am 10. 12. 2001 nur für berufliche Zwecke eine Bohrmaschine, Nutzungsdauer 8 Jahre, Anschaffungskosten einschließlich Umsatzsteuer 900 DM.

Frage: In welcher Höhe kann Arbeitnehmer Holz im Kj 2001 Werbungskosten geltend machen?

▶ LStR 44

Häusliches Arbeitszimmer   Fall 122

Sachverhalt: Richter Ast, der zu Hause mehr als 50 % seiner gesamten beruflichen Tätigkeit ausübt, hat eine Wohnung mit einem Arbeitszimmer gemietet. Das Zimmer nutzt er so gut wie ausschließlich zu beruflichen Zwecken. Auf das Zimmer entfallen im Kj folgende anteilige Kosten:

Miete	2 080 DM
Heizungskosten	240 DM
Stromkosten	120 DM
Insgesamt	2 440 DM

Die Kosten für die Ausstattung des Arbeitszimmers (Malerarbeiten, Erneuerung Bodenbelag) haben in 2000 2 000 DM betragen. Für die Einrichtung des Zimmers (Büromöbel) hat Ast insgesamt 5 000 DM aufgewendet. Die Nutzungsdauer der Möbel beträgt 13 Jahre.

Frage: In welcher Höhe hat Richter Ast Werbungskosten?

▶ § 4 Abs. 5 Nr. 6b, § 9 Abs. 5 EStG, LStH 45

Fall 123 Telefongebühren eines Arbeitnehmers

Sachverhalt: Ein angestellter Reisender muss überdurchschnittlich viel für seine Firma von seinem häuslichen Telefonapparat telefonieren. Einen Ersatz dieser beruflich veranlassten Telefonkosten erhält er nicht. Weil er über die beruflich geführten Telefongespräche keine Aufzeichnungen gefertigt hat, muss er die anteiligen Telefonkosten schätzen.

Seine Telefonkosten betragen insgesamt:
Grundgebühren	449 DM
Gesprächsgebühren	1 970 DM
Summe	2 419 DM

Die Grund- und Gesprächsgebühren liegen zwischen 130 und 230 DM im Monat.

Frage: In welcher Höhe kann der angestellte Reisende Telefonkosten als Werbungskosten geltend machen?

▶ § 9 Abs. 1 Satz 1 EStG, LStR 33, BMF-Schr. v. 11. 6. 1999, BStBl I S. 290

Fall 124 Fahrten zwischen Wohnung und Arbeitsstätte

Sachverhalt: Arbeitnehmer Pechstein (P) wohnt in Wiedenbrück. Im Kj 2000 ist er an 230 Arbeitstagen mit seinem eigenen Pkw zur Arbeitsstätte nach Soest gefahren. Die kürzeste Entfernung beträgt 61 km. P benutzte allerdings die wesentlich schnellere Strecke über Bundesstraßen und die Bundesautobahn. Die Entfernung beträgt hier 70 km. An 5 Tagen benutzte P ein Taxi, da aufgrund eines Unfalls sein Wagen in der Werkstatt war. Die Kosten für das Taxi betrugen täglich 100 DM.

Frage: Wie hoch sind die Werbungkosten des P?

▶ § 9 Abs. 1 Nr. 4 EStG, LStR 42

Fall 125 Unfall auf der Fahrt zur Arbeitsstätte

Sachverhalt: Am 10. 05. 2000 hatte der Arbeitnehmer Pechstein (P) auf der Fahrt mit seinem Pkw von seiner Wohnung zur Arbeitsstätte einen Unfall. P überfuhr gegen 7.30 Uhr mit 80 km pro Stunde eine Kreuzung bei Rot.

Hierbei stieß er mit einem anderen Fahrzeug zusammen. Durch den Unfall entstanden P folgende Kosten, die in 2000 gezahlt wurden:

1. Reparaturkosten seines Kfz	3 000 DM
2. Bußgeld nach dem Ordnungswidrigkeiten-Gesetz	500 DM
3. Anwaltskosten für das Bußgeldverfahren	334 DM

4. Anwaltskosten zur Abwehr gegnerischer Ansprüche   277 DM

Frage: Wie hoch sind die Werbungskosten des P aus diesem Sachverhalt?

▶ § 9 Abs. 1 Nr. 4 EStG, LStR 42

Fahrten zwischen Wohnung und Arbeitsstätte – gemeinsame Fahrten von Ehegatten   Fall 126

Sachverhalt a: Die Ehegatten EM und EF fahren an 220 Arbeitstagen mit ihrem eigenen Pkw zu ihrer 14,5 km entfernt liegenden gemeinsamen Arbeitsstätte.

Frage: Wie hoch ist der Pauschbetrag und wie wird er aufgeteilt? EM = Ehemann, EF = Ehefrau.

Sachverhalt b: Die Ehegatten EM und EF fahren an 220 Arbeitstagen morgens mit eigenem Pkw zusammen zu der 40 km von der Wohnung entfernt liegenden Arbeitsstätte der EF, von dort fährt der EM allein weiter zu seiner 20 km entfernt liegenden Arbeitsstätte. Abends fährt EM dieselbe Wegstrecke zurück, um EF abzuholen. Die kürzeste Wegstrecke zwischen der Wohnung der Ehegatten und der Arbeitsstätte des Ehemannes beträgt 30 km. EF hat keinen Führerschein.

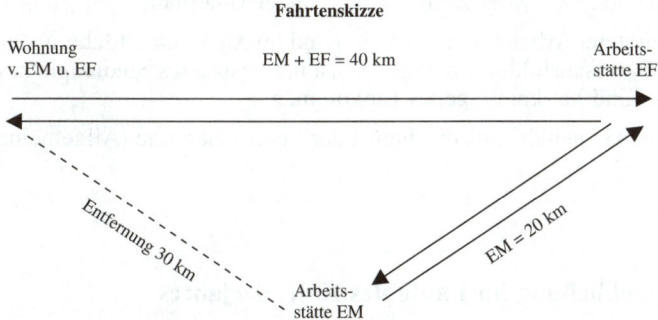

Frage: Wie hoch ist der Pauschbetrag und wie wird er aufgeteilt?

▶ § 9 Abs. 1 Nr. 4 EStG; LStR 42 Abs. 5

Mehraufwendungen wegen doppelter Haushaltsführung   Fall 127

Sachverhalt: Piepenbrink wohnt mit seiner Ehefrau Lotte in Münster. Seit 01. 01. 2000 ist P in einer Lackfabrik in Bielefeld tätig. Er hat ein Appartement in Oerlinghausen gemietet. Die monatliche Miete beträgt 400 DM. Die Entfernung von seiner Wohnung in Oerlinghausen bis zur Arbeitsstätte in Bielefeld beträgt 18 km. P legt diese Strecke an fünf Arbeitstagen in der Woche mit seinem Pkw zurück. Seit einem Verkehrsunfall ist P erheblich gehbehindert, was zu einer Minderung seiner Erwerbsfähigkeit um 60 v. H. geführt hat. Sein Arbeitgeber zahlte ihm im Kj 2000 einen Zuschuss zu den Kosten für Fahrten zwischen Wohnung und Arbeitsstätte in Höhe von 600 DM. Der Zuschuss wurde vom Arbeitgeber nicht nach § 40 Abs. 2 Satz 2 EStG pauschal versteuert.

Die Entfernung zwischen Münster und Oerlinghausen beträgt 93 km.

Frage: In welcher Höhe kann P im Kj 2000 Werbungskosten geltend machen? Gehen Sie von 230 Arbeitstagen aus (01. 01. – 31. 03. 2000 = 60 Arbeitstage).

▶ § 4 Abs. 5 Nr. 5, § 9 Abs. 1 Nr. 4 und 5 sowie Abs. 2 EStG, LStR 43

Fall 128 Lohnsteuerklassen, Zahl der Kinderfreibeträge

Sachverhalt a: Hausmann ist nicht verheiratet. Er hat aus einer früheren Ehe zwei Kinder unter 18 Jahren, die bei der Mutter mit Wohnung – im Inland – gemeldet sind.

Sachverhalt b: Eva Schön ist nicht verheiratet. Sie hat ein Kind unter 18 Jahren, das bei ihr mit Wohnung – im Inland – gemeldet ist. Der Vater des Kindes ist unbeschränkt steuerpflichtig (wohnt im Inland).

Sachverhalt c: Arbeitnehmer Hurtig ist verheiratet. Seine Ehefrau ist Hausfrau und hat aus einer früheren Ehe drei Kinder unter 18 Jahren, die im Haushalt der Ehegatten Hurtig leben. Der Vater der Kinder zahlt Unterhalt und ist unbeschränkt steuerpflichtig (wohnt im Inland).

Sachverhalt d: Geschiedene Ehegatten sind beide Arbeitnehmer und nicht wieder verheiratet. Sie haben zwei gemeinsame Kinder unter 18 Jahren. Die Kinder sind in der Wohnung der Mutter gemeldet. Der Vater zahlt für die Kinder Unterhalt.

Sachverhalt e: Ein verheirateter Arbeitnehmer hat ein Kind im Alter von 20 Jahren, das nach seinem Abitur eine Berufsausbildung mangels Ausbildungsplatzes/Studienplatzes nicht beginnen kann. Das Kind hat kein eigenes Einkommen.

Frage: Was bescheinigt die Gemeinde auf Abschnitt I der Lohnsteuerkarte (Allgemeine Besteuerungsmerkmale)?

▶ §§ 38b u. 39 EStG

Fall 129 Lohnsteuerklassen, Eheschließung im Laufe des Kalenderjahres

Sachverhalt: Die Arbeitnehmerin Helene Meier aus Paderborn hat ein zweijähriges Kind, das in ihrem Haushalt lebt. Am 30. 05. 2001 heiratet sie Paul Müller, den Vater ihres Kindes. Danach beziehen sie eine gemeinsame Wohnung. Paul Müller ist seit 2000 geschieden und hat aus erster Ehe zwei Kinder unter 18 Jahren, die bei der Mutter mit Wohnung – im Inland – gemeldet sind.

Fragen:

a) Welche Steuerklassen und ggf. wie viele Kinder hat die Stadtverwaltung Paderborn bei der Ausschreibung der Lohnsteuerkarten für das Kalenderjahr 2001 für die Arbeitnehmer zu bescheinigen?

b) Sind die Ehegatten verpflichtet, nach der Eheschließung (30. 05. 2001) ihre Lohnsteuerkarten ändern zu lassen?

c) Welche Änderung der Steuerklasse kommt nach der Eheschließung in Frage und welche Behörde ist für die Änderung zuständig?

▶ §§ 38b u. 39 EStG

Lohnsteuerklassen, Beendigung des Arbeitsverhältnisses

Fall 130

Sachverhalt: Die Ehegatten Müller aus Münster haben beide Steuerklasse IV. Die Ehefrau beendete im April 2000 ihr Arbeitsverhältnis.

Frage:

a) Kann die Lohnsteuerkarte des Ehemannes im April 2000 geändert werden?
b) Wenn ja, welche Änderung kommt in Betracht, welche Behörde ist hierfür zuständig und ab wann wird die Änderung wirksam?
c) Wenn die Lohnsteuerkarte des Ehemannes geändert wird, ist dann auch die Lohnsteuerkarte der Ehefrau zu ändern? Was geschieht mit der Lohnsteuerkarte der Ehefrau nach Beendigung ihres Arbeitsverhältnisses?

▶ § 39 Abs. 5 EStG

Wahl der Steuerklasse

Fall 131

Sachverhalt: Kentenich verdient 4 000 DM im Monat und seine Ehefrau Emilie 2 000 DM. Sie wissen nicht, ob sie beide die Steuerklasse IV nehmen sollen oder einer der Ehegatten die Steuerklasse III und der andere die Steuerklasse V.

Frage: Welche Steuerklassen kommen für die Ehegatten in Betracht?

▶ § 39 Abs. 5 EStG

Lohnsteuerpauschalierung bei Teilzeitbeschäftigten

Fall 132

Sachverhalt: Karola Huhn arbeitet an 12 Tagen in zwei Wochen für jeweils 5 Stunden in der Firma Krümel KG, Dortmund, zur Verpackung von Schokoladenteilen zum Osterfest. Ihr Stundenlohn beträgt 14 DM, der ihr voll ausbezahlt wird. Mit dem Arbeitgeber hat sie vereinbart, dass er unter Verzicht auf Vorlage der Lohnsteuerkarte die Lohnsteuer übernimmt.

Frage: Wie hoch ist die abzuführende Lohnsteuer? Welche Fragen ergeben sich für die Arbeitnehmerin?

▶ § 40a EStG

Sachverhalt: Else Saubermann arbeitet im Haushalt von Bankdirektor a. D. Florentin, Düsseldorf, gegen einen Stundenlohn von 14 DM wöchentlich im Durchschnitt 8 Stunden. Else legt weder eine Freistellungsbescheinigung ihres Finanzamts noch eine Lohnsteuerkarte vor. Florentin möchte den Arbeitslohn pauschal versteuern.

Fall 133

Frage: Wie hoch ist die abzuführende Lohnsteuer?

▶ § 40a EStG

Sachverhalt: Arbeitgeber Lässig, Köln, beschäftigt seit Jahren laufend die Rentnerin Else Frisch, 66 J., nicht verheiratet, ohne Lohnsteuerkarte. Lässig zahlt Nettolohn und übernimmt die Lohnsteuer. Else Frisch arbeitet für einen Stundenlohn von 14 DM dreimal wöchentlich je 7 Stunden. Ihr Wochenlohn beträgt somit netto 294 DM.

Fall 134

Lässig erhebt die Lohnsteuer nach § 40a Abs. 2 EStG mit einem Pauschsteuersatz von 20 v. H. und führt diese an das Finanzamt ab.

Frage: Wie beurteilt der Lohnsteuer-Außenprüfer des Finanzamts diesen Vorgang?

▶ § 40a EStG

Fall 135 **Weitere Übungen zu geringfügigen Beschäftigungsverhältnissen**

Sachverhalt: Die Steuerfachangestellte Anke Pfiffig hat einen eigenen Mandantenkreis zu betreuen. Da sie bei der Beurteilung geringfügiger Beschäftigungsverhältnisse unsicher ist, bittet Anke Sie bei den folgenden Fällen um Ihren fachkundigen Rat:

- Else Saubermann ist seit Jahren für Bankdirektor Florentin als Haushaltshilfe tätig. Ihr Arbeitslohn beträgt 540 DM. Da Else ihren auswärts studierenden Sohn finanziell unterstützen muss, möchte Else gern durch eine weitere Stelle als Haushaltshilfe 300 DM hinzuverdienen.
- Während seines Studiums arbeitet der Sohn von Else Saubermann Klaus regelmäßig in einem Auflaufrestaurant. Sein Arbeitslohn beträgt monatlich 600 DM zzgl. durchschnittlich 90 DM Trinkgeld.
- Alfred Baum bezieht seit dem letzten Jahr Rente. Da er mit seinen 66 Jahren noch sehr rüstig ist, möchte er gern etwas hinzuverdienen. Eine Wachdienstfirma bietet ihm an, samstags die Ein- und Ausgangskontrolle bei dem Elektromarkt Jupiter zu übernehmen. Der Arbeitslohn soll 350 DM monatlich betragen.
- Norbert Schmolensky ist Angestellter des Bürofachmarktes Schreib & Kram. Früh morgens trägt Norbert regelmäßig Zeitungen aus, wofür er 600 DM monatlich erhält.
- Anja Rührig ist Hausfrau, Mutter und mit Paul verheiratet. Da er Beamter beim Wohnungsamt ist, sind beide privat krankenversichert. Während die Tochter Lena im Kindergarten ist, arbeitet Anja im Blumengeschäft um die Ecke. Dabei verdient sie monatlich 600 DM.

Frage: Beurteilen Sie die Abgabenbelastung der Beschäftigungsverhältnisse (Rentenversicherung, Krankenversicherung, Arbeitslosenversicherung, Einkommensteuer). Eine Berechnung der Abgaben ist nicht erforderlich.

Siehe auch Fall 623.

Fall 136 **Freibetrag auf der Lohnsteuerkarte (1)**

Sachverhalt: Der 25 Jahre alte ledige Kraftfahrer Hurtig will im März 2001 einen Antrag auf Lohnsteuerermäßigung beim Finanzamt stellen. Er kann folgende Aufwendungen nachweisen bzw. glaubhaft machen:

Werbungskosten	2 912 DM
Sozialversicherung	2 300 DM
Lebensversicherung	2 400 DM
Gezahlte Kirchensteuer	300 DM

Frage: Ist der Antrag zulässig? Wie hoch ist der Jahresfreibetrag, den das Finanzamt auf der Lohnsteuerkarte vermerkt? Wie hoch ist der Monatsfreibetrag?

▶ § 39a EStG

Einkommensteuer – Fälle 145

Freibetrag auf der Lohnsteuerkarte (2)　　　　　　　　　　　　　　　　**Fall 137**

Sachverhalt: Ein Arbeitnehmer, dessen Ehefrau nicht berufstätig ist, stellt am 23. 04. 2001 einen Antrag auf Lohnsteuer-Ermäßigung für das Kalenderjahr 2001. Er macht folgende, nicht zu beanstandende Ausgaben bzw. Aufwendungen geltend:

a) Kirchensteuer 2001　　　　　　　　　　　　　　　　　　　　　　　　370 DM

b) Lebensversicherungsbeiträge　　　　　　　　　　　　　　　　　　　2 950 DM

c) Die Ehefrau (Steuerfachangestellte) studiert nebenbei Kunstgeschichte an der Uni. Die Semestergebühren, Kosten für Bücher und die Fahrtkosten betragen　　　　　　　　　　　　　　　　　　　　　　　800 DM

d) Aufwendungen für Fahrten zwischen Wohnung und Arbeitsstätte (einfache Entfernung 10 km) an 210 Tagen

e) Abzugsbetrag für Wohnraumförderung nach § 10e EStG　　　　　16 500 DM
   Die Ehegatten haben ein Kind im Alter von 10 Jahren, das in ihrem Haushalt lebt.

Frage: Wie hoch ist der Jahresfreibetrag? Wie hoch ist der Monatsfreibetrag?

▶ § 39a EStG

Antrag auf Veranlagung

Der Lohnsteuerjahresausgleich durch das Finanzamt ist ab dem Jahr 1991 durch eine Antragsveranlagung zur Einkommensteuer abgelöst worden. Die Erstattung zu viel einbehaltener Lohnsteuer erfolgt seitdem im Rahmen einer Einkommensteuerveranlagung. Der Antrag auf Veranlagung ist bis zum Ablauf des auf den Veranlagungszeitraum folgenden zweiten Kalenderjahrs durch Abgabe einer Einkommensteuererklärung zu stellen (§ 46 Abs. 2 Nr. 8 EStG).

Antrag auf Veranlagung　　　　　　　　　　　　　　　　　　　　　**Fall 138**

Sachverhalt: Ein lediger Arbeitnehmer, 55 J., Stkl. II/1, wohnhaft in Essen, macht in seinem Antrag auf Veranlagung geltend:

Werbungskosten (§ 9 EStG)　　　　　　　　　　　　　　　　　　　　3 000 DM

Sonderausgaben
Arbeitnehmerbeiträge zur gesetzlichen Sozialversicherung =　　　　　10 105 DM
Kirchensteuer =　　　　　　　　　　　　　　　　　　　　　　　　　　546 DM
Außergewöhnliche Belastung (§ 33 EStG), nicht erstattete Krankheitskosten 4 000 DM

Die Lohnsteuerkarte des Arbeitnehmers für das Antragsjahr enthält folgende Eintragungen:

Bruttoarbeitslohn	Vom Arbeitslohn einbehaltene		
	Lohnsteuer	Kirchensteuer	Solidaritätszuschlag
48 120 DM	6 374 DM	546 DM	350 DM

Der Arbeitnehmer ist seit drei Jahren verwitwet. Zu seinem Haushalt gehört ein Kind im Alter von 22 Jahren, das sich noch in der Berufsausbildung befindet.

Frage: Wie hoch ist der LSt-, Solidaritätszuschlag- und KiSt-Erstattungsbetrag? Verwenden Sie bitte das beigefügte Bearbeitungsschema. Gehen Sie davon aus, dass die Gewährung von Kindergeld günstiger als der Abzug des Kinderfreibetrages ist (§ 31 EStG).

▶ § 46 Abs. 2 Nr. 8, § 51a EStG

Bearbeitungsschema

	Antragsteller		Ehegatte	zusammen
Jahresarbeitslohn (§ 19 Abs. 1)	......DM		......DM	
./. § 19 Abs. 2 EStG	......DM	......DM		
./. §§ 9, 9a Nr. 1 EStG	......DM	......DM		
./. § 24a EStG	......DM ......DM	......DM ......DM		
Gesamtbetrag der Einkünfte	......DM		......DM	......DM
Vorsorgeaufwendungen (§§ 10, 10c EStG)			......DM	
Übrige Sonderausgaben (§§ 10, 10c EStG)			......DM	
Außergewöhnliche Belastungen (§§ 33, 33a-33c EStG)			......DM	......DM
Einkommen				......DM
Sonderfreibeträge: Kinderfreibetrag (§ 32 Abs. 6)			......DM	
Haushaltsfreibetrag (§ 32 Abs. 7)			......DM	
....			......DM	......DM
= Zu versteuerndes Einkommen				......DM

	LSt	**KiSt**	**SolZ**
Jahressteuerschuld lt. Tabelle	......DM	......DM	......DM
Einbehalten für Antragsteller	......DM	......DM	......DM
Einbehalten für Ehegatten	......DM	......DM	......DM
Summe	......DM	......DM	......DM
Zu erstatten sind (nach Aufrundung)	......DM	......DM	......DM

B. Gewerbesteuer

Vorbemerkung

Das Aufkommen an Gewerbesteuer steht den Gemeinden zu (§ 1 GewStG). Die Finanzämter stellen den Messbetrag für die Gewerbesteuer fest und entscheiden auch über Rechtsbehelfe, die den Messbetrag betreffen. Die Finanzämter sind ferner für die Zerlegung (Verteilung) der Gewerbesteuer zuständig, sofern ein Gewerbebetrieb Betriebsstätten in mehreren Gemeinden unterhält.

Die Gemeinden setzen auf der Grundlage der Messbeträge die Gewerbesteuer fest und erheben sie.

Übersicht 10: Schema zur Berechnung der Gewerbesteuer

A. Festsetzung des Steuermessbetrages durch das Finanzamt

		Zeile
Gewinn aus Gewerbebetrieb (nach dem EStG)	......DM	1
Hinzurechnungen (§ 8): 50 v. H. d. Dauerschuldzinsen	......DM	2
....	......DM	3
Kürzungen (§ 9): 1,2 v. H. v. EW des betriebl. Grundbes. 140 v. H.	......DM	4
....	......DM	5
Gewerbeertrag nach Abrundung (§ 11 Abs. 1)	......DM	6
./. Freibetrag 48 000 DM, höchst. Betrag Zeile 6	......DM	7
Bemessungsgrundlage	......DM	8
Steuermessbetrag (§ 11) =	......DM	9

B. Festsetzung der Gewerbesteuer durch die Gemeinde (§ 16)

Gewerbesteuermessbetrag (Zeile 9)	......DM	10
Davon ... v. H. (Hebesatz) = GewSt für das Kj ... =	......DM	11

Die Gewerbesteuer auf das Gewerbekapital (Gewerbekapitalsteuer) ist ab dem 1. 1. 1998 weggefallen.

Abweichende Rechtslage in den neuen Bundesländern

Bei der Kürzung des Gewerbeertrags für Betriebsgrundstücke nach § 9 Nr. 1 GewStG sind deren Einheitswerte nach den Wertverhältnissen von 1935 zugrunde zu legen. Der Ansatz der Einheitswerte erfolgt nach § 133 BewG

- bei Mietwohngrundstücken mit 100 v. H.,
- bei Geschäftsgrundstücken mit 400 v. H.,
- bei gemischtgenutzten Grundstücken, Einfamilienhäusern und sonstigen bebauten Grundstücken mit 250 v. H. und
- bei unbebauten Grundstücken mit 600 v. H.

Berechnung der Gewerbesteuer   Fall 139

Sachverhalt: Zur Berechnung der Gewerbesteuer eines gewerblichen Betriebs (Einzelfirma) in Dortmund werden Ihnen folgende Daten gegeben:

Gewinn aus Gewerbebetrieb für den Erhebungszeitraum 2000 = 95 717 DM; gezahlte Dauerschuldzinsen = 6 000 DM; Einheitswerte der Grundstücke, die zum Betriebsvermögen gehören (Geschäftsgrundstück, bebaut) 100 000 DM. Hebesatz der Gemeinde 450 v. H.

Frage: Wie hoch ist die Gewerbesteuer für den Erhebungszeitraum 2000? Verwenden Sie bitte das vor diesem Fall abgedruckte Berechnungsschema.

Fall 140   Gewerbeertrag einer Kommanditgesellschaft

Sachverhalt: Die Familie Holz betreibt in Bonn eine Bauschreinerei in der Rechtsform einer Kommanditgesellschaft.

Der **handelsrechtliche** Gewinn der Holz KG beträgt im Kj 2000 11 350 DM.

Karl Holz sen. ist Komplementär und Geschäftsführer. Für seine Tätigkeit als Geschäftsführer bezieht er eine monatliche Vergütung von 4 800 DM. Karl Holz ist zugleich Eigentümer eines Turmdrehkrans, den er an die Gesellschaft vermietet hat. Für die Überlassung dieses Gerätes zahlt ihm die Holz KG eine Miete von monatlich 4 200 DM zzgl. 16 % Umsatzsteuer. Die Jahres-AfA für die Maschine beträgt 12 000 DM.

Frau Holz sen. ist in der KG als Teilzeitkraft beschäftigt und bezieht hierfür ein monatliches Gehalt von 450 DM. Sie ist nicht an der Firma beteiligt.

Die Söhne **Karl und Ludger Holz** sind Kommanditisten. Sie erhalten jeder aufgrund eines Anstellungsvertrages mit der Gesellschaft ein Jahresbruttogehalt von 28 000 DM. Die Arbeitgeberanteile zur Sozialversicherung betragen im Kj 2000 je 5 040 DM.

Die im Jahre 2000 gezahlten Dauerschuldzinsen betragen 12 400 DM.

Alle vorgenannten Beträge sind in der Buchführung der KG als Betriebsausgaben behandelt worden.

Frage: Wie hoch ist der Steuermessbetrag für das Kj 2000?

▶ § 15 Abs. 1 Nr. 2 EStG, Hinweis auf GewSt-Berechnungsschema vor Fall 147

Fall 141   Kontokorrentzinsen

Sachverhalt: Das Kontokorrentkonto eines Einzelunternehmers zeigt im Erhebungszeitraum 2000 folgende Kontostände:

·/.	44 000 DM	an 2 Tagen
·/.	56 000 DM	an 4 Tagen
+	2 000 DM	an 2 Tagen
·/.	27 000 DM	an 3 Tagen
·/.	60 000 DM	an 7 Tagen
·/.	70 000 DM	das übrige Jahr.

Die Bank berechnet 12 % Zinsen einschließlich Kreditprovision und belastet das Konto mit 8 200 DM Zinsen.

Frage: Welcher Betrag ist bei der Ermittlung des Gewerbeertrags zu berücksichtigen?

▶ § 8 Nr. 1 GewStG, GewStR 45 Abs. 7

Zinsen für Dauerschulden/Kontokorrentschulden   Fall 142

Sachverhalt: Fabrikant Müller zahlt im Wj 2000 folgende Zinsen:

a) 8 000 DM für einen am 05. 01. 2000 zur Erweiterung des Betriebes aufgenommenen Kredit in Höhe von 100 000 DM, den er am 10. 12. 2000 bereits wieder in voller Höhe zurückzahlen konnte.

b) 3 200 DM Zinsen für Kontokorrentschulden. Der Kontostand der Kontokorrentschulden, die seit Jahren bestehen und die mit 9 v. H. zu verzinsen sind, betrug im Wj 2000 zwischen 78 000 DM und 5 100 DM. Die acht niedrigsten Schuldenstände aus allen Werktagen im Wj 2000 lauten:

1. 5 100 DM
2. 8 900 DM
3. 15 700 DM
4. 21 600 DM
5. 22 600 DM
6. 23 900 DM
7. 28 400 DM
8. 30 000 DM

Frage: In welcher Höhe kommt eine Hinzurechnung von Dauerschuldzinsen in Betracht?

▶ § 8 Nr. 1 GewStG, GewStR 45

Gewerbesteuer-Rückstellung (1)   Fall 143

Sachverhalt: Horst Grünzweig betreibt eine Großhandlung für Industriebedarf in Bonn auf dem zu 100 % eigenbetrieblich genutzten Grundstück „Schlossstr. 25". Vor Bildung der Gewerbesteuer-Rückstellung für den Erhebungszeitraum 2000 ergibt sich folgende **vorläufige** Gewinn- und Verlustrechnung:

Gewinn- und Verlustrechnung für die Zeit vom 01. 01. – 31. 12. 2000			
Aufwendungen	DM	Erträge	DM
Wareneinsatz	397 000	Umsatzerlöse	970 100
GewSt-Vorauszahlungen für 2000	41 200	Ertrag aus der Beteiligung an der Klug OHG, Koblenz	17 000
Hypothekenzinsen	9 800	Sonstige Erträge	53 100
Kontokorrentzinsen	4 400		
Leasingraten an die Mietkauf GmbH, Bonn, für gemietete Fahrzeuge	24 000		
Gewinnanteil typischer stiller Gesellschafter	15 000		

sonstige Aufwendungen	244 900	
vorläufiger Gewinn	303 900	
	1 040 200	1 040 200

> Der Kontokorrentkredit schwankte im Jahr 2000 zwischen 20 000 DM und 62 000 DM. Es ergaben sich u. a. folgende, der Höhe nach geordnete Kontostände (H = Haben, S = Soll):
>
> 07. 03. 2000   H   6 200 DM
> 10. 10. – 11. 10. 2000   H   2 400 DM
> 19. 02. – 20. 02. 2000   S   20 000 DM
> 06. 09. – 08. 09. 2000   S   35 000 DM
> 02. 11. – 03. 11. 2000   S   42 000 DM
>
> Im Jahr 2000 betrug der durchschnittliche Zinssatz für diesen Kontokorrentkredit 8 % p. a. Die stille Beteiligung gehört beim Gesellschafter zum Privatvermögen.

Der Einheitswert des Betriebsgrundstücks „Schlossstr. 25" (1. 1. 1964) beträgt 480 000 DM.

Der Hebesatz der Gemeinde Bonn beträgt 450 %.

Frage: Wie hoch ist die nach der ⅚-Methode berechnete GewSt-Rückstellung für das Wj 2000?

Siehe hierzu auch Fall 487 ff.

Fall 144   Gewerbeertrag, Beteiligungen, Leasing

Sachverhalt: Die Firma Schneider betreibt in Köln eine Möbelspedition. Der für das Kj 2000 nach § 5 EStG ermittelte Gewinn beträgt 300 000 DM. Für die Gewerbesteuererklärung werden aus der Gewinn- und Verlustrechnung folgende Feststellungen getroffen:

1. Laufender Gewinnanteil aus der Beteiligung an der Faber OHG	10 000 DM
2. Zinsen für ein Hypothekendarlehen von 400 000 DM, das von der Firma vor drei Jahren zum Bau einer Lagerhalle aufgenommen wurde	32 000 DM
Der Einheitswert der Lagerhalle (Geschäftsgrundstück) auf den 1. 1. 2000 beträgt	100 000 DM
3. Zinsen aus Kontokorrentschulden (Zinssatz 10 %)	28 000 DM
Der niedrigste Schuldenstand des Kontokorrentkontos im Jahre 2000 betrug an 10 Tagen	120 000 DM
4. Miet- und Pachtzinsen für die Anmietung eines Kompressors zum Lackieren von Fahrzeugen. Der Eigentümer des Kompressors ist Privatmann.	2 500 DM
5. Leasingraten für einen Kleintransporter an die Leasing-GmbH	7 200 DM
Der Teilwert des Kleintransporters beträgt	44 000 DM

Frage: Wie hoch ist der Steuermessbetrag nach dem Gewerbeertrag?

▶ § 8 Nr. 7, § 9 Nr. 2 GewStG

Gewerbesteuer bei Verlusten   Fall 145

Sachverhalt: Die Firma Lehmann, Mainz, legt Ihnen für das Wj 2000 folgende Zahlen vor:

Verlust lt. Steuerbilanz	136 500 DM
Hinzurechnungen nach § 8 GewStG	86 300 DM
Kürzungen nach § 9 GewStG	20 900 DM
Hebesatz der Gemeinde	390 %

Frage:

a) Wie hoch ist die Gewerbesteuerschuld für das Kj 2000?

b) Ergeben sich aus dem Sachverhalt gewerbesteuerliche Auswirkungen auf vorangegangene bzw. nachfolgende Erhebungszeiträume?

▶ § 10a GewStG

Vgl. Hinweis vor Fall 139.

Gewerbesteuer-Rückstellung (2)   Fall 146

Sachverhalt: Sie erhalten aus der Buchführung für den Mandanten Walter Kneif, Heizung und Installation, in Hannover folgende Zahlen:

● Vorläufiger Gewinn im Wj 2000	70 000 DM
● Vorauszahlungen	7 000 DM
● Dauerschuldzinsen	6 600 DM
● Einheitswert des Betriebsgrundstücks (01. 01. 64) (100 % eigengewerbliche Nutzung)	65 300 DM
● Hebesatz	400 %

Frage: Wie hoch ist die nach der 5/6-Methode berechnete Gewerbesteuer-Rückstellung für das Wj 2000?

Vgl. Hinweis vor Fall 139.

Weitere Fälle zu Gewerbesteuer-Rückstellungen unter Fall 143 und Fall 487 ff.

Fachaufgabe zur Gewerbesteuer   Fall 147

Sachverhalt: Die Firma Emil Kolde betreibt in Wesel zwei Ladengeschäfte für Sanitär- und Elektrobedarf, und zwar auf den Grundstücken Hauptstraße 9 und Salzstraße 10. Sie ermittelt ihren Gewinn nach dem Wirtschaftsjahr jeweils vom 01. 01. bis 31. 12.

Der für das Wj 2000 ermittelte Gewinn der Firma beträgt 75 800 DM.

Das Grundstück Hauptstraße 9 steht im Alleineigentum des Firmeninhabers/Unternehmers und wird zu 100 v. H. eigenbetrieblich genutzt. Der zuletzt festgestellte Einheitswert des Grundstücks beträgt 61 200 DM.

Das Grundstück Salzstr. 10 steht je zur Hälfte im Eigentum des Unternehmers und seiner Ehefrau Hermine. Es wird zu 70 v. H. von der Firma Emil Kolde zu betrieblichen Zwecken und zu 30 v. H. von den Eheleuten Kolde zu eigenen Wohnzwecken genutzt, berechnet nach dem Verhältnis der Nutzflächen-Jahresrohmieten. Eine Vergütung für die betriebliche Nutzung des Anteils der Ehefrau durch die Firma ihres Ehemannes wurde weder vereinbart noch geleistet. In den Bilanzen der Firma Emil Kolde ist nur der Teil des Grundstücks bilanziert, der zum notwendigen Betriebsvermögen gehört. Der zuletzt festgestellte Einheitswert des Grundstücks Salzstraße 10 beträgt 92 400 DM.

Zinsen für Dauerschulden

Die Firma unterhält seit Jahren bei der Stadtsparkasse ein laufendes Konto, das i. d. R. einen – ständig wechselnden – Schuldsaldo auswies. Die niedrigsten Schuldenstände beliefen sich auf:

./. 129 000 DM	am	13. 06. 1999
./. 115 000 DM	vom	04. 08. bis 05. 08. 1999
./. 18 000 DM	vom	18. 11. bis 19. 11. 1999
./. 126 400 DM	am	31. 12. 1999
./. 148 500 DM	am	12. 01. 2000
./. 125 100 DM	am	30. 04. 2000
./. 128 200 DM	vom	10. 05. bis 12. 05. 2000
./. 135 000 DM	vom	18. 06. bis 19. 06. 2000
./. 113 900 DM	am	19. 09. 2000
./. 162 000 DM	vom	03. 12. bis 05. 12. 2000

Die Stadtsparkasse belastete die Firma im Jahr 2000 mit durchschnittlich 12 v. H. Zinsen p. a. Im Wirtschaftsjahr 2000 berechnete die Stadtsparkasse 22 510 DM Zinsen, die als Aufwand den Gewinn belastet haben.

Anfang 2000 ließ die Firma das Dach des Gebäudes Salzstr. 10 neu eindecken. Zur Finanzierung der Dachreparatur nahm die Firma ein Darlehen von 100 000 DM auf, das am 01. 03. 2000 zu 97 v. H. ausbezahlt wurde. Es ist eine Tilgung von 2 v. H. jährlich ab 01. 01. 2001 vereinbart. Die Zinsen betragen 9 v. H. jährlich und sind ab März 2000 nachschüssig zu zahlen. Die bis zum Jahresende angefallenen Zinsen wurden zu 70 % als Betriebsausgaben gebucht.

Frage: Wie hoch ist der Gewerbesteuermessbetrag für den Erhebungszeitraum 2000?

Vgl. Hinweis vor Fall 139.

C. Umsatzsteuer

Vorbemerkung

In den nachfolgenden Fällen ist – wenn nicht etwas anderes im Sachverhalt vorgegeben ist – grundsätzlich davon auszugehen, dass die genannten Unternehmer der Besteuerung nach vereinbarten Entgelten unterliegen und keine Kleinunternehmer sind. Die Rechnungen sind grundsätzlich als ordnungsgemäß anzusehen, es sei denn, es werden im Sachverhalt konkrete Angaben zur Rechnung gemacht. Die ggf. erforderlichen Beleg- und Buchnachweise gelten als erbracht.

I. Allgemeine Einführung

Die Umsatzsteuer (USt) ist vor der Einkommensteuer/Lohnsteuer die größte Einnahmequelle für die öffentlichen Haushalte. Rechtsgrundlagen für die USt sind das Umsatzsteuergesetz (UStG) und die Umsatzsteuer-Durchführungsverordnung (UStDV). Die Verwaltung ist darüber hinaus noch an die Umsatzsteuer-Richtlinien (UStR) sowie an die Schreiben des Bundesministeriums der Finanzen, die Erlasse der jeweiligen Finanzministerien der Länder und die Verfügungen der Oberfinanzdirektionen gebunden.

Die USt ist

- eine **Sach- oder Objektsteuer**; d. h. persönliche Verhältnisse werden nicht berücksichtigt,
- eine **Verkehrsteuer**, da wirtschaftliche Verkehrsvorgänge (Umsätze) besteuert werden,
- eine **indirekte Steuer**, da Steuerschuldner (Unternehmer) und Steuerträger (Endverbraucher) verschiedene Personen sind,
- eine **Veranlagungssteuer**, da sie nach dem Prinzip der Selbstberechnung durch den Unternehmer (Steueranmeldung) erhoben wird,
- eine **Gemeinschaftssteuer**, da das Aufkommen zwischen dem Bund, den Ländern und den Gemeinden verteilt wird.

Die USt ist eine **Netto-Allphasen-USt mit Vorsteuer(VoSt)-Abzug**; d. h. die Umsatzbesteuerung findet grundsätzlich auf jeder Wirtschaftsstufe statt.

Netto-Allphasen-USt mit Vorsteuer-Abzug — Fall 148

Sachverhalt: Der Produzent Prächtig stellt – ohne die Inanspruchnahme von Vorbezügen – in seinem Unternehmen eine Ware her. Diese Ware veräußert er für 1 000 DM zzgl. 160 DM USt an den Großhändler Ganz. Dieser wiederum veräußert die Ware für 2 000 DM zzgl. 320 DM USt an den Einzelhändler Ehrlich, der die Ware für 3 000 DM zzgl. 480 DM USt an den Privatmann Pech verkauft. Entprechende Rechnungen sind von den beteiligten Unternehmern ausgestellt worden.

Frage: Bei wem und in welcher Höhe entsteht eine USt-Zahllast?

▶ § 16 UStG

Fall 149 **Untergang der Ware**

Sachverhalt: Wie Fall 148; jedoch wird die Ware von dem Einzelhändler Ehrlich nicht an den Privatmann Pech veräußert, da die Ware durch einen Brand beim Einzelhändler so stark beschädigt wurde, dass sie nicht mehr veräußert werden konnte. Die Versicherung des Ehrlich überweist diesem für den eingetretenen Schaden einen Betrag i. H. v. 2 000 DM für die Ware.

Frage: Wie hoch ist insgesamt die Steuereinnahme des Staates, bezogen auf diese Ware?

▶ § 16 UStG

II. Steuerbarkeit

Steuergegenstand der USt ist gem. § 1 UStG der steuerbare Umsatz. Nur die im § 1 Abs. 1 UStG abschließend aufgeführten Umsätze sind steuerbar. Hierbei handelt es sich um folgende Umsätze:

- Lieferungen und sonstige Leistungen (§ 1 Abs. 1 Nr. 1 UStG),
- Einfuhr aus dem Drittlandsgebiet (§ 1 Abs. 1 Nr. 4 UStG),
- innergemeinschaftlicher Erwerb (§ 1 Abs. 1 Nr. 5 UStG).

Im Rahmen des Steuerentlastungsgesetzes 1999/2000/2002 wurden die Nummern 2 und 3 in § 1 Abs. 1 UStG mit Wirkung ab dem 1. 4. 1999 gestrichen. Die bisher unter diese Nummern fallenden Umsätze werden entweder den Lieferungen gegen Entgelt (§ 3 Abs. 1b UStG) oder den sonstigen Leistungen gegen Entgelt (§ 3 Abs. 9a UStG) gleichgestellt oder es wird der Vorsteuerabzug versagt (§ 15 Abs. 1a UStG).

1. Steuerbarkeit gem. § 1 Abs. 1 Nr. 1 UStG

Der USt unterliegen die Lieferungen und sonstigen Leistungen, die ein Unternehmer im Inland gegen Entgelt im Rahmen seines Unternehmens ausführt. Tatbestandsmerkmale für einen steuerbaren Umsatz nach § 1 Abs. 1 Nr. 1 UStG sind:

- Lieferungen und sonstige Leistungen,
- Unternehmer,
- im Rahmen des Unternehmens,
- im Inland,
- gegen Entgelt.

a) Lieferungen und sonstige Leistungen

Oberbegriff für die Lieferung und die sonstige Leistung ist die Leistung. Auch die Lieferung ist eine Leistung.

Lieferungen eines Unternehmers sind gem. § 3 Abs. 1 UStG Leistungen, durch die er oder in seinem Auftrag ein Dritter den Abnehmer oder in dessen Auftrag einen Dritten befähigt, im eigenen Namen über einen Gegenstand zu verfügen (Verschaffung der Verfügungsmacht). Die umsatzsteuerrechtliche Verfügungsmacht ist nicht identisch mit dem Begriff der sachenrechtlichen Verfügungsmacht im Sinne des BGB, erfordert somit nicht den Erwerb des Eigentums. In der Regel wird allerdings die Verschaffung der Verfügungsmacht mit dem bürgerlich-rechtlichen Eigentumsübergang identisch sein.

Sonstige Leistungen sind gem. § 3 Abs. 9 UStG Leistungen, die keine Lieferungen sind. Sie können auch in einem Unterlassen oder im Dulden einer Handlung oder eines Zustandes bestehen. Typische Beispiele für sonstige Leistungen sind Dienstleistungen aller Art sowie Miet- und Pachtleistungen.

Hat der Unternehmer die Bearbeitung oder Verarbeitung eines Gegenstandes übernommen und verwendet er hierbei Stoffe, die er selbst beschafft, so ist die Leistung als Lieferung (**Werklieferung**) anzusehen, wenn es sich bei den Stoffen nicht nur um Zutaten oder sonstige Nebensachen handelt. Verwendet der Werkunternehmer bei seiner Leistung keinerlei selbst beschaffte Stoffe oder nur Stoffe, die als Zutaten oder sonstige Nebensachen anzusehen sind, so handelt es sich um eine **Werkleistung**.

Lieferung/sonstige Leistung — Fall 150

Sachverhalt: Der Unternehmer Adam mit Sitz in Aachen veräußerte am 1. 2. 2001 eine in seinem Unternehmen hergestellte Maschine an den Unternehmer Bach in Berlin. Der Kaufvertrag wurde am 1. 2. 2001 geschlossen, und die Maschine wurde am 10. 3. 2001 von Adam nach Berlin transportiert. Der Kaufpreis i. H. v. 116 000 DM wurde von Bach am 3. 4. 2001 gezahlt.

Frage: Handelt es sich um eine Lieferung oder um eine sonstige Leistung und wann ist der Leistungszeitpunkt?

▶ §§ 1, 3 UStG, §§ 433, 446 BGB

Vermietungsleistung — Fall 151

Sachverhalt: Albert ist Eigentümer eines Zweifamilienhauses in Arnsberg. Beide Wohnungen sind jeweils einschließlich einer Garage an Privatpersonen zu Wohnzwecken vermietet. Die monatliche Miete beträgt pro Wohnung einschließlich Garage 1 500 DM.

Frage: Welche Leistung/Leistungen erbringt Albert gegenüber den Mietern?

▶ §§ 1, 3, 4 Nr. 12 UStG; § 535 BGB

Einheitlichkeit der Leistung — Fall 152

Sachverhalt: Der Möbelhändler Max betreibt in Mainz ein Möbelgeschäft. Am 10. 1. 2001 veräußerte er eine Polstergarnitur an den Rechtsanwalt Recht, der die Polstergarnitur für seine Rechtsanwaltspraxis benötigte. Vereinbarungsgemäß beförderte Max die Polstergarnitur mit eigenem Lkw zu Recht. Für diese Beförderungsleistung berechnete Max dem Recht zusätzlich zum Preis der Polstergarnitur noch weitere 100 DM.

Frage: Wie viele Leistungen erbringt Max?

▶ §§ 1, 3 UStG; Abschn. 29 UStR

Fall 153 Einstufung der Leistung

Sachverhalt: Carl ist selbständiger Architekt mit Sitz in Celle. Am 20. 3. 2001 erhielt er von dem Steuerfachangestellten Schlau den Auftrag, einen Plan für ein Einfamilienhaus zu erstellen. Carl übergab dem Schlau den Plan am 12. 4. 2001 und berechnete dem Schlau dafür 2 000 DM. Schlau beglich die Rechnung am 14. 4. 2001.

Frage: Liegt eine Lieferung oder eine sonstige Leistung oder sowohl eine Lieferung als auch eine sonstige Leistung vor?

▶ §§ 1, 3 UStG, § 611 BGB

Fall 154 Werklieferung

Sachverhalt: Malermeister Dinkel ist Inhaber eines Malergeschäfts in Dortmund. Am 5. 1. 2001 wurde er von dem Kunden Kunz beauftragt, Tapezierarbeiten in dem Kunz gehörenden Zweifamilienhaus in Dortmund durchzuführen. Kunz suchte sich die Tapeten bei Dinkel aus. Dinkel entnahm die benötigten Tapeten aus seinem Lager und führte die Tapezierarbeiten in der Zeit vom 22. 1. 2001 bis 24. 1. 2001 aus. Die Bezahlung durch Kunz erfolgte im Februar 2001.

Frage: Wie ist die Leistung des Dinkel zu beurteilen?

▶ §§ 1, 3 Abs. 4 UStG; Abschn. 27 UStR

Fall 155 Werkleistung

Sachverhalt: Eder betreibt in Essen eine Kfz-Reparaturwerkstatt. Er erhielt im März 2001 von dem Unternehmer Unruh den Auftrag, den durch einen Unfall beschädigten betrieblich genutzten Pkw zu reparieren. Eder führte die Reparatur durch und berechnete dem Unruh für die erbrachte Leistung insgesamt 1 000 DM zzgl. 160 DM USt. In dem Rechnungsbetrag sind Materialkosten für Kleinteile in Höhe von 100 DM enthalten.

Frage: Wie ist die Leistung des Eder zu beurteilen?

▶ §§ 1, 3 Abs. 4 und Abs. 9 UStG; Abschn. 27 UStR

Fall 156 Verkauf von Diebesgut

Sachverhalt: Huber betätigt sich in Frankfurt als An- und Verkäufer von Diebesgut. Im April 2001 erwarb er von dem Dieb Durst 20 gestohlene Kameras und veräußerte diese noch im selben Monat an verschiedene Kunden, die wussten, dass es sich um Diebesgut handelte, weiter. Die Verkaufserlöse beliefen sich auf 5 000 DM.

Frage: Führt Huber Lieferungen i. S. d. § 3 Abs. 1 UStG aus?

▶ §§ 1, 3 Abs. 1 UStG

Fall 157 Verbringen eines Gegenstandes

Sachverhalt: Der Unternehmer Ude hat neben seinem Hauptgeschäft in Berlin noch eine Betriebstätte in Madrid. Da er eine bestimmte Ware in seinem Hauptgeschäft in Berlin nicht verkaufen konnte, beschloss er, die Ware in seine Betriebstätte nach Madrid zu bringen und sie dort zu veräußern. Ude brachte die Ware am 1. 3. 2001 mit eigenem Lkw von Berlin nach Madrid.

Frage: Führt Ude eine Lieferung aus?

▶ § 3 Abs. 1a UStG

Lohnveredelung   Fall 158
Sachverhalt: Der Unternehmer Völler mit Sitz in Versmold erhielt am 10. 1. 2001 von dem italienischen Unternehmer Italo mit Sitz in Rom den Auftrag, Dosen herzustellen. Italo transportierte die erforderlichen Bleche am 11. 1. 2001 mit eigenem Lkw zu Völler nach Versmold. Völler stellte die Dosen her und transportierte sie nach Fertigstellung noch im Januar 2001 vereinbarungsgemäß zu dem Kunden des Italo nach Berlin.

Frage: Führt Völler eine Lieferung aus?

▶ § 3 Abs. 9 UStG

Entnahme eines Gegenstandes   Fall 159
Sachverhalt: Apfel betreibt in Arnsberg ein Lebensmitteleinzelhandelsgeschäft. Für sich selbst, seine Ehefrau und seine drei Kinder entnimmt er laufend Lebensmittel aus seinem Geschäft, um damit den privaten Bedarf zu decken. Im Jahre 2000 wurden insgesamt Lebensmittel im Einkaufswert von 15 000 DM entnommen.

Frage: Handelt es sich bei der Entnahme der Lebensmittel um einen steuerbaren Umsatz?

▶ § 1 Abs. 1 Nr. 1 UStG

Entnahme eines Geldbetrages   Fall 160
Sachverhalt: Luft ist selbständiger Juwelier in Lübeck. Am 10. 4. 2001 entnahm er einen Geldbetrag in Höhe von 5 000 DM aus der Ladenkasse, um damit seiner Freundin einen Pelzmantel zu kaufen. Luft hat bezüglich dieses Vorgangs umsatzsteuerlich nichts veranlasst.

Frage: Tätigt Luft mit der Geldentnahme einen steuerbaren Umsatz?

▶ § 1 Abs. 1 Nr. 1 UStG

Private Verwendung eines Gegenstandes   Fall 161
Sachverhalt: Häuslich ist Eigentümer eines Mehrfamilienhauses in Herford. Von den zehn Wohnungen sind neun an Privatpersonen zu Wohnzwecken vermietet. Eine Wohnung nutzt Häuslich selbst zu Wohnzwecken. Häuslich hat das gesamte Grundstück seinem Unternehmensbereich zugeordnet. Einen Vorsteuerabzug konnte Häuslich bei der Anschaffung des Hauses nicht vornehmen.

Frage: Liegt hinsichtlich der von Häuslich selbstgenutzten Wohnung ein steuerbarer Umsatz vor?

▶ § 1 Abs. 1 Nr. 1 UStG

Unentgeltliche Lieferung zwischen Gesellschaft und Gesellschafter   Fall 162
Sachverhalt: Die Schwarz-GmbH betreibt in Saarbrücken ein Unternehmen, das den Im- und Export von Waren aller Art zum Gegenstand hat. Aus betrieblichem Anlass

überließ die GmbH ihrer Gesellschafterin Schwarz Waren im Werte von 2 000 DM, für die die Gesellschafterin kein Entgelt aufwenden musste. Die Waren können nur betrieblich genutzt werden.

Frage: Liegt ein steuerbarer Umsatz der GmbH vor?

▶ §§ 1 Abs. 1 Nr. 1, 3 Abs. 1b UStG

b) Unternehmer

Unternehmer ist gem. § 2 Abs. 1 Satz 1 UStG, wer eine gewerbliche oder berufliche Tätigkeit selbständig ausübt.

Voraussetzungen für die Unternehmereigenschaft sind:

- **Umsatzsteuerfähigkeit**

Steuerfähig, d. h. Träger von Rechten und Pflichten im umsatzsteuerlichen Sinne, ist jedes selbständig tätige Wirtschaftsgebilde, das nachhaltig Leistungen gegen Entgelt ausführt. Umsatzsteuerfähig können somit natürliche Personen, Personengruppen (z. B. OHG, KG, GbR) und juristische Personen sowohl des öffentlichen Rechts (z. B. Bund, Land, Gemeinde) als auch des privaten Rechts (z. B. AG, GmbH, KGaA, e. V.) sein.

- **Gewerbliche oder berufliche Tätigkeit**

Gewerblich oder beruflich ist jede nachhaltige Tätigkeit zur Erzielung von Einnahmen, auch wenn die Absicht, Gewinn zu erzielen, fehlt oder eine Personenvereinigung nur gegenüber ihren Mitgliedern tätig wird (§ 2 Abs. 1 Satz 3 UStG).

- **Selbständigkeit**

Eine selbständige Tätigkeit ist gegeben, wenn sie auf eigene Rechnung und auf eigene Verantwortung ausgeübt wird. Eine selbständige Tätigkeit liegt in den Fällen des § 2 Abs. 2 UStG nicht vor.

Bezüglich der Besonderheiten bei juristischen Personen des öffentlichen Rechts wird auf § 2 Abs. 3 UStG hingewiesen.

Fall 163 Unternehmer

Sachverhalt: Der Finanzbeamte Fleißig mit Wohnsitz in Freiburg beabsichtigte, seinen gebrauchten Pkw zu veräußern, und gab ein entsprechendes Zeitungsinserat auf. Am 24. 4. 2001 verkaufte Fleißig den Pkw für 10 000 DM an den Käufer Kluge, der den Pkw am 24. 4. 2001 bei Fleißig in Freiburg abholte und gleichzeitig den Kaufpreis in bar beglich. Fleißig stellte keine Rechnung aus.

Frage: Muss Fleißig bezüglich dieses Vorgangs umsatzsteuerlich etwas veranlassen?

▶ § 2 Abs. 1 UStG

Fall 164 Jahreswagenverkäufer

Sachverhalt: Arens ist Angestellter eines großen Automobilherstellers in Wolfsburg. Er kauft unter Inanspruchnahme eines Angestelltenrabattes jährlich einen neuen Pkw und veräußert diesen nach Ablauf eines Jahres an private Abnehmer.

Frage: Ist Arens Unternehmer i. S. des § 2 Abs. 1 UStG?

▶ § 2 Abs. 1 UStG

Nachhaltigkeit   Fall 165

Sachverhalt: Igel mit Wohnsitz in Ibbenbüren ist als Angestellter nichtselbständig tätig. Sein Hobby ist das Sammeln von Briefmarken. Gelegentlich veräußert er einzelne Stücke seiner Sammlung, um sich von den Erlösen andere Briefmarken für seine Sammlung zu kaufen.

Frage: Ist Igel Unternehmer i. S. des § 2 Abs. 1 UStG?

▶ § 2 Abs. 1 UStG; Abschn. 18 UStR

Einmaliger Umsatz   Fall 166

Sachverhalt: Habenix eröffnete in Hamburg ein Büro als Grundstücksmakler und vermittelte sogleich ein Grundstücksgeschäft. Da es ihm trotz intensiver Bemühungen nicht gelungen war, weitere Aufträge zu erhalten, schloss er das Büro nach einiger Zeit wieder.

Frage: Ist Habenix Unternehmer i. S. des § 2 Abs. 1 UStG?

▶ § 2 Abs. 1 UStG; Abschn. 18 UStR

Erfolglose Unternehmensgründung   Fall 167

Sachverhalt: Nach Ablegung der Steuerberaterprüfung im Jahre 2000 mietete Kraft sich in Köln ein Büro und ließ sich als selbständiger Steuerberater nieder. Trotz intensiver Bemühungen gelang es Kraft nicht, Mandanten zu finden. Daraufhin schloss er sein Büro und arbeitet seitdem als angestellter Steuerberater. Die VoSt-Beträge im Zusammenhang mit der Gründung sind vom Finanzamt zunächst anerkannt worden.

Frage: Ist Kraft Unternehmer i. S. des § 2 Abs. 1 UStG?

▶ § 2 Abs. 1 UStG

Einnahmeerzielung   Fall 168

Sachverhalt: Ebenholz ist Eigentümer eines Waldes. Er tätigt keine Verkäufe, sondern verbraucht das anfallende Holz zum Teil für seinen eigenen Bedarf, zum Teil verschenkt er es an Freunde. Ein Verkauf des Holzes war zu keiner Zeit beabsichtigt.

Frage: Ist Ebenholz Unternehmer i. S. des § 2 Abs. 1 UStG?

▶ § 2 Abs. 1 UStG; Abschn. 18 UStR

Teilselbständigkeit   Fall 169

Sachverhalt: Der Arzt Arm ist in einem Bielefelder Krankenhaus als Chefarzt angestellt. Daneben steht ihm für die Behandlung von Privatpatienten, denen gegenüber er persönlich abrechnet, ein Liquidationsrecht zu.

Frage: Ist Arm selbständig oder nichtselbständig tätig?

▶ § 2 Abs. 1 und 2 UStG; Abschn. 17 UStR

Fall 170 Organschaft

Sachverhalt: Groß war als Einzelunternehmer Inhaber einer Maschinenfabrik. Er gründete eine Einmann-GmbH, die die Aktivitäten des Einzelunternehmens fortführt. Die wesentlichen Betriebsgrundlagen hat Groß gegen Entgelt an die GmbH vermietet.

Frage: Wer ist Unternehmer i. S. des § 2 UStG?

▶ § 2 Abs. 2 Nr. 2 UStG; Abschn. 21 UStR

Fall 171 Wohnsitz im Ausland

Sachverhalt: Der Schweizer Tell mit Wohnsitz in Bern besitzt in Münster ein Lebensmitteleinzelhandelsgeschäft. Der Betrieb wird von dem Geschäftsführer Grantig im Namen des Tell geleitet. Tell ist bisher überhaupt noch nicht in der Bundesrepublik Deutschland gewesen.

Frage: Wer ist Unternehmer i. S. des § 2 UStG?

▶ § 2 Abs. 1 u. 2 UStG

Fall 172 Fahrzeuglieferer

Sachverhalt: Listig ist als Steuerfachangestellter in Lemgo nichtselbständig tätig. Im April 2001 erwarb er einen neuen Pkw für 30 000 DM zzgl. 4 800 DM USt. Bereits im Mai 2001 veräußerte Listig den Pkw für 28 000 DM (mit Rechnung) an einen Spanier mit Wohnsitz in Madrid, der den Pkw im Inland bei Listig abholte und mit nach Madrid nahm.

Frage: Ist Listig Unternehmer i. S. des UStG?

▶ §§ 2a, 15 Abs. 4a UStG

Fall 173 Ende der Unternehmereigenschaft

Sachverhalt: Meier war Inhaber eines Werkzeugeinzelhandels in Hamm. Aus Altersgründen hatte er seinen Betrieb im März 2000 eingestellt und den Betrieb abgemeldet. Das Umlauf- und Anlagevermögen war mit Ausnahme einer Maschine an verschiedene Käufer verkauft worden. Die Maschine konnte erst im Dezember 2000 veräußert werden.

Frage: Wann endet die Unternehmereigenschaft des Meier? Gehört der Verkauf der Maschine noch zur Unternehmertätigkeit des Meier?

▶ § 2 Abs. 1 UStG; Abschn. 19 UStR

c) Rahmen des Unternehmens

Das Unternehmen umfasst gem. § 2 Abs. 1 Satz 2 UStG die gesamte gewerbliche oder berufliche Tätigkeit des Unternehmers. Ein Unternehmer kann immer nur ein Unternehmen haben. Zum Unternehmen gehören sämtliche Betriebe oder berufliche Tätigkeiten desselben Unternehmers. In den Rahmen des Unternehmens fallen nicht nur die Grundgeschäfte, die den eigentlichen Gegenstand der geschäftlichen Betätigung bilden, sondern auch die Hilfsgeschäfte. Auf die Nachhaltigkeit der Hilfsgeschäfte kommt es nicht an.

Innerhalb des Unternehmens sind steuerbare Umsätze grundsätzlich nicht möglich (sog. Innenumsätze).

Unternehmen — Fall 174

Sachverhalt: Recht ist selbständiger Rechtsanwalt in Regensburg. Daneben ist er noch Inhaber eines Fabrikationsbetriebs in Darmstadt und Eigentümer eines vermieteten Mehrfamilienhauses auf Sylt.

Frage: Ist Recht Unternehmer und wenn ja, welche Tätigkeiten gehören dann in den Rahmen seines Unternehmens?

▶ § 2 Abs. 1 UStG; Abschn. 20 UStR

Rahmen des Unternehmens — Fall 175

Sachverhalt: Der Finanzbeamte Tüchtig schreibt in seiner Freizeit ein Lehrbuch zur USt und erhält hierfür pro verkauftes Exemplar ein festgelegtes Entgelt. Daneben hält er bei sich bietender Gelegenheit Vorträge vor Steuerberatern gegen Entgelt. Zusammen mit seiner Ehefrau ist Tüchtig Eigentümer einer Ferienwohnung auf Rügen, die an Feriengäste vermietet wird.

Frage: Welche Tätigkeiten gehören in den Rahmen des Unternehmens des Tüchtig?

▶ § 2 Abs. 1 UStG; Abschn. 20 UStR

Verkauf eines Anlagegegenstandes — Fall 176

Sachverhalt: Unkel betreibt in Ulm ein Schuhgeschäft. Im April 2001 veräußerte er seine alte Ladeneinrichtung an den Unternehmer Vau zu einem Preis von 5 000 DM. Unkel erwarb noch im April eine neue Ladeneinrichtung für sein Schuhgeschäft.

Frage: Fällt die Veräußerung der Ladeneinrichtung in den Rahmen des Unternehmens des Unkel?

▶ § 2 Abs. 1 UStG; Abschn. 20 UStR

Verkauf eines geerbten Gegenstandes — Fall 177

Sachverhalt: Der Textilunternehmer Wichtig mit Sitz in Wuppertal hatte von seinem Onkel im Januar 2000 eine Eigentumswohnung in Düsseldorf geerbt. Da Wichtig selbst keine Verwendung für die Eigentumswohnung hatte, veräußerte er diese – bisher nicht vermietete – Eigentumswohnung im Februar 2000 an einen Käufer für 300 000 DM. Der Käufer beglich den Kaufpreis im März 2000.

Frage: Fällt der Verkauf der Eigentumswohnung in den Rahmen des Unternehmens des Wichtig?

▶ § 2 Abs. 1 UStG; Abschn. 20 UStR

Fall 178 Verkauf eines geerbten und unternehmerisch genutzten Gegenstandes

Sachverhalt: Wie vorhergehender Fall, nur mit der Abweichung, dass Wichtig die im Januar 2000 geerbte Eigentumswohnung zunächst in der Zeit von Januar 2000 bis Juli 2000 vermietet hatte und sie erst im August 2000 für 300 000 DM veräußerte.

Frage: Fällt der Verkauf der Eigentumswohnung in den Rahmen des Unternehmens des Wichtig?

▶ § 2 Abs. 1 UStG; Abschn. 20 UStR

Fall 179 Innenumsatz

Sachverhalt: Xaver betreibt den Handel mit Getränken. Er besitzt ein Hauptgeschäft in Xanten und Filialen in Aachen und Düsseldorf. Im April 2001 brachte Xaver mit eigenem Lkw 40 Kartons Weinbrand von Xanten aus seinem Hauptgeschäft zu seiner Filiale nach Aachen. Da für jede Filiale eine eigene Buchführung existiert, stellte Xaver der Filiale einen Beleg mit gesondertem USt-Ausweis aus.

Frage: Handelt es sich um einen steuerbaren Umsatz im Rahmen des Unternehmens des Xaver?

▶ §§ 1, 2 und 15 UStG; Abschn. 20 und 183 UStR

d) Inland

Nur wenn sich der Leistungsort im Inland befindet, kann die Leistung gem. § 1 Abs. 1 Nr. 1 UStG steuerbar sein. Inland im Sinne des UStG ist das Gebiet der Bundesrepublik Deutschland mit Ausnahme des Gebiets von Büsingen, der Insel Helgoland, der Freihäfen, der Gewässer und Watten zwischen der Hoheitsgrenze und der jeweiligen Strandlinie sowie der deutschen Schiffe und der deutschen Luftfahrzeuge in Gebieten, die zu keinem Zollgebiet gehören (§ 1 Abs. 2 Satz 1 UStG).

Für den Ort der Lieferung kommen folgende Bestimmungen in Betracht:

§ 3c UStG	Ort der Lieferung in besonderen Fällen
§ 3e UStG	Ort der Lieferung während einer Beförderung an Bord eines Schiffes, in einem Luftfahrzeug oder in einer Eisenbahn
§ 3f UStG	Ort der unentgeltlichen Lieferungen und sonstigen Leistungen
§ 3 Abs. 8 UStG	Ort der Lieferung in Fällen der Einfuhr aus dem Drittlandsgebiet
§ 3 Abs. 7 UStG	Ort der Lieferung in Fällen ohne Beförderung oder Versendung
§ 3 Abs. 6 UStG	Ort der Lieferung in Fällen der Beförderung oder Versendung

Die Prüfung des Lieferortes sollte in der angegebenen Reihenfolge – von der Ausnahme zum Grundsatz – durchgeführt werden.

Für den Ort der sonstigen Leistung kommen folgende Bestimmungen in Betracht:

§ 3b UStG	Ort der Beförderungsleistungen und der damit zusammenhängenden sonstigen Leistungen
§ 3f UStG	Ort der unentgeltlichen Lieferungen und sonstigen Leistungen
§ 3a Abs. 2 UStG	Ort der sonstigen Leistungen im Zusammenhang mit Grundstücken; bei künstlerischen und ähnlichen Leistungen sowie bei Vermittlungsleistungen
§ 3a Abs. 4 UStG i. V. m. § 3a Abs. 3 UStG	Ort der im Abs. 4 aufgeführten sonstigen Leistungen (Katalogtätigkeiten)
§ 1 UStDV	Sonderfälle des Ortes der sonstigen Leistung
§ 3a Abs. 1 UStG	Grundsatz: Unternehmersitzprinzip

Die Prüfung des Ortes der sonstigen Leistung sollte in der angegebenen Reihenfolge – von der Ausnahme zum Grundsatz – durchgeführt werden.

Verkauf im Ladengeschäft   Fall 180

Sachverhalt: Billig betreibt eine Bäckerei in Bremen. Am 20. 3. 2001 verkaufte er u. a. der Hausfrau Häuslich ein Brot zum Preis von 4 DM. Häuslich bezahlte das Brot und nahm es mit nach Hause.

Frage: Wo ist der Ort der Lieferung des Billig?

▶ § 3 Abs. 6 UStG; §§ 433, 929 BGB

Beförderungslieferung   Fall 181

Sachverhalt: Clever betreibt in Cottbus ein Möbeleinzelhandelsgeschäft. Am 30. 3. 2001 verkaufte er dem Kunden Küper einen Wohnzimmerschrank für brutto 8 000 DM. Vereinbarungsgemäß brachte Clever den bereits zusammengebauten Schrank mit eigenem Lkw am 2. 4. 2001 zu Küper nach Finsterwalde. Küper überwies dem Clever den Kaufpreis im Mai 2001.

Frage: Wo ist der Ort der Lieferung des Clever?

▶ § 3 Abs. 6 UStG

Versendungslieferung   Fall 182

Sachverhalt: Dankbar ist Baustoffgroßhändler in Dortmund. Am 3. 1. 2001 verkaufte er dem Bauunternehmer Bau mit Sitz in Bochum Baumaterialien für 30 000 DM zzgl. 4 800 DM USt. Bau beauftragte einen Spediteur mit dem Transport der Baumaterialien. Der Spediteur holte die Baumaterialien am 4. 1. 2001 bei Dankbar in Dortmund ab und brachte sie zu Bau nach Bochum. Bau bezahlte den Kaufpreis in Höhe von 34 800 DM am 20. 1. 2001.

Frage: Wo ist der Ort der Lieferung des Dankbar?

▶ § 3 Abs. 6 UStG

Fall 183 Verschiebung des Lieferungsortes

Sachverhalt: Der Unternehmer Bernau in Bern liefert Gegenstände, die er selbst hergestellt hat, an seinen Abnehmer Motz in München. Bernau transportiert die Gegenstände mit seinem eigenen Lkw nach München. Bernau lässt die Gegenstände zum freien Verkehr abfertigen und entrichtet dementsprechend die Einfuhrumsatzsteuer (Lieferkondition: „verzollt und versteuert").

Frage: Wo ist der Ort der Lieferung des Bernau?

▶ § 3 Abs. 6 und Abs. 8 UStG; Abschn. 31 UStR

Fall 184 Reihengeschäft

Sachverhalt: Einzelhändler Erpel mit Sitz in Essen bestellt bei dem Großhändler Gans mit Sitz in Gießen 10 Waschmaschinen. Da Gans die gewünschten Waschmaschinen gerade nicht auf Lager hat, bestellt er seinerseits die Waschmaschinen bei dem Hersteller Hahn in Hannover. Gans beauftragt gleichzeitig Hahn, die Waschmaschinen direkt zu Erpel nach Essen zu befördern. Hahn transportiert daraufhin die Waschmaschinen mit eigenem Lkw zu Erpel nach Essen.

Frage: Wo ist der Ort bzw. wo sind die Orte der Lieferungen des Hahn und Gans?

▶ § 3 Abs. 6 u. 7 UStG

Fall 185 Innergemeinschaftliches Dreiecksgeschäft

Sachverhalt: Unternehmer Carlo in Frankreich bestellt bei dem Unternehmer Bertoni in Italien eine Ware, die dieser nicht vorrätig hat. Bertoni bestellt seinerseits die Ware bei dem Unternehmer Alt in Deutschland. Vereinbarungsgemäß transportiert Alt die Ware mit eigenem Lkw unmittelbar zu Carlo nach Frankreich. Alle Beteiligten sind unter der USt-Identifikationsnummer ihres Wohnsitzstaates aufgetreten.

Frage: Wo liegen die Lieferorte der beteiligten Unternehmer?

▶ § 25b UStG

Fall 186 Verkauf in einem Flugzeug

Sachverhalt: Der Unternehmer Düse mit Sitz in Düsseldorf führt u. a. Flüge von Düsseldorf nach Mailand ohne Zwischenaufenthalt durch. Während des Fluges werden Waren, die nicht zum Verzehr an Ort und Stelle bestimmt sind, veräußert. Auf einem dieser Flüge wurden im Januar 2001 Waren für insgesamt 3 000 DM verkauft.

Frage: Wo ist der Ort der Warenlieferungen?

▶ § 3e UStG

Fall 187 Versandhandel

Sachverhalt: Der dänische Unternehmer Duck stellt Mäntel her. Die Privatperson Pein mit Wohnsitz in Peine bestellte bei Duck am 3. 4. 2001 zwei Mäntel für umgerechnet 2 000 DM. Duck verschickte die Mäntel per Bahn am 5. 4. 2001 an Pein nach Peine. Duck hatte im Jahre 2000 für insgesamt 50 000 DM Ware nach Deutschland geliefert.

Für das Jahr 2001 rechnete Duck mit Lieferungen nach Deutschland an Privatpersonen für insgesamt 300 000 DM. Im 1. Quartal 2001 hatte er bereits im Wert von mehr als 200 000 DM nach Deutschland geliefert.

Frage: Wo ist der Ort der Lieferung des Duck?

▶ § 3c UStG

Lieferschwelle Fall 188

Sachverhalt: Sachverhalt wie im vorangegangenen Fall, nur mit der Abweichung, dass Duck für das Jahr 2001 insgesamt Warenlieferungen an Privatpersonen nach Deutschland im Werte von 100 000 DM erwartet. Duck hat nicht auf die Anwendung der Lieferschwelle verzichtet. Die Grenze von 200 000 DM wird im Jahre 2001 auch tatsächlich nicht überschritten.

Frage: Wo ist der Ort der Lieferung des Duck?

▶ §§ 3 Abs. 6, 3c UStG

Personenbeförderung Fall 189

Sachverhalt: Der Unternehmer Katze mit Sitz in Koblenz betreibt ein Busunternehmen. Im Auftrag des deutschen Unternehmers Fuchs mit Sitz in Frankfurt a. M. beförderte er am 10. 2. 2001 dreißig Personen von Frankfurt a. M. nach Rom. Fuchs hat gegenüber Katze bei der Auftragserteilung seine deutsche USt-IdNr. angegeben. Die Bezahlung erfolgte am 10. 3. 2001.

Frage: Wo ist der Ort der Beförderungsleistung?

▶ § 3b Abs. 1 UStG

Güterbeförderung ohne USt-Identifikationsnummer Fall 190

Sachverhalt: Der Unternehmer Abel mit Sitz in Arnsberg betreibt ein Transportunternehmen. Er erhielt am 2. 3. 2001 von dem deutschen Unternehmer Dach mit Sitz in Darmstadt den Auftrag, eine Maschine von Darmstadt nach Paris zu transportieren. Dach hat bei Auftragserteilung keine USt-IdNr. angegeben. Abel transportierte die Maschine am 5. 3. 2001 mit eigenem Lkw von Darmstadt nach Paris. Die Bezahlung erfolgte noch im März 2001.

Frage: Wo ist der Ort der Beförderungsleistung des Abel?

▶ § 3b Abs. 3 UStG

Güterbeförderung mit USt-Identifikationsnummer Fall 191

Sachverhalt: Der Unternehmer Berg betreibt in Brilon eine Spedition. Am 5. 1. 2001 erhielt er von dem niederländischen Unternehmer Nau mit Sitz in Amsterdam den Auftrag, eine Ware von Gelsenkirchen nach Amsterdam zu transportieren. Nau hat bei der Auftragserteilung gegenüber Berg seine niederländische USt-IdNr. angegeben. Berg holte die Ware am 10. 1. 2001 in Gelsenkirchen ab und transportierte sie noch am selben Tag zu Nau nach Amsterdam. Die Begleichung der Rechnung erfolgte im Januar 2001.

Frage: Wo ist der Ort der Beförderungsleistung des Berg?

▶ § 3b Abs. 3 UStG

Fall 192 Umschlag einer Ware

Sachverhalt: Der Unternehmer Rolle mit Sitz in Rostock übernahm im Auftrag des belgischen Unternehmers Brun den Umschlag einer Ware in Rostock. Die Leistung wurde am 10. 5. 2001 erbracht und stand im Zusammenhang mit einer Warenbeförderung aus Belgien nach Deutschland durch einen Spediteur. Brun hat gegenüber Rolle keine USt-IdNr. angegeben.

Frage: Wo ist der Ort der Umschlagsleistung des Rolle?

▶ § 3b Abs. 2 u. 4 UStG

Fall 193 Tätigkeit als Rechtsanwalt

Sachverhalt: Eber betreibt eine Rechtsanwaltskanzlei in Erfurt. Am 20. 3. 2001 erhielt Eber von dem Unternehmer Pal mit Sitz in Lissabon den Auftrag, Pal vor Gericht in Lissabon zu vertreten. Pal war von einem unzufriedenen Kunden verklagt worden. Eber nahm den Auftrag an, reiste nach Lissabon und vertrat den Pal vor dem dortigen Gericht. Die Rechnung in Höhe von umgerechnet 2 500 DM wurde von Pal im Mai 2001 bezahlt.

Frage: Wo ist der Ort der Leistung des Eber?

▶ § 3a Abs. 3 u. 4 Nr. 3 UStG

Fall 194 Vermietung eines Pkw

Sachverhalt: Farber ist Inhaber eines Autohauses in Freiburg. Neben dem Verkauf von Pkw vermietet er auch Pkw. Am 10. 2. 2001 vermietete er einen Pkw an den Kunden Kabel, der mit dem Pkw eine Urlaubsreise nach Italien machen wollte. Die Rechnung des Farber wurde bei der Rückgabe des Pkw am 24. 2. 2001 von Kabel vollständig beglichen. Kabel hatte mit dem Pkw insgesamt 3 000 km zurückgelegt, von denen 2 500 km auf das Ausland entfielen.

Frage: Wo ist der Ort der Vermietungsleistung?

▶ § 3a Abs. 1 u. 4 Nr. 11 UStG

Fall 195 Vermietung einer Wohnung

Sachverhalt: Haupt ist Eigentümer eines Mehrfamilienhauses in Hamburg. Sämtliche Wohnungen in dem Mehrfamilienhaus sind an Privatleute zu Wohnzwecken vermietet. Haupt ist im Übrigen als Geschäftsführer einer GmbH nicht selbständig tätig.

Frage: Ist Haupt Unternehmer im Sinne des UStG und wenn ja, wo ist der Leistungsort?

▶ §§ 2, 3a Abs. 2 UStG

Fall 196 Vermittlung

Sachverhalt: Der Vermittler Völz mit Sitz in Münster erhielt am 10. 4. 2001 von dem französischen Unternehmer France mit Sitz in Paris den Auftrag, den Verkauf von 100 Schreibtischen zu vermitteln. France gab bei der Auftragserteilung gegenüber Völz seine französische USt-IdNr. an. Völz gelang es noch im April 2001, die Schreibtische im Namen und für Rechnung des France an den deutschen Unternehmer Dorn mit Sitz in Düsseldorf zu veräußern. France beförderte die Schreibtische am 5. 5. 2001 mit eigenem Lkw von Paris nach Düsseldorf zu Dorn. Völz erhielt von France am 15. 5. 2001 die vereinbarte Provision.

Frage: Wo ist der Ort der Vermittlungsleistung des Völz?

▶ § 3a Abs. 2 Nr. 4 UStG

Behandlungsleistung eines Arztes Fall 197

Sachverhalt: Weiß ist als Arzt für Allgemeinmedizin in Wuppertal selbständig tätig. Im Jahre 2000 verbrachte er seinen Sommerurlaub in Spanien. Als sich dort ein Hotelgast beim Tennisspiel verletzte, übernahm Weiß die Behandlung und berechnete dem Verletzten für seine Tätigkeit 200 DM. Der Betrag wurde dem Weiß noch während seines Aufenthalts in Spanien ausgezahlt.

Frage: Erbringt Weiß eine umsatzsteuerliche Leistung und wenn ja, wo ist der Leistungsort?

▶ § 3a Abs. 1 UStG

e) Gegen Entgelt

Lieferungen und sonstige Leistungen sind nur dann steuerbar, wenn ein Leistungsaustausch vorliegt. Tatbestandsmerkmale für einen Leistungsaustausch sind:
- zwei Beteiligte,
- eine Leistung und eine Gegenleistung,
- eine wirtschaftliche Verknüpfung zwischen Leistung und Gegenleistung.

Die Gegenleistung muss nicht in Geld bestehen. Der Annahme eines Leistungsaustauschs steht nicht entgegen, dass sich die Entgeltserwartung nicht erfüllt, dass das Entgelt uneinbringlich wird oder dass es sich nachträglich mindert (BFH-Urteil v. 22. 6. 1989, BStBl II S. 913). Leistung und Gegenleistung brauchen sich nicht gleichwertig gegenüberzustehen.

Bei bestimmten unentgeltlichen Leistungen wird ein Entgelt fiktiv beigestellt (§ 3 Abs. 1b u. 9a UStG).

Leistungsaustausch Fall 198

Sachverhalt: Die Eheleute Adam und Berta Blitz sind gemeinsam Eigentümer eines bebauten Grundstücks in Dresden. Das Gebäude enthält vier Wohnungen, die an Privatpersonen zu Wohnzwecken vermietet sind, und darüber hinaus im Erdgeschoss ein Ladenlokal, in dem Adam Blitz sein Einzelhandelsgeschäft betreibt. Adam Blitz zahlt eine angemessene Miete.

Frage: Liegt bezüglich der Vermietung an Adam Blitz ein Leistungsaustausch vor?

▶ § 1 UStG; Abschn. 1 UStR

Fall 199 Innenumsatz

Sachverhalt: Ohnsorg ist Inhaber eines Tapetengeschäfts in Oberhausen. Daneben ist er noch Eigentümer eines vermieteten Zweifamilienhauses in Solingen. Für alle Einnahmen und Ausgaben im Zusammenhang mit diesem Gebäude hat er ein gesondertes Bankkonto eingerichtet. Zur Renovierung des Treppenhauses entnimmt er seinem Tapetengeschäft 15 Rollen Tapeten und überweist den üblichen Preis für die Tapeten vom Hauskonto auf das Geschäftskonto.

Frage: Liegt ein Leistungsaustausch vor?

▶ § 1 UStG; Abschn. 1 UStR

Fall 200 Schadensersatz

Sachverhalt: Der Unternehmer Aal aus Berlin verkaufte im Januar 2001 Waren für 1 000 DM zzgl. 160 DM USt an den Unternehmer Barsch. Die Ware sollte vereinbarungsgemäß spätestens am 31. 3. 2001 an Barsch ausgeliefert werden. Bei verspäteter Auslieferung wurde eine Vertragsstrafe in Höhe von 200 DM vereinbart. Aal konnte erst im Mai 2001 an Barsch liefern, sodass Barsch nur den um die Vertragsstrafe geminderten Betrag an Aal zahlte.

Frage: Liegt bezüglich der Vertragsstrafe ein Leistungsaustausch vor?

▶ § 1 UStG; Abschn. 3 UStR

Fall 201 Mitgliederbeiträge

Sachverhalt: Ein Motorradclub vermietet an einzelne Mitglieder Boxen zur Unterstellung ihrer Motorräder. Hierfür berechnet der Verein neben dem üblichen Mitgliedsbeitrag noch ein Entgelt in Höhe von 200 DM jährlich gegenüber den Mitgliedern, die eine entsprechende Box nutzen.

Frage: Liegt ein Leistungsaustausch zwischen dem Verein und dem einzelnen Mitglied vor?

▶ § 1 UStG; Abschn. 4 UStR

Fall 202 Zuschuss

Sachverhalt: Bär betreibt in Braunschweig eine Tankstelle. Bär beschließt, seine Tankstelle zu vergrößern. Die Mineralölfirma gewährt Bär einen Zuschuss zwecks Erweiterung der vorhandenen Tankstelle.

Frage: Liegt ein Leistungsaustausch zwischen Bär und der Mineralölfirma vor?

▶ § 1 UStG; Abschn. 150 UStR

Fall 203 Leistung an Arbeitnehmer

Sachverhalt: Iltis betreibt ein Textilunternehmen in Ingolstadt. Er überlässt seinem leitenden Angestellten Amsel hin und wieder unentgeltlich einen Pkw zur privaten Nutzung. Amsel darf den Pkw allerdings nur gelegentlich (an nicht mehr als 5 Tagen im

Monat) für private Zwecke nutzen. Iltis konnte bei der Anschaffung des Pkw den vollen VoSt-Abzug in Anspruch nehmen.

Frage: Ist die Leistung des Iltis mangels einer Gegenleistung nicht steuerbar gem. § 1 Abs. 1 Nr. 1 UStG?

▶ §§ 1 Abs. 1 Nr. 1, 3 Abs. 9a UStG

Zusammenfassendes Beispiel Fall 204

Sachverhalt: Zwirn ist Inhaber eines Getränkegroßhandels in Zwickau. Zu seinem betrieblichen Vermögen gehörten u. a. drei Kleintransporter. Zwirn entschloss sich, einen dieser Kleintransporter zu veräußern. Im Anschluss an ein entsprechendes Zeitungsinserat veräußerte er den Kleintransporter am 30. 1. 2001 an den Privatmann Panther. Panther holte den Kleintransporter am 30. 1. 2001 bei Zwirn in Zwickau ab und beglich den Kaufpreis in Höhe von 10 000 DM in bar.

Frage: Liegt ein steuerbarer Umsatz i. S. des § 1 Abs. 1 Nr. 1 UStG vor?

▶ §§ 1, 2, 3 UStG

2. Steuerbarkeit gem. § 1 Abs. 1 Nr. 4 UStG

Steuerbar ist die Einfuhr von Gegenständen aus dem Drittlandsgebiet in das Inland. Die Besteuerung der Einfuhr obliegt nicht den Finanzämtern, sondern erfolgt durch die Zollverwaltung.

Einfuhr Fall 205

Sachverhalt: Mächtig betreibt in Mannheim eine Tischlerei. Für dieses Unternehmen benötigte Mächtig eine neue Hobelbank. Im Februar 2001 fuhr Mächtig mit seinem Lkw nach Oslo und kaufte von dem norwegischen Hersteller Heimo eine Hobelbank für umgerechnet 10 000 DM. Mächtig brachte die Hobelbank zu seinem Unternehmen nach Mannheim.

Frage: Führt Mächtig im Zusammenhang mit der Hobelbank einen steuerbaren Umsatz aus?

▶ § 1 Abs. 1 Nr. 4 UStG

3. Steuerbarkeit gem. § 1 Abs. 1 Nr. 5 UStG

Steuerbar ist der innergemeinschaftliche Erwerb im Inland gegen Entgelt. Seit dem 1. 1. 1993 ist die Besteuerung der Einfuhr innergemeinschaftlich durch die Besteuerung des innergemeinschaftlichen Erwerbs ersetzt worden.

Tatbestandsmerkmale des § 1 Abs. 1 Nr. 5 UStG sind:

1. Innergemeinschaftlicher Erwerb

Ein innergemeinschaftlicher Erwerb (Grundfall) liegt gem. § 1a Abs. 1 UStG vor, wenn
- ein Gegenstand aus dem Gebiet eines Mitgliedstaates in das Gebiet eines anderen Mitgliedstaates gelangt,
- der Erwerber Unternehmer ist, der den Gegenstand für sein Unternehmen erwirbt,

- der Lieferer Unternehmer ist, der gegen Entgelt im Rahmen seines Unternehmens leistet, und kein Kleinunternehmer ist.

2. Im Inland

Der Ort des innergemeinschaftlichen Erwerbs bestimmt sich gem. § 3d UStG und ist grundsätzlich dort, wo sich der Gegenstand am Ende der Beförderung oder Versendung befindet (§ 3d Satz 1 UStG).

3. Gegen Entgelt

Die Erwerbsbesteuerung für empfangene Lieferungen greift nur dann ein, wenn der innergemeinschaftliche Erwerb gegen Entgelt erfolgt.

Fall 206 Innergemeinschaftlicher Erwerb

Sachverhalt: Ambros betreibt in Amberg einen Baumaschinenhandel. Mit Kaufvertrag vom 2. 1. 2001 erwarb Ambros von dem niederländischen Unternehmer Nike mit Sitz in Enschede eine Baumaschine für umgerechnet 20 000 DM. Die Baumaschine wurde am 4. 1. 2001 per Bahn von Enschede nach Amberg transportiert. Ambros bezahlte die Rechnung noch im Januar 2001. Ambros und Nike haben ihre jeweilige in den Wohnsitzstaaten erteilte USt-IdNr. bei der Abwicklung des Geschäfts angegeben.

Frage: Liegt für Ambros ein steuerbarer Umsatz i. S. des § 1 Abs. 1 Nr. 5 UStG vor?

▶ §§ 1 Abs. 1 Nr. 5, 1a, 3d UStG

Fall 207 Warenbewegung

Sachverhalt: Unternehmer Bambi mit Sitz in Bamberg hat ein Hauptgeschäft in Bamberg und Nebenstellen in München und Brüssel. Bambi erwarb am 1. 2. 2001 von dem belgischen Unternehmer Uff aus Gent Waren für sein Unternehmen im Wert von umgerechnet 100 000 DM. Vereinbarungsgemäß transportierte Uff die Waren mit eigenem Lkw zu der Nebenstelle des Bambi nach Brüssel, wo die Waren auch verbleiben sollen.

Frage: Liegt für Bambi ein steuerbarer Umsatz i. S. des § 1 Abs. 1 Nr. 5 UStG vor?

▶ §§ 1 Abs. 1 Nr. 5, 1a UStG

Fall 208 Erwerb für das Unternehmen

Sachverhalt: Chip ist selbständiger Architekt in Celle. Auf einer Geschäftsreise in Spanien, die im Februar 2001 durchgeführt wurde, erwarb Chip von dem spanischen Unternehmer Sanchez in Barcelona einen Weinkrug für seine private Sammlung für umgerechnet 500 DM. Chip nahm den Weinkrug in seinem Reisegepäck mit nach Celle.

Frage: Muss Chip den Erwerb in Deutschland der Umsatzbesteuerung unterwerfen?

▶ §§ 1 Abs. 1 Nr. 5, 1a UStG

Fall 209 Verbringen

Sachverhalt: Der Unternehmer Dussel mit Hauptsitz in Dortmund unterhält Betriebsstätten in Mailand und Zürich. Im Dezember 2000 entschloss er sich, eine Maschine, die bis zu diesem Zeitpunkt in seiner Betriebsstätte in Mailand genutzt worden war, in seinem Hauptsitz in Dortmund auf Dauer einzusetzen. Die Maschine wurde am 20. 12. 2000 mit eigenem Lkw von Mailand nach Dortmund befördert.

Frage: Liegt ein steuerbarer Umsatz in Deutschland vor?

▶ §§ 1 Abs. 1 Nr. 5, 1a Abs. 2 UStG

Funktionsändernde Werkleistung   Fall 210

Sachverhalt: Der Unternehmer Erle mit Sitz in Erlangen betreibt ein Textilunternehmen. Wegen Ausschöpfung der Produktionskapazität beauftragte er im März 2001 den griechischen Unternehmer Sirtaki mit Sitz in Athen, Anzüge herzustellen. Der hierfür benötigte Stoff und die Knöpfe wurden von Erle in Deutschland eingekauft und an Sirtaki nach Athen verschickt. Sirtaki stellte aus diesen Materialien Anzüge her und versendete die fertigen Anzüge im April 2001 an Erle nach Erlangen, der die Anzüge im Inland veräußerte.

Frage: Führt Erle einen steuerbaren Umsatz gem. § 1 Abs. 1 Nr. 5 UStG aus?

▶ §§ 1 Abs. 1 Nr. 5, 1a Abs. 2 UStG

Juristische Person des öffentlichen Rechts   Fall 211

Sachverhalt: Das Finanzamt in Bad Bentheim benötigte im Februar 2001 zwanzig neue Schreibtischstühle. Der preiswerteste Anbieter war der Händler Helmi mit Sitz in Hengelo. Das Finanzamt bestellte die Schreibtischstühle am 22. 2. 2001 bei Helmi, der diese vereinbarungsgemäß am 28. 2. 2001 mit eigenem Lkw von Hengelo nach Bad Bentheim brachte. Das Finanzamt beglich die Rechnung über umgerechnet 20 000 DM im April 2001. Weitere Erwerbe aus dem übrigen Gemeinschaftsgebiet waren im Jahre 2001 von dem Finanzamt nicht geplant und wurden auch tatsächlich nicht durchgeführt.

Frage: Muss das Finanzamt den Vorgang der USt unterwerfen?

▶ §§ 1 Abs. 1 Nr. 5, 1a Abs. 1 u. 3 UStG

Erwerbsschwelle   Fall 212

Sachverhalt: Farig ist als Arzt für Allgemeinmedizin in Flensburg selbständig tätig. Er führt ausschließlich steuerfreie Umsätze nach § 4 Nr. 14 UStG aus. Für seine Tätigkeit als Arzt benötigte Farig im Januar 2001 ein neues medizinisches Gerät. Er reiste zu dem Hersteller Ode mit Sitz in Odense, kaufte das Gerät für umgerechnet 15 000 DM und brachte es nach Flensburg. Farig hatte im Jahre 2000 keine Erwerbe aus dem übrigen Gemeinschaftsgebiet getätigt und beabsichtigte, im Jahre 2001 auch keine weiteren derartigen Erwerbe durchzuführen. Farig hat keinen Antrag auf Nichtberücksichtigung der Erwerbsschwelle gestellt.

Frage: Muss Farig den Erwerb in Deutschland der USt unterwerfen?

▶ §§ 1 Abs. 1 Nr. 5, 1a Abs. 3 u. 4 UStG

Verbrauchsteuerpflichtige Waren   Fall 213

Sachverhalt: Grün ist Unternehmer mit Sitz in Göttingen. Er unterliegt der Besteuerung für Kleinunternehmer gem. § 19 Abs. 1 UStG; ein Verzicht auf die Anwendung der Kleinunternehmerregelung ist nicht erfolgt. Im Jahre 2000 erwarb Grün dreißig Flaschen Wein für sein Unternehmen bei einem französischen Unternehmer mit Sitz in Bordeaux. Der Wein traf am 11. 12. 2000 per Bahn bei Grün ein. Grün bezahlte die Rechnung über umgerechnet 600 DM noch im Dezember 2000. Weitere Erwerbe fanden im Jahre 2000 nicht statt und waren auch nicht beabsichtigt. Grün hat auf die Anwendung der Erwerbsschwelle nicht verzichtet.

Frage: Unterliegt der Erwerb des Weines der USt?

▶ §§ 1 Abs. 1 Nr. 5, 1a Abs. 3, 4 u. 5 UStG

Fall 214 Ort des innergemeinschaftlichen Erwerbs

Sachverhalt: Hell ist Unternehmer mit Hauptsitz in Hagen. Des Weiteren hat er Betriebsstätten in Wien und Graz. Am 3. 1. 2001 bestellte er bei dem schwedischen Unternehmer Svensson mit Sitz in Stockholm eine für das Unternehmen erforderliche Maschine für umgerechnet 100 000 DM. Vereinbarungsgemäß transportierte Svensson die Maschine am 19. 1. 2001 mit eigenem Lkw zu der Betriebsstätte des Hell nach Wien, wo diese auf Dauer genutzt werden soll. Hell hatte gegenüber Svensson seine österreichische USt-Identifikationsnummer angegeben. Hell beglich die Rechnung im Februar 2001.

Frage: Liegt ein innergemeinschaftlicher Erwerb vor?

▶ §§ 1 Abs. 1 Nr. 5, 1a UStG

Fall 215 Innergemeinschaftlicher Erwerb neuer Fahrzeuge

Sachverhalt: Der Steuerfachangestellte Pfiffig reiste im März 2001 nach Frankreich, um sich dort einen Pkw zu kaufen. Bei dem französischen Autohändler Palu in Paris kaufte Pfiffig am 5. 3. 2001 einen sieben Monate alten Pkw, der 2 000 km zurückgelegt hatte. Pfiffig erwarb den Pkw für umgerechnet 18 000 DM und fuhr mit ihm am 5. 3. 2001 zurück nach Deutschland.

Frage: Muss Pfiffig den Erwerb des Pkw in Deutschland der Umsatzbesteuerung unterwerfen?

▶ §§ 1a, 1b UStG

Fall 216 Innergemeinschaftlicher Erwerb gebrauchter Fahrzeuge

Sachverhalt: Wie der vorhergehende Fall, nur mit der Abweichung, dass der Pkw zum Zeitpunkt des Erwerbs 7 000 km zurückgelegt hatte.

Frage: Muss Pfiffig den Erwerb des Pkw in Deutschland der Umsatzbesteuerung unterwerfen?

▶ §§ 1 Abs. 1 Nr. 5, 1a, 1b UStG

4. Geschäftsveräußerung

Geschäftsveräußerung   Fall 217

Sachverhalt: Der Malermeister Pinsel mit Sitz in Bielefeld veräußerte sein Unternehmen aus Altersgründen mit Wirkung ab dem 1. 3. 2001 an den Malermeister Rolle mit Sitz in Gütersloh. Alle wesentlichen Betriebsgrundlagen wurden an Rolle verkauft. Der Kaufpreis in Höhe von 150 000 DM wurde von Rolle am 1. 3. 2001 in bar beglichen.

Frage: Liegt ein steuerbarer Umsatz im Sinne des UStG vor?

▶ § 1 Abs. 1a UStG

III. Steuerbefreiungen

Die Frage der Steuerfreiheit oder Steuerpflicht stellt sich nur bei steuerbaren Umsätzen.

Für die Einzelnen steuerbaren Umsätze im Sinne des § 1 Abs. 1 UStG kommen folgende Befreiungsvorschriften in Betracht:

Steuerbare Umsätze	Steuerbefreiungsvorschrift
gem. § 1 Abs. 1 Nr. 1 UStG	§ 4 UStG
gem. § 1 Abs. 1 Nr. 4 UStG	§ 5 UStG
gem. § 1 Abs. 1 Nr. 5 UStG	§ 4b UStG

Die Steuerbefreiungsregelungen des § 4 UStG können in zwei Gruppen eingeteilt werden:

- § 4 Nr. 1–7 UStG: Steuerbefreiungen mit der Möglichkeit des VoSt-Abzugs,
- § 4 Nr. 8–28 UStG: Steuerbefreiungen ohne die Möglichkeit des VoSt-Abzugs.

Der leistende Unternehmer kann unter den Voraussetzungen des § 9 UStG für bestimmte steuerfreie Umsätze auf die Steuerbefreiung verzichten, d. h. zur Steuerpflicht optieren. Der Umsatz wird dann als steuerpflichtig behandelt, mit der Folge, dass die Möglichkeit zum VoSt-Abzug besteht.

Steuerbefreiungen   Fall 218

Sachverhalt: Unternehmer Kölsch mit Sitz in Köln verkaufte dem französischen Unternehmer Francis mit Sitz in Paris am 5. 2. 2001 eine Maschine für 50 000 DM. Kölsch hat eine Betriebsstätte in Wien; dort war die Maschine vorrätig. Vereinbarungsgemäß fuhr Francis am 5. 2. 2001 nach Wien, holte die Maschine dort ab und transportierte sie nach Paris. Francis hatte gegenüber Kölsch seine französische USt-IdNr. angegeben.

Frage: Ist der Umsatz des Kölsch steuerfrei?

▶ §§ 1 und 4 UStG

Ausfuhr   Fall 219

Sachverhalt: Unternehmer Lange mit Sitz in Lemgo stellt Werkzeuge her. Am 6. 3. 2001 veräußerte Lange dem deutschen Unternehmer Kurz mit Sitz in Königs Wusterhausen eintausend Werkzeuge zum Preis von insgesamt 5 000 DM. Vereinbarungsgemäß transportierte Lange die Werkzeuge mit eigenem Fahrzeug von Lemgo zu der Betriebsstätte des Kurz nach Warschau.

Frage: Ist die Lieferung des Lange steuerfrei?

▶ §§ 4 Nr. 1 Buchst. a, 6 Abs. 1 Nr. 1 UStG

Fall 220 Ausländischer Abnehmer

Sachverhalt: Unternehmer Mini mit Sitz in Mainz stellt Nähmaschinen her. Mit Kaufvertrag vom 17. 4. 2001 veräußerte er dem deutschen Unternehmer Maxi mit Sitz in Darmstadt einhundert Nähmaschinen für insgesamt 50 000 DM. Maxi holte die Nähmaschinen am 20. 4. 2001 mit eigenem Lkw ab und transportierte sie zu seiner Betriebsstätte nach Zürich.

Frage: Ist die Lieferung des Mini steuerfrei oder steuerpflichtig?

▶ §§ 4, 6 Abs. 1 Nr. 2 und Abs. 2 UStG

Fall 221 Innergemeinschaftliche Lieferung

Sachverhalt: Neu betreibt in Nürnberg ein Unternehmen, das den Verkauf von Computern zum Gegenstand hat. Mit Vertrag vom 10. 1. 2001 veräußerte Neu zehn Computer für insgesamt 40 000 DM an den belgischen Unternehmer Alt mit Sitz in Brüssel, der bei Auftragserteilung seine belgische USt-IdNr. angegeben hat. Vereinbarungsgemäß wurden die Computer am 22. 1. 2001 von Neu aus Nürnberg zu Alt nach Brüssel befördert.

Frage: Wie sind die Lieferungen des Neu zu beurteilen?

▶ §§ 1, 4 Nr. 1 Buchst. b, 6a UStG

Fall 222 Tatsächliche Warenbewegung

Sachverhalt: Neu betreibt in Nürnberg ein Unternehmen, das den Verkauf von Computern zum Gegenstand hat. Mit Vertrag vom 10. 2. 2001 veräußerte Neu fünf Computer für insgesamt 20 000 DM an den niederländischen Unternehmer Eyk mit Sitz in Amsterdam. Vereinbarungsgemäß brachte Neu die Computer am 20. 2. 2001 auf ein Lager des Eyk nach Kleve. Eyk hat bei der Auftragserteilung seine niederländische USt-IdNr. angegeben.

Frage: Sind die Lieferungen des Neu steuerfrei?

▶ §§ 1, 4 Nr. 1 Buchst. b, 6a UStG

Fall 223 Erwerb für das Unternehmen

Sachverhalt: Neu betreibt in Nürnberg ein Unternehmen, das den Verkauf von Computern zum Gegenstand hat. Mit Vertrag vom 10. 3. 2001 veräußerte Neu einen Computer für 4 000 DM an den italienischen Unternehmer Rossi mit Sitz in Rom, der den Computer für private Zwecke erwarb. Rossi nahm den Computer noch am 10. 3. 2001 mit nach Rom.

Frage: Ist die Lieferung des Neu steuerfrei?

▶ §§ 1, 4 Nr. 1 Buchst. b, 6a UStG

Verkauf eines neuen Fahrzeugs — Fall 224

Sachverhalt: Neu betreibt in Nürnberg ein Unternehmen, das den Verkauf von Computern zum Gegenstand hat. Zum Unternehmensvermögen gehört auch ein Pkw, der im Januar 2001 erstmalig zugelassen wurde. Da sich der Pkw als für das Unternehmen zu klein erwies, veräußerte Neu den Pkw im März 2001 an den Privatmann Düne mit Sitz in Odense. Düne holte den Pkw im März bei Neu ab und brachte ihn nach Odense/Dänemark.

Frage: Ist die Lieferung des Pkw steuerfrei?

▶ §§ 1, 1b, 4 Nr. 1 Buchst. b, 6a UStG

Verbringen eines Gegenstandes — Fall 225

Sachverhalt: Der Unternehmer Neu betreibt in Nürnberg ein Unternehmen, das den Verkauf von Computern zum Gegenstand hat. Zur Ausweitung seines Unternehmens mietete er im Januar 2001 Geschäftsräume in Linz (Österreich) an, wo er ebenfalls Computer verkaufen will. Im Februar 2001 brachte er zwanzig Computer zum Einkaufspreis von 40 000 DM von seinem Hauptgeschäft in Nürnberg zu seinem Geschäft nach Linz, um sie dort zu verkaufen.

Frage: Erbringt Neu Leistungen und wenn ja, sind diese steuerpflichtig oder steuerfrei?

▶ §§ 1, 3 Abs. 1a, 4 Nr. 1 Buchst. b, 6a Abs. 2 UStG

Werkleistung — Fall 226

Sachverhalt: Der luxemburgische Unternehmer Luft benötigte für sein Unternehmen fünfhundert Hosen. Da er diese nicht selbst fertigen konnte, kaufte er die benötigten Stoffe in Luxemburg ein und beauftragte den deutschen Unternehmer Wasser mit Sitz in Oldenburg mit der Fertigung der Hosen. Luft transportierte die Stoffe am 1. 3. 2001 zu Wasser nach Oldenburg. Wasser stellte aus den Stoffen Hosen her und beförderte sie mit eigenem Lkw am 10. 3. 2001 zu Luft nach Luxemburg. Luft hatte gegenüber Wasser seine luxemburgische USt-IdNr. angegeben.

Frage: Wie ist die Leistung des Wasser umsatzsteuerlich zu beurteilen?

▶ §§ 1, 3a Abs. 2 Nr. 3 UStG

Vermittlungsleistung — Fall 227

Sachverhalt: Der deutsche Unternehmer Pan mit Sitz in Potsdam vermittelte am 1. 3. 2001 für den deutschen Unternehmer Urmel mit Sitz in Ulm die Lieferung von zehn Stanzmaschinen an den portugiesischen Unternehmer Oliveira mit Sitz in Porto. Pan erhielt die Vermittlungsprovision, nachdem Urmel die Stanzmaschinen am 2. 4. 2001 per Bahn von Ulm aus an den mit seiner portugiesischen USt-IdNr. auftretenden Oliveira nach Porto versendet hatte. Urmel hat gegenüber Pan keine USt-IdNr. angegeben.

Frage: Ist die Vermittlungsleistung des Pan steuerpflichtig oder steuerfrei?

▶ §§ 1, 3a Abs. 2 Nr. 4, 4 Nr. 5 UStG

Fall 228 Kreditgewährung

Sachverhalt: Der Unternehmer Renner mit Sitz in Remscheid betreibt einen Handel mit Sportartikeln. Im Januar 2001 verkaufte er in seinem Ladenlokal in Remscheid dem privaten Abnehmer Dick mit Wohnsitz in Remscheid Sportartikel für insgesamt 3 000 DM. Da Dick den Kaufpreis nicht in einer Summe begleichen konnte, vereinbarten Renner und Dick in einem gesonderten Vertrag die Begleichung des Kaufpreises in sechs Raten zu je 500 DM. Für die Einräumung der Ratenzahlung musste Dick zusätzlich laut Vertrag 100 DM bezahlen. Die Sportartikel blieben bis zur vollständigen Zahlung im Eigentum des Renner.

Frage: Welche Leistung/Leistungen erbringt Renner gegenüber Dick?

▶ §§ 1, 3, 3a , 4 Nr. 8 Buchst. a UStG; Abschn. 29a und 57 UStR

Fall 229 Grundstücksumsatz

Sachverhalt: Unternehmer Schwarz betreibt in Stuttgart einen Handel mit Grundstücken. Am 10. 4. 2001 schenkte er seiner Tochter Trude aus privaten Gründen ein bebautes Grundstück in Stuttgart im Wert von 400 000 DM. Trude nutzt das Grundstück zu Wohnzwecken. Bei der Anschaffung des Grundstücks konnte Schwarz den vollen VoSt-Abzug in Anspruch nehmen.

Frage: Liegt ein steuerbarer Umsatz vor und wenn ja, ist dieser steuerpflichtig oder steuerfrei?

▶ §§ 1, 3, 4 Nr. 9 Buchst. a UStG; Abschn. 71 UStR

Fall 230 Vermietungsumsatz

Sachverhalt: Tüchtig ist Inhaber eines Hotels in Trier. Von den vierzig Hotelzimmern hat er zwanzig bestimmte Zimmer mit Vertrag vom 10. 1. 2001 auf die Dauer von zwei Jahren an die Stadt Trier vermietet. Die Stadt Trier vermietet ihrerseits die Hotelzimmer an Asylbewerber, die die Zimmer meist nur für einen Zeitraum von zwei bis vier Monaten benötigen. Die übrigen zwanzig Hotelzimmer hält Tüchtig zur kurzfristigen Beherbergung von Fremden bereit.

Frage: Wie sind die Vermietungsumsätze des Tüchtig umsatzsteuerlich zu behandeln?

▶ §§ 1, 4 Nr. 12 UStG; Abschn. 76 UStR

Fall 231 Arztleistung

Sachverhalt: Unsinn ist als Hals-, Nasen- und Ohrenarzt in Unna selbständig tätig. Daneben veröffentlicht er noch regelmäßig Aufsätze zu medizinischen Themen in Fachzeitschriften und hält darüber hinaus noch wiederholt Vorträge vor anderen Ärzten im Inland.

Frage: Sind die Leistungen des Unsinn steuerfrei?

▶ §§ 1, 4 Nr. 14 UStG; Abschn. 88 UStR

Versicherungsvertreter

Fall 232

Sachverhalt: Vilmar ist selbständiger Versicherungsvertreter in Verden und erbringt ausschließlich steuerfreie Umsätze i. S. des § 4 Nr. 11 UStG. Für seine Tätigkeit benötigt Vilmar einen Pkw, der ausschließlich für seine Versicherungstätigkeit eingesetzt wird. Den im Dezember 2000 erworbenen Pkw veräußerte Vilmar im April 2001 für 10 000 DM an eine Privatperson, die den Pkw in Verden abholte.

Frage: Wie ist der Verkauf des Pkw umsatzsteuerlich zu beurteilen?

▶ §§ 1, 4 Nr. 11 und Nr. 28 UStG; Abschn. 122 UStR

Steuerbefreiung beim innergemeinschaftlichen Erwerb

Fall 233

Sachverhalt: Der deutsche Unternehmer Duft mit Sitz in Duisburg erwarb am 15. 1. 2001 von dem dänischen Unternehmer Laudrup mit Sitz in Kopenhagen eine Maschine für umgerechnet 50 000 DM, die Laudrup mit eigenem Lkw zu Duft nach Duisburg beförderte. Duft wiederum veräußerte die Maschine am 19. 1. 2001 an den Unternehmer Schwingli mit Sitz in Zürich und transportierte die Maschine selbst am 19. 1. 2001 zu Schwingli nach Zürich.

Frage: Ist der Erwerb des Duft steuerpflichtig oder steuerfrei?

▶ §§ 1, 1a, 3d, 4 Nr. 1 Buchst. a, 4b, 15 Abs. 3 UStG

Option

Fall 234

Sachverhalt: Winzig ist Eigentümer eines Vierfamilienhauses in Warendorf. Von den vier Wohnungen sind zwei an Privatpersonen zu Wohnzwecken vermietet. Die dritte Wohnung nutzt ein Rechtsanwalt als Büro. Die vierte Wohnung nutzt Winzig selbst zu Wohnzwecken. Winzig möchte so weit wie möglich auf die Steuerbefreiung verzichten. Winzig hat das gesamte Grundstück seinem Unternehmen zugeordnet. Bei der Anschaffung war Winzig zum teilweisen VoSt-Abzug berechtigt.

Frage: Für welche Umsätze kann Winzig zur Steuerpflicht optieren?

▶ §§ 1, 4 Nr. 12, 9 UStG; Abschn. 148 UStR

Einschränkung der Option

Fall 235

Sachverhalt: Julia ist die Ehefrau eines Arztes für Allgemeinmedizin. Julia begann mit der Errichtung eines Gebäudes in Xanten am 10. 5. 2000. Das Gebäude wurde im Dezember 2000 fertig gestellt. Das Gebäude wurde nach Fertigstellung an den Ehemann zu einer monatlichen Miete von 3 000 DM vermietet. Der Ehemann nutzte das Gebäude für seine Arztpraxis.

Frage: Kann Julia auf die Steuerbefreiung der Vermietungsumsätze verzichten?

▶ §§ 1, 4 Nr. 12, 9, 27 Abs. 2 UStG

IV. Bemessungsgrundlagen

Für die steuerbaren Umsätze des § 1 Abs. 1 UStG, also sowohl für die steuerpflichtigen als auch für die steuerfreien Umsätze, ist die Bemessungsgrundlage zu bestimmen. Die gesetzlichen Regelungen für die Bemessungsgrundlagen befinden sich in den §§ 10 und 11 UStG.

Für die steuerbaren Umsätze ergeben sich folgende Bemessungsgrundlagen:

Steuerbarer Umsatz	Bemessungsgrundlage	Gesetzliche Regelung
Lieferungen und sonstige Leistungen	Entgelt	§ 10 Abs. 1
	Einkaufspreis zzgl. Nebenkosten oder Selbstkosten	§ 10 Abs. 4 Nr. 1
	Kosten	§ 10 Abs. 4 Nr. 2
		§ 10 Abs. 4 Nr. 3
Einfuhr aus dem Drittlandsgebiet	Zollwert	§ 11 Abs. 1
Innergemeinschaftlicher Erwerb	Entgelt	§ 10 Abs. 1

Besonderheiten:
- Bei dem Verbringen eines Gegenstandes i. S. des § 1a Abs. 2 UStG und des § 3 Abs. 1a UStG liegt ein Entgelt nicht vor. Als Bemessungsgrundlage ist der Einkaufspreis zzgl. der Nebenkosten für den Gegenstand oder für einen gleichartigen Gegenstand oder mangels eines Einkaufspreises die Selbstkosten, jeweils zum Zeitpunkt des Umsatzes, anzusetzen (§ 10 Abs. 4 Nr. 1 UStG).
- Bei Leistungen von Körperschaften und Personenvereinigungen an ihre Anteilseigner, Gesellschafter, Mitglieder, Teilhaber oder diesen nahe stehenden Personen sowie von Einzelunternehmern an ihnen nahe stehende Personen und bei Leistungen, die ein Unternehmer an sein Personal oder deren Angehörige aufgrund des Dienstverhältnisses ausführt, ist die sog. Mindestbemessungsgrundlage gem. § 10 Abs. 5 UStG zu beachten.
- Bei Beförderungen von Personen im Gelegenheitsverkehr mit Kraftomnibussen, die nicht im Inland zugelassen sind, tritt in den Fällen der Beförderungseinzelbesteuerung an die Stelle des vereinbarten Entgelts ein Durchschnittsbeförderungsentgelt (§ 10 Abs. 6 UStG). Zuständig für die Berechnung ist die jeweilige Zolldienststelle.

Fall 236 **Entgelt**

Sachverhalt: Apfelkorn ist Inhaber einer Gaststätte in Aalen. Im Jahre 2000 hatte er aus dem Verkauf von Getränken in seiner Gaststätte insgesamt 34 800 DM eingenommen. USt hatte Apfelkorn seinen Gästen nicht ausdrücklich berechnet.

Frage: Sind die Leistungen des Apfelkorn steuerbar und wenn ja, wie hoch ist die Bemessungsgrundlage?

▶ §§ 1, 10 Abs. 1 UStG; Abschn. 149 UStR

Bemessungsgrundlage bei zu niedrigem Steuerausweis   Fall 237

Sachverhalt: Berg ist selbständiger Elektrohändler in Bielefeld. Am 5. 4. 2001 veräußerte er einem Privatmann in seinem Geschäft in Bielefeld eine Stereoanlage. Berg stellte folgende Rechnung aus:

Lieferung einer Stereoanlage	5 000 DM
7 % USt	350 DM
	5 350 DM

Der Kunde bezahlte die Rechnung und nahm die Stereoanlage mit.

Frage: Wie hoch ist die Bemessungsgrundlage für die Lieferung des Berg?

▶ §§ 10 Abs. 1, 12 UStG; Abschn. 149 UStR

Bemessungsgrundlage bei zu hohem Steuerausweis   Fall 238

Sachverhalt: Camen ist Kunsthändler in Cottbus. Am 7. 4. 2001 veräußerte er dem Privatmann Pal ein Gemälde, das vollständig mit der Hand geschaffen war. Camen stellte dem Pal folgende Rechnung aus:

Lieferung eines Gemäldes	10 000 DM
16 % USt	1 600 DM
	11 600 DM

Frage: Wie hoch ist die Bemessungsgrundlage für die Lieferung des Gemäldes?

▶ §§ 10 Abs. 1, 12, 14 Abs. 2 UStG

Zusätzliches Entgelt   Fall 239

Sachverhalt: Dach ist selbständiger Architekt in Düsseldorf. Im Auftrag des Privatmanns Boden entwarf Dach im Februar 2001 eine Skizze für ein noch zu erstellendes Einfamilienhaus in Düsseldorf. Für die Skizze stellte Dach dem Boden eine Rechnung über 2 000 DM zzgl. 320 DM USt = 2 320 DM aus. Da dem Boden die Skizze außerordentlich gut gefiel, zahlte er dem Dach noch im Februar 2001 insgesamt 3 000 DM statt der vereinbarten 2 320 DM.

Frage: Wie hoch ist die Bemessungsgrundlage für den Umsatz des Dach?

▶ § 10 Abs. 1 UStG; Abschn. 149 UStR

Bemessungsgrundlage bei einem steuerfreien Umsatz   Fall 240

Sachverhalt: Ernst ist Büromaschinenhändler mit Sitz in Erlangen. Der Unternehmer Bürgli mit Sitz in der Schweiz bestellte bei Ernst am 20. 2. 2001 ein Fotokopiergerät. Da Ernst im März 2001 auf einer Messe in Bern ausstellte, vereinbarten Ernst und Bürgli, dass Ernst das Fotokopiergerät mit nach Bern bringt, wo Bürgli es abholte. Ernst berechnete dem Bürgli „2 000 DM einschließlich USt". Bürgli zahlte bei Übergabe des Fotokopiergeräts.

Frage: Ist die Lieferung steuerbar und wenn ja, wie hoch ist die Bemessungsgrundlage?

▶ §§ 1, 4 Nr. 1 Buchst. a, 6, 10 Abs. 1 UStG

Fall 241 **Bemessungsgrundlage beim innergemeinschaftlichen Erwerb**

Sachverhalt: Metallwarenhändler Fuchs aus Füssen bestellte am 29. 1. 2001 bei dem französischen Händler Metz aus Paris Bleche für sein Unternehmen. Metz brachte die Bleche am 6. 2. 2001 mit eigenem Lkw zu Fuchs nach Füssen. Metz berechnete dem Fuchs umgerechnet 60 000 DM zzgl. Transportkosten in Höhe von 5 000 DM. Fuchs bezahlte noch im Februar 2001.

Frage: Wie hoch ist die Bemessungsgrundlage für den Umsatz des Fuchs?

▶ §§ 1, 1a, 10 Abs. 1 UStG

Fall 242 **Bemessungsgrundlage bei der Entnahme**

Sachverhalt: Möbelhändler Greif aus Göttingen benötigte für sein selbstgenutztes Einfamilienhaus in Göttingen noch einen Wohnzimmerschrank. Er entnahm seinem Lager in Göttingen einen entsprechenden Schrank und stellte ihn in seinem Einfamilienhaus auf. Den Schrank hatte Greif am 10. 4. 2000 für 10 000 DM zzgl. 1 600 DM USt angeschafft. Zum Zeitpunkt der Entnahme, am 10. 1. 2001, würde der Einkaufspreis (brutto) für einen vergleichbaren Schrank 15 000 DM betragen. Der Ladenverkaufspreis eines solchen Schranks würde am 10. 1. 2001 20 000 DM zzgl. 3 200 DM USt betragen.

Frage: Wie hoch ist die Bemessungsgrundlage für die Entnahme des Schrankes?

▶ § 10 Abs. 4 Nr. 1 UStG

Fall 243 **Bemessungsgrundlage bei der Verwendung eines unternehmerischen Gegenstandes**

Sachverhalt: Zum Unternehmen des Hirsch in Hanau gehört u. a. auch ein Pkw (in vollem Umfang). Dieser Pkw wird von Hirsch auch zu Fahrten aus privatem Anlass eingesetzt; der Anteil der Privatfahrten beträgt 25 %. Bei der Anschaffung des Pkw im Jahre 1998 hat Hirsch den vollen VoSt-Abzug in Anspruch genommen. Im Jahre 2000 sind für den Pkw folgende Kosten angefallen:

Benzin, Öl, Reparaturen	10 000 DM
Kfz-Steuer	400 DM
Kfz-Versicherung	800 DM
AfA	6 000 DM
Garagenmiete (steuerpflichtig)	500 DM
	17 700 DM

Hirsch hat ein ordnungsgemäßes Fahrtenbuch geführt, und die Kosten sind durch Belege nachgewiesen.

Frage: Wie hoch ist die Bemessungsgrundlage für den Umsatz?

▶ § 10 Abs. 4 Nr. 2 UStG

Mindestbemessungsgrundlage
Fall 244

Sachverhalt: Eifrig ist selbständiger Kfz-Händler in Ingolstadt. Am 10. 5. 2001 kaufte er einen Pkw für 30 000 DM zzgl. 4 800 DM USt ein. Am 30. 5. 2001 verkaufte er diesen Pkw an seinen Sohn Sven für 20 000 DM zzgl. 3 200 DM USt.

Frage: Wie hoch ist die Bemessungsgrundlage für den Umsatz?

▶ § 10 Abs. 1, Abs. 4 Nr. 1, Abs. 5 UStG; Abschn. 158 UStR

Bemessungsgrundlage beim Verbringen
Fall 245

Sachverhalt: Knausrig ist Inhaber eines Autozubehörgeschäfts in Karlsruhe. Daneben hat er noch eine Betriebsstätte in Turin. Am 4. 4. 2001 transportierte Knausrig einhundert Felgen, die er im Januar 2001 für 30 000 DM zzgl. 4 800 DM USt erworben hatte, zu seiner Betriebsstätte nach Turin, um sie dort zu verkaufen. Der Verkaufspreis der Felgen belief sich auf 50 000 DM.

Frage: Wie hoch ist die Bemessungsgrundlage für den Umsatz?

▶ §§ 1, 3, 4, 6a, 10 Abs. 4 Nr. 1 UStG

Bemessungsgrundlage beim Tausch
Fall 246

Sachverhalt: Listig ist Kfz-Händler in Lippstadt. Im April 2001 verkaufte er ein neues Fahrzeug für 40 000 DM zzgl. 6 400 DM USt an den Unternehmer Urlaub. Listig nahm den gebrauchten betrieblichen Pkw des Urlaub für 7 000 DM zzgl. 1 120 DM USt – dies entsprach dem gemeinen Wert – in Zahlung. Urlaub zahlte den Differenzbetrag in Höhe von 38 280 DM an Listig in bar.

Frage: Wie hoch ist die Bemessungsgrundlage für den Umsatz des Listig?

▶ § 10 Abs. 2 UStG; Abschn. 153 UStR

V. Steuersätze

Nach § 12 UStG bestehen für die Besteuerung nach den allgemeinen Vorschriften des UStG zwei Steuersätze:

	Allgemeiner Steuersatz	Ermäßigter Steuersatz
1. 1. 1968 bis 30. 6. 1968	10 %	5 %
1. 7. 1968 bis 31. 12. 1977	11 %	5,5 %
1. 1. 1978 bis 30. 6. 1979	12 %	6 %
1. 7. 1979 bis 30. 6. 1983	13 %	6,5 %
1. 7. 1983 bis 31. 12. 1992	14 %	7 %
1. 1. 1993 bis 31. 3. 1998	15 %	7 %
ab 1. 4. 1998	16 %	7 %

Der ermäßigte Steuersatz kommt dann zur Anwendung, wenn der zu beurteilende Umsatz in die Vorschrift des § 12 Abs. 2 UStG eingruppiert werden kann. Hierunter fallen z. B.:

- die Lieferungen, die Einfuhr und der innergemeinschaftliche Erwerb der in der Anlage zu § 12 Abs. 2 Nr. 1 und 2 UStG bezeichneten Gegenstände, wie z. B. lebende Tiere, Nahrungsmittel, Bücher, Zeitungen, Kunstgegenstände, Sammlungsstücke,
- kulturelle Leistungen, wie z. B. die Leistungen der Theater, Orchester, Kammermusikensembles, Chöre und Museen; die Überlassung von Filmen sowie die Filmvorführungen; die Einräumung, Übertragung und Wahrnehmung von Urheberrechten und die Zirkusvorführungen,
- die Leistungen der Körperschaften, die ausschließlich und unmittelbar gemeinnützige, mildtätige oder kirchliche Zwecke verfolgen,
- die Beförderung von Personen mit Schiffen sowie die Beförderungen von Personen mit bestimmten Beförderungsmitteln innerhalb einer Gemeinde oder bei einer Beförderungsstrecke von nicht mehr als 50 km Länge.

Für die im Rahmen eines land- und forstwirtschaftlichen Betriebes ausgeführten Umsätze kommen besondere Durchschnittssätze gem. § 24 UStG zur Anwendung.

Fall 247 Erhöhung des Steuersatzes

Sachverhalt: Der Unternehmer Adalbert mit Sitz in Augsburg bestellte am 30. 1. 1998 bei dem Maschinenhersteller Müller mit Sitz in München eine Maschine für sein Unternehmen zu einem Festpreis einschließlich USt von 80 000 DM. Die Maschine sollte noch im I. Quartal 1998 ausgeliefert werden. Aufgrund eines Materialengpasses verzögerte sich die Auslieferung bis Juni 1998. Die Maschine wurde am 11. 6. 1998 durch Müller von München nach Augsburg zu Adalbert befördert. Die Zahlung erfolgte im Juli 1998.

Frage: Welchem Steuersatz muss Müller die Lieferung der Maschine unterwerfen?

▶ § 12 Abs. 1 UStG

Fall 248 Verzehr an Ort und Stelle

Sachverhalt: Bärig betreibt in Bad Wildungen eine Gaststätte. Neben den Getränken verkauft er auch Speisen, die in seiner Gaststätte verzehrt werden. Hierbei handelt es sich ausschließlich um Lebensmittel, die in der Anlage zu § 12 Abs. 2 Nr. 1 und 2 UStG aufgelistet sind.

Frage: Welchem Steuersatz muss Bärig seine Leistungen unterwerfen?

▶ § 12 Abs. 1 u. 2 UStG

Fall 249 Steuersatz beim innergemeinschaftlichen Erwerb

Sachverhalt: Calmut ist Gemüsegroßhändler mit Sitz in Coburg. Er bestellte am 14. 2. 2001 bei dem spanischen Händler Sancho mit Sitz in Barcelona einhundert Kisten Tomaten. Vereinbarungsgemäß ließ Sancho die Tomaten durch einen Spediteur am 22. 2. 2001 von Barcelona nach Coburg transportieren. Die von Sancho ausgestellte Rechnung über umgerechnet 5 000 DM bezahlte Calmut im März 2001. Beide Unternehmer hatten ihre jeweilige USt-IdNr. angegeben.

Frage: Erbringt Calmut einen steuerbaren Umsatz und wenn ja, wie hoch ist der Steuersatz und die Bemessungsgrundlage?

▶ §§ 1, 1a, 3d, 10 Abs. 1, 12 Abs. 2 Nr. 1 UStG

Theaterumsätze   Fall 250

Sachverhalt: Unternehmer Dynamo betreibt in Dresden ein Theater. Dem Dynamo ist auf Antrag von der zuständigen Landesbehörde bescheinigt worden, dass er mit seinem Theater wichtige kulturelle Aufgaben vergleichbar einem Landestheater erfüllt. Die Umsätze aus dem Theater beliefen sich im Jahre 2000 auf 150 000 DM.

Frage: Ist der ermäßigte Steuersatz gem. § 12 Abs. 2 Nr. 7 Buchst. a UStG anwendbar?

▶ §§ 1, 4 Nr. 20 Buchst. a, 12 Abs. 2 Nr. 7 Buchst. a UStG

Verabreichung von Heilbädern   Fall 251

Sachverhalt: Emsig betreibt in Elmshorn ein Sportstudio. Neben dem eigentlichen Trainingsbereich verfügt das Sportstudio über einen Saunabereich. Von den Mitgliedern wird ein Pauschalentgelt für Training einschließlich Saunabenutzung erhoben. Nach den Aufzeichnungen des Emsig entfallen auf den Saunabereich rund 25 % der Verweildauer aller Besucher.

Frage: Wie viele Leistungen liegen vor und wie hoch ist/sind der Steuersatz/die Steuersätze?

▶ §§ 1, 12 Abs. 1 und Abs. 2 Nr. 9 UStG; Abschn. 29 und 171 UStR

VI. Sondertatbestände

Als umsatzsteuerliche Sondertatbestände kommen insbesondere folgende Vorschriften in Betracht:
- Steuervergütung (§ 4a UStG),
- Gutglaubenschutz (§ 6a Abs. 4 UStG),
- unrichtiger Steuerausweis (§ 14 Abs. 2 UStG),
- unberechtigter Steuerausweis (§ 14 Abs. 3 UStG),
- Änderung der Bemessungsgrundlage (§ 17 UStG),
- allgemeine Durchschnittssätze (§§ 23, 23a UStG),
- Durchschnittssätze für land- und forstwirtschaftliche Betriebe (§ 24 UStG),
- Besteuerung von Reiseleistungen (§ 25 UStG),
- Differenzbesteuerung (§ 25a UStG).

Unrichtiger Steuerausweis   Fall 252

Sachverhalt: Unternehmer Zwirn betreibt in Zweibrücken eine Buchhandlung. Am 3. 1. 2001 veräußerte er dem Kunden Klug mehrere Bücher – keine jugendgefährdenden Schriften und keine Werbedrucke – und stellte irrtümlich folgende Rechnung aus:

Lieferung Bücher   500 DM
16 % USt   80 DM
                           580 DM

Klug bezahlte den Rechnungsbetrag am 3. 1. 2001 in bar.

Frage: Welche umsatzsteuerlichen Folgen ergeben sich aus der Rechnungserteilung?

▶ § 14 Abs. 2 UStG; Abschn. 189 UStR

Fall 253 Unberechtigter Steuerausweis

Sachverhalt: Unternehmer Wuchtig betreibt einen Lebensmitteleinzelhandel in Witten. Neben einem betrieblichen Pkw ist Wuchtig noch im Besitz eines ausschließlich privat genutzten Pkw. Diesen privat genutzten Pkw veräußerte Wuchtig am 2. 2. 2001 an den Abnehmer Alt. Wuchtig stellte folgende Rechnung aus:

Lieferung Pkw   10 000 DM
16 % USt   1 600 DM
                         11 600 DM

Alt bezahlte den Rechnungsbetrag am 2. 2. 2001 durch Hingabe eines Schecks.

Frage: Welche umsatzsteuerlichen Folgen ergeben sich aus der Rechnungserteilung?

▶ § 14 Abs. 3 UStG; Abschn. 190 UStR

Fall 254 Änderung der Bemessungsgrundlage

Sachverhalt: Unternehmer Tief betreibt in Tuttlingen ein Unternehmen, das den Verkauf von Heizungsanlagen zum Gegenstand hat. Am 4. 5. 2000 veräußerte er dem Kunden Hoch eine derartige Heizungsanlage für 20 000 DM zzgl. 3 200 DM USt. Da Hoch den Betrag nicht in einer Summe zahlen konnte, vereinbarten Tief und Hoch eine Ratenzahlung. Da Hoch keine Raten zahlte, trat Tief am 4. 8. 2000 die Forderung in Höhe von 23 200 DM zu einem Festpreis von 15 000 DM an ein Inkassobüro ab. Das Inkassobüro konnte noch insgesamt 20 000 DM am 4. 9. 2000 einziehen und teilte dies auch unverzüglich dem Tief mit. Tief ist zur Abgabe von monatlichen Voranmeldungen verpflichtet.

Frage: Was muss Tief in Bezug auf diesen Vorgang umsatzsteuerlich veranlassen?

▶ §§ 1, 4 Nr. 8, 10, 17 UStG; Abschn. 223 UStR

Fall 255 Reiseleistungen

Sachverhalt: Der Unternehmer Sauer betreibt in Steinfurt ein Unternehmen, das die Veranstaltung von Pauschalreisen zum Gegenstand hat. Sauer erbringt die Leistungen im eigenen Namen, bedient sich jedoch Dritter als Leistungsträger. Am 3. 1. 2001 buchte die Privatperson Süß bei Sauer eine zweiwöchige Pauschalreise nach Cuxhaven zum Preis von 1 200 DM. Sauer hatte für die Bahnfahrt 180 DM und für die Hotelunterkunft 700 DM bezahlt. Die Reise wurde im Mai 2001 ausgeführt.

Frage: Wie ist die Leistung des Sauer umsatzsteuerlich zu behandeln?

▶ § 25 UStG; Abschn. 272 UStR

Differenzbesteuerung
Fall 256

Sachverhalt: Unternehmer Rübe betreibt in Recklinghausen einen Secondhand-Laden. Im März 2001 kaufte Rübe von der Privatperson Birne eine gebrauchte Waschmaschine für 500 DM ein. Diese gebrauchte Waschmaschine veräußerte er im April 2001 zu einem Preis von 650 DM an den Käufer Kürbis, der die Waschmaschine in Recklinghausen abholte und den Kaufpreis in bar bezahlte. Ein Verzicht auf die Anwendung der Differenzbesteuerung ist von Rübe nicht erklärt worden. Die Anwendung der Gesamtdifferenzregelung des § 25a Abs. 4 UStG kommt für Rübe nicht in Betracht.

Frage: Wie ist die Leistung des Rübe umsatzsteuerlich zu behandeln?

▶ § 25a UStG

VII. Entstehung der Steuer

Für Lieferungen und sonstige Leistungen entsteht die USt grundsätzlich mit Ablauf des Voranmeldungszeitraumes, in dem die Leistungen ausgeführt worden sind (§ 13 Abs. 1 Nr. 1 Buchst. a UStG). Abweichende Regelungen gelten in Fällen der Anzahlung (§ 13 Abs. 1 Nr. 1 Buchst. a Satz 4 UStG), bei der Berechnung der Steuer nach vereinnahmten Entgelten (§ 13 Abs. 1 Nr. 1 Buchst. b UStG) und in den Fällen der Beförderungseinzelbesteuerung (§ 13 Abs. 1 Nr. 1 Buchst. c UStG).

Für Leistungen i. S. d. § 3 Abs. 1b und Abs. 9a UStG entsteht die USt mit Ablauf des Voranmeldungszeitraums, in dem diese Leistungen ausgeführt worden sind (§ 13 Abs. 1 Nr. 2 UStG).

Für den innergemeinschaftlichen Erwerb i. S. d. § 1a UStG entsteht die Steuer mit Ausstellung der Rechnung, spätestens mit Ablauf des dem Erwerb folgenden Kalendermonats (§ 13 Abs. 1 Nr. 6 UStG). Für den innergemeinschaftlichen Erwerb von neuen Fahrzeugen i. S. d. § 1b UStG entsteht die Steuer am Tag des Erwerbs (§ 13 Abs. 1 Nr. 7 UStG).

Die Entstehungszeitpunkte in den Fällen des § 14 Abs. 2 und Abs. 3 UStG, § 17 Abs. 1 Satz 2 UStG und § 6a Abs. 4 Satz 2 UStG sind in § 13 Abs. 1 Nr. 3, 4, 5 und 8 UStG geregelt.

Besteuerung nach vereinbarten Entgelten
Fall 257

Sachverhalt: Anker ist selbständiger Bauunternehmer in Ahaus und berechnet die USt nach vereinbarten Entgelten. Anker ist zur Abgabe monatlicher USt-Voranmeldungen verpflichtet. Am 1. 3. 2001 erhielt er von dem Unternehmer Winde den Auftrag, auf dem unbebauten Grundstück des Winde in Ahaus ein Verwaltungsgebäude zu errichten. Anker begann mit den Bauarbeiten am 2. 4. 2001 und schloss diese am 1. 6. 2001 ab; Winde nahm das Gebäude am 1. 6. 2001 ab. Anker berechnete dem Winde mit Rechnung vom 20. 6. 2001 einen Betrag in Höhe von 200 000 DM zzgl. 32 000 DM USt = 232 000 DM, den Winde im Juli 2001 beglich.

Frage: Wann entsteht die USt für die Leistung des Anker?

▶ §§ 3 Abs. 4, 13 Abs. 1 Nr. 1 Buchst. a UStG; Abschn. 177 und 178 UStR

Fall 258 Besteuerung nach vereinnahmten Entgelten

Sachverhalt: Bissig ist selbständiger Rechtsanwalt in Borken. Er ist zur Abgabe monatlicher USt-Voranmeldungen verpflichtet. Bissig ist auf Antrag gestattet worden, seine USt gem. § 20 UStG nach vereinnahmten Entgelten zu berechnen. Im April 2001 verteidigte Bissig den Mandanten Mogel mit Sitz in Borken. Bissig stellte noch im April 2001 eine Rechnung über 5 000 DM zzgl. 800 DM USt aus. Mogel zahlte den vollständigen Rechnungsbetrag im Mai 2001 in bar.

Frage: Wann entsteht die USt für die Leistung des Bissig?

▶ § 13 Abs. 1 Nr. 1 Buchst. b UStG; Abschn. 182 UStR

Fall 259 Anzahlung

Sachverhalt: Carl ist selbständiger Tischlermeister in Coesfeld, der seine USt nach vereinbarten Entgelten berechnet. Er ist zur Abgabe monatlicher USt-Voranmeldungen verpflichtet. Carl erhielt am 10. 4. 2001 von der Privatperson Pleite den Auftrag, einen Wohnzimmerschrank herzustellen. Carl forderte und erhielt am 23. 4. 2001 von Pleite eine Anzahlung in Höhe von 5 000 DM; eine Rechnung erteilte Carl nicht. Den Restbetrag in Höhe von 10 000 DM erhielt Carl bei Übergabe des Schranks am 14. 7. 2001.

Frage: Wann und in welcher Höhe entsteht die USt?

▶ § 13 Abs. 1 Nr. 1 Buchst. a UStG

Fall 260 Entstehung beim innergemeinschaftlichen Erwerb

Sachverhalt: Dunkel ist selbständiger Dachdeckermeister mit Sitz in Düsseldorf. Im Februar 2001 bestellte er bei dem niederländischen Unternehmer Niehues mit Sitz in Enschede Dachziegel für sein Unternehmen. Niehues transportierte die Dachziegel am 17. 4. 2001 mit eigenem Fahrzeug von Enschede nach Düsseldorf zu Dunkel. Sowohl Dunkel als auch Niehues hatten ihre jeweilige USt-IdNr. angegeben. Niehues stellte am 20. 4. 2001 eine Rechnung über umgerechnet 10 000 DM aus, die am 2. 5. 2001 bei Dunkel einging. Dunkel bezahlte die Rechnung noch im Laufe des Mai 2001. Dunkel ist zur Abgabe monatlicher USt-Voranmeldungen verpflichtet.

Frage: Wann entsteht die USt für den Erwerb des Dunkel?

▶ §§ 1, 1a, 10 Abs. 1, 13 Abs. 1 Nr. 6 UStG

Fall 261 Innergemeinschaftlicher Erwerb ohne Rechnungsausstellung

Sachverhalt: Wie vorhergehender Fall, nur mit der Abweichung, dass Niehues dem Dunkel keine Rechnung erteilt.

Frage: Wann entsteht die USt für den Erwerb des Dunkel?

▶ §§ 1, 1a, 10 Abs. 1, 13 Abs. 1 Nr. 6 UStG

Fall 262 Entstehung beim Erwerb eines neuen Fahrzeugs

Sachverhalt: Esche ist Steuerfachangestellter in Essen. Er reiste am 15. 1. 2001 mit der Bahn nach Paris, erwarb dort von einem französischen Kfz-Händler einen Pkw, der zwei

Monate alt war und 3 000 km zurückgelegt hatte, für umgerechnet 18 000 DM und fuhr mit diesem am selben Tag zurück nach Essen.

Frage: Unterliegt der Erwerb der USt und wenn ja, wann entsteht die USt?

▶ §§ 1, 1a, 1b, 10 Abs. 1, 13 Abs. 1 Nr. 7, 16 Abs. 5a, 18 Abs. 5a UStG

VIII. Vorsteuer

Der Unternehmer kann die im § 15 Abs. 1 UStG aufgeführten Beträge grundsätzlich als VoSt abziehen.

Nach § 15 Abs. 1 Nr. 1 UStG kann der Unternehmer die in Rechnungen im Sinne des § 14 UStG gesondert ausgewiesene Steuer für Lieferungen oder sonstige Leistungen, die von anderen Unternehmern für sein Unternehmen ausgeführt worden sind, als VoSt abziehen.

Nach § 15 Abs. 1 Nr. 2 UStG kann der Unternehmer die entrichtete Einfuhrumsatzsteuer für Gegenstände, die für sein Unternehmen in das Inland eingeführt worden sind, als VoSt abziehen.

Nach § 15 Abs. 1 Nr. 3 UStG kann der Unternehmer schließlich auch die Steuer für den innergemeinschaftlichen Erwerb von Gegenständen für sein Unternehmen als VoSt abziehen.

Nicht als für das Unternehmen ausgeführt gilt die Lieferung, die Einfuhr oder der innergemeinschaftliche Erwerb eines Gegenstandes, den der Unternehmer zu weniger als 10 % für sein Unternehmen nutzt.

Ein Abzug der gem. § 15 Abs. 1 UStG angefallenen VoSt ist in den Fällen des § 15 Abs. 1a u. Abs. 2 UStG, der wiederum zum Teil durch § 15 Abs. 3 UStG aufgehoben wird, ausgeschlossen. So ist z. B. grundsätzlich ein VoSt-Abzug dann nicht möglich, wenn die bezogene Leistung zur Ausführung steuerfreier Umsätze verwendet wird. Dies gilt nicht in Fällen der Steuerfreiheit nach § 4 Nr. 1 – 7 UStG.

Seit dem 1. 4. 1999 sind die Vorsteuerbeträge nur zu 50 % abziehbar, die auf die Anschaffung oder Herstellung, die Einfuhr, den innergemeinschaftlichen Erwerb, die Miete oder den Betrieb von Fahrzeugen i. S. d. § 1b Abs. 2 UStG entfallen, die auch für den privaten Bedarf des Unternehmers oder für andere unternehmensfremde Zwecke verwendet werden.

Verwendet der Unternehmer einen für sein Unternehmen gelieferten, eingeführten oder innergemeinschaftlich erworbenen Gegenstand oder eine von ihm in Anspruch genommene sonstige Leistung nur zum Teil zur Ausführung von Umsätzen, die den VoSt-Abzug ausschließen, so ist der Teil der jeweiligen VoSt-Beträge nicht abziehbar, der den zum Ausschluss vom VoSt-Abzug führenden Umsätzen wirtschaftlich zuzurechnen ist (§ 15 Abs. 4 UStG).

Besonderheiten beim VoSt-Abzug gelten z. B. für Fahrzeuglieferer im Sinne des § 2a UStG (§ 15 Abs. 4a UStG), für Kleinbetragsrechnungen (§ 35 UStDV) und für Fahrausweise (§ 35 UStDV). VoSt-Beträge, die auf bestimmte Reisekosten und auf Umzugskosten entfallen, sind ab dem 1. 4. 1999 nicht mehr abziehbar (§ 15 Abs. 1a Nr. 2 und 3 UStG).

Wird ein Wirtschaftsgut längerfristig im Unternehmen genutzt und ändern sich die Verwendungsverhältnisse dieses Wirtschaftsguts, ist unter den Voraussetzungen des § 15a UStG i. V. m. §§ 44 und 45 UStDV der VoSt-Abzug zu berichtigen.

Fall 263 VoSt-Abzug aus Rechnungen

Sachverhalt: Der selbständige Steuerberater Alf mit Sitz in Aurich benötigte für sein Büro einen Computer, den er ausschließlich für seine beruflichen Zwecke nutzt. Am 3. 1. 2001 erwarb er bei dem Büromaschinenhändler Brett in Aurich einen Computer für 3 000 DM zzgl. 480 DM USt = 3 480 DM. Brett stellte dem Alf eine Rechnung mit gesondertem USt-Ausweis aus. Alf zahlte den Kaufpreis am 3. 1. 2001.

Frage: Kann Alf einen VoSt-Abzug in Anspruch nehmen?

▶ § 15 Abs. 1 Nr. 1 UStG; Abschn. 191 und 192 UStR

Fall 264 Gesonderter Steuerausweis

Sachverhalt: Brecht betreibt eine Bäckerei in Bocholt. Für sein Ladengeschäft erwarb Brecht am 5. 1. 2001 eine neue Ladentheke von dem Unternehmer Böll zum Preis von 3 000 DM. Brecht bezahlte den Kaufpreis am 5. 1. 2001 und erhielt von dem Unternehmer Böll eine Rechnung über „3 000 DM einschließlich USt".

Frage: Kann Brecht einen VoSt-Abzug in Anspruch nehmen?

▶ § 15 Abs. 1 Nr. 1 UStG; Abschn. 192 UStR

Fall 265 Scheinrechnung

Sachverhalt: Carlsson ist selbständiger Schrotthändler in Karlsruhe. Da er sich für den USt-Voranmeldungszeitraum Dezember 2000 eine hohe USt-Zahlung ausgerechnet hatte, bat er den befreundeten Unternehmer Unger mit Sitz ebenfalls in Karlsruhe, ihm eine Rechnung mit gesondertem Steuerausweis über 10 000 DM zzgl. 1 600 DM USt auszustellen. Eine Leistung sollte nicht erfolgen. Unger tat dem Carlsson den Gefallen und stellte eine entsprechende Rechnung mit USt-Ausweis aus.

Frage: Kann Carlsson einen VoSt-Abzug in Anspruch nehmen?

▶ § 15 Abs. 1 Nr. 1 UStG; Abschn. 192 UStR

Fall 266 Leistung von Privatperson

Sachverhalt: Damm ist selbständiger Handelsvertreter mit Sitz in Detmold. Für seine Tätigkeit benötigte Damm einen anderen Pkw. Er kaufte von dem angestellten Maurer Meyer dessen Pkw für insgesamt 11 600 DM. Auf Bitten des Damm stellte Meyer eine Rechnung über 10 000 DM zzgl. 1 600 DM USt aus.

Frage: Kann Damm einen VoSt-Abzug aus der Rechnung des Meyer in Anspruch nehmen?

▶ § 15 Abs. 1 Nr. 1 UStG; Abschn. 192 UStR

Leistung für private Zwecke — Fall 267

Sachverhalt: Ehrlich ist selbständiger Rechtsanwalt in Eutin. Am 3. 2. 2001 ließ er auf dem Dach seines privat genutzten Einfamilienhauses in Eutin von dem Unternehmer Decker eine Fernsehantenne anbringen. Decker erteilte dem Ehrlich eine Rechnung über 600 DM zzgl. 96 DM USt. Ehrlich bezahlte die Rechnung noch im Februar 2001.

Frage: Kann Ehrlich einen VoSt-Abzug aus der Rechnung des Decker in Anspruch nehmen?

▶ § 15 Abs. 1 Nr. 1 UStG; Abschn. 192 UStR

Einfuhrumsatzsteuer — Fall 268

Sachverhalt: Fahrian betreibt in Finsterwalde eine Pkw-Reparaturwerkstatt. Für sein Unternehmen benötigte er eine neue Hebebühne. Am 17. 4. 2001 fuhr er mit seinem Lkw zu dem Hersteller Kuzorra mit Sitz in Prag und kaufte dort eine entsprechende Hebebühne für umgerechnet 10 000 DM. Fahrian bezahlte die Hebebühne in bar und brachte sie noch am selben Tag zurück nach Finsterwalde. An der Grenzzollstelle entrichtete Fahrian die Einfuhrumsatzsteuer in Höhe von 1 600 DM. Fahrian ist zur Abgabe monatlicher USt-Voranmeldungen verpflichtet.

Frage: Kann Fahrian die Einfuhrumsatzsteuer als VoSt abziehen?

▶ § 15 Abs. 1 Nr. 2 UStG; Abschn. 199 UStR

Erwerbsteuer — Fall 269

Sachverhalt: Der in Gießen ansässige Unternehmer Graf bestellte am 15. 1. 2001 unter Angabe seiner deutschen USt-IdNr. bei dem Gemüsegroßhändler Tomato aus Italien fünfhundert Kisten Salat für sein Unternehmen in Gießen. Der Salat wurde am 22. 1. 2001 durch Tomato von Italien nach Gießen befördert. Den vereinbarten Kaufpreis in Höhe von umgerechnet 5 000 DM zzgl. 500 DM Transportkosten entrichtete Graf – ohne Rechnung des Tomato – im Februar 2001. Graf ist zur Abgabe monatlicher USt-Voranmeldungen verpflichtet.

Frage: Wie ist der Vorgang für Graf umsatzsteuerlich zu beurteilen?

▶ §§ 1, 1a, 3d, 12 Abs. 2 Nr. 1, 10 Abs. 1, 13 Abs. 1 Nr. 6, 15 Abs. 1 Nr. 3 UStG

Nicht abzugsfähige Aufwendungen — Fall 270

Sachverhalt: Der Elektrogerätehändler Watt mit Sitz in Berlin schenkte einem guten Kunden zu Weihnachten 2000 einen Videorecorder, dessen Anschaffungskosten 700 DM betragen hatten. Die Aufwendungen in Höhe von 700 DM waren bei der Gewinnermittlung für den gewerblichen Betrieb des Watt nicht abzugsfähig. Watt hat umsatzsteuerlich bezüglich dieses Sachverhalts nichts veranlasst.

Frage: Kann Watt aus der Anschaffung des Videorecorders einen VoSt-Abzug geltend machen?

▶ § 15 Abs. 1a UStG

Fall 271 Anschaffung eines Fahrzeugs

Sachverhalt: Der Unternehmer Ulkig mit Sitz in Ulm erwarb am 3. 5. 2000 einen Pkw zum Preis von 100 000 DM zuzüglich 16 000 DM USt = 116 000 DM. Den Pkw nutzt Ulkig zu 60 % betrieblich und zu 40 % privat. Im Jahre 2000 sind für den Pkw noch Kosten in Höhe von 2 000 DM zuzüglich 320 DM USt angefallen. Die Kfz-Steuer und die Kfz-Versicherung belief sich auf 1 500 DM.

Frage: In welcher Höhe kann Ulkig einen VoSt-Abzug vornehmen?

▶ § 15 Abs. 1b UStG

Fall 272 Ausschluss vom VoSt-Abzug

Sachverhalt: Hilfe ist als Zahnarzt in Herne selbständig tätig. Er erbringt ausschließlich steuerfreie Umsätze. Am 1. 3. 2001 erwarb Hilfe von dem Hersteller Retter mit Sitz in Ulm einen neuen Behandlungsstuhl für seine Praxis. Retter stellte dem Hilfe eine Rechnung über 30 000 DM zzgl. 4 800 DM USt = 34 800 DM aus. Die Rechnung wurde von Hilfe am 30. 3. 2001 bezahlt.

Frage: Kann Hilfe aus der Anschaffung einen VoSt-Abzug geltend machen?

▶ §§ 4, 15 Abs. 1, Abs. 2 und Abs. 3 UStG; Abschn. 203 und 204 UStR

Fall 273 Ausnahmen vom Ausschluss des VoSt-Abzugs

Sachverhalt: Ingwer betreibt in Iserlohn ein Unternehmen, das den Im- und Export zum Gegenstand hat. Am 20. 3. 2001 erwarb Ingwer einen Posten Kugellager von dem Unternehmer Rüstig aus Recklinghausen für 20 000 DM zzgl. 3 200 DM gesondert ausgewiesener USt. Diese Kugellager veräußerte Ingwer am 26. 3. 2001 an einen polnischen Unternehmer mit Sitz in Warschau für 30 000 DM. Ingwer transportierte die Kugellager mit eigenem Lkw von Iserlohn nach Warschau.

Frage: Kann Ingwer aus der Anschaffung der Kugellager einen VoSt-Abzug in Anspruch nehmen?

▶ §§ 4, 6, 15 Abs. 1, Abs. 2 u. Abs. 3 UStG

Fall 274 Aufteilung der VoSt

Sachverhalt: Jansen ist Eigentümer eines bebauten Grundstücks in Jena. In dem Gebäude befinden sich vier Wohnungen (zusammen 320 qm), die an Privatleute zu Wohnzwecken vermietet sind, und im Erdgeschoss zwei Ladenlokale (zusammen 160 qm), die an Unternehmer für deren Unternehmen vermietet sind. Bezüglich der vermieteten Ladenlokale hat Jansen zulässigerweise auf die Steuerbefreiung verzichtet. Im April 2001 musste das Dach des Gebäudes neu eingedeckt werden. Der Dachdecker stellte dem Jansen eine Rechnung über 40 000 DM zzgl. 6 400 DM USt = 46 400 DM aus. Jansen bezahlte die Rechnung im Mai 2001. Das Grundstück gehört in vollem Umfang zum Unternehmen.

Frage: Kann Jansen einen VoSt-Abzug in Anspruch nehmen?

▶ §§ 4, 9, 15 Abs. 4 UStG; Abschn. 207 und 208 UStR

Kleinbetragsrechnung Fall 275

Sachverhalt: Kunz betreibt ein Blumeneinzelhandelsgeschäft in Kaiserslautern. Für die Renovierung seines Ladengeschäfts erwarb er am 10. 1. 2001 von einem Baumarkt in Kaiserslautern verschiedene Materialien für insgesamt 180 DM. In der Rechnung ist neben dem leistenden Unternehmer und der Bezeichnung der verkauften Gegenstände lediglich der Gesamtbetrag von 180 DM und der Steuersatz mit 16 % angegeben. Kunz ist zur Abgabe monatlicher USt-Voranmeldungen verpflichtet.

Frage: Kann Kunz aus der Rechnung einen VoSt-Abzug in Anspruch nehmen?

▶ § 15 Abs. 1 Nr. 1 UStG; §§ 33 und 35 UStDV; Abschn. 194 UStR

Berichtigung des VoSt-Abzugs Fall 276

Sachverhalt: Maler ist Eigentümer eines Geschäftshauses in Münster. Das gesamte Gebäude war seit der Fertigstellung am 2. 1. 1996 an einen Möbelgroßhandel vermietet. Maler hatte auf die Steuerbefreiung des § 4 Nr. 12 Buchst. a UStG wirksam gem. § 9 UStG verzichtet und die Vermietungsumsätze als steuerpflichtig behandelt. Die aus der Herstellung des Gebäudes resultierende USt ist in Höhe von 100 000 DM als VoSt abgezogen worden. Am 1. 4. 2001 veräußerte Maler das Grundstück an eine Privatperson für 500 000 DM. Maler ist zur Abgabe monatlicher USt-Voranmeldungen verpflichtet.

Frage: Muss Maler bezüglich des vorgenommenen VoSt-Abzugs umsatzsteuerrechtlich etwas veranlassen?

▶ §§ 4, 9, 15a UStG; Abschn. 214 – 219 UStR

IX. Verfahren

Besteuerungszeitraum für die USt ist das Kalenderjahr. Hat der Unternehmer seine gewerbliche oder berufliche Tätigkeit nur in einem Teil des Kalenderjahres ausgeübt, so tritt gem. § 16 Abs. 3 UStG dieser Teil an die Stelle des Kalenderjahres.

Der Unternehmer muss im Regelfall gem. § 18 UStG Vorauszahlungen leisten. Bezüglich der Abgabe der Voranmeldungen ist die Gewährung einer Dauerfristverlängerung möglich. Durch das Jahressteuergesetz 1996 wird als Regelvoranmeldungszeitraum das Kalendervierteljahr bestimmt. Es ergeben sich folgende Variationen:

Steuer des vorangegangenen Jahres (x)	Voranmeldungszeitraum	Vorschrift
x > 12 000 DM	Kalendermonat	§ 18 Abs. 2 Satz 2
12 000 DM ≥ x > 1 000 DM	Kalendervierteljahr	§ 18 Abs. 2 Satz 1
1 000 DM ≥ x ≥ ·/. 12 000 DM	Kalendervierteljahr aber Befreiung von Abgabe der Voranmeldungen möglich	§ 18 Abs. 2 Satz 1 § 18 Abs. 2 Satz 3

Steuer des vorangegangenen Jahres (x)	Voranmeldungszeitraum	Vorschrift
x < ./. 12 000 DM	Kalendervierteljahr aber	§ 18 Abs. 2 Satz 1
	Befreiung von Abgabe der Voranmeldungen möglich oder	§ 18 Abs. 2 Satz 3
	Wahl des Kalendermonats als Voranmeldungszeitraum möglich	§ 18 Abs. 2a Satz 1

Seit dem 1. 1. 1993 muss der Unternehmer in bestimmten Fällen noch Zusammenfassende Meldungen gem. § 18a UStG abgeben.

Verfahrensbesonderheiten bestehen darüber hinaus für Kleinunternehmer (§ 19 UStG) sowie in Bezug auf das Abzugsverfahren (§§ 51 – 58 UStDV) und das Vergütungsverfahren (§§ 59 – 61 UStDV).

Nach § 22a – 22e UStG kann sich ein im Ausland ansässiger Unternehmer unter bestimmten Voraussetzungen im Inland durch einem Fiskalvertreter vertreten lassen.

Fall 277 Steuerberechnung

Sachverhalt: Neureich ist Unternehmer mit Sitz in Neustadt. Für das Kalenderjahr 2000 machte Neureich folgende Angaben:

Entgelte für ausgeführte Leistungen	250 000 DM
– davon steuerfrei	30 000 DM
– davon nicht steuerbar	24 000 DM

Die restlichen Entgelte entfielen alle auf steuerpflichtige Leistungen zu 16 %. Die abzugsfähigen VoSt beliefen sich im Jahre 2000 auf 15 000 DM.

Frage: Wie hoch ist die verbleibende Steuerschuld des Neureich für das Jahr 2000?

▶ § 16 UStG

Fall 278 Dauerfristverlängerung

Sachverhalt: Ohnsorg ist Unternehmer mit Sitz in Olpe. Er ist gem. § 18 UStG zur Abgabe monatlicher USt-Voranmeldungen verpflichtet. Die Vorauszahlungen für das Jahr 2000 betrugen insgesamt 20 000 DM. Am 2. 1. 2001 erschien Ohnsorg bei seinem Steuerberater und bat ihn, dafür zu sorgen, dass die Frist für die Abgabe der USt-Voranmeldungen – beginnend mit der USt-Voranmeldung für Januar 2001 – um jeweils einen Monat verlängert wird.

Frage: Was hat der Steuerberater zu veranlassen, um das Ansinnen des Ohnsorg zu erfüllen?

▶ § 18 Abs. 6 UStG; §§ 46 – 48 UStDV; Abschn. 228 UStR

Zusammenfassende Meldung

Fall 279

Sachverhalt: Der Unternehmer Pelz mit Sitz in Perleberg hatte im 1. Kalendervierteljahr 2001 innergemeinschaftliche Warenlieferungen ausgeführt und war demzufolge gem. § 18a Abs. 1 UStG zur Abgabe einer Zusammenfassenden Meldung an das Bundesamt für Finanzen verpflichtet. Dieser Verpflichtung ist Pelz nachgekommen und hatte bis zum 10. 4. 2001 die folgende Zusammenfassende Meldung abgegeben:

Umsatzsteuer-Identifikations-nummer (USt-IdNr.)

`01` D E `1 2 3 4 5 6 7 8 9`

Bundesamt für Finanzen
– Außenstelle Saarlouis –

66738 Saarlouis

Zusammenfassende Meldung
über innergemeinschaftliche Warenlieferungen
und innergemeinschaftliche Dreiecksgeschäfte

Meldezeitraum
Für jeden Meldezeitraum, in dem innergemeinschaftliche Warenlieferungen und/oder Lieferungen i.S.d. § 25 b Abs. 2 UStG im Rahmen innergemeinschaftlicher Dreiecksgeschäfte ausgeführt wurden, ist eine gesonderte ZM abzugeben.

(Jahreszahl bitte ergänzen)

02	1. Quartal	1	200	1
	2. Quartal	2	200	
	3. Quartal	3	200	
	4. Quartal	4	200	
	Kalenderjahr	5	200	

Unternehmer – Art und Anschrift – Telefon

Pelz
Perleberg

Berichtigung `03`
(falls ja, bitte „1" eintragen)

Einlagebogen `04` Anzahl

Betragsangaben in EURO `05`
(falls ja, bitte „1" eintragen)

Ich versichere, die Angaben in dieser Zusammenfassenden Meldung wahrheitsgemäß nach bestem Wissen und Gewissen gemacht zu haben.

Hinweis:
Wer vorsätzlich oder leichtfertig entgegen seinen Verpflichtungen gem. § 18 a Umsatzsteuergesetz (UStG) eine Zusammenfassende Meldung nicht, nicht richtig, nicht vollständig oder nicht rechtzeitig abgibt oder nicht bzw. nicht rechtzeitig berichtigt, handelt ordnungswidrig. Die Ordnungswidrigkeit kann mit einer Geldbuße bis zu zehntausend Deutsche Mark geahndet werden (§ 26 a UStG).

Bei der Anfertigung dieser ZM hat mitgewirkt:

Name, Anschrift, Telefon

10.4.2001   Pelz

Datum, Unterschrift

Hinweis nach den Vorschriften der Datenschutzgesetze:
Die mit der Zusammenfassenden Meldung angeforderten Daten werden aufgrund der §§ 149 ff. Abgabenordnung (AO) und § 18 a UStG erhoben.
Die Angaben der Telefonnummern sind freiwillig.

Umsatzsteuer – Fälle 195

Meldung der Warenlieferungen (§ 18 a Abs. 4 Nr. 1 u. 2 UStG) vom Inland in das übrige Gemeinschaftsgebiet und der Lieferungen i.S.d. § 25 b Abs. 2 UStG im Rahmen innergemeinschaftlicher Dreiecksgeschäfte

Zeile	Länder-kenn-zeichen	1 USt-IdNr. des Erwerbers/Unternehmers in einem anderen Mitgliedstaat	2 Summe der Bemessungsgrundlagen vgl. Mantelbogen Seite 1 volle DM/EUR	Kz 05 Pf/Ct	3 Hinweis auf Dreiecksge-schäfte (falls ja, bitte „1" eintragen)
1	DK	87654321	30.000	—	
2	DK	86427544	45.280	—	
3	FR	111222333.44	105.300	—	
4	IT	34276954121	12.000	—	
5	NL	314752437986	7.540	—	
6	ES	75341.0987	93.860	—	
7				—	
8				—	
9				—	
10				—	
11				—	
12					
13				—	
14				—	
15				—	
16				—	
17				—	
18				—	
19				—	
20				—	
21				—	
22				—	
23				—	
24				—	
25				—	
26				—	
27				—	
28				—	
29				—	
30				—	
31				—	
32				—	
33				—	

Hinweis:
1. **Nicht** zu melden sind innergemeinschaftliche **Erwerbe** (Warenbezüge aus anderen Mitgliedstaaten der Europäischen Union – vgl. Zeilen 35–39 der Umsatzsteuervoranmeldung).
2. Eine ZM ist nur abzugeben, wenn **im Meldezeitraum** innergemeinschaftliche Lieferungen und/oder Lieferungen i.S.d. § 25 b Abs. 2 UStG im Rahmen innergemeinschaftlicher Dreiecksgeschäfte **ausgeführt** worden sind. Sogenannte „Nullmeldungen" sind nicht abzugeben.

Nach Abgabe der Zusammenfassenden Meldung erkannte Pelz am 30. 4. 2001, dass ihm in Zeile 4 bei den ersten beiden Zahlen ein Zahlendreher unterlaufen war; die zutreffende Identifikationsnummer lautete: IT 43276954121.

Frage: Was muss Pelz veranlassen?

▶ § 18a UStG

Fall 280 Abzugsverfahren

Sachverhalt: Der Unternehmer Reinlich betreibt in Rheine ein Textilunternehmen. Für sein Unternehmen benötigte Reinlich eine neue Lagerhalle. Reinlich erteilte dem niederländischen Unternehmer Brons mit Sitz in Eindhoven am 25. 1. 2001 den Auftrag, eine entsprechende Halle in Rheine zu errichten. Die Abnahme der fertigen Halle erfolgte am 10. 4. 2001. Brons stellte eine Rechnung über 100 000 DM zzgl. 16 000 DM USt aus. Reinlich bezahlte die Rechnung noch im April 2001. Brons hat im Inland weder einen Wohnsitz, seinen Sitz, seine Geschäftsleitung noch eine Zweigniederlassung. Reinlich ist zur Abgabe monatlicher USt-Voranmeldungen verpflichtet.

Frage: Was muss Reinlich bezüglich dieses Vorgangs umsatzsteuerlich veranlassen?

▶ § 18 Abs. 8 UStG; §§ 51 – 58 UStDV; Abschn. 233 – 239 UStR

Fall 281 Vergütungsverfahren

Sachverhalt: Der Maschinenfabrikant Schnell mit Sitz in Wien hat im März 2001 eine Messe in Hannover besucht. Für die notwendig gewordene Reparatur seines Pkw sind ihm 500 DM an USt gesondert in Rechnung gestellt worden. Umsätze hat Schnell in Deutschland nicht ausgeführt.

Frage: Kann Schnell die gezahlte USt zurückbekommen?

▶ § 18 Abs. 9 UStG; §§ 59 – 61 UStDV; Abschn. 240 – 245 UStR

Fall 282 Kleinunternehmer

Sachverhalt: Taube ist Unternehmer mit Sitz in Tübingen. Er übt seine gewerbliche Tätigkeit seit dem 10. 5. 2001 aus. In der Zeit vom 10. 5. 2001 bis 31. 12. 2001 rechnet er mit einem Umsatz zzgl. Steuer von 30 000 DM.

Frage: Kann Taube für 2001 die Kleinunternehmerregelung des § 19 UStG in Anspruch nehmen?

▶ § 19 UStG; Abschn. 246 – 253 UStR

Fall 283 X. Zusammenfassende Aufgabe

Sachverhalt: Adler ist Alleininhaber einer Möbelhandlung mit angeschlossener Möbelschreinerei in Münster. Adler unterliegt der Regelbesteuerung gem. § 16 Abs. 1 UStG und ist zur Abgabe monatlicher USt-Voranmeldungen verpflichtet. Die USt-Voranmeldung für Januar 2001 ist vom steuerlichen Berater des Adler – wie am Ende der Aufgabe dargestellt – vorbereitet worden. Noch vor Abgabe der USt-Voranmeldung für Januar

2001 beim zuständigen Finanzamt erschien Adler bei seinem Steuerberater und teilte diesem folgende, bisher noch nicht berücksichtigte Sachverhalte mit:

1. Am 4. 1. 2001 hatte Adler beim Hersteller Plue in Paris unter Angabe seiner deutschen USt-IdNr. fünfzig Phonoschränke zum Preis von je 50 DM bestellt. Plue hatte die Phonoschränke am 22. 1. 2001 von Paris nach Münster transportiert. Unter dem 29. 1. 2001 hatte Plue eine Rechnung über umgerechnet 2 500 DM ausgestellt, die Adler erst am 2. 2. 2001 zuging. Adler zahlte den Rechnungsbetrag unter Abzug von 3 % Skonto am 9. 2. 2001.

2. Am 15. 1. 2001 erhielt Adler von dem Unternehmer Lerche mit Sitz in Lüdinghausen den Auftrag, einen repräsentativen Schreibtisch für das Büro des Lerche zu fertigen. Lerche hatte bereits bei Auftragserteilung eine Anzahlung in Höhe von 3 000 DM geleistet; eine Rechnung hierüber ist von Adler nicht erteilt worden. Mit der Herstellung des Schreibtisches war Ende Januar noch nicht begonnen worden.

3. Zur Hochzeit am 30. 1. 2001 schenkte Adler seiner Tochter eine wertvolle Vitrine, die er seinem Lager in Münster zuvor entnommen hatte. Die Vitrine war am 10. 1. 2001 für das Unternehmen des Adler zu einem Preis von 11 600 DM angeschafft worden; Adler konnte 1 600 DM als VoSt abziehen. Der Verkaufspreis würde 20 000 DM betragen.

4. Adler ist Eigentümer eines Mehrfamilienhauses in Nordkirchen. Die einzelnen Wohnungen sind an verschiedene Privatpersonen zu Wohnzwecken vermietet. Die Mieten sind umsatzsteuerlich zutreffend erfasst. Im Januar 2001 ließ Adler von seinen Angestellten den Flurbereich des Mehrfamilienhauses mit Holz verkleiden. Da er für das Mehrfamilienhaus ein eigenes Konto führt, stellte er eine Rechnung über 5 000 DM zzgl. 800 DM USt aus und überwies den Betrag von dem Hauskonto auf das betriebliche Konto.

5. Am 12. 12. 2000 erhielt Adler von dem italienischen Unternehmer Pirelli mit Sitz in Rom den Auftrag, eine Schrankwand für das Büro des Pirelli herzustellen. Pirelli hatte bei der Auftragserteilung seine italienische USt-IdNr. gegenüber Adler angegeben. Adler stellte in seinem Unternehmen die Schrankwand her und beförderte die komplett zusammengebaute Schrankwand am 2. 1. 2001 mit eigenem Lkw von Münster nach Rom. Adler stellte dem Pirelli am 10. 1. 2001 eine Rechnung über 15 000 DM aus. Der Rechnungsbetrag wurde von Pirelli am 1. 2. 2001 beglichen.

Frage: Wie sind die Sachverhalte umsatzsteuerlich zu beurteilen und wie muss die USt-Voranmeldung für Januar 2001 geändert werden?

▶ §§ 1 ff. UStG

Umsatzsteuer – Fälle

2001

Fallart: **11** | Steuernummer: | Unterfallart: **56**

Finanzamt: Münster - Innenstadt

Umsatzsteuer-Voranmeldung 2001

Voranmeldungszeitraum: 01 01 Jan. **X**

Unternehmer: Möbelhandlung Adler

Berichtigte Anmeldung (falls ja, bitte eine „1" eintragen): 10
Betragsangaben in Euro (= EUR) (falls ja, bitte eine „1" eintragen): 32 ← EURO

I. Anmeldung der Umsatzsteuer-Vorauszahlung

Zeile	Bezeichnung	Kz	Bemessungsgrundlage ohne Umsatzsteuer volle DM/EUR	Steuer DM/EUR	Pf/Ct
19	**Lieferungen und sonstige Leistungen** (einschließlich unentgeltlicher Wertabgaben)				
20	**Steuerfreie Umsätze mit Vorsteuerabzug**				
21	Innergemeinschaftliche Lieferungen (§ 4 Nr. 1 b UStG) an Abnehmer mit USt-IdNr.	41	10.100		
22	neuer Fahrzeuge an Abnehmer ohne USt-IdNr.	44			
23	neuer Fahrzeuge außerhalb eines Unternehmens (§ 2 a UStG)	49			
24	Weitere steuerfreie Umsätze mit Vorsteuerabzug (z. B. Ausfuhrlieferungen, Umsätze nach § 4 Nr. 2 bis 7 UStG)	43			
25	**Steuerfreie Umsätze ohne Vorsteuerabzug** Umsätze nach § 4 Nr. 8 bis 28 UStG	48	16.700		
27	**Steuerpflichtige Umsätze** (Lieferungen und sonstige Leistungen einschl. unentgeltlicher Wertabgaben)				
28	zum Steuersatz von 16 v.H.	51	56.000	8.960	00
29	zum Steuersatz von 7 v.H.	86			
30	Umsätze, die anderen Steuersätzen unterliegen	35		36	
31	Umsätze land- und forstwirtschaftlicher Betriebe nach § 24 UStG				
32	Lieferungen in das übrige Gemeinschaftsgebiet an Abnehmer mit USt-IdNr.	77			
33	Umsätze, für die eine Steuer nach § 24 UStG zu entrichten ist (Sägewerkserzeugnisse, Getränke und alkohol. Flüssigkeiten, z. B. Wein)	76		80	
34	**Innergemeinschaftliche Erwerbe**				
35	Steuerfreie innergemeinschaftliche Erwerbe Erwerbe nach § 4 b UStG	91			
36	**Steuerpflichtige innergemeinschaftliche Erwerbe**				
37	zum Steuersatz von 16 v.H.	97	8.600	1.376	00
38	zum Steuersatz von 7 v.H.	93			
39	neuer Fahrzeuge von Lieferern ohne USt-IdNr. zum allgemeinen Steuersatz	94		96	
41	Lieferungen des ersten Abnehmers (§ 25 b Abs. 2 UStG) bei innergemeinschaftlichen Dreiecksgeschäften	42			
42	Steuer infolge Wechsels der Besteuerungsart/-form sowie Nachsteuer auf versteuerte Anzahlungen wegen Steuersatzerhöhung			65	
43	Umsatzsteuer ... zu übertragen in Zeile 45			10.336	00

USt 1 A – Umsatzsteuer-Voranmeldung 2001 –

Umsatzsteuer – Fälle 199

Zeile		Steuer DM/EUR	Pf/Ct
44			
45	Übertrag	10.336	00
46	**Abziehbare Vorsteuerbeträge**		
47	Vorsteuerbeträge aus Rechnungen von anderen Unternehmern (§ 15 Abs. 1 Nr. 1 UStG) und aus innergemeinschaftlichen Dreiecksgeschäften (§ 25 b Abs. 5 UStG) **66**	3.440	00
48	Vorsteuerbeträge aus dem innergemeinschaftlichen Erwerb von Gegenständen (§ 15 Abs. 1 Nr. 3 UStG) **61**	1.376	00
49	Entrichtete Einfuhrumsatzsteuer (§ 15 Abs. 1 Nr. 2 UStG) **62**		
50	Vorsteuerbeträge, die nach allgemeinen Durchschnittssätzen berechnet sind (§§ 23 und 23 a UStG) **63**		
51	Berichtigung des Vorsteuerabzugs (§ 15 a UStG) **64**		
52	Vorsteuerabzug für innergemeinschaftliche Lieferungen neuer Fahrzeuge außerhalb eines Unternehmens (§ 2 a UStG) sowie von Kleinunternehmern im Sinne des § 19 Abs. 1 UStG (§ 15 Abs. 4 a UStG) **59**		
53	Verbleibender Betrag	5.520	00
54	Steuerbeträge, die vom letzten Abnehmer eines innergemeinschaftlichen Dreiecksgeschäfts geschuldet werden (§ 25 b Abs. 2 UStG)		
55	in Rechnungen unberechtigt ausgewiesene Steuerbeträge (§ 14 Abs. 2 und 3 UStG) sowie Steuerbeträge, die nach § 6 a Abs. 4 Satz 2 oder § 17 Abs. 1 Satz 2 UStG geschuldet werden **69**		
56	**Umsatzsteuer-Vorauszahlung/Überschuss**	5.520	00
57	Anrechnung (Abzug) der festgesetzten **Sondervorauszahlung** für Dauerfristverlängerung (nur auszufüllen in der letzten Voranmeldung des Besteuerungszeitraums, in der Regel Dezember) **39**		
58	Verbleibende **Umsatzsteuer-Vorauszahlung** (Bitte in jedem Fall ausfüllen.) **83**	5.520	00
59	Verbleibender **Überschuss** - bitte dem Betrag ein Minuszeichen voranstellen -	(kann auf 10 Pf zu Ihren Gunsten gerundet werden)	

II. Anmeldung der Umsatzsteuer im Abzugsverfahren (§§ 51 bis 56 UStDV)

Zeile		Bemessungsgrundlage volle DM/EUR	Pf/Ct	Steuer DM/EUR	Pf/Ct
61	für Werklieferungen und sonstige Leistungen im Ausland ansässiger Unternehmer (§ 51 Abs. 1 Nr. 1 UStDV)				
62	Leistungen, für die wegen der Anwendung der sog. Null-Regelung keine Umsatzsteuer einzubehalten ist (§ 52 Abs. 2 UStDV) **71**		—		
63	Leistungen, für die Umsatzsteuer einzubehalten ist **72**		—		
64	für Lieferungen von sicherungsübereigneten Gegenständen (§ 51 Abs. 1 Nr. 2 UStDV) sowie von Grundstücken				
65	im Zwangsversteigerungsverfahren (§ 51 Abs. 1 Nr. 3 UStDV)				
66	Lieferungen, für die wegen der Anwendung der sog. Null-Regelung (§ 52 Abs. 2 UStDV) keine Umsatzsteuer einzubehalten ist **78**		—		
67	Lieferungen, für die Umsatzsteuer einzubehalten ist **79**				
68	**Umsatzsteuer im Abzugsverfahren** **75**				
69		(kann auf 10 Pf zu Ihren Gunsten gerundet werden)			

III. Sonstige Angaben und Unterschrift

Zeile			
71	Ein Erstattungsbetrag wird auf das dem Finanzamt benannte Konto überwiesen, soweit der Betrag nicht mit Steuerschulden verrechnet wird.		
72	**Verrechnung** des Erstattungsbetrages erwünscht. / Der Erstattungsbetrag ist abgetreten. (falls ja, bitte eine „1" eintragen) **29**		
73	Geben Sie bitte die Verrechnungswünsche auf einem besonderen Blatt an oder auf dem beim Finanzamt erhältlichen Vordruck „Verrechnungsantrag".		
74	Die Einzugsermächtigung wird ausnahmsweise (z. B. wegen Verrechnungswünschen) für diesen Voranmeldungszeitraum **widerrufen** (falls ja, bitte eine „1" eintragen) **26**		
75	Ein ggf. verbleibender Restbetrag ist gesondert zu entrichten.		
76	Ich versichere, die Angaben in dieser Steueranmeldung wahrheitsgemäß nach bestem Wissen und Gewissen gemacht zu haben.		
77	Bei der Anfertigung dieser Steueranmeldung hat mitgewirkt: (Name, Anschrift, Telefon)	09.02.2001 Adler	
78	Steuerberater XY	Datum, Unterschrift	
79		**Hinweis nach den Vorschriften der Datenschutzgesetze:**	
80		Die mit der Steueranmeldung angeforderten Daten werden auf Grund der §§ 149 ff. der Abgabenordnung und der §§ 18, 18 b des Umsatzsteuergesetzes erhoben.	
		Die Angabe der Telefonnummern ist freiwillig.	
81	Vom Finanzamt auszufüllen		
82	**Bearbeitungshinweis** 1. Die aufgeführten Daten sind mit Hilfe des geprüften und genehmigten Programms sowie ggf. unter Berücksichtigung der gespeicherten Daten maschinell zu verarbeiten.	**11**	**19**
83			
84	2. Die weitere Bearbeitung richtet sich nach den Ergebnissen der maschinellen Verarbeitung.		**12**
85		Kontrollzahl und/oder Datenerfassungsvermerk	
86	Datum, Namenszeichen/Unterschrift		

D. Abgabenordnung

Vorbemerkung

Die Abgabenordnung (AO) enthält die grundlegenden Bestimmungen für die Besteuerung. Sie wird daher auch als **Grundgesetz** oder **Mantelgesetz des Steuerrechts** bezeichnet.

Während im Rahmen der meisten übrigen Steuergesetze die Besteuerung bestimmter Vorgänge im Vordergrund steht (Einkommensteuer: Besteuerung der Einkünfte, Umsatzsteuer: Besteuerung der Umsätze), fasst die AO die wichtigsten Vorschriften zusammen, die für alle oder die meisten Steuerarten gelten. So enthält die AO die Definition der wichtigsten steuerrechtlichen Begriffe (Gesetz, Steuern, Behörde, Wohnsitz, gewöhnlicher Aufenthalt, Betriebsstätte ...) und beantwortet die Fragen des Verfahrensrechts.

Überblick über den Aufbau der AO (Fahrplan durch das Verfahrensrecht)

1. Teil	§§ 1 – 32 AO
Einleitende Vorschriften	

Definitionen, Zuständigkeit, Steuergeheimnis

2. Teil	§§ 33 – 77 AO
Steuerschuldrecht	

Steuerschuldner, Ansprüche aus dem Steuerschuldverhältnis, Haftung

3. Teil	§§ 78 – 133 AO
Allgemeine Verfahrensvorschriften	

Rechte und Pflichten des Finanzamts und des Steuerpflichtigen bei Ermittlung der Besteuerungsgrundlagen (Einkünfte, für die Besteuerung erhebliche Sachverhalte)
→ Ermittlungsverfahren

4. Teil	§§ 134 – 217 AO
Durchführung der Besteuerung	

Buchführungspflichten, Steuererklärungen (Abgabe, Form, Inhalt, Verspätungszuschlag) Wie macht das Finanzamt seinen Steueranspruch geltend? (Steuerbescheid, Berichtigung ...)
→ Festsetzungsverfahren, Feststellungsverfahren

| 5. Teil | §§ 218 – 248 AO |

Erhebungsverfahren

Wie realisiert das Finanzamt seinen Steueranspruch?
Fälligkeit, Stundung, Erlass, Zahlungsverjährung, Verzinsung, Säumniszuschläge

| 6. Teil | §§ 249 – 346 AO |

Vollstreckung

| 7. Teil | §§ 347 – 368 AO |

Außergerichtliches Rechtsbehelfsverfahren

| 8. Teil | §§ 369 – 412 AO |

Straf- und Bußgeldvorschriften

| 9. Teil | §§ 413 – 415 AO |

Schlussvorschriften

I. Einteilung der Steuern

Die über fünfzig Steuerarten können unter verschiedenen Gesichtspunkten zu Gruppen zusammengefasst werden. Auch der Gesetzgeber verwendet Sammelbegriffe, um nicht alle Steuerarten, für die eine Vorschrift gelten soll, einzeln aufzählen zu müssen (vgl. dazu z. B. Art. 106 GG; § 172 Abs. 1 Nr. 1 AO).

Einteilung der Steuern **Fall 284-298**

Sachverhalt: Die Übersicht auf der Seite 212 ist nach den fünf gebräuchlichsten Einteilungsgesichtspunkten gegliedert. Ihre Aufgabe ist es, die aufgeführten Steuerarten den genannten Sammelbegriffen zuzuordnen.

II. Zuständigkeit der Finanzämter

● **Aufbau der Finanzverwaltung**

	Bundesfinanzverwaltung	Landesfinanzverwaltung
Oberste Behörde:	Bundesministerium der Finanzen (BMF)	Landesfinanzminister, Finanzsenator
Mittelbehörde:	Oberfinanzdirektion	Oberfinanzdirektion
Örtliche Behörde:	Hauptzollamt	Finanzamt

● **Sachliche Zuständigkeit der Finanzämter**

Die Finanzämter sind sachlich zuständig für die Verwaltung der Steuern mit Ausnahme der Zölle und der bundesgesetzlich geregelten Verbrauchsteuern.
Bei der Gewerbesteuer und der Grundsteuer setzen die Finanzämter Messbeträge fest, während die Gemeinden für die Erteilung der Steuerbescheide und die Erhebung sachlich zuständig sind (§ 17 FVG).

● **Örtliche Zuständigkeit der Finanzämter**

Die örtliche Zuständigkeit der Finanzämter, also ihr räumlicher Wirkungsbereich, ist in den §§ 17 bis 29 AO geregelt. Dabei wird die Zuständigkeit an bestimmte Merkmale der Steuerpflichtigen geknüpft, wie z. B. an

den Wohnsitz natürlicher Personen	=	Wohnsitz-Finanzamt
die Belegenheit von Grundstücken	=	Lage-Finanzamt
die Geschäftsleitung gewerblicher Betriebe	=	Betriebs-Finanzamt
die Verwaltung von gemeinschaftlichem Grundbesitz oder Kapitalvermögen	=	Verwaltungs-Finanzamt
den Ort der Berufsausübung von Freiberuflern	=	Tätigkeits-Finanzamt

Abgabenordnung – Fälle

vgl. Fall 298

Einteilungs-gesichtspunkt	Ertragshoheit	Berücksichtigung persönl. Verhältnisse	Auswirkungen beim Steuerschuldner	Steuergegenstand	§ 3 Abs. 2 AO
Steuerart	BundesSt, Landes-St, Gemeinsch-St, Gemeinde-St	Personensteuer, Sachsteuer	direkte Steuer, indirekte Steuer	Besitz-St, Verkehr-St, Verbrauch-St, Zoll	Realsteuer
USt					
ESt					
KSt					
EUSt					
KfzSt					
GewSt					
GrESt					
Mineralöl-St					
Bier-St					
ErbSt					
GrSt					
Bedeutung für	Gesetzgebungs-hoheit	Abzugsfähigkeit bei Einkunftsermittlung	Steuerpolitik	Verwaltungshoheit	./.

Fall 299 Örtliche Zuständigkeit des Finanzamtes

Sachverhalt: Max betreibt in Köln eine Gaststätte. Er wohnt in Leverkusen und hat in Aachen ein Einfamilienhaus errichtet, das er vermietet.

Frage: Welche Finanzämter sind im Sinne der AO örtlich zuständig? Geben Sie deren übliche Bezeichnung mit an. Bitte folgendes Schema verwenden.

Zuständig für:	Finanzamt in:	Bezeichnung
• Einkommensteuer		
• Umsatzsteuer		
• Gewerbesteuermessbescheid		
• Ermittlung der Einkünfte aus Gewerbebetrieb		
• Ermittlung der Einkünfte aus Vermietung und Verpachtung		
• Feststellung des Einheitswertes des Einfamilienhauses		

▶ §§ 18 – 22 AO

Fall 300 Örtliche Zuständigkeit des Finanzamtes (Sozietät)

Sachverhalt: Die Steuerberater Fabian und Müller haben sich zu einer Sozietät zusammengeschlossen. Ihre Praxis befindet sich in Münster in gemieteten Räumen. Fabian wohnt in Osnabrück, Müller in Warendorf. Fabian ist Eigentümer eines Mietwohnhauses in Bielefeld.

Fragen: Welche Finanzämter sind für die Besteuerung der Sozietät bzw. für Fabian und Müller zuständig?

Welche Steuerarten bzw. Feststellungen sind jeweils betroffen?

▶ §§ 18 – 21 AO

Fall 301 Örtliche Zuständigkeit (Grundstücksgemeinschaft)

Sachverhalt: Die Brüder Hans und Heinz Nett sind zur Hälfte Miteigentümer eines Mietwohngrundstückes in Krefeld. Hans wohnt in Düsseldorf und Heinz in Duisburg. Da Heinz stark belastet ist, erfolgt die Vermietung der Wohnungen sowie die Bezahlung der anfallenden Hausausgaben allein durch Hans.

Frage: Welche Finanzämter (Bezeichnung nach der AO und mit Ortsangabe) sind für welche Aufgaben, das Mietwohngrundstück in Krefeld betreffend, zuständig?

▶ §§ 18 – 22 AO

Abgabenordnung – Fälle

Örtliche Zuständigkeit bei Gesellschaften — Fall 302

Sachverhalt: Kaufmann Hinz wohnt in Münster und Kaufmann Kunz in Bielefeld. Sie betreiben in Osnabrück einen Getränkegroßhandel in der Rechtsform einer OHG. Kaufmann Hinz führt in Münster ein Lebensmittelgeschäft, an dem Kaufmann Kunz als echter (typisch) stiller Gesellschafter beteiligt ist. Kaufmann Kunz ist außerdem an einem in Dortmund belegenen Mietwohnhaus beteiligt, welches von Zürich (Schweiz) aus verwaltet wird.

Frage: Welche Finanzämter kommen für die Bearbeitung der anfallenden Steuerangelegenheiten in Betracht?

▶ §§ 18 – 22 AO

Zuständigkeit innerhalb einer Großstadt — Fall 303

Sachverhalt: Kaufmann Meier wohnt im Bezirk des Finanzamts Gelsenkirchen-Süd und betreibt ein Lebensmittelgeschäft im Bezirk des Finanzamts Gelsenkirchen-Nord.

Frage: Welches Finanzamt ist für die steuerlichen Angelegenheiten des Herrn Meier zuständig?

▶ § 19 Abs. 3 AO

Zuständigkeitswechsel — Fall 304

Sachverhalt: Handelsvertreter Lehmann verlegt seinen Wohnsitz von Dortmund nach Hamburg, weil er dort die meisten Kunden hat. Am 02. 01. 2001 bezieht er seine neue Wohnung in Hamburg.

Frage: Welchem Finanzamt hat der Steuerberater des Herrn Lehmann die Einkommensteuererklärung für das Kj 2000 einzureichen?

▶ § 26 AO

III. Fristen im Steuerrecht

Übersicht 16: Fristen

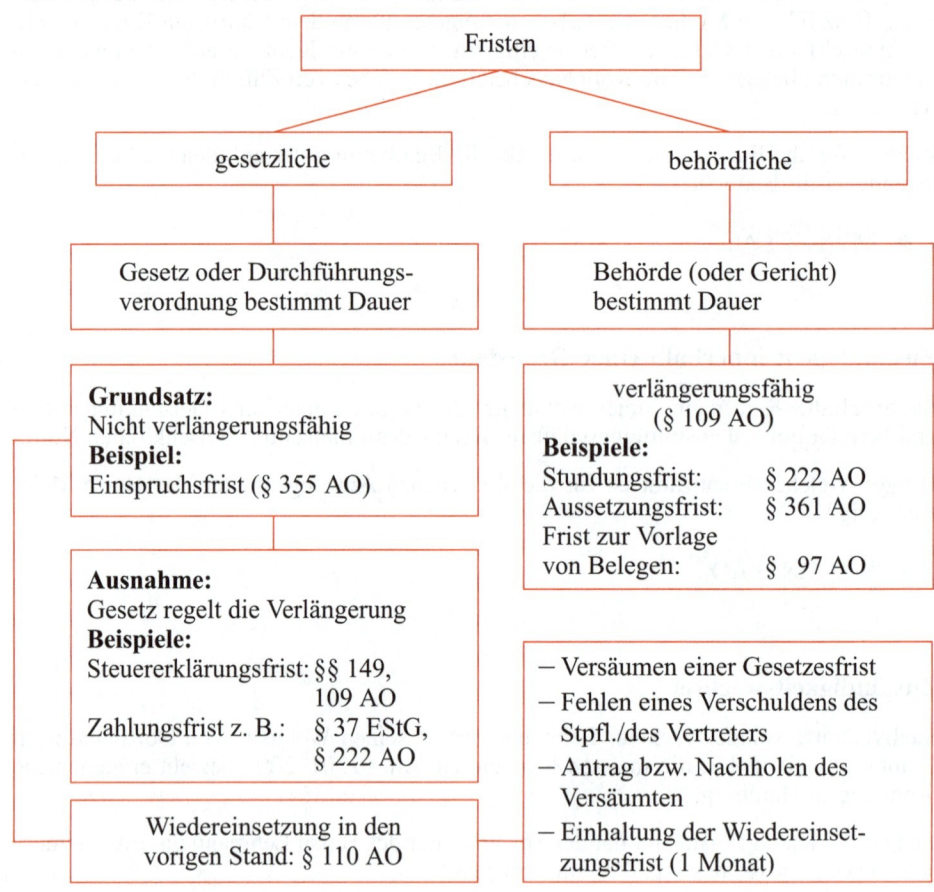

Fristberechnung

Für den Anfang und das Ende einer Frist ist im Steuerrecht maßgebend, dass einer der Beteiligten im Besteuerungsverfahren – das Finanzamt oder der Steuerbürger – eine bestimmte Handlung vorgenommen hat. So ist z. B. für den Anfang der Rechtsbehelfsfrist maßgebend, wann das Finanzamt einen Steuerbescheid bekannt gegeben hat. In diesem Zusammenhang spricht man von einer Ereignisfrist, weil ein Ereignis den Beginn der Frist auslöst.

Für die Berechnung von Fristen und Terminen verweist § 108 AO auf die §§ 187 bis 193 BGB.

Danach wird bei einer Ereignisfrist der Tag nicht mitgerechnet, in welchen das Ereignis fällt (§ 187 Abs. 1 BGB). Eine nach Tagen bestimmte Frist endet mit Ablauf des letzten Tages der Frist (§ 188 Abs. 1 BGB). Eine nach Wochen bestimmte Frist endet mit Ablauf desjenigen Tages der letzten Woche, welcher durch seine Benennung dem Ereignistag entspricht. Eine nach Monaten oder nach einem mehrere Monate umfassenden Zeitraum (Vierteljahr, halbes Jahr, Jahr) bestimmte Frist endet mit Ablauf desjenigen Tages des letzten Monats, welcher durch seine Zahl dem Ereignistag entspricht (§ 188 Abs. 2 BGB).

Bei der Berechnung des Lebensalters wird dagegen der Tag der Geburt mitgerechnet (§ 187 Abs. 2 BGB, sog. Tagesbeginnfrist).

Beispiel für eine Terminbestimmung nach § 187 Abs. 1 BGB

Bekanntgabe eines Steuerbescheides

Aufgabe des Steuerbescheides zur Post (Datum des Poststempels) am 05. 10. 2000 (Donnerstag), Bekanntgabe des Steuerbescheides nach § 122 Abs. 2 AO: 05. 10. 2000 + 3 Tage = 08. 10. 2000 (Sonntag).

Es ist unbeachtlich, wenn der dritte Tag auf einen Samstag, Sonntag oder Feiertag fällt, da § 122 Abs. 2 AO eine gesetzliche Bekanntgabefiktion beinhaltet.

Beispiel für eine Tagesbeginnfrist nach § 187 Abs. 2 BGB

Berechnung des Lebensalters

Ein Steuerzahler ist am 01. 02. 2000 geboren. Er vollendet mit Ablauf des 31. 01. 2001 sein 1. Lebensjahr.

Fristende

Fällt das Ende einer Frist auf einen Sonntag, einen gesetzlichen Feiertag oder auf einen Sonnabend, so endet die Frist mit dem Ablauf des nächstfolgenden Werktags (§ 108 Abs. 3 AO).

Fristwahrung

Die Frist wird dann gewahrt, wenn die maßgebende Handlung am letzten Tag der Frist bis spätestens 24 Uhr beim zuständigen Finanzamt vorgenommen wird (Einwurf in den Hausbriefkasten des Finanzamtes bis 24 Uhr genügt).

Übersicht 17: Fristberechnung

	Ereignisfristen § 187 Abs. 1 BGB	**Beginnfristen** § 187 Abs. 2 BGB
Beginn:	mit Ablauf des (m. A. d.) Ereignistages	mit Beginn des (m. B. d.) angegebenen Tages (Beginntag)
Beispiele:	Einspruchsfrist Zahlungsfrist Schonfrist	Mietvertrag Lebensaltersberechnung
Ende bei:		
a) **Tagesfrist:** § 188 Abs. 1 BGB	m. A. d. letzten Tages der Frist (Ereignistag nicht mitzählen!)	m. A. d. letzten Tages der Frist (Beginntag mitzählen!)
b) **Wochenfrist:** § 188 Abs. 2 BGB	m. A. d. gleichen Wochentages wie Ereignistag	m. A. d. Wochentags vor dem Beginntag

c) **Monatsfrist,** (Viertel-, Halb-,) **Jahresfrist:** § 188 Abs. 2 BGB § 188 Abs. 3 BGB	m. A. d. Tages, der die gleiche Zahl hat wie Ereignistag	m. A. d. Tages, der seiner Zahl nach dem Beginntag vorangeht

Fehlt dieser Tag in dem betreffenden Monat, z. B. der 30., so tritt an seine Stelle der letzte Tag dieses Monats (§ 188 Abs. 3 BGB).

Ist der nach Buchst. a) bis c) bestimmte Tag ein Samstag, Sonntag oder Feiertag, so verschiebt sich das Ende bei Handlungs-, Erklärungs- oder Leistungsfristen bis zum Ablauf des nächstfolgenden Werktages (§ 193 BGB, § 108 Abs. 3 AO).

Fall 305 Einspruchsfrist, Tag der Bekanntgabe

Sachverhalt: Kaufmann Treu erhält seinen Einkommensteuerbescheid für das Vorjahr am 02. 10. Das Finanzamt hat den Bescheid am Freitag, dem 01. 10., mit einfachem Brief zur Post gegeben (Datum des Poststempels).

Frage: Wann beginnt und wann endet die Einspruchsfrist? Bitte geben Sie den Berechnungsweg mit an.

▶ § 122 Abs. 2, § 355 AO

Fall 306 Frist für Umsatzsteuer-Voranmeldung

Sachverhalt: Ein Umsatzsteuerpflichtiger ist Monatszahler und hat keine Dauerfristverlängerung beantragt. Der 10. des folgenden Monats fällt auf einen Montag, der gesetzlicher Feiertag ist.

Frage: Wann muss er seine Umsatzsteuervoranmeldung spätestens abgeben, wenn er die Schonfrist ausnutzen will?

▶ § 18 Abs. 1 UStG, § 108 Abs. 3 AO

Fall 307 Weitere Fristberechnungen

Sachverhalt: Kaufmann Treu erhält im ersten Halbjahr 2001 folgende Steuerbescheide:
- Steuerbescheid 1 durch einfachen Brief, Aufgabe zur Post (Datum des Poststempels) am 26. 01. 2001,
- Steuerbescheid 2 durch einfachen Brief, Aufgabe zur Post (Datum des Poststempels) am 22. 01. 2001,
- Steuerbescheid 3 durch einfachen Brief, Aufgabe zur Post (Datum des Poststempels) am 25. 01. 2001,
- Steuerbescheid 4 durch Postzustellungsurkunde. Nach dem Vermerk der Post auf der Postzustellungsurkunde wurde der Bescheid am 06. 03. 2001 zugestellt.

Das Finanzamt teilt mit, diesen Steuerbescheid bereits am 05. 01. 2001 (Datum des Poststempels) durch einfachen Brief zugestellt zu haben. Kaufmann Treu bestreitet, den Bescheid im Monat Januar erhalten zu haben. Die Post kann auf Anfrage des Finanzamts zum Verbleib des Bescheides keine Angaben machen.

Abgabenordnung – Fälle

- Steuerbescheid 5 durch einfachen Brief, Aufgabe zur Post (Datum des Poststempels) am Gründonnerstag, dem 12. 04. 2001. Kaufmann Treu hat den Bescheid erst am 17. 04. 2001 erhalten.

- Steuerbescheid 6 durch einfachen Brief, Aufgabe zur Post (Datum des Poststempels) am 25. 02. 2001.

Kalenderauszug für das Jahr 2001

Januar		Februar		März		April		Mai		Juni	
Mo	1	Do	1	Do	1	So	1	Di	1	Fr	1
Di	2	Fr	2	Fr	2	Mo	2	Mi	2	Sa	2
Mi	3	Sa	3	Sa	3	Di	3	Do	3	So	3
Do	4	So	4	So	4	Mi	4	Fr	4	Mo	4
Fr	5	Mo	5	Mo	5	Do	5	Sa	5	Di	5
Sa	6	Di	6	Di	6	Fr	6	So	6	Mi	6
So	7	Mi	7	Mi	7	Sa	7	Mo	7	Do	7
Mo	8	Do	8	Do	8	So	8	Di	8	Fr	8
Di	9	Fr	9	Fr	9	Mo	9	Mi	9	Sa	9
Mi	10	Sa	10	Sa	10	Di	10	Do	10	So	10
Do	11	So	11	So	11	Mi	11	Fr	11	Mo	11
Fr	12	Mo	12	Mo	12	Do	12	Sa	12	Di	12
Sa	13	Di	13	Di	13	Fr	13	So	13	Mi	13
So	14	Mi	14	Mi	14	Sa	14	Mo	14	Do	14
Mo	15	Do	15	Do	15	So	15	Di	15	Fr	15
Di	16	Fr	16	Fr	16	Mo	16	Mi	16	Sa	16
Mi	17	Sa	17	Sa	17	Di	17	Do	17	So	17
Do	18	So	18	So	18	Mi	18	Fr	18	Mo	18
Fr	19	Mo	19	Mo	19	Do	19	Sa	19	Di	19
Sa	20	Di	20	Di	20	Fr	20	So	20	Mi	20
So	21	Mi	21	Mi	21	Sa	21	Mo	21	Do	21
Mo	22	Do	22	Do	22	So	22	Di	22	Fr	22
Di	23	Fr	23	Fr	23	Mo	23	Mi	23	Sa	23
Mi	24	Sa	24	Sa	24	Di	24	Do	24	So	24
Do	25	So	25	So	25	Mi	25	Fr	25	Mo	25
Fr	26	Mo	26	Mo	26	Do	26	Sa	26	Di	26
Sa	27	Di	27	Di	27	Fr	27	So	27	Mi	27
So	28	Mi	28	Mi	28	Sa	28	Mo	28	Do	28
Mo	29			Do	29	So	29	Di	29	Fr	29
Di	30			Fr	30	Mo	30	Mi	30	Sa	30
Mi	31			Sa	31			Do	31		

Karfreitag = 13. April 2001; Fronleichnam = 24. Mai 2001; Pfingstmontag = 4. Juni 2001

Frage: Wann endet jeweils die Einspruchsfrist?

▶ § 122 Abs. 2 AO

IV. Gang des Besteuerungsverfahrens

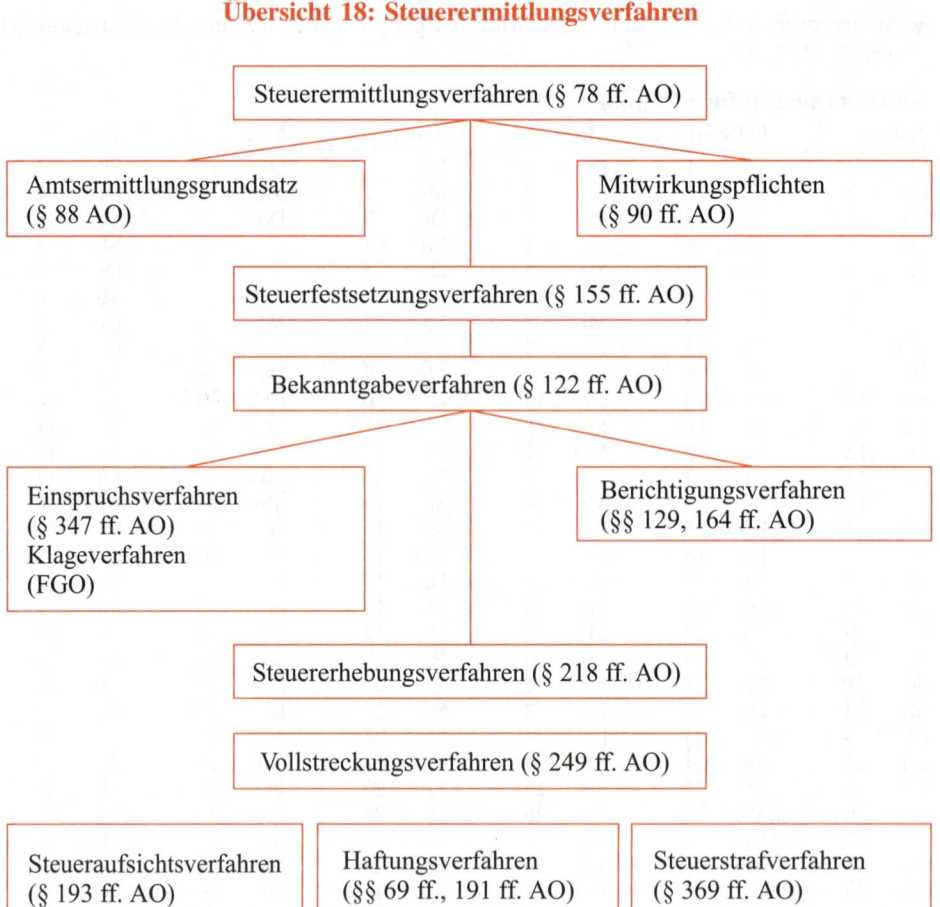

Übersicht 18: Steuerermittlungsverfahren

V. Steuerermittlungsverfahren

Ziel der Besteuerung ist, das Steuerschuldverhältnis zwischen dem Steuergläubiger, vertreten durch das Finanzamt, und dem einzelnen Steuerbürger zu verwirklichen. Dies bedeutet: Das Finanzamt hat die Besteuerungsgrundlagen zu ermitteln, die Steuern sodann festzusetzen und zu erheben. Dazu muss das Finanzamt zunächst – im Ermittlungsverfahren – den wahren Sachverhalt feststellen.

Wegen der Bedeutung des Steueraufkommens für die Allgemeinheit gilt im Ermittlungsverfahren der **Untersuchungsgrundsatz (§ 88 AO).** Danach bestimmt das Finanzamt nach pflichtgemäßem Ermessen Art und Umfang der Ermittlungen. Dies bedeutet, dass die Beteiligten kaum Einfluss auf den Gang des Ermittlungsverfahrens haben. Zudem haben die Beteiligten erhebliche Mitwirkungspflichten zu erfüllen (§ 90 AO), denen aber auch Rechte gegenüberstehen.

Übersicht 19: Rechte und Pflichten im Ermittlungsverfahren

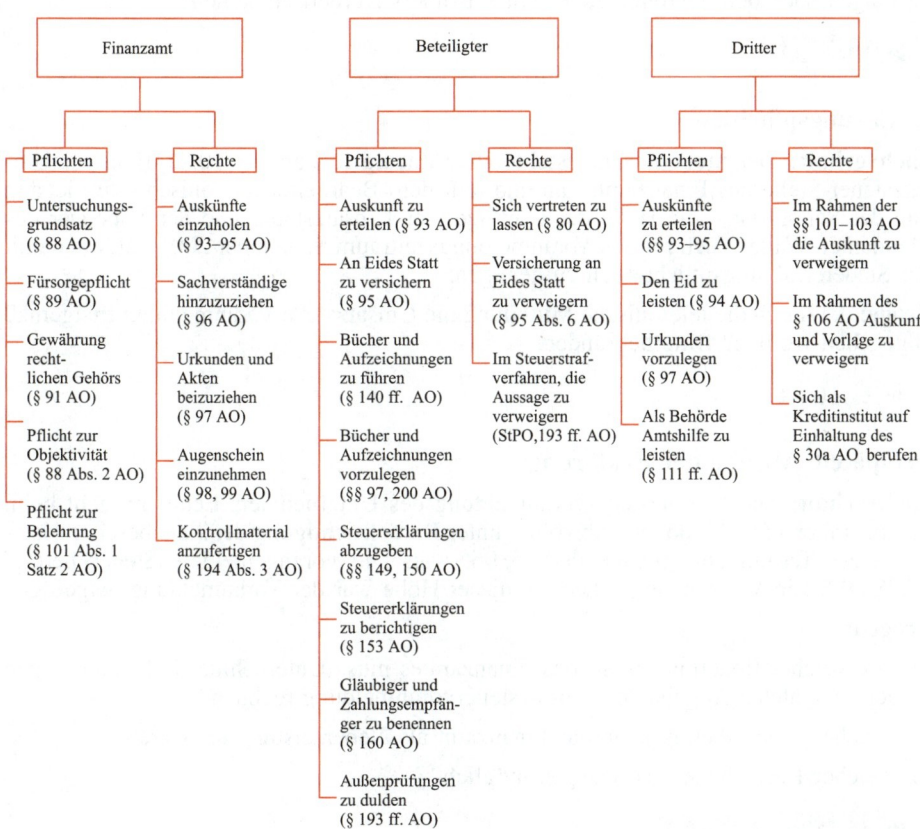

Erteilung von Auskünften   Fall 308

Sachverhalt: Am 23. 05. 2000 erscheint auf Bitten des Finanzamtes Altstadt der Kaufmann Willi Langsam in dem für ihn zuständigen Veranlagungsbezirk, um an Amtsstelle Auskunft über Art und Umfang von Umbauarbeiten, die Herr Langsam an seinem Mietwohnhaus hatte durchführen lassen, zu erteilen. Zugleich sollte er die Umbaukosten durch entsprechende Rechnungen belegen. Herr Langsam erteilte seine Auskünfte wahrheitsgemäß und legte alle ihm zur Verfügung stehenden Unterlagen vor.

Am Schluss der Besprechung erkundigte sich der zuständige Beamte auch noch nach der Finanzierung der Umbauarbeiten. Abschließend fragte er noch, seit wann Herbert Langsam, der Bruder des Steuerpflichtigen, von seiner Ehefrau getrennt lebe.

Frage: War das Finanzamt berechtigt, Herrn Willi Langsam

1. zur Auskunftserteilung über die Umbaumaßnahmen vorzuladen,
2. zuvor nicht angekündigte Fragen nach der Finanzierung der Umbaumaßnahmen zu stellen,
3. Fragen nach dem Getrenntleben seines Bruders Herbert zu stellen?

▶ § 93 AO

Fall 309 Erklärungspflichten

Sachverhalt: Der Steuerfachangestellte Uwe Zackig ruft am 15. 10. 2001 in der Umsatzsteuer-Stelle des Finanzamtes an und teilt dem Bearbeiter telefonisch – am letzten Tag der Schonfrist – die Höhe der Umsätze, der Umsatzsteuer und der Vorsteuer des Mandanten Walter Tuch für den Voranmeldungszeitraum September 2001 mit, um damit der Steuererklärungspflicht noch zu genügen.

Frage: Ist durch die telefonische Mitteilung die Umsatzsteuervoranmeldung fristgemäß abgegeben worden? Bitte begründen.

▶ § 150 AO

Fall 310 Verspätete Abgabe der Erklärung

Sachverhalt: Die Umsatzsteuervoranmeldung des Unternehmers Lehmann geht beim Finanzamt erst am 25. 06. ein, obwohl – unter Berücksichtigung der Abgabeschonfrist – der letzte Termin zur Abgabe der 15. 06. war. Die vorangemeldete Steuer beträgt 5 288 DM. Ein Verrechnungsscheck in dieser Höhe war der Voranmeldung beigefügt.

Fragen:

a) Mit welcher Reaktion seitens des Finanzamtes muss Unternehmer Lehmann wegen der verspäteten Abgabe der Umsatzsteuervoranmeldung rechnen?
b) Welchen Höchstbetrag kann das Finanzamt als Nebenleistung festsetzen?
c) Welcher Rechtsbehelf ist dagegen möglich?

▶ §§ 152 u. 347 AO

Fall 311 Verspätete Abgabe der Erklärung durch den Steuerberater

Sachverhalt: Der Kaufmann Ludger Weinberg hat den Steuerberater Karl Peters mit der Wahrnehmung seiner steuerlichen Pflichten, insbesondere mit der Erstellung und Abgabe seiner Umsatzsteuer- und Einkommensteuererklärungen beauftragt. Auf Antrag des Steuerberaters wird ihm zur Abgabe der Steuererklärungen des Herrn Weinberg für das Kj 1999 vom Finanzamt eine Fristverlängerung gem. § 109 AO bis zum 30. 4. 2001 eingeräumt. Darüber hinaus kommt eine Fristverlängerung nicht in Betracht. Der Steuerberater gibt die Steuererklärungen indessen erst am 10. 9. 2001 ab.

Frage: Kann das Finanzamt einen Verspätungszuschlag festsetzen, wenn der Steuerberater die Fristversäumnis

a) mit Arbeitsüberlastung und Urlaub oder (alternativ)

b) mit verminderter Leistungsfähigkeit durch längere Krankheit begründet? Gegen wen ist ggf. der Verspätungszuschlag festzusetzen?

▶ § 152 AO

Verspätete Abgabe der Erklärung durch den Steuerberater　　　Fall 312

Sachverhalt: Der Steuerberater Karl Peters hat die Einkommensteuer- und die Umsatzsteuererklärung 2000 für den Mandanten Dr. Arnold Helfrecht erst drei Monate nach Ablauf der vom Finanzamt bereits verlängerten Abgabefrist abgegeben.

Die Umsatzsteuer 2000 wurde mit ·/. 928 DM (Vorsteuerüberschuss) erklärt. Hinsichtlich der Einkommensteuer 2000 erwartet der Steuerberater eine Erstattung von 5 200 DM (tarifliche Einkommensteuer 94 800 DM, abzüglich geleistete Vorauszahlungen 100 000 DM).

Frage: Wird das Finanzamt einen Verspätungszuschlag festsetzen? Bitte begründen.

▶ § 152 AO

Verspätungszuschlag, Erklärungsfristen　　　Fall 313

Sachverhalt: Der Gewerbetreibende Hans Klein gibt die Umsatzsteuer-Voranmeldung für den Monat Juli 2001 zusammen mit entsprechendem Verrechnungsscheck am Montag, dem 17. 09. 2001, um 20 Uhr durch Einwurf in den Briefkasten des zuständigen Finanzamtes ab. Dauerfristverlängerung ist beantragt und genehmigt.

Frage: Ist die Voranmeldung rechtzeitig beim Finanzamt eingegangen? Muss Hans Klein mit steuerlichen Nebenleistungen rechnen? Begründen Sie ihre Entscheidung.

▶ § 18 UStG, § 152 AO

Nichtabgabe der Steuererklärung　　　Fall 314

Sachverhalt: Der Steuerpflichtige Meier gibt trotz mehrmaliger Aufforderung seitens des Finanzamtes seine Steuererklärungen für 2000 nicht ab.

Frage: Mit welchen Mitteln kann das Finanzamt nach den Vorschriften der Abgabenordnung reagieren? Nennen Sie zwei Möglichkeiten.

▶ §§ 149, 162, 328, 329, 332 AO

VI. Steuerfestsetzungsverfahren

Die Finanzbehörden haben nach § 85 AO die Steuern nach Maßgabe der Gesetze gleichmäßig festzusetzen und zu erheben. Dies erledigen sie durch Verwaltungsakte.

Verwaltungsakte sind hoheitliche Willenserklärungen (behördliche Maßnahmen auf dem Gebiet des öffentlichen Rechts zur Regelung eines einzelnen Falles mit unmittelbarer Rechtswirkung nach außen (§ 118 AO).

Der bedeutendste Verwaltungsakt in der Finanzverwaltung ist der Steuerbescheid (§ 155 AO).

Für den Steuerbescheid gilt:

Muss-Erfordernisse: Schriftform, Bezeichnung des Steuerschuldners und der den Bescheid erlassenden Behörde, festgesetzte Steuer nach Art, Jahr und Betrag (§ 157 AO).

Fehlt eines dieser Erfordernisse, so ist der Steuerbescheid nichtig. Ein nichtiger Steuerbescheid ist unwirksam (§§ 124, 125 AO).

Soll-Erfordernisse: Begründung = Bezeichnung der Besteuerungsgrundlagen (§ 121 AO), Einspruchsbelehrung (§ 157 AO).

Fehlt eines dieser Erfordernisse, so hat das keine Nichtigkeit des Bescheides zur Folge. Die Angaben können nachgeholt werden.

Hat der Steuerpflichtige wegen fehlender Begründung bei Abweichung von der Steuererklärung die Einspruchsfrist versäumt, liegt darin ein Wiedereinsetzungsgrund (§ 126 Abs. 3 AO).

Bei fehlender Einspruchsbelehrung ist die Einlegung des Einspruchs noch innerhalb eines Jahres nach Bekanntgabe des Bescheides zulässig (§ 356 Abs. 2 AO).

Besteuerungsgrundlagen

Grundsätzlich bildet die Feststellung der Besteuerungsgrundlagen einen mit Rechtsbehelfen nicht anfechtbaren unselbständigen Teil des Steuerbescheids (§ 157 AO). Die Steuer wird auf der Grundlage eines einheitlichen Besteuerungsverfahrens durch Steuerbescheid festgesetzt (§ 155 ff. AO). Bestandskräftig wird nur der festgesetzte Steuerbetrag.

Grundlagenbescheide

Von dieser Regel gibt es Ausnahmen: Die Besteuerungsgrundlagen werden durch Feststellungsbescheid gesondert festgestellt, soweit dies in § 180 AO oder sonst in den Steuergesetzen bestimmt ist (§ 179 AO). Entscheidungen in einem Grundlagenbescheid können nur durch Einspruch gegen diesen und nicht gegen den Folgebescheid angegriffen werden (§ 351 Abs. 2 AO).

Übersicht 20: Bindungswirkung nach § 182 AO

Der Feststellungsbescheid hat als Grundlagenbescheid absolute Bindungswirkung für alle Folgebescheide

Feststellungsbescheid:	Folgebescheide:
Einheitswertbescheid Grundvermögen	Grundsteuermessbescheid,
Einheitswert Betriebsgrundstück	Grundsteuermessbescheid,
	Kürzung Gewerbesteuermessbetrag
Bedarfswerte für Grundbesitz	Erbschafts- und Schenkungsteuer
Gewinn-Feststellungsbescheid	Einkommensteuer,
	Körperschaftsteuer,
	andere Gewinnfeststellungen,
	nicht aber: GewSt-Messbescheid
LSt-Eintragung	LSt-Anmeldung
Einkommensteuerbescheid	Einkommensteuerbescheide, bei denen ein Verlustabzug berücksichtigt werden soll (§ 10d EStG)

Abgabenordnung – Fälle 215

> | | Prämienbescheide, |
> | --- | --- |
> | | Aufteilungsbescheide nach § 268 AO |
> | Gewerbesteuermessbescheid | Gewerbesteuerbescheid |
>
> **Merke:** Die Bindungswirkung, die § 182 AO vorschreibt, wird verfahrensrechtlich verwirklicht über die Berichtigungsvorschrift des § 175 Abs. 1 Nr. 1 i. V. m. der Ablaufhemmung des § 171 Abs. 10 AO.

Form des Steuerbescheides **Fall 315**

Sachverhalt: Die Ehegatten Elfriede und Konrad Eismann, wohnhaft in 44629 Herne, Eschstraße 11, haben für das Kj 2000 gemeinsam eine Einkommensteuererklärung abgegeben und darin die Zusammenveranlagung beantragt. Der Ehemann hat Einkünfte aus nichtselbständiger Arbeit und Beteiligungseinkünfte aus einer KG. Die Ehefrau hat Einkünfte aus Kapitalvermögen von 0 DM (Zinseinnahmen = 350 DM).

Dem Einkommensteuerbescheid für das Kj 2000 liegt die gemeinsame Steuererklärung für das Kj 2000 zugrunde. Der Steuerbescheid ist gerichtet an

Herrn
Konrad Eismann
Eschstraße 11
44629 Herne

Der Kopf des Steuerbescheides enthält keinen weiteren Zusatz, auch fehlt das Datum des Bescheides. Der Bescheid befand sich am 15. 11. 2001 im Hausbriefkasten der Eheleute.

Fragen: Wie beurteilen Sie den fehlenden Datumsvermerk? Ist der Einkommensteuerbescheid wirksam bekannt gegeben?

▶ §§ 124, 155 Abs. 3 AO

Schätzungsbescheid **Fall 316**

Sachverhalt: Die Eheleute Franz und Frieda Sorglos haben trotz mehrfacher Aufforderung des für sie zuständigen Finanzamtes keine Einkommensteuererklärung für das Kj 2000 abgegeben. Das Finanzamt hat deswegen die Besteuerungsgrundlagen für das Kj 2000 geschätzt und einen entsprechenden einheitlichen Einkommensteuerbescheid erlassen, der an die Ehegatten als Gesamtschuldner gerichtet ist.

Frage: Ist der Steuerbescheid beiden Ehegatten wirksam bekannt gegeben worden?

Gesonderte Feststellung von Besteuerungsgrundlagen **Fall 317**

Sachverhalt: Nach § 157 Abs. 2 AO bildet die Feststellung von Besteuerungsgrundlagen einen mit Rechtsbehelfen nicht selbständig anfechtbaren Teil des Steuerbescheids. Abweichend hiervon werden einige Besteuerungsgrundlagen gesondert – in einem gesonderten Verfahren – festgestellt (§ 179 Abs. 1 AO).

Frage: Welche der nachstehenden Besteuerungsgrundlagen werden gesondert festgestellt?

1. **Wert** eines im Bundesgebiet belegenen Einfamilienhauses,
2. **Umsatz** einer Fabrik, die zwei Brüdern gehört,
3. **Gewinn** einer Rechtsanwaltssozietät,

4. **Gewinn** einer GmbH,

5. **Gewinn** eines Betriebs der Land- und Forstwirtschaft, der den Geschwistern A und B gehört,

6. **Gewinn** eines Handwerkers, der im Bezirk des Finanzamtes A wohnt und seinen Handwerksbetrieb in einer benachbarten Stadt im Bezirk des Finanzamtes B betreibt.

Erläutern Sie zuvor Zweck und Bedeutung der gesonderten Feststellung.

▶ §§ 179 u. 180 AO

VII. Festsetzungsverjährung

Nach § 169 AO ist eine Steuerfestsetzung nicht mehr zulässig, wenn die Festsetzungsfrist abgelaufen ist. Der Steueranspruch ist dann verjährt (erloschen, § 47 AO). Die Festsetzungsfrist beträgt für die von den Finanzämtern verwalteten Steuern im Allgemeinen vier Jahre, im Falle leichtfertiger Steuerverkürzung fünf und bei Steuerhinterziehung zehn Jahre.

Die Verjährung dient der Rechtssicherheit, denn der Nachweis von Steueransprüchen wird umso schwieriger, je älter die Steueransprüche werden. Die Sachverhalte schwinden aus dem Gedächtnis der Beteiligten, Bücher und Belege können nicht unbegrenzt aufbewahrt werden. Deshalb muss das Recht nach einer gewissen Zeit zur Ruhe kommen; es tritt „Rechtsfriede" ein.

Beginn der Festsetzungsfrist (Anlauf)

Die Festsetzungsfrist beginnt mit Ablauf des Kalenderjahres, in dem die Steuer entstanden ist (§ 170 Abs. 1 AO; Ausnahmefall).

Verzögerter Fristbeginn (Anlaufhemmung)

Der Fristbeginn ändert sich, wenn eine Anlaufhemmung vorhanden ist (§ 170 Abs. 2 bis 6 AO). Bei Steuern mit gesetzlicher Erklärungs-, Anmeldungs- oder Anzeigepflicht beginnt die Festsetzungsfrist mit Ablauf des Kalenderjahres, in dem die Steuererklärung, die Steueranmeldung oder die Anzeige eingereicht worden ist, **spätestens jedoch mit Ablauf des dritten Kalenderjahres, das auf das Kalenderjahr folgt, in dem die Steuer entstanden ist.**

Dieser Fristbeginn ist u. a. maßgebend für die Einkommen- und Umsatzsteuer. Da diese Steuerarten die wohl wichtigsten im Steuerrecht sind, stellt der Fristbeginn unter Berücksichtigung der **Anlaufhemmung** den **Regelfall** dar.

Der wohl wichtigste Anwendungsbereich für den Beginn der Festsetzungsfrist nach der Grundregel des § 170 Abs. 1 AO ist die Antragsveranlagung nach § 46 Abs. 2 Nr. 8 EStG (da hier keine Verpflichtung zur Abgabe einer Steuererklärung besteht).

Ende der Festsetzungsfrist (Ablauf)

Die Festsetzungsfrist endet mit Ablauf des letzten Jahres der Frist. Dabei reicht es aus, dass der Bescheid vor Ablauf der Frist den Bereich des zuständigen Finanzamtes verlassen hat. Es kommt also nicht auf den tatsächlichen oder unterstellten Zeitpunkt der Bekanntgabe an.

Abgabenordnung – Fälle

Verzögertes Fristende (Ablaufhemmung)
Das Ende der Festsetzungsfrist wird durch eine Ablaufhemmung hinausgeschoben. Im Rahmen der Ablaufhemmung endet die Festsetzungsfrist nicht am Ende, sondern im Laufe eines Kalenderjahres.

Ablaufhemmung nach § 171 AO

Wichtige gesetzliche Tatbestände	Dauer
Höhere Gewalt	sechs Monate
Offenbare Unrichtigkeit (§ 129 AO)	ein Jahr
Steuerfestsetzung auf Antrag	variabel
Außenprüfung/Fahndungsprüfung	variabel
Steuervergehen	variabel
Vorläufige Steuerfestsetzung	ein bis zwei Jahre
Änderung Grundlagenbescheid	zwei Jahre

Festsetzungsverjährung — Fall 318

Sachverhalt: Die Steuerpflichtigen A, B und C machen für die Umsatzsteuer des Kalenderjahres 1999 die folgenden Angaben:

Steuerpflichtiger:	A	B	C
Abgabe der Erklärung:	20. 10. 2000	07. 09. 2001	gar nicht
Datum des Steuerbescheides:	07. 05. 2002	–	01. 04. 2003

Frage: Wann beginnt und wann endet die jeweilige Festsetzungsfrist? Gehen Sie bitte davon aus, dass Steuerhinterziehung oder Steuerverkürzung nicht gegeben ist.

▶ §§ 169 u. 170 AO, § 18 UStG

Festsetzungsverjährung — Fall 319

Sachverhalt: Das Finanzamt will im Jahre 2001 bei dem Kaufmann Helmut Meier eine Betriebsprüfung durchführen. Sie haben für Herrn Meier jeweils im folgenden Jahr die Steuererklärungen abgegeben. Besonderheiten, wie z. B. steuerstrafbare Handlungen des Herrn Meier, sind Ihnen nicht bekannt.

Frage: Ab welchem Veranlagungszeitraum können äußerstenfalls die Einkommensteuerbescheide noch geändert werden?

▶ §§ 169 u. 170 AO

Ablaufhemmung bei der Festsetzungsverjährung — Fall 320

Sachverhalt: Der Kaufmann Axel Fleiter hat seine Umsatzsteuerjahreserklärung für das Kalenderjahr 1995 am 17. 09. 1996 beim Finanzamt eingereicht. Die Zahllast hatte er mit 18 720 DM berechnet. Das Finanzamt war von dieser Erklärung zunächst nicht abgewichen.

Nach einer Betriebsprüfung im Jahre 2000 setzte das Finanzamt die Umsatzsteuer für das Kalenderjahr 1995 durch Bescheid vom 29. 09. 2000 abweichend auf 24 648 DM fest. Da bei Erlass dieses Bescheides jedoch dem Finanzamt ein Rechenfehler unterlaufen war, erließ es mit Datum vom 02. 10. 2001 einen Berichtigungsbescheid nach § 129 AO. Die Mehrsteuer beträgt 1 800 DM.

Frage: Ist der Berichtigungsbescheid innerhalb der Festsetzungsfrist ergangen?

▶ §§ 169, 170 u. 171 AO

Fall 321 **Einspruchsfrist, Festsetzungsverjährung, Zahlungsverjährung**

Sachverhalt: Susi Sorglos erhält am 29. 1. 2001 den endgültigen Einkommensteuerbescheid für das Jahr 1997 (Postdatum 28. 1. 2001).

Susi hat trotz mehrmaliger Aufforderung, Mahnung und Zwangsgeld keine Einkommensteuererklärung für 1997 eingereicht, sodass das Finanzamt Wuppertal-Elberfeld die Einkommensteuer 1997 aufgrund einer Schätzung gem. § 162 AO auf 17 360 DM festgesetzt hat. Aufgrund anrechenbarer Steuerbeträge (in geschätzter Höhe) ergibt sich eine Steuernachzahlung (einschließlich Nachforderungszinsen) in Höhe von 8 500 DM.

Am 1. 3. 2001 wirft Susi Sorglos die Einkommensteuererklärung für 1997 in den Hausbriefkasten des Finanzamts Wuppertal-Elberfeld und legt zugleich Einspruch gegen den Einkommensteuerbescheid 1997 vom 28. 1. 2001 ein.

Fragen:

a) Beurteilen Sie, ob der Einspruch fristgerecht eingelegt wurde (Fristberechnung – Tag der Bekanntgabe, Beginn und Ende der Einspruchsfrist – erforderlich; Kalenderauszug siehe unten).

b) Welches ist der wesentliche Unterschied zwischen der Festsetzungs- und Zahlungsverjährung?

c) Nennen Sie die Rechtsvorschrift, nach der sich der Beginn der Festsetzungsverjährung im o. a. Sachverhalt bestimmt. Ermitteln Sie in einer übersichtlichen Fristberechnung Beginn, Dauer und Ende der Festsetzungsverjährung für die Einkommensteuer 1997 der Mandantin Sorglos.

d) Ermitteln Sie Beginn, Dauer und Ende der Zahlungsverjährung bezüglich des von der Mandantin innerhalb eines Monats zu entrichtenden Betrages von 8 500 DM.

	Januar 2001						Februar 2001					März 2001				
Mi		3	10	17	24	31		7	14	21	28	Di		6	13	20	27
Do		4	11	18	25		1	8	15	22		Mi		7	14	21	28
Fr		5	12	19	26		2	9	16	23		Do	1	8	15	22	29
Sa		6	13	20	27		3	10	17	24		Fr	2	9	16	23	30
So		7	14	21	28		4	11	18	25		Sa	3	10	17	24	31
Mo	1	8	15	22	29		5	12	19	26		So	4	11	18	25	
Di	2	9	16	23	30		6	13	20	27		Mo	5	12	19	26	

▶ §§ 169, 170 u. 228 AO

VIII. Änderung von Steuerfestsetzungen

Von der Bekanntgabe des Steuerbescheides an sind Steuerpflichtiger und Finanzamt an den Inhalt des Bescheides gebunden. Die Änderung des Bescheides ist nur nach den Berichtigungsvorschriften der AO oder nach Vorschriften der Einzelsteuergesetze, z. B. § 10d EStG, § 35b GewStG, möglich.

Änderungsmöglichkeiten für Steuerbescheide nach der AO

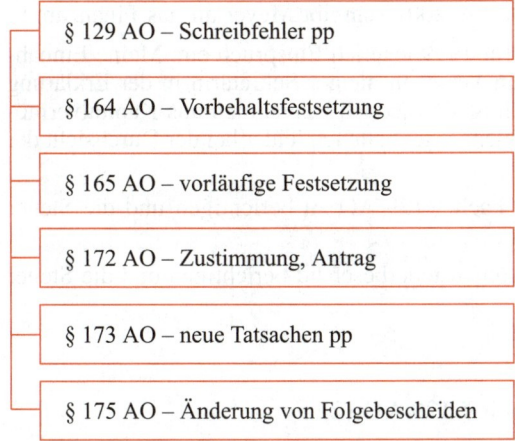

- § 129 AO – Schreibfehler pp
- § 164 AO – Vorbehaltsfestsetzung
- § 165 AO – vorläufige Festsetzung
- § 172 AO – Zustimmung, Antrag
- § 173 AO – neue Tatsachen pp
- § 175 AO – Änderung von Folgebescheiden

Übersicht 21: Prüfungsschema: Berichtigung offenbarer Unrichtigkeiten nach § 129 AO

1. Anwendungsbereich
alle Verwaltungsakte
2. Voraussetzungen
Schreibfehler
Rechenfehler oder
ähnliche offenbare Unrichtigkeit
– ähnlich: versehentliche, unbewusste, mechanische Fehler, die beruhen auf Verschreiben, Verrechnen, Verzählen, Verlesen, Vertauschen;
  die Möglichkeit eines Rechtsfehlers muss ausgeschlossen sein;
  Fehler beim Ablesen in der Steuertabelle,
  Nichterfassen korrekt erklärter Einkünfte im Erfassungsbogen,
  falsches Ausfüllen des Eingabebogens trotz sachlich richtiger Entscheidung; falsche Kennziffereingabe,
  Übernahme eines für das Finanzamt erkennbaren Rechenfehlers, Zahlendrehers
  . . .
– offenbar: ohne große Nachforschungen erkennbar durch objektiven Dritten
– grds. nur Fehler der Finanzbehörde „. . . beim Erlass eines Verwaltungsaktes unterlaufen . . ."
  Ausnahme: Übernahmefehler (s. o.).

> 3. **Umfang der Berichtigung**
> Punktberichtigung → Korrektur der offenbaren Unrichtigkeit
> 4. **Zeitliche Beschränkung**
> Berichtigung grds. jederzeit (im Rahmen der Festsetzungs-/Feststellungsfrist) möglich.
> Beachte: Ablaufhemmung (ein Jahr nach Bekanntgabe) § 171 Abs. 2 AO.

Fall 322 **Änderung von Steuerbescheiden nach § 129 AO (1)**

Sachverhalt: Der Steuerpflichtige Meyer erhielt am 23. 02. 2001 den endgültigen Einkommensteuerbescheid für 1999. Am 07. 04. 2001 schreibt Meyer an das Finanzamt:

„Gegen den Einkommensteuerbescheid für 1999 lege ich Einspruch ein. Meine Einnahmen aus Kapitalvermögen sind durch ein Versehen meiner Sekretärin in der Erklärung mit 32 400 DM angegeben worden. Richtig sind jedoch Einnahmen aus Kapitalvermögen in Höhe von 23 400 DM. Diesen Zahlendreher hatte ich leider bei der Durchsicht der Steuererklärung übersehen.

Ich bitte, diese offenbare Unrichtigkeit nach § 129 AO zu berichtigen und die Steuer entsprechend herabzusetzen."

Frage: Wird das Finanzamt den Einkommensteuerbescheid berichtigen und die Steuer herabsetzen?

▶ § 129 AO

Fall 323 **Änderung von Steuerbescheiden nach § 129 AO (2)**

Sachverhalt: Ein Mandant stellt am 13. 11. 2001 fest, dass der endgültige Steuerbescheid vom 22. 06. 1996 für den Veranlagungszeitraum 1995 fehlerhaft ist. Der Mandant wurde für das Kj 1995 mit seiner Ehefrau zusammenveranlagt. Die Eheleute haben drei eheliche Kinder, die im Kj 1995 unter 18 Jahre alt waren und in der Steuererklärung für das Kj 1995 namentlich aufgeführt sind. In dem Einkommensteuerbescheid 1995 sind indessen nur Kinderfreibeträge für zwei Kinder abgezogen.

Frage: Kann der Mandant gegen diesen Bescheid noch etwas unternehmen? Begründen Sie Ihre Entscheidung.

▶ §§ 129 u. 169 AO

Übersicht 22: Prüfungsschema: Aufhebung oder Änderung von Steuerbescheiden nach § 164 Abs. 2 AO

> 1. **Anwendungsbereich**
> – Steuerbescheide unter Vorbehalt der Nachprüfung
> 2. **Voraussetzungen**
> – *behördlicher Vorbehalt der Nachprüfung:*
> der Vorbehaltsvermerk wurde vom Finanzamt ausdrücklich gesetzt, da eine abschließende Prüfung der Steuerfestsetzung noch nicht erfolgt ist,
> – *Vorbehalt der Nachprüfung kraft Gesetzes:*
> Vorauszahlungsbescheide (§ 164 Abs. 1 Satz 2 AO), Steueranmeldungen (§§ 167, 168 AO).

3. Umfang der Berichtigung
– Korrektur der Steuerfestsetzung in vollem Umfang möglich.

4. Zeitliche Beschränkung
– Änderung jederzeit möglich, es sei denn:
  → Vorbehalt der Nachprüfung wurde gem. § 164 Abs. 3 AO ausdrücklich aufgehoben,
  → Vorbehalt der Nachprüfung ist mit Ablauf der vierjährigen Festsetzungsfrist entfallen (§ 164 Abs. 4 AO).

Änderung von Steuerbescheiden nach § 164 AO Fall 324

Sachverhalt: Sie haben die Einkommensteuererklärung 1999 des Mandanten Hasenfuß erstellt und im Jahre 2000 eingereicht. Das Finanzamt hat die Einkommensteuer 1999 mit Bescheid vom 01. 04. 2001 unter dem Vorbehalt der Nachprüfung gem. § 164 Abs. 1 AO festgesetzt.

Frage: Bis wann muss Hasenfuß längstens mit einer Nachprüfung der Einkommensteuerfestsetzung für 1999 rechnen? Begründen Sie Ihre Entscheidung.

▶ §§ 164 u. 169 AO

Übersicht 23: Prüfungsschema: Aufhebung oder Änderung von vorläufigen Steuerbescheiden nach § 165 Abs. 2 AO

1. Anwendungsbereich
– vorläufige Steuerbescheide

2. Voraussetzungen
– einzelne, für die Besteuerung wichtige Sachverhalte sind ungewiss und damit auch, *ob* und *in welcher* Höhe ein Steueranspruch entstanden ist,
  → Ungewissheit hinsichtlich gegebener Gewinnerzielungsabsicht
    (*Liebhaberei bei verlustbringenden Tätigkeiten* → *Pferdezucht . . .*),
  → Überprüfung bestimmter gesetzlicher Regelungen auf ihre Vereinbarkeit mit verfassungsrechtlichen Grundsätzen (*beschränkte Abzugsfähigkeit von Vorsorgeaufwendungen, Nichtabziehbarkeit privater Schuldzinsen . . . im Bereich der Einkommensteuer*)

3. Umfang der Berichtigung
– Korrektur der Steuerfestsetzung lediglich in den Punkten möglich, die von der Vorläufigkeit umfasst sind,
  → daher sind *Umfang* und *Grund* der Vorläufigkeit im Rahmen des Steuerbescheides anzugeben (§ 165 Abs. 1 Satz 3 AO).

4. zeitliche Beschränkung
– Änderung im Rahmen des Vorläufigkeitsvermerks bis zu dessen Wegfall möglich.
Der Vorläufigkeitsvermerk entfällt mit dessen (zwingender) Aufhebung bei Beseitigung der Ungewissheit (§ 165 Abs. 2 Satz 2 AO).
Eine ausdrückliche Aufhebung der Vorläufigkeit aufgrund einer verfassungsrechtlichen Überprüfung einzelner gesetzlicher Bestimmungen ist nicht erforderlich, sofern diese Bestimmungen als verfassungsgemäß beurteilt worden sind, eine Änderung der Steuerfestsetzung somit unterbleibt (§ 165 Abs. 2 Satz 3 AO).

Fall 325 **Änderung von Steuerbescheiden nach § 165 AO**

Sachverhalt: Die Eheleute Hans und Helga Beimer übergeben Ihnen im August des Jahres 2001 den Einkommensteuerbescheid 2000 vom 02. 04. 2001 mit der Bitte, diesen auf seine Richtigkeit zu überprüfen. Der Bescheid trägt den Vermerk: „Der Bescheid ist nach § 165 Abs. 1 AO teilweise vorläufig." Auf der Rückseite des Bescheids ist u. a. folgender Text vermerkt:

„Erläuterungen

Die Steuerfestsetzung ist im Hinblick auf die Anhängigkeit von Verfassungsbeschwerden bzw. Revisionen nach § 165 Abs. 1 AO vorläufig hinsichtlich

- des Arbeitnehmer-Pauschbetrages der Ehefrau,
- der beschränkt abzugsfähigen Vorsorgeaufwendungen (§ 10 Abs. 3 EStG),
- der Nichtabziehbarkeit privater Schuldzinsen (§ 12 EStG).

Die Vorläufigkeitserklärung erfolgt nur aus verfahrenstechnischen Gründen und zur beiderseitigen Arbeitserleichterung und ist nicht dahin zu verstehen, dass die Regelungen als verfassungswidrig angesehen werden.

Änderungen dieser Regelungen werden von Amts wegen berücksichtigt; ein **Einspruch** ist insoweit **nicht erforderlich.**"

Im Rahmen der Überprüfung des Steuerbescheides stellen Sie fest, dass das Finanzamt rechtsirrtümlich Werbungskosten des Hans Beimer lediglich in Höhe von 4 000 DM und damit um 1 000 DM zu niedrig anerkannt hat.

Frage: Ist eine Änderung des Steuerbescheides noch möglich? Begründen Sie Ihre Entscheidung.

▶ §§ 165 u. 347 AO

Übersicht 24: Prüfungsschema: Aufhebung oder Änderung von Steuerbescheiden auf Antrag nach § 172 Abs. 1 Nr. 2a AO

1. Anwendungsbereich
– Steuerbescheide (auch Einspruchsentscheidungen, Ablehnungsbescheide)

2. Voraussetzungen
– Endgültigkeit der Steuerfestsetzung:
  → Kein Vorbehalt der Nachprüfung (§ 164 AO),
  → Keine Vorläufigkeit der Steuerfestsetzung insoweit (§ 165 AO)
  „Ein Steuerbescheid darf, soweit er nicht vorläufig oder unter dem Vorbehalt der Nachprüfung ergangen ist . . ."
– Fehlerhaftigkeit des Steuerbescheids,
– Antrag (formfrei → telefonisch, schriftlich . . .) bzw. Zustimmung zu einer Änderung.

3. Umfang der Berichtigung
– Korrekturumfang durch Antrag/Zustimmung begrenzt,
– keine Entscheidung zu Lasten des Steuerpflichtigen (Verböserung) ohne dessen Zustimmung möglich.

4. Zeitliche Beschränkung
– Änderung mit **Zustimmung** oder auf **Antrag** möglich (innerhalb der Festsetzungsfrist),
  → *zu Lasten* des Steuerpflichtigen *jederzeit* möglich,
  → *zugunsten* des Steuerpflichtigen nur dann möglich, wenn Antrag/Zustimmung *innerhalb der Rechtsbehelfsfrist* gestellt/erteilt wurde (erweiternde Anträge zugunsten des Steuerpflichtigen nur innerhalb der Einspruchsfrist möglich).

Hinweis: Die Vorschrift hat praktisch keine große Bedeutung, weil ein Einspruch gegen den Steuerbescheid die für den Steuerpflichtigen bessere Alternative darstellt. Bei einem Antrag auf Änderung tritt Bestandskraft des Bescheides ein, auch ist Aussetzung der Vollziehung des Bescheides nicht möglich. Denn dazu muss der Bescheid mit Einspruch angefochten sein.

Änderung von Steuerbescheiden nach § 172 AO (1) — Fall 326

Sachverhalt: Sie haben für den Mandanten Hans Gröne aus Kempen die Einkommensteuererklärung für das Kalenderjahr 2000 angefertigt. Dem endgültigen Einkommensteuerbescheid 2000 liegt der Inhalt dieser Erklärung zugrunde.

Noch innerhalb der Einspruchsfrist teilt Ihnen Herr Gröne mit, er habe noch Spendenbelege aus dem Kalenderjahr 2000 gefunden. Die Spendenbeträge müssten nacherklärt werden.

Frage: Was haben Sie zu veranlassen?

▶ §§ 172 u. 347 ff. AO

Änderung von Steuerbescheiden nach § 172 AO (2) — Fall 327

Sachverhalt: Sie haben für den Mandanten Klein nach den vorgelegten Unterlagen die Einkommensteuererklärung für das Kalenderjahr 2000 erstellt. Dem endgültigen Einkommensteuerbescheid 2000 liegt der Inhalt dieser Erklärung zugrunde. Die Einspruchsfrist ist noch nicht abgelaufen.

Nunmehr teilt Ihnen Herr Klein mit, er habe Ihnen versehentlich nicht die Depotauszüge seiner Bank gegeben. Deshalb seien Zinseinnahmen in Höhe von 25 000 DM für das Kalenderjahr 2000 nicht erklärt und somit auch nicht versteuert worden.

Fragen: Was haben Sie zu veranlassen? Was wird das Finanzamt daraufhin unternehmen?

▶ §§ 153 u. 172 AO

Übersicht 25: Prüfungsschema: Aufhebung oder Änderung von Steuerbescheiden wegen neuer Tatsachen der Beweismittel nach § 173 AO

1. Anwendungsbereich
– Steuerbescheide

2. Voraussetzungen
– Endgültigkeit der Steuerfestsetzung:
  → Kein Vorbehalt der Nachprüfung (§ 164 AO),
  → Keine Vorläufigkeit der Steuerfestsetzung insoweit (§ 165 AO).

§ 173 Abs. 1 Nr. 1 AO (Änderung zu Lasten des Steuerpflichtigen);
– Tatsache/Beweismittel wird nachträglich bekannt und führt zu einer **höheren Steuer.**

§ 173 Abs. 1 Nr. 2 AO (Änderung zugunsten des Steuerpflichtigen):
– Tatsache/Beweismittel wird nachträglich bekannt und führt zu einer **niedrigeren Steuer,** Steuerpflichtiger darf nachträgliches Bekanntwerden nicht grob schuldhaft verursacht haben.

→ Tatsache	jeder steuerlich relevante Sachverhalt *zusätzliche Betriebseinnahmen, Betriebsausgaben, Werbungskosten, Sonderausgaben ...,*
→ nachträglich	Tatsachen/Beweismittel müssen bereits im Zeitpunkt der Bearbeitung der Steuererklärung bestanden haben, werden dem zuständigen Bearbeiter des Finanzamtes aber erst danach bekannt,
→ höhere/niedrigere Steuer	jede Tatsache ist für sich zu beurteilen, ebenso jede Steuerart, jedes Steuerjahr,
→ grobes Verschulden	*Erläuterungen im Steuererklärungsvordruck nicht beachtet; Werbungskosten, Betriebsausgaben, Sonderausgaben ... irrtümlich nicht geltend gemacht.* **Ausnahme:** unmittelbarer Zusammenhang mit einer Tatsache, die nach § 173 Abs. 1 Nr. 1 AO zu einer Berichtigung zu Lasten des Steuerpflichtigen führt (*z. B. zusätzliche Betriebseinnahmen § 173 Abs. 1 Nr. 1 AO* → *zugleich Berücksichtigung diesbezüglich entstandener Aufwendungen, Verschulden hier unerheblich*)

3. Umfang der Berichtigung
– Punktberichtigung → Korrektur beschränkt auf nachträglich bekannt gewordene Tatsachen/Beweismittel.

4. Zeitliche Beschränkung
– Berichtigung grds. jederzeit (im Rahmen der Festsetzungs-, Feststellungsfrist) möglich beachte: Änderungssperre nach Außenprüfung (§ 173 Abs. 2 AO).

Fall 328 Änderung von Steuerbescheiden nach § 173 AO (1)

Sachverhalt: Durch Kontrollmitteilungen hat das Finanzamt erfahren, dass der Schriftsteller Herbert Gutermut aus Bonn den Erlös aus dem Verkauf des Urheberrechts an einem von ihm verfassten Sachbuch in Höhe von 30 000 DM nicht erklärt und somit auch nicht versteuert hat. Der Erlös ist Herrn Gutermut im Kj 2000 zugeflossen.

Der Einkommensteuerbescheid 2000 ist endgültig und unanfechtbar, die Festsetzungsfrist ist aber noch nicht abgelaufen.

Frage: Was wird das Finanzamt veranlassen?

▶ § 173 AO

Änderung von Steuerbescheiden nach § 173 AO (2)   Fall 329

Sachverhalt: Die Mandantin Josefine Reich aus Düsseldorf, für die Sie die Einkommensteuererklärungen erstellen, teilt Ihnen mit, sie habe noch weitere Ausgabenbelege für ihr Mietwohnhaus gefunden, die das Kalenderjahr 2000 betreffen. Es handele sich um Ausgaben im Zusammenhang mit der Reparatur von Abwasserrohren in Höhe von 3 820 DM.

Der Einkommensteuerbescheid 2000 für Frau Reich ist endgültig und unanfechtbar, die Festsetzungsfrist ist noch nicht abgelaufen.

Frage: Was können Sie veranlassen?

▶ § 173 AO

Übersicht 26: Prüfungsschema: Aufhebung oder Änderung von Steuerbescheiden nach Aufhebung/Änderung eines Grundlagenbescheides nach § 175 Abs. 1 Nr. 1 AO

---

1. Anwendungsbereich
– Folgebescheide (vgl. Übersicht 15 zur Bindungswirkung nach § 182 AO)

2. Voraussetzungen
– Grundlagenbescheid wird erlassen, aufgehoben oder geändert (Feststellungsbescheid, Steuermessbescheide ...)

3. Umfang der Berichtigung
– Punktberichtigung
   → Korrektur, soweit der Grundlagenbescheid für den Folgebescheid bindend ist

4. Zeitliche Beschränkung
Berichtigung grds. jederzeit (im Rahmen der Festsetzungs-/Feststellungsfrist) möglich
beachte: Ablaufhemmung nach § 171 Abs. 10 AO
          Ende der Festsetzungsfrist (Folgebescheid) nicht vor Ablauf von zwei Jahren nach Bekanntgabe des (geänderten) Grundlagenbescheides

---

Änderung von Steuerbescheiden nach § 175 AO   Fall 330

Sachverhalt: Ihr Mandant Carlo ist zu 50 % an der Carlo & Antonio KG beteiligt. Das Finanzamt setzte die Einkommensteuer 1998 Ihres Mandanten mit endgültigem Bescheid vom 02. 05. 2000 auf 10 000 DM fest. Den Gewinnanteil aus der Beteiligung berücksichtigte es dabei mit dem Vorjahreswert von 15 000 DM, da eine einheitliche und gesonderte Feststellung der gemeinsamen Einkünfte aus Gewerbebetrieb aus der KG im Zeitpunkt der Einkommensteuer-Veranlagung des Carlo noch nicht vorlag.

Mit Bescheid vom 01. 07. 2001 stellt das für die KG zuständige Betriebsfinanzamt den Gewinn aus Gewerbebetrieb der KG auf 40 000 DM fest und teilt dem Wohnsitzfinanzamt Ihres Mandanten Carlo dessen Gewinnanteil von 20 000 DM mit.

Frage: Was wird das Wohnsitzfinanzamt veranlassen?

▶ § 175 Abs. 1 Nr. 1 AO

Fall 331 Änderung von Steuerbescheiden, Vorbehalt der Nachprüfung

Sachverhalt a: Einem Steuerberater wird von seinem Mandanten der endgültige Einkommensteuerbescheid für das Kalenderjahr 2000 vorgelegt, in dem fälschlicherweise Aufwendungen für einen ausschließlich beruflich genutzten Computer nicht als Werbungskosten bei den Einkünften aus nichtselbständiger Arbeit anerkannt worden sind (Rechtsirrtum).

Fragen:

a) Welche Möglichkeiten hat der Steuerberater, eine Berichtigung dieses Einkommensteuerbescheides zu erreichen, wenn er

　1. den Bescheid nach 14 Tagen seit Bekanntgabe erhält,

　2. den Bescheid nach zwei Monaten seit Bekanntgabe erhält?

b) Wie wäre der gleiche Sachverhalt zu beurteilen, wenn der Steuerbescheid unter dem Vorbehalt der Nachprüfung ergangen ist?

▶ §§ 164, 172, 347 ff. u. 355 AO

Sachverhalt b: Steuerberater Fuchs hat nach dem ESt-Vorauszahlungsbescheid vom 09. 12. 2000 für das Kalenderjahr 2001 vierteljährlich 48 000 DM an Einkommensteuer-Vorauszahlungen zu leisten. Im Mai 2001 musste Steuerberater Fuchs nach einem Reitunfall für mehrere Monate ins Krankenhaus. Wegen fehlender Berufsausübung rechnet er mit hohen Einnahmeausfällen und veranschlagt seine Einkommensteuer für das Kalenderjahr 2001 auf nur 140 000 DM.

Frage: Können die ESt-Vorauszahlungen für das Kalenderjahr 2001 den geänderten Verhältnissen angepasst werden? Bitte begründen.

▶ § 164 AO

Fall 332 Fehler des Finanzamtes in der Rechtsanwendung

Sachverhalt: Der Lehrer Franz Ziegler setzte in seiner Einkommensteuererklärung für das Kalenderjahr 2000 u. a. Werbungskosten für folgende Arbeitsmittel an:

Schreibtisch	700 DM
Schreibtischstuhl	450 DM
Schreibtischlampe	300 DM
Summe	1 450 DM

Das Finanzamt lehnte den Abzug der Aufwendungen als Werbungskosten im Rahmen der Einkommensteuer-Veranlagung 2000 mit der Begründung ab, der Steuerpflichtige habe kein – steuerlich anzuerkennendes – häusliches Arbeitszimmer. Tatsächlich steht das Mobiliar im Wohnzimmer des Herrn Ziegler, wird aber so gut wie ausschließlich beruflich genutzt.

Der Einkommensteuerbescheid ist endgültig. Nach Ablauf der Einspruchsfrist erfährt Herr Ziegler, dass nach der Rechtsprechung des Bundesfinanzhofs (Urt. v. 18. 2. 1977, BStBl II S. 464) ein Schreibtisch bei einem Lehrer auch ohne häusliches Arbeitszimmer ein Arbeitsmittel ist.

Frage: Was kann Herr Ziegler tun?

▶ §§ 129, 172 u. 173 AO

Weitere Änderungsfälle

Sachverhalt: Sie haben für den Mandanten Lehmann am 09. 09. 2000 beim Finanzamt die Umsatzsteuer-Erklärung für das Kalenderjahr 1999 eingereicht. Das Finanzamt ist von der Erklärung nicht abgewichen. Am 05. 03. 2001 stellen Sie fest, dass sämtliche Umsätze fälschlicherweise mit 16 % versteuert wurden. 20 % der Umsätze unterliegen jedoch dem ermäßigten Steuersatz von 7 %. **Fall 333**

Sachverhalt: Das Finanzamt hat den Inhalt der Einkommensteuer-Erklärung des Mandanten Weiß für das Kalenderjahr 2000 unverändert in den Bescheid vom 03. 11. 2001 (= Aufgabe zur Post laut Datum des Poststempels) übernommen. Am 02. 12. 2001 stellen Sie fest, dass Sie sich bei der Zusammenrechnung der Werbungskosten in der Anlage V zur Steuererklärung zum Nachteil des Mandanten Weiß verrechnet haben. **Fall 334**

Sachverhalt: Am 05. 06. 2001 teilt das Finanzamt mit, dass es bei der Einkommensteuerveranlagung des Mandanten Fabian für das Kalenderjahr 2000 die Werbungskosten bei den Einkünften aus nichtselbständiger Arbeit zu hoch angesetzt hat. Anstelle der AfA für ein Arbeitsmittel hat das Finanzamt die gesamten Anschaffungskosten als Werbungskosten angesetzt (Rechtsfehler). Herr Fabian ist mit der Änderung des Einkommensteuerbescheides 2000 vom 18. 05. 2001 nicht einverstanden. **Fall 335**

Sachverhalt: Dem Einkommensteuerbescheid 1999 vom 20. 11. 2000 für den Mandanten Krüger liegt der erklärte Gewinnanteil in Höhe von 45 000 DM aus einer Beteiligung an einer Kommanditgesellschaft zugrunde. Durch Bescheid vom 22. 01. 2001 stellt das für die Kommanditgesellschaft zuständige Finanzamt den Gewinnanteil auf 48 000 DM fest. **Fall 336**

Sachverhalt: Dem Einkommensteuerbescheid 2000 vom 12. 11. 2001 liegt die Einkommensteuererklärung des Schriftstellers Gutermut zugrunde. Durch Kontrollmitteilung erfährt das Finanzamt, dass Gutermut ein Honorar für einen Aufsatz in Höhe von 600 DM nicht erklärt hat. Die hierauf entfallende Mehrsteuer würde 180 DM betragen. **Fall 337/338**

Die bisher festgesetzte Jahressteuer betrug 29 400 DM.

Frage: Ist in den vorstehenden Fällen eine Berichtigung der Steuerfestsetzung möglich? Die Steuerbescheide enthalten keinen Vermerk über die Art der Steuerfestsetzung (z. B. „vorläufig" oder „unter dem Vorbehalt der Nachprüfung").

▶ §§ 164, 167, 168, 122, 129, 172, 173 u. 180 AO

IX. Steuererhebungsverfahren

Hinsichtlich der Ansprüche aus dem Steuerschuldverhältnis sind die Begriffe

1. Entstehung
2. Festsetzung
3. Fälligkeit
4. Erlöschen

genau zu unterscheiden, denn Steuern können nur erhoben werden, wenn sie entstanden, festgesetzt, fällig und nicht bereits erloschen sind.

Zu 1.

Ansprüche aus dem Steuerschuldverhältnis entstehen durch Erfüllung bestimmter Tatbestandsmerkmale eines Steuergesetzes (§ 38 AO). So entsteht z. B. Umsatzsteuer dadurch, dass ein Unternehmer einen steuerbaren (§ 1 Abs. 1 UStG) und steuerpflichtigen Umsatz ausführt. Der Entstehungszeitpunkt ist regelmäßig in den Einzelsteuergesetzen geregelt, z. B. § 13 Abs. 1 UStG, § 36 Abs. 1 EStG.

Der Entstehungszeitpunkt hat u. a. auch Bedeutung für den Beginn der Festsetzungsverjährung.

Zu 2.

Die entstandenen Ansprüche müssen zahlenmäßig konkretisiert werden.

Grundlage für die Erhebung von Ansprüchen aus dem Steuerschuldverhältnis sind die Steuerbescheide, die Steueranmeldungen und die Verwaltungsakte, durch die steuerliche Nebenleistungen festgesetzt werden; bei den Säumniszuschlägen genügt die Verwirklichung des Säumnistatbestandes, eine Festsetzung ist hier nicht erforderlich (§ 218 AO).

Zu 3.

Die Fälligkeit der Ansprüche richtet sich nach den Steuergesetzen (§ 220 AO). So bestimmen die meisten Steuergesetze im Einzelnen, wann die Steuer zu entrichten ist, z. B. die §§ 36 und 37 EStG für die Einkommensteuer und der § 18 UStG für die Umsatzsteuer.

Die Fälligkeit bestimmt den Zeitpunkt, bis zu dem die geschuldete Leistung zu erbringen ist, ohne dass Rechtsnachteile für den Schuldner eintreten. Zahlungen innerhalb der Schonfrist (§ 240 Abs. 3 AO) sind nicht pünktlich geleistet. Die Fälligkeit kann durch Stundung hinausgeschoben werden (§ 222 AO).

Zu 4.

Der Steueranspruch erlischt nach § 47 AO
- durch Zahlung (§ 224 AO),
- durch Aufrechnung (§ 226 AO),
- durch Erlass (§§ 163, 227 AO),
- durch Verjährung (§§ 169, 228 AO).

Entstehung und Fälligkeit von Steueransprüchen   Fall 339

Frage: Wie unterscheiden sich Entstehung und Fälligkeit bei folgenden Steuern? Bestimmen Sie jeweils den Zeitpunkt.

Steuerart	Entstehung	Fälligkeit
Einkommensteuer-Abschlusszahlung		
Lohnsteuer		
Umsatzsteuervorauszahlung (Sollversteuerung)		

▶ §§ 36 u. 38 EStG, § 18 UStG

Fälligkeit der Umsatzsteuer-Abschlusszahlung   Fall 340

Sachverhalt: Die Umsatzsteuererklärung für das Kalenderjahr 1999 geht am 31. 08. 2001 (Freitag) beim Finanzamt ein.

Frage: Wann ist die selbsterrechnete Abschlusszahlung fällig?

▶ § 18 UStG

Nachzahlungszinsen bei der Einkommensteuer   Fall 341

Sachverhalt: Steuerberater Spät hat für seinen Mandanten Reich die Einkommensteuererklärung für das Kalenderjahr 1999 mit Einkünften aus §§ 15, 20 und 21 EStG erst am 28. 02. 2001, dem letzten Tag der auf Antrag gewährten Fristverlängerung, eingereicht. Durch Bescheid vom 23. 05. 2001, bekannt gegeben am 26. 05. 2001, setzte das Finanzamt für das Kalenderjahr 1999 die Einkommensteuer auf 104 860 DM und die Kirchensteuer auf 9 432 DM fest. An Vorauszahlungen waren für in 1999 auf die Einkommensteuer 60 000 DM und auf die Kirchensteuer 5 400 DM zu entrichten. Die anzurechnende Kapitalertragsteuer beträgt 4 000 DM und die anzurechnende Körperschaftsteuer 9 000 DM. Die Abschlusszahlung ist fällig am 27. 06. 2001.

Frage: Werden steuerliche Nebenleistungen festgesetzt? Begründen Sie bitte Ihre Entscheidung. Berechnungen sind darzustellen.

▶ §§ 109, 152, 233a, 238 AO

Erstattungszinsen   Fall 342

Sachverhalt: Der Mandant Peter Paul hatte seine ESt-Erklärung für das Kj 1997 erst im Mai 2000 innerhalb der gewährten Fristverlängerung beim Finanzamt eingereicht. Die ESt für 1997 wurde im Bescheid vom 19. 03. 2001 mit 56 635 DM festgesetzt. Die für das Kj 1997 festgesetzten Vorauszahlungen in Höhe von 65 670 DM hat Herr Paul in 1997 geleistet. Auf die Steuerschuld sind Körperschaftsteuer in Höhe von 5 400 DM und Kapitalertragsteuer in Höhe von 2 400 DM anzurechnen.

Frage: Hat das Finanzamt steuerliche Nebenleistungen festzusetzen? Wenn ja, in welcher Höhe?

▶ § 233a AO

Fall 343 Stundung einer Einkommensteuer-Abschlusszahlung

Sachverhalt: Ihr Mandant, der Kaufmann Hans Müller, hat bis zum 19. 02. 2001 eine Einkommensteuer-Abschlusszahlung für das Kj 1999 in Höhe von 10 000 DM zu leisten. Aus der bereits fertigen Einkommensteuer-Erklärung für das Kj 2000 erkennen Sie, dass Herr Müller aufgrund sehr hoher Vorauszahlungen für das Kj 2000 einen Anspruch auf Erstattung von 8 000 DM Einkommensteuer hat. Sie wissen, dass es Herrn Müller nicht leicht fallen würde, die Einkommensteuer-Abschlusszahlung für das Kj 1999 pünktlich zu leisten.

Frage: Was veranlassen Sie für Herrn Müller? Bitte begründen.

▶ § 222 AO

Fall 344 Stundungszinsen

Sachverhalt: Das zuständige Finanzamt hat dem Kaufmann Grau die spätestens am 14. 04. 2001 (Ostersamstag) fällige Einkommensteuer-Abschlusszahlung in Höhe von 8 530 DM antragsgemäß bis zum 15. 05. 2001 gestundet.

Frage: Muss Kaufmann Grau mit einer steuerlichen Nebenleistung rechnen? Wenn ja, geben Sie den Berechnungsweg (mit Zinslauf) an.

▶ §§ 108 u. 234 AO

Fall 345 Stundungszinsen bei Teilzahlungen

Sachverhalt: Das zuständige Finanzamt hat dem Kaufmann Fleißig die bis zum 14. 09. 2001 zu zahlende Einkommensteuer-Abschlusszahlung für das Kj 2000 in Höhe von 36 510 DM ab Fälligkeitstag gestundet und folgende Teilzahlungen gewährt:
- 6 510 DM, fällig am 30. 09. 2001,
- 15 000 DM, fällig am 31. 10. 2001,
- 15 000 DM, fällig am 30. 11. 2001.

Frage: Mit welcher steuerlichen Nebenleistung muss der Kaufmann Fleißig rechnen? Berechnen Sie den Betrag der steuerlichen Nebenleistung; geben Sie den Berechnungsweg mit an.

▶ §§ 234 u. 238 AO

Fall 346 Stundung von steuerlichen Nebenleistungen

Sachverhalt: Wegen Zahlungsschwierigkeiten eines größeren Kunden kann Kaufmann Weiß seinen steuerlichen Zahlungsverpflichtungen nicht mehr pünktlich nachkommen.

Fällig sind:

Umsatzsteuer für April 2001 am 10. 05. 2001 =   910 DM

Einkommensteuer 1999 am 25. 04. 2001 = 61 680 DM
Verspätungszuschlag zur ESt 1999 am 25. 04. 2001 = 3 000 DM

Sie stellen am 11. 05. 2001 für den Kaufmann Weiß einen Antrag auf Stundung der obigen Beträge bis zum 30. 08. 2001.

Frage: Wie viel Stundungszinsen wird das Finanzamt festsetzen, wenn die obigen Beträge **ab Antragstellung** bis zum 30. 08. gestundet werden?

▶ §§ 233, 234, 238 u. 239 AO

Verspätete Zahlung von Umsatzsteuer　　　　　　　　　　　　　　Fall 347

Sachverhalt: Der Elektrohändler Blitz hat für den Monat März 2001 die Umsatzsteuer-Voranmeldung am 08. 04. 2001 dem zuständigen Finanzamt eingereicht. Herr Blitz hat keine Dauerfristverlängerung beantragt. Die ermittelte Umsatzsteuer-Vorauszahlung (Zahllast) beträgt 12 418,40 DM.

Seine Zahlung ging per Überweisungsauftrag beim Finanzamt ein (alternativ)

a) am 14. 04. 2001

b) am 28. 04. 2001

c) am 12. 05. 2001

d) am 22. 05. 2001

e) am 08. 06. 2001

f) am 19. 06. 2001

Frage: Mit welchen Konsequenzen seitens des Finanzamtes muss er rechnen?

▶ § 18 Abs. 1 UStG, § 240 AO

Verspätete Zahlung von Lohnsteuer　　　　　　　　　　　　　　　Fall 348

Sachverhalt: Ein Arbeitgeber entrichtete gem. § 224 Abs. 2 Nr. 2 AO am 15. 03. 2000 die am 10. 02. 2000 fällige Lohnsteuer für Januar in Höhe von 2 120 DM sowie die am 10. 03. 2000 fällige Lohnsteuer für Februar in Höhe von 1 910 DM.

Frage: Wie viel Säumniszuschläge werden insgesamt erhoben?

▶ § 41a EStG, § 240 AO

Berechnung von Säumniszuschlägen　　　　　　　　　　　　　　　Fall 349

Sachverhalt: Die Einkommensteuer-Abschlusszahlung des Walter Lahm in Höhe von 3 245 DM ist am 03. 11. 2000 fällig. Er zahlt (alternativ):

- durch Scheck. Den an das Finanzamt adressierten Scheck wirft er am 04. 11. 2000 in den Briefkasten der Post ein. Der Scheck geht am 07. 11. 2000 beim Finanzamt ein und wird dem Konto des Finanzamts am 10. 11. 2000 gutgeschrieben.
- durch Überweisung vom 03. 11. 2000. Der Betrag wird seinem Konto am 04. 11. 2000 belastet und dem Konto des Finanzamtes am 10. 11. 2000 gutgeschrieben.

- durch Einzugsermächtigung. Der Betrag wird dem Finanzamt am 11. 11. 2000 gutgeschrieben.

Frage: Ist die Steuer jeweils pünktlich entrichtet? Falls nein, mit welchen steuerlichen Nebenleistungen und in welcher Höhe muss Walter Lahm rechnen?

▶ §§ 224, 240 AO

Fall 350 Verspätete Erklärung und Zahlung von Anmeldungssteuern

Sachverhalt: Kaufmann Pingelig gab am Montag, dem 18. 06. 2001, die Umsatzsteuervoranmeldung für den Monat Mai 2001 beim zuständigen Finanzamt ab und zahlte durch beigefügten Verrechnungsscheck. Dauerfristverlängerung ist nicht beantragt. Der 10. 06. 2001 war ein Sonntag.

Fragen: Muss der Mandant bei der Abgabe der Umsatzsteuervoranmeldung zu diesem Zeitpunkt mit der Erhebung von steuerlichen Nebenleistungen rechnen? Bitte begründen Sie Ihre Entscheidung (Fristenberechnung angeben).

▶ §§ 152, 240 AO

Fall 351 Rückständige Einkommensteuer und Kirchensteuer

Sachverhalt: Herr Felix Ampel legt Ihnen die folgende Abrechnung des Finanzamtes über Einkommensteuer und Kirchensteuer für das Kj 1999 vor:

Abrechnung nach dem Stand vom 15. 01. 2001

	ESt	SolZ	KiSt	Gesamt
Verbleibende Beträge	2 500 DM	137 DM	225 DM	2 862 DM
Entstandene Säumniszuschläge	200 DM	10 DM	0 DM	210 DM
Bitte zahlen Sie sofort	2 700 DM	147 DM	225 DM	3 072 DM

Herr Ampel war bis Ende Oktober 2000 Inhaber eines kleinen Textilgeschäftes, das er wegen Zahlungsunfähigkeit und Überschuldung hat aufgeben müssen. Daraus hat er noch Verbindlichkeiten in Höhe von ca. 30 000 DM, für die er persönlich aufkommen muss. Er ist bemüht, die Schulden nach und nach in Raten abzuzahlen. Seit Januar 2001 ist Herr Ampel Verkäufer in einem Warenhaus. Sein Nettogehalt beträgt 2 000 DM monatlich. Zur Tilgung seiner Steuerschulden könnte er monatlich 200 DM aufbringen. Herr Ampel ist nicht verheiratet. Sein Vermögen besteht lediglich aus einer Wohnungseinrichtung.

Wegen seiner Zahlungsschwierigkeiten im Jahre 2000 konnte Herr Ampel die im Mai 2000 fällig gewordene ESt- und KiSt-Abschlusszahlung nicht leisten.

Frage: Herr Ampel bittet Sie, ihm zu helfen. Was veranlassen Sie?

Bitte begründen.

▶ §§ 222 u. 227 AO

Fall 352 Erhebung von Säumniszuschlägen (1)

Sachverhalt: Nach dem Einkommensteuerbescheid 1999 für den Kaufmann Hans Roth war bis zum 28. 05. 2001 eine Einkommensteuer-Abschlusszahlung in Höhe von 31 500 DM zu entrichten. Herr Roth stellte bei Überprüfung des Bescheides sogleich fest, dass dem Finanzamt ein offenbarer Fehler unterlaufen war. Das Finanzamt hatte seine Einkünfte aus Kapitalvermögen anstelle von 29 500 DM mit 92 500 DM angesetzt.

Wegen des offenbaren Fehlers entrichtete Herr Roth die Abschlusszahlung zunächst nicht.

Noch innerhalb der Einspruchsfrist wandte sich Herr Roth gegen die Einkommensteuerfestsetzung 1999 und erhielt am 15. 06. 2001 einen berichtigten Einkommensteuerbescheid 1999, der anstelle einer Nachforderung von 31 500 DM eine Erstattung von 2 100 DM Einkommensteuer ausweist. Zugleich erhebt das Finanzamt aber Säumniszuschläge in Höhe von 315 DM wegen nicht gezahlter Einkommensteuer 1999.

Fragen: Kann Herr Roth sich gegen die Erhebung der Säumniszuschläge wehren? Hat Herr Roth evtl. etwas versäumt?

▶ §§ 240 u. 361 AO

Erhebung von Säumniszuschlägen (2)   Fall 353

Sachverhalt: Der Gewerbetreibende Konrad Eismann ist in finanzielle Schwierigkeiten geraten, weil ein Kunde in Konkurs gegangen und dadurch eine größere Forderung ausgefallen ist. Sein Limit bei der Bank ist ausgeschöpft. Deshalb kann Herr Eismann die am 26. 03. 2001 fällige Einkommensteuernachzahlung für 1999 in Höhe von 25 000 DM nicht pünktlich entrichten. Am 22. 03. 2001 bittet Sie Herr Eismann, sofort beim Finanzamt einen Antrag auf Stundung der Einkommensteuernachzahlung 1999 bis zum 26. 04. 2001 zu stellen.

Der Stundungsantrag wird am 23. 03. 2001, also noch vor Fälligkeit des Betrages, durch Boten beim Finanzamt eingereicht. Das Finanzamt lehnt den Stundungsantrag durch Bescheid vom 23. 04. 2001 ab. Dabei verweist das Finanzamt auf den Grundbesitz des Herrn Eismann, der unbelastet sei. Herr Eismann möge sich durch Kreditaufnahme die erforderlichen Mittel zur Entrichtung der Einkommensteuer 1999 beschaffen.

Am 25. 04. 2001 entrichtet Herr Eismann die rückständige Einkommensteuer 1999 durch Überweisung. An diesem Tag erhält er von der Finanzkasse den Abrechnungsbescheid vom 24. 04. 2001 über 25 000 DM rückständige Einkommensteuer 1999 nebst Säumniszuschläge in Höhe von 250 DM.

Frage: Muss Herr Eismann die Säumniszuschläge entrichten?

Erlass von Säumniszuschlägen   Fall 354

Sachverhalt: Der Kaufmann Hans Müller ist beim Finanzamt als pünktlicher Steuerzahler bekannt. Ihm war indessen völlig entgangen, dass am 19. 02. 2001 eine Einkommensteuer-Abschlusszahlung von 2 000 DM zu entrichten war. Als er am 28. 03. 2001 aus dem Urlaub zurückkam, lag bereits eine Mahnung des Finanzamtes vor. Danach hat er zusätzlich 40 DM Säumniszuschläge zu entrichten.

Frage: Was veranlassen Sie für den Mandanten Müller? Bitte begründen.

▶ § 227 AO

Fall 355 **Erlass von Einkommensteuer**

Sachverhalt: Der Kaufmann Heinz Lau aus Weiden erhielt am 22. 01. 2001 den Einkommensteuerbescheid für das Kj 1999. In dem Einkommensteuerbescheid ist die Einkommensteuer auf 20 000 DM festgesetzt. Die Abschlusszahlung beträgt 8 000 DM und ist spätestens am 25. 02. 2001 fällig. Zwei Wochen vor Fälligkeit der Abschlusszahlung bittet Sie Herr Lau, für ihn beim Finanzamt einen Antrag auf Erlass der Abschlusszahlung zu stellen.

Begründung: Er habe im Jahre 2000 sein gesamtes Vermögen durch Warentermingeschäfte verloren und deshalb auch sein Einzelhandelsgeschäft aufgeben müssen.

Frage: Ist ein Erlassantrag beim Finanzamt Erfolg versprechend? Bitte begründen.

 § 227 AO

X. Rechtsbehelfsverfahren

Nach Artikel 19 Abs. 4 GG hat jeder Bürger das Recht, gegen behördliche Verwaltungsakte die Hilfe von Gerichten in Anspruch zu nehmen. Das Verwaltungsrecht lässt indessen die Inanspruchnahme von Gerichten erst dann zu, wenn ein außergerichtliches Verfahren vor der Verwaltungsbehörde ganz oder zum Teil erfolglos geblieben ist (außergerichtliches Vorschaltverfahren). Der Bürger kann also erst dann Verwaltungshandlungen durch das Gericht auf ihre Rechtmäßigkeit überprüfen lassen, wenn zuvor die Verwaltungsbehörde Gelegenheit hatte, ihr Handeln zu überdenken.

Außergerichtliches Rechtsbehelfsverfahren

Ab 1. 1. 1996 ist in allen Fällen (auch gegen Ermessensentscheidungen) als Rechtsbehelf der **Einspruch** gegeben (§ 347 AO).

Ein Einspruch ist nur dann erfolgreich, wenn er **zulässig und begründet** ist.

Voraussetzungen für die Zulässigkeit:

1. Der steuerliche Rechtsweg ist gegeben (§ 347 AO). Dies bedeutet: Es liegt ein wirksam bekannt gegebener Verwaltungsakt in einer Abgabenangelegenheit vor.
2. Der Rechtsbehelf ist formgerecht, d. h. schriftlich, zur Niederschrift oder durch Telegramm oder auch Fax (§ 357 AO) eingelegt, wobei eine unrichtige Bezeichnung nicht schadet.
3. Der Rechtsbehelf ist fristgerecht eingelegt (§ 355 AO).
4. Der Rechtsbehelfsführer ist befugt, den Rechtsbehelf einzulegen (§ 350 AO).

Dies bedeutet: Der Rechtsbehelfsführer ist Adressat des Verwaltungsaktes (ausnahmsweise kann auch ein Rechtsnachfolger befugt sein, § 353 AO). Außerdem muss der Rechtsbehelfsführer beschwert sein, d. h. er muss geltend machen, dass er durch den Verwaltungsakt in seinen Rechten beeinträchtigt ist.

Gerichtliches Rechtsbehelfsverfahren

Als Rechtsbehelfe kommen in Betracht:

Klage vor dem Finanzgericht (§ 40 FGO),
Revision vor dem Bundesfinanzhof (§ 115 FGO).

Die Revision kann nur erhoben werden, wenn

1. die Revisionssache grundsätzliche Bedeutung hat oder
2. das angefochtene Urteil weicht von einer Entscheidung des Bundesfinanzhofs ab oder
3. es wird ein Verfahrensmangel geltend gemacht (§ 116 FGO).

Die Revisionsarten unter 1. und 2. bedürfen der Zulassung durch das Finanzgericht.

Wiedereinsetzung in den vorigen Stand

Der Ablauf einer ungenutzten gesetzlichen Frist hat oft rechtliche Folgen. Diese Wirkung kann dadurch rückgängig gemacht werden, dass Wiedereinsetzung in den vorigen Stand gewährt wird (§ 110 AO). Die Wiedereinsetzung ermöglicht eine erneute Sachentscheidung, sie greift dieser aber nicht vor.

Wiedereinsetzungsgründe

Nur wer **ohne Verschulden** eine Frist versäumt hat, kann Wiedereinsetzung in den vorigen Stand erhalten.

Wiedereinsetzungsgrund	Ja	Nein
Arbeitsüberlastung		×
Urlaub (bis zu sechs Wochen)	×	
Verletzung des Rechts auf Gehör	×	
Fehlen einer Begründung im Steuerbescheid	×	
Plötzliche schwere Erkrankung	×	
Kurze Fristüberschreitung		×
Sprachschwierigkeiten		×
Fehlende Abstimmung mit dem Steuerberater		×
Verlegen oder Verlieren eines Bescheides		×

Vorläufiger Rechtschutz in Steuersachen: Aussetzung der Vollziehung

Während im Allgemeinen die Prozessordnungen den Rechtsmitteln eine aufschiebende (suspensive) Wirkung verleihen, ordnet § 361 Abs. 1 AO ausdrücklich an, dass die Einlegung des Rechtsbehelfs die Vollziehung des Bescheides nicht hemmt, insbesondere die Erhebung der Abgabe nicht aufhält.

Die Finanzbehörde kann jedoch auf Antrag die Vollziehung des angefochtenen Bescheides ganz oder teilweise aussetzen, also auch die Erhebung der Abgabe aufhalten, wenn ernstliche Zweifel an der Rechtmäßigkeit des angefochtenen Bescheides bestehen oder wenn die Vollziehung eine unbillige Härte zur Folge hätte (§ 361 Abs. 2 AO). Im Klageverfahren kann auch das Finanzgericht Aussetzung der Vollziehung gewähren (§ 69 FGO).

Aussetzbar sind nur vollziehbare Verwaltungsakte, wie z. B. Leistungsgebote, Widerruf einer Stundung, Pfändung. Ernstliche Zweifel an dem angefochtenen Verwaltungsakt liegen vor, wenn eine summarische, d. h. im Eilverfahren vorgenommene Prüfung ergibt, dass gewichtige, gegen die Rechtmäßigkeit sprechende Gründe zutage treten, die Unsicherheit in der Beurteilung der Rechts- oder Tatfragen bewirken.

Wirkung der Aussetzung der Vollziehung: Es entstehen keine Säumniszuschläge, Vollstreckungsmaßnahmen sind unzulässig, freiwillige Zahlungen werden erstattet. Bleibt der Rechtsbehelf erfolglos, werden Aussetzungszinsen erhoben (§ 237 AO).

Alternativen zur Aussetzung der Vollziehung

1. Stundung nach § 222 AO,
2. Vollstreckungsaufschub nach § 258 AO.

Übersicht 27: Rechtsbehelfsverfahren

```
                        Rechtsbehelfsverfahren
                                │
          ┌─────────────────────┴─────────────────────┐
  Förmliches Rechtsbehelfsverfahren      Nichtförmliches Rechtsbehelfsverfahren
          │                                           │
    ┌─────┴─────┐                          ┌──────────┴──────────┐
Außergerichtlich  Gerichtlich     Gegenvorstellung        Dienstaufsichts-
    (AO)           (FGO)          schlichter Ände-        beschwerde; einzu-
                                  rungsantrag gem.        legen bei der OFD
                                  § 172 AO                (fristlos und form-
                                                          los)
      │          ┌────┼────┐
  Einspruch   Klage  Revision  Beschwerde
  (§ 347 AO) (§ 40  (§ 115    (§ 128 FGO)
              FGO)   FGO)
```

Fall 356 Einspruchsverfahren

Sachverhalt: Installateurmeister Egon Kneif wohnt in Aachen. Sein Installationsbetrieb befindet sich in Würselen. Am 14. 08. 2001 erhielt er den am 10. 08. 2001 zur Post aufgegebenen (Datum des Poststempels) Gewerbesteuermessbescheid und den Gewerbesteuerbescheid.

Die Einheitswerte der inländischen Betriebsgrundstücke sind aufgrund eines Rechtsirrtums bei der Kürzung des Gewerbeertrags nicht berücksichtigt worden.

Abgabenordnung – Fälle 237

Frage:

a) Welcher Rechtsbehelf muss

b) gegen welchen Bescheid und

c) bei welcher Behörde

d) bis spätestens wann eingelegt werden?

▶ §§ 348, 351 u. 355 AO

Einspruchsfrist   Fall 357

Sachverhalt: Ein Einkommensteuerbescheid wurde am Dienstag, dem 13. 03. 2001 (Datum des Poststempels), mit einfachem Brief vom Finanzamt zur Post gegeben. Sie wollen gegen diesen Bescheid Einspruch einlegen.

Kalenderauszug aus dem Jahr 2001

Donnerstag,	12. 04. 2001
Freitag,	13. 04. 2001
Samstag,	14. 04. 2001
Ostersonntag,	15. 04. 2001
Ostermontag,	16. 04. 2001

Frage: An welchem Tag läuft die Einspruchsfrist ab?

▶ §§ 108, 122 u. 355 AO

Einspruchsfrist bei Steueranmeldung   Fall 358

Sachverhalt: Die Umsatzsteuerjahreserklärung 1999 der Blumeneinzelhändlerin Nelke geht am 11. 01. 2001 beim Finanzamt Köln-Süd ein. Frau Nelke hat eine Nachzahlung von 2 600 DM ermittelt. Das Finanzamt weicht von der angemeldeten Steuer **nicht** ab. Frau Nelke hat die Nachzahlung am 05. 03. 2001 noch nicht beglichen.

Fragen:

a) Wird das Finanzamt einen Umsatzsteuerbescheid erlassen?

b) Ist ein Rechtsbehelf gegen die Steueranmeldung gegeben?

c) Wann endet die Einspruchsfrist?

d) Ist eine Änderung der Steueranmeldung auch nach Ablauf der Einspruchsfrist möglich?

e) Wird das Finanzamt ggf. Säumniszuschläge erheben und wenn ja, in welcher Höhe?

▶ § 18 Abs. 4 UStG, §§ 150, 164, 167, 168 u. 240 AO

Weitere Fristberechnungen: Fälle 305 – 307 u. 321.

Wiedereinsetzung in den vorigen Stand   Fall 359

Sachverhalt: Wilhelm Meister befindet sich am 07. 05. auf dem Weg zum zuständigen Finanzamt. Da es der letzte Tag der Einspruchsfrist ist, will er den Einspruch gegen den Einkommensteuer-Bescheid 2000 persönlich in den Briefkasten des Finanzamtes werfen. An einer ungesicherten Baustelle stürzt er. Er wird in das Krankenhaus eingeliefert, wo er wegen einer schweren Gehirnerschütterung bis zum 21. 05. bleiben muss. Am selben Tag, an dem er aus dem Krankenhaus entlassen wird, findet er in einer Jacke das Einspruchsschreiben.

Fragen: Um welche Art von Frist handelt es sich bei der Einspruchsfrist? Kann Wilhelm Meister noch nachträglich den beabsichtigten Einspruch einlegen? Nennen Sie dazu auch die Voraussetzungen, unter denen der Einspruch eingelegt werden kann.

▶ § 110 AO

Fall 360 **Aussetzung der Vollziehung**

Sachverhalt: Im Einkommensteuerbescheid für das Kj 2000 vom 22. 11. 2001 des Alfred Ast ist die Fälligkeit der Einkommensteuernachzahlung 2000 in Höhe von 25 210 DM auf den 25. 12. 2001 festgesetzt worden. Ast legt fristgerecht Einspruch ein. Nach seiner stichhaltigen Begründung des Einspruchs ist nur mit einer wesentlich geringeren Nachzahlung von 5 210 DM zu rechnen. Deshalb möchte er zunächst überhaupt keine Zahlung am Fälligkeitstag leisten, sondern erst den berichtigten Bescheid abwarten.

Frage: Ist die Auffassung von Ast berechtigt? Begründen Sie Ihre Entscheidung.

▶ § 361 AO

XI. Erteilung von Rat und Hilfe in Steuersachen

Die Befugnis zur geschäftsmäßigen Hilfe in Steuersachen ergibt sich aus den §§ 2 bis 4 StBerG. Zur unbeschränkten geschäftsmäßigen Hilfe in Steuersachen sind befugt:

Steuerberater, Steuerbevollmächtigte, Rechtsanwälte, Wirtschaftsprüfer, vereidigte Buchprüfer, Steuerberatungs-, Wirtschafts- und Buchprüfungsgesellschaften.

Geschäftsmäßig ist die Hilfeleistung, wenn sie selbständig und mit der Absicht auf Wiederholung erfolgt. Die Befugnis zur beschränkten Hilfeleistung in Steuersachen haben unter anderem:

Verwahrer und Verwalter fremden Vermögens hinsichtlich dieses Vermögens;
Berufsvertretungen im Rahmen ihres Aufgabenbereichs gegenüber ihren Mitgliedern;
Arbeitgeber, soweit sie gegenüber ihren Arbeitnehmern Hilfe in Lohnsteuersachen leisten;
Lohnsteuerhilfevereine, soweit sie für ihre Mitglieder Hilfe in Lohnsteuersachen leisten.

Ausnahmen vom Verbot der unbefugten Hilfeleistung in Steuersachen (§ 6 StBerG)

Nicht verboten ist:

1. die Erstattung wissenschaftlich begründeter Gutachten,

2. die unentgeltliche Hilfeleistung in Steuersachen für Angehörige i. S. des § 15 AO,

3. die Durchführung mechanischer Arbeitsgänge bei der Führung von Büchern,

4. das Buchen laufender Geschäftsvorfälle, die laufende Lohnabrechnung und das Fertigen der Lohnsteuer-Anmeldung durch sog. Buchführungshelfer (Kontierer, § 6 Nr. 4 StBerG).

Als Berufspflichten sind besonders hervorzuheben:

Steuerberater und Steuerbevollmächtigte haben ihren Beruf **unabhängig, eigenverantwortlich, gewissenhaft, verschwiegen und unter Verzicht auf berufswidrige Werbung** auszuüben. Sie haben sich jeder Tätigkeit zu enthalten, die mit ihrem Beruf oder mit dem Ansehen des Berufs nicht vereinbar ist. Sie haben sich auch außerhalb der Berufstätigkeit des Vertrauens und der Achtung würdig zu erweisen, die ihr Beruf erfordert (§ 57 Abs. 1 u. 2 StBerG).

Jegliche gewerbliche und nichtselbständige Tätigkeit ist ihnen untersagt.

Ausnahme: 1. Lehrer an Hochschulen,
2. Angestellter eines anderen Steuerberaters pp.

Steuerberater und Steuerbevollmächtigte haben ihre Mitarbeiter anzuhalten, alles zu unterlassen, was ihnen selbst aufgrund ihrer Berufspflichten untersagt ist. Die besondere Verschwiegenheitspflicht der Mitarbeiter ergibt sich aus § 62 StBerG. Der Bruch der Verschwiegenheitspflicht kann arbeitsrechtliche und auch strafrechtliche Folgen haben, z. B. auch die fristlose Kündigung (§ 203 StGB).

Organisation des Berufs

Die im Bezirk einer Oberfinanzdirektion niedergelassenen Steuerberater bilden eine Berufskammer (Steuerberaterkammer/Körperschaft des öffentlichen Rechts). Die Mitgliedschaft ist zwingend vorgeschrieben. Die Steuerberaterkammern haben die beruflichen Belange der Gesamtheit der Mitglieder zu wahren und die Erfüllung der beruflichen Pflichten zu überwachen (Berufsaufsicht). Den Steuerberaterkammern obliegt ferner die Überwachung der Berufsausbildung, die Abnahme der Steuerfachangestelltenprüfung, die Beratung der Auszubildenden und der Ausbildungsbetriebe. Des Weiteren sind die Steuerberaterkammern zuständig für die Abnahme von Fortbildungsprüfungen zum Steuerfachwirt.

Die bedeutendste Aufgabe der Steuerberaterkammern ist die **Berufsaufsicht.** Im Falle einer geringen Verletzung der Berufspflicht kann die Steuerberaterkammer eine Belehrung oder eine Rüge erteilen. Ist die Verletzung der Berufspflichten mehr als gering, kann die Steuerberaterkammer bei der Generalstaatsanwaltschaft einen Antrag auf Einleitung eines berufsgerichtlichen Verfahrens stellen. Als berufsgerichtliche Maßnahmen kommen Warnung, Verweis, Geldbuße oder Ausschluss aus dem Beruf in Betracht.

Graphische Darstellung des Angehörigenbegriffs

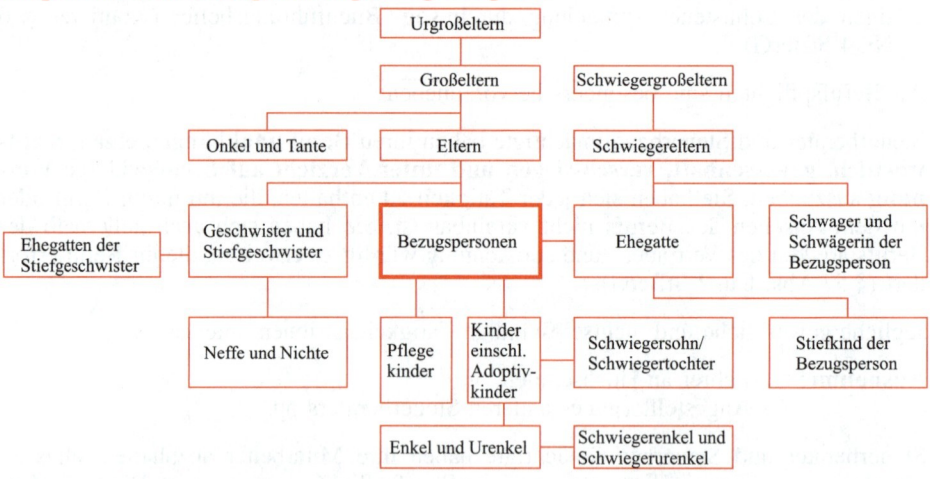

Berufsrecht

Fall 361 **Sachverhalt:** Der Steuerfachangestellte Heinz Günter erstellt für Edith, die Schwester seiner Ehefrau, unentgeltlich den Antrag auf Durchführung einer ESt-Veranlagung (§ 46 Abs. 2 Nr. 8 EStG). Von seinem Bruder Dieter nimmt er für die Erstellung der Einkommensteuererklärung nebst Anlagen N und V 200 DM.

Frage: Ist Heinz Günter hierzu berechtigt? Begründen Sie Ihre Entscheidung.

Fall 362 **Sachverhalt:** Steuerberater, Steuerbevollmächtigter und Steuerberatungsgesellschaften sind unbeschränkt zur Hilfeleistung in Steuersachen befugt.

Frage: Gibt es noch weitere Berufe oder Gesellschaften, die unbeschränkt Steuerrechtshilfe leisten dürfen? Die Angabe von mindestens drei Berufen/Gesellschaften wird erwartet.

Fall 363 **Sachverhalt:** Steuerberater Fleißig ist in Dortmund selbständig tätig. Er möchte zusätzlich ein Immobilienbüro betreiben, das er von einem Bekannten übernehmen kann.

Frage: Ist eine solche Tätigkeit berufsrechtlich zulässig?

E. Buchführung

Vorbemerkung

Für die neuen Bundesländer und Berlin (West) gelten bei Anschaffung oder Herstellung von Wirtschaftsgütern oder darauf geleisteten Anzahlungen die Sonderabschreibungen nach § 4 des Förderungsgebietsgesetzes (FördG). Diese Sonderabschreibungen sind in der Lösung nicht berücksichtigt.

I. Grundbegriffe

1. Buchführung, Buchführungspflicht

Buchführung bedeutet das zahlenmäßige Erfassen von Geschäftsvorfällen und des Betriebsvermögens. Die Buchführung schließt mit einer Bilanz ab.

Die Gewinnermittlung nach § 4 Abs. 3 EStG (Einnahme-Überschuss-Rechnung) erfordert lediglich Aufzeichnungen über die Betriebseinnahmen und über die Betriebsausgaben.

Die Verpflichtung zur Buchführung und zur Bilanzierung ergibt sich aus § 238 ff. HGB und darüber hinaus aus den §§ 140, 141 AO.

Danach sind buchführungspflichtig:

a) **nach Handelsrecht**
- Kaufleute i. S. der §§ 1 – 3, 5 und 6 HGB
- Gewerbebetriebe, deren Betrieb keinen in kaufmännischer Weise eingerichteten Geschäftsbetrieb erfordert und die nicht im Handelsregister eingetragen sind, sind nicht buchführungspflichtig.

b) **nach Steuerrecht (§§ 140, 141 AO)**
- Steuerpflichtige, die bereits nach den Vorschriften des HGB buchführungspflichtig sind.
- andere Steuerpflichtige, die ein Betriebsmerkmal des § 141 AO überschritten haben.

Freiberufler sind weder nach HGB noch nach Steuerrecht buchführungspflichtig.

Buchführungspflicht von Kleinbetrieben   **Fall 364**

Sachverhalt: Die Änderungsschneiderei der Regina Westphal erfordert keinen in kaufmännischer Weise eingerichteten Geschäftsbetrieb. Die Inhaberin rechnet mit einem Gewinn von ca. 10 000 DM jährlich. Der Betrieb ist nicht im Handelsregister eingetragen.

Frage: Ist Frau Westphal zur Buchführung verpflichtet?

▶ §§ 140, 141 AO, §§ 238, 1 und 2 HGB

Fall 365 Buchführungspflicht von Gewerbetreibenden

Sachverhalt: Der selbständige Handelsvertreter Peter Beckmann vertritt die Maschinenbaufirma Köhler & Co. Er bereist das gesamte Bundesgebiet und unterhält kein Büro. Sein Umsatz beträgt 480 000 DM, sein Gewinn 120 000 DM. Der Betrieb ist nicht ins Handelsregister eingetragen worden.

Frage: Besteht bei Herrn Beckmann Buchführungspflicht? Begründen Sie Ihre Auffassung.

▶ §§ 140, 141 AO, §§ 238, 1 u. 2 HGB

Fall 366 Buchführungspflicht bei einer Personengesellschaft

Sachverhalt: Die Brüder Wolfgang und Dietrich Wollweber führen eine Imbißhalle in der Rechtsform einer OHG. Die OHG ist im Handelsregister eingetragen. Der Umfang des Betriebes macht jedoch keine kaufmännische Organisation erforderlich, weil der Umsatz 200 000 DM und der Gewinn nur 30 000 DM jährlich betragen.

Frage: Ist die Wollweber OHG buchführungspflichtig? Welche Vorschriften gelten für diese Firma?

▶ §§ 140, 141 AO, §§ 238 u. 6 HGB

Fall 367 Buchführungspflicht von Freiberuflern

Sachverhalt: Heinrich Langenkamp beschäftigt als Steuerberater in Münster 3 Angestellte. Bei einem Umsatz von 800 000 DM erzielt er einen Gewinn von 150 000 DM.

Frage: Kann das Finanzamt den Steuerberater Langenkamp aufgrund der Umsatzhöhe oder des Gewinns zur Buchführung verpflichten?

▶ §§ 140, 141 AO, §§ 1 u. 238 HGB

Fall 368 Buchführungspflicht von Land- und Forstwirten

Sachverhalt: Landwirt Karl-Heinz Brüggemann erzielt einen Gewinn von 42 000 DM bei einem Umsatz von 625 000 DM. Der Wirtschaftswert der bewirtschafteten Fläche beträgt 37 000 DM. Eine Eintragung in das Handelsregister erfolgte bisher nicht.

Frage: Ist Landwirt Brüggemann zur Buchführung verpflichtet?

▶ §§ 140, 141 AO, §§ 1 u. 238 HGB

Fall 369 Beginn der Buchführungspflicht

Sachverhalt: Der Steuerpflichtige Uwe Holtmann betreibt seit dem 25. 01. 1998 eine Kraftfahrzeugreparaturwerkstatt. Weil dafür ein in kaufmännischer Weise eingerichteter Geschäftsbetrieb – bei der Größe des Betriebes – nicht erforderlich ist, ist das Unternehmen nicht im Handelsregister eingetragen worden.

Das zuständige Finanzamt hat folgende Besteuerungsmerkmale festgestellt:

Besteuerungsmerkmale			festgestellt am
Gesamtumsatz	1998 =	320 000 DM	15. 01. 1999
Gesamtumsatz	1999 =	390 000 DM	12. 01. 2000
Gewinn	1998 =	28 000 DM	25. 08. 1999
Gewinn	1999 =	49 600 DM	29. 07. 2000

Fragen:

a) In welchem Jahr entsteht für Uwe Holtmann die Verpflichtung, für den Betrieb Bücher zu führen?

b) Was muss das Finanzamt tun, damit der Mandant die Verpflichtung, Bücher zu führen, erfüllen muss?

c) Ab wann muss der Mandant seine Buchführungspflicht frühestens erfüllen, wenn das Finanzamt vorschriftsmäßig handelt?

▶ §§ 140, 141 Abs. 1 u. 2 AO

Gewinnermittlungsarten   Fall 370

Sachverhalt: Der Steuerberater Gerd Staubermann betreut u. a. folgende Mandanten:

a) Dr. Theo Wesener   – selbständiger Arzt
b) Ralf Schmitz   – Textil-Einzelhändler, im Handelsregister eingetragen
c) Gerhard Kunze   – selbständiger Handelsvertreter
d) Frutti GmbH   – Im- und Export von Früchten
e) Alfons Tieskötter   – Land- und Forstwirt
f) Ewald Rothenpieler   – Bezirksschornsteinfegermeister, nicht im Handelsregister eingetragen.

Frage: Nach welchen Vorschriften können die aufgeführten Mandanten ihren Gewinn ermitteln? Zeigen Sie alle Möglichkeiten auf! Begründen Sie Ihre Lösung.

▶ §§ 140, 141 AO, §§ 4 Abs. 1 und 3, 5 EStG, § 13a EStG

2. Gewinnermittlung, Gewinnauswirkung

Nur die ordnungsgemäße Buchführung und Bilanzierung ermöglichen eine zutreffende Gewinnermittlung nach § 4 Abs. 1 bzw. § 5 EStG.

Der Gewinn ergibt sich durch Betriebsvermögensvergleich unter Berücksichtigung von Entnahmen und Einlagen (§ 4 Abs. 1 EStG).

Da bei doppelter Buchführung der Gewinn auch in der Gewinn- und Verlustrechnung ausgewiesen wird, kann die Gewinnauswirkung einer Buchung sowohl durch Betriebsvermögensvergleich als auch durch Feststellung der Veränderung von Erfolgskonten ermittelt werden.

Fall 371 Betriebsvermögensvergleich

Sachverhalt: Aus den Bilanzen der Firma Krüskämper ergeben sich folgende Werte:

	Kapital	Entnahmen	Einlagen
31. 12. 1997	16 420 DM	0 DM	0 DM
31. 12. 1998	38 570 DM	1998: 42 910 DM	1998: 12 400 DM
31. 12. 1999	49 680 DM	1999: 17 100 DM	1999: 28 960 DM
31. 12. 2000	123 930 DM	2000: 39 400 DM	2000: 5 700 DM

Frage: Wie hoch sind die Gewinne der Wirtschaftsjahre 1998–2000?

▶ § 4 Abs. 1 EStG, § 5 EStG

Fall 372 Betriebsvermögensvergleich bei negativem Kapital

Sachverhalt: Bei der Wildemann KG betragen:

	Kapital	Entnahmen	Einlagen
31. 12. 1997	./. 28 900 DM	–	–
31. 12. 1998	./. 136 490 DM	1998: 36 040 DM	1998: 122 610 DM
31. 12. 1999	92 320 DM	1999: 48 220 DM	1999: 29 250 DM
31. 12. 2000	./. 246 910 DM	2000: 66 770 DM	2000: 12 680 DM

Frage: Wie hoch sind die Gewinne der Jahre 1998–2000?

▶ § 4 Abs. 1 EStG

Fall 373 Kapitalkontoentwicklung

Sachverhalt: Der Kaufmann Willi Ostermann weist in seiner Schlussbilanz zum 31. 12. 2000 Vermögenswerte in Höhe von 316 720 DM und ein Fremdkapital von 128 950 DM aus.

Laut Gewinn- und Verlustrechnung für die Zeit vom 01. 01. 2000 – 31. 12. 2000 betrugen die Aufwendungen 392 880 DM und die Erträge 420 330 DM. Die gesamten Privatentnahmen des Kalenderjahres 2000 beliefen sich auf 22 680 DM.

Frage: Wie hoch ist das am 01. 01. 2000 vorhandene Eigenkapital?

▶ § 4 Abs. 1 EStG

Fall 374 Kassenbericht

Sachverhalt: Der Kassenbericht des Gastwirts Wellpott vom 30. 04. 2000 ist unvollständig ausgefüllt. Es fehlt die Höhe des Kassenbestandes am Ende des Tages.

Folgende Angaben sind dem Kassenbericht zu entnehmen:
- Tageseinnahme   928 DM
- Kassenbestand 29. 04. 2000   1 216 DM
- Einzahlung auf das Bankkonto   800 DM
- Einlage von Bargeld aus privaten Mitteln   200 DM
- Barzahlung der Rechnung der Actien-Brauerei   620 DM
- Einnahmen aus Kegelbahnmieten   75 DM
- Reinigungskosten der Zapfanlage   89 DM

Buchführung – Fälle

Frage: Wie hoch ist der Kassenbestand per 30. 04. 2000?

Ermittlung der Gewinnauswirkung nach BV-Vergleich und GuV-Methode   Fall 375

Sachverhalt: Bei der Firma Mersmann wurden in 2000 u. a. folgende Buchungen vorgenommen:

1. Fahrzeuge	30 000,00 DM		
Vorsteuer	4 800,00 DM	an Bank	34 800,00 DM
2. AfA	6 000,00 DM	an Fahrzeuge	6 000,00 DM
3. Privat	2 320,00 DM	an Entnahme von Gegenständen	2 000,00 DM
		an Umsatzsteuer	320,00 DM
4. Verbindlichkeiten	1 160,00 DM	an Bank	1 136,80 DM
		an Skonto-Ertrag	20,00 DM
		an Vorsteuer	3,20 DM
5. Bank	10 231,20 DM		
Skonto-Aufwand	180,00 DM		
Umsatzsteuer	28,80 DM	an Forderungen	10 440,00 DM
6. sonst. Forderungen	928,00 DM	an Provisionen	800,00 DM
		an USt	128,00 DM
7. Bürobedarf	450,00 DM		
Vorsteuer	72,00 DM	an Einlagen	522,00 DM
8. Fahrzeuge	32 000,00 DM		
Vorsteuer	5 120,00 DM	an Erlöse aus Anlagenverkauf	10 000,00 DM
		an USt	1 600,00 DM
		an Bank	25 520,00 DM

Frage: Wie hoch ist die Gewinnauswirkung der vorgenommenen Buchungen? Stellen Sie das Ergebnis durch BV-Vergleich und nach der GuV-Methode dar.

▶ § 4 Abs. 1 u. 4 EStG

Gewinnauswirkung von Geschäftsvorfällen   Fall 376

Sachverhalt: Bei der Firma Manfred Stroetmann, Möbeleinzelhandel, sind u. a. folgende Geschäftsvorfälle zu verzeichnen:

a) Kauf eines ausschließlich betrieblich genutzten Kfz für 18 000 DM zzgl. 16 % USt auf Ziel.

b) Banküberweisung der Umsatzsteuerzahllast 2 240 DM.

c) Verkauf eines gebrauchten Kopierers. Die Anschaffungskosten betrugen vor Jahren 2 350 DM netto. Der Buchwert im Zeitpunkt der Veräußerung beträgt noch 235 DM, der Verkaufspreis inkl. 16 % USt 272,60 DM.

d) Banküberweisung der Betriebshaftpflicht am 15. 11. 2000 = 1 500 DM für die Zeit vom 01. 10. 2000 – 30. 09. 2001.

e) Eingang einer im Vorjahr abgeschriebenen Forderung auf dem betrieblichen Bankkonto 2 436 DM (inkl. 16 % USt).

f) Barauszahlung eines Gehaltsvorschusses an den Geschäftsführer Obermüller 10 000 DM.

g) Entrichtung der GewSt-Abschlusszahlung an die Gemeinde für 1999 1 500 DM, die mit 1 600 DM zurückgestellt war. Die Zahlung erfolgte durch Überweisung.

h) Am 31. 12. 2000 ist noch die Miete für die Geschäftsräume der Firma in Höhe von 8 000 DM für den Monat Dezember 2000 zu zahlen.

i) Die private Entnahme eines Möbelstückes in Höhe von 1 400 DM zzgl. 16 % USt = 1 624 DM muss noch gebucht werden.

j) Die im März 2000 für 30 000 DM angeschafften Wertpapiere des Umlaufvermögens haben am 31. 12. 2000 einen Kurswert von 36 000 DM.

Frage: Wie wirken sich diese Geschäftsvorfälle in 2000 auf den Gewinn aus? Ermitteln Sie die exakte Höhe der Gewinnänderung für 2000 und geben Sie eine stichwortartige Begründung.

▶ § 4 Abs. 1 EStG, §§ 5–7 EStG, § 12 EStG, § 1 UStG

II. Buchung der laufenden Geschäftsvorfälle

1. Abgrenzung privater und betrieblicher Vorgänge

Nach § 12 EStG dürfen u. a. die Kosten der Lebenshaltung, die Steuern vom Einkommen, sonstige Personensteuern, die USt auf Umsätze, die Entnahmen sind, Geldstrafen und Geldbußen nicht bei der Gewinnermittlung abgezogen werden. Derartige Aufwendungen müssen deshalb über das Privatkonto gebucht werden.

Bei Aufwendungen, die sowohl betrieblich als auch privat veranlasst sind, ergibt sich nach R 117 EStR folgendes Prüfungsschema:

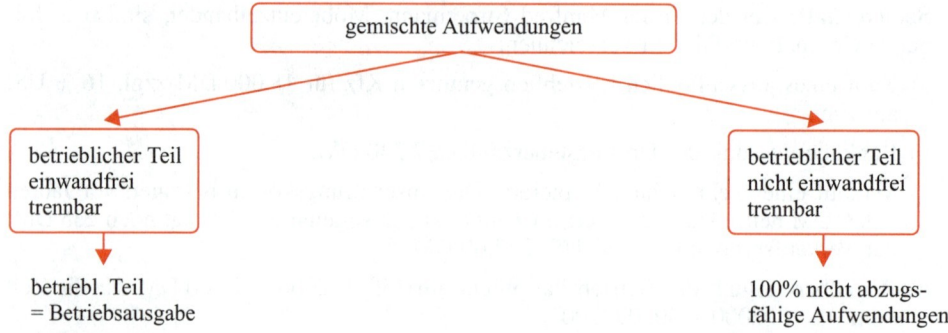

Entscheiden Sie in den nachfolgenden Fällen, ob die Kosten als Betriebsausgaben abzugsfähig sind.

Typische Berufskleidung

Fall 377

Sachverhalt: Bäckermeister Heinz Klinker macht in seiner Kassenabrechnung u. a. Kosten für typische Berufskleidung in Höhe von 165 DM zzgl. 16 % USt geltend. Diese Kleidung trägt er gelegentlich auch zu Hause, wenn er seiner Frau beim Kochen hilft (5 %).

Frage: Ist ein privater Nutzungsanteil zu berücksichtigen? Wie ist zu buchen?

▶ § 4 Abs. 4, § 12 EStG, R 117 EStR

Kosten für den Kindergarten

Fall 378

Sachverhalt: Sohn Willibald muss vormittags im Kindergarten untergebracht werden, weil Frau Klinker halbtags im Bäckerladen ihres Ehemannes als Verkäuferin arbeitet und sich in dieser Zeit nicht um das Kind kümmern kann. Die Kosten lt. Kassenbericht betragen 120 DM/Monat.

Frage: Liegen Betriebsausgaben vor? Wie muss gebucht werden?

▶ § 4 Abs. 4 EStG, § 12 EStG

Fahrschulunterricht

Fall 379

Sachverhalt: Für Fahrschulstunden hat Bäckermeister Klinker lt. Kassenbericht 480 DM bezahlt. Frau Klinker will den Pkw-Führerschein machen, damit sie ihren Mann entlasten und mit dem betrieblichen Kombi selbst zum Großmarkt fahren kann.

Frage: Können diese Kosten als Betriebsausgaben geltend gemacht werden? Wie lautet die Buchung?

▶ § 4 Abs. 4 EStG, § 12 EStG

Telefonkosten

Fall 380

Sachverhalt: Die TELEKOM hat für den vergangenen Monat 250 DM zzgl. 16 % USt Telefongebühren berechnet. Nach den Feststellungen der letzten Betriebsprüfung entfällt ¼ der Gesamtkosten auf Privatgespräche. Die Zahlung erfolgte durch Banküberweisung.

Frage: Welche Buchungen sind erforderlich?

▶ § 4 Abs. 4 EStG, § 12 EStG, R 117 EStR, Abschn. 24c Abs. 4 UStR

Verwarnungsgeld

Fall 381

Sachverhalt: Herr Klinker hat wegen Parkens im Halteverbot ein Verwarnungsgeld von 20 DM gezahlt. Er hatte den Pkw bei einer betrieblichen Fahrt zur Bank vorschriftswidrig abgestellt.

Frage: Sind Verwarnungsgelder auf betrieblichen Fahrten abzugsfähig? Wie muss gebucht werden?

▶ § 4 Abs. 4 u. 5 EStG

Fall 382 Steuerberatungskosten

Sachverhalt: An Steuerberatungskosten für das Vorjahr sind ihm folgende Beträge berechnet worden:

Jahresabschluss	2 000 DM
Erstellung der ESt-Erklärung	600 DM
Erstellung der GewSt-Erklärung	240 DM
Erstellung der USt-Erklärung	310 DM
Erstellung der Anlage V für ein nicht bilanziertes Mehrfamilienhaus	400 DM
	3 550 DM
+ 16 % USt	568 DM
	4 118 DM

Herr Klinker hat den Betrag bar aus der Geschäftskasse auf das Konto seines Steuerberaters eingezahlt. Per 31. 12. des Vorjahres war eine Rückstellung für Abschlusskosten in Höhe von 2 800 DM gebildet worden.

Frage: Wie muss die Rechnung des Steuerberaters gebucht werden?

▶ § 4 Abs. 4 EStG, § 9 EStG, § 15 UStG

Fall 383 Anschaffung von Bekleidung

Sachverhalt: Handelsvertreter Willi Winzig hat sich speziell für Kundenbesuche einen Maßanzug zum Preis von 1 200 DM zzgl. 16 % USt gekauft. Die Nutzungsdauer des Anzuges beträgt voraussichtlich zwei Jahre. In seiner Buchführung, die er selbst erstellt, ist gebucht:

0490 Geschäftsausstattung   1 200 DM
1570 Vorsteuern   192 DM   an 1000 Kasse   1 392 DM

Frage: Ist die Buchung zutreffend? Wie ist ggf. umzubuchen?

▶ § 4 Abs. 4 EStG, § 12 EStG, R 117 EStR

Fall 384 Schadensersatz für Unfallfolgen

Sachverhalt: Auf dem betrieblichen Bankkonto ging ein Betrag von 14 500 DM von der SECURA-Versicherung ein. Herr Winzig war mit seinem betrieblichen Pkw unverschuldet auf einer Privatfahrt in einen Unfall verwickelt. Die Zahlung der Versicherung setzt sich wie folgt zusammen:

a)	Schmerzensgeld	1 000 DM
b)	Verdienstausfall	7 000 DM
c)	Arztkosten	2 000 DM
d)	Kfz-Reparatur	4 500 DM
		14 500 DM

Dieser Betrag wurde wie folgt gebucht:
1200 Bank   14 500 DM   an 1800 Privat   14 500 DM

Frage: Hat Herr Winzig richtig gebucht? Begründen Sie Ihre Auffassung und nehmen Sie ggf. die Umbuchung vor.

▶ § 8 EStG, § 4 Abs. 4 EStG (analog)

Buchführung – Fälle 249

Mitgliedsbeitrag — Fall 385

Sachverhalt: Herr Winzig ist Mitglied im Golf-Club e. V. und hat den Jahresbeitrag von 900 DM durch Banküberweisung beglichen. Durch seine Mitgliedschaft konnte Herr Winzig interessante geschäftliche Kontakte knüpfen.

Er buchte deshalb:
4610 Werbekosten   900 DM   an 1200 Bank   900 DM

Frage: Ist eine Umbuchung vorzunehmen?

▶ § 4 Abs. 4 EStG, § 12 EStG, R 117 EStR

Häusliches Arbeitszimmer — Fall 386

Sachverhalt: Mandant Winzig nutzt 10 % der Wohnfläche seiner Eigentumswohnung als Arbeitszimmer.

Die laufenden Grundstücksaufwendungen (Strom, Heizung, Versicherung, Grundsteuer, Zinsen etc.) betrugen im abgelaufenen Jahr insgesamt 20 900 DM netto zzgl. 600 DM gesondert in Rechnung gestellter Umsatzsteuer. Sämtliche Zahlungen erfolgten aus Privatmitteln und wurden nicht gebucht. Die anteilige AfA für das Arbeitszimmer beträgt 630 DM.

Das Arbeitszimmer ist Mittelpunkt der betrieblichen Tätigkeit des Mandanten.

Frage: Wie hoch sind die Kosten für das Arbeitszimmer, wenn ein möglichst hoher Betriebsausgabenabzug geltend gemacht werden soll? Wie ist zu buchen?

▶ § 4 Abs. 5 Nr. 6b EStG, § 15 UStG

Zur Abgrenzung privater und betrieblicher Vorgänge siehe auch Fall 12.

2. Buchungen im Warenverkehr

Bei Buchungen im Warenverkehr ist besonders auf die Umsatzsteuer bzw. Vorsteuer zu achten. Bei Skonti, Boni und Retouren ist eine Steuerberichtigung nach § 17 UStG durchzuführen.

Ferner ist bei erhaltenen Anzahlungen die Istbesteuerung des § 13 Abs. 1 UStG und bei geleisteten Anzahlungen der Vorsteuerabzug gem. § 15 Abs. 1 UStG zu beachten.

Wareneinkauf — Fall 387

Sachverhalt: Der Mandant Aloys Zimmermann, der ein Möbel-Einzelhandelsgeschäft betreibt, hat im vergangenen Monat von einem Hersteller aus Leipzig Waren bezogen. Die Rechnung lautet:

Waren lt. Angebotslisten	37 420 DM
+ Transportkosten	370 DM
+ Verpackung	120 DM
+ Transportversicherung	90 DM
	38 000 DM
+ 16 % USt	6 080 DM
	44 080 DM

Frage: Wie ist die Wareneinkaufsrechnung zu buchen?

▶ § 4 Abs. 4 EStG, § 15 UStG

Fall 387a **Wareneinkauf aus anderen EU-Ländern**

Sachverhalt: Die Firma Zimmermann hat im Jahr 2000 u. a. auch Möbel vom Hersteller Agnelli aus Modena (Italien) bezogen. Bei der Bestellung wurde die deutsche USt-Id-Nr. angegeben.

Der italienische Hersteller berechnete deshalb nur den reinen Warenwert und wies keine italienische Umsatzsteuer aus:

3 Sitzgruppen „Modena"   = 6 600 DM (umgerechnet)

Frage: Wie ist die Wareneinkaufsrechnung zu buchen?

▶ § 4 Abs. 4 EStG, § 1a, § 15 Abs. 1 Nr. 3 UStG

Fall 387b **Wareneinkauf aus Drittländern**

Sachverhalt: Neben Warenbezügen aus anderen EU-Ländern wird von der Firma Zimmermann auch in Ware von Herstellern aus Drittländern bezogen.

Der Küchenhersteller Szcechura aus Warschau (Polen) lieferte Einbauküchen im Werte von umgerechnet 28 000 DM ohne zusätzlichen Steuerausweis. Die bei Grenzübertritt angefallene EUSt in Höhe von 4 480 DM hat vereinbarungsgemäß die Firma Zimmermann übernommen. Ein entsprechender Zahlungsbeleg liegt vor.

Frage: Wie sind der Wareneinkauf und die Überweisung der EUSt zu buchen?

▶ § 4 Abs. 4 EStG, § 15 Abs. 1 Nr. 2 UStG

Fall 388 **Warenverkauf**

Sachverhalt: Die Firma Zimmermann hat am 15. 06. 2000 lt. Kassenberichtszettel Waren für 4 930 DM bar verkauft.

Frage: Wie ist der Warenverkauf zu buchen?

▶ § 8 EStG, § 4 Abs. 4 EStG (analog), § 13 UStG

Fall 388a **Warenverkauf an Kunden aus anderen EU-Staaten**

Sachverhalt: Die Firma Zimmermann hat im Jahr 2000 u. a. in ihrem Ladengeschäft Waren an Kunden aus Frankreich, Luxemburg und Belgien verkauft.

a) Der Kunde aus Frankreich kaufte ein Regal für 290 DM, das er für sein Büro braucht. Er gab beim Kauf seine französische USt-Id-Nr. an, bezahlte bar und nahm das Regal sofort mit.

b) Der Kunde aus Luxemburg ist Privatmann. Er kaufte gegen Barzahlung einen Teppich für sein Wohnzimmer zum Preis von 928 DM.

c) Der Kunde aus Belgien stellte sich als Blumen-Großhändler vor. Er kaufte eine komplette Küche für 32 000 DM und gab dabei seine belgische USt-Id-Nr. an. Die Firma

Zimmermann ließ die Küche von einer Spedition zum Kunden nach Belgien transportieren. Die Zahlung erfolgte durch sofortige Banküberweisung.

Frage: Wie ist der Warenverkauf in den drei Fällen zu buchen?

▶ §§ 8 u. 4 Abs. 4 (analog) EStG, §§ 4 Nr. 1b u. 6a UStG

Warenverkauf an Kunden aus Drittländern   Fall 388b

Sachverhalt: Die Firma Zimmermann hat im Jahr 2000 in ihrem Ladengeschäft auch Kleinmöbel an Kunden aus Polen und der Schweiz verkauft.

a) Ein Kunde aus Kattowitz/Katovice (Polen) erwarb einen Ledersessel zu einem Sonderpreis von 1 250 DM. Der Kunde ist kein Unternehmer. Er transportierte den Sessel mit seinem privaten Kombi nach Polen.

b) Der Kunde aus der Schweiz kaufte für sein Ladengeschäft in Basel (Schweiz) eine Garderobe mit Hutablage für seine Kundschaft für 1 800 DM. Das Möbelstück nahm er nach Barzahlung in seinem Lieferwagen sofort mit. Die Unternehmereigenschaft des Kunden ist nachgewiesen.

Frage: Wie ist der Warenverkauf in den beiden Fällen zu buchen?

▶ §§ 8 u. 4 Abs. 4 (analog) EStG, §§ 4 Nr. 1a u. 6 UStG

Skontoabzug bei Wareneinkäufen   Fall 389

Sachverhalt: Die Wareneingangsrechnung der Herstellerfirma Langhammer über 16 472 DM brutto ist bereits gebucht. Herr Zimmermann begleicht die Rechnung nach Abzug von 3 % Skonto durch Banküberweisung.

Frage: Wie ist der Skontoabzug zu buchen? Was ist dabei zu beachten?

▶ § 255 HGB, § 17 UStG

Preisnachlass   Fall 390

Sachverhalt: Der Kunde Gerstner reklamiert einen vor 14 Tagen erworbenen Schrank, dessen Türschloss defekt ist. Weil Ersatzteile fehlen, gewährt die Fa. Zimmermann dem Kunden auf die bereits bezahlte Rechnung einen Preisnachlass in Höhe von 100 DM und zahlt den Betrag sofort bar aus.

Frage: Wie muss der Preisnachlass beim Lieferanten gebucht werden?

▶ § 255 HGB, § 17 UStG

Innerbetriebliche Nutzung   Fall 391

Sachverhalt: Herr Zimmermann betreibt einen Möbel-Einzelhandel und versteuert seine Umsätze nach vereinbarten Entgelten. Er entnimmt seinem Lager einen Schreibtisch für sein Arbeitszimmer im Büro. Er hatte den Schreibtisch für 1 200 DM zzgl. 16 % USt gekauft und ihn mit 2 052 DM einschl. 16 % USt für den Verkauf ausgezeichnet.

Frage: Welche Buchung ist vorzunehmen?

▶ § 6 Abs. 1 Nr. 4 EStG, § 1 UStG

Fall 392 Erhaltene Anzahlung ohne Steuerausweis

Sachverhalt: Für den Kunden Westphal hat Herr Zimmermann, der seine Umsätze nach vereinbarten Entgelten versteuert, beim Hersteller eine Schrankwand zum Preis von 8 784 DM bestellt. Westphal hat zunächst 696 DM angezahlt. Über diesen Betrag hat er eine Quittung erhalten. Umsatzsteuer wurde darin nicht gesondert ausgewiesen. Die Lieferung soll in ca. 8 Wochen erfolgen.

Frage: Ist die Anzahlung schon vor der ausgeführten Lieferung zu buchen?

▶ § 8 EStG, § 4 Abs. 4 EStG (analog), § 13 UStG

Fall 393 Erhaltene Anzahlung mit Steuerausweis

Sachverhalt: Die Fa. Zimmermann hat von ihrem Kunden Kröger den Auftrag erhalten, eine komplette Wohnzimmereinrichtung in Eiche nach Maß zu liefern. Auf den vertraglich vereinbarten Kaufpreis von 35 000 DM zzgl. 5 600 DM USt leistete der Kunde im Februar 2000 eine Anzahlung von 5 000 DM zzgl. 800 DM USt. Dieser Betrag war mit einer ordnungsgemäßen Rechnung angefordert worden. Die Lieferung der Einrichtung und die Zahlung des Restkaufpreises erfolgten im Mai 2000.

Frage: Wie ist bei der Firma Zimmermann bei Eingang der Anzahlung im Februar und bei Lieferung und Zahlung im Mai zu buchen?

▶ § 4 Abs. 4 EStG (analog), § 5 Abs. 5 Satz 2 EStG, § 13 Abs. 1 Nr. 1a UStG

Fall 394 Geleistete Anzahlung mit Steuerausweis

Sachverhalt: Den Auftrag des Kunden Kröger gab die Fa. Zimmermann der Herstellerfirma West-Möbel-AG weiter. Da es sich um eine von der Serie abweichende Bestellung handelte, verlangte der Hersteller von der Fa. Zimmermann auf den vereinbarten Kaufpreis von 20 000 DM zzgl. 16 % USt eine Anzahlung von 3 000 DM zzgl. 480 DM gesondert in Rechnung gestellter Umsatzsteuer. Den Restbetrag zahlte Herr Zimmermann nach Eingang der Rechnung im Juni.

Frage: Wie sind die geleistete Anzahlung und die im Juni vorgenommene Restzahlung bei der Fa. Zimmermann zu buchen?

▶ § 4 Abs. 4 EStG, § 15 Abs. 1 UStG

Fall 395 Rabatt/Skonto

Sachverhalt: Die bereits gebuchte Wareneingangsrechnung des Herstellers Knoll über 18 792 DM (brutto) hat Herr Zimmermann reklamiert, weil der verbindlich zugesagte Wiederverkäufer-Rabatt von 30 % in der Rechnung unberücksichtigt blieb. Er zahlte den um den Rabatt gekürzten Betrag nach Abzug von 2 % Skonto vom betrieblichen Bankkonto.

Frage: Welche Buchung ist erforderlich?

▶ § 255 HGB, § 17 UStG

Warenverderb — Fall 396

Sachverhalt: Durch eine Undichtigkeit im Dach des Lagergebäudes ist ein Polstersessel so stark beschädigt worden, dass er nicht mehr verkauft werden konnte. Herr Zimmermann gab den Sessel zum Sperrmüll. Der Sessel war für 820 DM netto eingekauft worden und war mit 1 425 DM brutto ausgezeichnet.

Frage: Durch welche Buchung wird diesem Warenverlust Rechnung getragen?

▶ § 4 Abs. 4 EStG

Forderungsausfall — Fall 397

Sachverhalt: Die Rechnung an den Kunden Obermüller über 2 146 DM ist seit Monaten offen. Nachforschungen haben ergeben, dass Obermüller unbekannt verzogen ist. Maßnahmen zur Eintreibung der Forderung erscheinen aussichtslos.

Frage: Wie lautet der Buchungssatz?

▶ § 4 Abs. 4 EStG, § 17 UStG

Kundenskonti — Fall 398

Sachverhalt: Die Fa. Zimmermann gewährt ihren Kunden bei Barzahlung oder bei Begleichung der Rechnung innerhalb einer Woche 2 % Skonto. Im vergangenen Monat gingen auf dem betrieblichen Bankkonto Zahlungen in Höhe von 75 969,60 DM ein, bei denen entsprechend Skonto abgezogen war. Die Umsätze sind mit 16 % USt zu versteuern.

Frage: Wie ist zu buchen, wenn davon auszugehen ist, dass die Ausgangsrechnungen bereits buchmäßig erfasst sind?

▶ § 17 UStG

Rabatt/falscher Steuerausweis — Fall 399

Sachverhalt: Die Fa. Hans Dimpflmoser, Einzelhandel mit Elektrogeräten und Haushaltswaren, hatte einen Posten Töpfe und Pfannen beim Großhändler Huber eingekauft und erhielt darüber folgende Rechnung:

Listenpreis	2 060,00 DM
·/. Mengenrabatt 10 %	206,00 DM
Zwischensumme	1 854,00 DM
+ 16 % Umsatzsteuer (hier: Rechenfehler)	396,64 DM
	2 250,64 DM

Die Rechnung wurde später ohne Abzug bezahlt.

Frage: Wie ist der Warenbezug zu buchen? Wie hoch ist der Vorsteuerabzug?

▶ § 255 HGB, R 32a EStR, § 15 UStG, Abschn. 192 Abs. 6 UStR

Warenrücksendung — Fall 400

Sachverhalt: Herr Dimpflmoser hat einem seiner Lieferanten bereits berechnete, aber noch nicht bezahlte Waren zurückgeschickt, weil die Qualität nicht seinen Vorstellungen entsprach. Die bereits gebuchte Eingangsrechnung weist einen Bruttoeinkaufspreis von 4 408 DM aus.

Frage: Wie muss diese Retoure buchmäßig erfasst werden?

▶ § 17 UStG

Fall 401 Diebstahl von Waren

Sachverhalt: Aus dem Schaufenster des Ladengeschäftes wurde bei einem nächtlichen Einbruch ein Mikrowellenherd gestohlen. Das Gerät hatte die Firma für 488 DM (netto) gekauft und mit 720 DM ausgezeichnet. Ein Versicherungsanspruch besteht nicht.

Frage: Muss der Diebstahl gebucht werden?

▶ § 4 Abs. 4 EStG, § 15 UStG

Fall 402 Umtausch von Waren

Sachverhalt: Eine Kundin tauscht einen kurz zuvor gekauften Elektroherd im Werte von 1 600 DM netto um. Die Rechnung ist gebucht, aber noch nicht bezahlt.

Sie kauft dafür einen Herd mit besserer Ausstattung für 1 800 DM zzgl. 16 % Umsatzsteuer, zahlt bar und zieht 2 % vom neuen Rechnungsbetrag als Skonto ab.

Frage: Wie ist zu buchen? Was ist dabei zu beachten?

▶ §§ 10 und 13 UStG

Fall 403/404 Abgeschriebene Forderungen

Sachverhalt: Die Fa. Dimpflmoser erhielt von einem Kunden nach zwei Jahren wider Erwarten zum Ausgleich einer bereits im Vorjahr abgeschriebenen Forderung eine Überweisung auf das betriebliche Bankkonto in Höhe von 827 DM. Die damals ausgeführte Lieferung unterlag der Umsatzsteuer mit 16 %.

Frage: Welche steuerlichen Folgen ergeben sich aus der verspäteten Zahlung? Wie ist zu buchen?

▶ § 8 EStG, § 4 Abs. 4 EStG (analog), § 17 UStG

Fall 405 Minderung des Kaufpreises

Sachverhalt: Die Fa. Dimpflmoser hatte von ihrem Großhändler u. a. eine Tiefkühltruhe bezogen, die mit 850 DM zzgl. 16 % Umsatzsteuer berechnet worden war. Die Rechnung ist gebucht, aber noch nicht bezahlt.

Bei Überprüfung der Ware wurde festgestellt, dass die Lackierung auf dem Transport beschädigt wurde. Auf die Reklamation der Firma gewährte der Lieferant 20 % Preisnachlass auf den Rechnungsbetrag und übersandte eine entsprechende Gutschrift. Die Mandantin beglich danach den Restbetrag durch Banküberweisung nach Abzug von 2 % Skonto.

Frage: Wie wirkt sich die Kaufpreisminderung steuerlich aus? Buchen Sie zunächst den Rabatt, dann die Bezahlung des Restkaufpreises.

▶ § 255 HGB, § 17 UStG

Tauschähnlicher Umsatz   Fall 406

Sachverhalt: Im November ist eine Reparatur der Heizung im Betriebsgebäude der Fa. Dimpflmoser durchgeführt worden, die mit 900 DM zzgl. 16 % Umsatzsteuer berechnet wurde. Eine Zahlung erfolgte nicht, weil vereinbarungsgemäß Waren im gleichen Wert von der Mandantin geliefert wurden. Über diese Gegenlieferung wurde keine Rechnung ausgestellt. Auch die Reparaturrechnung ist noch nicht gebucht.

Frage: Welche Auswirkung hat ein tauschähnlicher Umsatz? Wie muss der Vorgang gebucht werden?

▶ § 4 Abs. 4 EStG, § 8 EStG, §§ 13, 15 UStG

Warenverkäufe in ausländischer Währung   Fall 407

Sachverhalt: Die Fa. Dimpflmoser lieferte Mitte Dezember 2000 Elektrogeräte an einen Kunden in Polen. Der vereinbarte Kaufpreis betrug 22 000 US-Dollar. Es war ein Zahlungsziel von 6 Wochen vereinbart.

Der Kurs bei Rechnungsausgang am 18. 12. 2000 lag bei 2,2812 DM für 1 US-Dollar. Zum 31. 12. 2000 ist der US-Dollar auf 2,3015 DM gestiegen.

Bei Zahlungseingang am 02. 02. 2001 war der Dollar-Kurs mit 2,2614 DM notiert.

Fragen:

a) Wie ist der Warenverkauf zu buchen?

b) Mit welchem Wert ist die Forderung am 31. 12. 2000 anzusetzen?

c) Wie ist der Zahlungseingang im Februar 2001 zu buchen?

▶ § 6 Abs. 1 Nr. 2 EStG, § 4 Nr. 1a UStG

Lieferung an Arbeitnehmer   Fall 408

Sachverhalt: Statt Weihnachtsgeld erhielt der Geschäftsführer der Firma Dimpflmoser, Möbel-Einzelhandel, einen Mikrowellenherd mit Ceran-Kochplatten. Das Gerät kostete im Einkauf 1 800 DM netto und wird für 2 580 DM brutto angeboten. Firmenangehörige erhalten bei der Fa. Dimpflmoser 10 % Rabatt auf die Ladenpreise. Eine Pauschal-Besteuerung nach § 40 EStG erfolgt nicht. Es sind anteilige Anschaffungsnebenkosten von 10 DM angefallen.

Frage: Welche lohn- und umsatzsteuerlichen Folgen ergeben sich? Wie lautet die Buchung?

▶ § 8 EStG, §§ 1, 3 und 10 UStG

Fall 409 **Bonus**

Sachverhalt: Der Lieferant Seppelfricke teilt zum Jahresende 2000 mit, dass er auf die Warenbezüge des abgelaufenen Jahres in Höhe von 122 000 DM (netto) einen Bonus von 1,5 % vergütet:

1,5 % v. 122 000 DM =	1 830,00 DM
+ 16 % Umsatzsteuer =	292,80 DM
	2 122,80 DM

Der Betrag ging erst im Januar 2001 auf dem Bankkonto ein.

Frage: Muss der Bonus schon im abgelaufenen Jahr gebucht werden?

▶ § 255 HGB, § 17 UStG

Fall 410 **Anzahlung auf Waren**

Sachverhalt: Die Fa. Dimpflmoser erhielt den Auftrag, die Kücheneinrichtung der Gaststätte „Zur Linde" zu liefern. Laut Vertrag war bei Vertragsabschluss im Mai eine Anzahlung von 15 000 DM vereinbart, die per Scheck bezahlt und auf dem betrieblichen Bankkonto gutgeschrieben wurde. USt wurde nicht gesondert ausgewiesen.

Die Arbeiten waren im Juli beendet. Die Firma berechnete die Einrichtung:

Küchengeräte lt. Vertrag	23 400 DM
zzgl. Montage	5 600 DM
	29 000 DM
+ 16 % USt	4 640 DM
	33 640 DM
abzgl. erhaltener Anzahlung	15 000 DM
noch zu zahlen	18 640 DM

Frage: Wie ist bei Eingang der Anzahlung und wie bei Erstellung der Endabrechnung zu buchen?

▶ §§ 8 u. 4 Abs. 4 EStG (analog), § 13 UStG

3. Entnahmen für Zwecke außerhalb des Unternehmens

a) Entnahme von Gegenständen

Werden Gegenstände dem Unternehmen für außerunternehmerische Zwecke entnommen, ist die Entnahme nach § 6 Abs. 1 Nr. 4 EStG mit dem Teilwert anzusetzen.

Bei der Umsatzbesteuerung ist nach § 3 Abs. 1b Nr. 1 UStG von einer entgeltlichen und damit steuerbaren Lieferung auszugehen, wenn bei deren Anschaffung bzw. Herstellung zuvor voller oder teilweiser Vorsteuerabzug möglich war. Bemessungsgrundlage sind nach § 10 Abs. 4 Nr. 1 UStG die Wiederbeschaffungskosten bzw. im Falle selbst hergestellter Gegenstände die Selbstkosten jeweils im Zeitpunkt des Umsatzes.

Fall 411 **Private Warenentnahmen**

Sachverhalt: Die Mandantin Gerlinde Heidenreich hat ihrer Modeboutique im abgelaufenen Jahr nach eigenen Aufzeichnungen sechs Kleider entnommen, die sie kurz

Buchführung – Fälle 257

zuvor für 1 200 DM zzgl. 16 % Umsatzsteuer vom Hersteller erworben hatte. Die Wiederbeschaffungskosten entsprechen dem ursprünglichen Netto-Einkaufspreis.

Frage: Wie ist die Warenentnahme zu buchen?

▶ §§ 12 u. 6 Abs. 1 Nr. 4 EStG, §§ 1 und 10 Abs. 4 Nr. 1 UStG

Wertansatz für Warenentnahmen Fall 412

Sachverhalt: Frau Heidenreich hat außerdem einen Seidenkimono für private Zwecke entnommen, den sie vor zwei Jahren für 120 DM zzgl. Umsatzsteuer erworben hatte und für 228 DM brutto veräußern wollte. Wider Erwarten ließ sich der Seidenkimono nicht verkaufen. Deshalb ist sein Teilwert = Wiederbeschaffungskosten mit 50 DM zum Zeitpunkt der Entnahme zu schätzen.

Frage: Wie ist die Warenentnahme zu bewerten und wie ist zu buchen?

▶ § 6 Abs. 1 Nr. 4, §§ 1 und 10 UStG

Entnahme von selbst hergestellten Waren Fall 413

Sachverhalt: Frau Heidenreich strickt für ihre Kundinnen während der Geschäftszeit Pullover nach eigenen Entwürfen. Einen Pullover konnte sie nicht verkaufen, weil der Kundin die eigenwillige Farbgebung nicht gefiel. Deshalb schenkte Frau Heidenreich das Kleidungsstück ihrer Tochter zum Geburtstag. Ihrer Kundin hätte sie für den Pullover berechnet:

• verbrauchte Wolle	80 DM
• Kleinmaterial	20 DM
• Stricklohn	200 DM
	300 DM
zzgl. 16 % USt	48 DM
	348 DM

Die verwendeten Materialien kalkuliert Frau Heidenreich mit 100 % Aufschlag auf den Einkaufspreis. Der Teilwert des Pullovers ist mit 200 DM anzunehmen.

Frage: Wie ist die Entnahme des Pullovers ertragsteuerlich und umsatzsteuerlich zu behandeln? Wie ist zu buchen?

▶ § 6 Abs. 1 Nr. 4 EStG, § 10 Abs. 4 Nr. 1 UStG

Warenentnahme für andere Unternehmenszwecke Fall 414

Sachverhalt: Durch einen Sturmschaden wurde das Dach des Mehrfamilienhauses des Baustoffhändlers Lehmkühler stark beschädigt. Die erforderliche Reparatur ließ er vom Dachdeckermeister Möhlmann ausführen. Da jedoch noch Dachziegel in ausreichender Menge auf Lager waren, wurde damit das Dach neu eingedeckt.

Die Ziegel hatte Herr Lehmkühler für seinen Betrieb im Mai zum Preise von 8 000 DM (= Teilwert) zzgl. USt eingekauft. Der Verkaufspreis hätte 12 000 DM zzgl. USt betragen. Das Gebäude wird ausschließlich zu Wohnzwecken vermietet, ist nicht bilanziert und gehört deshalb nicht zum Betriebsvermögen des Mandanten.

Frage: Wie ist die Warenentnahme steuerlich zu beurteilen und wie ist bei einem Steuersatz von 16 % zu buchen?

▶ § 6 Abs. 1 Nr. 4 EStG, §§ 1, 2 und 15 UStG

Fall 415 Entnahme eines Pkw

Sachverhalt: Baustoffhändler Lehmkühler schenkte am 01. 11. 2000 seiner Frau zum Geburtstag einen betrieblichen Pkw. Das Fahrzeug war im Februar 1998 für 32 000 DM zzgl. USt angeschafft worden. Die jährliche AfA wurde linear mit 6 400 DM berechnet. Der Buchwert betrug am 01. 01. 2000 somit 19 200 DM. Der Teilwert des Pkw betrug am 01. 11. 2000 noch 24 000 DM (= Wiederbeschaffungskosten).

Buchung des Buchhalters
1800 Privat   19 200 DM   an 0320 Pkw   19 200 DM

Frage: Wie ist die Kontoentwicklung des Fahrzeugs in 2000? Wie ist in 2000 zu buchen?

▶ § 6 Abs. 1 Nr. 4 EStG, §§ 1 und 10 UStG

b) Verwendung von Gegenständen

Werden Gegenstände des Unternehmens vorübergehend für Zwecke verwendet, die außerhalb des Unternehmens liegen, liegt ebenfalls eine Entnahme i. S. des § 6 Abs. 1 Nr. 4 EStG vor. An Stelle des Teilwerts treten dann die auf die Nutzung entfallenden Kosten.

Bei der Umsatzbesteuerung ist im Normalfall nach § 3 Abs. 9a Nr. 1 UStG von einer entgeltlichen und damit steuerbaren sonstigen Leistung auszugehen. Bemessungsgrundlage sind nach § 10 Abs. 4 Nr. 2 UStG die dabei angefallenen Kosten, soweit sie zum vollen oder teilweisen Vorsteuerabzug berechtigt haben.

Bei privater Telefon-Nutzung berechtigen die Kosten für Privatgespräche nicht zum Vorsteuerabzug (Abschn. 192 Abs. 18 Nr. 1 und 24c Abs. 4 Satz 5 UStR). Die Buchung des Privatanteils führt damit zur Kürzung der gebuchten Telefonkosten und der Vorsteuer.

Beachte: Nach § 3 Abs. 9a Satz 2 UStG gilt diese Regelung **nicht** bei privater Pkw-Nutzung von Fahrzeugen des Unternehmens, die **nach** dem 31. 3. 1999 angeschafft wurden (§ 27 Abs. 3 UStG). Durch den nur zu 50 % zulässigen Vorsteuerabzug bei der Anschaffung und den lfd. Kosten ist der Privatnutzung bereits Rechnung getragen.

Buchführung – Fälle 259

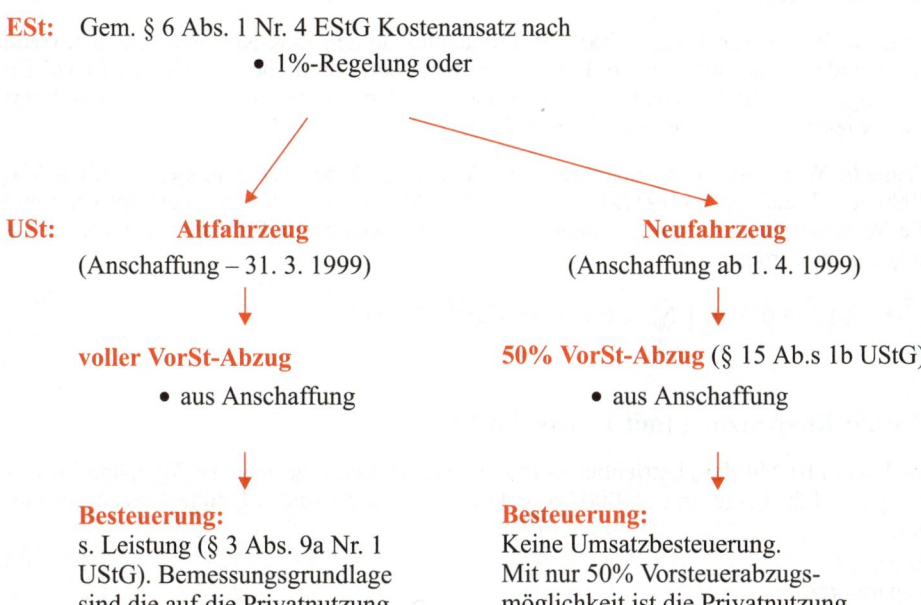

Bei Altfahrzeugen ist im Falle des Kostenermittlung nach der 1 %-Regelung bei der Ermittlung des Kostenanteils ohne Vorsteuer-Abzugsberechtigung von pauschal 20 % auszugehen.

Private Telefon-Nutzung   Fall 416

Sachverhalt: Den betrieblichen Telefonanschluss benutzt der Mandant auch für Privatgespräche. Der Privatanteil ist mit 30 % anzusetzen. Die gesamten Telefonkosten betrugen im abgelaufenen Jahr 1 800 DM. Umsatzsteuer wurde von der TELEKOM mit 288 DM gesondert in Rechnung gestellt und als Vorsteuer gebucht.

Frage: Wie ist die private Telefon-Nutzung steuerlich zu behandeln und wie muss gebucht werden?

▶ § 12 EStG, §§ 1 und 10 UStG

Privatfahrten (ohne Fahrtenbuch)   Fall 417

Sachverhalt: Herr Lehmkühler nutzte das Betriebsfahrzeug, ein Daimler-Benz Coupé (ursprünglicher Listenpreis einschließlich Sonderausstattung und Umsatzsteuer 84 000 DM), geschäftlich und privat. Bei dessen Anschaffung und bei den lfd. Kosten wurde der volle Vorsteuerabzug vorgenommen, wenn Umsatzsteuer gesondert berechnet worden war. Ein Fahrtenbuch wurde nicht geführt. Für die Besteuerung sollen aus Vereinfachungsgründen die Kosten nach der 1-v. H.-Methode des § 6 Abs. 1 Nr. 4 EStG angesetzt werden.

Frage a: Wie ist für das Jahr 2000 der Privatanteil an den Pkw-Kosten zu buchen, wenn der Mandant das Fahrzeug **in 1998** angeschafft hat, sämtliche Kfz-Kosten in vollem Umfange als Betriebsausgaben gebucht und alle Vorsteuerbeträge soweit sie gesondert ausgewiesen waren abgezogen wurden?

Frage b: Wie wäre zu buchen, wenn die Anschaffung des Fahrzeugs erst Anfang Mai 2000 zum Preis von 84 000 DM zzgl. 13 440 DM USt (= Listenpreis) erfolgt wäre und die Vorsteuern zusammen mit denen aus den lfd. Kosten (= 800 DM) in voller Höhe abgezogen wurden?

▶ §§ 12 u. 6 Abs. 1 Nr. 4 EStG, §§ 1 und 15 UStG

Fall 418 **Private Kfz-Nutzung (mit Fahrtenbuch)**

Sachverhalt: Mit dem betrieblichen Pkw ist Schornsteinfegermeister Wegmann im vergangenen Jahr insgesamt 28 000 km gefahren. Dadurch sind folgende Kosten entstanden:

Benzin, Öl	2 492 DM
Reparaturen	1 228 DM
Steuern/Versicherung	1 200 DM
Abschreibung lt. Anlageverzeichnis	8 800 DM
	13 720 DM

Von den gefahrenen Kilometern entfallen lt. ordnungsgemäß geführtem Fahrtenbuch auf Privatfahrten 40 % der Kosten.

In den vorliegenden Rechnungen sind insgesamt 560 DM als Umsatzsteuer gesondert ausgewiesen und entsprechend in voller Höhe als Vorsteuern gebucht worden.

Frage a: Wie ist der Privatanteil an den Kfz-Kosten für 2000 zu buchen, wenn der Mandant das Fahrzeug vor dem 1. 4. 1999 erworben hat?

Frage b: Welche Buchungen sind erforderlich, wenn die Anschaffung des Pkw nach dem 1. 4. 1999 erfolgte?

c) Andere sonstige Leistungen für außerunternehmerische Zwecke

Entnahmen des Unternehmers liegen auch dann vor, wenn andere Tätigkeiten ausgeführt werden, die nicht Gegenstandsentnahmen oder Gegenstandsverwendungen für außerunternehmerische Zwecke darstellen. Werden z. B. Dienstleistungen aus privatem Anlass erbracht, ist im Normalfall von einer steuerbaren und steuerpflichtigen sonstigen Leistung gem. § 3 Abs. 9a Nr. 2 UStG auszugehen.

Bemessungsgrundlage sind bei derartigen sonstigen Leistungen, die nicht in der Verwendung von Gegenständen bestehen, gem. § 10 Abs. 4 Nr. 3 UStG die gesamten angefallenen Kosten. Die Besteuerung wird nicht auf die Kosten beschränkt, die zuvor zum Vorsteuerabzug berechtigt haben.

Einsatz von Arbeitnehmern für den Privatbereich

Fall 418a

Sachverhalt: Baustoffhändler Lehmkühler hat im Jahr 2000 die Gartenanlage seines eigengenutzten Einfamilienhauses von einigen sonst in der Baustoffhandlung beschäftigten Arbeitnehmern pflegen lassen. Die dadurch in der Baustoffhandlung angefallenen Lohnkosten einschließlich der Lohnnebenkosten beliefen sich auf insgesamt 12 000 DM.

Bisher wurden sämtliche Lohnzahlungen der Firma auf dem Konto 4110 Löhne als betrieblicher Aufwand gebucht.

Frage: Wie müssen die auf den außerunternehmerischen Einsatz der Arbeitnehmer entfallenden Lohnkosten gebucht werden?

▶ § 6 Abs. 1 Nr. 4 EStG, §§ 3 Abs. 9a Nr. 2 UStG

Entnahme von Waren und sonstigen Leistungen

Fall 418b

Sachverhalt: Baustoffhändler Lehmkühler hat im Laufe des Jahres 2000 ein privates Mehrfamilienhaus errichten lassen. Die Wohnungen wurden an fremde Dritte zu dem ortsüblichen Mietpreis zu Wohnzwecken vermietet.

Um Kosten zu sparen, hat er mit dem von ihm beauftragten Bauunternehmer vereinbart, für den Bau Waren aus dem eigenen Bestand und zusätzlich eigene Arbeitnehmer zur Verfügung zu stellen.

Nach den vorliegenden Unterlagen betrug der ursprüngliche Einkaufspreis der für den Bau verwendeten Waren 35 000 DM (netto). Nach den Lieferpreislisten der Hersteller hätten sie im Zeitpunkt der Entnahme 40 000 DM (netto) gekostet. Der erzielbare Verkaufspreis bei Entnahme betrug jedoch 50 000 DM. Der Vorsteuerabzug aus der Einkaufsrechnung wurde in voller Höhe vorgenommen.

Die angefallenen Lohnkosten für die beim Bau eingesetzten Arbeitnehmer belaufen sich einschließlich der Lohnnebenkosten auf 20 000 DM. Vorsteuerabzug aus Lohnkosten war nicht möglich.

Frage: Wie sind die beiden Vorgänge steuerlich zu beurteilen und zu buchen?

▶ § 6 Abs. 1 Nr. 4 EStG, §§ 3 Abs. 1b und 9a Nr. 2 und 10 Abs. 4 Nr. 1 und 3 UStG

4. Nichtabzugsfähige Betriebsausgaben

Nicht alle betrieblich veranlassten Aufwendungen, die nach § 4 Abs. 4 EStG Betriebsausgaben darstellen, dürfen den Gewinn mindern. § 4 Abs. 4a und 5 EStG regeln, welche Betriebsausgaben nicht zu einer Gewinn-Minderung führen dürfen. Im Wesentlichen müssen nach dieser Vorschrift unter bestimmten Voraussetzungen Abzugsverbote u. a. bei folgenden Aufwendungen beachtet werden:

a) Schuldzinsen auf Überentnahmen (Abs. 4a)

b) Geschenkaufwendungen (Abs. 5 Nr. 1)

c) Bewirtungskosten (Abs. 5 Nr. 2)

d) Fahrtkosten für Fahrten zwischen Wohnung und Betrieb (Abs. 5 Nr. 6)

e) Aufwendungen für ein häusliches Arbeitszimmer (Abs. 5 Nr. 6b)

f) unangemessene Aufwendungen (Abs. 5 Nr. 7)

Nach § 15 Abs. 1a Nr. 1 UStG ist u. a. bei nicht abzugsfähigen Geschenkaufwendungen, Bewirtungskosten und unangemessenen Aufwendungen ein Vorsteuerabzug nicht zulässig.

Nicht abzugsfähige Betriebsausgaben können unterschiedlich gebucht werden:

- Durch eine sofortige Sollbuchung über das Privatkonto wird erreicht, dass der steuerliche Gewinn direkt in der Buchführung ausgewiesen wird.
- Eine Sollbuchung auf dem Konto „4655 nicht abzugsfähige Betriebsausgaben" ergibt zunächst eine handelsrechtlich zulässige, aber steuerlich unzulässige Gewinnminderung durch Betriebsausgabenabzug. Deshalb müssen die auf diesem Konto erfassten Beträge dann außerhalb der Gewinnermittlung zur Ermittlung des steuerlichen Gewinns zugerechnet werden. Erst dieser steuerliche Gewinn ist für die Besteuerung (Einkommensteuer, Gewerbesteuer) maßgeblich.

a) Schuldzinsen auf Überentnahmen

Nach § 4 Abs. 4a EStG sind ab 1999 Zinsaufwendungen (außer denen zur Finanzierung von Anlagegütern) nur dann noch in voller Höhe als Betriebsausgaben abzugsfähig, wenn sie nicht durch Überentnahmen verursacht sind. Eine Überentnahme liegt vor, wenn die Entnahmen eines Wirtschaftsjahres die Summe von Gewinn und Einlagen übersteigen. Dabei können allerdings Entnahmen und Einlagen in den letzten 3 Monaten durch Entnahmen und Einlagen in den ersten 3 Monaten des folgenden Wirtschaftsjahres wieder ausgeglichen werden.

Der nicht abzugsfähige Zinsanteil beträgt pauschal 6 % der Überentnahme, höchstens aber Schuldzinsbetrag abzgl. 4 000 DM. Dieser nicht abzugsfähige Zinsanteil ist als nicht abzugsfähige Betriebsausgabe zu buchen und außerhalb der Bilanz dem Gewinn hinzuzurechnen.

Künftig sind Überentnahmen aus Vorjahren bei der Berechnung zusätzlich zu berücksichtigen.

Fall 419 **Nichtabzugsfähige Zinsen**

Sachverhalt: Schornsteinfegermeister Wegmann hat seinen Betrieb am 1. 1. 2000 von seinem Vorgänger übernommen. Er unterhält bei der Stadtsparkasse ein laufendes Geschäftskonto, über das sämtliche betrieblichen und die meisten privaten Vorgänge abgewickelt werden. Mandant Wegmann hat lt. Gewinn- und Verlust-Rechnung für dieses Konto im Jahr 2000 einen Zinsaufwand von 6 000 DM gehabt, der nicht mit einer Finanzierung von Anlagegütern zusammenhängt. Im Jahre 2000 hat der Mandant einen Gewinn in Höhe von 50 000 DM erzielt. Er hat in den ersten 9 Monaten insgesamt 80 000 DM entnommen, aber 10 000 DM wieder eingelegt.

Ferner betragen	im 4. Quartal 2000	im 1. Quartal 2001
die Entnahmen	34 000 DM	10 000 DM
die Einlagen	22 000 DM	26 000 DM

Frage: Wie hoch sind die Überentnahmen des Jahres 2000? Wie hoch ist der nicht abzugsfähige Zinsanteil des Mandanten?

▶ § 4 Abs. 4a EStG

b) Geschenkaufwendungen

In der Praxis werden aus unterschiedlichen Gründen Geschenke gemacht. Je nach Anlass und Wert der Geschenke ergeben sich unterschiedliche steuerliche Rechtsfolgen:

- **Geschenke aus privatem Anlass**
  ⇒ keine Betriebsausgabe (§ 4 Abs. 4 EStG), weil nicht betrieblich veranlasst.
  ⇒ kein Vorsteuerabzug (§ 15 Abs. 1 Nr. 1 UStG), weil keine Lieferung für das Unternehmen des Unternehmers erfolgte.

- **Geschenke an Arbeitnehmer**
  ⇒ Betriebsausgabe, da betrieblich veranlasst (§ 4 Abs. 4 EStG).
  ⇒ voller Abzug, da nach § 4 Abs. 5 Nr. 1 EStG keine Einschränkung vorgesehen ist.
  ⇒ voller Vorsteuerabzug nach § 15 Abs. 1 und 1a UStG, da eine Lieferung für das Unternehmen des Unternehmers erfolgte.

  a. Aufmerksamkeiten i. S. der R 73 LStR (bis 60 DM brutto)
  ⇒ beim Arbeitnehmer: kein Arbeitslohn
  ⇒ beim Unternehmer: keine steuerbare Lieferung (§ 3 Abs. 1b Nr. 2 UStG)

  b. Geschenke > 60 DM brutto
  ⇒ beim Arbeitnehmer: grds. Arbeitslohn, der ggfs. nach § 3 Nr. 15 oder Nr. 52 EStG stfrei ist.
  ⇒ ggf. Berücksichtigung des sog. Rabattfreibetrages nach § 8 Abs. 3 EStG i. H. v. 2 400 DM.
  ⇒ beim Unternehmer: steuerbare Lieferung (§ 3 Abs. 1b Nr. 2 UStG), Bemessungsgrundlage sind Einkaufspreis zzgl. Nebenkosten (jeweils netto) oder die Selbstkosten (§ 10 Abs. 4 Nr. 1 UStG)

- **Geschenke an Nichtarbeitnehmer (§ 4 Abs. 5 Nr. 1 EStG)**

  a. Geschenke bis 75 DM/Wj. und Empfänger
  ⇒ Betriebsausgabe, da betrieblich veranlasst (§ 4 Abs. 4 EStG).
  ⇒ abzugsfähige Betriebsausgabe (§ 4 Abs. 5 Nr. 1 EStG)
  ⇒ voller Vorsteuerabzug nach § 15 Abs. 1 und 1a UStG
  ⇒ keine steuerbare Lieferung (§ 3 Abs. 1b Nr. 3 UStG)

  b. Geschenke > 75 DM/Wj. und Empfänger
  ⇒ Betriebsausgabe, da betrieblich veranlasst (§ 4 Abs. 4 EStG).
  ⇒ in voller Höhe nicht abzugsfähige Betriebsausgabe (§ 4 Abs. 5 Nr. 1 EStG)
  ⇒ kein Vorsteuerabzug nach § 15 Abs. 1a Nr. 1 UStG
  ⇒ keine steuerbare Lieferung (§ 3 Abs. 1b Nr. 3 UStG)

Fall 419a **Geschenke an Geschäftsfreunde**

Sachverhalt: Frau Ziegler, einer langjährigen Kundin, hat Unternehmerin Heidenreich zum Geburtstag und zur Silberhochzeit je ein Geschenk im Wert von 34,80 DM und 69,60 DM übermitteln lassen. Die Geschenke wurden bar aus der Geschäftskasse bezahlt. Es wurden jeweils 16 % USt gesondert ausgewiesen.

Frage: Wie sind die Geschenke zu beurteilen und wie muss gebucht werden?

▶ § 4 Abs. 4 und 5 EStG, §§ 1 und 10 UStG, § 15 Abs. 1a UStG

Fall 420 **Blumen-Präsent**

Sachverhalt: Frau Wessels kaufte bei unserer Mandantin Heidenreich ihr Hochzeitskleid zum Preis von 1 845 DM. Frau Heidenreich gratulierte ihr zur Hochzeit mit einem Blumenstrauß, für den sie 80,25 DM bar bezahlt hat. Die ordnungsgemäße Rechnung liegt vor.

Frage: Wie sind die Kosten für das Präsent steuerlich zu behandeln?

▶ § 4 Abs. 4 u. 5 EStG

c) Bewirtungskosten

Bei betrieblich veranlassten Bewirtungskosten ist wegen unterschiedlicher Rechtsfolgen zwischen angemessenen und unangemessenen Kosten zu unterscheiden:

- **angemessene Bewirtungskosten (§ 4 Abs. 5 Nr. 2 EStG)**
  ⇒ Betriebsausgabe, da betrieblich veranlasst (§ 4 Abs. 4 EStG).
  ⇒ 20 % der Kosten sind nicht abzugsfähige Betriebsausgaben (§ 4 Abs. 5 Nr. 2 EStG)
  ⇒ 20 % der Vorsteuern sind nicht abzugsfähig (§ 15 Abs. 1a Nr. 1 UStG)
- **unangemessene Bewirtungskosten (§ 4 Abs. 5 Nr. 7 UStG)**
  ⇒ Betriebsausgabe, da betrieblich veranlasst (§ 4 Abs. 4 EStG).
  ⇒ 100 % der Kosten sind nicht abzugsfähige Betriebsausgaben (§ 4 Abs. 5 Nr. 7 EStG)
  ⇒ 100 % der Vorsteuern sind nicht abzugsfähig (§ 15 Abs. 1a Nr. 1 UStG)

Fall 421 **Bewirtungskosten (angemessen)**

Sachverhalt: Baustoffhändler Lehmkühler nahm mit Vertretern einer Baufirma an einer Verkaufsbesprechung teil. Dabei sind 174 DM Bewirtungskosten angefallen, die Herr Lehmkühler übernommen hat. Der Betrag ist durch eine Quittung belegt. Aus der Quittung sind die Namen der bewirteten Personen und der betriebliche Anlass ersichtlich. Der Steuersatz ist mit 16 % angegeben.

Fragen:

a) Wie muss die vorliegende Quittung gebucht werden?

b) Welche Besonderheiten ergeben sich?

▶ § 4 Abs. 4 u. 5 EStG, § 15 UStG, § 33 UStDV

Bewirtungskosten (unangemessen)   Fall 422

Sachverhalt: Bei der Firma Meissner, Heizungsbau, ergeben sich aus den Buchführungsunterlagen des Jahres 2000 Kosten für die Bewirtung von Geschäftsfreunden in Höhe von insgesamt 6 800 DM. Dieser Betrag erscheint als Saldo auf dem Konto 4650 Bewirtungskosten.

Von diesem Gesamtbetrag sind 1 800 DM als unangemessen anzusehen. Es handelt sich um Kosten für einen Barbesuch mit einem für die Auftragsvergabe zuständigen Architekten.

Frage: Welche Umbuchungen sind beim Jahresabschluss vorzunehmen?

▶ § 4 Abs. 4, § 4 Abs. 5 Nr. 2 und 7 EStG, § 15 Abs. 1a Nr. 1 UStG

d) Fahrtkosten für Fahrten zwischen Wohnung und Betrieb

Führt der Unternehmer mit einem betrieblichen Fahrzeug u. a. auch Fahrten zwischen Wohnung und Betrieb durch, werden die tatsächlichen Kosten für diese Fahrten entsprechend der vorliegenden Rechnungen als betrieblicher Aufwand gebucht.

Aus Gründen der steuerlichen Gleichbehandlung gegenüber Arbeitnehmern sind steuerliche Besonderheiten zu beachten:

⇒ Es handelt sich um betriebliche Fahrten. Die Buchung als lfd. Aufwand ist korrekt.

⇒ Der Betriebsausgaben-Abzug ist auf die Höhe der Arbeitnehmer-Pauschalen für Werbungskosten bei Fahrten zwischen Wohnung und Arbeitsstätte begrenzt (§ 4 Abs. 5 Nr. 6 EStG).

⇒ Eine Umsatzbesteuerung oder ein Abzugsverbot für Vorsteuern nach § 15 Abs. 1a Nr. 1 UStG sind nicht vorgesehen. Eine unterschiedliche Behandlung von sog. Alt- oder Neufahrzeugen wie bei privater Kfz.-Nutzung tritt nicht ein.

Berechnung:

    Tatsächliche Kosten für derartige Fahrten (§ 4 Abs. 5 Nr. 6 EStG)

      ● nach der 0,03 %-Regelung pauschal oder

      ● lt. Fahrtenbuch

./. abzugsfähige Betriebsausgaben (WK-Pauschale für Arbeitnehmer)

= positiver Unterschiedsbetrag/nicht abzugsfähige Betriebsausgaben

Fahrten Wohnung – Betrieb (ohne Fahrtenbuch)   Fall 423

Sachverhalt: Baustoffhändler Lehmkühler nutzte im Jahr 2000 sein Betriebsfahrzeug neben den Fahrten zur Kundschaft und den Privatfahrten auch für Fahrten zwischen Wohnung und Betrieb an jährlich 240 Arbeitstagen. Die tägliche Fahrstrecke beträgt

20 km (Entfernung 10 km). Der nach § 6 Abs. 1 Nr. 4 EStG maßgebliche Listenpreis seines Fahrzeugs beträgt 84 000 DM.

Fragen: Wie sind die durch die Fahrten Wohnung – Betrieb angefallenen Kosten zu berechnen, wenn kein Fahrtenbuch geführt wurde und die Anschaffung des Fahrzeugs

a) Anfang 1999

b) Anfang 2000 erfolgte?

Wie ist zu buchen?

▶ § 4 Abs. 5 Nr. 6 EStG, § 15 Abs. 1b UStG

Fall 424 Fahrten Wohnung – Betrieb (mit Fahrtenbuch)

Sachverhalt: Fuhrunternehmer Bergmann nutzt seinen betrieblichen Pkw auch für Fahrten zwischen seiner Wohnung und dem Betrieb. Die Entfernung beträgt 25 km. Er fährt diese Strecke an 200 Tagen jährlich. Die Kosten für das Fahrzeug belaufen sich lt. ordnungsgemäß geführtem Fahrtenbuch auf 0,66 DM/km. Von den Gesamtkosten entfallen 8 % auf Kosten, die nicht vorsteuerbelastet sind.

Fragen: Wie sind diese Fahrten für 2000 zu buchen?

▶ § 4 Abs. 5 Nr. 6 EStG

5. Buchungen im Anlagenverkehr

Bei der Buchung von Anlagegütern werden die Anschaffungs- oder Herstellungskosten auf dem Anlagekonto erfasst. Die Begriffe „Anschaffungskosten" und „Herstellungskosten" ergeben sich aus § 255 Abs. 1 u. 2 HGB. Zu den Anschaffungs- oder Herstellungskosten gehören nicht die Vorsteuern, die nach § 15 UStG abgezogen werden können (§ 9 b Abs. 1 Satz 1 EStG).

Die Aktivierung von Anschaffungs- oder Herstellungskosten entfällt, wenn die Wirtschaftsgüter eine voraussichtliche Nutzungsdauer von nicht mehr als einem Jahr haben.

Ferner kann auf die Aktivierung verzichtet werden bei Wirtschaftsgütern mit einer Nutzungsdauer von mehr als einem Jahr, wenn deren Anschaffungs- oder Herstellungskosten 800 DM nicht übersteigen. Es muss sich jedoch um abnutzbare bewegliche Anlagegüter handeln, die einer selbständigen Nutzung fähig sind. Diese Handhabung ist nur im Wirtschaftsjahr der Anschaffung oder Herstellung möglich (§ 6 Abs. 2 EStG).

Bei der Veräußerung oder Entnahme von Anlagegütern ist zunächst die AfA bis zu diesem Zeitpunkt zu buchen. Der Restbuchwert ist über das Konto „Anlagenabgang" als Aufwand auszubuchen, während der Netto-Verkaufspreis bzw. der Entnahmewert auf dem Konto „Erlöse aus Anlagenverkauf" bzw. „Entnahme von Gegenständen" als Ertrag zu erfassen ist. Dabei ist zu beachten, dass im Normalfall Umsatzsteuer für die Lieferung bzw. die Entnahme anfällt.

Fall 425 Anschaffung eines Lkw

Sachverhalt: Die Möbelspedition Krämer erwarb im September 2000 einen neuen Transporter. Das Fahrzeug wurde wie folgt berechnet:

Listenpreis   68 400,00 DM

+ Lackierung mit Firmenaufschrift	3 800,00 DM
+ Überführungskosten	350,00 DM
+ Kfz-Brief	20,00 DM
	72 570,00 DM
+ 16 % USt	11 611,20 DM
+ Zulassungskosten	165,00 DM
+ Tankfüllung lt. Beleg (einschl. 16 % USt)	58,00 DM
	84 404,20 DM

Der Rechnungsbetrag wurde durch Banküberweisung bezahlt.

Frage: Wie hoch sind die Anschaffungskosten des Fahrzeuges und wie lautet die richtige Buchung?

▶ § 255 HGB, § 15 UStG, § 33 UStDV

Anschaffung einer Krananlage   Fall 426

Sachverhalt: Die Fa. Weißmüller & Co., Betonsteinwerk, erwarb im Februar 2000 eine neue Krananlage zum Entladen von Frachtkähnen. Der Listenpreis ab Werk betrug 150 000 DM zzgl. 16 % USt. Auf diesen Preis gewährte der Hersteller einen Sonderrabatt von 5 %, der in der Rechnung ordnungsgemäß berücksichtigt wurde. Zusätzlich sind noch folgende Kosten angefallen:
a)   8 120 DM   einschl. 16 % USt für Montage,
b)   6 960 DM   einschl. 16 % USt für Fracht (lt. Rechnung des Spediteurs),
c) 16 472 DM   einschl. 16 % USt für die Erstellung eines neuen Zementsockels,
d)   2 000 DM   Bearbeitungsgebühr und
     4 000 DM   Zinsen für einen kurzfristigen Kredit der Deutschen Bank.

Frage: Wie hoch sind die Anschaffungskosten der Krananlage und wie sind die angefallenen Kosten zu buchen?

▶ § 255 HGB, R 32a EStR, § 15 UStG

Anschaffung eines unbebauten Grundstücks   Fall 427

Sachverhalt: Die Mandantin Rosi Winter ist Inhaberin eines Lebensmittel-Einzelhandelsgeschäfts. Sie erwarb in 2000 für betriebliche Zwecke ein unbebautes Grundstück in der Größe von 10 000 qm. Der Kaufpreis beträgt lt. Vertrag 250 000 DM. Die Kosten für die Beurkundung des Vertrages und die Grundbucheintragung betrugen:
a) Notarkosten   1 200 DM   + 16 % USt
b) Gerichtskosten   800 DM

Alle Beträge sind durch den Verkauf von privatem Aktienbesitz finanziert und noch nicht gebucht. Die Grunderwerbsteuer von 8 750 DM und die Maklercourtage von 7 500 DM + 16 % USt wurden vom betrieblichen Bankkonto bezahlt und gebucht:

```
4900  sonstige betriebliche
      Aufwendungen       16 250 DM
1570  Vorsteuern          1 200 DM    an 1200 Bank          17 450 DM
```

Frage: Muss das Grundstück bilanziert werden? Wie hoch sind seine Anschaffungskosten? Welche Buchungen sind vorzunehmen?

▶ § 255 HGB, R 32a EStR

Fall 428 Verkauf einer Grundstücksteilfläche

Sachverhalt: Anfang 2001 musste die Mandantin Winter 500 qm ihres erst in 2000 erworbenen Betriebsgrundstückes an die Gemeinde für Straßenbauzwecke verkaufen (vgl. vorhergehenden Fall). Die Gemeinde überwies ihr 12 500 DM auf das betriebliche Bankkonto und verrechnete den Rest von 2 500 DM auf die noch ausstehende GewSt-Vorauszahlung für das I. Quartal 2001. Eine Ersatzbeschaffung ist nicht geplant.

Der Buchhalter buchte:

1200 Bank 12 500 DM an 2500 a. o. Ertrag 12 500 DM

Frage: Wie ist der Teilverkauf des Grundstückes unter Berücksichtigung des Anschaffungsvorganges im vorherigen Fall zu buchen?

▶ §§ 8 u. 4 Abs. 4 EStG (analog), § 4 Nr. 9a UStG

Fall 429 Anschaffung eines bebauten Grundstücks

Sachverhalt: Der Mandant Heinrich Weber, Teppichgroßhandel, erwarb im Oktober 2000 für Lagerzwecke ein bebautes Grundstück zum Preis von 100 000 DM und bezahlte sofort durch Banküberweisung. Es fielen folgende Nebenkosten an:

a) 3 000 DM + 16 % USt an Maklergebühr lt. Rechnung vom 05. 11. 2000, bezahlt am 11. 11. 2000 per Bank.

b) 700 DM + 16 % USt an Notarkosten lt. Rechnung vom 20. 12. 2000, bezahlt mit einer Warenlieferung an den Notar vom 23. 12. 2000 im gleichen Wert,

c) 3 500 DM Grunderwerbsteuer lt. Bescheid vom 18. 12. 2000, bezahlt am 15. 01. 2001 per Bank.

Frage: Wie ist zu buchen, wenn von dem Kaufpreis 80 % auf das Gebäude entfallen?

▶ § 255 HGB, §§ 1 und 10 UStG

Fall 430 Einlage eines unbebauten Grundstücks

Sachverhalt: Im Jahr 1998 hatte der Gastwirt Börger das unmittelbar neben seinem Betrieb gelegene unbebaute Grundstück erworben, um dort ein Einfamilienhaus für seine Familie und sich zu errichten. Wegen finanzieller Probleme konnte das Vorhaben jedoch bisher nicht realisiert werden. Im Jahre 2000 hat Mandant Börger seine privaten Pläne endgültig aufgegeben. Ab Oktober 2000 hat er dieses Grundstück seinen Gästen als Parkfläche zur Verfügung gestellt und damit ausschließlich für betriebliche Zwecke genutzt. Das unbebaute Grundstück hatte der Mandant damals für 160 000 DM erworben. An Nebenkosten waren folgende Kosten angefallen, die privat bezahlt wurden:

a. Grunderwerbsteuer 5 600 DM,
b. Notarkosten
   – für die Beurkundung des Kaufvertrages 1 200 DM zzgl. 192 DM USt
   – für die Grundschuldbestellung 600 DM zzgl. 96 DM USt

c. Gerichtskosten
   - für die Grundbucheintragung   800 DM
   - für die Eintragung der Grundschuld   400 DM

Der Teilwert des Grundstücks war im Oktober 2000 inzwischen auf 220 000 DM gestiegen.

Frage: Muss oder kann das Grundstück bilanziert werden? Mit welchem Wert wird das Grundstück eingebucht?

▶ § 6 Abs. 1 Nr. 5 EStG, § 255 Abs. 1 HGB

Grundstückskauf/Reparaturkosten   Fall 431

Sachverhalt: Anfang Mai 2000 erwarb die Fa. Westerwinter, Getränkegroßhandel, für betriebliche Zwecke ein bebautes Grundstück für 250 000 DM. Der Anteil des Grund und Bodens am Gesamtkaufpreis beträgt nach dem Gutachten eines Sachverständigen 20 %. Der Kaufpreis von 250 000 DM und die Grunderwerbsteuer von 8 750 DM wurden vom betrieblichen Bankkonto gezahlt. Die anderen Erwerbsnebenkosten hat der Verkäufer übernommen.

Im Juli 2000 ließ die Fa. Westerwinter am Gebäude eine längst fällige und beim Grundstückskauf bereits für notwendig befundene Dachreparatur für 60 000 DM zzgl. 16 % USt vornehmen. Die Reparatur wurde vom privaten Konto des Inhabers bezahlt.

Frage: Wie hoch sind die Anschaffungskosten von Grund und Boden und Gebäude? Wie ist die Dachreparatur zu buchen?

▶ § 255 HGB, R 157 Abs. 4 EStR

Anzahlungen auf Anlagegüter   Fall 432

Sachverhalt: Die Kornmüller OHG bestellte im Januar 2000 eine Kühlanlage und leistete vertragsgemäß sofort eine Anzahlung über 20 000 DM + 16 % USt durch Banküberweisung.

Anfang März 2000 wurde die Anlage der Mandantin betriebsbereit übergeben. Die Herstellerfirma erstellte folgende Abrechnung:

Listenpreis		84 000 DM
./. 10 % Rabatt		8 400 DM
		75 600 DM
+ 16 % USt		12 096 DM
Rechnungsbetrag		87 696 DM
./. Anzahlung	20 000 DM	
+ 16 % USt	3 200 DM	23 200 DM
noch zu zahlen		64 496 DM

Der Rechnungsbetrag wurde vereinbarungsgemäß unter Berücksichtigung der Anzahlung nach Abzug von 2 % Skonto von 87 696 DM sofort überwiesen.

Fragen: Wie sind bei der Kornmüller OHG die Anzahlung, der Rechnungseingang nach Lieferung und die Bezahlung der Rechnung zu buchen? Wie lauten die entsprechenden Buchungen beim Lieferanten?

▶ § 255 HGB, §§ 15 und 17 UStG

Fall 433 **Kauf eines Lkw/Tausch mit Baraufgabe**

Sachverhalt: Die Firma EURO-SPACE, Ferntransporte, erwarb Ende Juli 2000 einen neuen Lkw. Der Kaufpreis betrug 171 912 DM einschl. gesondert in Rechnung gestellter Umsatzsteuer. Dieser Betrag wurde wie folgt beglichen:

a) Inzahlunggabe eines gebrauchten Pkw des Betriebsvermögens, der am 31. 12. 1999 mit 27 000 DM bilanziert war. Die Jahres-AfA beträgt 18 000 DM. Das Fahrzeug wurde mit dem gemeinen Wert – lt. Gebrauchtwagenliste – von 44 312 DM auf den Kaufpreis angerechnet.

b) Rest durch Banküberweisung.

Frage: Wie sind die Geschäftsvorfälle zu buchen?

▶ § 255 HGB, §§ 1 und 10 UStG

Fall 434 **Anschaffung von Anlagegütern aus EU-Staaten**

Sachverhalt: Die Fa. Freckmann in Essen hat Ende August 2000 eine neue Metallpresse von dem franz. Hersteller Bonville in Reims für umgerechnet 84 000 DM gekauft und dabei ein gebrauchtes Gerät für 22 000 DM (= gemeiner Wert) in Zahlung gegeben. Die Vertragspartner verwendeten ihre USt-IdNr. und stellten ordnungsgemäße Rechnungen aus. Die Metallpresse wurde vom Hersteller mit eigenem Fahrzeug nach Essen transportiert und das Gebrauchtgerät sofort mitgenommen. Die Montage der neuen Maschine wurde sofort von einer ortsansässigen Firma durchgeführt, die dafür 4 000 DM zzgl. 16 % USt berechnete.

Das Altgerät hatte am 1. 1. 2000 noch einen Buchwert von 14 400 DM und wird jährlich mit 7 200 DM abgeschrieben. Die neue Maschine hat eine ND von 12 Jahren und soll höchstmöglich abgeschrieben werden. Das Wj der Firma F. stimmt mit dem Kj überein. Die Firma erfüllt die Voraussetzungen des § 7g EStG. Die Rechnungen über 62 000 DM und 4 640 DM wurden erst Ende Oktober 2000 vom betrieblichen Bankkonto überwiesen.

Frage: Wie sind die Anschaffung der neuen Maschine, die Inzahlunggabe der alten Maschine, der Rechnungsausgleich und die höchstmögliche Abschreibung der neuen Maschine zu buchen?

▶ § 7 Abs. 2 EStG, § 7g EStG, § 1 Abs. 1 Nr. 5 UStG

Fall 434a **Pkw-Kauf in Dänemark**

Sachverhalt: Der selbständige Versicherungsvertreter Heinz Bollmann hat sich Anfang August 2000 von einem Wäridler in Dänemark einen neuen Opel Omega für umgerechnet 38 000 DM günstig gekauft und sofort durch Banküberweisung bezahlt. Beim Kauf hat er seine USt-Id.-Nr. angegeben. In der Rechnung ist keine Umsatzsteuer ausgewiesen. Stattdessen enthält sie einen Hinweis auf die Steuerfreiheit der Lieferung. Mandant Bollmann will dieses Fahrzeug meist betrieblich, aber gelegentlich auch privat nutzen.

Frage: Wie ist die Anschaffung des Fahrzeugs zu buchen?

▶ §§ 1a und 4 Nr. 1b und Nr. 11 UStG, § 9b EStG

Anschaffungskosten beim Anlage- und Umlaufvermögen   Fall 435

Sachverhalt: Die Bäckerei und Konditorei Feldmann erwarb im Januar 2000 für 15 000 DM zzgl. 16 % USt eine neue Kühltheke. Zugleich ging eine Rechnung über eine Mehllieferung von 8 500 DM zzgl. 7 % USt ein. Beide Rechnungen wurden sofort unter Abzug von 3 % Skonto durch Banküberweisung beglichen.

Der Spediteur, der den Transport von der Bahnstation zum Betrieb durchführte, berechnete an Transportkosten für die Kühltheke 200 DM + 16 % USt und für das Mehl 500 DM + 16 % USt. Beide Rechnungen wurden bar bezahlt.

Frage: Wie sind die Lieferung und die Bezahlung der Kühltheke und des Mehls zu buchen?

▶ § 255 HGB, § 15 UStG

Anschaffung eines Kopierers   Fall 436

Sachverhalt: Im Februar 2000 erwarb Bäckermeister Feldmann für sein Büro einen neuen Kopierer. Das Gerät kostete lt. ordnungsgemäßer Rechnung 897 DM einschl. 16 % USt. Den Rechnungsbetrag beglich Herr Feldmann sofort per Bank unter Abzug von 2 % Skonto. Die Frachtkosten in Höhe von 58 DM einschl. 16 % USt wurden aus der Geschäftskasse bezahlt.

Frage: Wie hoch sind die Anschaffungskosten des Gerätes? Wie sind der Rechnungseingang, die Frachtkosten und die Zahlungen zu buchen?

▶ § 255 HGB, § 15 UStG, § 6 Abs. 2 EStG

Anschaffung einer Kaffeemaschine   Fall 437

Sachverhalt: Von der Herstellerfirma Melitta bezog die Bäckerei und Konditorei Feldmann im März 2000 eine Kaffeemaschine, die wie folgt berechnet wurde:

Listenpreis	815,00 DM
+ 10 Pakete Filter	65,00 DM
	880,00 DM
+ 16 % USt	140,80 DM
	1 020,80 DM

Entsprechend den Geschäftsbedingungen zog Herr Feldmann 3 % Skonto ab und zahlte sofort durch Banküberweisung.

Frage: Wie hoch sind die Anschaffungskosten des Gerätes? Kann sofort abgeschrieben werden?

▶ § 255 HGB, § 15 UStG, § 6 Abs. 2 EStG

Fall 438 Anschaffung eines Pkw-Kombi / Inzahlunggabe

Sachverhalt: Ende März 2000 erwarb der Bäckermeister Feldmann einen neuen Pkw-Kombi. Der Kfz-Händler berechnete 36 000 DM + 16 % USt und nahm das Altfahrzeug, dessen Buchwert per 01. 01. 2000 6 000 DM betragen hatte (Jahres-AfA 4 000 DM), für 5 500 DM + 16 % USt (= gemeiner Wert) in Zahlung. Das Neufahrzeug wird nicht für private Zwecke genutzt.

Bei Bezahlung des Restkaufpreises, der sofort per Bank überwiesen wurde, hat Herr Feldmann vereinbarungsgemäß 2 % Skonto vom Neupreis abgezogen.

Frage: Wie sind die Anschaffung des Neufahrzeuges, die Inzahlunggabe des Altfahrzeuges und die Zahlung des Rechnungsbetrages zu buchen?

▶ § 255 HGB, §§ 1 und 10 UStG

Fall 439 Anschaffungskosten / Eigenleistung

Sachverhalt: Für seine Konditorei erwarb Herr Feldmann im Juni 2000 ein Gerät zur Sahnezubereitung. Lieferant war der Hersteller Icke & Co., der das Gerät per Bahnfracht versandte. Den Transport vom Bahnhof ließ Herr Feldmann von eigenen Arbeitnehmern vornehmen. Dabei fielen anteilig 100 DM Löhne und 20 DM Fahrzeugkosten an.

Die Rechnung der Lieferfirma lautete:

Sahne-FIX 2000 lt. Angebot	860,00 DM
zzgl. Transportversicherung	30,00 DM
zzgl. Frachtkosten	70,00 DM
	960,00 DM
16 % Umsatzsteuer	153,60 DM
Rechnungsbetrag	1 113,60 DM

Herr Feldmann bezahlte die Rechnung Anfang Juli 2000 und nahm vereinbarungsgemäß einen Skontoabzug in Höhe von 2 % vom Rechnungsbetrag vor.

Frage: Wie hoch sind die Anschaffungskosten? Wie sind der Rechnungseingang im Juni und die Bezahlung im Juli zu buchen?

▶ § 255 HGB, § 9b EStG

Fall 440 Anschaffung von Einrichtungsgegenständen

Sachverhalt: Im August 2000 ließ Herr Feldmann neben seinem Ladengeschäft einen weiteren Raum umbauen und ihn als Café einrichten. Über die Anschaffung des Mobiliars ging folgende Rechnung ein:

Wir lieferten:	12 Stühle	2 400 DM
	3 Tische	2 700 DM
		5 100 DM
	+ 16 % USt	816 DM
		5 916 DM

Herr Feldmann beglich die Rechnung Anfang September unter Abzug von 3 % Skonto.

Buchführung – Fälle

Frage: Wie hoch sind die Anschaffungskosten der Einrichtung? Wie sind der Rechnungseingang und die spätere Zahlung zu buchen?

▶ § 255 HGB, § 6 Abs. 2 EStG

Anschaffung neuer Computer-Programme   **Fall 441**

Sachverhalt: Mandant Feldmann hat für seinen Betrieb Anfang August 2000 neue Computer-Programme auf den betrieblichen Rechnern installieren lassen.

Das Schreib- und Rechenprogramm wurde ihm lt. Rechnung vom 15. 08. 2000 mit 750 DM zzgl. 120 DM berechnet. Das Programm kann voraussichtlich 5 Jahre im Betrieb genutzt werden.

Herr Feldmann kaufte außerdem das Programm „Turbo-Baker 2000" zur Steuerung und Optimierung der Produktionsabläufe in seiner Bäckerei. Für dieses Programm wurden ihm 2 500 DM zzgl. 400 DM USt berechnet. Die Nutzungsdauer des Programms kann mit 4 Jahren angenommen werden.

Herr Feldmann bezahlte beide Rechnungen nach Abzug von 3 % Skonto durch Banküberweisung. Sein Buchhalter buchte:

```
4900  sonst. betriebl.
      Aufwendungen      3 250,00 DM
1570  Vorsteuern          504,40 DM    an 1200 Bank                  3 656,90 DM
                                       an 3730 erhaltene Skonti         97,50 DM
```

Frage: Wie hoch sind die Anschaffungskosten der Computer-Programme? Wie hoch ist die höchstzulässige Abschreibung, wie muss ggf. umgebucht werden?

▶ § 255 HGB, §§ 6 Abs. 2 und 7 EStG, R 31a Abs. 1 EStR

Anschaffung Pkw/Inzahlunggabe/Damnum   **Fall 442**

Sachverhalt: Im Oktober 2000 erwarb Herr Feldmann einen Pkw, der zu 70 % betrieblich und zu 30 % privat genutzt wird. Der Kfz-Händler berechnete das Neufahrzeug unter Berücksichtigung der Inzahlungnahme des gebrauchten Pkw wie folgt:

```
  Listenpreis                              37 700 DM
+ Sonderausstattung                         3 000 DM
+ Autoradio                                   800 DM
                                           41 500 DM
+ 16 % USt                                  6 640 DM
                                           48 140 DM
./. Inzahlungnahme
    Pkw alt                   10 000 DM
  + 16 % USt                   1 600 DM    11 600 DM   (gemeiner Wert)
                                           36 540 DM
```

Die Kosten für die Zulassung (72 DM ohne USt) wurden bar bezahlt und auf dem Konto 4530 Kfz-Betriebskosten gebucht.

Der Restbuchwert des Altfahrzeuges betrug z. Z. der Inzahlunggabe noch 4 500 DM.

Der Rechnungsbetrag wurde durch eine Darlehensaufnahme über 30 000 DM (Auszahlung 96 %) finanziert. Der Rest wurde aus privaten Mitteln im November 2000 bezahlt.

Frage: Wie sind Anschaffung, Inzahlunggabe und Finanzierung des Restkaufpreises zu buchen?

▶ § 255 HGB, § 5 EStG, §§ 1 und 10 UStG

Fall 443 Umbauten/Abschlagzahlungen

Sachverhalt: Herr Feldmann ließ die Räumlichkeiten des Cafés in den Monaten November/Dezember 2000 erweitern und umgestalten. Entsprechend dem Fortschritt der Bauarbeiten wurden von der Firma Feldmann vertragsgemäß folgende Abschlagzahlungen geleistet:

10. 11. 2000 = 15 000 DM + 2 400 DM USt
10. 12. 2000 = 20 000 DM + 3 200 DM USt

Die Umbauarbeiten waren am 28. 12. 2000 beendet. Die Endabrechnung ging am 15. 01. 2001 ein und lautete:

Umbauarbeiten lt. Plan		45 000 DM
+ 16 % USt		7 200 DM
		52 200 DM
./. geleistete Anzahlungen:	35 000 DM	
+ 16 % USt	5 600 DM	40 600 DM
bleiben zu zahlen:		11 600 DM

Frage: Wie sind die Anzahlungen und die Endabrechnung für 2000 und 2001 zu buchen?

▶ § 255 HGB, § 15 UStG

Fall 443a Erwerb eines Betriebes

Sachverhalt: Die eingetragene Kauffrau Maria Küster (Wj. = Kj.) hat zum 1. April 2000 von ihrer Kollegin Gerda Dreyfuß das Blumengeschäft übernommen. Der vereinbarte Kaufpreis betrug 120 000 DM und wurde aus Privatmitteln finanziert. Umsatzsteuer ist nach § 1 Abs. 1a UStG nicht berechnet worden.

Die Teilwerte der übernommenen Wirtschaftsgüter betragen:
a) Ladeneinrichtung (Rest-Nutzungsdauer 3 Jahre)   40 000 DM
b) Warenbestand   18 000 DM

Fragen: Wie muss die Eröffnungsbilanz des Betriebes aussehen? Welche Bilanzansätze ergeben sich für das erworbene Anlagevermögen zum 31. 12. 2000?

▶ § 255 Abs. 1 HGB, § 7 Abs. 1 EStG

6. Buchungen im Personalbereich

Bei der Lohnabrechnung sind Kenntnisse erforderlich über:
- Arbeitslohn (§ 2 LStDV, R 70 u. 73 LStR),
- steuerfreie Bezüge (§ 3 EStG),
- Wertansatz für Sachbezüge (§ 8 Abs. 2 und 3 EStG),
- Umsatzsteuer auf Sachbezüge (§ 3 Abs. 1b Nr. 2 und 9a Nr. 2 UStG, § 10 Abs. 1 u. 4 UStG),
- Regelungen zur Vermögensbildung (VermBG).

Bei Vergütungen an Arbeitnehmer aufgrund von Dienstreisen bzw. bei Geschäftsreisen sind zur Bearbeitung der Fälle folgende Vorschriften zu beachten:
- bei Geschäftsreisen: R 119 EStR,
- bei Dienstreisen: R 38 – 40 LStR,
- bei Vorsteuerabzug aus Pauschalen: § 15 Abs. 1a Nr. 2 UStG
- beim Vorsteuerabzug aus Fahrausweisen: §§ 34, 35 UStDV, § 15 Abs. 1a UStG
- beim Vorsteuerabzug aus Kleinbetragsrechnungen: § 33 UStDV,
- bei Reisekostenabrechnungen nach Belegen: §§ 14, 15 UStG.

a) Löhne und Gehälter

Buchung von Gehältern   **Fall 444**

Für die Firma Wagenfeld, die einen Großhandel mit technischen Geräten betreibt, sind noch einige Löhne und Gehälter zu buchen:

Sachverhalt: Das Gehalt des Lagermeisters Wellenkötter beträgt 4 400 DM brutto, die Lohnsteuer lt. Tabelle 820 DM, der Solidaritätszuschlag 45,10 DM, die Sozialversicherung (AN-Anteil) 802 DM, die Kirchensteuer 73,80 DM. Der Nettolohn wird ihm überwiesen.

Frage: Wie hoch ist der Nettobetrag, der ausgezahlt wird? Wie ist zu buchen? (Brutto-Lohnverbuchung)

▶ § 4 Abs. 4 EStG, § 2 LStDV

Buchung von Löhnen (Vorschuss)   **Fall 445**

Sachverhalt: Die Löhne der Lagerarbeiter werden im Mai wie folgt abgerechnet:

Bruttolöhne	48 000,00 DM
– einzubehaltene Lohnsteuer	5 826,00 DM
– einzubehaltene Kirchensteuer	524,34 DM
– einzubehaltender Solidaritätszuschlag	320,43 DM
– Verrechnung eines Vorschusses	300,00 DM
– einbehaltene Sozialabgaben	8 755,20 DM
auszuzahlender Betrag	32 274,03 DM

Frage: Wie ist diese Lohnabrechnung bei Bruttolohnverbuchung und Barauszahlung zu buchen? Wie ist zu buchen, wenn die einbehaltenen Abzugsbeträge überwiesen werden?

▶ § 4 Abs. 4 EStG, § 2 LStDV

Buchung von Aushilfslöhnen   **Fall 446**

Sachverhalt: Die Raumpflegerinnen, die bei der Firma Wagenfeld nur in geringfügigem Umfang beschäftigt werden, haben im abgelaufenen Monat insgesamt 2 684 DM erhalten (brutto = netto). Alle Arbeitnehmerinnen haben eine Freistellungsbescheinigung des zuständigen Finanzamts vorgelegt. Die Sozialabgaben betragen 22 % der gezahlten Vergütung.

Frage: Wie sind die Aushilfslöhne zu buchen?

▶ §§ 3 Nr. 39, 39a Abs. 6 EStG

Fall 447 Gehaltsbuchung

Sachverhalt: Der Buchhalter Tischendorf bezieht ein monatliches Gehalt von 4 200 DM. Er hat seine vermögenswirksamen Leistungen auf einem Bausparvertrag angelegt. Zur eigenen Sparleistung von 52 DM monatlich gibt die Firma Wagenfeld 50 % freiwillig dazu.

Es betragen:

a) die Lohnsteuer lt. Tabelle	694,00 DM
b) die Kirchensteuer	53,46 DM
c) die Sozialabgaben (AN-Anteil)	770,82 DM
d) der Solidaritätszuschlag	38,17 DM

Fragen:

a) Wie hoch ist der Nettolohn?

b) Wie lautet der Buchungssatz bei Banküberweisung des Nettolohns?

▶ § 14 VermBG

Fall 448 Gehaltsbuchung (geldwerter Vorteil)

Sachverhalt: Der Geschäftsführer Middendorf erhält ein Monatsgehalt von 6 000 DM. Der Betriebs-Pkw steht ihm auch für Privatfahrten kostenlos zur Verfügung. Die dadurch anfallenden Kosten wurden nach LStR 31 Abs. 7 Nr. 1 mit 1 v. H. des inländischen Listenpreises des Pkw pro Monat = 300 DM ermittelt. Zusätzlich erhält er monatlich 26 DM als Zuschuss zur Lebensversicherung ausbezahlt. Eine pauschalierte Lohnbesteuerung findet nicht statt.

Die Abzüge betragen:

a) Lohn-/Kirchensteuer/SolZ	1 824,20 DM
b) Sozialabgaben (AN-Anteil)	1 095,00 DM

Frage: Wie ist die Gehaltsabrechnung zu buchen?

▶ § 19 EStG, § 3 LStDV, §§ 1 und 10 UStG

Fall 449 Gehaltsbuchung (Verrechnung mit Leistungen des Arbeitgebers)

Sachverhalt: Der Werkschutzleiter Kaminsky bezieht ein Gehalt von 4 500 DM brutto. Bei der Lohnabrechnung sind folgende Daten zu berücksichtigen:

a) Lohn-/Kirchensteuer/SolZ lt. Tabelle	824,20 DM
b) Sozialabgaben	875,50 DM
c) Einzubehaltende vermögenswirksame Leistungen	78,00 DM
d) Verrechnung der Miete für Werkswohnung	600,00 DM

Frage: Wie hoch ist der Auszahlungsbetrag? Wie ist die Gehaltsabrechnung zu buchen?

▶ § 19 EStG, §§ 1 und 4 Nr. 12a UStG

Gehaltsbuchung (Verrechnung mit Warenbezügen) Fall 450

Sachverhalt: Die Sekretärin Wohlfahrt erhält ein Monatsgehalt von 2 800 DM. Lohn- und Kirchensteuer und Solidaritätszuschlag betragen lt. Tabelle 522,80 DM, der AN-Anteil zur Sozialversicherung 510,70 DM. Frau Wohlfahrt hat einen Gehaltsvorschuss erhalten, der mit 250 DM monatlich verrechnet werden soll. Außerdem hat sie im vergangenen Monat von ihrem Arbeitgeber mit normalem Personalrabatt Waren für 245 DM gekauft. Der Kaufpreis soll bei der Lohnabrechnung berücksichtigt werden. Der USt-Steuersatz beträgt 16 %.

Frage: Wie hoch ist der an Frau Wohlfahrt auszuzahlende Betrag? Wie ist die Gehaltsabrechnung zu buchen?

▶ § 19 EStG, §§ 1 und 10 UStG

Gehaltsbuchung (Verrechnung mit Arbeitgeberdarlehen) Fall 451

Sachverhalt: Der Büroangestellte Kröger erhielt zum Bau seines Einfamilienhauses von seinem Arbeitgeber, der Fa. Lederer, ein Darlehen in Höhe von 20 000 DM, das monatlich mit 200 DM durch Verrechnung mit dem auszuzahlenden Arbeitslohn zu tilgen ist. Die Zinsen wurden entsprechend dem Darlehensstand mit 6 % = 50 DM monatlich berechnet. Die Lohn- und Kirchensteuer und Solidaritätszuschlag von seinem Bruttogehalt von 2 700 DM betragen wegen eines Freibetrages auf der Lohnsteuerkarte nur 140,20 DM und der AN-Anteil an den Sozialabgaben 492,40 DM.

Frage: Welcher Betrag ist auszuzahlen? Wie ist zu buchen?

▶ § 19 EStG, § 8 EStG, § 4 Abs. 4 EStG (analog), § 4 Nr. 8a UStG

b) Reisekosten 2000

Reisekosten	Höhe	Vorschrift	VorSt-Abzug
I. Fahrtkosten			
a) des Unternehmers mit betriebl. PKW	tats. Kosten		100 %, bei teilw. priv. Nutzung 50 % (§ 15 Abs. 1b UStG)
b) des Unternehmers mit privatem Pkw	a) 0,52 DM/km pauschal b) tats. Kosten	R 119 Abs. 3 EStR	anteilige Vorsteuern lt. Rechnung
c) bei Erstattung an Arbeitnehmer bei Einsatz des Privat-Pkw	max. 0,52 DM/km LSt-frei	R 38 Abs. 2 LStR	ohne (§ 15 Abs. 1a Nr. 2 UStG)
d) bei Benutzung öffentl. Verkehrsmittel	tats. Kosten		100 % (§ 15 Abs. 1a Nr. 2 UStG, §§ 34, 35 UStDV)

Reisekosten	Höhe	Vorschrift	VorSt-Abzug
II. Mehraufwendungen für Verpflegung			
a) des Unternehmers	> 10 Std. = 10 DM > 14 Std. = 20 DM > 24 Std. = 46 DM	§ 4 Abs. 5 Nr. 5 EStG	ohne (§ 15 Abs. 1a Nr. 2 UStG)
b) bei Erstattung an Arbeitnehmer	> 10 Std. = 10 DM > 14 Std. = 20 DM > 24 Std. = 46 DM	§ 9 Abs. 5 EStG i. V. mit § 4 Abs. 5 Nr. 5 EStG	ohne (§ 15 Abs. 1a Nr. 2 UStG)
III. Übernachtungskosten			
a) des Unternehmers	a) keine Pauschalen bei Inlandsreisen	R 119 Abs. 2 Nr. 2 EStR	ohne
	b) tats. Kosten (ohne Frühstück)		ohne (§ 15 Abs. 1a Nr. 2 UStG)
b) bei Erstattung an Arbeitnehmer	a) pauschal 39 DM/ Übernachtung LSt-frei	R 40 Abs. 3 LStR	ohne
	b) tats. Kosten (ohne Frühstück)		ohne (§ 15 Abs. 1a Nr. 2 UStG)

Fall 452 **Reisekostenabrechnung mit Tagespauschalen**

Sachverhalt: Die Fa. Wagenfeld beschäftigt u. a. auch Kundenberater, die im Bedarfsfall Kunden aufsuchen, um technische Probleme, Reklamationen oder Maßnahmen zur Absatzförderung zu besprechen.

Der Kassenabrechnung der Firma liegen u. a. die folgenden Reisekostenabrechnungen bei, die zwar ausbezahlt, aber noch nicht gebucht sind:

Der Kundenberater Conradi hat eine eintägige Dienstreise von Münster zu einem Kunden in Hamburg durchgeführt und war 14 Stunden unterwegs. Er rechnete wie folgt ab:

Fahrtkosten mit der Deutsche Bahn AG
(lt. anliegender Fahrkarten 280 km)   128 DM
Mehraufwendungen für Verpflegung pauschal nach Vereinbarung   33 DM
    161 DM

Frage: Wie lautet der Buchungssatz?

▶ § 15 Abs. 1a Nr. 2 UStG, § 15 Abs. 1a Nr. 2 UStG

Fall 453 **Reisekosten (Benutzung eines privaten Pkw)**

Sachverhalt: Kundenberater Feldkamp ist mit seinem Pkw von Münster nach Bielefeld gefahren. Er erstellte folgende Abrechnung:

Fahrtkosten 140 km × 0,52 DM =   72,80 DM

Parkgebühren lt. Beleg (inkl. 16 % USt)   5,00 DM
                                                                            77,80 DM

Frage: Wie hoch ist die abzugsfähige Vorsteuer? Wie ist zu buchen?

▶ § 15 Abs. 1a Nr. 2 UStG, § 33 UStDV

Mehrtägige Dienstreise   Fall 454

Sachverhalt: Kundenberater Möllerbernd unternahm eine Dienstsreise nach München. Wegen umfangreicher technischer Beratung des Kunden übernachtete er dort. In seiner Reisekostenabrechnung führt er folgende Kosten auf:
- Fahrtkosten mit eigenem Pkw 1480 km
- 1 Übernachtung einschl. Frühstück (inkl. 16 % USt) lt. Beleg   180 DM
- Mehraufwendungen für Verpflegung

    Abfahrt am 15. Oktober um 12.30 Uhr, Rückkehr nach Münster am 16. Oktober um 18 Uhr.

Vermerk: Herr Möllerbernd erhielt einen Abschlag in Höhe von 500 DM. Der Rest ist noch zu zahlen. Der Abschlag ist in vollem Umfang als Reisekosten Arbeitnehmer gebucht worden. Die Firma erstattet die steuerlich höchstzulässigen Beträge.

Frage: Wie hoch sind die Reisekosten, die Herrn Möllerbernd lohnsteuerfrei vergütet werden können? Wie ist zu buchen?

▶ R 39 LStR, § 15 Abs. 1a Nr. 2 UStG, § 33 UStDV

Reisekosten des Unternehmers   Fall 455

Sachverhalt: Der Betriebsinhaber besuchte am 17. Oktober die Herstellerfirma Pumpen-Pauli in Frankfurt. Er legte folgende Belege der Reisekostenabrechnung bei:
- Fahrkarte der Bundesbahn Münster – Frankfurt – Münster   273,60 DM
- Quittungen über Taxifahrten in Frankfurt   44,00 DM
                                                                                317,60 DM

Dieser Betrag ist dem Betriebsinhaber vom Buchhalter ausgezahlt worden.

Die Tarifentfernung Münster – Frankfurt beträgt mehr als 50 km. Auf den beiden anderen Belegen ist der zutreffende Steuersatz angegeben. Herr Wagenfeld war 16 Stunden unterwegs.

Frage: Wie ist die Reisekostenabrechnung zu buchen?

▶ § 4 Abs. 4 und 5 EStG, R 119 EStR, §§ 34, 35 UStDV

7. Buchung von Steuern und steuerlichen Nebenleistungen

Zu unterscheiden ist zunächst, ob die gezahlten Steuern Privatsteuern oder Betriebssteuern sind. Privatsteuern dürfen den Gewinn nicht mindern (§ 12 EStG).

Bei der Beurteilung von Betriebssteuern muss geprüft werden, ob ein wirtschaftlicher Zusammenhang mit einem Anschaffungsvorgang besteht. In diesem Falle ist die Steuer zu aktivieren, wenn es sich **nicht** um abzugsfähige Vorsteuer, abzugsfähige Einfuhrumsatzsteuer oder abzugsfähige Erwerbsteuer handelt (§ 9b Abs. 1 Satz 1 EStG).

Alle anderen Betriebssteuerzahlungen mindern den Gewinn, sofern nicht ein bereits gebildeter Schuldposten aufgelöst werden muss.

Fall 456 Gewinnauswirkung von Steuerzahlungen

Sachverhalt: Ein Gewerbetreibender leistet folgende Steuerzahlungen:

a) Einkommensteuer

b) Lohnsteuerzahlung für im Betrieb beschäftigte Arbeitnehmer
   aa) bei Bruttolohn-Verbuchung
   bb) bei Nettolohn-Verbuchung

c) Grundsteuer für ein Betriebsgrundstück

d) Grunderwerbsteuer für ein unbebautes Betriebsgrundstück

e) Gewerbesteuer

f) Umsatzsteuer

g) Kfz-Steuer für den betrieblichen Lieferwagen

h) Einfuhrumsatzsteuer beim Import von Waren aus Drittländern.

Frage: Wie wirken sich die Steuerzahlungen bei einem bilanzierenden Gewerbetreibenden auf das Betriebsergebnis aus? Begründen Sie Ihre Auffassung.

▶ § 255 HGB, § 4 Abs. 4 EStG

Fall 457 Steuerzahlungen/Säumniszuschläge

Sachverhalt: Der Mandant Karl König, Gastwirt, zahlte irrtümlich seine ESt-Vorauszahlung für das III. Quartal 2000 in Höhe von 3 200 DM und seine USt-Zahllast für Juli 2000 in Höhe von 588 DM verspätet am 10. 10. 2000.

Das Finanzamt mahnte die Beträge am 25. 09. 2000 an und berechnete auf die USt einen Säumniszuschlag von 5 DM und auf die ESt-Vorauszahlung einen Säumniszuschlag von 32 DM.

Frage: Wie ist die Steuerzahlung, die der Mandant vom betrieblichen Postscheckkonto vornahm, zu buchen?

▶ § 4 Abs. 4 EStG, § 12 EStG

Fall 458 Steuerzahlung/Verrechnung mit Guthaben

Sachverhalt: Der Mandant Udo Werner, Gebäudereinigung, überwies an das Finanzamt einen Betrag von 2 800 DM und fügte folgende Anlage bei:

LSt/KiSt Mai 2000	2 250 DM
ESt-Vorauszahlung II/2000	1 400 DM
	3 650 DM
abzgl. USt-Guthaben Mai 2000	./. 850 DM
= Überweisungsbetrag	2 800 DM

Buchführung – Fälle

Frage: Wie muss diese Überweisung gebucht werden? Wie hoch ist die Gewinnauswirkung bei Bruttolohnverbuchung?

▶ § 4 Abs. 4 EStG, § 12 EStG

Verrechnung eines USt-Guthabens **Fall 459**

Sachverhalt: Das Finanzamt verrechnete das Umsatzsteuerguthaben der Firma Schneider für den Monat April 2000 mit folgenden fälligen Steuern:

LSt/KiSt	1 624,00 DM
Erbschaftsteuer	914,00 DM
Kfz-Steuer für ein Betriebsfahrzeug	740,00 DM
ESt-Nachzahlung 1998	2 270,00 DM
KiSt-Nachzahlung 1998	130,50 DM

Da das USt-Guthaben zur Deckung dieser Steuern nicht ausreicht, überweist die Firma Schneider noch 890 DM vom betrieblichen Bankkonto.

Frage: Wie hoch war das Umsatzsteuerguthaben? Wie ist zu buchen?

▶ § 4 Abs. 4 EStG, § 12 EStG

Steuererstattungen **Fall 460**

Sachverhalt: Die Mandantin Liesel Wegner, Blumen-Einzelhandel, erhält in 2000 auf ihr Privatkonto folgende Steuern erstattet, die bisher nicht gebucht wurden:

a) Einkommensteuer für 1998	4 200 DM
b) Kirchensteuer für 1998	378 DM
c) Gewerbesteuer für 1998	900 DM

Das Konto 0957 GewSt-Rückstellung weist einen Saldovortrag von 3 400 DM aus, der sich aus einem Erstattungsanspruch für das Kj 1998 von 1 000 DM und einer GewSt-Rückstellung für das Kj 1999 von 4.400 DM zusammensetzt.

Frage: Wie lautet die Buchung bei Zahlungseingang im Kj 2000? Welche Gewinnauswirkung ergibt sich?

▶ § 4 Abs. 4 EStG, § 12 EStG

Steuererstattung/Verrechnung mit Steuerrückständen **Fall 461**

Sachverhalt: Der ESt-Bescheid 1998 vom 15. 04. 2000 für die Mandantin Waltraud Möllers, Teppich-Großhandel, wies einen Erstattungsbetrag von 14 928 DM Einkommensteuer aus. Nach dem Abrechnungsteil des Bescheides ist das Guthaben nach Absprache mit der Mandantin vom Finanzamt auf folgende Beträge umgebucht worden:

– Einkommensteuer-Vorauszahlung I/2000	1 500 DM
– Säumniszuschläge zur ESt I/2000	30 DM
– Lohn- u. Kirchensteuer Februar 2000 (Bruttolohn-Verbuchung)	2 144 DM
– Säumniszuschlag auf LSt/KiSt 2/2000	42 DM
– Umsatzsteuer Januar 2000	900 DM
– Säumniszuschlag Umsatzsteuer 1/2000	27 DM

– Grunderwerbsteuer für das unbebaute Betriebsgrundstück
  lt. Bescheid vom 10. 04. 2000   8 000 DM

Den Restbetrag von 2 285 DM hat das Finanzamt auf das betriebliche Bankkonto der Mandantin überwiesen.

Frage: Welche Buchungen sind durchzuführen? Wie wirken sich diese Buchungen auf den Gewinn der Mandantin aus?

▶ § 4 Abs. 4 EStG, § 12 EStG, § 255 HGB

Fall 462 Erlass von Säumniszuschlägen

Sachverhalt: Der Steuerberater Heinz Wehrmann beantragt für seine Mandantin Waltraud Möllers den Erlass von Säumniszuschlägen von 99 DM (s. Fall oben). Das Finanzamt gibt dem Antrag statt und überweist den Betrag auf das betriebliche Bankkonto der Mandantin.

Frage: Wie ist zu buchen?

▶ § 4 Abs. 4 EStG, § 12 EStG

Fall 463 Buchung einer GewSt-Nachzahlung

Sachverhalt: Die Firma Kahlenbach muss nach Angaben ihres Steuerberaters Kleinschmidt für 2000 mit einer GewSt-Nachzahlung in Höhe von 2 420 DM rechnen.

Frage: Wie ist beim Jahresabschluss zu buchen? Wie lautet die Buchung bei Zahlung der GewSt in 2001, wenn die Gemeinde nur 2 380 DM GewSt anfordert?

▶ § 4 Abs. 4 EStG, R 31c Abs. 3 EStR

Fall 464 Buchung der Gewerbesteuer

Sachverhalt: Die Hauptabschlussübersicht der Fleischerei Brune weist zum 31. 12. 1999 eine Gewerbesteuer-Rückstellung in Höhe von 1 220 DM aus. Im Dezember 2000 ergeht der GewSt-Bescheid der Gemeinde. Die Steuernachzahlung beträgt 1 280 DM. Dieser Betrag wird bei Fälligkeit am 20. 01. 2001 per Banküberweisung entrichtet.

Frage: Wie ist bei Eingang des Steuerbescheides zu buchen? Wie ist die Steuernachzahlung im Januar 2001 zu buchen?

▶ § 4 Abs. 4 EStG, R 31c Abs. 3 EStR

Fall 465 Nachzahlung von Lohn- und Kirchensteuer

Sachverhalt: Bei der Firma Kortmöller, Bedachungen, fand in 2000 eine Lohnsteueraußenprüfung statt. Der Prüfer stellte bei der Steuerberechnung des Arbeitnehmers Kruse in 1998 Fehler fest. Die Steuernachforderung beträgt 1 729 DM. Ein Rückgriff auf den Arbeitnehmer ist nicht möglich.

Frage: Wie ist aufgrund des Haftungsbescheides die Steuernachzahlung in 2000 zu buchen?

▶ § 4 Abs. 4 EStG

Buchung von Umsatzsteuern

Fall 466

Sachverhalt: Der Bauunternehmer Winkelmann hat zulässigerweise ein Mehrfamilienhaus zur Verstärkung seines Betriebskapitals in seiner Bilanz als Betriebsvermögen ausgewiesen. Nach einem schweren Sturmschaden im November 2000 ließ er das Dach von der Firma Kortmöller neu eindecken. Über die durchgeführten Arbeiten erhielt er Anfang Dezember 2000 folgende Rechnung:

– Material	5 000 DM
– Arbeitslohn	15 000 DM
	20 000 DM
– + 16 % USt	3 200 DM
	23 200 DM

Frage: Wie ist zu buchen bei Banküberweisung des Rechnungsbetrages in 2000? Welche Gewinnauswirkung ergibt sich?

▶ § 4 Abs. 1 und 4 EStG, § 15 UStG

8. Buchungen im Wechselverkehr

Der Wechsel ist eine Urkunde, durch die der Aussteller (Wechselgläubiger) den Bezogenen (Wechselschuldner) auffordert, an ihn oder an einen anderen eine bestimmte Geldsumme (Wechselbetrag) zu einem bestimmten Termin (Verfalldatum) zu zahlen. Beim Verkauf des Wechsels an die Bank (Diskontierung) entstehen Kosten:

– Wechselvorzinsen (Diskontzinsen),
– Wechselspesen.

Wechselvorzinsen (Diskont oder Diskontzinsen) mindern mit ihrem Nettobetrag die umsatzsteuerliche Bemessungsgrundlage (§ 17 Abs. 1 UStG). Diese Entgeltsminderung tritt allerdings nur dann ein, wenn dem Abnehmer die Entgeltsminderung und die darauf entfallende Steuer mitgeteilt werden. In diesem Falle mindert sich auch der Vorsteuerabzug des Abnehmers entsprechend.

Anmerkung: Gelegentlich wird in Prüfungsaufgaben zusätzlich die Berechnung der Diskontzinsen verlangt. Vgl. hierzu die entsprechenden Aufgaben im Teil Fachrechnen.

Wechsel/Präsentieren bei Fälligkeit

Fall 467

Sachverhalt: Die Firma Nordwest GmbH verkaufte an den Transportunternehmer Brummi einen neuen Kleinlaster für 80 000 DM zzgl. 16 % USt.

Über einen Teilbetrag von 20 000 DM wird vom Lieferanten ein Wechsel ausgestellt, der vom Kunden Brummi akzeptiert wird. Der Restkaufpreis wird sofort durch Banküberweisung beglichen.

Die Lieferfirma präsentiert den Wechsel drei Monate später bei Fälligkeit und erhält den Wechselbetrag auf das Bankkonto überwiesen.

Frage: Wie sind aus der Sicht des Lieferanten

a) die Lieferung,
b) die Kaufpreisfinanzierung und

c) die Einlösung des Wechsels zu buchen?

▶ § 255 HGB

Fall 468 Akzeptieren eines Wechsels

Sachverhalt: Baustoffhändler Behrends hat zum Ausgleich einer Wareneinkaufsrechnung über 15 000 DM + 16 % USt einen Wechsel über 17 400 DM akzeptiert. Dieser Wechsel wird ihm vom Aussteller, einer süddeutschen Herstellerfirma, bei Fälligkeit präsentiert. Behrends zahlt durch Banküberweisung.

Frage: Wie hat der Baustoffhändler die Warenrechnung, das Akzeptieren des Wechsels und die Zahlung der Wechselsumme zu buchen?

▶ § 255 HGB, § 15 UStG

Fall 469 Wechseldiskontierung

Sachverhalt: Zum Ausgleich einer Warenlieferung über 3 450 DM incl. 16 % USt hat die Firma Feldkämper einen Wechsel ausgestellt, der vom Kunden akzeptiert wurde.

Diesen Wechsel hat die Firma von ihrer Hausbank diskontieren lassen. Die Bank rechnet wie folgt ab:

- Wechselsumme   3 450,00 DM
- abzgl. Diskontzinsen   58,00 DM
- abzgl. Wechselspesen   15,00 DM
  Gutschrift   3 377,00 DM

Die Zinsen und Spesen berechnet die Firma Feldkämper ihrem Kunden weiter:

- Diskontzinsen   50,00 DM
- Spesen   15,00 DM
                                                65,00 DM
+ 16 % USt   10,40 DM
                                                75,40 DM

Der Kunde zahlt durch Banküberweisung.

Frage: Wie sind die Ausstellung des Wechsels, die Diskontierung und die Weiterberechnung der Kosten zu buchen?

▶ §§ 10 und 13 UStG

Fall 470 Weitergabe eines Wechsels

Sachverhalt: Die Firma Wessels hat von einem ihrer Kunden zum Ausgleich einer Warenlieferung einen Wechsel über 5 000 DM erhalten.

Diesen Wechsel gibt die Firma Wessels an einen ihrer Zulieferer weiter, um die Rechnung über eine Lieferung zu begleichen. Vom Zulieferer erhält sie folgende Abrechnung:

- Wechseldiskont   172,50 DM
- Wechselspesen   20,00 DM
  + 16 % USt   3,20 DM   23,20 DM
                                                                195,70 DM

Die Firma Wessels zahlt per Banküberweisung und berechnet ihrem Kunden die Wechselkosten weiter:

- Wechseldiskont   172,50 DM
- Wechselspesen   40,00 DM
+ 16 % USt   6,40 DM   46,40 DM
                                                       218,90 DM

Der Betrag wurde dem Bankkonto der Firma Wessels gutgeschrieben.

Frage: Wie sind Wechselausstellung, Weitergabe des Wechsels, die Kostenrechnung des Zulieferers und die eigene Kostenrechnung zu buchen?

▶ §§ 10 und 15 UStG

Wechselprotest und Rückgriff   Fall 471

Sachverhalt: Die Fa. Schnellmann & Co. erhielt von der Fa. Alt zum Ausgleich einer Rechnung über ausgeführte Warenlieferungen einen Wechsel über 10 000 DM, der von der Fa. Alt indossiert war. Bezogener ist die Fa. Esser GmbH.

Fa. Schnellmann & Co. präsentiert den Wechsel bei Fälligkeit der bezogenen Firma, erhält aber wegen Zahlungsunfähigkeit kein Geld. Sie nimmt deshalb die Firma Alt in Regress und berechnet:

- Wechselsumme   10 000 DM
- zzgl. Wechselkosten   500 DM
                                        10 500 DM

Anmerkung: Die im Falle eines Rückgriffs zu zahlenden Zinsen und Kosten des Protestes sind als Schadensersatz zu behandeln. Es liegt somit kein umsatzsteuerbarer Tatbestand vor (Abschn. 3 Abs. 3 UStR).

Frage: Wie sind bei der Fa. Schnellmann & Co. der indossierte Wechsel und der Rückgriff auf den Regresspflichtigen zu buchen?

▶ § 8 EStG, § 4 Abs. 4 EStG (analog), Abschn. 3 Abs. 3 UStR

Wechselprotest und Forderungsausfall   Fall 472

Sachverhalt: Die Getränkegroßhandlung Petermann berechnete dem Gastwirt Weier für die letzte Lieferung Fassbier 7 800 DM + 16 % USt = 9 048 DM. Wegen Zahlungsschwierigkeiten hat Weier einen Wechsel über 8 000 DM akzeptiert, der nach Ablauf von 3 Monaten fällig ist. Den Restbetrag von 1 048 DM bezahlte Weier in bar.

Die Fa. Petermann präsentiert den Wechsel bei Fälligkeit und erfährt, dass der Gastwirt Weier zahlungsunfähig ist und das Insolvenzverfahren beantragt hat. Das Verfahren ist mangels Masse eingestellt.

Frage: Wie sind Lieferung, Warenbezahlung, Protestwechsel und Forderungsausfall beim Lieferanten zu buchen?

▶ § 17 UStG

9. Buchungen im Wertpapierverkehr

Wertpapiere und Anteile sind als notwendiges Betriebsvermögen zu bilanzieren, wenn sie in einem direkten Zusammenhang mit dem Betrieb stehen und diesen fördern (R 13 Abs. 1 EStR).

Wertpapiere können bei Buch führenden Gewerbetreibenden freiwillig als gewillkürtes Betriebsvermögen dann bilanziert werden, wenn sie aus Betriebsmitteln erworben wurden, wenn sie zur Finanzierung von Anlagegütern dienen oder aus anderen Gründen das Betriebskapital verstärken sollen (H 13 Abs. 1 EStH Wertpapiere). Die „freiwillige" Bilanzierung als gewillkürtes Betriebsvermögen ist im Normalfall steuerlich wenig sinnvoll, weil erhebliche steuerliche Nachteile eintreten:

- kein Sparerfreibetrag
- kein Werbungskosten-Pauschbetrag
- Erträge sind gewerbesteuerpflichtig
- keine Spekulationsfrist für Veräußerungsgewinne
- Veräußerungsgewinne sind gewerbesteuerpflichtig

Nur im Falle von Veräußerungsverlusten kann ein steuerlicher Vorteil eintreten.

Beim Ankauf von Wertpapieren für den Betrieb sind deren Anschaffungskosten i. S. des § 255 Abs. 1 HGB zu aktivieren.

Die Zinsen aus den Wertpapieren, die zum Betriebsvermögen gehören, sind betriebliche Erträge. Die einbehaltene Kapitalertragsteuer und die anrechenbare Körperschaftsteuer sind zu berücksichtigen.

Die Wertpapiererträge sind gem. § 4 Nr. 8 a UStG umsatzsteuerfrei. Der Verkauf von Wertpapieren ist umsatzsteuerfrei gem. § 4 Nr. 8 e UStG.

Fall 473 Erwerb von Aktien

Sachverhalt: Die Köster KG erwirbt über ihre Bank 150 Aktien der X-AG zum Kurs von 225 DM/St. Die Kaufspesen lt. Bankabrechnung betragen 450 DM. Mit dem Gesamtbetrag wird das betriebliche Bankkonto belastet.

Frage: Wie ist der Aktienkauf zu buchen?

▶ § 255 HGB

Fall 474 Kauf von Aktien/Nebenkosten

Sachverhalt: Kaufmann Paul Sebaldt erwirbt für seinen Betrieb 30 Aktien der ABC-AG zum Kurswert von 180 DM/St. Die Bankbedingungen lauten:

- Maklergebühr   0,8 v. T. vom Kurswert
- Provision   1 v. H. vom Kurswert
- Auslagenersatz pauschal 3 DM/Auftrag

Der Gesamtbetrag wird dem betrieblichen Bankkonto der Fa. Sebald belastet.

Frage: Wie sieht die Abrechnung der Bank aus? Wie ist der Aktienkauf zu buchen?

▶ § 255 HGB

Kauf von festverzinslichen Wertpapieren **Fall 475**

Sachverhalt: Kaufmann August Wöstmann erwirbt am 30. 11. 2000 9%ige Pfandbriefe mit laufendem Zinsschein im Nennwert von 50 000 DM zum Kurs von 96 % zur kurzfristigen Geldanlage für seinen Betrieb. Zinszahlungstermine sind der 1. April und der 1. Oktober. Die Bank rechnet wie folgt ab:

Kurswert	48 000 DM
+ Stückzinsen 9 % für 60 Tage	750 DM
	48 750 DM
zzgl. Spesen	380 DM
	49 130 DM

Mit diesem Betrag wird das betriebliche Bankkonto belastet.

Frage: Wie ist der Wertpapierkauf zu buchen? Wie ist zum 31. 12. 2000 (Bilanzstichtag) zu buchen, wenn der Kurswert konstant bleibt? Welche Buchung ist bei Zinsgutschrift am 01. 04. 2001 und 01. 10. 2001 vorzunehmen, wenn die Bank jeweils 30 % Kapitalertragsteuer (Zinsabschlag) und 5,5 % Solidaritätszuschlag einbehält?

▶ § 255 HGB, § 4 Abs. 4 EStG, § 5 Abs. 5 EStG

Kauf, Verkauf, Dividende bei Aktien **Fall 476**

Sachverhalt: Durch An- und Verkauf von Aktien ergeben sich bei der Mandantin Gerda Haefele folgende Geschäftsvorfälle:

a) Die Mandantin kauft im Mai 2000 für ihren Betrieb zur kurzfristigen Geldanlage 120 Aktien der Y-AG zum Kurs von 330 DM/St. Die Bank berechnet 519 DM Spesen.

b) Im Juli verkauft Frau Haefele 40 dieser Aktien zum Kurs von 360 DM/St. Die Bank berechnet ihr 186 DM Verkaufsspesen.

c) Im September erhält sie aufgrund des Beschlusses der Hauptversammlung der Y-AG vom 30. 08. eine Dividende von 8 DM/Aktie. Die Bank schreibt 471,20 DM gut. Ihre Abrechnung gilt zugleich als Steuerbescheinigung für die anrechenbare Körperschaftsteuer, die einbehaltene Kapitalertragsteuer und den 5,5 %igen Solidaritätszuschlag.

Frage: Wie sind Anschaffung und Verkauf der Wertpapiere zu buchen, wenn der Veräußerungsgewinn sofort ausgewiesen werden soll? Wie hoch sind die gewerblichen Dividendenverträge und wie sind sie zu buchen?

▶ § 255 HGB, § 20 EStG

Kauf, Verkauf, Zinsschein bei festverzinslichen Wertpapieren **Fall 477**

Sachverhalt: Kaufmann Ulrich Holtkamp kauft Ende Mai 2000 für seinen Betrieb 8%ige Pfandbriefe mit laufendem Zinsschein (Nennwert von 12 000 DM) zu einem

Kurs von 102 %. Die Papiere sollen dem Betrieb vorübergehend zur Verfügung stehen und bei Gelegenheit wieder veräußert werden.

Zinszahlungstermine sind jeweils der 01. 04. und der 01. 10. Die Anschaffungsnebenkosten betragen:

– 0,8 v. H. Bankprovision,

– 0,75 v. T. Maklergebühr.

Ende Dezember 2000 verkauft Herr Holtkamp einen Teil dieser Wertpapiere im Nennwert von 5 000 DM zum Tageskurs von 104 %. Die laufenden Zinsscheine werden mitgegeben. Die Bank behält 30 % Kapitalertragsteuer/Zinsabschlagsteuer und 5,5 % Solidaritätszuschlag ein und verrechnet dabei die bei Anschaffung gezahlten Stückzinsen.

Frage: Wie sind An- und Verkauf der Pfandbriefe und die Zinsgutschrift per 01. 10. 2000 zu buchen?

▶ § 255 HGB, § 8 EStG

Fall 478 **Anschaffung/Dividende/Zinsen bei Wertpapieren**

Sachverhalt: Der Elektrogroßhändler Feuerstein kauft aus betrieblichen Mitteln für seinen Betrieb zur vorübergehenden Geldanlage im Jahre 2000 verschiedene Wertpapiere:

a) **März 2000:** 50 Stück ABC-Aktien.
   Die Bank berechnet:

– Kurswert (Kurs 325/St.)	16 250,00 DM
– Provision	245,00 DM
Lastschrift	16 495,00 DM

b) **Juni 2000:** 6,75%tige Bundesobligationen mit Zinsschein, Zinstermin 31. 08.
   Die Bank berechnet:

• Nennwert 50 000 DM (Kurs 94,20)	47 100,00 DM
• Bankspesen, Provision	471,00 DM
• Stückzinsen für 280 Tage	2 625,00 DM
Lastschrift	50 196,00 DM

c) **Juli 2000:** Die ABC-AG schüttet Dividende aus. Die Bank schreibt 589 DM gut. Dem Kontoauszug liegt eine ordnungsgemäße Steuerbescheinigung über 25 % Kapitalertragsteuer und 5,5 % Solidaritätszuschlag bei.

d) **August 2000:** Zinszahlung auf Bundesobligationen.
   Die Bank schreibt an Zinsen gut: 3 375,00 DM
   abzgl. 30 % Kapitalertragsteuer auf (3 375 ./. 2 625) = 750 DM ./. 225,00 DM
   abzgl. 5,5 % Solidaritätszuschlag von 225 DM = ./. 12,38 DM
   3 137,62 DM

Frage: Wie sind die Geschäftsvorgänge a bis d zu buchen? Welche weitere(n) Buchung(en) muss/müssen beim Jahresabschluss vorgenommen werden, wenn der Kurswert der Aktien auf 350 DM/Stück gestiegen und der der Obligationen voraussichtlich dauerhaft auf 93 DM/Stück gefallen ist?

▶ § 255 HGB, § 8 EStG, § 6 Abs. 1 Nr. 2 EStG

III. Buchungen beim Jahresabschluss

1. Zeitliche Abgrenzung

Der Grundsatz der periodengerechten Gewinnermittlung durch Betriebsvermögensvergleich (§ 4 Abs. 1 EStG) verlangt, dass Aufwand und Ertrag in den Wirtschaftsjahren zu erfassen sind, zu denen sie wirtschaftlich gehören.

Im Gegensatz zur Gewinnermittlung durch Einnahme-Überschussrechnung (§ 4 Abs. 3 EStG) ist es dabei ohne Bedeutung, wann der Aufwand getätigt (abgeflossen) und der Ertrag vereinnahmt (zugeflossen) ist.

Die periodengerechte Gewinnermittlung wird durch Rechnungsabgrenzungsposten (§ 5 Abs. 5 EStG, R 31b EStR), sonstige Forderungen, sonstige Verbindlichkeiten und durch Rückstellungen (§ 249 HGB, R 31b EStR) gewährleistet.

Übersicht

	Zahlungsvorgang	Auswirkung
Aktive Rechnungsabgrenzung	im alten Wj.	Aufwand im neuen Wj.
Passive Rechnungsabgrenzung	im alten Wj.	Ertrag im neuen Wj.
Sonst. Forderung	im neuen Wj.	Ertrag im alten Wj.
Sonst. Verbindlichkeit	im neuen Wj.	Aufwand im alten Wj.
Rückstellung	im neuen Wj.	Aufwand im alten Wj.
	(wobei Höhe und/oder Entstehung ungewiss sind)	

Abgrenzungsposten   **Fall 479**

Sachverhalt: Der selbständige Handelsvertreter Horstmann (Wj = Kj) ist buchführungspflichtig und trägt Ihnen folgende Geschäftsvorfälle vor:

a) Bezahlung einer betrieblichen Versicherungsprämie im alten Geschäftsjahr für das neue Geschäftsjahr.

b) Bezahlung der Kfz-Steuer für das Betriebsfahrzeug im Januar des neuen Jahres. Die Steuer war bereits im November des alten Jahres fällig.

c) Der Mandant ist im alten Jahr von einem Geschäftspartner auf Schadensersatz verklagt worden. Der Prozess ist noch nicht entschieden. Es muss mit einer Verurteilung gerechnet werden.

d) Im Dezember des alten Geschäftsjahres hatte der Mandant einen Unfall auf einer betrieblichen Fahrt. Die gegnerische Versicherung sagte die Schadensregulierung Anfang des neuen Jahres zu.

e) Auf Wunsch von Herrn Horstmann hat die Herstellerfirma, die er vertritt, schon im Dezember einen Abschlag auf die für Januar anfallenden Provisionen gezahlt.

Frage: Durch welche Bilanzposten muss die zeitliche Zuordnung der Zahlungen vorgenommen werden?

▶ § 5 Abs. 5 EStG, § 249 HGB, R 31b und c EStR

Fall 480 Zeitliche Abgrenzung

Sachverhalt: Bei der Fa. Kraft KG sind im Wirtschaftsjahr 2000 u. a. folgende Geschäftsvorfälle zu buchen:

a) Die Kfz-Steuer für einen Lieferwagen in Höhe von 900 DM für die Zeit vom 01. 11. 2000 – 30. 10. 2001 war lt. Steuerbescheid vom 25. 11. 2000 am 20. 12. 2000 fällig. Die Firma überwies den Betrag erst am 05. 01. 2001.

b) Die für November und Dezember 2000 von der Firma zu zahlende Miete für Geschäftsräume über mtl. 500 DM zzgl. 80 DM Umsatzsteuer war am 31. 12. 2000 noch nicht bezahlt.

c) Die Firma hat in 2001 für das Jahr 1999 Gewerbesteuer lt. Bescheid vom 10. 12. 2000 in Höhe von 2 800 DM nachgezahlt. Per 31. 12. 1999 war dafür eine Rückstellung von 2 500 DM gebildet worden.

d) Die Diebstahlversicherung des Warenlagers in Höhe von 2 400 DM für die Zeit vom 01. 08. 2000 – 31. 07. 2001 wurde am 18. 08. 2000 durch Banküberweisung bezahlt.

Frage: Welche Buchungen sind in 2000 und 2001 vorzunehmen, wenn sofort abgegrenzt werden soll?

▶ § 5 Abs. 5 EStG, § 249 HGB, R 31b und c EStR

Fall 481 Berechnung der Abgrenzungen/Korrekturbuchungen

Sachverhalt: Beim Jahresabschluss für das Wj 2000 der Firma Auto-Becker fallen dem Steuerberater u. a. folgende Tatbestände auf:

a) Die betriebliche Feuerversicherung wurde am 01. 12. 2000 für die Zeit vom 01. 11. 2000 bis 30. 10. 2001 mit 1 800 DM vom betrieblichen Bankkonto abgebucht.

Buchung:

4360 Versicherungen   1 800 DM   an 1200 Bank   1 800 DM

b) Für ein Betriebsfahrzeug wurden am 01. 04. 2000 Kfz-Steuer 540 DM und Versicherung 1 320 DM für ein Jahr vorausbezahlt.

Buchung am 01. 04. 2000:

4510 Kfz-Steuern   540 DM
4520 Kfz-Versicherung   1 320 DM   an 1200 Bank   1 860 DM

Das Fahrzeug wurde am 30. 11. 2000 abgemeldet und verschrottet. Vom Finanzamt und der Versicherung liegt noch keine Nachricht vor.

c) Zinsen und Tilgung für ein betriebliches Darlehen wurden zum 31. 12. 2000 fällig:
 – Zinsen 2 500 DM
 – Tilgung 500 DM

Die Überweisung erfolgte am 05. 01. 2001 vom Privatkonto des Mandanten.

d) Für den Jahresabschluss 2000 und die damit zusammenhängenden Leistungen ist mit folgenden Gebühren des Steuerberaters zu rechnen:

Jahresabschluss 2000	3 000 DM
Erstellung der ESt-Erklärung	1 000 DM
Erstellung der USt-Erklärung	500 DM
Erstellung der GewSt-Erklärung	400 DM
Erstellung der Anlage V (nicht bilanziertes Grundstück)	200 DM
	5 100 DM

Frage: Wie muss in diesen Fällen für 2000 gebucht bzw. umgebucht werden?

▶ § 5 Abs. 5 EStG, § 249 HGB, R 31b und c EStR

Darlehensaufnahme   Fall 482

Sachverhalt: Die Firma Westermann (Wj = Kj) nahm am 01. 04. 2000 zum Aus- und Umbau ihres Ladengeschäftes ein Darlehen von 50 000 DM auf. Vereinbarungsgemäß soll das Darlehen jeweils am 1. 4. mit 10 000 DM getilgt werden. Die Zinsen (Zinssatz 8 %) sind am 01. 04. und 01. 10. eines Jahres fällig.

Fragen: Wie ist der Vorgang

– am 01. 10. 2000 bei Zinszahlung,

– am 31. 12. 2000 beim Jahresabschluss und

– am 01. 04. 2001 bei Zahlung von Zins und Tilgung zu buchen?

▶ § 5 Abs. 5 EStG

Darlehensaufnahme/Damnum (Disagio)   Fall 483

Sachverhalt: Der Lebensmitteleinzelhändler Wolfgang Dartmann (Wj = Kj) erwarb für 90 000 DM ein unbebautes Nachbargrundstück als Kundenparkplatz. Zur Finanzierung des Kaufpreises nahm er Anfang Mai 2000 bei der Stadtsparkasse ein Darlehen in gleicher Höhe auf, das mit 94 % ausgezahlt wurde.

Laut Darlehensvertrag soll das Darlehen nach Ablauf von 10 Jahren in einem Betrag zurückgezahlt werden. Die Zinsen betragen 8 %, sind nachschüssig per 01. 05. und 01. 11. eines jeden Jahres fällig und wurden pünktlich bezahlt.

Frage: Wie ist die Darlehensaufnahme zu buchen? Welche Buchungen sind beim Jahresabschluss 2000 vorzunehmen?

▶ § 5 Abs. 5 EStG

Darlehensgewährung   Fall 484

Sachverhalt: Die Westfalen-Brauerei (Wj = Kj) gewährte dem Gastwirt Weber Anfang März 2000 für die Neugestaltung seiner Gaststätte ein Darlehen in Höhe von 80 000 DM zu 9 % Zinsen. Das Darlehen wurde banküblich mit 98 % ausgezahlt. Es soll nach 5 Jahren in einer Summe zurückgezahlt werden. Die Zinszahlungen sollen jeweils zum 01. 03. und 01. 09. eines Jahres nachschüssig gezahlt werden.

Frage: Wie hat die Brauerei bei Darlehensauszahlung, am Bilanzstichtag 31. 12. 2000 und bei Eingang der Zinszahlung am 01. 03. 2001 zu buchen?

▶ § 5 Abs. 5 EStG

Fall 485 Zeitliche Abgrenzung/Umsatzsteuer

Sachverhalt: Die Firma Petermann (Wj = Kj) versteuert ihre Umsätze nach dem Soll. Voranmeldungzeitraum für die Umsatzsteuer ist der Kalendermonat. Sie vermietete eine in ihrem Betriebsgrundstück befindliche Büroetage an einen Rechtsanwalt für dessen betriebliche Zwecke. Vereinbart ist eine monatliche Miete von 800 DM zzgl. 16 % USt = 928 DM.

Die Mieten für Dezember 2000 bis Februar 2001 gingen am 28. 12. 2000 auf dem betrieblichen Bankkonto ein.

Frage: Wie ist der Zahlungseingang zu buchen?

▶ § 5 Abs. 5 EStG, § 13 UStG

Fall 486 Zeitliche Abgrenzung/Vorsteuer

Sachverhalt: Die Firma Klingel & Co. (Wj = Kj) mietete ab 01. 12. 2000 eine Büromaschine. Die Mieten sind vierteljährlich im Voraus zu zahlen. Die Rechnung ging am 03. 01. 2001 ein und lautete:

Miete Büromaschine
für die Zeit vom 01. 12. 2000 – 28. 02. 2001
3 × 300 DM   900 DM
+ 16 % USt   144 DM
                                                 1 044 DM

Fa. Klingel überwies den Betrag am 10. 01. 2001.

Frage: Wie ist der Vorgang am 31. 12. 2000 und am 10. 01. 2001 zu buchen?

▶ § 5 Abs. 5 EStG, § 15 UStG

Fall 486a Bildung von Rückstellungen

Sachverhalt: Die Fa. Merschmeyer & Co. (Wj. = Kj.), Großhandel mit Fahrzeugteilen, hat bei der Erstellung des Jahresabschlusses zum 31. 12. 2000 noch folgende Tatbestände zu berücksichtigen, die möglicherweise zur Bildung einer Rückstellung führen:

a) Einige Arbeitnehmer haben ihren Jahresurlaub für das Jahr 2000 wegen Krankheit bzw. wegen erforderlicher Vertretung der durch Krankheit ausgefallener Kollegen noch nicht in vollem Umfang nehmen können. Die dafür in 2001 anfallenden Kosten werden 24 300 DM betragen.

b) Für eine Lagerhalle sind erhebliche Reparaturaufwendungen zur Sanierung der Fassade erforderlich geworden. Die Arbeiten konnten wegen schlechter Witterungsverhältnisse in 2000 nicht ausgeführt werden. Erst Anfang Februar 2001 soll mit der Reparatur begonnen werden. Mit dem Abschluss der Arbeiten ist spätestens Ende März 2001 zu rechnen. Die Kosten dafür sind mit ca. 40 000 DM veranschlagt.

c) Auch das Verwaltungsgebäude der Firma ist stark reparaturbedürftig. Aus finanziellen Gründen wurden Reparaturarbeiten bisher noch nicht durchgeführt. Auch hier soll mit den Arbeiten Anfang Februar 2001 begonnen werden, doch ist wegen des Umfangs der notwendigen Reparaturen erst Ende Juli 2001 mit deren Abschluss zu rechnen. Die Kosten werden sich voraussichtlich auf 110 000 DM belaufen.

Frage: In welchem Fall können oder müssen Rückstellungen in der Handelsbilanz und in der Steuerbilanz gebildet werden? In welchem Fall ist eine Rückstellung nicht zulässig? Begründen Sie Ihre Entscheidung.

▶ § 249 HGB, § 5 EStG, R 31c EStR

Gewerbesteuer-Rückstellung (⅚-Methode)   Fall 487

Sachverhalt: Aus der Hauptabschlussübersicht des Lebensmittel-Einzelhändlers Westerwinter ergibt sich ein vorläufiger Gewinn von 58 412 DM.

Hinzurechnungen und Kürzungen sind nicht vorzunehmen. GewSt-Vorauszahlungen wurden wegen der schlechten Vorjahresergebnisse nicht geleistet. Der Hebesatz der Gemeinde beträgt 440 %.

Frage: Wie hoch ist die GewSt-Rückstellung bei Anwendung der ⅚-Methode nach R 20 Abs. 2 EStR? Wie hoch ist dann der steuerliche Gewinn der Fa. Westerwinter? Wie ist zu buchen?

▶ § 249 HGB, R 31c und 20 EStR

Vgl. auch Fall 143.

Berechnung einer Gewerbesteuer-Rückstellung   Fall 488

Sachverhalt: Beim Jahresabschluss der Fa. Ewald Krottmann GmbH, Eisengroßhandel, ergibt sich ein vorläufiger Gewinn aus Gewerbebetrieb von 84 930 DM. Hinzurechnungen und Kürzungen sind nicht vorzunehmen. Auf die zu erwartende Steuerschuld sind entsprechend der Festsetzung für das Vorjahr Vorauszahlungen in Höhe von 6 800 DM geleistet worden. Der Hebesatz der Gemeinde beträgt 420 %.

Fragen:

a) Wie hoch ist die GewSt-Rückstellung bei Anwendung der ⅚-Methode (R 20 Abs. 2 EStR)?

b) Welches Ergebnis zeigt sich bei Anwendung der Divisionsmethode unter Anwendung der Formel

$$D = 1 + \frac{\text{höchster Staffelsatz}}{100} \times \frac{\text{Hebesatz}}{100}$$

c) Welche der beiden Berechnungsmethoden ist hier die genauere?

▶ § 249 HGB, R 31c EStR, §§ 6–13 GewStG

Fall 489 Gewerbesteuer-Rückstellung/Zu- und Abrechnungen

Sachverhalt: Beim Jahresabschluss der Fa. Gebr. Eisenfuß KG, Schuhwaren-Einzelhandel, ergeben sich die folgenden Zahlenwerte:
- vorläufiger Gewinn   122 487 DM
- Dauerschuldzinsen   10 420 DM
- geleistete GewSt-Vorauszahlung   6 800 DM
- Hebesatz der Gemeinde   450 %

Frage: Wie hoch ist die GewSt-Rückstellung, die sich nach der 5/6-Methode und nach der Divisor-Methode ergibt. Wie lautet die Abschlussbuchung?

▶ § 249 HGB, R 31c EStR, §§ 6–11 GewStG

Fall 490 Gewerbesteuer-Rückstellung bei Zerlegung

Sachverhalt: Steuerberater Assmann will die GewSt-Rückstellung der Fa. Schulte, Großhandel mit Textilien und Deko-Material, berechnen. Die Firma unterhält Betriebsstätten in A-Stadt, B-Stadt und C-Stadt. Aus seinen Akten sind folgende Werte ersichtlich:
- vorläufiger Gewinn   254 768 DM
- Dauerschuldzinsen   14 920 DM
- EW des Betriebsgrundstücks (bebautes Geschäftsgrundstück) 90 400 DM
- geleistete GewSt-Vorauszahlungen   25 000 DM
- Hebesatz in A-Stadt   460 %
- Hebesatz in B-Stadt   480 %
- Hebesatz in C-Stadt   450 %
- Arbeitslöhne Betrieb A-Stadt   120 000 DM
- Arbeitslöhne Betrieb B-Stadt   90 000 DM
- Arbeitslöhne Betrieb C-Stadt   80 000 DM

Frage: Wie hoch ist die GewSt-Rückstellung, die sich nach der Divisionsmethode ergibt? Wie ist zu buchen?

▶ § 249 HGB, R 31c EStR, §§ 6–11 GewStG

Fall 491 Weitere Abgrenzungen

Sachverhalt: Bei den Abschlussarbeiten für das Wj. 2000 der Mandantin Westfalen-Fenster GmbH fallen dem Steuerberater Gerdemann folgende Sachverhalte auf:

a) Die Firma stellt Fenster- und Türelemente aus Kunststoffprofilen her. Sie hat erfahrungsgemäß mit Reklamationen und Garantieleistungen zu rechnen. Der Erfahrungssatz liegt bei 1 % des Jahresumsatzes von 1 200 000 DM für das Wj 2000. Zum 31. 12. 1999 ist ausgehend vom Jahresumsatz von 900 000 DM entsprechend bilanziert worden.

b) Die Firma wurde von einem Kunden auf Schadensersatz in Höhe von 20 000 DM verklagt. Zusätzlich ist mit Rechtsanwalts- und Gerichtskosten von 4 500 DM zu rechnen. Über die Klage ist noch nicht entschieden.

c) Das Dach des Betriebsgebäudes wurde in 2000 stark reparaturbedürftig. Die Dachreparatur konnte aber wegen der schlechten Witterung erst im März 2001 ausgeführt werden. Die Reparaturkosten betrugen 25 000 DM zzgl. Umsatzsteuer.

Buchführung – Fälle

Frage: Wie sind die Sachverhalte steuerlich zu beurteilen? Wie muss gebucht werden?

▶ § 249 HGB, R 31c EStR

2. Bewertung des Betriebsvermögens

Die Gewinnermittlung durch Betriebsvermögensvergleich nach § 4 Abs. 1 EStG bzw. § 5 EStG erfordert die Bewertung der zum Betriebsvermögen gehörenden Wirtschaftsgüter. Dies bedeutet, dass die nicht in Geld bestehenden Wirtschaftsgüter des Betriebsvermögens zum Zwecke einer zutreffenden Gewinnermittlung in Geld umzurechnen sind. In die Bewertung sind auch die Forderungen und die Verbindlichkeiten des Betriebes einzubeziehen.

a) Zugehörigkeit von Wirtschaftsgütern zum Betriebsvermögen (R 13 EStR)
(bei bilanzierenden gewerblichen Einzelunternehmen)

	I. Notwendiges BV	II. Gewillkürtes BV	III. Notwendiges Privatvermögen
	> Bilanzierungspflicht	*> Bilanzierungswahlrecht*	*> Bilanzierungsverbot*
bei Grundstücken	eigengewerblich genutzte Grundstücke bzw. Grundstücksteile	zu gewerbl. Zwecken oder Wohnzwecken vermietete Grundstücke bzw. Grundstücksteile	zu eigenen Wohnzwecken genutzte Grundstücke bzw. Grundstücksteile
bei Wertpapieren	bei direktem und unmittelbarem Zusammenhang mit dem Betrieb	bei Einlage zur Verstärkung des Betriebskapitals	entfällt
bei anderen Wirtschaftsgütern	bei eigengewerbl. Nutzung von über 50 %	bei eigengewerbl. Nutzung von 10 % – 50 %	bei eigengewerbl. Nutzung unter 10 %

Schulden sind als Betriebsschulden zu bilanzieren, wenn sie mit einem betrieblichen Vorgang oder mit einem bilanzierten Wirtschaftsgut zusammenhängen.

Folgen der Bilanzierung:

→ Verlagerung auf der Ebene gewerblicher Einkünfte

1. Die Kosten der bilanzierten Wirtschaftsgüter sind Betriebsausgaben. Gegebenenfalls ist ein Privatanteil zu buchen.
2. Die Einnahmen aus diesen Wirtschaftsgütern sind Betriebseinnahmen.
3. Voraussichtlich dauernde Wertminderungen mindern den gewerblichen Gewinn.
4. Werterhöhungen (soweit ausweisbar) erhöhen den gewerblichen Gewinn.
5. Betriebliche Veräußerungs-/Entnahmegewinne sind immer steuerpflichtig. Die Spekulationsfrist des § 23 Abs. 1 EStG gilt nur für die Veräußerung von Privatvermögen.
6. Betriebliche Veräußerungsverluste mindern den gewerblichen Gewinn.

Abgrenzung Betriebsvermögen/Privatvermögen   Fall 492

Sachverhalt: Die Firma Leismann betreibt eine Druckerei. Die Firma ist im Handelsregister eingetragen. Im Jahre 2000 sind folgende Vorgänge zu beurteilen:

a) Anschaffung eines Grundstücks, das zu 80 % eigenen gewerblichen Zwecken dient und zu 20 % für fremde gewerbliche Zwecke vermietet ist.

b) Anschaffung eines Pkw, der zu 60 % privat und nur zu 40 % eigenbetrieblich genutzt wird.

c) Kauf eines Kopiergerätes, das 90 % betrieblich und zu 10 % privat verwendet wird.

d) Darlehensaufnahme zur Anschaffung einer neuen Druckmaschine. Das Darlehen ist hypothekarisch abgesichert durch ein privates Einfamilienhaus, das der Ehefrau des Betriebsinhabers gehört.

e) Kauf von Wertpapieren, die vorübergehend das Betriebskapital verstärken sollen.

f) Kauf eines Oldtimers (Mercedes Bj. 1944). Das Fahrzeug wird nur gelegentlich für betriebliche Fahrten genutzt (5 %).

Frage: Wie sind die Vorgänge im Hinblick auf Bilanzierungspflicht, Bilanzierungswahlrecht oder -verbot zu beurteilen? Welche Folgen hat eine freiwillige Bilanzierung?

▶ R 13 EStR

Fall 493 **Darlehen als Betriebsschuld**

Sachverhalt: Fleischermeister Westekämper hat im Februar 2000 ein Darlehen über 30 000 DM aufgenommen. Die Darlehenssumme hat er wie folgt verwendet:

a) Anschaffung eines Pkw für 20 000 DM + 16 % USt, der zu 70 % betrieblich und zu 30 % privat genutzt wird.

b) Kauf einer Stereoanlage für die Privatwohnung zum Preis von 5 800 DM.

c) Zahlung einer Strafe wegen Trunkenheit am Steuer 1 000 DM.

Frage: In welcher Höhe ist eine Betriebsschuld zu buchen? Wie wären anfallende Zinsen und ggf. ein Damnum steuerlich zu behandeln?

▶ R 13 EStR Abs. 15, § 4 Abs. 4 EStG, § 12 EStG

b) Bewertungsmaßstäbe

Wirtschaftsgüter können durch Anschaffung, Herstellung oder durch eine Einlage aus dem Privatvermögen in das Betriebsvermögen gelangen. Zu diesem Zeitpunkt stellt sich bereits die Frage nach dem zutreffenden Wertansatz in der Buchführung. Es müssen die Anschaffungskosten, die Herstellungskosten oder der Teilwert für das betreffende Wirtschaftsgut ermittelt werden.

Anschaffungskosten: § 255 Abs. 1 HGB und EStR 32a
Herstellungskosten: § 255 Abs. 2 HGB und EStR 33
Teilwert: § 6 Abs. 1 Nr. 1 Satz 3 EStG

Das EStG bestimmt als Bewertungsmaßstäbe für die Bewertung der einzelnen Wirtschaftsgüter in § 6 EStG die

- Anschaffungskosten
- Herstellungskosten

und den
- Teilwert

Eine Bewertung findet aber nicht nur zum Bilanzstichtag, sondern auch zum Zeitpunkt der Anschaffung, Herstellung, Entnahme oder Einlage eines Wirtschaftsgutes statt.

Die Begriffsbestimmung der Anschaffungs- und Herstellungskosten ergibt sich aus § 255 Abs. 1 und 2 HGB und den R 32a und 33 EStR.

Entnahmen aus dem Betriebsvermögen sind mit dem Teilwert anzusetzen (§ 6 Abs. 1 Nr. 4 EStG). Einlagen in ein Betriebsvermögen sind nach § 6 Abs. 1 Nr. 5 EStG ebenfalls mit dem Teilwert zu bewerten. Erfolgt eine Einlage jedoch innerhalb von drei Jahren nach privater Anschaffung oder Herstellung, dürfen höchstens die Anschaffungs- oder Herstellungskosten gfs. abzgl. AfA, die auf die vorherige Privatnutzung entfällt, angesetzt werden.

Anschaffungskosten und AfA bei einem Gebäude   **Fall 494**

Sachverhalt: Die Firma Werner, Metallbau, erwarb im Oktober 2000 zur Erweiterung ihrer Produktion ein Grundstück, das mit einer Werkhalle bebaut ist. Der Verkäufer hatte die Halle vor Jahren errichtet (Bauantrag nach März 1985) und das Grundstück unter Verzicht auf die Umsatzsteuerbefreiung an unsere Mandantin veräußert. Es entstanden folgende Ausgaben, die per Bank überwiesen wurden:

a) Grundstückskaufpreis   1 000 000 DM   + 16 % USt
    (davon entfallen auf den
    Grund u. Boden 30 %)
b) Grunderwerbsteuer   40 600 DM
c) Notarkosten   9 000 DM   + 16 % USt
d) Grundbucheintragung   1 000 DM
e) Hypothekenzinsen
    vom 15. 10. – 31. 12. 2000   15 000 DM
f) Maklerkosten
    für die Vermittlung des Grundstücks   30 000 DM   + 16 % USt
g) Grundsteuer für das IV. Quartal 2000
    lt. vertraglicher Vereinbarung
    mit dem Veräußerer   1 000 DM

Der Veräußerer hat für die Werkhalle keine Abschreibung vorgenommen. Die Firma Werner erfüllt die für die Anwendung des § 7g EStG erforderlichen Voraussetzungen.

Frage: Wie hoch sind die Anschaffungskosten für Grund und Boden und Gebäude? Wie hoch ist die höchstmögliche AfA für die Werkhalle? Wie lauten die Buchungen?

▶ § 255 HGB, § 7 EStG, § 7g EStG

Herstellungskosten von Fertigerzeugnissen   **Fall 495/496**

Sachverhalt: Die Firma Lux stellt u. a. Pendelleuchten unter der Bezeichnung „Lux-Star" her. Laut Inventur zum 31. 12. 2000 waren 650 St. der „Lux-Star-Pendelleuchten" fertig auf Lager.

Im Wirtschaftsjahr 2000 wurden insgesamt 5 000 St. dieser Leuchten produziert, für die folgende Kosten bzw. Aufwendungen entstanden sind:
a) Materialeinkauf (Netto-Anschaffungskosten)   45 000 DM
b) Bruttoarbeitslöhne der mit der Produktion beschäftigten Arbeitnehmer

(darin enthalten Überstundenbezahlungen mit 2 500 DM und Lohnfortzahlungen im Krankheitsfalle mit 7 500 DM) 95 000 DM
c) Arbeitgeberanteil zur Sozialversicherung (zu b) 10 000 DM
d) freiwillige Sozialleistungen an die Arbeitnehmer, die mit der Produktion beschäftigt waren 7 500 DM
e) anteilige Kosten für den Werkschutz 40 000 DM
f) Kosten der Einkaufsabteilung (nur Materialeinkauf) 11 000 DM
g) Reisekosten für die Verkaufsvertreter 15 000 DM
h) Brennstoff- und Energiekosten (für den Produktionsbereich) 12 500 DM
i) Abschreibung der Fertigungsanlagen (lineare AfA) 9 000 DM
k) Verwaltung und Ausgabe des Materials 9 000 DM
l) Kosten für Lagerung, Versicherung und Prüfung des Materials 6 000 DM
m) Gewerbesteuer 1 000 DM

Frage: Mit welchem Wert müssen bzw. können die 650 Leuchten am 31. 12. 2000 bewertet werden?

▶ § 255 HGB, § 6 Abs. 1 EStG, R 33 EStR

Fall 497 Einlage von nicht abnutzbaren Anlagegütern

Sachverhalt: Der Mandant Herbert Claassen hat Anfang Mai 2000 zur langfristigen Verstärkung seines Betriebskapitals zulässig Aktien aus seinem Privatbesitz in sein Betriebsvermögen übernommen. Es handelt sich dabei um

a) Aktien der ABC-AG, die er in 1996 für 18 000 DM gekauft hatte. Diese Papiere hatten im Mai 2000 einen Teilwert von 22 000 DM.

b) Aktien der XYZ-AG. Diese Aktien hat Herr Claassen in 1999 für 28 000 DM privat gekauft. Der Teilwert ist im Mai 2000 aufgrund der günstigen Kursentwicklung auf 32 000 DM gestiegen.

Frage: Wie sind die Einlagen in das Betriebsvermögen zu bewerten?

▶ § 6 Abs. 1 Nr. 5 und Abs. 2 EStG

Fall 498 Einlage von abnutzbaren Anlagegütern

Sachverhalt: Einen bisher ausschließlich von seiner Ehefrau zu Privatfahrten genutzten Zweitwagen hat Herr Claassen ab Anfang Oktober 2000 ständig für betriebliche Zwecke genutzt. Das Fahrzeug war Anfang Juni 1998 für 20 000 DM zzgl. 16 % USt angeschafft worden und hat eine Gesamtnutzungsdauer von 5 Jahren. Anfang Oktober 2000 betrug der Teilwert des Fahrzeugs wegen seiner geringen Fahrleistung noch 14 000 DM.

Frage: Mit welchem Wertansatz ist das Fahrzeug einzubuchen? Wie hoch ist die höchstzulässige AfA für 2000?

▶ § 6 Abs. 1 Nr. 5 EStG, R 44 Abs. 2 und 12 EStR

Fall 499/500 Einlage eines bebauten Grundstücks

Sachverhalt: Mandant Claassen hat mit notariellem Vertrag vom 25. 03. 1998 ein mit einer Lagerhalle (Bauantrag 1996, Fertigstellung 1997) bebautes Gewerbegrundstück erworben. Besitz, Nutzen, Lasten und Gefahren sind zum 01. 05. 1998 auf ihn übergegangen. Von den Anschaffungskosten in Höhe von 700 000 DM entfallen 130 000 DM auf den Grund und Boden. Zunächst hatte Herr Claassen das Grundstück an eine ortsansässige Spedition vermietet und die Einnahmen daraus zulässig als Einnahmen aus Vermietung und Verpachtung in seiner Steuererklärung ausgewiesen.

Ab 01. 11. 2000 nutzt Herr Claessen das Grundstück ausschließlich für seinen Baustoffhandel zur Lagerung von Waren. Zu diesem Zeitpunkt betrug der Teilwert des Grund und Bodens 110 000 DM und der Terlwert des Gebäudes 550 000 DM. Zum 31. 12. 2000 stiegt der Wert des Grund und Bodens auf 120 000 DM und der des Gebäudes auf 560 000 DM.

Fragen: Mit welchen Werten müssen Grund und Boden und Gebäude zum 01. 11. 2000 in die Buchführung des Mandanten übernommen werden? Wie hoch sind die Bilanzansätze zum 31. 12. 2000.

▶ § 6 Abs. 1 Nr. 5 EStG

c) Wertansätze in der Bilanz

Nachdem festgestellt ist, dass ein Wirtschaftsgut zum notwendigen oder gewillkürten Betriebsvermögen gehört, muss über dessen Wertansatz in der Bilanz entschieden werden. Dabei ist zunächst die Zuordnung der Wirtschaftsgüter zu einer der 3 Arten des Betriebsvermögens vorzunehmen:

- abnutzbares Anlagevermögen (§ 6 Abs. 1 Nr. 1 EStG),
- nicht abnutzbares Anlagevermögen (§ 6 Abs. 1 Nr. 2 EStG),
- Umlaufvermögen (§ 6 Abs. 1 Nr. 2 EStG).

Zum Anlagevermögen (abnutzbar bzw. nicht abnutzbar) gehören Wirtschaftsgüter, die dazu bestimmt sind, dem Betrieb auf Dauer zu dienen (z. B. Grundstücke, Maschinen und Fahrzeuge).

Beim abnutzbaren Anlagevermögen sind die AfA-Vorschriften der §§ 7 und 7g EStG zu beachten. Für die neuen Bundesländer und Berlin (West) gelten bei Anschaffung oder Herstellung von Wirtschaftsgütern oder darauf geleistete Anzahlungen die Sonderabschreibungen nach § 4 FördG.

Zum Umlaufvermögen sind solche Wirtschaftsgüter zu zählen, die zum Verkauf (Waren) oder Verbrauch (Roh-, Hilfs- oder Betriebsstoffe) bestimmt sind oder deren Bestand sich ständig verändert (Kasse, Bank, Forderungen u. a.).

aa) Bewertung von abnutzbarem Anlagevermögen

Das abnutzbare Anlagevermögen ist bei der Erstellung der Steuerbilanz grundsätzlich nach der Vorschrift des § 6 Abs. 1 Nr. 1 EStG zu bewerten.

Speziell für Buch führende Gewerbetreibende sind dabei nach § 5 Abs. 1 EStG handelsrechtliche Bewertungsvorschriften (§§ 252 ff. HGB) zu beachten. Für diese Gruppe der Gewinnermittler gilt der Grundsatz der Maßgeblichkeit der Handelsbilanz für die Steuerbilanz.

Dieser Grundsatz der Maßgeblichkeit der Handelsbilanz für die Steuerbilanz hat jedoch seine Grenzen in der Regelung des § 5 Abs. 6 EStG, die klarstellt, dass die Wertansätze des HGB für die Steuerbilanz nur dann maßgeblich sind, wenn sie steuerlichen Bewertungsvorschriften entsprechen.

Für Buch führende Gewerbetreibende gilt danach Folgendes:

Ansatz in der Handelsbilanz	Wertansatz nach § 6 Abs. 1 Nr. 1 EStG	Folge für die Steuerbilanz
Anschaffungskosten/ Herstellungskosten ./. AfA	Anschaffungskosten/ Herstellungskosten ./. AfA	Anschaffungskosten/ Herstellungskosten ./. AfA
oder wahlweise: niedrigerer Zeitwert bei aktueller Wertminderung		
oder zwingend: niedrigerer Zeitwert bei voraussichtlich dauernder Wertminderung (§ 253 Abs. 2 HGB) → sog. eingeschränktes Niederstwertprinzip	**oder wahlweise:** niedrigerer Teilwert bei voraussichtlich dauernder Wertminderung	**oder zwingend:** niedrigerer Teilwert bei voraussichtlich dauernder Wertminderung
Der niedrigere Wert darf beibehalten werden, auch wenn der Grund dafür wegfällt (§ 253 Abs. 5 HGB).	Wertaufholung bei Wegfall der Gründe für die voraussichtlich dauernde Wertminderung	Wertaufholung bei Wegfall der Gründe für die voraussichtlich dauernde Wertminderung

Die Übersicht zeigt, dass bei Wertminderungen, die nur vorübergehend vorliegen und nicht voraussichtlich auf Dauer bestehen bleiben, ein niedrigerer Teilwert in der Handelsbilanz zulässig ist. Für die Steuerbilanz kann dieser Wert nicht maßgeblich sein, weil er steuerlichen Vorschriften nicht entspricht.

Damit ergibt sich nur im Falle voraussichtlich dauernder Wertminderungen eine Maßgeblichkeit der Handelsbilanz für die Steuerbilanz.

Eine voraussichtlich dauernde Wertminderung ist beim abnutzbaren Anlagevermögen anzunehmen, wenn der Wert des Wirtschaftsgutes mindestens während der halben verbleibenden Restnutzungsdauer unter dem Rest-Buchwert liegt, der sich bei planmäßiger AfA ergeben würde (vgl. BMF-Schreiben IV C 2 – S 2171b – 14/00 vom 25. 02. 2000, BStBl. I S. 372).

Fall 501   Verschiedene AfA-Methoden

Sachverhalt: Die Maschinenfabrik Lohmeier & Söhne erwarb im Oktober 2000 eine automatische Drehbank für 124 000 DM netto. Die Maschine hat eine betriebsgewöhnliche Nutzungsdauer von 4 Jahren oder 8 000 Betriebsstunden. Laut Betriebsstundenzähler ergaben sich bzw. werden sich voraussichtlich ergeben

in 2000 = 1 000 Betriebsstunden,
in 2001 = 3 500 Betriebsstunden und
in 2002 = 2 000 Betriebsstunden.

Die Firma Lohmeier & Söhne erfüllt nicht die Voraussetzungen für eine Sonderabschreibung nach § 7g EStG.

Fragen: Welche Abschreibungsmethode

a) die lineare AfA nach § 7 Abs. 1 EStG oder

b) die degressive AfA nach § 7 Abs. 2 EStG oder

c) die Leistungs-AfA nach § 7 Abs. 1 EStG

lässt bis zum 31. 12. 2002 insgesamt die höchsten Abschreibungen zu?

▶ § 7 EStG

AfA nach Maßgabe der Leistung   Fall 502

Sachverhalt: Die Firma Francke, Metallbau, hat Ende August 2000 eine gebrauchte Hochdruckpresse für 80 000 DM zzgl. 12 800 DM USt an einen Metall verarbeitenden Betrieb in Süddeutschland verkauft. Die Anschaffungskosten der Maschine betrugen bei Neukauf 371 000 DM. Die betriebsgewöhnliche Nutzungsdauer wurde bei Inbetriebnahme auf insgesamt 7 000 Betriebsstunden geschätzt. Per 31. 12. 1999 betrug der Buchwert der Maschine noch 111 300 DM. Laut Betriebsstundenzähler wurde sie bis zum Verkaufstag 830 Stunden genutzt. Der Käufer überwies am 20. 9. 2000 vereinbarungsgemäß den Kaufpreis unter Abzug von 3 % Skonto einen Betrag von 90 016 DM auf das betriebliche Bankkonto.

Frage: Wie hoch ist die Abschreibung der Maschine für 2000? Wie sind Abschreibung, Maschinenabgang, Rechnungsausgang und Zahlungseingang zu buchen?

▶ § 7 Abs. 1 EStG

AfA-Berechnung und Bewertung   Fall 503

Sachverhalt: Der Buchhalter der Firma König, Obst- und Gemüsegroßhandel, erstellt den Jahresabschluss für das Jahr 2000. Bei der Bilanzierung eines gebrauchten Gabelstaplers, der Anfang Oktober 2000 für 27 000 DM netto gekauft wurde, ist er unsicher. Das Fahrzeug hat noch eine Nutzungsdauer von voraussichtlich 6 Jahren und am 31. 12. 2000 noch einen Teilwert von 20 000 DM. Die Fa. König erfüllt die Voraussetzungen des § 7g EStG.

Frage: Welche Wertansätze sind für das Fahrzeug unter Berücksichtigung der linearen AfA, der degressiven AfA und anderen steuerlichen Vergünstigungen und den Bewertungsvorschriften zulässig?

▶ § 6 Abs. 1 EStG, § 7 EStG, § 7g EStG, R 44 Abs. 2 EStR

AfA bei beweglichem Anlagevermögen   Fall 504

Sachverhalt: Die Bäckerei Kneilmann erwarb im Dezember 2000 ein neues Rühr- und Knetwerk für 28 000 DM + 16 % USt. Die Rechnung des Herstellers ging Ende Dezember 2000 ein und wurde von Herrn Kneilmann Anfang Januar 2001 nach Abzug von 3 % Skonto vom betrieblichen Bankkonto beglichen. Damit das neue Gerät noch im Dezember 2000 in Betrieb genommen werden konnte, ließ Herr Kneilmann sofort nach Lieferung den elektrischen Anschluss von einem ortsansässigen Elektroinstallateur vornehmen. Dessen Rechnung ging erst am 04. 01. 2001 ein und lautete über 700 DM + 16 % USt. Diesen Betrag zahlte Herr Kneilmann sofort vom privaten Bankkonto.

Frage: Wie hoch sind die Anschaffungskosten am 31. 12. 2000? Wie hoch ist die höchstzulässige AfA für 2000, wenn die Nutzungsdauer der Maschine 8 Jahre beträgt und der Betrieb die Voraussetzungen des § 7g EStG erfüllt? Welche AfA ergibt sich für 2001?

Wie lauten die Buchungen in 2000 und 2001? Wie sieht die Kontoentwicklung bis zum 31. 12. 2001 aus?

▶ § 255 HGB, § 7 EStG, § 7g EStG, R 44 Abs. 2 EStR, § 15 UStG

Fall 505 **AfA bei angeschafften Betriebsgebäuden**

Sachverhalt: Die Firma Brillux, die Farben und Lacke herstellt, erwarb Anfang Mai 2000 ein mit einer Lagerhalle bebautes Grundstück. Von den gesamten Anschaffungskosten entfallen 220 000 DM auf das Gebäude, dessen Nutzungsdauer voraussichtlich 40 Jahre betragen wird.

Frage: Wie hoch ist die Abschreibung des Gebäudes nach § 7 Abs. 4 EStG für 2000, wenn der Bauantrag

a) vor April 1985 (Gebäude = Bj. 1980)

b) nach März 1985 (Gebäude = Bj. 1990)

gestellt worden ist?

▶ § 7 Abs. 4 EStG

Fall 505a **Herstellungskosten und AfA bei einem Betriebsgebäude**

Sachverhalt: Die Bauunternehmung Glösekötter hat ihren Betrieb erweitert und in 1999 von der Stadt Braunschweig im neu erschlossenen Baugebiet ein entsprechendes Gewerbegrundstück gekauft. Auf diesem Gelände errichtete die Mandantin im Jahr 2000 mit eigenen Arbeitnehmern und selbst beschafftem Material ein Büro- und Verwaltungsgebäude für eigene betriebliche Zwecke. Entsprechend der Planung war das Gebäude Anfang November 2000 wie vorgesehen fertig gestellt und konnte sofort bezogen werden.

Bei der Errichtung des Gebäudes sind lt. Kostenrechnung folgende Kosten angefallen:

verwendete Baumaterialien	120 000 DM
Lohnkosten der eingesetzten Arbeitnehmer	210 000 DM
Wertverzehr der verwendeten Maschinen	34 000 DM
Honorar des Architekten (Sonderkosten)	22 000 DM

Für die Angebotskalkulation werden üblicherweise zusätzlich folgende Kosten berücksichtigt:

a) Materialgemeinkosten 8 % der Materialeinzelkosten
b) Fertigungsgemeinkosten 40 % der Fertigungskosten
c) Kosten der allgemeinen Verwaltung 20 % der Fertigungskosten
d) Vertriebskosten 15 % der Herstellungskosten
e) Gewinnaufschlag auf Material 20 %
f) Gewinnaufschlag auf Löhne 100 %

Der Teilwert des Gebäudes betrug am 31. 12. 2000 nach einem vorliegenden Gutachten 550 000 DM.

Fragen: Wie hoch sind die handelsrechtlichen und steuerlichen Mindest- und Maximal-Herstellungskosten des Gebäudes? Welcher Ansatz ist zu wählen, wenn die Mandantin für 2000 einen möglichst niedrigen steuerlichen Gewinn ausweisen will? Wie hoch ist dann die AfA? Kann der Teilwert des Gebäudes in der Handelsbilanz und/oder der Steuerbilanz zum 31. 12. 2000 ausgewiesen werden?

▶ § 255 Abs. 2 HGB, R 33 EStR, §§ 6 und 7 EStG

Anschaffungsnaher Herstellungsaufwand Fall 506

Sachverhalt: Mandantin Rosa Hannemann erwarb Anfang September 2000 für ihr Großhandelsunternehmen ein mit einer Lagerhalle bebautes Grundstück für 400 000 DM. Davon entfallen auf den Grund und Boden 120 000 DM. Die Lagerhalle wurde in 1990 errichtet. Folgende Aufwendungen sind noch in 2000 angefallen und vom betrieblichen Bankkonto bezahlt worden:

- Grunderwerbsteuer 3,5 % 14 000 DM
- Notarkosten für die Beurkundung des
  Kaufvertrages 3 500 DM
  16 % Umsatzsteuer 560 DM
- Gerichtskosten für die Eintragung
  der neuen Eigentümerin ins Grundbuch 1 500 DM

Der Erwerbsvorgang wurde wie folgt gebucht:

0090   Geschäftsbauten   400 000 DM
2350   Grundstücks-
       Aufwendungen   19 000 DM
1570   Vorsteuer   560 DM   an   1 200 Bank   419 560 DM

Sofort nach Erwerb des Grundstücks ließ Frau Hannemann die Lagerhalle mit einem neuen Anstrich versehen. Die Fa. Mal-Fix GmbH, Industrieanstriche, berechnete ihr für die noch im September beendeten Arbeiten 18 000 DM zzgl. 2 880 DM USt. Die Rechnung vom 10. 10. 2000 war bis zum 31. 12. 2000 noch nicht bezahlt und noch nicht gebucht.

Frage: Welche Buchungen bzw. Umbuchungen sind vorzunehmen, um das Grundstück zum 31. 12. 2000 mit dem zutreffenden Wertansatz ausweisen zu können?

▶ § 6 Abs. 1 Nr. 1 EStG, § 7 Abs. 4 EStG, R 157 EStR, § 255 Abs. 1 und 2 HGB

AfA bei gemischtgenutzten Gebäuden Fall 507

Sachverhalt: Mandant Erwin Wanderer ist Inhaber eines Feinkostgeschäftes. Anfang November 2000 hat er in der Innenstadt ein Gebäude (Bj. 1988) erworben, dessen Anschaffungskosten 630 000 DM betrugen. Die Nutzungsdauer des Gebäudes ist mit 80 Jahren anzunehmen.

Das Gebäude wird wie folgt genutzt:
- Erdgeschoss: Filialgeschäft der Fa. Wanderer
- 1. Etage: Vermietung von Praxisräumen an einen Arzt
- 2. Etage: Vermietung zu Wohnzwecken

Das gesamte Gebäude ist zulässig bilanziert, die Etagen haben gleiche Grundflächen, und die Anschaffungskosten verteilen sich gleichmäßig auf die gesamte Nutzfläche.

Frage: Wie viel AfA kann bzw. muss für das Jahr 2000 berechnet werden?

▶ § 7 Abs. 4 EStG, R 13 Abs. 9 EStR

Fall 508 AfA bei Außenanlagen

Sachverhalt: Gastwirt Hohmann ließ die Freifläche vor seiner Gaststätte mit Verbundsteinpflaster befestigen, um seinen Gästen gute und ausreichende Parkmöglichkeiten zu bieten.

Der die Befestigung ausführende Bauunternehmer berechnete ihm nach Abschluss der Arbeiten Anfang August 2000 erst im Oktober 2000 42 000 DM zzgl. 16 % USt. Die Nutzungsdauer ist mit 15 Jahren anzunehmen.

Herr Hohmann erfüllt mit seinem Betrieb die Voraussetzungen des § 7g EStG.

Frage: Welche Abschreibungsmöglichkeiten gibt es und wie hoch ist die AfA für 2000?

▶ § 7 EStG, § 7g EStG, R 44 Abs. 2 EStR

Fall 509 AfA beim Firmenwert

Sachverhalt: Der selbständige Handelsvertreter Bernd Köhler hat von seinem Kollegen Paul Lindemann Anfang April 2000 den Betrieb übernommen. Herr Lindemann hat aus Altersgründen den Betrieb einschließlich der gesamten Büroausstattung für 180 000 DM verkauft und den Betrag durch Banküberweisung erhalten. Der Zeitwert (= gemeiner Wert) der vom Mandanten Köhler erworbenen Möbel und Büromaschinen beträgt nur 50 000 DM (netto). Ihre Nutzungsdauer beträgt noch 5 Jahre. Der Verkauf unterliegt nach § 1 Abs. 1a UStG nicht der Umsatzsteuer.

Frage: Wie ist der Erwerbsvorgang beim Mandanten Köhler zu buchen? Wie sind die erworbenen Wirtschaftsgüter abzuschreiben?

▶ § 6 Abs. 1 Nr. 1 EStG, § 7 Abs. 1 u. 2 EStG

Fall 509a Bewertung einer unmodernen Maschine

Sachverhalt: Bauunternehmer Glösekötter hatte im ersten Halbjahr 1999 einen neuen Bagger für seinen Betrieb erworben. Die Anschaffungskosten betrugen damals 150 000 DM. Da die Nutzungsdauer des Gerätes 10 Jahre beträgt, wurde es mit jährlich 10 % linear abgeschrieben.

Im Jahre 2000 wurde auf der Hannover-Messe eine völlig neue Generation von Baggern gezeigt, die wesentlich leistungsfähiger, wartungsärmer und ernergiesparender ist. Außerdem wurden die neuen Modelle deutlich preisgünstiger angeboten. Zum 31. 12. 2000 betrug auf Grund dieser Umstände der Teilwert der Maschine nur noch 45 000 DM. Die Maschine ist noch voll funktionsfähig. Ihre Restnutzungsdauer beträgt noch 8 Jahre.

Fragen: Mit welchem Wert kann oder muss der Bagger zum 31. 12. 2000 in der Handelsbilanz und in der Steuerbilanz angesetzt werden. Wie ist zu buchen?

Bewertung eines Unfallfahrzeugs   **Fall 510**

Sachverhalt: Malermeister Grüneberg hatte während einer Geschäftsreise Ende Dezember 2000 seinen betrieblichen Pkw-Kombi auf eisglatter Straße gegen einen Baum gefahren und dabei total beschädigt.

Das Fahrzeug war in 1998 für 28 000 DM zzgl. USt angeschafft worden und hatte am 01. 01. 2000 nach Abzug von 20 % linearer AfA noch einen Buchwert von 16 800 DM.

Durch den Unfall ist der Wert des Fahrzeuges, das bis Jahresende noch nicht verkauft war, auf 300 DM Schrottwert gesunken.

Frage: Wie kann oder muss das Fahrzeug zum 31. 12. 2000 in der Handels- und Steuerbilanz angesetzt werden? Wie ist zu buchen?

▶ § 6 Abs. 1 EStG, § 253 Abs. 2 HGB

bb) Bewertung von nicht abnutzbarem Anlagevermögen

Zum nicht abnutzbaren Anlagevermögen können u. a. Grund und Boden, Beteiligungen und Wertpapiere gehören.

Mit Ausnahme von Absetzungen für Abnutzung ergeben sich für diese Art des Betriebsvermögens handelsrechtlich und steuerlich dieselben Bewertungsregeln wie für das abnutzbare Anlagevermögen. Eine voraussichtlich dauernde Wertminderung liegt vor, wenn die Gründe für eine niedrigere Bewertung voraussichtlich anhalten werden. Kursschwankungen von börsennotierten Wirtschaftsgütern stellen nur eine vorübergehende Wertminderung dar, die nicht zum Ansatz des niedrigeren Teilwerts berechtigen.

Bewertung eines unbebauten Grundstücks   **Fall 510a**

Sachverhalt: Die Spedition Werninghaus hatte vor Jahren für 180 000 DM ein unbebautes Grundstück erworben, um darauf eine Lagerhalle zu errichten. Wegen finanzieller Probleme wurde der Plan bisher nicht realisiert.

In 1998 war der Wert auf 250 000 DM gestiegen.

In 1999 änderte die Gemeinde den Bebauungsplan für diese Gegend und wies das Grundstück als Grünfläche aus. Dadurch sank der Wert des Grundstücks nachhaltig auf 70 000 DM.

Ende 2000 hatte die Klage der Firma Werninghaus Erfolg den alten Bebauungsplan wieder in Kraft zu setzen. Der Grundstückspreis stieg danach wieder auf 225 000 DM an.

Fragen: Welcher Wertansatz muss oder kann zum 31. 12. 1999 und 31. 12. 2000 bei Bilanzerstellung vorgenommen werden? Wie sind die Wertveränderungen zu buchen?

▶ § 6 Abs. 1 EStG

Bewertung von Wertpapieren/Anlagevermögen   **Fall 510b**

Sachverhalt: Der Mandant Wilhelm Neumann, Großhandel mit Bäckereibedarf, ist seit Jahren Aktionär der Kamps AG, die er in erheblichem Umfange mit seinem Warensortiment beliefert. Die Aktien hat er am 10. 09. 2000 aus seinem Privatvermögen in sein Betriebsvermögen übernommen, weil sie seinen Betrieb auf Dauer fördern werden.

Die Papiere wurden 1998 aus Privatmitteln für 35 600 DM gekauft. Ihr Teilwert betrug am

10. 09. 2000 = 42 000 DM
31. 12. 2000 = 26 400 DM.

Der Grund für den Kursrückgang zum Jahresende ist mit saisonbedingter Schwäche des Aktienmarktes zu erklären.

Frage: Mit welchem Wert muss die Einlage gebucht werden und welche handelsrechtlichen und steuerlichen Auswirkungen ergeben sich aus dem Kursrückgang per 31. 12. 2000?

▶ § 253 Abs. 2 HGB, § 6 Abs. 1 Nr. 2 und Abs. 5 EStG

Fall 510c

Teilwertabschreibung bei festverzinslichen Wertpapieren

Sachverhalt: Der Mandant Wilhelm Neumann hat zur langfristigen Anlage von überschüssigem Betriebskapital festverzinsliche Wertpapiere für seinen Betrieb erworben. Der Nominalwert beträgt 20 000 DM, der Kaufpreis 20 600 DM (= 103 %). Die Papiere werden mit 6 % verzinst und haben noch eine Restlaufzeit von drei Jahren. Die Papiere werden bei Fälligkeit zu 100 % eingelöst. Die Wertpapiere wurden bei Anschaffung mit 20 600 DM eingebucht.

Am 31. 12. 2000 notierten die Papiere nur noch mit 98 %, weil durch kreditpolitische Maßnahmen der Europäischen Zentralbank eine nachhaltige Änderung des Zinsniveaus eingetreten ist.

Frage: Mit welchem Wertansatz können bzw. müssen die Papiere in der Handelsbilanz und in der Steuerbilanz erscheinen? Wie ist zu buchen?

▶ § 253 Abs. 1 und 2 HGB, § 6 Abs. 1 Nr. 2 EStG

cc) Bewertung von Umlaufvermögen

Für Buch führende Gewerbetreibende gelten für die Bewertung des Umlaufvermögens folgende Regelungen:

Ansatz in der Handelsbilanz	Wertansatz nach § 6 Abs. 1 Nr. 1 EStG	Folge für die Steuerbilanz
Anschaffungskosten/ Herstellungskosten **oder zwingend:** niedrigerer Zeitwert (§ 253 Abs. 3 HGB) → sog. strenges Niederstwertprinzip	Anschaffungskosten/ Herstellungskosten **oder wahlweise:** niedrigerer Teilwert bei voraussichtlich dauernder Wertminderung	Anschaffungskosten/ Herstellungskosten **oder zwingend:** niedrigerer Teilwert bei voraussichtlich dauernder Wertminderung
Der niedrigere Wert darf beibehalten werden, auch wenn der Grund dafür wegfällt (§ 253 Abs. 5 HGB).	Wertaufholung bei Wegfall der Gründe für die voraussichtlich dauernde Wertminderung	Wertaufholung bei Wegfall der Gründe für die voraussichtlich dauernde Wertminderung

Als voraussichtlich dauernde Wertminderung ist beim Umlaufvermögen eine Wertminderung bis zum Zeitpunkt der Veräußerung oder des Verbrauchs anzusehen. Dabei sind alle nach dem Bilanzstichtag bis zum Zeitpunkt der Bilanzaufstellung erlangten Erkenntnisse zu berücksichtigen.

Warenbewertung/Ermittlung der Anschaffungskosten

Fall 511

Sachverhalt: Die Firma Streiff, Metallbau, benötigt in großen Mengen Bandeisen. Am Ende des Wirtschaftsjahres war zum 31. 12. 2000 lt. Inventur ein Bestand von 8200 kg vorhanden. Dieser Bestand stammt aus dem vorangegangenen Wirtschaftsjahr bzw. aus den Zukäufen im Laufe des Wirtschaftsjahres. Eine genaue Feststellung der Höhe der Anschaffungskosten des vorhandenen Bestandes ist deshalb nicht mehr möglich. Folgende Bestände bzw. Einkäufe liegen vor:

Bestand	01. 01. 2000	7 600 kg zu 1,30 DM/kg
Einkauf	15. 02. 2000	2 200 kg zu 1,65 DM/kg
Einkauf	28. 05. 2000	6 700 kg zu 1,50 DM/kg
Einkauf	30. 10. 2000	3 800 kg zu 1,80 DM/kg
Einkauf	12. 12. 2000	5 300 kg zu 1,40 DM/kg.

Frage: Wie hoch sind die durchschnittlichen Anschaffungskosten des Inventurbestandes an Bandeisen, wenn das Material nicht in bestimmter Reihenfolge verarbeitet wird? Welche zulässigen Berechnungsmöglichkeiten gibt es?

▶ § 6 Abs. 1 EStG, R 36 Abs. 3 und 36a EStR

Bewertung von Warenbeständen

Fall 512

Sachverhalt: Die Firma Dobermann handelt mit Saatgut und Düngemitteln. Im Jahre 2000 hat sie einen größeren Posten Phosphatdünger für 6,50 DM/Sack (netto) erworben. Davon waren noch vorhanden:

31. 12. 2000   800 Sack
31. 12. 2001   125 Sack

Aufgrund normaler Preisschwankungen betrugen die Wiederbeschaffungskosten (= Teilwert):

31. 12. 2000   5,90 DM/Sack (netto)
31. 12. 2001   6,70 DM/Sack (netto)

Bei Bilanzerstellung im April 2001 mussten bereits wieder 6,60 DM gezahlt werden.

Fragen: Wie kann dieser Teil des Warenbestandes zum 31. 12. 2000 und zum 31. 12. 2001 in der Handels- und in der Steuerbilanz bewertet werden? Welche Möglichkeiten hätte ein bilanzierender Land- und Forstwirt, der nicht im Handelsregister eingetragen ist, einen derartigen Bestand an Düngemitteln per 31. 12. 2000 und 31. 12. 2001 zu bewerten?

▶ § 6 Abs. 1 EStG, § 253 Abs. 3 HGB

Teilwertermittlung beim Warenbestand

Fall 513-515

Sachverhalt: Die Firma Wohlfahrt KG, Einzelhandel mit Herrenoberbekleidung, hat lt. Inventur 20 Herrenmäntel „Rancher" per 31. 12. 2000 am Lager. Diese Mäntel sind nach den Feststellungen der Betriebsinhaber nicht zum normalen Verkaufspreis von

398 DM/St. zu verkaufen, weil sie offenbar eine zu auffällige Absteppung haben. Die Verkaufspreise wurden deshalb bereits nach Weihnachten auf 299 DM/St. einschl. 16 % USt herabgesetzt. Zu diesem Preis wurde die Ware im Wirtschaftsjahr 2001 verkauft. Beim Hersteller ist die Ware nicht mehr erhältlich.

Der Einkaufpreis betrug pro St. 220 DM (netto). Die Verkaufskosten sind mit 20 DM/St. zu kalkulieren. Der Reingewinn liegt branchenüblich bei 18 % vom Umsatz.

Frage: Mit welchem Wertansatz muss dieser Warenposten bewertet werden?

▶ § 6 Abs. 1 EStG

Wertansätze für Forderungen

Forderungen aus Lieferungen und Leistungen gehören zum Umlaufvermögen. Ihre Bewertung erfolgt bei Forderungen, bei denen konkret wertmindernde Faktoren bekannt sind, durch Einzelwertberichtigung (EWB). Zuvor wurden sie auf Konto 1460 zweifelhafte Forderungen umgebucht.

Auf dem Konto 1400 Forderungen verbleiben dann die vermutlich einwandfreien Forderungen. Weil auch diese Forderungen risikobehaftet und damit nicht zu 100 % werthaltig sind, wird insoweit eine Pauschalwertberichtigung (PWB) vorgenommen.

Bei der Bewertung von Forderungen ist sowohl im Falle der Einzelwertberichtigung als auch bei der Pauschalwertberichtigung ist von einer voraussichtlich dauernden Wertminderung der Forderungen auszugehen, so dass deren niedrigerer Teilwert ermittelt werden muss. In der Bilanz sieht das Ergebnis dann wie folgt aus:

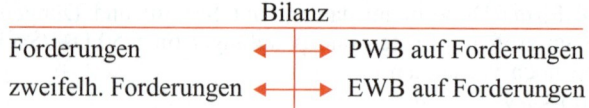

Der Saldo zwischen Aktiv-Posten und der Wertberichtigung entspricht dem niedrigeren Teilwert der Forderungen.

1. Einzelwertberichtigung

Zuerst werden alle Forderungen, bei denen spezielle wertmindernde Umstände bekannt sind, auf das Konto „zweifelhafte Forderungen" umgebucht. Danach können dann folgende Aufgabenstellungen zu lösen sein:

a. Totalausfall der Forderung

Der Nettobetrag der Forderung ist abzuschreiben, die Umsatzsteuer ist wegen eingetretener Änderung der Bemessungsgrundlage in voller Höhe zu berichten. Die Abschreibung ist direkt als Minderung der zweifelhaften Forderungen zu buchen, weil sonst unzulässig offensichtlich wertlose Wirtschaftsgüter bilanziert blieben.

Buchung:

2400 Forderungsverluste
1775 Umsatzsteuer   an   1460 Zweifelhafte Forderungen

b. Teilausfall der Forderung (steht fest)

Der anteilige Nettobetrag der Forderung ist abzuschreiben und anteilige Umsatzsteuer zu berichtigen. Die Abschreibung kann direkt als Kürzung der zweifelhaften Forderungen oder indirekt unter Bildung einer Einzelwertberichtigung vorgenommen werden:

Buchung:

2400 Forderungsverluste (anteilig)
1775 Umsatzsteuer (anteilig)   an   1460 Zweifelhafte Forderungen
                                     (Einzelwertberichtigung)

c. Teilausfall der Forderung (voraussichtlich)

Der anteilige Nettobetrag der Forderung ist abzuschreiben. Die Umsatzsteuer darf normalerweise noch nicht berichtigt werden.

Buchung:

4880 Abschreibung auf Umlaufvermögen   an   1460 Zweifelhafte Forderungen
                                            (Einzelwertberichtigung)

Ist allerdings eine Forderung zur Insolvenztabelle angemeldet, darf ohne Rücksicht auf die zu erwartende Quote die Umsatzsteuer in voller Höhe berichtigt werden (UStR 223 Abs. 5).

2. Pauschalwertberichtigung

Bei der Bewertung der voraussichtlich einwandfreien Forderungen ist wie folgt zu verfahren:

Forderungen lt. Buchführung
·/. Umbuchung „zweifelh. Forderungen"   _____
= vermutlich einwandfreie Forderungen
·/. Forderungen ohne Risiko   _____
= Forderungen mit Risiko (brutto)
·/. enthaltene USt (Befreiungen beachten!)   _____
= Forderungen mit Risiko (netto)
x v. H.-Satz = PWB (neu)
       ·/. PWB (alt)   _____
= Zugang/Abgang   ==========

Buchung bei Zugang:

2450 Einstellung in die
     Pauschalwertberichtigung   an   0996 Pauschalwertberichtigung

Buchung bei Abgang:

0996 Pauschalwertberichtigung   an   2730 Erträge aus Herabsetzung der Pauschalwertberichtigung

Bewertung von Forderungen   **Fall 516**

Sachverhalt: Das Sachkonto „Forderungen" der Fa. Kesselschmidt & Co., Eisenhandel, weist per 31. 12. 2000 einen Saldo von 497 060 DM aus. Zu diesem Zeitpunkt ist nichts darüber bekannt, dass eine der vielen Forderungen nicht eingehen wird oder besonders risikobehaftet sein könnte. Der Steuersatz beträgt 16 %.

Die Erfahrung aus den Vorjahren zeigt jedoch, dass mit Forderungsausfällen in Höhe von 2 % des Forderungsbestandes zu rechnen ist. Aus diesem Grunde hat die Firma auch zum 31. 12. 1999 eine Wertberichtigung auf Forderungen in Höhe von 5 860 DM gebildet.

Frage: Wie müssen die am Bilanzstichtag 31. 12. 2000 bestehenden Forderungen bewertet werden? Ist eine Wertberichtigung freiwillig oder zwingend vorzunehmen? Wie muss zum 31. 12. 2000 gebucht werden?

▶ § 6 Abs. 1 EStG, § 253 Abs. 3 HGB

Fall 517 Einzel- und Pauschalwertberichtigung

Sachverhalt: Bei der Firma Grüneberg sind am 31. 12. 2000 Forderungen in Höhe von 367 894 DM vorhanden (Steuersatz 16 %).

Dem Betriebsinhaber ist bekannt, dass bei zwei Kunden ein Vergleichsverfahren eröffnet ist und die Forderungen voraussichtlich nicht in vollem Umfange eingehen werden:

Kunde	Nennbetrag der Forderung	voraussichtl. Ausfall
Kaum	8 816 DM	30 %
Wenig	2 436 DM	60 %

Die restlichen Forderungen sind mit 3 % pauschal risikobehaftet.

Frage: Wie sind die Forderungen gegen die Kunden Kaum und Wenig zu behandeln? Wie hoch ist die Pauschalwertberichtigung? Welche Buchungen sind vorzunehmen?

▶ § 6 Abs. 1 EStG, § 253 Abs. 3 HGB, § 17 UStG

Fall 518 Wertberichtigung auf Forderungen/Forderungsausfall

Sachverhalt: Die Firma Sesemann hat per 31. 12. 2000 Forderungen aus Warenlieferungen in Höhe von 376 768 DM. Darin ist enthalten eine Forderung gegen den Kunden Neumann in Höhe von 15 950 DM. Diese Forderung ist uneinbringlich, denn der Kunde Neumann ist unbekannt verzogen. Beitreibungsversuche blieben erfolglos.

Nach betrieblichen Erfahrungswerten ist im übrigen eine Pauschalberichtigung von 4 % angemessen. Die erbrachten Leistungen unterlagen mit 16 % der Umsatzsteuer.

Frage: Wie ist der Forderungsausfall zu buchen und wie hoch ist die Pauschalwertberichtigung anzusetzen?

▶ § 6 Abs. 1 EStG, § 253 Abs. 3 HGB, § 17 UStG

Fall 519 Wertberichtigung auf Forderungen/Besonderheiten

Sachverhalt a: Die Bauunternehmung Schenkbier KG weist am Bilanzstichtag 31. 12. 2000 einen Forderungsbestand von 913 329 DM aus. Bei der Beurteilung dieses Forderungsbestandes ergeben sich folgende Sachverhalte:

a) Gegen die Firma Krause, die im Dezember 2000 Insolvenz angemeldet hatte, besteht eine Forderung in Höhe von 52 548 DM. Das Insolvenzverfahren wurde mangels Masse eingestellt.

b) Gegen die Firma Ludwig besteht noch eine Forderung von 32 944 DM für eine Gebäudereparatur. Die Firma Ludwig hat im November das Vergleichsverfahren beantragt. Nach Abschluss des Verfahrens, mit dem im nächsten Jahr gerechnet wird, ist eine Vergleichsquote von 70 % zu erwarten.

c) Alle anderen Forderungen sind als einwandfrei anzusehen. Von diesen Forderungen entfallen 85 785 DM auf eine Forderung an das Finanzbauamt Münster.

Der branchenübliche Forderungsausfall beträgt 2 %. Das Konto „Wertberichtigung auf Forderungen" weist einen Bestand von 14 420 DM aus dem Vorjahr aus. Der Steuersatz beträgt 16 %.

Frage: Wie hoch sind die Einzel- und Pauschalwertberichtigung auf Forderungen vorzunehmen? Wie ist zu buchen?

▶ § 6 Abs. 1 EStG, § 253 Abs. 3 HGB, § 17 UStG

Sachverhalt b: Der Gesamtbestand an Forderungen bei der Firma Berger OHG, Großhandel mit technischen Erzeugnissen aller Art, beträgt zum 31. 12. 2000 966 989 DM. Die nachfolgenden Sachverhalte sind beim Jahresabschluss für 2000 noch nicht berücksichtigt:

a) Über das Vermögen der Kundin Regine Schmidt ist das Vergleichsverfahren eröffnet worden. Die Forderung beläuft sich auf 20 880 DM einschl. 16 % USt. Es ist mit einem Forderungsausfall von 60 % zu rechnen.

b) Der ausländische Kunde Tschechow hat eine Warenlieferung über 6 394 DM, die als Ausfuhrlieferung in die Ukraine ging, noch nicht beglichen. Da sich der Kunde auf wiederholtes Mahnen noch immer nicht gemeldet hat, ist davon auszugehen, dass die Forderung als endgültig uneinbringlich angesehen werden muss.

c) über eine Warenlieferung an die Import-Export GmbH im Werte von 80 500 DM einschl. 16 % USt wurde eine Warenkreditversicherung abgeschlossen.

d) Entsprechend den Erfahrungen aus Vorjahren ist von einem allgemeinen Ausfallrisiko in Höhe von 3 % auszugehen.

e) Die zum 31. 12. 1999 gebildete Pauschalwertberichtigung beträgt 24 492 DM.

Frage: Welche Buchungen sind aufgrund der angegebenen Sachverhalte für den Jahresabschluss per 31. 12. 2000 erforderlich?

▶ § 6 Abs. 1 Nr. 2 EStG, § 253 Abs. 3 HGB, § 17 UStG

Eingänge auf wertberichtigte Forderungen   Fall 520

Sachverhalt: Die Saldenbilanz I der Firma Möbel-Heinrich weist zum 31. 12. 2000 u. a. folgende Zahlenwerte aus:

Forderungen	262 798 DM
zweifelhafte Forderungen	3 913 DM
Pauschalwertberichtigung auf Forderungen	4 929 DM

Bei Erstellung der Hauptabschlussübersicht ist folgendes zu berücksichtigen:

a) Bei den zweifelhaften Forderungen handelt es sich um eine Forderung an den Kunden Heitmeier, der schon im Vorjahr in Zahlungsschwierigkeiten war. Den Rechnungsbetrag von 5 278 DM hat die Firma per 31. 12. 1999 bereits mit 30 % wertberichtigt, weil zumindest mit einem teilweisen Forderungsausfall zu rechnen war. Damalige Buchung:

4880 Abschreibungen auf
   Umlaufvermögen   1 365 DM   an zweifelhafte
                                       Forderungen   1 365 DM

Vom Gerichtsvollzieher ging auf dem privaten Bankkonto des Inhabers in 2000 auf diese Forderung ein Betrag von 638 DM ein, der noch nicht gebucht ist. Ein weiterer Zahlungseingang ist nicht mehr zu erwarten.

b) Eine bisher noch nicht wertberichtigte Forderung gegen den Kunden Wehrmann wird ausfallen. Das Konkursverfahren wurde mangels Masse nicht eröffnet. Der noch ausstehende Rechnungsbetrag beläuft sich auf 4 292 DM.

c) Die restlichen Forderungen sollen mit 3 % wertberichtigt werden.

Alle Forderungen beinhalten 16 % USt.

Frage: Wie hoch ist die Pauschalwertberichtigung und wie sind der Zahlungseingang auf die bereits wertberichtigten Forderungen und der Forderungsausfall zu buchen?

▶ § 6 Abs. 1 EStG, § 17 UStG

Fall 520a Teilweise abgeschriebene Forderung

Sachverhalt: In der vorläufigen Saldenbilanz der Fa. Dimpflmoser für das Wirtschaftsjahr 2000 ist eine zweifelhafte Forderung enthalten. Diese Forderung beruht auf einer Lieferung an die Fa. Rössler über 23 200 DM inkl. 16 % USt vom Mai 1999. Da die Fa. Rössler im Oktober 1999 erhebliche Zahlungsschwierigkeiten hatte, war zunächst mit einem Forderungsfall von 35 % gerechnet worden. Dementsprechend wurde eine Einzelwertberichtigung vorgenommen und die Forderung nur noch mit 16 000 DM in der Bilanz zum 31. 12. 1999 ausgewiesen.

Im Dezember 2000 wurde ein Vergleich geschlossen. Die Vergleichsquote betrug 55 %.

Frage: Mit welchem Betrag ist die Forderung zum 31. 12. 2000 in der Bilanz auszuweisen? Wie muss die erforderliche Umbuchung lauten?

Fall 521 Bewertung von Forderungen/Korrekturbuchungen

Sachverhalt: Dem Steuerberater Wissing liegt der vorläufige Jahresabschluss zum 31. 12. 2000 der Firma Husemann, Fachbetrieb für Heizung und Sanitärinstallation, vor.

Im Hinblick auf die Bewertung von Forderungen ergibt sich Folgendes:

a) Die Forderung gegen den Kunden Weber in Höhe von 6 786 DM ist uneinbringlich. Der Kunde hat Konkurs angemeldet. Mit einer Konkursquote ist nach Auskunft des Konkursverwalters nicht zu rechnen. Buchung des Buchhalters:

4880 Abschreibung auf
   Umlaufvermögen   6 786,00 DM   an 1400 Forderungen   6 786,00 DM

Buchführung – Fälle 313

b) Die Forderung von 20 706 DM gegen den Kunden Wessels ist zweifelhaft. Der Kunde hat Konkurs angemeldet. Es ist mit einer Konkursquote von 40 % zu rechnen.
Buchung des Buchhalters:

4880 Abschreibung auf
      Umlaufvermögen   7 140,00 DM
1770 Umsatzsteuer   1 142,40 DM   an 1400 Forderungen   8 282,40 DM

c) Hinsichtlich der übrigen Forderungen in Höhe von 378 392 DM, die nicht einzeln wertberichtigt werden können, weil keine speziellen Kenntnisse über die Bonität der Kunden vorliegen, ist entsprechend den Erfahrungen aus den Vorjahren eine pauschale Wertberichtigung in Höhe von 2 % zu bilden. Buchung des Buchhalters:

4880 Abschreibung auf
      Umlaufvermögen   6 524,00 DM
1770 Umsatzsteuer   1 043,84 DM   an 0996 Pauschalwert-
                                                   berichtigung auf
                                                   Forderungen   7 567,84 DM

Zum 31. 12. 1999 betrug die Pauschalwertberichtigung auf Forderungen 7 222,00 DM. Der Steuersatz beträgt 16 %.

Frage: Wie ist der Sachverhalt steuerlich zu beurteilen und wie ist zu buchen?

▶ § 6 Abs. 1 EStG, § 17 UStG

Verbindlichkeiten in ausländischer Währung   **Fall 522**

Sachverhalt: Die Druckerei Claassen erwarb am 15. 09. 2000 eine Druckmaschine eines amerikanischen Herstellers zum Preise von 98 000 US-Dollar.

Im Kaufvertrag ist vereinbart, dass der Kaufpreis beginnend ab 01. 12. 2000 in 14 gleichen Monatsraten beglichen wird und mit 4 % jrl. zu verzinsen ist.

Der Kurswert des US-Dollar betrug am

15. 09. 2000	01. 12. 2000	31. 12. 2000
1,85 DM	1,90 DM	1,97 DM

Am 31. 12. 2000 war davon auszugehen, dass der Kurs des US-Dollars auf längere Sicht auf 2,00 DM und höher steigen wird.

Fragen:

a) Wie ist der Anschaffungsvorgang zu buchen?

b) Wie ist bei Zahlung der 1. Rate zu buchen?

c) Mit welchem Wert kann oder muss die Restschuld am 31. 12. 2000 (91 000 US-Dollar) angesetzt werden? Beurteilen Sie die Rechtslage nach HGB und EStG.

▶ § 6 Abs. 1 EStG, § 253 Abs. 1 HGB

3. Rücklagen

Rücklagen bzw. Sonderposten mit Rücklageanteil sind Teile des Eigenkapitals und erscheinen als Passivposten in der Bilanz. Es handelt sich dabei um das Ergebnis von

Steuervergünstigungen. Solche Rücklagen dürfen unter bestimmten Voraussetzungen gebildet werden, um Gewinne auf spätere Veranlagungszeiträume zu verlagern.

a) Rücklage für Ersatzbeschaffung (R 35 EStR)

Scheiden Wirtschaftsgüter infolge höherer Gewalt oder durch Verkauf zur Vermeidung eines behördlichen Eingriffs aus dem Betriebsvermögen aus, kann es zu vom Mandanten nicht beabsichtigten Gewinnen kommen, wenn die Versicherung oder die Behörde eine Entschädigung zahlen.

Diesen Gewinn kann der Mandant nach R 35 EStR einer steuerfreien Rücklage zuführen, wenn er die Anschaffung eines Ersatz-Wirtschaftsgutes beabsichtigt. Die Rücklage kann dann später mit den Anschaffungskosten erfolgsneutral verrechnet werden.

b) Anspar-Rücklage (§ 7g Abs. 3 ff. EStG)

Steuerpflichtige können zu Lasten des Gewinns eine Rücklage für die künftige Anschaffung oder Herstellung eines Wirtschaftsguts bilden. Die Rücklage darf 50 % der Anschaffungs- oder Herstellungskosten nicht überschreiten.

Diese Rücklage ist in Höhe von 50 % der Anschaffungs- oder Herstellungskosten gewinnerhöhend aufzulösen, sobald für das angeschaffte Wirtschaftsgut Abschreibungen vorgenommen werden dürfen.

Hinweis: Für ab 2001 angeschaffte Anlagegüter und deren Sonderabschreibung nach § 7g EStG ist Voraussetzung, dass zuvor dafür eine Anspar-Rücklage gebildet worden ist (§§ 7g Abs. 2 Nr. 3 und 52 Abs. 23 EStG).

Fall 523 Zeitliche Verlagerung von Veräußerungsgewinnen

Sachverhalt: Die Firma Kohlscheidt KG war Eigentümerin eines Betriebsgrundstückes. Sie hatte das Grundstück vor drei Jahren für 60 000 DM inkl. aller Nebenkosten erworben und es als Lagerplatz genutzt.

In 2000 hat sie das Grundstück für 95 000 DM an die Stadt verkaufen müssen, um einem Enteignungsverfahren zu entgehen. Die Stadt plant dort den Bau einer Umgehungsstraße.

In 2001 hat die Firma in der Nähe ein günstig gelegenes, etwas größeres Grundstück für 120 000 DM erwerben können.

Frage: Durch welche steuerlich zulässige Möglichkeit kann erreicht werden, dass der in 2000 erzielte Veräußerungsgewinn nicht versteuert werden muss? Wie ist dann bei Veräußerung und Neuanschaffung zu buchen?

▶ R 35 EStR

Fall 524 Bildung und Übertragung einer Rücklage für Ersatzbeschaffung

Sachverhalt: Bei der Firma Wirthwein, Hersteller medizinischer Geräte, wurde Ende Oktober 2000 durch einen Brand in der Werkhalle u. a. eine Produktionsmaschine total beschädigt. Die Maschine war in 1998 für 75 000 DM (netto) angeschafft und entsprechend ihrer Nutzungsdauer von 5 Jahren mit 30 % degressiv abgeschrieben worden. Der Buchwert am 31. 12. 1999 betrug 44 625 DM.

Buchführung – Fälle 315

Die betriebliche Feuerversicherung ermittelte im November 2000 den Zeitwert der Maschine mit 60 000 DM und zahlte diesen Betrag im Januar 2001 an die Firma aus. Mitte November 2000 hatte die Firma bereits eine neue Maschine bestellt, die im Februar 2001 ausgeliefert und in Betrieb genommen wurde. Der Kaufpreis betrug 90 000 DM + 16 % USt (Nutzungsdauer 5 Jahre). Sie soll linear abgeschrieben werden.

Die Firma erfüllt nicht die Voraussetzungen des § 7g EStG.

Frage: In welcher Höhe kann zum 31. 12. 2000 eine Rücklage für Ersatzbeschaffung gebildet werden? Wie hoch ist die AfA für 2000 und wie muss der gesamte Vorgang in 2000 und 2001 gebucht werden?

▶ R 35 EStR

Rücklage für Ersatzbeschaffung/Auflösung   Fall 525

Sachverhalt: Der Lkw der Bauschreinerei Immenkamp geriet im Dezember 2000 durch einen Defekt an der Bremsanlage in Brand und wurde total zerstört. Auch die Ware, die sich auf der Ladefläche befand, wurde unbrauchbar. Der Lkw hatte zu diesem Zeitpunkt einen Buchwert von 18 500 DM, die Ware hatte im Einkauf 5 800 DM (netto) gekostet.

Die Kasko-Versicherung überwies zur Schadensregulierung 25 000 DM für den Lkw und 8 000 DM für die Ware. Eine Ersatzbeschaffung für den zerstörten Lkw und für die Waren ist für 2001 geplant.

Frage: Wie muss in 2000 gebucht werden, wenn eine Rücklage für Ersatzbeschaffung gebildet werden soll? Welche Buchungen müssen in 2001 vorgenommen werden, nachdem für die Waren eine Ersatzbeschaffung in Höhe von 10 000 DM netto erfolgte und für den Lkw eine Ersatzbeschaffung nicht mehr vorgesehen ist?

▶ R 35 EStR

Bildung einer Anspar-Rücklage   Fall 526

Sachverhalt: Die Firma Platten-Köhler, Großhandel mit Fliesen und Baustoffen, beabsichtigte im Mai 2000, für ihren Betrieb einen neuen Gabelstapler mit Elektroantrieb anzuschaffen, weil das derzeit genutzte Fahrzeug noch benzinbetrieben und ohnehin stark reparaturanfällig geworden ist. Wegen der angespannten Finanzlage des Betriebes steht zunächst noch nicht fest, wann das Fahrzeug, dessen Anschaffungskosten sich auf ca. 80 000 DM netto belaufen, bestellt werden soll.

Die Firma erfüllt die Voraussetzungen des § 7g Abs. 2 EStG.

Frage: Welche Möglichkeit bietet sich der Mandantin, um bereits vor Anschaffung des Fahrzeugs Steuern zu sparen? Wie ist zu buchen?

▶ § 7g EStG

Auflösung einer Anspar-Rücklage nach Investition   Fall 527

Sachverhalt: Die Firma Platten-Köhler hat die geplante Investition erst im September 2000 vornehmen können und einen neuen Gabelstapler für ihren Betrieb erworben. Die betriebsgewöhnliche Nutzungsdauer beträgt voraussichtlich 6 Jahre. Der Lieferant berechnete dafür 84 000 DM zzgl. 13 440 DM USt.

Frage: Wie sind in 2000 die Anschaffung und die höchstmögliche Abschreibung der Maschine und die Auflösung der Rücklage zu buchen?

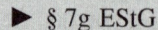 § 7g EStG

Fall 528 Auflösung einer Anspar-Rücklage ohne Investition

Sachverhalt: Bauunternehmer Sundermann hatte in 1998 zulässig eine Anspar-Rücklage in Höhe von 75 000 DM gebildet, weil er die Anschaffung einer neuen Planierraupe plante. Wegen des Ausbleibens öffentlicher Aufträge und damit verbundener schlechter Ertragslage seines Betriebes konnte die Investition bis zum 31. 12. 2000 noch nicht vorgenommen werden.

Frage: Wie ist die Rücklage aufzulösen? Welche Folgewirkung ist zu beachten?

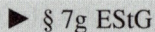 § 7g EStG

4. Gewinnverteilung bei Personengesellschaften

Nach § 15 Abs. 1 Nr. 2 EStG sind dem handelsrechtlichen Gewinn einer Personengesellschaft die Vergütungen wieder hinzuzurechnen, die die Gesellschafter als Tätigkeitsvergütung, Darlehenszinsen oder Gegenleistung für die Überlassung von Wirtschaftsgütern an die Gesellschaft erhalten haben. Das gilt auch für Vergütungen, die ein atypischer stiller Gesellschafter erhalten hat (Sonderbetriebseinnahmen).

Der handelsrechtliche Gewinn ist um die Betriebsausgaben zu kürzen, die dem einzelnen Gesellschafter im ursächlichen Zusammenhang mit seiner Beteiligung, seiner Tätigkeit für die Gesellschaft oder im Zusammenhang mit der Überlassung von Wirtschaftsgütern an die Gesellschaft entstanden sind (Sonderbetriebsausgaben).

Der so ermittelte steuerliche Gesamtgewinn der Gesellschaft ist, sofern die Vergütungen bei der Gewinnermittlung als Betriebsausgaben abgezogen worden sind, entsprechend der im Gesellschaftsvertrag getroffenen Regelung auf die Gesellschafter zu verteilen. Fehlt eine vertragliche Regelung, gelten die gesetzlichen Bestimmungen über die Gewinnverteilung (§ 121 HGB bei einer OHG und § 168 HGB bei einer KG).

Fall 529 Gewinnverteilung bei einer OHG nach HGB

Sachverhalt: Gesellschafter der Schmitz OHG sind die Brüder Anton und Berthold. Über die Verteilung des Gewinns ist nichts vereinbart. Aus den Kapitalkonten der Gesellschafter ergibt sich Folgendes:

		Anton		Berthold
Kapital 01. 01. 2000		28 420		39 500
./. Entnahmen	am 18. 03.	6 000	am 15. 02.	4 800
./. Entnahmen	am 21. 06.	9 200	am 04. 07.	8 000
./. Entnahmen	am 11. 10.	5 800	am 05. 12.	14 100
Saldo vor Gewinnverteilung 31. 12. 2000		7 420		12 600

Der Gewinn der OHG für das Jahr 2000 beträgt 68 917 DM.

Fragen:

1. Wie ist die Gewinnverteilung vorzunehmen, wenn bei Kapitalverzinsung auf- bzw. abgerundet wird?
2. Welchen Stand weisen die Kapitalkonten der Gesellschafter am 31. 12. 2000 aus?

▶ § 121 HGB

Gewinnverteilung bei einer KG   Fall 530

Sachverhalt: An der Schneider KG sind Rolf Schneider als Komplementär und Werner Müller als Kommanditist beteiligt.

Rolf Schneider ist mit 200 000 DM, Werner Müller mit 100 000 DM beteiligt. Diese Kapitalkonten der Gesellschafter werden als Festkonten geführt (Kapital I). Laut Vertrag ist folgendes vereinbart:

a) Die Festkonten sind mit jährlich 10 % zu verzinsen.

b) Rolf Schneider erhält für seine Tätigkeit als Geschäftsführer jährlich 120 000 DM zu Lasten des Gewinns.

c) Werner Müller erhält für seine Tätigkeit als Meister jährlich 80 000 DM zu Lasten des Gewinns.

d) Der Restgewinn ist im Verhältnis der Beteiligung zu verteilen.

Der Gewinn 2000 der Gesellschaft beträgt lt. GuV-Rechnung 45 630 DM.

Frage: Wie hoch ist der steuerliche Gewinn der Gesellschaft und wie ist die Gewinnverteilung vorzunehmen?

▶ § 15 EStG, § 168 HGB

Gewinnverteilung/Tätigkeitsvergütungen   Fall 531

Sachverhalt: An der Waldmeister KG sind beteiligt:
- Egon Waldmeister (Komplementär) zu 1/2,
- Rainer Kock (Kommanditist) zu 2/5 und
- Horst Döring (Kommanditist) mit dem Rest = 20 000 DM.

Im Gesellschaftsvertrag ist bzgl. der Gewinnverteilung folgendes vereinbart:

a) Der Komplementär erhält für seine Geschäftsführertätigkeit jährlich 60 000 DM zu Lasten des Gewinns.

b) Die Kapitalanteile des Komplementärs werden vorab mit 8 %, die der Kommanditisten mit 5 % verzinst.

c) Der Restgewinn wird entsprechend der Kapitalbeteiligung verteilt.

Der von der KG ausgewiesene Jahresgewinn für 2000 beträgt 126 520 DM.

Für die Vermietung seines bebauten Grundstücks an die KG für betriebliche Zwecke hat der Kommanditist Döring lt. Mietvertrag in 2000 48 000 DM erhalten, die von der KG als Mietaufwand gebucht wurden. Herr Döring hatte in 2000 Grundstückskosten in Höhe von 8 400 DM, die er privat bezahlt hat und die nicht gebucht sind.

Frage: Wie hoch ist der steuerliche Gewinn der KG und wie muss er verteilt werden?

▶ § 15 EStG, § 168 HGB

Fall 532 Gewinnverteilung/typischer stiller Gesellschafter

Sachverhalt: An der Ritter KG sind folgende Personen beteiligt:
- August Ritter, Komplementär   800 000 DM
- Hans Ross, Kommanditist   200 000 DM
- Manfred Speer, typischer stiller Gesellschafter   100 000 DM

Nach den vorliegenden Verträgen bestehen folgende Regelungen:

a) Der Komplementär erhielt eine Geschäftsführer-Vergütung zu Lasten des Gewinns in Höhe von 150 000 DM in monatlichen Teilbeträgen überwiesen.

b) Die Kapitaleinlagen des Komplementärs und des Kommanditisten sind mit 8 % vorab zu verzinsen. Außerdem erhält der Komplementär eine Risiko-Vergütung von jährlich 30 000 DM vorab.

c) Der typische stille Gesellschafter erhält sein Kapital mit 12 % vom steuerlichen Gewinn, der sich **vor** Berücksichtigung seines Gewinnanteils ergibt, verzinst.

Der Jahresabschluss weist einen vorläufigen Gewinn von 238 500 DM aus.

Frage: Wie hoch ist der steuerliche Gewinn der KG? Wie muss der Gewinn verteilt werden? Welchen Betrag können die Beteiligten ausgezahlt verlangen, wenn der Komplementär bereits 60 000 DM, der Kommanditist 20 000 DM im Laufe des Jahres entnommen haben?

▶ § 15 EStG, §§ 122, 169 HGB, §§ 43, 43a EStG

Fall 533 Gewinnverteilung/atypischer stiller Gesellschafter

Sachverhalt: An der Kreuzer KG sind folgende Gesellschafter beteiligt:
Komplementär: Alfons Kreuzer mit   250 000 DM
Kommanditist: Willi Herzlich mit   150 000 DM
atypischer Gesellschafter: Horst Wenig mit   50 000 DM

Herr Wenig ist mit seiner Einlage auch an Gewinnen aus der Veräußerung von Anlagegütern oder aus einer eventuellen Betriebsveräußerung beteiligt.

Außerdem ist folgendes vertraglich geregelt:

a) Komplementär und Kommanditist erhalten den Anteil am Gewinn, der ihren Kapitaleinlagen entspricht.

b) Herr Wenig erhält 10 % vom steuerlichen Gewinn der Gesellschaft.

c) Für die Geschäftsführertätigkeit erhalten Herr Kreuzer 90 000 DM und Herr Herzlich 60 000 DM zu Lasten des Gewinns.

d) Als Zinsen für ein der Gesellschaft gewährtes Fälligkeitsdarlehen von 200 000 DM erhielt Herr Kreuzer 16 000 DM.
   Buchung: Zinsaufwand an Bank 16 000 DM

e) Die Kapitalbeteiligung des Komplementärs und des Kommanditisten ist mit 6 % vorab zu verzinsen.

Der Gewinn lt. Bilanz beträgt in 2000 = 74 440 DM.

Frage: Wie hoch ist der steuerliche Gewinn und wie muss er auf die Beteiligten verteilt werden?

▶ § 15 EStG, § 168 HGB

5. Gewinnermittlung nach § 4 Abs. 3 EStG

Bei dieser Art der Gewinnermittlung werden den Betriebseinnahmen die Betriebsausgaben gegenübergestellt.

Betriebseinnahmen sind alle betrieblich verursachten Einnahmen im Sinne des § 8 EStG. Darüber hinaus sind fiktive Einnahmen bei privaten Leistungs- und Gegenstandsentnahmen zu erfassen, um keine ungerechtfertigten Steuervorteile eintreten zu lassen.

Betriebsausgaben sind alle betrieblich veranlassten Aufwendungen (§ 4 Abs. 4 EStG). Dabei sind die in § 4 Abs. 3 EStG genannten Sonderregelungen zu beachten. So ist z. B. auch bei der Gewinnermittlung nach § 4 Abs. 3 EStG nur die AfA bei abnutzbaren Wirtschaftsgütern Betriebsausgabe.

Im Normalfall soll die Summe der erzielten Jahresgewinne bei der Gewinnermittlung nach § 4 Abs. 3 EStG und § 5 EStG gleich sein (Grundsatz des gleichen Totalgewinns). Es werden also lediglich Gewinnverlagerungen eintreten, die für die Gewinnermittlungsart typisch sind und die sich später ausgleichen.

Der Vorteil der Gewinnermittlung nach § 4 Abs. 3 EStG besteht darin, dass man durch bewusste Steuerung der Betriebseinnahmen und -ausgaben die Höhe des Gewinns stärker beeinflussen kann. Eine Inventur ist nicht erforderlich, die Bildung von gewillkürtem Betriebsvermögen ist unzulässig.

Bei der Gewinnermittlung nach § 4 Abs. 3 EStG gilt das Zufluss-/Abfluss-Prinzip (§ 11 EStG). Danach bestimmt sich im Normalfall, in welchem Kj. eine Betriebseinnahme oder Betriebsausgabe zu erfassen ist.

Allerdings gibt es dabei u. a. folgende Ausnahmen und Sonderfälle:
1. Bei regelmäßig wiederkehrenden Betriebseinnahmen bzw. Betriebsausgaben erfolgt die Zuordnung bei Zahlung innerhalb von 10 Tagen zum Kj. der wirtschaftlichen Zugehörigkeit (§ 11 Abs. 1 Satz 2 und Abs. 2 Satz 2 EStG).
2. Vereinnahmte Umsatzsteuer ist Betriebseinnahme.
   Bezahlte Umsatzsteuer ist Betriebsausgabe.
   Bezahlte Vorsteuer ist Betriebsausgabe (H 86 EStH), wenn sie nicht zu den Anschaffungskosten gehört.
3. Schecks werden wie Bargeld behandelt (H 116 EStH).
4. Durchlaufende Posten sind keine Betriebseinnahmen bzw. Betriebsausgaben (§ 4 Abs. 3 Satz 2 EStG).
5. Bei Anschaffung bzw. Herstellung von abnutzbaren Anlagegütern sind die üblichen AfA-Regelungen zu beachten (§ 4 Abs. 3 Satz 3 EStG).
6. Anschaffungskosten von nicht abnutzbaren Anlagegütern sind erst bei Verkauf bzw. Entnahme Betriebsausgaben (§ 4 Abs. 3 Satz 4 EStG).
7. Anzahlungen bzw. Teilzahlungen auf Anlagegüter sind in Höhe des Nettobetrages keine Betriebsausgaben, sondern Teil der Anschaffungskosten bzw. Herstellungskosten.

8. Zinsen gelten spätestens am 31. 12. des Kj. als zugeflossen.
9. Sach- und Leistungsentnahmen sind in Höhe des Bruttobetrages als Betriebseinnahmen zu erfassen.
10. Darlehnszuflüsse bzw. -abflüsse sind keine Betriebseinnahmen bzw. Betriebsausgaben (H 16 Abs. 2 EStH).

Diese Besonderheiten ergeben sich aus den zitierten Vorschriften, aus der Rechtsprechung des BFH oder aus dem Grundsatz des gleichen Totalgewinns, der Vor- oder Nachteile bei der Gewinnermittlung nach § 4 Abs. 3 EStG gegenüber der Bilanzierung vermeiden soll.

Siehe hierzu auch Fall 15 ff.

Fall 534 **Gewinnermittlung nach § 4 Abs. 3 EStG (Überschussrechnung)**

Sachverhalt: Obst- und Gemüsehändler Wolfgang Rübe aus Münster bittet Steuerberater Fuchs, den Gewinn für das Kalenderjahr 2000 durch Überschussrechnung gem. § 4 Abs. 3 EStG festzustellen. Rübe ist nicht verpflichtet, aufgrund gesetzlicher Vorschriften Bücher zu führen und Abschlüsse zu machen (§§ 140 und 141 AO). Er versteuert seine Umsätze zulässig nach vereinnahmten Entgelten (§ 20 UStG).

Mandant Rübe legt folgende Zahlen mit Erläuterungen vor:

1. Betriebseinnahmen
   Erlöse aus Warenverkauf
   einschl. 7 v. H. Umsatzsteuer   88 000 DM

   In dem Betrag von 88 000 DM sind 60 DM enthalten, die der Steuerpflichtige am 31. 12. 2000 mit Scheck erhalten hat. Die Gutschrift des Scheckbetrages erschien auf dem betrieblichen Konto mit Wertstellung vom 04. 01. 2001.

2. Warenbezahlungen einschl. Vorsteuer   40 000 DM

   In dem Betrag von 40 000 DM sind 700 DM enthalten, die der Steuerpflichtige am 31. 12. 2000 mit Scheck bezahlt hat. Die Belastungen des Scheckbetrages erschien auf dem betrieblichen Konto mit Wertstellung vom 04. 01. 2001.

3. Diverse bezahlte Kosten, wie Standgelder, Versicherungen, Reparaturen, Gebühren, Reinigungs- und Büromaterial einschl. Vorsteuer   3 100 DM

   In dem Betrag sind 30 DM gebührenpflichtige Verwarnung der Polizei wegen falschen Parkens während einer Geschäftsfahrt enthalten.

4. Bezahlte Kfz-Kosten
   Benzin (brutto)   3 712 DM
   darin enthaltene Vorsteuer   512 DM
   Kfz-Reparaturen (brutto)   290 DM
   darin enthaltene Vorsteuer   40 DM
   Kfz-Steuer   247 DM
   Kfz-Haftpflicht   352 DM   4 578 DM
   Erwerb eines gebrauchten Pkw, bezahlt am 15. 03. 2000
   Nettopreis   10 000 DM

	+ Umsatzsteuer 16 v. H.	1 600 DM	11 600 DM

Die Nutzungsdauer des Pkw beträgt 4 Jahre (AfA linear). Der Privatanteil an den Kfz-Kosten beträgt lt. Fahrtenbuch 25 v. H.

5. Umsatzsteuer-Zahllasten
   Vorauszahlung für den Monat Dezember 1999
   am 15. 01. 2000 — 500 DM
   Abschlusszahlung für das Kj 1999
   am 15. 12. 2000 — 400 DM
   Vorauszahlung für die Monate Januar bis November 2000 im Kj 2000 — 3 200 DM
   Vorauszahlung für den Monat Dezember 2000
   am 10. 01. 2001 — 450 DM — 4 550 DM

6. Verdorbene Ware, Nettowert — 1 700 DM

7. Diebstahl von Waren, Nettowert — 800 DM

8. Diebstahl eines Laserdruckers am 09. 12. 2000
   Wert 31. 12. 1999 lt. Anlageverzeichnis — 400 DM
   Teilwert am 09. 02. 2000 — 600 DM

9. Einlage von Ware (Gemüse)
   Einlagewert = Teilwert — 2 000 DM
   Die Ware stammt aus dem Schrebergarten der Eltern des Stpfl. Rübe.

10. Miete für Lagerraum
    Monatlich 300 DM, fällig zu Beginn eines jeden Monats
    Miete für Januar 2000,
    bezahlt am 28. 12. 1999 — 300 DM
    Miete für Februar bis
    Dezember 2000 bezahlt in 2000 — 3 300 DM
    Miete für Januar 2001, bezahlt am 15. 12. 2000 — 300 DM — 3 900 DM

11. Einkommensteuer und Gewerbesteuer
    Gezahlte Einkommensteuer — 1 200 DM
    Gezahlte Gewerbesteuer-Vorauszahlung — 450 DM — 1 650 DM

12. Zinsgutschriften auf betrieblichem Bankkonto
    Für das Kj 1999
    am 16. 01. 2000 (Buchungstag) — 400 DM
    Für das Kj 2000
    am 08. 01. 2001 (Buchungstag) — 350 DM — 750 DM

13. Erwerb eines neuen Druckers
    Rechnungsbetrag einschl. 16 v. H. Umsatzsteuer — 928 DM
    Der Steuerpflichtige bestellte und bezahlte das Gerät am 28. 12. 2000. Das Gerät wurde am 20. 01. 2001 geliefert.

14. Erwerb eines Genossenschaftsanteils
bei der Volksbank Münster am 15. 07. 2000 für   250 DM
Der Steuerpflichtige musste den Genossenschaftsanteil kaufen, da er einen betrieblichen Kredit bei der Volksbank aufnehmen wollte.
15. Die Entnahme von Waren beträgt (= Teilwert (netto))   1 200 DM
16. Forderungsausfälle sind im Kalenderjahr 2000 in Höhe von   367 DM
eingetreten.

Frage: Wie hoch ist der durch Überschussrechnung gem. § 4 Abs. 3 EStG ermittelte Gewinn des Mandanten Rübe im Kalenderjahr 2000? Es soll ein möglichst niedriger Gewinn ausgewiesen werden.

▶ § 4 Abs. 3 EStG, H 16, 86 und 116 EStH

Fall 535 Gewinnauswirkung § 4 Abs. 3 EStG / § 5 EStG

Sachverhalt: Mandant Bergmann betreibt in Münster eine Reparaturwerkstatt für Fahrräder. Er versteuert seine Umsätze nach den allgemeinen Vorschriften des UStG mit 16 %. Er ermittelt seinen Gewinn zulässig nach § 4 Abs. 3 EStG. Mandant Färber ist selbständiger Schreinermeister, dessen Betrieb im Handelsregister eingetragen ist. Auch er versteuert seine Umsätze nach den allgemeinen Vorschriften des UStG, ermittelt seinen Gewinn aber nach § 4 Abs. 1 und § 5 EStG. Der USt-Satz beträgt 16 %. Bei beiden Mandanten sind folgende Sachverhalte festgestellt worden:

a) Warenverkauf auf Ziel 500 DM + 80 DM USt.

b) Erwerb eines Genossenschaftsanteils für 250 DM, die vom betrieblichen Bankkonto abgebucht werden.

c) Kauf einer Maschine für 2 000 DM + 16 % USt gegen Barzahlung.

d) Verkauf eines gebrauchten ausschließlich betrieblich genutzten Pkw für 3 000 DM zzgl. 16 % USt gegen Barzahlung. Das Fahrzeug hat einen Restbuchwert von 2 000 DM im Zeitpunkt der Veräußerung.

e) Bezahlung einer betrieblichen Versicherungsprämie für die Zeit vom 01. 08. bis 31. 7. des Folgejahres in Höhe von 2 100 DM.

f) Privatanteil an den Kfz-Kosten 2 500 DM. Das Fahrzeug wurde im Dezember 1999 angeschafft.

g) Wareneinkauf gegen Barzahlung für 800 DM + 128 DM USt.

Frage: Mit welchem Betrag wirken sich diese Vorgänge auf die Gewinnermittlung nach § 4 Abs. 3 EStG bzw. § 5 EStG aus?

Tragen Sie in die Tabelle ein, ob sich die Geschäftsvorfälle erfolgsneutral, gewinnerhöhend oder gewinnmindernd auswirken und geben Sie die entsprechenden Beträge an:

Vorgang	Mandant Bergmann (§ 4 Abs. 3 EStG)		Mandant Färber (§ 5 EStG)	
	Auswirkung	Betrag	Auswirkung	Betrag
a)				
b)				

Buchführung – Fälle 323

Vorgang	Mandant Bergmann (§ 4 Abs. 3 EStG)		Mandant Färber (§ 5 EStG)	
	Auswirkung	Betrag	Auswirkung	Betrag
c)				
d)				
e)				
f)				
g)				

▶ § 4 Abs. 1 u. 3 EStG, H 16 und 116 EStH

Gewinnermittlung gem. § 4 Abs. 3 EStG bei Ärzten Fall 536

Sachverhalt: Dr. Marianne Deistler betreibt als freiberufliche Hals-Nasen-Ohren-Ärztin in Hagen ihre Praxis. Sie ermittelt ihren Gewinn nach § 4 Abs. 3 EStG und führt ausschließlich steuerfreie Umsätze nach § 4 Nr. 14 UStG aus. Die Voraussetzungen für die Sonderabschreibung gem. § 7g EStG liegen vor.

Aus den Aufzeichnungen der Mandantin für das Kj 2000 sind u. a. folgende Geschäftsvorfälle ersichtlich:

1. Anschaffung eines Ultraschallgerätes für 8 400 DM zzgl. 16 % USt am 4. 11. 2000. Der Rechnungsbetrag wurde am 28. 11. 2000 nach Abzug von 3 % Skonto dem Lieferanten überwiesen. Das Gerät hat eine Nutzungsdauer von 5 Jahren.

2. Kauf eines Blutdruckmessgerätes für 750 DM zzgl. 120 DM USt am 15. 12. 2000. Die Rechnung vom 20. 12. 2000 wurde erst am 22. 01. 2001 durch Banküberweisung beglichen. Die Nutzungsdauer ist mit 10 Jahren anzunehmen.

3. Am 26. 11. 2000 hat die Mandantin ein neues EKG-Gerät für 15 820 DM bestellt. Auf den Kaufpreis hat sie am 10. 12. 2000 eine Anzahlung von 3 000 DM zzgl. 16 % USt geleistet, die ihr ordnungsgemäß in Rechnung gestellt wurde. Das Gerät wurde vom Lieferanten vertragsgemäß im Februar 2001 an sie ausgeliefert.

4. Anfang Oktober 2000 erwarb die Mandantin eine Eigentumsetage in der Innenstadt für 450 000 DM. Auf den anteiligen Grund und Boden entfallen davon 20 %. Die Räumlichkeiten wurden sofort für Praxiszwecke genutzt. Das Gebäude war bei Erwerb 8 Jahre alt. Die Erwerbsnebenkosten betrugen:

   – Grunderwerbsteuer   15 750 DM
   – Notarkosten   2 000 DM   zzgl. 320 DM USt
   – Gerichtskosten   800 DM

Die voraussichtliche Nutzungsdauer der Eigentumsetage beträgt noch 50 Jahre.

Frage: Wie wirken sich die Geschäftsvorfälle unter Berücksichtigung der höchstzulässigen Abschreibung für 2000 aus?

▶ § 4 Abs. 3 EStG, § 11 Abs. 2 EStG, § 7 EStG, § 7g EStG, § 15 Abs. 2 UStG

F. Fachrechnen

Vorbemerkung

Die Fachrechnen-Fälle bestehen ausschließlich aus Aufgaben ohne steuerrechtlichen Hintergrund. Aufgaben mit steuerrechtlichem Hintergrund finden Sie im Steuerrechts- und Buchführungsteil dieses Buches.

I. Dreisatz

Fall 537 **Sachverhalt:** Ein Reisender reist bei einem Tagesverbrauch von 145 DM mit dem ihm zur Verfügung stehenden Reisevorschuss 35 Tage.

Wie lange könnte er fortbleiben, wenn er täglich nur 125 DM ausgeben würde?

Fall 538 **Sachverhalt:** 17 Arbeiter beseitigen in 48 Stunden 1224 m³ Schutt.

Wie viel m³ Schutt beseitigen bei gleich bleibendem Fleiß 19 Arbeiter in 45 Stunden?

Fall 539 **Sachverhalt:** Ein Urlauber fährt in die USA. Er wechselt 2 000 DM zum Kurs von 180 DM je 100 Dollar ein. Nach seiner Rückkehr besitzt er noch 200 Dollar, die ihm zum Kurs von 178 DM bei einer deutschen Bank umgewechselt werden. Die Bank berechnet ihm 2 DM Gebühren.

Wie viel DM hat ihn die Reise gekostet?

II. Durchschnittsrechnen

Fall 540 **Sachverhalt:** In einem Betriebsteil werden folgende Bruttolöhne bezogen:

12 Arbeiter mit einem Stundenlohn von 13,00 DM

7 Arbeiter mit einem Stundenlohn von 15,00 DM,

2 Arbeiter mit einem Stundenlohn von 16,02 DM.

Wie hoch ist der Durchschnittslohn je Arbeiter?

Fall 541 **Sachverhalt:**
Warenanfangsbestand	164 000 DM
Warenzugänge	1 405 000 DM
Warenendbestand	187 000 DM

a) Wie hoch war der Wareneinsatz?

b) Wie hoch war der durchschnittliche Warenbestand?

c) Wie hoch war die Umschlagshäufigkeit?

d) Wie hoch war die durchschnittliche Lagerdauer?

III. Verteilungsrechnen

Sachverhalt: Ein Auszubildender teilt sein monatliches Nettogehalt so ein, dass er zuerst 3/20 für die Monatskarte zurücklegt. 100 DM verwendet er für Kleinausgaben; weitere 3/8 des Betrages sind für kulturelle Zwecke bestimmt. Der Rest von 52 DM wird gespart.

Fall 542

Wie hoch ist das Nettogehalt?

Sachverhalt: In einem Unternehmen soll eine Erfolgsprämie von 60 000 DM an die vier Verkäufer verteilt werden.

Fall 543

25 % der Prämie werden zu gleichen Teilen verteilt.

40 % der Prämie sollen nach den erzielten Umsätzen verteilt werden.

Der Rest der Prämie soll nach der Dauer der Betriebszugehörigkeit verteilt werden.

Verkäufer	erzielter Umsatz (DM)	Betriebszugehörigkeit
A	840 000	11,0 Jahre
B	720 000	6,5 Jahre
C	450 000	7,5 Jahre
D	490 000	10,0 Jahre

Wie viel DM erhält jeder Verkäufer?

Sachverhalt: An der ABEL OHG sind beteiligt:

Fall 544

Herr Abel mit	350 000 DM
Frau Berta mit	150 000 DM
Frau Cramer mit	100 000 DM

Im Gesellschaftsvertrag ist keine Vereinbarung über die Verteilung des Erfolges getroffen worden.

Laut Buchführung wurde für das Jahr 2000 – alternativ –
  a) ein Gewinn von 13 200 DM
     oder
  b) ein Verlust von 13 200 DM ermittelt.

Verteilen Sie den Gewinn bzw. Verlust auf die Gesellschafter. Der Rechenweg ist im einzelnen darzustellen.

Sachverhalt: Die Gesellschafter der ABC OHG in Neuss haben zum 01. 11. 2000 die Liquidation der Gesellschaft beschlossen. Das Liquidationsvermögen der Gesellschaft beträgt zu diesem Zeitpunkt 1 500 000 DM. Dem Liquidationsvermögen stehen 325 000 DM Verbindlichkeiten gegenüber.

Fall 545

Der Geschäftsführer der Gesellschaft soll mit 100 000 DM, zwei Prokuristen mit je 25 000 DM und sechs Mitarbeiter mit je 10 000 DM abgefunden werden. Die Kosten der Liquidation betragen 20 000 DM.

Das verbleibende Vermögen der Gesellschaft soll lt. Gesellschaftsvertrag im Verhältnis der Kapitalanteile verteilt werden:

Kapitalanteil A 300 000 DM
Kapitalanteil B 200 000 DM
Kapitalanteil C 100 000 DM

Wie viel DM erhalten die Gesellschafter von dem verbleibenden Vermögen?

Fall 546 **Sachverhalt:** An der Müller & Co. KG in Herford sind beteiligt:
- F. Müller als Komplementär,
- M. Schmidt als Kommanditist.

Die Kommanditeinlage beträgt 100 000 DM und ist in voller Höhe eingezahlt.

Nach dem Gesellschaftsvertrag erhält Müller als Geschäftsführer ein Gehalt von jährlich 60 000 DM, das in monatlichen Beträgen der Kasse entnommen wird.

Buchung: Gehälter an Kasse

Schmidt hat an die KG ein unbebautes Grundstück vermietet, das als Lagerplatz genutzt wird. Die KG zahlt ihm dafür monatlich 500 DM Miete.

Buchung: Mietaufwendungen an Kasse

Schmidt hatte für das Grundstück im Kj 2001 200 DM Aufwendungen des Kj 2000 mit privatem Geld bezahlt.

Berechnen Sie den steuerlichen Gewinn der KG und die Gewinnanteile der Gesellschafter.

Die Gesellschafter erhalten eine Kapitalverzinsung von 4 v. H. nach dem Stand der Kapitalkonten am Schluss des Jahres unter Berücksichtigung der handelsrechtlichen Privatentnahmen, aber ohne Berücksichtigung der Gewinnanteile.

Von dem Teil des Gewinns, der die Vorwegvergütungen übersteigt, erhält Müller 90 v. H. und Schmidt 10 v. H. Der Gewinn lt. Handelsbilanz 31. 12. 2000 beträgt 300 000 DM.

Kapitalkonto 01. 01. 2000 Müller = 410 000 DM
Handelsrechtliche Privatentnahmen in 2000 = 40 000 DM
Kapitalkonto 01. 01. 2000 Schmidt = 100 000 DM
Handelsrechtliche Privatentnahmen in 2000 = 0 DM

Berechnen Sie die Gewinnanteile von Müller und Schmidt i. S. d. § 15 Abs. 1 Nr. 2 EStG.

IV. Prozentrechnen

Fall 547 **Sachverhalt:** Eine Rechnung wird nach Abzug von 2 v. H. Skonto mit 1 254,40 DM bezahlt.

Wie hoch ist der Rechnungsbetrag?

Fall 548 **Sachverhalt:** Eine Maschine wurde 3 Jahre hintereinander mit 15 v. H. vom jeweiligen Bilanzwert abgeschrieben und steht am Ende des 3. Jahres mit 3 684,75 DM in der Bilanz.

Wie hoch war der Anschaffungspreis?

Sachverhalt: Eine kaufmännische Angestellte bezieht, nachdem die tariflichen Gehälter allgemein um 12,5 v. H. erhöht wurden, nunmehr ein Monatsgehalt von 2 119,50 DM.
Wie viel Gehalt erhielt sie vorher?

Fall 549

Sachverhalt: An einer OHG sind 4 Teilhaber beteiligt, und zwar

A mit 45 v. H. (nämlich 97 560 DM),
B mit 23 v. H.,
C mit 15 v. H. und
D mit dem Rest des Kapitals.

Wie hoch sind die Kapitalanteile von B, C und D?

Fall 550

Sachverhalt: Ein Mandant beschäftigt eine Hausgehilfin. Man hatte sich auf eine Vergütung von monatlich 480 DM geeinigt. Nach zwei Lohnerhöhungen, wovon die letztere 11 % zzgl. einer Sonderzahlung von 50 DM betrug, ergibt sich jetzt ein Lohn von 625,42 DM.
Wie hoch ist der Prozentsatz der ersten Lohnerhöhung?

Fall 551

Sachverhalt: Das Vermögen eines in Konkurs gegangenen Mandanten beträgt 600 000 DM.

Fall 552

Dem stehen folgende Verbindlichkeiten gegenüber:
Masseschulden   305 000 DM
Massekosten   150 000 DM
Bevorrechtigte Forderungen   50 000 DM
Nicht bevorrechtigte Forderungen   800 000 DM
a) Berechnen Sie die Konkursquote!

b) Ein Gläubiger erhielt 17 812,50 DM aus der Konkursmasse.

Wie hoch war seine ursprüngliche Forderung?

V. Mengen- und Preisabzüge bei Beschaffung und Absatz

Sachverhalt: Vom Rechnungsbetrag werden von dem Kunden nacheinander Rabatt und Skonto gekürzt:
Rechnungsbetrag   1 620,80 DM
Rabatt   15 v. H.
Skonto   2,5 v. H.
Welchen Betrag zahlt der Kunde?

Fall 553

Sachverhalt: Ein Einzelhändler bezahlte seinem Lieferer nach Abzug von 12,5 v. H. Rabatt und 2 v. H. Skonto 518,20 DM bar.
Wie hoch war der Rechnungsbetrag?

Fall 554

Fall 555 **Sachverhalt:** Ein Kommissionär schreibt seinem Auftraggeber den Betrag von 5 906,52 DM gut. Er berechnet dabei 2,5 v. H. Provision und 1 v. H. Delkredereprovision (Zielverkauf).

Berechnen Sie den vollen Verkaufserlös.

VI. Handelskalkulation

Fall 556 **Sachverhalt:** Ein Einzelhandelsgeschäft für Milch und Milcherzeugnisse, Fettwaren und Eier hat lt. Richtsatzsammlung eine Handelsspanne (Rohgewinnsatz) von 20 v. H. und einen Reingewinn von 11 v. H. vom wirtschaftlichen Netto-Umsatz.

Es betrugen:	
Wareneingang	220 000 DM
Warenanfangsbestand	16 000 DM
Warenendbestand	18 000 DM
Sachentnahmen (Eigenverbrauch)	700 DM

Berechnen Sie

a) den wirtschaftlichen Netto-Umsatz,

b) den kalkulatorischen Reingewinn,

c) die Kosten ohne Ware.

Fall 557 **Sachverhalt:** Aus der Buchführung eines Einzelhändlers ergeben sich folgende Zahlen:

Wareneingang (netto)	250 000 DM
Bezugskosten (netto)	6 000 DM
Warenausgang netto (wirtschaftlicher Umsatz)	322 500 DM
Warenanfangsbestand	55 000 DM
Warenendbestand	53 000 DM

Berechnen Sie:

a) Handelsspanne (Rohgewinnsatz) in DM und in Prozenten,

b) Kalkulationsaufschlag in Prozenten,

c) Kalkulationsfaktor,

d) Durchschnittlicher Lagerbestand,

e) Warenumschlagsgeschwindigkeit,

f) Durchschnittliche Lagerdauer.

Fall 558 **Sachverhalt:** Aus der Buchführung eines Einzelhändlers ergeben sich folgende Zahlen:

Warenanfangsbestand	146 000 DM
Warenendbestand	104 000 DM
Wareneinkäufe	968 000 DM
Warenverkäufe	1 270 000 DM
Rücksendungen an Lieferer	10 000 DM
Rücksendungen von Kunden	20 000 DM
Handlungskosten	165 000 DM

Ermitteln Sie in übersichtlicher Form:

a) den Wareneinsatz,

b) den Rohgewinnaufschlagsatz (Kalkulationsaufschlag),

c) die Umsatzrendite,

d) den durchschnittlichen Lagerbestand.

Sachverhalt: Aus der Buchführung eines Kaufmanns ergeben sich folgende Zahlen: **Fall 559**

Ist-Umsatz (einschl. 16 v. H. USt)	204 000 DM
Wareneingang (netto)	148 000 DM
Forderungsanfangsbestand	31 000 DM
Forderungsendbestand	35 800 DM
Warenanfangsbestand	22 000 DM
Warenendbestand	26 000 DM

Berechnen Sie:

a) Rohgewinn in DM,

b) Handelsspanne in Prozenten,

c) Kalkulationsaufschlag in Prozenten.

Sachverhalt: Es soll eine Ware bezogen werden, bei deren Verkauf ein Preis von **Fall 560**
1 480 DM ohne Umsatzsteuer erzielt werden soll.

Zu welchem Betrag darf die Ware höchstens eingekauft werden, wenn mit einem Bezugskostenzuschlag von 5 % und einem Kalkulationsfaktor von 1,85 gerechnet wird, der Lieferer seinerseits 10 % Rabatt und 2,5 % Skonto zugesagt hat?

Sachverhalt: Aus der Buchführung des Mandanten ergeben sich folgende Zahlen **Fall 561**
(Nettowerte):

Warenbestand	01. 01.	72 900 DM	31. 12.	91 800 DM
Warenforderungen	01. 01.	22 800 DM	31. 12.	24 360 DM
Warenschulden	01. 01.	28 350 DM	31. 12.	17 010 DM
Vereinnahmte Entgelte aus Warenverkäufen				252 050 DM
Bezahlte Wareneinkaufsrechnungen				179 220 DM
Betriebsausgaben ohne Ware				57 300 DM

Wie hoch ist

● der Rohgewinnaufschlagsatz,

● der Rohgewinnsatz,

● der Reingewinnsatz?

Sachverhalt: Aus der Buchführung des Mandanten ergeben sich folgende Zahlen **Fall 562**
(Nettowerte):

Warenbestand 01. 01.	38 500 DM
Warenbestand 31. 12.	46 700 DM
Warenforderungen 01. 01.	16 800 DM
Warenforderungen 31. 12.	19 300 DM
Warenschulden 01. 01.	12 900 DM

Warenschulden 31. 12.	21 700 DM
Vereinnahmte Entgelte aus Warenverkäufen	112 700 DM
Bezahlte Wareneingangsrechnungen	67 000 DM
Betriebsausgaben ohne Ware	22 800 DM

Wie hoch ist

1. der Wareneinsatz,

2. der Sollumsatz,

3. der Rohgewinn,

4. der Rohgewinnaufschlag (Kalkulationszuschlag),

5. die Handelsspanne (Rohgewinnsatz),

6. der Reingewinn des Unternehmens?

Fall 563 **Sachverhalt:**

1. Bezugspreis 110 DM und die Handlungskosten 25 %.

Wie hoch ist der Selbstkostenpreis?

2. Selbstkostenpreis 450 DM und die Handlungskosten 35 %.

Wie hoch ist der Bezugspreis?

3. Barverkaufspreis 646 DM, Kundenskonto 3 %.

Wie hoch ist der Zielverkaufspreis?

4. Listenpreis 960 DM und Lieferantenrabatt 6 %.

Wie hoch ist der Zieleinkaufspreis?

5. Barverkaufspreis 135 DM, Gewinn 21 %.

Wie hoch ist der Selbstkostenpreis?

Fall 564 **Sachverhalt:** 3 Warengruppen werden gemeinsam bezogen:

a) 6 534 kg	214 500 DM
b) 8 910 kg	196 000 DM
c) 4 356 kg	209 100 DM

Die Frachtkosten von 1 755 DM sollen nach dem Gewicht verteilt werden; die Transportversicherung beträgt 2 ‰ des Warenwertes.

Ermitteln Sie den Einstandspreis je kg für jede Warengruppe.

Fall 565 **Sachverhalt:** Eine Modeboutique multipliziert zur Festsetzung der Verkaufspreise die Einstandspreise für besonders modische Ware mit dem Faktor 2,0.

1. Wie hoch ist die Handelsspanne einschließlich 16 % Umsatzsteuer?

2. Der Großhändler hat die Preise um 25 % erhöht.

Welchen Faktor muss die Boutique nun verwenden, wenn sie die bisherigen Verkaufspreise halten will?

Fall 566 **Sachverhalt:** Ein **Einzelhändler** möchte seine Ladenverkaufspreise (einschl. USt) um 3,5 % erhöhen, da die Einstandspreise um 5 % gestiegen sind.

Er kalkulierte bisher mit dem Faktor 1,5.

Berechnen Sie den **neuen** Kalkulationsfaktor (2 Dezimalstellen).

Sachverhalt: Ein Einzelhändler kalkulierte bisher mit einem Kalkulationszuschlag von 50 %. Nachdem die Einkaufpreise um 7 % gestiegen sind, muss er auch die Verkaufspreise erhöhen. Aus Konkurrenzgründen erhöht er aber nur um 6 %.   Fall 567

Fragen:

a) Wie hoch ist der neue Kalkulationszuschlag (Rohgewinnaufschlagsatz)?

b) Wie hoch war die alte Handelsspanne (Rohgewinnsatz)?

c) Wie hoch ist die neue Handelsspanne?

d) Wie hoch ist der verbleibende Gewinnzuschlag, wenn der Handlungskostenzuschlag 20 % beträgt?

Sachverhalt: Eine Herrenboutique kalkuliert seit Jahren ihre Ware mit einem Kalkulationszuschlag von 75 %. Die Inventur zum 31. 12. 2000 ergab einen Warenbestand zu Verkaufspreisen in Höhe von 387 500 DM. In dem Warenbestand ist noch Ware in Höhe von 87 500 DM enthalten, die bereits im Vorjahr eingekauft worden ist. Auf diese Ware ist eine Teilwertabschreibung von 50 % vorzunehmen.   Fall 568

Wie hoch ist der Bilanzwert der Ware?

Sachverhalt: Ein Kunde in USA bittet um ein Angebot über 50 Stehlampen. Die Selbstkosten für eine Stehlampe werden von der Fabrik mit 250 DM ermittelt. Die Fabrik kalkuliert mit einem Kundenrabatt von 25 %, 3 % Kundenskonto und 15 % Gewinn.   Fall 569

Wie hoch ist der Listenverkaufspreis in den USA in Dollar (Kurs 1 Dollar = 1,50 DM)?

Sachverhalt: Ein Mandant betreibt einen Eisenwarenhandel. Er bietet einen Rasenmäher zum empfohlenen Ladenverkaufspreis von 812 DM einschließlich 16 % Umsatzsteuer an. Er bezieht die Rasenmäher mit einem Wiederverkäuferrabatt von 30 % und nimmt vereinbarungsgemäß 3 % Skonto in Anspruch. Je Rasenmäher fallen 11,70 DM Bezugskosten an.   Fall 570

Ihr Mandant kalkuliert mit 27 % allgemeinen Handlungskosten (Geschäftskosten) und gewährt seinen Kunden grundsätzlich 2 % Skonto.

Welchen Gewinn erzielt Ihr Mandant je Rasenmäher

a) in DM,

b) in Prozent?

VII. Industriekalkulation

Sachverhalt: In einer Sandgrube wurden 27 670 m³ Sand gefördert. Dabei entstanden folgende Kosten: Fall 571
- Lohnkosten für Baggerführer, Monteur, Hilfsarbeiter   78 650 DM
- Treibstoffkosten, Stromkosten   6 780 DM

- Spülwasser u. Ä. 5 370 DM
- Abschreibungen auf Maschinen und Geräte 30 000 DM
- sonstige Betriebskosten 18 950 DM
- Gehalt kaufmännische Angestellte 12 950 DM
- Vertriebskosten 18 854 DM

Wie hoch sind die Selbstkosten pro Kubikmeter geförderten Materials?

Fall 572 **Sachverhalt:** Aufgrund der Marktlage kann eine Maschinenfabrik eine Werkzeugmaschine höchstens zum Netto-Verkaufspreis von DM 57 000 DM am Markt anbieten. Die Unternehmung kalkuliert mit folgenden Kosten:

– Fertigungslöhne 4 800 DM
– Fertigungsgemeinkostenzuschlag 600,0 %
– Verwaltungs- und Vertriebsgemeinkostenzuschlag insgesamt 25,0 %
– Gewinnzuschlag 12,5 %
– Kundenrabatt 4,0 %

Wie hoch dürfen höchstens die **Materialeinzelkosten** in DM sein, wenn der Materialgemeinkostenzuschlag 12 % beträgt?

Fall 573 **Sachverhalt:** Ein Bauunternehmer, der seinen Gewinn nach § 5 EStG ermittelt, ließ durch eigene Arbeitnehmer eine Lagerhalle erstellen.

Der hierfür anfallende Lohnaufwand beträgt 80 000 DM.

Die Anschaffungskosten des für den Bau der Lagerhalle verwendeten Materials betragen 30 000 DM. Aus den Nachkalkulationsunterlagen ergeben sich folgende Prozentsätze:

Fertigungsgemeinkosten 60 %
Materialgemeinkosten 8 %
Verwaltungskosten 5 %
Vertriebskosten 3 %

Ermitteln Sie für die Steuerbilanz:

a) die niedrigstmöglichen Herstellungskosten (steuerliche Wertuntergrenze),

b) die höchstmöglichen Herstellungskosten (steuerliche Wertobergrenze).

Fall 574 **Sachverhalt:** Ein Kunststoffverarbeitungsbetrieb stellt für die Autoindustrie drei Zubehörteile her, und zwar für zwei Pkw-Typen und einen Lkw-Typ.

Für den Typ X 16 wurden 380 000 Stück,
für den Typ XP 20 wurden 78 000 Stück,
und für den Typ X 320 270 000 Stück
angefertigt.

Nach den Berechnungen des Unternehmens verhalten sich die Selbstkosten der Zubehörteile für die einzelnen Typen wie 1 : 1,8 : 1,2.

Folgende Kosten wurden mitgeteilt:

Fertigungslöhne 68 929 DM
Fertigungsmaterial 57 671 DM
Fertigungsgemeinkosten 59 378 DM
Fertigungssonderkosten 6 000 DM
Verwaltungs- und Vertriebskosten 19 122 DM

Wie hoch sind die Selbstkosten für das einzelne Teil?

Sachverhalt: Eine Maschinenfabrik wird um ein Angebot für die Herstellung einer Furnierpresse für eine Möbelfabrik gebeten. **Fall 575**

Zu welchem Preis kann das Werkstück angeboten werden, wenn
- der voraussichtliche Materialaufwand 6 740,00 DM
- die aufzuwendenden Fertigungslöhne 12 830,00 DM
- und die Fracht für die Versendung des Werkstücks 830,20 DM

beträgt und das Unternehmen mit
- Materialgemeinkosten von 5 v. H.
- Fertigungsgemeinkosten von 160 v. H.
- Herstellungskosten als Verwaltungsgemeinkosten von 8 v. H.
- Gewinnzuschlag von 15 v. H.

rechnet?

VIII. Zinsrechnen

Sachverhalt: Wie viel Zinsen bringen 9 115 DM bei 7,5 v. H. in zwei Monaten und 26 Tagen? **Fall 576**

Sachverhalt: Ein Bankkunde zahlt 570 DM Zinsen für ein Darlehen von 7 000 DM, das er 10 Monate und 20 Tage in Anspruch genommen hat. **Fall 577**
Wie hoch ist der Zinssatz der Bank?

Sachverhalt: Ein Darlehen in Höhe von 6 300 DM wird einschließlich 6 ⅔ v. H. Zinsen mit 6 580 DM zurückgezahlt. **Fall 578**
Wie lange war das Darlehen ausgeliehen?

Sachverhalt: Wie hoch ist der effektive Zinssatz, wenn ein Darlehen mit 96 v. H. ausgezahlt wird, mit 7 v. H. zu verzinsen ist und die Laufzeit 10 Jahre beträgt? **Fall 579**

Sachverhalt: Ein Kaufmann erhält am 20. 04. eine Rechnung über 15 500 DM. **Fall 580**
Zahlungsbedingungen:

a) Zahlbar nach 10 Tagen mit 3 v. H. Skonto oder

b) zahlbar nach 30 Tagen, netto.

Der Kaufmann wäre in der Lage, die Rechnung nach 30 Tagen aus Eigenmitteln zu begleichen. Andererseits steht ihm ein Überbrückungskredit zur Verfügung, der mit 12 v. H. zu verzinsen ist. Mit diesem Kredit kann er die Rechnung nach 10 Tagen begleichen.

Bei welcher Zahlungsweise steht sich der Kaufmann besser?

Sachverhalt: Der Unternehmer A nimmt am 12. 03. ein Darlehen in Höhe von 12 000 DM auf, welches mit 8 v. H., fällig jeweils am 31. 12., zu verzinsen ist. **Fall 581**

Bis zum 31. 12. tilgt er wie folgt:

15. 04.	500 DM	23. 10.	500 DM
19. 07.	1 500 DM	17. 11.	500 DM
08. 09.	1 000 DM	12. 12.	500 DM

Berechnen Sie:

a) Höhe der Zinsen,

b) Stand des Darlehens 31. 12. einschließlich Zinsen.

Fall 582 **Sachverhalt:** Der Verkaufspreis einer Maschine beträgt 24 600 DM. Ein Kunde kauft die Maschine am 13. 03. und zahlt 6 600 DM an. Den Rest will er am 01. 05., am 15. 06. und am 31. 07. in gleichen Raten bezahlen.

Wie viel Zinsen sind von dem Kunden zu entrichten, wenn die jeweilige Restschuld mit 6 % zu verzinsen ist?

Fall 583 **Sachverhalt:** Die Gesellschafter einer OHG haben im Gesellschaftsvertrag vereinbart, dass neben den festen Kapitalkonten der Gesellschafter jeweils für die Entnahmen und Einlagen ein Unterkonto zu führen ist.

Guthaben auf diesen Unterkonten sind mit 8 % und Schulden mit 10 % zu verzinsen.

Zum Jahresende werden die Zinsbeträge dem Konto gutgeschrieben bzw. belastet.

Das Unterkonto des Gesellschafters A weist für das Jahr 01 folgende Zahlen aus:

Soll			Unterkonto des Gesellschafters A		Haben
20. 01.	Entnahme	50 000 DM	01. 01.	Saldovortrag	82 420 DM
15. 08.	Entnahme	65 000 DM	12. 05.	Einlage	12 500 DM
			25. 10.	Einlage	40 000 DM

Ermitteln Sie in Staffelform die Jahreszinsen und den Saldo 31. 12. 2000.

Fall 584 **Sachverhalt:** Ein Mandant erhält folgende Darlehen:

am 16. 03.	2 500 DM
am 10. 06.	3 500 DM
am 01. 07.	6 000 DM
am 31. 10.	1 500 DM

Am 31. 12. desselben Jahres zahlt der Mandant die Darlehen einschließlich Zinsen mit insgesamt 14 000 DM zurück.

Welcher Zinssatz war zugrunde gelegt worden?

Fall 585 **Sachverhalt:** Bei einem Mietwohnhaus betragen

die Anschaffungskosten 220 000 DM

die Mieteinnahmen monatlich 1 800 DM

die Belastungen:

a) 1. Hypothek   55 000 DM zu 6,5 v. H.

b) 2. Hypothek   42 000 DM zu 8,25 v. H.

c) Steuern und Abgaben vierteljährlich   375 DM

d) Reparaturen ca. 15 v. H. der Mieteinnahmen
e) sonstige Kosten   170 DM
f) AfA 2 v. H. von 175 000 DM

Mit wie viel Prozent verzinst sich das Eigenkapital?

Sachverhalt: Ein Mandant beabsichtigt, zur Kapitalanlage eine Eigentumswohnung zu erwerben. Er bittet Sie, die Rendite der Kapitalanlage – ohne Berücksichtigung von Abschreibung – zu ermitteln: **Fall 586**
- Anschaffungskosten der Eigentumswohnung   180 000 DM
- Mieteinnahmen pro Monat   950 DM
- Fremdmittel zur Finanzierung:
- 1. Hypothek zu 6 v. H. Zinsen   40 000 DM
- 2. Hypothek zu 8 v. H. Zinsen   25 000 DM
  Jährliche nicht umlagefähige Kosten   1 800 DM

Wie hoch ist die Rendite des Eigenkapitals?

Sachverhalt: Ein Mandant will am 02. 01. 2001 ein Mietwohnhaus für 900 000 DM (einschl. Wert des Grund und Bodens von 100 000 DM) erwerben. **Fall 587**

Sein Eigenkapital beträgt 400 000 DM. Der Rest wird mit einer 1. Hypothek von 360 000 DM zu 4,5 v. H. und einer 2. Hypothek von 140 000 DM zu 5,5 v. H. finanziert, aufgenommen am 01. 01. 2001. Die laufenden Kosten (einschl. AfA) betragen 24 100 DM.

Welche Monatsmiete muss er ansetzen, wenn sich sein Eigenkapital zu 6 v. H. verzinsen soll?

Sachverhalt: Die Bank erwarb für ihren Mandanten am 09. 07. 2001 (Valutierung am 11. 07.) Anleihen der Bundesrepublik Deutschland im Nennwert von 10 000 DM mit Zinsschein, Zinssatz 5,625 v. H. zum Kurs von 78 %. Der jährliche Zinstermin ist der 20. 09. **Fall 588**
- Die Bank belastete:
- Provision vom Nennwert 0,5 v. H.
- Courtage vom Nennwert 0,75 v. T.
- Telexgebühr 3 DM

Wie hoch ist die Bankbelastung für den Erwerb der Anleihe?

IX. Diskontrechnung

Sachverhalt: Die Firma Borg & Co. reicht am 18. 09. bei der Deutschen Bank AG, Filiale Münster, folgende Wechsel ein, die mit 7 ½ v. H. diskontiert wurden: **Fall 589**
1 470 DM   fällig am 29. 09.
3 687 DM   fällig am 13. 10.
6 491 DM   fällig am 30. 11.

4 119 DM   fällig am 01. 12.
Welchen Betrag schreibt die Bank gut?

Fall 590 **Sachverhalt:** Die Firma Franz Bürger schuldet uns lt. Rechnung vom 01. 06. 34 000 DM, Ziel 3 Monate oder innerhalb 14 Tagen mit 2 v. H. Skonto. Am 15. 06. überreicht sie uns folgende Wechsel zur Gutschrift:

3 600 DM   fällig am 01. 07.
6 250 DM   fällig am 15. 07.
4 800 DM   fällig am 08. 08.
3 700 DM   fällig am 24. 08.

Den Rest begleicht sie durch Scheck. Auf welchen Betrag muss der Scheck lauten, wenn der Diskont für Wechsel bis 4 000 DM 10 v. H. und für Wechsel über 4 000 DM 9 v. H. beträgt?

Fall 591 **Sachverhalt:** Am 10. 09. werden folgende Wechsel der Bank zum Diskont eingereicht:
1.   135 DM   fällig am 24. 09.
2.   5 200 DM   fällig am 20. 10. (Samstag)
3.   2 634 DM   fällig am 08. 11.
4.   1 280 DM   fällig am 02. 12. (Sonntag)

Der Abrechnung sind folgende Bedingungen zugrunde zu legen:
Diskont 7 ½ v. H., Mindestdiskont 2 DM.

Spesen 3,64 DM (Pfennigausgleich beachten).

Berechnen Sie:

a) den Barwert der Wechsel,

b) den Betrag, um den die Umsatzsteuer zu berichtigen ist. Hierbei wird unterstellt, dass die Wechselgeber von der Berichtigung nach § 17 UStG benachrichtigt sind.

G. Wirtschaftslehre

I. Rechtliche Rahmenbedingungen des Wirtschaftens

Vorbemerkung

Die rechtlichen Rahmenbedingungen des Wirtschaftens sind im Wesentlichen im Bürgerlichen Gesetzbuch (BGB) und im Handelsgesetzbuch (HGB) geregelt.

Hinweis: Zum notwendigen Prüfungswissen gehört auch, die Gliederung des BGB und des HGB darstellen zu können.

1. Die Gliederung des BGB

Erstes Buch: Allgemeiner Teil (§§ 1 – 240 BGB)
mit den gemeinsamen Vorschriften über Personen, Rechtsgeschäfte, Fristen/Termine, Verjährung

Zweites Buch: Recht der Schuldverhältnisse (§§ 241 – 853 BGB), z. B. aus Verträgen

Drittes Buch: Sachenrecht (§§ 854 – 1296 BGB)
über Besitz und Eigentum an beweglichen Sachen und an Grundstücken

Viertes Buch: Familienrecht (§§ 1297 – 1921 BGB)
mit den Regelungen über Ehe, Verwandtschaft, Unterhalt

Fünftes Buch: Erbrecht (§§ 1922 – 2385 BGB)

2. Die Gliederung des HGB

Erstes Buch: Handelsstand (§§ 1-104 HGB)
mit den Vorschriften über Kaufleute, Handelsregister, Handelsvertreter

Zweites Buch: Handelsgesellschaften und stille Gesellschaft (§§ 105 – 237 HGB)

Drittes Buch: Handelsbücher (§§ 238 – 342 HGB)
über Buchführungs-, Bilanzierungs-, Prüfungsvorschriften

Viertes Buch: Handelsgeschäfte (§§ 343 – 473 HGB)
über Handelskauf, Kommmissions-, Speditions-, Frachtgeschäft

Fünftes Buch: Seehandel (§§ 476 – 905 HGB)

3. Der Kauf nach bürgerlichem Recht und nach Handelsrecht

Der Kauf ist ein gegenseitiger Vertrag, in dem sich der eine Teil (Verkäufer) zur Verschaffung des Eigentums an einer Sache oder der Inhaberschaft an einem Recht, der andere (Käufer) sich zur Zahlung einer Geldsumme verpflichtet (§ 433 BGB).

Ein Vertrag kommt durch Angebot und Annahme zustande (§ 145 ff. BGB). Gegenstand eines Vertrages ist, wer von wem welche Leistung fordern darf. Daraus entsteht ein Schuldverhältnis, kraft dessen der Gläubiger berechtigt ist, vom Schuldner eine Leistung zu verlangen (§ 241 BGB). Bei einem Kauf ist jeder Vertragspartner Schuldner und Gläubiger zugleich (zweiseitiger Vertrag).

Voraussetzung für die Wirksamkeit eines Vertrages ist die Rechtsfähigkeit und die Geschäftsfähigkeit der Vertragspartner (§§ 1, 104 ff. BGB).

Rechtsfähigkeit bedeutet, Träger von Rechten, Beteiligter an Rechtsverhältnissen und Verpflichteter aus Rechtspflichten sein zu können. Beginn: § 1 BGB, Ende: Tod.

Geschäftsfähigkeit bedeutet, rechtlich bedeutsame Handlungen vornehmen zu können.

Verträge können mündlich, schriftlich oder konkludent, d. h. durch schlüssiges Handeln abgeschlossen werden. In Einzelfällen ist aber zum Schutz dessen, der einen Vertrag eingehen will, eine bestimmte Form vorgesehen, wie z. B. bei Übertragung eines Grundstücks die notarielle Beurkundung des Vertrages nach § 313 BGB.

Schweigen auf ein unterbreitetes Angebot kann nicht als dessen Annahme gewertet werden. Lediglich im laufenden Geschäftsverkehr zwischen Kaufleuten kommt dem Schweigen eine besondere Bedeutung zu (§ 362 HGB). So ist in Fällen der Geschäftsbesorgung wie z. B. bei einem Transportauftrag – nicht bei Warenbestellung –, Schweigen ein Zeichen des Einverständnisses. Entsprechendes gilt für ein **kaufmännisches Bestätigungsschreiben.** Haben z. B. zwei Kaufleute mündlich einen Vertrag ausgehandelt und legt einer den Inhalt des Vertrages in einem Bestätigungsschreiben mit Abweichungen nieder und lässt das Schreiben dem anderen Vertragspartner zugehen, so wird der Vertrag nach Maßgabe des Bestätigungsschreibens, also mit den Abweichungen, geändert. Das bedeutet, der Vertrag wird mit den Abweichungen wirksam, sofern der Empfänger dem kaufmännischen Bestätigungsschreiben nicht unverzüglich widerspricht.

Leistungsverzug
Ist ein Kaufvertrag wirksam zustande gekommen, so kann nach § 271 BGB der Gläubiger sofort die Leistung verlangen und der Schuldner sofort die Leistung bewirken, sofern nicht ein anderer Leistungszeitpunkt bestimmt ist.

Schuldnerverzug tritt ein, wenn der Schuldner nach Fälligkeit auf eine Mahnung des Gläubigers nicht die vereinbarte Leistung erbringt. Ist der Leistungszeitpunkt nach dem Kalender bestimmt, so tritt Verzug bereits dann ein, wenn der Schuldner nicht zu der bestimmten Zeit leistet (§ 284 BGB). Bei Verzug hat der Schuldner dem Gläubiger den dadurch entstandenen Schaden zu ersetzen (§ 286 BGB). Der Schuldner unterliegt auch einer erweiterten Haftung, d. h. er hat während des Verzugs jede Fahrlässigkeit zu vertreten (§ 287 BGB).

Beispiel:

Eine Geldschuld ist während des Verzugs mit 4 % zu verzinsen (§ 288 BGB).

Soll ein Vertrag mit der Einhaltung der Lieferzeit „stehen und fallen" (Fixgeschäft), so ist der Käufer ohne weiteres berechtigt, vom Kauf zurückzutreten, wenn die vereinbarte Lieferzeit nicht eingehalten wird (§ 361 BGB). Im Falle eines Fixhandelskaufs kann der Schuldner (Verkäufer) sogar zum Schadensersatz herangezogen werden, wenn er nicht rechtzeitig liefert (§ 367 HGB). Ein Handelskauf ist ein Vertrag, bei dem wenigstens einer der Vertragspartner Kaufmann ist und für den der Kauf zu seinem Handelsgewerbe zählt (§ 343 HGB).

Annahmeverzug tritt ein, wenn der Gläubiger die ihm angebotene Leistung nicht annimmt (§ 293 BGB). Bei Annahmeverzug einer Lieferung kann der Schuldner Ersatz der Mehraufwendungen verlangen, die ihm während der Aufbewahrung und Erhaltung des Liefergegenstandes entstanden sind. Die Gefahr des Untergangs des geschuldeten Liefergegenstandes liegt bei Annahmeverzug beim Käufer (§ 300 BGB).

Gewährleistung, Untersuchungs- und Rügepflicht
Nach bürgerlichem Recht haftet der Verkäufer für Mängel eines gelieferten Gegenstandes 6 Monate (Gewährleistung nach § 477 BGB). Der Käufer kann bei mangelhafter Lieferung je nach Lage des Falles Wandelung oder Minderung des Kaufpreises (§ 462 BGB) oder Schadensersatz wegen Nichterfüllung (§ 463 BGB) geltend machen. Derartige Gewährleistungsansprüche sind indessen im drängenden gewerblichen Handel nicht zweckmäßig. Deshalb sieht § 377 HGB eine unverzügliche Untersuchungs- und Rügepflicht vor, wenn der Kauf für beide Teile ein Handelsgeschäft ist (zweiseitiger Handelskauf).

Geschäftsfähigkeit/Rechtsfähigkeit   Fall 592
Sachverhalt: Ein sechsjähriges Kind soll in einem Schreibwarengeschäft einen Bleistift und ein Schreibheft kaufen. Stattdessen kauft das Kind ein Würfelspiel zum gleichen Preis.

Frage: 1. Ist der Kauf wirksam zustande gekommen? 2. Erläutern Sie den Unterschied zwischen Geschäftsfähigkeit und Rechtsfähigkeit und deren Stufen bei natürlichen Personen.

▶ §§ 1, 104, 105, 1922 BGB

Taschengeld Minderjähriger   Fall 593
Sachverhalt: Ein siebzehnjähriger Schüler erteilt einem Juwelier – ohne Wissen der Eltern – den Auftrag, einen goldenen Fingerring anzufertigen. Den Ring will er seiner Freundin schenken. Er zahlt bei Erteilung des Auftrages 20 % des Kaufpreises an. Der Rest soll nach Lieferung des Ringes in fünf Monatsraten gezahlt werden.

Frage: Ist der Vertrag wirksam?

▶ § 110 BGB

Willenserklärung   Fall 594
Sachverhalt: In der Honorarrechnung eines Steuerberaters an einen Mandanten wurden Ziffern vertauscht. Statt des Honorars für die Erstellung einer Bilanz nach der StBGebV in Höhe von 952 DM wurde lediglich ein Betrag von 295 DM in Rechnung gestellt.

Frage: Kann der Steuerberater den Unterschiedsbetrag nachfordern?

▶ § 119 BGB

Vertragsabschluss   Fall 595
Fragen:
1. Unter welchen Voraussetzungen kommt ein Vertrag zustande?

▶ § 145 ff. BGB

2. Sind bei bestimmten Verträgen Formerfordernisse einzuhalten?

▶ §§ 305, 128, 129, 780, 781 BGB

3. Welche bedeutsamen Vertragsarten kennen Sie? Nennen Sie mindestens vier Beispiele.

4. In welchen Fällen sind Rechtsgeschäfte
   a) nichtig und
   b) anfechtbar?

   Nennen Sie jeweils zwei Beispiele.

▶ §§ 105, 107, 117, 118, 134, 138, 145, 306 BGB

Fall 596 Vertragsabschluss, Anfechtung wegen Irrtums

Sachverhalt: Großhändler Klotzig hatte Fahrradhändler Reifig ein schriftliches Angebot über die Lieferung von Rennrädern zum Preis von 693 DM je Fahrrad gemacht. Wegen des offensichtlich guten Preises bestellte Reifig 10 Rennräder für 6 930 DM. Bei Eingang der Bestellung stellt Klotzig fest, dass ihm ein Zahlendreher unterlaufen ist. Der richtige Preis hätte 963 DM lauten müssen.

Klotzig will die bestellten 10 Rennräder nur für 9 630 DM liefern, Reifig besteht auf Lieferung für 6 930 DM, da ein Kaufvertrag zustande gekommen sei. Im Übrigen habe er schon für die Rennräder Werbung betrieben und dafür 300 DM verauslagt.

Frage:
a) Ist ein Kaufvertrag zustande gekommen?
b) Muss Klotzig die Rennräder zum Preise von 6 930 DM liefern?
c) Kann Reifig für die verauslagten Werbekosten Schadenersatz verlangen?

▶ §§ 119, 122, 143, 145, 305 BGB

Fall 597 Vertragsarten/Vertragsinhalt

Sachverhalt: Ludger Heims hat mehrere nachfolgend erläuterte Verträge abgeschlossen:

Die einzelnen Sachverhalte:	Bezeichnung des Vertrages	Inhalt des Vertrages
a) Heims überlässt seine Drogerie mit Einrichtung dem Kaufmann Alfons Hagen für mtl. 2 000 DM		
b) Heims überlässt seinem Freund vorübergehend unentgeltlich sein Wohnmobil		
c) Heims lässt sich bei der Erstellung seiner Einkommensteuererklärung von einem Steuerberater beraten		

d) Heims lässt sein Auto in der Werkstatt reparieren

e) Heims lässt sich eine Gartenbank anfertigen

Frage: Welche Art von Verträgen hat Heims abgeschlossen? Bitte vervollständigen Sie die vorstehende Übersicht.

▶ §§ 581, 598, 611, 631, 651 BGB

Einzelne Rechtsgeschäfte   Fall 598

Sachverhalt a: Hannes Simpelkamp erklärt sich telefonisch bereit, für seinen Stammtischbruder eine Bürgschaft in Höhe von 10 000 DM zu übernehmen.

Sachverhalt b: Albert Schaurig gewährt ein Darlehen von 1 000 DM und verlangt dafür 30 % Zinsen.

Sachverhalt c: Kfz-Händler Ewald Gurke verkauft einen gebrauchten Pkw als unfallfrei, obwohl er weiß, dass der Pkw einen Unfall hatte.

Frage: Sind die obigen Verträge gültig zustande gekommen? Bitte begründen.

▶ §§ 123, 125, 138 BGB

Kaufvertrag (1)   Fall 599

Sachverhalt: Der Fahrradhändler Reifig erhielt vom Großhändler Klotzig ein Angebot über Fahrräder und Zubehör. Daraufhin bestellte Reifig und erhielt von Klotzig eine Bestellungsannahme.

Frage: Wann ist der Kaufvertrag zustande gekommen, wenn

a) das Angebot verbindlich war,

b) das Angebot unverbindlich war?

▶ § 145 BGB

Kaufvertrag (2)   Fall 600

Sachverhalt: Nach dem Angebot des Großhändlers Klotzig beträgt der Großhandelsabgabepreis für Fahrräder der Marke Peugeot Mountain-Bike XAS 540 DM. Fahrradhändler Reifig bestellt 4 solcher Fahrräder für 480 DM.

Frage: Ist ein Kaufvertrag zustande gekommen, wenn Klotzig

a) keine Annahme der Bestellung,

b) eine Annahme der Bestellung schickt?

Bitte begründen.

▶ § 151 BGB

Fall 601 Unbestellte Ware

Sachverhalt: Am 19. 03. 2001 finden Sie in Ihrem Briefkasten einen Brief mit verschiedenen bemalten Postkarten und einer Zahlungsaufforderung über 20 DM. Sie legen den Brief zu ihrer unerledigten Post und reagieren nicht. Nach zwei Monaten mahnt der Absender die Zahlung der 20 DM an.

Frage: Müssen Sie die 20 DM zahlen? Wie ist der Fall zu beurteilen, wenn einem Kaufmann sein langjähriger Geschäftspartner – nach vorangegangenem Angebot – unbestellte Ware liefert? Bitte begründen.

▶ § 305 BGB

Fall 602 Erfüllung des Vertrages

Sachverhalt: Der Fahrradhändler Reifig hat beim Großhändler Klotzig 10 Rennräder bestellt. Klotzig hat die Bestellung bestätigt und angenommen. Die Lieferung soll innerhalb von zwei Wochen nach Eingang der Bestellung erfolgen.

Frage: Welche Pflichten haben die Vertragsparteien aus dem Vertrag zu erfüllen? Gehen Sie auch auf die Möglichkeiten der Eigentumsübertragung und auf den Erfüllungsort ein.

▶ §§ 241, 270, 433, 929 ff. BGB, § 377 HGB

Fall 603 Erfüllungsort

Sachverhalt: Steuerberater Fuchs aus Münster kauft bei einem Antiquitätenhändler in Dortmund einen wertvollen Teppich.

Fragen:

a) Wo ist der gesetzliche Erfüllungsort für die Warenlieferung?

b) Welche Bedeutung hat der Erfüllungsort?

▶ § 269 BGB

Fall 604 Fixgeschäft (Lieferverzug)

Sachverhalt: Im Kaufvertrag vom 10. 10. 2000 zwischen dem Landwirt Boden und dem Landmaschinenhändler Klotzig wurde die Lieferung eines Traktors Magirus-Deutz F 0 wie folgt vereinbart:

„Lieferung am 11. 06. 2001 fest." Heute, am 15. 06. 2001, stellt Landwirt Boden fest, dass Klotzig nicht liefern kann, weil er zu viele Aufträge angenommen hat.

Frage: Wie beurteilen Sie den Sachverhalt? Welche Rechte hat Landwirt Boden, die er wahlweise in Anspruch nehmen kann?

▶ § 361 BGB, § 376 HGB

Lieferung unter Eigentumsvorbehalt — Fall 605

Sachverhalt: Baumaschinenhändler Stark lieferte im Juli 2001 an Bauunternehmer Stein zwei Kleinbagger. Der Kaufvertrag enthält die Klausel: „Die gelieferte Ware bleibt bis zur vollständigen Bezahlung Eigentum des Verkäufers."

Stein gerät mit der Bezahlung des Kaufpreises in Verzug. Im September 2001 verkauft er einen der Kleinbagger an die Tiefbau-GmbH. Im November 2001 wird Stein insolvent, ohne dass er die Kleinbagger bezahlt hat.

Frage: Hat Stark einen Rechtsanspruch an die Tiefbau-GmbH und an den Insolvenzverwalter auf Herausgabe der Kleinbagger?

▶ §§ 455, 932, 985, 1204 BGB

Handelskauf, Annahmeverzug — Fall 606

Sachverhalt: Baumaschinenhändler Stark bestellt im Okotber 2001 bei dem Baumaschinenhersteller Greif-GmbH einen Baukran. Der Baukran soll Anfang Dezember 2001 geliefert werden. Kurz vor Auslieferung des Baukrans teilt Stark der Greif-GmbH mit, er könne den Baukran nicht abnehmen, da sein Kunde, für den er das Gerät bestellt habe, in Konkurs gegangen sei.

Fragen: Welche Auswirkung hat die Annahmeverweigerung auf die Haftung des Stark und der Greif-GmbH? Welche gesetzlichen Pflichten muss die Greif-GmbH berücksichtigen, wenn sie einen Selbsthilfeverkauf durch öffentliche Versteigerung des Baukrans vornehmen will?

▶ § 373 HGB

Besitzkonstitut (Besitzmittlungsverhältnis) — Fall 607

Sachverhalt: Gastwirt Karl Korn will sich in einem Jahr zur Ruhe setzen und schon jetzt die günstige Gelegenheit zum Kauf eines Hauses auf Mallorca wahrnehmen. Weil er dafür Geld benötigt, verkauft er am 31. 12. 2000 seine Gaststätte, die er in gemieteten Räumen betreibt, für 100 000 DM an Ludger Pils. Vereinbarungsgemäß wird Pils die Gaststätte aber erst in 12 Monaten, also am 31. 12. 2001, übernehmen. Bis dahin pachtet Korn die Gaststätte von Pils und zahlt mtl. 900 DM Pacht.

Fragen: Zu welchem Zeitpunkt wird Pils Eigentümer der Gaststätte? Wie erfolgt die Eigentumsübertragung?

▶ § 930 BGB

Schlechterfüllung eines Vertrages — Fall 608

Sachverhalt: Einem Baumarkt (Käufer) wurden Nägel und Schrauben geliefert, die mit kleinen Mängeln behaftet sind.

Fragen:

a) Welche Rechte hat der Käufer, die er grundsätzlich gegenüber dem Lieferanten geltend machen kann?

b) In welchen Situationen wird sich der Käufer für welches dieser Rechte entscheiden?

▶ § 459 ff. BGB

Fall 609 Mängelrügen (1)

Sachverhalt: Die Bäckerei Teig u. Söhne KG hat bei der EBÄCKO GmbH folgende Waren bestellt:

Nr.	Menge/kg	Art	Preis/kg
1	200	Weizenmehl	1,10 DM
2	200	Roggenmehl	1,15 DM
3	50	Pflanzenöl	2,30 DM
4	100	Haferflocken	1,87 DM

Die Lieferung erfolgte nach fünf Tagen. Bei Überprüfung der Sendung wird festgestellt: Statt 200 kg Weizenmehl wurden 300 kg geliefert. Bei einem Sack Roggenmehl ist die Verpackung beschädigt. Ein Teil des Mehls ist ausgelaufen. Statt des Pflanzenöls wurde Öl aus tierischen Fetten geliefert. Die Haferflocken werden nicht benötigt. Die Produktion unter Verwendung von Haferflocken wurde eingestellt.

Fragen:

a) Welche Pflichten hat die Bäckerei Teig u. Söhne KG bei Eintreffen der Ware?

b) Welche Arten von Mängeln liegen vor (Nr. 1 – 3)?

c) Welche Rechte kann die Bäckerei geltend machen (Nr. 1 – 4)?

▶ § 377 HGB, § 462 BGB

Fall 610 Mängelrügen (2)

Sachverhalt: Der Fahrradgroßhändler Mächtig macht dem Fahrradeinzelhändler Reifig ein Angebot über Fahrräder und Fahrradzubehör. Nach dem Angebot erfolgt die Lieferung ca. 2 Wochen nach Bestellung.

Aufgrund des Angebotes bestellt Reifig am 12. 02. 2001:
- 5 Fahrräder Hercules-City mit 5-Gang-Pentasportschaltung,
- 20 Rennsportjacken in weiß mit Schriftzug „Rudi Altig",
- 20 Rennsporthosen in dunkelblau,
- 5 Kindersitze Marke „Strolch",
- 4 Kartons mit Fahrradglühbirnen.

Am 26. 02. 2001 werden geliefert:
- 5 Fahrräder Hercules-City mit 3-Gang-Nabenschaltung,
- 20 Rennsportjacken in weiß ohne Schriftzug „Rudi Altig",
- 20 Rennsporthosen in hellblau,
- 4 Kartons mit Fahrradglühbirnen.

Die Kindersitze werden überhaupt nicht geliefert.

Fragen:

a) Wie lange hat Reifig Zeit, die aufgezeigten Mängel zu rügen?

b) Von welchen Rechten würden Sie anstelle von Reifig Gebrauch machen?

c) Befindet sich der Lieferer hinsichtlich der Kindersitze im Lieferungsverzug?
d) Erläutern Sie bei Eintritt des Lieferungsverzuges anhand je eines Beispiels die Begriffe:
   – konkreter Schaden,
   – abstrakter Schaden.
e) Welche Möglichkeiten der Mängelrüge hat Reifig, wenn er nach 8 Monaten feststellt, dass die gelieferten Glühbirnen eine Fassung haben, die in der Bundesrepublik nicht zu verwenden ist (USA-Norm)?

▶ § 377 HGB, §§ 326, 462, 477 BGB

Mängelrügen (3) — Fall 611

Sachverhalt: Fahrradhändler Reifig werden am 01. 10. zur privaten Verwendung fristgerecht in einem Karton verpackt 12 Likörgläser und 12 Weingläser geliefert. Erst am 20. 10. kommt er dazu, die Gläser auszupacken. Dabei stellt er fest, dass 3 Weingläser beschädigt sind.

Frage: Hat eine Mängelrüge Aussicht auf Erfolg?

▶ § 477 BGB

Zahlungsverzug — Fall 612

Sachverhalt: Am 20. 02. 2001 lieferte Groß an die Bauunternehmung Spieß GmbH in Münster Baumaterial zum Bruttopreis von 23 940 DM. Über den Zeitpunkt der Zahlung wurde keine besondere vertragliche Vereinbarung getroffen. Am 20. 03. 2001 stellt Groß fest, dass die Forderung noch immer nicht ausgeglichen wurde.

Fragen:
1. Mit welcher Maßnahme kann Groß die Spieß GmbH in Zahlungsverzug setzen?
2. Am 14. 04. 2001 ist die Zahlung noch nicht eingegangen, obwohl Groß die Spieß GmbH nochmals an die Rechnung erinnert hatte. Groß beantragt daraufhin den Erlass eines Mahnbescheids.
   2.1 Wo ist ein solcher Mahnbescheid zu beantragen?
   2.2 Erläutern Sie kurz, wie sich die Spieß GmbH nach Zustellung des Mahnbescheids verhalten kann und welche Auswirkung ihr Verhalten jeweils auf den Ablauf des gerichtlichen Mahnverfahrens hat.
3. Welchen Schadensersatz und in welcher Höhe kann Groß grundsätzlich im Falle des Zahlungsverzuges von der Spieß GmbH verlangen?

▶ § 284 BGB, § 352 HGB, § 697 ZPO

Verjährung — Fall 613

Sachverhalt: Fahrradhändler Reifig hat versehentlich eine Lieferantenrechnung beglichen, die bereits verjährt war. Jetzt will er den gezahlten Betrag mit einer neuen Verbindlichkeit gegenüber dem Lieferanten aufrechnen.

Fragen:

a) Kann er aufrechnen? Begründen Sie Ihre Entscheidung.

b) Was bedeutet Verjährung im bürgerlichen Recht?

c) Wodurch unterscheidet sich die Verjährung im bürgerlichen Recht von der Verjährung im Steuerrecht?

▶ §§ 194, 222, 389 BGB, § 232 AO

Fall 614 Verjährungsfristen (1)

Sachverhalt: Es bestehen folgende Forderungen bzw. Ansprüche, die zu verjähren drohen:

Forderung:	Verjährungsfrist (§ BGB)
a) Ein Rentner verkaufte einem Pensionär seine Briefmarkensammlung	_____
b) Ein Autohändler verkaufte einem Arbeitslosen ein gebrauchtes Auto	_____
c) Ein Arbeitgeber gewährte einem Arbeitnehmer ein Darlehen	_____
d) Zinsforderungen des Arbeitgebers im Falle c)	_____
e) Honoraranspruch eines Steuerberaters	_____
f) Anspruch eines Konkursgläubigers gegenüber dem Gemeinschuldner	_____
g) Ein Lkw-Händler verkaufte einem Gewerbetreibenden einen Lkw	_____

Fragen:

1. Nach welchem Zeitablauf verjähren die Ansprüche? Bitte tragen Sie die Verjährungsfrist ein.

▶ §§ 195 – 197 BGB

2. Durch welche Tatbestände wird die Verjährung unterbrochen? Drei Beispiele genügen.

▶ §§ 208, 209 BGB

3. Welche Wirkung hat die Unterbrechung der Verjährung?

▶ § 217 BGB

4. Durch welche Tatbestände wird die Verjährung gehemmt? Zwei Beispiele genügen.

▶ § 202 BGB

5. Welche Wirkung hat die Hemmung der Verjährung?

▶ § 205 BGB

Fall 615 Verjährungsfristen (2)

Sachverhalt a: Der Fahrradhändler Reifig kaufte von dem Großhändler Mächtig Fahrräder für 17 200 DM. Der Rechnungsbetrag ist am 16. 01. 2000 fällig.

Sachverhalt b: Fahrradhändler Reifig leistete am 16. 02. 2001 eine Teilzahlung von 5 000 DM auf die obige Rechnung (Sachverhalt a).

Sachverhalt c: Der Auszubildende Lässig kaufte am 02. 05. 2000 von Reifig ein neues Fahrrad für 840 DM gegen Rechnung. Der Rechnungsbetrag war am 12. 05. 2000 fällig.

Sachverhalt d: Nachdem Lässig nicht gezahlt hat (Sachverhalt c), beantragt Reifig einen gerichtlichen Mahnbescheid, der am 12. 02. 2001 zugestellt wird.

Sachverhalt e: Als dem Auszubildenden Lässig sein neues Fahrrad durch Diebstahl verlustig ging, kaufte er am 10. 08. 2000 von seinem Kollegen Arglos ein gebrauchtes Fahrrad für 100 DM.

Frage: Wann läuft jeweils die Verjährung ab? Bitte kurz begründen.

▶ §§ 195, 196, 198, 201, 208, 209 BGB

Unterbrechung der Verjährung (1)   Fall 616

Sachverhalt: Gegen den früheren Mandanten Werner Pils besteht noch eine Honorarforderung von 1 000 DM, die zu verjähren droht.

Fragen: Welche Maßnahmen können Sie einleiten, um die Verjährung zu unterbrechen? Durch welche Maßnahmen des Schuldners wird die Verjährung unterbrochen? Je zwei Beispiele genügen.

▶ §§ 202, 208, 209 BGB

Unterbrechung der Verjährung (2)   Fall 617

Sachverhalt: Die Holz OHG kauft am 15. 01. 2001 von der Eisen GmbH eine Werkzeugmaschine für 19 200 DM. Die Eisen GmbH räumt ein Zahlungsziel von vier Wochen ein. Da die Holz OHG nicht zahlt, schickt ihr die Eisen GmbH insgesamt drei Mahnungen und am 15. 07. 2001 einen Mahnbescheid.

Fragen:

a) Wann beginnt und endet die Verjährungsfrist für die Forderung der Eisen GmbH?

b) Welche Wirkungen haben Mahnungen und Mahnbescheid in diesem Fall?

c) Welche Folge hat der Eintritt der Verjährung?

Berechnung einer Verjährungsfrist   Fall 618

Sachverhalt: Theo Birne erwarb am 15. 11. 2000 von einem Händler eine Stereoanlage für 2 500 DM. Der Händler gewährte ihm ein Zahlungsziel von einem Monat, das Theo Birne indessen nicht einhielt.

Nachdem Theo Birne auf mehrere Mahnungen nicht reagiert hatte – das letzte Mahnschreiben datierte vom 13. 02. 2001 –, wurde ihm am 17. 04. 2001 ein Mahnbescheid zugestellt.

Fragen:

a) Wann würde die Verjährungsfrist ablaufen, wenn der Händler nichts zur Einziehung seiner Forderung unternommen hätte?

b) Welche Wirkungen haben die Mahnungen und der Mahnbescheid auf die Verjährungsfrist? Geben Sie ggf. das neue Ende der Verjährungsfrist an.

▶ §§ 196, 201, 209 BGB

Fall 619 **Berechnung einer Verjährungsfrist**

Sachverhalt: Die Honorarforderung des Steuerberaters Fuchs gegenüber dem Unternehmer Lässig beträgt lt. Gebührenrechnung vom 10. 10. 2000 (Zahlungsbedingung netto = Kasse) 5 000 DM.

Lässig leistet nach der 2. Mahnung am 01. 03. 2001 eine Teilzahlung und kündigt an, den Rest einen Monat später zu zahlen. Am 02. 04. 2001 bittet Lässig schriftlich darum, ihm die Restzahlung bis zum 01. 06. 2001 zu stunden, womit Steuerberater Fuchs einverstanden ist.

Frage: Wann ist der Anspruch auf Restzahlung verjährt? Begründen Sie Ihr Ergebnis.

▶ §§ 196, 202, 217 BGB

II. Die gesetzliche Sozialversicherung

A. Allgemeines zum Sozialrecht

Das Sozialrecht soll dazu beitragen, ein menschenwürdiges Dasein zu sichern, gleiche Voraussetzungen für die freie Entfaltung der Persönlichkeit zu schaffen, die Familie zu schützen und zu fördern und besondere Belastungen des Lebens abzuwenden oder auszugleichen (§ 1 SGB I).

Das Sozialrecht ist in die Bereiche soziale Vorsorge, soziale Förderung, Sozialhilfe und Entschädigungen gegliedert.

Gliederung des Sozialrechts, gesetzliche Grundlagen	Leistungsträger nach §§ 19 – 29 SGB I
1. Soziale Vorsorge durch:	
a) Rentenversicherung (SGB VI)	LVA für Arbeiter, BVA für Angestellte u. a. m. (§ 23 Abs. 2 SGB I)
b) Arbeitslosenversicherung (AFG)	Arbeitsämter (§ 19 Abs. 2 SGB I),
c) Krankenversicherung (SGB V)	AOK, Ersatzkassen u. a. m. (§ 21 Abs. 2 SGB I),
d) Pflegeversicherung (SGB XI)	Pflegekassen in den Krankenkassen (§ 21a Abs. 2 SGB I),
e) Unfallversicherung (AFG)	Berufsgenossenschaften (§ 22 Abs. 2 SGB I)
Die Beiträge zur sozialen Vorsorge nach den Buchst. a bis d werden an die örtlichen Krankenkassen geleistet, die sodann die ihr nicht zustehenden Teile an die anderen Leistungsträger weiterleiten.	
2. Soziale Förderung u. a. durch:	
a) Ausbildungsförderung (AFG, BAföG)	Ämter für Ausbildungsförderung (§ 18 Abs. 2 SGB I),

b)	Kindergeld (BKGG)	Arbeitsämter (§ 25 Abs. 3 SGB I),
c)	Erziehungsgeld (BErzGG)	Arbeitsämter (§ 25 Abs. 3 SGB I),
d)	Wohngeld (WoGG)	Behörden nach Landesrecht (§ 26 Abs. 2 SGB I),
e)	Schwerbehindertenhilfe (SchwbG)	Arbeitsämter u. Hauptfürsorgestellen (§ 20 Abs. 2 SGB I)
3.	Soziale Hilfe durch: Sozialhilfe (BSHG)	**Kreise u. kreisfreie Städte, überörtliche Träger (§ 28 Abs. 2 SGB I)**
4.	Soziale Entschädigungen nach verschiedenen Gesetzen an Kriegsopfer, Soldatenopfer, Impfgeschädigte, Kriminalopfer	

B. Die gesetzliche Sozialversicherung

1. Überblick

Die gesetzliche Sozialversicherung gewährt Arbeitnehmern auf dem Wege der Pflichtversicherung Schutz gegen die Folgen von Alter, Arbeitslosigkeit, Krankheit, Pflegebedürftigkeit und vorzeitige Invalidität.

Dementsprechend sind eingerichtet:
- die gesetzliche Rentenversicherung,
- die Arbeitslosenversicherung,
- die gesetzliche Krankenversicherung,
- die soziale Pflegeversicherung und
- die gesetzliche Unfallversicherung.

2. Beitragsregelungen

	Beitrags- und Entgeltgrenzen für die Sozialversicherung			
	Deutschland			
	West		Ost	
	2001	2000	2001	2000
Beitrag vom Arbeitsentgelt[1])	%	%	%	%
Rentenversicherung	19,1	19,3	19,1	19,3
Arbeitslosenversicherung	6,5	6,5	6,5	6,5
Krankenversicherung	[2])	[2])	[2])	[2])
Pflegeversicherung	1,7	1,7	1,7	1,7
Beitragsbemessungsgrenze monatlich	DM	DM	DM	DM
Rentenversicherung	8 700	8 600	7 300	7 100
Arbeitslosenversicherung	8 700	8 600	7 300	7 100
Krankenversicherung	6 525	6 450	6 525	5 325
Pflegeversicherung	6 525	6 450	6 525	5 325

Beitrags- und Entgeltgrenzen für die Sozialversicherung				
	Deutschland			
	West		Ost	
	2001	2000	2001	2000
Höchstbeiträge monatlich[1]	DM	DM	DM	DM
Rentenversicherung	1 661,70	1 659,80	1 394,30	1 370,30
Arbeitslosenversicherung	565,50	559,00	474,50	461,50
Krankenversicherung	[2]	[2]	[2]	[2]
Pflegeversicherung	110,93	109,65	110,93	90,53
Versicherungspflichtgrenzen monatlich	DM	DM	DM	DM
Krankenversicherung	6 525	6 450	6 525	5 325
Entgeltgrenzen monatlich	DM	DM	DM	DM
Versicherungsfreiheit	630	630	630	630
Alleinige Beitragspflicht des Arbeitgebers	630	630	630	630

[1] Je 1/2 ArbG und ArbN

[2] je nach Krankenkasse unterschiedlich, Durchschnittssatz 13,5 %

3. Beitragsregelungen in der gesetzlichen Unfallversicherung

Die Beiträge zur Unfallversicherung der Arbeitnehmer werden im Gegensatz zu den übrigen Beiträgen in vollem Umfang vom Unternehmer aufgebracht (§ 723 RVO). Die Beitragshöhe richtet sich nach dem finanziellen Bedarf der Berufsgenossenschaft für das abgelaufene Geschäftsjahr (§ 724 RVO), ferner nach dem Bruttoarbeitsentgelt des abgelaufenen Jahres und nach der Unfallgefahr (§ 725 RVO).

Der finanzielle Bedarf der Berufsgenossenschaft wird als Messbetrag (Beitragsfuß) festgelegt, z. B. 3,5/1 000. Entsprechend der Unfallgefahr wird dem Unternehmen ein Gefahrtarif zugeteilt (§ 730 RVO). Unterste Gefahrtarife in der Verwaltungsberufsgenossenschaft sind z. B. den Kreditinstituten mit 1,0, den Angehörigen der steuer- und wirtschaftsberatenden Berufe, Rechtsanwälten und Notaren mit 1,1 und den Architekten mit 2,2 zugeteilt. Im oberen Bereich der Gefahrtarife liegen z. B. Bewachungsunternehmen mit 7,1, Automatenhallen mit 7,6 und Freizeitparks mit 9,2.

Aufgrund der zu erbringenden Gehalts- und Lohnnachweise ergeht für das abgelaufene Jahr ein Beitragsbescheid (§ 746 RVO).

4. Begriffe aus der Sozialversicherung

a) Beitragsbemessungsgrundlage

Bemessungsgrundlage für die Beiträge zur Sozialversicherung ist das Arbeitsentgelt. Es entspricht weitgehend dem steuerpflichtigen Arbeitslohn i. S. des Lohnsteuerrechts (Bin-

Wirtschaftslehre – Fälle

dung an das Steuerrecht/§ 17 SGB IV). Somit unterliegt der steuerfreie und auch der pauschal versteuerte Arbeitslohn grundsätzlich nicht der Sozialversicherung.

Übersicht 28: Pauschalierung von Arbeitslohn 2000/2001

	Steuersatz	Soz.-Vers.
1. Pauschalierung von Teilarbeitslohn (§§ 40 Abs. 2 u. 40b EStG)		
– Unentgeltliche oder verbilligte Mahlzeiten im Betrieb oder entsprechende Barzuschüsse	25 %	nein
– Arbeitslohn durch unübliche Betriebsveranstaltungen	25 %	nein
– Erholungsbeihilfen je Kalenderjahr		
für den Arbeitnehmer bis 300 DM	25 %	nein
für dessen Ehegatten bis 200 DM	25 %	nein
für jedes Kind bis zu 100 DM	25 %	nein
– (stpfl.) Verpflegungsmehraufwendungen bei Reisekostenerstattungen bis zu 100 % der Pauschbeträge	25 %	nein
– Fahrtkostenersatz für Fahrten zwischen Wohnung und Arbeitsstätte bis 0,70 DM je Entfernungs-km (ab 11. km: 0,80 DM)	15 %	nein
– Direktversicherung des Arbeitnehmers bis zu 3 408 DM im Kalenderjahr	20 %	nein[1]
– Gruppenunfallversicherung	20 %	nein
2. Pauschalierung von Lohn aus Teilzeitarbeit (§ 40a EStG)		
– Kurzfristige, vorübergehende Beschäftigung	25 %	nein[2]
Voraussetzungen		
nicht regelmäßig wiederkehrende Beschäftigung, Dauer bis zu je 18 zusammenhängenden Arbeitstagen,		
durchschnittlicher Stundenlohn bis zu 22 DM		
durchschnittlicher Tageslohn bis zu 120 DM		
– Dauernde Beschäftigung, aber in geringem Umfang und gegen geringen Lohn	20 %	nein[3]
Voraussetzung:		
Arbeitslohn im Monat bis zu 630 DM (wöchentlich 147 DM, Stundenlohn bis zu 22 DM).		

[1] Sozialversicherungsfrei, wenn die Beiträge vom Arbeitgeber zusätzlich zum Arbeitsentgelt – das ist der Normalfall – gegeben werden.
[2] Sozialversicherungsfrei, wenn die Beschäftigungsdauer im Kj 2 Monate oder insgesamt 50 Tage nicht übersteigt.
[3] Pauschale Beiträge zur Krankenversicherung in Höhe von 10 % und zur Rentenversicherung von 12 % des Arbeitslohns, wenn der Arbeitslohn 630 DM monatlich nicht übersteigt.

Vgl. hierzu auch die Fälle 132-135.

b) Beitragsbemessungsgrenze

Das Arbeitsentgelt wird nicht in unbeschränkter Höhe für die Beitragsberechnung herangezogen, sondern nur bis zu einem bestimmten Höchstbetrag, der sog. Beitragsbemessungsgrenze.

c) Versicherungspflichtgrenze

Für Arbeitnehmer besteht Versicherungspflicht in der gesetzlichen Krankenversicherung, wenn ihr regelmäßiges Arbeitsentgelt 75 % der Beitragsbemessungsgrenze in der Rentenversicherung nicht übersteigt. Wird die Grenze überschritten, kann der Arbeitnehmer aus der gesetzlichen Krankenversicherung austreten.

Fall 620 Sozialversicherung, Begriffe

Sachverhalt: Sie erstellen für mehrere Mandanten die Lohn- und Gehaltsabrechnungen. Im Zusammenhang mit der Sozialversicherung der Arbeitnehmer begegnen Ihnen die Begriffe

a) Beitragsbemessungsgrenze

b) Pflichtversicherungsgrenze

c) Geringfügige Beschäftigung

d) Hinzuverdienstgrenze

Frage: Welche Bedeutung haben diese sozialversicherungsrechtlichen Begriffe?

▶ § 7 SGB V, §§ 159, 236 SGB VI

Fall 621 Arbeitsentgelt in der Sozialversicherung

Sachverhalt: Josef Kentenich muss für das Lohnbüro entscheiden, ob und in welcher Höhe Zusatzleistungen zum Arbeitsentgelt in der Sozialversicherung gehören.

Sachverhalt a: Frau Schmidt erhält anlässlich ihrer Heirat eine Heiratsbeihilfe von 1 000 DM, wovon 700 DM lohnsteuerfrei sind.

Frage: Ist die Heiratsbeihilfe Entgelt im Sinne der Sozialversicherung?

Sachverhalt b: Prokurist Schneider erhält einen Firmenwagen, den er auch für Fahrten zwischen Wohnung und Arbeitsstätte und auch für Privatfahrten nutzen darf. Der geldwerte Vorteil daraus (Sachbezug) beträgt monatlich 511 DM. Davon versteuert die Firma nach § 40 Abs. 2 EStG pauschal mit 15 % einen Betrag von monatlich 221 DM, soweit er auf die Fahrten zwischen Wohnung und Arbeitsstätte entfällt.

Frage: Gehört der geldwerte Vorteil zum Entgelt im Sinne der Sozialversicherung?

Fall 622 Unfallversicherung

Sachverhalt: Steuerberater Fuchs meldet der Verwaltungsberufsgenossenschaft ein Bruttoarbeitsentgelt für das Kj 2000 in Höhe von 260 000 DM.

Frage: Wie hoch ist der Beitrag zur Unfallversicherung für das Kj 2000, wenn der Gefahrtarif 1,1 und der Beitragsfuß 3,5/1 000 beträgt?

Sozialversicherung   **Fall 623**

Sachverhalt: Josef Kentenich arbeitet in der Personalabteilung eines großen Düsseldorfer Unternehmens. Folgende Sachverhalte ergeben sich:

Sachverhalt a: Am 01. 05. 2001 wurde eine Buchhalterin eingestellt, die nach drei Wochen ernstlich erkrankte und stationär behandelt werden muss. Herr Kentenich hat versäumt, die Buchhalterin bei der Krankenkasse anzumelden.

Frage: Wer muss für die Arzt- und Krankenhauskosten der Buchhalterin aufkommen?

Sachverhalt b: Nachdem ein leitender Angestellter mit einem Monatsgehalt von 6 500 DM brutto eingestellt war, meldet ihn Herr Kentenich sofort bei der AOK an. In seiner früheren Firma bezog der leitende Angestellte ein Monatsgehalt von 5 000 DM.

Frage: War Herr Kentenich verpflichtet, den Angestellten bei der Krankenversicherung anzumelden?

Sachverhalt c: Der Verkaufsleiter Nervig beschwert sich bei Herrn Kentenich darüber, dass ihm von seinem Gehalt von 8 500 DM brutto Beiträge zur Rentenversicherung abgezogen worden sind. Er meint, dass er bei seinem Gehalt nicht mehr rentenversicherungspflichtig sei und somit keine Beiträge mehr entrichten müsse.

Frage: Hat Herr Nervig recht?

Sachverhalt d: Das Unternehmen beschäftigt als Putzfrau wöchentlich 10 Stunden die 40jährige Maria Evermann. Sie bezieht für ihre Tätigkeit – ohne Vorlage einer Lohnsteuerkarte – ein monatliches Arbeitsentgelt von netto 500 DM.

Frage: Ist Frau Evermann sozialversicherungspflichtig?

Sachverhalt e: Im Dezember 2000 musste Frau Evermann (siehe d) zusätzlich bei der Vorbereitung der betrieblichen Weihnachtsfeier mithelfen. Für den Monat Dezember war daher – im Voraus vertraglich begrenzt – eine Gesamtarbeitszeit von 200 Stunden vorgesehen. Dafür erhielt sie ein Arbeitsentgelt von insgesamt 2 700 DM brutto. Frau Evermann legte für den Monat Dezember 2000 eine Lohnsteuerkarte vor.

Fragen: Ist Frau Evermann im Dezember 2000 sozialversicherungspflichtig? Wie wirkt sich ihre Tätigkeit im Dezember 2000 auf die Sozialversicherungspflicht des ganzen Kalenderjahres 2000 aus?

Sachverhalt f: Ein Arbeitnehmer erhält im November 2000 neben seinem Gehalt von 5 500 DM die jährliche Weihnachtsgratifikation von 11 000 DM. In der Zeit vom 01. 01. 2000 bis zum 31. 10. 2000 beträgt sein beitragspflichtiges Arbeitsentgelt 55 000 DM.

Im Kj 2000 betragen die Beitragsbemessungsgrenzen in der Krankenversicherung 6 450 DM und in der Rentenversicherung 8 600 DM monatlich (West).

Frage: Wie hoch ist das beitragspflichtige Arbeitsentgelt (West) für die Kranken- und Rentenversicherung im November 2000? Ermitteln Sie die Beiträge in einer übersichtlichen Darstellung.

Mutterschaftsgeld, Erziehungsgeld   **Fall 624**

Sachverhalt: Die verheiratete Steuerfachangestellte Antje Richter hat am 09. 04. 2001 entbunden.

Fragen:
1. Wie viel Wochen beträgt die Mutterschutzfrist?
2. Wer zahlt während der Mutterschutzfrist das Mutterschaftsgeld?
3. Bis zu welchem Zeitpunkt kann die Arbeitnehmerin zu Hause bleiben, wenn sie Erziehungsurlaub in Anspruch nimmt?
4. Wie hoch ist der Mindestbetrag, der als Erziehungsgeld gewährt wird?

▶ § 5, 16 BErzGG

Fall 625 Arbeitslosengeld, Arbeitslosenhilfe

Sachverhalt: Die 25-jährige ledige Steuerfachangestellte Heike Bäumer, die seit Jahren in der Steuerpraxis Fuchs und Partner beschäftigt ist, kündigt fristgerecht zum 30. 06. 2001 und meldet sich beim Arbeitsamt als arbeitslos.

Fragen:
1. Ab welchem Tag und für welchen Zeitraum erhält sie Arbeitslosengeld?
2. Wie hoch ist das Arbeitslosengeld?
3. Ab welchem Tag kann sie Arbeitslosenhilfe erhalten?
4. Wie hoch ist die Arbeitslosenhilfe?

▶ §§ 49, 100 ff. AFG

Fall 626 Arbeitsrecht

Sachverhalt a: Am 12. 04. 2001 erfährt Steuerberater Fuchs, dass seine Angestellte Hilde Maaß ihre Verschwiegenheitspflicht verletzt hat. Am 21. 05. 2001 kündigt Fuchs seiner Angestellten fristlos unter Hinweis auf die Verletzung der Verschwiegenheitspflicht.

Frage: Ist die fristlose Kündigung rechtswirksam? Bitte begründen.

▶ § 626 BGB

Sachverhalt b: Steuerberater Fuchs hat innerhalb kurzer Zeit vier große Mandanten verloren. Dadurch verringert sich sein Umsatz um 20 %. Neue Mandanten sind nicht in Sicht. Aus diesem zwingenden betrieblichen Grund kündigt Steuerberater Fuchs zum 30. 06. 2001

1. das Beschäftigungsverhältnis mit der 25-jährigen Steuerfachangestellten Heidi Groß, die seit drei Jahren im Betrieb beschäftigt ist, und
2. das Ausbildungsverhältnis mit der Auszubildenden Anke Meier, die sich im 3. Ausbildungsjahr befindet.
Die Kündigungen gehen beiden am 25. 04. 2001 zu.

Frage: Sind die Kündigungen wirksam? Begründen Sie Ihre Lösung.

Sachverhalt c: Am 05. 11. 2001 erfährt Arbeitgeber Pahl, dass sein Vertriebsleiter Koch heimlich Kundenlisten, Einkaufsquellen und Kalkulationsunterlagen an eine Konkurrenzfirma weitergegeben hat. Er kündigt Koch am 14. 11. 2001 fristlos.

Frage:

1. Ist die fristlose Kündigung rechtens? Nehmen Sie auch zur Frage der Abmahnung kurz Stellung.

2. Koch verlangt von Pahl die Ausstellung eines Zeugnisses. Stellen Sie fest, ob Pahl im Zeugnis die Verletzung der Verschwiegenheitspflicht erwähnen darf oder sogar erwähnen muss. Geben Sie jeweils eine kurze Begründung.

▶ §§ 626 und 630 BGB

Sachverhalt d: Die Steuerfachangestellte Antje Richter hat Anspruch auf einen Jahresurlaub von 28 Arbeitstagen. Im Juli 2001 hatte Frau Richter zum ersten Mal für das Kalenderjahr 2001 18 Tage Urlaub genommen. An ihrem 6. Urlaubstag musste sie jedoch wegen akuter Blinddarmentzündung operiert werden und wurde deswegen für drei Wochen krankgeschrieben.

Frage: Auf wie viel Urlaubstage hat Frau Richter im Kj 2001 noch Anspruch? Bitte begründen.

Übersicht 29: Der Kündigungsschutz

Grundsatz: Der Kündigungsschutz schränkt das freie Kündigungsrecht des ArbG nach § 622 BGB ein.

Regelkündigungsfrist:

4 Wochen zum Fünfzehnten oder zum Ende des Kalendermonats. Die Kündigungsfrist verlängert sich entsprechend der Dauer der Betriebszugehörigkeit wie folgt

Betriebszugehörigkeit	Kündigungsfrist
2 Jahre	1 Monat zum Ende eines Kalendermonats
5 Jahre	2 Monate zum Ende eines Kalendermonats
8 Jahre	3 Monate zum Ende eines Kalendermonats
10 Jahre	4 Monate zum Ende eines Kalendermonats
12 Jahre	5 Monate zum Ende eines Kalendermonats
15 Jahre	6 Monate zum Ende eines Kalendermonats
20 Jahre	7 Monate zum Ende eines Kalendermonats

Beschäftigungszeiten vor dem 25. Lebensjahr werden nicht berücksichtigt. Während einer vereinbarten Probezeit (max. 6 Monate) kann das Arbeitsverhältnis mit einer Frist von 2 Wochen gekündigt werden.

I. **Kündigungsschutz nach dem KSchG**
   Ein Kündigungsschutz besteht nicht bei
   1. Krankheit der ArbN (langanhaltende Krankheit oder häufige Kurzerkrankungen)
   2. Verhaltensbedingten Gründen des ArbN. Eine Kündigung – nach vorheriger Abmahnung – ist möglich bei Arbeitsversäumnissen, Schlechtleistungen, Verstöße gegen Nebenverpflichtungen, z. B. Verschwiegenheitspflicht, bei Beleidigung von Vorgesetzten, Tätlichkeiten oder Alkohol im Betrieb u. Ä.
   3. Dringenden betrieblichen Gründen (wirtschaftlichen, technischen oder organisatorischen)

II. **Kündigungsschutz nach § 9 MuSchG** innerhalb von 4 Monaten nach der Entbindung und nach § 18 BErzGG während des Erziehungsurlaubs.

III. **Kündigungsschutz nach § 15 SchwbG.** Eine Kündigung ohne Zustimmung der Hauptfürsorgestelle ist nichtig.

IV. **Kündigungsschutz nach BBiG.** Ein Ausbildungsverhältnis kann nur während der Probezeit und nach der Probezeit nur aus wichtigem Grund nach § 626 BGB gekündigt werden.

III. Zahlungsverkehr

Die Zahlungsarten

1. Barzahlung

Barzahlung erfolgt durch unmittelbare Übergabe von Geld. Sofern dem Zahlenden die persönliche Übergabe des Geldes nicht möglich ist, muss er sich der Mithilfe Dritter bedienen, z. B. des Postzahlungsdienstes. Mit der Postanweisung erhält die Post den Auftrag, einen zuvor in bar eingezahlten Betrag in bar an den in der Postanweisung genannten Empfänger auszuzahlen.

2. Unbare Zahlung

a) Überweisung von Konto zu Konto

Im Überweisungsauftrag erhält die Bank oder das Postgiroamt den Auftrag, einen bestimmten Geldbetrag vom Konto des Auftraggebers auf das Konto des Zahlungsempfängers zu übertragen. Voraussetzung für eine Überweisung ist also, dass Auftraggeber und Zahlungsempfänger ein Konto bei einer Bank oder bei einem Postgiroamt unterhalten.

Wirtschaftslehre – Fälle

Überweisungsvordruck

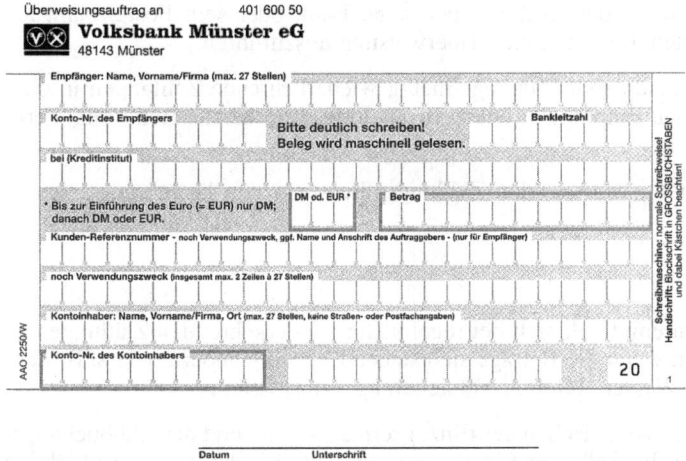

b) Zahlung mit Zahlschein

Hat der Auftraggeber kein Konto, kann er den Betrag in bar mit Zahlschein bei irgendeiner Bank oder einem Postamt zur Überweisung auf das Empfängerkonto einzahlen.

Viele Firmen bedienen sich des Zahlscheinüberweisungsvordrucks, indem sie ihn zusammen mit der Rechnung verschicken. Dabei sind auf dem Zahlschein bereits Anschrift und Bankverbindung des Zahlungsempfängers angegeben, was den Zahlungsvorgang erleichtert. Hat der Zahlungspflichtige selbst ein Konto, setzt er nur noch seine Kontonummer, seine Bank- oder Postgiroverbindung sowie seinen Namen ein, unterschreibt den Vordrucksatz und reicht ihn als Überweisungsauftrag bei seiner Bank oder seinem Postgiroamt ein.

Vordruck

c) Dauerauftrag

Mit dem Dauerauftrag weist der Auftraggeber seine Bank oder sein Postgiroamt an, regelmäßig zu bestimmten Terminen eine Überweisung auszuführen.

Der Dauerauftrag eignet sich somit für regelmäßig wiederkehrende Zahlungen in gleicher Höhe an den gleichen Empfänger, wie z. B. Zahlungen für Miete, Rundfunk, Fernsehen, Tageszeitung.

Daueraufträge sind beliebt, weil sie den Zahlungspflichtigen von lästigen Terminvormerkungen befreien.

d) Lastschrift

Das Lastschriftverfahren empfiehlt sich bei regelmäßig wiederkehrenden Zahlungen an den gleichen Empfänger, wenn die Beträge sich stets oder häufig ändern, wie z. B. Zahlungen für Gas, Strom, Wasser, Telefon, Versicherung, Umsatzsteuer.

Beim Lastschriftverfahren ist zwischen der Einzugsermächtigung und dem Abbuchungsauftrag zu unterscheiden. Im Falle der Einzugsermächtigung hat der Zahlungspflichtige den Zahlungsempfänger ermächtigt, bestimmte Beträge durch Lastschrift einzuziehen. Im Falle des Abbuchungsauftrags hat der Zahlungspflichtige seine Bank angewiesen, Lastschriften eines bestimmten Zahlungsempfängers bis zu einer bestimmten Höhe abzubuchen.

Ist der Kontoinhaber mit einer Belastung durch Einzugsermächtigung nicht einverstanden, kann er innerhalb von sechs Wochen die Bank oder das Postgiroamt anweisen, die Belastung wieder rückgängig zu machen.

Das Lastschriftverfahren hat folgende Vorteile: Für den Zahlungsempfänger ergeben sich Vorteile für seine Buchführung und bei den Bankgebühren, weil ihm viele Teilbeträge in einer Summe gutgeschrieben werden. Der Zahlungspflichtige wird von lästigen Terminvormerkungen entbunden.

e) Scheck

Mit dem Scheck weist der Kontoinhaber seine Bank oder sein Postgiroamt an, gegen Vorlage des Schecks eine bestimmte Geldsumme an den Scheckinhaber auszuzahlen (Barscheck) oder dem Konto des Scheckinhabers gutzuschreiben (Verrechnungsscheck).

Schecks sind bei Vorlage zahlbar. Das muss bei einem im Inland ausgestellten Scheck innerhalb von acht Tagen vom Ausstellungsdatum an geschehen. Hat die bezogene Bank keine Bedenken, löst sie den Scheck auch nach Ablauf der Vorlegungsfrist ein. Vordatierte Schecks sind vor dem Ausstellungsdatum zahlbar, wenn sie vorgelegt werden.

Ein Verrechnungsscheck trägt quer über die Vorderseite den Vermerk „Nur zur Verrechnung". Der Vermerk kann nachträglich nicht mehr gelöscht werden. Gelangt ein Unberechtigter in den Besitz eines Verrechnungsschecks, so ist ein Missbrauch weitgehend ausgeschlossen, weil sich leicht feststellen lässt, auf welchem Konto der Scheck gutgeschrieben wurde.

Auch auf einem Barscheck kann – aus Sicherheitsgründen – nachträglich selbst der Vermerk „Nur zur Verrechnung" angebracht werden.

Eurocheques sind so gut wie bares Geld, weil die Bank mit der Eurocheque-Karte dafür garantiert, dass der Scheck auf jeden Fall bis zu 400 DM eingelöst wird. Die Nummer der Eurocheque-Karte muss auf der Rückseite des Eurocheques angegeben sein.

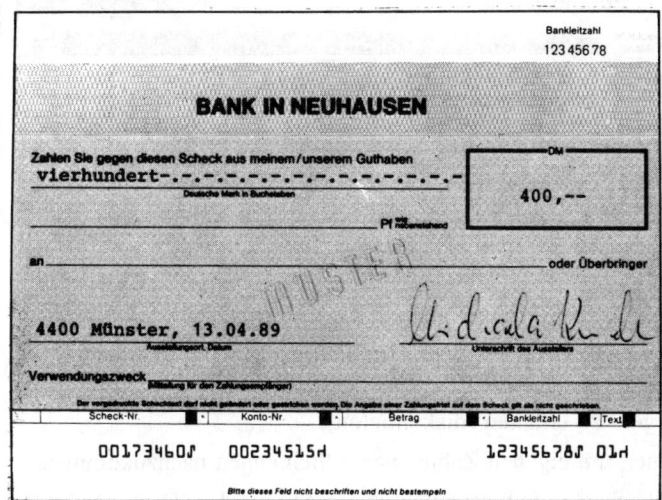

Wenn der Inhaber einer Eurocheque-Karte Bargeld benötigt, kann er bei der nächsten Bank oder beim nächsten Postgiroamt mit ec-Zeichen Bargeld erhalten, wenn er einen Eurocheque ausstellt. Mit Hilfe des ec-Geldautomaten kann der Inhaber einer Eurocheque-Karte auch außerhalb der Schalterstunden Geld erhalten. Die persönliche Geheimzahl schützt den Inhaber vor einem Missbrauch der Eurocheque-Karte.

f) Wechsel

Der Wechsel ist eine Urkunde mit verschiedenen Funktionen: Er ist Kreditmittel, Sicherungsmittel und Zahlungsmittel zugleich.

Oft kann der Käufer einer Ware erst dann den Lieferanten bezahlen, wenn er seinerseits die Ware weiterveräußert hat. In diesem Fall möchte der Lieferant für die Übergangszeit eine Sicherheit in den Händen haben. Dies kann ein Wechsel sein, den er auf den Käufer der Ware zieht. Der Käufer (Bezogener) verpflichtet sich mit dem Wechsel, bei Fälligkeit – z. B. in 90 Tagen – die Wechselsumme zu zahlen, womit dann auch seine Warenschuld getilgt ist. Die Verpflichtung zu zahlen geht er dadurch ein, dass er einen Annahmevermerk (Akzept) auf den Wechsel anbringt, indem er quer unter „angenommen" seine Unterschrift setzt.

Indossament

Will der Wechselinhaber den Wechsel nicht bis zur Fälligkeit behalten, kann er ihn weitergeben:

a) an seine Bank, um Bargeld zu erhalten (diskontieren),

b) an einen Geschäftspartner, um eigenen Zahlungsverpflichtungen nachzukommen.

Vor Weitergabe muss der Wechsel ordnungsgemäß übertragen werden. Dazu genügt die Unterschrift auf der Rückseite (Blankoindossament). Meistens wird der Wechsel aber durch Vollindossament übertragen. Dieses lautet: Für mich (uns) an die Order der ... Bank/Firma + Datum + Unterschrift.

Wechselprotest

Löst der Bezogene bei Fälligkeit den Wechsel nicht ein, geht der Wechsel zu Protest. Dazu muss der Wechselinhaber an einem der beiden nächsten auf den Zahltag folgenden Werktage vor einem Notar oder vor einem Gerichtsbeamten Protest erheben. Bei Inlandswechseln bis zu 3 000 DM kann dies auch vor einem Postbeamten geschehen. Nach Protesterhebung kann der Wechselinhaber innerhalb der nächsten vier Werktage auf dem Wege des Rückgriffs (Regress) von dem nächsten haftenden Indossanten (Vormann) die Bezahlung der Wechselsumme samt Nebenkosten verlangen.

Übersicht 30: Zahlungsarten

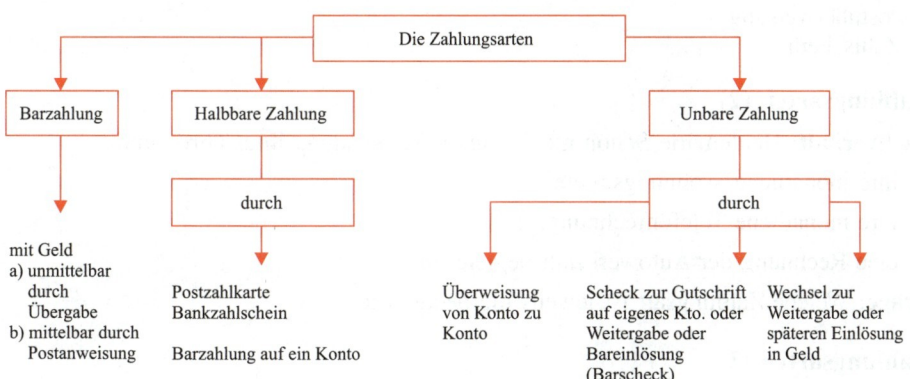

Übersicht 31: Die gesetzlichen Bestandteile von Scheck und Wechsel

Scheck (Art. 1 ScheckG)
1. Bezeichnung Scheck im Text der Urkunde,
2. die Anweisung, eine bestimmte Geldsumme zu zahlen,
3. den Namen dessen, der zahlen soll (bezogene Bank),
4. den Zahlungsort,
5. Tag und Ort der Ausstellung,
6. Unterschrift des Ausstellers.

Wechsel (Art. 1 WechselG)
1. Bezeichnung Wechsel im Text der Urkunde,
2. die Anweisung, eine bestimmte Geldsumme zu zahlen,
3. den Namen des Bezogenen,
4. den Zahlungsort,
5. Tag und Ort der Ausstellung,
6. Unterschrift des Ausstellers,
7. den Namen des Wechselnehmers,
8. die Angabe der Verfallzeit.

Quittung als Zahlungsnachweis — Fall 627

Sachverhalt: Ein Monteur der Rohrfrei GmbH beseitigt eine Verstopfung im Abfluss der Teeküche des Büros. Der Monteur besteht auf Barzahlung der Reparaturrechnung. Über den Betrag von 211 DM stellt er eine Quittung aus.

Frage: Welche Bestandteile sollte die Quittung haben, damit sie als Zahlungsnachweis dienen kann?

Zahlungsarten (1) — Fall 628

Sachverhalt: Sie haben die Möglichkeit, eine Rechnung in bar, halbbar oder unbar zu begleichen.

Frage: Bei welcher der folgenden Möglichkeiten benötigen Sie ein/kein Konto? Bitte ankreuzen!

Zahlung durch   Bankkonto   Postgirokonto   Kein Konto
a) Zahlkarte
b) Postanweisung
c) Postscheck

d) Banküberweisung
e) Bankscheck
f) Postüberweisung
g) Zahlschein

Fall 629 Zahlungsarten (2)

Sachverhalt: Heidemarie Schön möchte unter Verwendung ihres Girokontos

a) ihre monatliche Wohnungsmiete,

b) ihre monatliche Telefonrechnung,

c) eine Rechnung der Autowerkstatt begleichen.

Frage: Welche Zahlungsart ist jeweils die bequemste?

Fall 630 Zahlungsarten (3)

Sachverhalt: Ihnen sind die Begriffe Barzahlung, halbbare Zahlung und bargeldlose Zahlung geläufig.

Frage: Welchen der Begriffe ordnen Sie den nachfolgenden Zahlungsarten zu?

a) Postanweisung, b) Dauerauftrag, c) Barscheck

Fall 631 Lastschriftverfahren

Sachverhalt: Ihr Mandant, der Textilkaufmann Hannes Simpelkamp, bezieht seit kurzem regelmäßig Damenoberbekleidung von dem Hersteller Schick GmbH. Um die Zahlungsvorgänge zu vereinfachen, ist Simpelkamp damit einverstanden, dass diese im Lastschriftverfahren abgewickelt werden.

Frage:

a) Welche Verfahren sind beim Lastschriftverfahren grundsätzlich möglich?

b) Zu welchem Verfahren würden Sie Herrn Simpelkamp hier raten?

▶ Kreditwesengesetz (KWG)

Fall 632 Zahlungen an Finanzbehörden

Sachverhalt: Ihr Mandant Hannes Korn, Gastwirt, möchte am liebsten seine Steuern beim Finanzamt in bar bezahlen.

Fragen: Kann er das? Wie können Steuern an das Finanzamt bezahlt werden? Zu welchem Zeitpunkt gilt die Zahlung einer Steuer durch Scheck als geleistet?

▶ § 224 AO

Fall 633 Vorlegungsfristen für Schecks

Sachverhalt: Sie haben einen Scheck erhalten.

Fragen:

1. Innerhalb welcher Frist muss der Scheck der bezogenen Bank vorgelegt werden?

2. Welche Rechtswirkung hat die Nichteinhaltung der Vorlegungsfristen?

▶ §§ 29, 32 und 40 ScheckG

Scheck mit abgelaufener Vorlegungsfrist   Fall 634

Sachverhalt: Sie erhalten am 25. 05. per Post einen Verrechnungsscheck, der – offensichtlich aus Versehen – mit dem 19. 04. datiert ist.

Frage: Welche Folgen kann dieses Versehen haben?

▶ § 32 ScheckG

Scheck „Nur zur Verrechnung"   Fall 635

Sachverhalt: Sie haben Ihre alten Ski verkauft. Der Käufer zahlt mit Scheck, auf dem der Vermerk „Nur zur Verrechnung" angebracht ist. Als Sie dem Käufer eine Quittung geben, streicht der Käufer – auf Ihren Wunsch hin – den Vermerk „Nur zur Verrechnung" durch.

Frage: Welche Möglichkeiten haben Sie, den Scheck bar einzulösen?

▶ § 39 ScheckG

Barscheck   Fall 636

Sachverhalt: Sie haben einen Barscheck erhalten. Die bezogene Bank ist die Kreissparkasse Schongau. Sie selbst unterhalten ein Girokonto bei der Volksbank Rottenbuch.

Frage: Welche Möglichkeiten haben Sie, den Scheck bar einzulösen?

▶ § 39 ScheckG

Zahlung durch EC-Scheck   Fall 637

Sachverhalt a: Sie verkaufen Ware für 550 DM. Der Käufer zahlt mittels EC-Scheck.

Frage: Worauf müssen Sie achten, wenn Sie sichergehen wollen, dass der Scheck auch eingelöst wird?

Sachverhalt b: Sie verkaufen Ware für 550 DM. Der Käufer hat nur einen Euroscheck bei sich und setzt als Schecksumme den Betrag von 500,00 DM ein.

Frage: Wird die bezogene Bank den Euroscheck einlösen, gegebenenfalls in welcher Höhe?

EC-Scheck oder Bargeld   Fall 638

Sachverhalt: Sie möchten ein Radio kaufen. Der Kaufpreis beträgt 295 DM. Als Sie mit einem EC-Scheck zahlen wollen, lehnt der Händler dies ab und verlangt Bargeld.

Frage: Ist die Forderung des Händlers rechtmäßig?

▶ § 14 BBankG

Fall 639 **Vordatierter Scheck**

Sachverhalt: Sie haben am 15. 05. auf eine Zeitungsanzeige hin für 600 DM ein gebrauchtes Rennrad gekauft und mit dem Verkäufer vereinbart, dass der Kaufpreis erst am 02. 06. zu zahlen ist. Deshalb geben Sie dem Verkäufer einen auf den 02. 06. (Tag der Ausstellung) vordatierten Scheck über 600 DM.

Frage: Wann kann der Verkäufer den Scheck frühestens dem eigenen Konto gutschreiben lassen?

▶ § 29 ScheckG

Fall 640 **Abweichende Schecksumme**

Sachverhalt: Ein Mandant schickt zur Begleichung einer Honorarrechnung von 1 010 DM einen Scheck. Die Schecksumme lautet: In Ziffern „1 010 DM", in Buchstaben „Einhundertzehn DM".

Frage: Welchen Betrag wird die Bank gutschreiben?

▶ § 9 ScheckG

Fall 641 **Wechsel/Begriffe**

Sachverhalt: Das Wechselrecht unterscheidet u. a. folgende Begriffe:
1. Tratte   2. Akzept   3. Solawechsel   4. Rimesse

Frage: Welche Bestimmungen treffen auf die obigen Begriffe zu?
a) Angenommener Wechsel (Zahlungsversprechen) ☐
b) Ausgestellter, noch nicht angenommener Wechsel (Zahlungsaufforderung) ☐
c) Wechsel an fremde Order ☐
d) Wechsel, bei dem sich der Aussteller verpflichtet, die Wechselsumme zu bezahlen. ☐
Tragen Sie jeweils die zutreffende Ziffer in das Kästchen ein.

Fall 642 **Wechselrecht**

Fragen:
1. Welche Bedeutung hat der Warenwechsel?
2. Welches ist der wichtigste Anspruch „aus dem Wechsel"?
3. Können sich Ansprüche „aus dem Wechsel" auch gegen den Aussteller ergeben? Wenn ja, wie kann er solche Ansprüche vermeiden?
4. Was ist das „Indossament" und welche Bedeutung hat es?
5. Was ist ein Diskontkredit?
6. Was ist ein Akzeptkredit?
7. Welche Bedeutung hat die Annahmeerklärung auf einem Wechsel?

Verwendung eines Wechsels Fall 643

Sachverhalt a: Ihr Mandant hat von einem Kunden einen Wechsel erhalten.
Frage: Wie kann der Mandant den Wechsel verwenden?
Sachverhalt b: Ihr Mandant hat von einem Kunden einen Wechsel zum Ausgleich seiner Forderung erhalten.
Frage: Ist durch die Wechselhingabe die Schuld des Kunden an den Mandanten endgültig erloschen?

Indossament Fall 644

Sachverhalt: Autohändler Fahrig, Landshut, hat von seinem Kunden Kannig einen Wechsel über 5 000 DM erhalten. Fahrig möchte diesen Wechsel als Zahlungsmittel verwenden, um seine Schulden bei dem Großhändler Happig KG in Rosenheim abzubauen.
Frage: Wie lautet das Indossament auf der Rückseite des Wechsels, wenn Fahrig den Wechsel am 10. 04. 2001

a) mit einem Vollindossament oder

b) mit einem Blankoindossament überträgt.

Wechselprotest Fall 645

Sachverhalt: Der Wechselinhaber Peter Huber legt dem Bezogenen Hans Reinbach einen Wechsel zur Einlösung vor. Reinbach kann jedoch nicht zahlen.
Frage: Was hat Huber innerhalb welcher Fristen zu veranlassen, um seine Rechte zu wahren?

▶ Art. 44 und 45 WG

Wechselkosten/Umsatzsteuer Fall 646

Sachverhalt: Ein ordnungsgemäß ausgestellter und rechtzeitig vorgelegter Wechsel wird vom Bezogenen nicht eingelöst.
Fragen:
1. Was veranlasst der letzte Wechselinhaber, um seine Rechte zu wahren?
2. Wozu ist er noch verpflichtet?
3. Welche Posten enthält die Rückrechnung neben der Wechselsumme und der Umsatzsteuer?
4. Welcher Bestandteil der Rückgriffsforderung wird nicht von der Umsatzsteuer erfasst?

Diskontsatz Fall 647

Sachverhalt: Die Bundesbank hat den Diskontsatz um 0,5 % gesenkt.
Fragen:
1. Wie wirkt sich die Diskontsenkung aus

a) auf die Nachfrage nach Wechselkrediten,
b) auf den Kreditspielraum der Geschäftsbanken?
2. Unter welchen Bedingungen kauft die Bundesbank Wechsel von den Geschäftsbanken an?

IV. Finanzierung

Fall 648 **Finanzierung und Investition (1)**

Sachverhalt: Ein Mandant benötigt eine Lagerhalle. Die Holzbau GmbH macht ihm ein Angebot über eine Lagerhalle, schlüsselfertig errichtet zu einem Komplettpreis von 600 000 DM.

Zur Finanzierung eröffnet die Holzbau GmbH das folgende Angebot:
Eine nach Abschluss der Bauarbeiten fällige Ausgleichsrate und 23 Monatsraten zu je 29 100 DM, Gebühren 2 %, Jahreszins 6,6 %, 0,75 % Kreditversicherung, jeweils vom ursprünglichen Kreditbetrag.

Der Mandant hat von seiner Hausbank ein entsprechendes Finanzierungsangebot eingeholt. Es lautet: Eine nach Freigabe der Kreditmittel sofort fällige Ausgleichsrate und 23 Monatsraten zu je 27 600 DM, Gebühren 2 %, Zinsen pro Monat 0,32 %, jeweils vom ursprünglichen Kreditbetrag, keine weiteren Kosten.

Fragen:
a) Wie hoch ist jeweils die Ausgleichsrate?
b) Um wie viel Prozent verteuert sich die Anschaffung der Lagerhalle gegenüber einem Barkauf?
c) Erläutern Sie kurz die Begriffe „Finanzierung" und „Investition".

Fall 649 **Finanzierung und Investition (2)**

Sachverhalt: Aus der Buchführung der Protzig AG entnehmen Sie folgende Geschäftsvorfälle:
1. Eine Maschine wird geleast
2. Die AG akzeptiert einen Wechsel als Bezogener
3. Eine Liefererrechnung wird erst nach 30 Tagen (ohne Skonto) bezahlt
4. Eine alte Maschine wird durch eine neue Maschine ersetzt (Kauf)
5. Die AG erwirbt durch Bankkredit eine Beteiligung an einem anderen Unternehmen
6. Die AG verwendet einen Bankkredit zur Erhöhung des Kassenbestandes
7. Die AG errichtet einen Anbau am Geschäftsgebäude
8. Die AG gibt Obligationen heraus
9. Die AG gibt Gratisaktien heraus
10. Die AG erhöht ihr Grundkapital
11. Die AG kauft Ware für die kommende Saison
12. Eine Maschine mit einem Wiederverkaufswert von 50 000 DM wird mit 1 DM bilanziert

13. Die AG gibt einem Großkunden einen Kredit
14. Ein Grundstück wird verkauft

Frage: In welchen Fällen handelt es sich um
1. Außenfinanzierung,
2. Innenfinanzierung,
3. keine Finanzierung,
4. Investition,
5. keine Investition?

Bitte tragen Sie die entsprechenden Ziffern ein.

Finanzierungsformen   Fall 650

Sachverhalt: Das „Handelsblatt" teilt zum Geschäftsbericht der Protzig AG mit: Die im Geschäftsjahr getätigten Investitionen wurden zu 60 % aus Abschreibungen finanziert.

Fragen:
a) Welche Finanzierungsform ist angesprochen?
b) Erläutern Sie diese Art der Finanzierung.

Pensionszusagen an Arbeitnehmer   Fall 651

Sachverhalt: Die Protzig AG gewährt ihren langjährigen Mitarbeitern eine zusätzliche Altersversorgung.

Die kaufmännischen Angestellten erhalten ihre Altersversorgung aus Direktversicherungen bzw. aus einer selbständigen Pensionskasse (§§ 4c–d, 40b EStG). Dazu leistet die Protzig AG regelmäßig Zahlungen an den Versicherer bzw. an die Pensionskasse.

Die gewerblichen Arbeitnehmer erhalten ihre Altersversorgung später unmittelbar von der Protzig AG. Dazu werden aufgrund der Pensionszusagen in den Bilanzen entsprechende Rückstellungen (für Pensionsverpflichtungen) gebildet (§ 6a EStG).

Fragen:
a) Wie wirken sich die unterschiedlichen Formen der Altersversorgung auf die Liquidität des Unternehmens aus?
b) Bei welcher Art der Altersversorgung ergeben sich Finanzierungsvorteile für die AG?

Kreditsicherung (1)   Fall 652

Sachverhalt: Fahrradhändler Reifig benötigt für die bauliche Erweiterung seines Geschäfts einen Kredit von 300 000 DM. Aufgrund der Kreditanfrage verlangt die Bank von Reifig zur Überprüfung seiner Kreditwürdigkeit Bilanzen und Gewinn- und Verlustrechnungen für die letzten drei Jahre. Zu einzelnen Bilanzpositionen fordert die Bank zusätzliche Angaben.

Frage: Warum sind bei Überprüfung der Kreditwürdigkeit Bilanzpositionen – ohne zusätzliche Angaben – nur begrenzt aussagefähig? Bitte zwei Beispiele angeben.

▶ §§ 398, 930 BGB, § 6 Abs. 1 EStG

Fall 653 Kreditsicherung (2)

Sachverhalt: Die Bilanz eines Mandanten, der sich um einen Kredit bemüht, weist unter anderem die folgenden Vermögenswerte aus:

- Grundstücke   500 000 DM
- Maschinen   200 000 DM
- Wertpapiere   80 000 DM
- Forderungen   600 000 DM

Frage: Für welche Kreditsicherheiten können diese Vermögenswerte grundsätzlich verwendet werden?

Fall 654 Kreditsicherung (3)

Sachverhalt: Fahrradhändler Reifig kauft für seinen Betrieb einen VW-Transporter LT 28 für 38 000 DM. Den Kaufpreis muss er finanzieren. Er bietet seiner Bank zur Kreditsicherung den neuen Transporter oder alternativ Wertpapiere an.

Frage: Wie nennt man die Art der jeweiligen Kreditsicherung? Klären Sie kurz die jeweiligen Eigentums- und Besitzverhältnisse.

Fall 655 Kreditsicherung (4)

Sachverhalt: Reifig hat den neu erworbenen VW-Transporter an die Bank sicherungsübereignet.

Fragen:

1. Warum wird die Bank die Übergabe des Kraftfahrzeugbriefs verlangen?
2. Wie kann sich die Bank davor schützen, dass das Sicherungsgut (der Transporter) wertlos wird, z. B. bei einem Totalschaden?
3. Welches Recht hat die Bank, wenn Reifig in Konkurs geht?
4. Welche Vorteile hat die Sicherungsübereignung
   a) für den Kreditgeber,
   b) für den Kreditnehmer?

Fall 656 Kreditsicherung bei Grundstückserwerb

Sachverhalt: Ein Mandant will ein Einfamilienhaus für 300 000 DM erwerben. Die Hälfte des Kaufpreises kann er durch Privatentnahme aus seinem Unternehmen aufbringen. Den Rest müsste er aus Kreditmitteln aufbringen.

Frage: Welche Sicherheitsleistung bietet sich in diesem Fall an? Erläutern Sie die Arten der Sicherheitsleistung.

▶ § 1113 ff., § 1191 ff. BGB

Fall 657 Lieferantenkredit/Grundschuld

Sachverhalt: Die Firma Otto Groß, Baustoffhandel, hat ihrem Kunden Gustav Stein, Bauunternehmer, einen Lieferantenkredit bis zu 100 000 DM eingeräumt. Zur Absicherung dieses Kredits bietet Stein sein Betriebsgrundstück Hochstraße 5 in M. an und lässt eine Grundschuld über 100 000 DM an zweiter Rangstelle ins Grundbuch eintragen.

Fragen:
1. Was versteht man unter einem Grundbuch und wo wird das Grundbuch geführt?
2. Nennen Sie zwei wesentliche Eintragungen, die ein Grundbuch enthält.
3. Welches Recht hat Groß aufgrund der eingetragenen Grundschuld, wenn Stein seinen Zahlungsverpflichtungen nicht nachkommt?
4. Erläutern Sie kurz, welche Bedeutung die Rangfolge der Eintragung im Grundbuch hat.

Abtretung von Forderungen Fall 658

Sachverhalt: Großhändler Hastig hat zur Finanzierung einer notwendig gewordenen Erweiterungsinvestition dem Kreditgeber Sicherheiten zu leisten. Er bietet dem Kreditgeber an, Forderungen abzutreten.

Fragen:
a) Wie wird diese Art der Kreditsicherung bezeichnet?
b) Beschreiben Sie die dabei möglichen Formen der Abtretung.
c) Mit einer Form der Abtretung sind für den Gläubiger Risiken verbunden. Welche Form der Abtretung ist das und welche Risiken können das sein? Drei Beispiele genügen.
d) In welchem Umfang können diese Abtretungen erfolgen?

▶ §§ 398, 409 BGB

Finanzierung durch Wechsel Fall 659

Sachverhalt: Großhändler Hastig hat seinem Kunden Lehrig Ware im Wert von 28 000 DM verkauft. Zur Absicherung der Forderung zieht er auf Lehrig einen Wechsel.

Fragen:
a) Wie kann Hastig den Wechsel verwenden? Nennen Sie drei Möglichkeiten.
b) Handelt es sich um einen Handels- oder Finanzwechsel? Erläutern Sie kurz den Unterschied dieser Wechselarten.
c) Welchen besonderen Anforderungen muss der Wechsel entsprechen, wenn er bundesbankfähig sein soll?
d) Erläutern Sie kurz die bei einem Wechselgeschäft auftretenden Begriffe „Tratte" und „Akzept".

Bürgschaft Fall 660

Sachverhalt: Mimmi Wolke betreibt eine Modeboutique. Zur Finanzierung der nächsten Sommerkollektion benötigt sie von ihrer Bank ein höheres Limit. Die Bank verlangt aber dafür zusätzliche Sicherheiten.

Mimmi Wolke bittet deshalb ihren Verlobten Theo Birne, für sie gegenüber der Bank mit 10 000 DM zu bürgen.

Fragen:

a) Worauf sollte Theo Birne achten, wenn er bürgt?

b) Welche Arten der Bürgschaft hinsichtlich der Haftung kennen Sie? Bitte erläutern Sie den Unterschied.

▶ § 770 ff. BGB, § 930 BGB

Übersicht 32: Leasing

I. Begriff

Leasing = Vermietung von Anlagegegenständen, in der Regel unter Beteiligung von drei Personen
1. Hersteller/Lieferant
2. Leasinggeber
3. Leasingnehmer

II. Arten der Leasing-Verträge

1. Operating-Leasing

Die Grundmietzeit ist im Verhältnis zur betriebsgewöhnlichen Nutzungsdauer kurz oder bei längerer Grundmietzeit wird dem Leasingnehmer das Recht zur kurzfristigen Kündigung eingeräumt.

Steuerliche Folge:

Der Leasinggeber hat das Anlageobjekt in seiner Bilanz zu aktivieren und abzuschreiben, also steuerliche Zurechnung beim Leasinggeber. Der Leasingnehmer kann die gezahlten Leasingraten als Betriebsausgaben absetzen.

2. Financial-Leasing

Im Falle des Financial-Leasing ist die Grundmietzeit, während der prinzipiell nicht gekündigt werden kann, längerfristig. Der Leasingnehmer kann den Anlagegegenstand in der Regel behalten, weil er ihn durch seine Leasingraten zuzüglich Restkaufpreis voll bezahlt hat (sonst läge andererseits kein Finanzierungs-Leasing vor).

Steuerliche Folgen:

Das Anlageobjekt wird dem Leasingnehmer zugerechnet.

Fall 661 Leasing

Sachverhalt: Ein Mandant möchte von Ihnen wissen, unter welchen Umständen das Leasen eines Gegenstandes vorteilhafter ist als der käufliche Erwerb.

Frage: Was können Sie als vorteilhafte Gründe für Leasing benennen? Führen Sie auch die Nachteile auf. Jeweils drei Gründe genügen.

Leasing/Steuerliche Zurechnung Fall 662

Sachverhalt: Ein Mandant mietet ab 01. 01. 2001 einen Transporter für eine beidseitig unkündbare Grundmietzeit von 36 Monaten. Der Transporter hat eine betriebsgewöhnliche Nutzungsdauer von 48 Monaten. Der Mandant zahlt Leasingraten in Höhe von mtl. 1 200 DM zzgl. USt. Nach Ablauf der Grundmietzeit kann der Mandant den Transporter für 6 000 DM zzgl. USt erwerben (Kaufoption). Die Anschaffungskosten für den Transporter, die bei der Berechnung der Leasingraten zugrunde gelegt werden, betragen 30 000 DM zzgl. USt.

Frage: Wem ist der Transporter steuerlich zuzurechnen? Bitte begründen.

Factoring Fall 663

Sachverhalt: Die Finesse GmbH, Hersteller von Damenoberbekleidung, unterhält zu mehr als 400 Abnehmern Geschäftsbeziehungen. Ihr durchschnittlicher Umsatz beträgt daraus ca. 12 Mio. DM pro Jahr, ihr durchschnittlicher Forderungsbestand ca. 1 Mio. DM.

Ab 01. 01. 2001 werden sämtliche Forderungen von der Deutschen Factoring Süd GmbH eingezogen. Die Factoring Süd GmbH berechnet 1,4 % Factoringgebühren aus dem Umsatz und 8 % Sollzinsen aus dem finanzierten Forderungsbestand.

Fragen: Wie hoch sind die Aufwendungen der Finesse GmbH durch den Einzug der Forderungen mit Factoring pro Jahr? Welche finanziellen Vorteile ergeben sich pro Jahr durch Factoring, wenn die Finesse GmbH bisher kein Skonto ziehen konnte (Wareneinkauf 3,5 Mio. DM pro Jahr, Skonto 3 %), das Delkredererisiko 0,5 % des Umsatzes beträgt, die Aufwendungen für die Debitorenbuchhaltung pro Jahr 35 000 DM betragen?

V. Handelsrecht

Die Kaufmannseigenschaft

Nur Kaufleute unterliegen den Vorschriften des HGB. Kaufmann ist, wer ein Handelsgewerbe betreibt (§ 1 Abs. 1 HGB). Ein Handelsgewerbe ist jeder Gewerbebetrieb, es sei denn, dass das Unternehmen nach Art und Umfang einen in kaufmännischer Weise eingerichteten Geschäftsbetrieb nicht erfordert (§ 1 Abs. 2 HGB).

Ist ein in kaufmännischer Weise eingerichteter Geschäftsbetrieb nicht erforderlich, wird der Gewerbetreibende als Nicht-Kaufmann im Sinne des HGB behandelt. Diese Nicht-Kaufleute können durch Eintragung ihrer Firma in das Handelsregister allerdings zu vollwertigen Kaufleuten im Sinne des HGB werden (§ 2 HGB).

1. Kaufmann (§ 1 HGB „Musskaufmann")

Kaufmann im Sinne des HGB ist, wer ein Handelsgewerbe betreibt. Als Handelsgewerbe gilt dabei jeder Gewerbebetrieb (Ausnahme: ein in kaufmännischer Weise eingerichteter

Geschäftsbetrieb ist nicht erforderlich). Der Inhaber eines Handelsgewerbes wird als (Ist-, Muss-)Kaufmann bezeichnet.

2. Land- und Forstwirtschaft (§ 3 HGB „Kannkaufmann")

Betreibt jemand ein landwirtschaftliches Unternehmen, das nach Art und Umfang einen in kaufmännischer Weise eingerichteten Geschäftsbetrieb erfordert, steht es in seinem freien Ermessen, durch Eintragung im Handelsregister die Kaufmannseigenschaft zu erwerben (Kannkaufmann). Ein landwirtschaftliches Unternehmen ist z. B. eine Molkerei, eine Mühle oder ein Sägewerk eines Land- und Forstwirts.

3. Kaufmann kraft Rechtsform (§ 6 HGB „Handelsgesellschaften")

Gesellschaften in der Rechtsform der GmbH, der AG oder der KGaA (Kapitalgesellschaften) sind ohne Rücksicht auf den Gegenstand ihres Betriebes Kaufleute kraft Gesetzes (Formkaufleute, § 13 GmbHG, § 3 AktG). OHG und KG sind keine „Formkaufleute", sondern erlangen die Kaufmannseigenschaft unter den Voraussetzungen der §§ 1–3, 6 Abs. 1 HGB. Im Gegensatz zu den Kapitalgesellschaften müssen sie ein Handelsgewerbe betreiben, um Kaufmann zu sein.

Fall 664 **Kaufmannseigenschaft**

Sachverhalt: Sie betreuen folgende Mandanten:

	M	K	F	N	Erläuterungen
Spediteur Flott					
Künstleragentur Adlatus GmbH					
Weingut Graf von Frankenstein					
Hotel Kemenate (400 Betten)					
Bauunternehmer Hans Steinschneider (60 Beschäftigte)					
Handelsvertreter Paul Zahn					
Krankengymnast Franz Zipperlein					

Frage: Welche Kaufmannseigenschaft trifft zu?
M = (Muss-)Kaufmann, K = Kannkaufmann,
F = Formkaufmann, N = Nichtkaufmann

Bitte kreuzen Sie die jeweilige Spalte an und geben Sie eine kurze Erläuterung.

Fall 665 **Gewerbeanmeldung**

Sachverhalt: Max Müller wird in Kürze einen Baumarkt eröffnen.
Er bittet um Auskunft,

1. wo er sein Unternehmen anzumelden hat,
2. wem die zuständige Behörde die Gewerbeanmeldung mitteilen wird,
3. ob durch die Gewerbeanmeldung Pflichtmitgliedschaften entstehen.

Frage: Was antworten Sie Herrn Müller?

Handelsregister Fall 666

Sachverhalt a:
- Hans Schulz ist selbständiger Malermeister. Er beschäftigt ca. 50 Mitarbeiter und erzielte im abgelaufenen Kalenderjahr einen Umsatz von mehr als 4 Mio. DM.
- Spediteur Krause beschäftigt nur einen Fahrer. Sein Umsatz betrug im abgelaufenen Kalenderjahr ca. 100 000 DM.
- Landwirt Ackermann bewirtschaftet ca. 50 ha Land und erzielte einen Umsatz von rd. 1,5 Mio. DM. In seiner Schnapsbrennerei verarbeitet er ausschließlich selbsterzeugte Kartoffeln. Sein Umsatz daraus beträgt jährlich ca. 400 000 DM.

Fragen:
1. Ist in den obigen Fällen eine Eintragung ins Handelsregister vorzunehmen?
2. Welchen Zweck erfüllt das Handelsregister?
3. Was verstehen Sie unter konstitutiven und unter deklaratorischen Eintragungen in das Handelsregister?

Sachverhalt b:

Sie erfahren folgende Sachverhalte:
- Das Stammkapital einer GmbH wird von 50 000 DM auf 150 000 DM erhöht.
- Widerruf einer Handlungsvollmacht.
- 3 Steuerberater haben eine Steuerberatungsgesellschaft mbH gegründet.
- Der Geschäftsführer einer GmbH wird abberufen; der Geschäftsführer war **nicht** an der GmbH als Gesellschafter beteiligt.
- 2 Ärzte betreiben eine Gemeinschaftspraxis in der Rechtsform einer Gesellschaft des bürgerlichen Rechts (GbR).

Frage: Werden die Sachverhalte in das **Handelsregister** eingetragen? Begründen Sie jeweils Ihre Ansicht!

Sachverhalt c: Persönlich haftende Gesellschafter der Karl Herborn OHG in Köln sind Dipl.-Kfm. Karl Herborn und Dipl.-Ing. Peter Klar. Gegenstand des Unternehmens ist die Herstellung von Computer-Einzelteilen. Das Eigenkapital der OHG beträgt insgesamt 600 000 DM. Prokuristen sind Edith Stein und Klaus Hammer. Handlungsbevollmächtigter (allgemeine Vollmacht) ist Dieter Gerads.

Frage: Welche der vorliegenden Angaben sind in das Handelsregister einzutragen?

▶ §§ 29, 53, 106 HGB

Fall 667 Prokura

Sachverhalt a: Ferdinand Tüchtig ist Prokurist der Fa. Fun Cars GmbH.

Fragen:

1. Wie sieht die vollständige Unterschrift des Prokuristen Tüchtig aus?

2. Beschreiben Sie allgemein, um welche Art von Ermächtigung es sich bei einer Prokura handelt. Führen Sie zusätzlich zwei Beispiele an.

3. Welche Rechtsgeschäfte darf der Prokurist ohne besondere Befugnis nicht tätigen? Führen Sie vier Beispiele an.

4. Tüchtig wurde Einzelprokura erteilt. Was versteht man unter Einzelprokura? Wie unterscheidet sie sich von einer Gesamtprokura?

▶ § 48 ff. HGB

Sachverhalt b: Heinz Bauer, Prokurist der Firma Herbert Braun KG, kündigte am 15. 02. 2001 zum Quartalsende. Noch am selben Tag entzog ihm die KG die Prokura und teilte dies durch Rundschreiben allen Kunden und auch der Hausbank mit. Vergessen wurde jedoch, die Prokura im Handelsregister löschen zu lassen.

Am 25. 02. 2001 schloss Heinz Bauer mit der Hausbank einen Kreditvertrag über 100 000 DM ab, der zur Betriebserweiterung verwendet werden sollte. Die Geschäftsführung will den Kreditvertrag, dessen Auszahlung bereits erfolgte, wieder rückgängig machen. Zu dem Kreditvertrag war Heinz Bauer nach Ansicht der Geschäftsführung schon deshalb nicht berechtigt, weil mit ihm schriftlich vereinbart war, dass er nur Kreditverträge bis zu 10 000 DM abschließen darf.

Frage: Ist der Kreditvertrag rechtswirksam?

▶ § 50 HGB

Fall 668 Prokura/Handelsregister

Sachverhalt: Sie lesen folgende Veröffentlichung des zuständigen Registergerichts:

Veränderung: HRB 6055 – 11. 04. 2001: Tron Alarmanlagen GmbH Zweigniederlassung Hannover, Hannover (Nordfelder Reihe 23). Gesamtprokuristen, unter Beschränkung auf die Zweigniederlassung Hannover: Peter Eismann, Wedemark, unter Umwandlung der Einzelprokura, und Karl Fischer, Hameln.

Fragen:

1. Was hat sich für Herrn Eismann hinsichtlich der Ausübung der Vollmacht geändert?

2. Welcher anderen Beschränkung unterliegen beide Prokuristen?

3. Wie heißt diese Art der Prokura?

▶ §§ 50, 53 HGB

Fall 669 Handlungsvollmacht

Sachverhalt a: Franz Klamm, Auszubildender in der Fa. Fun Cars GmbH, hat einen größeren Bargeldeingang, den er quittierte, unterschlagen. Franz war als zuverlässiger

Mitarbeiter geschätzt und hatte schon des öfteren Bargeldeingänge ordnungsgemäß angenommen und quittiert.

Frage: Kann die Fun Cars GmbH von dem Kunden erneut Zahlung verlangen?

Sachverhalt b: Hannes Simpelkamp ist Verkäufer in der Fa. Fun Cars GmbH. Er hat Vollmacht, Gebrauchtwagen im Wert bis zu 10 000 DM in Zahlung zu nehmen. Diese Grenze überschreitet er, als er eine „Rarität" – italienische Sportlimousine – für 12 000 DM in Zahlung nimmt.

Frage: Kann der Geschäftsführer der GmbH den Kauf rückgängig machen, weil Simpelkamp sein Limit überschritten hat?

Sachverhalt c: Ludger Treu ist in der Fa. Fun Cars GmbH Leiter der Buchhaltung. Er hat Handlungsvollmacht. Während der Geschäftsführer und der Prokurist der GmbH in Urlaub sind, möchte Ludger Treu Geldmittel der GmbH anlegen. Er denkt an den Kauf von Aktien.

Frage: Darf er Aktien für die GmbH kaufen?

Handelsvertreter   Fall 670

Sachverhalt: Die Weingroßhandlung Glykol KG hat ihrem Angestellten Marx angeboten, für sie im Außendienst tätig zu werden. Dabei soll ihm selbst die Entscheidung vorbehalten bleiben, ob er als Handelsvertreter oder als Handlungsreisender tätig sein will.

Frage: Welcher wesentliche Unterschied in der Rechtsstellung besteht – abgesehen von der Vergütung – zwischen Handelsvertreter und Handlungsreisendem?

Kommission   Fall 671

Sachverhalt: Hans Patent hat als Hersteller von Küchengeräten einen neuen „Allzweck-Mixer" entwickelt. Damit der „Allzweck-Mixer" von möglichst vielen Fachhändlern in ihr Sortiment aufgenommen wird, beabsichtigt er, den jeweiligen Fachhändlern das Gerät in Kommission zu geben.

Fragen:
1. Wie bezeichnet § 383 HGB Hans Patent und den jeweiligen Fachhändler als Vertragspartner eines solchen Kommissionsvertrages?
2. In wessen Namen und auf wessen Rechnung verkaufen die Fachhändler die Kommissionsware und welche rechtliche Auswirkung hat dies?
3. Nennen Sie zwei wesentliche Vorteile eines Kommissionsgeschäftes.

Firma (1)   Fall 672

Sachverhalt: Franz König will sich mit zwei Angestellten als Computer-Fachbetrieb Hardware/Software selbständig machen. Er erwartet im ersten Jahr einen Umsatz von 900 000 DM und einen Gewinn von 120 000 DM.

Fragen:
1. Ist König Kaufmann i. S. d. HGB? (Antwort mit Begründung)

2. Wie kann König firmieren?

3. Welche rechtliche Bedeutung hat die Firma nach dem HGB?

4. Nennen Sie vier Stellen, denen König die Eröffnung seines Betriebes melden muss.

Fall 673 Firma (2)

Sachverhalt: Martina Wittler betreibt in Köln den Handel und die Reparatur von Kraftfahrzeugen unter dem Namen „Auto-Wittler e.K.". Den Betrieb hat sie von ihrem Vater nach dessen Tode übernommen. Im Mai 2001 heiratet sie ihren langjährigen Freund Kurt Hennemann und nimmt dessen Namen an.

Frage: Muss Martina Hennemann geb. Wittler die Firmenbezeichnung ändern?

▶ § 21 HGB

VI. Gesellschaftsrecht

Fall 674 Gesellschaftsformen

Sachverhalt: Hans Müller betreibt in Bochum mit 4 Mitarbeitern eine Möbelschreinerei mit Ladengeschäft (Jahresumsatz ca. 400 000 DM). Er will seinen Sohn Peter, der gerade in der Fachhochschule für Holzwesen in Rosenheim sein Examen als Dipl.-Ing. Holzfachwirt abgelegt hat, als Gesellschafter in sein Unternehmen aufnehmen.

Fragen:

1. Welche Gesellschaftsformen sind im vorliegenden Fall grundsätzlich denkbar?

2. Welche Gesellschaftsform ist im vorliegenden Fall zweckmäßig? Bitte kurz begründen.

3. Welche Gründe können einen Einzelunternehmer veranlassen, einen Teilhaber in seine Unternehmung aufzunehmen? Nennen Sie mindestens fünf Beispiele.

4. Wie sind Geschäftsführung und Vertretung bei der KG nach dem HGB gesetzlich geregelt?

Fall 675 Stille Gesellschafter

Sachverhalt: Otto Groß betreibt eine Baustoffgroßhandlung unter der Firma „Bauspezi Groß e.K.". Zur Erweiterung seines Unternehmens benötigte Groß 150 000 DM. Er nahm einen typischen stillen Gesellschafter auf, der eine Einlage in dieser Höhe leistete.

Fragen:

1. Welche wirtschaftlichen Überlegungen haben Groß bewogen, einen stillen Gesellschafter anstelle eines langfristigen Bankdarlehens aufzunehmen?

2. Welche Entscheidungsbefugnisse hat der stille Gesellschafter hinsichtlich des laufenden Geschäftsbetriebs?

3. Wie wird die Einlage des stillen Gesellschafters vergütet, wenn das Jahresergebnis der Baustoffhandlung negativ ausfällt (Verlust)?

▶ § 230 ff. HGB

Offene Handelsgesellschaft Fall 676

Sachverhalt: Hans Meeßen und Klaus Wolf betreiben eine Schreinerei in der Rechtsform einer OHG.

Frage:

a) Wie kann die OHG firmieren? Nennen Sie drei Beispiele.
b) Am 23. 04. 2001 nehmen sie Kurt Over als weiteren Gesellschafter auf. Ein Gläubiger der Schreinerei fordert nunmehr von Over die Begleichung einer überfälligen Rechnung. Dieser verweigert die Zahlung mit dem Argument, frühere Schulden der Gesellschaft gingen ihn nichts an, da im Gesellschaftsvertrag vereinbart sei, dass er nicht für Schulden vor seinem Eintritt hafte. Beurteilen Sie die Rechtslage.
c) Hans Meeßen kauft aufgrund eines sehr guten Angebotes eine Kreissäge für die Schreinerei. Wolf war mit diesem Kauf nicht einverstanden. Kann der Lieferer dennoch von Wolf Bezahlung verlangen, obwohl er dessen Bedenken kannte?
d) Wolf möchte aus der OHG ausscheiden. Da im Gesellschaftsvertrag nichts darüber vereinbart worden ist, teilte er am 30. 03. 2001 seinen Mitgesellschaftern sein Ausscheiden zum 31. 07. 2001 mit. Meeßen wendet ein, Wolf müsse bis zum 31. 03. 2001 Gesellschafter bleiben, denn vorher könne man keinen neuen Gesellschafter finden (Geschäftsjahr = Kalenderjahr). Wie ist die Rechtslage?

Geschäftsführung in der OHG Fall 677

Sachverhalt: Asbach und Cola betreiben eine Getränkegroßhandlung in der Rechtsform einer OHG in Köln. Cola hat für die OHG einen Kreditvertrag über eine hohe Summe abgeschlossen, ohne Asbach vorher zu fragen. Als Asbach von dem Vertrag erfährt, stellt er fest, dass der vereinbarte Zinssatz äußerst ungünstig ist.

Fragen:

1. Hätte Cola für den Abschluss des Kreditvertrages vorher die Zustimmung des Asbach einholen müssen?
2. Ist der Kreditvertrag gültig? Begründen Sie jeweils Ihre Lösung.

Personengesellschaft/Kapitalgesellschaft Fall 678

Sachverhalt: Ein Mandant plant, eine Gesellschaft zu gründen. Dazu hat er einige Fragen, und zwar:

	OHG/ KG	GmbH
1. Um welche Art der Rechtspersönlichkeit handelt es sich (Handelsrecht)?		
2. In welcher gesetzlichen Form muss der Gesellschaftsvertrag abgeschlossen werden?		
3. Welche rechtliche Wirkung hat die Handelsregistereintragung?		

4. Welche Art der Firma ist bei der Gründung zu wählen?
5. Wann entsteht die Gesellschaft gegenüber Dritten?
6. Wer ist geschäftsführungsbefugt?
7. Wer ist Inhaber des Geschäftsvermögens?
8. Welche Organe hat die Gesellschaft?
9. Wer haftet für die Schulden der Gesellschaft gegenüber den Gesellschaftsgläubigern?
10. Wie wirkt sich der Tod eines Gesellschafters auf das Bestehen der Gesellschaft aus?
11. Wie viel Mindestkapital ist erforderlich?
12. Wie viel Gesellschafter sind erforderlich?

Bitte beantworten Sie die Fragen stichwortartig.

Fall 679 Kommanditgesellschaft; Gewinnverteilung und Privatentnahmen

Sachverhalt: Die Peter Dehnert KG besteht aus dem Vollhafter Peter Dehnert und seinem Bruder Hans Dehnert als Kommanditisten, dessen Einlage 20 000 DM beträgt.

Fragen:

a) Welche Gewinnverteilung ergibt sich, wenn im Gesellschaftsvertrag keine Absprachen getroffen wurden?

b) Hat der Kommanditist das Recht, schon während des laufenden Geschäftsjahres für seinen Lebensunterhalt Geldbeträge zu entnehmen?

c) Hat der Kommanditist Hans Dehnert Anspruch auf Auszahlung des für ihn festgestellten Gewinnanteils, wenn seine Kommanditeinlage durch Abbuchung seines Anteils am Verlust des Vorjahres gemindert ist?

▶ §§ 168 und 169 HGB

Fall 680 Gesellschaft mit beschränkter Haftung

Sachverhalt: Die Brüder Frank, Wolfgang und Kurt Heister möchten ein Unternehmen in der Rechtsform einer GmbH betreiben. Frank will sich mit 30 000 DM, Wolfgang mit 22 000 DM und Kurt, der sich noch in der Ausbildung befindet, mit 500 DM beteiligen. Eingezahlt werden vor Antragstellung beim Amtsgericht am 01. 02. 2001 von Frank 20 000 DM und von Kurt 500 DM. Wolfgang zahlt 4 000 DM mit dem Versprechen, den restlichen Betrag innerhalb von 3 Monaten zu entrichten.

Frage: Liegen die Eintragungsvoraussetzungen zum 01. 02. 2001 hinsichtlich Stammkapital, Stammeinlage, Mindesteinzahlung vor? Begründen Sie Ihre Ansicht.

Fall 681 Beschlussfassung in der Hauptversammlung einer GmbH

Sachverhalt: An der Fensterbau GmbH sind beteiligt:

Gesellschafter A mit einem Geschäftsanteil von 60 000 DM,
Gesellschafter B mit einem Geschäftsanteil von 20 000 DM,
Gesellschafter C mit einem Geschäftsanteil von 32 000 DM.

Am 09. 08. 2001 fand eine Gesellschafterversammlung statt, die unter anderem über folgende Punkte zu entscheiden hatte:

a) Verteilung des Gewinns für das Geschäftsjahr 2000,

b) Bestellung eines weiteren Geschäftsführers.

Laut Protokoll der Gesellschafterversammlung stimmten A und B für die Verteilung des Gewinns gem. Vorlage. C stimmte dagegen. Für die Bestellung eines weiteren Geschäftsführers stimmten B und C. A stimmte dagegen.

Frage: Sind die Beschlüsse wirksam?

GmbH, Prüfung des Jahresabschlusses   Fall 682

Sachverhalt: Die Klaus Heitplatz GmbH betreibt seit vielen Jahren in Düsseldorf eine Uhrengroßhandlung. Die Bilanzsumme am 31. 12. 2000 beträgt rd. 6 Mio. DM. Der Vorjahresumsatz betrug rd. 15 Mio. DM. Die Firma beschäftigt im Durchschnitt ca. 60 Arbeitnehmer.

Frage: Welche Bedeutung hat die Größe der GmbH

a) für die Prüfungspflicht dieser GmbH und

b) für die Offenlegung des Jahresabschlusses?

▶ §§ 267, 316, 325, 327 HGB

Aktiengesellschaft   Fall 683

Sachverhalt: Ein Mandant hat von seinem kürzlich verstorbenen Angehörigen ein größeres Paket Aktien einer mittelständischen Maschinenbau AG in Gelsenkirchen geerbt. Er hat bisher noch keine Aktien besessen und bittet um Auskunft darüber, welche Rechte er als Aktionär hat.

Frage: Was können Sie dem Mandanten sagen? Vier Beispiele genügen.

VII. Finanzkrisen und Auflösung der Unternehmung (Insolvenzrecht)

Der Unternehmer begegnet einer Finanzkrise durch Sanierung oder Schuldenbereinigung. Die Finanzkrise kann in die Insolvenz führen.

Die Insolvenzordnung ist zum 1. 1. 1999 in Kraft getreten und löst die bisherige Konkurs- und Vergleichsordnung ab. Das Insolvenzverfahren ist auf die bestmögliche Befriedigung der Gläubiger ausgerichtet. Das Verfahren kann entweder zur Sanierung oder zur Liquidation eines insolventen Unternehmens führen. Ist der Schuldner eine natürliche Person, kann er von seinen restlichen Verbindlichkeiten befreit werden (Restschuldbefreiung).

Verfahren bei Unternehmensinsolvenzen

a) Das Verfahren wird auf Antrag des Schuldners oder eines Gläubigers bei Zahlungsunfähigkeit des Schuldners, bei einem eigenen Antrag des Schuldners auch bereits bei drohender Zahlungsunfähigkeit eröffnet. Bei juristischen Personen ist auch die Überschuldung Eröffnungsgrund.

Voraussetzung für die Durchführung eines Insolvenzverfahrens ist, dass das Vermögen des Schuldners ausreicht, die Kosten des Insolvenzverfahrens zu decken (volle Massekostendeckung, § 26 InsO).

b) Bei der Eröffnung wird in der Regel ein Insolvenzverwalter bestellt. Das zuständige Amtsgericht kann auch den Schuldner verfügungsbefugt lassen; der Schuldner wird dann unter Aufsicht eines Sachwalters gestellt (Eigenverwaltung). Nach Eröffnung des Insolvenzverfahrens sind Zwangsvollstreckungsmaßnahmen in die Insolvenzmasse (d. h. in das vorhandenen Vermögen des Schuldners) grundsätzlich nicht zulässig. Vollstreckungsmaßnahmen, die innerhalb eines Monats vor Antragstellung beim Amtsgericht durchgeführt wurden, werden mit Eröffnung des Insolvenzverfahrens unwirksam (sog. Rückschlagsperre).

c) Spätestens drei Monate nach der Verfahrenseröffnung entscheidet die Gläubigerversammlung auf der Grundlage eines Berichts des Insolvenzverwalters, ob das Unternehmen liquidiert oder mit dem Ziel einer Sanierung fortgeführt wird.

d) Für die Sanierung des Schuldners steht das Rechtsinstitut des „Insolvenzplans" zur Verfügung. Der Insolvenzplan kann vom Schuldner oder vom Insolvenzverwalter (von diesem auch in Auftrag der Gläubigerversammlung) vorgelegt werden; die Gläubiger stimmen in Gruppen über den Plan ab.

e) Die Gläubiger gesicherter Verbindlichkeiten sind in das Insolvenzverfahren einbezogen. Unter Eigentumsvorbehalt gelieferte bewegliche Sachen werden in der Regel aufgrund des Aussonderungsrechts unmittelbar aus dem Unternehmen abgezogen. Das gilt nicht für Sicherungsübereignungen. Zur Sicherung übereignete bewegliche Sachen werden vom Insolvenzverwalter verwertet (sofern sie in seinem Besitz sind). Aus dem Verkaufserlös entnimmt der Verwalter die Kosten der Feststellung der Sicherheiten (4 % des Verwertungserlöses), die Verwertungskosten (5 % des Verwertungserlöses) und die Umsatzsteuer. Die Rechte der Gläubiger gesicherter Verbindlichkeiten können durch einen Insolvenzplan gekürzt werden.

f) Im Fall der Liquidation des insolventen Unternehmens werden alle Gläubiger nicht gesicherter Forderungen mit der gleichen Quote befriedigt. Die Arbeitnehmer bleiben durch das Insolvenzgeld geschützt, das Lohnausfälle für die Zeit von drei Monaten (in vollem Umfang) abdeckt.
Außerdem müssen die Arbeitnehmer bei einer Betriebsstillegung bzw. Betriebsänderung (Verkleinerung, Umstellung der Produktion) regelmäßig Abfindungsleistungen erhalten („Sozialplan").

Fall 684 Unternehmensinsolvenzverfahren

Sachverhalt: Der selbständige Malermeister Hans Michel aus Magdeburg hatte in den letzten Jahren ordentlich zu tun. Mit seinen drei Arbeitnehmern hat Michel im Wesentlichen für die ortsansässige Baugenossenschaft „Heim & Herd" Altbauten saniert und dabei ordentlich verdient.

Anfang 01 hat sich die Genossenschaft mit der Sanierung eines Großprojekts in der Innenstadt finanziell übernommen und wurde zahlungsunfähig. Zu diesem Zeitpunkt hatte Michel noch etwa 150 000 DM von „Heim & Herd" zu erwarten. Den Ausfall dieser Forderung konnte Michel mangels anderer Auftraggeber finanziell nicht verkraften.

Die Zwischenbilanz von Hans Michel stellt sich zum 31. 05. 2001 wie folgt dar:

Aktiva	Zwischenbilanz Malermeister Michel zum 31. 5. 2001		Passiva
Fuhrpark		Eigenkapital	./. 100 500 DM
– Transporter	5 000 DM	Verbindlichkeiten	120 000 DM
Verschiedene Aktiva	14 500 DM		
	19 500 DM		19 500 DM

Michels Mitarbeiter Sorgenfrei möchte gern ein eigenes Geschäft eröffnen und bietet ihm insgesamt 15 000 DM für den Transporter und die vorhandenen Aktiva (Material, Gerüste, Planen usw.).

Fragen:

a) Kann Hans Michel die Eröffnung eines Insolvenzverfahrens beantragen? Wenn ja, wo muss er diesen Antrag stellen?

b) Kurz vor der Zahlungsunfähigkeit der „Heim & Herd" hatte Michel noch Material für 10 000 DM geordert. Was würde mit der noch nicht bezahlten Ware im Rahmen eines Insolvenzverfahrens geschehen?

c) Welche Lösung würde sich dem Insolvenzverwalter hinsichtlich der Verwertung der Insolvenzmasse anbieten?

Verbraucherinsolvenzverfahren (Schuldenbereinigungsverfahren)

Das Verbraucherinsolvenzverfahren verläuft in mehreren Stufen:

1. Der Schuldner hat zunächst eine außergerichtliche Einigung mit seinen Gläubigern zu versuchen. Unterstützt von einer Schuldnerberatungsstelle, einem Rechtsanwalt, Notar, Steuerberater oder einer vergleichbar geeigneten Person hat er dazu einen Schuldenbereinigungsplan zu erstellen. Dieser Plan hat zunächst Aufschluss über das vorhandene (einsetzbare) Vermögen des Schuldners, seine Verbindlichkeiten (ggf. auch deren Sicherung) und seine Unterhaltspflichten zu geben. Basierend auf diesen Feststellungen sollte der Plan einen Vorschlag zur (teilweisen, ggf. auch ratenweisen) Tilgung von Verbindlichkeiten sowie zum anteiligen Verzicht auf Forderungen seitens der Gläubiger enthalten. Eine Einigung zum Schuldenbereinigungsplan kommt nur dann zustande, wenn sämtliche Gläubiger diesem ausdrücklich zustimmen. Ist das der Fall, so stellt dieser Plan einen Vergleich im Sinne des § 780 BGB dar, der die Grundlage für die zukünftige Inanspruchnahme des Schuldners durch die Gläubiger bildet.

2. Scheitert der Einigungsversuch, hat die mitwirkende Stelle oder Person (Schuldnerberatungsstelle, Steuerberater . . .) darüber eine Bescheinigung zu erstellen. Mit dieser Bescheinigung kann der Schuldner einen Insolvenzantrag nebst Antrag auf Restschuldbefreiung bei Gericht stellen.
In einem ersten Schritt versucht das Gericht nochmals, auf der Grundlage des vom Schuldner vorgelegten Schuldenbereinigungsplans (der mit dem Plan aus dem außergerichtlichen Verfahren nicht identisch sein muss) eine Einigung zwischen Gläubi-

gern und Schuldner herbeizuführen. Dabei hat es auch die Möglichkeit, die Zustimmung einzelner Gläubiger unter bestimmten Voraussetzungen zu ersetzen, wenn der Plan inhaltlich angemessen ist.

3. Kommt auch dieser Schuldenbereinigungsplan nicht zustande, entscheidet das Gericht über die Eröffnung des Insolvenzverfahrens. Voraussetzung dafür ist (wie beim Unternehmensinsolvenzverfahren auch), dass das Vermögen des Schuldners ausreicht, die Kosten des Verfahrens zu decken.
Nach Eröffnung wird ein vereinfachtes Insolvenzverfahren durchgeführt. Das Gericht bestimmt einen Treuhänder (= Insolvenzverwalter im Rahmen des Unternehmensinsolvenzverfahrens), der mit der Verwertung des vorhandenen Vermögens (= Masse) beauftragt wird. Mit Abschluss der Verwertung kündigt das Gericht die Restschuldbefreiung für den Schuldner an.

4. Mit Ankündigung der Restschuldbefreiung beginnt für den Schuldner die 7jährige „Wohlverhaltenszeit". Ein Treuhänder verwaltet und verteilt während dieses Zeitraums weiterhin die pfändbaren Beträge an die Gläubiger. Verhält sich der Schuldner während dieses Zeitraums „redlich" (Befolgung des Schuldenbereinigungsplans, Erfüllung der Auskunfts- und Mitteilungspflichten, keine falschen Angaben in abzugebenden Steuererklärungen, . . .), wird das Gericht anschließend die Restschuldbefreiung erteilen.

Fall 685 Verbraucherinsolvenzverfahren

Sachverhalt: Susi Sorglos ist seit kurzem geschieden. In den vergangenen Monaten hat sie versucht, ihren Trennungsschmerz durch unüberlegte Anschaffungen zu überwinden. So hat sie zum Beispiel ihr neues 2-Zimmer-Appartement vollständig neu eingerichtet, sich eine Design-Musikanlage, einen Fernseher und schließlich auch noch ein Auto geleistet. Vom Schicksal geschlagen, wird Susi im Juli 2000 arbeitslos. Bei einem Wohnungsbrand werden ihre Neuanschaffungen zerstört. Von ihrem Ex-Ehegatten erhält Susi Sorglos monatlich 800 DM Unterhalt, zusätzlich überweist das Arbeitsamt monatlich 500 DM.

Anfang 2001 kommt Susi in Ihr Büro, um Sie mit der Erstellung ihrer Steuererklärung zu beauftragen. Im Zuge dessen klagt Ihnen Susi ihr Leid und teilt mit, dass sie nunmehr auf einem Schuldenberg von 60 000 DM sitze (Privatbank „Spendabel": 15 000 DM; Direktbank „Kohle satt": 45 000 DM, gesichert mittels Pkw).

Fragen:

a) Was raten Sie Susi Sorglos? (Eine neue Partnerschaft kommt für Susi bis auf weiteres nicht in Betracht.)

b) Erstellen Sie bitte einen Schuldenbereinigungsplan. Der Tilgungszeitraum sollte 7 Jahre nicht überschreiten. Susi Sorglos kann monatlich max. 300 DM entbehren. Ermitteln Sie die Quote, in der die einzelnen Gläubiger befriedigt werden sollen.

c) Was geschieht, wenn sich ein Gläubiger nicht zu Ihrem Einigungsversuch äußert?

H. Mandantenorientierte Sachbearbeitung

Mit der Ausbildungsverordnung vom 9. Mai 1996 wurde der mündliche Teil der Abschlussprüfung (Prüfungsfach „Mandantenorientierte Sachbearbeitung") neu gestaltet. Inhalt der mündlichen Prüfung ist ein Prüfungsgespräch. Der Prüfling soll ausgehend von einer von zwei ihm mit einer Vorbereitungszeit von zehn Minuten zur Wahl gestellten Aufgaben zeigen, dass er berufspraktische Vorgänge und Problemstellungen bearbeiten und Lösungen darstellen kann. Zur Übung dieses „Kurzvortrags" mit fächerübergreifender Thematik dienen die folgenden Übungen.

Firmengründung   **Fall 686**
Wahl der Rechtsreform und Haftung, Firmenbezeichnung, Vertretung

Wolfgang Stegemann und sein Sohn Günter haben einen Steuerberater (Ihren Lehrherrn) angerufen und einen Termin für ein Beratungsgespräch vereinbart.

Mandant Wolfgang Stegemann (Vater) ist Meister im Kfz-Handwerk und seit Jahren Alleininhaber eines Kfz-Reparaturbetriebes. Zum Betrieb gehört auch der An- und Verkauf von Neu- und Gebrauchtfahrzeugen.

Sein Sohn Günter, der ebenfalls seine Meisterprüfung im Kfz-Handwerk abgelegt hat, soll ab 01. 07. 2000 in den Betrieb des Vaters einsteigen. Günther Stegemann verfügt über ein Eigenkapital in Höhe von 50 000 DM.

Aufgabe 1

Zuerst muss geklärt werden, in welcher Rechtsform die Firma in Zukunft betrieben werden soll.

Fragen: Welche Unternehmensform kommt in folgenden Szenarien in Betracht? Welche Einkünfte i. S. des EStG werden die Gesellschafter jeweils aus dem Gewinn der Gesellschaft erzielen? Welche gewerbesteuerlichen Besonderheiten im Vergleich zu einer „normalen" Einzelfirma ergeben sich?

a) Der Vater will die Firma weiter als Einzelunternehmer führen. Sein Sohn soll sich aber mit 50 000 DM daran beteiligen. Die Beteiligung soll sich auf einen Anteil am Gewinn oder Verlust erstrecken.

b) wie im Fall a). Der Sohn will auch an den stillen Reserven beteiligt sein.

c) Beide Mandanten wollen die Firma gemeinschaftlich führen. Sie stellen der Gesellschaft ihr gesamtes Eigenkapital zur Verfügung. Keiner der beiden Gesellschafter beschränkt seine Haftung. Der Vater soll Geschäftsführer werden und dafür eine Vergütung erhalten.

d) Die Firma soll gemeinschaftlich geführt werden. Aus Sorge um seine junge Familie will Sohn Günter Stegemann seine Haftung beschränken. Der Vater vermietet der Firma ein Grundstück zur gewerblichen Nutzung.

e) Die Firma soll als Personengesellschaft geführt werden. Wegen noch ungewisser Erfolgsaussichten soll erreicht werden, dass auch der Vollhafter seine Haftung beschränkt.

f) Die Firma soll als Kapitalgesellschaft geführt werden, an der beide Mandanten beteiligt sein wollen. Ihre Stammeinlagen bilden das Stammkapital der Gesellschaft. Beide werden als Geschäftsführer eingestellt und erhalten dafür eine Vergütung.

Aufgabe 2

Die Mandanten wollen über ihr Haftungsrisiko informiert werden. Tragen Sie in die Tabelle ein, wer in welchem Umfang für Firmenschulden haftet.

Haftung	GmbH/OHG/KG	Vater	Sohn
Einzelfirma Vater ist Inhaber, Sohn ist Arbeitnehmer	entfällt		
Einzelfirma Vater ist Inhaber, Sohn ist stiller Gesellschafter	entfällt		
GmbH Vater und Sohn sind beteiligt. Sohn hat einen Teil seiner Stammeinlage noch nicht erbracht			
OHG Vater und Sohn sind beteiligt			
KG Vater ist Komplementär, Sohn ist Kommanditist			
GmbH & Co. KG Vater und Sohn sind Kommanditisten			

Aufgabe 3

Die Mandanten entschließen sich dazu, ab 01. 07. 2000 eine Kommanditgesellschaft mit Sitz in Bielefeld zu gründen. Sie wünschen, dass in den Gesellschaftsvertrag folgende Vereinbarungen aufgenommen werden sollen:

a) Vater Wolfgang Stegemann soll Komplementär sein und seine bisherige Einzelfirma (Wert 100 000 DM) einbringen. Dafür will er seine Haftung auf diesen Betrag beschränkt wissen.

b) Sohn Günter hat kein Bargeld. Seine Einlage in Höhe von 50 000 DM soll in einem bisher privat genutzten fast neuwertigen Pkw bestehen, der 50 000 DM wert ist.

c) Beide Mandanten wünschen sich als Firmenbezeichnung „Mc FUN-CAR" und wollen die Firma unter dieser Bezeichnung ins Handelsregister eintragen lassen.

d) Bei Ankäufen von Gebrauchtwagen für mehr als 10 000 DM soll der Komplementär (Vater) stets die Zustimmung seines Sohnes (Kommanditist) einholen, um Fehleinkäufe nach Möglichkeit zu vermeiden.

Frage: Sind die geplanten vertraglichen Abmachungen zulässig? Welche Rechtsfolgen könnten sich ergeben, wenn die Vereinbarung zu d) vom Komplementär später nicht eingehalten wird?

Aufgabe 4

Während sich die Gesellschafter um die erforderlichen Arbeiten in der Werkstatt kümmern, soll die Ehefrau des Kommanditisten, Gerda Stegemann, die kaufmännischen Angelegenheiten erledigen. Ob ihr dafür Handlungsvollmacht oder Prokura erteilt werden soll, steht noch nicht fest.

Entscheiden Sie durch Eintragung von „ja" und „nein" welche Unterschiede zwischen Prokura und Handlungsvollmacht bestehen.

Sachverhalt	Handlungsvollmacht	Prokura
Die Vollmacht berechtigt nur zur Vornahme von gewöhnlichen Rechtsgeschäften		
Der Umfang der Vollmacht ist gesetzlich geregelt		
Die Vollmacht muss ins Handelsregister eingetragen werden		
Die Vollmacht kann auch stillschweigend erteilt werden		

Fall 687 **Verträge**

Vertragsarten, Formvorschriften, Störung von Verträgen, Verjährung, Buchung entsprechender Geschäftsvorfälle, gerichtliches Mahnverfahren

Aufgabe 1

Die von Wolfgang und Günter Stegemann zum 01. 07. 2000 neu gegründete Mc FUN-CAR KG in Bielefeld schließt unterschiedliche Verträge ab. Um welche Vertragsart handelt es sich in den folgenden Fällen? Begründen Sie ihre Entscheidung kurz.

a) Die KG verfügt nicht über eigene Geschäftsräume. Gegen Zahlung von mtl. 4 000 DM kann sie die Büroräume und die komplett eingerichtete Werkstatt einer stillgelegten Tankstelle nutzen.

b) Die KG überlässt dem Bruder von Herrn Stegemann sen. unentgeltlich einen Pkw aus dem Betriebsvermögen für eine Urlaubsfahrt.

c) Im Betrieb der KG werden u. a. Unfallfahrzeuge auf Wunsch der Kunden repariert.

d) Die KG verkauft auf ihrem Betriebsgelände u. a. Zeitungen und Zeitschriften für den Springer-Verlag. Die nicht verkauften Exemplare können zurückgegeben werden.

e) Bei der Stadtsparkasse beantragt Wolfgang Stegemann einen Kredit. Es sind mtl. Zinsen in Höhe von 800 DM zu zahlen.

Aufgabe 2

Mandant Wolfgang Stegemann erscheint bei Ihnen im Büro. Über die äußere Form von Verträgen, die in nächster Zeit abgeschlossen werden sollen, ist er sich unklar. Damit kein Fehler gemacht wird, verlangt er von Ihnen darüber Auskunft.

beabsichtigter Vertrag	Formvorschrift
a) Kaufvertrag über den Kauf einer neuen Hebebühne	
b) Es soll ein Betriebsgrundstück gekauft werden.	
c) Die 84jährige Mutter will Herrn Stegemann sen. deshalb 50 000 DM schenken.	
d) Für den Rest des Kaufpreises ist ein Darlehen erforderlich. Die Mutter will für das Darlehen bürgen.	

Aufgabe 3

Mandant Wolfgang Stegemann spricht bei Ihnen vor und wünscht Auskunft über Verjährungsfristen. Er will sicher sein, ob aufgrund verschiedener Forderungen der KG, die seit längerer Zeit nicht beglichen sind, Zahlung verlangt werden kann. Andererseits muss er auch wissen, ob die KG noch offene Rechnungen wegen inzwischen eingetretener Verjährung bezahlen muss.

Forderungen/Verbindlichkeiten	Verjährungsfrist
a) Die Honorarrechnung des Rechtsanwalts, der bei der Abfassung des Gesellschaftsvertrages im Mai 2000 geholfen hat, ist noch nicht bezahlt.	
b) Die KG hat einen Gebrauchtwagen an einen Privatmann geliefert. Der Kaufpreis ist noch nicht beglichen.	
c) Wegen finanzieller Engpässe konnte die KG die mtl. Pacht für Büro und Werkstatt seit längerer Zeit nicht mehr leisten.	
d) Der Lkw des Baustoffhändlers Kleimann wurde repariert. Die Forderung ist seit langem fällig.	
e) Die KG hatte einem ihrer Arbeitnehmer ein Darlehn i. H. von 2 000 DM gewährt. Der Arbeitnehmer hat gekündigt. Eine Tilgung ist bisher nicht erfolgt.	
f) Die Zinsen für das dem Arbeitnehmer gegebene Darlehn sind auch noch nicht bezahlt.	
g) Die Forderung gegen den Kunden Kuhnert wurde zur Konkurstabelle angemeldet. Die Konkursquote betrug nur 10 %. Die Restforderung ist noch offen.	

Aufgabe 4

Beim Jahresabschluss für 2000 stellen Sie fest, dass die KG zum 31. 12. 2000 verschiedene Alt-Forderungen gegen Kunden hat. In den folgenden Fällen war das betriebliche Mahnverfahren jedoch leider nicht sehr erfolgreich. Bevor weitere Maßnahmen zur Beitreibung der Forderungen eingeleitet werden, sollen Sie prüfen, ob nicht bereits Verjährung eingetreten ist.

Berechnen Sie in den folgenden Fällen, wann die Verjährung eintritt bzw. eingetreten ist. Begründen Sie Ihre Auffassung. Geben Sie ggf. die beim Jahresabschluss erforderlichen Umbuchungen an.

a) Forderung gegenüber dem Finanzbeamten Höfer aus einer Kfz-Reparatur in Höhe von 350 DM einschl. 16 % USt. Die KG gibt Ihnen folgende Informationen:
- Ausführung der Reparatur am 12. 12. 1997
- Erteilung der Rechnung am 15. 01. 1998
- Fälligkeit des Rechnungsbetrages 31. 01. 1998
- 1. Mahnung am 10. 03. 1998
- Eingang von 150 DM als Teilzahlung am 10. 06. 1998
- 2. Mahnung am 18. 09. 1998

Weitere Maßnahmen unterblieben wegen Überlastung der Buchhalterin. Die Restforderung ist in der Buchführung noch enthalten.

b) Forderung gegenüber der Wäscherei Bergmann GmbH über die Lieferung und Montage von vier neuen Lkw-Reifen. Der Rechnungsbetrag über 3 000 DM zzgl. 480 DM USt ist noch nicht beglichen. Sie erhalten folgende Informationen:
- Ausführung der Lieferung am 10. 02. 1998
- Erteilung der Rechnung am 18. 02. 1998
- Fälligkeit des Rechnungsbetrages 28. 02. 1998
- 1. Mahnung am 10. 03. 1998
- 2. Mahnung am 18. 09. 1998

Nachdem bekannt wurde, dass die GmbH in finanziellen Schwierigkeiten war, wurde zunächst aus Kostengründen und wegen geringer Erfolgsaussichten auf weitere Maßnahmen verzichtet. Im Mai 2000 wurde das Konkursverfahren über das Vermögen der GmbH eröffnet und die Forderung zur Konkurstabelle angemeldet. Nach Mitteilung des Konkursverwalters ist mit einer Konkursquote von 10 % zu rechnen. Der volle Rechnungsbetrag ist noch im Forderungsbestand enthalten.

c) Forderung gegenüber dem Bäckermeister Schönemann in Höhe von 4 500 DM zzgl. 720 DM USt aus einer Unfallreparatur an dessen Betriebsfahrzeug. In diesem Falle ergibt sich aus den Unterlagen der Mandantin Folgendes:
- Ausführung der Reparatur am 18. 11. 1997
- Fälligkeit des Rechnungsbetrages 30. 11. 1997
- 1. Mahnung am 10. 03. 1998
- Anschreiben des Schuldners vom 15. 11. 1998 mit der Bitte um Stundung des Betrages für drei Monate
- Gewährung der Stundung mit Schreiben vom 28. 11. 1998
- Wider Erwarten erfolgte keine Zahlung.

In der Folgezeit unterblieben weitere Beitreibungsmaßnahmen. Wegen offensichtlicher Zahlungsschwierigkeiten des Kunden ist mit einem Zahlungseingang von höchstens 30 % zu rechnen.

Aufgabe 5

Der Komplementär der Mc FUN-CAR KG fragt Sie, welche weiteren Schritte nach erfolgloser Durchführung des betrieblichen Mahnverfahrens eingeleitet werden können, um künftig Forderungsverluste durch Eintritt der Verjährung zu vermeiden.

Geben Sie ihm erschöpfende Auskunft über die bestehenden Möglichkeiten und berücksichtigen Sie dabei mögliche Reaktionen des Schuldners.

Fall 688 Auslandsbeziehungen

Im- und Exporte, innergemeinschaftliche Lieferung, innergemeinschaftlicher Erwerb, Buchung entsprechender Geschäftsvorfälle, Rechnen mit ausländischer Währung

Aufgabe 1

Die Mc FUN-CAR KG, Bielefeld, weitet ihre Geschäftstätigkeit aus. Sie kauft u. a. im Ausland Oldtimer und erforderliche Ersatzteile. Nachdem die Fahrzeuge restauriert sind, werden sie an Interessenten im In- und Ausland verkauft.

Wegen der steuerlichen Folgen dieser Einkäufe bzw. Verkäufe möchte die Buchhalterin der Firma zunächst grundlegende Informationen von Ihnen.

a) Erläutern Sie ihr kurz die folgenden Vorgänge unter Angabe der gesetzlichen Regelung:
   - Ausfuhrlieferung
   - innergemeinschaftlicher Erwerb
   - Einfuhr
   - innergemeinschaftliche Lieferung

b) Welche dieser Tatbestände bleiben im Normalfall steuerfrei?

   In welchen Fällen entsteht im Normalfall Umsatzsteuer?

   Inwieweit wird die Firma Mc FUN-CAR KG steuerlich belastet, wenn die Ware
   - im Inland
   - ins Ausland

   verkauft wird?

Aufgabe 2

Ferner ist sich die Buchhalterin der Mc FUN-CAR KG unsicher bei der Beurteilung von Geschäftsvorfällen, die sich beim Einkauf und Verkauf von Fahrzeugen ereignet haben. Prüfen Sie diese Sachverhalte aus umsatzsteuerlicher Sicht unter Angabe der gesetzlichen Bestimmungen in dieser Reihenfolge:
- Umsatzart
- Ort des Umsatzes
- Steuerbarkeit
- Steuerfreiheit/Steuerpflicht
- Steuersatz
- Bemessungsgrundlage mit Steuerberechnung
- Vorsteuerabzug

Beachten Sie bei Ihrer Beratung die Möglichkeit der Differenzbesteuerung nach § 25a UStG, von der die Buchhalterin bisher noch nichts gehört hat.

Geben Sie dann die nach Durchführung der Geschäftsvorfälle und ggf. beim Jahresabschluss erforderlichen Buchungen an. Die Umsätze erfolgten sämtlich gegen Barzahlung.

a) Einen alten Mercedes Diesel Bj 1980 hat die KG für 2 000 DM an einen Privatmann aus Polen verkauft. Der Pole hat das Fahrzeug abgeholt und nachweislich nach Polen transportiert. Im Zusammenhang mit dem Ankauf und einer zuvor erforderlichen Reparatur sind der KG Kosten in Höhe von 1 500 DM zzgl. 240 DM USt entstanden, die bereits gebucht sind.

b) Ein Tourist aus England kaufte einen Triumph Spitfire Bj 1963 in restauriertem Zustand für 25 600 DM und nahm das Fahrzeug sofort mit. Er hatte keine USt-Id-Nr. angegeben. Das Fahrzeug hatte für die KG 12 000 DM von einem Privatmann aus Gelsenkirchen angekauft und zutreffend gebucht.

c) Ein Handwerksmeister aus Belgien hat einen unfallbeschädigten Opel Omega Bj 1995 für 7 500 DM zzgl. 1 200 DM USt erworben und sofort mitgenommen. Seine belgische USt-IdNr. hat er angegeben. Ob er den Pkw für unternehmerische Zwecke nutzt, ist nicht bekannt. Das Fahrzeug hatte die KG für 4 000 DM zzgl. 640 DM USt angekauft. Die Eingangsrechnung ist bereits gebucht.

d) Ein Privatmann aus Zürich (Schweiz) ließ von der KG über die bestehenden Restaurationsmöglichkeiten seines Citroen CV Bj 1952 technisch beraten. Die KG berechnete und erhielt den zuvor ausgemachten Betrag in Höhe von 2 000 DM.

e) Die KG kaufte für den Betrieb einen Abschleppwagen direkt beim Hersteller in Turin (Italien). Dafür hat er bei Abholung in Italien umgerechnet 38 000 DM bezahlt. Der Lieferfirma hat er seine USt-IdNr. angegeben. Umsatzsteuer wurde in der Rechnung nicht gesondert ausgewiesen.

f) Einen Opel Astra hatte die KG von einem Werksangehörigen aus Bochum fabrikneu für 23 000 DM günstig erworben. Der Kauf wurde buchmäßig zutreffend erfasst.

Das Fahrzeug war 2 Monate alt und hatte nur 3 000 km zurückgelegt. Schon kurze Zeit später konnte es für 28 000 DM an einen Privatmann aus den Niederlanden veräußert werden. Der Kunde holte es bei der KG in Bielefeld ab.

Aufgabe 3

Die Mc FUN-CAR KG, Bielefeld, hat Oldtimer u. a. in folgende Länder verkauft:

a) **Japan:** Verkauf eines Rolls Royce Silver Shadow Bj 1929 an einen Geschäftsmann für umgerechnet 42 000 DM. Vor der Verschiffung ab Bremen hatte die KG per Scheck eine Anzahlung in Höhe von 1 800 000 Yen erhalten, die dem Konto der KG zum Tageskurs von 1,47 DM/100 Yen gutgeschrieben wurde.

b) **USA:** Verkauf eines Mercedes Benz 300 SL Roadster Bj 1953 für umgerechnet 282 000 DM. Die KG erhielt vom Käufer per Scheck eine sofortige Anzahlung vor Verschiffung von 140 000 US-$, die der KG mit dem Tageskurs von 1,85 DM/US-$ gutgeschrieben wurde.

Die Restzahlung ist nach Ankunft der Fahrzeuge in Japan bzw. USA fällig. Über wie viel Yen bzw. US-$ müssen die Überweisungen lauten, wenn

- der Kurs des Yen inzwischen auf 1,40 DM/100 Yen gefallen,
- der Kurs des US-$ inzwischen auf 1,88 DM/US-$ gestiegen ist?

Aufgabe 4

Herr Stegemann ist für die Mc FUN-CAR KG häufiger im Ausland unterwegs, um sich auf Ausstellungen nach Oldtimern umzuschauen, die restaurationswürdig erscheinen oder um günstig Ersatzteile einzukaufen.

Zu diesem Zweck nahm er 11 800 DM mit und reiste zunächst nach Bern (Schweiz) und tauschte dort das ganze Geld in Schweizer Franken (sfr) um.

Für Spesen und Ersatzteile hat er dort 3 250 sfr ausgegeben. Den Rest, den er für seine Weiterreise nach Detroit (USA) verwenden will, tauschte er in Zürich in US-Dollar (US-$) ein.

Der Umtausch wurde zu Tageskursen ausgeführt. In beiden Fällen wurde eine Provision von 0,3 % abgezogen.

Die Tageskurse betrugen: 100 sfr = 125,20 DM

　　　　　　　　　　　　　　1 US-$ = 1,55 sfr

Berechnen Sie, über wie viel Dollar Mandant Stegemann bei seiner Abreise von Bern nach Detroit verfügen kann.

Kauf/Miete eines bebauten Grundstücks　　　　　　　　　　　　Fall 689

Vor- und Nachteile, Finanzierungsfragen, Zugehörigkeit zum Betriebsvermögen mit steuerlichen Auswirkungen, Erstellung der Anlage V und einer Umsatzsteuer-Erklärung

Die Mc FUN-CAR KG hat ihren Betrieb zunächst auf einem bebauten gemischt genutzten Grundstück begonnen. Die Betriebsräume und die eingerichtete Werkstatt waren für 4 000 DM zzgl. 16 % USt gepachtet worden.

Aufgabe 1

Sigmund Schwarzer ist Eigentümer dieses Grundstücks in Bielefeld, Bodelschwinghstr. 88. Er hat der Firma Mc FUN-CAR KG, das Grundstück für 1 200 000 DM zum Kauf angeboten.

Welche Argumente sprechen generell für einen Kauf, welche für eine weitere Pacht dieses Grundstücks? Welche Nachteile sind zu bedenken?

Aufgabe 2

Da die KG nicht über das für einen Kauf erforderliche Eigenkapital verfügt, ist Wolfgang Stegemann, der Komplementär der KG, bereit, das Grundstück zum angebotenen Kaufpreis zu erwerben.

Das Gebäude enthält folgende Räumlichkeiten:
- Erdgeschoss: Büroräume und die Werkstatt der KG　　　　　　　　200 qm
- 1. Etage:　　Praxisräume, vermietet an einen Rechtsanwalt　　　　100 qm
- 2. Etage:　　Wohnung, vermietet an Familie Beimer　　　　　　　 80 qm

Büroräume und die Werkstatt sollen weiter wie bisher an die KG verpachtet werden. In den Mietvertrag über die Praxisräume will Herr Stegemann eintreten. Die Wohnung in der 2. Etage will er zu eigenen Wohnzwecken nutzen und beabsichtigt deshalb, der Familie Beimer zu kündigen.

Bevor er sich endgültig für den Kauf entscheidet, möchte er jedoch, dass eine Rentabilitätsberechnung für dieses Grundstück durchgeführt wird. Dazu erhalten Sie vom Mandanten folgende Angaben:

a) Kaufpreis 1 200 000 DM,

　 davon entfallen 30 % = 360 000 DM auf den Grund und Boden.

b) Es ist von Erwerbsnebenkosten (Grunderwerbsteuer, Notar- und Gerichtskosten) in Höhe von 7 % auszugehen.

c) Finanzierung
- Hypothek zu 6,25 % Zinsen, 1 % Tilgung   540 000 DM
- Bauspardarlehen zu 4,5 % Zinsen, 5 % Tilgung   350 000 DM

d) Mieteinnahmen/Pachten
- Pacht der KG jährlich einschl. USt   55 680 DM
- Miete Praxis jährlich einschl. USt   27 840 DM
- Mietwert der eigenen Wohnung jährlich   9 600 DM

e) Nicht umlagefähige Grundstückskosten (Versicherungen, Grundbesitzabgaben etc.) monatlich   170 DM

f) Die Kosten für Reparaturen betragen erfahrungsgemäß jährlich pro qm Nutzfläche   11 DM

g) Die Abschreibung beträgt durchschnittlich 3,75 %

(2 % für Wohnräume und 4 % für gewerblich genutzte Räume)

Ermitteln Sie in einer übersichtlichen Darstellung die Rentabilität des von Herrn Stegemann für dieses Grundstück eingesetzten Eigenkapitals.

Aufgabe 3

Herr Stegemann hat das Grundstück in Bielefeld, Bodelschwinghstr. 88, wie geplant zum mit Kaufvertrag vom 09. 09. 2000 für 1 200 000 DM erworben. Nutzen und Lasten sollen zum 01. 10. 2000 auf ihn übergehen. Folgende Kosten sind in Zusammenhang mit dem Erwerb angefallen:

- Grunderwerbsteuer 3,5 %   42 000 DM
- Notarkosten 11 400 DM + 1 824 DM USt   13 224 DM
- Gerichtskosten   2 660 DM

Das Gebäude wurde ab 01. 10. 2000 wie folgt genutzt:
- Erdgeschoss: Verpachtung an die Mc FUN-CAR KG   (200 qm)
- 1. Etage: Vermietung an Rechtsanwalt als Praxis   (100 qm)
- 2. Etage: Nutzung zu eigenen Wohnzwecken   (80 qm)

Die Verpachtung im Erdgeschoss und im 1. Obergeschoss sind nach erfolgter Option steuerpflichtig. Auf Aufgabe 2 wird verwiesen. Außer dieser Gebäudevermietung führt Herr Stegemann keine weiteren Umsätze aus.

a) Erläutern Sie, aus wie viel Wirtschaftsgütern das erworbene Gebäude besteht.

b) Ermitteln Sie zum Zwecke der späteren AfA-Berechnung deren Anschaffungskosten. Gehen Sie dabei davon aus, dass die Räumlichkeiten keine Besonderheiten aufweisen und der Kaufpreis für das Gebäude sich entsprechend der Nutzfläche verteilt.

c) Wie viel AfA kann Herr Stegemann für das Gebäude (Bj 1990) geltend machen, wenn es soweit wie möglich als Privatvermögen behandelt wird? Wie wirkt sich die AfA bei seiner Besteuerung aus? Hinweis: Der Mandant ist wegen Objektverbrauchs nicht mehr zur Inanspruchnahme von Eigenheimzulage berechtigt.

Aufgabe 4

Mandant Wolfgang Stegemann, Komplementär der Mc FUN-CAR KG, kommt nach Ablauf des Jahres 2000 zu Ihnen und bittet Sie,

a) die Anlage V

und

b) die USt-Erklärung für 2000 zu erstellen.

Sämtliche Einnahmen und Ausgaben aus dem erworbenen Grundstück ergeben sich aus einer Aufstellung, die er für Sie zur Erleichterung Ihrer Arbeit vorbereitet hat:

Aufstellung der Einnahmen vom 01. 10. – 31. 12. 2000

	netto	USt	brutto
Pachteinnahmen KG	12 000,00 DM	1 920,00 DM	13 920,00 DM
Mieteinnahmen RA-Praxis	6 000,00 DM	960,00 DM	6 960,00 DM
Mietwert eigene Wohnung	2 400,00 DM	0,00 DM	2 400,00 DM

Aufstellung der Ausgaben vom 01. 10. – 31. 12. 2000

	netto	VoSt	brutto
Gebäudeversicherung	1 026,00 DM	0,00 DM	1 026,00 DM
Anstrich Treppenhaus	3 800,00 DM	608,00 DM	4 408,00 DM
Reparatur Praxistür	1 200,00 DM	192,00 DM	1 392,00 DM
Renovierung der eigenen Wohnung	8 200,00 DM	1 312,00 DM	9 512,00 DM
Schornsteinfeger	190,00 DM	30,40 DM	220,40 DM
Zahlung Umsatzsteuer			
• aus Pacht KG	1 280,00 DM	0,00 DM	1 280,00 DM
• aus Miete RA	640,00 DM	0,00 DM	640,00 DM
Darlehenstilgung (bez. 03. 01. 2000)	1 350,00 DM	0,00 DM	1 350,00 DM
Darlehenszinsen (bez. 03. 01. 2000)	8 775,00 DM	0,00 DM	8 775,00 DM
AfA Gebäude (s. Aufgabe 3)	?	?	?

Soweit Ausgaben nicht direkt zuzuordnen sind, sind sie im Verhältnis der Nutzflächen aufzuteilen.

Abgrenzung von privaten und betrieblichen Aufwendungen, nicht abzugsfähige Betriebsausgaben, Bewertung des Betriebsvermögens, Gewerbesteuer-Rückstellung, Gewinnverteilung **Fall 690**

Aufgabe 1

Beim Jahresabschluss der Mc FUN-CAR KG sind noch folgende Sachverhalte zu prüfen, die u. a. mit der privaten Lebensführung der Gesellschafter der KG zusammenhängen.

a) Komplementär Wolfgang Stegemann hat seiner Tochter Beate zum 30. Geburtstag einen restaurierten Ford M12 Bj 1960 geschenkt. Das Fahrzeug gehörte zum Betriebsvermögen der KG. Sein Wert bei Entnahme betrug 8 000 DM. Die Entnahme soll vereinbarungsgemäß durch eine entsprechende Belastung des Privatkontos des Gesellschafters gebucht werden.

b) Die KG hat im November 2000 den Umbau eines vom Gesellschafter Günter Stegemann privat beschafften Lkw zu einem Wohnmobil vorgenommen. Der Umbau erfolgte mit Zustimmung des Komplementärs unter Einsatz von Arbeitnehmern der KG. Die dadurch angefallenen Kosten betrugen:

Lohnaufwand für Arbeitnehmer	3 800 DM
Materialaufwand (von der KG gekauft)	2 500 DM zzgl. 16 % USt.

Buchung bisher:

3400	Wareneingang	2 500 DM				
1570	Vorsteuer	400 DM	an	1200	Bank	2 900 DM

Vereinbart ist, dass die Kosten einschließlich ggfs. anfallender Umsatzsteuer dem Privatkonto des Kommanditisten **nicht** belastet werden sollen.

c) Die Mc FUN-CAR KG ist u. a. Eigentümerin eines BMW 525, der dem Kommanditisten Günter Stegemann auch für Privatfahrten zur Verfügung steht. Das Fahrzeug ist vor dem 01. 04. 1999 angeschafft worden. Der gem. § 6 Abs. 1 Nr. 4 EStG maßgebliche Listenpreis beträgt 75 000 DM. Der Gesellschafter hat kein Fahrtenbuch geführt.

Es ist vereinbart, dass der steuerliche Kostenanteil zzgl. der darauf entfallende USt-Betrag seinem Privatkonto **nicht** belastet werden soll. Die gesamten Kfz.-Kosten und die damit angefallenen Vorsteuern sind bei der KG gebucht. Die Kfz.-Nutzung des Gesellschafters ist jedoch bisher nicht berechnet und gebucht worden.

d) Dieses Fahrzeug wurde vom Gesellschafter Günter Stegemann in 2000 an 200 Arbeitstagen auch für Fahrten zwischen Wohnung und Betrieb genutzt. Die einfache Entfernung beträgt 22 km. Die dadurch angefallenen Kosten übernimmt vereinbarungsgemäß die KG. Eine Buchung unterblieb bisher.

e) Es ist geplant, dass die KG für den Gesellschafter einen Neuwagen kauft, der ihm weiterhin für Privatfahrten und für Fahrten zwischen Wohnung und Betrieb zur Verfügung stehen soll. Das Fahrzeug wird günstig für 80 000 DM zzgl. 12 800 DM USt = 92 800 DM angeboten. Der maßgebliche Listenpreis (§ 6 Abs. 1 Nr. 4 EStG) beträgt mit Sonderausstattung und Umsatzsteuer 96 000 DM.

Geben Sie der Buchhalterin über die künftige steuerliche Behandlung von Fahrzeugen Auskunft, die auch für Zwecke außerhalb des Unternehmens genutzt werden.

Berechnen Sie die steuerlich relevanten Beträge und geben Sie die entsprechenden Buchungssätze an.

Aufgabe 2

Bevor mit dem Jahresabschluss 2000 der Mc FUN-CAR KG begonnen werden kann, muss die AfA-Berechnung für das im Betrieb vorhandene abnutzbare Anlagevermögen vorgenommen werden.

Ein Anlageverzeichnis, das die bis einschließlich 31. 12. 1999 angeschafften Anlagegüter berücksichtigt, liegt vor und ist auf S. 397 abgedruckt.

Vervollständigen Sie dieses Anlageverzeichnis, damit der Überblick über das vorhandene Anlagevermögen erhalten bleibt und die AfA-Berechnung für 2000 und die Folgejahre ohne Durchsicht alter Belege problemfrei möglich wird. Dabei soll die höchstmögliche AfA berechnet werden. Die KG erfüllt nicht die Voraussetzungen des § 7g EStG.

Nehmen Sie alle noch ausstehenden Buchungen vor.

In 2000 sind bei der KG folgende Geschäftsvorfälle im Zusammenhang mit Anlagegütern angefallen:

Konto Fahrzeuge

a) Der VW-Kombi ist am 28. 10. 2000 für 6 000 zzgl. 960 DM USt verkauft worden. Nur der erzielte Veräußerungserlös ist bereits gebucht. Der BMW 525 wurde verschrottet.

b) Der Audi A8 und der VW-Transporter werden weiterhin im Betrieb genutzt.

c) Am 25. 06. 2000 wurde von der KG ein Abschleppwagen der Marke Fiat in Italien für umgerechnet 38 000 DM gekauft. Der Anschaffungsvorgang wurde bereits zutreffend gebucht. Das Fahrzeug hat eine Nutzungsdauer von 5 Jahren.

d) Am 01. 12. 2000 wurde ein Opel-Caravan für 50 000 DM zzgl. 16 % USt gekauft. Das Fahrzeug soll ausschließlich betrieblich genutzt werden. Seine Nutzungsdauer ist mit 5 Jahren anzunehmen.

Buchung bei Lieferung:
0320   Pkw   50 000 DM
1570   Vorsteuer   8 000 DM   an   1700   sonst. Verbindl.   58 000 DM

Buchung bei Bezahlung unter Abzug von 2 % Skonto:
1700   sonst. Verbindl.   56 840 DM   an   1200   Bank   56 840 DM

Konto BGA

a) Richtbank, Schreibtisch und Computer werden wie bisher im Betrieb genutzt.

b) Anfang Mai 2000 wurde eine Hebebühne für 28 000 DM zzgl. 16 % USt gekauft. Von einem Fachbetrieb wurde die Vorrichtung für 1 200 DM zzgl. 16 % USt ordnungsgemäß montiert. Dabei stellte sich heraus, dass die Hebebühne nicht die gewünschte Tragkraft hat. Der Lieferant gewährte nach rechtzeitig erfolgter Mängelrüge durch die KG einen Preisnachlass von 20 %. Eine entsprechende Gutschrift liegt vor.

Die beiden Rechnungen und die Gutschrift sind bisher nicht gebucht, weil die Zahlungen sämtlich aus Privatmitteln des Komplementärs Wolfgang Stegemann bestritten wurden. Der für die Hebebühne zu zahlende Restbetrag wurde dabei um 2 % Skonto gekürzt.

Buchen Sie bitte getrennt die beiden Rechnungen, die Gutschrift des Lieferanten und die Zahlungen des Gesellschafters.

Bei der AfA-Berechnung ist von einer Nutzungsdauer von 12 Jahren auszugehen.

Konto GWG

In 2000 wurden folgende GWG angeschafft und zutreffend gebucht:

- Bohrmaschine, gekauft am 28. 04. 2000 für 295 DM zzgl. 47,20 DM USt.
- Leiter, gekauft am 02. 11. 2000 für 186 DM zzgl. 29,76 DM USt.
- Schweißgerät, gekauft am 04. 11. 2000 für 766 DM zzgl. 122,56 DM USt.

Für alle Geräte ist eine Nutzungsdauer von 4 Jahren anzunehmen.

Sonstiges

Am 04. 11. 2000 hat der Gesellschafter Günter Stegemann einen Wandschrank, der bisher in seinem Privathaushalt genutzt wurde, im Betrieb aufgestellt, um darin Geschäftsunterlagen aufzubewahren. Der Schrank wurde 2 Jahre zuvor für 1 860 DM (brutto) erworben und hat eine Nutzungsdauer von insgesamt 6 Jahren. Bei Übernahme des Schrankes in den Betrieb betrug sein Teilwert noch 750 DM.

Eine Buchung unterblieb bisher, weil keine Rechnung vorgelegen hat.

Anlageverzeichnis der Fa. Mc FUN-CAR KG, Bielefeld

Konto	Art des Anlagegutes	Ansch.-Datum	Ansch.-Kosten	ND	AfA-Satz	AfA bis 31.12.99	Buchwert 31.12.99	AfA 08	Anlagen-abgang	Buchwert 31.12.00
Fahrzeuge	VW-Kombi	08.10.97	34 250	5	30	19 986	14 264			
	Audi A 8	05.10.98	99 000	4	30	40 095	58 905			
	VW-Transporter	16.05.99	48 000	3	33 ⅓	16 000	32 000			
	BMW 525	22.01.98	12 000	2	50	12 000	0			
	Fiat Abschlepper									
	Opel Caravan									
BGA	Richtbank	12.08.97	84 200	10	30	49 131	35 069			
	Schreibtisch	11.05.98	3 400	10	10	680	2 720			
	Computer	05.12.99	5 132	4	30	770	4 362			
	Hebebühne									
GWG	Bohrmaschine									
	Leiter									
	Schweißgerät									

Aufgabe 3

a) Die Gewerbesteuer-Rückstellung für 2000 ist noch zu berechnen. Dabei soll die Divisor-Methode angewendet werden. Ermitteln Sie den endgültigen Handelsbilanz-Gewinn und den steuerlichen Gewinn der KG.

Der vorläufige Gewinn der KG lt. Handelsbilanz beträgt **58 220 DM**.

Bei der Gewinnermittlung wurden folgende Beträge als Betriebsausgaben abgezogen:
- Geschäftsführergehalt Wolfgang Stegemann   60 000 DM
- Gehalt Günter Stegemann (Werkstattleiter)   36 000 DM
- Gehalt Gerda Stegemann (Buchhalterin)   24 000 DM
- Pachtzahlung an Wolfgang Stegemann   48 000 DM
- nicht abzugsfähige Betriebsausgaben lt. Konto 4655   20 686 DM
- Gewerbesteuer-Vorauszahlungen   12 400 DM
- Dauerschuldzinsen   22 612 DM
- Leasingraten für LKW an die Cargo-Leasing GmbH   18 200 DM

Sonstiges:
- Die Sonder-Betriebsausgaben des Gesellschafters Wolfgang Stegemann in Zusammenhang mit der Verpachtung von Werkstatt und Büroräumen betragen in 2000 insgesamt   11 886 DM
- Der Einheitswert dieses zum 01. 10. 2000 vom Gesellschafter erworbenen Grundstücks beträgt 114 000 DM. Davon entfallen auf Grundstücksteile, die zum Betriebsvermögen der KG zählen, 60 000 DM.
- Der Hebesatz der Stadt Bielefeld für 2000 beträgt 520 %.

b) Berechnen Sie den **handelsrechtlichen** Gewinnanteil der Gesellschafter.
   Aus dem Gesellschaftsvertrag ergibt sich:
   - Gesellschafter Wolfgang Stegemann (Komplementär) ist mit 70 %,
   - Gesellschafter Günter Stegemann (Kommanditist) ist mit 30 % beteiligt.
   - Geschäftsführer-Gehalt W. Stegemann jährlich 60 000 DM
   - Gehalt als Werkstattleiter G. Stegemann jährlich 36 000 DM
   - keine Verzinsung der Einlagen
   - Pachtzahlung der KG an W. Stegemann mtl. 4 000 DM zzgl. USt

Nach Ermittlung des endgültigen Handelsbilanzgewinns muss dieser Gewinn entsprechend den Regelungen im Gesellschaftsvertrag anteilig den Kapitalkonten der Gesellschafter gutgeschrieben werden.

c) Für die Berechnung der Einkommensteuer beider Gesellschafter ist die Ermittlung des steuerlichen Gewinnanteils erforderlich. Dieser muss in die jeweilige Anlage GSE eingetragen werden. Bei der Gewinnverteilung ist zu beachten, dass sich die nicht abzugsfähigen Betriebsausgaben (Konto 4655) wie folgt verteilen:

Anteil Günter Stegemann	17 460 DM
gemeinsamer Anteil	3 226 DM
nicht abzugsfähige Betriebsausgaben lt. Konto	20 686 DM

Berechnen Sie den **steuerrechtlichen** Gewinnanteil der Gesellschafter.

Betriebliche Kennzahlen, Kalkulation   **Fall 691**

Aufgabe 1

Nach Erstellung des Jahresabschlusses für 2000 will Herr Stegemann, der Komplementär der Mc FUN-CAR KG, eine wirtschaftliche Beratung. Er möchte wissen, wie er den Gewinn der KG durch geeignete Maßnahmen erhöhen kann. Er will die betrieblichen Werte des Jahres 2000 mit denen der Vorjahre (innerer Betriebsvergleich) und denen anderer branchengleicher Betriebe (äußerer Betriebsvergleich) vergleichen.

Für den Betrieb der KG liegt Ihnen folgendes Zahlenwerk für das Jahr 2000 zur Beurteilung vor.

Aktiva	**Bilanz 01. 01. 2000**		Passiva
Fahrzeuge	105 169	Kap. W. St.	114 440
BGA	42 151	Kap. G. St.	45 212
sonst. Anlagevermögen	54 000	sonst. Passiva	243 018
Warenbestand	84 500		
sonst. Umlaufvermögen	116 850		
	402 670		402 670

Aktiva	**Bilanz 31. 12. 2000**		Passiva
Fahrzeuge	112 243	Kap. W. St.	104 608
BGA	47 811	Kap. G. St.	38 425
sonst. Anlagevermögen	88 200	sonst. Passiva	397 569
Warenbestand	144 220		
sonst. Umlaufvermögen	148 128		
	540 602		540 602

Aufwendungen	**GuV-Rechnung 2000**		Erträge
Wareneingang	385 200	Erlöse	1 234 560
Gehälter Gesellschafter	96 000	sonst. Erlöse	85 640
Pacht	48 000	Veränd. Warenbestand	59 720
Löhne	172 660		
AfA	90 524		
sonst. Aufwendungen	545 536		
Gewinn	42 000		
	1 379 920		1 379 920

Ermitteln Sie für die KG den durchschnittlichen Warenbestand, den Wareneinsatz, die Umschlagshäufigkeit des Warenbestandes und seine durchschnittliche Lagerdauer.

Berechnen Sie Rohgewinn, Handelsspanne (Rohgewinnsatz) und Kalkulationszuschlag (Rohgewinn-Aufschlagssatz) bei der Gesellschaft.

Aufgabe 2

Herr Stegemann beabsichtigt, die Mc FUN-CAR KG künftig zusätzlich einen Großhandel mit Motorölen betreiben zu lassen.

a) Die Ware kann vom Hersteller ARAL zum Listenpreis vom 800 DM/100 Literfass zzgl. 16 % USt bezogen werden. Der Hersteller gewährt der KG darauf einen Rabatt von 25 % und 2 % Skonto bei Zahlung der Rechnung innerhalb von 10 Tagen. Für Fracht und Verpackung berechnet der Hersteller pro Fass 22 DM zzgl. 16 % USt.

Die KG soll die Ware anderen Kfz-Reparaturbetrieben für 1 200 DM/Fass zzgl. 16 % USt anbieten und darauf einen Wiederverkäufer-Rabatt von 33 ⅓ % und 3 % Skonto gewähren. Sie rechnet dabei mit eigenen Handlungskosten von 20 %.

Berechnen Sie den Gewinn, der pro 100 Liter Öl erwirtschaftet wird.

b) Markenöle gleicher Qualität wurden der KG auch von den Herstellern ESSO und SHELL angeboten.

Das Angebot von ESSO lautet:
- Brutto-Rechnungsbetrag (einschl. 16 % USt) 812 DM/100 Liter,
- 3 % Skonto bei Zahlung innerhalb von 8 Tagen,
- 5 % Rabatt, Lieferung frei Haus.

Das Angebot von SHELL lautet:
- Netto-Rechnungsbetrag 650 DM zzgl. 16 % USt,
- 6 % Rabatt, Zahlung ohne Skonto,
- Frachtspesen 46,40 DM (einschl. 16 % USt).

Berechnen Sie, ob eins der beiden Angebote günstiger ist als das Angebot von ARAL.

Zweiter Teil: Lösungen

A. Einkommensteuer

Persönliche Steuerpflicht   Fall 1

Lösung:

Für die unbeschränkte Steuerpflicht ist ohne Bedeutung, ob die natürliche Person steuerpflichtige Einkünfte bezieht, wohingegen die beschränkte Steuerpflicht das Vorliegen von inländischen Einkünften voraussetzt.

a) Theodor Amanlis ist unbeschränkt einkommensteuerpflichtig, da er einen Wohnsitz im Inland hat. Auf Antrag kann er mit seiner Ehefrau zusammenveranlagt werden (§ 1a Abs. 1 Nr. 2 EStG).

b) Nicht einkommensteuerpflichtig (weder Wohnsitz noch Einkünfte im Inland).

c) Unbeschränkt einkommensteuerpflichtig (Wohnsitz im Inland).

d) Nicht einkommensteuerpflichtig (die GmbH unterliegt der Körperschaftsteuer).

e) Unbeschränkt einkommensteuerpflichtig (Wohnsitz im Inland).

f) Dr. Emil Schlachter ist beschränkt einkommensteuerpflichtig, da er inländische Einkünfte erzielt (§ 1 Abs. 4 i. V. m. § 49 EStG). Auf Antrag kann Dr. Schlachter als unbeschränkt einkommensteuerpflichtig behandelt werden (§ 1 Abs. 3 EStG). Dr. Schlachter stehen als EU-Staatsangehörigen die familienbezogenen Steuervergünstigungen nach § 1a EStG zu. Die Eheleute können auf Antrag zusammen zur Einkommensteuer veranlagt werden (§ 1a Abs. 1 Nr. 2 EStG).

g) Nicht einkommensteuerpflichtig (Gewinne der Gesellschaft sind von den Gesellschaftern zu versteuern).

Persönliche Steuerpflicht   Fall 2

Lösung: Reich ist im Veranlagungszeitraum 2000 unbeschränkt einkommensteuerpflichtig, weil er einen Wohnsitz (§ 8 AO) im Inland hat (§ 1 Abs. 1 EStG). Seine Steuerpflicht bestand allerdings nur bis zu seinem Tode. Bemessungsgrundlage seiner Einkommensteuer für den Veranlagungszeitraum 2000 ist das zu versteuernde Einkommen, das Reich bis zu seinem Tode bezogen hat. Eine Umrechnung auf einen Jahresbetrag ist also nicht vorzunehmen.

Gewöhnlicher Aufenthalt im Inland   Fall 3

Lösung: Rego ist in den Veranlagungszeiträumen 2000 und 2001 unbeschränkt einkommensteuerpflichtig, da er seinen gewöhnlichen Aufenthalt im Inland hatte (§ 1 Abs. 1 EStG).

Rego hatte seinen gewöhnlichen Aufenthalt im Inland, weil er sich nicht nur vorübergehend im Inland aufgehalten hat. Ein nicht nur vorübergehender Aufenthalt im Inland wird immer dann angenommen, wenn sich die betreffende Person länger als 6 Monate im Inland aufgehalten hat (§ 9 AO). Die 6 Monate brauchen nicht zusammenhängend zu verlaufen und auch nicht in einem Veranlagungszeitraum vorzuliegen. Nach § 9 AO bleiben kurzfristige Unterbrechungen (bis zu 10 Tagen) unberücksichtigt, d. h. der Auslandsaufenthalt zählt für die Fristberechnung mit. Längere Unterbrechungen (mehr als 10 Tage, aber nicht mehr als 6 Monate) hemmen den Lauf der Frist, d. h. sie zählen für die Fristberechnung nicht mit, die Frist beginnt aber nicht neu zu laufen. Das ist hier der Fall.

Es sind somit für die Veranlagungszeiträume 2000 und 2001 Einkommensteuerveranlagungen vorzunehmen. Dabei wird das während der Zeit vom 15. 09. bis 30. 11. 2000 und vom 01. 01. bis 20. 05. 2001 bezogene Einkommen zugrunde gelegt (§ 2 Abs. 7, § 25 Abs. 1 EStG). Bei der Durchführung der Veranlagungen ist das deutsch-französische Doppelbesteuerungsabkommen zu beachten.

Fall 4 Berechnung des zu versteuernden Einkommens

Lösung: Für Redlich wird im Rahmen seiner Einzelveranlagung zur Einkommensteuer folgendes zu versteuernde Einkommen ermittelt:

Einkünfte aus Land- und Forstwirtschaft (§ 13 EStG)		4 000 DM
Einkünfte aus Gewerbebetrieb (§ 15 EStG)		50 000 DM
Einkünfte aus Kapitalvermögen (§ 20 EStG)		
Einnahmen	7 300 DM	
./. Werbungskosten-Pauschbetrag	100 DM	
./. Sparer-Freibetrag	3 000 DM	4 200 DM
Verlust aus Vermietung und Verpachtung		./. 12 000 DM
Summe der Einkünfte		46 200 DM
Freibetrag für Land- und Forstwirte		./. 2 000 DM
Gesamtbetrag der Einkünfte		44 200 DM
Sonderausgaben		./. 3 780 DM
außergewöhnliche Belastungen		./. 4 000 DM
Einkommen = zu versteuerndes Einkommen		36 420 DM

Die gezahlte ESt ist nicht abziehbar (§ 12 Nr. 3 EStG).

Fall 5 Ersparte Ausgaben

Lösung a: Ersparte private Ausgaben sind grundsätzlich keine Einnahmen. Eine Versteuerung der ersparten Steuerberatungs- und Krankheitskosten entfällt somit.

Lösung b: Dass ersparte Ausgaben keine Einnahmen sind, gilt auch für diesen Fall. Specht muss allerdings die Kosten für das Holz, die anfallende Umsatzsteuer (Entnahme gem. § 3 Abs. 1 b) Nr. 1 UStG) und die Lohnkosten über Privatentnahmekonto verbuchen.

Fall 6 Veranlagungszeitraum, Ermittlungszeitraum

Lösung: Der Begriff „Veranlagungszeitraum" bezieht sich auf die Festsetzung der Einkommensteuer, auf die Veranlagung. Nach § 25 Abs. 1 EStG werden jeweils nach Ablauf des Kalenderjahres die Steuerpflichtigen mit dem Einkommen, das sie in diesem Kalenderjahr (Veranlagungszeitraum) bezogen haben, zur Einkommensteuer veranlagt. Veranlagungszeitraum ist also immer das ganze Kalenderjahr.

Der Begriff „Ermittlungszeitraum" bezieht sich einmal auf den Zeitraum der Ermittlung der Einkünfte. Für die Einkünfte (§ 2 Abs. 1 EStG) Nr. 1 und 2 ist Ermittlungszeitraum das Wirtschaftsjahr (§ 4a Abs. 1 EStG) und für die Einkünfte Nr. 3 bis 7 ist Ermittlungszeitraum das Kalenderjahr (§ 2 Abs. 7 EStG). Hat die Einkommensteuerpflicht nicht während des ganzen Kalenderjahres bestanden, ist der Ermittlungszeitraum die Dauer der jeweiligen Einkommensteuerpflicht.

Lösung a: Veranlagungszeitraum: Kalenderjahr 2000
Ermittlungszeitraum: 01. 07. – 31. 12. 2000
Das zu versteuernde „Jahreseinkommen" beträgt 15 000 DM.

Lösung b: Veranlagungszeitraum: Kalenderjahr 2000
Ermittlungszeitraum: 01. 01. – 30. 06. 2000
Das zu versteuernde „Jahreseinkommen" beträgt 25 000 DM.

Lösung c: Veranlagungszeitraum: Kalenderjahr 2000
Ermittlungszeiträume: Einkünfte § 19 EStG: 01. 01. – 31. 07. 2000
                             Einkünfte § 15 EStG: 01. 08. – 31. 12. 2000
                             Einkommen: 01. 01. – 31. 12. 2000

Vereinnahmung und Verausgabung   **Fall 7**

Lösung: Nach § 25 Abs. 1 EStG ist das Einkommen eines bestimmten Veranlagungszeitraums = Kalenderjahr zu versteuern. Daraus ergibt sich die Notwendigkeit, Einnahmen und Ausgaben einem bestimmten Kj zuzuordnen. In § 11 EStG ist geregelt, in welchem Kj Einnahmen zu erfassen und Ausgaben abzusetzen sind.

§ 11 EStG ist anzuwenden für die Überschusseinkünfte, für die Gewinnermittlung nach § 4 Abs. 3 EStG und für die Sonderausgaben sowie außergewöhnliche Belastungen.

Nach § 11 EStG gilt grundsätzlich das sog. **„strenge Zu- und Abflussprinzip"**.

Zu 1. Der Betrag von 1 200 DM ist im Kj 2001 bezogen, weil er im Kj 2001 zugeflossen ist. Es ist ohne Bedeutung, in welchem Kj der Stpfl. seine Dienstleistung erbracht oder die Rechnung erteilt hat. Der Betrag ist am 30. 03. 2001 zugeflossen, weil er an diesem Tag den Scheck entgegengenommen hat. Nach Entgegennahme des Schecks konnte der Stpfl. schon über den Scheckbetrag verfügen, z. B. durch Weitergabe des Schecks (EStH 116).

Zu 2. Die Reparaturkosten in Höhe von 1 000 DM sind im Kj 2001 abzusetzen, weil der Stpfl. die Ausgabe im Kj 2001 geleistet hat.

Zu 3. Die Miete für Dezember 2000, fällig am 01. 12. 2000, ist im Kj 2001 bezogen, weil der Betrag im Kj 2001 zugeflossen ist.

Lösung: Ausnahmeregelung: Regelmäßig wiederkehrende Einnahmen und Ausgaben,   **Fall 8**
die um die Jahreswende (22. 12. bis 10. 01.) fällig und auch um die Jahreswende vereinnahmt oder verausgabt werden, sind im Kj der wirtschaftlichen Zugehörigkeit zu erfassen (§ 11 Abs. 2 Satz 2 und Abs. 1 Satz 2 EStG).

Zu 1. Die Mieteinnahme gilt als im Kj 2001 bezogen, obwohl sie im Kj 2000 zugeflossen ist (Ausnahmeregelung).

Zu 2. Der Krankenversicherungsbeitrag ist im Kj 2001 abzusetzen, obwohl er bereits im Kj 2000 geleistet wurde (Ausnahmeregelung).

Zu 3. Der Lebensversicherungsbeitrag für Januar 2001 ist im Kj 2001 anzusetzen, obwohl er bereits im Kj 2000 geleistet wurde. Es handelt sich um eine regelmäßig wiederkehrende Zahlung, die um die Jahreswende fällig ist und auch um die Jahreswende gezahlt wurde. In so einem Fall ist nach der Ausnahmeregelung die wirtschaftliche Zugehörigkeit maßgebend. Die Monatsbeiträge für Dezember 2000 und Februar 2001 in Höhe von insgesamt 420 DM sind im Kj 2000 anzusetzen, weil sie im Kj 2000 geleistet wurden („strenges Abflussprinzip").

Zu 4. Die anteilige Praxismiete für Januar 2001 in Höhe von 5 000 DM ist Betriebsausgabe des Kj 2001 (Ausnahmeregelung). Die anteilige Miete für die Monate Februar bis Dezember 2001 ist Betriebsausgabe des Kj 2000 (Abflussprinzip, Fälligkeit nicht um die Jahreswende).

Fall 9 Lösung:

Zu 1. Für das Vorjahr gutgebrachte Zinsen aus Sparguthaben bei Banken und Sparkassen rechnen wirtschaftlich zum Vorjahr, auch wenn sie erst später im Sparbuch eingetragen werden (BFH, BStBl 1975 II S. 696). Die Zinsen sind also für das Vorjahr 2000 anzusetzen.

Zu 2. Die Umsatzsteuer ist für das Kj 2001 abzusetzen. Die Ausnahmeregelung greift nicht ein, weil die Umsatzsteuer keine regelmäßig wiederkehrende Ausgabe ist. Die Umsatzsteuer entsteht nicht regelmäßig, sondern erst durch die in dem Voranmeldungszeitraum ausgeführten Umsätze, so sind bei der Umsatzsteuer auch Erstattungen (Vorsteuer) möglich.

Zu 3. Der Lohn für den Monat Dezember 2000 gilt als im Kj 2000 bezogen, obwohl er im Kj 2001 zugeflossen ist. Nach § 38a Abs. 1 i. V. mit § 11 Abs. 1 Satz 3 EStG gilt laufender Arbeitslohn in dem Kj als bezogen, in dem der Lohnzahlungszeitraum endet.

Weitere Fälle zur Vereinnahmung und Verausgabung (Wiederholung)

		Vorgang	Abfluss/Zufluss	Kj der Erfassung
Fall 10	Lösung:	Hauseigentümer	30. 12. 2001	2001
		Handwerker	07. 01. 2002	2002
Fall 11	Lösung:	Lebensversicherung	27. 12. 2000	150 DM in 2000
				50 DM in 2001
				(§ 11 Abs. 2
				Satz 2 EStG)

Fall 12 Kosten der Lebenshaltung

Lösung: Nach § 12 EStG dürfen Aufwendungen der privaten Lebenshaltung weder bei den einzelnen Einkunftsarten noch vom Gesamtbetrag der Einkünfte abgezogen werden. Eine Ausnahme gilt lediglich für die in den §§ 10 und 10b EStG bezeichneten Sonderausgaben. Außerdem bleibt die Abzugsmöglichkeit nach §§ 33, 33a bis 33c EStG unberührt.

Sind Aufwendungen nur zum Teil durch betriebliche oder berufliche Zwecke veranlasst worden (gemischte Aufwendungen) und lässt sich dieser Teil nach objektiven Merkmalen und Unterlagen leicht und einwandfrei feststellen, so ist insoweit ein Abzug als Betriebsausgaben oder als Werbungskosten zulässig. Lässt sich aber eine Trennung nicht leicht und einwandfrei durchführen, so gehört der gesamte Betrag zu den nach § 12 Nr. 1 EStG nicht abzugsfähigen Ausgaben (EStR 117).

a) Die Aufwendungen für die Schuhe in Höhe von 200 DM sind Kosten der Lebensführung und damit nichtabzugsfähige Ausgaben i. S. des § 12 Nr. 1 EStG. Zwar sind die Aufwendungen auch zum Teil durch betriebliche/berufliche Zwecke veranlasst worden. Dieser Teil lässt sich jedoch nicht nach objektiven Merkmalen und Unterlagen von dem Teil, der durch private Zwecke veranlasst worden ist, leicht und einwandfrei trennen. In so einem Fall gehört der gesamte Betrag zu den nichtabzugsfähigen Ausgaben (EStR 117).

Buchung: Privatentnahme an Finanzkonto 200 DM

b) Aufwendungen für Kleidung sind mit Ausnahme von Aufwendungen für typische Berufskleidung Kosten der privaten Lebensführung, da eine Trennung nicht leicht und einwandfrei vorgenommen werden kann. Bei dem Anzug handelt es sich nicht um typische Berufskleidung. Trotzdem sind die Aufwendungen als Betriebsausgaben abzusetzen, weil der Schaden ausschließlich durch die berufliche Tätigkeit des Baumeisters verursacht war (§ 4 Abs. 4 EStG).

Buchung: Allgemeine Aufwendungen 413,79 DM
+ Vorsteuer 66,21 DM
an Finanzkonto 480,00 DM

c) Mehraufwendungen für Verpflegung während einer Geschäftsreise (= Ortswechsel einschließlich Hin- und Rückfahrt) dürfen nur im Rahmen der Pauschbeträge nach § 4 Abs. 5 Nr. 5 EStG abgezogen werden. Der Pauschbetrag für Verpflegungspauschaufwendungen beträgt 10 DM. Auf die Höhe der tatsächlichen Aufwendungen kommt es nicht an.

d) Mitgliedsbeiträge zu Sportvereinen gehören zu den Kosten der privaten Lebensführung, auch wenn durch die Mitgliedschaft die berufliche Tätigkeit nachweislich gefördert wird. Eine Trennung der Mitgliedsbeiträge in einen betrieblich veranlassten und einen privat veranlassten Teil lässt sich nicht nach objektiven Merkmalen leicht und einwandfrei vornehmen.

Buchung: Privatentnahme an Finanzkonto 740 DM

e) Aufwendungen für eine Haushaltshilfe zur Kinderbetreuung sind grundsätzlich Kosten der privaten Lebensführung, selbst wenn sie wegen einer Erwerbstätigkeit der Eltern aufgewendet werden (EStH 117). Die Aufwendungen werden ggf. als Sonderausgaben nach § 10 Abs. 1 Nr. 8 oder als außergewöhnliche Belastungen gem. § 33a Abs. 3 und § 33c EStG berücksichtigt.

Buchung: Privatentnahme an Finanzkonto 15 000 DM

f) Geldbußen, die im Zusammenhang mit der Berufsausübung verhängt wurden, gehören zu den nichtabzugsfähigen Betriebsausgaben (§ 4 Abs. 5 Nr. 8 EStG). Zu Geldstrafen vgl. § 12 Nr. 4 EStG.

Buchung: Privatentnahme an Finanzkonto 80 DM

g) Säumniszuschläge können bei der Ermittlung der Einkünfte abgezogen werden, wenn sie mit abzugsfähigen Steuern in Zusammenhang stehen (EStH 121).
Buchung:
Allgemeine Aufwendungen   130 DM
Privatentnahme   170 DM   an Finanzkonto   300 DM

h) Wird ein Pkw für betriebliche und für private Zwecke genutzt, so sind die Aufwendungen einschließlich der so genannten festen Kosten im Verhältnis der betrieblichen zur privaten Benutzung aufzuteilen (§ 6 Abs. 1 Nr. 4 EStG). Der private Nutzungsanteil beträgt hier 25 v. H.
Buchung: Privatentnahme   1 990 DM   an Pkw-Kosten   1 750 DM
                                             Umsatzsteuer   240 DM

Die Kfz-Steuer und Versicherung gehören nicht zur Bemessungsgrundlage für die USt auf den Eigenverbrauch (16 % v. 1 500 DM = 240 DM).

Bei Erwerb des Fahrzeugs nach dem 1. 4. 1999 unterliegt die private Nutzung des Pkw nicht mehr der Umsatzsteuer. Dafür ist die Vorsteuer aus dem Erwerb des Fahrzeugs sowie aus den laufenden Kosten lediglich zu 50 % abzugsfähig (§ 15 Abs. 1b UStG). Zur privaten Pkw-Nutzung siehe auch Fall 23.

i) Benutzt ein Steuerzahler Räume seiner Wohnung zu betrieblichen Zwecken, so bilden die durch die Benutzung dieser Räume veranlassten Aufwendungen (Miete, Heizung, Beleuchtung etc.) Betriebsausgaben, wenn die Räume ausschließlich betrieblich genutzt werden oder wenn die private Nutzung von untergeordneter Bedeutung ist (BFH, BStBl 1965 III S. 16). Da die private Nutzung nicht von untergeordneter Bedeutung ist, sind die gesamten Kosten nach § 12 EStG nicht abzugsfähig. Für eine Aufteilung fehlt es an einem objektiv nachprüfbaren Maßstab. Zur Abzugsbeschränkung der Aufwendungen für ein häusliches Arbeitszimmer beachte § 4 Abs. 5 Nr. 6b EStG.

Fall 13 Einkünfte aus Land- und Forstwirtschaft

Lösung: Land- und Forstwirte haben immer ein vom Kalenderjahr abweichendes Wirtschaftsjahr (1. 7. – 30. 06., § 4a Abs. 1 Nr. 1 EStG). Der Gewinn des Wirtschaftsjahres ist nach § 4a Abs. 2 Nr. 1 EStG auf das Kalenderjahr, in dem das Wirtschaftsjahr beginnt, und auf das Kalenderjahr, in dem das Wirtschaftsjahr endet, entsprechend dem zeitlichen Anteil aufzuteilen.

Die Einkünfte aus Land- und Forstwirtschaft des Veranlagungszeitraumes 2000 betragen somit:
Gewinn des Wirtschaftsjahres 1999/2000   60 000 DM
davon sechs Zwölftel   30 000 DM
Gewinn des Wirtschaftsjahres 2000/2001   40 000 DM
davon sechs Zehntel   24 000 DM
Einkünfte aus Land- und Forstwirtschaft im Veranlagungszeitraum 2000   54 000 DM

Einkünfte aus Gewerbebetrieb, abweichendes Wirtschaftsjahr Fall 14

Lösung: Bei Gewerbetreibenden ist der Gewinn nach dem Wirtschaftsjahr zu ermitteln. Wirtschaftsjahr ist der Zeitraum, für den sie regelmäßig Abschlüsse machen. Es kann weniger als zwölf Monate betragen, z. B. wenn das Wirtschaftsjahr im Einvernehmen mit dem Finanzamt auf einen vom Kalenderjahr abweichenden Zeitraum umgestellt wird (§ 4a Abs. 1 Nr. 2 EStG). Nach § 4a Abs. 2 Nr. 2 EStG gilt bei Gewerbetreibenden der Gewinn des Wirtschaftsjahres als in dem Kalenderjahr bezogen, in dem das Wirtschaftsjahr endet. Somit versteuert der Gewerbetreibende im

Veranlagungszeitraum 1999	120 000 DM
Veranlagungszeitraum 2000	30 000 DM
Veranlagungszeitraum 2001	120 000 DM

Durch die Umstellung des Wirtschaftsjahres vom Kalenderjahr auf ein abweichendes Wirtschaftsjahr im Veranlagungszeitraum 2000 ist eine so genannte „Steuerpause" eingetreten. Es wird nämlich im Veranlagungszeitraum 2000 nur der Gewinn von 3 Monaten versteuert.

Einkünfte aus Gewerbebetrieb, Einnahme-Überschuss-Rechnung Fall 15

Lösung:

Nr.	Betriebseinnahmen DM	Betriebsausgaben DM	nicht zu berücksichtigen DM
1.			7 000
2.		280	
3.	190		
4.	464		
5.			627
6.			137
7.		1 340	
8.	1 650		
Summe	2 304	1 620	7 764

Die Grundsätze zur Einnahme-Überschuss-Rechnung sind in EStR 16 zusammengestellt.

Einnahme-Überschuss-Rechnung, Anzahlungen und Vorauszahlungen Fall 16

Lösung: Die Behandlung von Anzahlungen, Vorauszahlungen und nachträglichen Zahlungen richtet sich danach, wie die eigentlichen (endgültigen) Zahlungen zu beurteilen sind.

1. Die Anzahlung von Anschaffungskosten für ein abnutzbares Wirtschaftsgut hat im Zeitpunkt der Zahlung keine steuerliche Auswirkung. Absetzungen für Abnutzung können erst ab dem Zeitpunkt der Anschaffung am 20. 01. 2001 als Betriebsausgaben abgezogen werden.

2. Der Honorarvorschuss ist im Zeitpunkt der Vereinnahmung am 30. 11. 2000 als Betriebseinnahme in Höhe von 2 320 DM anzusetzen.

3. Bei der Anschaffung von abnutzbarem Anlagevermögen ist der Zeitpunkt der Zahlung unmaßgeblich. Die AfA nach § 7 Abs. 1 EStG beträgt im Jahr 2000:

3 000 DM × 20 % × 1/2 =	300 DM
Zusammenstellung: vorläufiger Gewinn	90 000 DM
1. ohne Auswirkung	0 DM
2. mehr Betriebseinnahmen	+ 2 320 DM
3. mehr Betriebsausgaben	./. 300 DM
Gewinn im Jahr 2000	92 020 DM

Fall 17 Gewinnanteile aus einer Personengesellschaft (§ 15 Abs. 1 Nr. 2 EStG)

Lösung:

1. Gewinn der Gesellschaft (§ 4 Abs. 1 u. § 5 EStG)

Betriebsvermögen 31. 12. 2000	254 000 DM
./. Betriebsvermögen 31. 12. 1999	210 000 DM
Unterschied	44 000 DM
+ Privatentnahmen	68 000 DM
./. Privateinlagen	12 000 DM
Vorläufiger Gewinn	100 000 DM
./. Kurssteigerung der Wertpapiere (höchstens Anschaffungskosten)	13 000 DM
Gewinn lt. Handelsbilanz 2000	87 000 DM
+ Gewinn vorab	
Geschäftsführergehalt	42 000 DM
Pacht an Gesellschafter	24 000 DM
Gewinn lt. Steuerbilanz 2000	153 000 DM

2. Gewinnverteilung

	Klaus W.	Peter W.	Gesamt
Gehalt	42 000 DM	0 DM	42 000 DM
Pacht	0 DM	24 000 DM	24 000 DM
Rest 60 : 40	52 200 DM	34 800 DM	87 000 DM
Gewinnanteile 2000	94 200 DM	58 800 DM	153 000 DM

Fall 18 Gewinnverteilung bei einer Kommanditgesellschaft

Lösung:
Die handelsrechtlichen Gewinnanteile der Gesellschafter betragen:

Kapital-konten		Kapital-verzinsung 6%	Restgewinn 15 : 4 : 5	Handelsrechtlicher Gewinn
A	240 000 DM	14 400 DM	45 000 DM	59 400 DM
B	60 000 DM	3 600 DM	12 000 DM	15 600 DM
C	100 000 DM	6 000 DM	15 000 DM	21 000 DM
Summe	400 000 DM	24 000 DM	72 000 DM	96 000 DM

Die steuerlichen Gewinnanteile der Gesellschafter betragen:

Einkommensteuer – Lösungen

	Handelsrechtlicher Gewinn	Hinzurechnungen gem. § 15 Abs. 1 Nr. 2 EStG	Sonder- betriebsausgaben	Gewinnanteile
A	59 400 DM	48 000 DM		107 400 DM
B	15 600 DM	7 500 DM		23 100 DM
C	21 000 DM	18 000 DM	9 200 DM	29 800 DM
Summe	96 000 DM	73 500 DM	9 200 DM	160 300 DM

Der steuerliche Gesamtgewinn der KG beträgt 160 300 DM.

Veräußerungsgewinn (§ 16 EStG)   Fall 19
Lösung:
Der Veräußerungsgewinn beträgt:

Kaufpreis	600 000 DM
./. Buchwerte der veräußerten Wirtschaftsgüter	294 000 DM
./. Veräußerungskosten	3 740 DM
Veräußerungsgewinn	302 260 DM

Der Freibetrag nach § 16 Abs. 4 EStG beträgt:

Freibetrag*   100 000 DM

./. Kürzung

Veräußerungsgewinn	302 260 DM	
./. Grenzbetrag	300 000 DM	
verbleiben	2 260 DM	> 2 260 DM
verminderter Freibetrag		97 740 DM

Der steuerpflichtige Veräußerungsgewinn beträgt:

Veräußerungsgewinn	302 260 DM
./. Freibetrag	97 740 DM
Steuerpflichtiger Veräußerungsgewinn	204 520 DM

Der steuerpflichtige Veräußerungsgewinn wird nach § 34 EStG ermäßigt besteuert (ab 2001 wahlweise die sog. ⅕-Regelung bzw. Anwendung des halben durchschnittlichen Steuersatzes).

Berechnung des Veräußerungsgewinns   Fall 20

Lösung: Für den von Reich zurückbehaltenen Pkw ist nach § 16 Abs. 3 EStG der gemeine Wert anzusetzen. Das vom Erwerber nicht übernommene Darlehen für den Pkw mindert den Veräußerungspreis und damit auch den Veräußerungsgewinn.
Berechnung des Veräußerungsgewinns:

Veräußerungspreis:	650 000 DM
+ gemeiner Wert des Pkw	+ 45 000 DM

---
* Bis einschließlich 2000 betrug der Freibetrag nach § 16 Abs. 4 EStG 60 000 DM. Bei einer Betriebs- veräußerung im Jahre 2000 hätte sich daher ein steuerpflichtiger Veräußerungsgewinn von 244 520 DM ergeben.

·/. gemeiner Wert des Darlehens		·/. 40 000 DM
		655 000 DM
·/. Veräußerungskosten		·/. 3 000 DM
		652 000 DM
·/. Wert des Betriebsvermögens (Kapital)		·/. 300 000 DM
Veräußerungsgewinn		352 000 DM

Berechnung des Freibetrags nach § 16 Abs. 4 EStG

Freibetrag*		60 000 DM
·/. Kürzung		
Veräußerungsgewinn	352 000 DM	
·/. Grenzbetrag	300 000 DM	
verbleiben	52 000 DM	52 000 DM
verminderter Freibetrag		8 000 DM
Der steuerliche Veräußerungsgewinn beträgt:		
Veräußerungsgewinn		352 000 DM
·/. Freibetrag		8 000 DM
steuerpflichtiger Veräußerungsgewinn		344 000 DM

* Freibetrag ab 2001: 100 000 DM, steuerpflichtiger Veräußerungsgewinn ab 2001 daher 304 000 DM

Fall 21 Einkünfte aus selbständiger Arbeit nach § 18 EStG, Gewinnermittlung

Lösung: Der Zahnarzt Dr. Peine ist Angehöriger der freien Berufe gem. § 18 Abs. 1 Nr. 1 EStG und als solcher berechtigt, den Gewinn nach § 4 Abs. 3 EStG zu ermitteln. Als Freiberufler unterliegt der Stpfl. nicht der Buchführungspflicht gem. § 141 AO. Der erklärte Gewinn ist unzutreffend ermittelt. Er wird wie folgt berechnet:

Betriebseinnahmen

Bareinnahmen	5 600 DM
Überweisungen auf Bankkonto	247 800 DM
Scheckeinnahmen	19 500 DM
Inzahlunggabe einer alten Schreibmaschine	400 DM
Summe der Betriebseinnahmen	273 300 DM

Betriebsausgaben

Miete für Praxisräume	13 000 DM
Personalkosten für Angestellte	47 900 DM
Kosten für Putzfrau abzüglich Privatanteil 30 v. H.	5 740 DM
Materialkosten	68 600 DM
Kosten für Strom und Heizung etc. für die Praxisräume	2 500 DM
Abschreibung (AfA) für Schreibmaschine	280 DM
Summe der Betriebsausgaben	138 020 DM
Der richtige Gewinn beträgt:	
Betriebseinnahmen	273 300 DM
·/. Betriebsausgaben	138 020 DM
Gewinn	135 280 DM

Begründung

1. Die Scheckeinnahmen erhöhen sich um 800 DM. Der am 30. 12. 2000 erhaltene Scheck ist für das Kj 2000 zu erfassen, da der Stpfl. über den Scheckbetrag schon im Kj 2000 verfügen konnte (§ 11 Abs. 1 EStG, EStH 116).

2. Die Zinsen für das private Sparkonto sind keine Betriebseinnahmen, da das Sparkonto nicht zum Betriebsvermögen gehört. Die Zinsen sind Einkünfte aus Kapitalvermögen (§ 20 Abs. 1 Nr. 7 EStG).

3. Die Miete für Januar 2001 ist Betriebsausgabe für das Kj 2000, weil die Ausgabe im Kj 2000 geleistet wurde (§ 11 Abs. 2 EStG). Eine regelmäßig wiederkehrende Ausgabe i. S. des § 11 Abs. 2 Satz 2 EStG liegt nicht vor, weil die Zahlung außerhalb der kurzen Zeit vor Ablauf des Kj (mehr als 10 Tage) geleistet wurde. Die Zahlung ist somit eine echte Vorauszahlung.

4. Die Miete für die Privatwohnung gehört zu den Kosten der Lebenshaltung und darf bei der Ermittlung der Einkünfte nicht berücksichtigt werden (§ 12 Nr. 1 EStG). Entsprechendes gilt für die Kosten der Putzfrau, soweit sie auf Putzarbeiten in der Wohnung entfallen. Der Abzug der Einkommensteuervorauszahlungen nebst Säumniszuschlag entfällt nach § 12 Abs. 3 EStG i. V. mit EStH 121.

5. Die Materialkosten sind um 1 200 DM zu kürzen. Der Betrag von 1 200 DM ist erst im Kj 2001 abzusetzen, weil er im Kj 2001 geleistet worden ist (§ 11 Abs. 2 EStG).

6. Die Anschaffungskosten für die elektrische Schreibmaschine betragen 2 800 DM, weil der Stpfl. 2 800 DM aufwenden musste, um die Schreibmaschine zu erwerben. Da die Nutzungsdauer der neuen Schreibmaschine mehr als ein Jahr beträgt, sind die Anschaffungskosten in Form der Absetzung für Abnutzung (AfA) auf die Nutzungsdauer zu verteilen (§ 4 Abs. 3 Satz 3 EStG). Die Jahres-AfA beträgt bei einer Nutzungsdauer von 10 Jahren 280 DM. Es ist die volle Jahres-AfA anzusetzen, weil die Anschaffung in der ersten Hälfte des Kalenderjahres erfolgte (EStR 44 Abs. 2). Die Inzahlunggabe der alten Schreibmaschine ist Betriebseinnahme in Höhe ihres Wertes = 400 DM (EStR 16 Abs. 3).

7. Die gewinnmindernde Abschreibung der Honorarforderung von 2 000 DM ist bei der Gewinnermittlung nach § 4 Abs. 3 EStG unzulässig, weil sich der Betrag nicht als Betriebseinnahme ausgewirkt hat.

Gewinnermittlung nach § 4 Abs. 3 EStG für Freiberufler — Fall 22

Lösung: Die Umsätze des Mandanten Dr. A. Bio sind nach § 4 Nr. 14 UStG umsatzsteuerfrei, dementsprechend auch die Lieferungen von Unternehmensvermögen (Hilfsgeschäfte) und der Eigenverbrauch (§ 4 Nr. 28 UStG).

Nr.	Betriebseinnahmen + DM	./.	Betriebsausgaben + DM	./.
	275 000	0	100 000	0
1.	0	0	0	0
2.	0	0	2 750	0
3.	7 500	0	6 500	0
4.	6 200	0	0	0
5.	7 880	0	0	0
6.	116	0	232	0
7.	0	0	0	0
8.	200	0	0	250
9.	0	6 000	0	1 000
10.	0	0	0	428
	296 896	6 000	109 482	1 678
	./. 6 000		./. 1 678	
	290 896		107 804	
	./. 107 804			
	183 092	= Gewinn für das Kj 2000		

Erläuterung:

Zu 2.
Anschaffungskosten	33 000 DM
Jahres-AfA (ND 6 Jahre)	5 500 DM
Halbe Jahres-AfA	2 750 DM

Zu 4.
Kfz-Kosten	9 750 DM
Halbe Jahres-AfA für neuen Pkw	2 750 DM
Anteilige AfA für verkauften Pkw	3 000 DM
Summe	15 500 DM
davon 40 % = Eigenverbrauch	6 200 DM

Zu 6.
Hälfte der Aufwendungen Eigenverbrauch

Fall 23 Privatnutzung eines betrieblichen Pkw

Lösung: Grundsätzlich besteht ein Wahlrecht, die private Nutzung eines betrieblichen Kraftfahrzeugs mit den auf die Privatfahrten entfallenden tatsächlichen Aufwendungen oder pauschaliert für jeden Kalendermonat mit 1 % des Listenpreises im Zeitpunkt der Erstzulassung anzusetzen. Voraussetzung für den Ansatz der tatsächlichen Aufwendungen ist, dass die gesamten Kraftfahrzeugkosten durch Belege und das Verhältnis der privaten zu den betrieblichen Fahrten durch ein ordnungsgemäßes Fahrtenbuch nachgewiesen werden (§ 6 Abs. 1 Nr. 4 EStG).

Für Fahrten zwischen Wohnung und Betrieb können auch Gewerbetreibende und Freiberufler (Ausnahme: bestimmte Behinderte, vgl. § 9 Abs. 2 EStG) nur den Pauschbetrag von 0,70 DM (bzw. 0,80 DM ab dem 11. Kilometer ab 2001) je Entfernungskilometer als Betriebsausgaben abziehen. Die Differenz zwischen Pauschbetrag und tatsächlichen Aufwendungen für die Fahrten zwischen Wohnung und Betrieb gehört zu den nichtabziehbaren Betriebsausgaben (§ 4 Abs. 5 Nr. 6 EStG).

Die Ermittlung der nichtabziehbaren Betriebsausgaben ist an die Ermittlung des Ansatzes für Privatfahrten (§ 6 Abs. 1 Nr. 4 EStG, s. o.) gekoppelt. Bei Anwendung der 1%-Regelung sind für jeden Entfernungskilometer von der Wohnung zum Betrieb monatlich 0,03 % des Listenpreises anzusetzen. Von diesem Betrag ist der Pauschbetrag (hier 0,70 DM je Entfernungskilometer) abzuziehen.

Bei Ansatz der Privatfahrten mit den tatsächlichen Kosten sind diese auch für die Fahrten zwischen Wohnung und Betrieb anzusetzen.

Es ergibt sich folgende Lösung:

Privatfahrten: 12 % von 60 000 DM =	7 200 DM
Fahrten Wohnung – Betrieb:	
12 × 0,03 % × 60 000 DM × 10 km =	2 160 DM
abzgl. 250 Tage × 10 km × 0,70 DM =	1 750 DM
nichtabziehbare Betriebsausgaben	410 DM

Ein Ansatz der tatsächlichen Kosten ist nicht möglich, da kein ordnungsgemäßes Fahrtenbuch geführt wurde.

Von den Kfz-Aufwendungen von 30 000 DM sind 7 200 DM als Kosten der Lebensführung (§ 12 EStG) und 410 DM als nichtabziehbare Betriebsausgaben (§ 4 Abs. 5 Nr. 6 EStG) nicht abziehbar. Die abzugsfähigen Betriebsausgaben betragen (30 000 DM ./. 7 200 DM ./. 410 DM =) 22 390 DM.

Hinweis zur umsatzsteuerlichen Behandlung:

Privatfahrten:

Leistungseigenverbrauch (§ 1 Abs. 1 Nr. 2b UStG)	7 200,00 DM
./. Pauschalabschlag für nicht mit Vorsteuern belastete Kosten (20 %)	./. 1 440,00 DM
Bemessungsgrundlage	5 760,00 DM
Umsatzsteuer (16 %)	921,60 DM

Nichtabziehbare Betriebsausgaben:

Aufwendungseigenverbrauch § 3 Abs. 9a Nr. 1 UStG	410,00 DM
./. Pauschalabschlag für nicht mit Vorsteuern belastete Kosten (20 %)	./. 82,00 DM
Bemessungsgrundlage	328,00 DM
Umsatzsteuer (16 %)	52,48 DM

Bei Fahrzeugen, die nach dem 1. 4. 1999 angeschafft wurden, entfällt die Umsatzbesteuerung des Eigenverbrauchs. Wird der betriebliche Pkw auch privat genutzt, können in diesen Fällen lediglich 50 % der Vorsteuerbeträge (aus Anschaffung sowie aus laufenden Betriebskosten) abgezogen werden (vgl. §§ 3 Abs. 9a Satz 2, 15 Abs. 1b UStG).

Bei der Überlassung eines Pkw an **Arbeitnehmer** zu deren privater Nutzung gilt folgende Regelung:

Die Überlassung des Pkw erfolgt grundsätzlich im Leistungsaustausch (Gegenleistung: anteilige Arbeitsleistung des Arbeitnehmers). Zur Ermittlung der umsatzsteuerlichen Bemessungsgrundlage kann aus Vereinfachungsgründen von den lohnsteuerlichen Werten ausgegangen werden (eine davon abweichende, sachgerechte Schätzung ist möglich). Unter Ansatz der o. g. Werte würde sich folgende Berechnung ergeben:

Privatfahrten	7 200,00 DM
Fahrten Wohnung – Arbeitsstätte	2 160,00 DM
Lohnsteuerlicher geldwerter Vorteil	9 360,00 DM
= Bruttowert der sonstigen Leistung an den Arbeitnehmer	
Die darin enthaltene Umsatzsteuer beträgt ($^{16}/_{116}$)	1 291,03 DM

Fall 24 Einkünfte aus nichtselbständiger Arbeit

Lösung a:

Bruttoarbeitslohn (§ 19 Abs. 1 EStG)

Aktive Bezüge (Abs. 1 Nr. 1)		20 000 DM
Versorgungsbezüge (Abs. 1 Nr. 2)	11 600 DM	
./. Versorgungs-Freibetrag (Abs. 2)		
40 %, höchstens 6 000 DM	4 640 DM	6 960 DM
Summe		26 960 DM

./. Werbungskosten

Fahrten zwischen Wohnung und Arbeitsstätte (§ 9 Abs. 1 Nr. 4 EStG)		
14 km × 0,70 DM × 92 Tage	902 DM	
Beiträge an Beamtenbund (§ 9 Abs. 1 Nr. 3 EStG)	78 DM	
Summe	980 DM	
Mindestens Arbeitnehmer-Pauschbetrag (§ 9a EStG)		2 000 DM
Einkünfte aus nichtselbständiger Arbeit		24 960 DM

Aktive Bezüge sind die in den Monaten Januar bis Mai bezogenen Bruttogehälter (3 190 DM, netto zzgl. 707 DM Lohnsteuer, 39 DM Solidaritätszuschlag und 64 DM Lohnkirchensteuer für 5 Monate).

Der Versorgungs-Freibetrag und der Arbeitnehmer-Pauschbetrag sind Jahresbeträge. Eine Kürzung findet also nicht statt, auch wenn z. B. nicht während des ganzes Jahres Versorgungsbezüge zugeflossen sind oder wenn das Arbeitsverhältnis nicht während des ganzen Jahres bestanden hat.

Rechtslage 2001: Für das Jahr 2001 würde trotz Berücksichtigung der Entfernungspauschale (10 km × 0,70 DM × 92 Tage zzgl. 4 km × 0,80 DM × 92 Tage, insgesamt: 938,40 DM) keine abweichende Lösung ergeben (Ansatz des Arbeitnehmer-Pauschbetrages).

Lösung b:

Die Einkünfte aus nichtselbständiger Arbeit berechnen sich wie folgt:

Bruttoarbeitslohn (§ 19 Abs. 1 EStG)

Barlohn mtl.	1 910 DM	
Lohnsteuer, Solidaritätszuschlag	422 DM	
Sozialversicherung ArbN-Anteil	668 DM	
Bruttomonatslohn	3 000 DM	
Jahresbruttolohn = 3 000 × 12 =		36 000 DM
./. Arbeitnehmer-Pauschbetrag		2 000 DM
Einkünfte aus nichtselbständiger Arbeit im Kalenderjahr		34 000 DM

Zur Berechnung des Bruttoarbeitslohns sind neben dem Barlohn die vom Arbeitgeber abgeführte Lohnsteuer und der **Arbeitnehmeranteil** zur Sozialversicherung mit zu erfassen. Der **Arbeitgeberanteil** zur Sozialversicherung ist nach § 3 Nr. 62 EStG steuerfrei.

Bestimmung der Einkunftsart

Fall 25

Lösung:

Aus den Tätigkeiten bzw. Berufen werden bezogen:	Einkünfte aus
Freischaffender Künster (Komponist)	§ 18 EStG
Selbständiger Handwerksmeister	§ 15 EStG
Selbständiger Rechtsanwalt	§ 18 EStG
Angestellter Steuerberater	§ 19 EStG
Student, der Nachhilfeunterricht erteilt	§ 18 EStG
Fahrlehrer mit eigener Fahrschule	§ 18 EStG
Zahnarzt mit eigener Praxis	§ 18 EStG
Assistenzarzt in einem Krankenhaus	§ 19 EStG
Inhaber einer Gärtnerei	§ 13 EStG
Selbständiger Immobilienmakler	§ 15 EStG
Selbständiger Handelsvertreter	§ 15 EStG
Pächter einer Tankstelle	§ 15 EStG
Reiseveranstalter	§ 15 EStG
Staatlich geprüfte Krankengymnastin mit eigener Praxis	§ 18 EStG
Selbständiger Futtermittelgroßhändler	§ 15 EStG
Selbständiger Heilpraktiker	§ 18 EStG
Amtsarzt beim Gesundheitsamt	§ 19 EStG
Selbständiger Kfz-Sachverständiger mit Ingenieur-Examen	§ 18 EStG
Selbständige Hebamme	§ 18 EStG
Selbständiger Apotheker	§ 15 EStG

EStR 135 und EStH 136

Einkünfte aus Kapitalvermögen

Fall 26

Lösung a: Die Einkünfte aus Kapitalvermögen im Kj 2001 betragen:

Zinsen aus Sparguthaben   864,00 DM

Dividenden

Nettodividende	1 030,75 DM
+ Kapitalertragsteuer 25/73,625	350,00 DM
+ Solidaritätszuschlag 1,375/73,625	19,25 DM
Bardividende	1 400,00 DM
+ anrechenbare KSt ³/₇ von 1 400 DM =	600,00 DM
Bruttodividende	2 000,00 DM > 2 000,00 DM

Zinsen aus Obligationen

Zinsgutschrift	6 835,00 DM
+ Zinsabschlagsteuer 30/68,35	3 000,00 DM
+ Solidaritätszuschlag 1,65/68,35	165,00 DM
Zwischensumme	10 000,00 DM
./. gezahlte Stückzinsen	2 700,00 DM
verbleiben	7 300,00 DM > 7 300,00 DM
Summe der Einnahmen	10 164,00 DM
./. Werbungskosten	183,00 DM
./. Sparer-Freibetrag	3 000,00 DM
Einkünfte	6 981,00 DM

Zu Beginn des Jahres gutgeschriebene Zinsen auf Spareinlagen rechnen wirtschaftlich zum Vorjahr. Die Zinsabschlagsteuer und der Solidaritätszuschlag gehören zu den Einnahmen.

Die Berechnungsformeln für die Kapitalertragsteuer, die Zinsabschlagsteuer und den Solidaritätszuschlag ergeben sich aus folgendem Schema:

Gewinnausschüttungen und Dividenden (§ 20 Abs. 1 Nr. 1 EStG)

Bardividende =	100
./. Kapitalertragsteuer 25 % =	25
./. Solidaritätszuschlag 5,5 % v. 25 % =	1,375
Nettodividende =	73,625

daraus folgt: Kapitalertragsteuer = 25/73,625
             Solidaritätszuschlag = 1,375/73,625
             von der Nettodividende

Zinsen nach § 20 Abs. 1 Nr. 7 EStG

Zinsen =	100
./. Zinsabschlagsteuer 30 % =	30
./. Solidaritätszuschlag 5,5 % v. 30 % =	1,65
Zinsgutschrift	68,35

daraus folgt: Zinsabschlagsteuer = 30/68,35
             Solidaritätszuschlag = 1,65/68,35
             von der Zinsgutschrift

Einkommensteuer – Lösungen 417

Lösung b: Gewinnanteile aus Aktien und Anteilen an einer GmbH sind Einkünfte aus Kapitalvermögen (§ 20 Abs. 1 Nr. 1 EStG).

Berechnung:

Bardividende 50 × 7 DM =	350 DM
Anrechenbare KSt (§ 20 Abs. 1 Nr. 3 EStG) 3/7 von 350 DM =	150 DM
Gewinnanteile aus GmbH-Anteil	
GmbH-Anteil 40 v. H. von 50 000 DM = 20 000 DM	
Ausschüttung 10,5 v. H. =	2 100 DM
Anrechenbare KSt 3/7 von 2 100 DM =	900 DM
Einnahmen aus Kapitalvermögen	3 500 DM

Die GmbH-Ausschüttung ist im Kj 2001 anzusetzen, da sie im Kj 2001 zugeflossen ist (§ 11 Abs. 1 EStG). Bei der Auszahlung der Dividende und der Gewinnanteile aus GmbH-Anteilen war jeweils Kapitalertragsteuer in Höhe von 25 v. H. einzubehalten (§ 43 Abs. 1 Nr. 1 und § 43a Abs. 1 Nr. 1 EStG). Die anrechenbare KSt und die KapESt werden auf die Einkommensteuer angerechnet (§ 36 Abs. 2 Nr. 2 und 3 EStG).

Für die Anrechnung der KSt ist Voraussetzung, dass der Stpfl. eine Steuerbescheinigung der ausschüttenden Körperschaft (§ 44 KStG) seiner Einkommensteuererklärung beifügt. Die Steuerbescheinigung wird i. d. R. auf dem Abrechnungsblatt über die Höhe der Dividende oder der Gewinnanteile erteilt.

Zinsen als Werbungskosten bei den Einkünften aus Kapitalvermögen **Fall 27**

Lösung: Die Einkünfte aus Kapitalvermögen betragen im Kj 2000:

Dividende der Volkswagen-AG	700 DM
Anrechenbare KSt gem. § 20 Abs. 1 Nr. 3 EStG 3/7 von 700 DM =	300 DM
Bruttodividende	1 000 DM
Werbungskosten (§§ 9 und 11 EStG)	1 350 DM
Einkünfte aus Kapitalvermögen in 2000	./. 350 DM

Die Schuldzinsen, die für den zum Erwerb der Wertpapiere aufgenommenen Kredit gezahlt wurden, sind in voller Höhe abzugsfähig, wenn auf Dauer ein Überschuss der Einnahmen über die Ausgaben erwartet werden kann (EStH 153 „Schuldzinsen").

Einnahmen aus Kapitalvermögen/Stückzinsen **Fall 28**

Lösung: Die Einkünfte aus Kapitalvermögen betragen:

Zinsen Wertpapier 01. 10. 2001	800,00 DM	
./. Stückzinsen	./. 600,00 DM	200,00 DM
Stückzinsen aus Anleihe		1 125,00 DM
Dividenden der X-AG	5 153,75 DM	
+ KapESt 25/73,625	1 750,00 DM	
+ SolZ 5,5 %	96,25 DM	
+ KSt 3/7 v. 7 000 DM	3 000 00 DM	10 000,00 DM
Einnahmen aus Kapitalvermögen		11 325,00 DM
./. (tatsächliche) Werbungskosten		125,00 DM
./. Sparer-Freibetrag		3 000,00 DM

Einkünfte aus Kapitalvermögen 8 200,00 DM
Zur Behandlung der Stückzinsen siehe EStH 154.

Zur Berechnung der Kapitalertragsteuer und des Solidaritätszuschlags siehe die Lösung von Fall 32.

Fall 29 Zinsen aus festverzinslichen Wertpapieren, Stückzinsen

Lösung: Die Einnahmen aus Kapitalvermögen des Ziegler im Kj 2000 betragen:

Zinsen 30. 06. 2000 (7 v. H. für ½ Jahr)	140 DM	
./. Stückzinsen, gezahlt am 01. 04. 2000	70 DM	70 DM
Zinsen 31. 12. 2000 (7 v. H. für ½ Jahr)		140 DM
Summe der Einnahmen in 2000		210 DM

Die Stückzinsen, die Ziegler am 01. 04. 2000 beim Erwerb der Wertpapiere an den Veräußerer gezahlt hat, sind als Kosten für eine Zinsforderung von den Einnahmen abzusetzen. Stückzinsen werden wie negative Einnahmen behandelt (EStH 154).

Die von der Bank in Rechnung gestellten Kosten sind Teil der Anschaffungskosten der Wertpapiere. Es handelt sich um Aufwendungen zum Erwerb einer Einkunftsquelle. Derartige Aufwendungen sind Anschaffungsnebenkosten und somit keine Werbungskosten.

Fall 30 Einkünfte aus Vermietung und Verpachtung (1)

Die Einkünfte aus Vermietung und Verpachtung im Kj 2000 betragen:

Mieteinnahmen

a) Erdgeschoss
Mieteinnahmen für das Kj 2000   12 600 DM
Mieteinnahmen für das Kj 2001   11 550 DM
Die Mieteinnahmen für das Kj 2001 sind im Kj 2000 zu versteuern, da im Kj 2001 zugeflossen. Davon ausgenommen ist die Miete für Januar 2001 (§ 11 EStG).

b) I. Obergeschoss
Mieteinnahmen für das Kj 2000   6 600 DM

c) II. Obergeschoss
Mieteinnahmen für das Kj 2000   5 500 DM
Die Miete für Dezember 2000 ist im Kj 2001 zu versteuern (§ 11 EStG).
Summe der Mieteinnahmen   36 250 DM

Werbungskosten

a) Grundsteuer (§ 9 Abs. 1 Nr. 2 EStG)   500 DM
b) Gebäudeversicherung (§ 9 Abs. 1 Nr. 2 EStG)   400 DM
c) Eigentümerhaftpflichtversicherung (§ 9 Abs. 1 Nr. 2 EStG)   200 DM
Maßgebend ist, in welchem Kj der Steuerzahler die Ausgaben geleistet hat (§ 11 EStG).
d) Müllabfuhr, Wasser etc. (§ 9 Abs. 1 Nr. 2 EStG)   2 400 DM
e) Hausbesitzerverein (§ 9 Abs. 1 Nr. 3 EStG)   50 DM
f) Schuldzinsen für Mehrfamilienhaus   13 000 DM
Schuldzinsen für Wohnungseinrichtung   0 DM

h) Abschreibung nach § 7 Abs. 4 EStG 2,5 v. H. von 240 000 DM =   6 000 DM
Summe der Werbungskosten   22 550 DM

Zusammenstellung

Einnahmen	36 250 DM
./. Werbungskosten	22 550 DM
Einkünfte	13 700 DM

Einkünfte aus Vermietung und Verpachtung (2)   Fall 31

Lösung: Die Einkünfte aus Vermietung und Verpachtung im Veranlagungszeitraum 2001 betragen:

Einnahmen:

Vereinnahmte Mieten einschließlich Einnahmen aus Umlagen   43 500 DM

./. Werbungskosten

Schuldzinsen	4 000 DM	
Zinsanteil Leibrente 20 v. H. von 12 000 DM (§ 9 Abs. 1 Nr. 1 EStG)	2 400 DM	
Grundsteuer und Versicherung	1 200 DM	
Dachstuhlreparatur	30 000 DM	
Einbau einer Zentralheizung	38 000 DM	
Neubau einer Garage	4 108 DM	
Sonstige Reparaturen	1 900 DM	
Gebühren für Wasser, Müllabfuhr, Strom für Treppenhaus und Kellerbeleuchtung u. a.	1 530 DM	
AfA gem. § 7 Abs. 4 EStG	6 390 DM	89 528 DM
Einkünfte im VZ 2001 Verlust		46 028 DM

Die Hypothekenzinsen von 4000 DM sind Werbungskosten (§ 9 Abs. 1 Nr 1 EStG). Die Tilgung der Hypothek ist nicht abzugsfähig.

Von der Leibrente kann nur der Zinsanteil als Werbungskosten abgezogen werden (§ 9 Abs. 1 Nr. 1 EStG). Er bestimmt sich gem. § 22 Nr. 1 Buchst. a EStG nach dem Alter der rentenberechtigten Person (Verkäufer) bei Beginn der Rente.

Die Aufwendungen für die Dachstuhlreparatur und für den Einbau der Zentralheizung sind als Erhaltungsaufwand abzugsfähig. Zum Erhaltungsaufwand gehören zunächst die Aufwendungen für die laufende Instandhaltung und Instandsetzung. Aber auch die Erneuerung von bereits in den Herstellungskosten des Gebäudes enthaltenen Teilen sind regelmäßig Erhaltungsaufwand, z. B. Austausch von Fenstern mit Einfachglas in Doppelglasfenster, Umdeckung des Daches usw., aber auch der Einbau einer Zentralheizung anstelle einer Einzelofenheizung (EStH 157 Erhaltungsaufwand).

Herstellungsaufwand kann grundsätzlich nur über die AfA zu Werbungskosten führen. Herstellungsaufwand liegt dann vor, wenn nach Fertigstellung des Gebäudes etwas Neues, bisher nicht Vorhandenes geschaffen wird, z. B. durch Anbau oder Ausbau. Aber auch der Einbau von Einrichtungen kann zu Herstellungsaufwand führen, z. B. Einbau einer Fahrstuhlanlage (EStR 157 Abs. 3, EStH 157 Herstellungsaufwand nach Fertigstellung), ebenso der nachträgliche Bau einer Garage. Da die Aufwendungen für die Garage jedoch nicht mehr als 4 000 DM betragen (Rechnungsbetrag ohne Umsatzsteuer), ist dieser Aufwand auf Antrag stets als Erhaltungsaufwand zu behandeln (EStR 157 Abs. 3) und daher in voller Höhe abzusetzen.

Fall 32 AfA bei Gebäuden nach § 7 Abs. 4 und 5 EStG

Lösung: Die AfA für 2001 wird wie folgt berechnet:

Lösung a:
Bemessungsgrundlage = Anschaffungskosten	400 000 DM
AfA-Satz	2 v. H.
AfA gem. § 7 Abs. 4 Nr. 2a EStG	8 000 DM

Lösung b:
Bemessungsgrundlage = Anschaffungskosten	600 000 DM
AfA-Satz	2,5 v. H.
AfA gem. § 7 Abs. 4 Nr. 2b EStG für 10 Monate (10/12)	12 500 DM

Lösung c:
Bemessungsgrundlage = Herstellungskosten	800 000 DM
AfA-Satz	5 v. H.
AfA gem. § 7 Abs. 5 EStG	40 000 DM

Die AfA nach § 7 Abs. 5 EStG ist im Jahr der Fertigstellung eine Jahres-AfA, sodass eine zeitanteilige Aufteilung nicht in Betracht kommt.

Lösung d:
Bemessungsgrundlage = Anschaffungskosten	400 000 DM
nachträgliche Herstellungskosten	60 000 DM
Summe	460 000 DM
AfA-Satz	2,5 v. H.
AfA gem. § 7 Abs. 4 EStG	11 500 DM

Die im Juli 2001 beendeten Ausbauarbeiten haben zu nachträglichen Herstellungskosten geführt, die nach EStR 44 Abs. 11 aus Vereinfachungsgründen im Jahr ihrer Entstehung bei der Bemessung der AfA so berücksichtigt werden, als wären sie zu Beginn des Jahres aufgewendet worden. Der für das Gebäude geltende AfA-Satz ist weiter anzuwenden, wenn auf diese Weise die volle Absetzung innerhalb der tatsächlichen Nutzungsdauer erreicht wird.

Lösung e:
Bemessungsgrundlage = Anschaffungskosten	300 000 DM
AfA-Satz bei einer ND von 20 J. =	5 v. H.
AfA gem. § 7 Abs. 4 Satz 2 EStG i. V. mit § 11c Abs. 1 Nr. 3 EStDV	15 000 DM

Lösung f:
Bemessungsgrundlage	
Einheitswert 21. 6. 1948 (Gebäudeteil)	64 000 DM
+ nachträgliche Herstellungskosten	20 000 DM
Summe = Hilfswert (§ 10a Abs. 1 EStDV)	84 000 DM

AfA-Satz	2 v. H.
AfA gem. § 7 Abs. 4 EStG	1 680 DM

Lösung g:
Bemessungsgrundlage

Herstellungskosten	82 000 DM
+ nachträgliche Herstellungskosten im Jahre 1971	48 000 DM
Bemessungsgrundlage des Rechtsvorgängers (§ 11d EStDV)	130 000 DM
AfA-Satz	2 v. H.
AfA gem. § 7 Abs. 4 EStG	2 600 DM

Die AfA eines Gebäudes, das der Steuerpflichtige unentgeltlich erworben hat, bemisst sich nach der Bemessungsgrundlage des Rechtsvorgängers (§ 11d EStDV). Der Wert des Gebäudes im Zeitpunkt des unentgeltlichen Erwerbs ist für die AfA somit ohne Bedeutung.

Anschaffungskosten eines Gebäudes **Fall 33**

Lösung: Die Einkünfte aus Vermietung und Verpachtung werden wie folgt berechnet:

Einnahmen

Vereinnahmte Mieten mtl. 1 800 DM, in drei Monaten =		5 400 DM
Einnahmen aus Umlagen		900 DM
Summe der Einnahmen		6 300 DM
./. **Werbungskosten**		
Schuldzinsen (Hypothekenzinsen)	4 400 DM	
Geldbeschaffungskosten	3 200 DM	
Grundsteuer	250 DM	
Kosten für Zentralheizung, Wassergeld Müllabfuhr, Treppenhausbeleuchtung	900 DM	
Gebäudeversicherung	300 DM	
Reparaturkosten	5 000 DM	
AfA gem. § 7 Abs. 4 EStG	1 347 DM	15 397 DM
Verlust aus Vermietung und Verpachtung		9 097 DM

1. Absetzung für Abnutzung (AfA)

Bemessungsgrundlage für die AfA sind die **Anschaffungskosten**, soweit sie auf das Gebäude entfallen. Zu den Anschaffungskosten gehören alle Aufwendungen, die der Stpfl. macht, um das Grundstück zu erwerben, einschließlich der Nebenkosten. Zu den Anschaffungskosten gehören auch Leistungen des Erwerbers an andere Personen als den Veräußerer (BFH, BStBl 1966 III S. 643 und BFH, BStBl 1968 II S. 574).

Für die Höhe der Anschaffungskosten ist ohne Bedeutung, wann sie vom Erwerber bezahlt worden sind.

Von den gesamten Anschaffungskosten entfallen 80 v. H. auf das Gebäude und 20 v. H. auf den Grund und Boden.

Die Anschaffungskosten betragen

Kaufpreis	320 000 DM
Notar- und Gerichtskosten	2 400 DM
Grunderwerbsteuer	6 600 DM
Maklergebühr	7 600 DM
Summe	336 600 DM
Gebäudeteil 80 v. H.	269 280 DM

AfA gem. § 7 Abs. 4 EStG

Bemessungsgrundlage = Anschaffungskosten	269 280 DM
Davon 2 v. H. =	5 386 DM
zeitanteilig für 3 Monate =	1 347 DM

2. Geldbeschaffungskosten

Die Bankgebühren für die Hypothek und die Kosten für die Eintragung der Hypothek im Grundbuch sind keine Anschaffungskosten, weil sie nicht mit dem Erwerb des Grundstücks, sondern mit der Beschaffung von Finanzmitteln in wirtschaftlichem Zusammenhang stehen. Sie sind Geldbeschaffungskosten und somit im Kalenderjahr der Verausgabung als Werbungskosten abzugsfähig.

Fall 34   Herstellungskosten eines Gebäudes

Lösung: Zu den Herstellungskosten eines Gebäudes rechnen alle Aufwendungen durch Verbrauch von Gütern und Inanspruchnahme von Diensten, um das Gebäude zu errichten und für den vorgesehenen Zweck nutzbar zu machen (EStR 33 Abs. 1).

Von den Herstellungskosten sind die Anschaffungskosten für den Grund und Boden und die als Werbungskosten abzugsfähigen Aufwendungen abzugrenzen. Herstellungskosten entstehen im Zeitpunkt der Erfüllung des Vertrages durch den Handwerker. Die Bezahlung der Herstellungskosten ist steuerlich ohne Bedeutung.

1. Anschaffungskosten für den Grund und Boden

a) Kaufpreis	100 000 DM
b) Grunderwerbsteuer	3 500 DM
c) Gebühren für die notarielle Beurkundung des Kaufvertrages und für die Grundbucheintragung	1 500 DM
d) Straßenanliegerbeiträge an die Gemeinde	66 000 DM
Summe	171 000 DM

Die Straßenanliegerbeiträge an die Gemeinde gehören deshalb zu den Anschaffungskosten für den Grund und Boden, weil sie auch dann zu entrichten sind, wenn der Eigentümer auf dem Grundstück kein Gebäude errichtet (EStH 33a). Sie stehen also nicht mit dem Gebäude im Zusammenhang.

2. Herstellungskosten für das Gebäude

a) Architektenhonorar	32 000 DM
b) Zahlungen an die Bauhandwerker	480 000 DM
c) Kosten für das Richtfest	400 DM
d) Wassergeld und Stromkosten während der Bauzeit	300 DM
e) Kosten für den Anschluss des Gebäudes (Leitungen, Rohre, Arbeitsstunden) an die gemeindlichen Versorgungseinrichtungen	15 000 DM
f) Kanalanstichgebühr an die Gemeinde	1 200 DM
Summe	528 900 DM

Die Kosten für den Anschluss des Gebäudes an die gemeindlichen Versorgungseinrichtungen sind Herstellungskosten für das Gebäude, da sie angefallen sind, um das Gebäude für den vorgesehenen Zweck nutzbar zu machen. Sie wären nicht angefallen, wenn der Eigentümer des Grund und Bodens kein Gebäude errichtet hätte. Entsprechendes gilt für die Kanalanstichgebühr (EStR 33a Abs. 1 und EStH 33a).

3. Die jährliche AfA nach § 7 Abs. 5 EStG beträgt 5 v. H. von 528 900 DM = 26 445 DM.

4. Werbungskosten (außer AfA)

a) Gebühren zur Eintragung einer Hypothek (Geldbeschaffungskosten)	2 400 DM
b) Hypothekenzinsen	3 200 DM
c) Grundsteuer	600 DM
d) Kosten der Versicherung des Rohbaus während der Bauzeit (Abwehrkosten)	150 DM
Summe	6 350 DM

Geldbeschaffungskosten sind sofort abzugsfähige Werbungskosten, weil sie im erweiterten Sinne Zinsaufwand darstellen.

Hoher anschaffungsnaher Aufwand nach Erwerb eines bebauten Grundstücks   Fall 35

Lösung: Aufwendungen, die im Zusammenhang mit der Anschaffung eines Gebäudes gemacht werden (anschaffungsnahe Aufwendungen), sind als Herstellungskosten zu behandeln, wenn sie im Verhältnis zum Kaufpreis hoch sind und durch sie sich das Wesen des Gebäudes verändert, der Nutzungswert erheblich erhöht oder die Nutzungsdauer erheblich verlängert hat. Anschaffungsnah ist ein Zeitraum von drei Jahren nach Erwerb des Gebäudes. Anschaffungsnahe Aufwendungen sind im Verhältnis zum Kaufpreis hoch, wenn sie in diesem Zeitraum 15 v. H. der Anschaffungskosten des Gebäudes übersteigen (EStR 157 Abs. 4).

Nach den vorstehenden Grundsätzen kann Reich die Instandsetzungskosten von 40 000 DM nicht als Werbungskosten behandeln, weil sie anschaffungsnah entstanden sind und 15 % der Anschaffungskosten des Gebäudes übersteigen. Die Instandsetzungskosten sind somit den Anschaffungskosten hinzuzurechnen und nur über die AfA abzugsfähig. Die Bemessungsgrundlage für die AfA beträgt (180 000 DM zzgl. 40 000 DM) 220 000 DM.

Fall 36 Aufteilung von Grundstückskosten

Lösung: Die Aufwendungen für das Einfamilienhaus sind in abzugsfähige Betriebsausgaben und in nicht abzugsfähige Kosten der Lebensführung aufzuteilen. Dabei sind die Gesamtaufwendungen grundsätzlich nach dem Verhältnis der Grundfläche der gewerblichen Zwecken dienenden Räume zur gesamten Nutzfläche aufzuteilen. Aufwendungen, die ausschließlich auf einen Teil des Grundstücks entfallen, sind dagegen nur diesem Grundstücksteil zuzurechnen (EStR 117). Soweit die Grundstücksaufwendungen auf den zu eigenen Wohnzwecken genutzten Teil entfallen, sind sie nicht abzugsfähig (§ 12 EStG).

Als Betriebsausgaben sind abzugsfähig:

Zinsen für Hausdarlehen 25 % von 20 000 DM =	5 000 DM
Aufwendungen für Heizung, Strom, Müllabfuhr etc. 25 % von 12 000 DM =	3 000 DM
Reparaturaufwendungen für Heizkessel, Dach und Haustür 25 % von 5 000 DM =	1 250 DM
Reparatur der Tür im Warenlager 100 % =	400 DM
Gebäude-AfA 25 % von 8 000 DM =	2 000 DM
Summe = Betriebsausgaben	11 650 DM

Fall 37 Aufteilung von Grundstückskosten, AfA-Berechnung

Lösung:

1. Einkünfte aus Gewerbebetrieb

320 qm von 640 qm = 50 % des Gebäudes gehören zum Betriebsvermögen.

vorläufiger Gewinn:				195 000 DM
Betriebseinnahmen:				0 DM
Betriebsausgaben:				
Zinsen	8 % v. 500 000 DM =	40 000		
	für 9 Monate =	30 000		
	davon 50 %		15 000 DM	
Disagio	2 % v. 500 000 =	10 000		
	davon 50 %	5 000		
	abgegrenzt für 9 Monate			
	5 000 : 10 × 9/12 =		375 DM	
Kosten	8 000 + 3 500 =	11 500		
	davon 50 %		5 750 DM	
AfA	4 %* von 50 % von 1 200 000 × 2/12 =		4 000 DM	./. 25 125 DM
				169 875 DM

* Die Abschreibung beträgt ab 2001 3 % = 3 000 DM (Herstellung bzw. Anschaffung nach dem 31. 12. 2000).

2. Einkünfte aus Vermietung und Verpachtung

Einnahmen:

Miete	4 × 80 × 16	= 5 120		
	für 2 Monate		10 240 DM	
Umlage	4 × 200	= 800		
	für 2 Monate		1 600 DM	11 840 DM

Werbungskosten:

Zinsen	8 % v. 500 000	= 40 000		
	für 9 Monate	= 30 000		
	davon 50 %		15 000 DM	
Disagio	2 % v. 500 000	= 10 000		
	davon 50 %		5 000 DM	
Kosten	8 000 + 3 500	= 11 500		
	davon 50 %		5 750 DM	
AfA	5 % degressiv			
	50 % v. 1 200 000 =		30 000 DM	./. 55 750 DM
Einkünfte: Verlust				43 910 DM

Für den betrieblich genutzten Gebäudeteil ist die AfA nach § 7 Abs. 4 Nr. 1 EStG zeitanteilig mit 4 % (bei Herstellung/Anschaffung nach dem 31. 12. 2000: 3 %) vorzunehmen. Die AfA für den zu fremden Wohnzwecken genutzten Gebäudeteil beträgt nach § 7 Abs. 5 Nr. 3 EStG 5 % der Herstellungskosten.

Herstellung eines Einfamilienhauses   Fall 38

Lösung: Die Eheleute Heim können für das Jahr 2001 die Eigenheimzulage (Fördergrundbetrag und Kinderzulage) in Anspruch nehmen.

Die Voraussetzungen für die Eigenheimzulage liegen vor. Insbesondere liegt bei den Eheleute kein Objektverbrauch (§ 6 EigZulG) vor, und die Einkunftsgrenze ist nicht überschritten. Die Summe des Gesamtbetrags der Einkünfte des Erstjahrs und des vorangegangenen Jahres beträgt bei der Zusammenveranlagung nicht mehr als 360 000 DM. Die Eigenheimzulage beträgt:

Fördergrundbetrag

Bemessungsgrundlage: Anschaffungskosten des Grund und Bodens	100 000 DM
zzgl. Herstellungskosten des Gebäudes	300 000 DM
	400 000 DM
höchstens	100 000 DM
Fördergrundbetrag 5 %	5 000 DM
Kinderzulage für ein Kind	1 500 DM

Eigenheimzulage insgesamt: 5 000 DM + 1 500 DM = 6 500 DM

Vorkostenabzug nach § 10i EStG

Bei Abschluss des Kaufvertrags bzw. Einreichung des Bauantrags nach 1998 ist die Möglichkeit des Vorkostenabzugs vollständig entfallen.

Fall 39 Anschaffung der Eigentumswohnung in 2001

Lösung: Eigenheimzulage (Fördergrundbetrag)

Bemessungsgrundlage: Anschaffungskosten der Wohnung einschließlich Grund und Boden

Kaufpreis	300 000 DM
Notar- und Gerichtsgebühren	10 000 DM
	310 000 DM
höchstens	100 000 DM
Fördergrundbetrag 5 %	5 000 DM

Anschaffung der Eigentumswohnung in 2003

Lösung: Eigenheimzulage (Fördergrundbetrag)

Der Fördergrundbetrag beträgt 2,5 % der Bemessungsgrundlage, höchstens 2 500 DM, da die Eheleute die Eigentumswohnung nicht bis Ende des zweiten auf das Jahr der Fertigstellung folgenden Jahres erworben haben.

Bemessungsgrundlage: wie zuvor

Fall 40 Herstellung eines Einfamilienhauses mit Öko-Förderung

Lösung: Die Eheleute Guth können für das Jahr 2000 die Eigenheimzulage (Fördergrundbetrag und Kinderzulage) in Anspruch nehmen.

Für den Einbau der Solaranlage erhalten die Eheleute die Zusatzförderung in Höhe von 2 % der Aufwendungen für Anlagen zur Energieeinsparung (§ 9 Abs. 3 EigZulG), höchstens 500 DM. Da der Wärmebedarf den Wert nach der WärmeschutzVO um mindestens 25 % unterschreitet, erhalten die Eheleute die Zusatzförderung von 400 DM (§ 9 Abs. 4 EigZulG).

Fördergrundbetrag

Bemessungsgrundlage: Herstellungskosten des Gebäudes	400 000 DM
Anschaffungskosten des Grund und Boden	100 000 DM
	500 000 DM
höchstens	100 000 DM
Fördergrundbetrag 5 %	5 000 DM
Zusatzförderung für Solaranlage 2 % von 15 000 DM = (höchstens 500 DM)	300 DM
Zusatzförderung wegen geringen Energieverbrauchs	400 DM

Kinderzulage für ein Kind	1 500 DM
Eigenheimzulage insgesamt	7 200 DM

Das Finanzamt setzt die Eigenheimzulage für das Jahr 2000 und die sieben folgenden Jahre fest und zahlt die Zulage für das Erstjahr innerhalb eines Monats nach Bekanntgabe des Bescheids an die Eheleute aus. Die Auszahlung für die sieben folgenden Jahre erfolgt am 15. 03. des entsprechenden Jahres.

Objektbeschränkung, Folgeobjekt

Fall 41/42

Lösung: Die Eheleute M und F können für kein weiteres Objekt die Eigenheimzulage erhalten, da bei ihnen durch die insgesamt zwei Objekte, für die sie erhöhte Absetzungen nach § 7b EStG und die Eigenheimzulage erhalten konnten, bereits Objektverbrauch eingetreten ist (§ 6 Abs. 1, 3 EigZulG). Das in 2001 erworbene Einfamilienhaus ist jedoch ein Folgeobjekt i. S. d. § 7 EigZulG, da die Eheleute die Eigentumswohnung in Düsseldorf (Erstobjekt) nicht bis Ende des achtjährigen Begünstigungszeitraums zu eigenen Wohnzwecken genutzt haben. Der Förderzeitraum für das in 2001 erworbene Folgeobjekt beginnt erst mit dem Jahr 2002, da die Eheleute das Erstobjekt in 2001 noch zu eigenen Wohnzwecken genutzt haben. Die Eheleute können für die Jahre 2002 bis 2006 noch die Eigenheimzulage in Anspruch nehmen.

Ausbauten und Erweiterungen, Begrenzung

Fall 43

Lösung: Der Fördergrundbetrag beträgt für Ausbauten jährlich 2,5 % der Bemessungsgrundlage, höchstens 2 500 DM. Die Summe der Eigenheimzulage (Grundzulage und Kinderzulage) ist auf 50 % der Bemessungsgrundlage begrenzt. Zusatzförderungen für ökologische Maßnahmen werden aber bei der Begrenzung nicht mit einbezogen.

Die Eheleute Meier erhalten für	Kj 2001	Kj 2002
Grundzulage 2,5 % von 30 000 DM =	750 DM	750 DM
Kinderzulage 5 × 1 500 DM	7 500 DM	6 000 DM
Eigenheimzulage	8 250 DM	6 750 DM

Weitere Förderbeiträge stehen den Eheleuten Meier nicht zu (Höchstgrenze: 50 % von 30 000 DM).

Einkunftsgrenzen

Fall 44

Lösung: Der Förderzeitraum für die Eigenheimzulage umfasst die Kj 2000 bis 2007. Voraussetzung für die Eigenheimzulage ist u. a., dass die Gesamtbeträge der Einkünfte im Förderjahr und im vorangegangenen Kj bei Eheleuten 360 000 DM nicht überschreiten.

Berechnung: Förderjahr 2000: Einkünfte 1999 und 2000: 382 250 DM
             Förderjahr 2001: Einkünfte 2000 und 2001: 386 250 DM
             Förderjahr 2002: Einkünfte 2001 und 2002: 266 250 DM

Den Eheleuten Heidenreich steht für das Kj 2002 und für die folgenden Kj bis einschließlich 2007 die Eigenheimzulage zu, da die maßgebliche Einkunftsgrenze von 360 000 DM nicht überschritten ist. Dies gilt auch dann, wenn sie später die Einkunftsgrenze wieder überschreiten.

Fall 45 Sonstige Einkünfte

Lösung: Die Bezüge sind nicht steuerpflichtig, da sie freiwillig gewährt werden und der Geber unbeschränkt steuerpflichtig ist (§ 22 Nr. 1 Satz 2 EStG).

Fall 46 Lösung: Die Rente ist nicht steuerpflichtig, weil sie aufgrund einer freiwillig begründeten Rechtspflicht gewährt wird und der Geber unbeschränkt steuerpflichtig ist (§ 22 Nr. 1 Satz 2 EStG).

Fall 47 Lösung: Die Unterhaltsbezüge sind nicht steuerpflichtig, da der Empfänger eine gesetzlich unterhaltsberechtigte Person und der Geber unbeschränkt steuerpflichtig ist (§ 22 Nr. 1 Satz 2 EStG).

Fall 48 Lösung: Sonstige Einkünfte sind auch Unterhaltsleistungen, soweit sie nach § 10 Abs. 1 Nr. 1 EStG vom Geber abgezogen werden können. Das ist bis zum Höchstbetrag von 27 000 DM möglich. Die Einkünfte betragen:

Einnahmen	27 000 DM
./. Werbungskosten-Pauschbetrag (§ 9a Nr. 3 EStG)	200 DM
Sonstige Einkünfte	26 800 DM

Fall 49 Alterseinkünfte

Lösung: Die Altersrente aus der gesetzlichen Rentenversicherung führt zu Einkünften nach § 22 Nr. 1 EStG (sonstige Einkünfte). Da es sich um eine Leibrente handelt (die Rente endet mit dem Tode des Sonntag), ist nur der Ertragsanteil steuerpflichtig. Er beträgt 27 v. H.

Sonstige Einkünfte (§ 22 EStG) in 2001

Rentenbezüge in 2001 1000 DM × 12 =	12 000 DM
Ertragsanteil 27 v. H.	3 240 DM
./. Werbungskosten-Pauschbetrag (§ 9a Nr. 3 EStG)	200 DM
Sonstige Einkünfte in 2001	3 040 DM

Die Betriebspension stellt nachträglichen Arbeitslohn dar und führt zu Einkünften aus nichtselbständiger Arbeit (§ 19 EStG).

Es handelt sich um nachträglichen Arbeitslohn, weil die Bezüge nicht auf früheren Beitragsleistungen des Bezugsberechtigten beruhen (§ 2 Abs. 2 Nr. 2 LStDV).

Einkünfte aus nichtselbständiger Arbeit in 2001

Bruttoarbeitslohn 300 DM × 12 =	3 600 DM
./. Versorgungs-Freibetrag (§ 19 Abs. 2 EStG) 40 v. H. =	1 440 DM
verbleiben	2 160 DM
./. Arbeitnehmer-Pauschbetrag (§ 9a Nr. 1 EStG)	2 000 DM
Einkünfte aus nichtselbständiger Arbeit (§ 19 EStG)	160 DM

Fall 50 Pension aus einer Pensionskasse

Lösung: Die Pension aus der Pensionskasse beruht auf früheren Beitragsleistungen des Ehrlich. Sie wurden zwar vom Arbeitgeber vorgenommen, jedoch zugunsten des Arbeitnehmers. Aus diesem Grunde waren sie auch steuerpflichtiger Arbeitslohn (§ 2 EStDV). Die Zahlungen der Pensionskasse sind somit kein nachträglicher Arbeitslohn. Sie führen zu sonstigen Einkünften gem. § 22 Nr. 1 Buchst. a EStG.

Die Einkünfte betragen:

Pensionsbezüge 250 DM × 12	3 000 DM
Ertragsanteil 27 v. H.	810 DM
./. Werbungskosten-Pauschbetrag (§ 9a Nr. 3 EStG)	200 DM
Sonstige Einkünfte (§ 22 Nr. 1 EStG)	610 DM

Berufsunfähigkeitsrente Fall 51

Lösung: Die Berufsunfähigkeitsrente aus der gesetzlichen Rentenversicherung führt zu sonstigen Einkünften nach § 22 Nr. 1 EStG. Es handelt sich um eine Leibrente, deren Laufzeit hier auf ca. 9 Jahre begrenzt ist. Sie endet nämlich mit Vollendung des 65. Lebensjahres des Köhler. Dann bezieht Köhler Altersruhegeld (EStR 167 Abs. 7). Die Berufsunfähigkeitsrente ist somit eine abgekürzte Leibrente. Die Rente wegen Berufsunfähigkeit und das Altersruhegeld stellen zwei selbständige Renten dar.

Voraussetzung für die Annahme einer Rente ist u. a., dass die Laufzeit mindestens 10 Jahre beträgt. Eine Ausnahme bilden lediglich die entgeltlich – z. B. wie hier durch Beitragsleistungen – erworbenen abgekürzten Leibrenten. Bei ihnen kann die Laufzeit auch unter 10 Jahren liegen. Da es sich um eine Leibrente handelt, ist nur der Ertragsanteil steuerpflichtig (§ 22 Nr. 1 Satz 3 EStG). Er ist nicht nach § 22 EStG, sondern nach § 55 EStDV zu ermitteln, da eine abgekürzte Leibrente mit einer Laufzeit von 9 Jahren vorliegt und der Stpfl. das 75. Lebensjahr noch nicht vollendet hat. Hinweis auf § 55 Abs. 2 Spalte 3 EStDV.

Die Rente hat eine Laufzeit vom 01. 01. 2001 bis Ablauf des 14. 04. 2009 (Vollendung des 65. Lebensjahres), also 9 Jahre und ca. 3 ½ Monate. Die Laufzeit ist nach EStR 167 Abs. 6 auf 9 Jahre abzurunden, da der Jahresbruchteil nicht mehr als 6/12 beträgt. Der Ertragsanteil beträgt nach § 55 EStDV somit 17 v. H.

Einkünfte

Rentenbezüge 900 DM × 12	10 800 DM
Ertragsanteil 17 v. H.	1 836 DM
./. Werbungskosten-Pauschbetrag gem. § 9a Nr. 3 EStG	200 DM
Sonstige Einkünfte	1 636 DM

Weitere Alterseinkünfte Fall 52

Lösung:

§ 19 EStG

Bruttoarbeitslohn	30 200 DM	
Versorgungsbezüge	4 800 DM	
Summe	35 000 DM	
./. Versorgungsfreibetrag (40 % v. 4 800 DM)	1 920 DM	
./. Arbeitnehmer-Pauschbetrag	2 000 DM	
Eink. aus nichtselbst. Arbeit	31 080 DM	> 31 080 DM

§ 22 EStG

35 % v. 6 000 DM =	2 100 DM	
./. Werbungskosten-Pauschbetrag	200 DM	
Sonstige Einkünfte	1 900 DM	> 1 900 DM
Summe der Einkünfte		32 980 DM

Fall 53 Einkünfte aus privaten Veräußerungsgeschäften (1)

Lösung: Es handelt sich um ein privates Veräußerungsgeschäft i. S. d. § 23 EStG, da die Frist zwischen Anschaffung und Veräußerung nicht mehr als zehn Jahre beträgt.

Ermittlung des Veräußerungsgewinns:

Veräußerungspreis	70 000 DM
./. Anschaffungskosten	62 000 DM
./. Werbungskosten	2 500 DM
Gewinn	5 500 DM

Der Gewinn unterliegt gem. § 11 Abs. 1 EStG im Jahr des Zuflusses der Einkommensteuer.

Fall 54 Einkünfte aus privaten Veräußerungsgeschäften (2)

Lösung: Berechnung der Einkünfte

Aktien der	Hoch-AG	Tief-AG
Veräußerungspreis	8 200 DM	14 600 DM
Anschaffungskosten	8 400 DM	12 700 DM
Spesen	123 DM	219 DM
Überschuss/Verlust	./. 323 DM	+ 1 681 DM

Ein Verlustausgleich innerhalb der Einkunftsart ist möglich.

Es verbleibt ein Spekulationsgewinn von   1 358 DM

Es liegen Spekulationsgeschäfte i. S. des § 23 EStG vor, weil die 1-Jahres-Frist unterschritten ist. Nicht von Bedeutung ist, dass der Mandant bei Erwerb der Papiere keine Spekulationsabsicht hatte (Verkauf aufgrund privater Notlage). Der Spekulationsgewinn ist in voller Höhe steuerpflichtig, weil er nicht weniger als 1 000 DM betragen hat (Freigrenze).

Fall 55 Einkünfte aus privaten Veräußerungsgeschäften (3)

Lösung: Lipper hat ein Spekulationsgeschäft getätigt, da er ein Grundstück angeschafft und wieder veräußert hat und der Zeitraum zwischen Anschaffung und Veräußerung nicht mehr als zehn Jahre beträgt. Er hat somit Einkünfte aus privaten Veräußerungsgeschäften i. S. des § 22 Nr. 2 i. V. mit § 23 EStG. Es ist ohne Bedeutung, dass Lipper keine Spekulationsabsicht hatte. Private Veräußerungsgeschäfte liegen immer vor, wenn Anschaffung und Veräußerung innerhalb der in § 23 Abs. 1 Nr. 1 EStG gesetzten Frist erfolgen.

Ermittlung des Spekulationsgewinns nach § 23 Abs. 3 EStG

Veräußerungspreis	154 000 DM
Anschaffungskosten	148 000 DM
Unterschiedsbetrag	6 000 DM
./. Werbungskosten	400 DM
Spekulationsgewinn	5 600 DM

Der Gewinn ist im Jahr 2001 zugeflossen. Die Freigrenze von 1 000 DM ist überschritten (§ 23 Abs. 3 EStG).

Aus der Vermietung des Grundstücks als Lagerplatz ergeben sich im Kj 2001 Einkünfte aus Vermietung und Verpachtung (§ 21 EStG).

Sie betragen:

Einnahmen (§§ 8 und 11 EStG)	550 DM
Werbungskosten (§§ 9 und 11 EStG)	230 DM
Einkünfte aus Vermietung und Verpachtung	320 DM

Altersentlastungsbetrag — Fall 56

Lösung: Der Gesamtbetrag der Einkünfte des Greiff im Kalenderjahr 2000 wird wie folgt ermittelt:

Versorgungsbezüge (§ 19 Abs. 1 Nr. 2 EStG)	20 000 DM	
./. Versorgungs-Freibetrag 40 v. H.		
höchstens 6 000 DM (§ 19 Abs. 2 EStG)	6 000 DM	14 000 DM
Bruttoarbeitslohn aus Nebentätigkeit		9 500 DM
Summe		23 500 DM
./. Arbeitnehmer-Pauschbetrag		2 000 DM
Einkünfte aus nichtselbständiger Arbeit (§ 19 EStG)		21 500 DM
Einkünfte aus Kapitalvermögen (§ 20 EStG)		2 200 DM
Einkünfte aus Vermietung und Verpachtung (§ 21 EStG)		./. 7 500 DM
Summe der Einkünfte		16 200 DM
./. Altersentlastungsbetrag (§ 24a EStG)		
40 v. H. von 9 500 DM = 3 800 DM, höchstens		3 720 DM
Gesamtbetrag der Einkünfte (§ 2 Abs. 3 EStG)		12 480 DM

Der Altersentlastungsbetrag beträgt 40 v. H. des Arbeitslohns (ohne Versorgungsbezüge) und 40 v. H. der positiven Summe der übrigen Einkünfte (ohne Einkünfte aus Leibrenten), höchstens 3 720 DM. Eine positive Summe der übrigen Einkünfte liegt hier nicht vor. Der Altersentlastungsbetrag war somit nur aus dem Arbeitslohn von 9 500 DM zu berechnen.

Durch den Altersentlastungsbetrag sollen Alterseinkünfte steuerlich entlastet werden.

Altersentlastungsbetrag bei Ehegatten — Fall 57

Lösung: Im Falle einer Zusammenveranlagung von Ehegatten ist § 24a Sätze 1 bis 3 EStG für jeden Ehegatten gesondert anzuwenden. Die altersmäßigen Voraussetzungen für den Altersentlastungsbetrag liegen bei jedem der Ehegatten vor. Der Altersentlastungsbetrag wird wie folgt berechnet:

Ehemann

Die Versorgungsbezüge i. S. des § 19 Abs. 2 EStG scheiden aus. Es ergibt sich eine positive Summe aus den Einkünfte aus Gewerbebetrieb und Vermietung und Verpachtung in Höhe von 10 000 DM.
Der Altersentlastungsbetrag beträgt 40 v. H. von 10 000 DM = 4 000 DM
höchstens 3 720 DM

Ehefrau

Die Einkünfte aus der Leibrente (§ 22 EStG) scheiden aus. Es ergibt sich eine positive Summe der übrigen Einkünfte von 7 000 DM.
Altersentlastungsbetrag 40 v. H. von 7000 DM = 2 800 DM

Der Freibetrag für Land- und Forstwirte nach § 13 Abs. 3 EStG in Höhe von 2 600 DM berührt die Höhe der Einkünfte aus Land- und Forstwirtschaft selbst nicht und ist somit bei der Berechnung des Altersentlastungsbetrages nicht zu berücksichtigen.

Den Ehegatten steht somit ein Altersentlastungsbetrag in Höhe von 6 520 DM zu.

Fall 58 Gesamtbetrag der Einkünfte

Lösung: Der Gesamtbetrag der Einkünfte der Eheleute Fabian wird wie folgt berechnet:

	Ehemann	Ehefrau
Einkünfte aus Gewerbebetrieb (§ 15 EStG)	36 000 DM	0 DM
Einkünfte aus selbst. Arbeit (§ 18 EStG)	0 DM	6 400 DM
Einkünfte aus nichtselbständiger Arbeit (§ 19 EStG)		
Pensionsbezüge	55 200 DM	
·/. Versorgungsfreibetrag		
40 v. H. v. 55 200 DM, höchstens	6 000 DM	
·/. Arbeitnehmer-Pauschbetrag	2 000 DM	
	47 200 DM	

Einkünfte aus Kapitalvermögen (§ 20 EStG)

	Ehemann	Ehefrau		
Gutschrift	21 000 DM	12 480 DM		
+ Kapitalertragsteuer	7 000 DM	120 DM		
Summe	28 000 DM	12 600 DM		
+ KSt 3/7	12 000 DM	0 DM		
Einnahmen	40 000 DM	12 600 DM		
·/. Werbungskosten-				
Pauschbetrag	100 DM	100 DM		
Sparer-Freibetrag	3 000 DM	3 000 DM		
Einkünfte	36 900 DM	9 500 DM >	36 900 DM	9 500 DM

Sonstige Einkünfte (§ 22 EStG)

Altersrente	15 600 DM		
Ertragsanteil 24 v. H.	3 744 DM		
./. Werbungskosten-Pauschbetrag	200 DM	0	3 544 DM
Zwischensumme		120 100 DM	19 444 DM
./. **Altersentlastungsbetrag (§ 24a)**			
Ehemann			
40 v. H. von (36 000 DM + 36 900 DM)			
72 900 DM, höchstens		3 720 DM	
Ehefrau			
40 v. H. von (6 400 DM + 9 500 DM)			
16 000 DM, höchstens 3 720 DM =			3 720 DM
verbleiben		116 380 DM	15 724 DM
Gesamtbetrag der Einkünfte		132 104 DM	
(113 380 DM + 12 724 DM)			

Sonderausgaben dem Grunde nach (Abgrenzung)   Fall 59
Lösung:

Rechtsgrundlage EStG/EStR

1. Haftpflichtversicherungsbeiträge für eine
   a) allgemeine private Haftpflicht — ③ § 10 Abs. 1 Nr. 2
   b) für die Benutzung einer privaten Segeljolle — ③ § 10 Abs. 1 Nr. 2
   c) Gebäudehaftpflicht, Grundstück gehört zum Betriebsvermögen — ① § 4 Abs. 4
   d) Gebäudehaftpflicht, Grundstück gehört zum Privatvermögen und wird
      – zu eigenen Wohnzwecken genutzt — ③ § 10 Abs. 1 Nr. 2
      – an einen Gewerbetreibenden vermietet — ② § 9 Abs. 1 Nr. 2
2. Beiträge zur gesetzlichen Sozialversicherung (Renten-, Kranken- und Arbeitslosenversicherung)
   a) **für den Abzug beim Arbeitnehmer**
      Arbeitnehmeranteile — ③ § 10 Abs. 1 Nr. 2
      Arbeitgeberanteile — ⑤ § 3 Nr. 62
      § 10 Abs. 2 Nr. 1
   b) **für den Abzug beim Arbeitgeber**
      Arbeitnehmeranteile — ① § 4 Abs. 4
      Arbeitgeberanteile — ① § 4 Abs. 4
3. Krankheitskosten eines Gewerbetreibenden aufgrund eines Betriebsunfalls (nach Abzug der Krankenkassenerstattung) — ① § 4 Abs. 4
4. Beiträge für eine Unfallversicherung
   a) ohne berufliche/betriebliche Veranlassung — ③ § 10 Abs. 1 Nr. 2
   b) eines Bauunternehmers mit betrieblicher Veranlassung — ① § 4 Abs. 4
5. Beiträge für eine Einbruch-, Feuer-, Wasser- und Glasbruchversicherung eines Steuerberaters
   a) für seine Wohnung — ⑤ § 12 Nr. 1
   b) für seine Praxisräume — ① § 4 Abs. 4

6. Aufwendungen für eine pflichtversicherte Hilfe im Haushalt [4] § 10 Abs. 1 Nr. 8
7. Zahlungen an Bausparkasse [5]
8. dem Bausparkonto gutgeschriebene Zinsen für
   Bausparguthaben [5]
9. Sachspende eines Sportgeschäfts an Sportverein [1] § 4 Abs. 4
10. Beiträge für eine Hausratversicherung
    a) für den Hausrat in der Wohnung des Stpfl. [5] § 12 Nr. 1
    b) für den Hausrat in einer möbliert vermieteten
       Eigentumswohnung des Stpfl. [2] § 9 Abs. 1 Nr. 2
11. Beiträge für eine Aussteuerversicherung [3] § 10 Abs. 1 Nr. 2
12. Beiträge für eine Ausbildungsversicherung [3] § 10 Abs. 1 Nr. 2
13. Beiträge für Sterbegeldversicherung [3] § 10 Abs. 1 Nr. 2
14. Beiträge für eine Krankenversicherung (Grundtarif) [3] § 10 Abs. 1 Nr. 2
    Beiträge für eine Krankentagegeldversicherung
    (Zusatztarif) [3] § 10 Abs. 1 Nr. 2
    Beiträge für eine Krankenhaustagegeldversicherung
    (Zusatztarif) [3] § 10 Abs. 1 Nr. 2
15. Beiträge für Kfz-Haftpflichtversicherung,
    Nutzung des Kfz
    a) ausschließlich privat [3] § 10 Abs. 1 Nr. 2
    b) ausschließlich betrieblich [1] § 4 Abs. 4
    c) zu 80 % betrieblich, 20 % privat
           80 % [1]   20 % [3]   EStR 88 Abs. 2
    d) zu 60 % für Fahrten eines Arbeitnehmers zwischen
       Wohnung und Arbeitsstätte, zu 40 % privat
           60 % [3]   40 % [3]   EStR 88 Abs. 2
16. Beiträge für Kfz-Kaskoversicherung, Nutzung des Kfz
    a) ausschließlich privat [5] § 12 Nr. 1
    b) ausschließlich betrieblich [1] § 4 Abs. 4
17. Beiträge für Insassenunfallversicherung (priv. Kfz) [3] § 10 Abs. 1 Nr. 2
18. Kaskoversicherung (Diebstahl- und Feuerversicherung)
    für private Segeljolle [5] § 12 Nr. 1
19. Kirchensteuerzahlungen [4] § 10 Abs. 1 Nr. 4
20. Steuerberatungskosten (kein Zusammenhang mit
    Einkünften) [4] § 10 Abs. 1 Nr. 6
21. Mitgliedsbeiträge eines Arbeitnehmers
    a) an einen Sportverein [5] § 12 Nr. 1
    b) an eine politische Partei [4] § 10b, § 34g
    c) an den ADAC [5] § 12 Nr. 1
    d) an DAS oder ARAG (Rechtsschutzversicherung) [5] § 12 Nr. 1
    e) an Beamtenbund (Gewerkschaft) oder DAG
       (Deutsche Angestelltengewerkschaft) [2] § 9 Abs. 1 Nr. 3
22. Schulgeld für den Besuch einer freien Waldorf-Schule durch das
    Kind des Steuerpflichtigen [4] § 10 Abs. 1 Nr. 9

Vorsorgeaufwendungen, Höchstbetragsberechnung **Fall 60**

Der Abzug von Vorsorgeaufwendungen ist an Höchstbeträge gebunden. „Vorsorgeaufwendungen" ist die zusammenfassende Bezeichnung für die abzugsfähigen Versicherungsbeiträge.

Lösung: Der Höchstbetrag der Vorsorgeaufwendungen berechnet sich wie folgt:

Versicherungsbeiträge		17 000 DM	
./. vorweg abziehbar (§ 10 Abs. 3 Nr. 2)	6 000 DM		
./. davon ab	0 DM		
verbleiben	6 000 DM >	6 000 DM >	6 000 DM
verbleiben		11 000 DM	
./. Grundhöchstbetrag (§ 10 Abs. 3 Nr. 1)		2 610 DM	2 610 DM
verbleiben		8 390 DM	
Davon die Hälfte, höchstens 50 v. H. des Grundhöchstbetrages (§ 10 Abs. 3 Nr. 3)		1 305 DM	1 305 DM
Höchstbetrag der Vorsorgeaufwendungen			9 915 DM

Die übrigen Sonderausgaben (Spenden) betragen 100 DM. Mindestens ist jedoch der Sonderausgaben-Pauschbetrag (§ 10c Abs. 1 EStG) von 108 DM anzusetzen.

Die Sonderausgaben betragen somit (9 915 DM + 108 DM)   10 023 DM

Lösung: **Fall 61**

	Vorwegabzug	Allgemeiner Höchstbetrag	Hälftiger Abzug (50 % v. Spalte 2)	Begünstigte Aufwendungen insgesamt (Spalten 1-3)	Vorsorgehöchstbetrag
	1	2	3	4	5
Mandant 1	6 000 DM	2 610 DM	2 610 DM	11 220 DM	9 915 DM
Mandant 2	12 000 DM	5 220 DM	5 220 DM	22 440 DM	19 830 DM

Lösung: Wenn die Ehegatten Sparsam den Höchstbetrag für Vorsorgeaufwendungen **Fall 62**
voll ausschöpfen wollen, benötigen sie

Versicherungsbeiträge in Höhe von	22 440 DM
Sie haben bisher an Versicherungsbeiträgen aufgewendet	6 200 DM
Fehlbetrag somit	16 240 DM
Der Betrag von 22 440 DM ist wie folgt berechnet:	
Vorwegabzugsbetrag	12 000 DM
Grundhöchstbetrag für Ehegatten	5 220 DM
50 v. H. des Grundhöchstbetrages, somit 100 v. H. notwendig	5 220 DM
Summe	22 440 DM
Vorsorgehöchstbetrag	19 830 DM

Fall 63 Die Vorsorgepauschale

Lösung: 1. Vorsorgeaufwendungen

Betrag A: Vorsorgeaufwendungen im Rahmen der Höchstbeträge

Versicherungsbeiträge			4 610 DM
./. vorweg abziehbar (§ 10 Abs. 3 Nr. 2)	6 000 DM		
./. davon ab 16 v. H. des Arbeitslohns v. 23 400 DM =	3 744 DM		
verbleiben	2 256 DM >	2 256 DM	> 2 256 DM
verbleiben		2 354 DM	
./. Grundhöchstbetrag (§ 10 Abs. 3 Nr. 1) 2 610 DM, höchstens		2 354 DM	> 2 354 DM
verbleiben		0 DM	
Vorsorgehöchstbetrag			4 610 DM

Die Arbeitgeberanteile zur Sozialversicherung sind nicht als Sonderausgaben des Lehrig anzusetzen, da steuerfreier Arbeitslohn (§ 3 Nr. 62 EStG) vom Sonderausgabenabzug ausgeschlossen ist (§ 10 Abs. 2 Nr. 1 EStG).

Betrag B: Vorsorgepauschale (§ 10c Abs. 2)

Maßgebender Arbeitslohn (§ 10c Abs. 2)

Arbeitslohn (§ 19 Abs. 1 Nr. 1 u. 2)	23 400 DM
./. Versorgungsfreibetrag (§ 19 Abs. 2)	0 DM
./. Altersentlastungsbetrag (§ 24a)	0 DM
Maßgeblicher Arbeitslohn	23 400 DM

Die Vorsorgepauschale beträgt:

20 v. H. von 23 400 DM =			4 680 DM
./. vorweg abziehbar	6 000 DM		
davon ab 16 v. H. von 23.400 DM =	3 744 DM		
verbleiben	2 256 DM >	2 256 DM	> 2 256 DM
verbleiben		2 424 DM	
./. Grundhöchstbetrag 2610 DM, höchstens		2 424 DM	> 2 424 DM
verbleiben		0 DM	
Vorsorgepauschale,			4 680 DM
Abrundung (54-faches)			4 644 DM
Anzusetzen ist der Betrag B, weil er höher ist als Betrag A =			4 644 DM

2. Übrige Sonderausgaben (§ 10 Abs. 1 Nr. 1a, 4 - 9 und § 10b EStG)

Betrag C: Tatsächliche Aufwendungen (Kirchensteuer)	236 DM
Betrag D: Sonderausgaben-Pauschbetrag (§ 10c Abs. 1)	108 DM
Anzusetzen ist Betrag C, weil er höher ist als Betrag D =	236 DM

Einkommensteuer – Lösungen

3. Zusammenstellung
Bei der Veranlagung des Lehrig werden abgezogen:

Vorsorgepauschale (Betrag B)	4 644 DM
Tatsächliche Aufwendungen (Betrag C)	236 DM
Summe der Sonderausgaben	4 880 DM

Die Vorsorgepauschale bei Ehegatten — Fall 64

Lösung: 1. Vorsorgeaufwendungen (§ 10 Abs. 1 Nr. 2 EStG)

Betrag A: Tatsächliche Vorsorgeaufwendungen im Rahmen der Höchstbeträge

Versicherungsbeiträge		15 910 DM		
·/. vorweg abziehbar	12 000 DM			
davon ab 16 v. H. von				
79 000 DM = 12 640 DM, höchst.	12 000 DM			
verbleiben	0 DM	>	0 DM	> 0 DM
verbleiben		15 910 DM		
·/. Grundhöchstbetrag		5 220 DM	>	5 220 DM
verbleiben		10 690 DM		
davon die Hälfte, höchstens 50 v. H.				
des Grundhöchstbetrages		2 610 DM	>	2 610 DM
Vorsorgehöchstbetrag				7 830 DM

Betrag B: Vorsorgepauschale (§ 10c Abs. 2 EStG)

Bei Ehegatten, die beide sozialversicherungspflichtig sind, ist zunächst die Bemessungsgrundlage jeweils gesondert zu berechnen. Durch Addition ergibt sich die gemeinsame Bemessungsgrundlage.

Bemessungsgrundlage	Ehemann	Ehefrau
Arbeitslohn	73 000 DM	6 000 DM
Zusammen	79 000 DM	

Die Vorsorgepauschale beträgt

20 v. H. v. 79 000 DM =		15 800 DM		
vorweg abziehbar	12 000 DM			
davon ab 16 v. H. von				
79 000 DM = 12 640 DM,				
höchstens	12 000 DM			
verbleiben	0 DM	>	0 DM	> 0 DM
verbleiben		15 800 DM		
Grundhöchstbetrag		5 220 DM	>	5 220 DM
verbleiben		10 580 DM		
davon die Hälfte, höchstens 50 v. H.				
des Grundhöchstbetrages		2 610 DM	>	2 610 DM
Summe = Vorsorgepauschale				7 830 DM
Dieser Betrag ist bereits durch 54 teilbar.				
Anzusetzen ist der Betrag B =				7 830 DM

2. Übrige Sonderausgaben (§ 10 Abs. 1 Nr. 1, 4 - 9 und § 10b EStG)

Betrag C: Tatsächliche Aufwendungen	0 DM
Betrag D: Sonderausgaben-Pauschbetrag (§ 10c Abs. 1 EStG)	216 DM
Anzusetzen ist Betrag D, weil er höher ist als Betrag C =	216 DM

3. Zusammenstellung

Bei der Veranlagung der Ehegatten Schnellmann werden abgezogen:

Vorsorgepauschale (Betrag B)	7 830 DM
Sonderausgaben-Pauschbetrag (Betrag D)	216 DM
Summe der Sonderausgaben	8 046 DM

Fall 65 Gekürzte Vorsorgepauschale

Lösung:

Betrag A: Höchstbetrag der Vorsorgeaufwendungen (§ 10 Abs. 3 EStG)

Versicherungsbeiträge				4 260 DM
./. vorweg abziehbar	12 000 DM			
davon ab 16 % von				
73 000 DM =	11 680 DM			
	320 DM	>	320 DM	> 320 DM
verbleiben			3 940 DM	
Grundhöchstbetrag (5 220 DM)				
höchstens			3 940 DM	> 3 940 DM
verbleiben			0 DM	
davon die Hälfte, höchstens 50 v. H.				
des Grundbetrages			0 DM	0 DM
Vorsorgehöchstbetrag				4 260 DM

Betrag B: Gekürzte Vorsorgepauschale (§ 10c Abs. 3 EStG)

Bei nicht rentenversicherungspflichtigen Arbeitnehmern (z. B. Beamte, Richter, Berufssoldaten, Beamtenpensionäre, weiterbeschäftigte Altersrentner, Geistliche) ist die gekürzte Vorsorgepauschale anzusetzen. Die gekürzte Vorsorgepauschale beträgt 20 v. H. des Arbeitslohns, höchstens 2 214 DM, bei Ehegatten 4 428 DM.

Berechnung

20 v. H. v. 73 000 DM = 14 600 DM, höchstens	4 428 DM
bereits durch 54 teilbar	
Anzusetzen ist Betrag B, da er höher ist als Betrag A =	4 428 DM
Betrag C: Übrige Sonderausgaben (§ 10 Abs. 1 Nr. 1, 1a, 4 - 9 und § 10b EStG)	
Kirchensteuer	309 DM
Betrag D: Sonderausgaben-Pauschbetrag (§ 10c Abs. 1 EStG)	216 DM
Anzusetzen ist Betrag C, da er höher ist als Betrag D =	309 DM

Einkommensteuer – Lösungen

Zusammenstellung
Vorsorgepauschale (Betrag B) 4 428 DM
Übrige Sonderausgaben (Betrag C) 309 DM
Summe der Sonderausgaben 4 737 DM

Die gekürzte Vorsorgepauschale bei Ehegatten/Normalfall   **Fall 66**
Lösung: Betrag A: Vorsorgehöchstbetrag (§ 10 Abs. 3 EStG)

Versicherungsbeiträge		5 200 DM	
·/. vorweg abziehbar	12 000 DM		
davon ab 16 v. H. v. 24 000 DM =	3 840 DM		
verbleiben	8 160 DM	>	8 160 DM
höchstens tatsächliche Aufwendungen		5 200 DM	> 5 200 DM
verbleiben		0 DM	
Vorsorgehöchstbetrag			5 200 DM

Betrag B: Gekürzte Vorsorgepauschale (§ 10c Abs. 3 EStG)

Bei Ehegatten, die beide nicht rentenversicherungspflichtigen Arbeitslohn bezogen haben, ist die gekürzte Vorsorgepauschale anzusetzen, wobei im Falle einer Zusammenveranlagung zunächst die Bemessungsgrundlage jeweils gesondert zu berechnen ist.

Bemessungsgrundlage	Ehemann	Ehefrau
Arbeitslohn (§ 19 Abs. 1 EStG)	37 000 DM	20 000 DM
·/. Versorgungsfreibetrag (§ 19 Abs. 2) 40 v. H. von 33 000 DM, höchstens	6 000 DM	0 DM
·/. Altersentlastungsbetrag (§ 24a EStG) 40 v. H. von 4000 DM, höchstens 3720 DM	1 600 DM	0 DM
Summe	29 400 DM	20 000 DM
zusammen	49 400 DM	

Berechnung

20 v. H. von 49 400 DM = 9 880 DM, höchstens 4 428 DM
bereits durch 54 teilbar

Anzusetzen ist der Betrag A, da er höher ist als Betrag B   5 200 DM

Übrige Sonderausgaben

Betrag C: Gezahlte Kirchensteuer   1 700 DM
Betrag D: Sonderausgaben-Pauschbetrag   216 DM
Anzusetzen ist Betrag C, da er höher ist als Betrag D   1 700 DM

Zusammenstellung
Bei der Zusammenveranlagung der Ehegatten Recht werden abgezogen:
Vorsorgehöchstbetrag (Betrag A)   5 200 DM
Gezahlte Kirchensteuer (Betrag C)   1 700 DM
Summe der Sonderausgaben   6 900 DM

Fall 67 **Die gekürzte Vorsorgepauschale bei Ehegatten/Mischfall**

Lösung: Bei der Zusammenveranlagung von Ehegatten, die beide versicherungspflichtigen Arbeitslohn bezogen haben, ist für die Berechnung der Vorsorgepauschale der maßgebende Arbeitslohn zunächst für jeden Ehegatten gesondert festzustellen und sodann zu einer gemeinsamen Bemessungsgrundlage zusammenzufassen (EStR 114 Abs. 2).

Wenn hingegen nur einer der Ehegatten versicherungspflichtigen Arbeitslohn bezogen hat (Mischfall), ist die Vorsorgepauschale getrennt zu berechnen (EStR 114 Abs. 3).

Bemessungsgrundlage	Ehemann	Ehefrau
Versorgungsbezüge (§ 19 Abs. 1 Nr. 2)	32 700 DM	0 DM
Aktive Bezüge (§ 19 Abs. 1 Nr. 1)	0 DM	24 900 DM
./. Versorgungsfreibetrag (§ 19 Abs. 2)	6 000 DM	0 DM
./. Altersentlastungsbetrag (§ 24a)	0 DM	0 DM
Maßgebender Arbeitslohn	26 700 DM	24 900 DM

Die Vorsorgepauschale beträgt:

Höchstbetrag der Vorsorgepauschale

20 v. H. des ArbL des vers.-pfl. Ehegatten (20 v. H. v. 24 900 DM) =		4 980 DM	
20 v. H. des ArbL des nicht vers.-pfl. Ehegatten, (26 700) höchstens 2 214 DM		2 214 DM	
Summe		7 194 DM	
Vorweg abziehbar	12 000 DM		
davon ab 16 v. H. des gemeinsamen Arbeitslohns (51 600 DM) =	8 256 DM		
verbleiben	3 744 DM	> 3 744 DM	> 3 744 DM
verbleiben		3 450 DM	
Grundhöchstbetrag 5 220 DM, höchstens		3 450 DM	> 3 450 DM
verbleiben		0 DM	
davon die Hälfte, höchstens 50 v. H. des Grundhöchstbetrages		0 DM	0 DM
Summe = Höchstbetrag der Vorsorgepauschale			7 194 DM

Mindestbetrag der Vorsorgepauschale

20 v. H. des ArbL des nicht vers.-pfl. Ehegatten, höchstens 4 428 DM	4 428 DM
Als Vorsorgepauschale ist anzusetzen:	
Höchstbetrag der Vorsorgepauschale	7 194 DM
Abrundung auf einen durch 54 teilbaren Betrag	7 182 DM

Fall 68 **Unterhaltsleistungen**

Lösung: Bei der Einkommensteuerveranlagung des Hans B. werden Unterhaltszahlungen bis zum Betrag von 27 000 DM als Sonderausgaben gem. § 10 Abs. 1 Nr. 1 EStG abgezogen, da die Ehefrau dem Abzug zugestimmt hat. Sie hat 26 800 DM (27 000 DM

Einkommensteuer – Lösungen 441

·/. 200 DM Werbungskosten-Pauschbetrag) als sonstige Einkünfte zu versteuern. Hans B. steht der Höchstbetrag nach § 10 Abs. 1 Nr. 7 EStG von 1 800 DM/2 400 DM nicht zu, da die Ehegatten die Voraussetzungen für die Ehegattenbesteuerung gem. § 26 Abs. 1 EStG nicht erfüllen. Ein Abzug der Ausbildungskosten ist nur bei der Veranlagung der Caroline B. möglich.

Aufwendungen für die Berufsausbildung Fall 69

Lösung: Als Sonderausgaben gem. § 10 Abs. 1 Nr. 7 EStG werden abgezogen:

Aufwendungen für die Berufsausbildung des Ehemannes (Studium)	1 800 DM
Aufwendungen für die Berufsausbildung der Ehefrau (Sekretärinnenlehrgang)	1 548 DM

Das Medizinstudium des Ehemannes und der Sekretärinnenabendkurs der Ehefrau sind der Berufsausbildung zuzurechnen. Die Aufwendungen dafür sind bis zur Höhe von 1 800 DM (bei auswärtiger Unterbringung 2 400 DM) abzugsfähig.

Zu den abzugsfähigen Aufwendungen gehören auch die Aufwendungen für das Lehrmaterial und die Fahrtkosten. Die Aufwendungen der Ehefrau in Höhe von 600 DM, die durch den Fortbildungslehrgang über Operationstechnik angefallen sind, können als Werbungskosten bei ihren Einkünften aus nichtselbständiger Arbeit berücksichtigt werden (§ 9 EStG).

Abzug verschiedener Sonderausgaben Fall 70

Lösung: Die im Rahmen der Zusammenveranlagung der Ehegatten Korn abzugsfähigen Sonderausgaben betragen:

1. Vorsorgeaufwendungen (§ 10 Abs. 1 Nr. 2 EStG)

Betrag A: Vorsorgehöchstbetrag

Höchstbetragsberechnung:

Beiträge an private Krankenversicherung		4 240 DM		
Beiträge an Lebensversicherung	7 425 DM			
·/. Überschussanteil (Beitragsminderung)	810 DM	6 615 DM		
Sozialversicherung der Ehefrau		4 290 DM		
Hundehaftpflichtversicherung		140 DM		
Privatanteil Kfz-Haftpflichtversicherung		240 DM		
Summe der Versicherungsbeiträge		15 525 DM		
vorweg abziehbar	12 000 DM			
davon ab 16 v. H. des Arbeitslohns	3 920 DM			
verbleiben	8 080 DM	>	8 080 DM	> 8 080 DM
verbleiben			7 445 DM	
·/. Grundhöchstbetrag			5 220 DM	> 5 220 DM
verbleiben			2 225 DM	
davon die Hälfte, höchstens 50 v. H. des Grundhöchstbetrages			1 113 DM	> 1 113 DM
Vorsorgehöchstbetrag				14 413 DM

Die Hausratversicherung, die Kfz-Kasko-Versicherung, die DAS-Rechtsschutzversicherung und die Bausparbeiträge gehören nicht zu den Vorsorgeaufwendungen, da sie in § 10 Abs. 1 Nr. 2 EStG nicht aufgeführt sind.

Betrag B: Vorsorgepauschale (§ 10c Abs. 2 EStG)

Berechnung der Vorsorgepauschale

Bemessungsgrundlage (Arbeitslohn)				24 500 DM
Die Vorsorgepauschale beträgt:				
20 v. H. des Arbeitslohns =		4 900 DM		
vorweg abziehbar	12 000 DM			
davon ab 16 v. H. des Arbeitslohns	3 920 DM			
verbleiben	8 080 DM	4 900 DM	>	4 900 DM
verbleiben		0 DM		
Grundhöchstbetrag 5 220 DM		0 DM	>	0 DM
verbleiben		0 DM		
davon die Hälfte, höchstens 50 v. H. des Grundhöchstbetrages		0 DM	>	0 DM
Vorsorgepauschale				4 900 DM
Abrundung auf einen durch 54 teilbaren Betrag				4 860 DM
Anzusetzen ist der Betrag A, da er höher ist als Betrag B =				14 413 DM

2. Übrige Sonderausgaben (§ 10 Abs. 1 Nr. 1, 4 – 9 und § 10b EStG)

Betrag C: Tatsächliche Aufwendungen

Gezahlte Kirchensteuer (§ 10 Abs. 1 Nr. 4)	765 DM
Abzug für Fortbildung im nicht ausgeübten Beruf (§ 10 Abs. 1 Nr. 7)	·/. 1 800 DM
Abzug für hauswirtschaftliches Arbeitsverhältnis (§ 10 Abs. 1 Nr. 8)	·/. 18 000 DM
Summe	20 565 DM

Betrag D: Sonderausgaben-Pauschbetrag (§ 10c Abs. 1)   216 DM

Anzusetzen ist der Betrag C, da er höher ist als Betrag D =   20 565 DM

3. Zusammenstellung

Vorsorgehöchstbetrag (Betrag A)	14 413 DM
Übrige Sonderausgaben (Betrag C)	20 565 DM
Summe der Sonderausgaben	34 978 DM

Fall 71 Lösung: **1. Vorsorgeaufwendungen**

Personenversicherungen	10 630 DM	
Vorwegabzug	6 000 DM	6 000 DM
verbleiben	4 630 DM	
Grundhöchstbetrag	2 610 DM	2 610 DM
verbleiben	2 020 DM	
hälftiger Höchstbetrag	1 010 DM	1 010 DM
abzugsfähig sind		9 620 DM

2. Sonderausgaben, die keine Vorsorgeaufwendungen sind

Aufwendungen für ein hauswirtschaftliches Beschäftigungsverhältnis (§ 10 Abs. 1 Nr. 8 EStG) 2 500 DM × 12 = 30 000 DM, Höchstbetrag	18 000 DM
Spenden	
Mitgliedsbeitrag an die SPD 30 DM × 12 =	360 DM
Parteispende	6 000 DM
	6 360 DM
Hierfür wird eine Steuerermäßigung nach § 34g EStG gewährt von	3 000 DM
verbleiben	3 360 DM
Höchstbetrag für Mitgliedsbeiträge und Spenden an politische Parteien (§ 10b Abs. 2 EStG)	3 000 DM
Spenden für gemeinnützige Zwecke,	10 000 DM
höchstens 5 % von 100 000 DM =	5 000 DM
abzugsfähige Sonderausgaben	
Vorsorgeaufwendungen	9 620 DM
hauswirtschaftliches Beschäftigungsverhältnis	18 000 DM
Parteispenden und -mitgliedsbeiträge	3 000 DM
Spende für gemeinnützige Zwecke	5 000 DM
	35 620 DM

Mitgliedsbeiträge und Spenden an politische Parteien werden in zwei Stufen steuerlich berücksichtigt. Zunächst führen Ausgaben von bis zu 3 000 DM/6 000 DM zu einer Ermäßigung der tariflichen Einkommensteuer in Höhe von 50 % der Beiträge und Spenden (Steuerermäßigung damit maximal 1 500 DM/3 000 DM, § 34g EStG). Die verbleibenden (über 3 000 DM/6 000 DM hinaus gehenden) Mitgliedsbeiträge und Spenden sind sodann bis zu weiteren 3 000 DM/6 000 DM als Sonderausgaben nach § 10b EStG abzugsfähig. Auf diese Weise sind Parteibeiträge und -spenden in Höhe von maximal 6 000 DM/12 000 DM steuerlich begünstigt.

Spenden, formelle Voraussetzungen **Fall 72**

Lösung: Die Spende wird vom Finanzamt nicht zum Abzug nach § 10b EStG anerkannt, da die formellen Voraussetzungen für den Spendenabzug nicht vorliegen. Diese ergeben sich aus § 48 Abs. 3 und 4 EStDV i. V. mit Anl. 7 zu EStR 111. Zwar ist der Empfänger der Spende eine in § 5 Abs. 1 Nr. 9 KStG bezeichnete Körperschaft, es fehlt jedoch die Bestätigung des Vereins, dass der gespendete Betrag für satzungsmäßige Zwecke verwendet wird. Die Spendenquittung (Zuwendungsnachweis, § 50 EStDV) hat der Verein (Zuwendungsempfänger gem. § 49 Nr. 2 EStDV) nach amtlich vorgeschriebenem Vordruck auszustellen (siehe Anlage 4 zu EStR 111).

Begrenzung des Spendenabzugs **Fall 73**

Lösung: Parteispenden sind Ausgaben zur Förderung staatspolitischer Zwecke. Sie sind als Sonderausgaben bis 3 000 DM/6 000 DM ohne Beschränkung auf 5 % des Gesamtbetrags der Einkünfte abzugsfähig, soweit sie den Grenzbetrag nach § 34g EStG von 3 000 DM/6 000 DM (Einzelveranlagung/Zusammenveranlagung) übersteigen.

Berechnung des abzugsfähigen Betrages

Parteispende	18 000 DM	
./. Grenzbetrag nach § 34g EStG	6 000 DM	
verbleiben	12 000 DM	
Höchstbetrag (§ 10b Abs. 2 EStG)		6 000 DM

5%-Regelung

Spende für wissenschaftliche Zwecke, höchstens 5 % v. 140 000 DM	8 000 DM	
(Erhöhungsbetrag) =	7 000 DM	> 7 000 DM
verbleiben	1 000 DM	
+ Spende für kirchliche Zwecke	4 000 DM	
Summe	5 000 DM	
höchstens 5 % v. 140 000 DM (Grundbetrag) = 7 000 DM	5 000 DM	> 5 000 DM
abzugsfähiger Betrag		18 000 DM

Die Alternativlösung - abzugsfähig in Höhe von 2 v. T. der Summe der gesamten Umsätze und der im Kalenderjahr aufgewendeten Löhne und Gehälter = 2 v. T. von 290 000 DM = 580 DM - ist eindeutig ungünstiger und wird deshalb nicht angewendet.

Fall 74 **Spendenabzug, Berechnung des Höchstbetrags**

Lösung: Berechnungsmethode 1

Spenden für mildtätige u. wissenschaftliche Zwecke	7 000 DM	
5 % v. 110 000 DM (zusätzlicher Höchstbetrag)	5 500 DM	5 500 DM
Restbetrag	1 500 DM	
Spenden für kirchliche Zwecke	2 000 DM	
Spenden für gemeinnützige Zwecke	900 DM	
zusammen	4 400 DM	
5 % vom Gesamtbetrag der Einkünfte	5 500 DM	
abzugsfähig		4 400 DM
		9 900 DM
Spenden an politische Parteien (10 000 DM ./. 6 000 DM)		4 000 DM
Spendenabzug gem. § 10b EStG		13 900 DM

Spenden an politische Parteien können insoweit nicht als Sonderausgaben abgezogen werden, wie für sie eine Steuerermäßigung nach § 34g EStG gewährt wird (Begünstigungsbetrag 200 % von 3 000 DM = 6 000 DM).

Berechnungsmethode 2

Spenden insgesamt (ohne politische Parteien)	9 900 DM
2 v. T. von 3 100 000 DM	6 200 DM
abzugsfähig	6 200 DM
Spenden an politische Parteien (10 000 ./. 6 000 DM)	4 000 DM
insgesamt	10 200 DM

Verlustabzug   Fall 75

Lösung (Zusammenveranlagung):

Verlustausgleich 2001

Positive Einkünfte aus Kapitalvermögen		5 000 DM
Positive Einkünfte aus Vermietung und Verpachtung		10 000 DM
Verlust aus Gewerbebetrieb	·/. 120 000 DM	
1. Stufe des Verlustausgleichs (max. 200 000 DM)	15 000 DM	·/. 15 000 DM
verbleibender Verlust (für Verlustabzug)	·/. 105 000 DM	
Summe der Einkünfte		0 DM

Eine Beschränkung des Verlustausgleichs findet hier nicht statt, da die Summe der positiven Einkünfte nicht mehr als 200 000 DM beträgt (vollständiger Verlustausgleich).

Die nicht ausgeglichenen Verluste können vom Gesamtbetrag der Einkünfte des vorangegangenen Veranlagungszeitraums bis zu einem Einkommen von 0 DM abgezogen werden (Verlustrücktrag). Der Steuerpflichtige kann auf die Anwendung des Verlustrücktrags verzichten (§ 10d Abs. 1 EStG). Ein nicht ausgeschöpfter Verlustrücktrag ist in den folgenden Veranlagungszeiträumen abzuziehen (§ 10d Abs. 2 EStG).

Gesamtbetrag der Einkünfte 2000	33 000 DM
·/. Verlustrücktrag	33 000 DM
	0 DM
Der verbleibende Verlustabzug 2001	105 000 DM
·/. Verlustrücktrag 2000	·/. 33 000 DM
Restbetrag (verbleibender Verlustabzug 2001)	72 000 DM

ist in den folgenden Veranlagungszeiträumen abzuziehen (§ 10d EStG).

Lösung (Einzelveranlagung):

Verlustausgleich 2001

Positive Einkünfte aus Kapitalvermögen		5 000 DM
Positive Einkünfte aus Vermietung und Verpachtung		10 000 DM
Verlust aus Gewerbebetrieb	·/. 120 000 DM	
1. Stufe des Verlustausgleichs (max. 100 000 DM)	15 000 DM	·/. 15 000 DM
verbleibender Verlust (für Verlustabzug)	·/. 105 000 DM	
Summe der Einkünfte		0 DM

Eine Beschränkung des Verlustausgleichs findet hier nicht statt, da die Summe der positiven Einkünfte nicht mehr als 100 000 DM beträgt (vollständiger Verlustausgleich). Damit ergibt sich im Ergebnis keine Änderung zur Lösung bei der Zusammenveranlagung.

Nur wenn die Summe der positiven Einkünfte die Grenze von 100 000 DM überschritten hätte (z. B. 105 000 DM), würde der Verlustausgleich in der ersten Stufe auf 100 000 DM begrenzt. Der darüber hinaus gehende Verlust (z. B. 20 000 DM) könnte die verbleibenden positiven Einkünfte (z. B. 5 000 DM) zu 50 % mindern (z. B. 2 500 DM; Verlustausgleich Stufe 2; vgl. auch Beispiel vor Fall 83).

Fall 76 **Fachaufgabe Einkommensteuer zu Sonderausgaben**

Lösung: Zur Ermittlung des zu versteuernden Einkommens ist zunächst der Gesamtbetrag der Einkünfte festzustellen. Von diesem sind zur Ermittlung des Einkommens die Sonderausgaben und die außergewöhnlichen Belastungen abzuziehen.

Nach Abzug der Sonderfreibeträge vom Einkommen ergibt sich das zu versteuernde Einkommen (§ 2 Abs. 4 und 5 EStG).

I. Gesamtbetrag der Einkünfte

1. Einkünfte aus Gewerbebetrieb (§ 15 EStG)

Erklärter Gewinn	50 000 DM
+ Privatanteil Kfz-Nutzung 30 v. H. von 10 000 DM	3 000 DM
./. Säumniszuschläge (§ 240 AO) zur Umsatzsteuer	50 DM
./. Verspätungszuschläge (§ 152 AO) zur Gewerbesteuer	250 DM
Einkünfte	52 700 DM

Die Kfz-Kosten in Höhe von 10 000 DM sind in Höhe des privaten Nutzungsanteils keine Betriebsausgaben. Der Gewinn ist somit um 3 000 DM (30 v. H.) zu erhöhen. Säumnis- und Verspätungszuschläge sind Betriebsausgaben, da sie mit abzugsfähigen Steuern im Zusammenhang stehen (EStH 121).

2. Einkünfte aus nichtselbständiger Arbeit (§ 19 EStG)

Bruttoarbeitslohn

Nettoarbeitslohn monatlich	1 580 DM
+ Lohnsteuer u. Solidaritätszuschlag	0 DM
+ Lohnkirchensteuer	0 DM
+ Rentenversicherung (Arbeitnehmeranteil)	203 DM
+ Arbeitslosenversicherung (Arbeitnehmeranteil)	65 DM
+ Krankenversicherung (Arbeitnehmeranteil)	135 DM
+ Pflegeversicherung (Arbeitnehmeranteil)	17 DM
Bruttoarbeitslohn monatlich	2 000 DM
Bruttoarbeitslohn, Jahresbetrag (2 000 DM × 12)	24 000 DM
./. Arbeitnehmer-Pauschbetrag	2 000 DM
Einkünfte	22 000 DM

3. Zusammenstellung

Einkünfte aus Gewerbebetrieb	52 700 DM
Einkünfte aus nichtselbständiger Arbeit	22 000 DM
Summe der Einkünfte	74 700 DM
./. Altersentlastungsbetrag = 40 v. H. der Einkünfte des Ehemannes (52 700 DM) = 21 080 DM, höchstens	3 720 DM
Gesamtbetrag der Einkünfte	70 980 DM

Einkommensteuer – Lösungen 447

II. Sonderausgaben

1. Vorsorgeaufwendungen

A. Höchstbetrag

Sozialversicherung (Arbeitnehmeranteil) 420 DM × 12 =		5 040 DM	
Private Krankenversicherung		2 400 DM	
Unfallversicherung und Sterbekasse		140 DM	
Beiträge an Lebensversicherung		10 100 DM	
Kfz-Haftpflicht, Privatanteil 30 v. H. von 600 DM (EStR 88)		180 DM	
Summe		17 860 DM	
Vorweg abziehbar	12 000 DM		
davon ab 16 v. H. v. 24 000 DM =	3 840 DM		
verbleiben	8 160 DM	> 8 160 DM	> 8 160 DM
verbleiben		9 700 DM	
./. Grundhöchstbetrag		5 220 DM	> 5 220 DM
verbleiben		4 480 DM	
davon die Hälfte, höchstens 50 v. H. des Grundhöchstbetrages		2 240 DM	> 2 240 DM
Vorsorgehöchstbetrag			15 620 DM

B. Vorsorgepauschale

Bemessungsgrundlage

Arbeitslohn   24 000 DM

Berechnung der Vorsorgepauschale

20 v. H. von 24 000 DM =		4 800 DM	
vorweg abziehbar	12 000 DM		
davon ab 16 v. H. von 24 000 DM =	3 840 DM		
verbleiben	8 160 DM	> 4 800 DM	> 4 800 DM
verbleiben		0 DM	
Grundhöchstbetrag 5 220 DM		0 DM	> 0 DM
verbleiben		0 DM	
davon die Hälfte, höchstens 50% des Grundhöchstbetrages		0 DM	> 0 DM
Vorsorgepauschale			4 800 DM
Abrundung auf ein Vielfaches von 54:			4 752 DM

2. Übrige Sonderausgaben

C. Kirchensteuervorauszahlung   700 DM

D. Sonderausgaben-Pauschbetrag   216 DM

3. Zusammenstellung

Vorsorgeaufwendungen (Betrag A)
Höchstbetrag, da höher als Vorsorgepauschale   15 620 DM

Übrige Sonderausgaben (Betrag C)
Kirchensteuer, da höher als Sonderausgaben-Pauschbetrag   700 DM
Summe der Sonderausgaben   16 320 DM

III. Zu versteuerndes Einkommen

Gesamtbetrag der Einkünfte	70 980 DM
./. Sonderausgaben	16 320 DM
Einkommen	54 660 DM
zu versteuerndes Einkommen	54 660 DM

Fall 77 Außergewöhnliche Belastungen dem Grunde nach (Abgrenzung)

Sachverhalt: Aufwendungen wegen	Rechtsgrundlage EStG/EStR/EStH	
1. ärztlicher Behandlung*)	1	§ 33
2. Behandlung durch Heilpraktiker*)	1	EStR 189 Abs. 1
3. Naturmedizin, verordnet durch Heilpraktiker*)	1	EStR 189 Abs. 1
4. Diätverpflegung*)	4	§ 33 Abs. 2
5. Besuch eines schwer erkrankten Angehörigen im Krankenhaus*)	1	EStR 189 Abs. 1
6. Bandscheibenmatratze	4	
7. Zugewinnausgleich bei Ehescheidung	4	
8. Prozesskosten zur Erlangung eines Studienplatzes*)	4	EStH 189
9. Klimakur an der Nordsee*)	1	EStR 189 Abs. 1
10. Mittagsheimfahrten eines Behinderten*)	4	EStH 189
11. Umzugskosten wegen Klimaveränderung*)	4	EStH 189
12. Anschaffung von Haushaltsgerät wg. Krankheit*)	4	EStH 189
13. Unterbringung im Krankenhaus*)	1	EStH 189
14. Kfz-Kosten eines Körperbehinderten, Grad der Behinderung 80 %*)	1	EStH 189
15. Badekur ohne amtsärztliche Bescheinigung der Kurbedürftigkeit*)	4	EStR 189 Abs. 1

*) Nach Abzug eines Ausgleichs von dritter Seite

Einkommensteuer – Lösungen 449

16. Wiederbeschaffung von Hausrat, verloren durch Feuer
 Vertreibung/Flucht*) .... [1] EStR 187
17. Bestattung, kein Nachlass*) .... [1] EStH 189
18. Trauerkleidung*) .... [4] EStH 189
19. Bewirtung der Trauergäste*) .... [4] EStH 189
20. Aussteuer der Tochter*) .... [4] EStH 189
21. Ehescheidung: Anwalt und Gericht*) .... [1] EStH 189
22. Privatschulbesuch des behinderten Kindes*) .... [1] EStR 189
 Abs. 2
23. Schadensersatz durch Fahrradunfall*) .... [1] EStH 189
24. Unterbringung im Pflegeheim unter Verzicht auf den
 Pauschbetrag von 7 200 DM*) .... [1] EStR 188
25. Adoption eines Kindes*) .... [4] EStH 189
26. Unterstützung der Mutter, die kein Vermögen und keine
 eigenen Einkünfte hat .... [2] § 33a Abs. 1
27. Unterhalt an früheren Ehegatten, weil dieser keine Einkünfte hat [2] EStR 190
 Abs. 1
28. Berufsausbildung eines studierenden Kindes .... [2] § 33a Abs. 2
29. Hilfe im Haushalt, Steuerzahler ist 55 J. alt und zu
 50 % behindert .... [2] EStH 192
30. Reinigungsarbeiten für den Steuerzahler, der in einem Heim lebt [2] § 33a Abs. 3
31. Steuerzahler ist nach Unfall für mehr als 6 Monate hilflos [3] § 33b
32. Steuerzahler hat ein körperbehindertes Kind .... [3] § 33b Abs. 5
33. Steuerzahlerin pflegt ihren hilflosen Ehemann .... [3] § 33b Abs. 6

Außergewöhnliche Belastungen im Allgemeinen (§ 33 EStG), zumutbare Belastung Fall 78

Lösung:

		Fall a	Fall b
1.	Aufwendungen (§ 33 Abs. 1 und 2 EStG)		6 000 DM
	./. Erstattung		2 000 DM
2.	Berücksichtigungsfähige Aufwendungen		4 000 DM
3.	Gesamtbetrag der Einkünfte		30 000 DM
4.	Zumutbare Belastung (§ 33 Abs. 3 EStG)	Fall a	Fall b
	a) 5 % von 30 000 DM =	1 500 DM	
	b) 2 % von 30 000 DM =		600 DM
5.	Außergewöhnliche Belastungen		
	Berücksichtigungsfähige Aufwendungen	4 000 DM	4 000 DM
	./. zumutbare Belastung	1 500 DM	600 DM
	Außergewöhnliche Belastungen	2 500 DM	3 400 DM

Fall 79 **Aufwendungen i. S. des § 33 EStG**

Lösung: Für die Berücksichtigung von außergewöhnlichen Belastungen nach § 33 EStG ist Voraussetzung, dass das Einkommen des Stpfl. durch außergewöhnliche Aufwendungen zwangsläufig belastet war und die Aufwendungen keine Betriebsausgaben, Werbungskosten oder Sonderausgaben sind. Zu den einzelnen Aufwendungen wird wie folgt Stellung genommen:

Krankheitskosten durch Magenoperation

Zu berücksichtigen sind (5 750 DM ./. 5 090 DM)   660 DM

Krankheitskosten sind als außergewöhnliche Belastung anzuerkennen, da sie zwangsläufig entstehen. Der Stpfl. kann sich diesen Aufwendungen aus tatsächlichen Gründen (§ 33 Abs. 2 Satz 1 EStG) nicht entziehen.

Auch die Verpflegungskosten gehören zu den Krankheitskosten. Eine Haushaltsersparnis braucht nicht abgezogen zu werden (EStH 189). Allerdings sind Erstattungen der Krankenkasse von den Aufwendungen abzuziehen, da der Stpfl. insoweit nicht belastet war. Auch der von der Krankenkasse im Veranlagungszeitraum 2002 erstattete Betrag ist von den berücksichtigungsfähigen Aufwendungen abzuziehen, da der Stpfl. bereits im Veranlagungszeitraum 2001, in dem die Aufwendungen angefallen sind, mit der Erstattung rechnen konnte.

Morgenmantel

Die Aufwendungen für den Morgenmantel können nicht berücksichtigt werden. Der Stpfl. wurde durch die Aufwendungen nicht belastet, da er einen Gegenwert erhalten hat (EStH 189).

Badekur

Zu berücksichtigen sind   246 DM

Die Kosten der Badekur sind Krankheitskosten und als solche nach Abzug des von der Krankenkasse erstatteten Betrags zu berücksichtigen. Zu den Kosten der Badekur gehören auch die Fahrtkosten zum Kurort. Die Verpflegungskosten werden bei Kurkosten allerdings um die Haushaltsersparnis gekürzt. Die Haushaltsersparnis beträgt ein Fünftel der Verpflegungskosten. Bei 28 Tagen Kuraufenthalt beträgt die Haushaltsersparnis 28 mal 20 % × 40 DM = 224 DM. Der Betrag von 470 DM wird somit um die Haushaltsersparnis in Höhe von 224 DM gekürzt. Es verbleiben 246 DM (EStR 189 Abs. 3).

Hörgerät

Zu berücksichtigen sind (460 DM ./. 160 DM)   300 DM

Die Aufwendungen durch Anschaffung des Hörgerätes sind ebenfalls Krankheitskosten und somit anzusetzen. Einen Gegenwert für die Aufwendungen hat der Stpfl. nicht erhalten, da mit dem Gerät lediglich das verloren gegangene Hörvermögen ausgeglichen wird.

Beerdigungskosten

Sie gehören zwar grundsätzlich zu den außergewöhnlichen Belastungen, da sich der Stpfl. ihnen aus tatsächlichen Gründen nicht entziehen kann. Eine Berücksichtigung kommt hier jedoch nicht in Betracht, da der Stpfl. nicht belastet wurde. Die Beerdigungskosten konnten nämlich aus dem Nachlass der verstorbenen Ehefrau gedeckt werden (EStH 189).

Diätverpflegung

Aufwendungen für Diätverpflegung werden nicht als außergewöhnliche Belastungen berücksichtigt (§ 33 Abs. 2 letzter Satz EStG).

Zusammenstellung

Die berücksichtigungsfähigen Aufwendungen betragen:

Krankheitskosten durch Magenoperation	660 DM
Kosten der Badekur	246 DM
Anschaffungskosten für Hörgerät	300 DM
Gesamtbetrag der Aufwendungen	1 206 DM

Dieser Betrag ist noch um die zumutbare Belastung (§ 33 Abs. 3 EStG) zu kürzen. Der Restbetrag wird vom Gesamtbetrag der Einkünfte abgezogen.

Unterhaltsleistungen — Fall 80

Lösung: Der Steuerzahler erhält den Höchstbetrag nach § 33a Abs. 1 EStG, denn die Zahlungen beruhen auf einer gesetzlichen Unterhaltspflicht (Unterhaltspflicht nach § 1601 ff. BGB).

Der Höchstbetrag nach § 33a Abs. 1 EStG kann jedoch nicht in voller Höhe abgezogen werden, wie sich aus folgender Berechnung ergibt:

1. **Ermittlung der schädlichen Einkünfte und Bezüge**

Summe der Einkünfte und Bezüge 12 × 600 DM =	7 200 DM
./. Werbungskosten-Pauschbetrag	./. 200 DM
./. Kostenpauschale	./. 360 DM
	6 640 DM
./. Unschädliche Einkünfte und Bezüge	./. 1 200 DM
Schädliche Einkünfte und Bezüge	5 440 DM

2. **Berechnung des gesetzlich zulässigen Höchstbetrages**

Vorläufiger Höchstbetrag	13 500 DM
./. Schädliche Einkünfte und Bezüge	5 440 DM
Endgültiger Höchstbetrag	8 060 DM

3. **Ermittlung der abzugsfähigen Aufwendungen**

Tatsächlich geleistete Aufwendungen	8 400 DM
Endgültiger Höchstbetrag	8 060 DM
Abzugsfähig (kleinerer Betrag)	8 060 DM

Der vorläufige Höchstbetrag beläuft sich im Jahr 2001 auf 14 040 DM. Abzugsfähig wären demnach 8 400 DM (tatsächliche Aufwendungen).

Fall 81 **Lösung:** Lieb erhält nach § 33a Abs. 1 EStG für das Kj 2000 einen steuerfreien Betrag in Höhe von 6 860 DM, der vom Gesamtbetrag der Einkünfte abgezogen wird.

Lieb unterstützt seine Mutter mit mtl. 600 DM; ihm sind somit Aufwendungen für eine Person erwachsen, für die weder er noch eine andere Person Anspruch auf einen Kinderfreibetrag oder Kindergeld hat. Die Aufwendungen sind auch keine Betriebsausgaben, Werbungskosten oder Sonderausgaben, was eine weitere Voraussetzung ist. Die Unterhaltszahlungen erfolgen an eine unterhaltsberechtigte Person.

Die Mutter des Lieb hat durch ihre Rente jedoch Einkünfte und Bezüge, die sich auf den Höchstbetrag mindernd auswirken. Der steuerfreie Betrag in Höhe von 5 360 DM ist wie folgt ermittelt:

1. **Ermittlung der schädlichen Einkünfte und Bezüge**
   Einkünfte der unterstützten Person
   Sonstige Einkünfte (§ 22 EStG)

Hinterbliebenenrente mtl. 700 DM × 12 =		8 400 DM
Ertragsanteil 27 v. H. =		2 268 DM
./. Werbungskosten-Pauschbetrag (§ 9a EStG)		200 DM
Einkünfte		2 068 DM
Bezüge der unterstützten Person		
Steuerlich nicht erfasster Teil der Rente 73 v. H. =	6 132 DM	
./. Kostenpauschale	360 DM	+ 5 772 DM
Summe der Einkünfte und Bezüge		7 840 DM
./. Unschädliche Einkünfte und Bezüge		1 200 DM
Schädliche Einkünfte und Bezüge		6 640 DM

2. **Berechnung des gesetzlich zulässigen Höchstbetrages**

Vorläufiger Höchstbetrag	13 500 DM
./. Schädliche Einkünfte und Bezüge	6 640 DM
Endgültiger Höchstbetrag	6 860 DM

3. **Ermittlung der abzugsfähigen Aufwendungen**

Tatsächlich geleistete Aufwendungen	7 200 DM
Endgültiger Höchstbetrag	6 860 DM
Abzugsfähig (kleinerer Betrag)	6 860 DM

Infolge der Erhöhung des Höchstbetrags ergibt sich für das Jahr 2001 ein abzugsfähiger Betrag von 7 200 DM (tatsächliche Aufwendungen; Höchstbetrag 7 400 DM).

Unterhaltsleistungen in nur einem Teil des Jahres — Fall 82

Lösung: Die Höchstbeträge für den Abzug von Unterhaltsaufwendungen (§ 33a Abs. 1 EStG) ermäßigen sich für jeden vollen Kalendermonat, in dem kein Unterhalt gewährt wurde (§ 33a Abs. 4 EStG). Der Jahresbetrag der eigenen Einkünfte und Bezüge ist auf die Zeiten innerhalb und außerhalb des Unterhaltszeitraums aufzuteilen (EStR 192a Abs. 1).

Berechnung

Abzugsfähiger Höchstbetrag nach § 33a Abs. 1 EStG

1. **Ermittlung der schädlichen Einkünfte und Bezüge bei gesetzlich unterhaltsberechtigten Personen**
1.1 **Einkünfte** der unterstützten Person im Unterstützungszeitraum (§ 2 Abs. 1 EStG)   0 DM
1.2 **Bezüge** der unterstützten Personen   5 400 DM
1.2.1 ./. Kostenpauschale   360 DM
        verbleiben   5 040 DM   >   5 040 DM
1.3 Summe der Einkünfte und Bezüge   5 040 DM
1.4 unschädliche Einkünfte und Bezüge 1 200 DM, davon $8/12$ =   800 DM
1.5 schädliche Einkünfte und Bezüge   4 240 DM
2. **Berechnung des gesetzlich zulässigen Höchstbetrages**
2.1 vorläufiger Höchstbetrag 13 500 DM, davon $8/12$=   9 000 DM
2.2 ./. schädliche Einkünfte und Bezüge (Ziff. 1.5)   4 240 DM
2.3 endgültiger Höchstbetrag   4 760 DM
3. **Ermittlung der abzugsfähigen Aufwendungen**
3.1 tatsächlich geleistete Aufwendungen   4 800 DM
3.2 endgültiger Höchstbetrag (vgl. 2.3)   4 760 DM
3.3 abzugsfähiger Betrag
(kleinerer Betrag aus 3.1 und 3.2)   4 760 DM

Infolge der Anhebung des Höchstbetrags auf 14 040 DM ergibt sich für das Jahr 2001 ein abzugsfähiger Betrag von 4 800 DM (tatsächliche Aufwendungen, Höchstbetrag 5 120 DM).

Lösung: — Fall 83

Abzugsfähiger Höchstbetrag nach § 33a Abs. 1 EStG

1 **Ermittlung der schädlichen Einkünfte und Bezüge bei gesetzlich unterhaltsberechtigten Personen**
1.1 **Einkünfte** der unterstützten Person
(§ 2 Abs. 1 EStG) 160 DM + 1 096 DM   1 256 DM
1.2 **Bezüge** der unterstützten Person (EStH 190)   3 144 DM
1.3 Summe der Einkünfte und Bezüge   4 400 DM
        davon entfallen auf den Unterhaltszeitraum
        $4\,200/8\,400$ =   2 200 DM
1.4 unschädliche Einkünfte und Bezüge 1 200 DM, davon $6/12$ 600 DM
1.5 schädliche Einkünfte und Bezüge   1 600 DM

2	**Berechnung des gesetzlich zulässigen Höchstbetrags**	
2.1	vorläufiger Höchstbetrag 13 500 DM. davon 6/12 =	6 750 DM
2.2	./. schädliche Einkünfte und Bezüge (Ziff. 1.5)	1 600 DM
2.3	endgültiger Höchstbetrag	5 150 DM

3	**Berechnung der abzugsfähigen Aufwendungen**	
3.1	tatsächlich geleistete Aufwendungen	2 400 DM
3.2	endgültiger Höchstbetrag (vgl. 2.3)	5 150 DM
3.3	abzugsfähiger Betrag (kleinerer Betrag aus 3.1 und 3.2)	2 400 DM

Die Anhebung des Höchstbetrags ab dem Jahr 2001 auf 14 040 DM bleibt in diesem Fall ohne Auswirkung.

Ermittlung der Einkünfte und Bezüge im Kalenderjahr

Versorgungsbezüge 3 600 DM

./. Versorgungsfreibetrag 40 v. H. von 3 600 DM =	1 440 DM	
Arbeitnehmer-Pauschbetrag	2 000 DM	
Summe	3 440 DM	> 3 440 DM
Einkünfte i. S. von § 19 EStG		160 DM

Rentenzahlung

Einkünfte

Ertragsanteil (27 v. H. von 4 800 DM)	1 296 DM
./. Werbungskosten-Pauschbetrag (§ 9a EStG)	200 DM
Einkünfte i. S. von § 22 EStG	1 096 DM

Bezüge

Steuerlich nicht erfasste Teile der Rente (73 v. H. v. 4 800 DM)	3 504 DM
./. Kostenpauschale (EStR 190 Abs. 5)	360 DM
Bezüge	3 144 DM

Fall 84 **Ausbildungsfreibetrag**

Lösung a: Die Eheleute Kindermann erhalten für das Kj 2000 für ihre Tochter Lena einen Ausbildungsfreibetrag, da ihnen für das Kind ein Kinderfreibetrag (§ 32 Abs. 1, 3, 4 Nr. 2a und 6 EStG) bzw. Kindergeld zusteht (§ 33a Abs. 2 EStG). Der Ausbildungsfreibetrag beträgt 2 400 DM, da das Kind im Haushalt der Eltern untergebracht ist, davon zeitanteilig 5/12 = 1 000 DM, da die altersmäßigen Voraussetzungen im Kj 2000 nur 5 Monate vorgelegen haben (§ 33a Abs. 4 EStG).

Für ihre Tochter Marie erhalten die Eheleute Kindermann für das Kj 2000 einen Ausbildungsfreibetrag von 2 400 DM, davon 8/12 = 1 600 DM (für die vollen Monate, in denen das Kind im Haushalt der Eltern untergebracht war) und von 4 200 DM, davon 4/12 = 1 400 DM (für die Monate, in denen das Kind auswärts untergebracht war).

Der Ausbildungsfreibetrag ist um die anzurechnenden eigenen Einkünfte und Bezüge zu ermäßigen.

Ausbildungsfreibetrag		3 000 DM
Einkünfte i. S. von § 19 EStG: Arbeitslohn	6 000 DM	
./. Arbeitnehmer-Pauschbetrag	2 000 DM	

	4 000 DM		
anrechnungsfreier Betrag	./. 3 600 DM		
anzurechnen	400 DM	>	400 DM
			2 600 DM

Ausbildungsfreibetrag für Lena =   1 000 DM
Ausbildungsfreibetrag für Marie =   2 600 DM

Lösung b: Es sind nur die eigenen Einkünfte und Bezüge des Kindes, die auf den Ausbildungszeitraum entfallen, anzurechnen (§ 33a Abs. 4 EStG).

Ausbildungsfreibetrag (über 18 Jahre, auswärtig untergebracht)	4 200 DM
anteiliger Ausbildungsfreibetrag für Jan. bis Sept. $9/12$ von 4 200 DM =	3 150 DM
anzurechnende Einkünfte und Bezüge:	
BAföG-Zuschuss 9 × 300 DM =	2 700 DM
./. Kostenpauschale	360 DM
	2 340 DM
anzurechnen sind	2 340 DM
abzuziehender Ausbildungsfreibetrag	810 DM

Ausbildungszuschüsse sind auf die zeitanteiligen Freibeträge der Monate, für die die Zuschüsse bestimmt sind, in voller Höhe, ohne Kürzung um den anrechnungsfreien Betrag von 3 600 DM anzurechnen.

Lösung c: In die Anrechnung eigener Einkünfte und Bezüge des Kindes sind nur solche einzubeziehen, die auf den Ausbildungszeitraum entfallen, d. h. dem Ausbildungszeitraum wirtschaftlich zuzuordnen sind (EStR 192a).

Berechnung

Ausbildungsfreibetrag für das Kalenderjahr		4 200 DM
anteiliger Ausbildungsfreibetrag für den Ausbildungszeitraum ($9/12$ von 4 200 DM =)		3 150 DM
Arbeitslohn im Kalenderjahr	8 000 DM	
./. Arbeitnehmer-Pauschbetrag	2 000 DM	
Einkünfte aus nichtselbständiger Arbeit im Kalenderjahr	6 000 DM	
davon entfallen auf den Ausbildungszeitraum		
$\frac{3\,500}{8\,000} \times 6\,000$ DM =	2 625 DM	
./. unschädliche Einkünfte u. Bezüge		
($9/12$ von 3 600 DM =)	2 700 DM	
verbleibender Betrag (nicht negativ)	0 DM	
+ Ausbildungszuschuss (Januar bis September)	900 DM	
./. Kostenpauschale	360 DM	
	540 DM	./. 540 DM
abzuziehender Ausbildungsfreibetrag		2 610 DM

Pflegekosten   **Fall 85/86**

Lösung:

a) Sonderausgaben: Beschäftigung einer Haushaltshilfe
(§ 10 Abs. 1 Nr. 8 b EStG), Höchstbetrag   18 000 DM

b) außergewöhnliche Belastungen:
1. Aufwendungen für den Unterhalt (§ 33a Abs. 1 EStG)
   12 × 700 DM =   8 400 DM
   Der Höchstbetrag von 13 500 DM (Jahr 2001: 14 040 DM) ist nicht
   überschritten; abzugsfähig sind   8 400 DM
2. Pflege-Pauschbetrag nach § 33b Abs. 6 EStG, da A die Pflege persönlich durchführt   1 800 DM
3. Aufwendungen für eine Hilfe im Haushalt (§ 33a Abs. 3 Nr. 2 EStG), da die Mutter hilflos ist und A für die Unterstützung der Mutter eine Steuerermäßigung nach § 33a Abs. 1 EStG erhält.   1 800 DM

Anstelle des Pflege-Pauschbetrags nach § 33b Abs. 6 EStG hätten auch die nach Abzug der Steuerermäßigungen nach § 10 Abs. 1 Nr. 8 EStG und § 33a Abs. 3 EStG verbleibenden Pflegekosten von (20 000 DM ./. (18 000 DM + 1 800 DM) =) 200 DM als außergewöhnliche Belastungen nach § 33 EStG abgezogen werden können (§ 33 Abs. 2 EStG, EStR 188). Dieses Ergebnis ist jedoch in diesem Fall ungünstiger.

Unter Berufung auf EStR 190 Abs. 1 Satz 9 kann die Tochter auf den Nachweis tatsächlicher Unterhaltsleistung im Sinne des § 33a Abs. 1 EStG verzichten. Gehört die unterhaltsberechtigte Person zum Haushalt des Steuerpflichtigen, kann regelmäßig davon ausgegangen werden, dass ihm Unterhaltsaufwendungen in Höhe des maßgeblichen Höchstbetrags entstehen. Damit wären 13 500 DM abzugsfähig (Jahr 2001: 14 040 DM).

Fall 87 **Fachaufgabe aus der Einkommensteuer zu außergewöhnlichen Belastungen**

Lösung: Das zu versteuernde Einkommen der Ehegatten berechnet sich folgt:

I. Gesamtbetrag der Einkünfte

1. Einkünfte aus nichtselbständiger Arbeit (Ehemann)

Bruttoarbeitslohn   40 600 DM
./. **Werbungskosten**
   Aufwendungen für Fahrten zwischen Wohnung und
   Arbeitsstätte (§ 9 Abs. 1 Nr. 4 EStG) 11 km ×
   230 Tage × 1,04 DM =   2 632 DM
   Aufwendungen für Fachliteratur (§ 9 Abs. 1 Nr. 6
   EStG)   119 DM
   Kontoführungsgebühren   30 DM
   Summe   2 781 DM   >   2 781 DM
Einkünfte   37 819 DM

Die Werbungskosten sind anzusetzen, weil sie den Arbeitnehmer-Pauschbetrag nach § 9a EStG von 2 000 DM übersteigen.

Da der Ehemann zu 70 v. H. erwerbsgemindert ist, werden nach § 9 Abs. 2 EStG anstelle der Kilometersätze nach § 9 Abs. 1 Nr. 4 EStG die tatsächlichen Aufwendungen abgezogen, in Ermangelung des Nachweises der tatsächlichen Aufwendungen die Pauschsätze für Dienstreisen. Sie betragen 0,52 DM* je gefahrenen Kilometer (LStR 42 Abs. 7).

* Werte 2001: 0,58 DM je gefahrenen Kilometer; Aufwendungen für Fahrten Wohnung-Arbeitsstätte damit 2 935 DM.

2. Einkünfte aus Vermietung und Verpachtung (Ehefrau)

Einkünfte	5 300 DM
3. Gesamtbetrag der Einkünfte (37 819 DM + 5 300 DM) =	43 119 DM

II. Sonderausgaben

1. Vorsorgeaufwendungen

Vorsorgehöchstbetrag (Betrag A)

Versicherungsbeiträge	4 500 DM

Dieser Betrag ist anzusetzen, da er den Grundhöchstbetrag von 5 220 DM nicht übersteigt.

Vorsorgepauschale (Betrag B)

Die – gekürzte – Vorsorgepauschale beträgt nach § 10c Abs. 3 EStG 20 v. H. von 40 600 DM = 8 120 DM, höchstens	4 428 DM
Anzusetzen ist Betrag A, weil höher als Betrag B =	4 500 DM

2. Übrige Sonderausgaben

Kirchensteuer (Betrag C)	560 DM
Der Sonderausgaben-Pauschbetrag nach § 10c Abs. 1 EStG in Höhe von 216 DM ist überschritten (Betrag D)	
Anzusetzen ist Betrag C, weil höher als Betrag D =	560 DM

3. Summe der Sonderausgaben

Vorsorgeaufwendungen (Betrag B)	4 500 DM
Übrige Sonderausgaben (Betrag C)	560 DM
Summe der Sonderausgaben	5 060 DM

III. Außergewöhnliche Belastungen

1. Außergewöhnliche Belastungen im Allgemeinen (§ 33 EStG)

a) Beerdigungskosten

Aufwendungen – mit Ausnahme von Trauerkleidung und Bewirtung	8 150 DM
·/. Nachlass (EStH 189)	3 000 DM
Aufwendungen gem. § 33 Abs. 1 und 2 EStG	5 150 DM

Aufwendungen für Trauerkleidung sind keine außergewöhnliche Belastung, weil für sie ein Gegenwert erlangt wird. Eine Belastung fehlt somit. Die Aufwendungen für die Bewirtung sind nicht abzugsfähig, weil sie nicht zwangsläufig i. S. des § 33 EStG entstanden sind.

b) Schadensersatz

Die Aufwendungen für Schadensersatz sind nach § 33 EStG anzusetzen. Das Ereignis, das die Aufwendungen ausgelöst hat, ist außergewöhnlich, und die Aufwendungen sind zwangsläufig entstanden, weil sich der Steuerzahler diesen Aufwendungen aus rechtlichen Gründen nicht entziehen kann.

Obwohl die Ausgabe über Darlehen finanziert wurde, tritt die Belastung bereits zum Zeitpunkt der Verausgabung ein.

Aufwendungen	3 000 DM
Zinsen für Darlehen	350 DM
Aufwendungen gem. § 33 Abs. 1 und 2 EStG	3 350 DM

c) Kfz-Kosten

Private Kfz-Kosten sind als außergewöhnliche Belastung anzuerkennen, wenn die Erwerbsfähigkeit des Steuerzahlers um mindestens 80 v. H. gemindert ist oder wenn sie um mindestens 70 v. H. gemindert ist und im Ausweis das Merkzeichen „G" eingetragen ist. Letzteres ist hier der Fall.

Als angemessener Aufwand wird anerkannt der Aufwand für 3000 km Fahrleistung. In Ermangelung der dafür entstandenen tatsächlichen Kosten werden die Pauschbeträge für Dienstreisen angesetzt (3000 km × 0,52 DM*) = 1 560 DM (EStH 189).

* Werte 2001: 0,58 DM je gefahrenen Kilometer; Kfz-Kosten damit 1 740 DM

d) Zusammenstellung und Berechnung

Beerdigungskosten	5 150 DM
Schadensersatz	3 350 DM
Kfz-Kosten	1 560 DM
Summe der Aufwendungen	10 060 DM
./. zumutbare Belastung (§ 33 Abs. 3 EStG)	
3 v. H. des Gesamtbetrags der Einkünfte von 43 119 DM =	1 293 DM
Außergewöhnliche Belastung im Allgemeinen	8 767 DM

Bei der Berechnung der zumutbaren Belastung ist zu berücksichtigen, dass die Ehegatten den Kinderfreibetrag bzw. Kindergeld für ein Kind erhalten.

2. Außergewöhnliche Belastung in besonderen Fällen

a) Ausbildungsfreibetrag (§ 33a Abs. 2 EStG)

Die Ehegatten erhalten für ihr in Braunschweig studierendes Kind den Ausbildungsfreibetrag nach § 33a Abs. 2 Nr. 2 EStG in Höhe von		4 200 DM
./. Zuschüsse nach dem BAföG	3 600 DM	
./. Kostenpauschale	360 DM	

anzurechnende Ausbildungszuschüsse	3 240 DM	./. 3 240 DM
Verminderter Ausbildungsfreibetrag		960 DM

b) Abzug für Hilfe im Haushalt (§ 33a Abs. 3 EStG)

Dem Ehemann steht der Höchstbetrag für die Beschäftigung einer Haushaltshilfe zu, da er schwer körperbehindert ist (mindestens 45 v. H.; EStH 192). Es ist der Höchstbetrag anzusetzen, da die Aufwendungen (6 000 DM) höher sind.
Höchstbetrag = 1 800 DM

3. Pauschbetrag für Körperbehinderte (§ 33b EStG)

Der Ehemann erhält nach § 33b Abs. 3 EStG einen Pauschbetrag in Höhe von 1 740 DM, da seine Erwerbsfähigkeit um 70 v. H. gemindert ist.

IV. Zu versteuerndes Einkommen

Gesamtbetrag der Einkünfte		43 119 DM
./. Sonderausgaben		5 060 DM
./. **Außergewöhnliche Belastung**		
im Allgemeinen	8 767 DM	
in besonderen Fällen		
Ausbildungsfreibetrag	960 DM	
Abzug für Hilfe im Haushalt	1 800 DM	
Pauschbetrag für Körperbehinderte	1 740 DM	
Summe	13 267 DM	> 13 267 DM
Einkommen = zu versteuerndes Einkommen		24 792 DM

Das zu versteuernde Einkommen würde nach der für das Jahr 2001 geltenden Rechtslage 24 301 DM betragen.

Voraussetzungen für die Ehegattenveranlagung — Fall 88

Lösung: Ehegatten, die beide unbeschränkt steuerpflichtig sind und nicht dauernd getrennt leben, können nach § 26 EStG zwischen der getrennten Veranlagung nach § 26a EStG und der Zusammenveranlagung nach § 26b EStG wählen. Für das Kj der Eheschließung können sie die besondere Veranlagung nach § 26c EStG wählen.

Für das Kj 2000 erfüllen die Ehegatten Hans Dampf und Eva Dampf geb. Renzi nicht die Voraussetzungen für die Ehegattenbesteuerung, weil die Ehefrau im Kj 2000 nicht unbeschränkt steuerpflichtig ist. Hans Dampf wird somit für das Kj 2000 noch einzeln zur Einkommensteuer veranlagt (§ 25 EStG). Die Ehefrau wird für das Kj 2000 nicht veranlagt, weil sie keine inländischen Einkünfte hat.

Im Kj 2001 liegen die Voraussetzungen für eine Ehegattenveranlagung vor. Die Ehegatten können somit für dieses Kj zwischen der getrennten Veranlagung und der Zusammenveranlagung wählen.

Fall 89 **Auflösung der Ehe, erneute Eheschließung im Laufe des Veranlagungszeitraums**

Lösung: Nach § 26 Abs. 1 Satz 1 EStG liegen für den Veranlagungzeitraum 2000 bei beiden Ehen die Voraussetzungen für eine Ehegattenveranlagung vor. Sie haben bei der Ehe des Peter Schmitz mit Erna zu Beginn des Veranlagungszeitraums vorgelegen und sind bei der Ehe des Peter Schmitz mit Eva Reich im Laufe des Veranlagungszeitraums eingetreten. Nach § 26 Abs. 1 Satz 2 EStG bleibt in einem solchen Fall die aufgelöste Ehe unberücksichtigt, sodass für Peter Schmitz und seine zweite Ehefrau Eva eine Ehegattenveranlagung durchzuführen ist.

Erna Schmitz wird für das Kj 2000 einzeln zur Einkommensteuer veranlagt. Ihr steht für diese Einzelveranlagung der Splittingtarif zu (§ 32a Abs. 6 Nr. 2 EStG). Dadurch geht ihr der Haushaltsfreibetrag von 5 616 DM nach § 32 Abs. 7 EStG (für Alleinstehende mit haushaltszugehörigem Kind) verloren.

Fall 90 **Veranlagung im Jahr der Eheschließung**

Lösung a: Heinrich Kreft und Rita Kreft erfüllen für das Jahr 2001 die Voraussetzungen für die Ehegattenveranlagung (§ 26 Abs. 1 Satz 1 EStG). Für den Veranlagungszeitraum der Eheschließung können sie außer der getrennten Veranlagung (§ 26a EStG) die Zusammenveranlagung (§ 26b EStG) oder die besondere Veranlagung (§ 26c EStG) wählen.

Lösung b: Bei der Zusammenveranlagung ergibt sich ein zu versteuerndes Einkommen von 90 000 DM. Nach dem Splittingtarif ergibt sich eine ESt-Schuld von 16 194 DM.

Bei der besonderen Veranlagung für das Kj der Eheschließung werden Ehegatten so behandelt, als ob sie diese Ehe nicht geschlossen hätten. Wenn ein Ehegatte die Voraussetzungen für das Witwen-Splitting (§ 32a Abs. 6 Nr. 1 EStG) erfüllt, ist bei ihm das Splittingverfahren anzuwenden (§ 26 Abs. 2 EStG).

Heinrich Kreft:	Anwendung der Splittingtabelle auf sein zu versteuerndes Einkommen von 55 000 DM:	6 328 DM
Rita Kreft:	Grundtabelle auf 35 000 DM:	5 174 DM
		11 502 DM

Fall 91 **Zusammenveranlagung/Besondere Veranlagung**

a) Zusammenveranlagung

Lösung:

	Ehemann	Ehefrau	Gesamt
Einkünfte aus selbständiger Arbeit	110 000		
Einkünfte aus nichtselbständiger Arbeit		46 841	
Einkünfte aus Vermietung und Verpachtung		− 25 000	
Summe/Gesamtbetrag der Einkünfte	110 000	21 841	131 841

Einkommensteuer – Lösungen

Übertrag/Gesamtbetrag der Einkünfte				131 841
Vorsorgeaufwendungen				
Arbeitnehmer-Anteil Sozialversicherung		10 116		
Kranken-, Lebensversicherung		19 200		
Summe		29 316		
Vorwegabzug	12 000			
Kürzung	7 814	4 186	4 186	
Verbleiben		25 130		
Höchstbetrag		5 220	5 220	
Übersteigender Betrag		19 910		
50 %, höchstens		2 610	2 610	12 016
Sonderausgaben-Pauschbetrag				216
Einkommen/zu versteuerndes Einkommen				119 609
Einkommensteuer lt. Splittingtabelle				27 876

b) Besondere Veranlagung für den Veranlagungszeitraum der Eheschließung

Lösung:

	Ehemann	Ehefrau
Einkünfte aus selbständiger Arbeit	110 000	
Einkünfte aus nichtselbständiger Arbeit		46 841
Einkünfte aus Vermietung und Verpachtung		– 25 000
Summe/Gesamtbetrag der Einkünfte	110 000	21 841
Vorsorgeaufwendungen	9 915[1)]	3 915[2)]
Sonderausgaben-Pauschbetrag	216	108
Einkommen/zu Versteuerndes Einkommen	99 869	17 818
Einkommensteuer lt. Splittingtabelle	20 958	
Einkommensteuer lt. Grundtabelle		1 038
insgesamt		21 996

[1)] Krankenversicherung		19 200		
Vorwegabzug	6 000			
Kürzung	0	6 000	6 000	
verbleiben		13 200		
Höchstbetrag		2 610	2 610	
übersteigender Betrag		10 590		
50 %, höchstens		1 305	1 305	9 915
[2)] Arbeitnehmer-Anteil Sozialversicherung		10 116		
Vorwegabzug	6 000			
Kürzung	7 814	0		
verbleiben		10 116		
Höchstbetrag		2 610	2 610	
übersteigender Betrag		7 506		
50 %, höchstens		1 305	1 305	3 915

Fall 92 Tarif (§ 32a EStG)

Lösung: Bei der getrennten Veranlagung der Ehegatten Krank für das Kj 2000 nach § 26a EStG wird die Grundtabelle angewendet (§ 32a Abs. 4 EStG). Bei der Veranlagung von Felix Krank wird für zehn Monate der halbe Kinderfreibetrag von 288 DM monatlich abgezogen. Erna Krank erhält in ihrer Veranlagung für zehn Monate den halben Kinderfreibetrag von 288 DM monatlich und für zwei Monate den vollen Kinderfreibetrag von 576 DM monatlich (§ 32 Abs. 6 Nr. 1 EStG).

Bei der Einzelveranlagung der Witwe Krank für das Kj 2001 wird die Splittingtabelle angewendet (Witwensplitting nach § 32a Abs. 6 Nr. 1 EStG). Es wird der volle Kinderfreibetrag abgezogen.

Bei der Einzelveranlagung der Witwe Krank für das Kj 2002 wird die Grundtabelle angewendet. Es werden der volle Kinderfreibetrag und der Haushaltsfreibetrag abgezogen (§ 32 Abs. 6 und 7 EStG).

Bei der Zusammenveranlagung der Ehegatten Stark für das Kj 2003 wird die Splittingtabelle angewendet. Es wird der volle Kinderfreibetrag abgezogen.

Das Kindergeld wird im Kj 2001 anteilig bei Felix und Erna der ESt hinzugerechnet (§ 36 Abs. 2 EStG).

Fall 92a

Lösung: Sowohl für die Ehe zwischen Anton und Berta als auch für die Ehe zwischen Carl und Berta liegen die Voraussetzungen für eine Ehegattenveranlagung nach § 26 Abs. 1 Satz 1 EStG vor. Die durch den Tod des Anton aufgelöste Ehe wird nach § 26 Abs. 1 Satz 2 EStG nicht berücksichtigt.

Für Carl und Berta Fröhlich wird für das Jahr 2000 eine Ehegattenveranlagung durchgeführt, sie können die Zusammenveranlagung mit Splittingtarif (§ 32a Abs. 5 EStG) wählen.

Für Anton Meier kommt nur eine Einzelveranlagung in Betracht, bei seiner Einkommensteuerveranlagung für das Jahr 2000 wird ebenfalls der Splittingtarif angewendet (§ 32a Abs. 6 Nr. 2 EStG).

Fall 93 Anwendung des Splittingverfahrens

Lösung a: Ohne Anwendung der Splittingtabelle wird die Einkommensteuer der Ehegatten Klein wie folgt berechnet:

Zu versteuerndes Einkommen	242 000 DM
davon die Hälfte (Splitting nach § 32a Abs. 5 EStG)	121 000 DM
Abrundung auf einen durch 54 teilbaren Betrag	120 960 DM
davon 51 % =	61 689 DM
·/. Abzugsbetrag nach § 32a Abs. 1 Nr. 4 EStG	20 575 DM
ESt nach der Grundtabelle	41 114 DM
Verdoppelung (§ 32a Abs. 5 EStG) = ESt nach der Splittingtabelle	82 228 DM

Lösung b: Ohne Anwendung der Splittingtabelle wird die Einkommensteuer der Ehegatten Klein wie folgt berechnet:

Zu versteuerndes Einkommen	110 000 DM
davon die Hälfte (Splitting)	55 000 DM

ESt nach der Grundtabelle	11 305 DM
Verdoppelung (§ 32a Abs. 5 EStG) = ESt nach der Splittingtabelle	22 610 DM

Progressionsvorbehalt Fall 94

Lösung: Bei Bezug von bestimmten Lohnersatzleistungen (z. B. Arbeitslosengeld und Krankengeld) oder von ausländischen Einkünften, die nach einem sog. Doppelbesteuerungsabkommen steuerfrei sind, ist auf das zu versteuernde Einkommen ein besonderer Steuersatz anzuwenden. Der besondere Steuersatz ist der Steuersatz, der sich ergibt, wenn die steuerfreien Lohnersatzleistungen oder ausländischen Einkünfte bei der Berechnung der Einkommensteuer einbezogen werden (§ 32 Abs. 2 EStG). Von den Lohnersatzleistungen ist der Arbeitnehmer-Pauschbetrag (§ 9a Nr. 1 EStG) abzuziehen, soweit er nicht bei den Einkünften aus nichtselbständiger Arbeit abziehbar ist.

zu versteuerndes Einkommen	39 887,00 DM
für den Steuersatz maßgebendes zu versteuerndes Einkommen	
39 887 DM + 10 100 DM =	49 987,00 DM
Abrundung auf den Eingangsbetrag der Tabellenstufe (Splittingtabelle)	49 896,00 DM
Steuer nach Splittingtabelle	5 816,00 DM
Steuersatz: $\dfrac{5\,816\,\text{DM} \times 100}{49\,896{,}00\,\text{DM}} =$	11,656245 %
Abrundung des zu versteuernden Einkommens (39 887 DM)	39 852,00 DM
× 11,656245 % = tarifliche ESt (= festzusetzende ESt)	4 649,00 DM

Tarifbegrenzung bei gewerblichen Einkünften (§ 32c EStG) Fall 95

Lösung: Der Grenzsteuersatz für gewerbliche Einkünfte wird durch § 32c EStG auf 43 % beschränkt. Dies wirkt sich in den Fällen aus, in denen der gewerbliche Anteil am zu versteuernden Einkommen mindestens 84 834 DM beträgt.

Der gewerbliche Anteil bemisst sich nach dem Verhältnis der gewerblichen Einkünfte zur Summe der Einkünfte.

Einkünfte aus Gewerbebetrieb	154 000,00 DM
Einkünfte aus Vermietung und Verpachtung	66 000,00 DM
Summe der Einkünfte = Gesamtbetrag der Einkünfte	220 000,00 DM
abzugsfähige Sonderausgaben	19 984,00 DM
Einkommen = zu versteuerndes Einkommen	200 016,00 DM
Berechnung des Entlastungsbetrags	
gewerblicher Anteil $\dfrac{154\,000 \times 200\,016\,\text{DM}}{220\,000\,\text{DM}} =$	140 011 DM
auf ein 54faches abgerundeter gewerblicher Anteil	139 968 DM
tarifliche ESt auf gewerblichen Anteil	50 808 DM
tarifliche ESt für 84 780 DM	23 855 DM
zzgl. 43 % von (139 968 DM ./. 84 780 DM)=	23 730 DM
ESt nach Tarifbegrenzung	47 585 DM
Entlastungsbetrag (50 808 DM ./. 47 586 DM)=	3 222 DM

Berechnung der festzusetzenden ESt:
tarifliche ESt auf 200 016 DM 81 433 DM
Entlastungsbetrag 3 222 DM
festzusetzende ESt 78 211 DM

Fall 96 **Berücksichtigung von Kindern; Kinderfreibeträge**

Lösung: Die Eheleute Guth erhalten für ihre Tochter Marie den Kinderfreibetrag von 576 DM für sieben Monate: 4 032,00 DM

Zu Beginn des Monats August 2000 hatte Marie bereits das 18. Lebensjahr vollendet. Das gezahlte Kindergeld ist der Einkommensteuer hinzuzurechnen (§ 36 Abs. 2 EStG). Ein Betreuungsfreibetrag wird nicht gewährt, der Marie bereits zu Beginn des Jahes 2000 das 16. Lebensjahr vollendet hatte.

Fall 97 **Lösung:** Peter, der sich noch in Berufsausbildung befindet, kann grundsätzlich nur bis zu seinem 27. Lebensjahr berücksichtigt werden (§ 32 Abs. 4 Nr. 2a EStG). Die Altersgrenze verlängert sich aufgrund des geleisteten Grundwehrdienstes um 15 Monate (§ 32 Abs. 5 Nr. 1 EStG). Die Eheleute erhalten den Kinderfreibetrag im Jahr 2000 noch für 5 Monate

5 × 576 DM = 2 880 DM

Ab Juni 2000 ist auch die verlängerte Altersgrenze abgelaufen.

Da den Eheleuten für fünf Monate der Kinderfreibetrag zusteht, erhalten sie für diesen Zeitraum einen Ausbildungsfreibetrag (§ 33a Abs. 2 Nr. 2 EStG):

4 200 DM × $5/12$ = 1 750 DM

Die Eheleute können die Unterhaltsleistungen für die übrigen sieben Monate nach § 33a Abs. 1 EStG abziehen, da in diesem Zeitraum kein Anspruch auf Kindergeld oder einen Kinderfreibetrag besteht und der Höchstbetrag die eigenen Aufwendungen übersteigt.

Unterhaltszahlungen: 7 × 1 100 DM = 7 700 DM
Höchstbetrag: 13 500 DM
anteilig für 7 Monate: 13 500 DM × $7/12$ = 7 875 DM

Fall 98 **Lösung:** Kinder werden nach § 32 Abs. 4 EStG nicht berücksichtigt, denen eigene Einkünfte und Bezüge von mindestens 13 500 DM zustehen. Der Betrag von 13 500 DM vermindert sich für jeden Monat, für den kein Kinderfreibetrag gewährt wird, um ein Zwölftel. Tatsächliche Einkünfte im Zeitraum Januar bis Mai 2000:

16 000 DM ·/. 2 000 DM Arbeitnehmer-Pauschbetrag = 14 000 DM
davon $5/12$ = 5 833 DM
unschädliche Grenze: $5/12$ von 13 500 DM = 5 625 DM

Peter kann nicht als Kind berücksichtigt werden, da seine Einkünfte die Einkommensgrenze übersteigen. Da die Eheleute für Peter keinen Kinderfreibetrag oder Kindergeld erhalten, wird auch kein Ausbildungsfreibetrag (§ 33a Abs. 2 EStG) gewährt. Die Unterhaltsleistungen können im Rahmen des Höchstbetrages nach § 33a Abs. 1 EStG abgezogen werden.

Unterhaltszahlungen: 12 × 1 100 DM = 13 200 DM
Höchstbetrag 13 500 DM
eigene Einkünfte 14 000 DM

anrechnungsfreier Betrag	1 200 DM	
anzurechnen	12 800 DM	12 800 DM
verminderter Höchstbetrag =		
abzugsfähige Aufwendungen		700 DM

Die Einkunftsgrenze für die Kinderermäßigung sowie der Höchstbetrag für Unterhaltsleistungen beträgt im Jahr 2001/2002 14 040 DM.

Kinderfreibetrag, Betreuungsfreibetrag, Haushaltsfreibetrag   Fall 99

Lösung: Heide Treu erhält für ihre Tochter einen Kinderfreibetrag von 576 DM monatlich (§ 32 Abs. 1, 3 und 6 EStG), also im Jahr   6 912 DM.

Der Kinderfreibetrag beträgt grundsätzlich – außer im Fall der Zusammenveranlagung der Eltern – zwar 288 DM monatlich; es wird jedoch der ganze Kinderfreibetrag von 576 DM monatlich abgezogen, wenn der andere Elternteil verstorben ist (§ 32 Abs. 6 Nr. 1 EStG).

Aus dem gleichen Grund erhält Heide für ihre Tochter den vollen Betreuungsfreibetrag von 252 DM monatlich (§ 32 Abs. 6 EStG).

Da Heide Treu einzeln, unter Anwendung der Grundtabelle, veranlagt wird und sie den Kinderfreibetrag oder Kindergeld für ihre bei ihr gemeldete Tochter erhält, wird bei ihr der Haushaltsfreibetrag (§ 32 Abs. 7 EStG) abgezogen   5 616 DM

Fachaufgabe Einkommensteuer (zu versteuerndes Einkommen)   Fall 100

Lösung a: Das zu versteuernde Einkommen berechnet sich wie folgt:

Einkünfte aus selbst. Arbeit (§ 18 EStG):		137 000 DM
Einkünfte aus nichtselbst. Arbeit (§ 19 EStG)		
Bruttoarbeitslohn	10 000 DM	
./. Versorgungsfreibetrag 40 v. H., höchstens		
6 000 DM	4 000 DM	
verbleiben	6 000 DM	
./. Arbeitnehmer-Pauschbetrag	2 000 DM	4 000 DM
Einkünfte aus Kapitalvermögen (§ 20 EStG)		
Zinseinnahmen	7 200 DM	
./. Werbungskosten-Pauschbetrag, Sparer-Freibetrag	3 100 DM	4 100 DM
Summe der Einkünfte		145 100 DM
./. Altersentlastungsbetrag gem. § 24a EStG 40 v. H., von 141 100 DM		
(137 000 DM + 4 100 DM), höchstens		3 720 DM
Gesamtbetrag der Einkünfte		141 380 DM
./. Sonderausgaben		3 000 DM
Einkommen		138 380 DM
./. Kinderfreibetrag (§ 32 Abs. 6 EStG)	6 912 DM	
Betreuungsfreibetrag	3 024 DM	
Haushaltsfreibetrag (§ 32 Abs. 7 EStG)	5 616 DM	15 552 DM
Zu versteuerndes Einkommen		122 828 DM

Lösung b: Das zu versteuernde Einkommen berechnet sich wie folgt:

Einkünfte aus Land- und Forstwirtschaft				15 000 DM
Einkünfte aus nichtselbst. Arbeit (§ 19 EStG)				
Ehemann: Bruttoarbeitslohn			10 000 DM	
./. Versorgungsfreibetrag (40 v. H.)			4 000 DM	
verbleiben			6 000 DM	
./. Arbeitnehmer-Pauschbetrag			2 000 DM	4 000 DM
Ehefrau: Bruttoarbeitslohn aus bestehendem Arbeitsverhältnis			10 000 DM	
Versorgungsbezüge		11 000 DM		
./. Versorgungsfreibetrag		4 400 DM	6 600 DM	
Summe			16 600 DM	
./. Arbeitnehmer-Pauschbetrag			2 000 DM	14 600 DM
Sonstige Einkünfte (§ 22 EStG)				
Rentenbezüge			24 000 DM	
Ertragsanteil 27 v. H. =			6 480 DM	
./. Werbungskosten-Pauschbetrag			200 DM	6 280 DM
Summe der Einkünfte				39 880 DM
Altersentlastungsbetrag (§ 24a EStG)				
für Ehemann 40 v. H. von 15 000 DM, höchstens			3 720 DM	
Freibetrag für Land- und Forstwirtschaft				
(§ 13 Abs. 3 EStG)			4 000 DM	7 720 DM
Gesamtbetrag der Einkünfte				32 160 DM
./. Sonderausgaben				7 000 DM
Einkommen = zu versteuerndes Einkommen				25 160 DM

Fall 101 Härteausgleich

Lösung a: Es ist eine Einkommensteuererklärung abzugeben, weil zusätzlich zum Arbeitslohn Einkünfte ohne Lohnsteuerabzug von mehr als 800 DM erzielt wurden (§ 46 Abs. 2 Nr. 1 EStG).

Es ist ein besonderer Freibetrag nach § 46 Abs. 5 EStG i. V. mit § 70 EStDV in Höhe von 400 DM zu berücksichtigen (Härteausgleich).

Berechnung:

Gesamtbetrag der Einkünfte		24 200 DM
./. Sonderausgaben		4 000 DM
Einkommen		20 200 DM
./. **besonderer Freibetrag (Härteausgleich)**		
Grenzbetrag nach § 70 EStDV	1 600 DM	
./. „Nebeneinkünfte"	1 200 DM	400 DM
Zu versteuerndes Einkommen		19 800 DM

Lösung b: Es ist eine Einkommensteuererklärung abzugeben, weil der Arbeitnehmer nebeneinander aus mehr als einem Dienstverhältnis Arbeitslohn bezogen hat (§ 46 Abs. 2 Nr. 2 EStG). Es ist ein besonderer Freibetrag nach § 46 Abs. 3 EStG in Höhe der „Nebeneinkünfte" unter 800 DM, also in Höhe von 500 DM zu berücksichtigen.

Berechnung

Gesamtbetrag der Einkünfte	23 500 DM
./. Sonderausgaben	4 000 DM
Einkommen	19 500 DM
./. **besonderer Freibetrag (Härteausgleich)**	500 DM
Zu versteuerndes Einkommen	19 000 DM

Einkommensgrenze Fall 102

Lösung: Für die Ehegatten wird von Amts wegen keine Einkommensteuerveranlagung durchgeführt. Bei Arbeitnehmern ist die ESt grundsätzlich durch den LSt-Abzug abgegolten, wenn keine Veranlagung nach § 46 Abs. 2 EStG erfolgt.

Ein Abzug der Nebeneinkünfte (von nicht mehr als 800 DM) erfolgt nach § 46 Abs. 3 EStG, wenn die Steuerpflichtigen nach § 46 Abs. 2 EStG veranlagt werden (z. B. zur Geltendmachung von Werbungskosten, § 46 Abs. 2 Nr. 8 EStG).

Zur Steuererklärungspflicht siehe § 56 EStDV.

„Nebeneinkünfte" von insgesamt mehr als 800 DM Fall 103

Lösung: Für Schulz wird von Amts wegen keine Einkommensteuerveranlagung durchgeführt. Die Einkünfte des Schulz, die nicht der Lohnsteuer zu unterwerfen waren („Nebeneinkünfte"), betragen insgesamt nicht mehr als 800 DM (§ 46 Abs. 2 Nr. 1 EStG), nämlich nur 600 DM. Eventuelle erhöhte Werbungskosten, Sonderausgaben oder Tarifvergünstigungen kann Schulz in einem Antrag auf Veranlagung zur Anrechnung der Lohnsteuer auf die Einkommensteuer (§ 46 Abs. 2 Nr. 8 EStG) geltend machen. Der Antrag auf Veranlagung entspricht dem ehemaligen Lohnsteuerjahresausgleich. Die „Nebeneinkünfte" von 600 DM bleiben hierbei nach § 46 Abs. 3 EStG steuerfrei.

Fachaufgabe Einkommensteuer (festzusetzende Einkommensteuer) Fall 104

Lösung:

I. Steuerpflicht

Die Ehegatten Kurz sind unbeschränkt einkommensteuerpflichtig (§ 1 Abs. 1 EStG).

II. Veranlagungsform

Die Ehegatten werden zusammen zur Einkommensteuer veranlagt (§§ 26 Abs. 3, 26b EStG).

III. Berücksichtigung von Kindern, Tarif

Bei den Ehegatten ist das Kind Brigitte zu berücksichtigen (§ 32 Abs. 3 EStG). Sie erhalten für Brigitte Kindergeld in Höhe von monatlich 270 DM (§ 66 EStG). Bei der Zusammenveranlagung ist der Splittingtarif anzuwenden (§ 32a Abs. 5 EStG).

IV. Einkünfte

1. Ehemann

a) Einkünfte aus Gewerbebetrieb

a) Gewinn	82 000 DM
b) + Spende an Caritasverband	1 800 DM
c) + Geschenk an Geschäftsfreund, § 4 Abs. 5 EStG	400 DM
Gewinn (korrigiert)	**84 200 DM**

b) Einkünfte aus Kapitalvermögen

Nettodividende	7 730,62 DM
+ Kapitalertragsteuer 25/73,625 v. 7 730,62 DM =	2 625,00 DM
+ Solidaritätszuschlag 1,375/73,625 v. 7 730,62 DM =	144,38 DM
Bardividende	10 500,00 DM
+ 3/7 anrechenbare KSt (§ 36 Abs. 2 EStG)	4 500,00 DM
Bruttodividende (Einnahmen)	15 000,00 DM
./. Werbungskosten	
Depotgebühren 80 DM, mindestens anzusetzen Pauschbetrag (§ 9a Nr. 2 EStG)	200,00 DM
./. Sparer-Freibetrag (§ 20 Abs. 4 EStG)	6 000,00 DM
Einkünfte	**8 800,00 DM**

Zur Berechnung der Kapitalertragsteuer und des Solidaritätszuschlags siehe die Lösung von Fall 32a.

c) Einkünfte aus Vermietung und Verpachtung

Mieteinnahmen	
3 000 DM × 11 Monate =	33 000 DM
Werbungskosten	
AfA:	
Bemessungsgrundlage	
Anschaffungskosten für das Grundstück	560 000 DM
davon Anteil des Gebäudes 80 v. H. =	448 000 DM
./. davon eigengenutzt 25 v. H. =	112 000 DM
verbleiben = Bemessungsgrundlage	336 000 DM
AfA-Satz	2 v. H.
AfA 2 v. H. von 336 000 DM = 6 720 DM, davon zeitanteilig $^{11}/_{12}$ =	6 160 DM
Reparaturen, Grundsteuer etc. anteilig 75 v. H. =	12 000 DM
Zinsen für Hypothekendarlehen anteilig 75 v. H. =	22 500 DM
Disagio anteilig 75 v. H. =	7 500 DM
Summe der Werbungskosten	48 160 DM
Zusammenstellung	
Mieteinnahmen	33 000 DM
./. Werbungskosten	48 160 DM
Verlust aus Vermietung und Verpachtung	15 160 DM

Der Ehemann erhält nach § 24a EStG einen Altersentlastungsbetrag von 40 v. H. der positiven Summe seiner Einkünfte (84 200 DM + 8 800 DM ./. 15 160 DM = 77 840 DM) = 31 136 DM, höchstens   3 720 DM

2. Ehefrau

a) Einkünfte aus Gewerbebetrieb		14 000 DM
b) Einkünfte aus nichtselbständiger Arbeit		
Bruttoarbeitslohn		30 237 DM
·/. **Werbungskosten**		
Aufwendungen für Fahrten zwischen Wohnung und Arbeitsstätte		
(230 Tage × 25 km × 0,70 DM) = 4 025 DM,		
mindestens 2 000 DM =		4 025 DM
Einkünfte		26 212 DM

V. Sonderausgaben

1. Vorsorgeaufwendungen (Versicherungsbeiträge)

Sozialversicherung AN-Anteil			5 465 DM
Krankenversicherung			4 200 DM
Lebens-, Unfall- und Haftpflichtversicherung			
(7 500 DM + 2 200 DM)			9 700 DM
Summe			19 365 DM

A. Höchstbetrag

Versicherungsbeiträge		19 365 DM	
vorweg abziehbar	12 000 DM		
davon ab 16 v. H. vom Arbeitslohn			
(30 237 DM)	4 838 DM		
verbleiben	7 162 DM	> 7 162 DM	> 7 162 DM
verbleiben		12 203 DM	
Grundhöchstbetrag		5 220 DM	> 5 220 DM
verbleiben		6 983 DM	
davon die Hälfte, höchstens			
50 v. H. des Grundhöchstbetrages		2 610 DM	> 2 610 DM
Höchstbetrag der Vorsorgeaufwendungen (Betrag A)			14 992 DM

B. Vorsorgepauschale (ungekürzt)

Bemessungsgrundlage (Arbeitslohn)			30 237 DM

Berechnung der Vorsorgepauschale

20 v. H. von 30 237 DM =		6 047 DM	
vorweg abziehbar	12 000 DM		
davon ab 16 v. H. von 30 237 DM =	4 838 DM		
verbleiben	7 162 DM	> 6 047 DM	> 6 047 DM
Vorsorgepauschale			6 047 DM
Abrundung auf einen durch 54 teilbaren Betrag			
(Betrag B)			5 994 DM
anzusetzen ist Betrag A (Höchstbetrag), da höher			
als Betrag B (Vorsorgepauschale) =			14 992 DM

2. Übrige Sonderausgaben
  C. Aufwendungen

Kirchensteuer Ehefrau	234 DM	
KiSt-Vorauszahlung 2000	1 600 DM	1 834 DM
Spenden für wissenschaftl. Zwecke	900 DM	
Spenden für mildtätige Zwecke Caritas	1 800 DM	2 700 DM
Summe (Betrag C)		4 534 DM
D. Sonderausgaben-Pauschbetrag (Betrag D)		216 DM
Anzusetzen Betrag C, da höher		4 534 DM

VI. Außergewöhnliche Belastungen

Sohn Herbert: Kein Kinderfreibetrag, da älter als 27 Jahre, aber außergewöhnliche Belastung nach § 33a Abs. 1 EStG.
Aufwendungen des Steuerzahlers 14 400 DM, Höchstbetrag   13 500 DM

VII. Zu versteuerndes Einkommen

1. Einkünfte aus Gewerbebetrieb (84 200 DM + 14 000 DM =)		98 200 DM
2. Einkünfte aus nichtselbst. Arbeit		26 212 DM
3. Einkünfte aus Kapitalvermögen		8 800 DM
4. Einkünfte aus Vermietung und Verpachtung (Verlust)		./. 15 160 DM
Summe		118 052 DM
./. Altersentlastungsbetrag		3 720 DM
Gesamtbetrag der Einkünfte		114 332 DM
./. Sonderausgaben		
Vorsorgeaufwendungen	14 992 DM	
Übrige Sonderausgaben	4 534 DM	19 526 DM
./. Außergewöhnliche Belastungen		13 500 DM
Einkommen		81 306 DM
Zu versteuerndes Einkommen		81 306 DM

VIII. Festzusetzende Einkommensteuer

Zu versteuerndes Einkommen	81 306 DM
Tarifliche Einkommensteuer	
lt. Splittingtabelle =	14 932 DM
Festzusetzende Einkommensteuer	14 932 DM

IX. Eigenheimzulage

Bemessungsgrundlage: Anschaffungskosten	545 000 DM
+ Nebenkosten	15 000 DM
	560 000 DM
davon ¼:	140 000 DM

höchstens:	100 000 DM
Förderungssatz bei Altbauten: 2,5 %	
Fördergrundbetrag	2 500 DM
Kinderzulage für ein Kind	1 500 DM
Eigenheimzulage	4 000 DM

Die Lösung der Aufgabe entspricht dem Rechtsstand des Jahres 2000. Für das Jahr 2001 gelten folgende Änderungen:

– Höchstbetrag Unterhaltsleistungen (§ 33a Abs. 1 EStG) 14 040 DM

Fachaufgabe Steuerwesen (Einkommensteuer)   **Fall 105**
Lösung:

I. Einkünfte

Einkünfte aus Gewerbebetrieb der Ehefrau

Verlustanteil an der Fa. Dalen KG	13 800 DM

Einkünfte aus freiberuflicher Tätigkeit des Ehemannes

Betriebseinnahmen	240 000 DM
./. Betriebsausgaben	110 000 DM
Vorläufiger Gewinn	130 000 DM
./. Gewinnkorrektur	1 500 DM
Endgültiger Gewinn	128 500 DM

Der vorläufige Gewinn ist um die anteiligen Hausunkosten in Höhe von 20 v. H. von 7 500 DM (2 400 DM Zinsen, 1 100 DM Grundbesitzabgaben und 4 000 DM Gebäude-AfA) zu mindern.

Einkünfte aus nichtselbständiger Arbeit des Ehemannes

Pensionsbezüge	48 000 DM
./. Versorgungsfreibetrag	6 000 DM
Werbungskosten-Pauschbetrag	2 000 DM
Einkünfte	40 000 DM

Der pauschal versteuerte Aushilfslohn der Ehefrau wird nicht angesetzt (Abgeltungsprinzip).

Einkünfte aus Kapitalvermögen

	Ehemann	Ehefrau
Gutschriften: Zinsen aus Sparguthaben	300 DM	300 DM
Zinsen aus Pfandbriefen	0 DM	17 800 DM
Einnahmen	300 DM	18 100 DM
./. Werbungskosten-Pauschbetrag	100 DM	100 DM
Sparer-Freibetrag	200 DM	5 800 DM
Einkünfte	0 DM	12 200 DM

II. Gesamtbetrag der Einkünfte

Einkünfte aus Gewerbebetrieb (Verlust)	./. 13 800 DM
Einkünfte aus freiberufl. Tätigkeit	128 500 DM
Einkünfte aus nichtselbst. Arbeit	40 000 DM
Einkünfte aus Kapitalvermögen	12 200 DM
Summe der Einkünfte	166 900 DM
./. Altersentlastungsbetrag	
Ehemann: 40 v. H. von 128 500 DM, höchstens	3 720 DM
Ehefrau:	0 DM
Gesamtbetrag der Einkünfte	163 180 DM

III. Einkommen, zu versteuerndes Einkommen

1. Sonderausgaben

a) Vorsorgeaufwendungen

Höchstbetrag (§ 10 Abs. 3 EStG)

Versicherungsbeiträge	20 968 DM	
vorweg abziehbar	12 000 DM	12 000 DM
verbleiben	8 968 DM	
Grundhöchstbetrag	5 220 DM	> 5 220 DM
verbleiben	3 748 DM	
davon die Hälfte, höchstens		
50 v. H. des Grundhöchstbetrages	1 874 DM	> 1 874 DM
Höchstbetrag		19 094 DM

Gekürzte Vorsorgepauschale

20 v. H. des Arbeitslohns (48 000 DM) = 9 600 DM, höchstens	4 428 DM
bereits durch 54 teilbar	
Anzusetzen, da höher, Höchstbetrag	19 094 DM

b) Übrige Sonderausgaben

Kirchensteuer (5 400 DM + 895 DM + 108 DM =)		6 403 DM
Spenden an das Rote Kreuz	12 000 DM	
höchstens 5 v. H. von 157 180 DM =	7 859 DM	
Parteispende	240 DM	
./. Steuerermäßigung nach		
§ 34g ESt	240 DM	
verbleiben	0 DM > 0 DM	
Summe	7 859 DM	> 7 859 DM
Summe = Übrige Sonderausgaben		14 262 DM
Sonderausgaben-Pauschbetrag		216 DM
Anzusetzen, da höher, übrige Sonderausgaben		14 262 DM

2. Außergewöhnliche Belastungen

Ausbildungsfreibetrag für Stefan	4 200 DM

3. Einkommen

Gesamtbetrag der Einkünfte	163 180 DM
./. **Sonderausgaben**	
Vorsorgeaufwendungen	19 094 DM
Übrige Sonderausgaben	14 262 DM
./. **Außergewöhnliche Belastungen**	
Ausbildungsfreibetrag	4 200 DM
Einkommen	125 624 DM
Zu versteuerndes Einkommen	125 624 DM

Anlage 1	Ehemann DM	Ehefrau DM
1. Einkünfte aus Land- und Forstwirtschaft	0	0
2. Einkünfte aus Gewerbebetrieb	0	./. 13 800
3. Einkünfte aus selbständiger Arbeit	128 500	0
4. Einkünfte aus nichtselbständiger Arbeit	40 000	0
5. Einkünfte aus Kapitalvermögen	0	12 200
6. Einkünfte aus Vermietung und Verpachtung	0	0
7. Sonstige Einkünfte i. S. v. § 22 EStG	0	0
Summe der Einkünfte	168 500	./. 1 600
Altersentlastungsbetrag	3 720	0
Gesamtbetrag der Einkünfte		163 180
Vorsorgeaufwendungen		19 094
Übrige Sonderausgaben		14 262
Außergewöhnliche Belastungen		4 200
Verlustabzug (§ 10d EStG)		0
Einkommen		125 624
Kinderfreibetrag		0
Haushaltsfreibetrag		0
Zu versteuerndes Einkommen		125 624

Anlage 2

a) Berechnung der zu zahlenden Jahreseinkommensteuer	DM
1 Steuerbetrag lt. Splittingtabelle	30 096
2 Tarifermäßigung gem. § 34g EStG	120
3 Festzusetzende Einkommensteuer	29 976
4 Einkommensteuer-Vorauszahlungen	60 000
5 einbehaltene Lohnsteuer, Kapitalertragsteuer	5 048
6 Summe 4 – 5	65 048
7 Erstattungsbetrag	35 072

Die Lösung der Aufgabe entspricht dem Rechtsstand des Jahres 2000.

Fall 106 **Fachaufgabe Steuerwesen (Einkommensteuer und Umsatzsteuer)**

Lösung:

a) Ermittlung der Umsatzsteuerschuld für das Kalenderjahr 2000

1. Entstandene Umsatzsteuer
   Erdgeschoss: Vermietung an Buchhändler, steuerpflichtig
   16 % von 36 000 DM = ... 5 760 DM
   1. Obergeschoss: Vermietung an Rechtsanwalt, steuerpflichtig
   16 % von 25 000 DM .... 4 000 DM
   2. und 3. Obergeschoss: steuerfrei
                                                                                                9 760 DM

2. Abzugsfähige Vorsteuer

   Elektroinstallation, abzugsfähig .... 592 DM
   Fliesen, abzugsfähig .... 608 DM
   Hausfassade, aufzuteilen
   abzugsfähig: 768 DM × $\frac{200}{420}$ = ... 366 DM
   Schornsteinfegergebühren, aufzuteilen
   abzugsfähig: 24 DM × $\frac{200}{420}$ = ... 12 DM
   Türschloss, nicht abzugsfähig .... 0 DM
                                                                             1 578 DM

3. Umsatzsteuerschuld für 2000:
   Umsatzsteuer .... 9 760 DM
   ./. Vorsteuer .... 1 578 DM
                                                                             8 182 DM

b) Einkünfte aus Vermietung und Verpachtung für den Veranlagungszeitraum 2000

1. Einnahmen:
   Erdgeschoss .... 41 760 DM
   1. Obergeschoss .... 29 000 DM
   2. Obergeschoss .... 12 720 DM
   3. Obergeschoss .... 12 720 DM
                                                                             96 200 DM

2. Werbungskosten
   Schuldzinsen .... 32 000 DM
   Grundsteuer u. a. .... 1 700 DM
   Gebäudeversicherung .... 670 DM
   Elektroinstallation .... 4 292 DM
   Fliesen .... 4 408 DM
   Hausfassade .... 5 568 DM
   Schornsteinfeger .... 174 DM
   Schloss Eingangstür .... 290 DM
   USt-Zahlungen .... 5 200 DM
   Gebäude-AfA 2 % von 510 000 DM = ... 10 200 DM
   Insgesamt .... 64 502 DM

3. Einkünfte aus Vermietung und Verpachtung
Einnahmen 96 200 DM
·/. Werbungskosten 64 502 DM
31 698 DM

Die Kosten der Darlehenstilgung sind keine Werbungskosten.

c) Einkommensteuerschuld für den Veranlagungszeitraum 2000

Einkünfte aus Kapitalvermögen
Einnahmen 8 900 DM
·/. Werbungskosten-Pauschbetrag 100 DM
·/. Sparer-Freibetrag 3 000 DM
5 800 DM   >   5 800 DM

Einkünfte aus Kapitalvermögen 2 800 DM

Sonstige Einkünfte
Altersrente 12 × 2 000 DM = 24 000 DM
Ertragsanteil 30 % 7 200 DM
·/. Werbungskosten-Pauschbetrag 200 DM
7 000 DM   >   7 000 DM

Summe der Einkünfte 44 498 DM
Altersentlastungsbetrag
40 % von (5 800 DM + 31 698 DM), höchstens 3 720 DM
Gesamtbetrag der Einkünfte 40 778 DM

Sonderausgaben
Versicherungsbeiträge 4 100 DM
Vorwegabzugsbetrag 6 000 DM, hier 4 100 DM   >   4 100 DM
Sonderausgaben-Pauschbetrag (§ 10c Abs. 4 1. S. EStG) 216 DM
Einkommen = zu versteuerndes Einkommen 36 462 DM
Einkommensteuer laut Splittingtabelle
(§ 32a Abs. 6 Nr. 1 EStG): 2 346 DM

Fachaufgabe Steuerwesen (Einkommensteuer und Gewerbesteuer) — Fall 106a

Lösung:

1. Berechnung der Gewerbesteuer-Rückstellung für den Erhebungszeitraum 2000

Vorläufiger Jahresüberschuss laut GuV 83 000 DM
+ Tätigkeitsvergütung Komplementär 36 000 DM
= Vorläufiger steuerlicher Gewinn 119 000 DM
+ GewSt-Vorauszahlungen 5 000 DM
= 124 000 DM

+ **Hinzurechnungen:**
50 % der Dauerschuldzinsen: (§ 8 Nr. 1 GewStG)
- Darlehenszinsen 22 250 DM
- Kontokorrentzinsen: 4 620 DM
26 870 DM   13 435 DM

- **Kürzungen:**
- 1,2 % vom Einheitswert des Betriebsgrundstücks (372 000 DM × 1,4) (§ 9 Nr. 2 GewStG)   6 250 DM
- = Gewerbeertrag ohne Berücksichtigung der GewSt   131 185 DM
- Abrundung (§ 11 Abs. 1 GewStG)   131 100 DM
- − **Freibetrag** (§ 11 Abs. 1 GewStG)   48 000 DM
- = vorläufiger Gewerbeertrag   83 100 DM
- Messbetrag (§ 11 Abs. 2 GewStG)
- 24 000 DM × 1 % = 240 DM
- 24 000 DM × 2 % = 480 DM
- 24 000 DM × 3 % = 720 DM
- 11 100 DM × 4 % = 444 DM
- = Vorläufiger Steuermessbetrag   1 884 DM
- × Hebesatz 440 %
- = Vorläufige GewSt   8 289 DM
- × ⅚
- = endgültige GewSt   6 907 DM
- − Vorauszahlungen   5 000 DM
- = Gewerbesteuer-Rückstellung   1 907 DM

2. Ermittlung des **endgültigen steuerlichen Gewinns** der Billermann & Co. KG für das Wirtschaftsjahr 2000

Vorläufiger steuerlicher Gewinn   119 000 DM
− Gewerbesteuer-Rückstellung   1 907 DM
= endgültiger steuerlicher Gewinn   117 093 DM

3. Berechnung der **Einkünfte** aus Gewerbebetrieb im Veranlagungszeitraum 2000

Gesellschafter	Kapital (DM)	Vorwegvergütung (DM)	Zinsen 4 % (DM)	Verteilung Restgewinn (DM)	Gesamt (DM)
Berta Billermann	400 000	36 000	16 000	48 874	100 874
Lena Billermann	100 000	0	4 000	12 219	16 219
	500 000	36 000	20 000	61 093	117 093

4. a) Ermittlung des zu **versteuernden Einkommens** von Berta Billermann für den Veranlagungszeitraum 2000

Einkünfte aus Gewerbebetrieb § 15 EStG   100 874 DM
= Summe der Einkünfte   100 874 DM
= Gesamtbetrag der Einkünfte   100 874 DM
− Sonderausgaben-Pauschbetrag § 10c Abs. 1 EStG   108 DM
− Sonderausgaben § 10 Abs. 3 EStG   9 915 DM
= Einkommen   90 851 DM
− Haushaltsfreibetrag   5 616 DM
= zu versteuerndes Einkommen   85 235 DM

4. b) **Ansatz** bzw. **Nichtansatz** von **Kindergeld/Kinderfreibetrag** bzw. **Ausbildungsfreibetrag** für Lena und Hannah.

Für Hannah ist Kindergeld bzw. ein Kinderfreibetrag zu berücksichtigen, da sie unter 18 Jahre alt ist. Einen Betreuungsfreibetrag erhält Berta für ihre Tochter Hannah nicht, da sie bereits im Jahr 1999 das 16. Lebensjahr vollendet hat. Es ist kein Ausbildungsfreibetrag für Hannah anzusetzen, da sie unter 18 Jahre alt ist und nicht auswärtig untergebracht ist.

Für Lena ist das Kindergeld zurückzuzahlen bzw. kein Kinderfreibetrag zu gewähren, da sie eigene Einkünfte von mehr als 13 500 DM im Kalenderjahr erzielt. Es ist kein Ausbildungsfreibetrag für Lena anzusetzen, da Berta Billermann für Lena keinen Kinderfreibetrag erhält und das Kindergeld zurückzuzahlen ist.

4. c) Ermittlung der festzusetzenden Einkommensteuer/Einkommensteuer-Abschlusszahlung für den Veranlagungszeitraum 2000

Ermittlung der festzusetzenden Einkommensteuer/ESt-Abschlusszahlung

=	tarifliche Einkommensteuer	24 041
+	Kindergeld Tobias	3 240
=	festzusetzende ESt/ESt-Abschlusszahlung	27 281

4. d) **Veranlagungsart** und **Tarif.**

Einzelveranlagung

Grundtabelle

Arbeitslohn Fall 107

Lösung: Das Geldgeschenk an den Arbeitnehmer Stein gehört zu dessen Arbeitslohn, weil ihm das Geldgeschenk aus seinem Dienstverhältnis zufließt. Nach § 2 LStDV ist es gleichgültig, unter welcher Bezeichnung der Arbeitslohn gewährt wird. Die Bezeichnung „Geschenk" ist also ohne Bedeutung.

Lösung: Der Arbeitslohn des Korn besteht aus dem vereinbarten Stundenlohn (15 DM) Fall 108 und aus dem Wert der freien Verpflegung und Unterkunft (freie Station). Der Sachbezug in Form der freien Station ist nach § 8 Abs. 2 Satz 2 EStG mit den für die Sozialversicherung maßgebenden Werten anzusetzen. Die Werte ergeben sich aus der Sachbezugsverordnung (SachBezV). Nach der SachBezV beträgt der Wert für freie Verpflegung im Jahr 2000 monatlich 366 DM (Mittag- und Abendessen jeweils 143 DM, Frühstück 80 DM) und für freie Unterkunft monatlich 355/260 DM (West/Ost).

Lösung: Der Bruttomonatslohn beträgt: Fall 109

Nettomonatslohn	1 910 DM
Steuerabzugsbeträge	458 DM
Sozialversicherung Arbeitnehmeranteil	632 DM
Bruttolohn	3 000 DM

Der Arbeitgeberanteil zur Sozialversicherung gehört nach § 3 Nr. 62 EStG nicht zum stpfl. Arbeitslohn.

Fall 110 Lösung: Der stpfl. Monatslohn des Schlau beträgt:

Monatslohn lt. Arbeitsvertrag	2 000 DM
Vermögenswirksame Leistungen	78 DM
Zukunftssicherung (Direktversicherung)	40 DM
Stpfl. Monatslohn brutto	2 118 DM

Die vermögenswirksamen Leistungen sind steuerpflichtiger Arbeitslohn (§ 2 Abs. 6 5. VermBG).

Schlau erhält eine Arbeitnehmersparzulage in Höhe von 10 v. H. seiner vermögenswirksamen Leistungen von insgesamt 936 DM = 93,60 DM (§ 13 Abs. 2 5. VermBG). Die Arbeitnehmersparzulage wird auf Antrag vom Finanzamt festgesetzt (§ 14 Abs. 4 5. VermBG).

Nach § 40b EStG kann der Arbeitgeber die Lohnsteuer für die Direktversicherung mit einem Pauschsteuersatz von 20 v. H. erheben. Somit hätte Arbeitgeber Fuchs monatlich 20 v. H. von 40 DM = 8 DM zzgl. 7 v. H. Lohnkirchensteuer von 8 DM = 0,56 DM abzuführen zzgl. 5,5 % SolZ, wenn er die Pauschbesteuerung wählt. Der unmittelbaren Besteuerung über die Lohnsteuerkarte würden in diesem Fall nur noch 2 078 DM unterliegen. Im Falle der Pauschbesteuerung sind die Leistungen für die Direktversicherung keine Vorsorgeaufwendungen i. S. des § 10 EStG des Arbeitnehmers Schlau.

Fall 111 Lösung: Der Wert der Armbanduhr gehört zum steuerpflichtigen Arbeitslohn (Sachbezug). Die Zuwendung erfolgt zwar aus Anlass eines seltenen persönlichen Ereignisses (65. Geburtstag) und könnte deshalb als bloße Aufmerksamkeit steuerfrei sein. Der Wert der Armbanduhr übersteigt indessen die in LStR 73 festgelegte Freigrenze von 60 DM.

Fall 112 Arbeitslohn

Lösung:

a) Das Urlaubsgeld stellt Arbeitslohn dar und ist somit in voller Höhe steuerpflichtig (§ 2 LStDV).

b) Die Trinkgelder stellen Arbeitslohn dar. Es gibt einen Freibetrag von 2 400 DM, sodass 500 DM steuerpflichtig sind (§ 3 Nr. 51 EStG).

c) Kein steuerpflichtiger Arbeitslohn. Es handelt sich um Annehmlichkeiten/Aufmerksamkeiten.

d) Ein Betrag von 0,52 DM (ab 2001: 0,58 DM) je gefahrenen km kann vom Arbeitgeber für die Dienstreise steuerfrei ersetzt werden. Der Rest von 140 km × 0,28 DM = 39,20 DM ist steuerpflichtiger Arbeitslohn (§ 3 Nr. 16 EStG).

Fall 113 Abfindung wegen Auflösung des Dienstverhältnisses

Lösung: Abfindungen wegen einer vom Arbeitgeber veranlassten oder gerichtlich ausgesprochenen Auflösung des Dienstverhältnisses sind bis zu einem Höchstbetrag von mindestens 16 000 DM nach § 3 Nr. 9 EStG steuerfrei. Der Höchstbetrag beträgt hier 24 000 DM, da Treu das 55. Lebensjahr vollendet und das Dienstverhältnis mindestens 20 Jahre bestanden hat. Zahlungen aufgrund von Lohnansprüchen, die bereits vor Auflösung des Dienstverhältnisses entstanden sind, sind keine steuerfreien Abfindungen. Die Zahlungen für nicht genommenen Urlaub sind steuerpflichtiger Arbeitslohn. Die

Abfindung von 50 000 DM wird wegen der vorzeitigen Auflösung des Arbeitsverhältnisses gezahlt, sie ist bis 24 000 DM steuerfrei.

Berechnung: Abfindung	50 000 DM
./. Freibetrag (§ 3 Nr. 9 EStG)	24 000 DM
	26 000 DM
+ Arbeitslohn, stpfl.	800 DM
	26 800 DM

Der steuerpflichtige Teil der Abfindung kann nach der sog. Fünftel-Regelung des § 34 EStG ermäßigt besteuert werden.

Erstattung von Telefonkosten — Fall 114

Lösung: Nach LStR 70 Abs. 2 Nr. 12 gehören zum Arbeitslohn die vom Arbeitgeber übernommenen festen und laufenden Kosten eines Telefonanschlusses in der Wohnung des Arbeitnehmers, soweit es sich nicht um Auslagenersatz handelt (§ 3 Nr. 50 EStG). Auslagenersatz wird nach dem BMF-Schr. v. 11. 6. 1990, BStBl I S. 290, in folgender Höhe anerkannt, sofern ein überdurchschnittlicher Umfang betrieblich veranlasster Telefongespräche glaubhaft gemacht wird:

20 % der monatlichen Gesprächsgebühren bis 100 DM
zzgl.
40 % der monatl. Gebühren, die über 100 DM hinausgehen,
zzgl.
100 % der monatl. Gebühren, die über 200 DM hinausgehen.

Da Prokurist Pingelig oft abends und an den Wochenenden für den Betrieb telefonieren muss, können 20 % der Gesprächsgebühren als Auslagenersatz angesehen werden, weil die monatlichen Gesprächsgebühren nicht über 100 DM hinausgehen.

Pingelig hat zu versteuern:

Jahresgrundgebühr	424 DM
80 % der Gesprächsgebühren	896 DM
Insgesamt zu versteuern	1 320 DM

Erstattung von Telefonkosten — Fall 115

Lösung: Vom Arbeitgeber erstattete Beträge für beruflich geführte Telefonate sind Auslagenersatz und somit nicht steuerpflichtig, sofern der Arbeitnehmer über die beruflich geführten Gespräche Aufzeichnungen fertigt und diese dem Arbeitgeber zusammen mit seiner Rechnung vorlegt (§ 3 Nr. 50 EStG, BMF-Schr. v. 11. 6. 1990, BStBl I S. 290).

Zuschuss zum Mittagessen; zusätzliche Altersversorgung — Fall 116

Lösung: Die Einkünfte berechnen sich wie folgt:

Tariflicher Arbeitslohn	40 000 DM
+ Beiträge an die Versorgungsanstalt des Bundes und der Länder	1 800 DM
+ Kantinenmahlzeiten, Wert je Mahlzeit nach der SachBezV	
= 4,77 DM an 230 Tagen =	1 097 DM

Bruttoarbeitslohn	42 897 DM
./. Arbeitnehmer-Pauschbetrag	2 000 DM
Einkünfte	40 897 DM

Der Arbeitgeberanteil zur Sozialversicherung ist steuerfrei (§ 3 Nr. 62). Die Beiträge an die Versorgungsanstalt des Bundes und der Länder können – alternativ – mit 20 v. H. pauschal versteuert werden, sofern der Arbeitgeber die Pauschsteuer übernimmt (§ 40b EStG). Der Wert der Kantinenmahlzeiten ist in voller Höhe steuerpflichtig. Wenn die Mahlzeiten zusätzlich zum vereinbarten Arbeitslohn abgegeben werden, können sie nach § 40 Abs. 2 Nr. 1 EStG pauschal mit 25 v. H. versteuert werden.

Fall 117 Unentgeltliche Nutzung eines Betriebs-Pkw

Lösung: Der geldwerte Vorteil der privaten Nutzung des betrieblichen Pkw ist als Sachbezug dem Arbeitslohn hinzuzurechnen. Die private Nutzung ist für jeden Kalendermonat mit 1 % des inländischen Listenpreises im Zeitpunkt der Erstzulassung einschließlich Umsatzsteuer anzusetzen (§ 8 Abs. 2 i. V. m. § 6 Abs. 1 Nr. 4 EStG). Der Wert der Privatnutzung erhöht sich bei einer Nutzung des betrieblichen Pkw für Fahrten zwischen Wohnung und Arbeitsstätte für jeden Kalendermonat um 0,03 % des Listenpreises für jeden Kilometer der Entfernung zwischen Wohnung und Arbeitsstätte (§ 8 Abs. 2 EStG).

Der Sachbezugswert wird wie folgt berechnet:

Privatfahrten: 1 % von 35 000 DM × 12 Monate =	4 200 DM
Fahrten Wohnung – Arbeitsstätte:	
35 000 DM × 0,03 % × 15 km × 12 Monate =	1 890 DM
Jahreswert	6 090 DM
Dem Arbeitslohn sind monatlich 1/12 hinzuzurechnen =	507 DM

Hinweis zur umsatzsteuerrechtlichen Behandlung:

Die Überlassung des Pkw erfolgt grundsätzlich im Leistungsaustausch (Gegenleistung: anteilige Arbeitsleistung des Arbeitnehmers). Zur Ermittlung der umsatzsteuerlichen Bemessungsgrundlage kann aus Vereinfachungsgründen von den lohnsteuerlichen Werten ausgegangen werden.

Privatfahrten	4 200 DM
Fahrten Wohnung – Arbeitsstätte	1 890 DM
Lohnsteuerlicher geldwerter Vorteil	6 090 DM
= Bruttowert der sonstigen Leistung an den Arbeitnehmer	
Die darin enthaltene Umsatzsteuer beträgt ($16/116$)	840 DM

Fall 118 Annehmlichkeiten, Betriebsausflug

Lösung:

Sehr geehrter Herr Sonntag!

1. Die bei Ihnen nebenberuflich spielenden Musiker sind Ihre Arbeitnehmer, weil sie in den geschäftlichen Organismus Ihrer Gaststätte eingegliedert sind und Ihren Weisungen unterliegen (§ 1 Abs. 2 LStDV). Sie müssen somit die Vergütungen an die Musiker dem Lohnsteuerabzug unterwerfen. Zu diesem Zweck hat jeder der Musiker eine

Lohnsteuerkarte vorzulegen (§ 39b Abs. 1 EStG). Für hauptberuflich tätige Musiker gilt eine andere Regelung. Sie sind selbständig.

Zum steuerpflichtigen Arbeitslohn rechnet neben den 500 DM in bar der Wert des Abendessens. Der für die Besteuerung maßgebende Wert des Abendessens bestimmt sich nach den Werten für die Sozialversicherung (§ 8 Abs. 2 Satz 2 EStG). Im Kalenderjahr 2000 beträgt der Wert eines betrieblichen Abendessens 4,77 DM. Der Wert der Getränke gehört nicht zum steuerpflichtigen Arbeitslohn. Die Getränke stellen sog. Annehmlichkeiten dar, die nicht steuerpflichtig sind.

Eine Pauschalierung der Lohnsteuer in Höhe von 20 v. H. nach § 40a EStG ist nicht möglich. Eine Pauschalierung kommt deshalb nicht in Betracht, weil der auf einen Stundenlohn umgerechnete Arbeitslohn 22 DM übersteigt (§ 40a Abs. 4 EStG).

2. Die Überweisung des Arbeitslohns auf ein Konto, über das jeder Ehegatte allein verfügen darf („Oder-Konto") steht einer Anerkennung des Ehegatten-Arbeitsverhältnisses nicht entgegen (Beschluss des BVerfG vom 7. 11. 1995, BStBl 1996 II S. 34).

Die Geburtsbeihilfe kann lohnsteuerfrei gezahlt werden, wenn solche Zuwendungen in Ihrem Betrieb üblich sind, wenn also auch fremde Arbeitskräfte eine Geburtsbeihilfe in dieser Höhe erhalten (§ 3 Nr. 15 EStG).

3. Die Zuwendungen bei dem Betriebsausflug sind lohnsteuerfrei, weil es ein herkömmlicher (üblicher) Betriebsausflug ist. Ein solcher ist anzunehmen, wenn es sich um eine eintägige Veranstaltung handelt und die Zuwendungen insgesamt 200 DM je Teilnehmer nicht übersteigen (LStR 72). Zuwendungen an die Ehegatten sind den Arbeitnehmern zuzurechnen.

Aufwand je Teilnehmer: 1 050 DM : 21 =   50 DM
Aufwand je Arbeitnehmer: 2 × 50 DM =   100 DM

Mit freundlichen Grüßen

Fuchs, Steuerberater

Arbeitsmittel – Absetzung für Abnutzung   Fall 119

Lösung: Die Schreibmaschine ist Arbeitsmittel, da sie fast ausschließlich beruflich genutzt wird. Somit sind die Aufwendungen als Werbungskosten abzugsfähig.

Die Nutzungsdauer der Schreibmaschine beträgt jedoch mehr als ein Jahr. Daher sind die Anschaffungskosten auf die Dauer der Nutzung zu verteilen (§ 9 Abs. 1 Nr. 6 und 7 EStG).

Berechnung der AfA

Bemessungsgrundlage = Anschaffungskosten   900 DM
AfA-Satz 11 1/9 v. H., Jahres-AfA   100 DM
Anzusetzen die halbe Jahres-AfA für Kj 2000 =   50 DM

Weil der Stpfl. nicht zum Vorsteuerabzug berechtigt ist (kein Unternehmer), gehört auch die im Kaufpreis enthaltene Umsatzsteuer mit zur AfA-Bemessungsgrundlage.

Da die Schreibmaschine im Laufe des Kj 2000 angeschafft wurde, kommt für das Kj 2000 nur eine zeitanteilige AfA in Betracht. Sie beträgt 5/12 der Jahres-AfA, weil die Anschaffung im Monat August vorgenommen wurde. Aus Vereinfachungsgründen kann jedoch im Jahr der Anschaffung für die im ersten Halbjahr angeschafften Arbeitsmittel der volle und für die im zweiten Halbjahr angeschafften Arbeitsmittel der halbe Jahresbetrag abgezogen werden (LStR 44 Satz 3).

In den Kj 2001 bis 2008 sind jeweils 100 DM und im Kj 2009 die restlichen 50 DM abzusetzen.

Fall 120 Arbeitsmittel – Bemessungsgrundlage für die AfA

Lösung: Die Nutzungsdauer für das Diktiergerät beträgt mehr als ein Jahr. Somit sind die Anschaffungskosten für das Wirtschaftsgut in Form der AfA auf die Nutzungsdauer zu verteilen (§ 9 Abs. 1 Nr. 6 u. 7 EStG, LStR 44). Bemessungsgrundlage für die AfA sind die Anschaffungskosten, nicht die gezahlten Beträge.

Berechnung der AfA

Bemessungsgrundlage = Anschaffungskosten	3 990 DM
AfA-Satz 14,29 v. H., Jahres-AfA	570 DM
Anzusetzen die halbe Jahres-AfA für Kj 2000	285 DM

Fall 121 Arbeitsmittel – geringwertiges Wirtschaftsgut

Lösung: Die Nutzungsdauer der Bohrmaschine beträgt mehr als ein Jahr. Somit sind grundsätzlich die Anschaffungskosten in Form der AfA auf die Nutzungsdauer zu verteilen. Da aber die Anschaffungskosten ausschließlich der Umsatzsteuer 800 DM nicht übersteigen (900 DM ·/. 124,14 DM USt = 775,86 DM), können sie im Jahr ihrer Verausgabung in voller Höhe als Werbungskosten abgesetzt werden (LStR 44 Satz 1).

Fall 122 Häusliches Arbeitszimmer

Lösung: Die Aufwendungen für ein häusliches Arbeitszimmer sowie die Kosten der Ausstattung sind grundsätzlich nicht als Werbungskosten abzugsfähig (§ 9 Abs. 5 i. V. m. § 4 Abs. 5 Nr. 6b EStG). Die Aufwendungen können bis zu 2 400 DM abgezogen werden, wenn die berufliche Nutzung des Arbeitszimmers mehr als 50 % der gesamten beruflichen Tätigkeit beträgt oder wenn für die berufliche Tätigkeit kein anderer Arbeitsplatz zur Verfügung steht. Ein Abzug der gesamten Kosten ist nur möglich, wenn das Arbeitszimmer den Mittelpunkt der gesamten beruflichen Tätigkeit bildet.

Die Kosten für Arbeitsmittel wie z. B. Computer, Schreibmaschine aber auch Büromöbel (Schreibtisch, Schreibtischstuhl ...) sind zusätzlich zum Höchstbetrag von 2 400 DM abzugsfähig.

Als Werbungskosten sind anzusetzen:

anteilige Miete, Heizungs- und Stromkosten	2 440 DM
Kosten für die Ausstattung	2 000 DM
	4 440 DM
Die Aufwendungen können bis zu dem Höchstbetrag abgezogen werden	2 400 DM

Darüber hinaus sind die Aufwendungen für die Büromöbel in Höhe der Abschreibung von 7,69 % von 5 000 DM = 385 DM als Werbungskosten abzugsfähig.

Telefongebühren eines Arbeitnehmers   Fall 123

Lösung: Der angestellte Reisende kann die Ausgaben für beruflich veranlasste Telefongespräche in seiner Wohnung als Werbungskosten geltend machen. Der berufliche Anteil ist aus dem Verhältnis der Zahl der beruflich geführten und privat geführten Gespräche zu ermitteln (BFH-Urt. v. 21. 11. 1980, BStBl 1981 II S. 131).

Dabei sind auch ankommende Gespräche zu berücksichtigen (BFH-Urt. v. 20. 5. 1976, BStBl II S. 507). Der berufliche Anteil der Telefongebühren soll zwar durch geeignete Aufzeichnungen glaubhaft gemacht werden. Fehlen jedoch geeignete Aufzeichnungen, so kann ein Arbeitnehmer, der überdurchschnittlich viel für seine Firma von seinem häuslichen Telefonapparat telefoniert, den beruflichen Anteil nach dem BMF-Schr. v. 11. 6. 1990, BStBl I S. 290, aus Vereinfachungsgründen wie folgt schätzen:

20 % der monatl. Grund- und Gesprächsgebühren bis 130 DM
zzgl.

40 % der monatl. Grund- und Gesprächsgebühren, die über 130 DM hinausgehen,
zzgl.

100 % der monatl. Grund- und Gesprächsgebühren, die über 230 DM hinausgehen.

Weil die Grund- und Gesprächsgebühren bei dem angestellten Reisenden in Höhe von insgesamt 2 419 DM zwischen 130 und 230 DM im Monat liegen, kann er als Werbungskosten ansetzen:

130 DM × 12 Monate = 1 560 DM, davon 20 % =	312 DM
vom Rest (2 419 DM ./. 1 560 DM = 859 DM) 40 % =	344 DM
Werbungskosten insgesamt	656 DM

Fahrten zwischen Wohnung und Arbeitsstätte   Fall 124

Lösung: Nach § 9 Abs. 1 Nr. 4 EStG sind Aufwendungen des Arbeitnehmers für Fahrten zwischen Wohnung und Arbeitsstätte als Werbungskosten anzusetzen. Verwendet der Arbeitnehmer seinen eigenen Pkw, wird je Entfernungskilometer ein Pauschbetrag von 0,70 DM angesetzt. Anstelle der kürzesten benutzbaren Straßenverbindung kann auch eine andere verkehrsgünstigere Strecke zugrunde gelegt werden, wenn sie vom Arbeitnehmer benutzt wird (LStH 42).

Bei Benutzung anderer Verkehrsmittel sind die entstandenen Aufwendungen anzusetzen (beliebiger Tarif), auch Taxikosten. Die Inanspruchnahme eines Taxis kann für eine begrenzte Zeit, z. B. durch Reparatur des eigenen Pkw oder durch Führerscheinentzug, veranlasst sein (LStR 42 Abs. 3, LStH 42).

Berechnung:		
	70 km × 230 Tage × 0,70 DM =	11 270 DM
	Taxikosten	500 DM
	Werbungskosten	11 770 DM

Rechtslage ab 2001

Die Kilometerpauschale wurde mit Wirkung ab dem Jahr 2001 in eine gestaffelte Entfernungspauschale umgewandelt. Unabhängig vom benutzten Verkehrsmittel gelten ab 2001 damit folgende Entfernungspauschalen:

für die ersten 10 Kilometer:	0,70 DM je Entfernungskilometer
für jeden weiteren Kilometer:	0,80 DM je Entfernungskilometer.

Der Werbungskostenabzug ist auf 10 000 DM begrenzt, es sei denn es wird ein eigener bzw. ein zur Nutzung überlassener Pkw benutzt. Die Kostendeckelung greift daher im Wesentlichen nur bei der Nutzung öffentlicher Verkehrsmittel (es sei denn, die tatsächlichen Aufwendungen waren höher).

Für 2001 würde sich demnach folgende Berechnung ergeben:

Fahrten mit dem eigenen Pkw		
10 km × 230 Tage × 0,70 DM =	1 610 DM	
60 km × 230 Tage × 0,80 DM =	11 040 DM	
	12 650 DM	> 12 650 DM
Taxikosten		500 DM
Werbungskosten		13 150 DM

Wäre Pechstein mit dem Zug zur Arbeit gefahren, hätte er maximal 10 000 DM (zuzüglich nachgewiesener Taxikosten) geltend machen können, auch wenn seine (Jahres-) Fahrkarte vielleicht nur 3 600 DM gekostet hätte.

Fall 125   Unfall auf der Fahrt zur Arbeitsstätte

Lösung: Mit dem Pauschbetrag von 0,70 DM (§ 9 Abs. 1 Nr. 4 EStG) sind alle gewöhnlichen Kosten des Pkw für Fahrten zwischen Wohnung und Arbeitsstätte abgegolten (Abgeltungsprinzip). Außergewöhnliche Kosten, z. B. durch Unfall, sind jedoch nicht abgegolten, wenn die Fahrt beruflich veranlasst war. Die Tatsache, dass der Arbeitnehmer grob fahrlässig gehandelt hat, als er zu schnell bei Rot über eine Kreuzung fuhr und dabei den Unfall verursachte, steht der Abzugsfähigkeit der Reparaturkosten nicht entgegen (LStH 42). Das Bußgeld ist nicht abzugsfähig (§ 9 Abs. 5, § 4 Abs. 5 Nr. 8 EStG). Die Anwaltskosten sind Werbungskosten, da der Schuldvorwurf durch berufliches Verhalten veranlasst war.

Berechnung:	Reparaturkosten	3 000 DM
	Anwaltskosten zur Abwehr gegnerischer Ansprüche	277 DM
	Anwaltskosten	334 DM
	Werbungskosten	3 611 DM

Bei einem Unfall infolge Alkoholgenusses sind die Aufwendungen nicht abzugsfähig (BFH, BStBl 1984 II S. 434).

Fall 126   Fahrten zwischen Wohnung und Arbeitsstätte – gemeinsame Fahrten von Ehegatten

Lösung a: Bei gemeinsamen Fahrten von Ehegatten mit demselben Pkw zu derselben Arbeitsstätte wird der Pauschbetrag pro Entfernungs-km nur einmal gewährt. Es kann der ganze Betrag bei einem der Ehegatten abgesetzt werden, es besteht aber auch die Möglichkeit der Aufteilung (LStR 42 Abs. 5).

Berechnung der Werbungskosten

15 km × 220 Tage × 0,70 DM =	2 310 DM

Aufteilung:

EM oder EF 2 310 DM oder EM und EF je	1 155 DM

Rechtslage ab 2001:

10 km × 220 Tage × 0,70 DM =	1 540 DM
5 km × 220 Tage × 0,80 DM =	880 DM
	2 420 DM
EM oder EF 2 420 DM oder EM oder EF je	1 210 DM

Lösung b: Bei gemeinsamen Fahrten von Ehegatten mit demselben Pkw zu räumlich getrennt liegenden Arbeitsstätten gilt für den Ansatz der Fahrtstrecke folgende Regelung (LStR 42 Abs. 5, LStH 42):

Anzusetzen sind entweder die Hälfte der tatsächlich gefahrenen km oder die Summe der Entfernungs-km zwischen der Wohnung und den Arbeitsstätten der Ehegatten.
Die kleinere km-Zahl ist zugrunde zu legen.

Berechnung der Werbungskosten

Hälfte der tatsächlich gefahrenen km $\quad \frac{(60 + 60)}{2} = 60 \text{ km}$

Summe der Enfernungs-km $\quad (40 + 30) = 70 \text{ km}$
Zugrunde zu legen sind 60 km, da kleiner.
Anzusetzen sind 60 km × 220 Tage × 0,70 DM = $\quad$ 9 240 DM

Aufteilung
Für die Aufteilung ist immer das Verhältnis der Entfernungs-km
maßgebend.
Ehemann $^{30}/_{70}$ von 9 240 DM = $\quad$ 3 690 DM
Ehefrau $^{40}/_{70}$ von 9 240 DM = $\quad$ 5 280 DM

Für 2001 würden sich Werbungskosten in Höhe von 10 340 DM ergeben, die wie folgt zu verteilen wären:
Ehemann $\quad$ 4 431 DM
Ehefrau $\quad$ 5 909 DM.

Mehraufwendungen wegen doppelter Haushaltsführung **Fall 127**

Lösung:

Werbungskosten wegen Fahrten zwischen Wohnung und Arbeitsstätte (§ 9 Abs. 1 Nr. 4 EStG)

Berechnung: Entfernung 18 km × 230 Tage × 1,04 DM = $\quad$ 4 306 DM

Bei 5 Arbeitstagen pro Woche sind in der Regel insgesamt 230 Fahrten zu berücksichtigen. Anstelle des Pauschbetrages in Höhe von 0,70 DM je Entfernungskilometer (§ 9 Abs. 1 Nr. 4 EStG) treten wegen der Körperbehinderung die tatsächlichen Fahrtaufwendungen (§ 9 Abs. 2 EStG). Weil der Arbeitnehmer die tatsächlichen Fahrtaufwendungen nicht nachgewiesen hat, sind die pauschalierten Kilometersätze bei Dienstreisen anzusetzen. Sie betragen 0,52 DM (ab 2001 0,58 DM) für **jeden** gefahrenen km. Der Zuschuss des Arbeitgebers zu den Fahrtkosten ist steuerpflichtig und mindert nicht die Werbungskosten, da er nicht nach § 40 Abs. 2 EStG pauschal versteuert wurde.

Werbungskosten wegen doppelter Haushaltsführung (§ 9 Abs. 1 Nr. 5 EStG)

Familienheimfahrten

Berechnung: Entfernung 93 km × 46 Wochen × 1,04 DM = 4 450 DM

Auch hier treten wegen der Körperbehinderung an die Stelle des Pauschbetrages nach § 9 Abs. 1 Nr. 4 EStG die tatsächlichen Aufwendungen, mangels Nachweises die pauschalierten Kilometersätze bei Dienstreisen (0,52 DM × 2).

Verpflegungsmehraufwand

Mehraufwendungen für Verpflegung können für eine Tätigkeit an derselben Tätigkeitsstätte längstens für drei Monate abgezogen werden. Dies gilt auch für eine doppelte Haushaltsführung (§ 4 Abs. 5 Nr. 5 EStG). Es werden die Pauschbeträge für Verpflegungsmehraufwendungen wie bei Dienstreisen angesetzt.

Berechnung: 46 DM × 60 Tage = 2 760 DM

Kosten der Unterkunft 4 800 DM

Aufwendungen für Familienheimfahrten und Übernachtung können nur für längstens zwei Jahre als Werbungskosten abgezogen werden (§ 9 Abs. 1 Nr. 5 EStG).

Zusammenstellung der Werbungskosten

Fahrten zwischen Wohnung u. Arbeitsstätte 4 306 DM

Doppelte Haushaltsführung
Familienheimfahrten	4 450 DM	
Verpflegungsmehraufwand	2 760 DM	
Kosten der Unterkunft	4 800 DM	
Summe	12 010 DM	12 010 DM
Summe der Werbungskosten		16 316 DM

Rechtslage 2001:

Ab 2001 gelten folgende Kilometerpauschalen:

Pkw	0,58 DM
Motorrad/Motorroller	0,25 DM
Moped/Mofa	0,15 DM
Fahrrad	0,07 DM je gefahrenen Kilometer.

Damit würden sich Werbungskosten für Fahrten zwischen Wohnung und Arbeitsstätte von 4 803 DM sowie für Familienheimfahrten von 4 963 DM ergeben. Die Summe der Werbungskosten würde 17 326 DM betragen.

Wisse:
Familienheimfahrten werden ab 2001 grundsätzlich, wenn nicht wie vorliegend der erhöhte Kilometersatz zur Anwendung kommt, mit 0,80 DM je Entfernungskilometer berücksichtigt (keine Staffelung).

Lohnsteuerklassen, Zahl der Kinderfreibeträge — Fall 128

Lösung a: Auf der Lohnsteuerkarte des Hausmann hat die Gemeinde zu bescheinigen: Lohnsteuerklasse I, da der Arbeitnehmer nicht verheiratet ist (§ 38b Nr. 1 EStG); Zahl der Kinderfreibeträge 1. Dem Arbeitnehmer stehen zwei Kinderfreibeträge von je 288 DM monatlich zu, die mit dem Zähler 1 (2 × Zähler 0,5) ausgewiesen werden (§ 39 Abs. 3 Nr. 2a EStG). Ein Haushaltsfreibetrag nach § 32 Abs. 7 EStG steht dem Arbeitnehmer nicht zu, weil die Kinder nicht in seiner Wohnung gemeldet sind. Dadurch kommt auch die Steuerklasse II für den Arbeitnehmer nicht in Betracht (§ 38b Nr. 2 EStG).

Lösung b: Auf der Lohnsteuerkarte der Eva Schön hat die Gemeinde zu bescheinigen: Lohnsteuerklasse II (§ 38b Nr. 2 EStG); Zahl der Kinderfreibeträge 0,5. Der Arbeitnehmerin steht ein Kinderfreibetrag von 288 DM monatlich zu (§ 32 Abs. 6 EStG), der mit dem Zähler 0,5 ausgewiesen wird (§ 39 Abs. 3 Nr. 2a EStG). Ihr steht ein Haushaltsfreibetrag von 5 616 DM zu, weil das Kind nur bei ihr gemeldet ist. Dies hat die Einreihung der – allein stehenden – Arbeitnehmerin in die Steuerklasse II zur Folge.

Lösung c: Auf der Lohnsteuerkarte des Hurtig hat die Gemeinde zu berücksichtigen: Lohnsteuerklasse III, da der Arbeitnehmer verheiratet ist (§ 38b Nr. 3 EStG); Zahl der Kinderfreibeträge 1,5 (3 × Zähler 0,5; § 39 Abs. 3 Nr. 2a EStG).

Anmerkung: Wäre der Vater der Kinder verstorben oder nicht unbeschränkt steuerpflichtig, so wäre die Kinderfreibetragszahl 3 (3 × Zähler 1) zu bescheinigen.

Lösung d: Auf der Lohnsteuerkarte der Mutter wird bescheinigt: Lohnsteuerklasse II, Zahl der Kinderfreibeträge 1 (2 × Zähler 0,5). Auf der Lohnsteuerkarte des Vaters wird bescheinigt: Steuerklasse I; Zahl der Kinderfreibeträge 1 (2 × Zähler 0,5).

Lösung e: Auf der Lohnsteuerkarte bescheinigt die Gemeinde: Lohnsteuerklasse III; Zahl der Kinderfreibeträge. Für das Kind steht dem Arbeitnehmer ein Kinderfreibetrag zu (§ 32 Abs. 6 EStG). Die für das Lohnsteuerabzugsverfahren erforderlichen Eintragungen auf der Lohnsteuerkarte nimmt in diesem Fall auf Antrag – unter Verwendung des Vordrucks „Antrag auf Lohnsteuerermäßigung" – das Finanzamt vor (§ 39 Abs. 3a EStG). Die Änderungen erfolgen in Abschnitt II der Lohnsteuerkarte.

Hinweis: Die Kinderfreibeträge wirken sich nicht auf die Höhe der Lohnsteuer, sondern nur auf die Höhe der Zuschlagsteuern (Solidaritätszuschlag, Kirchensteuer) aus (§§ 31, 38c Abs. 1, § 51a Abs. 2a EStG). Der Betreuungsfreibetrag hat auch auf die Höhe der Zuschlagsteuern keine Auswirkung. Er wird allein bei der Steuerfestsetzung berücksichtigt.

Lohnsteuerklassen, Eheschließung im Laufe des Kalenderjahres — Fall 129

Lösung a: Die Stadtverwaltung Paderborn bescheinigt für das Kj 2001:

Auf der Lohnsteuerkarte der Arbeitnehmerin Helene Meier: Lohnsteuerklasse II (§ 38b Nr. 2 EStG); Zahl der Kinderfreibeträge 0,5 (§ 39 Abs. 3 Nr. 2a EStG). Das zweijährige

Kind wird der Mutter zugeordnet, da es im Kj 2001 in ihrer Wohnung zuerst gemeldet war. Folge: Haushaltsfreibetrag (§ 32 Abs. 7 EStG) und damit Steuerklasse II.

Auf der Lohnsteuerkarte des Arbeitnehmers Paul Müller: Lohnsteuerklasse I (§ 38b Nr. 1 EStG): Zahl der Kinderfreibeträge 1,5 (3 × Zähler 0,5; § 39 Abs. 3 Nr. 2a EStG)

b) Die Arbeitnehmer-Ehegatten sind nicht verpflichtet, nach ihrer Eheschließung am 30. 05. 2001 die Eintragungen auf ihren Lohnsteuerkarten ändern zu lassen, da die Eintragungen nicht zu ihren Gunsten von den Verhältnissen zu Beginn des Kj 2001 abweichen (§ 39 Abs. 4 Satz 1 EStG). Die Eintragungen entsprechen nämlich den Verhältnissen zu Beginn des Kj 2001.

c) Nach der Eheschließung können die Ehegatten die Steuerklassenkombinationen III/V oder IV/IV wählen. Für die Änderung ist die Gemeindebehörde zuständig (§ 39 Abs. 5 EStG).

Auf der Lohnsteuerkarte mit der Steuerklasse III wird hinsichtlich der Kinder bescheinigt: Zahl der Kinderfreibeträge 2 (1 × Zähler 1 und 2 × Zähler 0,5). Auf der Lohnsteuerkarte mit Steuerklasse V werden keine Kinder bescheinigt.

Wird die Steuerklassenkombination IV/IV gewählt, wird hinsichtlich der Kinder bescheinigt: Zahl der Kinderfreibeträge jeweils 2 (1 × Zähler 1, 2 × Zähler 0,5; § 51a Abs. 2a EStG).

Anmerkung: Im Falle der Veranlagung zur Einkommensteuer für das Kj 2001 müssten die Steuerpflichtigen prüfen, ob eine besondere Veranlagung nach § 26c EStG günstiger wäre (Inanspruchnahme des Haushaltsfreibetrages von 5 616 DM gem. § 32 Abs. 7 EStG durch die Ehefrau günstiger als Splittingtarif bei Zusammenveranlagung).

Fall 130 Lohnsteuerklasse, Beendigung des Arbeitsverhältnisses

Lösung: Die Lohnsteuerkarte des Ehemannes kann auf Antrag geändert werden. Auf der Lohnsteuerkarte des Mannes wird mit Wirkung ab 01. 05. 2000 die Steuerklasse III bescheinigt. Die auf der Lohnsteuerkarte der Ehefrau eingetragene Steuerklasse IV wird mit Wirkung vom 01. 05. 2000 in Steuerklasse V geändert. Für diese Änderungen ist die Gemeinde zuständig (§ 39 Abs. 5 EStG). Die Ehefrau behält ihre Lohnsteuerkarte, damit sie nach Ablauf des Kalenderjahres der Einkommensteuererklärung beigefügt werden kann.

Fall 131 Wahl der Steuerklasse

Lösung: Es ist für die Ehegatten günstiger, wenn der Ehemann die Steuerklasse III erhält und die Ehefrau die Steuerklasse V. Diese Steuerklassen sind im Regelfall immer dann günstiger, wenn ein Ehegatte allein mehr als 60 v. H. des gesamten Arbeitslohns der Ehegatten bezieht. Das ist hier der Fall. Der Ehegatte mit dem höchsten Arbeitslohn erhält in diesen Fällen die Steuerklasse III.

Würde bei beiden Ehegatten die Lohnsteuer nach Steuerklasse IV festgestellt, würde insgesamt ein zu hoher Betrag an Lohnsteuer einbehalten, der dann allerdings bei der Antragsveranlagung (§ 46 Abs. 2 Nr. 8 EStG) durch das Finanzamt erstattet würde.

Nach § 39 Abs. 5 EStG können die Ehegatten die Änderung der Steuerklassen in jedem Kalenderjahr bis zum 30. 11. bei der Gemeindebehörde nur einmal beantragen. Ehegatten, die die Steuerklassenkombination III/V gewählt haben, werden stets zur Einkom-

Einkommensteuer – Lösungen   489

mensteuer veranlagt (§ 46 Abs. 2 Nr. 3a EStG), da in diesen Fällen möglicherweise ein zu niedriger Lohnsteuerabzug vorliegt.

Lohnsteuerpauschalierung bei Teilzeitbeschäftigten — Fall 132

Lösung: Nach § 40a Abs. 1 und Abs. 4 EStG kann der Arbeitgeber bei kurzfristiger Beschäftigung (nicht über 18 zusammenhängende Arbeitstage hinaus) die Lohnsteuer mit einem Pauschsteuersatz von 25 v. H. erheben, wenn der Arbeitslohn pro Stunde 22 DM und je Arbeitstag 120 DM nicht übersteigt.

Diese Voraussetzungen liegen hier vor:

Der Arbeitgeber hat an Lohnsteuer abzuführen:

Arbeitslohn 12 Tage × 5 Std. × 14 DM =	840 DM
Pauschalierte Lohnsteuer 25 v. H. =	210,00 DM
Pauschalierte Lohnkirchensteuer 7 v. H. von 210 DM =	14,70 DM
Solidaritätszuschlag 5,5 v. H. von 210 DM =	11,55 DM

Die Folge der pauschalierten Besteuerung ist, dass der Arbeitslohn bei der ESt-Veranlagung nicht angesetzt wird (Abgeltungsprinzip). Eine Anrechnung der Pauschalsteuer entfällt (§ 40a Abs. 5 i. V. mit § 40 Abs. 3 EStG).

Die Voraussetzungen für die Pauschalierung der Lohnsteuer nach § 40a Abs. 2 EStG mit 20 v. H. liegen nicht vor, da der Arbeitslohn 147 DM wöchentlich übersteigt.

Lösung: Nach § 40a Abs. 2 EStG kann der Arbeitgeber bei Beschäftigung in geringem — Fall 133
Umfang und gegen geringen Arbeitslohn (nicht mehr als 630 DM monatlich) die Lohnsteuer mit einem Pauschsteuersatz von 20 v. H. erheben, wenn der Stundenlohn 22 DM nicht übersteigt. Diese Voraussetzungen liegen hier vor.

Arbeitsentgelt aus einem geringfügigen Beschäftigungsverhältnis ist steuerfrei, wenn
- der Arbeitnehmer keine weiteren steuerpflichtigen Einkünfte hat (Summe der anderen Einkünfte des Arbeitnehmers nicht positiv) und
- der Arbeitgeber die pauschalen Beiträge zur Sozialversicherung (Krankenversicherung 10 %, Rentenversicherung 12 % des Arbeitslohns) entrichtet (§ 3 Nr. 39 EStG).

Eine Beschäftigung in geringem Umfang und gegen geringen Arbeitslohn liegt vor, wenn bei monatlicher Lohnzahlung der Arbeitslohn 630 DM oder bei kürzeren Lohnzahlungszeiträumen wöchentlich 147 DM nicht übersteigt (Stundenlohn maximal 22 DM).

Als Nachweis für die Steuerfreiheit hat der Arbeitnehmer dem Arbeitgeber eine Freistellungsbescheinigung seines Wohnsitzfinanzamts vorzulegen. Ohne Freistellungsbescheinigung hat der Arbeitgeber den Arbeitslohn nach Lohnsteuerkarte oder pauschal nach § 40a EStG mit 20 % zu versteuern.

Florentin hat sich für die pauschale Versteuerung des Arbeitslohns entschieden.

An das Finanzamt hat er daher abzuführen:

Wochenlohn 8 Std. × 14 DM = 112,00 DM	
Pauschalierte Lohnsteuer 20 v. H. =	22,40 DM

Pauschalierte Lohnkirchensteuer 7 v. H. von 22,40 DM =   1,57 DM

Solidaritätszuschlag 5,5 v. H. von 22,40 DM =   1,23 DM

Zusätzlich hat Florentin pauschale Sozialversicherungsbeiträge in Höhe von 24,64 DM (Krankenversicherung 10 % = 11,20 DM; Rentenversicherung 12 % = 13,44 DM) an die Krankenkasse zu überweisen. Ist Else privat krankenversichert, entfällt der pauschale Krankenversicherungsbeitrag von 10 %.

Fall 134 **Lösung:** Arbeitgeber Lässig durfte die Lohnsteuer nicht nach § 40a Abs. 2 EStG versteuern, da der Arbeitslohn 147 DM wöchentlich übersteigt. Die Voraussetzungen der Lohnsteuer nach § 40a Abs. 1 EStG („kurzfristige Beschäftigung") liegen ebenfalls nicht vor. Der Arbeitgeber hätte die Lohnsteuer aus der Tabelle für Wochenlohn nach Steuerklasse VI feststellen müssen, da eine Lohnsteuerkarte nicht vorgelegt wurde (§ 39c Abs. 1 EStG), wobei das Verfahren der Nettolohnbesteuerung anzuwenden gewesen wäre (LStR 122).

Der Lohnsteuer-Außenprüfer des Finanzamts (§ 42f EStG) stellt die Lohnsteuer für Else Frisch nach ihren individuellen Merkmalen fest (Steuerklasse I und Altersentlastungsbetrag nach § 24a EStG).

Die durch Lohnsteuer-Außenprüfung festzusetzende Lohnsteuer kann höher oder niedriger als die Pauschallohnsteuer sein. Es kann also ein Haftungsbescheid nach § 42d EStG ergehen, es kann aber auch eine Erstattung der Lohnsteuer erfolgen.

Fall 135 **Weitere Übungen zu geringfügigen Beschäftigungsverhältnissen**

Lösung:

Name	Abgabenbelastung der geringfügigen Beschäftigungsverhältnisse			
	Rentenversicherung	Krankenversicherung	Arbeitslosenversicherung	Einkommensteuer
Saubermann, Else	versicherungspflichtig, da 630 DM (bzw. 15 Std./Woche) überschritten			steuerpflichtig (Pauschalversteuerung mit 20 % möglich)
Saubermann, Klaus	versicherungsfrei 12 % Pauschalbeitrag	versicherungsfrei 10 % Pauschalbeitrag, falls nicht privat versichert	versicherungsfrei	steuerfrei, wenn keine anderen Einkünfte
Baum, Alfred	versicherungsfrei 12 % Pauschalbeitrag	versicherungsfrei 10 % Pauschalbeitrag, falls nicht privat versichert	versicherungsfrei	steuerpflichtig (Pauschalversteuerung mit 20 % möglich)

Schmolensky, Norbert	versicherungs-pflichtig	versicherungs-pflichtig	versicherungs-frei	steuerpflichtig (Pauschal-versteuerung mit 20 % möglich)
Rührig, Anja	versicherungs-frei 12 % Pauschal-beitrag	versicherungs-frei; kein Pauschalbeitrag, da privat versichert	versicherungs-frei	steuerfrei, wenn keine anderen Einkünfte

Siehe auch Fall 620.

Freibetrag auf der Lohnsteuerkarte (1) — Fall 136

Lösung: Werden bis zum 30. 11. beim Finanzamt Aufwendungen i. S. des § 39a Abs. 1 EStG geltend gemacht, so ist auf Antrag ein steuerfreier Jahresbetrag festzustellen und auf der Lohnsteuerkarte zu vermerken.

Der Antrag ist nach § 39a Abs. 2 EStG unzulässig, soweit die Werbungskosten abzüglich des Arbeitnehmer-Pauschbetrages von 2 000 DM, die übrigen Sonderausgaben (§ 10 Abs. 1 Nr. 1a, 4 - 7 und § 10b EStG) und die außergewöhnlichen Belastungen (Aufwendungen nach § 33 EStG und die abziehbaren Beträge nach §§ 33a und 33b Abs. 6 EStG) den Betrag von 1 200 DM nicht übersteigen.

Ein Antrag auf Lohnsteuerermäßigung kann also nur gestellt werden, wenn die Antragsgrenze von 1 200 DM überschritten ist.

Die Beiträge zur Sozialversicherung und zur Lebensversicherung können nicht als Freibetrag auf Lohnsteuerkarte eingetragen werden, da sie nicht im § 39a Abs. 1 EStG aufgeführt sind (die Vorsorgepauschale gem. § 10c Abs. 3 EStG ist in der Lohnsteuertabelle eingearbeitet).

1. **Antragsgrenze 1 200 DM**

Werbungskosten	2 912 DM
·/. Arbeitnehmer-Pauschbetrag	2 000 DM
verbleiben	912 DM
+ Kirchensteuer	300 DM
Summe	1 212 DM

   Der Antrag ist zulässig.

2. **Berechnung des Freibetrages**

Werbungskosten:	2 912 DM	
·/. in die Lohnsteuertabelle eingearbeiteter Arbeitnehmer-Pauschbetrag	2 000 DM	912 DM
Kirchensteuer		300 DM
·/. in die Lohnsteuertabelle eingearbeiteter Sonderausgaben-Pauschbetrag	108 DM	192 DM
Jahresfreibetrag für das Kalenderjahr 2001 =		1 104 DM

Der Jahresfreibetrag wird hier auf die Monate April bis Dezember 2001 gleichmäßig verteilt.

Der Monatsfreibetrag beträgt somit ⅑ des Jahresfreibetrages =   123 DM

Für die Eintragung des steuerfreien Monatsbetrages ist der Freibetrag auf die Zeit vom Beginn des auf die Antragstellung folgenden Kalendermonats bis zum Schluss des Kalenderjahres zu verteilen (§ 39a Abs. 2 EStG). Der Zeitpunkt, von dem an die Eintragung gilt, ist auf der Lohnsteuerkarte zu vermerken.

Fall 137 Freibetrag auf der Lohnsteuerkarte (2)

Lösung:

1. Antragsgrenze 1 200 DM

Werbungskosten (210 Tage × 10 km × 0,70 DM) =	1 470 DM
./. Arbeitnehmer-Pauschbetrag	2 000 DM
verbleiben (nicht negativ)	0 DM

Sonderausgaben ohne Vorsorgeaufwendungen

Kirchensteuer	370 DM
Berufsausbildung (Ehefrau)	800 DM
Summe	1 170 DM

Der Antrag hinsichtlich der Werbungskosten und der Sonderausgaben ist unzulässig.

2. Freibetrag nach § 10e EStG

Abzugsbetrag	16 500 DM

3. Freibetrag nach § 34f EStG

Steuerermäßigung (§ 39a Abs. 1 Nr. 5 EStG)	4 000 DM
Jahresfreibetrag	20 500 DM
Monatsfreibetrag (⅛)	2 563 DM

Fall 138 Antrag auf Veranlagung

Lösung: Die Erstattung zu viel einbehaltener Lohnsteuer erfolgt im Rahmen einer Einkommensteuerveranlagung. Zur Anrechnung der Lohnsteuer kann eine Veranlagung beantragt werden (§ 46 Abs. 2 Nr. 8 EStG), wenn nicht bereits aus anderen Gründen eine Veranlagung zu erfolgen hat.

Berechnung der Erstattungsbeträge

Bearbeitungsschema

Jahresarbeitslohn	Antragsteller		Ehegatte	zusammen
§ 19 Abs. 1 EStG	48 120 DM		0 DM	
./. § 19 Abs. 2 EStG	0 DM			
./. § 9, § 9a Nr. 1 EStG	3 000 DM		0 DM	
./. § 24a EStG	0 DM	3 000 DM		
Gesamtbetrag der Einkünfte		45 120 DM >	0 DM	> 45 120 DM
./. Vorsorgeaufwendungen (§§ 10, 10c EStG)			3 915 DM	
./. Übrige Sonderausgaben (§§ 10, 10c EStG)			546 DM	
./. Außergew. Belastungen (§ 33 EStG)			2 647 DM	
./. Ausbildungsfreibetrag			2 400 DM	9 508 DM
Einkommen				35 612 DM

Einkommensteuer – Lösungen 493

·/. Sonderfreibeträge:	
Kinderfreibetrag (§ 32 Abs. 6)	0 DM
Haushaltsfreibetrag (§ 32 Abs. 7)	5 616 DM
= zu versteuerndes Einkommen	29 996 DM

	LSt	KiSt	SolZ
Jahressteuerschuld lt. Grundtabelle 2000	4 298 DM	216 DM	113 DM
Einbehalten für Antragsteller	6 374 DM	546 DM	350 DM
Einbehalten für Ehegatten	0 DM	0 DM	0 DM
Summe	6 374 DM	546 DM	350 DM
Zu erstatten sind	2 076 DM	330 DM	237 DM

Berechnung der Sonderausgaben

1. Vorsorgeaufwendungen

    a) Höchstbetrag der Vorsorgeaufwendungen (§ 10 Abs. 3)

Versicherungsbeträge		10 105 DM		
·/. vorweg abziehbar	6 000 DM			
davon ab 16 v. H. v. 48 120 DM	7 699 DM			
verbleiben (nicht negativ)	0 DM	>	0 DM	> 0 DM
verbleiben		10 105 DM		
Grundhöchstbetrag		2 610 DM	>	2 610 DM
verbleiben		7 495 DM		
davon die Hälfte, höchstens				
50 v. H. v. 2 610 DM =		1 305 DM	>	1 305 DM
Höchstbetrag d. Vorsorgeaufwendungen				3 915 DM

    b) Vorsorgepauschale
        Mindestens ist die Vorsorgepauschale anzusetzen (§ 10c EStG).
        Sie beträgt

20 v. H. von 48 210 DM		9 642 DM		
·/. vorweg abziehbar	6 000 DM			
davon ab 16 v. H. v. 48 120 DM =	7 699 DM			
verbleiben (nicht negativ)	0 DM	>	0 DM	> 0 DM
verbleiben		9 642 DM		
Grundhöchstbetrag		2 610 DM	>	2 610 DM
verbleiben		7 590 DM		
davon die Hälfte, höchstens				
50 v. H. v. 2 610 DM =		1 305 DM	>	1 305 DM
Vorsorgepauschale				3 915 DM
Abrundung				3 888 DM
Anzusetzen sind				3 915 DM

2. Übrige Sonderausgaben

Kirchensteuer	546 DM
Sonderausgaben-Pauschbetrag	108 DM

Anzusetzen sind, da höher   546 DM

Berechnung der außergewöhnlichen Belastung (§ 33 EStG)

Nicht erstattete Krankheitskosten	4 000 DM
./. zumutbare Belastung 3 v. H. von 45 120 DM =	1 353 DM
Außergewöhnliche Belastung	2 647 DM

Ausbildungsfreibetrag (§ 33a Abs. 2 EStG)   2 400 DM

Berechnung der Kirchensteuer und des Solidaritätszuschlags (§ 51a EStG)

Der Kirchensteuersatz beträgt in Nordrhein-Westfalen 9 %. Der Solidaritätszuschlag beträgt 5,5 % der Einkommensteuer. Bemessungsgrundlage ist nach § 51a EStG jeweils die ESt oder die Jahreslohnsteuer. Bei der Berechnung der ESt oder LSt sind die Kinderfreibeträge auch dann abzuziehen, wenn anstelle der Kinderfreibeträge das Kindergeld in Anspruch genommen wird.

Zu versteuerndes Einkommen lt. Veranlagung	29 996,00 DM
./. Kinderfreibetrag	6 912,00 DM
	23 084,00 DM
ESt lt. Grundtabelle	2 403,00 DM
Kirchensteuer 9 %	216,27 DM

Solidaritätszuschlag 5,5 %, maximal 20 % des Unterschiedsbetrages zwischen der Bemessungsgrundlage (hier 2 403 DM/und der Freigrenze bei Einzelveranlagung von 1 836 DM (§ 4 Satz 2 SolZG; 2 403 DM ./. 1 836 DM = 567 DM × 20 % =) 113,40 DM

B. Gewerbesteuer

Berechnung der Gewerbesteuer

Fall 139

Lösung:
Die Gewerbesteuer für den Erhebungszeitraum (Kj) 2000 wird wie folgt berechnet:

A. Festsetzung des Steuermessbetrages durch das Finanzamt

Steuermessbetrag

Gewinn aus Gewerbebetrieb (nach dem EStG)	95 717 DM
Hinzu (§ 8): 50 v. H. d. Dauerschuldzinsen	3 000 DM
Kürz. (§ 9): 1,2 v. H. v. EW des betriebl. Grundbesitzes 140 v. H.	1 680 DM
Gewerbeertrag nach Abrundung (§ 11 Abs. 1)	97 000 DM
./. Freibetrag	48 000 DM
Bemessungsgrundlage	49 000 DM
Steuermessbetrag =	750 DM

B. Festsetzung der Gewerbesteuer durch die Gemeinde (§ 16)

Gewerbesteuermessbetrag	750 DM
Davon 450 v. H. (Hebesatz) = GewSt für das Kj =	3 375 DM

Gewerbeertrag einer Kommanditgesellschaft

Fall 140

Lösung: Der Steuermessbetrag der Holz KG wird wie folgt berechnet:

Gewinn lt. Handelsbilanz für das Kj 2000		11 350 DM
+ Vergütungen an die Gesellschafter nach § 15 Abs. 1 Nr. 2 EStG		
Geschäftsführervergütung 4 800 DM × 12 =		57 600 DM
Kranmiete an Gesellschafter 4 200 × 12 =		50 400 DM
./. AfA für den Kran (Sonderbetriebsausgabe)		12 000 DM
+ Gehälter an die Kommanditisten einschließlich Arbeitgeberanteile zur Sozialversicherung: Jahresgehälter je 33 040 DM × 2 =		66 080 DM
Summe = Gewinn lt. Steuerbilanz		173 430 DM
Hinzurechnung		
Dauerschuldzinsen	12 400 DM	
davon 50 % =		6 200 DM
Gewerbeertrag nach Abrundung		179 600 DM
Freibetrag		48 000 DM
Bemessungsgrundlage		131 600 DM
Steuermessbetrag		4 180 DM

Kontokorrentzinsen

Fall 141

Lösung: Der Mindestbetrag der Schuld ist durch Außerachtlassen der niedrigsten Kontostände an insgesamt sieben Tagen im Jahr zu ermitteln.

Mindestbetrag 56 000 DM × 12 % = 6 720 DM Dauerschuldzinsen.
Diese Dauerschuldzinsen sind zu 50 % =
hinzuzurechnen.

3 360 DM

Die tatsächlich bezahlten Schuldzinsen (8 200 DM) sind nicht anzusetzen!

Fall 142 Zinsen für Dauerschulden/Kontokorrentschulden

Lösung: Dem Gewinn aus Gewerbebetrieb des Wj 2000 sind nach § 8 Nr. 1 GewStG hinzuzurechnen die Zinsen für Dauerschulden, **soweit sie bei seiner Ermittlung abgesetzt worden sind.** Unter Dauerschulden sind nicht nur die Schulden zu verstehen, die der dauernden – mehr als 12 Monate dauernden – Verstärkung des Betriebskapitals dienen. Vielmehr sind auch solche Schulden stets Dauerschulden, die mit einer Erweiterung des Betriebs zusammenhängen. Bei letzteren Schulden ist das Zeitmoment ohne Bedeutung (GewStR 45 Abs. 3). Die für das Erweiterungsdarlehen gezahlten Zinsen von 8 000 DM sind somit Dauerschuldzinsen.

Kontokorrentschulden sind dann Dauerschulden, wenn dem Unternehmer ein bestimmter Mindestkredit dauernd gewidmet ist und während des ganzen Wj auch bestanden hat. Hat der niedrigste Schuldenstand (Mindestkredit) im Wj **nur während ganz kurzer Zeit** – bis zu sieben Tage – bestanden, so ist er für die Feststellung des als Dauerschuld in Betracht kommenden Mindestbetrages der Schuld unberücksichtigt zu lassen. Der Mindestbetrag der Schuld ist daher durch Außerachtlassung der niedrigsten – auch positiven – Schuldenstände an insgesamt sieben Tagen im Jahr zu ermitteln. Mindestschuld ist daher der Kreditbetrag, der dem Gewerbebetrieb an 365 ./. 7 Tagen = 358 (im Schaltjahr 359) Tagen im Wj zur Verfügung gestanden hat.

Im vorliegenden Fall beträgt der Mindestkredit, d. h. der achtniedrigste Schuldenstand, 30 000 DM, die Dauerschuldzinsen somit 9 v. H. von 30 000 DM = 2 700 DM (vgl. GewStR 45 Abs. 7).

Dem Gewinn aus Gewerbebetrieb sind somit hinzuzurechnen:
Dauerschuldzinsen (8 000 DM + 2 700 DM) 10 700 DM, davon die Hälfte 5 350 DM.

Fall 143 Gewerbesteuerrückstellung (1)

Lösung:

Gewerbeertrag: vorläufiger Gewinn	303 900 DM
+ GewSt-Vorauszahlungen für 2000	41 200 DM
	345 100 DM
Hinzurechnungen	
Dauerschuldzinsen (§ 8 Nr. 1 GewStG)	
Darlehenszinsen	9 800 DM
Kontokorrentzinsen	2 800 DM
	12 600 DM
50 %	6 300 DM
Gewinnanteil stiller Gesellschafter (§ 8 Nr. 3 GewStG)	15 000 DM
Leasingrate (§ 8 Nr. 7 GewStG)	0 DM

Kürzungen

1,2 % v. Einheitswert des Betriebsgrundstücks (140 %), § 9 Nr. 1 GewStG		8 064 DM
Gewinnanteil Klug OHG (§ 9 Nr. 2 GewStG)		17 000 DM
Gewerbeertrag		341 336 DM
abgerundet (§ 11 GewStG)		341 300 DM
Freibetrag (§ 11 Abs. 1 GewStG)		48 000 DM
vorläufiger Gewerbeertrag		293 300 DM
Messbetrag (§ 11 Abs. 2 GewStG)		
5 %	14 665 DM	
Abzug für Staffel	2 400 DM	
	12 265 DM	
Messbetrag:		12 265 DM
x Hebesatz 450 %		55 192 DM
x 5/6		45 993 DM
GewSt-Vorauszahlungen		41 200 DM
GewSt-Rückstellung		4 793 DM

Die Darlehenszinsen sind mit dem achtniedrigsten Schuldenstand (unter Einbeziehung der Habensalden) als Dauerschuldzinsen anzusetzen.

Die Leasingrate ist nicht hinzuzurechnen, weil sie beim Leasinggeber (Vermieter) zur Gewerbesteuer heranzuziehen ist (§ 8 Nr. 7 GewStG).

Gewerbeertrag, Beteiligungen, Leasing — Fall 144

Lösung:

Gewinn aus Gewerbebetrieb		300 000 DM
Hinzurechnungen		
Zinsen aus Hypothekendarlehen	32 000 DM	
Zinsen für Kontokorrentkredit 10 % von 120 000 DM =	12 000 DM	
Summe	44 000 DM	
davon 50 % =		22 000 DM
Hälfte der Miet- und Pachtzinsen für den Kompressor (§ 8 Nr. 7 GewStG)		1 250 DM
Leasingraten		0 DM
Kürzungen		
1,2 % vom Einheitswert der Lagerhalle (100 000 DM × 140 %)		1 680 DM
Gewinnanteil aus der OHG (§ 9 Nr. 2 GewStG)		10 000 DM
Gewerbeertrag nach Abrundung		311 500 DM
Freibetrag		48 000 DM
Bemessungsgrundlage		263 500 DM
Steuermessbetrag		10 775 DM

Fall 145 Gewerbesteuer bei Verlusten

Lösung:

a) Berechnung nach §10a GewStG

Verlust gem. § 15 EStG	./. 136 500 DM
Hinzurechnungen	86 300 DM
	./. 50 200 DM
Kürzungen	20 900 DM
Gewerbeverlust	./. 71 100 DM
Freibetrag	0 DM
verbleiben	./. 71 100 DM
Messbetrag	0 DM
Gewerbesteuerschuld	0 DM

b) Der Gewerbeverlust von 71 100 DM wird auf die folgenden Erhebungszeiträume vorgetragen. Ein Rücktrag ist nicht möglich (§ 10a GewStG).

Fall 146 Gewerbesteuerrückstellung (2)

Lösung:

Vorläufiger Gewinn im Wj 2000	70 000 DM
+ Vorauszahlungen	7 000 DM
= Gewinn ohne Berücksichtigung der GewSt	77 000 DM
+ Dauerschuldzinsen (50 %)	3 300 DM
./. 1,2 % von 65 300 DM × 140 %	1 097 DM
= Gewerbeertrag	79 203 DM
abgerundet	79 200 DM
Freibetrag	48 000 DM
verbleiben	31 200 DM
Steuermessbetrag	384 DM
× Hebesatz 400 %	1 536 DM
× ⅚ rd.	1 280 DM
./. Vorauszahlungen	7 000 DM
Gewerbesteuererstattungsanspruch	5 720 DM

Weitere Fälle zur GewSt-Rückstellung s. Fälle 143 und 487 ff.

Fall 147 Fachaufgabe zur Gewerbesteuer

Lösung:

Steuermessbetrag

Gewinn aus Gewerbebetrieb
(gem. § 10 Abs. 2 GewStG)
für das Wj 2000   75 800 DM

Hinzu Dauerschuldzinsen (§ 8 GewStG)
für Kontokorrentschulden
12 v. H. v. 148 500 DM =   17 820 DM

	für Darlehensschulden Jahreszinsen 9 000 DM, Zinsen im Wj zeitanteilig für März bis Dez. = $^{10}/_{12}$ = 7 500 DM davon Betriebsausgaben 70 v. H. =	5 250 DM
	für Damnum Aufwand 3 000 DM: Laufzeit 50 Jahre und zeitanteilig $^{10}/_{12}$ für 01 × 70 % Summe	35 DM 23 105 DM

Hinzurechnung zur Hälfte =	11 553 DM
Kürzung 1,2 v. H. der Einheitswerte vom Grundbesitz (§ 9 GewStG)	
Grundstück Hauptstr. 9, EW 61 200 DM, 140 v. H. = 85 680 DM, davon 1,2 v. H. =	1 029 DM
Grundstück Salzstr. 10, EW 92 400 DM, 140 v. H. = 129 360 DM davon notw. Betriebs- vermögen 35 v. H. = 45 276 DM, davon 1,2 v. H. =	544 DM
Maßgebender Gewerbeertrag	85 780 DM
Gewerbeertrag nach Abrundung	85 700 DM
./. Freibetrag	48 000 DM
Bemessungsgrundlage	37 700 DM
Steuermeßbetrag	514 DM

Begründung

1. **Hinzurechnung der Dauerschuldzinsen (§ 8 Nr. 1 GewStG)**

   a) **Zinsen für Kontokorrentschulden**

   Bei den Kontokorrentschulden handelt es sich um solche, die nicht nur vorübergehend der Verstärkung des Betriebskapitals dienen, da ihre Laufzeit mehr als ein Jahr beträgt. Eine Hinzurechnung erfolgt für Zinsen in Höhe des Mindestbetrags der Kontokorrentschulden, der längere Zeit (mindestens 8 Tage) im lfd. Kalenderjahr bestanden hat. Die sieben niedrigsten Schuldenstände bleiben also unberücksichtigt (GewStR 45 Abs. 7). Der Mindestbetrag beträgt somit 148 500 DM (beachte: Kontostände des Jahres 2000 sind gefragt). Die sich daraus ergebenden Dauerschuldzinsen betragen bei einem Zinssatz von 12 v. H. von 148 500 DM = 17 820 DM.

   b) **Zinsen für Darlehensschulden**

   Die Zinsen sind nur insoweit dem Gewinn hinzuzurechnen, als sie bei der Ermittlung des Gewinns abgesetzt worden sind. Auf das Wj 2000 entfallen lediglich $^{10}/_{12}$ der Jahreszinsen. Da das Grundstück Salzstr. 10 nur zu 70 v. H. betrieblichen Zwecken dient, sind auch nur 70 v. H. der Zinsen betrieblich veranlasst (§ 4 Abs. 4 EStG). Das Damnum von 3 v. H. gehört zu den Entgelten für die Schuldaufnahme (§ 8 Nr. 1 GewStG).

2. **Kürzung um 1,2 v. H. der Einheitswerte v. Grundbesitz**

   Nach § 9 Nr. 1 Satz 1 GewStG ist der Gewerbeertrag um 1,2 v. H. des Einheitswerts des Grundbesitzes zu kürzen, der zum Betriebsvermögen des Unternehmers gehört.

Die Zugehörigkeit zum Betriebsvermögen ist nach EStR 13 Abs. 7 - 9 zu beurteilen.

Das Grundstück Hauptstr. 9 gehört ganz zum Betriebsvermögen, da es im Eigentum des Unternehmers steht und eigenbetrieblich genutzt wird. Das Grundstück Salzstr. 10 gehört dem Unternehmer nur teilweise, nämlich nur zur Hälfte. Nur insoweit könnte es Betriebsvermögen sein (EStR 13 Abs. 7). Da es jedoch nur zu 70 v. H. eigenbetrieblich genutzt wird, gehören auch nur 70 v. H. der Hälfte = 35 v. H. nach einkommensteuerlichen Vorschriften (EStR 13 Abs. 7) zum Betriebsvermögen.

C. Umsatzsteuer

Netto-Allphasen-USt mit Vorsteuer-Abzug   Fall 148

Lösung: Der Produzent Prächtig muss aus dem Verkauf der Ware an den Großhändler Ganz eine USt-Zahllast i. H. v. 160 DM an das Finanzamt (FA) abführen.

Der Großhändler Ganz schuldet aus dem Verkauf der Ware an den Einzelhändler Ehrlich eine USt i. H. v. 320 DM. Gleichzeitig hat er aus der Rechnung des Prächtig einen VoSt-Anspruch i. H. v. 160 DM, sodass Ganz insgesamt aus diesem Vorgang 160 DM an das FA abführen muss.

Der Einzelhändler Ehrlich schuldet aus dem Verkauf der Ware an den Privatmann Pech eine USt i. H. v. 480 DM. Gleichzeitig hat er aus der Rechnung des Ganz einen VoSt-Anspruch i. H. v. 320 DM, sodass Ehrlich insgesamt aus diesem Vorgang 160 DM an das FA abführen muss.

Der Privatmann Pech schuldet keine USt und kann auch keinen VoSt-Abzug geltend machen. Pech ist wirtschaftlicher Träger der USt i. H. v. 480 DM.

Die Steuereinnahme des Staates beläuft sich auf insgesamt 480 DM.

Untergang der Ware   Fall 149

Lösung: Die Steuereinnahme des Staates beträgt insgesamt 0 DM.

Hinsichtlich des Produzenten Prächtig ist keine Änderung eingetreten; Prächtig muss 160 DM USt an das FA abführen.

Auch hinsichtlich des Großhändlers Ganz ergibt sich keinerlei Änderung. Ganz schuldet eine USt i. H. v. 320 DM, der ein VoSt-Abzugsbetrag i. H. v. 160 DM gegenübersteht, sodass eine USt-Zahllast i. H. v. 160 DM verbleibt.

Bei dem Einzelhändler Ehrlich entsteht keine USt, da Ehrlich die Ware nicht weiterveräußert hat. Die Versicherungsleistung i. H. v. 2 000 DM stellt einen echten, nicht steuerbaren Schadensersatz dar. Ehrlich hat gegenüber dem FA einen VoSt-Erstattungsanspruch i. H. v. 320 DM, da die Voraussetzung des § 15 Abs. 1 Nr. 1 UStG vorliegen.

Insgesamt ergibt sich somit eine Steuereinnahme des Staates i. H. v. 0 DM.

Lieferung/sonstige Leistung   Fall 150

Lösung: Es handelt sich um eine Lieferung i. S. d. § 3 Abs. 1 UStG; denn der Unternehmer Adam verschafft dem Abnehmer Bach Verfügungsmacht an einem Gegenstand, einer Maschine. Der Wert und die Substanz der Maschine gehen auf Bach über. Lieferungszeitpunkt ist der 10. 3. 2001 (Gefahrübergang); auf den Abschluss des Verpflichtungsgeschäfts (Kaufvertrag gem. § 433 BGB) und den Eingang der Zahlung kommt es nicht an. Eine umsatzsteuerliche Leistung knüpft nicht an das Verpflichtungsgeschäft an, sondern an das Erfüllungsgeschäft.

Vermietungsleistung   Fall 151

Lösung: Albert erbringt sonstige Leistungen, Vermietungsleistungen i. S. d. § 3 Abs. 9 UStG. Er will nicht den Wert und die Substanz der Wohnungen übertragen, sondern er gestattet den Mietern lediglich die Nutzung der Wohnungen. Es handelt sich um Mietverträge i. S. d. § 535 BGB. Die Vermietung der Garagen ist keine eigenständige Hauptleistung, sondern eine unselbständige Nebenleistung zur Wohnungsvermietung und teilt demzufolge dessen umsatzsteuerliches Schicksal. Es liegen somit zwei Leistungen vor, die steuerbar, aber steuerfrei gem. § 4 Nr. 12 Buchst. a UStG sind.

Fall 152 Einheitlichkeit der Leistung

Lösung: Nach dem im Umsatzsteuerrecht herrschenden Grundsatz der Einheitlichkeit der Leistung erbringt Max eine Lieferung i. S. d. § 3 Abs. 1 UStG; denn er verschafft dem Recht Verfügungsmacht an dem Gegenstand, der Polstergarnitur. Die Beförderungsleistung ist eine Nebenleistung zur Lieferung, da sie im Vergleich zur Hauptleistung nebensächlich ist, mit ihr eng zusammenhängt und üblicherweise in ihrem Gefolge vorkommt. Die Beförderungsleistung teilt als Nebenleistung das Schicksal der Hauptleistung. Dies gilt gem. Abschn. 29 Abs. 3 Satz 2 UStR auch dann, wenn für die Nebenleistung ein besonderes Entgelt verlangt und entrichtet wird (vgl. BFH-Urt. v. 28. 4. 1966, BStBl 1966 III S. 476).

Fall 153 Einstufung der Leistung

Lösung: Bei einer einheitlichen Leistung, die sowohl Lieferungselemente als auch Elemente einer sonstigen Leistung enthält, richtet sich die Einstufung als Lieferung oder sonstige Leistung danach, welches dieser Elemente unter Berücksichtigung des Willens der Vertragspartner tatsächlich den wirtschaftlichen Gehalt der Geschäfte bedingt. Danach erbringt Carl im Rahmen des Dienstvertrages gem. § 611 BGB gegenüber dem Schlau eine einheitliche sonstige Leistung i. S. d. § 3 Abs. 9 UStG. Das Papier tritt hier gegenüber der sonstigen Leistung zurück und dient nur der Weitergabe der geistigen Leistung.

Fall 154 Werklieferung

Lösung: Dinkel erbringt gegenüber Kunz eine Werklieferung i. S. d. § 3 Abs. 4 UStG, da er selbstbeschaffte Stoffe (Tapeten) verwendet, die nicht nur Zutaten oder sonstige Nebensachen sind. Nach dem Grundsatz der Einheitlichkeit der Leistung darf die Leistung nicht in die Lieferung der Tapeten einerseits und die sonstige Leistung bestehend in der Ausführung der Tapezierarbeiten andererseits aufgeteilt werden. Es handelt sich somit um eine einheitliche Leistung, eine Werklieferung. Es gelten die Grundsätze der Lieferung gem. § 3 Abs. 1 UStG entsprechend.

Fall 155 Werkleistung

Lösung: Eder erbringt gegenüber Unruh eine Werkleistung, da er bei seiner Leistung nur Stoffe verwendet hat, die als Zutaten oder sonstige Nebensachen anzusehen sind. Nach dem Grundsatz der Einheitlichkeit der Leistung darf die Leistung nicht in die Lieferung des Materials einerseits und die sonstige Reparaturleistung andererseits aufgeteilt werden. Es handelt sich somit um eine einheitliche Leistung, eine Werkleistung. Es gelten die Grundsätze der sonstigen Leistung gem. § 3 Abs. 9 UStG entsprechend.

Verkauf von Diebesgut
Fall 156

Lösung: Huber führt Lieferungen i. S. d. § 3 Abs. 1 UStG aus, da er die Abnehmer befähigt, im eigenen Namen über die Gegenstände, die Kameras, zu verfügen. Er verschafft somit umsatzsteuerrechtlich Verfügungsmacht an den Kameras, obwohl zivilrechtlich ein Eigentumsübergang nicht erfolgt ist. Die Verschaffung der Verfügungsmacht ist ein Vorgang vorwiegend tatsächlicher Natur, der in der Regel mit dem bürgerlich-rechtlichen Eigentumsübergang verbunden ist, aber nicht notwendigerweise verbunden sein muss.

Verbringen eines Gegenstandes
Fall 157

Lösung: Ude führt eine Lieferung i. S. d. § 3 Abs. 1a UStG aus. Seit dem 1. 1. 1993 gilt das Verbringen eines Gegenstandes des Unternehmens aus dem Inland in das übrige Gemeinschaftsgebiet (hier: Spanien) durch einen Unternehmer zu seiner Verfügung, ausgenommen zu einer nur vorübergehenden Verwendung, als Lieferung gegen Entgelt. Ude gilt als Lieferer.

Lohnveredelung
Fall 158

Lösung: Völler führt keine Lieferung, sondern eine sonstige Leistung i. S. d. § 3 Abs. 9 UStG aus. Es handelt sich um eine Werkleistung an einem körperlichen beweglichen Gegenstand. Die sonstige Leistung ist im Inland steuerbar und steuerpflichtig.

Entnahme eines Gegenstandes
Fall 159

Lösung: Apfel erbringt mit der Entnahme der Lebensmittel einen steuerbaren Umsatz. Es handelt sich um Lieferungen im Inland gem. § 1 Abs. 1 Nr. 1 UStG; denn er entnimmt Gegenstände (Lebensmittel) aus seinem Unternehmen für Zwecke, die außerhalb des Unternehmens liegen (§ 3 Abs. 1b Nr. 1 UStG). Der Ort der Lieferung ist gem. § 3f UStG in Arnsberg. Arnsberg gehört zum Inland i. S. d. § 1 Abs. 2 UStG.

Entnahme eines Geldbetrages
Fall 160

Lösung: Luft tätigt mit der Entnahme des Geldbetrages aus der Ladenkasse keinen steuerbaren Umsatz i. S. d. § 1 Abs. 1 UStG. Es handelt sich nicht um eine Gegenstandsentnahme im Inland gem. § 3 Abs. 1b UStG. Der Begriff des Gegenstandes ist im Umsatzsteuerrecht enger zu verstehen als im Zivilrecht. Er beschränkt sich grundsätzlich auf Sachen i. S. d. §§ 90, 91 BGB, d. h. auf körperliche Gegenstände. Daher ist eine Entnahme von Forderungen nicht möglich. Auch Geld wird insoweit den Forderungen gleichgestellt, solange es nicht auf eine bestimmte Geldsorte ankommt.

Private Verwendung eines Gegenstandes
Fall 161

Lösung: Hinsichtlich der selbstgenutzten Wohnung liegt kein steuerbarer Umsatz i. S. d. § 1 Abs. 1 Nr. 1 UStG vor. Es fehlt an einer sonstigen Leistung gegen Entgelt. Eine Gleichstellung mit einer sonstigen Leistung gegen Entgelt gem. § 3 Abs. 9a Satz 1 Nr. 1 UStG kommt nicht in Betracht, da für den Gegenstand kein Vorsteuerabzug möglich war.

Fall 162 Unentgeltliche Lieferung zwischen Gesellschaft und Gesellschafter

Lösung: Die Schwarz-GmbH erbringt einen steuerbaren Umsatz i. S. d. § 1 Abs. 1 Nr. 1 UStG. Die GmbH ist eine Körperschaft i. S. d. § 1 Abs. 1 Nr. 1 KStG. Sie liefert im Rahmen ihres Unternehmens Waren an die Gesellschafterin, und zwar unentgeltlich aus betrieblichem Anlass. Dies wird gem. § 3 Abs. 1b Nr. 3 UStG einer Lieferung gegen Entgelt gleichgestellt. Der Leistungsort ist gem. § 3f UStG Saarbrücken; Saarbrücken liegt im Inland gem. § 1 Abs. 2 UStG.

Fall 163 Unternehmer

Lösung: Fleißig ist als natürliche Person zwar umsatzsteuerfähig; er übt aber keine gewerbliche oder berufliche Tätigkeit, d. h. eine nachhaltige auf Einnahmeerzielung gerichtete Tätigkeit, aus. Es handelt sich um ein einmaliges Geschäft des Fleißig, das ohne Wiederholungsabsicht ausgeführt wird. Fleißig ist somit kein Unternehmer i. S. d. § 2 Abs. 1 UStG und muss aus dem Vorgang keine umsatzsteuerlichen Konsequenzen ziehen.

Fall 164 Jahreswagenverkäufer

Lösung: Arens ist kein Unternehmer i. S. d. § 2 Abs. 1 UStG. Der Werksangehörige einer Automobilfabrik, der von dieser unter Inanspruchnahme des Werksangehörigenrabattes fabrikneue Fahrzeuge erwirbt und diese nach mehr als einem Jahr wieder verkauft, ist nicht als Unternehmer tätig (BFH-Urt. v. 18. 7. 1991, BStBl II S. 776). Die Intensität der wirtschaftlichen Betätigung ist so gering, dass eine unternehmerische Betätigung entfällt. Er rückt in die Nähe eines Privatmannes, der ebenfalls in regelmäßigen Abständen sein Auto zu verkaufen pflegt, ohne dass er deshalb zum Unternehmer wird.

Fall 165 Nachhaltigkeit

Lösung: Igel ist kein Unternehmer i. S. d. § 2 Abs. 1 UStG. Ein Briefmarkensammler, der aus privaten Neigungen sammelt, unterliegt nicht der USt, soweit er Einzelstücke veräußert, die Sammlung teilweise umschichtet oder die Sammlung ganz oder teilweise veräußert (BFH-Urt. v. 29. 6. 1987, BStBl II S. 744). Igel verhält sich nicht wie ein Händler am Markt, der An- und Verkäufe planmäßig mit auf Güterumschläge gerichteter Absicht tätigt.

Fall 166 Einmaliger Umsatz

Lösung: Habenix war Unternehmer i. S. d. § 2 Abs. 1 UStG, da er eine gewerbliche oder berufliche Tätigkeit selbständig ausgeübt hat. Er hat sich insbesondere nachhaltig betätigt; denn sein Plan war darauf gerichtet, viele Grundstücksverkäufe zu vermitteln. Bei einem einmaligen Umsatz genügt ein vorweggefasster, auf Wiederholung gerichteter Willensentschluss dann zur Annahme der Nachhaltigkeit, wenn aus den Umständen auf den Willen des Leistenden zu schließen ist, das Geschäft bei sich bietender Gelegenheit zu wiederholen.

Erfolglose Unternehmensgründung   Fall 167

Lösung: Kraft ist Unternehmer i. S. d. § 2 Abs. 1 UStG. Die Unternehmereigenschaft kann nach dem Urteil des EuGH vom 29. 2. 1996, UR 1996 S. 116, nicht rückwirkend aberkannt werden. Ein Fall von Betrug oder Missbrauch liegt nicht vor. Der VoSt-Abzug bleibt erhalten. Auch ein erfolgloser Unternehmer ist ein Unternehmer.

Einnahmeerzielung   Fall 168

Lösung: Es liegt keine unternehmerische Betätigung vor, da die Tätigkeit nicht auf die Erzielung von Einnahmen gerichtet ist. Es fehlt somit an dem Tatbestandsmerkmal einer gewerblichen oder beruflichen Tätigkeit.

Teilselbständigkeit   Fall 169

Lösung: Arm ist zum Teil selbständig, zum Teil nichtselbständig tätig. Soweit Arm als Chefarzt des Krankenhauses tätig wird, handelt es sich um eine nichtselbständige Tätigkeit, da Arm den Weisungen des Krankenhauses zu folgen verpflichtet ist. Soweit Arm ein Liquidationsrecht zusteht und er gegenüber den Privatpatienten tätig wird, wird er unternehmerisch tätig, da er eine berufliche Tätigkeit selbständig, d. h. auf eigene Rechnung und auf eigene Verantwortung, ausübt.

Organschaft   Fall 170

Lösung: Unternehmer i. S. d. § 2 Abs. 1 UStG ist Groß. Die Einmann-GmbH ist Organgesellschaft des Vermietungsunternehmens des Groß; es handelt sich um eine Betriebsaufspaltung. Groß ist der Unternehmer, der Organträger. Die GmbH als juristische Person ist nach dem Gesamtbild der tatsächlichen Verhältnisse finanziell, wirtschaftlich und organisatorisch in das Unternehmen des Organträgers eingegliedert, sodass die gewerbliche Tätigkeit gem. § 2 Abs. 2 Nr. 2 UStG nicht selbständig ausgeübt wird.

Wohnsitz im Ausland   Fall 171

Lösung: Unternehmer i. S. d. § 2 Abs. 1 UStG ist Tell, da Tell eine gewerbliche oder berufliche Tätigkeit selbständig ausübt. Tell ist auf eigenes Risiko und auf eigene Verantwortung tätig. Für die Unternehmereigenschaft ist es unerheblich, wo Tell seinen Wohnsitz hat und ob er bereits in der Bundesrepublik Deutschland gewesen ist. Grantig ist kein Unternehmer i. S. d. § 2 Abs. 1 UStG, da er als Geschäftsführer nichtselbständig tätig ist und den Weisungen des Tell zu folgen verpflichtet ist (§ 2 Abs. 2 Nr. 1 UStG).

Fahrzeuglieferer   Fall 172

Lösung: Listig ist zwar kein Unternehmer i. S. d. § 2 UStG; aber er wird gem. § 2a UStG für diese Lieferung wie ein Unternehmer behandelt. Wer im Inland ein neues Fahrzeug liefert, das bei der Lieferung in das übrige Gemeinschaftsgebiet gelangt, wird, wenn er nicht Unternehmer i. S. d. § 2 UStG ist, für diese Lieferung wie ein Unternehmer behandelt. Die Lieferung ist als innergemeinschaftliche Lieferung steuerfrei. Listig muss für Mai 2001 eine USt-Voranmeldung abgeben, in der er gem. § 15 Abs. 4a UStG eine VoSt in Höhe von 4 480 DM (28 000 DM × 16 %) abziehen kann.

Fall 173 Ende der Unternehmereigenschaft

Lösung: Die Unternehmereigenschaft endet gem. Abschn. 19 Abs. 2 Satz 1 UStR mit dem letzten Tätigwerden. Der Zeitpunkt der Einstellung oder Abmeldung eines Gewerbebetriebes ist unbeachtlich. Die spätere Veräußerung von Gegenständen des Betriebsvermögens oder die nachträgliche Vereinnahmung von Entgelten gehören noch zur Unternehmertätigkeit. Der Verkauf der Maschine im Dezember 2000 gehört somit noch zur Unternehmertätigkeit des Meier.

Fall 174 Unternehmen

Lösung: Recht ist Unternehmer i. S. d. § 2 Abs. 1 UStG, da er eine gewerbliche oder berufliche Tätigkeit selbständig ausübt. Zu seinem Unternehmen gehören sämtliche gewerblichen oder beruflichen Tätigkeiten, d. h. zum Unternehmen des Recht gehört seine Rechtsanwaltstätigkeit, seine Tätigkeit im Zusammenhang mit dem Fabrikationsbetrieb und seine Vermietungstätigkeit. Jede dieser Tätigkeiten ist für sich betrachtet eine gewerbliche oder berufliche Tätigkeit, die selbständig ausgeübt wird. Recht muss demzufolge alle seine Umsätze in einer USt-Voranmeldung bzw. einer USt-Jahreserklärung erfassen. Welches Finanzamt hierfür örtlich zuständig ist, richtet sich nach den Vorschriften der Abgabenordnung (AO); hier des § 21 AO.

Fall 175 Rahmen des Unternehmens

Lösung: Tüchtig ist Unternehmer i. S. d. § 2 Abs. 1 UStG, da er eine gewerbliche oder berufliche Tätigkeit selbständig ausübt. Zum Unternehmen des Tüchtig gehören sämtliche beruflichen Tätigkeiten, d. h. sowohl die schriftstellerische Tätigkeit als auch die Vortragstätigkeit. Beides sind Tätigkeiten, die nachhaltig gegen Einnahmeerzielung und selbständig ausgeübt werden. Nicht zum Unternehmen des Tüchtig gehört die Vermietungstätigkeit, da insoweit nicht Tüchtig der Unternehmer ist, sondern die GbR bestehend aus Tüchtig und seiner Ehefrau.

Fall 176 Verkauf eines Anlagegegenstandes

Lösung: Unkel ist Unternehmer i. S. d. § 2 Abs. 1 UStG, da er eine gewerbliche Tätigkeit selbständig ausübt. In den Rahmen seines Unternehmens fallen nicht nur die typischen Grundgeschäfte, die den eigentlichen Gegenstand der geschäftlichen Tätigkeit bilden (hier: Verkauf von Schuhen), sondern auch die Hilfsgeschäfte (BFH-Urt. v. 24. 2. 1988, BStBl II S. 622). Auf die Nachhaltigkeit der Hilfsgeschäfte kommt es nicht an (BFH-Urt. v. 20. 9. 1990, BStBl 1991 II S. 35). Ein Verkauf von Vermögensgegenständen fällt demzufolge ohne Rücksicht auf die Nachhaltigkeit in den Rahmen des Unternehmens, wenn der Gegenstand zum unternehmerischen Bereich des Veräußerers gehörte. Die Ladeneinrichtung stellt einen Vermögensgegenstand dar, der zum unternehmerischen Bereich des Unkel gehörte. Der Verkauf derselben fällt somit als Hilfsgeschäft in den Rahmen des Unternehmens des Unkel.

Fall 177 Verkauf eines geerbten Gegenstandes

Lösung: Wichtig ist Unternehmer i. S. d. § 2 Abs. 1 UStG, da er eine gewerbliche Tätigkeit selbständig ausübt. In den Rahmen seines Unternehmens fallen die Grundgeschäfte und die Hilfsgeschäfte. Der Verkauf der Eigentumswohnung ist kein Grundgeschäft im

Rahmen seines Textilunternehmens. Auch ein Hilfsgeschäft liegt nicht vor, da die Eigentumswohnung nicht zum unternehmerischen Bereich des Wichtig gehört hat. Der Verkauf der Eigentumswohnung stellt sich als ein Vorgang auf der privaten Vermögensebene dar und gehört somit nicht in den Rahmen des Unternehmens des Wichtig.

Verkauf eines geerbten und unternehmerisch genutzten Gegenstandes   Fall 178
Lösung: Wichtig ist Unternehmer i. S. d. § 2 Abs. 1 UStG. Zum Unternehmen des Wichtig gehören die Tätigkeiten im Zusammenhang mit dem Textilunternehmen und die Vermietungstätigkeit in Bezug auf die Eigentumswohnung; denn auch dies ist eine gewerbliche bzw. berufliche Tätigkeit, die selbständig ausgeübt wird. Da demzufolge auch die Eigentumswohnung zum unternehmerischen Bereich des Wichtig gehörte, stellt der Verkauf derselben ein Hilfsgeschäft dar. Bei Hilfsgeschäften kommt es auf die Nachhaltigkeit nicht an. Der Verkauf der Eigentumswohnung fällt als Hilfsgeschäft somit in den Rahmen des Unternehmens des Wichtig.

Innenumsatz   Fall 179
Lösung: Es handelt sich nicht um einen steuerbaren Umsatz im Rahmen des Unternehmens des Xaver. Innerhalb eines einheitlichen Unternehmens, zu dem sowohl das Hauptgeschäft als auch die Filialen gehören, sind steuerbare Umsätze grundsätzlich nicht möglich; es handelt sich um einen Innenumsatz. Die Erstellung eines Beleges mit USt-Ausweis löst keine USt-Schuld gem. § 14 Abs. 2 UStG aus, da es sich umsatzsteuerrechtlich nicht um eine Rechnung, sondern um einen unternehmensinternen Buchungsbeleg handelt.

Verkauf im Ladengeschäft   Fall 180
Lösung: Billig und Häuslich schließen einen mündlichen Kaufvertrag i. S. d. § 433 BGB. Das zivilrechtliche Eigentum wird gem. § 929 Satz 1 BGB durch Einigung und Übergabe verschafft. Umsatzsteuerrechtlich führt Billig eine Lieferung aus, da er Häuslich die Verfügungsmacht an dem Brot verschafft. Der Ort der Lieferung ist gem. § 3 Abs. 6 UStG dort, wo die Beförderung durch den Abnehmer beginnt; das ist im Ladengeschäft des Billig in Bremen. Bremen gehört gem. § 1 Abs. 2 UStG zum Inland.

Beförderungslieferung   Fall 181
Lösung: Clever führt eine Lieferung i. S. d. § 3 Abs. 1 UStG aus. Gemäß § 3 Abs. 6 Satz 1 UStG gilt die Lieferung an den Abnehmer im Falle der Beförderung durch den Lieferer dort als ausgeführt, wo die Beförderung an den Abnehmer beginnt. Der Ort der Lieferung ist gem. § 3 Abs. 6 UStG demnach in Cottbus. Cottbus gehört zum Inland i. S. d. § 1 Abs. 2 UStG.

Versendungslieferung   Fall 182
Lösung: Dankbar führt eine Lieferung i. S. d. § 3 Abs. 1 UStG aus. Der Ort der Lieferung ist gem. § 3 Abs. 6 Satz 1 UStG in Dortmund, da die Versendung durch den vom Abnehmer beauftragten Dritten in Dortmund beginnt. Dortmund gehört zum Inland i. S. d. § 1 Abs. 2 UStG.

Fall 183 Verschiebung des Lieferungsortes

Lösung: Bernau führt eine Lieferung i. S. d. § 3 Abs. 1 UStG aus, da er dem Motz die Verfügungsmacht an Gegenständen verschafft. Der Lieferort bestimmt sich nach § 3 Abs. 8 UStG, da der Liefergegenstand bei der Beförderung an den Abnehmer aus dem Drittlandsgebiet (Schweiz) in das Inland gelangt und der Lieferer Bernau Schuldner der bei der Einfuhr zu entrichtenden Einfuhrumsatzsteuer ist. Abweichend von § 3 Abs. 6 UStG liegt der Ort der Lieferung gem. § 3 Abs. 8 UStG im Einfuhrland; also im Inland. Bernau kann die entrichtete Einfuhrumsatzsteuer als VoSt abziehen. Die Vorschrift des § 3 Abs. 8 UStG dient dem Zweck, einen teilweise unbelasteten Verbrauch im Inland zu verhindern, und wirkt sich bei solchen Umsätzen aus, bei denen der Abnehmer nicht zum VoSt-Abzug berechtigt ist.

Fall 184 Reihengeschäft

Lösung: Es liegt ein Reihengeschäft (§ 3 Abs. 6 Satz 5 UStG) vor, da mehrere Unternehmer (Erpel, Gans, Hahn) über denselben Gegenstand (Waschmaschinen) Umsatzgeschäfte abgeschlossen haben und diese dadurch erfüllt werden, dass der erste Unternehmer (Hahn) dem letzten Abnehmer in der Reihe (Erpel) unmittelbar die Verfügungsmacht an dem Gegenstand verschafft. Der Ort der Lieferung des Hahn an den Gans befindet sich gem. § 3 Abs. 6 Satz 1 UStG in Hannover, da hier die Beförderung beginnt. Hannover gehört zum Inland i. S. d. § 1 Abs. 2 UStG. Der Ort der Lieferung des Gans an den Erpel befindet sich gem. § 3 Abs. 7 Satz 2 Nr. 2 UStG in Essen, da diese Lieferung der Beförderungslieferung folgt u. die Beförderung der Gegenstände in Essen endet. Essen gehört zum Inland i. S. d. § 1 Abs. 2 UStG.

Fall 185 Innergemeinschaftliches Dreiecksgeschäft

Lösung: Es liegt ein innergemeinschaftliches Dreiecksgeschäft i. S. d. § 25b Abs. 1 UStG vor; denn

1. drei Unternehmer schließen über denselben Gegenstand Umsatzgeschäfte ab und erfüllen diese Geschäfte dadurch, dass der Gegenstand der Lieferung unmittelbar vom ersten Lieferer Alt an den letzten Abnehmer Carlo gelangt,

2. die Unternehmer Alt, Bertoni und Carlo sind in jeweils verschiedenen Mitgliedstaaten (Deutschland, Italien, Frankreich) für Zwecke der USt erfasst,

3. der Gegenstand der Lieferung gelangt aus dem Gebiet eines Mitgliedstaates (Deutschland) in das Gebiet eines anderen Mitgliedstaates (Frankreich) und

4. der Gegenstand der Lieferung wird durch den ersten Lieferer Alt befördert.

Die Lieferung des Alt an Bertoni wird gem. § 3 Abs. 6 Satz 5 UStG i. V. m. § 3 Abs. 6 Satz 1 UStG am Beginn der Beförderung, d. h. in Deutschland, ausgeführt. Diese Lieferung ist als innergemeinschaftliche Lieferung i. S. d. § 6a Abs. 1 UStG steuerfrei gem. § 4 Nr. 1 Buchst. b UStG.

Bertoni unterliegt unter Berücksichtigung des § 3d Sätze 1 und 2 UStG in Frankreich und in Italien der Erwerbsbesteuerung. Dieser Erwerb gilt gem. § 25b Abs. 3 UStG als besteuert, da die Steuer für die Lieferung an den letzten Abnehmer Carlo von diesem gem. § 25b Abs. 2 UStG geschuldet wird; denn

Umsatzsteuer – Lösungen 509

1. der Lieferung des Bertoni an den Carlo ist ein innergemeinschaftlicher Erwerb (durch Bertoni) vorausgegangen,
2. der erste Abnehmer Bertoni ist in dem Mitgliedstaat, in dem die Beförderung endet (Frankreich), nicht ansässig und Bertoni verwendet gegenüber dem ersten Lieferer Alt und dem letzten Abnehmer Carlo dieselbe USt-IdNr., die ihm von einem anderen Mitgliedstaat (Italien) erteilt worden ist als dem, in dem die Beförderung beginnt (Deutschland) oder endet (Frankreich),
3. der erste Abnehmer Bertoni erteilt dem letzten Abnehmer Carlo eine Rechnung i. S. d. § 14a Abs. 1a und 2 UStG, in der die Steuer nicht gesondert ausgewiesen ist, und
4. der letzte Abnehmer Carlo verwendet eine USt-IdNr. des Mitgliedstaates, in dem die Beförderung endet (Frankreich).

Die Lieferung des Bertoni an den Carlo wird gem. § 3 Abs. 7 Satz 2 Nr. 2 UStG in Frankreich ausgeführt, da in Frankreich die Beförderung endet. Schuldner der USt ist gem. § 25b Abs. 2 UStG i. V. m. § 13 Abs. 2 Nr. 5 UStG der letzte Abnehmer Carlo. Carlo ist unter den übrigen Voraussetzungen berechtigt, die geschuldete USt als Vorsteuer in Frankreich abzuziehen (§ 25b Abs. 5 UStG).

Verkauf in einem Flugzeug Fall 186

Lösung: Wird ein Gegenstand an Bord eines Schiffes, in einem Luftfahrzeug oder in einer Eisenbahn während einer Beförderung innerhalb des Gemeinschaftsgebiets geliefert, so gilt der Abgangsort des jeweiligen Beförderungsmittels im Gemeinschaftsgebiet als Ort der Lieferung (§ 3e Abs. 1 UStG). Als Ort der Warenlieferungen ist demzufolge Düsseldorf anzusehen.

Versandhandel Fall 187

Lösung: Die Lieferung des Duck gilt gem. § 3c Abs. 1 UStG als in Deutschland ausgeführt. Die Mäntel werden bei der Lieferung durch den Lieferer aus dem Gebiet eines Mitgliedstaates (Dänemark) in das Gebiet eines anderen Mitgliedstaates (Deutschland) versendet; Pein ist eine Privatperson, und Duck hat im Jahre 2001 die Lieferschwelle von 200 000 DM überschritten. Danach gilt die Lieferung dort als ausgeführt, wo die Beförderung oder Versendung endet; dies ist in Peine. Peine gehört zum Inland i. S. d. § 1 Abs. 2 UStG.

Lieferschwelle Fall 188

Lösung: Die Lieferung des Duck gilt entsprechend § 3 Abs. 6 UStG als in Dänemark ausgeführt, da die Versendung in Dänemark beginnt. Der Lieferort liegt somit nicht im Inland. Die Vorschrift des § 3c UStG kommt nicht zur Anwendung, da die maßgebende Lieferschwelle von 200 000 DM weder im Jahre 2000 noch im Jahre 2001 überschritten wird und Duck auch nicht auf die Anwendung der Lieferschwelle verzichtet hat (§ 3c Abs. 3 und 4 UStG). Die Besteuerung wird in Dänemark durchgeführt.

Fall 189 Personenbeförderung

Lösung: Der Ort der sonstigen Leistung des Katze befindet sich gem. § 3b Abs. 1 UStG auf der Strecke Frankfurt a. M. – Rom. Steuerbar ist nur der Teil der Leistung, der auf das Inland entfällt; also der Teil der Leistung, der auf die Strecke Frankfurt a. M. bis zur Grenze entfällt. § 3b Abs. 3 UStG kommt nicht zur Anwendung, da es sich nicht um eine innergemeinschaftliche Güterbeförderung, sondern um eine Personenbeförderung handelt. Das Entgelt ist entsprechend der Fahrstrecke aufzuteilen.

Fall 190 Güterbeförderung ohne USt-Identifikationsnummer

Lösung: Der Ort der sonstigen Leistung ist gem. § 3b Abs. 3 Satz 1 UStG in Darmstadt; denn es handelt sich um die innergemeinschaftliche Beförderung eines Gegenstandes, und die Beförderung beginnt in Darmstadt. Eine Aufteilung der Leistung – wie bei der Personenbeförderung – kommt nicht in Betracht. Darmstadt gehört zum Inland i. S. d. § 1 Abs. 2 UStG.

Fall 191 Güterbeförderung mit USt-Identifikationsnummer

Lösung: Berg führt eine innergemeinschaftliche Güterbeförderung aus, da die Beförderung in dem Gebiet von zwei verschiedenen Mitgliedstaaten beginnt und endet. Grundsätzlich ist der Leistungsort gem. § 3b Abs. 3 Satz 1 UStG dort, wo die Beförderung des Gegenstandes beginnt. Verwendet der Leistungsempfänger gegenüber dem Beförderungsunternehmer eine ihm von einem anderen Mitgliedstaat erteilte USt-IdNr., so gilt die Beförderungsleistung als in dem Gebiet des anderen Mitgliedstaates als ausgeführt (§ 3b Abs. 3 Satz 2 UStG). Der Leistungsempfänger Nau hat gegenüber dem Berg seine niederländische USt-IdNr. angegeben, sodass sich der Leistungsort von Gelsenkirchen (Beginn der Beförderung) in die Niederlande verschiebt. Die Beförderungsleistung ist in Deutschland nicht steuerbar.

Fall 192 Umschlag einer Ware

Lösung: Rolle erbringt eine sonstige Leistung i. S. d. § 3 Abs. 9 UStG. Die Umschlagsleistung steht mit der Beförderung eines Gegenstandes im Zusammenhang und wird gem. § 3b Abs. 2 UStG dort ausgeführt, wo der Unternehmer jeweils ausschließlich oder zum wesentlichen Teil tätig wird; dies ist in Rostock. Rostock gehört zum Inland i. S. d. § 1 Abs. 2 UStG. § 3b Abs. 4 UStG i. V. m. § 3b Abs. 3 Satz 2 UStG kommt nicht zur Anwendung, da der Leistungsempfänger gegenüber Rolle keine USt-IdNr. angegeben hat.

Fall 193 Tätigkeit als Rechtsanwalt

Lösung: Eber erbringt eine sonstige Leistung i. S. d. § 3 Abs. 9 UStG. Die von Eber ausgeführte sonstige Leistung aus der Tätigkeit als Rechtsanwalt ist in § 3a Abs. 4 Nr. 3 UStG aufgeführt, mit der Folge, dass sich der Leistungsort nach § 3a Abs. 3 UStG richtet. Da der Empfänger der sonstigen Leistung ein Unternehmer ist und die Leistung für sein Unternehmen ausgeführt wird, wird die sonstige Leistung dort ausgeführt, wo der Empfänger sein Unternehmen betreibt. Pal betreibt sein Unternehmen in Lissabon, d. h. der Leistungsort des Eber ist ebenfalls Lissabon. Lissabon gehört nicht zum Inland i. S. d. § 1 Abs. 2 UStG.

Vermietung eines Pkw — Fall 194

Lösung: Farber erbringt eine sonstige Leistung i. S. d. § 3 Abs. 9 UStG, eine Vermietungsleistung. Der Ort der Vermietungsleistung ist Freiburg gem. § 3a Abs. 1 UStG, da Farber von Freiburg aus sein Unternehmen betreibt. Freiburg gehört zum Inland i. S. d. § 1 Abs. 2 UStG. § 3a Abs. 4 Nr. 11 UStG kommt nicht zur Anwendung, da es sich um die Vermietung eines Beförderungsmittels handelt. Es kommt für die Ortsbestimmung nicht darauf an, ob der Pkw im Inland oder im Ausland gefahren wird.

Vermietung einer Wohnung — Fall 195

Lösung: Haupt ist Unternehmer i. S. d. § 2 Abs. 1 UStG, da er eine gewerbliche oder berufliche Tätigkeit selbständig ausübt; nämlich die Vermietungstätigkeit. Die Vermietungsumsätze stellen das Grundgeschäft seines Unternehmens dar. Es handelt sich um eine sonstige Leistung i. S. d. § 3 Abs. 9 UStG. Ort der Vermietungsleistung ist gem. § 3a Abs. 2 Nr. 1 Buchst. a UStG Hamburg, da es sich um eine sonstige Leistung im Zusammenhang mit einem Grundstück handelt und die Leistung dort ausgeführt wird, wo das Grundstück liegt. Hamburg gehört zum Inland i. S. d. § 1 Abs. 2 UStG.

Vermittlung — Fall 196

Lösung: Völz erbringt eine sonstige Leistung i. S. d. § 3 Abs. 9 UStG, eine Vermittlungsleistung. Der Ort der Vermittlungsleistung ist gem. § 3a Abs. 2 Nr. 4 UStG dort, wo auch die vermittelte Leistung ausgeführt wird. Der vermittelte Umsatz, die Warenlieferung, wird entsprechend § 3 Abs. 6 UStG in Paris ausgeführt. Dies ist auch der Leistungsort für die Vermittlungsleistung, zumal France seine französische USt-IdNr. angegeben hat und § 3a Abs. 2 Nr. 4 Satz 2 UStG nicht zur Anwendung kommt. Paris gehört nicht zum Inland i. S. d. § 1 Abs. 2 UStG; die Vermittlungsleistung ist in Deutschland nicht steuerbar.

Behandlungsleistung eines Arztes — Fall 197

Lösung: Weiß erbringt eine sonstige Leistung i. S. d. § 3 Abs. 9 UStG, eine Behandlungsleistung. Die Leistung wird im Rahmen des Unternehmens des Weiß ausgeübt; denn es handelt sich um das typische Grundgeschäft eines Arztes. Der Ort der sonstigen Leistung bestimmt sich nach § 3a Abs. 1 UStG und ist in Wuppertal, da Weiß von Wuppertal aus sein Unternehmen betreibt. Wuppertal gehört zum Inland i. S. d. § 1 Abs. 2 UStG.

Leistungsaustausch — Fall 198

Lösung: Es liegt ein Leistungsaustausch vor. Die GbR, bestehend aus Adam und Berta Blitz, vermietet an Adam Blitz; es handelt sich umsatzsteuerlich um zwei verschiedene Personen. Die Leistung der GbR besteht in der Vermietung des Ladenlokals, und die Gegenleistung des Adam Blitz besteht in der Zahlung der Miete. Es existiert auch eine wirtschaftliche Verknüpfung zwischen der Leistung und der Gegenleistung; die GbR vermietet an Adam Blitz, um die Miete zu erhalten.

Fall 199 Innenumsatz

Lösung: Es liegt kein Leistungsaustausch vor. Zum Rahmen des Unternehmens des Ohnsorg gehört sowohl die Tätigkeit im Zusammenhang mit dem Tapetengeschäft als auch die Vermietungstätigkeit. Für einen Leistungsaustausch fehlt es somit an den zwei Beteiligten; Ohnsorg leistet an sich selbst. Es handelt sich um einen nicht steuerbaren Innenumsatz.

Fall 200 Schadensersatz

Lösung: Bezüglich der Vertragsstrafe liegt kein Leistungsaustausch vor. Die Vertragsstrafe hat Schadensersatzcharakter, sodass es an einem Leistungsaustausch fehlt. Der Schadensersatz wird nicht geleistet, weil der Leistende eine Lieferung oder sonstige Leistung erhalten hat, sondern weil er nach Gesetz oder Vertrag für den Schaden und seine Folgen einzustehen hat. Für den Leistungsaustausch fehlt es somit an dem Tatbestandsmerkmal einer Leistung. Zahlt der leistende Unternehmer die Vertragsstrafe an den Leistungsempfänger, so liegt darin keine Entgeltsminderung. Das Entgelt für die Warenlieferung beträgt demnach nach wie vor 1 000 DM.

Fall 201 Mitgliederbeiträge

Lösung: Zwischen dem Verein und dem einzelnen Mitglied liegt ein Leistungsaustauschverhältnis vor, da der Verein Leistungen erbringt, die den Sonderbelangen der einzelnen Mitglieder dienen, und hierfür Sonderentgelte erhoben werden. Bei dem Verein und dem einzelnen Mitglied handelt es sich um zwei verschiedene Personen; der Vermietungsleistung des Vereins steht die Zahlung der Miete gegenüber; und die Vermietungsleistung wird erbracht, um die Gegenleistung, die Mietzahlung, zu erhalten.

Fall 202 Zuschuss

Lösung: Es liegt ein Leistungsaustausch vor. Der Zuschuss ist als Entgelt für die im Interesse der Mineralölfirma liegende Durchführung der Baumaßnahme anzusehen (vgl. BFH-Urt. v. 10. 9. 1957, BStBl III S. 381). Es liegt somit eine Leistung des Bär und eine Gegenleistung der Mineralölfirma vor, und zwischen der Leistung und der Gegenleistung besteht eine innere wirtschaftliche Verknüpfung.

Fall 203 Leistung an Arbeitnehmer

Lösung: Die Leistung des Iltis ist steuerbar gem. § 1 Abs. 1 Nr. 1 UStG. Die Leistung wird zwar unentgeltlich ausgeführt, sodass an sich kein Leistungsaustausch wegen fehlender Gegenleistung vorliegt. Nach § 3 Abs. 9a Satz 1 Nr. 1 UStG wird die Verwendung eines Unternehmensgegenstandes, der zum vollen oder teilweisen VoSt-Abzug berechtigt hat, durch einen Unternehmer für den privaten Bedarf seines Personals einer sonstigen Leistung gegen Entgelt gleichgestellt. Es handelt sich bei der Pkw-Überlassung auch nicht um eine bloße Aufmerksamkeit.

Fall 204 Zusammenfassendes Beispiel

Lösung: Es liegt ein steuerbarer Umsatz i. S. d. § 1 Abs. 1 Nr. 1 UStG vor, da sämtliche fünf Tatbestandsmerkmale erfüllt sind.

Umsatzsteuer – Lösungen 513

Zwirn führt eine **Lieferung** i. S. d. § 3 Abs. 1 UStG aus; denn er verschafft dem Panther Verfügungsmacht an einem Gegenstand; hier an dem Kleintransporter.

Zwirn ist ein **Unternehmer** i. S. d. § 2 Abs. 1 UStG, da er eine gewerbliche Tätigkeit selbständig ausübt. Die Tätigkeit im Zusammenhang mit dem Getränkegroßhandel ist eine nachhaltige auf Einnahmeerzielung gerichtete Tätigkeit, die auf eigene Rechnung und auf eigene Verantwortung ausgeführt wird.

Der Verkauf des Kleintransporters stellt ein Hilfsgeschäft **im Rahmen des Unternehmens** des Zwirn dar. Es handelt sich um die Veräußerung eines Anlagegegenstandes. Auf die Nachhaltigkeit kommt es bei den Hilfsgeschäften nicht an.

Der Ort der Lieferung ist gem. § 3 Abs. 6 UStG dort, wo die Beförderung oder Versendung beginnt. Die Beförderung des Kleintransporters beginnt in Zwickau. Zwickau gehört zum **Inland** i. S. d. § 1 Abs. 2 UStG.

Die Lieferung wird auch **gegen Entgelt** erbracht. Zwirn und Panther sind zwei verschiedene Personen; der Lieferung des Zwirn steht die Zahlung des Kaufpreises durch Panther gegenüber, und es besteht eine innere Verknüpfung zwischen der Leistung und der Gegenleistung; denn Zwirn liefert den Kleintransporter, um den Kaufpreis zu erhalten.

Einfuhr   Fall 205

Lösung: Mächtig führt einen steuerbaren Umsatz i. S. d. § 1 Abs. 1 Nr. 4 UStG aus; denn es liegt eine Einfuhr eines Gegenstandes (Hobelbank) aus dem Drittlandsgebiet (Norwegen) in das Inland vor. Mächtig kann die entrichtete Einfuhrumsatzsteuer grundsätzlich als VoSt gem. § 15 Abs. 1 Nr. 2 UStG abziehen.

Innergemeinschaftlicher Erwerb   Fall 206

Lösung: Ambros führt einen steuerbaren Umsatz, einen innergemeinschaftlichen Erwerb im Inland gegen Entgelt, aus. Der Gegenstand, die Baumaschine, gelangt bei der Lieferung an Ambros aus dem Gebiet eines Mitgliedstaates (Niederlande) in das Gebiet eines anderen Mitgliedstaates (Deutschland); sowohl der Erwerber Ambros als auch der Lieferer Nike sind Unternehmer, die das Geschäft im Rahmen ihrer Unternehmen ausgeführt haben. Es liegt somit ein innergemeinschaftlicher Erwerb i. S. d. § 1a Abs. 1 UStG vor. Der Ort des innergemeinschaftlichen Erwerbs liegt gem. § 3d Satz 1 UStG im Inland, da sich der Gegenstand am Ende der Versendung in Amberg befindet. Der innergemeinschaftliche Erwerb wird auch gegen Entgelt ausgeführt.

Warenbewegung   Fall 207

Lösung: Bambi führt keinen steuerbaren Umsatz i. S. d. § 1 Abs. 1 Nr. 5 UStG aus. Ein innergemeinschaftlicher Erwerb i. S. d. § 1a Abs. 1 UStG liegt nicht vor, da der Gegenstand, die Ware, nicht aus dem Gebiet eines Mitgliedstaates in das Gebiet eines anderen Mitgliedstaates gelangt; die Ware wird innerhalb Belgiens transportiert. Es liegt somit kein steuerbarer Umsatz in Deutschland vor. Die Lieferung wird mit belgischer USt belastet.

Fall 208 Erwerb für das Unternehmen

Lösung: Chip muss den Erwerb des Weinkruges nicht in Deutschland der Umsatzbesteuerung unterwerfen. Es liegt kein steuerbarer Umsatz i. S. d. § 1 Abs. 1 Nr. 5 UStG vor. Der Gegenstand, der Weinkrug, gelangt aus dem Gebiet eines Mitgliedstaates (Spanien) in das Gebiet eines anderen Mitgliedstaates (Deutschland). Der Erwerber Chip ist auch Unternehmer gem. § 2 Abs. 1 UStG; aber der Gegenstand wird nicht für das Unternehmen des Chip erworben, sondern für sein Hobby, das Sammeln von Weinkrügen. Ein innergemeinschaftlicher Erwerb ist demzufolge nicht gegeben und damit auch kein steuerbarer Umsatz des Chip in Deutschland.

Fall 209 Verbringen

Lösung: Es liegt ein in Deutschland steuerbarer Umsatz gem. § 1 Abs. 1 Nr. 5 UStG vor. Gemäß § 1a Abs. 2 UStG gilt das Verbringen eines Gegenstandes des Unternehmens (Maschine) aus dem übrigen Gemeinschaftsgebiet (Italien) in das Inland durch einen Unternehmer zu seiner Verfügung, ausgenommen zu einer nur vorübergehenden Verwendung, als innergemeinschaftlicher Erwerb gegen Entgelt. Der Ort des innergemeinschaftlichen Erwerbs ist Dortmund, da sich der Gegenstand am Ende der Beförderung in Dortmund befindet. Dortmund gehört zum Inland i. S. d. § 1 Abs. 2 UStG.

Fall 210 Funktionsändernde Werkleistung

Lösung: Erle führt keinen steuerbaren Umsatz gem. § 1 Abs. 1 Nr. 5 UStG aus. Die Inanspruchnahme einer funktionsändernden Werkleistung wird seit 1. 1. 1996 nicht mehr als fiktiver innergemeinschaftlicher Erwerb behandelt. Leistender ist der Unternehmer Sirtaki, der eine Werkleistung ausführt. Der Leistungsort ist entsprechend § 3a Abs. 2 Nr. 3 Buchst. c UStG zu bestimmen.

Fall 211 Juristische Person des öffentlichen Rechts

Lösung: Das Finanzamt muss den Vorgang der USt unterwerfen, da es sich um einen steuerbaren Umsatz i. S. d. § 1 Abs. 1 Nr. 5 UStG handelt. Das Finanzamt als Organisationseinheit der Gebietskörperschaft Land ist eine juristische Person, die nicht Unternehmer ist. Das Finanzamt ist Erwerber i. S. d. § 1a Abs. 1 Nr. 2 UStG. Der Gegenstand, die Schreibtischstühle, gelangen bei der Lieferung aus dem Gebiet eines Mitgliedstaates (Niederlande) in das Gebiet eines anderen Mitgliedstaates (Deutschland). Der Lieferer ist Unternehmer (kein Kleinunternehmer), der die Stühle im Rahmen seines Unternehmens gegen Entgelt liefert. Es liegt somit ein innergemeinschaftlicher Erwerb gem. § 1a Abs. 1 UStG vor. Die Vorschrift des § 1a Abs. 3 UStG findet keine Anwendung, da die Erwerbsschwelle von 25 000 DM bei den großen Gebietskörperschaften Bund und Länder als überschritten gilt. Der Ort des innergemeinschaftlichen Erwerbs ist in Bad Bentheim, da sich die Stühle am Ende der Beförderung in Bad Bentheim befinden (§ 3d Satz 1 UStG). Bad Bentheim gehört zum Inland i. S. d. § 1 Abs. 2 UStG. Der Erwerb erfolgt auch gegen Entgelt.

Fall 212 Erwerbsschwelle

Lösung: Farig muss den Erwerb nicht in Deutschland der USt unterwerfen. Ein innergemeinschaftlicher Erwerb i. S. d. § 1a Abs. 1 UStG liegt gem. § 1a Abs. 3 UStG dann nicht vor, wenn der Erwerber u. a. ein Unternehmer ist, der nur steuerfreie Umsätze ausführt, die zum Ausschluss vom VoSt-Abzug führen, und darüber hinaus der Gesamtbetrag der Entgelte für Erwerbe den Betrag von 25 000 DM im vorangegangenen Kalenderjahr nicht überstiegen hat und im laufenden Kalenderjahr voraussichtlich nicht übersteigen wird. Farig führt nur steuerfreie Umsätze gem. § 4 Nr. 14 UStG aus, die gem. § 15 Abs. 2 Nr. 1 UStG zum Ausschluss des VoSt-Abzuges führen. Der Gesamtbetrag der Entgelte für Erwerbe hat weder im Jahre 2000 noch voraussichtlich im Jahre 2001 die Erwerbsschwelle von 25 000 DM überschritten. Da Farig auch nicht auf die Anwendung der Erwerbsschwelle gem. § 1a Abs. 4 UStG verzichtet hat, liegt kein innergemeinschaftlicher Erwerb und somit auch kein steuerbarer Umsatz gem. § 1 Abs. 1 Nr. 5 UStG vor.

Verbrauchsteuerpflichtige Waren   Fall 213

Lösung: Der Erwerb des Weines unterliegt als steuerbarer Umsatz gem. § 1 Abs. 1 Nr. 5 UStG der USt. Die Voraussetzungen für einen innergemeinschaftlichen Erwerb i. S. d. § 1a Abs. 1 UStG liegen vor, da der Wein bei der Lieferung von Frankreich nach Deutschland gelangt; der Erwerber Unternehmer ist, der den Wein für sein Unternehmen erwirbt, und auch der Lieferer Unternehmer ist, der den Wein im Rahmen seines Unternehmens gegen Entgelt liefert. § 1a Abs. 3 UStG (Erwerbsschwelle) ist gem. § 1a Abs. 5 UStG nicht anwendbar, da § 1a Abs. 3 UStG nicht für den Erwerb verbrauchsteuerpflichtiger Ware (z. B. alkoholischer Getränke) gilt. Es liegt somit ein innergemeinschaftlicher Erwerb vor. Der Ort des innergemeinschaftlichen Erwerbs liegt gem. § 3d Satz 1 UStG im Inland, da sich der Wein am Ende der Versendung in Deutschland befindet. Der Erwerb erfolgt auch gegen Entgelt. Die Erwerbsteuer kann von dem Kleinunternehmer nicht als VoSt abgezogen werden.

Ort des innergemeinschaftlichen Erwerbs   Fall 214

Lösung: Es liegt gem. § 1a Abs. 1 UStG ein innergemeinschaftlicher Erwerb vor. Der Gegenstand, die Maschine, gelangt bei der Lieferung aus dem Gebiet eines Mitgliedstaates (Schweden) in das Gebiet eines anderen Mitgliedstaates (Österreich). Der Erwerber Hell ist ein Unternehmer, der die Maschine für sein Unternehmen erworben hat. Der Lieferer Svensson ist ein Unternehmer, der die Maschine gegen Entgelt im Rahmen seines Unternehmens geliefert hat. Der Ort des innergemeinschaftlichen Erwerbs liegt gem. § 3d Satz 1 UStG in Österreich, da sich die Maschine am Ende der Beförderung in Wien befindet. § 3d Satz 2 UStG kommt nicht zur Anwendung, da Hell seine österreichische USt-IdNr. angegeben hat. Der innergemeinschaftliche Erwerb ist somit nicht in Deutschland, sondern in Österreich steuerbar.

Innergemeinschaftlicher Erwerb neuer Fahrzeuge   Fall 215

Lösung: Pfiffig führt einen steuerbaren Umsatz i. S. d. § 1 Abs. 1 Nr. 5 UStG aus. Der Erwerb eines neuen Fahrzeugs durch eine Privatperson ist gem. § 1b Abs. 1 UStG als innergemeinschaftlicher Erwerb anzusehen, wenn das neue Fahrzeug aus dem Gebiet eines Mitgliedstaates (hier: Frankreich) in das Gebiet eines anderen Mitgliedstaates (hier: Deutschland) gelangt. Es handelt sich auch um ein neues Fahrzeug gem. § 1b Abs. 3 UStG, da der Pkw nicht mehr als 6 000 km zurückgelegt hat. Der Ort des innergemeinschaftlichen Erwerbs ist gem. § 3d Satz 1 UStG dort, wo sich der Gegenstand am

Ende der Beförderung befindet, dies ist im Inland. Da der Erwerb des Pkw auch gegen Entgelt erfolgt, sind sämtliche Voraussetzungen für einen steuerbaren Umsatz gem. § 1 Abs. 1 Nr. 5 UStG erfüllt. Es ist eine Fahrzeugeinzelbesteuerung gem. §§ 16 Abs. 5a, 18 Abs. 5a UStG durchzuführen.

Fall 216 Innergemeinschaftlicher Erwerb gebrauchter Fahrzeuge

Lösung: Pfiffig führt keinen steuerbaren Umsatz i. S. d. § 1 Abs. 1 Nr. 5 UStG aus. Der Pkw ist nicht als neues Fahrzeug gem. § 1b Abs. 3 UStG anzusehen, da er mehr als 6 000 km zurückgelegt hat und seine erste Inbetriebnahme im Zeitpunkt des Erwerbs mehr als sechs Monate zurücklag. Da kein neues Fahrzeug erworben wird, ist § 1b UStG nicht anzuwenden. § 1a UStG greift nicht, da Pfiffig weder ein Unternehmer noch eine juristische Person ist. Somit liegt kein innergemeinschaftlicher Erwerb vor und damit auch kein steuerbarer Umsatz i. S. d. § 1 Abs. 1 Nr. 5 UStG. Der Umsatz (Lieferung Pkw) ist in Frankreich der USt zu unterwerfen. Steuerschuldner ist der französische Unternehmer.

Fall 217 Geschäftsveräußerung

Lösung: Es liegt ein nicht steuerbarer Umsatz i. S. d. § 1 Abs. 1a UStG vor. Es handelt sich um eine Geschäftsveräußerung im Ganzen, da das Unternehmen im Ganzen entgeltlich übereignet wird. Die Umsätze werden auch an einen anderen Unternehmer für dessen Unternehmen ausgeführt und unterliegen kraft gesetzlicher Regelung (§ 1 Abs. 1a UStG) nicht der USt.

Fall 218 Steuerbefreiungen

Lösung: Die Frage der Steuerfreiheit oder Steuerpflicht stellt sich nicht, da die Lieferung des Kölsch bereits nicht steuerbar ist. Der Ort der Lieferung des Kölsch ist gem. § 3 Abs. 6 UStG in Wien, da in Wien die Beförderung durch den Abnehmer beginnt. Wien gehört nicht zum Inland i. S. d. § 1 Abs. 2 UStG.

Fall 219 Ausfuhr

Lösung: Die Lieferung des Lange ist steuerbar gem. § 1 Abs. 1 Nr. 1 UStG und steuerfrei gem. § 4 Nr. 1 Buchst. a UStG i. V. m. § 6 Abs. 1 Nr. 1 UStG. Es handelt sich um eine Ausfuhrlieferung, da der Lieferer Lange die Gegenstände der Lieferung in das Drittlandsgebiet (Polen) befördert hat. Die Ausfuhrlieferung ist steuerfrei. Das Vorliegen eines ausländischen Abnehmers ist für die Steuerbefreiung hier nicht erforderlich.

Fall 220 Ausländischer Abnehmer

Lösung: Die gem. § 1 Abs. 1 Nr. 1 UStG steuerbare Lieferung des Mini ist steuerpflichtig, da eine Steuerbefreiung i. S. d. § 4 UStG nicht in Betracht kommt. Insbesondere liegt keine Ausfuhrlieferung gem. § 6 UStG vor, da der Abnehmer Maxi die Nähmaschinen in das Drittlandsgebiet (Schweiz) befördert hat und kein ausländischer Abnehmer i. S. d. § 6 Abs. 2 UStG ist. Da keine Ausfuhrlieferung vorliegt, kommt die Steuerbefreiung gem. § 4 Nr. 1 Buchst. a UStG nicht zur Anwendung. Der Umsatz ist steuerpflichtig.

Innergemeinschaftliche Lieferung

Fall 221

Lösung: Die Lieferungen des Neu sind steuerbar gem. § 1 Abs. 1 Nr. 1 UStG; Leistungsort ist gem. § 3 Abs. 6 UStG Nürnberg. Die Lieferungen sind als innergemeinschaftliche Lieferungen steuerfrei gem. § 4 Nr. 1 Buchst. b UStG. Eine innergemeinschaftliche Lieferung i. S. d. § 6a Abs. 1 UStG liegt vor, da der Gegenstand aus dem Inland in das übrige Gemeinschaftsgebiet (Belgien) befördert wurde; der Abnehmer Alt ein Unternehmer ist, der den Gegenstand für sein Unternehmen erworben hat und der Erwerb bei Alt in Belgien den Vorschriften der Umsatzbesteuerung (innergemeinschaftlicher Erwerb) unterliegt. Die innergemeinschaftliche Lieferung ist steuerfrei.

Tatsächliche Warenbewegung

Fall 222

Lösung: Die Lieferungen des Neu sind steuerbar gem. § 1 Abs. 1 Nr. 1 UStG und mangels einer Steuerbefreiung i. S. d. § 4 UStG auch steuerpflichtig. Insbesondere liegt keine innergemeinschaftliche Lieferung i. S. d. § 6a UStG vor; denn der Gegenstand der Lieferung ist nicht in das übrige Gemeinschaftsgebiet gelangt. Der Gegenstand ist im Inland verblieben. Da keine innergemeinschaftliche Lieferung gegeben ist, kommt auch § 4 Nr. 1 Buchst. b UStG nicht zur Anwendung. Da auch keine andere Steuerbefreiung in Betracht kommt, ist der Umsatz steuerpflichtig.

Erwerb für das Unternehmen

Fall 223

Lösung: Die Lieferung des Neu ist steuerbar gem. § 1 Abs. 1 Nr. 1 UStG und steuerpflichtig. Eine Steuerbefreiung i. S. d. § 4 Nr. 1 Buchst. b UStG kommt nicht in Betracht, da keine innergemeinschaftliche Lieferung i. S. d. § 6a Abs. 1 UStG vorliegt. Der Abnehmer Rossi ist zwar Unternehmer, er erwirbt den Computer aber nicht für sein Unternehmen; § 6a Abs. 1 Nr. 2 UStG ist somit nicht erfüllt.

Verkauf eines neuen Fahrzeugs

Fall 224

Lösung: Die Lieferung des Pkw ist ein Hilfsgeschäft im Rahmen des Unternehmens des Neu. Der Ort der Lieferung ist gem. § 3 Abs. 6 UStG Nürnberg. Da auch die übrigen Voraussetzungen des § 1 Abs. 1 Nr. 1 UStG erfüllt sind, ist der Umsatz steuerbar. Der steuerbare Umsatz ist steuerfrei gem. § 4 Nr. 1 Buchst. b UStG i. V. m. § 6a Abs. 1 UStG. Der Pkw gelangt aus dem Inland in das übrige Gemeinschaftsgebiet (Dänemark). Da es sich um die Lieferung eines neuen Pkw i. S. d. § 1b Abs. 3 UStG handelt, kommt es gem. § 6a Abs. 1 Nr. 2 Buchst. c UStG auf den Abnehmerstatus nicht an. Der Erwerb unterliegt auch in Dänemark der Besteuerung (Fahrzeugeinzelbesteuerung). Da sämtliche Voraussetzungen des § 6a Abs. 1 UStG vorliegen, handelt es sich um eine innergemeinschaftliche Lieferung, die gem. § 4 Nr. 1 Buchst. b UStG steuerfrei ist.

Verbringen eines Gegenstandes

Fall 225

Lösung: Neu erbringt Lieferungen i. S. d. § 3 Abs. 1a UStG; denn als Lieferung gegen Entgelt gilt das Verbringen eines Gegenstandes des Unternehmens aus dem Inland in das übrige Gemeinschaftsgebiet (Österreich) zu seiner Verfügung, ausgenommen zu einer nur vorübergehenden Verwendung. Neu gilt als Lieferer. Die Lieferungen sind steuerbar gem. § 1 Abs. 1 Nr. 1 UStG. Diese steuerbaren Lieferungen sind steuerfrei gem. § 4 Nr. 1 Buchst. b UStG. Gemäß § 6a Abs. 2 UStG gilt als innergemeinschaftliche Lieferung das einer Lieferung gleichgestellte Verbringen eines Gegenstandes. Die innergemeinschaftliche Lieferung ist steuerfrei gem. § 4 Nr. 1 Buchst. b UStG. Neu muss in Österreich den Erwerb der Besteuerung unterwerfen.

Fall 226 Werkleistung

Lösung: Die sonstige Leistung des Wasser gilt seit dem 1. 1. 1996 nicht mehr als Lieferung gegen Entgelt. Der Ort der Werkleistung ist gem. § 3a Abs. 2 Nr. 3 Buchst. c UStG grundsätzlich Oldenburg, da Wasser hier zum wesentlichen Teil tätig wird. Da der Leistungsempfänger Luft aber gegenüber Wasser seine luxemburgische USt-IdNr. verwendet hat und der Gegenstand nicht im Inland verbleibt, gilt die Leistung gem. § 3a Abs. 2 Nr. 3 Buchst. c Sätze 2 und 3 UStG als in Luxemburg ausgeführt. Die Werkleistung ist somit in der Bundesrepublik Deutschland nicht steuerbar.

Fall 227 Vermittlungsleistung

Lösung: Die Vermittlungsleistung des Pan ist steuerbar gem. § 1 Abs. 1 Nr. 1 UStG; Ort der Leistung ist gem. § 3a Abs. 2 Nr. 4 UStG Ulm, da der vermittelte Umsatz gem. § 3 Abs. 6 UStG in Ulm als ausgeführt gilt. Die steuerbare Vermittlungsleistung ist auch steuerpflichtig, da die Voraussetzungen für eine Steuerbefreiung i. S. d. § 4 UStG nicht vorliegen. Insbesondere § 4 Nr. 5 Buchst. a UStG kommt nicht zur Anwendung, da der vermittelte Umsatz nicht unter § 4 Nr. 1 Buchst. a UStG (Ausfuhrlieferung), sondern unter § 4 Nr. 1 Buchst. b UStG fällt. Da auch eine andere Steuerbefreiung nicht in Betracht kommt, ist der Umsatz steuerpflichtig.

Fall 228 Kreditgewährung

Lösung: Renner erbringt sowohl eine Lieferung als auch eine sonstige Leistung gegenüber Dick. Die Lieferung ist steuerbar gem. § 1 Abs. 1 Nr. 1 UStG und mangels einer Steuerbefreiung auch steuerpflichtig. Die sonstige Leistung, die Kreditgewährung, ist steuerbar gem. § 1 Abs. 1 Nr. 1 UStG; Ort der sonstigen Leistung ist gem. § 3a Abs. 4 Nr. 6 Buchst. a UStG i. V. m. § 3a Abs. 3 UStG i. V. m. § 3a Abs. 1 UStG Remscheid. Die sonstige Leistung ist als Kreditgewährung steuerfrei gem. § 4 Nr. 8 Buchst. a UStG.

Fall 229 Grundstücksumsatz

Lösung: Es handelt sich um einen steuerbaren Umsatz i. S. d. § 1 Abs. 1 Nr. 1 UStG; denn Schwarz entnimmt einen Gegenstand (bebautes Grundstück) aus seinem Unternehmen für Zwecke, die außerhalb seines Unternehmens liegen. Die Entnahme steht gem. § 3 Abs. 1b Nr. 1 UStG einer Lieferung gegen Entgelt gleich. Ort der Lieferung ist gem. § 3f UStG Stuttgart. Dieser steuerbare Umsatz ist gem. § 4 Nr. 9 Buchst. a UStG steuerfrei, da es sich um einen Umsatz handelt, der unter das Grunderwerbsteuergesetz fällt.

Fall 230 Vermietungsumsatz

Lösung: Tüchtig erbringt sonstige Leistungen i. S. d. § 3 Abs. 9 UStG. Der Ort der sonstigen Leistungen ist Trier gem. § 3a Abs. 2 Nr. 1 Buchst. a UStG. Die sonstigen Leistungen sind steuerbar gem. § 1 Abs. 1 Nr. 1 UStG. Die Vermietungsleistung an die Stadt Trier ist als langfristige Vermietung steuerfrei gem. § 4 Nr. 12 Buchst. a UStG. Die

Vermietungsleistungen hinsichtlich der übrigen zwanzig Zimmer sind steuerpflichtig gem. § 4 Nr. 12 Satz 2 UStG; denn es handelt sich um die Vermietung von Wohn- und Schlafräumen, die ein Unternehmer zur kurzfristigen Beherbergung von Fremden bereithält.

Arztleistung   Fall 231

Lösung: Unsinn erbringt steuerbare sonstige Leistungen i. S. d. § 1 Abs. 1 Nr. 1 UStG. Die reine Arzttätigkeit stellt eine steuerfreie Leistung gem. § 4 Nr. 14 UStG dar. Die schriftstellerische Tätigkeit und die Vortragstätigkeit sind dagegen nicht steuerfrei gem. § 4 Nr. 14 UStG, da es sich nicht um typische Arzttätigkeiten handelt. Mangels einer anderen Steuerbefreiung sind diese Umsätze steuerpflichtig.

Versicherungsvertreter   Fall 232

Lösung: Der Verkauf des Pkw stellt ein Hilfsgeschäft im Rahmen des Unternehmens des Vilmar dar. Da alle Tatbestandsmerkmale des § 1 Abs. 1 Nr. 1 UStG vorliegen, handelt es sich um einen steuerbaren Umsatz. Dieser steuerbare Umsatz ist steuerfrei gem. § 4 Nr. 28 UStG; denn Vilmar hatte den Pkw ausschließlich für eine nach § 4 Nr. 11 UStG steuerfreie Tätigkeit verwendet. Die Steuerbefreiung des § 4 Nr. 11 UStG greift für den Verkauf des Pkw nicht, da dieser Umsatz kein berufstypischer Umsatz für einen Versicherungsvertreter ist.

Steuerbefreiung beim innergemeinschaftlichen Erwerb   Fall 233

Lösung: Duft erbringt einen innergemeinschaftlichen Erwerb im Inland gegen Entgelt und somit einen steuerbaren Umsatz gem. § 1 Abs. 1 Nr. 5 UStG. Die Voraussetzungen für einen innergemeinschaftlichen Erwerb gem. § 1a Abs. 1 UStG sind erfüllt; Ort des Erwerbs ist gem. § 3d Satz 1 UStG Duisburg, und der Erwerb erfolgt auch gegen Entgelt. Dieser steuerbare Umsatz ist steuerfrei gem. § 4b Nr. 4 UStG, da der erworbene Gegenstand, die Maschine, zur Ausführung einer steuerfreien Ausfuhrlieferung gem. § 4 Nr. 1 Buchst. a UStG in die Schweiz verwendet wird und für eine steuerfreie Ausfuhrlieferung der Ausschluss vom VoSt-Abzug gem. § 15 Abs. 3 Nr. 1 UStG nicht eintritt.

Option   Fall 234

Lösung: Winzig kann nur hinsichtlich der an den Rechtsanwalt vermieteten Räume auf die Steuerbefreiung gem. § 9 Abs. 1 UStG verzichten. Winzig erbringt hinsichtlich der drei vermieteten Wohnungen steuerbare und grundsätzlich steuerfreie sonstige Leistungen gem. § 4 Nr. 12 Buchst. a UStG. Er kann einen Umsatz, der u. a. nach § 4 Nr. 12 UStG steuerfrei ist, als steuerpflichtig behandeln, wenn der Umsatz an einen anderen Unternehmer für dessen Unternehmen ausgeführt wird. Winzig kann somit nur insoweit auf die Steuerbefreiung verzichten, als er an den Rechtsanwalt (Unternehmer) für dessen Unternehmen vermietet. Bezüglich der selbstgenutzten Wohnung liegt ein steuerbarer Umsatz i. S. d. § 3 Abs. 9a Satz 1 Nr. 1 UStG i. V. m. § 1 Abs. 1 Nr. 1 UStG vor. Dieser steuerbare Umsatz ist steuerfrei gem. § 4 Nr. 12 Buchst. a UStG. Eine Option gem. § 9 Abs. 1 UStG kommt nicht in Betracht, da der Umsatz nicht an einen **anderen** Unternehmer ausgeführt wird.

Fall 235 Einschränkung der Option

Lösung: Julia kann hinsichtlich der Vermietungsumsätze nicht auf die Steuerbefreiung verzichten. Julia erbringt mit der Vermietung steuerbare Umsätze i. S. d. § 1 Abs. 1 Nr. 1 UStG. Diese steuerbaren Umsätze sind steuerfrei gem. § 4 Nr. 12 Buchst. a UStG. Gemäß § 9 Abs. 1 UStG könnte Julia die Umsätze als steuerpflichtig behandeln, da der Umsatz an einen anderen Unternehmer (den Ehemann) für dessen Unternehmen ausgeführt wird. Die Verzichtsmöglichkeit wird durch § 9 Abs. 2 UStG eingeschränkt; danach ist der Verzicht auf die Steuerbefreiung bei neuen Objekten gem. § 27 Abs. 2 UStG nur zulässig, soweit der Leistungsempfänger (der Ehemann) das Grundstück ausschließlich für Umsätze verwendet, die den VoSt-Abzug nicht ausschließen. Da der Ehemann das Grundstück für steuerfreie Umsätze gem. § 4 Nr. 14 UStG verwendet und somit ein VoSt-Abzug ausgeschlossen ist, kommt ein Verzicht auf die Steuerbefreiung für Julia nicht in Betracht.

Fall 236 Entgelt

Lösung: Apfelkorn erbringt steuerbare Umsätze i. S. d. § 1 Abs. 1 Nr. 1 UStG. Es handelt sich um sonstige Leistungen gem. § 3 Abs. 9 UStG; Apfelkorn ist Unternehmer gem. § 2 Abs. 1 UStG, der die Getränke im Rahmen seines Unternehmens veräußert; Ort der sonstigen Leistungen ist gem. § 3a Abs. 1 UStG Aalen, und die Leistungen werden gegen Entgelt ausgeführt. Die steuerbaren Umsätze sind auch steuerpflichtig, da eine Befreiungsvorschrift i. S. d. § 4 UStG nicht in Betracht kommt. Bemessungsgrundlage für die Leistungen ist das Entgelt i. S. d. § 10 Abs. 1 UStG. Entgelt ist alles, was der Leistungsempfänger aufwendet, um die Leistung zu erhalten, jedoch abzüglich der USt. Die Bemessungsgrundlage beträgt somit: 34 800 DM : 1,16 = 30 000 DM.

Fall 237 Bemessungsgrundlage bei zu niedrigem Steuerausweis

Lösung: Bemessungsgrundlage für die steuerbare und steuerpflichtige Lieferung der Stereoanlage ist gem. § 10 Abs. 1 UStG das Entgelt. Der Leistungsempfänger wendet insgesamt 5 350 DM auf; aus diesem Betrag ist die USt in der zutreffenden gesetzlichen Höhe herauszurechnen. Der Steuersatz beträgt 16 %. Die Bemessungsgrundlage beträgt somit: 5 350 DM : 1,16 = 4 612,07 DM. Berg schuldet – unabhängig von einer Rechnung – USt in Höhe von 737,93 DM.

Fall 238 Bemessungsgrundlage bei zu hohem Steuerausweis

Lösung: Bemessungsgrundlage für die steuerbare und steuerpflichtige Lieferung des Gemäldes ist gem. § 10 Abs. 1 UStG das Entgelt. Der Leistungsempfänger Pal wendet insgesamt 11 600 DM auf; aus diesem Betrag ist die zutreffende USt herauszurechnen. Der zutreffende Steuersatz beträgt 7 %. Die Bemessungsgrundlage beträgt somit: 11 600 DM : 1,07 = 10 841,12 DM. Zusätzlich zu der gesetzlichen USt in Höhe von 758,88 DM schuldet Camen noch die in der Rechnung zu viel ausgewiesene USt gem. § 14 Abs. 2 UStG in Höhe von 841,12 DM. Eine Rechnungsberichtigung wäre gem. § 14 Abs. 2 Satz 2 UStG möglich.

Zusätzliches Entgelt

Fall 239

Lösung: Dach führt eine steuerbare und steuerpflichtige sonstige Leistung aus. Bemessungsgrundlage ist gem. § 10 Abs. 1 UStG das Entgelt. Entgelt ist alles, was der Leistungsempfänger aufwendet, um die Leistung zu erhalten, jedoch abzüglich der USt. Boden wendet insgesamt 3 000 DM auf. Die Bemessungsgrundlage für die sonstige Leistung beträgt demnach: 3 000 DM : 1,16 = 2 586,21 DM. Danach ergibt sich eine USt in Höhe von 413,79 DM.

Bemessungsgrundlage bei einem steuerfreien Umsatz

Fall 240

Lösung: Die Lieferung des Ernst ist steuerbar gem. § 1 Abs. 1 Nr. 1 UStG. Der Ort der Lieferung ist gem. § 3 Abs. 6 UStG Erlangen. Die steuerbare Lieferung ist steuerfrei gem. § 4 Nr. 1 Buchst. a UStG; denn es handelt sich um eine Ausfuhrlieferung gem. § 6 Abs. 1 Nr. 1 UStG. Bemessungsgrundlage für die Lieferung ist gem. § 10 Abs. 1 UStG das Entgelt. Das Entgelt beträgt 2 000 DM. Eine Herausrechnung der USt kommt nicht in Betracht, da in dem Preis für eine steuerfreie Leistung keine USt enthalten ist. § 14 Abs. 2 UStG kommt nicht zur Anwendung, da Ernst keine USt gesondert ausgewiesen hat. Die Bezeichnung „einschließlich USt" stellt keinen gesonderten Steuerausweis dar.

Bemessungsgrundlage beim innergemeinschaftlichen Erwerb

Fall 241

Lösung: Fuchs erbringt einen steuerbaren Umsatz i. S. d. § 1 Abs. 1 Nr. 5 UStG; einen innergemeinschaftlichen Erwerb (§ 1a Abs. 1 UStG) im Inland (§ 3d UStG) gegen Entgelt. Dieser steuerbare Umsatz ist mangels einer Steuerbefreiung i. S. d. § 4b UStG auch steuerpflichtig. Bemessungsgrundlage ist gem. § 10 Abs. 1 UStG das Entgelt. Das Entgelt beträgt 65 000 DM; eine Herausrechnung der USt kommt nicht in Betracht, da es sich auf der Seite des Metz um eine steuerfreie Lieferung handelt und in dem Preis demzufolge keine USt enthalten ist. Die Transportkosten teilen das Schicksal der Hauptleistung.

Bemessungsgrundlage bei der Entnahme

Fall 242

Lösung: Greif erbringt eine Lieferung gegen Entgelt gem. § 3 Abs. 1b Nr. 1 UStG im Inland (§ 3f UStG); also einen steuerbaren Umsatz. Dieser steuerbare Umsatz ist steuerpflichtig. Bemessungsgrundlage gem. § 10 Abs. 4 Nr. 1 UStG ist der Einkaufspreis zzgl. Nebenkosten für den Gegenstand oder für einen gleichartigen Gegenstand zum Zeitpunkt des Umsatzes. Die USt gehört nicht zur Bemessungsgrundlage. Die Bemessungsgrundlage beträgt somit: 15 000 DM : 1,16 = 12 931,03 DM. Die USt beläuft sich demzufolge auf 2 068,97 DM.

Bemessungsgrundlage bei der Verwendung eines unternehmerischen Gegenstandes

Fall 243

Lösung: Hirsch erbringt einen steuerbaren Umsatz i. S. d. § 3 Abs. 9a Satz 1 Nr. 1 UStG i. V. m. § 1 Abs. 1 Nr. 1 UStG. Dieser Umsatz ist mangels einer Steuerbefreiung i. S. d. § 4 UStG steuerpflichtig. Bemessungsgrundlage sind gem. § 10 Abs. 4 Nr. 2 UStG die Kosten. In die Bemessungsgrundlage sind allerdings nur die Kosten einzubeziehen, die einen VoSt-Abzug ermöglicht haben. Nicht in die Bemessungsgrundlage sind somit die Kfz-Steuer und die Kfz-Versicherung einzubeziehen. Die anteiligen Kosten belaufen sich auf 25 % von 16 500 DM = 4 125 DM. Die USt beträgt somit 16 % von 4 125 DM = 660,00 DM. In den Fällen, in denen kein Fahrtenbuch geführt wird, kann die Bemessungsgrundlage mit Hilfe der 1 %-Regelung oder anhand einer sachgerechten Schätzung ermittelt werden.

Fall 244 Mindestbemessungsgrundlage

Lösung: Eifrig erbringt einen steuerbaren Umsatz gem. § 1 Abs. 1 Nr. 1 UStG. Dieser steuerbare Umsatz ist zu 16 % steuerpflichtig. Bemessungsgrundlage ist gem. § 10 Abs. 1 UStG grundsätzlich das Entgelt; dieses beträgt 20 000 DM. Da es sich bei Sven allerdings um eine nahe stehende Person handelt, ist § 10 Abs. 5 Nr. 1 UStG zu berücksichtigen. Hiernach ist bei Leistungen an nahe stehende Personen § 10 Abs. 4 UStG anzuwenden, wenn die Bemessungsgrundlage nach § 10 Abs. 4 UStG das Entgelt nach § 10 Abs. 1 UStG übersteigt. Bemessungsgrundlage nach § 10 Abs. 4 Nr. 1 UStG ist der Einkaufspreis abzgl. USt; d. h. 34 800 DM : 1,16 = 30 000 DM. Da die Bemessungsgrundlage nach § 10 Abs. 4 Nr. 1 UStG die Bemessungsgrundlage nach § 10 Abs. 1 UStG übersteigt, ist die Bemessungsgrundlage für den Umsatz des Eifrig mit 30 000 DM zu berücksichtigen.

Fall 245 Bemessungsgrundlage beim Verbringen

Lösung: Das Verbringen der Felgen aus dem Inland in das übrige Gemeinschaftsgebiet gilt gem. § 3 Abs. 1a UStG als Lieferung gegen Entgelt. Die Lieferung ist steuerbar gem. § 1 Abs. 1 Nr. 1 UStG. Sie ist als innergemeinschaftliche Lieferung i. S. d. § 6a Abs. 2 UStG steuerfrei gem. § 4 Nr. 1 Buchst. b UStG. Bemessungsgrundlage für das Verbringen ist nach § 10 Abs. 4 Nr. 1 UStG der Einkaufspreis zzgl. Nebenkosten für den Gegenstand oder für einen gleichartigen Gegenstand zum Zeitpunkt des Umsatzes. Die USt gehört nicht zur Bemessungsgrundlage. Die Bemessungsgrundlage für den Umsatz beträgt somit 30 000 DM. Knausrig muss den Erwerb und den späteren Verkauf in Italien der Besteuerung unterwerfen.

Fall 246 Bemessungsgrundlage beim Tausch

Lösung: Listig erbringt einen steuerbaren Umsatz i. S. d. § 1 Abs. 1 Nr. 1 UStG. Dieser steuerbare Umsatz ist steuerpflichtig. Es handelt sich um einen Tausch mit Baraufgabe, da das Entgelt für die Lieferung des neuen Pkw teilweise in einer Lieferung besteht (§ 3 Abs. 12 UStG). Beim Tausch gilt gem. § 10 Abs. 2 UStG der Wert jedes Umsatzes als Entgelt für den anderen Umsatz. Die USt gehört nicht zum Entgelt. Bemessungsgrundlage für die Lieferung des Listig ist somit der zugezahlte Betrag in Höhe von 38 280 DM und der Wert des gebrauchten Pkw in Höhe von 8 120 DM = 46 400 DM abzgl. der USt; also 46 400 DM : 1,16 = 40 000 DM.

Fall 247 Erhöhung des Steuersatzes

Lösung: Müller führt eine steuerbare und steuerpflichtige Lieferung an Adalbert aus. Lieferzeitpunkt ist der 11. 6. 1998. Der Steuersatz beträgt ab dem 1. 4. 1998 16 %; entscheidend ist der Zeitpunkt der Lieferung und nicht der Zeitpunkt des Vertragsabschlusses. Es ergibt sich somit für Müller eine Bemessungsgrundlage in Höhe von 80 000 DM : 1,16 = 68 965,52 DM und eine USt in Höhe von 11 034,48 DM.

Verzehr an Ort und Stelle **Fall 248**

Lösung: Mit dem Verkauf der Getränke und der Speisen erbringt Bärig sonstige Leistungen, die steuerbar und mangels einer Steuerbefreiung i. S. d. § 4 UStG auch steuerpflichtig sind. Der Steuersatz beträgt für sämtliche Leistungen 16 %. § 12 Abs. 2 Nr. 1 UStG findet keine Anwendung.

Steuersatz beim innergemeinschaftlichen Erwerb **Fall 249**

Lösung: Calmut erbringt einen steuerbaren Umsatz i. S. d. § 1 Abs. 1 Nr. 5 UStG. Es liegt ein innergemeinschaftlicher Erwerb gem. § 1a Abs. 1 UStG vor; Ort des innergemeinschaftlichen Erwerbs ist gem. § 3d Satz 1 UStG Coburg, und der Erwerb wird auch gegen Entgelt ausgeführt. Dieser steuerbare Umsatz ist steuerpflichtig. Bemessungsgrundlage ist gem. § 10 Abs. 1 UStG das Entgelt; also 5 000 DM. Der Steuersatz beträgt gem. § 12 Abs. 2 Nr. 1 UStG i. V. m. der Anlage zu § 12 Abs. 2 Nr. 1 und 2 UStG 7 %, da Tomaten in der Anlage aufgeführt sind. Die USt (Erwerbsteuer) beläuft sich somit auf 350 DM. Dieser Betrag kann auch als VoSt abgezogen werden (§ 15 Abs. 1 Nr. 3 UStG).

Theaterumsätze **Fall 250**

Lösung: Die Frage des Steuersatzes stellt sich nicht. Dynamo erbringt steuerbare Umsätze i. S. d. § 1 Abs. 1 Nr. 1 UStG. Diese steuerbaren Umsätze sind steuerfrei gem. § 4 Nr. 20 Buchst. a UStG; die für die Steuerbefreiung erforderliche Bescheinigung der zuständigen Landesbehörde liegt vor. Bemessungsgrundlage ist gem. § 10 Abs. 1 UStG das Entgelt; also 150 000 DM. Die Frage des Steuersatzes stellt sich bei steuerfreien Umsätzen nicht.

Verabreichung von Heilbädern **Fall 251**

Lösung: Die Saunabenutzung stellt eine unselbständige Nebenleistung zur Hauptleistung dar und teilt dessen umsatzsteuerliches Schicksal. Die einheitliche sonstige Leistung ist steuerbar gem. § 1 Abs. 1 Nr. 1 UStG und mangels einer Steuerbefreiung i. S. d. § 4 UStG auch steuerpflichtig. Der Steuersatz für die einheitliche Leistung beträgt gem. § 12 Abs. 1 UStG 16 %. Da die Verabreichung des Heilbades (Sauna) umsatzsteuerlich keine eigenständige Hauptleistung darstellt, kommt der ermäßigte Steuersatz gem. § 12 Abs. 2 Nr. 9 UStG nicht zur Anwendung.

Unrichtiger Steuerausweis **Fall 252**

Lösung: Zwirn hat die steuerbare und steuerpflichtige Lieferung der Bücher irrtümlich statt dem ermäßigten Steuersatz gem. § 12 Abs. 2 Nr. 1 UStG dem allgemeinen Steuersatz von 16 % unterworfen; also zu viel USt in der Rechnung ausgewiesen. Die Bemessungsgrundlage für die Lieferung beträgt gem. § 10 Abs. 1 UStG: 580 DM : 1,07 = 542,06 DM. Es ergibt sich eine gesetzliche USt in Höhe von 37,94 DM. Da Zwirn in der Rechnung für die Lieferung einen höheren Steuerbetrag, als er nach dem UStG für die Lieferung schuldet, gesondert ausgewiesen hat, schuldet er gem. § 14 Abs. 2 UStG auch den Mehrbetrag. Der Mehrbetrag beläuft sich auf 42,06 DM. Eine Berichtigung des Steuerbetrages gegenüber dem Leistungsempfänger ist nach § 14 Abs. 2 Satz 2 UStG möglich.

Fall 253 Unberechtigter Steuerausweis

Lösung: Die Lieferung des Pkw fällt nicht in den Rahmen des Unternehmens des Wuchtig, d. h. es liegt kein steuerbarer Umsatz i. S. d. § 1 Abs. 1 UStG vor. Da Wuchtig in einer Rechnung mit gesondertem Steuerausweis über eine Leistung, die er nicht im Rahmen seines Unternehmens, sondern als Privatperson, ausgeführt hat, abgerechnet hat, schuldet er den ausgewiesenen Betrag in Höhe von 1 600 DM gem. § 14 Abs. 3 UStG. Im Gegensatz zu § 14 Abs. 2 UStG sieht § 14 Abs. 3 UStG die Möglichkeit einer Rechnungsberichtigung nicht vor.

Fall 254 Änderung der Bemessungsgrundlage

Lösung: Tief erbringt im Mai 2000 eine steuerbare und steuerpflichtige Lieferung an Hoch. Bemessungsgrundlage ist im Mai das vereinbarte Entgelt in Höhe 20 000 DM; Tief muss in seiner Voranmeldung für Mai 3 200 DM USt ausweisen. Da der Leistungsempfänger Hoch letztlich nur insgesamt 20 000 DM für die Lieferung aufgewendet hat, ändert sich die Bemessungsgrundlage für den Umsatz gem. § 17 Abs. 2 Nr. 1 UStG; denn das vereinbarte Entgelt ist teilweise uneinbringlich geworden. Die Berichtigung ist in dem Besteuerungszeitraum vorzunehmen, in dem die Änderung eingetreten ist; also im September 2000. Die USt des Tief aus diesem Umsatz reduziert sich auf 2 758,62 DM; der Minderbetrag in Höhe von 441,38 DM USt ist in der Voranmeldung für September 2000 zu berücksichtigen. Die Abtretung der Forderung an das Inkassobüro führt noch nicht zur Uneinbringlichkeit der Forderung gegenüber Hoch. Die Abtretung der Forderung ist ein steuerbarer, aber gem. § 4 Nr. 8 Buchst. c UStG steuerfreier Umsatz.

Fall 255 Reiseleistungen

Lösung: Die Leistung des Sauer stellt eine Reiseleistung i. S. d. § 25 Abs. 1 UStG dar; Sauer tritt gegenüber dem privaten Leistungsempfänger im eigenen Namen auf und nimmt Reisevorleistungen (Bahnfahrt, Hotelunterkunft) in Anspruch. Es handelt sich um eine sonstige Leistung. Der Ort der sonstigen Leistung ist gem. § 25 Abs. 1 Satz 4 UStG i. V. m. § 3a Abs. 1 UStG in Steinfurt, da Sauer von Steinfurt aus sein Unternehmen betreibt. Der steuerbare Umsatz ist auch steuerpflichtig, da § 25 Abs. 2 UStG nicht zur Anwendung kommt. Bemessungsgrundlage für den Umsatz ist der Unterschiedsbetrag zwischen dem vom Leistungsempfänger aufgewendeten Betrag und dem für die Reisevorleistungen aufgewendeten Betrag. Die USt gehört nicht zur Bemessungsgrundlage. Es ergibt sich ein Unterschiedsbetrag in Höhe von 320 DM und eine Bemessungsgrundlage in Höhe von 320 DM : 1,16 = 275,86 DM. Die USt beläuft sich auf 44,14 DM.

Fall 256 Differenzbesteuerung

Lösung: Rübe erbringt eine steuerbare und steuerpflichtige Leistung i. S. d. § 1 Abs. 1 Nr. 1 UStG. Da Rübe ein Wiederverkäufer i. S. d. § 25a Abs. 1 Nr. 1 UStG ist, für die im Inland ausgeführte Lieferung der Waschmaschine an Rübe keine USt geschuldet wurde, und es sich nicht um Edelsteine oder Edelmetalle handelt, ist die Differenzbesteuerung anwendbar. Rübe hat auch nicht auf die Anwendung der Differenzbesteuerung gem. § 25a Abs. 8 UStG verzichtet. Der Umsatz wird bei Lieferungen nach dem Betrag bemessen, um den der Verkaufspreis den Einkaufspreis übersteigt. Die USt gehört nicht zur Bemessungsgrundlage. Der übersteigende Betrag beläuft sich auf 150 DM; die

Bemessungsgrundlage beträgt somit 150 DM : 1,16 = 129,31 DM. Es entsteht eine USt in Höhe von 20,69 DM.

Besteuerung nach vereinbarten Entgelten   Fall 257

Lösung: Anker erbringt eine steuerbare und zu 16 % steuerpflichtige Werklieferung. Der Werklieferungsvertrag wird mit der Übergabe und Abnahme des fertig gestellten Werks erfüllt; der Auftraggeber erhält die Verfügungsmacht mit der Übergabe des fertig gestellten Werks. Der Zeitpunkt der Werklieferung ist somit der 1. 6. 2001. Die USt entsteht gem. § 13 Abs. 1 Nr. 1 Buchst. a UStG mit Ablauf des Voranmeldungszeitraums, in dem die Leistung ausgeführt wird; also mit Ablauf des Monats Juni 2001. Anker muss den Umsatz und die USt in Höhe von 32 000 DM in der USt-Voranmeldung für Juni 2001 anmelden.

Besteuerung nach vereinnahmten Entgelten   Fall 258

Lösung: Bissig erbringt eine steuerbare und zu 16 % steuerpflichtige sonstige Leistung. Die Bemessungsgrundlage für die sonstige Leistung beträgt 5 000 DM; die USt beträgt 800 DM. Die USt in Höhe von 800 DM entsteht gem. § 13 Abs. 1 Nr. 1 Buchst. b UStG bei der Berechnung der Steuer nach vereinnahmten Entgelten mit Ablauf des Voranmeldungszeitraums, in dem das Entgelt vereinnahmt worden ist; also mit Ablauf des Monats Mai 2001.

Anzahlung   Fall 259

Lösung: Carl erbringt eine steuerbare und zu 16 % steuerpflichtige Werklieferung. Die Bemessungsgrundlage gem. § 10 Abs. 1 UStG beträgt 15 000 DM : 1,16 = 12 931,03 DM. Demnach ergibt sich eine USt in Höhe von 2 068,97 DM. Die USt entsteht gem. § 13 Abs. 1 Nr. 1 Buchst. a Satz 4 UStG in Höhe von 689,66 DM mit Ablauf des Voranmeldungszeitraums, in dem das Teilentgelt vereinnahmt wurde; also mit Ablauf des Monats April 2001. Der Restbetrag in Höhe von 1 379,31 DM USt entsteht gem. § 13 Abs. 1 Nr. 1 Buchst. a Satz 1 UStG mit Ablauf des Voranmeldungszeitraums, in dem die Leistung ausgeführt wurde; also mit Ablauf des Monats Juli 2001.

Entstehung beim innergemeinschaftlichen Erwerb   Fall 260

Lösung: Dunkel erbringt einen innergemeinschaftlichen Erwerb (§ 1a Abs. 1 UStG) im Inland (§ 3d Satz 1 UStG) gegen Entgelt; d. h. einen steuerbaren Umsatz i. S. d. § 1 Abs. 1 Nr. 5 UStG. Dieser steuerbare Umsatz ist auch steuerpflichtig. Bemessungsgrundlage ist gem. § 10 Abs. 1 UStG das Entgelt; also 10 000 DM. Die USt beträgt 16 % gem. § 12 Abs. 1 UStG. Die USt in Höhe von 1 600 DM entsteht gem. § 13 Abs. 1 Nr. 6 UStG mit Ausstellung der Rechnung; also am 20. 4. 2001. Auf den Zugang der Rechnung bei Dunkel kommt es nicht an. Dunkel muss den Erwerb in der USt-Voranmeldung für April 2001 berücksichtigen.

Innergemeinschaftlicher Erwerb ohne Rechnungsausstellung   Fall 261

Lösung: Dunkel erbringt einen innergemeinschaftlichen Erwerb (§ 1a Abs. 1 UStG) im Inland (§ 3d Satz 1 UStG) gegen Entgelt; d. h. einen steuerbaren Umsatz i. S. d. § 1 Abs. 1 Nr. 5 UStG. Zeitpunkt des innergemeinschaftlichen Erwerbs ist der 17. 4. 2001 (entsprechend dem Lieferzeitpunkt). Dieser steuerbare Umsatz ist auch steuerpflichtig. Bemessungsgrundlage ist gem. § 10 Abs. 1 UStG das Entgelt; also 10 000 DM. Die USt beträgt 16 % gem. § 12 Abs. 1 UStG. Die USt in Höhe von 1 600 DM entsteht gem. § 13 Abs. 1 Nr. 6 UStG mit Ausstellung der Rechnung, spätestens mit Ablauf des dem Erwerb folgenden Kalendermonats. Da eine Rechnung nicht erstellt wurde, entsteht die USt für den Erwerb mit Ablauf des Monats Mai 2001. Dunkel muss den Erwerb in der USt-Voranmeldung für Mai 2001 berücksichtigen.

Fall 262 Entstehung beim Erwerb eines neuen Fahrzeugs

Lösung: Esche erbringt einen steuerbaren Umsatz i. S. d. § 1 Abs. 1 Nr. 5 UStG. Es handelt sich um einen innergemeinschaftlichen Erwerb eines neuen Fahrzeugs i. S. d. §§ 1b und 1a Abs. 1 Nr. 1 UStG. Ort des innergemeinschaftlichen Erwerbs ist gem. § 3d UStG Essen, und der Erwerb erfolgt gegen Entgelt. Dieser steuerbare Umsatz ist steuerpflichtig. Bemessungsgrundlage ist das Entgelt; also 18 000 DM. Die USt beträgt 16 % von 18 000 DM = 2 880 DM. Die USt entsteht gem. § 13 Abs. 1 Nr. 7 UStG für den innergemeinschaftlichen Erwerb von neuen Fahrzeugen i. S. d. § 1b UStG durch Privatpersonen am Tag des Erwerbs; also am 15. 1. 2001. Esche muss die Fahrzeugeinzelbesteuerung gem. § 16 Abs. 5a UStG durchführen und gem. § 18 Abs. 5a UStG spätestens bis zum 10. Tag nach Ablauf des Tages, an dem die Steuer entstanden ist, eine Steuererklärung abgeben und die Steuer entrichten.

Fall 263 VoSt-Abzug aus Rechnungen

Lösung: Alf kann die ihm gesondert in Rechnung gestellte USt in Höhe von 480 DM als VoSt abziehen, da sämtliche Voraussetzungen des § 15 Abs. 1 Nr. 1 UStG erfüllt sind. Alf ist Unternehmer i. S. d. § 2 Abs. 1 UStG; es liegt eine Rechnung mit gesondertem Steuerausweis vor, und es ist eine Lieferung von einem anderen Unternehmer für sein Unternehmen ausgeführt worden. Der Computer wird auch zu mehr als 10 % unternehmerisch genutzt. Ein Ausschluss vom VoSt-Abzug gem. § 15 Abs. 2 UStG tritt nicht ein.

Fall 264 Gesonderter Steuerausweis

Lösung: Brecht kann aus dem Kauf der Ladentheke keinen VoSt-Abzug in Anspruch nehmen, da nicht sämtliche Tatbestandsmerkmale des § 15 Abs. 1 Nr. 1 UStG vorliegen. Es fehlt an einem gesonderten Ausweis der USt in der Rechnung. Der von Böll verwendete Zusatz „einschließlich USt" ist kein gesonderter Steuerausweis. Aus der vorliegenden Rechnung ist ein VoSt-Abzug somit nicht möglich; es handelt sich im Übrigen auch nicht um eine Kleinbetragsrechnung i. S. d. § 33 UStDV.

Fall 265 Scheinrechnung

Lösung: Carlsson kann aus der Rechnung des Unger keinen VoSt-Abzug in Anspruch nehmen, da nicht sämtliche Tatbestandsmerkmale des § 15 Abs. 1 Nr. 1 UStG vorliegen. Der VoSt-Abzug setzt das Vorliegen einer Lieferung oder sonstigen Leistung voraus; Carlsson und Unger haben überhaupt keine Leistung beabsichtigt. Ein VoSt-Abzug ist nicht möglich. Unger schuldet die ausgewiesene Steuer gem. § 14 Abs. 3 UStG.

Leistung von Privatperson   Fall 266

Lösung: Damm kann aus der Rechnung des Meyer keinen VoSt-Abzug in Anspruch nehmen, da nicht sämtliche Tatbestandsmerkmale des § 15 Abs. 1 Nr. 1 UStG erfüllt sind. Die Lieferung ist nicht von einem anderen Unternehmer, sondern von der Privatperson Meyer ausgeführt worden. Ein VoSt-Abzug kommt nicht in Betracht.

Leistung für private Zwecke   Fall 267

Lösung: Ehrlich kann aus der Rechnung des Decker keinen VoSt-Abzug in Anspruch nehmen, da nicht sämtliche Tatbestandsmerkmale des § 15 Abs. 1 Nr. 1 UStG erfüllt sind. Die Leistung des Decker wird nicht für das Unternehmen des Ehrlich ausgeführt, sondern für den privaten Bereich des Ehrlich. Ein VoSt-Abzug scheidet somit aus.

Einfuhrumsatzsteuer   Fall 268

Lösung: Fahrian kann die entrichtete Einfuhrumsatzsteuer in Höhe von 1 600 DM gem. § 15 Abs. 1 Nr. 2 UStG als VoSt abziehen. Der Gegenstand, die Hebebühne, ist für sein Unternehmen in das Inland eingeführt worden, und die Einfuhrumsatzsteuer ist von Fahrian entrichtet worden. Die Hebebühne wird auch zu mehr als 10 % für unternehmerische Zwecke genutzt. Der VoSt-Abzug kann in der USt-Voranmeldung für April 2001 vorgenommen werden.

Erwerbsteuer   Fall 269

Lösung: Graf erbringt einen steuerbaren Umsatz i. S. d. § 1 Abs. 1 Nr. 5 UStG. Es handelt sich um einen innergemeinschaftlichen Erwerb i. S. d. § 1a Abs. 1 UStG; der Ort des innergemeinschaftlichen Erwerbs ist Gießen gem. § 3d Satz 1 UStG, und der Erwerb erfolgt gegen Entgelt. Der steuerbare Umsatz ist auch steuerpflichtig. Der Steuersatz beträgt gem. § 12 Abs. 2 Nr. 1 UStG 7 %. Die Bemessungsgrundlage beläuft sich auf 5 500 DM gem. § 10 Abs. 1 UStG, sodass eine USt in Höhe von 385 DM entsteht, und zwar gem. § 13 Abs. 1 Nr. 6 UStG mit Ablauf des Monats Februar 2001. Graf kann die Erwerbsteuer in Höhe von 385 DM in der USt-Voranmeldung für Februar 2001 gem. § 15 Abs. 1 Nr. 3 UStG als VoSt abziehen; denn die Gegenstände sind für sein Unternehmen erworben worden.

Nicht abzugsfähige Aufwendungen   Fall 270

Lösung: Watt steht aus der Anschaffung des Videorecorders keine VoSt gem. § 15 Abs. 1a Nr. 1 UStG zu, da der Unternehmer Watt im Rahmen seines Unternehmens Aufwendungen tätigt, die unter das Abzugsverbot des § 4 Abs. 5 Satz 1 Nr. 1 EStG fallen. Ist die VoSt abgezogen worden, so ist eine Korrektur in der Voranmeldung der Schenkung gem. § 17 Abs. 2 Nr. 5 UStG vorzunehmen.

Anschaffung eines Fahrzeugs   Fall 271

Lösung: Da das Fahrzeug nach dem 31. 3. 1999 angeschafft wurde, ist § 15 Abs. 1b UStG, der im Rahmen des Steuerentlastungsgesetzes 1999/2000/2002 in das UStG eingefügt worden ist, zu beachten. Das Fahrzeug wird auch zu unternehmensfremden Zwecken genutzt. Ulkig kann aus der Anschaffung des Pkw einen VoSt-Abzug in Höhe von 8 000 DM (50 % von 16 000 DM) und aus dem laufenden Betrieb einen VoSt-Abzug in Höhe von 160 DM (50 % von 320 DM) geltend machen. Eine Besteuerung der privaten Verwendung entfällt gem. § 3 Abs. 9a Satz 2 UStG.

Fall 272 Ausschluss vom VoSt-Abzug

Lösung: Hilfe kann aus der Anschaffung des Behandlungsstuhls keinen VoSt-Abzug in Anspruch nehmen. Obwohl die Voraussetzungen des § 15 Abs. 1 Nr. 1 UStG sämtlich erfüllt sind, kommt ein VoSt-Abzug gem. § 15 Abs. 2 Nr. 1 UStG nicht in Betracht, da der gelieferte Gegenstand, der Behandlungsstuhl, zur Ausführung steuerfreier Umsätze gem. § 4 Nr. 14 UStG verwendet wird. Der Ausschluss vom VoSt-Abzug wird auch nicht gem. § 15 Abs. 3 UStG wieder rückgängig gemacht.

Fall 273 Ausnahmen vom Ausschluss des VoSt-Abzugs

Lösung: Ingwer kann aus der Anschaffung der Kugellager einen VoSt-Abzug in Höhe von 3 200 DM in Anspruch nehmen. Sämtliche Voraussetzungen des § 15 Abs. 1 Nr. 1 UStG sind erfüllt. Die Kugellager werden verwendet für eine steuerfreie Ausfuhrlieferung i. S. d. § 4 Nr. 1 Buchst. a UStG i. V. m. § 6 Abs. 1 Nr. 1 UStG. Der nach § 15 Abs. 2 Nr. 1 UStG verfügte Ausschluss vom VoSt-Abzug tritt gem. § 15 Abs. 3 Nr. 1 Buchst. a UStG u. a. dann nicht ein, wenn der Gegenstand für eine steuerfreie Ausfuhrlieferung verwendet wird.

Fall 274 Aufteilung der VoSt

Lösung: Jansen kann einen Teil der ihm in Rechnung gestellten USt als VoSt abziehen. Verwendet der Unternehmer einen für sein Unternehmen gelieferten Gegenstand nur zum Teil zur Ausführung von Umsätzen, die den VoSt-Abzug ausschließen, so ist der Teil der jeweiligen VoSt-Beträge nicht abziehbar, der den zum Ausschluss vom VoSt-Abzug führenden Umsätzen wirtschaftlich zuzurechnen ist. Die an Jansen erbrachte Werklieferung steht zum einen Teil im Zusammenhang mit steuerfreien Umsätzen gem. § 4 Nr. 12 Buchst. a UStG, für die ein VoSt-Abzug gem. § 15 Abs. 2 Nr. 1 UStG ausgeschlossen ist, und zum anderen Teil im Zusammenhang mit steuerpflichtigen Umsätzen gem. § 4 Nr. 12 Buchst. a UStG i. V. m. § 9 UStG, für die ein VoSt-Abzug gem. § 15 Abs. 1 Nr. 1 UStG möglich ist. Die VoSt in Höhe von 6 400 DM ist somit aufzuteilen, und zwar anhand der Flächenanteile; danach ist ein VoSt-Abzug in Höhe von ⅓ von 6 400 DM = 2 133,33 DM möglich.

Fall 275 Kleinbetragsrechnung

Lösung: Kunz kann einen VoSt-Abzug in Anspruch nehmen. Ein gesonderter Steuerausweis i. S. d. § 15 Abs. 1 Nr. 1 UStG ist bei Rechnungen über Kleinbeträge nicht erforderlich; hier genügt die Angabe des Steuersatzes. Da der Gesamtbetrag der Rechnung 200 DM nicht übersteigt, liegt eine Kleinbetragsrechnung i. S. d. § 33 UStDV vor. Kunz kann gem. § 35 UStDV den VoSt-Abzug in Anspruch nehmen, wenn er den Rechnungsbetrag in Entgelt und Steuerbetrag aufteilt. Die Bemessungsgrundlage beläuft sich auf 180 DM : 1,16 = 155,17 DM und die USt auf 24,83 DM. Kunz kann somit in der USt-Voranmeldung für Januar 2001 eine VoSt in Höhe von 24,83 DM geltend machen.

Berichtigung des VoSt-Abzugs
Fall 276

Lösung: Ändern sich bei einem Grundstück die Verhältnisse, die im Kalenderjahr der erstmaligen Verwendung für den VoSt-Abzug maßgebend waren, innerhalb von zehn Jahren seit dem Beginn der Verwendung, so ist gem. § 15a Abs. 1 UStG für jedes Kalenderjahr der Änderung ein Ausgleich durch eine Berichtigung des Abzugs der auf die Anschaffungs- oder Herstellungskosten entfallenden VoSt-Beträge vorzunehmen. Eine Änderung der Verhältnisse liegt gem. § 15a Abs. 4 UStG auch vor, wenn das noch verwendungsfähige Wirtschaftsgut vor Ablauf des maßgeblichen Berichtigungszeitraums veräußert wird und dieser Umsatz für den VoSt-Abzug anders zu beurteilen ist als die Verwendung im ersten Kalenderjahr. Im ersten Kalenderjahr 1996 hat Maler das Grundstück zu 100 % zur Ausführung steuerpflichtiger Umsätze verwendet (§ 4 Nr. 12 Buchst. a UStG i. V. m. § 9 UStG). Die Veräußerung am 1. 4. 2001 stellt dagegen einen steuerfreien Umsatz gem. § 4 Nr. 9 Buchst. a UStG dar; eine Option ist nicht möglich, da an eine Privatperson veräußert wird. Die VoSt ist somit zeitanteilig zu berichtigen. Der VoSt-Abzug ist in Höhe von 57/120 von 100 000 DM = 47 500 DM rückgängig zu machen, und zwar gem. § 44 Abs. 4 UStDV in der USt-Voranmeldung für April 2001.

Steuerberechnung
Fall 277

Lösung: Die verbleibende Steuerschuld beträgt für das Jahr 2000 16 360 DM.

Berechnung:

Entgelte für ausgeführte Leistungen	250 000 DM
./. Entgelte für nicht steuerbare Leistungen	**24 000 DM**
= Entgelte für steuerbare Leistungen	226 000 DM
./. Entgelte für steuerfreie Leistungen	**30 000 DM**
= Entgelte für steuerpflichtige Leistungen	196 000 DM
	x
	16 %
	=
USt	31 360 DM
./. VoSt	**15 000 DM**
= verbleibende Steuerschuld	16 360 DM

Dauerfristverlängerung
Fall 278

Lösung: Der Steuerberater kann gem. § 46 UStDV beim zuständigen Finanzamt für Ohnsorg einen Antrag auf Fristverlängerung zur Abgabe der Voranmeldungen und für die Entrichtung der Vorauszahlungen stellen. Der Antrag ist nach amtlich vorgeschriebenem Vordruck zu stellen und muss – wenn die Fristverlängerung bereits für Januar 2001 gelten soll – bis zum 10. 2. 2001 gestellt worden sein. In dem Antrag muss eine Sondervorauszahlung berechnet und angemeldet werden (§ 48 Abs. 1 Satz 3 UStDV). Die Sondervorauszahlung beträgt gem. § 47 Abs. 1 UStDV 1/11 der Summe der Vorauszahlungen für das vorangegangene Kalenderjahr; also 1/11 von 20 000 DM = 1 818 DM. Diese Sondervorauszahlung ist bis zum 10. 2. 2001 zu entrichten und wird gem. § 48 Abs. 4 UStDV bei der Festsetzung der Vorauszahlung für den letzten Voranmeldungszeitraum des Besteuerungszeitraums angerechnet.

Fall 279 Zusammenfassende Meldung

Lösung: Pelz ist gem. § 18a Abs. 7 UStG verpflichtet, die ursprüngliche Zusammenfassende Meldung innerhalb von drei Monaten zu berichtigen. In der Berichtigungsmeldung werden die Angaben, die in der ursprünglichen Meldung korrekt gemeldet worden sind, nicht wiederholt. Pelz muss in der berichtigten Zusammenfassenden Meldung folgende Eintragungen vornehmen:

Umsatzsteuer – Lösungen

Umsatzsteuer-Identifikationsnummer (USt-IdNr.)

`01` `D E` `1 2 3 4 5 6 7 8 9`

Bundesamt für Finanzen
– Außenstelle Saarlouis –

66738 Saarlouis

Zusammenfassende Meldung
über innergemeinschaftliche Warenlieferungen und innergemeinschaftliche Dreiecksgeschäfte

Meldezeitraum
Für jeden Meldezeitraum, in dem innergemeinschaftliche Warenlieferungen und/oder Lieferungen i.S.d. § 25 b Abs. 2 UStG im Rahmen innergemeinschaftlicher Dreiecksgeschäfte ausgeführt wurden, ist eine gesonderte ZM abzugeben.

(Jahreszahl bitte ergänzen)

Unternehmer – Art und Anschrift – Telefon

Pelz
Perleberg

02	1. Quartal	1	200 1
	2. Quartal	2	200
	3. Quartal	3	200
	4. Quartal	4	200
	Kalenderjahr	5	200

Berichtigung (falls ja, bitte „1" eintragen) `03` `1`

Einlagebogen `04` Anzahl

Betragsangaben in EURO `05`
(falls ja, bitte „1" eintragen)

Ich versichere, die Angaben in dieser Zusammenfassenden Meldung wahrheitsgemäß nach bestem Wissen und Gewissen gemacht zu haben.

Hinweis:
Wer vorsätzlich oder leichtfertig entgegen seinen Verpflichtungen gem. § 18 a Umsatzsteuergesetz (UStG) eine Zusammenfassende Meldung nicht, nicht richtig, nicht vollständig oder nicht rechtzeitig abgibt oder nicht bzw. nicht rechtzeitig berichtigt, handelt ordnungswidrig. Die Ordnungswidrigkeit kann mit einer Geldbuße bis zu zehntausend Deutsche Mark geahndet werden (§ 26 a UStG).

Bei der Anfertigung dieser ZM hat mitgewirkt:

Name, Anschrift, Telefon

... 2001   Pelz

Datum, Unterschrift

Hinweis nach den Vorschriften der Datenschutzgesetze:
Die mit der Zusammenfassenden Meldung angeforderten Daten werden aufgrund der §§ 149 ff. Abgabenordnung (AO) und § 18 a UStG erhoben.
Die Angaben der Telefonnummern sind freiwillig.

Meldung der Warenlieferungen (§ 18 a Abs. 4 Nr. 1 u. 2 UStG) vom Inland in das übrige Gemeinschaftsgebiet und der Lieferungen i.S.d. § 25 b Abs. 2 UStG im Rahmen innergemeinschaftlicher Dreiecksgeschäfte

Zeile	1 Länderkennzeichen	1 USt-IdNr. des Erwerbers/Unternehmers in einem anderen Mitgliedstaat	2 Summe der Bemessungsgrundlagen vgl. Mantelbogen Seite 1 volle DM/EUR	Kz 05 Pf/Ct	3 Hinweis auf Dreiecksgeschäfte (falls ja, bitte „1" eintragen)
1	T	342769541 21	0	—	
2	T	432769541 21	12.000	—	
3				—	
4				—	
5				—	
6				—	
7				—	
8				—	
9				—	
10				—	
11				—	
12				—	
13				—	
14				—	
15				—	
16				—	
17				—	
18				—	
19				—	
20				—	
21				—	
22				—	
23				—	
24				—	
25				—	
26				—	
27				—	
28				—	
29				—	
30				—	
31				—	
32				—	
33				—	

Hinweis:
1. **Nicht zu melden** sind innergemeinschaftliche **Erwerbe** (Warenbezüge aus anderen Mitgliedstaaten der Europäischen Union – vgl. Zeilen 35–39 der Umsatzsteuervoranmeldung).
2. Eine ZM ist **nur** abzugeben, wenn **im Meldezeitraum** innergemeinschaftliche Lieferungen und/oder Lieferungen i.S.d. § 25 b Abs. 2 UStG im Rahmen innergemeinschaftlicher Dreiecksgeschäfte **ausgeführt** worden sind. Sogenannte „Nullmeldungen" sind nicht abzugeben.

Abzugsverfahren

Fall 280

Lösung: Reinlich muss die Regelungen des Abzugsverfahrens gem. §§ 51-58 UStDV beachten; denn es handelt sich um eine steuerpflichtige Werklieferung eines im Ausland ansässigen Unternehmers an einen Unternehmer (Reinlich). Die Ausnahmen des § 52 UStDV kommen hier nicht zur Anwendung. Reinlich hat somit die ausgewiesene Steuer in Höhe von 16 000 DM einzubehalten und an das für ihn zuständige Finanzamt abzuführen, und zwar gem. § 54 Abs. 1 UStDV bis zum 10. 5. 2001. Darüber hinaus ist Reinlich gem. § 53 Abs. 7 UStDV verpflichtet, dem Brons eine Bescheinigung über die einbehaltene und abgeführte Steuer auszustellen. In seiner USt-Voranmeldung für April 2001 kann Reinlich die VoSt gem. § 15 Abs. 1 Nr. 1 UStG in Höhe von 16 000 DM abziehen.

Vergütungsverfahren

Fall 281

Lösung: Schnell erfüllt die Voraussetzungen für den VoSt-Abzug nach § 15 Abs. 1 Nr. 1 UStG. Die VoSt in Höhe von 500 DM kann in einem besonderen Verfahren, dem Vergütungsverfahren, erstattet werden. Hierzu hat Schnell spätestens bis zum 30. 6. 2002 einen Vergütungsantrag im Regelfall beim Bundesamt für Finanzen zu stellen, und zwar unter Beifügung der Originalbelege (§ 61 Abs. 1 UStDV) und einer Bescheinigung des Staates, in dem er ansässig ist, dass er als Unternehmer unter einer Steuernummer eingetragen ist.

Kleinunternehmer

Fall 282

Lösung: Taube ist im Jahre 2001 nicht als Kleinunternehmer i. S. d. § 19 Abs. 1 UStG anzusehen. Der Umsatz ist gem. § 19 Abs. 3 Sätze 3 und 4 UStG in einen Jahresgesamtumsatz umzurechnen. Danach ergibt sich für 2001 ein voraussichtlicher Umsatz von 30 000 DM × $^{12}/_{8}$ = 45 000 DM und damit von mehr als 32 500 DM.

Zusammenfassende Aufgabe

Fall 283

Lösung: Die einzelnen von Adler vorgebrachten Sachverhalte sind umsatzsteuerlich wie folgt zu beurteilen:

1) Adler führt einen steuerbaren Umsatz i. S. d. § 1 Abs. 1 Nr. 5 UStG aus. Es liegt ein innergemeinschaftlicher Erwerb gem. § 1a Abs. 1 UStG vor, da die Phonoschränke bei der Lieferung aus dem Gebiet eines Mitgliedstaates (Frankreich) in das Gebiet eines anderen Mitgliedstaates (Deutschland) gelangen und sowohl der Erwerber Adler als auch der Lieferer Plue Unternehmer sind, die das Geschäft im Rahmen ihrer jeweiligen Unternehmen durchgeführt haben. Ort des innergemeinschaftlichen Erwerbs ist gem. § 3d Satz 1 UStG Münster, da sich die Schränke am Ende der Beförderung in Münster befinden. Der Erwerb erfolgt auch gegen Entgelt. Der steuerbare Umsatz ist steuerpflichtig, da eine Steuerbefreiung gem. § 4b UStG nicht in Betracht kommt. Der Steuersatz beträgt gem. § 12 Abs. 1 UStG 16 %. Bemessungsgrundlage ist gem. § 10 Abs. 1 UStG das Entgelt in Höhe von 2 500 DM. Die USt beläuft sich auf 400 DM und entsteht gem. § 13 Abs. 1 Nr. 6 UStG mit Ausstellung der Rechnung am 29. 1. 2001. Der Umsatz muss in der USt-Voranmeldung für Januar 2001 berücksichtigt werden. Gleichzeitig hat Adler einen VoSt-Abzug in Höhe von 400 DM gem. § 15 Abs. 1 Nr. 3 UStG, der in der USt-Voranmeldung Januar 2001 geltend zu machen ist.

Im Februar 2001 ändert sich die Bemessungsgrundlage für den Umsatz, da Adler einen Skontoabzug vornimmt. Gemäß § 17 Abs. 1 UStG ist die USt um 12 DM zu mindern und gleichzeitig auch die VoSt in Höhe von 12 DM. Die Berichtigung wirkt sich nicht in der USt-Voranmeldung für Januar 2001 aus.

2) Adler hat bereits einen Teil des Entgelts vereinnahmt, obwohl die Leistung noch nicht ausgeführt worden ist. Die USt entsteht insoweit bereits mit Ablauf des Voranmeldungszeitraums, in dem das Entgelt vereinnahmt worden ist (§ 13 Abs. 1 Nr. 1 Buchst. a Satz 4 UStG). Auf eine Rechnungserteilung kommt es nicht an. Adler muss bereits in der Voranmeldung für Januar 2001 einen Umsatz in Höhe von 2 586,21 DM (3 000 DM : 1,16) und eine USt in Höhe von 413,79 DM erklären.

3) Adler tätigt eine Lieferung gegen Entgelt i. S. d. § 3 Abs. 1b Nr. 1 UStG; denn er entnimmt einen Gegenstand, eine Vitrine, aus seinem Unternehmen für Zwecke, die außerhalb des Unternehmens liegen. Bei der Anschaffung der Vitrine konnte Adler den vollen VoSt-Abzug in Anspruch nehmen. Der Ort des Umsatzes ist gem. § 3f UStG in Münster. Der Umsatz ist steuerbar und mangels einer Steuerbefreiung i. S. d. § 4 UStG auch steuerpflichtig. Der Steuersatz beträgt gem. § 12 Abs. 1 UStG 16 %. Als Bemessungsgrundlage ist gem. § 10 Abs. 4 Nr. 1 UStG der Einkaufspreis zum Zeitpunkt des Umsatzes anzusehen; die USt gehört nicht zur Bemessungsgrundlage. Es ergibt sich eine Bemessungsgrundlage von 10 000 DM (11 600 DM : 1,16) und eine USt in Höhe von 1 600 DM. Die USt entsteht gem. § 13 Abs. 1 Nr. 2 UStG mit Ablauf des Voranmeldungszeitraums Januar 2001 und ist somit in der Voranmeldung für Januar 2001 zu berücksichtigen.

4) Zu dem Unternehmen des Adler gehört neben seiner Möbelhandlung und der Möbelschreinerei auch die Vermietungstätigkeit. Der Umsatz erfolgt innerhalb seines Unternehmens; es liegt ein sog. nicht steuerbarer Innenumsatz vor. Es fehlt an einem Leistungsaustausch. Die Tatsache, dass Adler eine „Rechnung" mit gesondertem Steuerausweis erteilt hat, löst keine umsatzsteuerlichen Folgen aus, da es sich lediglich um einen innerbetrieblichen Belegaustausch handelt. Eine USt gem. § 14 Abs. 2 UStG entsteht nicht. In der USt-Voranmeldung für Januar 2001 ist somit keine Änderung vorzunehmen. Ggf. ist der VoSt-Abzug aus der Anschaffung des verwendeten Holzes rückgängig zu machen.

5) Adler erbringt einen steuerbaren Umsatz i. S. d. § 1 Abs. 1 Nr. 1 UStG. Es handelt sich um eine Werklieferung i. S. d. § 3 Abs. 4 UStG, die von dem Unternehmer Adler (§ 2 Abs. 1 UStG) im Rahmen seines Unternehmens gegen Entgelt ausgeführt wird. Ort der Lieferung ist gem. § 3 Abs. 6 UStG Münster; Münster gehört zum Inland gem. § 1 Abs. 2 UStG. Der steuerbare Umsatz ist steuerfrei gem. § 4 Nr. 1 Buchst. b UStG; denn es handelt sich um eine innergemeinschaftliche Lieferung i. S. d. § 6a Abs. 1 UStG. Der Gegenstand gelangt vom Inland in das übrige Gemeinschaftsgebiet (Italien); Pirelli hat den Gegenstand für sein Unternehmen erworben, und der Erwerb unterliegt bei Pirelli in Italien der Umsatzbesteuerung. Bemessungsgrundlage für die steuerfreie innergemeinschaftliche Lieferung ist das Entgelt in Höhe von 15 000 DM. Adler muss gem. § 18b UStG die Bemessungsgrundlage für die innergemeinschaftliche Lieferung in der USt-Voranmeldung Januar 2001 angeben, da die Rechnung im Januar 2001 ausgestellt worden ist. Außerdem muss der Umsatz in die Zusammenfassende Meldung aufgenommen werden.

Die USt-Voranmeldung für Januar 2001 sieht danach wie folgt aus:

Umsatzsteuer – Lösungen

2001

Zeile 1: - Bitte weiße Felder ausfüllen oder ☒ ankreuzen, Anleitung beachten -

Fallart	Steuernummer	Unterfallart
11		56

30 Eingangsstempel oder -datum

Umsatzsteuer-Voranmeldung 2001

Finanzamt: Münster - Innenstadt

Voranmeldungszeitraum
bei monatlicher Abgabe bitte ankreuzen:

01 01 Jan. X	01 07 Juli	01 41 I. Kalendervierteljahr
01 02 Feb.	01 08 Aug.	01 42 II. Kalendervierteljahr
01 03 März	01 09 Sept.	01 43 III. Kalendervierteljahr
01 04 April	01 10 Okt.	01 44 IV. Kalendervierteljahr
01 05 Mai	01 11 Nov.	
01 06 Juni	01 12 Dez.	

Unternehmer – ggf. abweichende Firmenbezeichnung – Anschrift – Telefon

Möbelhandlung Adler

Berichtigte Anmeldung (falls ja, bitte eine „1" eintragen) **10**
Betragsangaben in Euro (= EUR) (falls ja, bitte eine „1" eintragen) **32** ← EURO

I. Anmeldung der Umsatzsteuer-Vorauszahlung

		Bemessungsgrundlage ohne Umsatzsteuer volle DM/EUR		Steuer DM/EUR	Pf/Ct
Lieferungen und sonstige Leistungen (einschließlich unentgeltlicher Wertabgaben)					
Steuerfreie Umsätze mit Vorsteuerabzug					
Innergemeinschaftliche Lieferungen (§ 4 Nr. 1 b UStG) an Abnehmer mit USt-IdNr.	41	25.100	—		
neuer Fahrzeuge an Abnehmer ohne USt-IdNr.	44		—		
neuer Fahrzeuge außerhalb eines Unternehmens (§ 2 a UStG)	49		—		
Weitere steuerfreie Umsätze mit Vorsteuerabzug (z. B. Ausfuhrlieferungen, Umsätze nach § 4 Nr. 2 bis 7 UStG)	43		—		
Steuerfreie Umsätze ohne Vorsteuerabzug					
Umsätze nach § 4 Nr. 8 bis 28 UStG	48	16.700	—		
Steuerpflichtige Umsätze (Lieferungen und sonstige Leistungen einschl. unentgeltlicher Wertabgaben)					
zum Steuersatz von 16 v.H.	51	68.586	—	10.973	76
zum Steuersatz von 7 v.H.	86		—		
Umsätze, die anderen Steuersätzen unterliegen	35		—	36	
Umsätze land- und forstwirtschaftlicher Betriebe nach § 24 UStG					
Lieferungen in das übrige Gemeinschaftsgebiet an Abnehmer mit USt-IdNr.	77		—		
Umsätze, für die eine Steuer nach § 24 UStG zu entrichten ist (Sägewerkserzeugnisse, Getränke und alkohol. Flüssigkeiten, z. B. Wein)	76		—	80	
Innergemeinschaftliche Erwerbe					
Steuerfreie innergemeinschaftliche Erwerbe					
Erwerbe nach § 4 b UStG	91		—		
Steuerpflichtige innergemeinschaftliche Erwerbe					
zum Steuersatz von 16 v.H.	97	11.100	—	1.776	00
zum Steuersatz von 7 v.H.	93		—		
neuer Fahrzeuge von Lieferern ohne USt-IdNr. zum allgemeinen Steuersatz	94		—	96	
Lieferungen des ersten Abnehmers (§ 25 b Abs. 2 UStG) bei innergemeinschaftlichen Dreiecksgeschäften	42		—		
Steuer infolge Wechsels der Besteuerungsart/-form sowie Nachsteuer auf versteuerte Anzahlungen wegen Steuersatzerhöhung				65	
Umsatzsteuer .... zu übertragen in Zeile 45				12.749	76

USt 1 A – Umsatzsteuer-Voranmeldung 2001 –

– 2 –

Zeile			Steuer DM/EUR	Pf/Ct
44				
45	Übertrag		12.749	76
46	**Abziehbare Vorsteuerbeträge**			
47	Vorsteuerbeträge aus Rechnungen von anderen Unternehmern (§ 15 Abs. 1 Nr. 1 UStG) und aus innergemeinschaftlichen Dreiecksgeschäften (§ 25 b Abs. 5 UStG)	66	3.440	00
48	Vorsteuerbeträge aus dem innergemeinschaftlichen Erwerb von Gegenständen (§ 15 Abs. 1 Nr. 3 UStG)	61	1.776	00
49	Entrichtete Einfuhrumsatzsteuer (§ 15 Abs. 1 Nr. 2 UStG)	62		
50	Vorsteuerbeträge, die nach allgemeinen Durchschnittssätzen berechnet sind (§§ 23 und 23 a UStG)	63		
51	Berichtigung des Vorsteuerabzugs (§ 15 a UStG)	64		
52	Vorsteuerabzug für innergemeinschaftliche Lieferungen neuer Fahrzeuge außerhalb eines Unternehmens (§ 2 a UStG) sowie von Kleinunternehmern im Sinne des § 19 Abs. 1 UStG (§ 15 Abs. 4 a UStG)	59		
53	Verbleibender Betrag		7.533	76
54	Steuerbeträge, die vom letzten Abnehmer eines innergemeinschaftlichen Dreiecksgeschäfts geschuldet werden (§ 25 b Abs. 2 UStG),			
55	in Rechnungen unberechtigt ausgewiesene Steuerbeträge (§ 14 Abs. 2 und 3 UStG) sowie Steuerbeträge, die nach § 6 a Abs. 4 Satz 2 oder § 17 Abs. 1 Satz 2 UStG geschuldet werden	69		
56	**Umsatzsteuer-Vorauszahlung/Überschuss**		7.533	76
57	Anrechnung (Abzug) der festgesetzten Sondervorauszahlung für Dauerfristverlängerung (nur auszufüllen in der letzten Voranmeldung des Besteuerungszeitraums, in der Regel Dezember)	39		
58	**Verbleibende Umsatzsteuer-Vorauszahlung** (Bitte in jedem Fall ausfüllen.)	83	7.533	70
59	Verbleibender Überschuss - bitte dem Betrag ein Minuszeichen voranstellen -		(kann auf 10 Pf zu Ihren Gunsten gerundet werden)	

II. Anmeldung der Umsatzsteuer im Abzugsverfahren (§§ 51 bis 56 UStDV)

Zeile		Bemessungsgrundlage volle DM/EUR	Pf/Ct	Steuer DM/EUR	Pf/Ct
60					
61	für Werklieferungen und sonstige Leistungen im Ausland ansässiger Unternehmer (§ 51 Abs. 1 Nr. 1 UStDV)				
62	Leistungen, für die wegen der Anwendung der sog. Null-Regelung (§ 52 Abs. 2 UStDV) keine Umsatzsteuer einzubehalten ist	71	—		
63	Leistungen, für die Umsatzsteuer einzubehalten ist	72	—		
64	für Lieferungen von sicherungsübereigneten Gegenständen (§ 51 Abs. 1 Nr. 2 UStDV) sowie von Grundstücken				
65	im Zwangsversteigerungsverfahren (§ 51 Abs. 1 Nr. 3 UStDV)				
66	Lieferungen, für die wegen der Anwendung der sog. Null-Regelung (§ 52 Abs. 2 UStDV) keine Umsatzsteuer einzubehalten ist	78	—		
67	Lieferungen, für die Umsatzsteuer einzubehalten ist	79	—		
68	**Umsatzsteuer im Abzugsverfahren**		75		
69			(kann auf 10 Pf zu Ihren Gunsten gerundet werden)		

III. Sonstige Angaben und Unterschrift

Zeile			
71	Ein Erstattungsbetrag wird auf das dem Finanzamt benannte Konto überwiesen, soweit der Betrag nicht mit Steuerschulden verrechnet wird.		
72	Verrechnung des Erstattungsbetrages erwünscht. / Der Erstattungsbetrag ist abgetreten. (falls ja, bitte eine „1" eintragen)	29	
73	Geben Sie bitte die Verrechnungswünsche auf einem besonderen Blatt an oder auf dem beim Finanzamt erhältlichen Vordruck „Verrechnungsantrag".		
74	Die **Einzugsermächtigung** wird ausnahmsweise (z. B. wegen Verrechnungswünschen) für diesen Voranmeldungszeitraum **widerrufen** (falls ja, bitte eine „1" eintragen)	26	
75	Ein ggf. verbleibender Restbetrag ist gesondert zu entrichten.		
76	Ich versichere, die Angaben in dieser Steueranmeldung wahrheitsgemäß nach bestem Wissen und Gewissen gemacht zu haben.		
77	Bei der Anfertigung dieser Steueranmeldung hat mitgewirkt: (Name, Anschrift, Telefon)	09.02.2001 Adler	
78		Datum, Unterschrift	
79	Steuerberater XY	**Hinweis nach den Vorschriften der Datenschutzgesetze:** Die mit der Steueranmeldung angeforderten Daten werden auf Grund der §§ 149 ff. der Abgabenordnung und der §§ 18, 18 b des Umsatzsteuergesetzes erhoben. Die Angabe der Telefonnummern ist freiwillig.	

Vom Finanzamt auszufüllen

Bearbeitungshinweis
1. Die aufgeführten Daten sind mit Hilfe des geprüften und genehmigten Programms sowie ggf. unter Berücksichtigung der gespeicherten Daten maschinell zu verarbeiten.
2. Die weitere Bearbeitung richtet sich nach den Ergebnissen der maschinellen Verarbeitung.

11		19	
		12	

Kontrollzahl und/oder Datenerfassungsvermerk

Datum, Namenszeichen/Unterschrift

D. Abgabenordnung

Einteilung der Steuern

Lösung:

Fall 284-298

Einteilungs-gesichtspunkt Steuerart	Ertragshoheit	Berücksichtigung persönl. Verhältnisse	Auswirkungen beim Steuerschuldner	Steuergegenstand	§ 3 Abs. 2 AO
USt	BundesSt, LandesSt, GemeinschaftSt, GemeindeSt	Personensteuer Sachsteuer	direkte Steuer indirekte Steuer	BesitzSt, VerkehrSt, VerbrauchSt, Zoll	Realsteuer
USt	GemeinschaftSt	Sachsteuer	indirekte Steuer	Verkehrsteuer	nein
ESt	GemeinschaftSt	Personensteuer	direkte Steuer	Besitzsteuer	nein
KSt	GemeinschaftSt	Personensteuer	direkte Steuer	Besitzsteuer	nein
EuSt	GemeinschaftSt	Sachsteuer	indirekte Steuer	Zoll	nein
Kfz-St	LandesSt	Sachsteuer	direkte Steuer	Verkehrsteuer	nein
GewSt	GemeindeSt	Sachsteuer	direkte Steuer	Besitzsteuer	ja
GrESt	LandesSt	Sachsteuer	direkte Steuer	Verkehrsteuer	nein
Mineralöl-St	BundesSt	Sachsteuer	indirekte Steuer	Verbrauchsteuer	nein
Bier-St	LandesSt	Sachsteuer	indirekte Steuer	Verbrauchsteuer	nein
ErbSt	LandesSt	Personensteuer	direkte Steuer	Besitz-/VerkehrSt	nein
GrSt	GemeindeSt	Sachsteuer	direkte Steuer	Besitzsteuer	ja
Bedeutung für	Gesetzgebungsho-heit	Abzugsfähigkeit bei Einkunftsermittlung	Steuerpolitik	Verwaltungshoheit	./.

Fall 299 Örtliche Zuständigkeit des Finanzamtes

Lösung: Als örtliche Behörden sind zuständig:

Zuständig für:	Finanzamt in:	Bezeichnung:
• Einkommensteuer	Leverkusen	Wohnsitz-FA (§ 19 Abs. 1 AO)
• Umsatzsteuer	Köln	Betriebs-FA (§ 21 AO)
• Gewerbesteuer-Messbescheid	Köln	Betriebs-FA (§ 22 Abs. 1 AO)
• Ermittlung der Einkünfte aus Gewerbebetrieb	Köln	Betriebs-FA (§ 18 Abs. 1 Nr. 2 AO)
• Ermittlung der Einkünfte aus VuV	Leverkusen	Wohnsitz-FA (§ 19 Abs. 1 AO)
• Feststellung des Einheitswertes des Einfamilienhauses	Aachen	Lage-FA (§ 18 Abs. 1 Nr. 1 AO)

Fall 300 Örtliche Zuständigkeit des Finanzamtes (Sozietät)

Lösung: Die Finanzämter sind als örtliche Behörden jeweils für einen bestimmten räumlichen Wirkungsbereich zuständig. Die örtliche Zuständigkeit ist in den §§ 18 bis 29 AO geregelt.

Zuständig sind:

Finanzamt Münster als

Tätigkeitsfinanzamt für die gesonderte und einheitliche Feststellung der Einkünfte nach § 180 Abs. 1 Nr. 2a AO der Sozietät Fabian und Müller (§ 18 Abs. 1 Nr. 3 AO).

Betriebsfinanzamt für

• die Umsatzsteuer der Sozietät Fabian und Müller (§ 21 AO).

Finanzamt Bielefeld als **Lagefinanzamt** für

• die Einheitsbewertung des Mietwohnhauses in Bielefeld (§§ 18 Abs. 1 Nr. 1, 180 Abs. 1 Nr. 1 AO).

Finanzämter Osnabrück bzw. **Warendorf** als **Wohnsitzfinanzämter** für

• die persönlichen Steuern (ESt) des Fabian bzw. Müller (§ 19 AO). Im Rahmen der Einkommensteuer-Veranlagung ermittelt das Finanzamt Osnabrück auch die Einkünfte aus Vermietung und Verpachtung des Fabian aus dem Mietwohnhaus in Bielefeld (kein Fall des § 180 Abs. 1 Nr. 2b AO).

Fall 301 Örtliche Zuständigkeit (Grundstücksgemeinschaft)

Lösung:

Zuständig sind

Finanzamt Krefeld als Lagefinanzamt für

• die Einheitsbewertung und für den Grundsteuermessbescheid (§§ 18 Abs. 1 Nr. 1, 22 Abs. 1 AO).

Abgabenordnung – Lösungen

Finanzamt Düsseldorf als Verwaltungsfinanzamt für
- die gesonderte und einheitliche Feststellung der gemeinsamen Einkünfte aus VuV der Brüder Nett (§ 18 Abs. 1 Nr. 4 AO i. V. mit § 180 Abs. 1 Nr. 2a AO).

Örtliche Zuständigkeit bei Gesellschaften   **Fall 302**

Lösung:

1. Für den Kaufmann Hinz ist zuständig:
   Das Finanzamt Münster als Wohnsitzfinanzamt für die Einkommensteuer (§ 19 Abs. 1 AO).
   Das Finanzamt Münster als Betriebsfinanzamt des Lebensmittelgeschäftes
   a) für die Festsetzung des Gewerbesteuermessbetrages (§ 22 Abs. 1 AO),
   b) für die Umsatzsteuer (§ 21 AO).
   Das Finanzamt Münster als Betriebsstättenfinanzamt des Lebensmittelgeschäfts
   a) für die Abführung der Lohnsteuer (§ 41a EStG),
   b) für die Abführung der Kapitalertragsteuer des stillen Gesellschafters Kunz (§ 44 EStG).

2. Für den Kaufmann Kunz ist zuständig:
   Das Finanzamt Bielefeld als Wohnsitzfinanzamt für die Einkommensteuer (§ 19 Abs. 1 AO).
   Das Finanzamt Dortmund als Lagefinanzamt des Mietwohngrundstücks
   a) für die gesonderte und einheitliche Feststellung der Einkünfte aus Vermietung und Verpachtung (§ 18 Abs. 1 Nr. 4, § 180 Abs. 1 Nr. 2a AO), weil die Einkünfte nicht vom Bundesgebiet aus verwaltet werden,
   b) für die gesonderte und einheitliche Feststellung des Einheitswerts (§ 18 Abs. 1 Nr. 1, § 180 Abs. 1 Nr. 1 AO),
   c) für die Festsetzung des Grundsteuermessbetrages (§ 22 Abs. 1 AO).

3. Für die OHG ist zuständig das Finanzamt Osnabrück
   a) als Betriebsfinanzamt
      - für die gesonderte und einheitliche Feststellung des Gewinns der OHG (§ 18 Abs. 1 Nr. 2 AO, § 180 Abs. 1 Nr. 2a AO),
      - für die Festsetzung des Gewerbesteuermessbetrages (§ 22 Abs. 1 AO),
      - für die Umsatzsteuer (§ 21 AO),
   b) als Betriebsstättenfinanzamt für die Lohnsteuer (§ 41a EStG).

Zuständigkeit innerhalb einer Großstadt   **Fall 303**

Lösung: Für die steuerlichen Angelegenheiten des Kaufmanns Meier ist ausschließlich das Betriebsfinanzamt Gelsenkirchen-Nord zuständig.

Hinsichtlich der Umsatzsteuer sowie der Festsetzung des Gewerbesteuermessbetrages ergibt sich die Zuständigkeit des Betriebsfinanzamts aus den §§ 21 und 22 Abs. 1 AO. Die Zuständigkeit für die ESt geht gem. § 19 Abs. 3 AO vom Wohnsitzfinanzamt auf das Betriebsfinanzamt über.

In Großstadtgemeinden mit mehreren Finanzämtern kommt es häufig vor, dass Steuerpflichtige ihren Wohnsitz in dem Bezirk eines Finanzamts haben, ihre unternehmerische Tätigkeit aber in dem Bezirk eines anderen Finanzamts ausüben. Es wären also mehrere Finanzämter derselben Stadt mit den Steuerangelegenheiten desselben Steuerpflichtigen befasst. Da in diesen Fällen das Wohnsitzfinanzamt nicht gleichzeitig auch Betriebsfinanzamt ist, wäre hier auch der Gewinn aus Land- und Forstwirtschaft, Gewerbebetrieb oder freiberuflicher Tätigkeit gem. § 180 Abs. 1 Nr. 2b AO vom Betriebsfinanzamt gesondert festzustellen und dem Wohnsitzfinanzamt mitzuteilen.

Um dies alles zu vermeiden, werden sämtliche Steuerangelegenheiten dem Betriebsfinanzamt übertragen (somit entfällt auch die Notwendigkeit einer gesonderten Gewinnfeststellung).

Fall 304 Zuständigkeitswechsel

Lösung: Die Einkommensteuererklärung für das Kj 2000 kann der Steuerberater entweder noch beim Finanzamt Dortmund oder schon bei dem neu zuständig gewordenen Finanzamt Hamburg einreichen.

Geht durch Wohnsitzwechsel die Zuständigkeit auf ein anderes Finanzamt über, so tritt der Wechsel der Zuständigkeit nicht bereits im Zeitpunkt des Wohnsitzwechsels ein, sondern erst dann, wenn eines der beiden Finanzämter von dem Wohnsitzwechsel tatsächlich erfährt (§ 26 AO). Zweckmäßig ist in solch einem Fall, die Steuererklärung noch bei dem bisher zuständigen Finanzamt einzureichen. Aufgrund der neuen Anschrift des Steuerpflichtigen erfährt es von der neuen Zuständigkeit und gibt die Steuererklärung zusammen mit den Steuerakten an das neu zuständig gewordene Finanzamt Hamburg ab.

Fall 305 Einspruchsfrist, Tag der Bekanntgabe

Lösung: Nach § 355 AO ist der Einspruch gegen einen Verwaltungsakt innerhalb eines Monats nach dessen Bekanntgabe der Einspruch einzulegen. Ein schriftlicher Verwaltungsakt, der mit einfachem Brief durch die Post übermittelt wird, gilt am dritten Tag nach der Aufgabe zur Post als bekannt gegeben (§ 122 Abs. 2 AO).

Berechnung der Einspruchsfrist:

Tag der Bekanntgabe (Aufgabe zur Post 01. 10. + 3 Tage): 04.10.

Beginn der Einspruchsfrist: mit Ablauf des 04. 10.

Ende der Einspruchsfrist: mit Ablauf des 04. 11., weil dieser Tag im Monat November seiner Zahl nach dem Bekanntgabetag entspricht.

Steuerlich ohne Bedeutung ist, dass Herr Treu den Einkommensteuerbescheid bereits am 02. 10. erhalten hat.

Frist für Umsatzsteuer-Voranmeldung   Fall 306

Lösung: Die Umsatzsteuer-Voranmeldung muss spätestens am Montag, dem 17., abgegeben werden.

Berechnung:

Der Fälligkeitstag nach § 18 Abs. 1 UStG fällt auf Montag, den 10. = gesetzlicher Feiertag. Somit verschiebt sich das Ende der Abgabefrist nach § 108 Abs. 3 AO auf Dienstag, den 11. Hieran schließt die Abgabeschonfrist von 5 Tagen an. Sie endet an sich am 16. (= Sonntag), unter Berücksichtigung von § 108 Abs. 3 AO also tatsächlich am Montag, dem 17.

Weitere Fristberechnungen   Fall 307

Lösung: Nach § 355 AO beträgt die Einspruchsfrist einen Monat. Für die Fristberechnung gelten die Bestimmungen der §§ 187 und 188 BGB.

Fristbeginn: Ist für den Beginn der Frist ein Ereignis maßgebend, z. B. Bekanntgabe eines Steuerbescheides, so wird der Tag nicht mitgerechnet, in welchen das Ereignis fällt (§ 187 BGB). Die Frist beginnt erst **mit Ablauf** des Tages, in den das Ereignis fällt.

Fristende: Ist die Frist nach Monaten bestimmt, so endet sie mit Ablauf des Tages des letzten Monats, welcher durch seine Zahl dem Tage entspricht, in welchen das Ereignis, z. B. die Bekanntgabe des Steuerbescheides, fällt (§ 188 Abs. 2 BGB).

Ein schriftlicher Verwaltungsakt, der durch die Post übermittelt wird, gilt am dritten Tag nach der Aufgabe zur Post als bekannt gegeben (§ 122 Abs. 2 AO).

- Für den Bescheid 1 endet die Einspruchsfrist am 28. 02. 2001, 24 Uhr
  Tag der Bekanntgabe:
  Aufgabe zur Post am 26. 1. 2001 + 3 Tage = 29. 01. 2001
  Beginn der Einspruchsfrist = 30. 01. 2001, 0 Uhr
  Ende der Einspruchsfrist = 28. 02. 2001, 24 Uhr

  Nach § 188 Abs. 3 BGB endet die Einspruchsfrist bereits am 28. 02. 2001, weil der Monat Februar im Kj 2001 keinen 29. Tag hat.

- Für den Bescheid 2 endet die Einspruchsfrist am 26. 02. 2001, 24 Uhr
  Tag der Bekanntgabe:
  Aufgabe zur Post am 22. 01. 2001 + 3 Tage = 25. 01. 2001
  Beginn der Einspruchsfrist = 26. 01. 2001, 0 Uhr
  Ende der Einspruchsfrist nach § 188 Abs. 2 BGB = 25. 02. 2001, 24 Uhr. Da dieser Tag ein Sonntag ist, endet nach § 108 Abs. 3 AO die Frist mit Ablauf des nächstfolgenden Werktages = 26. 02. 2001.

- Für den Bescheid 3 endet die Einspruchsfrist am 28. 02. 2001, 24 Uhr.
  Tag der Bekanntgabe:
  Aufgabe zur Post am 25. 01. 2001 + 3 Tage = 28. 01. 2001.
  Dieser Tag ist ein Sonntag. Gleichwohl verschiebt sich dadurch der Bekanntgabetag nicht, weil es sich bei der Drei-Tage-Fiktion nicht um eine Frist handelt.

  Beginn der Rechtsbehelfsfrist = 29. 01. 2001, 0 Uhr.
  Ende der Rechtsbehelfsfrist = 28. 02. 2001, 24 Uhr.

- Für den Bescheid 4 endet die Rechtsbehelfsfrist am 06. 04. 2001, 24 Uhr.
  Der vom Finanzamt am 05. 01. 2001 zur Post aufgegebene Bescheid ist nicht wirksam bekannt gegeben, weil das Finanzamt den Zugang des Bescheides nicht nach-

weisen kann. Die Bekanntgabe erfolgte erst am 06. 03. 2001 durch Postzustellungsurkunde.
Beginn der Rechtsbehelfsfrist am 07. 03. 2001, 0 Uhr.
Ende der Rechtsbehelfsfrist am 06. 04. 2001, 24 Uhr.

- Für den Bescheid 5 endet die Einspruchsfrist am 17. 05. 2001, 24 Uhr.
  Die Drei-Tage-Fiktion nach § 122 Abs. 2 AO gilt nicht, wenn der Bescheid tatsächlich später zugegangen ist. Das Finanzamt hat im Zweifel den Tag des Zugangs nachzuweisen. Kaufmann Treu kann auch glaubhaft vorbringen, dass sich die Zustellung des Bescheides wegen der Osterfeiertage verzögert hat. Denn die Aufgabe des Bescheides erfolgte am Gründonnerstag, dem 12. 04. 2001.
  Tag der Bekanntgabe = 17. 04. 2001
  Beginn der Einspruchsfrist = 18. 04. 2001, 0 Uhr.
  Ende der Einspruchsfrist = 17. 05. 2001, 24 Uhr.

- Für den Bescheid 6 endet die Einspruchsfrist am 28. 03. 2001, 24 Uhr.
  Tag der Bekanntgabe:
  Aufgabe zur Post am 25. 02. 2001 + 3 Tage = 28. 02. 2001.
  Beginn der Einspruchsfrist = 01. 03. 2001, 0 Uhr.
  Ende der Einspruchsfrist = 28. 03. 2001, 24 Uhr, weil dieser Tag im Monat März seiner Zahl nach dem Tag der Bekanntgabe (Ereignistag) entspricht. Dass dieser Tag der letzte Tag des Monats Februar ist, bedeutet **nicht**, dass die Monatsfrist am letzten Tag des Folgemonats endet.

Fall 308 Erteilung von Auskünften

Lösung:

1. Der Steuerpflichtige hat nach § 93 AO dem Finanzamt die erforderlichen Auskünfte zur Ermittlung des Sachverhalts zu erteilen. Es steht im Ermessen des Finanzamts, ob die Auskunft schriftlich, mündlich oder fernmündlich erteilt werden soll. Das Finanzamt war also berechtigt, Herrn Willi Langsam zur Auskunftserteilung vorzuladen. Herr Willi Langsam hätte jedoch auch verlangen können, dass das Auskunftsersuchen schriftlich ergeht (§ 93 Abs. 2 und 4 AO).

2. Im Rahmen des Auskunftsersuchens war das Finanzamt auch berechtigt, Fragen nach der Finanzierung der Umbauarbeiten zu stellen, da Herr Willi Langsam Beteiligter ist und er sozusagen Auskunft in eigener Sache erteilt. Ein Auskunftsverweigerungsrecht stünde Herrn Willi Langsam nur im Steuerstrafverfahren (§ 393 AO) zu.

3. Fragen nach dem Getrenntleben seines Bruders Herbert durfte das Finanzamt nicht stellen. Denn nach § 93 Abs. 1 Satz 3 AO sollen andere Personen als die Beteiligten erst dann zur Auskunft angehalten werden, wenn die Sachverhaltsaufklärung beim Beteiligten nicht zum Ziele führt oder keinen Erfolg verspricht. Im Übrigen hätte Herr Willi Langsam als Angehöriger des Beteiligten Herbert Langsam die Auskunft verweigern dürfen (§ 101 AO).

Abgabenordnung – Lösungen 543

Erklärungspflichten   Fall 309

Lösung: Nach § 150 AO sind Steuererklärungen nach amtlich vorgeschriebenem Vordruck abzugeben, versehen mit der eigenhändigen Unterschrift des Steuerpflichtigen. Die Abgabe erfolgte telefonisch, somit nicht formgerecht und deshalb auch nicht fristgerecht.

Verspätete Abgabe der Erklärung   Fall 310

Lösung:
a) Das Finanzamt kann wegen der verspäteten Abgabe der Umsatzsteuer-Voranmeldung einen Verspätungszuschlag festsetzen (§ 152 AO).
b) Der Verspätungszuschlag darf 10 v. H. der festgesetzten Steuer und 50 000 DM nicht übersteigen (10 v. H. von 5 200 DM = 520 DM).
c) Gegen die Festsetzung des Verspätungszuschlages kann Lehmann Einspruch einlegen (§ 347 AO).

Da die Steuer am Eingangstag der Anmeldung entrichtet wurde, sind keine Säumniszuschläge entstanden (§ 240 Abs. 1 Satz 3 AO).

Verspätete Abgabe der Erklärung durch den Steuerberater   Fall 311

Lösung:
a) Das Finanzamt kann gegen den Steuerpflichtigen Weinberg einen Verspätungszuschlag festsetzen, weil er der Verpflichtung zur fristgemäßen Abgabe seiner Steuererklärungen nicht nachgekommen ist (§ 152 AO). Herr Weinberg muss sich die Säumnis seines Steuerberaters zuschreiben lassen. Die Versäumnis ist auch nicht entschuldbar, weil Arbeitsüberlastung und Urlaub keine ausreichenden Entschuldigungsgründe sind. Der Steuerberater muss im Falle der Arbeitsüberlastung entweder neue Arbeitskräfte einstellen, neue Mandate ablehnen oder vorhandene Mandate zurückgeben.
b) Wegen der verminderten Leistungsfähigkeit des Steuerberaters durch längere Krankheit ist die Säumnis entschuldbar. Ein Verspätungszuschlag darf nicht festgesetzt werden (FG Niedersachsen v. 24. 1. 1978, EFG 1978 S. 416).

Verspätete Abgabe der Erklärung durch den Steuerberater   Fall 312

Lösung: Wegen der verspäteten Abgabe der Umsatzsteuererklärung kann das Finanzamt keinen Verspätungszuschlag festsetzen, weil die festgesetzte Umsatzsteuer negativ ist. Wegen der verspäteten Abgabe der Einkommensteuererklärung kann das Finanzamt dagegen einen Verspätungszuschlag festsetzen, weil die festgesetzte (= tarifliche) Steuer positiv ist. Durch die verspätete Abgabe der Steuererklärung hat der Steuerpflichtige indessen keinen Zinsvorteil erlangt, weil die festgesetzte Steuer niedriger ist als die geleisteten Vorauszahlungen. Aus diesem Grunde kann der Verspätungszuschlag nur sehr gering ausfallen (unter Berücksichtigung der jeweiligen Verhältnisse allenfalls zwischen 20 bis 200 DM).

Fall 313 **Verspätungszuschlag, Erklärungsfristen**

Lösung: Die Umsatzsteuervoranmeldung für den Monat Juli 2001 ist nicht rechtzeitig beim Finanzamt eingegangen. Das Finanzamt wird indessen keinen Verspätungszuschlag nach § 152 AO festsetzen. Nach einer Verwaltungsanweisung soll das Finanzamt von der Festsetzung eines Verspätungszuschlages absehen, wenn die Anmeldung innerhalb der Schonfrist von fünf Tagen abgegeben und die Steuer entrichtet wurde (Anwendungserlass zur AO [AEAO], Tz. 7 zu § 152).

Die Umsatzsteuervoranmeldung ist binnen 10 Tagen nach Ablauf des Voranmeldungszeitraums abzugeben (§ 18 Abs. 1 UStG), also für den Monat Juli 2001 spätestens am 10. 08. 2001. Infolge Dauerfristverlängerung nach § 18 Abs. 6 UStG i. V. mit § 46 UStDV ist der späteste Abgabetermin der 10. 09. 2001.

Der Gewerbetreibende Hans Klein gab am Montag, dem 17. 09. 2001, die Voranmeldung ab. Die Abgabe erfolgte innerhalb der Schonfrist von fünf Tagen.

Berechnung

Montag, der 10. 09.
zuzüglich fünf Tage = Samstag, der 15. 09.
Fristverlängerung nach § 108 Abs. 3 AO auf Montag, den 17. 09.

Die Schonfrist läuft am 17. 09. um 24 Uhr ab. Der Einwurf um 20 Uhr in den Briefkasten des Finanzamtes erfolgte also noch innerhalb der Schonfrist.

Da die Steuer am Abgabetag der Voranmeldung entrichtet wurde, sind auch keine Säumniszuschläge entstanden (§ 240 Abs. 1 AO).

Fall 314 **Nichtabgabe der Steuererklärung**

Lösung: Zur Erfüllung der steuerlichen Pflicht, die Steuererklärungen für 2000 abzugeben, kann das Finanzamt nach § 328 AO Zwangsmittel einsetzen. Üblich ist die Androhung und Festsetzung von Zwangsgeld (§§ 329 u. 332 AO), welches je nach Einzelfall bis zu 5 000 DM betragen kann.

Das Finanzamt kann aber auch die Besteuerungsgrundlagen schätzen (§ 162 AO) und entsprechende Bescheide erlassen. Die Pflicht zur Abgabe der Erklärungen wird dadurch indessen nicht berührt (§ 149 Abs. 1 AO). Die Schätzungsbescheide ergehen ggf. unter dem Vorbehalt der Nachprüfung, damit sie nach späterer Abgabe der Steuererklärung noch berichtigt werden können.

In Verbindung mit den Schätzungsbescheiden kann das Finanzamt Verspätungszuschläge wegen Nichtabgabe der jeweiligen Steuererklärung festsetzen. Der Verspätungszuschlag darf 10 % der festgesetzten Steuer oder des festgesetzten Steuermessbetrages nicht übersteigen und höchstens 50 000 DM betragen (§ 152 AO).

Fall 315 **Form des Steuerbescheides**

Lösung: Der fehlende Datumsvermerk berührt für sich gesehen die Wirksamkeit des Bescheides nicht.

Der Einkommensteuerbescheid ist jedoch nicht wirksam bekannt gegeben, weil die Ehegatten Elfriede und Konrad Eismann hinsichtlich der Einkommensteuer für das Kj 2000

Gesamtschuldner sind, der Steuerbescheid sich aber nur an den Ehemann (als Steuerschuldner) richtet.

Voraussetzung für die Wirksamkeit eines Steuerbescheides ist unter anderem, dass er demjenigen, für den er bestimmt ist oder der von ihm betroffen wird, bekannt gegeben wird (§ 124 AO). Deshalb ist im Bescheid festzulegen, an wen er sich richtet, wer Steuerschuldner ist.

Ehegatten sind im Falle der ESt-Zusammenveranlagung stets Gesamtschuldner (§ 44 AO). Sie erhalten deshalb einen zusammengefassten Steuerbescheid (§ 155 Abs. 3 AO), der an die gemeinsame Anschrift zu richten ist (Bekanntgabeerlass v. 8. 4. 1991, BStBl I S. 398).

Im Anschriftenfeld hätte stehen müssen:
Herrn Konrad Eismann
Frau Elfriede Eismann
Eschstraße 11
44629 Herne

Schätzungsbescheid

Fall 316

Lösung: Werden Ehegatten zusammen zur Einkommensteuer veranlagt, so reicht es für die wirksame Bekanntgabe an beide Ehegatten aus, wenn ihnen eine Ausfertigung des Steuerbescheides an die gemeinsame Anschrift übermittelt wird (§ 155 Abs. 5 AO).

Diese vereinfachte Bekanntgabe ist auch dann möglich, wenn eine gemeinsam abzugebende Erklärung nicht eingereicht worden ist und die Besteuerungsgrundlagen daraufhin vom Finanzamt geschätzt worden sind (vgl. Bekanntgabeerlass, Tz. 2.1.3).

Gesonderte Feststellung von Besteuerungsgrundlagen

Fall 317

Lösung:

A. Zweck und Bedeutung der gesonderten Feststellung

Nach § 157 AO bildet die Feststellung von Besteuerungsgrundlagen einen mit Rechtsbehelfen nicht selbständig anfechtbaren Teil des Steuerbescheids. Abweichend hiervon werden nach § 179 AO bestimmte Besteuerungsgrundlagen gesondert festgestellt. Durch die gesonderte Feststellung wird das Besteuerungsverfahren in mehrere Stufen zerlegt. Diese Technik dient dazu, das Besteuerungsverfahren zu vereinfachen, insbesondere in Fällen, in denen z. B.

- eine Besteuerungsgrundlage die Basis für mehrere Steuern desselben Steuerpflichtigen darstellt (z. B. für die Gewerbesteuer und die Grundsteuer),
- eine Besteuerungsgrundlage mehrere Steuerpflichtige betrifft.

Einzelheiten ergeben sich aus § 180 AO.

B. Zu den einzelnen Fällen

1. Für ein im Bundesgebiet belegenes Einfamilienhaus:
   Gesonderte Feststellung des Einheitswerts nach § 180 Abs. 1 Nr. 1 AO i. V. m. § 19

Abs. 1 Nr. 1 BewG (für die Grundsteuer) bzw. des „Bedarfswerts" nach § 138 BewG (für die Erbschafts- und Schenkungsteuer).

2. Umsatz einer Fabrik, die zwei Brüdern gehört:
Keine gesonderte Feststellung, weil die Fabrik – als Gesellschaft – Unternehmer i. S. des § 2 UStG und damit ein selbständiges Steuersubjekt ist.

3. Gewinn einer Rechtsanwaltssozietät:
Gesonderte und einheitliche Feststellung nach § 180 Abs. 1 Nr. 2a AO.

4. Gewinn einer GmbH:
Keine gesonderte Feststellung, weil die GmbH ein selbständiges körperschaftsteuerpflichtiges Steuersubjekt darstellt.

5. Gewinn eines Betriebes der Land- und Forstwirtschaft, der den Geschwistern A und B gehört:
Gesonderte und einheitliche Feststellung nach § 180 Abs. 1 Nr. 2a AO.

6. Gewinn eines Handwerkers, der im Bezirk des Finanzamtes A wohnt und seinen Handwerksbetrieb in einer benachbarten Stadt im Bezirk des Finanzamtes B betreibt:
Gesonderte Feststellung nach § 180 Abs. 1 Nr. 2b AO.

Fall 318 **Festsetzungsverjährung**

Lösung: Nach § 18 Abs. 4 UStG ist der Unternehmer zur Abgabe einer Umsatzsteuerjahreserklärung für 1999 verpflichtet. Die Festsetzungsverjährung beginnt deshalb nach § 170 Abs. 2 AO mit Ablauf des Kalenderjahres, in dem die Erklärung eingereicht worden ist, spätestens jedoch mit Ablauf des dritten Kalenderjahres nach Entstehung der Steuer. Sie endet vier Jahre nach Beginn (§ 169 Abs. 2 AO).

	A	B	C
Beginn der Frist:	31. 12. 2000	31. 12. 2001	31. 12. 2002 (24 Uhr)
Dauer der Frist:	4 Jahre	4 Jahre	4 Jahre
Ende der Frist:	31. 12. 2004	31. 12. 2005	31. 12. 2006 (24 Uhr)

Fall 319 **Festsetzungsverjährung**

Lösung: Nach Ablauf der Festsetzungsfrist ist eine Berichtigung nicht mehr zulässig (§ 169 Abs. 1 AO). Die Festsetzungsfrist beträgt für die Einkommensteuer vier Jahre (§ 169 Abs. 2 AO). Die Festsetzungsfrist beginnt hier nach § 170 Abs. 2 AO mit Ablauf des Kalenderjahres, in dem die Steuererklärung eingereicht wird.

Im Kalenderjahr 2001 kann das Finanzamt äußerstenfalls noch die Einkommensteuerbescheide ab dem Veranlagungszeitraum 1996 einschließlich berichtigen. Die Vierjahresfrist für den Veranlagungszeitraum 1996 beginnt mit Ablauf des Kalenderjahres 1997, weil in diesem Kalenderjahr die Erklärung 1996 abgegeben wurde, und endet grundsätzlich mit Ablauf des Kalenderjahres 2001. Wird noch im Jahre 2001 mit der Außenprüfung tatsächlich begonnen, ist der Ablauf der Festsetzungsfrist solange gehemmt, bis die aufgrund der Außenprüfung ergehenden Steuerbescheide unanfechtbar geworden sind (§ 171 Abs. 4 AO).

Die Einkommensteuerbescheide **vor** 1996 können nicht mehr berichtigt werden, weil für diese Bescheide zu Beginn des Kalenderjahres 2001 bereits Festsetzungsverjährung eingetreten war.

Ablaufhemmung bei der Festsetzungsverjährung **Fall 320**

Lösung: Die vierjährige Festsetzungsfrist (§ 169 Abs. 2 AO) beginnt wegen der Anlaufhemmung des § 170 Abs. 2 AO mit Ablauf des Kalenderjahres 1996, weil in diesem Jahr die Erklärung für das Kalenderjahr 1995 eingereicht worden ist. Die Festsetzungsfrist endet regulär am 31. 12. 2000.

Die vor Ende der Festsetzungsfrist begonnene Betriebsprüfung hemmt zwar grundsätzlich den Fristablauf bis zur Unanfechtbarkeit der aufgrund der Außenprüfung zu erlassenden Steuerbescheide (§ 171 Abs. 4 AO). Die Ablaufhemmung kann sich jedoch hier nicht auswirken, weil der Umsatzsteuerbescheid noch vor Ablauf der regulären Festsetzungfrist (31. 12. 2000) am 02. 11. 2000 unanfechtbar geworden ist. Hier wird indessen das Ende der Festsetzungsfrist nach § 171 Abs. 2 AO hinausgeschoben. In dem Umsatzsteuerbescheid vom 29. 09. 2000 war eine offenbare Unrichtigkeit (Rechenfehler) enthalten. Die Festsetzungsfrist endet **insoweit** daher nicht vor Ablauf eines Jahres nach Bekanntgabe dieses Bescheides. Nach § 122 Abs. 2 AO gilt der Umsatzsteuerbescheid vom 29. 09. 2000 mit dem dritten Tag nach Aufgabe zur Post als bekannt gegeben, also am 02. 10. 2000. Die Jahresfrist nach § 171 Abs. 2 AO endet somit am 02. 10. 2001 (24 Uhr). Der Berichtigungsbescheid nach § 129 AO ging noch fristgerecht, nämlich am letzten Tag der Festsetzungsfrist, zur Post. Nach § 169 Abs. 1 Satz 3 AO reicht es zur Wahrung der Frist aus, wenn der Bescheid vor Ablauf der Festsetzungsfrist den Bereich der Finanzbehörde verlassen hat. Seine Bekanntgabe kann auch nach Ablauf der Frist liegen.

Einspruchsfrist, Festsetzungsverjährung, Zahlungsverjährung **Fall 321**

Lösung:

a) **Einspruch**

Tag der Bekanntgabe	31. 1. 2001
Beginn der Einspruchsfrist	mit Ablauf des 31. 1. 2001 bzw. am 31. 1. 2001, 24 Uhr alternativ 1. 2. 2001, 0 Uhr
Ende der Einspruchsfrist	mit Ablauf des 28. 2. 2001 bzw. am 28. 2. 2001, 24 Uhr

Der Einspruch ist nicht fristgerecht eingelegt.

b) Die **Festsetzungs- und die Zahlungsverjährung** bewirken gleichermaßen, dass der Anspruch aus dem Steuerschuldverhältnis erlischt (§ 47 AO).

Nach Eintritt der Festsetzungsverjährung sind eine Steuerfestsetzung, eine Aufhebung oder eine Berichtigung unzulässig (§ 169 Abs. 1 AO). Nach Eintritt der Zahlungsverjährung darf der Anspruch nicht mehr verwirklicht werden (§ 228 AO).

c) **Festsetzungsverjährung**

Der Beginn der Festsetzungsverjährung bestimmt sich vorliegend nach § 170 Abs. 2 Nr. 1 AO.

Berechnung der Festsetzungsverjährung:

Entstehung der Steuer	Ablauf des Jahres 1997
Beginn der Festsetzungsverjährung	31. 12. 2000, 24 Uhr alternativ 1. 1. 2001, 0 Uhr
Dauer	4 Jahre
Ende der Festsetzungsverjährung	31. 12. 2004, 24 Uhr

d) Zahlungsverjährung

Beginn der Zahlungsverjährung	31. 12. 2001, 24 Uhr alternativ 1. 1. 2002, 0 Uhr
Dauer	5 Jahre
Ende der Zahlungsverjährung	31. 12. 2006, 24 Uhr

Fall 322 Änderung von Steuerbescheiden nach § 129 AO

Lösung: Der Einspruch gegen den endgültigen Einkommensteuerbescheid 1999 ist unzulässig, weil die Einspruchsfrist von einem Monat bereits abgelaufen ist (§ 355 AO). Der Bescheid ist somit bestandskräftig.

Nach § 129 AO kann das Finanzamt indessen Rechenfehler, Schreibfehler und ähnliche offenbare Unrichtigkeiten, die **ihm** bei der Steuerfestsetzung unterlaufen sind, jederzeit berichtigen, also auch nach Eintritt der Bestandskraft des Bescheides. § 129 AO gilt aber nicht für Versehen des Steuerpflichtigen selbst, es sei denn, das offenbare Versehen ist in der Steuererklärung erkennbar und wird vom Finanzamt als eigenes Versehen in den Bescheid übernommen.

Weil der Zahlendreher in der Erklärung nicht erkennbar war, scheidet eine Änderung nach § 129 AO aus.

Fall 323 Änderung von Steuerbescheiden nach § 129 AO

Lösung: Nach § 129 AO können Schreibfehler, Rechenfehler und ähnliche offenbare Unrichtigkeiten, die dem Finanzamt unterlaufen sind, jederzeit (innerhalb der Festsetzungsfrist) berichtigt werden, auch nach Bestandskraft des Bescheides. Es darf sich indessen nicht um Fehler in der Willensbildung oder in der Rechtsanwendung des Finanzamtes handeln.

Im vorliegenden Fall ist dem Finanzamt eine offenbare Unrichtigkeit unterlaufen, indem es nur zwei anstelle von drei Kinderfreibeträgen abgezogen hat. Bei der Zusammenveranlagung waren aber eindeutig drei Kinderfreibeträge zu berücksichtigen.

Gleichwohl kann der Steuerbescheid nicht geändert werden, weil die Festsetzungsfrist im Jahr 2001 bereits abgelaufen ist (§§ 169, 170 AO). Dies gilt auch für die Berichtigung offenbarer Unrichtigkeit nach § 129 AO (§ 169 Abs. 1 Satz 2 AO).

Die Festsetzungsfrist beträgt vier Jahre. Sie begann mit Ablauf des Jahres 1996 (Steuererklärung in 1996 eingereicht) und endete mit Ablauf des Jahres 2000. Die Festsetzungsfrist für den fehlerhaften Bescheid war somit am 13. 11. 2001 bereits abgelaufen.

Die Ablaufhemmung nach § 171 Abs. 2 AO greift hier nicht. Danach endet die Festsetzungsfrist nicht vor Ablauf eines Jahres nach Bekanntgabe des fehlerhaften Bescheides. Der Einkommensteuerbescheid 1995 wurde jedoch bereits im Jahre 1996 bekannt gegeben.

Änderung von Steuerbescheiden nach § 164 AO **Fall 324**

Lösung: Das Finanzamt kann die Steuern unter dem Vorbehalt der Nachprüfung festsetzen, wenn es den Steuerfall noch nicht abschließend geprüft hat (§ 164 Abs. 1 AO). Diese Regelung dient der Beschleunigung des Veranlagungsverfahrens und ermöglicht der Finanzbehörde, Steuern zunächst „unter Vorbehalt" festzusetzen und diese Steuerfestsetzungen zu einem späteren Zeitpunkt (innerhalb der vierjährigen Festsetzungsfrist, ggf. im Rahmen einer Außenprüfung) noch einmal in vollem Umfang zu überprüfen.

Der Mandant Hasenfuß muss so lange mit einer Überprüfung der Einkommensteuerfestsetzung 1999 rechnen, als der Vorbehalt der Nachprüfung wirksam ist.

Der Vorbehalt der Nachprüfung entfällt mit Ablauf der vierjährigen Festsetzungsfrist, sofern er nicht zuvor ausdrücklich aufgehoben worden ist (§ 164 Abs. 3 u. 4 AO).

Berechnung der Festsetzungsfrist:

Beginn:	mit Ablauf des Jahres 2000 (§ 170 Abs. 2 AO) (Einkommensteuererklärung 1999 in 2000 eingereicht).
Dauer:	vier Jahre (§ 169 AO).
Ende:	mit Ablauf des Jahres 2004.

Der Mandant Hasenfuß muss demnach bis zum Ablauf des Jahres 2004 mit einer Nachprüfung der Einkommensteuerfestsetzung 1999 rechnen.

Änderung von Steuerbescheiden nach § 165 AO **Fall 325**

Lösung: Wird die Vereinbarkeit eines Steuergesetzes mit höherrangigem Recht (Grundgesetz) im Rahmen eines Verfahrens vor dem Bundesverfassungsgericht überprüft, so kann die Steuer *insoweit vorläufig* festgesetzt werden (§ 165 Abs. 1 Nr. 3 AO).

Die Vorläufigkeit der Einkommensteuerfestsetzung 2000 der Eheleute Beimer erstreckt sich auf die im Bescheid genannten Punkte:

– Arbeitnehmer-Pauschbetrag der Ehefrau,

– beschränkte Abzugsfähigkeit von Vorsorgeaufwendungen,

– Nichtabziehbarkeit privater Schuldzinsen.

Hinsichtlich anderer Besteuerungsgrundlagen, wie hier der zusätzlichen Werbungskosten des Hans Beimer, kann eine Berichtigung des Steuerbescheides nach § 165 Abs. 2 AO nicht erfolgen.

Auch nach anderen Berichtigungsvorschriften ist eine Änderung des Einkommensteuerbescheides 2000 nicht möglich, da es sich bei der Nichtberücksichtigung der Werbungskosten um einen Rechtsfehler handelt (keine ähnliche offenbare Unrichtigkeit i. S. d. § 129 AO), der Bescheid nicht unter dem Vorbehalt der Nachprüfung steht (§ 164 AO) und außerdem im August des Jahres 2001 die Einspruchsfrist bereits abgelaufen ist

(Ende der Einspruchsfrist mit Ablauf des 07. 05. 2001; weder Änderungsantrag nach § 172 Abs. 1 Nr. 2a AO noch Einspruch nach § 347 ff. AO möglich).

Fall 326 **Änderung von Steuerbescheiden nach § 172 AO**

Lösung: Der Einkommensteuerbescheid 2000 für den Mandanten Gröne ist zwar endgültig (kein Vorbehalt der Nachprüfung/keine Vorläufigkeit insoweit), aber noch nicht bestandskräftig, weil die Einspruchsfrist noch nicht abgelaufen ist. Somit kann durch Stellung eines Änderungsantrags nach § 172 Abs. 1 Nr. 2a AO die steuerliche Berücksichtigung der Spendenbeträge im Wege einer Berichtigung der Steuerfestsetzung erreicht werden.

Möglich wäre auch, innerhalb der Einspruchsfrist Einspruch gegen den Steuerbescheid zu erheben. Dieser Weg ist insbesondere dann anzuraten, wenn sich aufgrund des fehlerhaften Einkommensteuerbescheides 2000 eine Zahlungspflicht des Mandanten Gröne ergeben hat. Im Rahmen des Einspruchsverfahrens wäre dann eine (ggf. teilweise) Aussetzung der Vollziehung der Abschlusszahlung möglich. Dieses Rechtsbehelfsverfahren wird das Finanzamt dadurch abschließen, dass es den Spendenabzug im Rahmen eines Abhilfebescheides (Änderung der Steuerfestsetzung nach § 172 Abs. 1 Nr. 2a AO) gewährt (§ 367 Abs. 2 Satz 3 AO).

Fall 327 **Änderung von Steuerbescheiden nach § 172 AO**

Lösung: Der Mandant Klein muss nach § 153 AO die Einkommensteuererklärung 2000 berichtigen. Das Finanzamt ändert sodann den Einkommensteuerfestsetzung nach § 172 Abs. 1 Nr. 2a AO. Da es sich um eine Änderung zum Nachteil des Steuerpflichtigen handelt, ist sie auch nach Eintritt der Bestandskraft noch möglich.

Das Finanzamt hat auch ohne Zustimmung des Steuerpflichtigen nach § 173 Abs. 1 Nr. 1 AO den Steuerbescheid zu berichtigen, da ihm nachträglich (nach Erlass des Steuerbescheides) Zinseinnahmen als neue Tatsache bekannt werden, die zu einer höheren Steuer führen.

Eine Änderung ist erst dann nicht mehr möglich, wenn die Festsetzungsfrist abgelaufen ist (§ 169 AO).

Fall 328 **Änderung von Steuerbescheiden nach § 173 AO**

Lösung: Steuerbescheide sind aufzuheben oder zu ändern, soweit Tatsachen nachträglich (nach Erlass des Steuerbescheides) bekannt werden, die zu einer höheren Steuer führen (§ 173 Abs. 1 Nr. 1 AO). Als Tatsache gilt jeder steuerlich erhebliche Sachverhalt (z. B. zusätzliche Betriebseinnahmen, geringere Betriebsausgaben/Werbungskosten, Voraussetzungen einer Steuervergünstigung/Ehegattenveranlagung liegen nicht vor . . .).

Eine solche Tatsache ist der durch Kontrollmitteilung dem Finanzamt bekannt gewordene Mehrerlös von 30 000 DM. Die neue Tatsache wird dem Finanzamt nach Erlass des Steuerbescheides 2000 bekannt und führt als Einnahme aus freiberuflicher Tätigkeit gem. § 18 Abs. 1 Nr. 1 EStG zu einer höheren Steuer.

Das Finanzamt wird daher den Einkommensteuerbescheid 2000 des Herrn Gutermut nach § 173 Abs. 1 Nr. 1 AO ändern und die entsprechende Einkommensteuer nachfordern.

Änderung von Steuerbescheiden nach § 173 AO

Fall 329

Lösung: Eine Berichtigung der Einkommensteuererklärung 2000 durch Nachmeldung der Reparaturkosten am Mietwohnhaus in Höhe von 3 820 DM kann nicht zur Änderung des Einkommensteuerbescheides 2000 führen, weil dieser endgültig und bereits unanfechtbar ist.

Nach Ablauf der Einspruchsfrist ist zwar nach § 173 Abs. 1 Nr. 2 AO bei nachträglichem Bekanntwerden von neuen Tatsachen eine Berichtigung zugunsten des Steuerpflichtigen möglich, aber nur, wenn den Steuerpflichtigen kein grobes Verschulden daran trifft, dass die Tatsache erst nachträglich bekannt geworden ist. Dies ist aber hier der Fall.

Hat der Steuerpflichtige das nachträgliche Bekanntwerden der Tatsache grob verschuldet, so ist eine Änderung des Steuerbescheides zu seinen Gunsten ausgeschlossen. Dadurch soll der Steuerpflichtige von vornherein dazu angehalten werden, seine Erklärungspflichten mit der gebotenen Sorgfalt zu erfüllen (BFH-Urt. v. 19. 8. 1983, BStBl 1984 II S. 48).

Grobes Verschulden sind Vorsatz oder grobe Fahrlässigkeit. Vorsätzlich handelt ein Steuerpflichtiger, wenn er seine Erklärungspflichten gekannt und ihre Verletzung gewollt hat. Grob fahrlässig handelt ein Steuerpflichtiger, wenn er die Sorgfalt, zu der er nach seinen persönlichen Kenntnissen und Fähigkeiten verpflichtet und imstande ist, in ungewöhnlichem Maße verletzt.

Im vorliegenden Fall hat die Mandantin Josefine Reich grob fahrlässig ihre Erklärungspflichten verletzt, indem sie eine Ausgabe in Höhe von 3 820 DM nicht als Werbungskosten angegeben hat.

Aus diesem Grunde kommt eine Änderung des Steuerbescheides nach § 173 Abs. 1 Nr. 2 AO nicht in Betracht.

Änderung von Steuerbescheiden nach § 175 AO

Fall 330

Lösung: Erzielen mehrere Personen gemeinsam einkommensteuerpflichtige Einkünfte (hier: gemeinsame Einkünfte aus Gewerbebetrieb aus der C & A KG), so werden diese Einkünfte vom zuständigen Betriebs-FA (§ 18 Abs. 1 Nr. 2 AO) einheitlich und gesondert festgestellt (§§ 179, 180 Abs. 1 Nr. 2a AO). Die jeweiligen Anteile der beteiligten Personen an den gemeinsamen Einkünften werden sodann den jeweils zuständigen Wohnsitzfinanzämtern (§ 19 AO) mitgeteilt und von diesen im Rahmen der Einkommensteuerfestsetzungen zugrunde gelegt. Eine Abweichung von den festgestellten Einkünften ist den Wohnsitzfinanzämtern nicht möglich, denn die Feststellung der Einkünfte (Grundlagenbescheid) ist für die jeweiligen Einkommensteuerfestsetzungen (Folgebescheide) bindend (§ 182 Abs. 1 AO).

Dennoch können die Steuerbescheide auch bereits vor Erlass des Feststellungsbescheides ergehen (§ 155 Abs. 2 AO). Weichen die später festgestellten Gewinnanteile von den zuvor im Rahmen der Steuerfestsetzung berücksichtigten Beträge ab, so ist der Steuerbescheid dem Feststellungsbescheid aufgrund dessen Bindungswirkung anzupassen. Dies geschieht nach der Berichtigungsvorschrift des § 175 Abs. 1 Nr. 1 AO.

Das Wohnsitz-FA des Mandanten Carlo hat bereits vor Erlass eines Feststellungsbescheides anteilige Einkünfte aus der C & A KG für 1998 in Höhe von 15 000 DM im

Rahmen der Einkommensteuer-Festsetzung 1998 berücksichtigt. Nach Ergehen des Feststellungsbescheides vom 01. 07. 2001 ist dieser Einkommensteuerbescheid gem. § 175 Abs. 1 Nr. 1 AO unter Berücksichtigung des erhöhten Gewinnanteils von 20 000 DM zu ändern.

Hinweis: Die Ablaufhemmung des § 171 Abs. 10 AO [Ende der Festsetzungsfrist (Folgebescheid) nicht vor Ablauf von zwei Jahren nach Bekanntgabe des Grundlagenbescheides] findet hier keine Anwendung, da die reguläre Festsetzungsfrist für die Einkommensteuerfestsetzung 1998 des Mandanten Carlo frühestens mit Ablauf des Jahres 2003 endet.

Fall 331 Änderung von Steuerbescheiden, Vorbehalt der Nachprüfung

Lösung Sachverhalt a:

a) 1. Innerhalb der Einspruchsfrist (§ 355 AO) kann der Steuerberater Einspruch einlegen oder einen Änderungsantrag nach § 172 Abs. 1 Nr. 2a AO stellen. Das Finanzamt wird in beiden Fällen den Steuerbescheid nach § 172 Abs. 1 Nr. 2a AO berichtigen.

2. Da die Einspruchsfrist bereits abgelaufen ist, wäre ein Einspruch gegen den Einkommensteuerbescheid 2000 unzulässig.

Eine Berichtigung nach § 129 AO kommt mangels Rechenfehler, Schreibfehler oder ähnlicher offenbarer Unrichtigkeiten nicht in Betracht. Da eine Änderung zugunsten des Mandanten angestrebt wird, ist nach Ablauf der Einspruchsfrist auch eine Berichtigung nach § 172 Abs. 1 Nr. 2a AO nicht mehr möglich. Eine Änderung nach § 173 AO scheitert bereits daran, dass dem Finanzamt eine Tatsache nicht nachträglich (nach Erlass des Steuerbescheides) bekannt wird.

b) Solange der Vorbehalt der Nachprüfung wirksam ist (nicht ausdrücklich aufgehoben, noch nicht mit Ablauf der vierjährigen Festsetzungsfrist entfallen; § 164 Abs. 3 u. 4 AO), kann der Steuerberater jederzeit einen Antrag auf Änderung des Steuerbescheides nach § 164 Abs. 2 AO stellen.

Lösung Sachverhalt b:

Steuerberater Fuchs kann jederzeit die Änderung des ESt-Vorauszahlungsbescheides 2001 nach § 164 Abs. 2 AO beantragen, da Vorauszahlungsbescheide stets (kraft Gesetzes) unter dem Vorbehalt der Nachprüfung stehen (§ 164 Abs. 1 Satz 2 AO).

Fall 332 Fehler des Finanzamtes bei der Rechtsanwendung

Lösung: Ist ein Steuerbescheid falsch, weil das Finanzamt bei der Rechtsanwendung einen Fehler begangen hat, so ist eine Änderung des Bescheides ausgeschlossen, wenn der Bescheid bereits unanfechtbar ist.

Eine Änderung nach § 129 AO setzt einen Schreibfehler, einen Rechenfehler oder eine ähnliche offenbare Unrichtigkeit voraus. Fehler dieser Art sind mechanischer Natur. Um einen solchen Fehler handelt es sich hier nicht, weil der Bearbeiter im Finanzamt die Rechtslage verkannt hat.

Eine Änderung nach § 172 Abs. 1 Nr. 2a AO zugunsten des Steuerpflichtigen setzt voraus, dass der Steuerpflichtige vor Ablauf der Einspruchsfrist die Änderung beantragt. Eine Änderung nach dieser Vorschrift kommt nicht in Betracht, weil der Bescheid bereits unanfechtbar ist.

Eine Änderung nach § 173 AO setzt eine neue Tatsache voraus. Eine neue Tatsache liegt hier indessen nicht vor, weil dem Finanzamt der Sachverhalt durch die Steuererklärung bekannt war. Herr Herzig kann die AfA für die Arbeitsmittel, soweit sie im Kj 2000 noch nicht verbraucht ist, in den Folgejahren als Werbungskosten geltend machen.

Weitere Änderungsfälle

Fall 333

Lösung: Das Finanzamt ist von der Umsatzsteuer-Erklärung (Steueranmeldung) des Mandanten Lehmann nicht abgewichen. Somit war eine Steuerfestsetzung durch Steuerbescheid nicht erforderlich (§ 167 AO). Nach § 168 AO steht eine Steueranmeldung einer Steuerfestsetzung unter dem Vorbehalt der Nachprüfung gleich. Die Steuerfestsetzung kann also ohne weiteres geändert werden.

Die Abgabe einer berichtigten Umsatzsteuer-Erklärung, in der 20 % der Umsätze mit 7 % versteuert werden, gilt ebenfalls als Steuerfestsetzung unter dem Vorbehalt der Nachprüfung. Diese Wirkung tritt jedoch erst ein, wenn das Finanzamt zustimmt, da die Steueranmeldung zu einer Herabsetzung der Steuer führt. Bis dahin ist sie als Antrag auf Änderung der Steuerfestsetzung nach § 164 Abs. 2 Satz 2 AO anzusehen. Die Zustimmung kann formlos erteilt werden, z. B. durch erneute Abrechnung über die Umsatzsteuer 1999 und Erstattung des überzahlten Betrages.

Wenn das Finanzamt der ermäßigten Versteuerung mit 7 % nicht zustimmt, wird es den Antrag auf Änderung der Steuerfestsetzung durch Bescheid ablehnen (§ 155 Abs. 1 AO). Hiergegen könnte Lehmann Einspruch einlegen.

Lösung: Gegen den Einkommensteuerbescheid 2000 vom 03. 11. 2001 kann noch innerhalb der Einspruchsfrist von einem Monat Einspruch eingelegt werden. Die Einspruchsfrist läuft für diesen Bescheid am 06. 12. 2001 ab, weil die Bekanntgabe des Bescheides am 06. 11. 2001 erfolgte (Datum des Bescheides = Datum des Poststempels 03. 11. 2001 + drei Tage; § 122 AO). Nach Abgabe einer berichtigten Anlage V zur Einkommensteuer-Erklärung 2000 und Begleitschreiben (Einspruch) innerhalb der Einspruchsfrist ändert das Finanzamt den Bescheid 2000 nach § 172 Abs. 1 Nr. 2a AO.

Fall 334

Das Finanzamt kann den Bescheid auch nach § 129 AO (Rechenfehler) ändern. Dazu müsste der Rechenfehler des Steuerbüros für das Finanzamt erkennbar gewesen sein, womit es den Fehler zu seinem eigenen macht (Übernahmefehler). Zweifelsohne handelt es sich hier um einen solchen Übernahmefehler.

Um eine mögliche unnötige Auseinandersetzung darüber mit dem Finanzamt zu vermeiden, sollte indessen der Einspruch innerhalb der Einspruchsfrist eingelegt werden.

Lösung: Der Einkommensteuerbescheid 2000 vom 18. 05. 2001 enthält keinen Vermerk über die Art der Steuerfestsetzung. Er ist also endgültig. Eine Berichtigung des Bescheides ist somit nur im Rahmen des § 172 AO (Antrag, Zustimmung) oder im Rahmen des § 173 AO (neue Tatsachen) möglich. Da der Mandant Fabian einer Berichtigung nicht zustimmt und auch neue Tatsachen für eine Berichtigung nicht vorliegen, kommt eine Berichtigung nicht in Betracht.

Fall 335

Fall 336 **Lösung:** Der Einkommensteuerbescheid 1999 vom 20. 11. 2000 wird nach § 175 Abs. 1 Nr. 1 AO berichtigt, weil das für die Kommanditgesellschaft zuständige Finanzamt erstmalig einen Feststellungsbescheid (Grundlagenbescheid nach § 180 Abs. 1 Nr. 2a AO) erlassen hat. Der Grundlagenbescheid muss – jeweils in der aktuellen Form – in den Folgebescheid übernommen werden (Bindungswirkung). Folgebescheid für den Feststellungsbescheid nach § 180 Abs. 1 Nr. 2a AO ist der Einkommensteuerbescheid. Die Berichtigung ist innerhalb der Festsetzungsfrist möglich. Dabei ist die Sondervorschrift nach § 171 Abs. 10 AO zu beachten. Nach dieser Vorschrift endet die Festsetzungsfrist für den Einkommensteuerbescheid nicht vor Ablauf von zwei Jahren nach Bekanntgabe des Grundlagenbescheides.

Fall 337/338 **Lösung:** Das Finanzamt kann den Einkommensteuerbescheid 2000 vom 12. 11. 2001 des Schriftstellers Gutermut nach § 173 Abs. 1 Nr. 1 AO ändern, weil eine neue Tatsache nachträglich bekannt geworden ist, die zu einer höheren Steuer führt.

Als neue Tatsache ist das nicht erklärte Honorar von 600 DM anzusehen. Die hierauf entfallende Mehrsteuer von 180 DM erfüllt die Voraussetzungen der Kleinbetragsverordnung. Eine Änderung der Steuerfestsetzung unterbliebe nur, wenn der Unterschiedsbetrag weniger als 20 DM betrüge.

Fall 339 **Entstehung und Fälligkeit von Steueransprüchen**

Lösung:

Steuerart	Entstehung	Fälligkeit
Einkommensteuer-Abschlusszahlung	Mit Ablauf des Kj (= Veranlagungszeitraum) (§ 36 Abs. 1 EStG)	Abschlusszahlung: 1 Monat nach Bekanntgabe des Bescheides (§ 36 Abs. 4 EStG)
Lohnsteuer	mit Zufluss des Arbeitslohnes (§ 38 Abs. 2 EStG)	am 10. Tag nach Ablauf des Lohnsteueranmeldungszeitraums (§ 41a Abs. 1 EStG)
Umsatzsteuer-Vorauszahlung (Sollversteuerung)	mit Ablauf des Voranmeldungszeitraums, in dem die Leistung ausgeführt worden ist (§ 13 Abs. 1 UStG)	bis zum 10. Tag nach Ablauf des Voranmeldungszeitraums (§ 18 Abs. 1 UStG)

Anmerkung zur Fälligkeit:

Die Zahlungsschonfrist nach § 240 Abs. 3 AO hat keinen Einfluss auf die nach Einzelsteuergesetzen zu bestimmenden Fälligkeiten. Allerdings werden bei einer Entrichtung der Steuer bis zu fünf Tagen nach Ablauf des Fälligkeitstages die entstehenden Säumniszuschläge nicht erhoben. Dies gilt jedoch nicht bei Zahlung durch Scheck.

Fälligkeit der Umsatzsteuer-Abschlusszahlung Fall 340

Lösung: Nach § 18 Abs. 4 UStG ist die selbsterrechnete Umsatzsteuer-Abschlusszahlung einen Monat nach dem Eingang der Steueranmeldung beim Finanzamt fällig. Die Monatsfrist für die am 31. 08. 2001 beim Finanzamt eingegangene Steueranmeldung beginnt mit Ablauf des 31. 08. 2001 und endet mit Ablauf des letzten Tages im nächsten Monat, welcher durch seine Zahl dem Tage entspricht, in welchen das Ereignis (Eingang der Steueranmeldung) fällt (§ 188 Abs. 2 BGB). Weil der Monat September keinen 31. Tag hat, endet die Monatsfrist grundsätzlich bereits am 30. 09. 2001 (§ 188 Abs. 3 BGB). Da der 30. 09. 2001 jedoch ein Sonntag ist, endet die Frist mit Ablauf des 01. 10. 2001 (§ 108 Abs. 3 AO).

Nachzahlungszinsen bei der Einkommensteuer Fall 341

Lösung: Zwar ist die Einkommensteuererklärung für das Jahr 1999 erst nach Ablauf der in § 149 Abs. 2 AO vorgesehenen Abgabefrist (31. 05. des Folgejahres) eingereicht worden. Die Festsetzung eines Verspätungszuschlags nach § 152 AO kommt indessen nicht in Betracht, weil die durch das Finanzamt nach § 109 AO verlängerte Abgabefrist eingehalten worden ist.

Hiervon unabhängig ist zu prüfen, ob das Finanzamt Nachzahlungszinsen nach § 233a AO festzusetzen hat. Nach dieser Vorschrift werden Steuernachforderungen oder Steuererstattungen bei der Einkommen-, Körperschaft-, Umsatz- oder Gewerbesteuer grundsätzlich verzinst. Die Verzinsung von Kirchensteuern u. a. ist dagegen nach dieser Vorschrift nicht vorgesehen.

Der Zinslauf beginnt fünfzehn Monate nach Ablauf des Kalenderjahres, in dem die Steuer entstanden ist. Diese so genannte Karenzzeit beträgt einundzwanzig Monate, wenn die Einkünfte aus § 13 EStG bei der erstmaligen Festsetzung der Einkommensteuer die übrigen Einkünfte überwiegen, was hier nicht der Fall ist. Da die Einkommensteuer für das Jahr 1999 spätestens am 31. 12. 1999 entstanden ist (§§ 36 Abs. 1 und 37 Abs. 1 EStG), beginnt der Zinslauf hier mit Ablauf des 31. 03. 2001. Der Zinslauf endet mit Bekanntgabe des Steuerbescheides am 26. 05. 2001 (§ 233a Abs. 2 AO). Die Begrenzung des Zinslaufes auf höchstens vier Jahre greift hier nicht ein.

Die Zinsen betragen für jeden vollen Monat 0,5 v. H. (01. 04. 2001 bis 30. 04. 2001). Die Zeit vom 01. 05. bis 26. 05. des Jahres 2001 bleibt als angefangener Monat außer Betracht (§ 238 Abs. 1 AO).

Der für die Zinsberechnung maßgebende Betrag ergibt sich nach § 233a Abs. 3 wie folgt:

festgesetzte Einkommensteuer	104 860 DM
./. anzurechnende Steuerabzugsbeträge (LSt, KapESt)	4 000 DM
./. anzurechnende Körperschaftsteuer	9 000 DM
= verbleibende Einkommensteuer	91 860 DM
./. festgesetzte Vorauszahlungen	60 000 DM
= Unterschiedsbetrag/Abschlusssoll	31 860 DM

Der zu verzinsende Betrag ist nach § 238 Abs. 2 AO auf volle 100 DM nach unten abzurunden. Als Nachzahlungszinsen werden somit 0,5 v. H. von 31 800 DM = 159 DM festgesetzt.

Obgleich die Festsetzung der Zinsen nach § 233a Abs. 4 AO regelmäßig mit der Festsetzung der Steuer verbunden ist, handelt es sich um einen selbständigen Verwaltungsakt, gegen den nach § 347 AO der Einspruch gegeben ist.

Fall 342 Erstattungszinsen

Lösung: Peter Paul hat Anspruch auf Erstattungszinsen (§ 233a AO). Sie betragen:

Festgesetzte Steuer	56 635 DM
·/. Körperschaftsteuer	5 400 DM
Kapitalertragsteuer	2 400 DM
Vorauszahlungen	65 670 DM
Unterschiedsbetrag (Erstattung)	16 835 DM
abgerundet	16 800 DM
Beginn des Zinslaufs	01. 04. 1999
Ende des Zinslaufs	22. 03. 2001
Zinsmonate	23
Zinsen (16 800 DM × 23 × 0,5 %) =	1 932 DM

Fall 343 Stundung einer Einkommensteuer-Abschlusszahlung

Lösung:

Stundungsantrag nach § 222 AO

Für die am 19. 02. 2001 fällige Einkommensteuer-Abschlusszahlung 1999 in Höhe von 10 000 DM wird beantragt, einen Teilbetrag in Höhe von 8 000 DM bis zur Verrechnung mit der zu erwartenden Erstattung von Einkommensteuer 2000 aus sachlichen Gründen zinslos zu stunden. Zugleich wird die Einkommensteuer-Erklärung für das Kj 2000, aus der sich der Erstattungsanspruch zweifelsfrei ergibt, dem Finanzamt eingereicht.

Begründung: Eine erhebliche Härte i. S. d. § 222 AO kann sich aus sachlichen Gründen oder aus persönlichen (wirtschaftlichen) Gründen ergeben.

Eine Stundung aus sachlichen Gründen kommt in Betracht, wenn dem Steuerpflichtigen die Zahlung der Steuer objektiv unzumutbar ist. Das ist u. a. dann der Fall, wenn abzusehen ist, dass ihm alsbald mit an Sicherheit grenzender Wahrscheinlichkeit ein Gegenanspruch zu erstatten sein wird (BFH-Urt. v. 6. 10. 1982, BStBl 1983 II S. 397). Der Gegenanspruch besteht hier auf Erstattung von Einkommensteuer 2000 und ist durch Abgabe der Einkommensteuer-Erklärung 2000 hinreichend belegt. In einem solchen Fall ist auch die Erhebung von Stundungszinsen unbillig.

Fall 344 Stundungszinsen

Lösung: Kaufmann Grau muss nicht mit Stundungszinsen rechnen, weil die Dauer der Stundung weniger als einen Monat beträgt.

Stundungszinsen werden nach § 234 AO für die Dauer der gewährten Stundung erhoben. Dabei sind nur volle Monate anzusetzen. Im vorliegenden Fall ist der Fälligkeitstag 14. 04. 2001 ein Samstag und der folgende Montag ein Feiertag (Ostermontag). Nach § 108 Abs. 3 AO wird die Zahlungsfrist auf Dienstag, den 17. 04. 2001, verschoben. Die Stundung beginnt an dem ersten Tag, für den die Stundung wirksam wird. Das ist Mittwoch, der 18. 04. 2001 (Fristbeginn nach § 187 BGB). Die Stundung endet mit Ablauf des letzten Tages, für den die Stundung ausgesprochen ist. Das ist der 15. 05. 2001. Die Monatsfrist endet indessen erst mit Ablauf des 16. 05. 2001 (Fristende nach § 188 BGB).

Stundungszinsen bei Teilzahlungen   Fall 345

Lösung: Kaufmann Fleißig muss aufgrund der vom Finanzamt gewährten Stundung mit Stundungszinsen rechnen (§ 234 AO). Die Stundungszinsen betragen für jeden vollen Monat einhalb vom Hundert des gestundeten Betrages (§ 238 AO).

Berechnung

Zeitraum	Betrag	v. H.-Satz	Stundungszinsen
16. 09. – 30. 09. 2001	6 500 DM	0,0	0 DM
16. 09. – 31. 10. 2001	15 000 DM	0,5	75 DM
16. 09. – 30. 11. 2001	15 000 DM	1,0	150 DM
insgesamt			225 DM

Stundung von steuerlichen Nebenleistungen   Fall 346

Lösung:

Die Stundungszinsen betragen:

Gestundete Umsatzsteuer

vom 11. 05. 2001 bis 10. 08. 2001 1,5 % von 900 DM = 13,50 DM. Der Betrag liegt jedoch unter 20 DM (§ 239 Abs. 2 AO) und wird daher nicht festgesetzt =   0 DM

Gestundete Einkommensteuer

vom 11. 05. 2001 bis zum 10. 08. 2001 1,5 % von 61 600 DM =   924 DM
Gestundeter Verspätungszuschlag =   0 DM

Der Anspruch auf Verspätungszuschlag wird nach § 233 AO nicht verzinst, weil es sich um eine steuerliche Nebenleistung handelt.

Hinsichtlich der Einkommensteuer 1999 sind ab Fälligkeit bis zur Stundung Säumniszuschläge gem. § 240 AO entstanden (61 600 DM × ein angefangener Monat × 1 % → 616 DM).

Verspätete Zahlung von Umsatzsteuer   Fall 347

Lösung: Die Umsatzsteuer-Vorauszahlung für den Monat März 2001 ist am 10. 04. 2001 fällig (§ 18 Abs. 1 UStG). Wird die Steuer nicht bis zum Ablauf des Fälligkeitstages entrichtet, entstehen für jeden angefangenen Monat Säumniszuschläge in Höhe von eins vom Hundert des rückständigen auf hundert DM nach unten abgerundeten Steuerbetrages (§ 240 Abs. 1 AO). Bei Zahlung innerhalb einer Schonfrist von 5 Tagen werden die entstandenen Säumniszuschläge jedoch nicht erhoben (§ 240 Abs. 3 AO).

Bei Zahlung nach Ablauf der Schonfrist sind die Säumniszuschläge zu erheben und vom Ablauf des Fälligkeitstages an zu berechnen.

Zahlung am		Berechnungszeitraum
a) 14. 04. 2001 keine Erhebung der Säumniszuschläge, da innerhalb der Schonfrist (Ablauf am 15. 4. 02) gezahlt		
b) 28. 04. 2001	1 % v. 12 400 DM = 124 DM	11. 04. – 10. 05.
c) 12. 05. 2001	2 % v. 12 400 DM = 248 DM	11. 04. – 10. 06.
d) 22. 05. 2001	2 % v. 12 400 DM = 248 DM	11. 04. – 10. 06.
e) 08. 06. 2001	2 % v. 12 400 DM = 248 DM	11. 04. – 10. 06.
f) 19. 06. 2001	3 % v. 12 400 DM = 372 DM	11. 04. – 10. 07.

Für Scheckzahlungen entfällt gem. § 240 Abs. 1 Satz 2 AO die Schonfristregelung.

Fall 348 Verspätete Zahlung von Lohnsteuer

Lösung: Der Arbeitgeber hat nach § 41a EStG spätestens am zehnten Tag nach Ablauf eines jeden Lohnsteuer-Anmeldungszeitraums die einbehaltene Lohnsteuer anzumelden und abzuführen.

Die Lohnsteuer für Januar und Februar 2000 hat der Arbeitgeber verspätet entrichtet. Für die verspätete Zahlung der Lohnsteuer für Januar sind Säumniszuschläge für 2 angefangene Monate zu entrichten (§ 240 AO). Die Säumniszuschläge betragen 2 % von 2 100 DM = 42 DM. Für die verspätete Zahlung der Lohnsteuer für Februar 2000 werden keine Säumniszuschläge erhoben, weil die Zahlung innerhalb der Schonfrist erfolgte (§ 240 Abs. 3 i. V. m. § 224 Abs. 2 Nr. 2 AO/Überweisung).

Fall 349 Berechnung von Säumniszuschlägen

Lösung:

Zahlung durch Scheck: Die Steuer ist nicht pünktlich entrichtet, denn die Einkommensteuerabschlusszahlung war am 03. 11. 2000 fällig, und das Finanzamt hat den Scheck erst am 07. 11. 2000 (Tag des Eingangs gleich Tag der Zahlung nach § 224 Abs. 2 Nr. 1 AO) erhalten. Danach sind Säumniszuschläge entstanden (§ 240 AO). Die Säumnis beträgt vier Tage. Bis zu einer Säumnis von fünf Tagen (Schonfrist) wird zwar ein Säumniszuschlag nicht erhoben (§ 240 Abs. 3 AO). Dies gilt jedoch nicht (mehr) bei Scheckzahlung (§ 240 Abs. 3 Satz 2 AO). Der Säumniszuschlag beträgt somit 1 v. H. von 3 200 DM = 32 DM.

Zahlung durch Überweisung: Die Steuer ist nicht pünktlich entrichtet, denn das Finanzamt hat die Einkommensteuerabschlusszahlung erst am 10. 11. 2000 (Tag der Zahlung gleich Tag der Gutschrift nach § 224 Abs. 2 Nr. 2 AO) erhalten. Somit ist ein Säumniszuschlag von 1 v. H. des auf hundert DM nach unten abgerundeten Steuerbetrages entstanden. Der Säumniszuschlag beträgt somit 1 v. H. von 3 200 DM = 32 DM.

Zahlung durch Einzugsermächtigung: Die Steuer ist pünktlich entrichtet. Wird eine Steuer durch Einzugsermächtigung entrichtet, gilt die Steuer stets als pünktlich gezahlt, wenn am Fälligkeitstag die Einzugsermächtigung dem Finanzamt vorliegt (§ 224 Abs. 2 Nr. 3 AO).

Verspätete Erklärung und Zahlung von Anmeldungssteuern **Fall 350**

Lösung: Kaufmann Pingelig muss nicht mit steuerlichen Nebenleistungen rechnen. Als steuerliche Nebenleistungen könnten ein Verspätungszuschlag nach § 152 AO wegen verspäteter Abgabe der Umsatzsteuer-Voranmeldung und ein Säumniszuschlag nach § 240 AO wegen verspäteter Zahlung in Betracht kommen.

a) Verspätungszuschlag

Kaufmann Pingelig hat die Umsatzsteuer-Voranmeldung innerhalb der Abgabeschonfrist von 5 Tagen eingereicht. In einem solchen Fall sieht das Finanzamt von der Festsetzung eines Verspätungszuschlages ab, wenn auch die Zahlung der Umsatzsteuer innerhalb der Schonfrist erfolgt (BdF, BStBl 1971 I S. 121). Dies ist hier der Fall.

Berechnung der Abgabeschonfrist

Abgabetermin war der 10. 06. 2001. Da dies ein Sonntag war, gilt der folgende Arbeitstag, 11. 06. 2001, als Abgabetermin. Hieran schließt die Schonfrist von 5 Tagen an. Der 16. 06. 2001 war ein Samstag, sodass das Fristende erst mit Ablauf des nächsten Arbeitstages = Montag, den 18. 06. 2001, eintrat.

b) Säumniszuschlag

Kaufmann Pingelig hat zwar die Umsatzsteuer-Vorauszahlung nicht bis zum Ablauf des Fälligkeitstages gem. § 18 Abs. 1 UStG (10. 06. bzw. 11. 06.) entrichtet (§ 240 Abs. 1 Satz 1). Die (Zahlungs-)Säumnis tritt jedoch nicht ein, bevor die Steuer angemeldet oder festgesetzt worden ist (§ 240 Abs. 1 Satz 3 AO). Daraus folgt: Bei verspäteter Abgabe einer Umsatzsteuervoranmeldung – also mehr als 10 Tage nach Ablauf des Voranmeldungszeitraums – gilt für die Berechnung von Säumniszuschlägen anstelle des Fälligkeitstages lt. UStG der Abgabetag der Voranmeldung.

Pingelig hat die Zahlung am Abgabetag der Umsatzsteuervoranmeldung entrichtet. Ein Säumniszuschlag ist nicht entstanden.

Die Schonfrist nach § 240 Abs. 3 AO ist hier ohne Bedeutung.

Rückständige Einkommensteuer und Kirchensteuer **Fall 351**

Lösung:

1. Stundungsantrag nach § 222 AO

Für die rückständige Einkommensteuer, Solidaritätszuschlag und Kirchensteuer wird ein Stundungsantrag gestellt. Es wird beantragt, den Rückstand in monatlichen Raten von je 200 DM zu tilgen. Ferner wird beantragt, auf die Erhebung von Stundungszinsen zu verzichten, weil die Erhebung unbillig wäre (§ 234 Abs. 2 AO). Begründung: Unverschuldete finanzielle Notlage infolge erheblicher Geschäftsverluste.

2. Antrag auf Erlass der Säumniszuschläge

Zugleich wird beantragt, die Säumniszuschläge in Höhe von 210 DM zu erlassen (§ 227 AO). Begründung: Säumniszuschläge nach § 240 AO sind ein Druckmittel eigener Art zur Durchsetzung fälliger Steuern. Die Erhebung von Säumniszuschlägen ist indessen unbillig, wenn dem Steuerzahler die rechtzeitige Zahlung unmöglich war und deshalb die Ausübung eines Drucks keinen Erfolg versprach (BFH-Urt. v. 8. 3. 1984, BStBl 1984 II S. 415). Herr Ampel war im Jahre 2000 wegen Zahlungsunfähigkeit und Überschuldung nicht in der Lage, die Steuern rechtzeitig zu zahlen. Deshalb liegt ein persönlicher Erlassgrund vor.

Fall 352 Erhebung von Säumniszuschlägen

Lösung: Die Erhebung der Säumniszuschläge ist rechtens, denn § 240 Abs. 1 AO bestimmt ausdrücklich, dass die entstandenen Säumniszuschläge unverändert bestehen bleiben, wenn die Festsetzung einer Steuer nachträglich aufgehoben oder geändert wird. Das Finanzamt hat also die spätere Änderung der Berechnungsgrundlagen unbeachtet zu lassen.

Herr Roth hat versäumt, in seinem Einspruchschreiben zugleich Aussetzung der Vollziehung des angefochtenen Bescheides nach § 361 AO zu beantragen. Denn durch die Einlegung des Einspruchs wird die Erhebung der Abgabe nicht aufgehalten.

Fall 353 Erhebung von Säumniszuschlägen

Lösung: Herr Eismann muss die Säumniszuschläge nicht entrichten, denn er hat vor Fälligkeit der Einkommensteuer 1999 den Stundungsantrag gestellt. Weil das Finanzamt den Stundungsantrag nach Fälligkeit abgelehnt hat, musste es kulanterweise eine zusätzliche Zahlungsfrist von mindestens einer Woche bewilligen. An das Ende dieser Zahlungsfrist schließt sich bei Überweisung oder Einzahlung auf ein Konto der Finanzkasse noch die Schonfrist von 5 Tagen an. Diese Frist läuft im Falle des Herrn Eismann erst am 08. 05. 2001 ab. Bei Zahlung bis zum Ablauf der Schonfrist sind keine Säumniszuschläge zu erheben (Erlass des Finanzministers NRW v. 2. 1. 1984 – S 0480 – 1 – V A 1).

Bei Streitigkeiten, die die Verwirkung von Säumniszuschlägen betreffen, entscheidet das Finanzamt durch Verwaltungsakt (Abrechnungsbescheid, § 218 Abs. 2 AO). Hiergegen ist der Einspruch gegeben (§ 347 AO).

Fall 354 Erlass von Säumniszuschlägen

Lösung: Es wird beantragt, die Säumniszuschläge in Höhe von 40 DM aus persönlichen Billigkeitsgründen zu erlassen.

Begründung: Säumniszuschläge können ganz oder zum Teil erlassen werden, wenn ihre Einziehung unbillig wäre. Ob das Finanzamt von den ihm durch § 227 AO gegebenen Möglichkeiten Gebrauch macht, ist weitgehend in sein pflichtgemäßes Ermessen gestellt. Zur Ausübung des Ermessens sind den Finanzämtern Weisungen an die Hand gegeben. Danach sollen einem bisher pünktlichen Steuerzahler die Säumniszuschläge erlassen werden, wenn ihm erstmalig ein offenbares Versehen unterlaufen ist (BdF-Erlass v. 15. 2. 1971, BStBl I S. 121). Das ist hier der Fall.

Anmerkung: Ein Steuerpflichtiger ist kein pünktlicher Steuerzahler, wenn er mehrfach unter Ausnutzung der Schonfrist zahlt.

Abgabenordnung – Lösungen 561

Erlass von Einkommensteuer **Fall 355**

Lösung: Das Finanzamt kann Steuern und steuerliche Nebenleistungen ganz oder zum Teil erlassen, wenn deren Einziehung unbillig erscheint (§ 227 AO). Die Unbilligkeit kann ihren Grund in der Sache selbst oder in den persönlichen (wirtschaftlichen) Verhältnissen des Steuerpflichtigen haben.

Auf sachliche Billigkeitsgründe beruft sich Herr Lau nicht. Ein Erlass aus persönlichen Billigkeitsgründen setzt unter anderem voraus, dass Herr Lau aus der Sicht des Finanzamtes erlasswürdig ist. Diese Voraussetzung ist nicht erfüllt, weil Herr Lau durch Leichtsinn – Spekulation in Warentermingeschäften – seine mangelnde Leistungsfähigkeit selbst herbeigeführt hat.

Einspruchsverfahren **Fall 356**

Lösung:

a) Als Rechtsbehelf kommt der Einspruch in Betracht (§ 347 AO).

b) Der Einspruch ist gegen den Gewerbesteuermessbescheid einzulegen (§ 351 Abs. 2 AO).

c) Der Einspruch ist einzulegen beim Betriebsfinanzamt in Würselen (§ 22 Abs. 1 AO, § 357 Abs. 2 Satz 1 AO). Unschädlich wäre es, wenn der Einspruch bei der Gemeinde Würselen als der für die Erteilung des Steuerbescheides zuständigen Stelle angebracht würde (§ 357 Abs. 2 Satz 3 AO).

d) Der Einspruch muss spätestens bis zum Ablauf der Einspruchsfrist eingelegt werden, also innerhalb eines Monats nach Bekanntgabe (§ 355 AO). Der Gewerbesteuermessbescheid ist am 14. 08. 2001 bekannt gegeben (§ 122 AO).
Tag der Bekanntgabe = 14. 08. 2001
Beginn der Einspruchsfrist = mit Ablauf des 14. 08. 2001
Ende der Einspruchsfrist = mit Ablauf des 14. 09. 2001

Die Bekanntgabevermutung des § 122 Abs. 2 Nr. 1 AO (Bekanntgabe = Aufgabe zur Post 10. 08. 2001 + 3 Tage) findet keine Anwendung, da Kneif den Bescheid tatsächlich später erhalten hat.

Einspruchsfrist **Fall 357**

Lösung: Nach § 355 AO ist ein Rechtsbehelf gegen einen Verwaltungsakt innerhalb eines Monats nach dessen Bekanntgabe einzulegen. Wird der Verwaltungsakt mittels einfachen Briefes durch die Post zugestellt, gilt er am dritten Tag nach der Aufgabe zur Post als bekannt gegeben (§ 122 Abs. 2 AO). Die Verlängerung der Frist nach § 108 Abs. 3 AO ist zu beachten.

Berechnung der Einspruchsfrist

Tag der Bekanntgabe = 16. 03. 2001
(Aufgabe zur Post 13. 03. 2001 + 3 Tage)
Beginn der Einspruchsfrist = mit Ablauf des 16. 03. 2001
Ende der Einspruchsfrist grds. = mit Ablauf des 16. 04. 2001

Da dieser Tag Ostermontag ist, endet nach § 108 Abs. 3 AO die Frist tatsächlich mit Ablauf des nächstfolgenden Werktages am 17. 04. 2001.

Fall 358   Einspruchsfrist bei Steueranmeldung

Lösung:

a) Das Finanzamt wird keinen Umsatzsteuerbescheid erlassen, weil es sich um eine Steueranmeldung handelt, von der nicht abgewichen wurde (§ 18 Abs. 4 UStG, § 150 Abs. 1 Satz 2 und § 167 Abs. 1 AO). Die Steueranmeldung steht einer Steuerfestsetzung unter dem Vorbehalt der Nachprüfung gleich (§ 168 AO).

b) Gegen Steueranmeldungen ist der Einspruch gegeben (§ 347 AO).

c) Die Einspruchsfrist endet einen Monat nach Eingang der Anmeldung beim Finanzamt, also grundsätzlich mit Ablauf des 11. 02. 2001 (§ 355 Abs. 1 AO). Da dies jedoch ein Sonntag ist, verschiebt sich das Fristende auf Montag, 12. 02. 2001, 24.00 Uhr (§ 108 Abs. 3 AO).

d) Die Steueranmeldung (Festsetzung) kann auch nach Ablauf der Einspruchsfrist geändert werden, weil sie unter dem Vorbehalt der Nachprüfung steht (§ 164 Abs. 2 AO).

e) Die Umsatzsteuernachzahlung ist am 12. 02. 2001 fällig. Das Finanzamt wird deshalb Säumniszuschläge erheben, weil der Betrag bis zum 05. 03. 2001 noch nicht entrichtet ist. Die Säumniszuschläge betragen 1 v. H. von 2 600 DM = 26 DM (§ 240 AO).

Fall 359   Wiedereinsetzung in den vorigen Stand

Lösung: Die Einspruchsfrist nach § 355 AO ist eine gesetzliche Frist, die nicht verlängert werden kann (Ausschlussfrist). Das Finanzamt kann Wilhelm Meister indessen Wiedereinsetzung in den vorigen Stand gewähren, weil er ohne Verschulden verhindert war, die Einspruchsfrist einzuhalten (§ 110 AO). Wilhelm Meister war infolge seines Gesundheitszustandes nach dem Unfall verhindert, das Einspruchschreiben selbst oder durch einen Dritten noch rechtzeitig beim Finanzamt einzureichen.

Durch Wiedereinsetzung in den vorigen Stand schafft das Finanzamt die Voraussetzung, dass Wilhelm Meister den Einspruch – zulässig – einlegen kann.

Wilhelm Meister muss den Antrag auf Wiedereinsetzung in den vorigen Stand innerhalb eines Monats nach Wegfall des Hindernisses stellen, in dem Antrag sein Nichtverschulden glaubhaft machen und innerhalb der Antragsfrist den versäumten Einspruch einlegen (§ 110 Abs. 2 AO). Als Wegfall des Hindernisses ist die Entlassung aus dem Krankenhaus zu sehen.

Fall 360   Aussetzung der Vollziehung

Lösung: Nach § 361 wird durch die Einlegung eines Rechtsbehelfs, wie hier des Einspruchs, die Erhebung der angeforderten Steuer nicht aufgehalten. Es wäre also falsch, nicht zu zahlen, denn es würden Säumniszuschläge entstehen.

Das Finanzamt wird indessen die Vollziehung des angefochtenen Bescheides teilweise aussetzen, wenn Ast einen entsprechenden Antrag stellt. Es bestehen nämlich ernsthafte

Zweifel an der Rechtmäßigkeit des Einkommensteuerbescheides, wie der stichhaltig begründete Einspruch zeigt (§ 361 Abs. 2 AO).

Ast muss also einen Antrag auf Aussetzung der Vollziehung des Bescheides in Höhe von 20 000 DM stellen. Den nicht strittigen Restbetrag in Höhe von 5 210 DM muss Ast bis zum 27. 12. 2001 zahlen, wenn er Säumniszuschläge vermeiden will.

Berufsrecht

Fall 361

Lösung: Der Steuerfachangestellte Heinz Günter leistet Hilfe in Steuersachen, weil er unter Anwendung seiner Steuerrechtskenntnisse Dritte (seine Schwägerin Edith und seinen Bruder Dieter) bei der Erfüllung von steuerlichen Pflichten bzw. Wahrnehmung von steuerlichen Rechten unterstützt.

Erlaubt ist die Hilfeleistung für seine Schwägerin Edith, weil die Hilfeleistung unentgeltlich erfolgt und Edith Angehörige i. S. von § 15 AO ist (§ 6 Nr. 2 StBerG). Die Hilfe für seinen Bruder Dieter ist unzulässig, weil sie entgeltlich erfolgt.

Lösung: Die Hilfeleistung in Steuersachen darf geschäftsmäßig nur von Personen oder Vereinigungen ausgeübt werden, die hierzu befugt sind (§ 2 StBerG). Nach § 3 StBerG sind zur unbeschränkten Hilfeleistung in Steuersachen neben den Steuerberatern, Steuerbevollmächtigten und Steuerberatungsgesellschaften noch befugt: **Fall 362**

Rechtsanwälte, Wirtschaftsprüfer, Wirtschaftsprüfungsgesellschaften, vereidigte Buchprüfer, Buchprüfungsgesellschaften, Partnerschaftsgesellschaften der Berufsträger.

Lösung: Das Betreiben eines Immobilienbüros ist eine gewerbliche Tätigkeit, die nach § 57 Abs. 4 StBerG grundsätzlich mit den Berufspflichten eines Steuerberaters nicht vereinbar ist. **Fall 363**

E. Buchführung

Fall 364 **Buchführungspflicht von Kleinbetrieben**

Lösung: Nach § 238 ff. HGB ist Regine Westphal nicht buchführungspflichtig, weil sie nicht Kauffrau i. S. des §§ 1 und 2 HGB ist. Ihr Gewerbebetrieb benötigt keinen in kaufmännischer Weise eingerichteten Geschäftsbetrieb und ist nicht im Handelsregister eingetragen.

Aus § 141 AO ergibt sich ebenfalls keine Buchführungspflicht, weil die dort vorgesehenen Wertgrenzen nicht überschritten werden.

Fall 365 **Buchführungspflicht bei Gewerbetreibenden**

Lösung: Peter Beckmann ist nach den Vorschriften des HGB nicht buchführungspflichtig. Er ist zwar Gewerbetreibender. Sein Betrieb erfordert jedoch keinen in kaufmännischer Weise eingerichteten Geschäftsbetrieb und ist nicht im Handelsregister eingetragen.

Da er aber die Gewinngrenze von 48 000 DM überschreitet, besteht für ihn gem. § 141 Abs. 1 Nr. 4 AO die Verpflichtung, Bücher zu führen. Diese Verpflichtung tritt jedoch erst dann ein, wenn das Finanzamt eine Mitteilung gem. § 141 Abs. 2 AO über den Beginn der Buchführungspflicht bekannt gegeben hat.

Fall 366 **Buchführungspflicht bei einer Personengesellschaft**

Lösung: Die Wollweber OHG ist nach Eintragung im Handelsregister eine Handelsgesellschaft, die nach § 6 HGB Kaufmann ist. Die OHG ist damit unabhängig von einem erforderlichen in kaufmännischer Weise eingerichteten Geschäftsbetrieb und den in § 141 AO gesteckten Wertgrenzen buchführungspflichtig.

Fall 367 **Buchführungspflicht von Freiberuflern**

Lösung: Heinrich Langenkamp ist Freiberufler und damit nicht Kaufmann i. S. d. HGB. Aus § 141 AO ergibt sich ebenfalls keine Buchführungspflicht, da diese Vorschrift nicht auf Freiberufler, sondern nur auf Gewerbetreibende und Land- und Forstwirte anzuwenden ist.

Steuerberater Langenkamp kann deshalb nicht zur Buchführung gezwungen werden.

Die Aufzeichnung von Betriebseinnahmen und Betriebsausgaben genügt.

Fall 368 **Buchführungspflicht von Land- und Forstwirten**

Lösung: Landwirt Brüggemann ist nicht Kaufmann i. S. d. HGB. Er ist jedoch buchführungspflichtig gem. § 141 Abs. 1 Nr. 1 AO, weil sein Betrieb die Umsatzgrenze von 500 000 DM überschreitet.

Beginn der Buchführungspflicht   Fall 369

Lösung:

a) Herr Holtmann ist Gewerbetreibender. Da sein Betrieb einen in kaufmännischer Weise eingerichteten Geschäftsbetrieb nicht erfordert und er nicht im Handelsregister eingetragen ist, ist er kein Kaufmann i. S. des HGB und damit zunächst nicht nach § 238 HGB buchführungspflichtig.

Buchführungspflicht kann sich für ihn nur aus § 141 Abs. 1 AO ergeben. Da er die Gewinngrenze von 48 000 DM für 1999 überschritten hatte und das FA diese Feststellung in 2000 traf, ist die Buchführungspflicht in 2000 entstanden.

b) Das Finanzamt muss den Beginn der Buchführungspflicht dem Mandanten mitteilen (§ 141 Abs. 2 AO).

c) Der Mandant hat ab 01. 01. 2001 Bücher zu führen, wenn ihm in 2000 vom Finanzamt der Beginn der Buchführungspflicht mitgeteilt wird.

Gewinnermittlungsarten   Fall 370

Lösung: zu a) Der selbständige Arzt Dr. Wesener ist als Freiberufler weder nach Handelsrecht noch nach Steuerrecht buchführungspflichtig. Er ist berechtigt, seinen Gewinn durch Überschussrechnung (§ 4 Abs. 3 EStG) zu ermitteln. Er kann aber freiwillig Bücher führen und seinen Gewinn nach § 4 Abs. 1 EStG ermitteln.

zu b) Textil-Einzelhändler Schmitz ist Kaufmann i. S. d. § 1 HGB und damit buchführungspflichtig. Er hat als Kaufmann seinen Gewinn nach § 5 EStG zu ermitteln.

zu c) Als Handelsvertreter ist Herr Kunze Kaufmann nach § 1 HGB. Für ihn ergibt sich die steuerliche Buchführungspflicht nach § 5 EStG aus § 140 AO.

Für den Fall, dass Herr Kunze keinen in kaufmännischer Weise eingerichteten Geschäftsbetrieb unterhält, nicht im Handelsregister eingetragen ist und auch die Grenzen des § 141 AO nicht überschreitet, kann er seinen Gewinn gem. § 4 Abs. 3 EStG ermitteln.

zu d) Die Frutti GmbH ist als Handelsgesellschaft Formkaufmann gem. § 6 HGB. Sie ist damit buchführungspflichtig und muss ihren Gewinn durch Betriebsvermögensvergleich nach § 5 EStG ermitteln.

zu e) Land- und Forstwirt Tieskötter ist kein Gewerbetreibender und damit nicht Kaufmann i. S. d. HGB. Damit entfällt die Gewinnermittlung gem. § 5 EStG.

Die Gewinnermittlung nach § 4 Abs. 1 EStG kommt in Betracht, wenn die Grenzen des § 141 AO überschritten oder freiwillig Bücher geführt werden. Ist das nicht der Fall, kann der Gewinn nach § 4 Abs. 3 EStG ermittelt werden. Unter den Voraussetzungen des § 13a Abs. 1 EStG kann der Gewinn auch nach Durchschnittssätzen berechnet werden.

zu f) Bezirksschornsteinfegermeister Rothenpieler ist Gewerbetreibender. Wegen nicht erforderlichem kaufmännischem Geschäftsbetrieb und nicht erfolgter Eintragung im Handelsregister ist er kein Kaufmann i. S. des HGB. Es besteht damit keine Buchführungsverpflichtung. Er darf seinen Gewinn nach § 4 Abs. 3 EStG ermitteln, wenn Gewinn, Umsatz und Betriebsvermögen die Wertgrenzen des § 141 AO nicht überschreiten.

Er kann aber freiwillig Bücher führen und seinen Gewinn nach § 5 EStG ermitteln.

Fall 371 Betriebsvermögensvergleich

Lösung

	1998	1999	2000
BV am Ende des Wj	38 570	49 680	123 930
./. BV am Anfang des Wj	16 420	38 570	49 680
= BV-Änderung	22 150	11 110	74 250
+ Entnahmen	42 910	17 100	39 400
./. Einlagen	./. 12 400	./. 28 960	./. 5 700
= Gewinn	52 660	./. 750	107 950

Fall 372 Betriebsvermögensvergleich bei negativem Kapital

Lösung:

	1998	1999	2000
BV am Ende des Wj	./. 136 490	92 320	./. 246 910
./. BV am Anfang des Wj	+ 28 900	+ 136 490	./. 92 320
= BV-Änderung	./. 107 590	+ 228 810	./. 339 230
+ Entnahmen	+ 36 040	+ 48 220	+ 66 770
./. Einlagen	./. 122 610	./. 29 250	./. 12 680
= Gewinn	./. 194 160	+ 247 780	./. 285 140

Fall 373 Kapitalkontoentwicklung

Lösung:

Aktiva	per 31. 12. 2000	316 720 DM	
Fremdkapital	per 31. 12. 2000	128 950 DM	
Eigenkapital	per 31. 12. 2000		187 770 DM
Erträge lt. GuV		420 330 DM	
Aufwendungen lt. GuV		./. 392 880 DM	
Gewinn 2000			./. 27 450 DM
Zwischensumme			160 320 DM
+ Privatentnahmen			22 680 DM
Eigenkapital per 01. 01. 2000			183 000 DM

Fall 374 Kassenbericht

Lösung:

Bestand 29. 04. 2000	1 216 DM
+ Tageseinnahme	928 DM
+ private Einlage	200 DM
+ Kegelbahnmiete	75 DM
./. Einzahlung auf Bank	800 DM
./. Barzahlung Brauereirechnung	620 DM
./. Barzahlung Reinigung Zapfanlage	89 DM
= Kassenbestand 30. 04. 2000	910 DM

Buchführung – Lösungen   567

Ermittlung der Gewinnauswirkung nach BV-Vergleich und GuV-Methode   Fall 375

Lösung:

	Kap.-Veränderung		GuV-Veränderung
1. Fahrzeuge	+ 30 000 DM		–
Vorsteuern	+ 4 800 DM		–
Bank	./. 34 800 DM		–
= BV-Änderung	0 DM		0 DM
+ Entnahmen/– Einlagen	0 DM		0 DM
Gewinn	0 DM		0 DM
2. Fahrzeuge	./. 6 000 DM	AfA	+ 6 000 DM
= BV-Änderung	./. 6 000 DM		
+ Entnahmen/– Einlagen	0 DM		
= Gewinn	./. 6 000 DM		./. 6 000 DM
3. Umsatzsteuer	./. 320 DM		
		Entnahme von Gegenstän-	
= BV-Änderung	./. 320 DM	den	
+ Entnahmen/– Einlagen	+ 2 320 DM		+ 2 000 DM
= Gewinn	+ 2 000 DM		+ 2 000 DM
4. Verbindlichkeiten	+ 1 160,00 DM		
Bank	./. 1 136,80 DM	Skonto –	
Vorsteuern	./. 3,20 DM	Ertrag	+ 20 DM
BV-Änderung	20 DM		
+ Entnahmen/– Einlagen	0 DM		
= Gewinn	+ 20 DM		+ 20 DM
5. Bank	+ 10 231,20 DM		
Umsatzsteuer	+ 28,80 DM	Skonto –	
Forderungen	./. 10 440,00 DM	Aufwand	+ 180 DM
= BV-Änderung	./. 180 DM		
+ Entnahmen/– Einlagen	0 DM		
= Gewinn	./. 180 DM		./. 180 DM
6. Sonst. Forderungen	+ 928 DM		
Umsatzsteuer	./. 128 DM	Provisionen	
= BV-Änderung	+ 800 DM		+ 800 DM
+ Entnahmen/– Einlagen	0 DM		
= Gewinn	+ 800 DM		+ 800 DM
7. Vorsteuern	+ 72 DM		
= BV-Veränderung	+ 72 DM	Bürobedarf	+ 450 DM
+ Entnahmen/– Einlagen	./. 522 DM		
= Gewinn	./. 450 DM		./. 450 DM

8. Fahrzeuge	+ 32 000 DM	
Vorsteuern	+ 5 120 DM	Erlöse aus An-
Umsatzsteuer	./. 1 600 DM	lagenverkauf + 10 000 DM
Bank	./. 25 520 DM	
= BV-Änderung	+ 10 000 DM	
+ Entnahmen/– Einlagen	./. 0 DM	
= Gewinn	+ 10 000 DM	+ 10 000 DM

Fall 376 Gewinnauswirkung von Geschäftsvorfällen

Lösung:

Auswirkung	Begründung	Betrag
a) erfolgsneutral	BV-Umschichtung	0 DM
b) erfolgsneutral	BV-Umschichtung	0 DM
c) erfolgsneutral	Restbuchwert = Netto-Verkaufspreis	0 DM
d) gewinnmindernd	Betriebsausgabe	$3/12$ = 375 DM
e) gewinnerhöhend	Betriebseinnahme	netto = 2 100 DM
f) erfolgsneutral	BV-Umschichtung	0 DM
g) gewinnerhöhend	zu viel erfasster Aufwand im Vorjahr	100 DM
h) gewinnmindernd	betrieblicher Aufwand für das Wj 2000	8 000 DM
i) gewinnerhöhend	Minderung des gebuchten betrieblichen Aufwands	1 400 DM
k) erfolgsneutral	Bewertung über den AK ist unzulässig	0 DM

Fall 377 Typische Berufskleidung

Lösung: Typische Berufskleidung ist bei nur geringfügiger Privatnutzung im vollem Umfang als Betriebsausgabe abzugsfähig (§ 4 Abs. 4 EStG, R 117 EStR).

Buchung:

4980 Betriebsbedarf   165,00 DM
1570 Vorsteuern   26,40 DM   an 1000 Kasse   191,40 DM

Eine Besteuerung der Verwendung des Gegenstands für private Zwecke entfällt wegen geringfügiger Bemessungsgrundlage.

Fall 378 Kosten für den Kindergarten

Lösung: Kosten für die Unterbringung von Kindern im Kindergarten sind typische Lebenshaltungskosten i. S. d. § 12 Nr. 1 EStG. Sie dürfen nicht den Gewinn mindern (R 117 EStR und H 117 EStH).

Buchung:

| 1800 Privat | 120 DM | an 1000 Kasse | 120 DM |

Fahrschulunterricht — Fall 379

Lösung: Die Kosten für die Fahrschulstunden sind den Lebenshaltungskosten zuzuordnen. Nach der Lebenserfahrung werden in Zukunft auch Privatfahrten ausgeführt. Eine einwandfreie Zuordnung der Kosten auf den betrieblichen oder privaten Bereich ist – auch im Schätzwege – nicht möglich. Ferner sind Aufwendungen des Arbeitgebers für Fahrschulstunden des Arbeitnehmers in dieser Branche unüblich (BFH, BStBl 1969 II S. 433).

Buchung:

| 1800 Privat | 480 DM | an 1000 Kasse | 480 DM |

Telefonkosten — Fall 380

Lösung: Der auf die Privatnutzung entfallende Gebührenanteil an den gesamten Telefonkosten kann im Wege der Schätzung ermittelt und entsprechend aufgeteilt werden (BFH, BStBl 1954 III S. 358). Der Privatanteil ist keine Entnahme von sonstigen Leistungen im Sinne des § 3 Abs. 9a Nr. 1 UStG (Abschn. 24c Abs. 4 UStR). Der in unzutreffender Höhe geltend gemachte Vorsteuerabzug ist zu korrigieren.

Buchungen:

```
aa) 4920 Telefonkosten    250,00 DM
    1570 Vorsteuern        40,00 DM  an  1000 Kasse              290,00 DM
bb) 1800 Privat            72,50 DM  an  4920 Telefonkosten       62,50 DM
                                     an  1570 Vorsteuern          10,00 DM
```

Verwarnungsgeld — Fall 381

Lösung: Geldstrafen und ähnliche Rechtsnachteile, wie z. B. Verwarnungsgelder, sind zwar Betriebsausgaben i. S. d. § 4 Abs. 4 EStG, wenn sie betrieblich veranlasst sind. Gemäß § 4 Abs. 5 Nr. 8 EStG dürfen sie aber den Gewinn nicht mindern. Hinweis auf R 24 EStR.

Buchung:

| 1800 Privat | 20 DM | an 1000 Kasse | 20 DM |

Steuerberatungskosten — Fall 382

Lösung: Nur der Teil der Steuerberatungskosten, der betrieblich veranlasst ist, ist Betriebsausgabe i. S. d. § 4 Abs. 4 EStG. Soweit andere Einkünfte betroffen sind, handelt es sich um Werbungskosten gem. § 9 EStG. Hängen Steuerberatungskosten nicht mit der Erzielung von Einkünften zusammen, handelt es sich um Lebenshaltungskosten, die als Sonderausgaben gem. § 10 Abs. 1 Nr. 6 EStG abzugsfähig sind (H 102 EStH).

Die Vorsteuern sind entsprechend aufzuteilen.

Buchung:

0977	Rückstellung für Abschlusskosten	2 800 DM		
1570	Vorsteuern	408 DM		
1830	unbeschränkt abzugsf. Sonderausgaben (privat)	696 DM		
1860	Grundstücksaufwand (privat)	464 DM	an 2500 a. o. Ertrag	250 DM
			an 1000 Kasse	4 118 DM

Fall 383 Anschaffung von Bekleidung

Lösung: Aufwendungen für Kleidung mit Ausnahme typischer Berufskleidung sind den Lebenshaltungskosten zuzuordnen (§ 12 EStG, R 117 EStR).

Umbuchung:

1800	Privat	1 392 DM	an 0490 Geschäftsausstattung	1 200 DM
			an 1570 Vorsteuern	192 DM

Fall 384 Schadensersatz für Unfallfolgen

Lösung: Der Ausgleich von betrieblichen Schäden durch Versicherungsleistungen führt zu Betriebseinnahmen. Betroffen sind hier die Beträge, die für Verdienstausfall und Kfz-Reparaturkosten vergütet werden.

Umbuchung:

1800	Privat	11 500 DM	an 2500 a. o. Ertrag	7 000 DM
			an 4500 Kfz-Kosten	4 500 DM

Andere Versicherungsleistungen sind privat veranlasst.

Fall 385 Mitgliedsbeitrag

Lösung: Kosten, die durch die wirtschaftliche oder gesellschaftliche Stellung des Mandanten veranlasst sind (Repräsentationsaufwendungen), sind Lebenshaltungskosten, selbst wenn sie geeignet sind, den Betrieb zu fördern (§ 12 Nr. 1 EStG, R 117 EStR).

Der Mitgliedsbeitrag für den Golfclub ist somit nicht abzugsfähig.

Umbuchung:

1800	Privat	900 DM	an 4610 Werbekosten	900 DM

Fall 386 Häusliches Arbeitszimmer

Lösung: Betriebsausgaben sind 10 % der gesamten Grundstücksaufwendungen:

aa)	laufende Kosten 20 900 × 10 % =	2 090 DM
bb)	AfA anteilig	630 DM
	Betriebsausgaben	2 720 DM

Die Vorsteuern erfüllen zu 10 % die Voraussetzungen des § 15 Abs. 1 UStG und sind insoweit abzugsfähig. Eine Bilanzierung ist gem. R 13 Abs. 8 EStR nicht erforderlich.

Buchung:

4200	Raumkosten	2 720 DM		
1570	Vorsteuern	60 DM	an 1890 Privateinlagen	2 780 DM

Die Kosten für das Arbeitszimmer können in voller Höhe abgezogen werden, weil es den Mittelpunkt der gewerblichen Tätigkeit des Mandanten bildet.

Der Mandant ist an keinem anderen Ort dauerhaft tätig.

Nach § 4 Abs. 5 Nr. 6b EStG kommt es in anderen Fällen zur Begrenzung des Betriebsausgabenabzugs auf nur 2 400 DM, wenn

a. die berufliche Nutzung des Arbeitszimmers mehr als 50 % der gesamten beruflichen und betrieblichen Tätigkeit beansprucht
oder

b. kein anderer Arbeitsplatz zur Verfügung steht.

Ein Betriebsausgabenabzug entfällt somit völlig, wenn

– das Arbeitszimmer nicht Mittelpunkt der gewerblichen oder berufliche Tätigkeit ist,
– nicht zu mehr als 50 % beruflich oder betrieblich genutzt wird und
– ein anderer Arbeitsplatz zur Verfügung steht.

Wareneinkauf Fall 387

Lösung: Transportkosten, Verpackung und Versicherungen sind als Anschaffungskosten der Ware nicht gesondert zu buchen.

Buchung:

3200	Wareneinkauf	38 000 DM		
1570	Vorsteuer	6 080 DM	an 1600 Verbindlichkeiten	44 080 DM

Wareneinkauf aus anderen EU-Ländern Fall 387a

Lösung: Die Firma Zimmermann führt durch den Kauf einen innergemeinschaftlichen Erwerb nach § 1a UStG aus, weil die Ware von einem anderen EU-Staat nach Deutschland gelangt. Die dadurch entstehende Umsatzsteuer kann nach § 15 Abs. 1 Nr. 3 UStG als Vorsteuer abgezogen werden.

Buchung:

3425 Wareneingang (EG-Erwerb)	6 600 DM	an 1600 Verbindl. aus Lief. und Leistungen	6 600 DM

Durch die Buchung auf dem Konto 3425 werden Umsatzsteuer und Vorsteuer in Höhe von jeweils 16 % des Einkaufspreises automatisch gebucht.

Fall 387b   **Wareneinkauf aus Drittländern**

Lösung: Die Firma Zimmermann kann die entrichtete EUSt, die sie für Gegenstände, die für ihr Unternehmen eingeführt wurden, nach § 15 Abs. 1 Nr. 2 UStG als Vorsteuer abziehen.

Buchungen:

3200	Wareneingang	28 000 DM	an 1600 Verbindl. aus Lieferungen und Leistungen	28 000 DM
1575	abziehbare Vorsteuer 16 %	4 480 DM	an 1200 Bank	4 480 DM

Fall 388   **Warenverkauf**

Lösung:

Buchung:

1000	Kasse	4 930 DM	an 8400 Erlöse	4 250 DM
			an 1770 Umsatzsteuer	680 DM

Fall 388a   **Warenverkauf an Kunden aus anderen EU-Staaten**

Lösung:

zu a) Der Verkauf an den Kunden aus Frankreich ist eine innergemeinschaftliche Lieferung, die nach §§ 4 Nr. 1b und 6a UStG steuerfrei ist. Die Lieferung erfolgt an einen anderen Unternehmer für dessen Unternehmen, was durch Angabe der französischen USt-Id-Nr. des Kunden dokumentiert wird.

Buchung:

1000 Kasse	290 DM	an 8125 stfreie innergem. Lieferungen	290 DM

zu b) Der Verkauf des Teppichs an den Kunden aus Luxemburg ist nicht nach §§ 4 Nr. 1b und 6a UStG steuerfrei, weil der Abnehmer kein Unternehmer ist und die Ware nicht für sein Unternehmen erworben hat.

Buchung:

1000 Kasse	928 DM	an 8400 Erlöse	800 DM
		an 1770 Umsatzsteuer	128 DM

zu c) Die Lieferung der Küche an den Kunden aus Belgien ist nicht steuerbefreit. Auch bei Angabe der ausländischen USt-Id-Nr. des Abnehmers hat der liefernde Unternehmer bei Inanspruchnahme der Steuerbefreiung die Unternehmer-Eigenschaft des Kunden sorgfältig zu prüfen (§ 6a Abs. 4 UStG). Nur wenn er die Unrichtigkeit der Angaben des Abnehmers nicht hat erkennen können, bleibt der Umsatz steuerfrei.

Buchung:

1200	Bank	32 000 DM	an	8400	Erlöse	27 586,21 DM
			an	1770	Umsatzsteuer	4 413,79 DM

Warenverkauf an Kunden aus Drittländern   **Fall 388b**

Lösung: Die Firma Zimmermann kann beide Verkäufe als steuerbefreite Ausfuhr-Lieferungen i. S. des § 4 Nr. 1a UStG behandeln, weil dafür nach § 6 Abs. 1 Nr. 2 UStG weder Unternehmereigenschaft noch der Erwerb für das Unternehmen Voraussetzung sind. Entscheidend ist, dass der Käufer ein ausländischer Abnehmer i. S. § 6 Abs. 2 UStG ist und ein Ausfuhrnachweis, der die Voraussetzungen des § 9 UStDV erfüllt, vorliegt. In der Praxis sollte in diesen Fällen die USt deshalb bis zum Vorliegen dieses Nachweises zunächst berechnet und vereinnahmt werden. Nach erbrachtem Ausfuhrnachweis kann der USt-Betrag dem Kunden erstattet werden.

Buchung zu a:

1000	Kasse	1 250 DM	an 8120	stfreie Umsätze § 4 Nr. 1a UStG	1 250 DM

Buchung zu b:

1000	Kasse	1 800 DM	an 8120	stfreie Umsätze § 4 Nr. 1a UStG	1 800 DM

Skontoabzug bei Wareneinkäufen   **Fall 389**

Lösung: Die Bemessungsgrundlage für die erhaltene Lieferung mindert sich um den Nettobetrag des in Anspruch genommenen Skontoabzugs. Nach § 17 Abs. 1 UStG hat der Abnehmer seinen Vorsteuerabzug entsprechend zu kürzen.

Buchung:

1600	Verbindlichkeiten	16 472 DM	an 1200	Bank	15 977,84 DM
			an 3730	erhaltene Skonti	426,00 DM
			an 1570	Vorsteuern	68,16 DM

Preisnachlass   **Fall 390**

Lösung: Durch den Preisnachlass tritt eine Entgeltsminderung ein, die nach § 17 Abs. 1 UStG eine Korrektur der berechneten Umsatzsteuer erforderlich macht.

Buchung:

8000	Erlöse	86,21 DM		
1770	Umsatzsteuer	13,79 DM	an 1000 Kasse	100 DM

Fall 391 Innerbetriebliche Nutzung

Lösung: Aus der Ware, die bisher zum Umlaufvermögen gehörte, wird ein Anlagegut, das im Betrieb und im Unternehmen verbleibt. Eine Entnahme liegt deshalb nicht vor.

Buchung:

0420 Büroeinrichtung	1 200 DM	an 3200 Wareneinkauf	1 200 DM

Fall 392 Erhaltene Anzahlung ohne Steuerausweis

Lösung: Der vereinnahmten Zahlung steht eine entsprechende Leistungsverpflichtung gegenüber, die buchmäßig in voller Höhe erfasst werden muss. Umsatzsteuer ist nach § 13 Abs. 1 Nr. 1 UStG entstanden. Wegen der Begründung zur Bildung des aktiven Rechnungsabgrenzungspostens Hinweis auf die Lösung zu Fall 393.

Buchung:

1000 Kasse	696 DM	an 1710 erhaltene Anzahlungen	696 DM
0980 akt. RAP	96 DM	an 1770 Umsatzsteuer	96 DM

Fall 393 Erhaltene Anzahlung mit Steuerausweis

Lösung: Der Eingang der Anzahlung ist Betriebseinnahme nach § 4 Abs. 4 EStG. Da zunächst noch keine Leistung erbracht ist, darf die Buchung nicht über ein Erfolgskonto erfolgen, sondern muss erfolgsneutral als erhaltene Anzahlung erfasst werden. Die berechnete Umsatzsteuer entsteht als Steuerschuld mit Ablauf des Februar nach § 13 Abs. 1 Nr. 1a UStG (sog. Istbesteuerung). Die entstandene Umsatzsteuer ist nach § 5 Abs. 5 Satz 2 EStG als aktiver Rechnungsabgrenzungsposten auszuweisen. Die erhaltene Anzahlung erscheint in der Buchführung mit dem Bruttobetrag.

Buchung nach erhaltener Anzahlung:

1200 Bank	5 800 DM	an 1710 erh. Anzahlungen	5 800 DM
0980 akt. RAP	800 DM	an 1770 Umsatzsteuer	800 DM

Buchungen nach Eingang des Restkaufpreises:

1200 Bank	34 800 DM	an 8400 Erlöse	35 000 DM
0980 erh. Anzahlungen	5 800 DM	an 1770 Umsatzsteuer	5 600 DM
1770 Umsatzsteuer	800 DM	an 0980 akt. RAP	800 DM

Fall 394 Geleistete Anzahlung mit Steuerausweis

Lösung: Bei Leistung der Anzahlung erfolgte noch kein Warenbezug. Deshalb ist erfolgsneutral eine geleistete Anzahlung zu aktivieren. Die Umsatzsteuer aus Anzahlungen ist im Voranmeldungszeitraum der Zahlung nach § 15 Abs. 1 Nr. 1 UStG als Vorsteuer abzugsfähig. Erst nach erhaltener Lieferung und Rechnungseingang ist der Wareneinkauf unter Verrechnung der geleisteten Anzahlung und der bereits geltend gemachten Vorsteuer zu buchen.

Buchführung – Lösungen 575

Buchung nach geleisteter Anzahlung:

| 1510 gel. Anzahlungen | 3 000 DM | an 1200 Bank | 3 480 DM |
| 1570 Vorsteuern | 480 DM | | |

Buchung nach erfolgter Restzahlung:

| 3200 Wareneingang | 20 000 DM | an 1200 Bank | 19 720 DM |
| 1570 Vorsteuer | 2 720 DM | an 1510 gel. Anzahlungen | 3 000 DM |

Rabatt/Skonto Fall 395

Lösung: Rabatte und Skonti mindern mit ihrem Nettobetrag die Anschaffungskosten der Warenbezüge. Im Gegensatz zu in Anspruch genommenen Skonti werden Rabatte im Regelfall nicht auf einem besonderen Konto gebucht.

Buchung:

1600 Verbindlichkeiten	18 792 DM	an 3200 Wareneinkauf	4 860,00 DM
		an 3730 erhaltene Skonti	226,80 DM
		an 1570 Vorsteuern	813,89 DM
		an 1200 Bank	12 891,31 DM

Warenverderb Fall 396

Lösung: Um den zutreffenden Wareneinsatz ausweisen zu können, sind erkennbare Warenverluste auszubuchen. Der Vorsteuerabzug bleibt erhalten.

Buchung:

| 2000 a. o. Aufwand | 820 DM | an 3200 Wareneinkauf | 820 DM |

Forderungsausfall Fall 397

Lösung: Durch Forderungsausfälle tritt eine Änderung der Bemessungsgrundlage nach § 17 Abs. 2 u. 1 UStG ein. Die Umsatzsteuer ist zu berichtigen, die Forderungen sind abzuschreiben.

Buchung:

| 2405 Forderungsverluste | 1 850 DM | | |
| 1770 Umsatzsteuer | 296 DM | an 1400 Forderungen | 2 146 DM |

Kundenskonti Fall 398

Lösung: Der Nettobetrag der gewährten Skonti mindert die Bemessungsgrundlage und entsprechend die Umsatzsteuer (§ 17 Abs. 1 u. 2 UStG).

Buchung:

1200 Bank	75 969,60 DM		
8730 gewährte Skonti	1 336,55 DM		
1770 Umsatzsteuer	213,85 DM	an 1400 Forderungen	77 520 DM

Fall 399 Rabatt/falscher Steuerausweis

Lösung: Der Rabatt mindert die Anschaffungskosten der Ware. Eine gesonderte Buchung erfolgt insoweit im Normalfall nicht. Die nicht korrekt ausgewiesene Umsatzsteuer kann nach Abschn. 192 Abs. 6 UStR nicht in vollem Umfange als Vorsteuer abgezogen werden. Der Teil der Steuer, die vom leistenden Unternehmer zu viel ausgewiesen wurde, ist beim Leistungsempfänger nicht abzugsfähig, weil dieser Teilbetrag nach § 14 Abs. 2 UStG geschuldet wird.

Buchung:

3200 Wareneinkauf	1 954,00 DM			
1570 Vorsteuer	296,64 DM	an 1600	Verbindlichkeiten	2 250,64 DM

Fall 400 Warenrücksendung

Lösung: Durch die Rücksendung der Ware wird die Lieferung in vollem Umfang rückgängig gemacht. Der Änderung der umsatzsteuerlichen Bemessungsgrundlage hat der Abnehmer durch Korrektur der Vorsteuer Rechnung zu tragen.

Buchung:

1600 Verbindlichkeiten	4 408 DM	an 3200 Wareneinkauf	3 800 DM
		an 1570 Vorsteuern	608 DM

Fall 401 Diebstahl von Waren

Lösung: Für den korrekten Ausweis des Wareneinsatzes ist es erforderlich, Warenverluste zu buchen. Der Vorsteuerabzug bleibt unverändert erhalten.

Buchung:

2000 a. o. Aufwand	488 DM	an 3200 Wareneinkauf	488 DM

Fall 402 Umtausch von Waren

Lösung: An die Stelle der ersten Lieferung tritt eine neue Warenlieferung. Durch den Skontoabzug mindert sich deren Bemessungsgrundlage.

Buchungen:

a) 8400 Erlöse	1 600,00 DM			
1770 Umsatzsteuer	256,00 DM	an 1400	Forderungen	1 856,00 DM
b) 1000 Kasse	2 046,24 DM			
8730 gewährte Skonti	36,00 DM	an 8400	Erlöse	1 800,00 DM
		an 1770	Umsatzsteuer	282,24 DM

Abgeschriebene Forderungen

Fall 403/404

Lösung: Durch Eingang früher abgeschriebener Forderungen sind die alte Bemessungsgrundlage und der alte Steuersatz für die Umsatzbesteuerung wieder maßgeblich (§ 17 Abs. 2 Nr. 1 UStG).

Buchung:

1200 Bank	827 DM	an 2732	Erträge aus abgeschriebenen Forderungen	712,93 DM
		ab 1770	Umsatzsteuer	114,07 DM

Minderung des Kaufpreises

Fall 405

Lösung: Der gewährte Preisnachlass mindert die Anschaffungskosten der bezogenen Ware. Zugleich ändert sich der Vorsteuerabzug beim Abnehmer. Eine weitere Minderung der Vorsteuer tritt durch den Skontoabzug ein.

Buchungen:

aa)	1600 Verbindlichkeiten	197,20 DM	an 3200	Wareneinkauf	170,00 DM
			an 1570	Vorsteuern	27,20 DM
bb)	1600 Verbindlichkeiten	788,80 DM	an 1200	Bank	773,02 DM
			an 3730	erhaltene Skonti	13,60 DM
			an 1570	Vorsteuern	2,18 DM

Tauschähnlicher Umsatz

Fall 406

Lösung: Die nicht berechnete Warenlieferung muss buchmäßig erfasst werden. Bei der Lieferung ist trotz fehlender Rechnung die Umsatzsteuer zu berücksichtigen. Bemessungsgrundlage für die Umsatzbesteuerung ist der Nettowert der erhaltenen Gegenleistung (§ 10 Abs. 2 UStG).

Buchung:

2350 Grundstücksaufwand	900 DM	an 8400	Erlöse	900 DM
1570 Vorsteuern	144 DM	an 1770	Umsatzsteuer	144 DM

Warenverkäufe in ausländischer Währung

Fall 407

Lösung:

zu a) Der Warenverkauf ist als Ausfuhrlieferung umsatzsteuerfrei. Die ausländische Währung ist in DM umzurechnen.

Buchung:

1400 Forderungen	50 186,40 DM	an 8120	freie Umsätze § 4 Nr. 1 UStG	50 186,40 DM

zu b) Die Forderung ist am 31. 12. 2000 nach § 6 Abs. 1 Nr. 2 EStG mit den Anschaffungskosten (hier: Nennwert z. Z. der Lieferung) anzusetzen. Ein höherer Wertansatz ist nicht zulässig, weil die Anschaffungskosten bei der Bilanzierung die Obergrenze für die steuerliche Bewertung darstellen. Nicht realisierte Gewinne dürfen nicht ausgewiesen werden. Eine Buchung ist zum 31. 12. 2000 deshalb nicht erforderlich.

zu c) Da im Februar 2001 in DM weniger gezahlt wird, als die bilanzierte Forderung ausmacht, kommt es zu einem Buchverlust.

Buchung 2001:

1200	Bank	49 750,80 DM	
2150	Aufwand aus Kursdifferenzen	435,60 DM	an 1400 Forderungen 50 186,40 DM

Fall 408 Lieferung an Arbeitnehmer

Lösung: Der Arbeitnehmer erhält Arbeitslohn in Form von Sachbezügen, die nach § 8 Abs. 3 EStG mit dem um 4 % geminderten Endpreis zu bewerten sind, der von Fremden im allgemeinen Geschäftsverkehr verlangt wird. Steuerfrei bei der Lohnsteuer sind davon 2 400 DM pro Kalenderjahr und Arbeitnehmer:

Üblicher Endpreis	2 580,00 DM
abzgl. 4 %	103,20 DM
	2 476,80 DM
abzgl. Freibetrag	2 400,00 DM
= stpfl. Arbeitslohn	76,80 DM

Vom Unternehmer ist eine steuerbare und mit 16 % steuerpflichtige Lieferung gem. § 3 Abs. 1b Nr. 2 UStG an den Arbeitnehmer ausgeführt worden. Bemessungsgrundlage dafür ist gem. § 10 Abs. 4 Nr. 1 UStG der Einkaufspreis zzgl. der Nebenkosten (= 1 810 DM). Die USt beträgt 289,60 DM. Die ustl. Bemessungsgrundlage weicht hier von den Werten, die bei der Lohnsteuer anzusetzen sind, ab (Abschn. 12 Abs. 8 UStR).

Buchung:

4140	freiw. soz. Aufwendungen (lohnsteuerfrei)	2 400,00 DM		
4145	freiw. soz. Aufwendungen (lohnsteuerpflichtig)	76,80 DM	an 8595 Sachbezüge 16 %	1 810,00 DM
			an 1770 Umsatzsteuer	289,60 DM
			an 8610 verrechnete sonst. Sachbezüge	377,20 DM

Bonus   Fall 409

Lösung: Der Bonus mindert nachträglich die Anschaffungskosten der Warenbezüge. Es mindert sich damit die abzugsfähige Vorsteuer (§ 17 Abs. 1 UStG).

Buchung:

```
1500  sonst.
      Forderungen        2 122,80 DM    an 3760  erhaltene Boni    1 830,00 DM
                                        an 1570  Vorsteuern          292,80 DM
```

Ausschlaggebend für die buchmäßige Erfassung ist die wirtschaftliche Zugehörigkeit zum abgelaufenen Wirtschaftsjahr. § 11 EStG ist bei der Gewinnermittlung durch Betriebsvermögensvergleich nicht anzuwenden.

Anzahlung auf Waren   Fall 410

Lösung: Die Vereinnahmung der Anzahlung in Höhe von 15 000 DM führt zur Entstehung von Umsatzsteuer bereits vor Ausführung der vereinbarten Leistung. Dabei ist es ohne Bedeutung, dass Umsatzsteuer nicht gesondert in Rechnung gestellt wurde. Es kommt zur Istbesteuerung nach § 13 Abs. 1 Nr. 1 UStG.

Die entstandene USt ist nach § 5 Abs. 5 EStG als aktiver Rechnungsabgrenzungsposten auszuweisen.

Buchung bei Zahlungseingang:

```
1200  Bank              15 000,00 DM    an 1710  erhaltene
                                                 Anzahlungen       15 000,00 DM
0980  akt. RAP           2 068,97 DM    an 1770  Umsatzsteuer       2 068,97 DM
```

Nach Beendigung der Arbeiten entsteht nur noch die Umsatzsteuer, die bisher noch nicht aufgrund der Istbesteuerung erfasst werden musste.

Buchung der Endabrechnung:

```
1400  Forderungen       18 640,00 DM
1710  erhaltene
      Anzahlungen       15 000,00 DM
1770  Umsatzsteuer       2 068,97 DM    an 8400  Erlöse            29 000,00 DM
                                        an 1770  Umsatzsteuer       4 640,00 DM
                                        an 0980  akt. RAP           2 068,97 DM
```

Die Umsatzsteuer kann auch saldiert werden.

Private Warenentnahmen   Fall 411

Lösung: Warenentnahmen für außerbetriebliche Zwecke sind Lebenshaltungskosten i. S. d. § 12 Nr. 1 EStG. Sie dürfen den Gewinn nicht mindern. Die Buchung erfolgt deshalb über das Privatkonto. Da es sich auch um eine Warenentnahme für außerunternehmerische Zwecke handelt, muss gem. § 3 Abs. 1b Nr. 1 UstG eine steuerbare und steuerpflichtige Lieferung gebucht werden. Die Umsatzsteuer auf diese als entgeltlich anzusehende Lieferung ist nach § 12 Nr. 3 EStG nicht abzugsfähig und muss deshalb über das Privatkonto gebucht werden.

Buchung:

1800 Privat	1 392 DM	an 8910 Entnahme von Waren	1 200 DM
		an 1770 Umsatzsteuer	192 DM

Fall 412 Wertansatz für Warenentnahme

Lösung: Privatentnahmen sind nach § 6 Abs. 1 Nr. 4 EStG mit dem Teilwert zu bewerten. Teilwert ist der Wert, den ein Erwerber des ganzen Betriebs im Rahmen des Gesamtkaufpreises für das einzelne Wirtschaftsgut ansetzen würde; dabei ist davon auszugehen, dass der Erwerber den Betrieb fortführt (§ 6 Abs. 1 Nr. 1 Satz 3 EStG). Anzusetzen ist der Teilwert im Zeitpunkt der Entnahme. Bemessungsgrundlage für die entgeltliche Lieferung ist der Einkaufspreis für einen gleichartigen Gegenstand zum Zeitpunkt des Umsatzes (hier: Teilwert). Vgl. § 10 Abs. 4 Nr. 1 UStG.

Buchung:

1800 Privat	58 DM	an 8910 Entnahme von Waren	50 DM
		an 1770 Umsatzsteuer	8 DM

Fall 413 Entnahme von selbst hergestellten Waren

Lösung: Nach § 6 Abs. 1 Nr. 4 EStG sind Privatentnahmen mit dem Teilwert anzusetzen (hier: 200 DM). Wegen der Entnahme für außerunternehmerische Zwecke liegt hier gem. § 3 Abs. 1b UStG eine Lieferung vor. Als Bemessungsgrundlage sind bei hergestellten Waren die Selbstkosten gem. § 10 Abs. 4 Nr. 1 UStG anzusetzen. Die Selbstkosten umfassen die Herstellungskosten einschließlich der Nebenkosten bis zur Entnahme. Wertschöpfungen bis zur Entnahme durch eigene Arbeitsleistung des Unternehmers oder der Gewinnaufschlag bleiben bei der Umsatzbesteuerung unberücksichtigt. Die umsatzsteuerliche Bemessungsgrundlage beträgt damit 50 DM, die Umsatzsteuer 8 DM.

Buchung:

1800 Privat	208 DM	an 8910 Entnahme von Waren	50 DM
		an 1770 Umsatzsteuer	8 DM
		an 8600 sonst. Erlöse	150 DM

Fall 414 Warenentnahme für andere Unternehmenszwecke

Lösung: Die Entnahme der Dachziegel erfolgte für betriebsfremde Zwecke. Es liegt deshalb keine Betriebsausgabe nach § 4 Abs. 4 EStG vor. Durch die Buchung einer Privatentnahme in Höhe des Teilwerts wird eine Gewinnminderung vermieden.

Die Entnahme der Dachziegel zur Reparatur des Mietwohnhauses stellt keine Lieferung i. S. des § 3 Abs. 1b Nr. 1 UStG dar, weil die Gegenstände nicht für Zwecke außerhalb des Unternehmens entnommen wurden. Das Mietwohnhaus ist zwar nicht Betriebsver-

Buchführung – Lösungen 581

mögen, aber doch Unternehmensvermögen gem. § 2 Abs. 1 UStG. Es liegt ein sog. Innenumsatz vor. Eine Umsatzbesteuerung ist deshalb nicht vorzunehmen. Da jedoch der beim Einkauf der Dachziegel erfolgte Vorsteuerabzug mit steuerfreien Vermietungsumsätzen (§ 4 Nr. 12a UStG) in wirtschaftlichem Zusammenhang steht, kommt es hier nachträglich zum Ausschluss vom Vorsteuerabzug (§ 15 Abs. 2 u. 3 UStG).

Buchung:

1860 (privater) Grundstücksaufwand	9 280 DM	an 8950 nichtsteuerbare Umsätze		8 000 DM
		an 1570 Vorsteuern		1 280 DM

Entnahme eines Pkw **Fall 415**

Lösung: Die Entnahme des Fahrzeugs aus dem Betriebsvermögen ist für die Gewinnermittlung mit dem Teilwert im Zeitpunkt der Entnahme anzusetzen. Bemessungsgrundlage für die Lieferung gem. § 3 Abs. 1b Nr. 1 UStG ist ebenfalls der Teilwert als Einkaufspreis für einen gleichartigen Gegenstand zum Zeitpunkt der Lieferung.

Im Falle einer Entnahme oder Veräußerung ist der Restbuchwert als Aufwand auszuweisen, nachdem zuvor die Abschreibung bis zum Zeitpunkt der Entnahme vorgenommen wurde. Der Entnahmewert bzw. der Nettoverkaufspreis erscheint als Ertrag.

Kontoentwicklung

Buchwert 01. 01. 2000	19 200 DM
./. AfA $^{10}/_{12}$ von 6 400 DM	5 334 DM
Restwert 01. 11. 2000	13 866 DM
./. Abgang	13 866 DM
Buchwert 31. 12. 2000	0 DM

Buchungen:

a) 0320 Pkw	19 200 DM	an 1800 Privat		19 200 DM
b) 4830 Abschreibung	5 334 DM	an 0320 Pkw		5 334 DM
c) 2315 Anlagenabgang	13 866 DM	an 0320 Pkw		13 866 DM
d) 1800 Privat	27 840 DM	an 8910 Entnahme von Gegenständen		24 000 DM
		an 1770 Umsatzsteuer		3 840 DM

Private Telefon-Nutzung **Fall 416**

Lösung: Bei Benutzung des betrieblichen Telefonanschlusses für private Zwecke liegt eine Privatentnahme vor, die mit dem Teilwert bzw. mit den anteiligen Kosten anzusetzen ist. Eine sonstige Leistung liegt nicht vor.

Buchung:

1800 Privat	626,40 DM	an 4920 Telefonkosten		540,00 DM
		an 1570 Vorsteuer		86,40 DM

Fall 417 **Privatfahrten (ohne Fahrtenbuch)**

Lösung bei Anschaffung des Kfz vor dem 1. 4. 1999: Da der Mandant kein Fahrtenbuch geführt hat, ist die private Pkw-Nutzung nach § 6 Abs. 1 Nr. 4 EStG mit monatlich 1 % bzw. hier jährlich mit 12 % des Listenpreises zzgl. Sonderausstattung und Umsatzsteuer zum Zeitpunkt der Erstzulassung des Fahrzeugs anzusetzen. Kürzungen wegen Urlaub oder Krankheit sind nicht zulässig.

Für Fahrzeuge, die teilweise privat und betrieblich genutzt werden und die **vor** dem 1. 4. 1999 angeschafft wurden, kann nach § 27 Abs. 3 UStG weiterhin der volle Vorsteuerabzug geltend gemacht werden. Zum Ausgleich kommt es nach § 3 Abs. 9a Nr. 1 UStG zur Besteuerung einer sonstigen Leistung, weil auch bei Anschaffung des Fahrzeugs der volle Vorsteuerabzug zulässig war. Bemessungsgrundlage sind nach § 10 Abs. 4 Nr. 2 UStG die auf die Privatnutzung entfallenden Kosten, soweit sie zum vollen oder teilweisen Vorsteuerabzug berechtigt haben. Bei Anwendung der 1 %-Regelung werden pauschal 20 % der Kosten als nicht vorsteuerbelastet angesehen. Nur 80 % der auf die Privatnutzung entfallenden Kosten sind damit der Umsatzbesteuerung zu unterwerfen.

Berechnung:

12 % von 84 000 DM	10 080,00 DM	(= einkommensteuerliche Entnahme)
./. pauschal 20 % Kosten o. Vorsteuer	2 016,00 DM	(Entnahme ohne Umsatzsteuer)
Verwendung von Gegenständen stpfl.	8 064,00 DM	
zzgl. 16 % USt	1 290,24 DM	
gesamt	9 354,24 DM	

Buchung:

1800 Privat	2 016,00 DM	an 8924	Verwendung von Gegenständen o. USt	2 016,00 DM
1800 Privat	9 354,24 DM	an 8920	Verwendung von Gegenständen 16 %	8 064,00 DM
		an 1770	Umsatzsteuer	1 290,24 DM

Lösung bei Anschaffung des Kfz nach dem 1. 4. 1999:

Die Vorsteuer aus der Anschaffung ist nach § 15 Abs. 1b UStG nur zu 50 % abzugsfähig, weil das Fahrzeug auch für außerunternehmerische Zwecke genutzt wird. Die nicht abzugsfähigen Vorsteuern gehören zu den Anschaffungskosten.

Korrektur-Buchung:

0320 Pkw	6 720 DM	an 1570 Vorsteuern		6 720 DM

Die Vorsteuern aus der lfd. Kosten dürfen ebenfalls nur zu 50 % abgezogen werden.

Korrektur-Buchung:

4500 Fahrzeugkosten	400 DM	an 1570 Vorsteuern		400 DM

Die Berechnung der Entnahme durch die private Kfz-Nutzung erfolgt gem. § 6 Abs. 1 Nr. 4 EStG nach der 1 %-Methode, da kein Fahrtenbuch geführt wurde. Da die Vorsteuern aus Anschaffung und lfd. Kosten nur zu 50 % abzugsfähig waren, erfolgt keine Umsatzbesteuerung mehr.

Berechnung:

1 % × 9 Monate von 97 440 DM (= Bruttolistenpreis)   rd. 8 770 DM

Buchung:

1800 Privat	8 770 DM	an 8924 Verwendung von Gegenständen ohne USt	8 770 DM

Private Kfz-Nutzung (mit Fahrtenbuch) **Fall 418**

Lösung zu a: Da es sich um ein sog. Altfahrzeug handelt, sind zunächst alle Vorsteuerbeträge aus Anschaffung und lfd. Kosten in voller Höhe abzugsfähig (§§ 27 Abs. 3 und 15 Abs. 1b UStG).

Die private Benutzung des betrieblichen Fahrzeuges ist eine Leistungsentnahme i. S. des § 6 Abs. 1 Nr. 4 EStG, die mit den tatsächlich angefallenen Kosten anzusetzen ist, weil ein ordnungsgemäßes Fahrtenbuch geführt wurde.

Nach § 3 Abs. 9a Nr. 1 UStG liegt eine entgeltliche und damit steuerbare sonstige Leistung vor, weil die Fahrzeugkosten auch bei teilweiser Nutzung des Kfz zum vollen Vorsteuerabzug berechtigt haben.

Bemessungsgrundlage für die Berechnung der Umsatzsteuer sind nach § 10 Abs. 4 Nr. 2 UStG die Kosten, soweit sie zum vollen oder teilweisen Vorsteuerabzug berechtigt haben.

Berechnung:

Kosten mit Vorsteuerabzug	12 520,00 DM
davon 40 % privat	5 008,00 DM
+ 16 % Umsatzsteuer	801,28 DM
stpfl. Entnahme	5 809,28 DM
Kosten ohne Vorsteuerabzug	1 200,00 DM
davon 40 % privat = Entnahme ohne USt	480,00 DM

Buchungen:

1800 Privat	5 809,28 DM	an 8920 Verwendung von Gegenständen 16 %	5 008,00 DM
		an 1770 Umsatzsteuer	801,28 DM
1800 Privat	480,00 DM	an 8924 Verwendung von Gegenständen o. USt	480,00 DM

Lösung zu b: Bei Fahrzeugen, die nach dem 1. 4. 1999 angeschafft wurden und die teilweise auch privat genutzt werden, ist nach § 15 Abs. 1b UStG der Vorsteuerabzug aus Anschaffung und lfd. Kosten nur in Höhe von 50 % abzugsfähig. Dadurch erhöhen sich die Fahrzeugkosten um 50 % von 560 DM = 280 DM.

Die Entnahme ist mit den tatsächlichen Kosten anzusetzen, weil ein Fahrtenbuch geführt wurde:

Kfz-Kosten lt. Fahrtenbuch	13 720 DM
+ nicht abzugsfähige Vorsteuern	280 DM
= Gesamtkosten	14 000 DM
davon 40 % Privatanteil	5 600 DM

Eine Umsatzbesteuerung findet nach § 3 Abs. 9a letzter Satz nicht statt, weil eine entgeltliche und damit steuerbare sonstige Leistung nicht anzunehmen ist.

Buchungen:

4500 Fahrzeugkosten	280 DM	an 1570	Vorsteuern	280 DM
1800 Privat	5 600 DM	an 8924	Verwendung von Gegenständen o. USt	5 600 DM

Fall 418a

Einsatz von Arbeitnehmern für den Privatbereich

Lösung: Der Einsatz der Arbeitnehmer für außerbetriebliche Zwecke führt zu einer Entnahme i. S. des § 6 Abs. 1 Nr. 4 EStG, die mit dem Teilwert (= Anteilige Kosten) anzusetzen ist.

Da die Arbeitnehmer für außerunternehmerische Zwecke eingesetzt werden, liegt nach § 3 Abs. 9a Nr. 2 UStG eine als entgeltlich anzusehende sonstige Leistung vor, die steuerbar und mit 16 % steuerpflichtig ist. Der Unternehmer wird insoweit zum Letztverbraucher und wird mit Umsatzsteuer belastet.

Bemessungsgrundlage für diese sonstige Leistung sind nach § 10 Abs. 4 Nr. 3 UStG die bei der Ausführung des Umsatzes angefallenen Kosten.

Buchung:

1800 Privat	13 920 DM	an 8925	Unentgeltliche sonst. Leistung	12 000 DM
		an 1770	Umsatzsteuer	1 920 DM

Fall 418b

Entnahme von Waren und sonstigen Leistungen

Lösung: Die Warenentnahme aus dem Betrieb muss nach § 6 Abs. 1 Nr. 4 EStG mit dem Teilwert im Zeitpunkt der Entnahme bewertet werden. Der Teilwert entspricht hier dem aktuellen Einkaufspreis (= Wiederbeschaffungskosten).

Nach § 3 Abs. 1b Nr. 1 UStG liegt keine entgeltliche Lieferung vor, weil der Unternehmer keine Entnahme aus seinem Unternehmen vorgenommen hat. Es liegt ein sog. Innenumsatz vor, der nicht steuerbar ist. Allerdings muss der für die Anschaffung der verwendeten Materialien angefallene Vorsteuerbetrag in Höhe von 5 600 DM (= 16 % von 35 000 DM) rückgängig gemacht werden, weil er wirtschaftlich mit der Ausführung von nach § 4 Nr. 12a UStG steuerfreien Mietumsätzen zusammenhängt. § 15 Abs. 2 und 3 UStG schließen diese Vorsteuer vom Anzug aus.

Buchungen:

1800 Privat	40 000 DM	an 8950 nicht steuerbare Umsätze	40 000 DM
1800 Privat	5 600 DM	an 1570 Vorsteuer	5 600 DM

Der Einsatz der eigenen Arbeitnehmer für private Zwecke ist nach § 6 Abs. 1 Nr. 4 EStG mit dem Teilwert (= anteilige Kosten) anzusetzen.

Der Vorgang ist nach § 3 Abs. 9a Nr. 2 UStG nicht als entgeltliche sonstige Leistung anzusehen, weil der Unternehmer keine Entnahme für außerunternehmerische Zwecke vorgenommen hat. Es liegt ein sog. Innenumsatz vor, der nicht steuerbar ist. Da bei Lohnkosten eigener Arbeitnehmer keine Vorsteuer anfällt, erübrigt sich eine entsprechende Korrekturbuchung.

Buchung:

1800 Privat	20 000 DM	an 8950 nicht steuerbare Umsätze	20 000 DM

Nichtabzugsfähige Zinsen   Fall 419

Lösung: Bei der Ermittlung der Überentnahmen des Wirtschaftsjahres 2000 müssen Entnahmen und Einlagen der letzten 3 Monate nur berücksichtigt werden, soweit sie **in der Summe** nicht durch Entnahmen und Einlagen der ersten 3 Monate des Jahres 2001 wieder rückgängig gemacht werden.

Berechnung:

Entnahmen 1.–3. Quartal 2000		80 000 DM
– Gewinn des Wirtschaftsjahres 2000		– 50 000 DM
– Einlagen 1.–3. Quartal 2000		– 10 000 DM
= Überentnahme 1. – 3. Quartal 2000		20 000 DM
Entnahmen 4. Quartal 2000	34 000 DM	
+ Einlage 4. Quartal 2000	20 000 DM	
Überentnahme 4. Quartal		14 000 DM
Entnahmen 1. Quartal 2001	10 000 DM	
– Einlagen 1. Quartal 2001	26 000 DM	
Einlageüberschuss	16 000 DM max.	– 14 000 DM
= Überentnahme für 2000		20 000 DM

Der pauschal ermittelte Zinsanteil ist als nicht abzugsfähige Betriebsausgabe zu behandeln. Er beträgt nach § 4 Abs. 4a EStG 6 % der Überentnahme von 20 000 DM =

1 200 DM, höchstens aber tatsächlicher Zinsaufwand abzgl. 4 000 DM (hier: 6 000 DM ./. 4 000 DM = 2 000 DM).

Buchung:

4655	Nicht abzugsfähige Betriebsausgaben	1 200 DM	an 2100 Zinsen	1 200 DM

Die nicht abzugsfähigen Zinsen in Höhe von 1 200 DM müssen dem Handelsbilanz-Gewinn außerhalb der Buchführung zur Ermittlung des steuerlichen Gewinns hinzugerechnet werden.

Fall 419a **Geschenke an Geschäftsfreunde**

Lösung: Die Aufwendungen für die Geschenke an die Kundin Ziegler sind betrieblich veranlasst und deshalb nach § 4 Abs. 4 EStG als Betriebsausgaben abzugsfähig. Nach § 4 Abs. 5 Nr. 1 EStG dürfen jedoch Geschenkaufwendungen an Personen, die nicht Arbeitnehmer sind, nur dann den Gewinn mindern, wenn die Aufwendungen pro Empfänger und Wirtschaftsjahr 75 DM nicht übersteigen. Eine Gewinnminderung darf deshalb hier nicht eintreten, weil die Grenze von 75 DM überschritten ist. Die Kosten sind über das Privatkonto oder das Konto nichtabzugsfähige Betriebsausgaben auszubuchen.

Nach § 15 Abs. 1a UStG ist u. a. bei nicht abzugsfähigen Betriebsausgaben i. S. des § 4 Abs. 5 Nr. 1 EStG ein Vorsteuerabzug nicht möglich. Eine Lieferung nach § 3 Abs. 1b UStG liegt nicht vor.

Buchungen:

a)	4630	Geschenke	104,40 DM	an 1000 Kasse	104,40 DM
b)	4655	nicht abz. Betriebsausgaben (auch: privat)	104,40 DM	an 4630 Geschenke	104,40 DM

Fall 420 **Blumen-Präsent**

Lösung: Das Blumengeschenk an Frau Wessels ist betrieblich veranlasst (§ 4 Abs. 4 EStG). Die Geschenkaufwendungen (netto) liegen hier nicht über 75 DM. Die abzugsfähigen Vorsteuern (hier: 7 %) gehören nach § 9b Abs. 1 Satz 1 EStG nicht zu den Anschaffungskosten. Die Geschenkaufwendungen fallen damit nicht unter das Abzugsverbot des § 4 Abs. 5 Nr. 1 EStG.

Buchung:

4630 Geschenke	75,00 DM		
1570 Vorsteuern	5,25 DM	an 1000 Kasse	80,25 DM

Fall 421 **Bewirtungskosten (angemessen)**

Lösung: Die Kosten für die Bewirtung von Geschäftsfreunden aus betrieblichem Anlass sind Betriebsausgaben i. S. des § 4 Abs. 4 EStG. Nach § 4 Abs. 5 Nr. 2 EStG sind angemessene Bewirtungskosten nur in Höhe von 80 % als Betriebsausgaben abzugsfähig.

Buchführung – Lösungen 587

20 % der angefallenen Kosten dürfen den Gewinn nicht mindern und müssen deshalb über das Privatkonto oder als nicht abzugsfähige Betriebsausgaben ausgebucht werden.

Nach § 15 Abs. 1a Nr. 1 UStG u. a. für 20 % der Bewirtungskosten i. S. des § 4 Abs. 5 Nr. 2 EStG ein Vorsteuerabzug nicht möglich.

Buchungen:

a) 4650 Bewirtungskosten   150,00 DM
   1570 Vorsteuern   24,00 DM   an 1000 Kasse   174,00 DM
b) 4655 nicht abz.
         Betriebsausgaben   34,80 DM   an 4650 Bewirtungskosten 30,00 DM
         (auch privat)   an 1570 Vorsteuern   4,80 DM

Bewirtungskosten (unangemessen) — Fall 422

Lösung: Nach § 4 Abs. 4 EStG sind sämtliche Bewirtungskosten Betriebsausgaben, weil sie betrieblich veranlasst sind. Dabei dürfen jedoch zunächst die Bewirtungskosten, die nach allgemeiner Verkehrsauffassung als unangemessen anzusehen sind, nach § 4 Abs. 5 Nr. 7 EStG den Gewinn nicht mindern.

Gem. § 15 Abs. 1a UStG ist u. a. für 20 % der angemessenen Bewirtungskosten und bei unangemessenen Aufwendungen i. S. des § 4 Abs. 5 Nr. 2 und Nr. 7 EStG ein Vorsteuerabzug nicht zulässig.

Buchungen:

a) für den unangemessenen Teil

4655 nicht abz.
      Betriebsausgaben   2 800 DM   an 4650 Bewirtungskosten   1 800 DM
      (auch privat)   an 1570 Vorsteuern   288 DM

b) für 20 % des angemessenen Teils

4655 nicht abz.
      Betriebsausgaben   1 160 DM   an 4650 Bewirtungskosten   1 000 DM
      (auch privat)   an 1570 Vorsteuern   160 DM

Fahrten Wohnung – Betrieb (ohne Fahrtenbuch) — Fall 423

Lösung: Die Kosten für Fahrten zwischen Wohnung und Betrieb sind keine Privatfahrten, sondern gem. § 4 Abs. 4 EStG Betriebsausgaben, weil sie betrieblich veranlasst sind.

Die Aufwendungen für diese Fahrten werden gemäß § 4 Abs. 5 Nr. 6 EStG mit monatlich 0,03 % des inländischen Listenpreises im Zeitpunkt der Erstzulassung zzgl. der Kosten für Sonderausstattungen einschließlich der Umsatzsteuer pro Entfernungskilometer angesetzt, wenn kein ordnungsgemäßes Fahrtenbuch geführt wird.

Der Abzug dieser Aufwendungen ist aber durch § 4 Abs. 5 Nr. 6 EStG auf die Pauschalen des § 9 Abs. 1 Nr. 4 EStG beschränkt, die Arbeitnehmern für Fahrten zwischen Wohnung und Arbeitsstätte zustehen (0,70 DM/Entfernungs-km).

Berechnung:

0,03 % von 84 000 DM × 12 Monate × 10 Entf.-km =	3 024,00 DM
abzugsfähig: 240 Tage × 10 Entf.-km × 0,70 DM/Entf.-km =	1 680,00 DM
= nicht abzugsfähige Betriebsausgaben	1 344,00 DM

Buchung:

4655 nicht abz.
    Betriebsausgaben
    (auch: privat)   1 344 DM   an 4500 Fahrzeugkosten   1 344 DM

Eine Umsatzbesteuerung ist im Falle von nicht abzugsfähigen Betriebsausgaben bei Fahrten zwischen Wohnung und Betrieb nicht vorgesehen. Das gilt sowohl für die Benutzung sog. Alt- und Neu-Fahrzeuge.

Fall 424 Fahrten Wohnung – Betrieb (mit Fahrtenbuch)

Lösung: Die Kosten, die durch diese Fahrten entstehen, sind keine privaten Aufwendungen, sondern Betriebsausgaben, weil sie betrieblich veranlasst sind. Der Betriebsausgabenabzug ist allerdings aus Gründen der steuerlichen Gleichbehandlung durch § 4 Abs. 5 Nr. 6 EStG beschränkt auf die Pauschalen, die auch Arbeitnehmern nach § 9 Abs. 1 Nr. 4 EStG für Fahrten zwischen Wohnung und Arbeitsstätte zustehen.

Die Aufwendungen, die nicht abzugsfähig sind, unterliegen nicht der Umsatzbesteuerung und führen zu keiner Korrektur des Vorsteuerabzugs.

Berechnung:

tatsächliche Kosten	0,66 DM/km
davon abzugsfähig wie bei Arbeitnehmern	0,35 DM/km
= nicht abzugsfähig	0,31 DM/km
× 200 Tage × 50 km/Tag	3 100,00 DM

Buchung:

4655 nicht abz.
    Betriebsausgaben   3 100 DM   an 4500 Fahrzeugkosten   3 100 DM
    (auch: privat)

Fall 425 Anschaffung eines Lkw

Lösung: Anschaffungskosten i. S. d. § 255 Abs. 1 HGB sind alle Aufwendungen für den Erwerb eines Wirtschaftsgutes bis zur Erlangung der Betriebsbereitschaft einschließlich der Anschaffungsnebenkosten.

Berechnung:

Listenpreis	68 400 DM
+ Firmenaufschrift	3 800 DM
+ Überführungskosten	350 DM
+ Kfz-Brief	20 DM

Buchführung – Lösungen 589

+ Zulassungskosten   165 DM
gesamt   72 735 DM

Buchung:

0350	Lkw	72 735,00 DM		
1570	Vorsteuern	11 619,20 DM		
4500	Kfz-Kosten	50,00 DM	an 1200 Bank	84 404,20 DM

Anschaffung einer Krananlage   Fall 426

Lösung: Zu den Anschaffungskosten gehören gem. § 255 Abs. 1 HGB alle Aufwendungen für den Erwerb eines Wirtschaftsgutes bis zur Erlangung der Betriebsbereitschaft. Finanzierungskosten gehören nicht dazu.

Berechnung:

Listenpreis		150 000 DM
abzgl. 5 % Rabatt	./.	7 500 DM
Montage	+	7 000 DM
Frachtkosten	+	6 000 DM
Zementsockel	+	14 200 DM
Anschaffungskosten		169 700 DM

Die abzugsfähigen Vorsteuern gehören nicht zu den Anschaffungskosten (§ 9b Abs. 1 EStG).

Buchung:

a)	0210	Maschinen	169 700 DM		
	1570	Vorsteuern	27 152 DM	an 1200 Bank	196 852 DM
b)	2100	Zinsaufwand	6 000 DM	an 1200 Bank	6 000 DM

Anschaffung eines unbebauten Grundstücks   Fall 427

Lösung: Das unbebaute Grundstück wurde für betriebliche Zwecke erworben und ist damit als notwendiges Betriebsvermögen zu bilanzieren (R 13 Abs. 7 EStR). Zu den Anschaffungskosten gehören gem. § 255 Abs. 1 HGB alle Aufwendungen, die geleistet werden, um das Grundstück zu erwerben und es in einen betriebsbereiten Zustand zu versetzen. Dazu rechnen auch die Anschaffungsnebenkosten.

Kaufpreis lt. Vertrag	250 000 DM
+ Notarkosten	1 200 DM
+ Gerichtskosten	800 DM
+ GrESt	8 750 DM
+ Maklercourtage	7 500 DM
= Anschaffungskosten	268 250 DM

Korrekturbuchung:

0065	unbebautes Grundstück	268 250 DM		
1570	Vorsteuern	192 DM	an 4900 sonstige	

			betriebliche	
			Aufwendungen	16 250 DM
		an 1890	Privateinlagen	252 192 DM

Fall 428 Verkauf einer Grundstücksteilfläche

Lösung: Der Verkauf von 500 qm = 5 % der Gesamtfläche ist durch entsprechende Minderung des Buchwertes zu erfassen und als Anlagenabgang zu erfassen. Der erzielte Verkaufserlös ist gewinnerhöhend zu buchen.

Korrekturbuchung:

4320	Gewerbesteuer	2 500 DM			
2500	a. o. Ertrag	12 500 DM	an 8820	Erlöse aus Anlage-	
				verkäufen	15 000 DM
2315	Anlagenabgang	13 413 DM	an 0065	unbebautes	
				Grundstück	13 413 DM

Anmerkung: Die Grundstücksveräußerung ist umsatzsteuerbar, aber steuerfrei nach § 4 Nr. 9a UStG. Umsatzsteuer ist also nicht zu berechnen.

Da jedoch dieser steuerfreie Umsatz den Vorsteuerabzug ausschließt, der im Vorjahr bereits vorgenommen wurde, kommt es grundsätzlich zu einer Änderung der Verhältnisse i. S. d. § 15a Abs. 1 u. 4 UStG. Eine Berichtigung des Vorsteuerabzugs ist aus Vereinfachungsgründen jedoch gem. § 44 Abs. 2 UStDV nicht durchzuführen, weil die Nutzungsänderung 10 % nicht übersteigt und die Vorsteuer nicht um mehr als 500 DM zu berichtigen wäre.

Fall 429 Anschaffung eines bebauten Grundstücks

Lösung: Grund und Boden und Gebäude sind steuerlich zwei verschiedene Wirtschaftsgüter. Es muss eine getrennte Bilanzierung erfolgen, weil der Grund und Boden im Gegensatz zum Gebäude zum nicht abnutzbaren Anlagevermögen gehört. Bei der Ermittlung der Anschaffungskosten dieser beiden Wirtschaftsgüter ist zu beachten, dass sich die Anschaffungsnebenkosten entsprechend ihrem Kaufpreisanteil am Gesamtkaufpreis verteilen:

Kaufpreis	100 000 DM
Maklergebühren	3 000 DM
Notarkosten	700 DM
Grunderwerbsteuer	3 500 DM
Anschaffungskosten gesamt	107 200 DM

Buchung:

0065	unbebautes				
	Grundstück	21 440 DM			
0080	Geschäftsbauten	85 760 DM			
1570	Vorsteuern	592 DM	an 1200	Bank	103 480 DM
			an 1700	sonstige Verbind-	
				lichkeiten	3 500 DM
			an 8400	Erlöse	700 DM
			an 1770	Umsatzsteuer	112 DM

Einlage eines unbebauten Grundstücks   Fall 430

Lösung: Das unbebaute Grundstück ist ab Oktober 2000 notwendiges Betriebsvermögen, weil es ab diesem Zeitpunkt ausschließlich betrieblich genutzt wird. Es muss deshalb bilanziert werden.

Da die Anschaffung in 1998 zunächst für private Zwecke erfolgte, ist im Oktober 2000 eine Einlage ins Betriebsvermögen zu buchen.

Einlagen sind nach § 6 Abs. 1 Nr. 5 EStG grundsätzlich mit dem Teilwert zum Zeitpunkt der Einlage zu bewerten. Erfolgt die Einlage jedoch (wie hier) innerhalb von drei Jahren nach der Anschaffung, darf die Einlage höchstens mit den ursprünglichen Anschaffungskosten eingebucht werden.

Berechnung der Anschaffungskosten:

Kaufpreis	160 000 DM
Grunderwerbsteuer	5 600 DM
Notarkosten (Beurkundung des Kaufvertrages)	1 392 DM
Gerichtskosten (Eigentumseintragung)	800 DM
Summe Anschaffungskosten	167 792 DM

Die Einlage ist höchstens mit den im Privatbereich angefallenen Anschaffungskosten von 167 792 DM zu buchen. Dabei ist zu beachten, dass die Kosten, die auf die Finanzierung des Kaufpreises entfallen (Bestellung und Eintragung der Grundschuld), nicht zu den Anschaffungskosten zählen. Dagegen sind die auf private Anschaffungskosten entfallende Vorsteuerbeträge im Zeitpunkt ihrer Entstehung nicht abzugsfähig gewesen und deshalb den Anschaffungskosten hinzuzurechnen. Später ist ein nachträglicher Vorsteuerabzug nicht mehr möglich (Hinweis auf Abschn. 214 Abs. 1 und 7 UStR).

Buchung:

0065 unbebaute
    Grundstücke   167 792 DM   an 1890 Privateinlagen   167 792 DM

Grundstückskauf/Reparaturkosten   Fall 431

Lösung: Die Anschaffungskosten für das gesamte Grundstück von 258 750 DM verteilen sich entsprechend den Kaufpreisanteilen auf Grund und Boden und Gebäude.

Die längst fällige und beim Erwerb des Grundstücks offensichtlich erforderliche Gebäudereparatur führt zu aktivierungspflichtigem anschaffungsnahen Aufwand. Eine Aktivierungspflicht besteht nach R 157 Abs. 4 EStR, wenn zurückgestellte Instandhaltungsarbeiten durch den Erwerber in engem zeitlichen Zusammenhang mit dem Grundstückskauf nachgeholt werden und der Kostenaufwand erheblich ist. Von einem erheblichen Kostenaufwand im zeitlichen Zusammenhang mit dem Erwerb ist auszugehen, wenn innerhalb von 3 Jahren nach Erwerb derartige Aufwendungen 15 % der Anschaffungskosten des Gebäudes übersteigen.

Buchung des Grundstückskaufs:

0065 unbebautes Grundstück	51 750 DM		
0080 Geschäftsbauten	207 000 DM	an 1200 Bank	258 750 DM

Buchung der Dachreparatur:

0080 Geschäftsbauten	60 000 DM		
1570 Vorsteuern	9 600 DM	an 1890 Privateinlagen	69 600 DM

Fall 432 Anzahlungen auf Anlagegüter

a) beim Auftraggeber

Lösung: Der Vorsteuerabzug aus Anzahlungen ist nach § 15 Abs. 1 Nr. 1 UStG dann möglich, wenn eine Rechnung (hier: Vertrag) mit gesondertem Steuerausweis vorliegt und die Zahlung geleistet worden ist.

Die Kühlanlage ist erst nach erfolgter Lieferung zu buchen. Dabei sind bei der vorliegenden korrekten Abrechnung der Vorauszahlung nur noch die Vorsteuern abzugsfähig, die bisher noch nicht abgezogen wurden. Durch Inanspruchnahme von Skonto mindern sich die Anschaffungskosten (§ 255 Abs. 1 HGB) und der Vorsteuerabzug (§ 17 Abs. 1 UStG).

Buchung der Anzahlung:

0299 Anzahlungen	20 000 DM		
1570 Vorsteuern	3 200 DM	an 1200 Bank	23 200 DM

Buchung bei Lieferung:

0200 technische Anlagen	75 600 DM		
1570 Vorsteuern	8 896 DM	an 0299 Anzahlungen	20 000 DM
		an 1700 sonstige Verbindlichkeiten	64 496 DM

Buchung bei Zahlung:

1700 sonstige Verbindlichkeiten	64 496 DM	an 1200 Bank	62 742,08 DM
		an 0200 techn. Anlagen	1 512,00 DM
		an 1570 Vorsteuern	241,92 DM

b) beim Lieferanten:

Lösung:

Buchung der erhaltenen Anzahlung:

1200 Bank	23 200 DM	an 1710 erhaltene Anzahlungen	23 200 DM
0980 aktive Rechnungsabgrenzung	3 200 DM	an 1770 Umsatzsteuer	3 200 DM

Buchführung – Lösungen

Buchungen bei Lieferung:

1400	Forderungen aus L. und L.	64 496 DM	an 8200 Erlöse	75 600 DM
1710	erhaltene Anzahlungen	23 200 DM	an 1770 Umsatzsteuer	12 096 DM
1770	Umsatzsteuer	3 200 DM	an 0980 aktive Rechnungsabgrenzung	3 200 DM

Buchung bei Zahlungseingang:

1200	Bank	62 742,08 DM		
8720	Erlösschmälerungen	1 512,00 DM		
1770	Umsatzsteuer	241,92 DM	an 1400 Forderungen aus L. und L.	64 496,00 DM

Kauf eines Lkw/Tausch mit Baraufgabe — Fall 433

Lösung: Um eine möglichst aussagekräftige GuV-Rechnung zu erhalten, ist beim Ausscheiden von Wirtschaftsgütern des abnutzbaren Anlagevermögens aus dem Betriebsvermögen die AfA zu berechnen und zu buchen. Übersteigt der Nettoverkaufserlös den Buchwert bei Veräußerung, so ist dadurch ein a. o. Ertrag entstanden.

Buchung:

a) 4830 Abschreibung 10 500 DM an 0320 Pkw 10 500 DM
b) 2315 Anlagenabgang 16 500 DM an 0320 Pkw 16 500 DM
c) 1500 sonst. Forderungen 44 312 DM an 8820 Erlöse aus Anlageverkäufen 38 200 DM
                                                                                                 an 1770 Umsatzsteuer 6 112 DM
d) 0350 Lkw 148 200 DM an 1500 sonst. Forderungen 44 312 DM
    1570 Vorsteuer 23 712 DM an 1200 Bank 127 600 DM

Anschaffung von Anlagegütern aus EU-Staaten — Fall 434

Lösung: Die Firma F. erhält vom französischen Lieferanten eine steuerfreie innergemeinschaftliche Lieferung. Die Besteuerung erfolgt beim Abnehmer durch die Umsatzsteuer auf den innergemeinschaftlichen Erwerb. Die Erwerbssteuer ist nach § 15 Abs. 1 Nr. 3 UStG sofort als Vorsteuer abzugsfähig.

Die Montagekosten sind als Teil der Anschaffungskosten aktivierungspflichtig.

Buchung (Anschaffung):

| 0400 | Betriebsausstattung | 84 000 DM | an 1700 sonstige Verbindlichkeiten | 84 000,00 DM |
| 1572 | Vorsteuer aus innergem. Erwerb | 13 440 DM | an 1772 USt aus innergem. Erwerb | 13 440 DM |

0400	Betriebs-ausstattung	4 000 DM		
1570	Vorsteuer	640 DM	an 1700 sonstige Ver-bindlichkeiten	4 640 DM

Bei Inzahlunggabe der alten Maschine müssen zunächst die Abschreibung bis zum Verkauf und der Anlagenabgang gebucht werden. Der Verkauf ist als innergemeinschaftliche Lieferung nach § 4 Nr. 1b UStG steuerfrei.

Buchung:

4830	Abschreibungen auf Sachanlagen	4 800 DM	an 0400 Betriebs-ausstattung	4 800 DM
2315	Anlagenabgang (Buchgewinn)	9 600 DM	an 0400 Betriebs-ausstattung	9 600 DM
1700	sonstige Verbind-lichkeiten	22 000 DM	an 2720 Erträge aus Anlagenabgang (steuerfrei)	22 000 DM

Buchung (Rechnungsausgleich):

1700	sonstige Verbind-lichkeiten	66 640 DM	an 1200 Bank	66 640 DM

Die degressive AfA ist höchstens mit dem 3fachen der linearen AfA = 25 % zu berechnen. Nach der Vereinfachungsregelung der R 44 Abs. 2 EStR ist wegen Anschaffung in der zweiten Hälfte des Wirtschaftsjahres nur die Hälfte davon abzusetzen: AK = 88 000 DM x 25 % x ½ = 11 000 DM.

Die Sonder-Abschreibung nach § 7g EStG bringt zusätzlich 20 % Abschreibung und zwar unabhängig vom Anschaffungszeitpunkt im Wirtschaftsjahr.

Buchung (Abschreibungen):

4860	Abschreibungen auf Sachanlagen	11 000 DM		
4850	außerplanmäßige Abschreibungen	17 600 DM	an 0400 Betriebs-ausstattung	28 600 DM

Hinweis:

Die Regelung des § 7g Abs. 2 Nr. 3 EStG, die die Bildung einer Anspar-Rücklage als Voraussetzung für eine Sonderabschreibung vorsieht, gilt gem. § 52 Abs. 23 EStG erst für Wirtschaftsgüter, die nach dem 31. 12. 2000 angeschafft oder hergestellt werden.

Pkw-Kauf in Dänemark

Fall 434a

Lösung: Die Lieferung ist als innergemeinschaftliche Lieferung nach § 4 Nr. 1b UStG steuerfrei. Die Umsatzsteuer fällt in Deutschland in Höhe von 16 % des Entgelts (6 080 DM) durch Verwirklichung eines innergemeinschaftlichen Erwerbs beim Mandanten an.

Die Erwerbsteuer ist in voller Höhe nicht abzugsfähig, weil Mandant Bollmann als Versicherungsvertreter ausschließlich nach § 4 Nr. 11 UStG steuerfreie Umsätze ausführt, die den Vorsteuerabzug ausschließen (§§ 15 Abs. 2 und 3 UStG).

Die nicht abzugsfähigen Vorsteuerbeträge gehören nach § 9b EStG zu den Anschaffungskosten des Pkw.

Buchung:

0320	Pkw	38 000 DM	an 1200 Bank	38 000 DM
0320	Pkw	6 080 DM	an 1773 Umsatzsteuer aus innergem. Erwerb	6 080 DM

Anschaffungskosten beim Anlage- und Umlaufvermögen

Fall 435

Lösung: Die Anschaffungskosten der neuen Kühltheke mindern sich um den Nettobetrag des Skontoabzuges und erhöhen sich durch die angefallenen Anschaffungsnebenkosten (Transportkosten).

Bei der Anschaffung von Umlaufvermögen werden zwar durch Skonti und Transportkosten auch die Anschaffungskosten verändert; es entspricht jedoch in diesem Falle kaufmännischer Übung, Skonti und Anschaffungsnebenkosten auf besonderen Konten zu buchen, um für Kalkulationszwecke die GuV-Rechnung möglichst aussagekräftig werden zu lassen.

Buchung Kühltheke:

0430	Einrichtung	14 550,00 DM		
1570	Vorsteuern	2 328,00 DM	an 1200 Bank	16 878,00 DM
0430	Einrichtung	200,00 DM		
1570	Vorsteuer	32,00 DM	an 1000 Kasse	232,00 DM

Buchung Mehllieferung:

3000	Wareneinkauf	8 500,00 DM		
1570	Vorsteuern	577,15 DM	an 1200 Bank	8 822,15 DM
			an 3730 erhaltene Skonti	255,00 DM
3800	Anschaffungsnebenkosten	500,00 DM		
1570	Vorsteuern	80,00 DM	an 1000 Kasse	580,00 DM

Anschaffung eines Kopierers

Fall 436

Lösung: Die Anschaffungskosten des Gerätes betragen:

Kaufpreis, brutto	897,00 DM
·/. abzugsfähige Vorsteuer	123,72 DM
Kaufpreis, netto	773,28 DM
·/. Skonto 2 %	15,47 DM
+ Nebenkosten, netto	50,00 DM
gesamt	807,81 DM

Es handelt sich nicht um ein geringwertiges Wirtschaftsgut, weil die Anschaffungskosten des Gerätes die 800 DM (netto)-Grenze des § 6 Abs. 2 EStG überschreiten. Die AfA ist entsprechend des Anschaffungszeitpunkts und der betriebsgewöhnlichen Nutzungsdauer zu berechnen.

Buchung der Eingangsrechnung

0420	Büroeinrichtung	773,28 DM			
1570	Vorsteuern	123,72 DM	an 1700	sonstige Verbindlichkeiten	897,00 DM

Buchung Frachtkosten:

0420	Büroeinrichtung	50,00 DM			
1570	Vorsteuern	8,00 DM	an 1000	Kasse	58,00 DM

Buchung bei Zahlung:

1700	sonstige Verbindlichkeiten	897,00 DM	an 1200	Bank	879,06 DM
			an 0420	Büroeinrichtung	15,47 DM
			an 1570	Vorsteuern	2,47 DM

Fall 437 Anschaffung einer Kaffeemaschine

Lösung: Die Aufwendungen für die Filtertüten gehören nicht zu den Anschaffungskosten der Kaffeemaschine, weil sich die Kaffeemaschine auch ohne die Filtertüten in einem betriebsbereiten Zustand befindet (§ 255 Abs. 1 HGB).

Netto-Kaufpreis	815,00 DM
·/. Skonto 3 %	24,45 DM
Anschaffungskosten	790,55 DM

Die Anschaffungskosten übersteigen nicht den Betrag von 800 DM (netto). Sie können deshalb als betrieblicher Aufwand gebucht werden. Eine Aktivierung entfällt (§ 6 Abs. 2 EStG).

Buchung:

4855	Abschreibung GWG	790,55 DM			
3200	Wareneingang	65,00 DM			
1570	Vorsteuern	136,58 DM	an 1200	Bank	990,18 DM
			an 3730	erhaltene Skonti	1,95 DM

Buchführung – Lösungen

Anschaffung eines Pkw-Kombi/Inzahlunggabe — Fall 438

Lösung:

Buchungen:

a)	0320	Pkw (neu)	36 000 DM			
	1570	Vorsteuern	5 760 DM	an 1700	sonstige Verbindlichkeiten	41 760 DM
b)	4830	AfA	1 000 DM	an 0320	Pkw (alt)	1 000 DM
c)	4830	Anlagenabgang	5 000 DM	an 0320	Pkw (alt)	5 000 DM
d)	1700	sonstige Verbindlichkeiten	6 380 DM	an 8820	Erlöse aus Anlageverkäufen	5 500 DM
				an 1770	Umsatzsteuer	880 DM
e)	1700	sonstige Verbindlichkeiten	35 380 DM	an 1000	Bank	34 672,40 DM
				an 0320	Pkw (neu)	720,00 DM
				an 1570	Vorsteuern	115,20 DM

Anschaffungskosten/Eigenleistung — Fall 439

Lösung: Zu den Anschaffungskosten gehören die Aufwendungen, die geleistet werden, um ein Wirtschaftsgut zu erwerben und es in einen betriebsbereiten Zustand zu versetzen, soweit sie dem Wirtschaftsgut **einzeln** zugerechnet werden können (§ 255 Abs. 1 HGB). Neben dem Netto-Kaufpreis gehören die vom Lieferanten berechneten Kosten für Versicherung und Fracht, nicht aber die im eigenen Betrieb anteilig angefallenen Lohn- und Fahrzeugkosten zu den Anschaffungskosten. Der Skontoabzug mindert die Anschaffungskosten. Die abzugsfähigen Vorsteuerbeträge gehören nicht dazu (§ 9b EStG).
Die Anschaffungskosten betragen damit 960 DM abzgl. 2 % = 940,80 DM.

Buchung bei Rechnungseingang:

0400	Betriebsausstattung	960,00 DM			
1570	Vorsteuern	153,60 DM	an 1700	sonstige Verbindlichkeiten	1 113,60 DM

Buchung bei Bezahlung:

1700	sonstige Verbindlichkeiten	1 113,60 DM	an 1200	Bank	1 091,33 DM
			an 0400	Betriebsausstattung	19,20 DM
			an 1570	Vorsteuern	3,07 DM

Anschaffung von Einrichtungsgegenständen — Fall 440

Lösung: Das Mobiliar für das Café ist nicht als einheitliches Wirtschaftsgut zu sehen, da jeder Stuhl und jeder Tisch für sich umsatzfähig, d. h. weiterveräußerbar ist. Jeder Tisch und jeder Stuhl kann auch selbständig genutzt werden. Die Einrichtungsgegenstände verlieren ihre selbständige Nutzungsfähigkeit auch nicht dadurch, dass sie in einheitlichem Stil gehalten sind (R 40 Abs. 1 EStR). Die Anschaffungskosten jedes einzelnen Möbelstücks sind also getrennt zu beurteilen. Die Stühle sind GWG, die Tische nicht.

	12 Stühle	3 Tische
Netto-Kaufpreis	2 400 DM	2 700 DM
./. Skonto 3 %	72 DM	81 DM
Anschaffungskosten	2 328 DM	2 619 DM
= Anschaffungskosten/Stück	194 DM	873 DM

Buchung bei Rechnungseingang:

4855	Abschreibung GWG	2 400 DM				
0400	Betriebsausstattung	2 700 DM				
1570	Vorsteuern	816 DM	an	1700	sonstige Verbindlichkeiten	5 916 DM

Buchung bei Bezahlung:

1700	sonstige Verbindlichkeiten	5 916 DM	an	1200	Bank	5 738,52 DM
			an	4855	Abschreibung GWG	72,00 DM
			an	0400	Betriebsausstattung	81,00 DM
			an	1570	Vorsteuern	24,48 DM

Fall 441 Anschaffung neuer Computer-Porgramme

Lösung: a) Schreib- und Rechenprogramm

Computer-Programme, deren Anschaffungskosten nicht mehr als 800 DM (netto) betragen, sind steuerlich als abnutzbare, bewegliche und selbständig nutzungsfähige Wirtschaftsgüter zu behandeln. Sie können also linear, degressiv nach der Vereinfachungsregelung der R 44 Abs. 2 EStR oder als geringwertiges Wirtschaftsgut nach § 6 Abs. 2 EStG abgeschrieben werden.

Netto-Kaufpreis	750,00 DM
./. 3 % Skonto	22,50 DM
= Anschaffungskosten/AfA § 6 Abs. 2 EStG	727,50 DM

Buchungen:

0480	geringwertige Wirtschaftsgüter	727,50 DM				
3730	erhaltene Skonti	22,50 DM	an	4900	sonst. betriebl. Aufwendungen	750,00 DM
4855	Sofort-AfA GWG	727,50 DM	an	0840	geringwertige Wirtschaftsgüter	727,50 DM

b) Programm „Turbo-Baker 2000"

Computer-Programme, deren Anschaffungskosten 800 DM (netto) übersteigen, sind nach R 31a Abs. 1 EStR als immaterielle Wirtschaftsgüter anzusehen. Sie gehören nach H 42 EStH nicht zu den beweglichen Wirtschaftsgütern.

Deshalb sind die degressive AfA nach § 7 Abs. 2 EStG und die Vereinfachungsregelung der R 44 Abs. 2 EStR nicht zulässig. Die AfA-Berechnung muss linear und zeitanteilig berechnet werden:

Netto-Kaufpreis	2 500 DM
./. 3 % Skonto	75 DM
= Anschaffungskosten	2 425 DM

Die höchstzulässige AfA für 2000 beträgt damit 25 % linear × $5/12$ = rd. 253 DM.

Buchungen:

0027	EDV-Software	2 425 DM			
3730	erhaltene Skonti	75 DM	an 4900	sonst. betriebl. Aufwendungen	2 500 DM
4822	Abschreibungen auf immaterielle Wirtschaftsgüter	253 DM	an 0027	EDV-Software	253 DM

Anschaffung Pkw/Inzahlunggabe/Damnum   **Fall 442**

Lösung: Die Anschaffungskosten des Neufahrzeugs betragen:

• Netto-Kaufpreis	37 700 DM
• Sonderausstattung	3 000 DM
• Autoradio	800 DM
• 50 % nicht abzugsfähige Vorsteuer	3 320 DM
• Zulassungskosten	72 DM
gesamt	44 892 DM

Nach § 255 Abs. 1 HGB gehören zu den Anschaffungskosten sämtliche Aufwendungen, die geleistet werden, um einen Vermögensgegenstand zu erwerben und in einen betriebsbereiten Zustand zu versetzen. Dazu gehören u. a. auch die Nebenkosten.

Weil das Fahrzeug auch privat genutzt wird, ist nur die Hälfte der Vorsteuer abzugsfähig (§ 15 Abs. 1b UStG).

Der Teil der nach § 15 Abs. 1b UStG nicht abzugsfähigen Vorsteuerbeträge gehört ebenfalls zu den Anschaffungskosten. § 9b Abs. 1 Satz 2 Nr. 2 EStG, der den sofortigen Betriebsausgaben-Abzug erlaubt, ist nach R 86 Abs. 5 EStR nicht anwendbar.

Das zur Finanzierung des Restkaufpreises aufgenommene Darlehen ist Betriebsschuld und muss mit dem Rückzahlungsbetrag (= Nennwert) von 30 000 DM ausgewiesen werden. Der nicht ausgezahlte Betrag (Damnum oder Disagio) ist als (spezielle) aktive Rechnungsabgrenzung auf die Laufzeit des Darlehens zu verteilen.

Buchung des Rechnungseingangs:

0320	Pkw	44 820 DM			
1570	Vorsteuern	3 320 DM	an 8820	Erlöse aus Anlageverkäufen	10 000 DM
			an 1770	Umsatzsteuer	1 600 DM
			an 1700	sonstige Verbindlichkeiten	36 540 DM

2315 Anlagenabgang	4 500 DM	an 0320 Pkw (alt)	4 500 DM

Buchung der Finanzierung:

1700 sonstige Verbindlichkeiten	36 540 DM		
0986 Damnum	1 200 DM	an 0640 Darlehen	30 000 DM
		an 1890 Privateinlagen	7 740 DM

Buchung der Nebenkosten:

0320 Pkw	72 DM	an 4530 Kfz-Betriebskosten	72 DM

Fall 443 Umbauten/Abschlagzahlungen

Lösung: Die Umbaumaßnahme an den Betriebsräumen ist als aktivierungspflichtiger nachträglicher Herstellungsaufwand zu bewerten. Die Räumlichkeiten sind über ihren bisherigen Zustand hinaus erweitert und verbessert worden (R 157 Abs. 3 EStR).

Abschlagzahlungen auf aktivierungspflichtigen Herstellungsaufwand werden bis zur Fertigstellung auf dem Konto „0120 Bauten im Bau" gebucht, um sicherzustellen, dass Abschreibungen vor der Nutzungsfähigkeit unterbleiben. Die Vorsteuern aus den Abschlagzahlungen sind gem. § 15 Abs. 1 Nr. 1 letzter Satz UStG bereits nach erfolgter Zahlung abzugsfähig. Allerdings ist die Vorsteuer aus der Rechnung vom 15. 01. 2001 erst im Januar 2001 abzugsfähig, weil erst dann die Rechnung vorliegt.

Buchung der Anzahlungen (2000):

0120 Bauten im Bau	35 000 DM		
1570 Vorsteuern	5 600 DM	an 1200 Bank	40 600 DM

Buchung bei Fertigstellung (2000):

0080 Gebäude	45 000 DM		
1548 im Folgejahr abziehbare Vorsteuer	1 600 DM	an 0120 Bauten im Bau	35 000 DM
		an 1700 sonstige Verbindlichkeiten	11 600 DM

Buchung bei Rechnungseingang (2001):

1570 Vorsteuern	1 600 DM	an 1548 im Folgejahr abziehbare Vorsteuer	1 600 DM

Fall 443a Erwerb eines Betriebes

Lösung: Übersteigt der für den gesamten Betrieb gezahlte Kaufpreis den Teilwert der übernommenen Wirtschaftsgüter, so entfällt der übersteigende Betrag auf den Geschäfts- oder Firmenwert. Damit ergibt sich für die Eröffnungsbilanz folgendes Zahlenwerk:

Aktiva	Bilanz 01. 04. 2000		Passiva
Firmenwert	62 000 DM	Eigenkapital	120 000 DM
BGA	40 000 DM		
Waren	18 000 DM		
	120 000 DM		120 000 DM

Der Firmenwert ist ein immaterielles abnutzbares Anlagegut. Nach § 7 Abs. 1 Satz 3 EStG ist bei der AfA-Berechnung von einer Nutzungsdauer von 15 Jahren auszugehen. Dabei ist zu beachten, dass die degressive AfA und die Berechnung nach der Vereinfachungsregelung der R 44 Abs. 2 EStR unzulässig sind, weil immaterielle Wirtschaftsgüter nach R 42 Abs. 2 EStR und H 42 EStH nicht als beweglich anzusehen sind.

	Firmenwert		BGA
Anschaffungskosten	62 000 DM		40 000 DM
./. AfA $1/15 \times 9/12$	3 100 DM	$1/3$ rd.	13 334 DM
= Buchwert 31. 12. 2000	58 900 DM		26 666 DM

Buchung von Gehältern   Fall 444

Lösung:

Brutto-Gehalt	4 400,00 DM
./. Lohnsteuer	820,00 DM
./. Kirchensteuer	73,80 DM
./. Solidaritätszuschlag	45,10 DM
./. Sozialversicherung	802,00 DM
= Netto-Gehalt	2 659,10 DM

Buchungen:

a) 4120 Gehälter   4 400 DM   an 1200 Bank   2 659,10 DM
                                          an 1741 Verbindlichkeit
                                                  Lohn-/KiSt/
                                                  SolZ   938,90 DM
                                          an 1742 Verbindlichkeit
                                                  Sozialabgaben   802,00 DM

b) 4130 Sozialabgaben   802,00 DM   an 1742 Verbindlichkeit
                                                  Sozialabgaben   802,00 DM

Buchung von Löhnen (Vorschuss)   Fall 445

Lösung:

a) 4110 Löhne   48 000,00 DM   an 1000 Kasse   32 274,03 DM
                                          an 1741 Verbindlichkeit
                                                  Lohn-/KiSt/
                                                  SolZ   6 670,77 DM
                                          an 1742 Verbindlichkeit
                                                  Sozialabgaben   8 755,20 DM
                                          an 1530 Forderungen
                                                  Personal   300,00 DM

b) 4130 Sozialabgaben   8 755,20 DM   an 1742 Verbindlichkeit
                                              Sozialabgaben   8 755,20 DM
c) 1742 Verbindlichkeit
        Sozialabgaben   17 510,40 DM
   1741 Verbindlichkeit
        Lohn-/KiSt/SolZ 6 670,77 DM   an 1200 Bank   24 181,17 DM

Fall 446 Buchung von Aushilfslöhnen

Lösung: Nach § 3 Nr. 39 EStG sind Arbeitsentgelte aus geringfügiger Beschäftigung (630 DM) steuerfrei, wenn die Summe der anderen Einkünfte nicht positiv ist. Das Finanzamt stellt auf Antrag des Arbeitnehmers eine Freistellungsbescheinigung aus, wenn diese Voraussetzung für die Steuerfreiheit vorliegt. Der Arbeitgeber lässt die Vergütungen dann unversteuert und zahlt davon pauschal 22 % Sozialabgaben.

Buchungen:

4190 Aushilfslöhne   2 684,00 DM   an 1000 Kasse   2 684,00 DM
4130 gesetzl. soziale
     Aufwendungen   590,48 DM   an 1742 Verbindlichkeiten
                                              Sozialversicherung 590,48 DM

Hinweis:

a) Das Finanzamt überprüft nach Ablauf des Kalenderjahres endgültig, ob die Voraussetzungen für die Steuerfreiheit vorgelegen haben. Zu diesem Zweck ist nach § 46 Abs. 2a EStG eine Einkommensteuererklärung abzugeben.

b) In den Fällen, in denen wegen vorhandener anderer positiver Einkünfte das Finanzamt keine Freistellungsbescheinigung ausstellt, sind die Arbeitsentgelte aus geringfügiger Beschäftigung steuerpflichtig. Nach § 40a Abs. 2 EStG kann dann eine Pauschalversteuerung mit 20 % des Arbeitslohns vorgenommen werden.

Fall 447 Gehaltsbuchung

Lösung: Die AN-Sparzulage beträgt 10 % der vermögenswirksamen Leistungen. Begünstigt sind höchstens 936 DM jährlich, 78 DM monatlich.

Gehalt	4 200,00 DM
+ AG-Anteil vwL	26,00 DM
= Bruttolohn	4 226,00 DM
./. Lohn- u. KiSt/SolZ	785,63 DM
./. Sozialabgaben	770,82 DM
./. einbehaltene vwL	78,00 DM
auszuzahlen	2 591,55 DM

Buchungen:

a) 4120 Gehälter   4 200,00 DM
   4145 freiw. soz.
        Aufwand   26,00 DM   an 1200 Bank   2 591,55 DM
                                      an 1741 Verbindlichkeit
                                              Lohn-/KiSt/
                                              SolZ   785,63 DM

			an 1742	Verbindlich-keit Sozial-abgaben	770,82 DM
			an 1746	Verbindlich-keit aus Ein-behaltungen	78,00 DM
b)	4130 Sozialabgaben	770,82 DM	an 1742	Verbindlich-keit Sozial-abgaben	770,82 DM

Die AN-Sparzulage muss vom Arbeitnehmer beim zuständigen Finanzamt nach Ablauf des Jahres gesondert beantragt werden (§ 14 Abs. 4 VermBG).

Gehaltsbuchung (geldwerter Vorteil)   Fall 448

Lösung: Da der Arbeitnehmer Middendorf das Fahrzeug nicht nur gelegentlich nutzen kann, liegt eine entgeltliche Firmenwagenüberlassung vor. Für einen Teil seiner Arbeitsleistung hat er die Möglichkeit der kostenlosen Nutzung des Firmenwagens für private Zwecke. Dieser geldwerte Vorteil ist als Arbeitslohn zu versteuern. Er beträgt 300 DM monatlich.

Beim Unternehmer/Arbeitgeber liegt eine entgeltliche sonstige Leistung nach § 1 Abs. 1 Nr. 1 UStG vor. Die Gegenleistung besteht in der Arbeitsleistung des Arbeitnehmers. Damit liegt ein tauschähnlicher Umsatz vor. Bemessungsgrundlage ist nach § 10 Abs. 2 Satz 2 UStG der Wert des anderen Umsatzes (der Arbeitsleistung) abzgl. Umsatzsteuer. Der Wert der Arbeitsleistung kann in Höhe der bei der Fahrzeugüberlassung angefallenen Kosten angenommen werden (300 DM monatlich). Die Bemessungsgrundlage beträgt damit 300 DM : 1,16 = 258,62 DM, die Umsatzsteuer 41,38 DM.

Buchungen:

a)	4120 Gehälter	6 300 DM			
	4145 freiw. soz. Auf-wand	26 DM	an 1200	Bank	3 106,80 DM
			an 1741	Verbindlichkeit Lohn-/KiSt/SolZ	1 824,20 DM
			an 1742	Verbindlichkeit Sozialabgaben	1 095,00 DM
			an 8590	Verrechnung Sachbezüge	258,62 DM
			an 1770	Umsatzsteuer	41,38 DM
b)	4130 ges. soz. Aufwand	1 095 DM	an 1742	Verbindlichkeit Sozialabgaben	1 095,00 DM

Gehaltsbuchung (Verrechnung mit Leistungen des Arbeitgebers)   Fall 449

Lösung: Die Wohnungsmiete, die mit dem Gehalt des Arbeitnehmers verrechnet wird, ist gewerblicher Mietertrag. Umsatzsteuerlich ist die Vermietung steuerfrei gem. § 4 Nr. 12a UStG. Eine Option ist gem. § 9 Abs. 1 UStG nicht möglich.

Gehalt, brutto 4 500,00 DM
·/. Lohn- u. Kirchensteuer/SolZ 824,20 DM
·/. Sozialabgaben 875,50 DM
·/. einbehaltene vwL 78,00 DM
·/. Verrechnung Wohnungsmiete 600,00 DM
auszuzahlender Betrag 2 122,30 DM

Buchungen:

a) 4120 Gehälter 4 500,00 DM an 1200 Bank 2 122,30 DM
an 1741 Verbindlichkeit Lohn-/KiSt/SolZ 824,20 DM
an 1742 Verbindlichkeit Sozialabgaben 875,50 DM
an 1746 Verbindlichkeit aus Einbehaltung 78,00 DM
an 2750 Grundstücksertrag 600,00 DM

b) 4130 Sozialabgaben 875,50 DM an 1742 Verbindlichkeit Sozialabgaben 875,50 DM

Fall 450 Gehaltsbuchung (Verrechnung mit Warenbezügen)

Lösung: Der Erlös aus dem Verkauf von Ware an das Personal ist Entgelt für eine steuerbare und steuerpflichtige Lieferung des Arbeitgebers. Bemessungsgrundlage für die Umsatzsteuer ist gem. § 10 Abs. 1 UStG der Kaufpreis abzüglich der im Kaufpreis enthaltenen Umsatzsteuer.

Gehalt brutto 2 800,00 DM
·/. Lohn- und KiSt/SolZ 522,80 DM
·/. Sozialabgaben 510,70 DM
·/. Rückzahlung Vorschuss 250,00 DM
·/. Verrechnung Waren 245,00 DM
= auszuzahlen 1 271,50 DM

Buchungen:

a) 4120 Gehälter 2 800 DM an 1200 Bank 1 271,50 DM
an 1741 Verbindlichkeit Lohn-/KiSt/SolZ 522,80 DM
an 1742 Verbindlichkeit Sozialabgaben 510,70 DM
an 1530 Forderungen Personal 250,00 DM
an 8400 Erlöse 211,21 DM
an 1770 Umsatzsteuer 33,79 DM

b) 4130 Sozialabgaben 510,70 DM an 1742 Verbindlichkeit Sozialabgaben 510,70 DM

Gehaltsbuchung (Verrechnung mit Arbeitgeberdarlehen) — Fall 451

Lösung: Die Tilgung des Darlehens durch Verrechnung mit dem Arbeitslohn mindert den Lohnbetrag, der zur Auszahlung kommt. In Höhe der vereinnahmten Zinsen liegt ein gewerblicher Ertrag vor, der gem. § 4 Nr. 8a UStG umsatzsteuerfrei ist.

Gehalt, brutto	2 700,00 DM
./. Lohn- u. KiSt/SolZ	140,20 DM
./. Sozialabgaben	492,40 DM
./. Verrechnung AG-Darlehen	200,00 DM
./. Zinsen	50,00 DM
= auszuzahlen	1 817,40 DM

Buchungen:

a) 4120 Gehälter 2 700 DM an 1200 Bank 1 817,40 DM
  an 1741 Verbindlichkeit Lohn-/KiSt/SolZ 140,20 DM
  an 1742 Verbindlichkeit Sozialabgaben 492,40 DM
  an 1537 Forderungen Personal 200,00 DM
  an 2650 Zinserträge 50,00 DM

b) 4130 Sozialabgaben 492,40 DM an 1742 Verbindlichkeit Sozialabgaben 492,40 DM

Arbeitslohn bei Zinsersparnissen ist nur anzunehmen, wenn a) das Rest-Darlehen am Ende des Monats 5 000 DM übersteigt und b) der Effektivzins des Darlehens 6 % unterschreitet. Hinweis auf R 31 Abs. 8 LStR.

Die Dienstleistung ist nicht gem. § 8 Abs. 3 EStG begünstigt, da derartige Leistungen überwiegend für die Arbeitnehmer erbracht werden. Hinweis auf R 32 Abs. 1 Nr. 3 LStR.

Reisekostenabrechnung mit Tagespauschalen — Fall 452

Lösung: Nach § 9 Abs. 5 EStG und H 38 LStH dürfen vom Arbeitgeber bei 14-stündiger Abwesenheit von der Wohnung nur 20 DM lohnsteuerfrei als Mehraufwendungen für Verpflegung vergütet werden. Der übersteigende Betrag ist steuerpflichtiger Arbeitslohn.

Ein Vorsteuerabzug ist nach § 15 Abs. 1a Nr. 2 UStG u. a. nicht möglich, wenn der Unternehmer seinem Personal Verpflegungskosten auf Grund einer Dienstreise erstattet. Der Vorsteuerabzug ist nur aus der Fahrtkosten-Erstattung für die Benutzung öffentlicher Verkehrsmittel möglich. Die Vorsteuer beträgt 16 % aus 128 DM = 17,66 DM, weil die im Fahrausweis ausgewiesene Tarifentfernung 50 km übersteigt (§§ 34, 35 UStDV).

Berechnung:

a) Fahrtkosten DB	128,00 DM	
./. abzugsfähige Vorsteuer	17,66 DM	110,34 DM
b) Pauschale für Verpflegung		20,00 DM
= steuerfrei Reisekostenerstattung (netto)		130,34 DM

Buchung:

4660	Reisekosten AN	130,34 DM		
1570	Vorsteuern	17,66 DM		
4120	Gehälter	13,00 DM	an 1000 Kasse	161,00 DM

Fall 453 Reisekosten (Benutzung eines privaten Pkw)

Lösung: Bei der Reisekosten-Abrechnung des Kundenberaters Feldkamp ergibt sich aus dem Beleg des Parkhauses ein Vorsteuerabzug von 16 % aus 5 DM = 0,69 DM gem. § 33 UStDV. Ein weiterer Vorsteuerabzug ist nach § 15 Abs. 1a Nr. 2 UStG nicht möglich, weil der Arbeitnehmer Fahrtkosten für die Benutzung des eigenen Pkw erstattet bekam.

Berechnung:

a)	Fahrtkostenvergütung		72,80 DM
b)	Parkgebühr	5,00 DM	
	./. abzugsfähige Vorsteuer	0,69 DM	4,31 DM
= Reisekosten (netto)			77,11 DM

Buchung:

4660	Reisekosten AN	77,11 DM		
1570	Vorsteuer	0,69 DM	an 1000 Kasse	77,80 DM

Fall 454 Mehrtägige Dienstreise

Lösung: Bei Dienstreisen eines Arbeitnehmers im Inland können Verpflegungsmehraufwendungen nur pauschal mit den in § 4 Abs. 5 Nr. 5 EStG aufgeführten Sätzen berücksichtigt werden, wobei grundsätzlich auf die Abwesenheit von der Wohnung an jedem einzelnen Kalendertag abzustellen ist.

Die Kosten für die Übernachtung sind bei Übernachtungen im Inland nach R 40 Abs. 1 EStR um 9 DM für das Frühstück zu kürzen, wenn sich dessen Preis nicht aus der Rechnung ergibt.

Ein Vorsteuerabzug aus Vergütungen von Fahrtkosten für die Benutzung des privaten Pkw (769,60 DM), Verpflegungskosten (30 DM) und Übernachtungskosten (171 DM) an Arbeitnehmer ist nach § 15 Abs. 1a Nr. 2 UStG nicht zulässig.

Berechnung:

a) Fahrtkosten 1 480 km × 0,52 DM/km		769,60 DM
b) Mehraufwendungen für Verpflegung		
15. Oktober über 10 Std.	10,00 DM	
16. Oktober über 14 Std.	20,00 DM	30,00 DM
c) Übernachtungskosten mit Frühstück	180,00 DM	
./. Frühstück, pauschal	9,00 DM	171,00 DM
steuerfreie Reisekostenerstattung, gesamt		970,60 DM
./. gezahlter Abschlag		500,00 DM
= noch zu zahlen		470,60 DM

Buchführung – Lösungen

Buchung:

| 4660 | Reisekosten AN | 470,60 DM | an 1000 Kasse | 470,60 DM |

Reisekosten des Unternehmers — Fall 455

Lösung:

Nur die Rechnungen/Quittungen über die Bahnfahrt und die Taxifahrten lassen nach § 15 Abs. 1a Nr. 2 UStG den Vorsteuerabzug zu. Nach §§ 34 und 35 UStDV ergibt sich aus der Bahnfahrkarte bei einer Tarifentfernung von mehr als 50 km eine Vorsteuer von 16 % aus 273,60 DM = 37,74 DM, aus der Taxi-Rechnung eine Vorsteuer von 7 % aus 44 DM = 2,88 DM.

Berechnung:

a)	Fahrtkosten DB	273,60 DM	
	./. abzugsfähige Vorsteuer	37,74 DM	235,86 DM
b)	Taxifahrten	44,00 DM	
	./. abzugsfähige Vorsteuer	2,88 DM	41,12 DM
c)	Verpflegungskosten, pauschal		20,00 DM
	Reisekosten, netto		296,98 DM

Buchung:

| 4670 | Reisekosten U. | 296,98 DM | | |
| 1570 | Vorsteuern | 40,62 DM | an 1000 Kasse | 337,60 DM |

Gewinnauswirkungen von Steuerzahlungen — Fall 456

Lösung:

Steuerart	Gewinnauswirkung	Begründung
Einkommensteuer	erfolgsneutral	Privatsteuer (§ 12)
Lohnsteuer		
a) bei Bruttolohnverbuchung	erfolgsneutral	bereits als Aufwand gebucht
b) bei Nettolohnverbuchung	gewinnmindernd	noch nicht als Aufwand gebucht
Grundsteuer	gewinnmindernd	Betriebssteuer
Grunderwerbsteuer	erfolgsneutral	Anschaffungskosten
Gewerbesteuer	gewinnmindernd	Betriebssteuer
Umsatzsteuer	erfolgsneutral	indirekte Steuer
Kfz-Steuer	gewinnmindernd	Betriebssteuer
Einfuhrumsatzsteuer	erfolgsneutral	Vorsteuerabzug ist möglich

Fall 457 Steuerzahlungen/Säumniszuschläge

Lösung:

1800	Privat	32 DM		
1810	Privatsteuern	3 200 DM		
1770	Umsatzsteuer	588 DM		
4970	Kosten des Geld-verkehrs	5 DM	an 1100 Postgiro	3 825 DM

Fall 458 Steuerzahlung/Verrechnung mit Guthaben

Lösung:

1741	Verbindlichkeit LSt/KiSt	2 250 DM		
1810	Privatsteuern	1 400 DM	an 1770 Umsatzsteuer	850 DM
			an 1200 Bank	2 800 DM

Die Buchung ist erfolgsneutral, weil sich Lohn- und Kirchensteuer als Teil des Bruttolohns bereits gewinnmindernd ausgewirkt haben. Die Einkommensteuer darf den Gewinn nicht mindern (§ 12 EStG). Die gesamte Buchung spricht ausschließlich Bestandskosten an (Betriebsvermögen – Umschichtung).

Fall 459 Verrechnung eines USt-Guthabens

Lösung:

LSt/KiSt	1 624,00 DM
Erbschaftsteuer	914,00 DM
betriebl. Kfz-Steuer	740,00 DM
ESt-Nachzahlung	2 270,00 DM
KiSt-Nachzahlung	130,50 DM
Summe	5 678,50 DM
abzgl. Überweisung	890,00 DM
USt-Guthaben	4 788,50 DM

Buchung:

1910	Privatsteuern	3 314,50 DM		
1941	Verbindlichkeit LSt/KiSt	1 624,00 DM		
4510	Kfz-Steuern	740,00 DM	an 1200 Bank	890,00 DM
			an 1770 Umsatzsteuer	4 788,50 DM

Steuererstattungen — Fall 460

Lösung:

Buchung:

1800 Privat	900 DM			
2020 periodenfremde Aufwendungen	100 DM	an 0957 GewSt-Rückstellung	1 000 DM	

Durch den a. o. Aufwand mindert sich der gewerbliche Gewinn um 100 DM.

Steuererstattung/Verrechnung mit Steuerrückständen — Fall 461

Lösung:

Buchung:

1810 Privatsteuern	1 500 DM		
1800 Privat	30 DM		
1941 Verbindlichkeit LSt/KiSt	2 144 DM		
1770 Umsatzsteuer	900 DM		
4970 Nebenkosten des Geldverkehrs	69 DM		
0065 unbeb. Grundstück	8 000 DM		
1200 Bank	2 285 DM	an 1890 Privateinlagen	14 928 DM

Die Nebenkosten des Geldverkehrs erhöhen sich um 69 DM. Damit mindert sich der Gewinn um diesen Betrag. Die anderen Steuerzahlungen wirken sich nicht aus, weil es sich entweder um Privatsteuern, um aktivierungspflichtige Betriebssteuern oder um Betriebssteuern handelt, für die bereits ein Passivposten gebildet worden ist.

Erlass von Säumniszuschlägen — Fall 462

Lösung:

Buchung:

1200 Bank	99 DM	an 4970 Nebenkosten des Geldverkehrs	69 DM
		an 1890 Privateinlage	30 DM

Buchung einer GewSt-Nachzahlung — Fall 463

Lösung:

Buchung beim Jahresabschluss:

4320 Gewerbesteuer	2 420 DM	an 0957 GewSt-Rückstellung	2 420 DM

Buchung bei Zahlung:

0957	GewSt-Rückstellung	2 420 DM	an 2735 Erträge aus Auflösung von Rückstellungen	40 DM
			an 1200 Bank	2 380 DM

Fall 464   Buchung der Gewerbesteuer

Lösung:

Buchung bei Eingang des Steuerbescheides:

0957	GewSt-Rückstellung	1 220 DM		
2020	periodenfremde Aufwendungen	60 DM	an 1736 Verbindlichkeiten aus Betriebssteuern	1 280 DM

Buchung bei Zahlung:

1736 Verbindlichkeit aus Betriebssteuern	1 280 DM	an 1200 Bank	1 280 DM

Fall 465   Nachzahlung von Lohn- und Kirchensteuer

Lösung:

Buchung:

2000 a. o. Aufwand	1 729 DM	an 1200 Bank	1 729 DM

Fall 466   Buchung von Umsatzsteuern

Lösung: Die mit der Gebäudereparatur zusammenhängenden Vorsteuern sind gem. § 15 Abs. 2 u. 3 UStG nicht abzugsfähig, weil sie steuerfreien Umsätzen zuzurechnen sind, die den Vorsteuerabzug ausschließen (hier: § 4 Nr. 12a UStG). Eine Option bei Vermietungsumsätzen an Nichtunternehmer (Wohnungen) ist gem. § 9 Abs. 1 UStG unzulässig. Die nicht abzugsfähigen Vorsteuern werden damit zum Kostenfaktor. Der Gewinn mindert sich somit um insgesamt 23 200 DM.

Buchung:

2350 Grundstücksaufwand	23 200 DM	an 1200 Bank	23 200 DM

Fall 467   Wechsel/Präsentieren bei Fälligkeit

Lösung:

Buchungen:

a)	1400 Forderungen	92 800 DM	an 8400 Erlöse	80 000 DM
			an 1770 Umsatzsteuer	12 800 DM
b)	1200 Bank	72 800 DM		
	1300 Besitzwechsel	20 000 DM	an 1400 Forderungen	92 800 DM
c)	1200 Bank	20 000 DM	an 1300 Besitzwechsel	20 000 DM

Buchführung – Lösungen 611

Akzeptieren eines Wechsels Fall 468

Lösung:

Buchung der Warenrechnung:
3200 Wareneingang   15 000 DM
1570 Vorsteuern   2 400 DM   an 1600 Verbindlichkeiten   17 400 DM

Buchung des Wechselakzepts:
1600 Verbindlichkeiten   17 400 DM   an 1660 Schuldwechsel   17 400 DM

Buchung der Zahlung der Wechselsumme:
1660 Schuldwechsel   17 400 DM   an 1200 Bank   17 400 DM

Wechseldiskontierung Fall 469

Lösung:

Buchung bei Ausstellung:
1300 Besitzwechsel   3 450,00 DM   an 1400 Forderungen   3 450,00 DM

Buchung der Diskontierung:
1200 Bank   3 377,00 DM
2130 Diskont-
      aufwendungen   50,00 DM
1770 Umsatzsteuer   8,00 DM
4970 Kosten des Geld-
      verkehrs   15,00 DM   an 1300 Besitzwechsel   3 450,00 DM

Buchung nach Weiterberechnung der Kosten:
1500 sonst. Forderungen   75,40 DM   an 4970 Kosten des
                                                    Geldverkehrs   15,00 DM
                                           an 2670 Diskonterträge   50,00 DM
                                           an 1770 Umsatzsteuer   10,40 DM

Weitergabe eines Wechsels Fall 470

Lösung:

Buchung nach Wechselausstellung:
1300 Besitzwechsel   5 000 DM   an 1400 Forderungen   5 000 DM

Buchung bei Weitergabe des Wechsels:
1600 Verbindlichkeiten   5 000 DM   an 1300 Besitzwechsel   5 000 DM

Buchung der Kostenrechnung des Zulieferers:

2130	Diskontauf-wendungen	172,50 DM		
4970	Kosten des Geld-verkehrs	20,00 DM		
1570	Vorsteuern	3,20 DM	an 1200 Bank	195,70 DM

Buchung der eigenen Kostenrechnung:

1200	Bank	218,90 DM	an 2670 Diskonterträge	172,50 DM
			an 2700 sonst. Erträge	40,00 DM
			an 1770 Umsatzsteuer	6,40 DM

Bei Abrechnung der Diskontaufwendungen zwischen Unternehmern werden aus Vereinfachungsgründen die Bruttobeträge ohne gesonderten USt-Ausweis berechnet, weil der höhere Vorsteuerabzug aus der Diskontabrechnung einer entsprechenden Verringerung der Vorsteuer aus dem Warenbezug gegenübersteht.

Fall 471 Wechselprotest und Rückgriff

Lösung:

Buchung des indossierten Wechsels:

1300	Besitzwechsel	10 000 DM	an 1400 Forderungen	10 000 DM

Buchung des Rückgriffs:

1400	Forderungen	10 500 DM	an 1300 Besitzwechsel	10 000 DM
			an 2700 sonst. Erträge	500 DM

Fall 472 Wechselprotest und Forderungsausfall

Lösung:

Buchung bei Lieferung:

1400	Forderungen	9 048 DM	an 8400 Erlöse	7 800 DM
			an 1770 Umsatzsteuer	1 248 DM

Buchung der Warenbezahlung:

1300	Besitzwechsel	8 000 DM		
1000	Kasse	1 048 DM	an 1400 Forderungen	9 048 DM

Buchung des Wechselprotestes:

1460	zweifelhafte Forderungen	8 000 DM	an 1300 Besitzwechsel	8 000 DM

Buchführung – Lösungen 613

Buchung des Forderungsausfalls:

4880 Abschreibung auf Forderungen	6 896,55 DM		
1770 Umsatzsteuer	1 103,45 DM	an 1460 zweifelhafte Forderungen	8 000 DM

Erwerb von Aktien *Fall 473*

Lösung: Die gezahlten Spesen stellen Anschaffungskosten der erworbenen Wertpapiere dar.

Buchung:

1348 Wertpapiere 34 200 DM an 1200 Bank 34 200 DM

Kauf von Aktien/Nebenkosten *Fall 474*

Lösung:

Die Abrechnung der Bank lautet:

Kurswert der Aktien	5 400,00 DM
+ Provision 1 v. H.	54,00 DM
+ Maklergebühr 0,8 v. T.	4,32 DM
+ Auslagenersatz	3,00 DM
	5 461,32 DM

Buchung:

1348 Wertpapiere 5 461,32 DM an 1200 Bank 5 461,32 DM

Kauf von festverzinslichen Wertpapieren *Fall 475*

Lösung: Die gezahlten Stückzinsen sind nicht als Anschaffungskosten zu behandeln. Sie sind für den Verkäufer Zinsertrag für die Zeit zwischen Zinszahlungszeitpunkt und Veräußerung, für den Erwerber zunächst Zinsaufwand. Diesem Zinsaufwand steht der volle Zinsanspruch am folgenden Zinszahlungszeitpunkt gegenüber.

Buchung bei Erwerb:

1348 Wertpapiere	48 380,00 DM		
2110 Zinsaufwand	750,00 DM	an 1200 Bank	49 130,00 DM

Buchung per 31. 12. 2000:

1500 sonst. Forderungen 1 125,00 DM an 2650 Zinsertrag 1 125,00 DM

Buchung per 01. 04. 2001:

1200 Bank	1 537,87 DM	an 1500 sonst. Forderung	1 125,00 DM
1810 private Steuern	712,13 DM	an 2650 Zinsertrag	1 125,00 DM

Buchung per 01. 10. 2001:

1200 Bank	1 537,87 DM		
1810 private Steuern	712,13 DM	an 2650 Zinsertrag	2 250,00 DM

Anmerkung:

Nach § 20 Abs. 2 Nr. 3 EStG gehören Einnahmen aus der Veräußerung von Zinsscheinen zu den Einkünften aus Kapitalvermögen bzw. bei Zugehörigkeit der Wertpapiere zu einem Betriebsvermögen zu den Betriebseinnahmen.

Die bei der Einlösung oder der Weiterveräußerung der Zinsscheine vereinnahmten Zinsen sind nur dann um das Entgelt für den Erwerb der Zinsscheine (gezahlte Stückzinsen) zu kürzen, wenn die Zinszahlung und die Zahlung der Stückzinsen im selben Jahr erfolgten.

Nach § 43 Abs. 1 Satz 2 EStG unterliegen auch diese Einkünfte der Kapitalertragsteuer (Zinsabschlagsteuer). Der Steuersatz beträgt nach § 43a Abs. 1 Nr. 4 EStG 30 % und ist auf die vereinnahmten Stückzinsen ohne Abzug der im Vorjahr gezahlten Stückzinsen zu berechnen:

entstandene Zinsen 01. 10. 2000 – 30. 03. 2001	2 250,00 DM
abzgl. 30 % Zinsabschlag	675,00 DM
abzgl. 5,5 % Solidaritätszuschlag von 675 DM	37,13 DM
Gutschrift per 01. 04. 2001 und 01. 10. 2001 jeweils	1 537,87 DM

Fall 476 Kauf, Verkauf, Dividende bei Aktien

Lösung:

Buchung zu a):

1348 Wertpapiere	40 119,00 DM	an 1200 Bank	40 119,00 DM

Buchung zu b):

1200 Bank	14 214,00 DM		
2010 betriebsfremde Aufwendungen	186,00 DM	an 1348 Wertpapiere	13 373,00 DM
		an 2660 Erträge aus Kursdifferenzen	1 027,00 DM

zu c) Berechnung der gewerblichen Zinserträge:

Bankgutschrift	471,20 DM
+ 25 % einbehaltene KapESt von 640 DM	160,00 DM
+ 5,5 % Solidaritätszuschlag von 160 DM	8,80 DM
= Dividende (80 Aktien × 8 DM)	640,00 DM
+ 3/7 anrechenbare Körperschaftsteuer	274,29 DM
= gewerbl. Ertrag	914,29 DM

Buchung zu c):

1200	Bank	471,20 DM		
1810	private Steuern	443,09 DM	an 2600 Erträge aus Beteiligungen	914,29 DM

Kauf, Verkauf, Zinsschein bei festverzinslichen Wertpapieren — Fall 477

Lösung: Berechnung des Kaufpreises

12 000 DM × 102 v. H. =	12 240,00 DM
+ Stückzinsen 8 v. H. für 60 Tage	160,00 DM
	12 400,00 DM
+ 0,8 v. H. Bankprovision	97,92 DM
+ 0,75 v. T. Maklergebühr	9,18 DM
Belastung des Bankkontos:	12 507,10 DM

Buchung:

1348	Wertpapiere	12 347,10 DM		
0210	Zinsaufwand	160,00 DM	an 1200 Bank	12 507,10 DM

Zinsgutschrift der Bank:

12 000 DM x 8 % für 6 Monate	480,00 DM
abzgl. Zinsabschlag = 30 % von 320 DM	
(480 DM abzgl. Stückzinsen 160 DM)	96,00 DM
abzgl. 5,5 % Solidaritätszuschlag von 96 DM	5,28 DM
Auszahlung	378,72 DM

Buchung:

1200	Bank	378,72 DM		
1810	private Steuern	101,28 DM	an 2650 Zinsertrag	480,00 DM

Bankgutschrift beim Wertpapierkauf:

5 000 DM x 104 %		5 200,00 DM
+ Stückzinsen 8 % für 90 Tage	100,00 DM	
abzgl. 30 % Zinsabschlag	30,00 DM	
abzgl. 5,5 % Solidaritätszuschlag	1,65 DM	68,35 DM
Zwischensumme		5 268,35 DM
abzgl. 0,8 % Bankprovision von 5 200 DM		41,60 DM
abzgl. 0,75 v. T. Maklergebühr von 5 200 DM		3,90 DM
		5 222,85 DM

Buchung des Verkaufs:

1200	Bank	5 222,85 DM		
2010	betriebsfremde Aufwendungen	45,50 DM		
1810	private Steuern	31,65 DM	an 1348 Wertpapiere	5 144,63 DM
			an 2650 Zinsertrag	100,00 DM
			an 2660 Erträge aus Kursdifferenzen	55,37 DM

Fall 478 Anschaffung/Dividende/Zinsen bei Wertpapieren

Lösung: Zu den Anschaffungskosten der Wertpapiere gehören alle Aufwendungen, die erforderlich sind, um die Verfügungsmacht darüber zu erlangen. Zahlungen zur Abgeltung von bereits angefallenen Vorzinsen sind als laufender Aufwand zu erfassen. Um diese Vorzinsen werden die später für die Zeit ab dem letzten Zinszahlungszeitpunkt zufließenden Zinsen gemindert.

Buchung zu a):

| 1348 Wertpapiere | 16 495,00 DM | an 1200 Bank | 16 495,00 DM |

Buchung zu b):

| 1348 Wertpapiere | 47 571,00 DM | | |
| 2100 Zinsaufwand | 2 625,00 DM | an 1200 Bank | 50 196,00 DM |

Buchung zu c):

Bankgutschrift (= 73,625 % der Dividende)	589,00 DM
+ 25 % einbehaltene KapESt von 800 DM (= 100 %)	200,00 DM
+ davon 5,5 % Solidaritätszuschlag	11,00 DM
Dividende (80 Aktien x 8 DM)	800,00 DM
+ 3/7 anzurechnende Körperschaftsteuer	342,86 DM
= gewerblicher Ertrag	1 142,86 DM

| 1200 Bank | 589,00 DM | | |
| 1810 private Steuern | 553,86 DM | an 2600 Erträge aus Beteiligungen | 1 142,86 DM |

Buchung zu d):

| 1200 Bank | 3 137,62 DM | | |
| 1810 private Steuern | 237,38 DM | an 2650 Zinsertrag | 3 375,00 DM |

Buchung der Zinsen (Sept. bis Dez. 2000):

| 1500 sonstige Forderungen | 1 125,00 DM | an 2650 Zinsertrag | 1 125,00 DM |

Buchung der Teilwert-Minderung (Obligationen):

| 4875 Abschreibungen auf Wertpapiere | 606,00 DM | an 1348 Wertpapiere | 606,00 DM |

Die Obligationen müssen wegen ihrer Zugehörigkeit zum Umlaufvermögen zwingend auf den niedrigeren Teilwert (= Wiederbeschaffungskosten) abgeschrieben werden, weil eine voraussichtlich dauerhafte Wertminderung eingetreten ist. Einschließlich üblicher Nebenkosten (1 % vom Kurswert) sind 93,93 % des Nennwertes anzusetzen.

Die Kurssteigerung der Aktien kann nicht ausgewiesen werden, da die Anschaffungskosten die Obergrenze der steuerlichen Bewertung darstellen.

Abgrenzungsposten

Fall 479

Lösung:

zu a) Gemäß § 5 Abs. 5 EStG ist für Zahlungen vor dem Abschlussstichtag ein aktiver RAP zu bilden, wenn die Zahlung Aufwand für eine bestimmte Zeit nach dem Abschlusszeitpunkt darstellt. Für die Zahlung der Versicherungsprämie im alten Geschäftsjahr ist ein aktiver RAP zu bilden.

zu b) Da die Zahlung der bereits im November des alten Geschäftsjahres fälligen Kfz-Steuer erst nach dem Abschlussstichtag erfolgt, liegt eine sonstige Verbindlichkeit vor.

zu c) Für ungewisse Verbindlichkeiten, deren Entstehung und (oder) Höhe noch nicht feststeht, muss gem. § 249 HGB eine Rückstellung in Höhe der zu erwartenden Kosten gebildet werden.

zu d) Es ist eine sonstige Forderung zu bilanzieren, weil der Schadensersatzanspruch im alten Geschäftsjahr entstanden ist, aber erst im neuen Jahr eine entsprechende Zahlung eingeht.

zu e) Die Provisionszahlung im Dezember bezieht sich auf Leistungen, die erst nach dem Abschlussstichtag erbracht werden. Gemäß § 5 Abs. 5 EStG ist ein passiver RAP zu bilden.

Zeitliche Abgrenzung

Fall 480

Lösung:

zu a) Der Teil der Kfz-Steuer, der auf das Jahr 2000 entfällt, ist als Aufwand in 2000 zu buchen. Da die Zahlung erst nach dem Abschlussstichtag erfolgt, ist eine sonstige Verbindlichkeit auszuweisen.

Buchung 2000:

4510 Kfz-Steuern	150 DM	an 1700 sonst. Verbindlichkeiten	150 DM

Buchung 2001:

1700 sonst. Verbindlichkeiten	150 DM		
4510 Kfz-Steuern	750 DM	an 1200 Bank	900 DM

zu b) Die noch nicht bezahlten betrieblichen Mieten sind einschließlich der abzugsfähigen Vorsteuern als sonstige Verbindlichkeit zu erfassen.

Buchung 2000:

4210 Miete	1 000 DM		
1570 Vorsteuern	160 DM	an 1700 sonst. Verbindlichkeiten	1 160 DM

Buchung 2001:

1700 sonst. Verbind- lichkeiten	1 160 DM	an 1200 Bank	1 160 DM

zu c) Die zum Ende des Vorjahres gebildete GewSt-Rückstellung muss aufgelöst werden. Der übersteigende Betrag mindert den Gewinn für 2000.

Buchung 2000:

0957 GewSt-Rückstellung	2 500 DM		
2280 Steuernachzahlungen Vorjahre	300 DM	an 1700 sonst. Verbind- lichkeiten	2 800 DM

Buchung 2001:

1700 sonst. Verbind- lichkeiten	2 800 DM	an 1200 Bank	2 800 DM

zu d) Nach § 5 Abs. 5 EStG ist eine aktive Rechnungsabgrenzung vorzunehmen.

Buchung 2000:

4360 Versicherungen	1 000 DM		
0980 akt. RAP	1 400 DM	an 1200 Bank	2 400 DM

Buchung 2001:

4360 Versicherungen	1 400 DM	an 0980 akt. RAP	1 400 DM

Fall 481 Berechnung der Abgrenzungen/Korrekturbuchungen

Lösung:
zu a) Es muss zur periodengerechten Gewinnermittlung ein aktiver RAP gebildet werden, weil vor dem Abschlussstichtag Zahlungen für eine bestimmte Zeit danach erfolgten.

Buchung:

0980 akt. RAP	1 500 DM	an 4360 Versicherungen	1 500 DM

zu b) Am 31. 12. 2000 besteht ein Erstattungsanspruch gegenüber dem Finanzamt und der Versicherung. Es ist eine sonstige Forderung zu bilanzieren.

Buchung:

1500 sonst. Forderungen	620 DM	an 4510 Kfz-Steuern	180 DM
		an 4520 Kfz-Versicherung	440 DM

zu c) Die Zinsverbindlichkeit ist am 31. 12. 2000 als sonstige Verbindlichkeit auszuweisen. Das Darlehenskonto bleibt unverändert, da bis zum 31. 12. 2000 die Tilgungsrate nicht gezahlt wurde.

Buchung:

2100	Zinsaufwand	2 500 DM	an 1700	sonst. Verbindlichkeiten	2 500 DM

zu d) Die Abschlusskosten dürfen nur insoweit berücksichtigt werden, als sie betrieblich veranlasst sind. Die Kosten für die Erstellung der Einkommensteuer-Erklärung und der Anlage V bleiben unberücksichtigt.

Da die Kostenhöhe noch nicht genau feststeht, ist eine Rückstellung zu bilden.

Buchung:

4950	Rechts- und Beratungskosten	3 900 DM	an 0977	Rückstellung für Abschlusskosten	3 900 DM

Darlehensaufnahme   **Fall 482**

Lösung:

Buchung 1. 10. 2000:

2100	Zinsaufwand	2 000 DM	an 1200	Bank	2 000 DM

Buchung 31. 12. 2000:

2100	Zinsaufwand	1 000 DM	an 1700	sonst. Verbindlichkeiten	1 000 DM

Buchung 1. 4. 2001:

2100	Zinsaufwand	1 000 DM			
1700	sonst. Verbindlichkeiten	1 000 DM			
0550	Darlehen	10 000 DM	an 1200	Bank	12 000 DM

Darlehensaufnahme/Damnum (Disagio)   **Fall 483**

Lösung:

Buchung bei Darlehensaufnahme:

1200	Bank	84 600 DM			
0986	Damnum	5 400 DM	an 0650	Darlehen	90 000 DM

Buchungen 31. 12. 2000:

a)	2100	Zinsaufwand	1 200 DM	an 1700	sonst. Verbindlichkeiten	1 200 DM
b)	2100	Zinsaufwand	360 DM	an 0986	Damnum	360 DM

Fall 484 Darlehensgewährung

Lösung:

Buchung bei Auszahlung:

0550 Darlehen	80 000 DM	an 1200	Bank	78 400 DM
		an 0990	passive RAP	1 600 DM

Buchung per 31. 12. 2000:

1500 sonstige Forderungen	2 400 DM	an 2620	Zinsertrag	2 400 DM
0990 passiver RAP	267 DM	an 2620	Zinsertrag	267 DM

Buchung per 01. 03. 2001:

1200 Bank	3 600 DM	an 1500	sonstige Forderungen	2 400 DM
		an 2620	Zinsertrag	1 200 DM

Fall 485 Zeitliche Abgrenzung/Umsatzsteuer

Lösung: Die Mieten für Januar und Februar 2001 sind zwar dem Vermieter vor dem Abschlusszeitpunkt 31. 12. 2000 zugeflossen, sind aber Ertrag des Jahres 2001. Gemäß § 5 Abs. 5 EStG muss eine passive Rechnungsabgrenzung gebildet werden.

Die Umsatzsteuer entsteht bei Vermietungsumsätzen mit monatlicher Zahlung mit Ablauf des jeweiligen Monats der Vermietung. Es handelt sich dabei um sog. Teilleistungen.

Bei Vorauszahlungen entsteht hier die Umsatzsteuer mit Ablauf des Monats, in dem die Zahlung erfolgte (§ 13 Abs. 1 Nr. 1a UStG).

Buchung:

1200 Bank	2 784 DM	an 2750	Grundstückserträge	800 DM
		an 0990	passive RAP	1 600 DM
		an 1770	Umsatzsteuer	384 DM

Fall 486 Zeitliche Abgrenzung/Vorsteuer

Lösung: Am 31. 12. 2000 ist die Dezembermiete einschließlich entsprechender Umsatzsteuer noch zu zahlen und somit als sonstige Verbindlichkeit auszuweisen. Die Vorsteuer ist zu diesem Zeitpunkt noch nicht abzugsfähig, weil die Rechnung noch nicht vorlag.

Buchung am 31. 12. 2000:

4960 Mieten	300 DM			
1548 noch nicht abzugsfähige Vorsteuern	48 DM	an 1700	sonst. Verbindlichkeiten	348 DM

Buchung am 10. 01. 2001:

4960	Mieten	600 DM			
1570	Vorsteuern	144 DM	an 1548	noch nicht abzugsfähige Vorsteuern	48 DM
1700	sonst. Verbindlichkeiten	348 DM	an 1200	Bank	1 044 DM

Bildung von Rückstellungen   **Fall 486a**

Lösung: Rückstellungen sind zwingend auch in der Steuerbilanz zu bilden, wenn sie nach § 249 HGB auch für die Handelsbilanz gebildet werden müssen und die Vorschriften des § 5 Abs. 3, 4, 4a, 4b und 6 EStG dem nicht entgegenstehen (R 31c Abs. 1 EStR).

Besteht handelsrechtlich ein Wahlrecht zur Bildung einer Rückstellung, darf diese Rückstellung in der Steuerbilanz nicht gebildet werden (H 31c Abs. 1 EStH).

zu a) Nach § 249 Abs. 1 HGB sind Rückstellungen u. a. nur zu bilden für ungewisse Verbindlichkeiten, deren Entstehung und/oder deren Höhe noch nicht feststehen. Für die Kosten der noch bestehenden Urlaubsverpflichtung ist damit keine Rückstellung, sondern eine sonstige Verbindlichkeit zu bilden.

zu b) Nach § 249 Abs. 1 Nr. 1 HGB muss in der Handelsbilanz eine Rückstellung für unterlassene Instandhaltung gebildet werden, weil die Arbeiten innerhalb von drei Monaten im folgenden Geschäftsjahr nachgeholt werden. Diese Rückstellung muss in die Steuerbilanz übernommen werden.

zu c) Nach § 249 Abs. 1 Satz 3 HGB kann in der Handelsbilanz auch dann eine Rückstellung für unterlassene Instandhaltung gebildet werden, wenn die Arbeiten zwar im folgenden Geschäftsjahr, aber nicht innerhalb der ersten drei Monate erfolgt. In der Steuerbilanz darf diese Rückstellung nicht ausgewiesen werden.

Gewerbesteuer-Rückstellung (⅚-Methode)   **Fall 487**

Lösung:

vorläufiger Gewinn		58 412 DM
Gewerbeertrag rd.		58 400 DM
./. Freibetrag § 11 Abs. 1 GewStG		48 000 DM
verbleibender Gewebeertrag		10 400 DM
× Steuermesszahl (M 1) = 1 %		
= GewSt-Messbetrag		104 DM
× Hebesatz 440 %	rd.	458 DM
× ⅚ = zu erwartende GewSt		382 DM
vorläufiger Gewinn		58 412 DM
./. GewSt-Rückstellung		382 DM
steuerlicher Gewinn		58 030 DM

Buchung:

4340 Betriebssteuern   382 DM   an 0957   GewSt-Rückstellung   382 DM

Fall 488   **Berechnung einer Gewerbesteuer-Rückstellung**

Lösung:

zu a) vorläufiger Gewinn	84 930 DM
+ geleistete Vorauszahlung	6 800 DM
	91 730 DM
rd.	91 700 DM
kein Freibetrag (§ 11 Abs. 1 GewStG), da GmbH	0 DM
	91 700 DM
GewSt-Messbetrag (5 %), keine Staffelung, da GmbH	4 585 DM
x Hebesatz 420 %	19 257 DM
davon 5/6 = zu erwartende GewSt =	16 048 DM
./. geleistete Vorauszahlung =	6 800 DM
GewSt-Rückstellung =	9 248 DM
zu b) Messbetrag (s. o.)	4 585 DM
x Hebesatz 420 % (s. o.) =	19 257 DM

Divisor = $1 + \dfrac{5 \times \text{Hebesatz}}{100 \times 100}$, da keine Staffelung   1,21

= zu erwartende GewSt	15 915 DM
./. geleistete Vorauszahlung	6 800 DM
= GewSt-Rückstellung	9 115 DM

zu c) Ergebnisvergleich:

	5/6-Methode	Divisions-methode
vorläufiger Gewinn	84 930 DM	84 930 DM
./. GewSt-Rückstellung	9 248 DM	9 115 DM
= steuerlicher Gewinn	75 682 DM	75 815 DM
Gewerbeertrag rd.	75 600 DM	75 800 DM
kein Freibetrag	0 DM	0 DM
verbleibender Gewerbeertrag	75 600 DM	75 800 DM
= GewSt-Messbetrag (5 %)	3 780 DM	3 790 DM
x Hebesatz 420 % = GewSt	15 876 DM	15 917 DM
GewSt lt. Lösung a) bzw. b)	16 048 DM	15 915 DM
Abweichung	172 DM	2 DM

Die Divisionsmethode bringt das genaueste Ergebnis.

Gewerbesteuer-Rückstellung/Zu- und Abrechnungen   Fall 489

Lösung:

vorläufiger Gewinn	122 487 DM
+ geleistete Vorauszahlungen	6 800 DM
	129 287 DM
+ ½ der Dauerschuldzinsen	5 210 DM
	134 497 DM
./. Freibetrag (§ 11 Abs. 1 GewStG)	48 000 DM
vorläufiger Gewerbeertrag rd.	86 400 DM
Messbetrag (§ 11 Abs. 2 GewStG)	2 016 DM
× Hebesatz 450 %	9 072 DM
× ⅚-Methode	7 560 DM
./. Vorauszahlung	6 800 DM
= zu erwartende Nachzahlung	760 DM

Buchung:

4340 Betriebssteuern   760 DM   an 0975 GewSt-Rückst.   760 DM

Divisor-Methode

GewSt-Messbetrag (s. o.)	2 016 DM
× Hebesatz 450 %	9 072 DM
: Divisor = 1 + $\dfrac{4 \times 450}{100 \times 100}$ =	1,18
Gewerbesteuerschuld	7 688 DM
./. Vorauszahlung	6 800 DM
= zu erwartende Nachzahlung	888 DM

Buchung:

4340 Betriebssteuern   888 DM   an 0975 GewSt-Rückst.   888 DM

Anmerkung:

Der bei der Divisor-Methode anzuwendende höchste Staffelsatz beträgt:

verbleibender Gewerbeertrag	bis	24 000 DM	1 %
	bis	48 000 DM	2 %
	bis	72 000 DM	3 %
	bis	96 000 DM	4 %
	über	96 000 DM	
	und bei Kapitalgesellschaften		5 %

Fall 490 **Gewerbesteuer-Rückstellung bei Zerlegung**

Lösung:

	(West)	(Ost)
vorläufiger Gewinn	254 768 DM	254 768 DM
+ geleistete Vorauszahlungen	25 000 DM	25 000 DM
	279 768 DM	279 768 DM
+ ½ der Dauerschuldzinsen	7 460 DM	7 460 DM
./. 1,2 % von 140 % von 90 400 DM bzw. 400 % von 90 400 DM	./. 1 519 DM	./. 4 340 DM
	285 709 DM	282 888 DM
vorläufiger Gewerbeertrag rd.	285 700 DM	282 800 DM
./. Freibetrag (§ 11 Abs. 1 Nr. 1 GewStG)	48 000 DM	48 000 DM
restl. vorläufiger Gewerbeertrag	237 700 DM	234 800 DM
= Messbetrag vom Gewerbeertrag	9 485 DM	9 340 DM

Lösung (West):

Es entfallen auf

A-Stadt	12/29	= 3 924,83 DM	× 460 % =	18 054,22 DM
B-Stadt	9/29	= 2 943,62 DM	× 480 % =	14 129,38 DM
C-Stadt	8/29	= 2 616,55 DM	× 450 % =	11 774,48 DM
		9 485,00 DM		43 958,08 DM
A-Stadt		18 054,22 DM	: 1,23 =	14 678,23 DM
B-Stadt		14 129,38 DM	: 1,24 =	11 394,66 DM
C-Stadt		11 774,48 DM	: 1,225 =	9 611,82 DM
= Gewerbesteuer rd.				35 685,00 DM
./. geleistete Vorauszahlungen				25 000,00 DM
= zu erwartende Nachzahlung				10 685,00 DM

Buchung:

4340 Betriebssteuern   10 685 DM   an 0957 GewSt-Rückst.   10 685 DM

Lösung (Ost):

Es entfallen auf

A-Stadt	12/29 =	3 864,83 DM	× 460 % =	17 778,22 DM
B-Stadt	9/29 =	2 898,62 DM	× 480 % =	13 913,38 DM
C-Stadt	8/29 =	2 576,55 DM	× 450 % =	11 594,48 DM
		9 340,00 DM		
A-Stadt		17 778,22 DM	: 1,23 =	14 453,84 DM
B-Stadt		13 913,38 DM	: 1,24 =	11 220,47 DM
C-Stadt		11 594,48 DM	: 1,225 =	9 464,88 DM
= Gewerbesteuer rd.				35 139,00 DM
./. geleistete Vorauszahlungen				25 000,00 DM
= zu erwartende Nachzahlung				10 139,00 DM

Buchführung – Lösungen 625

Buchung:

4340 Betriebssteuern   10 139 DM   an 0975 GewSt-Rückst.   10 139 DM

Weitere Abgrenzungen **Fall 491**

Lösung zu a): Für zu erwartende Garantieleistungen ist in der Bilanz eine Rückstellung zu bilden. Es handelt sich um eine Rückstellung für ungewisse Verbindlichkeiten, die dem abgelaufenen Wj 2000 zuzuordnen sind. Sie sind am Abschlussstichtag ungewiss, weil sie hinsichtlich ihrer Höhe oder des Zeitpunktes ihres Eintritts unbestimmt sind (§ 249 Abs. 2 HGB). Da bereits per 31. 12. 1999 eine Rückstellung in Höhe von (1 % von 900 000 DM =) 9 000 DM gebildet wurde, ist die Rückstellung per 31. 12. 2000 aufzustocken.

Buchung:

4790 Aufwand für Gewähr-
      leistung   3 000 DM   an 0974 Rückstellung für
                                                        Gewährleistung   3 000 DM

Lösung zu b): Für die zu erwartenden Schadensersatzleistungen und Rechtsanwalts- und Gerichtskosten gilt ebenfalls § 249 Abs. 2 HGB. Eine Rückstellung muss zwingend gebildet werden.

Buchung:

2000 a. o. Aufwand   24 500 DM   an 0978 Rückstellungen   24 500 DM

Lösung zu c): Für die erst im März 2001 ausgeführten Reparaturen am Betriebsgebäude ist eine Rückstellung für unterlassene Aufwendungen für Instandhaltung zu bilden, weil die Instandhaltung innerhalb von drei Monaten nachgeholt wurde (§ 249 Abs. 1 Nr. 1 HGB).

Buchung:

2350 Grundstücksaufwand 25 000 DM   an 0971 Rückstellung für
                                                        Instandhaltung   25 000 DM

Abgrenzung Betriebsvermögen/Privatvermögen **Fall 492**

Lösung zu a): Grundstücke, die in unterschiedlicher Weise genutzt werden, sind entsprechend ihrer Nutzung aufzuteilen. Jeder unterschiedlich genutzte Grundstücksteil ist als selbständiges Wirtschaftsgut zu behandeln (R 13 Abs. 4 EStR).

Der eigengewerblich genutzte Grundstücksteil ist nach R 13 Abs. 7 EStR notwendiges Betriebsvermögen und muss bilanziert werden.

Der fremdvermietete Grundstücksteil kann als gewillkürtes Betriebsvermögen behandelt werden (R 13 Abs. 9 EStR). Es besteht Bilanzierungswahlrecht.

Wird dieses Wahlrecht nicht ausgeübt, ist das Grundstück nur zu 80 % zu bilanzieren.

Lösung zu b: Wirtschaftsgüter, die dem Betriebsinhaber gehören und dem Betrieb zu mehr als 10 %, aber nicht zu mehr als 50 % dienen, **können** als gewillkürtes Betriebsvermögen bilanziert werden (R 13 Abs. 1 EStR). Folge der freiwilligen Bilanzierung: Die bei Ausscheiden der Wirtschaftsgüter aus dem Betriebsvermögen – durch Veräußerung oder Privatentnahme – anfallenden Gewinne oder eintretenden Verluste berühren steuerwirksam das Gesamtergebnis des Unternehmens.

Lösung zu c): Das Kopiergerät ist notwendiges Betriebsvermögen und muss bilanziert werden, weil es dem Betrieb zu mehr als 50 % dient (R 13 Abs. 1 EStR).

Lösung zu d): Das zur Finanzierung der Druckmaschine aufgenommene Darlehen ist entsprechend der steuerlichen Behandlung des angeschafften Wirtschaftsgutes notwendiges (negatives) Betriebsvermögen (Betriebsschuld). Die Betriebsschuld ist in der Bilanz auszuweisen. Die Absicherung des Darlehens auf dem Einfamilienhaus der Ehefrau ist unbeachtlich (R 13 Abs. 15 EStR).

Lösung zu e): Nach H 13 Abs. 1 EStH können Wertpapiere als gewillkürtes Betriebsvermögen behandelt werden, wenn sie aus betrieblichen Mitteln angeschafft worden sind oder das Betriebskapital verstärken sollen. Die Erträge aus den bilanzierten Wertpapieren erhöhen den gewerblichen Ertrag. Weitere steuerliche Folge:

Werbungskostenpauschbetrag (§ 9a Nr. 2 EStG) und Sparerfreibetrag (§ 20 Abs. 4 EStG) sind nicht zu berücksichtigen, weil die Wertpapiererträge als gewerbliche Erträge und nicht als Einkünfte aus Kapitalvermögen anfallen.

Lösung zu f): Wirtschaftsgüter, die dem Betrieb zu weniger als 10 % dienen, dürfen nicht bilanziert werden. Sie gehören zum notwendigen Privatvermögen. Der Oldtimer wird also nicht bilanziert. Hinweis auf R 13 Abs. 1 EStR.

Fall 493 Darlehen als Betriebsschuld

Lösung: Darlehensverbindlichkeiten sind wie vertretbare Sachen zahlenmäßig aufzuteilen. Nur der Teil der Darlehensschulden, die ursächlich mit einem betrieblichen Vorgang im Zusammenhang stehen, sind Betriebsschulden und damit bilanzierungspflichtig.

Die Anschaffung der Stereoanlage und die Geldstrafe führen somit nicht zu einer Betriebsschuld. Die Finanzierung des nur teilweise betrieblich genutzten Pkw dagegen ist voll zu erfassen, da der Pkw in vollem Umfang notwendiges Betriebsvermögen ist (R 13 Abs. 15 EStR).

Buchung:

0320 Pkw   20 000 DM
1570 Vorsteuern   3 200 DM   an 0640 Darlehen   23 200 DM

Zinsen und ggf. ein Damnum sind nur insoweit als Betriebsausgaben abzugsfähig, als sie auf die Betriebsschuld entfallen.

Fall 494 Anschaffungskosten und AfA bei einem Gebäude

Lösung: Zu den Anschaffungskosten des Grundstücks gehören neben dem Kaufpreis auch die Erwerbsnebenkosten und die vom Veräußerer übernommenen Verbindlichkeiten. Schuldner der Grundsteuer ist nach § 10 GrStG derjenige, dem der Steuergegenstand (das Grundstück) bei der Feststellung des Einheitswerts zugerechnet ist. Der Veräußerer schuldet für das Jahr 2000 die volle Grundsteuer ohne Rücksicht auf eine Veräußerung des Grundstücks im Laufe des Jahres. Die Anschaffungskosten betragen:

Kaufpreis (netto)   1 000 000 DM
+ GrESt   40 600 DM

+ Notarkosten	9 000 DM
+ Grundbucheintragung	1 000 DM
+ Maklergebühr	30 000 DM
+ Schuldübernahme der Grundsteuer	1 000 DM
insgesamt	1 081 600 DM

davon entfallen auf

Grund und Boden:	324 480 DM
Gebäude:	757 120 DM

Bei Ermittlung der höchstmöglichen AfA für die Werkhalle kann die Sonderabschreibung nach § 7g EStG nicht berücksichtigt werden, weil diese Vorschrift nur für bewegliches abnutzbares Anlagevermögen gilt. Die Werkhalle ist ein sog. Wirtschaftsgebäude i. S. des § 7 Abs. 4 Satz 1 Nr. 1 EStG. Es dient nicht Wohnzwecken und der Bauantrag erfolgte nach März 1985. Die AfA ist damit in Höhe von 4 % der Anschaffungskosten zu berechnen. Dabei ist zu beachten, dass die lineare Gebäude-AfA nur zeitanteilig abgesetzt werden darf: 757.120 DM x 4 % x $^{3}/_{12}$ = rd.7572 DM.

Buchung der Kosten:

0085	Grund und Boden	324 480 DM			
0100	Fabrikbauten	757 120 DM			
2120	Zinsaufwand	15 000 DM			
1570	Vorsteuern	166 240 DM	an 1200	Bank	1 262 840 DM
4830	Abschreibungen	7 572 DM	an 0100	Fabrikbauten	7 572 DM

Herstellungskosten von Fertigerzeugnissen

Fall 495/496

Lösung: Nach § 255 Abs. 2 HGB gehören zu den Herstellungskosten eines Wirtschaftsgutes alle Aufwendungen, die durch den Verbrauch von Gütern und die Inanspruchnahme von Diensten für die Herstellung des Wirtschaftsgutes ... entstehen. Gemäß R 33 Abs. 1 EStR gehören zu den Herstellungskosten:

Materialkosten		45 000 DM
Materialgemeinkosten		
a) Kosten der Lagerung etc.	6 000 DM	
b) Verwaltung u. Materialausgabe	9 000 DM	15 000 DM
Fertigungskosten		
a) Bruttolöhne	95 000 DM	
b) AG-Anteil zur Sozialversicherung	10 000 DM	105 000 DM
Fertigungsgemeinkosten		
a) Brennstoff- u. Energiekosten	12 500 DM	
b) AfA Fertigungsanlagen	9 000 DM	21 500 DM
Zwischensumme		186 500 DM

Wahlweise können als Herstellungskosten angesetzt werden (R 33 Abs. 4 EStR):

allg. Verwaltungskosten:

a) Kosten Werkschutz	40 000 DM	
b) Kosten Einkaufsabteilung	11 000 DM	
c) freiwillige soziale Aufwendungen	7 500 DM	
d) Gewerbesteuer vom Gewerbeertrag	1 000 DM	59 500 DM
		246 000 DM

Die Kosten für die Beschäftigung des Verkaufsvertreters dürfen nicht berücksichtigt werden, weil sie zu den Vertriebskosten gehören und die Herstellungskosten nicht berühren.

Auf die Herstellung der 5 000 Pendelleuchten entfallen Kosten in Höhe von mindestens 186 500 DM und höchstens von 246 000 DM, auf das einzelne Stück also mindestens 37,30 DM, höchstens 49,20 DM.

Der Wertansatz der am Bilanzstichtag 31. 12. 2000 vorhandenen 650 Leuchten beträgt:

mindestens: 24 245 DM
höchstens: 31 980 DM

Fall 497 Einlage von nicht abnutzbaren Anlagegütern

Lösung: Einlagen ins Betriebsvermögen sind nach § 6 Abs. 1 Nr. 5 EStG grundsätzlich mit dem Teilwert zu bewerten. Bei nicht abnutzbaren Wirtschaftsgütern, die innerhalb von drei Jahren vor der Zuführung zum Betriebsvermögen angeschafft wurden, sind jedoch höchstens die ursprünglichen Anschaffungskosten anzusetzen.

Der Wertansatz beträgt demnach:

ABC-Aktien

22 000 DM (= Teilwert), weil die Anschaffung vor mehr als drei Jahren erfolgte,

XYZ-Aktien

28 000 DM (= max. Anschaffungskosten), weil die Papiere innerhalb des 3-Jahres-Zeitraums erworben wurden.

Fall 498 Einlage von abnutzbaren Anlagegütern

Lösung: Werden abnutzbare Wirtschaftsgüter dem Anlagevermögen eines Betriebes zugeführt, ist nach § 6 Abs. 1 Nr. 5 EStG grundsätzlich deren Teilwert im Zeitpunkt der Einlage für den Wertansatz maßgeblich. Erfolgt die Einlage jedoch innerhalb von drei Jahren nach Anschaffung, wird der Einlagewert auf die sog. fortgeführten Anschaffungskosten begrenzt. Höchstens sind in diesen Fällen also die Anschaffungskosten im Privatbereich abzüglich privater AfA anzusetzen.

Berechnung:

Anschaffungskosten (privat, deshalb ohne Vorsteuerabzug)	23 200 DM
./. AfA privat (28 Monate) 28/60	rd. 10 827 DM
= fortgeführte Anschaffungskosten	12 373 DM

Da der Teilwert höher ist, darf er in diesem Fall nicht angesetzt werden.

Die AfA-Berechnung im Privatbereich darf nur linear und zeitanteilig erfolgen, weil es sich zu dieser Zeit nicht um Anlagevermögen i. S. des § 7 Abs. 2 EStG und R 44 Abs. 2 EStR handelt.

Die AfA für das dem Betriebsvermögen zugeführte Fahrzeug kann ab Einlage linear oder degressiv entsprechend der verbliebenen Restnutzungsdauer vorgenommen werden (R 44 Abs. 12 Nr. 1 EStR). Sie beträgt hier noch 32 Monate. Bei linearer AfA beträgt die Jahres-AfA 12/32 von 12 373 DM = 4 640 DM und damit der AfA-Satz 37,5 %. Eine höhere degressive AfA ist nach § 7 Abs. 2 EStG unzulässig.

Da das Fahrzeug ab Anfang Oktober 2000 zum Betriebsvermögen gehört, ist die AfA nicht für das ganze Jahr zulässig. Nach R 44 Abs. 2 EStR kann jedoch auch im Falle der Einlage von der Vereinfachungsregelung Gebrauch gemacht werden, wenn das zugeführte Wirtschaftsgut zuvor nicht zur Erzielung von Einkünften verwendet wurde. Die für 2000 höchstzulässige AfA beträgt ½ von 4 640 DM (s. o.) = 2 320 DM.

Einlage eines bebauten Grundstücks

Fall 499/500

Lösung: Einlagen in ein Betriebsvermögen sind grundsätzlich mit dem Teilwert vorzunehmen. Liegt jedoch zwischen dem Erwerb und der Einlage in das Betriebsvermögen ein Zeitraum von nicht mehr als drei Jahren, dürfen bei nicht abnutzbaren Wirtschaftsgütern nach § 6 Abs. 1 Nr. 5 Satz 1 EStG höchstens die ursprünglichen Anschaffungskosten angesetzt werden. Die Einlage des Grund und Bodens muss deshalb mit 110 000 DM bewertet werden.

Buchung:

0065 unbebaute Grundstücke   110 000 DM   an 1890 Privateinlagen   110 000 DM

Dieser Einlagewert tritt an die Stelle betrieblicher Anschaffungskosten und stellt damit die Obergrenze des zulässigen steuerlichen Bewertung dar (§ 6 Abs. 1 Nr. 2 EStG). Die Bilanzierung muss deshalb ebenfalls mit 110 000 DM vorgenommen werden.

Das Gebäude ist ein abnutzbares Anlagegut. Hier dürfen nach § 6 Abs. 1 Nr. 5 Satz 2 EStG höchstens die um die AfA gekürzten Anschaffungskosten angesetzt werden, die auf die Zeit vor der Einlage entfallen:

Anschaffungskosten	570 000 DM
./. AfA 1998 (2 % von 560 000 DM × 8/12)	7 600 DM
./. AfA 1999	11 200 DM
./. AfA 2000 (× 10/12)	9 500 DM
= fortgeführte Anschaffungskosten am 1. 11. 2000	
= Einlagewert	541 700 DM
./. AfA 2000 ab November (4 % × 2/12 von 570 000 DM)	3 800 DM
= Buchwert 31. 12. 2000	537 900 DM

Da der Teilwert zum 1. 11. 2000 höher ist als die fortgeführten Anschaffungskosten, dürfen höchstens 541 700 DM als Einlage gebucht werden.

Buchung:

0090 Geschäftsbauten   541 700 DM   an 1890 Privateinlagen   541 700 DM

Die AfA bis zum 31. 12. 2000 berechnet sich nach der bisherigen Bemessungsgrundlage (R 43 Abs. 6 Satz 1 EStR). Weil das Gebäude aber ab 01. 11. 2000 zum Betriebsvermögen gehört und nicht Wohnzwecken dient, ist es als sog. Wirtschaftsgebäude nach § 7 Abs. 4 Nr. 1 EStG mit 4 % von 570 000 DM für zwei Monate (= 3 800 DM) abzuschreiben.

Der Ansatz des höheren Teilwerts zum 31. 12. 2000 ist nach § 6 Abs. 1 Nr. 1 EStG unzulässig.

Fall 501 Verschiedene AfA-Methoden

Lösung: Die lineare AfA verteilt die Anschaffungskosten gleichmäßig über die Nutzungsdauer (§ 7 Abs. 1 EStG). Die degressive AfA bringt fallende AfA-Beträge, weil ein konstanter AfA-Satz auf den jeweiligen Restbuchwert anzuwenden ist (§ 7 Abs. 2 EStG). Die Leistungs-AfA ist eine Art von linearer AfA, weil pro Betriebsstunde ein gleich bleibender AfA-Betrag angesetzt wird (§ 7 Abs. 1 Satz 4 EStG).

Es ergeben sich die folgenden Kontoentwicklungen:

	lineare AfA	degressive AfA	Leistungs-AfA
Anschaffungskosten	124 000 DM	124 000 DM	124 000 DM
./. AfA 2000	15 500 DM	18 600 DM	15 500 DM
= Buchwert 31. 12. 2000	108 500 DM	105 400 DM	108 500 DM
./. AfA 2001	31 000 DM	31 620 DM	54 250 DM
= Buchwert 31. 12. 2001	77 500 DM	73 780 DM	54 250 DM
./. AfA 2002	31 000 DM	22 134 DM	31 000 DM
= Buchwert 31. 12. 02002	46 500 DM	51 646 DM	23 250 DM

Die Leistungs-AfA ist in diesem Falle bis zum 31. 12. 2002 am höchsten. Dieses Ergebnis ergibt sich selbst dann, wenn man bei degressiver AfA den Übergang zur linearen AfA vornimmt und bei einer Restnutzungsdauer von 2,5 Jahren mit 40 % AfA rechnet.

Fall 502 AfA nach Maßgabe der Leistung

Lösung: Die AfA nach Maßgabe der Leistung ist eine Art der linearen AfA. Für 2000 ergibt sich folgende Abschreibung:

Buchwert per 31. 12. 1999	111 300 DM
371 000 DM : 7 000 Std. = 53 DM/Std. x 830 Std. =	43 990 DM
Rest bei Veräußerung	67 310 DM
Anlagenabgang durch Veräußerung	67 310 DM
Buchwert 31. 12. 2000	0 DM

Buchungen

4830	Abschreibung auf Anlagevermögen	43 990 DM	an 0420	Büroeinrichtung	43 990 DM
2315	Anlageabgang (Buchgewinn)	67 310 DM	an 0420	Büroeinrichtung	67 310 DM
1400	Forderungen	92 800 DM	an 8820	Erlöse aus Anlageverkäufen	80 000 DM
			an 1770	Umsatzsteuer	12 800 DM
1200	Bank	90 016 DM			
8820	Erlöse aus Anlageverkäufen	2 400 DM			
1770	Umsatzsteuer	384 DM	an 1400	Forderungen	92 800 DM

AfA-Berechnung und Bewertung Fall 503

Lösung: Bei der AfA-Berechnung ist die Sonderabschreibung nach § 7g EStG nicht zulässig, weil der Gewerbetreibende einen gebrauchten Gabelstapler angeschafft hat. Die Steuerbegünstigung gilt nur für neue Wirtschaftsgüter.

Die Vereinfachungsregelung (R 44 Abs. 2 EStR) ist wahlweise möglich.

Wertansatz bei linearer AfA:

	mit R 44 Abs. 2 EStR	ohne R 44 Abs. 2 EStR
Anschaffungskosten	27 000 DM	27 000 DM
./. AfA 16,66 % × ½ oder 3/12	2 250 DM	1 125 DM
zulässiger Wertansatz	24 750 DM	25 875 DM

Wertansatz bei degressiver AfA:

	mit R 44 Abs. 2 EStR	ohne R 44 Abs. 2 EStR
Anschaffungskosten	27 000 DM	27 000 DM
./. AfA 30 % × ½ oder 3/12	4 050 DM	2 025 DM
zulässiger Wertansatz	22 950 DM	24 975 DM

Der am 31. 12. 2000 bestehende Teilwert in Höhe von 20 000 DM ist nicht als voraussichtlich dauernder Wertminderung anzusehen, weil dieser Wert bereits in 2001 durch Vornahme der normalen Abschreibung erreicht werden wird.

Der Ansatz des niedrigeren Teilwerts ist nach § 253 Abs. 2 HGB in der Handelsbilanz alternativ zu den Anschaffungskosten abzgl. AfA zulässig.

In der Steuerbilanz dürfen nur die Anschaffungskosten abzgl. AfA bilanziert werden. Weil eine voraussichtlich dauernder Wertminderung nicht vorliegt, ist der Ansatz des Teilwerts unzulässig. Ein Teilwert-Ansatz in der Handelsbilanz wäre für die Steuerbilanz nicht maßgeblich.

Nach dem Fördergebietsgesetz können ggf. bis zu 50 % der Anschaffungskosten abgeschrieben werden.

Fall 504 **AfA bei beweglichem Anlagevermögen**

Lösung: Die Bezahlung der Maschine in 2001 unter Abzug von Skonto führt nachträglich zur Minderung der Anschaffungskosten, kann sich aber auf die AfA für 2000 noch nicht auswirken. Die Anschaffungskosten für 2000 betragen 28 700 DM. Die Montagekosten sind Anschaffungsnebenkosten und bringen erst in 2001 abzugsfähige Vorsteuer, weil die Rechnung am 31. 12. 2000 noch nicht vorlag.

Die degressive AfA mit 30 % ist die höchstzulässige AfA für 2000, wobei unter Berücksichtigung der Vereinfachungsregelung der R 44 Abs. 2 EStR allerdings nur die Hälfte abgezogen werden kann. Die Anschaffung erfolgte in der zweiten Hälfte des Wirtschaftsjahres.

Zusätzlich kann die Sonderabschreibung nach § 7g EStG in Höhe von 20 % der Anschaffungskosten vorgenommen werden.

Das Konto Maschinen zeigt folgende Kontoentwicklung:

Netto-Kaufpreis	28 000 DM
+ Montage	700 DM
Anschaffungskosten	28 700 DM
./. AfA 30 % degr. × ½	4 304 DM
./. AfA § 7g (20 % der AK)	5 740 DM
= Buchwert 31. 12. 2000	18 655 DM
./. AK-Minderung durch Skonto-Abzug	840 DM
Restwert	17 815 DM
./. AfA 30 % degr.	5 345 DM
= Buchwert 31. 12. 2001	12 470 DM

Buchungen bis 31. 12. 2000:

0210 Maschinen	28 000 DM			
1570 Vorsteuern	4 480 DM	an 1700	sonstige Verbindlichkeiten	32 480 DM
0210 Maschinen	700 DM			
1548 im Folgejahr abziehbare Vorsteuer	112 DM	an 1700	sonstige Verbindlichkeiten	812 DM
4830 Abschreibungen	4 305 DM			
4850 Sonderabschreibungen	5 740 DM	an 0210	Maschinen	10 045 DM

Buchungen in 2001:

1700 sonstige Verbindlichkeiten	32 200 DM	an 1200	Bank	31 234,00 DM
		an 0210	Maschinen	840,00 DM
		an 1570	Vorsteuern	134,40 DM
4830 Abschreibungen	5 345 DM	an 0210	Maschinen	5 345 DM
1570 Vorsteuern	112 DM	an 1548	im Folgejahr abziehbare Vorsteuern	112 DM

Buchführung – Lösungen 633

AfA bei angeschafften Betriebsgebäuden **Fall 505**

Lösung: Die AfA bei Gebäuden ist im § 7 Abs. 4 bis 5a EStG geregelt. Im Normalfall ist bei angeschafften Gebäuden die AfA nach § 7 Abs. 4 EStG zu berechnen. Dabei kann die AfA nur zeitanteilig vorgenommen werden. Die Vereinfachungsregelung des R 44 Abs. 2 EStR gilt nur für bewegliche abnutzbare Wirtschaftsgüter.

Ist für das Gebäude der Bauantrag vor April 1985 gestellt worden, sieht der § 7 Abs. 4 Satz 1 Nr. 2 EStG bei Fertigstellung nach 1924 eine typisierte AfA von 2 % der Anschaffungskosten vor, wenn die Nutzungsdauer 50 Jahre oder mehr beträgt. Nach Satz 2 dieser Vorschrift ist jedoch ein höherer AfA-Satz als 2 % zu berechnen, wenn die Nutzungsdauer geringer als 50 Jahre ist. Die AfA beträgt in diesem Fall 2,5 % von 220 000 × $^{8}/_{12}$ = 3 667 DM.

Ist für das Gebäude der Bauantrag nach März 1985 gestellt worden, muss die Mindest-AfA nach § 7 Abs. 4 Satz 1 Nr. 1 EStG für den gewerblich genutzten Teil mit 4 % angesetzt werden. In diesem Fall ist AfA in Höhe von 4 % von 220 000 × $^{8}/_{12}$ = 5 867 DM vorzunehmen.

Herstellungskosten und AfA bei einem Betriebsgebäude **Fall 505a**

Lösung: Nach § 255 Abs. 2 HGB sind als Herstellungskosten alle Aufwendungen anzusetzen, die durch den Verbrauch von Gütern und die Inanspruchnahme von Diensten für die Herstellung eines Vermögensgegenstandes entstehen. Dazu gehören **zwingend**:

	lt. HGB	lt. R 33 EStR
a) Materialkosten	120 000 DM	120 000 DM
b) Fertigungskosten	210 000 DM	210 000 DM
c) Sonderkosten der Fertigung	22 000 DM	22 000 DM
b) anteilige Materialgemeinkosten	0 DM	9 600 DM
d) anteilige Fertigungsgemeinkosten	0 DM	84 000 DM
f) anteiliger Wertverzehr des Anlagevermögens	0 DM	34 000 DM
= Mindest-Herstellungskosten	352 000 DM	479 600 DM
Zusätzlich **können** angesetzt werden		
d) anteilige Materialgemeinkosten	9 600 DM	0 DM
e) anteilige Fertigungsgemeinkosten	84 000 DM	0 DM
f) anteiliger Wertverzehr des Anlagevermögens	34 000 DM	0 DM
g) Kosten der allgemeinen Verwaltung	42 000 DM	42 000 DM
= Maximal-Herstellungskosten	521 600 DM	521 600 DM

Vertriebskosten und Gewinnaufschläge gehören in keinem Fall zu den Herstellungskosten.

Werden in der Handelsbilanz lediglich die Mindest-Herstellungskosten angesetzt, ist dieser Bilanzansatz nach § 5 Abs. 1 und 6 EStG für die Steuerbilanz nicht maßgeblich, weil er steuerlich unzulässig ist.

Zur Ermittlung des niedrigsten steuerlichen Gewinns sind die steuerlichen Mindest-Herstellungskosten und die lineare AfA nach § 7 Abs. 4 Satz 1 Nr. 1 EStG mit 4 % zeitanteilig für zwei Monate anzusetzen:

Mindest-Herstellungskosten	479 000 DM
./. AfA 4 % × 2/12 = rd.	3 194 DM
Buchwert 31. 12. 2000	475 806 DM

Der Ansatz des höheren Teilwerts von 550 000 DM ist handelsrechtlich (§ 253 Abs. 2 HGB) und steuerrechtlich (§ 6 Abs. 1 Nr. 1 EStG) unzulässig. Nicht realisierte Gewinne dürfen nicht ausgewiesen werden.

Fall 506 Anschaffungsnaher Herstellungsaufwand

Lösung: Frau Hannemann hat steuerrechtlich zwei Wirtschaftsgüter erworben. Der Grund und Boden ist nicht abnutzbares Anlagevermögen, während das Gebäude zum abnutzbaren Anlagevermögen gehört. Die Anschaffungsnebenkosten sind Teil der Anschaffungskosten i. S. des § 255 Abs. 1 HGB für beide Wirtschaftsgüter. Sie sind entsprechend dem jeweiligen Kaufpreisanteil zu verteilen und zu aktivieren. Die abzugsfähige Vorsteuer gehört nicht zu den Anschaffungskosten (§ 9b Abs. 1 Nr. 1 EStG).

Die für den Außenanstrich der Lagerhalle aufzuwendenden Beträge sind als nachträglicher Herstellungsaufwand beim Gebäude aktivierungspflichtig, weil sie

- zu einer wesentlichen Verbesserung des Gebäudes führen,
- in engem zeitlichem Zusammenhang mit dessen Anschaffung erfolgten (innerhalb von drei Jahren) und
- 15 % der Anschaffungskosten des Gebäudes übersteigen.

	Grund und Boden (30 %)	**Lagerhalle (70 %)**
anteiliger Kaufpreis	120 000 DM	280 000 DM
Grunderwerbsteuer	4 200 DM	9 800 DM
Notarkosten (netto)	1 050 DM	2 450 DM
Gerichtskosten	450 DM	1 050 DM
= Anschaffungskosten	125 700 DM	293 300 DM
zzgl. anschaffungsnaher Herstellungsaufwand	0 DM	18 000 DM
Summe =	125 700 DM	311 300 DM

AfA-Berechnung:
311 300 DM × 4 % × 4/12 = rd. 4 151 DM

Buchungen

0065	Grund und Boden	120 000 DM	an	0090 Gebäude	120 000 DM
0065	Grund und Boden	5 700 DM			
0090	Gebäude	13 300 DM	an	2350 Grundstücks-Aufwendungen	19 000 DM
0090	Gebäude	18 000 DM			
1570	Vorsteuer	2 880 DM	an	1700 sonst. Verbindlichkeiten	20 880 DM
4830	Abschreibung Anlagevermögen	4 151 DM	an	0090 Gebäude	4 151 DM

Buchführung – Lösungen 635

AfA bei gemischtgenutzten Gebäuden **Fall 507**

Lösung: Nach R 13 Abs. 4 EStR können Grundstücke aus mehreren besonderen Wirtschaftsgütern bestehen, die unabhängig voneinander zu bewerten, d. h. abzuschreiben sind.

Hier bilden die eigengewerblich genutzte Etage, der fremdgewerbliche und der zu Wohnzwecken vermietete Gebäudeteil je ein Wirtschaftsgut für sich.

Die Abschreibung dieser drei Wirtschaftsgüter ergibt sich aus § 7 Abs. 4 Satz 1 Nr. 1 und 2 EStG. Danach sind Gebäude, die zu einem Betriebsvermögen gehören und nicht Wohnzwecken dienen, mit 4 % abzuschreiben (Bauantrag nach März 1985). Die Vereinfachungsregelung der R 44 Abs. 2 EStR gilt nicht. Die AfA ist für 2000 zeitanteilig zu berechnen.

Für den zu Wohnzwecken genutzten Gebäudeteil ist nur ein AfA-Satz von 2 % zeitanteilig zulässig.

AfA-Berechnung 2000:

Erdgeschoss	$= 210\,000 \times 4\,\% \times 2/12 =$	1 400 DM
1. Etage	$= 210\,000 \times 4\,\% \times 2/12 =$	1 400 DM
2. Etage	$= 210\,000 \times 2\,\% \times 2/12 =$	700 DM
	AfA gesamt für 2000 =	3 500 DM

AfA bei Außenanlagen **Fall 508**

Lösung: Aufwendungen für eine betrieblich genutzte Platzbefestigung führen zur Anschaffung eines selbständigen Wirtschaftsgutes, dessen Nutzungsdauer im Normalfall im Verhältnis zu der des Gebäudes wesentlich kürzer ist.

Da die Platzbefestigung kein Gebäudebestandteil ist, kommt eine AfA nach § 7 Abs. 4 oder 5 EStG nicht in Betracht. Auch die degressive AfA nach § 7 Abs. 2 EStG ist nicht möglich, weil die Platzbefestigung ein unbewegliches Wirtschaftsgut ist. Unbeweglich sind alle Wirtschaftsgüter, die nach dem Bewertungsgesetz bei der Einheitsbewertung des Grundstücks mitzubewerten sind (Gebäude und Außenanlagen). Auf H 42 EStH wird verwiesen. Aus dem gleichen Grund findet § 7g EStG keine Anwendung. Die Platzbefestigung kann nur linear abgeschrieben werden. Die Vereinfachungsregelung der R 44 Abs. 2 EStR findet ebenfalls keine Anwendung (s. o.).

AfA-Berechnung für 2000:

Herstellungskosten	42 000 DM
Nutzungsdauer	15 Jahre
Jahres-AfA 42 000 DM : 15 Jahre =	2 800 DM
AfA für 2000 zeitanteilig 5/12 =	rd. 1 167 DM
Vgl. Hinweis zur Fall-Lösung 507	

AfA beim Firmenwert **Fall 509**

Lösung: Der Teil des Netto-Kaufpreises, der über den gemeinen Wert der übernommenen materiellen Wirtschaftsgüter hinausgeht, ist als Firmenwert oder Geschäftswert zu aktivieren, wenn er entgeltlich erworben wurde (Hinweis auf § 5 Abs. 2 EStG). Der

Firmenwert ist nach § 7 Abs. 1 Satz 3 EStG unter Berücksichtigung einer Nutzungsdauer von 15 Jahren abzuschreiben. Dabei ist zu beachten, dass weder degressiv noch nach der Vereinfachungsregelung der R 44 Abs. 2 EStR abgeschrieben werden darf. Immaterielle Wirtschaftsgüter werden steuerlich als unbeweglich angesehen.

AfA Firmenwert: 130 000 DM : 15 Jahre = 8 667 DM x 9/12 = 6 450 DM
AfA Geschäftsausstattung: 50 000 DM : 5 Jahre = 10 000 DM x 6/12 = 5 000 DM

Buchung:

0400	Geschäftsausstattung	50 000 DM			
0035	Firmenwert	130 000 DM	an 1200	Bank	180 000 DM
4830	Abschreibung auf Anlagevermögen	11 450 DM	an 0035	Firmenwert	6 450 DM
			an 0400	Geschäfts-ausstattung	5 000 DM

Fall 509a   **Bewertung einer unmodernen Maschine**

Lösung: Durch die aktuelle Marktlage am 31. 12. 2000 kommt es bei der Maschine zu einer voraussichtlich dauernden Wertminderung. Durch die planmäßige AfA von jährlich 15 000 DM wird nämlich während der Hälfte der verbleibenden Restnutzungsdauer (= vier Jahre) der Buchwert nicht den Teilwert von 45 000 DM erreichen:

Anschaffungskosten	150 000 DM
./. AfA 1999–2000	30 000 DM
Buchwert 31. 12. 2000	120 000 DM
./. AfA für 4 Jahre	60 000 DM
Buchwert nach ½ Restnutzungsdauer	60 000 DM

Nach § 253 Abs. 2 HGB muss deshalb in der Handelsbilanz eine außerplanmäßige Abschreibung vorgenommen werden. Da diese Bewertung den steuerlichen Bestimmungen des § 6 Abs. 1 Nr. 1 EStG entspricht, ist sie nach § 5 Abs. 1 EStG auch für die Steuerbilanz maßgeblich.

Buchung:

4830	Abschreibungen auf Sachanlagen	15 000 DM			
4840	außerplanmäßige Abschreibungen auf Sachanlagen	75 000 DM	an 0210	Maschinen	90 000 DM

Fall 510   **Bewertung eines Unfallfahrzeugs**

Lösung: Der Totalschaden des Fahrzeugs führt zu einer dauernden Wertminderung und zwingend zu einer Teilwertabschreibung auf 300 DM (§ 253 Abs. 2 letzter Halbsatz HGB). Dieser Wertansatz ist für die Steuerbilanz maßgeblich, weil § 6 Abs. 1 Nr. 2 ihn bei voraussichtlich dauernder Wertminderung zulässt.

Buchung:

4830	Abschreibung des Anlagevermögens	5 600 DM		
2000	a. o. Aufwand	10 900 DM	an 0320 Pkw	16 500 DM

Bewertung eines unbebauten Grundstücks

Fall 510a

Lösung: Das zum Betriebsvermögen gehörende Grundstück gehört zum nicht abnutzbaren Anlagevermögen. Gemäß § 6 Abs. 1 Nr. 2 EStG hat der Wertansatz mit den Anschaffungskosten oder wahlweise mit dem niedrigeren Teilwert oder Zwischenwerten zu erfolgen. Zum 31. 12. 1998 dürfen höchstens die Anschaffungskosten von ursprünglich 180 000 DM angesetzt werden. Eine Zuschreibung kann deshalb nicht vorgenommen werden.

Da hier aus Sicht vom 31. 12. 1999 eine voraussichtlich dauernde Wertminderung eingetreten ist, muss nach § 253 Abs. 2 HGB die Bewertung mit dem niedrigeren Teilwert erfolgen. Sie ist für die Steuerbilanz maßgeblich, weil sie § 6 Abs. 1 Nr. 2 EStG entspricht.

Die Wertsteigerung zum 31. 12. 2000 kann handelsrechtlich nach § 253 Abs. 5 HGB unberücksichtigt bleiben, weil der niedrigere Wert auch nach Fortfall der Wertminderung beibehalten werden darf.

Nach § 6 Abs. 1 Nr. 2 EStG darf der niedrigere Teilwert nur dann beibehalten werden, wenn die dauernde Wertminderung fortbesteht. Zum 31. 12. 2000 besteht demnach steuerlich ein sog. Wertaufholungsgebot. Das unbebaute Grundstück muss in der Steuerbilanz mit den ursprünglichen Anschaffungskosten (180 000 DM) angesetzt werden.

Buchung 31. 12. 2000:

0065	unbebaute Grundstücke	110 000 DM	an 2710 Erträge aus Zuschreibungen	110 000 DM

Bewertung von Wertpapieren/Anlagevermögen

Fall 510b

Lösung: Die Einlage der Wertpapiere in das Betriebsvermögen muss grundsätzlich mit dem Teilwert erfolgen (§ 6 Abs. 1 Nr. 5 EStG). Liegt jedoch zwischen dem Zeitpunkt der Anschaffung im Privatbereich und der Einlage in das Betriebsvermögen ein Zeitraum von weniger als drei Jahren, dürfen höchstens die ursprünglichen Anschaffungskosten im Privatbereich angesetzt werden (§ 6 Abs. 1 Nr. 5 Buchst. a EStG).

Buchung:

1348	Wertpapiere	35 600 DM	an 1890 Privateinlage	35 600 DM

Da die Wertpapiere auf Dauer dem Betrieb dienen sollen, gehören sie zum (nicht abnutzbaren) Anlagevermögen des Mandanten.

Zum 31. 12. 2000 sind sie handelsrechtlich mit den Anschaffungskosten, wahlweise aber auch mit dem niedrigeren Wert zu bewerten, weil keine voraussichtlich dauernde Wertminderung gegeben ist (§ 253 Abs. 2 HGB).

Steuerlich ist nach § 6 Abs. 1 Nr. 2 EStG nur der Ansatz der Anschaffungskosten zulässig, weil keine voraussichtlich dauernder Wertminderung vorliegt. Der Ansatz des Teilwertes in der Handelsbilanz wäre deshalb steuerlich nicht maßgeblich. In der Steuerbilanz müssen die Papiere weiterhin mit 35 600 DM angesetzt werden. Eine Buchung ist nicht erforderlich.

Fall 510c — **Teilwertabschreibung bei festverzinslichen Wertpapieren**

Lösung: In der Handelsbilanz dürfen die Papiere nach § 253 Abs. 1 und 2 HGB höchstens mit 100 % des Nennwertes angesetzt werden, weil insoweit eine voraussichtlich dauernde Wertminderung eingetreten ist. Die Papiere werden bei Fälligkeit mit 100 % eingelöst. Da die Papiere jedoch aktuell mit nur 98 % des Nennwertes gehandelt werden, darf auch dieser niedrigere Wert in der Handelsbilanz angesetzt werden.

In der Steuerbilanz müssen die Papiere nach § 6 Abs. 1 Nr. 2 EStG mit dem Teilwert angesetzt werden, soweit eine voraussichtlich dauernde Wertminderung eingetreten ist (= 100 %). Ein darunter liegender Wert ist steuerlich unzulässig. Ein in der Handelsbilanz vorgenommener niedrigerer Wertansatz kann damit nicht für die Steuerbilanz maßgeblich sein. In der Steuerbilanz müssen damit 3 % des Nennwertes (= 600 DM) abgeschrieben werden.

Buchung:

4822 Abschreibungen auf immaterielle Wirtschaftsgüter   600 DM   an 1348 Wertpapiere   600 DM

Fall 511 — **Warenbewertung/Ermittlung der Anschaffungskosten**

Lösung: Nach R 36 Abs. 3 EStR sind die Anschaffungskosten des Vorratsvermögens im Schätzwege nach dem gewogenen Mittel zu berechnen, wenn sie wegen Schwankungen der Einstandspreise im Laufe des Wirtschaftsjahres und der Art der Lagerung nicht einwandfrei feststellbar sind.

Berechnung:

Bestand	01. 01. 2000	7600 kg	× 1,30 DM/kg =	9 880 DM
Einkauf	15. 02. 2000	2200 kg	× 1,65 DM/kg =	3 630 DM
Einkauf	28. 05. 2000	6700 kg	× 1,50 DM/kg =	10 050 DM
Einkauf	30. 10. 2000	3800 kg	× 1,80 DM/kg =	6 840 DM
Einkauf	12. 12. 2000	5300 kg	× 1,40 DM/kg =	7 420 DM
		25600 kg	für	37 820 DM

Der durchschnittliche Einkaufspreis betrug rd. 1,48 DM/kg (37 820 DM : 25 600 kg). Der Bestand am 31. 12. 2000 in Höhe von 8200 kg ist mit 12 136 DM (8 200 kg × 1,48 DM) zu bewerten.

Nach § 6 Abs. 1 Nr. 2a EStG kann bei der Bewertung von Wirtschaftsgütern des Vorratsvermögens wahlweise davon ausgegangen werden, dass die zuletzt angeschafften oder hergestellten Wirtschaftsgüter zuerst verbraucht oder verkauft wurden.

Berechnung bei erstmaliger Anwendung:

Erster Zugang 15. 02. 2000	2200 kg	× 1,65 DM/kg =	3 630 DM
zweiter Zugang 28. 05. 2000	6000 kg	× 1,50 DM/kg =	9 000 DM
	8200 kg	für	12 630 DM

Wertansatz per 31. 12. 2000 in diesem Falle 12 630 DM.

Ist diese Bewertungsmethode angewendet worden, kann sie ohne Zustimmung des Finanzamtes in den folgenden Wirtschaftsjahren nicht geändert werden. Hinweis auf R 36a Abs. 5 EStR.

In den folgenden Jahren gilt dann der Schlussbestand des Vorjahres als erster Zugang des neuen Wirtschaftsjahres.

Bewertung von Warenbeständen   **Fall 512**

Lösung: Nach § 253 Abs. 1 und 3 HGB ist das Umlaufvermögen mit den Anschaffungskosten oder zwingend mit dem niedrigeren Börsen- oder Marktpreis zu bewerten (strenges Niederstwertprinzip). Steuerlich ist dieser Wertansatz in der Handelsbilanz nur dann maßgeblich, wenn eine voraussichtlich dauernde Wertminderung eingetreten ist. Da hier offenbar marktbedingt übliche Wertschwankungen zu verzeichnen sind, kann davon nicht ausgegangen werden. Bei Bilanzerstellung sind die ehemaligen Anschaffungskosten schon wieder erreicht. In der Steuerbilanz muss deshalb dieser Warenposten zum 31. 12. 2000 mit den Anschaffungskosten angesetzt werden: 800 Sack × 6,50 DM/Sack = 5 200 DM.

Zum 31. 12. 2001 dürfen höchstens die Anschaffungskosten bilanziert werden. Sie stellen handelsrechtlich und auch steuerlich die Obergrenze für die Bewertung dar.

Für einen bilanzierenden Land- und Forstwirt, der nicht im Handelsregister eingetragen ist, gelten die handelsrechtlichen Vorschriften nicht. Selbst bei Eintragung ins Handelsregister wäre gem. § 5 Abs. 1 EStG keine Maßgeblichkeit der Handelsbilanz für die Steuerbilanz gegeben. Deshalb gilt bei diesen Steuerpflichtigen ausschließlich § 6 Abs. 1 Nr. 2 EStG. Danach ist die Warenbewertung auch hier nur mit den Anschaffungskosten (= Höchstwert) möglich.

Teilwertermittlung beim Warenbestand   **Fall 513/515**

Lösung: Nach § 6 Abs. 1 Nr. 1 EStG ist der Teilwert der Wert, den der Erwerber des gesamten Betriebes für das einzelne Wirtschaftsgut aufwenden würde, wobei davon auszugehen ist, dass er den Betrieb fortführt.

Für den am 31. 12. 2000 vorhandenen Warenposten würde ein Erwerber, der den Betrieb fortführen will, nur einen Betrag ansetzen, der ihm unter Berücksichtigung des erzielbaren Verkaufspreises und der beim Verkauf anfallenden Kosten einen üblichen Reingewinn sichert.

Es ergibt sich danach folgende Berechnung:

erzielbarer Verkaufspreis	299,00 DM/St.
·/. enthaltene USt 16 %	·/. 41,24 DM/St.
Netto-Verkaufspreis	257,76 DM/St.
·/. Verkaufskosten	·/. 20,00 DM/St.
·/. 18 % Reingewinn von 257,76 DM (Umsatz)	·/. 46,40 DM/St.
Teilwert	191,36 DM/St.

Der Warenposten muss mit 20 × 191,36 DM = rd. 3 827 DM angesetzt werden. Da der Teilwert niedriger als die Anschaffungskosten ist, muss nach § 253 Abs. 3 HGB für das Umlaufvermögen handelsrechtlich der niedrigere Teilwert zwingend angesetzt werden (Niederstwertprinzip). Dieser Wertansatz ist nach § 6 Abs. 1 Nr. 2 EStG zulässig, weil eine voraussichtlich dauernde Wertminderung eingetreten ist. Der Teilwert ist also auch in der Steuerbilanz anzusetzen.

Fall 516 Bewertung von Forderungen

Lösung: Forderungen aus Lieferungen und Leistungen gehören zum Umlaufvermögen des Betriebes. Bei Buch führenden Gewerbetreibenden ist das Umlaufvermögen mit den Anschaffungskosten oder – zwingend – mit dem niedrigeren Teilwert anzusetzen (Niederstwertprinzip gem. § 253 Abs. 3 HGB). Die Anschaffungskosten entsprechen dem Nennwert der Forderungen.

Bei Forderungen aus Lieferungen und Leistungen ist regelmäßig mit Ausfällen zu rechnen. Soweit für einzelne Forderungen keine wertmindernden Umstände bekannt sind, sind die Forderungen pauschal zu bewerten. Dies geschieht durch Wertberichtigung auf der Passivseite der Bilanz (Pauschalwertberichtigung oder Delkredere).

Die Wertberichtigung kann aber auch unmittelbar bei der Bilanzposition „Forderungen" vorgenommen werden. Da bei Forderungsausfällen über § 17 Abs. 2 u. 1 UStG die Umsatzsteuer berichtigt werden kann, ist nur der Nettobetrag der Forderungen ausfallgefährdet.

Berechnung:

Forderungen lt. Konto	497 060 DM
·/. enthaltene USt 16 %	68 560 DM
Forderungen netto	428 500 DM
davon Ausfallrisiko 2 %	8 570 DM
·/. Bilanzansatz 31. 12. 1999	5 860 DM
Aufstockung des Kontos	2 710 DM

Buchung:

2450 Einstellung in die Pauschalwertberichtigung   2 710 DM   an 0996 Pauschalwertberichtigung auf Forderungen   2 710 DM

Einzel- und Pauschalwertberichtigung   Fall 517

Lösung: Forderungen, bei denen nur ein teilweiser Zahlungseingang zu erwarten ist, müssen zunächst aus Gründen der Bilanzklarheit von der Vielzahl der vermutlich einwandfreien Forderungen getrennt werden. Dies geschieht durch eine Umbuchung auf das Konto „zweifelhafte Forderungen". Diese umgebuchten Forderungen werden dann im Rahmen einer Einzelwertberichtigung direkt, d. h. durch Minderung des Bilanzansatzes abgeschrieben oder durch Bildung einer Einzelwertberichtigung entsprechend dem bestehenden Ausfallrisiko indirekt abgeschrieben und bewertet. Die Umsatzsteuer darf noch nicht berichtigt werden, weil der Forderungsausfall noch nicht feststeht.

Buchungen:

1460 zweifelhafte
 Forderungen   11 252 DM   an 1400 Forderungen   11 252 DM

bei direkter Abschreibung:

4880 Abschreibung auf
 Umlaufvermögen   3 540 DM   an 1460 zweifelhafte For-
                                          derungen   3 540 DM

oder bei indirekter Abschreibung:

4880 Abschreibung auf
 Umlaufvermögen   3 540 DM   an 0998 Einzelwertberichti-
                                          gung auf Forderungen   3 540 DM

Die Pauschalwertberichtigung ist von den vermutlich einwandfreien Netto-Forderungen vorzunehmen, weil die anderen zweifelhaften Forderungen bereits wertberichtigt sind:

Forderungen lt. Konto	367 894 DM
./. zweifelhafte Forderungen	11 252 DM
= Restforderungen	356 642 DM
./. enthaltene Umsatzsteuer	49 192 DM
Restforderungen netto	307 450 DM
× Ausfallrisiko 3 % = rd.	9 224 DM

Buchung:

2450 Einstellung in die
 Pauschalwertberichti-
 gung   9 224 DM   an 0996 Pauschalwertberichti-
                                          gung auf Forderungen   9 224 DM

Wertberichtigung auf Forderungen/Forderungsausfall   Fall 518

Lösung: Die Forderung gegen den Kunden Neumann darf nicht ausgewiesen werden, weil sie wertlos ist. Da wegen Uneinbringlichkeit Forderungsausfall eingetreten ist, ist die Umsatzsteuer zu berichtigen (§ 17 Abs. 2 u. 1 UStG).

Von den Restforderungen ist die Pauschalwertberichtigung zu berechnen:

Forderungen lt. Sachkonto	376 768 DM
./. Forderungsausfall	15 950 DM
Restforderungen	360 818 DM

·/. enthaltener Umsatzsteuer | 49 768 DM
Restforderung netto | 311 050 DM
× Ausfallrisiko 4 % = rd. | 12 442 DM

Buchungen:

4880 Abschreibung auf Umlaufvermögen	13 750 DM			
1770 Umsatzsteuer	2 200 DM	an 1400 Forderungen		15 950 DM
2450 Einstellung in die Pauschalwertberichtigung	12 442 DM	an 0996 Pauschalwertberichtigung auf Forderungen		12 442 DM

Fall 519 Wertberichtigung auf Forderungen/Besonderheiten

Lösung Sachverhalt a:

zu a) Die Forderung gegen die Firma Krause ist uneinbringlich. Sie muss deshalb in vollem Umfang abgeschrieben und die Umsatzsteuer gem. § 17 Abs. 2 u. 1 UStG berichtigt werden.

Buchung:

4880 Abschreibung auf Umlaufvermögen	45 300 DM		
1770 Umsatzsteuer	7 248 DM	an 1400 Forderungen	52 548 DM

zu b) Die Forderung gegenüber der Firma Ludwig muss wertberichtigt werden, da mit einem Ausfall in Höhe von 30 % zu rechnen ist. Da das Ergebnis des Vergleichsverfahrens noch nicht feststeht, ist die Umsatzsteuer nicht zu berichtigen.

Buchungen:

1460 zweifelhafte Forderungen	32 944 DM	an 1400 Forderungen	32 944 DM
4880 Abschreibung auf Umlaufvermögen	8 520 DM	an 1460 zweifelhafte Forderungen	8 520 DM

zu c) Die Pauschalwertberichtigung auf die voraussichtlich einwandfreien Forderungen berechnet sich wie folgt:

Forderungen lt. Konto	913 329 DM
abzgl. Forderungsausfall	52 548 DM
abzgl. Einzelwertberichtigung	32 944 DM
= Restforderungen	827 837 DM
abzgl. nicht ausfallgefährdet, da Schuldnerin eine Behörde ist	85 785 DM
risikobehaftete Restforderungen	742 052 DM
abzgl. enthaltene Umsatzsteuer	102 352 DM
netto	639 700 DM
× Ausfallrisiko 2 % = Pauschalwertberichtigung 31. 12. 2000	12 794 DM

Buchführung – Lösungen 643

Konto-Stand per 31. 12. 1999 =	14 420 DM
Saldo	1 626 DM

Buchung:

0996 Pauschalwertberichti-
    gung auf Forderungen   1 626 DM   an 2730 Erträge aus Herabset-
                                              zung der Pauschal-
                                              wertberichtigung   1 626 DM

Lösung Sachverhalt b:

I. Einzelwertberichtigung

zu a) Die Forderung ist zunächst auf das Konto 1460 zweifelhafte Forderungen umzubuchen und dann im Wert zu berichtigen (Niederstwertprinzip). Da der Forderungsausfall noch nicht besteht, darf die Berichtigung nur die Nettoforderung betreffen.

Buchung:

1460 zweifelhafte
    Forderungen   20 880 DM   an 1400 Forderungen   20 880 DM
4880 Abschreibung auf
    Umlaufvermögen   10 800 DM   an 1460 zweifelhafte
                                              Forderungen   10 800 DM

zu b) Die Forderung gegenüber dem Kunden Tschechow muss in vollem Umfange abgeschrieben werden (Niederstwertprinzip). Eine Berichtigung der Umsatzsteuer entfällt, weil die Ausfuhrlieferung steuerfrei war.

Buchung:

4880 Abschreibung auf
    Umlaufvermögen   6 394 DM   an 1400 Forderungen   6 394 DM

II. Pauschalwertberichtigung

Forderungen am 31. 12. 2000	966 989 DM
·/. Einzelwertberichtigung zu a)	20 880 DM
·/. dto. zu b)	6 394 DM
= noch nicht wertberichtigt	939 715 DM
·/. ohne Risiko wegen Versicherung	80 500 DM
= risikobehaftete Restforderungen brutto	859 215 DM
·/. enthaltene Umsatzsteuer	rd. 118 512 DM
= restliche Forderungen netto	740 703 DM
× 3 % = Pauschalwertberichtigung 31. 12. 2000	rd. 22 222 DM
·/. dto. 31. 12. 1999	24 492 DM
= Minderung Pauschalwertberichtigung	2 270 DM

Buchung:

0996	Pauschalwertberichtigung auf Forderungen	2 270 DM	an 2730 Erträge aus Herabsetzung der Pauschalwertberichtigung	2 270 DM

Fall 520 Eingänge auf wertberichtigte Forderungen

Lösung: Die zum Ende des Vorjahres mit 30 % wertberichtigten Forderungen haben noch zu keiner Berichtigung der Umsatzsteuer geführt, da der Forderungsausfall nicht endgültig eingetreten war. Es betragen:

	netto	USt	gesamt
ursprünglicher Rechnungsbetrag	4 550 DM	728 DM	5 278 DM
·/. 30%ige Wertberichtigung	1 365 DM	0 DM	1 365 DM
= Kto. zweifelhafte Forderung	3 185 DM	728 DM	3 913 DM
·/. Zahlungseingang	550 DM	88 DM	638 DM
Forderungsausfall	2 635 DM	640 DM	3 275 DM

Buchungen:

a) Zahlungseingang:
    1840 Privat   638 DM   an 1460 zweifelhafte Forderungen   638 DM

b) Abschreibung der Restforderung:
    4880 Abschreibung auf Umlaufvermögen   2 635 DM
    1770 Umsatzsteuer   640 DM   an 1460 zweifelhafte Forderungen   3 275 DM

Die uneinbringliche Forderung gegen den Kunden Wehrmann muss unter Berichtigung der Umsatzsteuer ausgebucht werden:

Buchung:

4880 Abschreibung auf Umlaufvermögen   3 700 DM
1770 Umsatzsteuer   592 DM   an 1400 Forderungen   4 292 DM

Danach ergibt die folgende Pauschalwertberichtigung:

Forderungen lt. Saldenbilanz I	262 798 DM
·/. Forderung Wehrmann	4 292 DM
	258 506 DM
·/. enthaltene Umsatzsteuer 16 %	35 656 DM
Restforderungen netto	222 850 DM
× Ausfallrisiko 3 % rd.	6 686 DM
Wertansatz bisher	4 929 DM
Zugang	1 757 DM

Buchung:

2450	Einstellung in die Pauschalwertberichtigung	1 757 DM	an 0996 Pauschalwertberichtigung auf Forderungen	1 757 DM

Teilweise abgeschriebene Forderung   Fall 520a

Lösung: Der Bestand auf dem Konto 1460 zweifelhafte Forderungen zum 31. 12. 1999 ergibt sich aus der folgenden Aufstellung. Zum 31. 12. 1999 darf eine Umsatzsteuerberichtigung noch nicht durchgeführt werden, weil der Ausfall der Forderung noch nicht feststeht. Die Einzelwertberichtigung i. H. von 35 % darf sich deshalb nur auf den Nettobetrag der Forderung erstrecken.

Zum 31. 12. 2000 steht der Forderungsausfall i. H. von 45 % (= Vergleichsquote 55 %) fest. Auf den Nettobetrag der Forderung ist eine weitere Abschreibung in Höhe von 10 % vorzunehmen. Die USt-Minderung beträgt erst jetzt 45 %.

		Ford. netto	USt	Ford. brutto
Mai 1999		20 000 DM	3 200 DM	23 200 DM
abzgl. Abschr. in 1999	35 % =	7 000 DM	0 DM	7 000 DM
31. 12. 1999		13 000 DM	3 200 DM	16 200 DM
abzgl. Ford.-Ausfall 2000	10 % =	2 000 DM	45 % = 1 440 DM	3 440 DM
31. 12. 2000		11 000 DM	1 760 DM	12 560 DM

Buchung:

4880	Abschreibung auf Umlaufvermögen	2 000 DM		
1770	Umsatzsteuer	1 440 DM	an 1460 zweifelhafte Forderungen	3 440 DM

Bewertung von Forderungen/Korrekturbuchungen   Fall 521

Lösung:

zu a) Die uneinbringliche Forderung gegen den Kunden Weber ist unter Berücksichtigung der Umsatzsteuer-Berichtigung gem. § 17 Abs. 2 u. Abs. 1 UStG auszubuchen.

Umbuchung:

1770	Umsatzsteuer	936 DM	an 4880 Abschreibung auf Umlaufvermögen	936 DM

zu b) Die Forderung gegen den Kunden Wessels ist im Wert zu berichtigen. Die Umsatzsteuer ist gem. Abschn. 223 Abs. 5 UStR in voller Höhe zu berichtigen. Die Insolvenzquote bezeichnet den Teil der Forderung, der voraussichtlich gezahlt werden wird. Zuvor ist die Gesamtforderung auf das Konto „zweifelhafte Forderungen" umzubuchen.

Umbuchungen:

aa) Storno Falschbuchung:
1400 Forderungen	8 282,40 DM	an 4880 Abschreibung auf Umlaufvermögen	7 140,00 DM
		an 1770 Umsatzsteuer	1 142,40 DM

bb) Umbuchung auf das Konto „zweifelhafte Forderungen":
1460 zweifelhafte Forderungen	20 706 DM	an 1400 Forderungen	20 706 DM

cc) Abschreibung 60 %:
4880 Abschreibung auf Umlaufvermögen	10 710 DM		
1770 Umsatzsteuer	2 856 DM	an 1460 zweifelhafte Forderungen	13 566 DM

zu c) Die Pauschalwertberichtigung ist ausgehend von den voraussichtlich einwandfreien Nettoforderungen ohne Umsatzsteuer-Korrektur zu ermitteln:

Forderungen	378 392 DM
·/. enthaltene Umsatzsteuer	52 192 DM
Netto-Forderungen	326 200 DM
× Ausfallrisiko 2 %	6 524 DM
Pauschalwertberichtigung 31. 12. 1999	7 222 DM
Minderung per 31. 12. 2000	698 DM

Umbuchung:

a) Storno Falschbuchung:

0996 Pauschalwertberichtigung auf Forderungen	7 567,84 DM	an 4880 Abschreibung auf Umlaufvermögen	6 524,00 DM
		an 1770 Umsatzsteuer	1 043,84 DM

b) Buchung zur Bildung der neuen Pauschalwertberichtigung:

0996 Pauschalwertberichtigung auf Forderungen	698 DM	an 2730 Erträge aus Herabsetzung der Pauschalwertberichtigung	698 DM

Verbindlichkeiten in ausländischer Währung   Fall 522

Lösung:

zu a) Die Anschaffungskosten der Maschine richten sich nach den Aufwendungen im Zeitpunkt des Erwerbs der Maschine:

98 000 US-Dollar × 1,85 DM =   181 300 DM

Buchung:

0210 Maschinen	181 300 DM	an 1700 sonstige Verbindlichkeiten	181 300 DM

zu b) Die erste Ratenzahlung wird zunächst ohne Berücksichtigung des veränderten Dollarkurses als Minderung der sonstigen Verbindlichkeit erfasst. Der Ausgleich der Kursschwankungen erfolgt durch die Bewertung der Verbindlichkeit beim Jahresabschluss.

Buchung der 1. Ratenzahlung:

1700 sonstige Verbindlichkeiten	13 300 DM	an 1200 Bank	13 300 DM

zu c) Die Bewertung der Verbindlichkeit bei Kursanstieg des US-Dollar muss mit dem Rückzahlungsbetrag nach § 253 Abs. 1 HGB erfolgen (Höchstwertprinzip oder umgekehrtes Niederstwertprinzip):

91 000 US-Dollar × 1,97 DM =   179 270 DM

Nach § 6 Abs. 1 Nr. 3 EStG sind Verbindlichkeiten entsprechend dem Umlaufvermögen (§ 6 Abs. 1 Nr. 2 EStG) zu bewerten. Das bedeutet, dass der Nennwert (entspricht den Anschaffungskosten) oder der höhere Rückzahlungsbetrag (Teilwert), wenn er zu einer voraussichtlich dauernden Erhöhung des Rückzahlungsbetrages (Wertminderung) führt, angesetzt werden können.

Der Wertansatz nach HGB mit dem höheren Rückzahlungsbetrag ist steuerlich zulässig, weil eine voraussichtlich dauernder Wertminderung an den Bilanzstichtagen zu erwarten ist. Er ist daher für die Bilanzierung in der Steuerbilanz maßgeblich.

Buchung zum 31. 12. 2000:

2150 Aufwendungen aus Kursdifferenzen	11 270 DM	an 1700 sonstige Verbindlichkeiten	11 270 DM

Zeitliche Verlagerung von Veräußerungsgewinnen   Fall 523

Lösung: Wird ein Wirtschaftsgut zur Vermeidung eines behördlichen Eingriffs (z. B. Enteignungsverfahren) veräußert, kann der Steuerpflichtige den dabei entstehenden Veräußerungsgewinn erfolgsneutral auf ein Ersatzwirtschaftsgut übertragen, sofern das erworbene Wirtschaftsgut dieselbe Funktion hat wie das veräußerte Wirtschaftsgut.

Wird die Ersatzbeschaffung erst nach Ablauf des Jahres der Veräußerung vorgenommen, kann in der Bilanz eine Rücklage für Ersatzbeschaffung gem. R 35 EStR gebildet werden. Sie ist gesondert auszuweisen und im Zeitpunkt der Ersatzbeschaffung auf das Ersatzwirtschaftsgut zu übertragen.

Buchung des Verkaufs:

1200	Bank	95 000 DM	an 0065 unbebaute Grundstücke	60 000 DM
			an 0932 Rücklage für Ersatzbeschaffung	35 000 DM

Buchung der Neuanschaffung:

0065	unbebaute Grundstücke	120 000 DM	an 1200 Bank	120 000 DM

und

0932	Rücklage für Ersatzbeschaffung	35 000 DM	an 0065 unbebaute Grundstücke	35 000 DM

Fall 524 Bildung und Übertragung einer Rücklage für Ersatzbeschaffung

Lösung: Für die nach Zahlung der Versicherungssumme aufgedeckten stillen Reserven kann eine Rücklage für Ersatzbeschaffung in Höhe des Unterschiedsbetrages zwischen der Versicherungsleistung und dem Buchwert bei Ausscheiden des Wirtschaftsgutes gebildet werden:

Versicherungsleistung		60 000 DM
Buchwert 31. 12. 1999 =	44 625 DM	
./. AfA 2000 30 % degr. für 10 Monate	11 156 DM	33 469 DM
Rücklage		26 531 DM

Buchungen in 2000:

4830	Abschreibung	11 156 DM	an 0210 Maschinen	11 156 DM

und

1500	sonstige Forderungen	60 000 DM	an 0210 Maschinen	33 469 DM
			an 0932 Rücklage für Ersatzbeschaffung	26 531 DM

Nach Übertragung der Rücklage für Ersatzbeschaffung auf das Ersatzwirtschaftsgut ist der Restwert und nicht die Anschaffungskosten AfA-Bemessungsgrundlage (R 35 Abs. 5 EStR). Es ergibt sich folgende Kontoentwicklung:

AK Maschine neu	90 000 DM
./. übertragene Rücklage	26 531 DM
AfA-Bemessungsgrundlage	63 469 DM
./. 20 % linear	12 694 DM
Buchwert 31. 12. 2000	50 775 DM

Buchungen 05:

1200	Bank	60 000 DM	an 1500 sonstige Forderungen	60 000 DM

und

Buchführung – Lösungen 649

0210	Maschinen	90 000 DM		
1570	Vorsteuern	14 400 DM	an 1200 Bank	104 400 DM

und

0932	Rücklage für Ersatz-beschaffung	26 531 DM	an 0210 Maschinen	26 531 DM

und

4830	Abschreibungen	12 694 DM	an 0210 Maschinen	12 694 DM

Rücklage für Ersatzbeschaffung/Auflösung   Fall 525

Lösung: Eine Rücklage für Ersatzbeschaffung kann auch für aus dem Betriebsvermögen ausgeschiedene Ware gebildet werden. Die Rücklagenbildung für den Lkw ist zum 31. 12. 2000 zulässig, wenn zu diesem Zeitpunkt eine Ersatzbeschaffung ernsthaft geplant war. Die Rücklagen betragen:

	für den Lkw	für die Waren
Versicherungsleistung	25 000 DM	8 000 DM
./. Buchwert	18 500 DM	5 800 DM
Rücklage	6 500 DM	2 200 DM

Buchungen in 2000:

1500	sonstige Forderungen	33 000 DM	an 3200 Wareneingang	5 800 DM
			an 0350 Lkw	18 500 DM
			an 0932 Rücklage Lkw	6 500 DM
			an 0932 Rücklage Ware	2 200 DM

Die Rücklage Lkw ist wegen fehlender Ersatzbeschaffung in 2001 erfolgserhöhend aufzulösen. Die Rücklage Ware kann übertragen werden.

Buchungen 2001:

0932	Rücklage Lkw	6 500 DM	an 2740 Erträge aus Auflösung von Rücklagen	6 500 DM
0932	Rücklage Ware	2 200 DM	an 3200 Wareneingang	2 200 DM

Bildung einer Anspar-Rücklage   Fall 526

Lösung: Da die Mandantin als kleiner oder mittlerer Betrieb im Sinne des § 7g Abs. 2 EStG anzusehen ist, kann die Firma nach § 7g Abs. 3 EStG eine gewinnmindernde Rücklage in Höhe von 50 % der künftig zu erwartenden Anschaffungskosten bilden.

Dadurch wird die Abschreibung von neuen abnutzbaren beweglichen Anlagegütern bereits in die Planungsphase vorgezogen, um dem Betrieb durch die eintretende Steuerersparnis zusätzliche Investitionsmittel zuzuführen.

Buchung:

2341	Einstellung in Rücklagen	40 000 DM	an 0948 Sonderposten mit Rücklageanteil	40 000 DM

Fall 527 **Auflösung einer Anspar-Rücklage nach Investition**

Lösung: Das im September 2000 angeschaffte Fahrzeug ist entsprechend seinen Anschaffungskosten, der Nutzungsdauer und dem Anschaffungsdatum mit ½ von 30 % degressiv abzuschreiben.

Zusätzlich kann die Mandantin nach § 7g Abs. 1 EStG unabhängig von Anschaffungszeitpunkt und Nutzungsdauer 20 % der Anschaffungskosten abschreiben.

Die im Mai gebildete Rücklage ist gewinnerhöhend aufzulösen. Eine Änderung der Anschaffungskosten des Fahrzeugs oder der AfA-Bemessungsgrundlage tritt nicht ein.

Buchung:

0350	Lkw	84 000 DM		
1570	Vorsteuer	13 440 DM	an 1700 sonst. Verbindl.	97 440 DM
4830	AfA	12 600 DM	an 0350 Lkw	12 600 DM
4850	Sonder-AfA	16 800 DM	an 0350 Lkw	16 800 DM
0948	Sonderposten mit Rücklageanteil	40 000 DM	an 2740 Erträge aus Auflösung von Rücklagen	40 000 DM

Fall 528 **Auflösung einer Anspar-Rücklage ohne Investition**

Lösung: Wenn der Unternehmer zunächst zulässig eine gewinnmindernde Rücklage nach § 7g Abs. 3 EStG gebildet hat, aber kein begünstigtes Anlagegut im Sinne des Abs. 1 anschafft, muss die Rücklage bis zum Ende des zweiten Wirtschaftsjahres nach Bildung der Rücklage wieder gewinnerhöhend aufgelöst werden.

Buchung:

0948	Sonderposten mit Rücklageanteil	75 000 DM	an 2740 Erträge aus Auflösung von Rücklagen	75 000 DM

Außerdem ist nach § 7g Abs. 5 EStG eine Verzinsung der Rücklage mit 6 % für jedes volle Wirtschaftsjahr, in dem die Rücklage gebildet war, gewinnerhöhend vorzunehmen. Dem Bilanzgewinn der Firma sind deshalb 2 x 6 % von 75 000 DM = 9 000 DM außerhalb der Buchführung hinzuzurechnen.

Gewinnverteilung bei einer OHG nach HGB

Fall 529

Lösung: Die gesetzliche Gewinnverteilung nach § 121 HGB ist vorzunehmen, wenn von den Gesellschaftern keine abweichende vertragliche Regelung getroffen wurde.

Nach § 121 Abs. 1 HGB ist zunächst das Kapitalkonto eines jeden Gesellschafters mit 4 % zu verzinsen, wobei nach § 121 Abs. 2 HGB Einlagen und Entnahmen im Laufe des Jahres auch zeitlich berücksichtigt werden müssen. Es ist demnach eine normale Zinsberechnung vorzunehmen. Der Teil des Jahresgewinns, der die Zinsen übersteigt, ist als Gewinn oder Verlust nach Köpfen zu verteilen.

Berechnung:

Anton S.

	Kapital	Tage	Zinszahlen
Kapital 01. 01. 2000	28 420 DM	77	21 883
·/. Entnahmen 18. 03.	6 000 DM		
	22 420 DM	93	20 851
·/. Entnahmen 21. 06.	9 200 DM		
	13 220 DM	110	14 542
·/. Entnahmen 11. 10.	5 800 DM		
	7 420 DM	80	5 936
		360 : 4	= 63 212 : 90
Zinsen rd.			702 DM

Berthold S.

	Kapital	Tage	Zinszahlen
Kapital 01. 01. 2000	39 500 DM	44	17 380
·/. Entnahmen 15. 02.	4 800 DM		
	34 700 DM	139	48 233
·/. Entnahmen 04. 07.	8 000 DM		
	26 700 DM	151	40 317
·/. Entnahmen 05. 12.	14 100 DM		
	12 600 DM	26	3 276
		360 : 4	= 109 206 : 90
Zinsen rd.			1 213 DM

Gewinnverteilung:

	Anton	Berthold	OHG
Kapitalverzinsung	702 DM	1 213 DM	1 915 DM
Rest nach Köpfen	33 501 DM	33 501 DM	67 002 DM
Gewinn(-anteil)	34 203 DM	34 714 DM	68 917 DM
Kapital-Konto		Anton	Berthold
vor Gewinn		7 420 DM	12 600 DM
+ Gewinnanteil		34 203 DM	34 714 DM
Kapital 31. 12. 2000		41 623 DM	47 314 DM

Fall 530 **Gewinnverteilung bei einer KG**

Lösung: Der steuerliche Gewinn der KG weicht vom Betriebsergebnis lt. GuV-Rechnung ab. Die als Aufwand gebuchten Gehälter der Gesellschafter sind gem. § 15 Abs. 1 Nr. 2 EStG Teil des gewerblichen Gewinns und deshalb dem Gewinn für steuerliche Zwecke wieder hinzuzurechnen:

Gewinn lt. GuV-Rechnung	45 630 DM
+ Gehalt Rolf Schneider	120 000 DM
+ Gehalt Werner Müller	80 000 DM
= steuerlicher Gewinn	245 630 DM

Gewinnverteilung:

	Rolf Schneider	Werner Müller	KG
Verzinsung Kapitalkonten	20 000 DM	10 000 DM	30 000 DM
Gehalt	120 000 DM	80 000 DM	200 000 DM
Rest ⅔ bzw. ⅓	10 420 DM	5 210 DM	15 630 DM
Gewinn/Gewinnanteil	150 420 DM	95 210 DM	245 630 DM

Fall 531 **Gewinnverteilung/Tätigkeitsvergütungen**

Lösung: Nach § 15 Abs. 1 Nr. 2 EStG gehören Tätigkeitsvergütungen an die Gesellschafter nicht zu den Einkünften aus nichtselbständiger Arbeit, sondern zu den gewerblichen Einkünften. Leistungen an die Gesellschaft (hier: die Vermietung eines bebauten Grundstücks) sind nicht Einkünfte aus Vermietung, sondern auch Einkünfte aus Gewerbebetrieb. Die Grundstückskosten sind nicht Werbungskosten aus Vermietung, sondern für den Gesellschafter Döring Sonderbetriebsausgaben. Danach ergibt sich folgender steuerlicher Gewinn:

Gewinn lt. Jahresabschluss	126 520 DM
+ Tätigkeitsvergütung Komplementär	60 000 DM
+ Mieterträge Kommanditist	48 000 DM
./. Sonderbetriebsausgaben	8 400 DM
steuerlicher Gewinn	226 120 DM

Berechnung der Kapitalbeteiligung:

Komplementär	=	½ =	100 000 DM
Kommanditist K	=	⅖ =	80 000 DM
Kommanditist D	=	¹⁄₁₀ =	20 000 DM
			200 000 DM

Gewinnverteilung:

	Waldmeister	Kock	Döring	gesamt
Geschäftsführergehalt	60 000 DM	0 DM	0 DM	60 000 DM
Kapitalverzinsung	8 000 DM	4 000 DM	1 000 DM	13 000 DM
Mieterträge	0 DM	0 DM	48 000 DM	48 000 DM

Sonderbetriebsausgaben	0 DM	0 DM	./. 8 400 DM	./. 8 400 DM
Restgewinn	56 760 DM	45 408 DM	11 352 DM	113 520 DM
Gewinn/Gewinnanteil	124 760 DM	49 408 DM	51 952 DM	226 120 DM

Gewinnverteilung/typischer stiller Gesellschafter   Fall 532

Lösung: Die Tätigkeitsvergütung, die der Komplementär zu Lasten des Gewinns erhalten hat, muss nach § 15 Abs. 1 Nr. 2 EStG zur Ermittlung des steuerlichen Gewinns hinzugerechnet werden.

Eine Zurechnung der Kapitalverzinsung des stillen Gesellschafters braucht nicht zu erfolgen. Ein typischer stiller Gesellschafter ist nicht als Mitunternehmer des Gewerbebetriebs anzusehen, sondern als Darlehensgeber. Er hat Einkünfte aus Kapitalvermögen nach § 20 Abs. 1 Nr. 4 EStG, die Personengesellschaft hat in gleicher Höhe Betriebsausgaben.

Ermittlung des steuerlichen Gewinns:

vorläufiger Gewinn	238 500 DM
+ Geschäftsführer-Vergütung	150 000 DM
	388 500 DM
davon 12 % Zinsen (stille Beteiligung)	./. 46 620 DM
= steuerlicher Gewinn	341 880 DM

Gewinnverteilung:

	Ritter	Ross	gesamt
Geschäftsführergehalt	150 000 DM	0 DM	150 000 DM
Kapital-Verzinsung	64 000 DM	16 000 DM	80 000 DM
Risiko-Vergütung	30 000 DM	0 DM	30 000 DM
Restgewinn	65 504 DM	16 376 DM	81 880 DM
Gewinn/Gewinnanteil	309 504 DM	32 376 DM	341 880 DM

Der stille Gesellschafter nimmt an der Gewinnverteilung nicht teil.

Die Beteiligten können verlangen, dass ihnen folgende Beträge ausgezahlt werden:

	Ritter	Ross
Gewinnanteil	309 504 DM	32 376 DM
./. ausgezahlter Vorab-Gewinn	150 000 DM	
./. andere Entnahmen	60 000 DM	20 000 DM
= Auszahlungsanspruch	99 504 DM	12 376 DM

Das Entnahmerecht des Komplementärs ergibt sich aus § 161 Abs. 2 i. V. m. § 122 HGB, das des Kommanditisten aus § 169 HGB.

Der stille Gesellschafter kann die Zinsen nur zu 75 % ausbezahlt erhalten, weil die Kapitalerträge der Kapitalertragsteuer mit 25 % der Kapitalerträge bzw. 33⅓ % des tatsächlich ausgezahlten Betrages unterliegen (§§ 43 Abs. 1 Nr. 3 und 43a Abs. 1 Nr. 1 EStG):

Auszahlung: 46 620 DM abzgl. 25 % KapESt und 5,5 % SolZ =   34 323,97 DM

Fall 533 **Gewinnverteilung/atypischer stiller Gesellschafter**

Lösung: Dadurch, dass Herr Wenig auch im Falle einer Betriebsveräußerung am Veräußerungsgewinn beteiligt ist, verliert er die für einen stillen Gesellschafter typische Eigenschaft eines reinen Darlehensgebers. Er ist zum atypischen stillen Gesellschafter geworden, dessen Rechtsposition die eines Mitunternehmers ist. Deshalb sind seine Einkünfte aus dieser Beteiligung keine Kapitaleinkünfte, sondern Einkünfte aus Gewerbebetrieb gem. § 15 Abs. 1 Nr. 2 EStG.

Ebenfalls unter § 15 Abs. 1 Nr. 2 EStG fallen die Vergütungen für die Geschäftsführertätigkeit und die Zinszahlungen für das der Gesellschaft gewährte Darlehen.

Berechnung des steuerlichen Gewinns:

Gewinn lt. Bilanz	74 440 DM
+ Geschäftsführergehalt	150 000 DM
+ Darlehenszinsen	16 000 DM
= steuerlicher Gewinn	240 440 DM

Gewinnverteilung:

	Kreuzer	Herzlich	Wenig	gesamt
Gehälter	90 000	60 000	0 DM	150 000
Darlehenszinsen	16 000	0 DM	0 DM	16 000
Verzinsung Beteiligung	15 000	9 000	24 044	48 044
Restgewinn	16 498	9 898	0 DM	26 396
Gewinn/Gewinnanteil	137 498	78 898	24 044	240 440

Fall 534 **Gewinnermittlung nach § 4 Abs. 3 EStG**

Lösung: Gewinn nach § 4 Abs. 3 EStG ist der Überschuss der Betriebseinnahmen über die Betriebsausgaben. Bei der Gewinnermittlung sind die Vorschriften über die Absetzung für Abnutzung und Substanzverringerung nach § 7 EStG zu beachten. Der Zeitpunkt der Vereinnahmung und Verausgabung bestimmt sich nach § 11 EStG.

Wirtschaftsjahr ist immer das Kalenderjahr (§ 4a Abs. 1 Nr. 3 EStG).

1. Betriebseinnahmen

Betriebseinnahmen 2000   88 000 DM

Der Betrag kann unverändert übernommen werden. Mit Scheck vereinnahmte Beträge sind bereits im Zeitpunkt der Annahme zugeflossen (H 116 EStH).

Die in den Erlösen enthaltene Umsatzsteuer ist zutreffend als Betriebseinnahme angesetzt worden (H 86 EStH).

2. Warenbezahlungen   40 000 DM

Der Betrag kann unverändert übernommen werden. Eine mit Scheck geleistete Zahlung ist Betriebsausgabe im Zeitpunkt der Hingabe des Schecks, sofern dieser eingelöst wird

(H 116 EStH). Der Betrag von 700 DM ist somit zutreffend im Kalenderjahr 2000 erfasst worden. Die in den Warenbezahlungen enthaltene Umsatzsteuer ist richtig als Betriebsausgabe behandelt worden (H 86 EStH).

3. Diverse Kosten 3 100 DM

./. Gebührenpflichtige Verwarnung	30 DM
Betriebsausgaben	3 070 DM

Die gebührenpflichtige Verwarnung der Polizei wegen falschen Parkens während einer Geschäftsreise ist eine nichtabzugsfähige Betriebsausgabe (§ 4 Abs. 5 Nr. 8 EStG und R 24 EStR).

4. Kfz-Kosten

Bei den Kosten des Betriebsfahrzeugs ist zu beachten, dass sämtliche Vorsteuern aus Anschaffung und lfd. Kosten nach § 15 Abs. 1b UStG nur zu 50 % abzugsfähig sind, weil die Anschaffung nach dem 1. 4. 1999 erfolgte.

Der abzugsfähige Teil der Vorsteuer ist bei Zahlung Betriebsausgabe.

Die nicht abzugsfähige Vorsteuer aus den lfd. Kosten wird Teil der Kfz-Kosten und muss anteilig der Privatnutzung zugeordnet werden.

Die nicht abzugsfähige Vorsteuer aus der Anschaffung des Betriebsfahrzeugs wird Teil der Anschaffungskosten (R 86 Abs. 5 EStR).

Danach ergeben sich folgende Betriebsausgaben:

a) Kfz-Kosten			
Benzinkosten (netto)	3 200 DM		
+ 50 % nicht abzugsfähige Vorsteuer	256 DM		
Kfz-Reparaturen (netto)	250 DM		
+ 50 % nicht abzugsfähige Vorsteuer	20 DM		
Kfz-Steuer	247 DM		
Kfz-Versicherung	352 DM		
AfA 25 % linear von 10 800 DM × ¹/₁	2 700 DM	=	7 025 DM
b) Bezahlte und abzugsfähige Vorsteuer (50 %)			
aus Benzinkosten	256 DM		
aus Kfz-Reparaturkosten	20 DM		
aus der Anschaffung des Pkw	800 DM	=	1 076 DM

Die auf die Privatnutzung entfallenden anteilige Kfz-Kosten sind als Betriebseinnahmen den bereits erfassten Betriebsausgaben gegenüberzustellen, damit wie bei der Gewinnermittlung durch Bestandsvergleich per Saldo nur der betriebliche Kostenanteil den Gewinn mindert. Umsatzsteuer auf eine als entgeltlich anzusehende sonstige Leistung entsteht nach § 3 Abs. 9a Satz 2 UStG nicht, weil nur 50 % der Vorsteuern abzugsfähig waren.

Betriebseinnahmen (Privatanteil = 25 % von 7 025 DM) = rd. 1 756 DM

5. Umsatzsteuer-Zahllasten

Die an das Finanzamt entrichtete Umsatzsteuer (Zahllasten) ist Betriebsausgabe im Zeitpunkt der Zahlung. Die am 10. 01. 2001 entrichtete Umsatzsteuer-Vorauszahlung für Dezember 2000 in Höhe von 450 DM ist keine Betriebsausgabe des Kalenderjahres 2000, da sie erst im Kalenderjahr 2001 geleistet wurde. Die Umsatzsteuer-Vorauszahlung Dezember kann nicht als regelmäßig wiederkehrende Ausgabe i. S. d. § 11 Abs. 2 Satz 2 EStG behandelt werden, da sie nicht regelmäßig anfällt (es sind auch Erstattungen möglich). Der Zeitpunkt der Fälligkeit spielt dabei keine Rolle.

Umsatzsteuer – Betriebsausgabe
des Jahres 2000 =   4 100 DM

6. Verdorbene Ware

Der Wert der verdorbenen Ware ist keine Betriebsausgabe, da die Bezahlung der Ware sich bereits als Betriebsausgabe ausgewirkt hat.

7. Gestohlene Ware

Der Wert der gestohlenen Ware ist keine Betriebsausgabe, da die Bezahlung der Ware sich bereits als Betriebsausgabe ausgewirkt hat.

8. Gestohlene Laserdrucker

Der Buchwert des Laserdruckers ist Betriebsausgabe, da das Wirtschaftsgut aus dem Betriebsvermögen ausgeschieden ist.

Betriebsausgabe im Jahr 2000 =   400 DM

9. Einlage von Ware

Der Wert der eingelegten Ware ist Betriebsausgabe. Da die Ware aus privaten Gründen nicht bezahlt zu werden brauchte, würde sich ohne Berücksichtigung einer Betriebsausgabe der volle Verkaufserlös als Gewinn auswirken. Dadurch aber würde gegenüber der Gewinnermittlung durch Betriebsvermögensvergleich ein höherer Totalgewinn über mehrere Jahre ausgewiesen. Durch die Buchung „Wareneinkauf an Privat" wirkt sich beim Betriebsvermögensvergleich nur der erzielte Aufschlag (Rohgewinn) aus. Zum Ausgleich ist die Einlage als fiktive Betriebsausgabe zu erfassen.

Betriebsausgabe im Jahr 2000 =   2 000 DM

10. Miete für Lagerraum

Die im Wirtschaftsjahr 2000 als Betriebsausgabe abzugsfähige Miete für
den Lagerraum beträgt   3 900 DM

Die am 28. 12. 1999 für Januar 2000 gezahlte Miete ist Betriebsausgabe des Kj. 2000, da die Miete eine regelmäßige wiederkehrende Ausgabe ist, die kurze Zeit vor Ablauf des vorangegangenen Kalenderjahres gezahlt wurde. Sie muss daher dem Kalenderjahr zugeordnet werden, zu dem sie wirtschaftlich gehört. Das ist das Kalenderjahr 2000. Hinweis auf § 11 Abs. 2 EStG.

Auch die für Januar 2001 am 15. 12. 2000 gezahlte Miete ist Betriebsausgabe des Wirtschaftsjahres 2000. Die Miete für Januar 2001 wurde nämlich außerhalb der kurzen Zeit (10 Tage) vor Beginn des Kalenderjahres 2001 entrichtet. Damit ist der Betrag als echte Vorauszahlung im Jahr des Abflusses zu erfassen.

11. Einkommensteuer und Gewerbesteuer

Die Einkommensteuer darf nach § 12 Nr. 3 EStG den Gewinn nicht mindern. Die Gewerbesteuer ist als betriebliche Steuer eine Betriebsausgabe, da sie betrieblich veranlasst ist (§ 4 Abs. 4 EStG).

Gewerbesteuer = Betriebsausgabe im Jahr 2000   450 DM

12. Zinsgutschriften

Für das Vorjahr gutgebrachte Zinsen aus Sparguthaben bei Banken und Sparkassen rechnen wirtschaftlich zum Vorjahr (H 116 EStH).

Daher ist der Betrag von 350 DM eine Betriebseinnahme des Kalenderjahres 2000. Die am 16. 01. 2000 für das Kalenderjahr 1999 gutgeschriebenen Zinsen sind im Kalenderjahr 1999 zu erfassen. Bei Bankzinsen ist der Tag der Buchung für den Zufluss ohne Bedeutung.

Zinsen = Betriebseinnahme im Jahr 2000   350 DM

13. Drucker

Der Drucker ist ein geringwertiges Wirtschaftsgut i. S. d. § 6 Abs. 2 EStG, da die Anschaffungskosten nicht mehr als 800 DM betragen haben. Die abzugsfähige Vorsteuer gehört gem. § 9b Abs. 1 Satz 1 EStG nicht zu den Anschaffungskosten. Die gezahlte Vorsteuer von 128 DM ist in 2000, dem Jahr der Zahlung, abzusetzen. Die Anschaffungskosten des Druckers können somit im Jahr der Anschaffung in voller Höhe als Betriebsausgabe abgesetzt werden. Jahr der Anschaffung ist jedoch das Kalenderjahr 2001, da die Maschine erst am 20. 01. 2001 geliefert wurde. Die Finanzverwaltung lässt es jedoch zu, dass Steuerpflichtige mit Gewinnermittlung nach § 4 Abs. 3 EStG die Vorauszahlung/Anzahlung auf geringwertige Wirtschaftsgüter im Jahr der Vorauszahlung/Anzahlung bereits als Betriebsausgabe absetzen. Hinweis auf ESt-Kartei § 6 Abs. 2 Anm. 13.

Somit kann der Steuerpflichtige den Betrag von 800 DM und die 120 DM Vorsteuer im Jahre 2000 als Betriebsausgabe absetzen.

Betriebsausgabe im Jahr 2000   928 DM

14. Genossenschaftsanteil

Der Genossenschaftsanteil gehört zum Betriebsvermögen des Stpfl., da der Erwerb erforderlich war, um einen betrieblichen Kredit aufzunehmen. Da der Genossenschaftsanteil keiner Abnutzung unterliegt, sind die Anschaffungskosten in Höhe von 250 DM erst im Zeitpunkt der Veräußerung oder Entnahme als Betriebsausgabe zu berücksichtigen (§ 4 Abs. 3 Satz 4 EStG).

15. Sonstiges

Die private Kfz-Nutzung ist unter Nr. 4 (Kfz-Kosten) erläutert.

Die Entnahme von Ware

(Obst und Gemüse) wird berücksichtigt mit	1 200 DM
+ Umsatzsteuer (vgl. Anlage zum KStG) 7 v. H.	84 DM
Betriebseinnahme im Jahr 2000	1 284 DM

Forderungsausfälle sind bei Überschussrechnung keine Betriebsausgaben. Sie führen bereits durch niedrigere Einnahmen zu einem geringeren Gewinn.

16. Zusammenstellung:

		Betriebseinnahmen	Betriebsausgaben
1.	Warenverkäufe	88 000 DM	0 DM
2.	Warenbezahlungen	0 DM	40 000 DM
3.	Diverse Kosten	0 DM	3 070 DM
4.	Kfz-Kosten	0 DM	7 025 DM
	Vorsteuer Kfz	0 DM	1 076 DM
	Privat-Anteil	1 756 DM	0 DM
5.	Umsatzsteuer-Zahlungen	0 DM	4 100 DM
6.	Verdorbene Ware	0 DM	0 DM
7.	Diebstahl von Ware	0 DM	0 DM
8.	Buchwert Drucker	0 DM	400 DM
9.	Einlage von Ware	0 DM	2 000 DM
10.	Miete für Lagerraum	0 DM	3 900 DM
11.	Gewerbesteuer-Vorauszahlungen	0 DM	450 DM
12.	Zinsen	350 DM	0 DM
13.	Drucker	0 DM	928 DM
14.	Genossenschaftsanteil	0 DM	0 DM
15.	Eigenverbrauch von Ware	1 284 DM	0 DM
	Summe	91 390 DM	62 949 DM

Der Gewinn beträgt:

Betriebseinnahmen	91 390 DM
./. Betriebsausgaben	62 949 DM
Gewinn für 2000	28 441 DM

Fall 535 Gewinnauswirkung § 4 Abs. 3 EStG/§ 5 EStG

Lösung:

	Mandant Bergmann (§ 4 Abs. 3 EStG)		Mandant Färber (§ 5 EStG)	
Vorgang	Auswirkung	Betrag	Auswirkung	Betrag
a)	erfolgsneutral	0 DM	gewinnerhöhend	500 DM
b)	erfolgsneutral	0 DM	erfolgsneutral	0 DM
c)	gewinnmindernd	320 DM	erfolgsneutral	0 DM

Buchführung – Lösungen 659

	Mandant Bergmann (§ 4 Abs. 3 EStG)		Mandant Färber (§ 5 EStG)	
Vorgang	Auswirkung	Betrag	Auswirkung	Betrag
d)	gewinnerhöhend	1 480 DM	gewinnerhöhend	1 000 DM
e)	gewinnmindernd	2 100 DM	gewinnmindernd	875 DM
f)	gewinnerhöhend	2 500 DM	gewinnerhöhend	2 500 DM
g)	gewinnmindernd	928 DM	erfolgsneutral	0 DM

Gewinnermittlung gem. § 4 Abs. 3 EStG bei Ärzten **Fall 536**

Lösung: Da die Mandantin als Ärztin ausschließlich nach § 4 Nr. 14 UStG steuerfreie Umsätze ausführt, ist sie nach § 15 Abs. 2 UStG nicht zum Vorsteuerabzug berechtigt. Die nicht abzugsfähigen Vorsteuerbeträge sind damit nach § 9b EStG Teil der Anschaffungskosten der in 2000 erworbenen Wirtschaftsgüter. Ein sofortiger Betriebsausgabenabzug im Zeitpunkt der Zahlung ist damit nicht zulässig.

zu 1) Die Anschaffungskosten des Ultraschallgerätes betragen:

Brutto-Kaufpreis lt. Rechnung	9 744,00 DM
abzgl. 3 % Skonto	292,32 DM
verbleiben Anschaffungskosten	9 451,68 DM

Die Abschreibung des Gerätes ist degressiv mit 30 % der Anschaffungskosten möglich. Da die Anschaffung in der zweiten Jahreshälfte erfolgte, kann nach R 44 Abs. 2 EStR höchstens die halbe Jahres-AfA berechnet werden.

Darüber hinaus ist nach § 7g EStG unabhängig vom Anschaffungszeitpunkt eine Sonderabschreibung bis zu 20 % der Anschaffungskosten zusätzlich möglich:

AfA 30 % degressiv x ½ von 9 451,68 DM	=	1 417,68 DM
Sonder-AfA 20 % von 9 451,68 DM	=	1 891,00 DM
Gewinnminderung in 2000	=	3 308,68 DM

zu 2) Die Anschaffung des Blutdruckmessgerätes in 2000 ermöglicht unabhängig vom Zeitpunkt der Zahlung die Abschreibung der Anschaffungskosten in voller Höhe. Nach § 6 Abs. 2 EStG kann die Mandantin im Jahr der Anschaffung die Anschaffungskosten voll abschreiben, weil diese 800 DM (ohne Umsatzsteuer) nicht übersteigen. Gewinnminderung = 870 DM. Die nicht abzugsfähige Vorsteuer gehört zu den Anschaffungskosten.

zu 3) Da das EKG-Gerät in 2000 noch nicht geliefert werden konnte, ist eine AfA nach § 7 EStG noch nicht möglich. Nach § 7g Abs. 3 und 6 EStG ist in 2000 jedoch eine Ansparabschreibung bis zu 50 % der künftigen Anschaffungskosten möglich, die als Betriebsausgabe abgesetzt werden kann. Bei Anschaffung in 2001 ist dann die abzugsfähige AfA als Betriebsausgabe zu erfassen. Die in 2000 gebildete Rücklage ist aufzulösen und als Betriebseinnahme anzusetzen. Gewinnminderung in 2000 50 % von 15 820 DM = 7 910 DM.

zu 4) Die Anschaffungskosten sind auf Grund und Boden und Gebäude aufzuteilen, wobei die Erwerbsnebenkosten im Verhältnis der anteiligen Kaufpreise zu verteilen sind:

	Grund und Boden (20 %)	**Gebäude**
Kaufpreis	90 000 DM	360 000 DM
Grunderwerbsteuer	3 150 DM	12 600 DM
Notarkosten (brutto)	464 DM	1 856 DM
Gerichtskosten	160 DM	640 DM
Anschaffungskosten	93 774 DM	375 096 DM

Die Aufwendungen für nicht abnutzbare Anlagegüter (Grund und Boden) können nach § 4 Abs. 3 EStG erst bei Veräußerung oder Entnahme als Betriebsausgaben abgesetzt werden. Die Abschreibung für das Gebäude ist nur nach § 7 Abs. 4 Nr. 1 EStG mit 4 % möglich, weil für das Gebäude der Bauantrag nach März 1985 gestellt wurde, es zum Betriebsvermögen der Mandantin gehört und seine Nutzungsdauer nicht weniger als 25 Jahre beträgt. Die AfA ist bei linearer Gebäude-AfA immer zeitanteilig zu berechnen. Die Vereinfachungsregelung der R 44 Abs. 2 EStR gilt nur für bewegliches abnutzbares Anlagevermögen.

Gewinnminderung: 4 % von 375 069 DM x $3/12$ = rd. 3 751 DM

F. Fachrechnen

Lösung: **Fall 537**

$$\frac{35 \times 145}{125} = 40{,}6 = \underline{\underline{\text{ca. 40 Tage}}}$$

Lösung: **Fall 538**

17 – 48 – 1224

19 – 45 – ?

$$\frac{1224 \times 19 \times 45}{17 \times 48} = \underline{\underline{1\,282{,}5 \text{ m}^3}}$$

Lösung: **Fall 539**

Anfangsbestand			2 000 DM
Restbestand 200 × 1,78 DM =		356 DM	
·/. Gebühr		2 DM	354 DM
			1 646 DM

Lösung: **Fall 540**

12	13,00 DM	156,00 DM
7	15,00 DM	105,00 DM
2	16,02 DM	32,04 DM
21		293,04 DM : 21 = 13,954 = <u>ca. 13,95 DM</u>

Lösung: **Fall 541**

a)   164 000 DM
      + 1 405 000 DM
          1 569 000 DM
      ·/.   187 000 DM
          1 382 000 DM   Wareneinsatz

b)   164 000 DM
      +   187 000 DM
            351 000 DM   : 2 = 175 500 DM durchschnittlicher Lagerbestand

c)   1 382 000 DM   : 175 500 DM = 7,87 = ca. 7,9 Umschlagshäufigkeit

d)   360   : 7,9 = 45,5 = ca. 46 Tage

Fall 542 **Lösung:**

$$\frac{3}{20} = \frac{6}{40} \qquad\qquad ? \text{ DM}$$

$$\qquad\qquad\qquad 100 \text{ DM}$$

$$\frac{3}{8} = \frac{15}{40} \qquad\qquad ? \text{ DM}$$

$$\qquad\qquad\qquad 52 \text{ DM}$$

$$\qquad\qquad \underline{\frac{21}{}} \qquad\qquad ? \text{ DM}$$

$$\qquad\qquad \frac{40}{}$$

$$\qquad\qquad \frac{19}{40} \qquad\qquad 152 \text{ DM}$$

$$\qquad\qquad \frac{1}{40} \qquad\qquad 8 \text{ DM}$$

$$\qquad\qquad \frac{40}{40} \qquad\qquad \underline{\underline{320 \text{ DM Nettogehalt}}}$$

Fall 543 **Lösung:**

Ver- käufer	gleiche Teile	Umsatz	Betriebs- zugehörigkeit	Summen
A	3 750 DM	(84) 8 064 DM	(11) 6 600 DM	18 414 DM
B	3 750 DM	(72) 6 912 DM	(6,5) 3 900 DM	14 562 DM
C	3 750 DM	(45) 4 320 DM	(7,5) 4 500 DM	12 570 DM
D	3 750 DM	(49) 4 704 DM	(10) 6 000 DM	14 454 DM

Fall 544 **Lösung:**

a) 4 % Verzinsung von 600 000 DM = 24 000 DM.

Gewinn von 13 200 DM ergibt vom Gesamtgewinn nur eine Verzinsung von

$$\frac{13\,200 \text{ DM} \times 100}{600\,000 \text{ DM}} = 2{,}2 \text{ \% (niedrigere Verzinsung)}$$

Abel	2,2 % von 350 000 DM	7 700 DM	Gewinnanteil
Berta	2,2 % von 150 000 DM	3 300 DM	Gewinnanteil
Cramer	2,2 % von 100 000 DM	2 200 DM	Gewinnanteil
		13 200 DM	

b) Den Verlust tragen die Gesellschafter zu gleichen Teilen.

Abel	⅓ von 13 200 DM	4 400 DM	Verlustanteil
Berta	⅓ von 13 200 DM	4 400 DM	Verlustanteil
Cramer	⅓ von 13 200 DM	4 400 DM	Verlustanteil
		13 200 DM	

Lösung: **Fall 545**

Liquidationsvermögen	1 500 000 DM
./. Verbindlichkeiten	325 000 DM
	1 175 000 DM
./. Abfindungen	
Geschäftsführer	100 000 DM
2 Prokuristen	50 000 DM
6 Mitarbeiter	60 000 DM
	965 000 DM
./. Kosten der Liquidation	20 000 DM
Verbleibendes Vermögen	945 000 DM

Verteilung des verbleibenden Vermögens

Gesellschafter A $\dfrac{300\,000\text{ DM}}{600\,000\text{ DM}}$ von 945 000 DM =   472 500 DM

Gesellschafter B $\dfrac{200\,000\text{ DM}}{600\,000\text{ DM}}$ von 945 000 DM =   315 000 DM

Gesellschafter C $\dfrac{100\,000\text{ DM}}{600\,000\text{ DM}}$ von 945 000 DM =   157 500 DM

Kontrollsumme   945 000 DM

Lösung: Nach § 15 Abs. 1 Nr. 2 EStG sind anzusetzen: **Fall 546**

Gewinn lt. Handelsbilanz 31. 12. 2000		300 000 DM
+ Gehälter an Gesellschafter		60 000 DM
+ Miete an Gesellschafter	6 000 DM	
./. Sonderbetriebsausgaben des Gesellschafters	200 DM	5 800 DM
Steuerlicher Gesamtgewinn 2000		365 800 DM

Gewinnverteilung	Müller	Schmidt	Gesamt
Vorweg Gehälter	60 000 DM	0 DM	60 000 DM
Vorweg Miete	0 DM	5 800 DM	5 800 DM
Vorweg Verzinsung	14 800 DM	4 000 DM	18 800 DM
Rest 90 : 10	253 080 DM	28 120 DM	281 200 DM
Summe	327 880 DM	37 920 DM	365 800 DM

	Müller	Schmidt
Kapital 01. 01. 2000	410 000 DM	100 000 DM
./. Handelsrechtliche PE	40 000 DM	0 DM
Kapitalkonto 31. 12. 2000	370 000 DM	100 000 DM
Verzinsung 4 v. H. =	14 800 DM	4 000 DM

Fall 547 Lösung:

Barzahlung = 98 v. H. des Rechnungsbetrages (100 ./. 2)
98 v. H. = 1 254,40 DM
100 v. H. = ?

$$\frac{1254{,}40 \times 100}{98} = \underline{\underline{1\,280{,}00\text{ DM}}}$$

Fall 548 Lösung:

3. Jahr	=	85 v. H.	= 3 684,75 DM
		100 v. H.	= 4 335,00 DM
2. Jahr	=	85 v. H.	= 4 335,00 DM
		100 v. H.	= 5 100,00 DM
1. Jahr	=	85 v. H.	= 5 100,00 DM
		100 v. H.	6 000,00 DM

Der Anschaffungspreis betrug 6 000,00 DM

Fall 549 Lösung:

Früheres Gehalt	=	100 v. H.
Erhöhung	=	12,5 v. H.
Jetziges Gehalt (2 119,50 DM)	=	112,5 v. H.

$$100 \text{ v. H.} = \frac{2\,119{,}50 \text{ DM} \times 100}{112{,}5} = 1\,884 \text{ DM}$$

Fall 550 Lösung:

45 v. H.	=	97 560 DM		
100 v. H.	=	216 800 DM		
A	=	45 v. H.	(v. 216 800 DM)	= 97 560 DM
B	=	23 v. H.	(v. 216 800 DM)	= 49 864 DM
C	=	15 v. H.	(v. 216 800 DM)	= 32 520 DM
D	=	17 v. H.	(v. 216 800 DM)	= 36 856 DM
		100 v. H.		216 800 DM

Fall 551 Lösung:

625,42 DM ./. 50,00 DM = 575,42 DM

111 % = 575,42 DM
100 % = x

$$x = \frac{575{,}42 \times 100}{111} \quad x = 518{,}40 \text{ DM}$$

480,00 DM = 100 %
518,40 DM = x

$$x = \frac{100 \times 518{,}40 \text{ DM}}{480 \text{ DM}} \quad x = 108\,\%$$

Lohnerhöhung 8 %

Fachrechnen – Lösungen

Lösung: **Fall 552**

Vermögen	600 000 DM
./. Masseschulden	305 000 DM
./. Massekosten	150 000 DM
./. Bevorrechtigte Forderungen	50 000 DM
Restmasse	95 000 DM
Konkursquote = 11,875 %	

11,875 %   = 17 812,50 DM
100 %   = 150 000,00 DM = ursprüngliche Forderung

Lösung: **Fall 553**

Rechnungsbetrag	1 620,80 DM
./. Rabatt 15 v. H.	243,12 DM
Rechnungspreis	1 377,68 DM
./. Skonto 2½ v. H. von 1 377,68 DM =	34,44 DM
Einkaufspreis	1 343,24 DM

Lösung: **Fall 554**

98 v. H.	= 518,20 DM	
100 v. H.	= 528,78 DM	
87½ v. H.	= 528,78 DM	(= ⅞)
100 v. H.	= 604,32 DM	(= ⁸⁄₈)

Lösung: **Fall 555**

99 v. H.	= 5 906,52 DM
100 v. H.	= 5 966,18 DM
97½ v. H.	= 5 966,18 DM
100 v. H.	= 6 119,15 DM

Lösung: **Fall 556**

a)
Wareneingang	220 000 DM
+ Warenanfangsbestand	16 000 DM
./. Warenendbestand	18 000 DM
./. Sachentnahmen	700 DM
Wareneinsatz	217 300 DM

$$\begin{aligned}&\text{Wareneinsatz}\\+\ &\text{Rohgewinn}\\=\ &\text{Warenumsatz}\end{aligned}$$

Bei einer Handelsspanne von 20 % beträgt der Rohgewinn 20 % des Warenumsatzes und der Wareneinsatz 80 % des Warenumsatzes.

80 % = 217 300 DM
100 % = $\dfrac{217\,300\ \text{DM} \times 100}{80}$ = 271 625 DM

b) 11 % von 271 625 DM = 29 878,75 DM
   abgerundet   29 878 DM

c) Rohgewinn (20 % des Warenumsatzes)
·/. Kosten ohne Waren
= Reingewinn (11 % des Warenumsatzes)

Bei einem Rohgewinn von 20 % des Warenumsatzes (Handelsspanne 20 %) und einem Reingewinn von 11 % des Warenumsatzes betragen die Kosten ohne Ware 9 % des Warenumsatzes.

9 % von 271 625,00 DM = 24 446,25 DM
aufgerundet   24 447 DM

Fall 557 **Lösung:**

Wareneingang		250 000 DM
+ Warenanfangsbestand		55 000 DM
		305 000 DM
·/. Warenendbestand		53 000 DM
		252 000 DM
+ Bezugskosten		6 000 DM
Wareneinsatz		258 000 DM
Warenausgang		322 500 DM
a) Handelsspanne in DM		64 500 DM
Handelsspanne in %		20
b) Kalkulationsaufschlag in %		25
c) Kalkulationsfaktor		1,25

d) Durchschnittlicher Lagerbestand

Warenanfangsbestand	55 000 DM		
+ Warenendbestand	53 000 DM		
Summe	108 000 DM	: 2 =	54 000 DM

e) Warenumschlagsgeschwindigkeit
   258 000 : 54 000 =   4,78

f) Durchschnittliche Lagerdauer
   360 Tage : 4,78 =   75 Tage

Fall 558 **Lösung:**

Anfangsbestand		146 000 DM
+ Einkäufe		968 000 DM
		1 114 000 DM
·/. Endbestand		104 000 DM
·/. Rücksendungen		10 000 DM
Wareneinsatz		1 000 000 DM
Warenverkäufe		1 270 000 DM
·/. Rücksendungen		20 000 DM
Warenumsatz		1 250 000 DM
·/. Wareneinsatz		1 000 000 DM
Rohgewinn		250 000 DM

Rohgewinnaufschlagsatz: $\dfrac{250\,000 \times 100}{1\,000\,000}$ =   25 %

Rohgewinn		250 000 DM
./. Handlungskosten		165 000 DM
Reingewinn		85 000 DM
Umsatzrendite	$\dfrac{85\,000 \times 100}{1\,250\,000} =$	6,8 %
Durchschnittlicher Lagerbestand:	$\dfrac{146\,000 + 104\,000}{2} =$	125 000 DM

Lösung: **Fall 559**

Ist-Umsatz (brutto)	204 000 DM
./. Forderungsanfangsbestand	31 000 DM
	173 000 DM
+ Forderungsendbestand	35 800 DM
	208 800 DM
./. Mehrwertsteuer (Divisor 1,16)	28 800 DM
= Sollumsatz (netto)	180 000 DM
Wareneingang	148 000 DM
+ Warenanfangsbestand	22 000 DM
	170 000 DM
./. Warenbestand	26 000 DM
Wareneinsatz	144 000 DM
Sollumsatz	180 000 DM
Wareneinsatz	144 000 DM
a) Rohgewinn	36 000 DM
b) Handelsspanne	20 v. H.
c) Kalkulationsaufschlag	25 v. H.

Lösung: **Fall 560**

Einkaufspreis (netto)	868,27 DM
./. Rabatt (10 %)	86,83 DM
Zieleinkaufspreis	781,44 DM
./. Skonto (2½ %)	19,54 DM
Bareinkaufspreis	761,90 DM
+ Bezugskostenzuschlag (5 %)	38,10 DM
Einstandspreis	800,00 DM
Kalkulationsfaktor 1,85	
Listenverkaufspreis (netto)	1 480,00 DM

Lösung: **Fall 561**

Vereinnahmte Entgelte	252 050 DM
+ Forderungen 31. 12.	24 360 DM
./. Forderungen 01. 01.	22 800 DM
= Sollumsatz	253 610 DM

Bezahlte Wareneinkaufsrechnungen	179 220 DM
·/. Warenschulden 01. 01.	28 350 DM
+ Warenschulden 31. 12.	17 010 DM
= Wareneingang	167 880 DM
+ Warenbestand 01. 01.	72 900 DM
·/. Warenbestand 31. 12.	91 800 DM
= Wareneinsatz	148 980 DM
Sollumsatz	253 610 DM
·/. Wareneinsatz	148 980 DM
= Rohgewinn	104 630 DM
·/. Betriebsausgaben ohne Ware	57 300 DM
= Reingewinn	47 330 DM

$$\text{Rohgewinnaufschlagsatz} = \frac{104\,630 \times 100}{148\,980} = 70{,}23\,\%$$

$$\text{Rohgewinnsatz} = \frac{104\,630 \times 100}{253\,610} = 41{,}25\,\%$$

$$\text{Reingewinnsatz} = \frac{47\,330 \times 100}{253\,610} = 18{,}66\,\%$$

Fall 562 **Lösung:**

1. Wareneinsatz

Bestand 01. 01.	38 500 DM
+ bezahlte Eingangsrechnungen	67 000 DM
·/. Bestand 31. 12.	46 700 DM
+ Warenschulden 31. 12.	21 700 DM
·/. Warenschulden 01. 01.	12 900 DM
	67 600 DM

2. Sollumsatz

Istumsatz	112 700 DM
+ Forderungen 31. 12.	19 300 DM
·/. Forderungen 01. 01.	16 800 DM
	115 200 DM

3. Rohgewinn = 115 200 DM ·/. 67 600 DM =   47 600 DM

   Rohgewinnaufschlag: 67 600 DM = 100 %
4.   47 600 DM = x %

$$x = \frac{47\,600 \times 100}{67\,600} = 70{,}41\,\%$$

5. Rohgewinnsatz $\frac{70{,}41}{1{,}7041}$ =   41,32 %

6. 47 600 DM ·/. 22 800 DM =   24 800 DM

Fachrechnen – Lösungen   669

Lösung: **Fall 563**

Selbstkostenpreis: $\dfrac{110 \times 125}{100}$ = 137,50 DM

Bezugspreis: $\dfrac{450 \times 100}{135}$ = 333,33 DM

Zielverkaufspreis: $\dfrac{646 \times 100}{97}$ = 665,98 DM

Zieleinkaufspreis: $\dfrac{960 \times 94}{100}$ = 902,40 DM

Selbstkostenpreis: $\dfrac{135 \times 100}{121}$ = 111,57 DM

Lösung: **Fall 564**

	Gewicht/kg	Wert/DM		Versicherung		Fracht	Gesamtwert
a	6 534	214 500	+	429,00	+	579,15	= 215 508,15
b	8 910	196 000	+	329,00	+	789,75	= 197 118,75
c	4 356	209 100	+	418,20	+	386,10	= 209 904,30
	19 800					1 755,00	

	Gesamtwert		Gewicht		Wert/kg
a	215 508,15	:	6.534	=	32,98 DM
b	197 118,75	:	8 910	=	22,12 DM
c	209 904,30	:	4 356	=	48,19 DM

Lösung: **Fall 565**

1. Einstandspreis   100 % =   100 DM
   Verkaufspreis   200 DM
   Handelsspanne $\underline{100\text{ DM}}$ = 50%
2. 125 DM × Faktor = 200 DM

   Faktor = $\dfrac{200}{125}$ = 1,6

Lösung: **Fall 566**

	Kalkulation (alt)		Kalkulation (neu)
Einstandspreis			105 DM
× 1,5			
Ladenpreis (alt)	150 DM	+ 3,5 %	155,25 DM
Rohgewinn (neu)			50,25 DM

Kalkulationszuschlag = $\dfrac{50,25 \times 100}{105}$ = 47,857 %

Kalkulationsfaktor 155,25 : 105 = $\underline{\underline{1,48}}$

Fall 567 Lösung:

Einstandspreis	100 % + 7 % =	107 %
+ Kalkulationszuschlag	50 %	
	150 % + 6 % =	156 %
Rohgewinn neu		49 %

a) Neuer Kalkulationszuschlag = 49 : 107 × 100 = 45,79 %

b) Handelsspanne, alt = 50 : 150 × 100 = 33,33 %

c) Handelsspanne, neu = 49 : 156 × 100 = 31,41 %

d) Einstandspreis   107 00 DM
   + 20 % Handlungskostenzuschlag   21,40 DM
   Selbstkosten   128,40 DM
   + Gewinn zum Verkaufspreis   27,60 DM
   Verkaufspreis   156,00 DM

Gewinnzuschlag = 27,60 : 128,40 × 100 = 21,50 %

Fall 568 Lösung:

Inventurwerte zu Verkaufspreisen   387 500 DM
·/. Ware aus dem Vorjahr   87 500 DM
verbleiben   300 000 DM

Bilanzwert 300 000 : 175 × 100 =   171 428 DM
Bilanzwert 87 500 : 175 × 100 =   50 000 DM
Teilwertabschlag 50 %   25 000 DM
verbleiben   25 000 DM > 25 000 DM
Bilanzwert 31. 12. 2000 insgesamt   196 428 DM

Fall 569 Lösung:

Selbstkosten   250,00 DM
+ Gewinnaufschlag 15 %   37,50 DM
Barverkaufspreis   287,50 DM
+ Kundenskonto 3 %   8,89 DM
Zielverkaufspreis   296,39 DM
+ Kundenrabatt 25 %   98,80 DM
Listenverkaufspreis   395,19 DM
Listenverkaufspreis in Dollar =
    395,19 DM : 1,50 = 263,46 Dollar

Fall 570 Lösung:

Empf. Ladenverkaufspreis = Listeneinkaufspreis brutto   812,00 DM
·/. 16 % USt   112,00 DM
Nettoeinkaufspreis   700,00 DM
·/. Wiederverkäufer-Rabatt 30 %   210,00 DM
Zieleinkaufspreis   490,00 DM
·/. 3 % Skonto   14,70 DM
Bareinkaufspreis   475,30 DM

Fachrechnen – Lösungen 671

+ Bezugskosten	11,70 DM
Einstandspreis	487,00 DM
+ allgemeine HK 27 %	131,49 DM
Selbstkosten (= 100 %)	618,49 DM
+ Gewinn (= 10,9 %)	67,51 DM
Barverkaufspreis	686,00 DM
+ 2 % Skonto	14,00 DM
Zielverkaufspreis	700,00 DM
+ 16 % USt	112,00 DM
Empfohlener Verkaufspreis	812,00 DM

Lösung: **Fall 571**

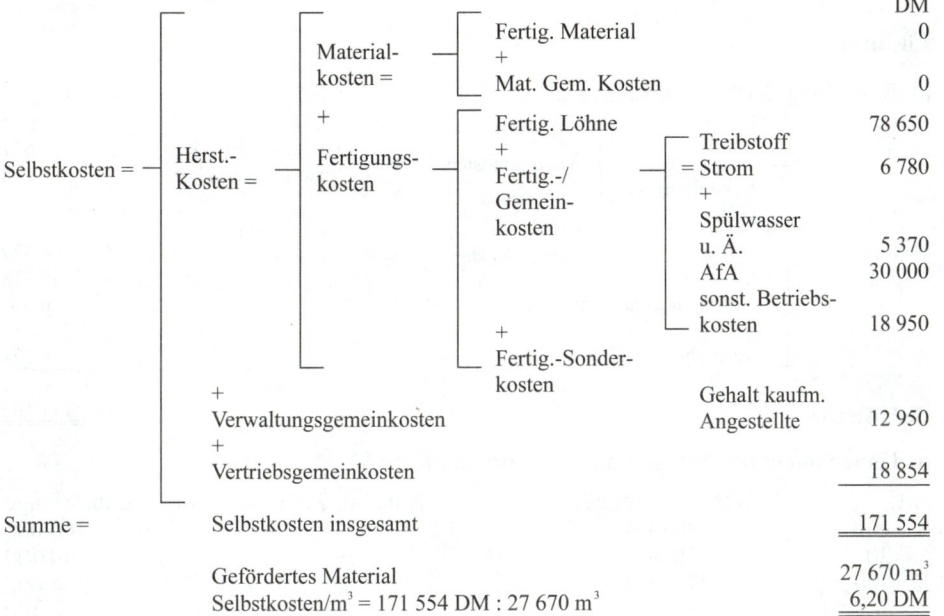

	DM
Fertig. Material	0
Mat. Gem. Kosten	0
Fertig. Löhne	78 650
Treibstoff	
Strom	6 780
Spülwasser u. Ä.	5 370
AfA	30 000
sonst. Betriebskosten	18 950
Gehalt kaufm. Angestellte	12 950
Vertriebsgemeinkosten	18 854
Selbstkosten insgesamt	171 554
Gefördertes Material	27 670 m³
Selbstkosten/m³ = 171 554 DM : 27 670 m³	6,20 DM

(Fertig. Löhne 78 650 enthält u. a. Treibstoff-Position; Strom 6 780)

Lösung: **Fall 572**

Netto-Verkaufspreis	57 000,00 DM
./. 4 % Rabatt	2 280,00 DM
Zielverkaufspreis	54 720,00 DM
./. Gewinnzuschlag 12,5 %	6 080,00 DM
Selbstkosten	48 640,00 DM
./. Verwaltungs- u. Vertriebsgemeinkosten 25 %	9 728,00 DM
Herstellungskosten	38 912,00 DM
./. Fertigungsgemeinkosten (600 % v. 4 800 DM)	28 800,00 DM
./. Fertigungslöhne	4 800,00 DM
Materialkosten (= 112 %)	5 312,00 DM
./. Materialgemeinkosten 12 %	569,14 DM
Materialeinzelkosten	4 742,86 DM

Fall 573 **Lösung:** Nach EStR 33 sind anzusetzen:

Herstellungskosten

Fertigungseinzelkosten	80 000 DM
Fertigungsgemeinkosten	48 000 DM
Materialeinzelkosten	30 000 DM
Materialgemeinkosten	2 400 DM
a) aktivierungspflichtige Herstellungskosten	160 400 DM
Verwaltungskosten	8 020 DM
b) aktivierungsfähige Herstellungskosten	168 420 DM

Vertriebskosten gehören nicht zu den Herstellungskosten.

Fall 574 **Lösung:**

a) Ermittlung der Selbstkosten

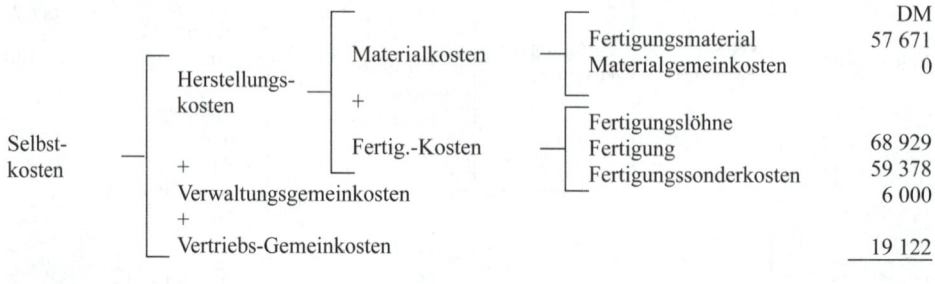

	DM
Fertigungsmaterial	57 671
Materialgemeinkosten	0
Fertigungslöhne Fertigung	68 929
Fertigungssonderkosten	59 378
	6 000
	19 122
Selbstkosten	211 100

b) Umrechnung der Mengen auf die Normalart X 16

Art.	Hergest. Menge		Äquival. Zahl		umgerechn. Menge
X 16	380 000	×	1	=	380 000
XP 20	78 000	×	1,8	=	140 400
X 320	270 000	×	1,2	=	324 000
					844 400

c) Ermittlung der Selbstkosten

pro Stück der umgerechneten Menge =
Selbstkosten: umgerechnete Menge 844 400 St.   = $\frac{211\ 000\ DM}{0{,}25\ DM/St.}$

d) Ermittlung der Selbstkosten pro Stück der hergest. Menge

= Selbstkosten/St.   ×   Äquiv. Zahl   =   gefragte
umgerechnete Menge   Selbstkosten

Typ X 16	0,25 × 1	= 0,25 DM
Typ XP 20	0,25 × 1,8	= 0,45 DM
Typ X 320	0,25 × 1,2	= 0,30 DM

Lösung: Fall 575

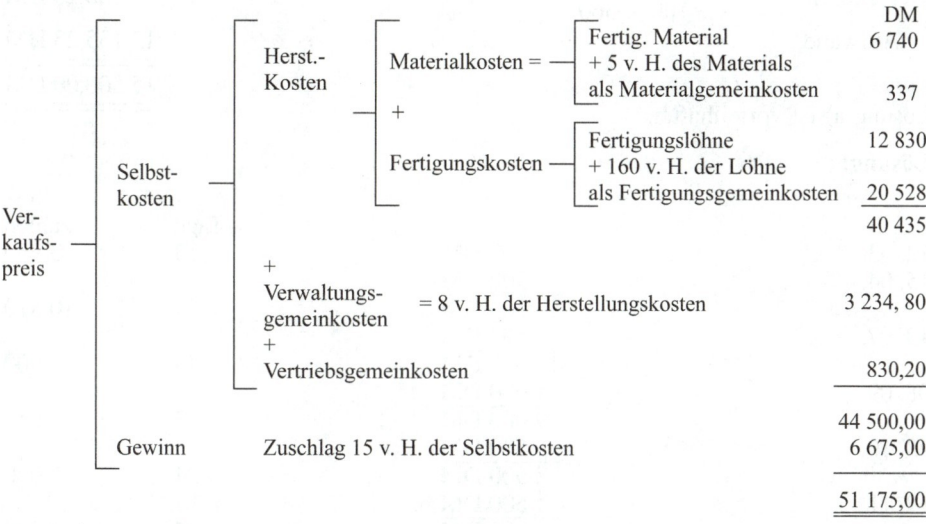

Lösung: Fall 576

$$Z = \frac{K \times i \times p}{100} = \frac{9115 \times 7{,}5 \times 86}{100 \times 360} = \underline{163{,}31 \text{ DM}}$$

Bei Berechnung der Zinsen nach Tagen : $i = \frac{\text{Zahl der Tage}}{360}$

Lösung: Fall 577

$$p = \frac{Z \times 100}{K \times i} = \frac{570 \times 100 \times 360}{7000 \times 320} = \underline{9{,}16 \text{ v. H.}}$$

Lösung: Fall 578

$$i = \frac{Z \times 100}{K \times p} = \frac{280 \times 100 \times 3 \times 360}{6300 \times 20} = \underline{240 \text{ Tage}}$$

Lösung: Fall 579

$$p = \frac{Z \times 100}{K \times i} = \frac{74 \times 100}{96 \times 10} = \underline{7{,}708 \text{ v. H.}}$$

Anmerkung zur Zahl 74:

Bei einem Nennkapital von 100 DM sind jährlich 7 DM Zinsen zu zahlen, in 10 Jahren also 70 DM. Weitere 4 DM Zinsen ergeben sich aus dem Unterschied zwischen dem tatsächlich ausbezahlten Kapital von 96 DM und dem zurückzuzahlenden Kapital von 100 DM.

Lösung: Fall 580

a) Kaufpreis 15 500,00 DM
 ./. 3 v. H. Skonto 465,00 DM
 verbleiben 15 035,00 DM

+ Zinsen $\quad \dfrac{15\,035 \times 12 \times 20}{100 \times 360} =$ 100,23 DM

Aufwand 15 135,23 DM

b) 15 500,00 DM

Lösung a) ist vorteilhafter.

Fall 581 **Lösung:**

		Tage	Zins- zahlen
12. 03.	12 000 DM	33	3 960
15. 04.	500 DM		
	11 500 DM	94	10 810
19. 07.	1 500 DM		
	10 000 DM	49	4 900
08. 09.	1 000 DM		
	9 000 DM	45	4 050
23. 10.	500 DM		
	8 500 DM	24	2 040
17. 11.	500 DM		
	8 000,00 DM	25	2 000
12. 12.	500,00 DM		
31. 12.	7 500,00 DM	18	1 350
29 110 : 45 =	646,88 DM Zinsen	288	29 110

Schuld 31. 12.   7 500,00 DM
+ Zinsen   646,88 DM
Gesamtschuld 31. 12.   8 146,88 DM

Anmerkung zur Zahl 45: 360 Tage : 8 %

Fall 582 **Lösung:**

	Betrag	Wert	Tage	Zinszahlen
	18 000	13. 03.	137	24 660
./.	6 000	01. 05.	89	./. 5 340
./.	6 000	15. 06.	45	./. 2 700
./.	6 000	30. 07.	–	–
				16 620

Zinsen = 16 620 : 60 =   277 DM

Fall 583 **Lösung:**

Wert	S/H	DM	Tage	S-Zinszahlen	H-Zinszahlen
31. 12.	H	82 420,00	20		16 484
20. 01.	S	50 000,00			
	H	32 420,00	112		36 310
12. 05.	H	12 500,00			
	H	44 920,00	93		41 776
15. 08.	S	65 000,00			
	S	20 080,00	70	14 056	
25. 10.	H	40 000,00			

31. 12.	H	19 920,00	65		12 948
Sollzinsen		390,44	360	14 056	107 518
Habenzinsen	+	2 389,29			
31. 12.	H	21 918,85			

Sollzinsen   14 056 : 36 =   390,44 DM
Habenzinsen   107 518 : 45 = 2 389,29 DM

Lösung: **Fall 584**

Darlehen	Termin	Tage	Zinszahl
2 500	16. 03.	284	7 100
3 500	10. 06.	200	7 000
6 000	01. 07.	179	10 740
1 500	31. 10.	60	900
13 500			25 740

$500 = \dfrac{25\,740}{360 \times p}$ $\qquad$ $p = \dfrac{500 \times 360}{25\,740}$ $\qquad$ $p = 6{,}99 = 7\,\%$

Lösung: **Fall 585**

Jahresmiete		21 600 DM
Steuern und Abgaben	1 500 DM	
AfA	3 500 DM	
Zinsen I. Hypothek	3 575 DM	
Zinsen II. Hypothek	3 465 DM	
Sonstiges	170 DM	
Reparaturen	3 240 DM	15 450 DM
Überschuss		6 150 DM
Eigenkapital (220 000 DM ./. 55 000 DM ./. 42 000 DM)		123 000 DM

$\dfrac{6150 \text{ DM} \times 100}{123\,000 \text{ DM}} = 5 \text{ v. H. Verzinsung}$

Lösung: Die Rentabilität des Eigenkapitals beträgt: **Fall 586**

Kaufpreis	180 000 DM
./. Fremdmittel	65 000 DM
Eigenkapital	115 000 DM
Mieteinnahmen monatlich 950 DM × 12 =	11 400 DM
./. Schuldzinsen I. Hypothek 6 % v. 40 000 DM =	2 400 DM
./. Schuldzinsen II. Hypothek 8 % v. 25 000 DM =	2 000 DM
./. nicht umlagefähige Kosten	1 800 DM
Überschuss	5 200 DM

Die Rendite des Eigenkapitals beträgt:
Überschuss × 100 : Eigenkapital = 5 200 × 100 : 115 000 DM = 4,52 %

Fall 587 **Lösung:** Erwartete Verzinsung

6 % v. 400 000 DM =	24 000 DM

Erwartete Aufwendungen

Zinsen I. Hyp. 4,5 % v. 360 000 DM =	16 200 DM
+ Zinsen II. Hyp. 5,5 % v. 140 000 DM =	7 700 DM
+ übrige Kosten =	24 100 DM
Gesamtaufwand	48 000 DM
Gesamtaufwand	48 000 DM
+ Überschuss	24 000 DM
= Jahresmiete	72 000 DM
= Monatsmiete	6 000 DM

Fall 588 **Lösung:** Nennwert der Anleihen 10 000 DM

Kurswert 78 % =	7 800,00 DM
+ Stückzinsen 5,625 % vom 20. 09. bis 11. 07.	
= 291 Tage	454,69 DM
+ Kaufspesen	
0,5 v. H. Provision vom Nennwert =	50,00 DM
0,75 v. T. Courtage vom Nennwert =	7,50 DM
Telexgebühr	3,00 DM
Bankbelastung	8 315,19 DM

Fall 589 **Lösung:**

	18. 09.		Tage	Diskontzahlen
1 470 DM	f.	29. 09.	11	162
3 687 DM	f.	13. 10.	25	922
6 491 DM	f.	30. 11.	72	4 674
4 119 DM	f.	01. 12.	73	3 007
15 767 DM				8 765
./. 182,61 DM	Diskont (8 765 : 48 = 182,604 DM)			
15 584,39 DM	Barwert am 18. 09.			

Fall 590 **Lösung:**

a) Rechnungsbetrag   34 000 DM (f. 01. 09.)
   ./. 2 v. H. Skonto   680 DM
   Schuld per 15. 06.   33 320 DM

				Diskontzahlen	
b) 15. 06.		Tage	10 v. H.		9 v. H.
3 600,00 DM	f. 01. 07.	16	576		
6 250,00 DM	f. 15. 07.	30			1 875
4 800,00 DM	f. 08. 08.	53			2 544
3 700,00 DM	f. 24. 08.	69	2 553		
18 350,00 DM			3 129		4 419
./. 86,92 DM			3 129 : 36 =		86,916
./. 110,48 DM			4 419 : 40 =		110,475
18 152,60 DM Barwert am 15. 06					

c) Schuld per 15. 06.   33 320,00 DM
·/. Barwert der Wechsel per 15. 06.   18 152,60 DM
Restschuld per 15. 06.   15 167,40 DM

Der Scheck muss über 15 167,40 DM lauten.

Lösung: **Fall 591**

10. 09.		Tage	Diskontzahlen
135,00 DM	f. 24. 09.	14	96 *)
5 200,00 DM	f. 20. 10. (+ 2 T.)	42	2 184
2 634,00 DM	f. 08. 11.	58	1 528
1 280,00 DM	f. 02. 12. (+ 1 T.)	83	1 062
9 249,00 DM			4 870
·/. 101,46 DM	Diskont 4 870 : 48 =		101,458 DM
·/. 3,64 DM	Spesen		
9 143,90 DM	Barwert am 10. 09.		

*) Mindestdiskontzahl bei 7,5 v. H. = $\dfrac{2 \times 360}{7,5}$ = 96

b) Diskont   101,46 DM = 115 v. H.
·/. USt   13,23 DM =   15 v. H.
= Änderung der
   Bemessungsgrundlage   88,23 DM = 100 v. H.
Die Steuerberichtigung beträgt   13,23 DM

G. Wirtschaftslehre

Fall 592 Geschäftsfähigkeit/Rechtsfähigkeit

Lösung:
1. Der Kaufvertrag ist wegen Geschäftsunfähigkeit des Kindes nichtig (§§ 104 und 105 BGB). Das Kind hat eine eigene Willenserklärung abgegeben und handelte deshalb nicht als Bote.
2. **Geschäftsfähigkeit** ist die Fähigkeit, Rechtsgeschäfte wirksam abzuschließen. Das BGB unterscheidet folgende Stufen:
   - Die Geschäftsunfähigkeit bis zum vollendeten siebenten Lebensjahr,
   - die beschränkte Geschäftsfähigkeit Minderjähriger zwischen dem siebenten und dem achtzehnten Lebensjahr (§ 106 BGB)
   - und der vollen Geschäftsfähigkeit ab dem achtzehnten Lebensjahr.

   Rechtsfähigkeit ist die Fähigkeit von Personen, Träger von Rechten und Pflichten zu sein. Die Rechtsfähigkeit des Menschen beginnt mit der Vollendung der Geburt (§ 1 BGB). Die Rechtsfähigkeit endet mit dem Tode (§ 1922 BGB).

Fall 593 Taschengeld Minderjähriger

Lösung: Die Erteilung des Auftrags durch den noch minderjährigen Schüler ist nach § 110 BGB unwirksam, weil der minderjährige Schüler die „vertragsgemäße Leistung nicht mit seinen Geldmitteln bewirkt", sondern einen Rest schuldig bleibt. Damit ist das Rechtsgeschäft von Anfang an - schwebend - unwirksam.

Fall 594 Willenserklärung

Lösung: Der Steuerberater hat das zu niedrig in Rechnung gestellte Honorar nachzufordern. Dazu ist er schon nach der StBGebV verpflichtet. Die falsche Honorarrechnung hat er wegen Irrtums anzufechten (§ 119 BGB).

Fall 595 Vertragsabschluss

Lösung:

zu 1: **Ein Vertrag kommt durch Antrag und Annahme zustande (§ 145 ff. BGB).**
zu 2: **Rechtsgeschäfte sind grundsätzlich formfrei**
   Ausnahmen z. B.:
   a) Schuldversprechen (Schriftform nach § 780 BGB), formfrei als Handelsgeschäft nach §§ 350, 351 HGB.
   b) Schuldanerkenntnis (Schriftform nach § 781 BGB).
   c) Grundstücksgeschäfte, Schenkungsversprechen (notarielle Beurkundung nach § 128 BGB).
   d) Eintragungen ins Grundbuch, ins Handels- und Vereinsregister (notarielle Beurkundung nach § 129 BGB).
zu 3: **Bedeutsame Vertragsarten**
   Kaufvertrag, Tauschvertrag, Werkvertrag, Dienstvertrag, Gesellschaftsvertrag, Leihvertrag, Darlehensvertrag, Mietvertrag, Pachtvertrag. Ein Rechtsgeschäft ist nichtig (also unwirksam von Anfang an, als sei es nicht abgeschlossen worden.

zu 4: Nichtige und anfechtbare Rechtsgeschäfte
Derjenige, der eine Willenserklärung wirksam abgegeben hat, ist grundsätzlich an diese gebunden. In einigen Fällen sind jedoch Willenserklärungen von vornherein nichtig; auch sieht das Gesetz die Möglichkeit vor, Willenserklärungen durch Anfechtung wieder zu beseitigen. Die Anfechtung eines Vertrages muss durch eine Erklärung gegenüber dem Vertragspartner erfolgen. Die Anfechtung ist wirksam, wenn ein Anfechtungsgrund besteht.

zu 4 a): Nichtige Rechtsgeschäfte
- Geschäft mit einem Geschäftsunfähigen (§ 105 BGB)
- Geschäft mit einem beschränkt Geschäftsfähigen ohne Einwilligung des gesetzlichen Vertreters (§ 107 BGB)
- Scheingeschäft (§ 117 BGB)
- Scherzgeschäft (§ 118 BGB)
- Geschäft gegen ein gesetzliches Verbot (§ 134 BGB)
- Geschäft gegen die guten Sitten, z. B. Wucher (§ 138 BGB)
- Geschäft, das eine unmögliche Leistung zum Gegenstand hat (§ 306 BGB)

zu 4 b): Anfechtbare Rechtsgeschäfte
- Abgabe einer Willenserklärung, die nicht abgegeben werden sollte (versprochen oder verschrieben; § 119 Abs. 1 BGB).
- Abgabe einer Willenserklärung bei Irrtum über die wesentlichen Eigenschaften einer Person oder einer Sache (§ 119 Abs. 2 BGB).
- Abgabe einer Willenserklärung durch arglistige Täuschung oder Drohung (§ 123 BGB).

Vertragsabschluss, Anfechtung wegen Irrtums — Fall 596

Lösung: a) Ein Kaufvertrag ist zustande gekommen, da zunächst zwei übereinstimmende Willenserklärungen (Angebot und Annahme) vorhanden sind (§ 145 BGB).

b) Klotzig kann den Vertrag wegen Irrtums anfechten, da er ein Angebot über 6 930 DM nicht abgeben wollte (§§ 119, 143 BGB).

c) Klotzig muss für den vergeblichen Werbeaufwand des Reifig Schadenersatz leisten (§ 122 BGB).

Vertragsarten/Vertragsinhalt — Fall 597

Lösung: Ludger Heims hat mehrere nachfolgend erläuterte Verträge abgeschlossen:

Die einzelnen Sachverhalte:	Bezeichnung des Vertrages	Inhalt des Vertrages
a) Heims überlässt seine Drogerie mit Einrichtung dem Kaufmann Alfons Hagen für mtl. 2 000 DM	Pachtvertrag (§ 581 BGB)	Überlassung der Drogerie und des Ertrages daraus gegen Pachtzins
b) Heims überlässt seinem Freund vorübergehend unentgeltlich sein Wohnmobil	Leihvertrag (§ 598 BGB)	Unentgeltliche Überlassung einer Sache

c) Heims lässt sich bei der Erstellung seiner Einkommensteuererklärung von einem Steuerberater beraten	Dienstvertrag (§ 611 BGB)	Dienstleistung gegen vereinbarte Vergütung
d) Heims lässt sein Auto in der Werkstatt reparieren	Werkvertrag (§ 631 BGB)	Herstellung eines Werkes gegen vereinbarte Vergütung
e) Heims lässt sich eine Gartenbank anfertigen	Werklieferungsvertrag (§ 651 BGB)	Erstellung eines Werkes und Beschaffung des benötigten Stoffes gegen vereinbarte Vergütung

Fall 598 Einzelne Rechtsgeschäfte

Lösung a: Der Bürgschaftsvertrag ist nicht zustande gekommen, da er nur mündlich geschlossen wurde. Für einen Bürgschaftsvertrag ist aber Schriftform vorgeschrieben (§ 125 BGB). Der Vertrag ist infolge Formmangels nichtig.

Lösung b: Der Darlehensvertrag ist nichtig, da er wegen Wucher gegen die guten Sitten verstößt (§ 138 BGB), denn der Zinssatz ist höher als das Zweifache des Marktzinses.

Lösung c: Der Kaufvertrag ist gültig, aber anfechtbar wegen arglistiger Täuschung (§ 123 BGB).

Fall 599 Kaufvertrag

Lösung: Der Kaufvertrag ist zustande gekommen,

a) wenn das Angebot verbindlich war, durch Bestellung,

b) wenn das Angebot unverbindlich war, durch Bestellungsannahme (§ 145 BGB).

Obwohl ein zweiseitiges Handelsgeschäft vorliegt (§ 343 HGB), gelten grundsätzlich die Vorschriften des BGB, weil ergänzende bzw. abweichende Bestimmungen des HGB fehlen.

Fall 600 Kaufvertrag

Lösung:

a) Der Kaufvertrag ist nicht zustande gekommen, weil keine übereinstimmenden Willenserklärungen vorliegen (§ 151 BGB).

b) Der Kaufvertrag ist nach Annahme der Bestellung zustande gekommen (übereinstimmende Willenserklärungen).

Fall 601 Unbestellte Ware

Lösung: Unbestellte Ware muss nicht bezahlt werden. In der Zusendung unbestellter Ware liegt das Angebot auf Abschluss eines Kaufvertrages. Schweigt der Empfänger, so kommt kein Vertrag zustande, denn Schweigen auf ein unterbreitetes Angebot kann nicht als dessen Annahme gewertet werden. Es besteht auch keine Verpflichtung, die Ware zurückzusenden. Die Ware ist lediglich einige Zeit aufzubewahren.

Das gilt auch bei Lieferung unbestellter Ware unter Kaufleuten. Zwar ist im Handelsverkehr oftmals das Schweigen auf einen Antrag als Zustimmung zu werten (§ 362 BGB), aber ausschließlich bei sog. Geschäftsbesorgungsverträgen, wie z. B. bei Transportaufträgen, nicht im Falle von Warenlieferungen.

Erfüllung des Vertrages

Fall 602

Lösung: Der Vertrag zwischen Reifig und Klotzig begründet ein Schuldverhältnis, kraft dessen jeder Vertragspartner vom anderen eine bestimmte Leistung fordern kann (§ 241 BGB).

Die Vertragspartner haben zu leisten:

a) **Großhändler Klotzig**
- Übertragung des Eigentums (§ 433 BGB)
- Rechtzeitige und mangelfreie Lieferung
- Annahme des Kaufpreises

b) **Fahrradhändler Reifig**
- Vereinbarungsgemäße Zahlung des Kaufpreises (§ 270 BGB)
- Ordnungsgemäße Annahme der Ware
- Unverzügliche Prüfung der Ware (§ 377 HGB)

Die Eigentumsübertragung kann erfolgen durch
- Einigung und Übergabe (§ 929 BGB)
- Einigung und Abtretung des Herausgabeanspruches (§ 931 BGB)
- Besitzkonstitut (§ 930 BGB)

Erfüllungsort

Fall 603

Lösung:

a) Der gesetzliche Erfüllungsort für die Lieferung ist Dortmund, weil der Schuldner der Warenlieferung zurzeit des Vertragsabschlusses (Entstehung des Schuldverhältnisses) in Dortmund seinen Sitz hat (§ 269 BGB).

b) Die Bedeutung des Erfüllungsortes besteht im Wesentlichen darin, dass der Schuldner am Erfüllungsort durch rechtzeitige und mangelfreie Lieferung von seiner vertraglichen Verpflichtung frei wird. Dies gilt im Zweifel auch für die Übermittlung des Geldes zur Bezahlung der Ware (§ 270 BGB).

Fixgeschäft (Lieferverzug)

Fall 604

Lösung: Es handelt sich um ein Fixgeschäft, weil nach dem Vertrag die Leistung des einen Teiles genau zu einer fest bestimmten Zeit bewirkt werden soll (§ 361 BGB). Da Lieferungsverzug eingetreten ist, kann Landwirt Boden vom Vertrag zurücktreten.

Landwirt Boden kann aber auch verlangen, dass Klotzig unverzüglich die Lieferung erklärt. Er kann aber auch Schadenersatz verlangen (§ 376 HGB).

Fall 605 Lieferung unter Eigentumsvorbehalt

Lösung: Bei Lieferung unter Eigentumsvorbehalt ist trotz Übergabe eine Eigentumsübertragung noch nicht erfolgt. Sie erfolgt erst bei vollständiger Bezahlung des Kaufpreises (§ 455 BGB).

Gleichwohl hat Stark keinen Anspruch an die Tiefbau-GmbH auf Herausgabe des Kleinbaggers, da die Tiefbau-GmbH das Gerät in gutem Glauben erworben hat (§ 932 Abs. 1 BGB). Die Tiefbau-GmbH hat in gutem Glauben erworben, wenn ihr nicht bekannt oder ohne grobe Fahrlässigkeit unbekannt war, dass die Sache nicht dem Veräußerer gehört (§ 932 Abs. 2 BGB).

An den Insolvenzverwalter hat Stark dagegen einen Anspruch auf Herausgabe des anderen Kleinbaggers durch Aussonderung (§ 985 BGB). Das Sicherungseigentum des Stark wird im Insolvenzverfahren wie ein Pfandrecht behandelt (§ 1204 BGB).

Fall 606 Handelskauf, Annahmeverzug

Lösung: Infolge Annahmeverzug haftet der säumige Käufer (Baumaschinenhändler Stark) für den zufälligen Untergang der Ware (§ 373 HGB). Die Haftung des Verkäufers ist beschränkt auf grobe Fahrlässigkeit. Der Selbsthilfeverkauf erfolgt für Rechnung des säumigen Käufers und muss ihm vorher mit Fristsetzung mitgeteilt werden. Ferner ist der Verkäufer gehalten, dem Käufer vorher Zeit und Ort der öffentlichen Versteigerung mitzuteilen, damit er ggf. mitbieten kann (§ 373 Abs. 5 HGB).

Fall 607 Besitzkonstitut (Besitzmittlungsverhältnis)

Lösung: Pils wird durch Kaufvertrag vom 31. 12. 2000 Eigentümer der Gaststätte. Korn bleibt aber bis zum 31. 12. 2001 durch den Pachtvertrag Besitzer (Fremdbesitzer).

Die Eigentumsübertragung der Gaststätte auf Pils erfolgte unter der Vereinbarung eines Besitzmittlungsverhältnisses in der Form eines Pachtvertrages. Dies bedeutet, dass Korn nach Veräußerung der Gaststätte weiterhin Besitzer bleibt, nunmehr aber nicht als Eigentümer, sondern als Pächter. Der Erwerber Pils ist mittelbarer Eigenbesitzer und Eigentümer geworden (§ 930 BGB).

Anmerkung: Der bedeutendste Fall der Eigentumsübertragung unter Vereinbarung des Besitzkonstituts nach § 930 BGB ist die Sicherungsübereignung.

Fall 608 Schlechterfüllung eines Vertrages

Lösung:

a) Bei schlechter Erfüllung eines Kaufvertrages hat der Käufer grundsätzlich das Recht auf
   - Minderung/Preisnachlass (§ 462 BGB)
   - Wandelung/Rückgängigmachung (§ 462 BGB)
   - Schadensersatz (§ 463 BGB)
   - Tausch/Ersatzlieferung (§ 480 BGB – im Falle eines Gattungskaufs)

b) Der Käufer wird sich entscheiden für
   - Minderung/Preisnachlass, sofern die Ware noch zu verwenden ist,

- Wandelung/Rückgängigmachung, sofern die Ware nicht zu verwenden oder einwandfreie Ware anderweitig zu beschaffen ist, evtl. noch günstiger,
- Schadensersatz bei arglistiger Täuschung oder bei Fehlen einer zugesicherten Eigenschaft,
- Tausch/Ersatzlieferung, sofern die Ware nicht zu verwenden ist.

Mängelrügen   Fall 609

Lösung:

a) Da ein zweiseitiger Handelskauf vorliegt, muss der Käufer die Sendung unverzüglich prüfen und ggf. rügen (§ 377 HGB).

b) Folgende Arten von Mängeln liegen vor:
   Nr. 1: Quantitätsmangel
   Nr. 2: Qualitätsmangel
   Nr. 3: Falschlieferung

c) Die Bäckerei kann folgende Rechte geltend machen:
   Nr. 1: Rücknahme der Mehrlieferung
   Nr. 2: Minderung des Kaufpreises oder Ersatzlieferung (§ 462 BGB)
   Nr. 3: Ersatzlieferung oder Wandelung (§ 462 BGB), im Falle arglistiger Täuschung Schadensersatz nach § 463 BGB.
   Nr. 4: Ein Aufrechnungsgrund ist nicht gegeben. Es liegt ein Irrtum seitens des Bestellers vor.

Mängelrügen   Fall 610

Lösung:

a) Der Käufer Reifig muss die von ihm erkannten Mängel der Lieferung **unverzüglich** anzeigen, da ein zweiseitiger Handelskauf gegeben und der Mangel offen zutage getreten ist (§ 377 HGB).

b) Käufer Reifig wird die Fahrräder und die Rennsportjacken zurückgeben und Ersatzlieferung oder Wandelung nach § 462 BGB verlangen. Für die Rennsporthosen in hellblau wird er Minderung (Preisnachlass § 462 BGB) verlangen, da er dunkelblaue Hosen bestellt hat.

c) Wegen der nicht gelieferten Kindersitze kann Reifig die Annahme ablehnen, wenn er zur Bewirkung der Lieferung eine angemessene Frist gesetzt hat (§ 326 BGB). Der Lieferer befindet sich erst dann in Lieferungsverzug, wenn er mit Fristsetzung angemahnt wurde.

d) Konkreter Schaden bei Lieferungsverzug: z. B. Mehrpreis bei Deckungskauf; abstrakter Schaden: entgangener Gewinn, Kundenverlust.

e) Wegen der Fahrradglühbirnen mit den falschen Fassungen (nach USA-Norm) kann Reifig keine Wandelung geltend machen, da der Anspruch nach 8 Monaten seit Lieferung bereits verjährt ist. Die Verjährungsfrist beträgt nach § 477 BGB bei beweglichen Sachen 6 Monate nach Ablieferung.

Fall 611 **Mängelrügen**

Lösung: Die Lieferung erfolgte an Reifig als Privatperson. Somit hat eine Mängelrüge Aussicht auf Erfolg, wenn sie innerhalb einer Frist von 6 Monaten nach der Lieferung erfolgt (§ 477 BGB).

Fall 612 **Zahlungsverzug**

Lösung:

1. Der Schuldner kommt in Zahlungsverzug, wenn er nach erfolgter Mahnung nicht zahlt (§ 284 BGB). Nach dem am 1. 5. 2000 in Kraft getretenen „Gesetz zur Beschleunigung fälliger Zahlungen" gerät der Schuldner stets 30 Tage nach Fälligkeit und Zugang einer Rechnung (oder einer gleichwertigen Zahlungsaufforderung) in Verzug (§ 284 Abs. 3 BGB). Allerdings muss der Gläubiger den Zeitpunkt des Zugangs der Rechnung (bzw. Zahlungsaufforderung) beweisen, so dass sich eine Übersendung mittels eingeschriebenem Brief empfiehlt.

   Der Zahlungsverzug tritt im vorliegenden Fall daher durch Zeitablauf „automatisch" ein, eine Mahnung wäre demnach entbehrlich. Groß könnte gegen die Spieß GmbH gleich gerichtlich (Mahnbescheid) vorgehen. Um die Geschäftsverbindung jedoch nicht zu gefährden, wird er die GmbH jedoch an ihre Zahlungspflicht nochmals erinnern.

2. Der Mahnbescheid ist beim Amtsgericht des Gläubigers zu beantragen. Das Einreichen eines Antrags auf Erlass eines Mahnbescheids bewirkt die Unterbrechung der Verjährung. Das gerichtliche Mahnverfahren wird dadurch beendet, dass der Schuldner zahlt. Wenn der Schuldner auf die Mahnung nicht reagiert, kann der Gläubiger Vollstreckungsbescheid beantragen. Der Schuldner kann gegen die Mahnung Widerspruch bei dem Gericht erheben, das den Mahnbescheid erlassen hat. Dann erfolgt mündliche Verhandlung vor Gericht (§ 697 ZPO).

3. Im Falle des Zahlungsverzugs kann der Gläubiger Verzugszinsen und Kostenersatz verlangen. Der Zinssatz beträgt nach § 352 HGB 5 %, bei Privatgeschäften nach § 288 BGB ebenfalls 5 %.

Fall 613 **Verjährung**

Lösung: a) Nach vollendeter Verjährung ist der Schuldner berechtigt, die Leistung zu verweigern. Fahrradhändler Reifig kann somit das von ihm geleistete nicht zurückfordern, obwohl die Leistung in Unkenntnis der Verjährung erfolgte (§ 222 Abs. 2 BGB). Ohne Forderung kann er somit nicht aufrechnen (§ 389 BGB).

b) Verjährung bedeutet, dass die Frist abgelaufen ist, innerhalb derer ein Anspruch gerichtlich durchgesetzt werden kann (§ 194 BGB).

c) Nach bürgerlichem Recht besteht das Recht der Einrede, d. h. der Schuldner kann die Zahlung verweigern, weil der Anspruch verjährt ist. Nach dem Steuerrecht erlöschen Ansprüche aus dem Steuerschuldverhältnis, d. h. die Finanzbehörde darf verjährte Steuerschulden nicht mehr einfordern (§ 232 AO).

Verjährungsfristen   Fall 614

Lösung:

zu 1:

Forderung	Verjährungsfrist/ §§ BGB
a) Ein Rentner verkaufte einem Pensionär seine Briefmarkensammlung	30 Jahre/§ 195
b) Ein Autohändler verkaufte einem Arbeitslosen ein gebrauchtes Auto	2 Jahre/§ 196 Abs. 1 Ziff. 1
c) Ein Arbeitgeber gewährte Arbeitnehmer ein Darlehen	30 Jahre/§ 195
d) Zinsforderungen des Arbeitgebers im Falle c)	4 Jahre/§ 197
e) Honoraranspruch eines Steuerberaters	2 Jahre/§ 196 Abs. 1 Ziff. 15
f) Anspruch eines Konkursgläubigers gegenüber dem Gemeinschuldner	30 Jahre/§ 195
g) Ein Lkw-Händler verkaufte einem Gewerbetreibenden einen Lkw	4 Jahre/§ 196 Abs. 2

zu 2: Folgende Tatbestände unterbrechen u. a. die Verjährung:
Abschlagszahlung, Zinszahlung, Sicherheitsleistung, Stundungsgesuch (§§ 208, 209 BGB).

zu 3: Durch die Unterbrechung beginnt eine neue Verjährungsfrist zu laufen (§ 217 BGB).

zu 4: Folgende Tatbestände hemmen u. a. die Verjährung:
Stundung, höhere Gewalt (§ 202 BGB).

zu 5: Sobald die Hemmung wegfällt, läuft die Verjährungsfrist weiter. Praktisch verlängert sich die Verjährungsfrist um die Dauer der Hemmung.

Verjährungsfristen   Fall 615

Lösung a:

Anspruch des Großhändlers Mächtig gegen den Einzelhändler Reifig.
Ablauf der Verjährung: 31. 12. 2004
Begründung: 4-jährige Verjährungsfrist (§ 196 Abs. 2 BGB)

Lösung b:

Teilzahlung von Reifig am 16. 02. 2001
Ablauf der Verjährung: 16. 02. 2005
Begründung: Unterbrechung (§ 208 BGB)

Lösung c:

Anspruch des Einzelhändlers Reifig an den Auszubildenden Lässig vom 12. 05. 2000
Ablauf der Verjährung: 31. 12. 2002
Begründung: 2-jährige Verjährungsfrist (§ 196 Abs. 1 Nr. 1 BGB)

Lösung d:

Mahnbescheid, zugestellt am 12. 02. 2001, Fristbeginn 13. 02. 2001, 0 Uhr (§ 187 Abs. 1 BGB)
Ablauf der Verjährung: 12. 02. 2003, 24 Uhr
Begründung: Unterbrechung (§ 209 BGB)

Lösung e:

Anspruch des Kollegen Arglos gegen den Auszubildenden Lässig vom 10. 08. 2000, Fristbeginn 11. 08. 2000, 0 Uhr, Ablauf 10. 08. 2030, 24 Uhr, Begründung: 30-jährige Verjährungsfrist (§§ 195, 198 BGB).

Fall 616 Unterbrechung der Verjährung

Lösung: Die Verjährung wird unterbrochen durch Maßnahmen

a) **des Gläubigers**
- Mahnbescheid (§ 209 BGB),
- Klageerhebung (§ 209 BGB),
- Vollstreckungsmaßnahmen (§ 209 BGB).

b) **des Schuldners**
- Teilzahlung (§ 208 BGB),
- Zinszahlung (§ 208 BGB),
- Sicherheitsleistung (§ 208 BGB),
- Schuldanerkenntnis, z. B. durch einen Schuldschein.

Fall 617 Unterbrechung der Verjährung

Lösung:

a) Die Verjährungsfrist beträgt vier Jahre, da es sich bei den Vertragsparteien um Kaufleute handelt (§ 196 Abs. 2 BGB). Die Verjährungsfrist beginnt mit Ablauf des 31. 12. 2001 und endet mit Ablauf des 31. 12. 2005.

b) Die Mahnungen haben keinen Einfluss auf die Verjährung. Der Mahnbescheid führt zur Unterbrechung der Verjährung, wenn die Verjährungsfrist zu laufen begonnen hat. Im vorliegenden Fall ist der Mahnbescheid für den Ablauf der Verjährung ohne Bedeutung, weil bei Zustellung des Mahnbescheides die Verjährungsfrist noch nicht zu laufen begonnen hatte.

c) Nach Eintritt der Verjährung ist der Schuldner berechtigt, die Leistung zu verweigern. Er braucht dann also nicht mehr zu zahlen, obwohl der Anspruch des Gläubigers noch besteht (§ 222 BGB).

Berechnung einer Verjährungsfrist Fall 618

Lösung:

zu a: Der Erwerb der Stereoanlage von einem Händler ist ein einseitiger Handelskauf (Anspruch eines Kaufmanns gegen einen Nichtkaufmann). Die Verjährungsfrist beträgt zwei Jahre (§ 196 Abs. 1 Nr. 1 BGB).
Beginn der Verjährungsfrist: Ablauf des 31. 12. 2000 (§ 201 BGB).
Ende der Verjährungsfrist: Ablauf des 31. 12. 2002.

zu b: Die Mahnungen wirken sich auf die Verjährungsfrist nicht aus. Der Mahnbescheid bewirkt eine Unterbrechung der Verjährung (§ 209 BGB).
Neues Ende der Verjährungsfrist: Ablauf des 17. 04. 2003

Berechnung einer Verjährungsfrist Fall 619

Lösung: Die Verjährungsfrist beträgt nach § 196 Abs. 1 Nr. 15 BGB 2 Jahre. Sie beginnt nach § 201 BGB mit Ablauf des 31. 12. 2000 und endet mit Ablauf des 31. 12. 2002. Durch die Teilzahlung wird die Verjährung unterbrochen. Die Verjährungsfrist beginnt erneut mit Ablauf des 01. 03. 2001 (§ 217 BGB) und endet mit Ablauf des 01. 03. 2003. Durch die gewährte Stundung wird die Verjährung gehemmt. Die Verjährungsfrist verlängert sich um die Dauer der Stundung. Die Forderung ist somit nach Ablauf des 01. 06. 2003 verjährt (§ 202 BGB).

Sozialversicherung, Begriffe Fall 620

Lösung:

a) Beitragsbemessungsgrenze: Die pflichtversicherten und freiwillig versicherten Arbeitnehmer zahlen Beiträge für die Rentenversicherung, für die Krankenversicherung und für die Arbeitslosenversicherung und für die Pflegeversicherung in Höhe bestimmter v. H.-Sätze ihres Arbeitsverdienstes. Soweit der Arbeitsverdienst die Beitragsbemessungsgrenze überschreitet, bleibt er unberücksichtigt. Die Beitragsbemessungsgrenze (Jahresbetrag) für 2001 beträgt 104 400/87 600 DM (West/Ost). In der Krankenversicherung und Pflegeversicherung beläuft sich die Beitragsbemessungsgrenze auf 78 300 DM jährlich (75 % der Beitragsbemessungsgrenze für die Rentenversicherung West; Wert gilt für West und Ost).

b) Pflichtversicherungsgrenze: Ab 1. 1. 1989 sind Angestellte und Arbeiter in der **Krankenversicherung** versicherungspflichtig, wenn ihr **regelmäßiger Jahresarbeitsverdienst** 75 % der für Jahresbezüge in der Rentenversicherung geltenden Beitragsbemessungsgrenze nicht übersteigt (§§ 5, 6 SGB V). Wird die Versicherungspflichtgrenze überschritten, scheiden die Arbeitnehmer aus der gesetzlichen Krankenversicherung aus und können sich freiwillig versichern lassen.

c) Geringfügige Beschäftigung: Eine Beschäftigung kann aus folgenden Gründen geringfügig sein
 – wegen der geringen Entlohnung
 – wegen ihrer Kurzfristigkeit.

Wegen der geringen Entlohnung gilt eine Beschäftigung als geringfügig, wenn
→ die wöchentliche Arbeitszeit regelmäßig weniger als 15 Stunden beträgt und

→ das Bruttoarbeitsentgelt in 2001 regelmäßig 630 DM im Monat (West/Ost) nicht übersteigt.

Werden gleichzeitig mehrere Beschäftigungen ausgeübt, sind sie zusammenzurechnen, auch wenn jede für sich allein gesehen geringfügig ist.

Wegen ihrer kurzen Dauer gilt eine Beschäftigung als geringfügig, wenn sie
→ innerhalb eines Jahres auf längstens zwei Monate begrenzt ist und
→ nicht berufsmäßig ausgeübt wird.

Seit dem 1. 4. 1999 gilt:
- Die Grenze von 630 DM gilt in den alten und neuen Bundesländern und wird festgeschrieben.
- Mehrere Beschäftigungen werden zusammengerechnet. Beschäftigungen bis zu einem Verdienst von 630 DM werden versicherungspflichtig, wenn sie neben einer versicherungspflichtigen Hauptbeschäftigung ausgeübt werden.
- Der Arbeitgeber zahlt einen Pauschalbetrag von 10 % an die Krankenversicherung für dauerhaft geringfügig Beschäftigte (es sei denn, diese sind privat krankenversichert). Ein eigener Anspruch auf Leistungen aus der Krankenversicherung entsteht durch den Pauschalbeitrag nicht.
- Zur Rentenversicherung zahlt der Arbeitgeber einen Pauschalbeitrag von 12 %, durch den der Arbeitnehmer einen (geringen) Rentenanspruch erwirbt.
- Geringfügig Beschäftigte können den Pauschalbeitrag mit einem eigenen Beitrag von 7,1 % auf den vollen Rentenbeitragssatz von 19,1 % aufstocken (Mindestbeitrag: 58,50 DM) und erwerben dadurch volle Leistungsansprüche (insbes. auch auf Rehabilitation und Schutz bei Berufs- und Erwerbsunfähigkeit).
- Ausgenommen von der Neuregelung sind kurzfristige Beschäftigungen, die innerhalb eines Jahres auf längstens 2 Monate oder 50 Arbeitstage begrenzt sind (z. B. Saisonbeschäftigungen).

d) Hinzuverdienstgrenze: Einem Rentenempfänger, der eine unselbständige Beschäftigung oder eine selbständige Erwerbstätigkeit ausübt, kann der weitere Rentenbezug versagt oder gekürzt werden, sofern sein Hinzuverdienst eine bestimmte Grenze übersteigt (§ 236 SGB VI).

Für Rentenempfänger, die das 65. Lebensjahr überschritten haben, gibt es hinsichtlich des Hinzuverdienstes keine Beschränkungen.

Rentenempfänger **unter 65 Jahren** dürfen im Laufe eines Rentenjahres **zwei Monate** $2/7$ **der Bezugsgröße (2000/2001: 1 260 DM)** rentenunschädlich hinzuverdienen.

Bei ständiger Beschäftigung ist für Altersrentner bis zum 65. Lebensjahr der Hinzuverdienst begrenzt. Dabei gilt:

1. Altersrente für Berufsunfähige

   Im Rahmen der verbliebenen Erwerbsfähigkeit ist Hinzuverdienst möglich. Er führt jedoch zum Bezug einer Teilrente ($1/3$, $1/2$ oder $2/3$) anstelle der Vollrente.

2. Altersrente für Erwerbsunfähige

   Ein Hinzuverdienst ist bis zu $1/7$ der monatlichen Bezugsgröße (2000/2001 630 DM) möglich.

Bei Bezug einer Teilrente nach dem Rentenreformgesetz 1992 ist die Hinzuverdienstgrenze wesentlich höher. Die Hinzuverdienstgrenze ist abhängig von der Höhe des Arbeitsverdienstes im letzten Kalenderjahr vor Beginn der Rente.

Arbeitsentgelt in der Sozialversicherung Fall 621

Lösung:

a) Von der Heiratsbeihilfe von 1 000 DM unterliegen nur 300 DM der Sozialversicherung, denn 700 DM sind steuerfrei.

b) Von dem geldwerten Vorteil (Sachbezug) aus der Überlassung eines Firmenwagens von insgesamt 511 DM unterliegen nur 290 DM der Sozialversicherung. Der bereits pauschal versteuerte Teil nach § 40 Abs. 2 EStG scheidet aus.

Unfallversicherung Fall 622

Lösung: Der Beitrag zur Unfallversicherung für Steuerberater Fuchs beträgt für das Kj 2000:

Bruttoarbeitsentgelt 260 000 DM × Gefahrtarif 1,1 × Beitragsfuß 3,5/1 000 = 1 001 DM.

Sozialversicherung Fall 623

Lösung a: Die Arzt- und Krankenhauskosten für die Buchhalterin trägt die gesetzliche Krankenversicherung, denn die Buchhalterin ist als Angestellte automatisch krankenversichert. Der Arbeitgeber muss allerdings die Anmeldung und Abführung der Beiträge zur Krankenversicherung nachholen.

Lösung b: Der leitende Angestellte ist nicht krankenversicherungspflichtig, weil sein monatliches Gehalt über der Pflichtversicherungsgrenze liegt. Der leitende Angestellte hat die Wahl, sich privat zu versichern oder einer gesetzlichen Krankenkasse bzw. Ersatzkasse beizutreten.

Lösung c: Jeder Arbeitnehmer unterliegt unabhängig von der Höhe seiner Gehaltsbezüge der gesetzlichen Rentenversicherung. Die Beiträge zur Rentenversicherung werden aber nur bis zur Höhe der Beitragsbemessungsgrenze erhoben.

Lösung d: Frau Evermann übt eine geringfügige Beschäftigung aus (§ 8 SGB IV). Das Arbeitsentgelt übersteigt nicht 630 DM monatlich. Der Arbeitgeber muss pauschale Sozialversicherungsbeiträge in Höhe von insgesamt 22 % des Arbeitslohns an die Krankenkasse überweisen (Beitrag Krankenversicherung 10 %: 50 DM; Rentenversicherungsbeitrag 12 %: 60 DM). Hat Frau Evermann keine weiteren (positiven) Einkünfte, ist der Arbeitslohn für sie steuerfrei (§ 3 Nr. 39 EStG). Zum Nachweis dessen hat sie ihrem Arbeitgeber eine Freistellungsbescheinigung ihres Wohnsitzfinanzamts vorzulegen. Andernfalls hat der Arbeitgeber Lohnsteuer einzubehalten und abzuführen. Wahlweise kann der Arbeitgeber den Arbeitslohn mit 20 % pauschal versteuern.

Lösung e: Frau Evermann ist für Dezember 2000 nicht sozialversicherungspflichtig, weil sie eine kurzfristige Beschäftigung ausübt. Die Beschäftigung ist vertraglich im Voraus auf nicht mehr als zwei Monate oder 50 Arbeitstage begrenzt (§ 8 SGB IV). Dem steht nicht entgegen, dass Frau Evermann in der übrigen Zeit des Jahres 2000 eine geringfügige Beschäftigung ausübt.

Lösung f: Das beitragspflichtige Entgelt für den Monat November 2000 wird wie folgt berechnet (West):

Text	Krankenversicherung	Rentenversicherung
Anteilige Beitragsbemessungsgrenze bis einschl. Nov. 2000	70 950 DM	94 600 DM
./. beitragspflichtiges lfd. Entgelt bis einschl. Oktober 2000	55 000 DM	55 000 DM
Rest für Monat November	15 950 DM	39 600 DM
./. lfd. Arbeitsentgelt für Nov. 2000	5 500 DM	5 500 DM
Rest für die Einmalzahlung	10 450 DM	34 100 DM
Höhe der Einmalzahlung 11 000 DM davon beitragspflichtig	10 450 DM	11 000 DM
zzgl. lfd. Arbeitsentgelt Nov.	5 500 DM	5 500 DM
insgesamt beitragspflichtig	15 950 DM	16 500 DM

Fall 624 **Mutterschaftsgeld, Erziehungsgeld**

Lösung:

1. Mutterschutz wird 6 Wochen vor der Entbindung und 8 Wochen nach der Entbindung gewährt (§§ 3, 6 MuSchG).

2. Das Mutterschaftsgeld zahlen die Krankenkasse und der Arbeitgeber.

3. Arbeitnehmer haben Anspruch auf Erziehungsurlaub bis zur Vollendung des dritten Lebensjahres des Kindes (§ 15 BErzGG). Antje Richter kann daher bis zum 9. 4. 2004 zu Hause bleiben. Sie hat die Inanspruchnahme des Erziehungsurlaubs spätestens vier Wochen vor Beginn (unter Angabe der Dauer des Erziehungsurlaubs) beim Arbeitgeber zu verlangen (§ 16 BErzGG).

4. Der Mindestbetrag, der als Erziehungsgeld gewährt wird, beträgt für die ersten 6 Monate 600 DM monatlich, unabhängig von den Einkommensverhältnissen (§ 5 BErzGG). Während des Empfanges von Mutterschaftsgeld besteht ein Anspruch auf Erziehungsgeld nur, wenn das Mutterschaftsgeld weniger als 600 DM monatlich beträgt.

Fall 625 **Arbeitslosengeld, Arbeitslosenhilfe**

Lösung:

1. Nach einer Sperrfrist von 12 Wochen, also ab 23. 09. 2001, erhält Heike Bäumer für höchstens ein Jahr Arbeitslosengeld. Die Sperrfrist tritt ein, weil sie selbst das Arbeitsverhältnis gekündigt hat. Der Anspruch auf Arbeitslosengeld besteht, weil sie die sog. Anwartschaftszeit erfüllt. Die Anwartschaftszeit erfüllt, wer innerhalb der letzten drei Jahre vor der Arbeitslosigkeitsmeldung 360 Kalendertage beitragspflichtig beschäftigt war.

2. Das Arbeitslosengeld beträgt rd. 60 % des letzten Nettoarbeitsentgelts (allgemeiner Leistungssatz), weil Heike Bäumer kein Kind zu versorgen hat (andernfalls erhöhter Leistungssatz).

3. Heike Bäumer kann ab 23. 09. 2002 Arbeitslosenhilfe erhalten.
4. Die Arbeitslosenhilfe beträgt rd. 53 % des letzten Nettoarbeitslohns.

Arbeitsrecht   Fall 626

Lösung a: Die fristlose Kündigung ist nicht rechtswirksam, weil sie nicht innerhalb von zwei Wochen erfolgte, nachdem der Arbeitgeber Fuchs von der maßgebenden Tatsache (Verletzung der Verschwiegenheitspflicht) Kenntnis erlangt hat (§ 626 BGB). Im Übrigen ist zweifelhaft, ob ein einmaliger Verstoß gegen die Verschwiegenheitspflicht eine außerordentliche Kündigung rechtfertigt. Zunächst müsste eine Abmahnung erfolgen (KSchG).

Lösung b:
1. Die Kündigung ist rechtswirksam, da sie aus zwingendem betrieblichen Grund und mehr als 6 Wochen vor Quartalsende erfolgte.
2. Die Kündigung ist nicht rechtswirksam, da Umsatzrückgang kein wichtiger Grund nach § 626 BGB ist.

Lösung c:
1. Die Kündigung ist rechtens, da die Verletzung der Verschwiegenheitspflicht ein wichtiger Grund ist und die Kündigung innerhalb von zwei Wochen nach Bekanntwerden der Verletzung der Verschwiegenheitspflicht erfolgte. Einer vorherigen Abmahnung bedurfte es nicht. Bei allen verhaltensbedingten Kündigungsgründen verlangt zwar die ständige Rechtsprechung die vorherige Abmahnung des Arbeitnehmers. Die gilt jedoch nicht, wenn eine Störung im Vertrauensbereich eingetreten ist.
2. Ein einfaches Zeugnis enthält nur Angaben zu Art, Dauer und Tätigkeit des Arbeitnehmers und darf keine negative Aussage enthalten, die das Fortkommen des Arbeitnehmers behindern könnte. Auch ein qualifiziertes Zeugnis, das auf Verlangen erteilt wird und Angaben zu Führung und Leistung erhält, darf zwar kritische Bewertungen enthalten, muss allerdings von Wohlwollen getragen sein. Insbesondere dürfen einmalige Vorfälle nicht erwähnt werden.

Lösung d: Frau Richter hat für das Kj 2001 noch 23 Tage Resturlaub (28 Tage Jahresurlaub, davon 5 Tage verbraucht). Erkrankt ein Arbeitnehmer während des Urlaubs, so werden die durch ärztliches Zeugnis nachgewiesenen Tage der Arbeitsunfähigkeit nicht auf den Jahresurlaub angerechnet (§ 9 BUrlG).

Quittung als Zahlungsnachweis   Fall 627

Lösung: Eine Quittung sollte als Zahlungsnachweis folgende Bestandteile enthalten:
- Betrag in Ziffern und in Worten
- Name des Zahlungspflichtigen
- Zahlungsgrund
- Ort und Datum der Ausstellung
- Unterschrift des Zahlungsempfängers

Fall 628 Zahlungsarten

Lösung: Zur Begleichung einer Rechnung benötigen Sie ein/kein Konto:

	Bank-Kto.	Postgiro-Kto.	Kein Konto
a) Zahlkarte			x
b) Postanweisung			x
c) Postscheck		x	
d) Banküberweisung	x		
e) Bankscheck	x		
f) Postüberweisung		x	
g) Zahlschein			x

Fall 629 Zahlungsarten

Lösung: Als bequemstes Zahlungsmittel bietet sich an:

a) Wohnungsmiete: Dauerauftrag

b) Telefonrechnung: Lastschriftverfahren

c) Rechnung der Autowerkstatt: Banküberweisung

Fall 630 Zahlungsarten

Lösung:

a) Die Postanweisung ist eine Barzahlung, da die Post angewiesen wird, den vom Zahler bei einem Postamt in bar eingezahlten Betrag an den Empfänger in bar auszuzahlen.

b) Der Dauerauftrag ist eine bargeldlose Zahlung, denn der Zahler beauftragt sein Kreditinstitut oder sein Postgiroamt, von seinem Konto regelmäßig Beträge auf das Konto des Empfängers zu überweisen.

c) Der Barscheck ist eine halbbare Zahlung, denn die Abbuchung des Scheckbetrages erfolgt von einem Konto, die Auszahlung an den Scheckinhaber in bar. Der Scheckinhaber kann den Scheck aber auch beim Kreditinstitut oder beim Postgiroamt zur Gutschrift einreichen. Im letzteren Falle ist die Zahlung unbar.

Fall 631 Lastschriftverfahren

Lösung:

a) Um Zahlungsvorgänge zu vereinfachen, kann ein Abbuchungsauftrag oder eine Einzugsermächtigung erteilt werden.

b) Im Lastschriftverfahren empfiehlt sich die Einzugsermächtigung, da hier innerhalb von 6 Wochen ein Widerspruchsrecht gegeben ist. Wird einem Einzug vom Konto widersprochen, muss die Bank die Lastschrift wieder aufheben (rückgängig machen).

Fall 632 Zahlungen an Finanzbehörden

Lösung: Nach § 224 Abs. 3 AO sind Zahlungen an Finanzbehörden unbar zu leisten. Steuern können entrichtet werden

a) durch Übergabe oder Übersendung eines Schecks,

b) Überweisung oder Einzahlung auf ein Konto der Finanzbehörde,

c) durch Einzugsermächtigung (§ 224 Abs. 2 AO).

Die Zahlung einer Steuer durch Scheck gilt im Zeitpunkt der Übergabe des Schecks an die Finanzbehörde, z. B. mit Einwurf in den Hausbriefkasten, als geleistet (§ 224 Abs. 2 AO).

Vorlegungsfristen für Schecks   **Fall 633**

Lösung:

1. Das Scheckgesetz sieht für Schecks, die in der Bundesrepublik zahlbar sind, folgende Vorlegungsfristen vor:
   - 8 Tage, wenn der Scheck in der Bundesrepublik,
   - 20 Tage, wenn der Scheck in einem anderen europäischen Land und
   - 70 Tage, wenn der Scheck in einem anderen Erdteil ausgestellt wurde.

Die Vorlegungsfrist beginnt an dem Tag zu laufen, der in dem Scheck als Ausstellungstag angegeben ist.

2. Wird ein Scheck nicht rechtzeitig vorgelegt, verliert der Scheckinhaber sein scheckrechtliches Rückgriffsrecht nach § 40 ScheckG, z. B. die Möglichkeit zum Protest. Folge: Er kann dann nur noch im Zivilprozess seine Ansprüche geltend machen. Nach Ablauf der Vorlegungsfrist darf die bezogene Bank einen Scheck nicht mehr einlösen, wenn der Scheck gesperrt ist (§ 32 Abs. 2 ScheckG).

Scheck mit abgelaufener Vorlegungsfrist   **Fall 634**

Lösung: Die bezogene Bank ist nach Ablauf der Vorlegungsfrist nicht mehr verpflichtet, den Scheck einzulösen. Sie kann ihn aber einlösen, sofern er nicht gesperrt ist (§ 32 ScheckG).

Scheck „Nur zur Verrechnung"   **Fall 635**

Lösung: Die Streichung des Vermerks „Nur zur Verrechnung" gilt als nicht erfolgt (§ 39 Abs. 3 ScheckG). Die bezogene Bank darf den Scheck nur im Wege der Gutschrift einlösen. Der Inhaber wird den Scheck aber bei seiner eigenen Bank bar einlösen können, wenn sie keine Bedenken hat.

Barscheck   **Fall 636**

Lösung: Nur die bezogene Kreissparkasse Schongau wird den Scheck in bar einlösen (§ 39 ScheckG). Aber auch die eigene Volksbank Rottenbuch wird den Scheck bar einlösen, wenn sie keine Bedenken hat.

Zahlung durch EC-Scheck   **Fall 637**

Lösung a:

1. Der Höchstbetrag für einen EC-Scheck beträgt 400 DM (Einlösungsgarantie der Bank). Zur Begleichung des Kaufpreises von 550 DM hat der Käufer zwei Schecks auszustellen.

2. Der Käufer hat eine gültige Scheckkarte vorzulegen.

3. Auf der Rückseite des Schecks muss die Scheckkarten-Nummer vermerkt werden.

4. Konto-Nummer und Unterschrift auf Scheck und Scheckkarte müssen übereinstimmen.

Lösung b:

Wenn der Euroscheck über 550 DM gedeckt ist, wird ihn die Bank über die volle Summe einlösen, mindestens jedoch in Höhe von 400 DM.

Fall 638 EC-Scheck oder Bargeld

Lösung: Der Händler kann Bargeld verlangen, weil der Scheck kein gesetzliches Zahlungsmittel ist (§ 14 BBankG).

Fall 639 Vordatierter Scheck

Lösung: Der Scheck ist bei Sicht zahlbar, auch vor Eintritt des auf ihm angegebenen Ausstellungstages (§ 29 ScheckG). Der Verkäufer kann sich also den Scheckbetrag schon vor dem angegebenen Ausstellungstag gutschreiben lassen.

Fall 640 Abweichende Schecksumme

Lösung: Bei Abweichungen der Schecksumme gilt die in Buchstaben angegebene Summe (§ 9 ScheckG). Die Bank wird also 110 DM gutschreiben.

Fall 641 Wechsel/Begriffe

Lösung: Das Wechselrecht unterscheidet folgende Begriffe

1. Tratte   2. Akzept   3. Solawechsel   4. Remisse

Auf diese Begriffe treffen folgende Bestimmungen zu:

a) Angenommener Wechsel (Zahlungsversprechen) 2
b) Ausgestellter noch nicht angenommener Wechsel (Zahlungsaufforderung) 1
c) Wechsel an fremde Order 4
d) Wechsel, bei dem sich der Aussteller verpflichtet, die Wechselsumme zu bezahlen 3

Fall 642 Wechselrecht

Lösung:

1. Die Bedeutung des Warenwechsels liegt darin, dass sich der Verkäufer von Ware mit dem Wechsel eine Sicherheit und durch Diskontierung Geld verschafft. Für den Käufer ist der Warenwechsel ein Kreditmittel.

2. Der wichtigste Anspruch „aus dem Wechsel" ist der Anspruch des Wechselinhabers gegen den Bezogenen. Die wechselmäßige Verpflichtung des Bezogenen entsteht allerdings erst dann, wenn er den Wechsel durch Unterschrift (Querschrift) angenommen (akzeptiert) hat (Art. 28 WG).

3. Lehnt der Bezogene die Annahme des Wechsels ab oder zahlt er den Wechsel trotz Annahme bei Fälligkeit nicht, kann der Wechselinhaber seinen Anspruch „aus dem Wechsel" gegen den Aussteller richten (Art. 43 WG). Der Aussteller kann die Wechselhaftung ausschließen, indem er auf dem Wechsel den Vermerk „ohne Obligo" anbringt.

4. Der Inhaber eines Wechsels kann den Anspruch „aus dem Wechsel" nur geltend machen, wenn er in der Wechselurkunde als Berechtigter ausgewiesen ist. Die Übertragung des Wechsels geschieht durch Erklärung auf dem Wechsel nebst Unterschrift (Indossament, Art. 11 WG).

Das Indossament hat drei wichtige Funktionen:

a) **Legitimationsfunktion:** Der Erwerber des Wechsels ist durch das Indossament als Berechtigter ausgewiesen (Art. 16 WG).

b) **Transportfunktion:** Durch das Indossament werden die Rechte aus dem Wechsel auf den Indossatar übertragen (Art. 14 WG).

c) **Garantiefunktion:** Der Indossatar haftet jedem künftigen Wechselinhaber für die Annahme und Zahlung des Wechsels (Art. 15 WG).

5. **Diskontkredit:** Ein noch nicht fälliger Wechsel wird an eine Bank verkauft. Die Bank zieht vom Wechselbetrag den Diskont ab und stellt den Barwert als Kredit zur Verfügung.

6. **Akzeptkredit:** Eine Bank akzeptiert von einem Kunden einen auf sie gezogenen Wechsel. Der Kunde stellt rechtzeitig vor Verfall des Wechsels der Bank den Gegenwert zur Verfügung.

7. Durch die quer geschriebene Annahmeerklärung (Akzept) auf der linken Seite des Wechsels verpflichtet sich der Bezogene, den Wechselbetrag am Verfalltag zu zahlen.

Verwendung eines Wechsels   Fall 643

Lösung a: Der Mandant kann den Wechsel

a) zur Begleichung einer Schuld weitergeben,

b) zur Geldbeschaffung an eine Bank verkaufen (Diskontierung),

c) am Verfalltag dem Bezogenen zur Zahlung vorlegen (Selbstinkasso).

Lösung b: Durch die Wechselhingabe leistet der Kunde nur zahlungshalber. Die Schuld erlischt also erst, wenn der Wechsel eingelöst worden ist.

Indossament   Fall 644

Lösung:

a) Das Vollindossament lautet:
Für mich an (die Order der) Happig KG,
Rosenheim,
Landshut, 10. 04. 2001
Unterschrift Fahrig

b) Das Blankoindossament lautet:
Unterschrift Fahrig

Fall 645 **Wechselprotest**

Lösung: Der Wechselinhaber hat innerhalb von zwei Tagen nach dem Verfalltag des Wechsels Protest zu erheben (Art. 44 Abs. 1 i. V. m. Art. 38 WG). Außerdem hat er innerhalb von vier Werktagen seinen unmittelbaren Vormann und den Aussteller des Wechsels von dem Unterbleiben der Zahlung zu benachrichtigen (Art. 45 WG).
Der Wechselinhaber kann aber auch den Wechsel prolongieren lassen.

Zusammenfassung:
- Gegebenenfalls den Wechsel prolongieren lassen,
- Fristgemäß Protest erheben,
- Fristgemäß die erforderlichen Benachrichtigungen vornehmen,
- Eine auf dem Wechsel angegebene Person regresspflichtig machen.

Fall 646 **Wechselkosten, Umsatzsteuer**

Lösung:

1. Wird ein Wechsel nicht eingelöst, erhebt der letzte Wechselinhaber innerhalb von zwei Tagen nach dem Verfalltag Protest.
2. Er benachrichtigt innerhalb von vier Tagen den unmittelbaren Vormann und den Aussteller.
3. Die Rückrechnung enthält neben der Wechselsumme und der Umsatzsteuer noch die Protestkosten, Zinsen, Wechselprovision und andere Auslagen.
4. Die Wechselsumme wird von der Umsatzsteuer nicht erfasst.

Fall 647 **Diskontsatz**

Lösung:

zu 1: a) Die Diskontsenkung erhöht die Nachfrage nach Wechselkrediten. Es werden mehr Wechsel gezogen.
b) Die Diskontsenkung verbilligt die Refinanzierung der Geschäftsbanken, die deshalb mehr Wechsel zur Rediskontierung bei der Bundesbank einreichen.
zu 2: Die Bundesbank stellt bei Ankauf von Wechseln folgende Bedingungen:
Es müssen gute Handelswechsel sein,
Restlaufzeit maximal 90 Tage,
zahlbar auf einen Bankplatz,
mindestens drei gute Unterschriften.

Fall 648 **Finanzierung und Investition**

Lösung:

a) Die Ausgleichsrate beträgt
bei Finanzierung durch den Hersteller   26 400 DM
bei Finanzierung durch die Bank   23 280 DM

Berechnung:

	Hersteller	Bank
Ursprünglicher Kreditbetrag	600 000 DM	600 000 DM
Gebühren 2 %	12 000 DM	12 000 DM
Zinsen für 2 Jahre	79 200 DM	46 080 DM
Versicherung	4 500 DM	0 DM
Gesamtkreditschuld	695 700 DM	658 080 DM
./. 23 Raten (29 100/27 600)	669 300 DM	634 800 DM
Ausgleichsrate	26 400 DM	23 280 DM

b) Verteuerung der Finanzierung gegenüber Barkauf:

	Hersteller	Bank
	15,95 %	9,68 %

c) **Finanzierung = Kapitalbeschaffung** für die Unternehmung. Nach der Herkunft des Kapitals ist zwischen Außenfinanzierung und Innenfinanzierung zu unterscheiden. Außenfinanzierung ist durch Fremdfinanzierung/Beteiligungsfinanzierung Dritter (Kreditinstitute, Lieferer, sonstige Gläubiger oder durch Aufnahme von Gesellschaftern) möglich. Innenfinanzierung bedeutet Selbstfinanzierung aus innerhalb der Unternehmung gebildeten Finanzierungsmitteln. Dies kann z. B. durch Gewinne, durch Abschreibungen oder Veräußerung von Betriebsvermögen geschehen.

Investition = Verwendung von Kapital, in erster Linie zur Beschaffung von Produktionsfaktoren, in der Regel eine langfristige, betragsmäßig höhere Bindung von Kapital in produktive Anlagen (Gebäude, Maschinen, Fahrzeuge). Im weiteren Sinne ist unter Investition auch eine Beteiligung an einem anderen Unternehmen (Beteiligungs- oder Anlageinvestition), die Vergabe von Kreditmitteln (Finanzinvestition) oder Erwerb von Ware (Lagerinvestition) zu verstehen.

Finanzierung und Investition **Fall 649**

Lösung:

1. Eine Maschine wird geleast	1/4
2. Die AG akzeptiert einen Wechsel als Bezogener	1/5
3. Eine Liefererrechnung wird erst nach 30 Tagen (ohne Skonto) bezahlt	1/5
4. Eine alte Maschine wird durch eine neue Maschine ersetzt (Kauf)	2/4
5. Die AG erwirbt durch Bankkredit eine Beteiligung an einem anderen Unternehmen	1/4
6. Die AG verwendet einen Bankkredit zur Erhöhung des Kassenbestandes	3/5
7. Die AG errichtet einen Anbau am Geschäftsgebäude	4
8. Die AG gibt Obligationen heraus	1/5
9. Die AG gibt Gratisaktien heraus	3/5
10. Die AG erhöht ihr Grundkapital	1/5
11. Die AG kauft Ware für die kommende Saison	4
12. Eine Maschine mit einem Wiederverkaufswert von 50 000 DM wird mit 1 DM bilanziert	4/5
13. Die AG gibt einem Großkunden einen Kredit	4
14. Ein Grundstück wird verkauft	2/5

Fall 650 Finanzierungsformen

Lösung:

a) Die Finanzierung aus Abschreibungen wird als Innen- oder Selbstfinanzierung bezeichnet.

b) Im Falle der Innenfinanzierung bringt das Unternehmen die Finanzierungsmittel selbst auf. Dies kann durch Abschreibung geschehen. Abschreibungen gehen als Aufwand in die Kalkulation ein und führen dadurch zu Erlösen. Die Abschreibungen belasten indessen nicht die Finanzmittel und tragen somit zur Liquidität des Unternehmens bei.

Fall 651 Pensionszusagen an Arbeitnehmer

Lösung:

a) Im Falle der Altersversorgung der Mitarbeiter durch Direktversicherung oder durch Pensionskasse wird die Liquidität von Anfang an geschmälert, weil laufend Zahlungen an die Direktversicherer oder an die Pensionskasse zu leisten sind. Im Falle der Altersversorgung durch Pensionszusagen kommt es anfangs nicht zu Auszahlungen. Eine Schmälerung der Liquidität tritt also erst ein, wenn der Pensionsfall bei dem jeweiligen Arbeitnehmer eingetreten ist.

b) Bei der Altersversorgung durch Pensionszusagen ergeben sich für die AG Finanzierungsvorteile, weil die Bildung der Rückstellung für Pensionsverpflichtungen als Betriebsausgabe den Gewinn mindert. Dadurch tritt sofort eine Steuerersparnis ein, die der Liquidität des Unternehmens zugute kommt.

Fall 652 Kreditsicherung

Lösung:

Bilanzpositionen sind ohne zusätzliche Angaben nur begrenzt aussagefähig. So können

– Forderungen abgetreten (§ 398 BGB) oder

– Maschinen/Fahrzeuge sicherungsübereignet sein (§ 930 BGB),

– Bilanzpositionen stille Reserven enthalten (§ 6 Abs. 1 EStG).

Fall 653 Kreditsicherung

Lösung: Die Vermögenswerte können grundsätzlich für folgende Kreditsicherheiten verwendet werden:

Grundstücke: Grundpfandrechte (Hypothek § 1113 ff. BGB,
                  Grundschuld § 1191 ff. BGB)
Maschinen: Sicherungsübereignung (§ 930 BGB)
Wertpapiere: Verpfändung (§ 1204 BGB)
Forderungen: Zession (§ 398 BGB)

Kreditsicherung   Fall 654

Lösung:

1. VW-Transporter als Sicherheit = Sicherungsübereignungskredit (§ 930 BGB)
   Kreditgeber: Eigentümer
   Kreditnehmer: Besitzer

2. Wertpapiere als Sicherheit = Pfandkredit (Lombardkredit § 1204 BGB)
   Kreditgeber: Besitzer
   Kreditnehmer: Eigentümer

Kreditsicherung   Fall 655

Lösung:

1. Bei Sicherungsübereignung eines Fahrzeugs dient der Kraftfahrzeugbrief der Eigentumssicherung, weil er für den Verkauf benötigt wird.
2. Die Bank wird den Abschluss einer Vollkasko-Versicherung verlangen, um auch bei Totalschaden gesichert zu sein.
3. Bei Konkurs des Schuldners hat die Bank ein Aussonderungsrecht.
4. a) Gerät der Schuldner in Verzug, kann die Bank die Herausgabe des Transporters verlangen, sie hat für die sicherungsübereignete Sache keine Aufbewahrungskosten, sie kann die Sache verwerten, sie benötigt keinen vollstreckbaren Titel.
   b) Der Schuldner kann das sicherungsübereignete Fahrzeug weiterhin für eigene Zwecke nutzen, die Sicherungsübereignung ist nicht nach außen erkennbar.

Kreditsicherung bei Grundstückserwerb   Fall 656

Lösung: Zur Finanzierung eines Grundstücks bietet sich ein Darlehen an, das durch Hypothek oder Grundschuld gesichert ist.

a) Hypothek

Durch Eintragung einer Hypothek im Grundbuch dient das Grundstück als Sicherheit für den Kredit (Grundpfandrecht, § 1113 ff. BGB). Dies bedeutet: Kann der Schuldner den Kredit nebst Zinsen nicht zurückzahlen, ist der Gläubiger berechtigt, die Zwangsversteigerung zu betreiben. Er erhält aus dem Erlös der Zwangsversteigerung sein Geld zurück, sofern der Erlös dazu ausreicht. Die Hypothek ist ein Grundpfandrecht. Der Inhaber eines Grundpfandrechts genießt gegenüber den anderen Gläubigern des Eigentümers eine Vorzugstellung, wenn es zur Verwertung des Grundstücks kommt, d. h. der Erlös dient zunächst ausschließlich der Befriedigung des Grundpfandberechtigten.

b) Grundschuld

Durch Eintragung einer Grundschuld dient das Grundstück ebenfalls als Sicherheit für den Kredit (§ 1191 ff. BGB). Darin gleicht die Grundschuld der Hypothek. Im Unterschied zur Hypothek ist die Grundschuld aber nicht vom Bestehen einer gesicherten Forderung abhängig.

Beispiel: Durch Tilgung der I. Hypothek rückt die nachberechtigte II. Hypothek in den Rang der I. Hypothek, wohingegen eine Grundschuld immer in der eingetragenen Höhe ihren Rang behält, auch wenn die ursprünglich abgesicherte Forderung nicht mehr besteht.

Fall 657 Lieferantenkredit/Grundschuld

Lösung:

1. Das Grundbuch ist ein öffentliches Verzeichnis über die Rechtsverhältnisse aller Grundstücke eines Grundbuchbezirks und wird beim Amtsgericht geführt.

2. Wesentliche Eintragungen im Grundbuch sind:
   - Lage, Art, Größe der Grundstücke (Bestandsverzeichnis)
   - Eigentumsverhältnisse
   - Rechte, die mit dem Grundstück verbunden sind, z. B. Vorkaufsrecht
   - Lasten und Beschränkungen, z. B. Wegerecht
   - Grundpfandrechte
   - Sonstige Belastungen

3. Die eingetragene Grundschuld berechtigt den Gläubiger Groß, durch Zwangsvollstreckung in das Grundstück für seine Forderungen befriedigt zu werden.

4. Die Rangfolge der Eintragungen im Grundbuch bestimmt, in welcher Reihenfolge die Gläubiger bei der Zwangsvollstreckung befriedigt werden.

Fall 658 Abtretung von Forderungen

Lösung:

a) Die Abtretung von Forderungen bezeichnet man als Zession. Im Falle der Zession tritt der Kreditgeber an die Stelle des Gläubigers (§ 398 BGB).

b) **Mögliche Formen der Zession**
   - **Stille Zession:** Der Drittschuldner leistet weiterhin mit befreiender Wirkung Zahlungen an den abtretenden Gläubiger (Zedenten), weil er von dem Vorgang der Zession keine Kenntnis hat. Die eingehenden – abgetretenen – Forderungen werden vom Zedenten zur Rückzahlung des Kredits verwendet oder aber durch neue Forderungen ersetzt.
   - **Offene Zession:** Der Drittschuldner hat von der Zession Kenntnis und kann mit befreiender Wirkung nur noch an den Zessionär (Kreditgeber) Zahlungen leisten (§ 409 BGB).

c) Mit der stillen Zession sind Risiken verbunden:
   – die Forderung könnte bereits an einen anderen abgetreten sein,
   – der abtretende Gläubiger (Zedent) könnte die eingehende Zahlung nicht an den Zessionär weiterleiten,
   – die abgetretene Forderung könnte zweifelhaft sein,
   – die abgetetene Forderung könnte fingiert sein.

d) **Forderungen können global abgetreten werden (Globalzession).** In einem solchen Falle sind alle bestehenden und zukünftigen Warenforderungen aus bestimmten Geschäften abgetreten. **Eine Mantelzession** liegt vor, wenn Forderungen in einer bestimmten Gesamthöhe abgetreten sind. Dabei sind erloschene Forderungen jeweils durch neue Forderungen zu ersetzen.
Bei einer Einzelzession ist lediglich eine einzelne Forderung abgetreten.

Finanzierung durch Wechsel — Fall 659

Lösung:

a) Großhändler Hastig kann den von seinem Kunden Lehrig angenommenen Wechsel wie folgt verwenden:
- Aufbewahren bis zum Verfalltag,
- Weitergabe an den Lieferer zahlungshalber,
- Verpfändung,
- Übergabe an ein Kreditinstitut zum Einzug oder zum Diskont.

b) Der von Hastig ausgestellte Wechsel ist ein Warenwechsel, weil ein Warengeschäft zugrunde liegt. Ein Finanzwechsel (Solawechsel) dient hingegen lediglich der Geldbeschaffung.

c) Ein bundesbankfähiger Wechsel muss folgende Anforderungen erfüllen:
- mindestens drei gute Unterschriften,
- es muss ein Handelswechsel sein,
- die Restlaufzeit darf maximal 90 Tage betragen,
- er muss an einem Bankplatz zahlbar sein,
- es darf kein Sichtwechsel sein.

d) Eine Tratte ist ein auf einen Dritten gezogener Wechsel (Zahlungsaufforderung des Ausstellers an den Bezogenen). Ein Akzept ist ein von dem Bezogenen angenommener (quer geschriebener) Wechsel (Zahlungsversprechen des Bezogenen durch seine Unterschrift).

Bürgschaft — Fall 660

Lösung:

a) Der Bürge Theo Birne sollte sich für den Fall der Inanspruchnahme durch den Gläubiger (Bank) absichern. So könnte z. B. die Ladeneinrichtung der Modeboutique als Sicherungsmittel eingesetzt werden. Die Rechtspraxis hat dafür die Möglichkeit der Sicherungsübereignung gefunden (§ 930 BGB). Danach wird das Eigentum an einer Sache, hier der Ladeneinrichtung, auf den Erwerber übertragen, gleichzeitig bleibt der Verkäufer Besitzer und kann die Sache weiter nutzen. Ergänzend kann vereinbart werden, dass nach Erlöschen der Bürgschaft das Eigentum an der Sache automatisch an den Sicherungsgeber zurückfällt (§ 158 Abs. 2 BGB).

b) Das BGB unterscheidet im Wesentlichen zwischen der Ausfallbürgschaft (§ 770 BGB) und der selbstschuldnerischen Bürgschaft (§ 773 BGB).

Ausfallbürgschaft

Der Bürge kann aus verschiedenen Gründen die Leistung aus der Bürgschaft verweigern, insbesondere, solange der Gläubiger nicht erfolglos die Zwangsvollstreckung gegen den Schuldner versucht hat (Einrede der Vorausklage, § 771 BGB).

Selbstschuldnerische Bürgschaft

Sie ist dadurch gekennzeichnet, dass der Bürge die Einrede der Vorausklage nicht geltend machen kann (§ 773 BGB), d. h. verweigert der Schuldner die Zahlung, muss der Bürge sofort zahlen.

Anmerkung: Die Bürgschaft eines Vollkaufmanns ist stets selbstschuldnerisch (§§ 349, 351 HGB). Banken verlangen in der Regel die selbstschuldnerische Bürgschaft (Formularpraxis).

Fall 661 Leasing

Lösung:

Vorteile des Leasing:
- Geringerer Bedarf an Finanzmitteln, der finanzielle Spielraum bleibt größer,
- der Vermieter übernimmt den Service,
- durch Rückgabe der Anlagegegenstände Anpassung an den neuesten Stand der Technik.

Nachteile des Leasing:
- Höhere Kosten, da in den Leasingraten auch Verwaltungskosten und Gewinn des Leasinggebers enthalten sind,
- während der Grundmietzeit in der Regel kein Kündigungsrecht, nachteilig bei schnellem technischen Fortschritt oder geänderten Nutzungsmöglichkeiten,
- evtl. Aktivierung beim Leasingnehmer.

Fall 662 Leasing/steuerliche Zurechnung

Lösung: Der Transporter ist steuerlich dem Mandanten (Leasingnehmer) zuzurechnen. Nach dem BdF-Erlass v. 19. 4. 1971 (BStBl 1972 I S. 264) ist bei Leasingverträgen mit Kaufoptionsrecht der Leasing-Gegenstand dem Leasingnehmer als wirtschaftliches Eigentum zuzurechnen, wenn bei einer Grundmietzeit von mindestens 40 % und höchstens 90 % der betriebsgewöhnlichen Nutzungsdauer der Kaufpreis niedriger ist als der Buchwert, errechnet nach Abzug der linearen AfA von den Anschaffungskosten. Das ist hier der Fall.

Berechnung:

Betriebsgewöhnliche Nutzungsdauer	48 Mon. =	100 %
Grundmietzeit	36 Mon. =	75 %
Anschaffungskosten		30 000 DM
./. lineare AfA nach 36 Mon. = 75 % =		22 500 DM
Buchwert nach 36 Mon.		7 500 DM

Kaufpreis nach 36 Mon. 6 000 DM

Der steuerlichen Zurechnung des Transporters beim Leasingnehmer liegt die Überlegung zugrunde, dass der Leasingnehmer unter obigen Vertragsbedingungen regelmäßig von der Kaufoption Gebrauch machen und das Anlageobjekt auch zivilrechtlich in sein Eigentum überführen wird.

Factoring   Fall 663

Lösung: Die Aufwendungen der Finesse GmbH durch Factoring betragen pro Jahr:
- Factoringgebühren, 1,4 % von 12 Mio. DM =   168 000 DM
- Sollzinsen aus finanziertem Forderungsbestand 8 % von 1 Mio. DM =   80 000 DM

Summe   248 000 DM

Finanzielle Vorteile durch Factoring:
- 3 % Skonto aus Wareneinkauf von 3,5 Mio. DM =   105 000 DM
- Wegfall des Delkredere-Risikos 0,5 % von 12 Mio. DM = 60 000 DM
- Verwaltungskosten (Wegfall der Debitorenbuchhaltung)   35 000 DM

Summe   200 000 DM

Kaufmannseigenschaft   Fall 664
Lösung:

	M	K	F	N	Erläuterungen
Spediteur Flott	X				Handelsgewerbe (§ 1 Abs. 2 HGB)
Künstleragentur Adlatus GmbH			X		Kaufmann kraft Rechtsform. Zu den Handelsgesellschaften i. S. des § 6 HGB rechnen die GmbH (§ 13 GmbHG), AG (§ 3 AktG) und KGaA (§§ 3, 278 AktG)
Weingut Graf von Frankenstein		X			Der Betrieb der Land- und Forstwirtschaft ist berechtigt, aber nicht verpflichtet, sich in das HR eintragen zu lassen (§ 3 HGB)
Hotel Kemenate (400 Betten)	X				Handelsgewerbe (§ 1 Abs. 2 HGB)
Bauunternehmer Hans Steinschneider (60 Beschäftigte)	X				wie Hotel Kemenate

	M	K	F	N	Erläuterungen
Handelsvertreter Paul Zahn		X			Handelsgewerbe, möglicherweise ist ein in kaufmännischer Weise eingerichteter Geschäftsbetrieb nicht erforderlich (§ 1 Abs. 2 HGB)
Krankengymnast Franz Zipperlein				X	Freiberufliche Tätigkeit

Fall 665 Gewerbeanmeldung

Lösung:

1. Die Eröffnung eines Gewerbebetriebes muss beim Ordnungsamt oder Gewerbeamt der zuständigen Gemeinde, außerdem bei Finanzamt und der Berufsgenossenschaft unverzüglich angemeldet werden (§ 14 GewO).
Als Kaufmann muss Herr Müller die Anmeldung beim Amtsgericht zur Eintragung in das Handelsregister vornehmen.

2. Durch die Gewerbeanmeldung beim Ordnungsamt oder Gewerbeamt der Gemeinde erfolgen Mitteilungen an: Finanzamt, Industrie- und Handelskammer, Berufsgenossenschaft, Gewerbeaufsichtsamt, Statistisches Landesamt.

3. Jeder Gewerbetreibende wird Pflichtmitglied der Industrie- und Handelskammer und der Berufsgenossenschaft.

Fall 666 Handelsregister

Lösung a:

zu 1:
- Malermeister Schulz betreibt ein Handelsgewerbe i. S. des § 2 HGB. Er ist verpflichtet, eine Eintragung in das Handelsregister herbeizuführen (§ 29 HGB), weil sein Gewerbebetrieb nach Art und Umfang einen in kaufmännischer Weise eingerichteten Geschäftsbetrieb erfordert (Kaufmann nach § 1 HGB).
- Spediteur Krause ist kein Kaufmann i. S. des § 1 HGB, weil sein Betrieb keinen in kaufmännischer Weise eingerichteten Geschäftsbetrieb erfordert (§ 1 Abs. 2 HGB). Es erfolgt keine Eintragung in das Handelsregister. Durch freiwillige Eintragung in das Handelsregister kann Krause zur Kaufmannseigenschaft optieren (§ 2 HGB).
- Für die Schnapsbrennerei als land- und forstwirtschaftliches Unternehmen ist keine Eintragung erforderlich, aber möglich (Kannkaufmann § 3 HGB).

zu 2:
Das Handelsregister erfüllt den Zweck, gewisse Tatsachen über eine Firma, soweit sie für den Handelsverkehr bedeutsam sein können, zu offenbaren.

zu 3:
Eine Eintragung in das Handelsregister kann rechtserzeugend (konstitutiv) sein. So entsteht beispielsweise eine GmbH erst mit Eintragung in das Handelsregister. Andere Eintragungen haben die Aufgabe, eine Tatsache nach außen hin für Dritte sichtbar zu machen (deklaratorisch). So bedarf es z. B. zur Entstehung einer OHG oder KG, der Erteilung der Prokura oder der Bestellung eines Geschäftsführers nicht der Eintragung im Handelsregister.

Beispiele für konstitutiv:
- beschränkte Haftung der Kommanditisten
- Rechtsform der Kapitalgesellschaften
- Kaufmannseigenschaft der Kannkaufleute
- Firmenmonopol aller eingetragenen Unternehmungen usw.

Beispiele für deklaratorisch:
- Rechtsstellung des Prokuristen
- Rechtsform der Personengesellschaften
- Kaufmannseigenschaft der (Muss-)Kaufleute usw.

Lösung b:
- Ja, denn die Erhöhung des Stammkapitals der GmbH bedeutet eine Änderung des Gesellschaftsvertrages, und zu den eintragungspflichtigen Angaben gehört die maßgebliche Höhe des (haftenden) Stammkapitals.
- Nein, die Erteilung einer Handlungsvollmacht wird nicht eingetragen, also auch nicht deren Widerruf.
- Ja, die Gründung der Steuerberatungsgesellschaft mbH ist eintragungspflichtig, da die Gesellschaft (Form)Kaufmann ist.
- Nein, keine Eintragung im HR. Ärzte sind keine Kaufleute, und damit ist ihre GbR keine Handelsgesellschaft i. S. des HGB.

Lösung c: In das Handelsregister Abteilung A sind einzutragen:
1. die Firma Karl Herborn OHG (§§ 29, 106 HGB),
2. Sitz des Unternehmens Köln (§§ 29, 106 HGB),
3. die persönlich haftenden Gesellschafter Karl Herborn und Peter Klar (§ 106 HGB),
4. die beiden Prokuristen Edith Stein und Klaus Hammer (§ 53 HGB).

Prokura   Fall 667

Lösung a:
1. Prokurist Tüchtig unterzeichnet wie folgt:
Fun Cars GmbH X-Stadt
ppa. Unterschrift Tüchtig

2. Die Prokura ist die Ermächtigung zu allen Arten von gerichtlichen und außergerichtlichen Geschäften und Rechtshandlungen, die der Betrieb eines Handelsgewerbes mit sich bringt (§ 49 Abs. 1 HGB).

Beispiele: Der Prokurist kann ohne zusätzliche Vollmacht

- Waren ein- und verkaufen,
- den Geschäftszweig ändern,
- Mitarbeiter einstellen und kündigen,
- ein Grundstück kaufen.

3. Der Prokurist darf ohne besondere Vollmacht folgende Rechtsgeschäfte nicht tätigen:
- Grundstück veräußern oder belasten (§ 49 Abs. 2 HGB),
- Steuererklärung und Bilanz unterschreiben,
- Eintragungen im Handelsregister anmelden,
- Konkurs anmelden,
- Geschäft verkaufen,
- Prokura erteilen,
- Gesellschafter aufnehmen.

4. Von einer Einzelprokura spricht man, wenn der Prokurist die erteilte Vollmacht alleine, ohne Einschaltung anderer Personen ausüben kann. Bei einer Gesamtprokura übt der Prokurist die Vollmacht gemeinschaftlich mit anderen Vertretungsberechtigten Personen aus.

Lösung b:

Der Kreditvertrag mit der Hausbank ist nicht rechtswirksam. Zwar kann der gesetzliche Umfang der Vertretungsbefugnis als Prokurist Dritten gegenüber nicht beschränkt werden (§ 50 HGB), d. h. auch wenn Heinz Bauer sich nicht an die mit ihm vereinbarte Begrenzung des Kreditlimits gehalten hat, ist der Kreditvertrag insoweit nicht ungültig. Der Hausbank ist aber der Entzug der Prokura mitgeteilt worden und war ihr also bekannt (§ 15 Abs. 1 HGB). Unerheblich ist, dass die Eintragung über den Entzug der Prokura nicht im Handelsregister erfolgte.

Fall 668 Prokura/Handelsregister

Lösung:

1. Herr Eismann konnte bisher die Vollmacht allein ausüben (Einzelprokura), nach der Änderung nur noch gemeinsam mit Herrn Fischer (Gesamtprokura).
2. Die Vollmacht gilt nicht im ganzen Unternehmen. Sie ist beschränkt auf die Filiale Hannover.
3. Diese Prokura heißt Filialprokura.

Fall 669 Handlungsvollmacht

Lösung a: Das Autohaus kann von dem Kunden nicht erneut die Zahlung des unterschlagenen Geldbetrages verlangen. Der Auszubildende Franz Klamm hatte zwar keine schriftliche Vollmacht zum Inkasso (§ 54 HGB), aber eine Handlungsvollmacht, die stillschweigend erteilt wurde. Das ist durch Duldung der vorangegangenen Inkassohandlungen geschehen.

Lösung b: Die Inzahlungnahme der „Rarität" kann der Geschäftsführer der GmbH nicht rückgängig machen. Zwar hat der Verkäufer Simpelkamp seine Kompetenz überschritten. Dieses braucht ein Dritter aber nur dann gegen sich gelten zu lassen, wenn er die Beschränkung der Kompetenzen kannte oder kennen musste (§ 54 Abs. 3 HGB). Das ist aber nicht der Fall. Im Übrigen ist die Inzahlungnahme des Gebrauchtwagens eine Rechtshandlung, die der Betrieb des Autohauses mit sich bringt, also üblich ist (§ 54 Abs. 1 HGB).

Lösung c: Der Handlungsbevollmächtigte der Fa. Fun Cars GmbH darf für die GmbH keine Aktien kaufen, weil eine derartige Rechtshandlung für den Betrieb des Autohauses nicht üblich ist (§ 54 Abs. 1 HGB).

Handelsvertreter   Fall 670

Lösung:

Als Handelsvertreter ist Marx (selbständiger) Kaufmann i. S. des § 1 HGB, da er ein Handelsgewerbe betreibt. Als solcher handelt er im eigenen Namen, aber für fremde Rechnung.

Als Handlungsreisender ist Marx (unselbständiger) kaufmännischer Angestellter und handelt somit in fremdem Namen und für fremde Rechnung.

Kommission   Fall 671

Lösung:

1. Hans Patent = Kommittent
   Fachhändler = Kommissionär

2. In eigenem Namen und auf fremde Rechnung. Vertragliche Beziehungen entstehen nur zwischen dem Kommissionär und dem Käufer der Kommissionsware.

3. - Kommissionär kann schneller liefern,
   - Kommissionär trägt kein Verkaufsrisiko,
   - Kunden können das Kommissionsgut in Augenschein nehmen,
   - Kommissionär braucht nicht zu finanzieren.

Firma   Fall 672

Lösung:

1. König ist Musskaufmann nach § 1 HGB, weil er ein Handelsgewerbe betreibt. Das Erfordernis „kaufmännische Einrichtung" ist durch die Höhe des voraussichtlichen Umsatzes erfüllt.

2. Die Firma muss zur Kennzeichnung des Kaufmanns geeignet sein und Unterscheidungskraft besitzen, sie darf nicht irreführend sein (§ 18 HGB). Die Firma muss einen Rechtsformzusatz (bei Einzelkaufmann z. B. „eingetragener Kaufmann", „e. K." oder „e. Kfm.") enthalten (§ 19 HGB). König muss also wie folgt firmieren: Kennzeichnung des Unternehmens + Rechtsformzusatz.

3. Die Firma ist der Handelsname des Kaufmanns, unter dem er das Geschäft führt, er Unterschriften leistet, klagen und verklagt werden kann und Firmenschutz genießt.

4. König muss seinen Betrieb anmelden: a) beim Amtsgericht (Handelsregister), b) beim örtlichen Gewerbeamt, c) bei der Krankenkasse, d) bei der Berufsgenossenschaft.

Fall 673 Firma

Lösung: Die Firma „Auto-Wittler e. K." kann fortgeführt werden, obwohl sich der Name des Geschäftsinhabers geändert hat (§ 21 HGB). Die Firmenbeständigkeit hat Vorrang vor der Firmenwahrheit (§§ 17 u. 18 HGB).

Fall 674 Gesellschaftsformen

Lösung:

Zu 1: Als Form für die angestrebte Gesellschaft zwischen Hans Müller, Inhaber einer Möbelschreinerei mit Ladengeschäft, und seinem Sohn Peter ist grundsätzlich denkbar:

a) Offene Handelsgesellschaft (OHG, §§ 105-122 HGB)

b) Kommanditgesellschaft (KG, §§ 161-177 HGB)

c) Gesellschaft mit beschränkter Haftung (GmbH/GmbHG)

d) GmbH & Co. KG

Zu 2: Im vorliegenden Fall ist die OHG zweckmäßig. Die OHG als Grundtypus der Personenhandelsgesellschaft ist zwingend erforderlich, weil ein Handelsgewerbe (§ 1 HGB) betrieben wird.

Zu 3: Folgende Gründe können einen Einzelunternehmer veranlassen, einen Teilhaber in seine Unternehmung aufzunehmen: Aufnahme eines Fachmannes, Verbesserung der Kapital- und Kreditbasis, Verteilung des Geschäftsrisikos, Alter oder Krankheit des Einzelunternehmers.

Zu 4: Vertretung und Geschäftsführung ausschließlich durch den Komplementär (Vollhafter, § 170 HGB).

Fall 675 Stille Gesellschafter

Lösung:

1. Durch Aufnahme eines stillen Gesellschafters wahrt das Unternehmen seine Unabhängigkeit gegenüber der Kreditwirtschaft. Die typische stille Beteiligung belastet das Unternehmen nur erfolgsabhängig. Der stille Gesellschafter trägt sogar Verluste mit, sofern eine Beteiligung am Verlust nicht ausgeschlossen wurde.

2. Der stille Gesellschafter hat kein Einspruchsrecht gegen Entscheidungen des Firmeninhabers (§ 230 Abs. 2 HGB).

3. Laut HGB ist der stille Gesellschafter am Verlust beteiligt. Die Verlustbeteiligung kann jedoch vertraglich begrenzt oder ganz ausgeschlossen werden (§ 231 Abs. 2 HGB).

Offene Handelsgesellschaft   Fall 676

Lösung:

a) Die OHG kann firmieren (§ 19 HGB):
   Meeßen OHG
   Wolf OHG
   Meeßen & Wolf OHG
   Holzwurm OHG
   usw.

b) Der Gläubiger kann von Over die Zahlung verlangen, da er gem. § 130 HGB auch für die vor seinem Eintritt begründeten Verbindlichkeiten haftet. Widersprechende vertragliche Vereinbarungen sind Dritten gegenüber nicht wirksam.

c) Ja, da die Gesellschafter für Verbindlichkeiten der Gesellschaft den Gläubigern als Gesamtschuldner persönlich haften (§ 128 HGB).

d) Wolf kann nur zum Schluss eines Geschäftsjahres kündigen. Die Kündigung muss mindestens 6 Monate davor erfolgen (§ 132 HGB).

Geschäftsführung in der OHG   Fall 677

Lösung:

1. Bei außergewöhnlichen Geschäften, wie z. B. Abschluss eines Kreditvertrages, ist die Zustimmung des Mitgesellschafters erforderlich (Geschäftsführung/Innenverhältnis, § 116 HGB).

2. Der Kreditvertrag ist gültig, weil im Außenverhältnis uneingeschränktes Vertretungsrecht besteht.

Personengesellschaft/Kapitalgesellschaft   Fall 678

Lösung:

	OHG/KG	GmbH
1. Um welche Art der Rechtspersönlichkeit handelt es sich (Handelsrecht)?	natürliche Personen	juristische Personen
2. In welcher gesetzlichen Form muss der Gesellschaftsvertrag abgeschlossen werden?	formlos	notarielle Beurkundung
3. Welche rechtliche Wirkung hat die Handelsregistereintragung?	deklaratorisch[1]	konstitutiv[2]

---

1 deklaratorisch = erklärend
2 konstitutiv = rechtsbegründend

4. Welche Art der Firma ist bei der Gründung zu wählen?	Kennzeichnung unter Anzeige des Gesellschaftsverhältnisses	Kennzeichnung mit Zusatz GmbH
5. Wann entsteht die Gesellschaft gegenüber Dritten?	mit Eintragung ins HR oder mit Aufnahme des Geschäfts	mit Eintragung ins HR
6. Wer ist geschäftsführungsbefugt?	alle Gesellschafter (OHG), Komplementär KG	Geschäftsführer
7. Wer ist Inhaber des Geschäftsvermögens?	Gesellschafter zur gesamten Hand	Gesellschaft
8. Welche Organe hat die Gesellschaft?	keine	Geschäftsführer, Gesellschafterversammlung
9. Wer haftet für die Schulden der Gesellschaft gegenüber den Gesellschaftsgläubigern?	Gesellschafter haften unbegrenzt zur gesamten Hand, der Kommanditist haftet nur bis zur Höhe seiner Einlage	Gesellschaft
10. Wie wirkt sich der Tod eines Gesellschafters auf das Bestehen der Gesellschaft aus?	Auflösung der Gesellschaft	keine Auswirkung
11. Wie viel Mindestkapital ist erforderlich?	kein Mindestkapital	Stammkapital 50 000 DM, Einzahlung 25 %, mindestens 25 000 DM
12. Wie viele Gesellschafter sind erforderlich?	mindestens zwei Gesellschafter	ein Gesellschafter

Fall 679 **Kommanditgesellschaft; Gewinnverteilung und Privatentnahmen**

Lösung:

a) Sofern im Gesellschaftsvertrag der KG keine Absprachen getroffen sind, beträgt der Gewinnanteil vorab 4 % auf die Einlage. Der Restgewinn wird in einem angemessenen Verhältnis verteilt (§§ 121, 168 HGB).

b) Der Kommanditist ist im Gegensatz zum vollhaftenden Gesellschafter nicht berechtigt, laufend Entnahmen zu tätigen (§ 169 HGB). Der Kommanditist hat nur Anspruch auf Auszahlung des auf ihn zukommenden – festgestellten – Gewinns.

c) Der Kommanditist hat so lange keinen Anspruch auf Auszahlung des Gewinnanteils, bis die durch den Vorjahresverlust geminderte Einlage wieder aufgefüllt ist (§ 169 HGB).

Gesellschaft mit beschränkter Haftung — Fall 680

Lösung: Mit einem Stammkapital von 52 500 DM ist das Mindeststammkapital von 50 000 DM erreicht. Auch die Mindeststammeinlage jedes Gesellschafters von 500 DM ist erreicht, da die Anmeldung erst erfolgen darf, wenn auf jede Stammeinlage ein Viertel eingezahlt ist. Weil dies bei Wolfgang Heister nicht der Fall ist, wird eine Eintragung im Handelsregister bis zur Restzahlung nicht erfolgen. Außerdem ist der Mindestbetrag von 25 000 DM noch nicht eingezahlt.

Beschlussfassung in der Hauptversammlung einer GmbH — Fall 681

Lösung:

a) Der Gewinnverteilungsbeschluss ist wirksam, weil er mit der Mehrheit (§ 47 GmbHG) der abgegebenen Stimmen gefasst wurde (800 : 320).

b) Die Bestellung eines weiteren Geschäftsführers ist abgelehnt, weil sich hierfür nicht die Mehrheit der abgegebenen Stimmen entschied (520 : 600).

GmbH, Prüfung des Jahresabschlusses — Fall 682

Lösung:

a) Die Klaus Heitplatz GmbH ist eine mittelgroße GmbH i. S. des § 267 HGB, denn ihr Vorjahresumsatz übersteigt 13 440 000 DM, und sie beschäftigt im Jahresdurchschnitt mehr als 50 Arbeitnehmer. Damit erfüllt sie mindestens 2 der 3 in § 267 HGB genannten Merkmale. Somit unterliegt der Jahresabschluss der GmbH und ihr Lagebericht der Prüfung durch einen Vereidigten Buchprüfer oder durch einen Wirtschaftsprüfer (§§ 316 Abs. 1, 319 HGB).

b) Nach § 325 i. V. mit § 327 HGB ist der Jahresabschluss, der Lagebericht usw. mit Bestätigungsvermerk zum Handelsregister einzureichen.

Aktiengesellschaft — Fall 683

Lösung: Der Aktionär hat folgende Rechte:
- Recht auf Teilnahme an der Hauptversammlung,
- Stimmrecht,
- Auskunftsrecht,
- Anfechtung von Beschlüssen der Hauptversammlung, die gegen Gesetz oder Satzung verstoßen,
- Recht auf Anteil am Bilanzgewinn (Dividende),
- Recht auf Bezug neuer (junger) Aktien,
- Recht auf Anteil am Liquidationserlös.

Fall 684 Unternehmensinsolvenzverfahren

Lösung:

a) Durch Ausfall seiner Forderung gegenüber der „Heim & Herd" Wohnungsbaugenossenschaft wird Hans Michel selbst zahlungsunfähig. Daher kann er einen Insolvenzantrag beim Amtsgericht Magdeburg stellen. Zur Durchführung des Verfahrens wird das Amtsgericht einen Insolvenzverwalter bestellen.

Die Voraussetzung für die Durchführung des Insolvenzverfahrens sind gegeben, da das vorhandene Vermögen im Wert von 15 000 DM die Kosten des Insolvenzverfahrens abdecken wird.

Zugleich mit seinem Antrag auf Eröffnung des Insolvenzverfahrens sollte Michel einen Antrag auf Restschuldbefreiung stellen. Auf diese Weise kann er nach Ablauf von sieben Jahren nach Abschluss des Verfahrens wieder schuldenfrei werden. Mit dem Antrag auf Restschuldbefreiung muss Michel eine Abtretungserklärung hinsichtlich zukünftig pfändbarer Einkommen an den vom Gericht zu bestellenden Treuhänder unterschreiben.

b) Der Lieferant bleibt bis zur vollständigen Bezahlung der bestellten und gelieferten Ware Eigentümer derselben. Daher wird er umgehend die Herausgabe der Ware fordern.

c) Hat die Gläubigerversammlung die Liquidation des Malerbetriebs beschlossen, wird der Insolvenzverwalter das vorhandene Vermögen verwerten. Dazu bietet sich der Verkauf an den Mitarbeiter Sorgenfrei an, der einen eigenen Betrieb eröffnen möchte.

Fall 685 Verbraucherinsolvenzverfahren

Lösung:

a) Susi Sorglos sollte den Versuch unternehmen, ihre finanzielle Situation mittels eines Schuldenbereinigungsverfahrens (Verbraucherinsolvenzverfahren) zu ordnen. Dieses Verfahren bietet die Chance auf einen Vergleich mit den Gläubigern oder auf eine echte Restschuldbefreiung und damit auf einen finanziellen Neuanfang.

b) Bevor es zum eigentlichen Insolvenzverfahren kommt, muss Susi unter Mitwirkung einer „geeigneten Person" (z. B. Angehöriger rechtsberatender Berufe oder Steuerberater) im Rahmen eines sog. „außergerichtlichen Schuldenbereinigungsverfahrens" den Versuch unternehmen, eine Einigung mit ihren Gläubigern zur (teilweisen) Tilgung ihrer Verbindlichkeiten unter Verzicht auf die Restschulden zu erzielen (= Vergleich im Sinne des § 780 BGB).

Zu diesem Zweck hat Susi zusammen mit ihrer „geeigneten Person" einen Schuldenbereinigungsplan aufzustellen. Bestimmte Vorgaben für die Erstellung des Einigungsplans bestehen grundsätzlich nicht, allerdings sollte sich dieser an dem orientieren, was im gerichtlichen Schuldenbereinigungsverfahren zustimmungsfähig ist. Demnach könnte der Schuldenbereinigungsplan für Susi Sorglos wie folgt aussehen:

Einsetzbares Vermögen:
– Pkw   15 000 DM

Verbindlichkeiten
- Privatbank „Spendabel"   – 15 000 DM
- Direktbank „Kohle satt" – 45 000 DM gesichert mittels Pkw

Unterhaltspflichten
- keine

Vorschlag zur Abtragung der Schuldenlast
1. Verwertung des Pkw, Verwendung der Mittel zur teilweisen Tilgung des Darlehens bei der Direktbank „Kohle satt".
2. Ratenweise Tilgung beider Darlehen mit insgesamt 300 DM monatlich über einen Zeitraum von 7 Jahren (Privatbank „Spendabel": 100 DM monatlich; Direktbank „Kohle satt": 200 DM monatlich). Verzicht der Banken auf die verbleibenden Verbindlichkeiten (= Befriedigungsquote Privatbank „Spendabel" = 56 %; Direktbank „Kohle satt" = 70,67 %). Angemessene Erhöhung der Tilgungsraten bei Wiederaufnahme einer Berufstätigkeit innerhalb von 7 Jahren. Zugleich Unterzeichnung einer Abtretungserklärung zur Verwaltung und Verteilung künftig pfändbarer Einkommen an die Gläubiger über den 7-Jahres-Zeitraum.

c) Eine Einigung über den außergerichtlichen Schuldenbereinigungsplan kommt nur dann wirksam zustande, wenn sämtliche Gläubiger diesem ausdrücklich zustimmen. Das Schweigen eines Gläubigers kann nicht als Zustimmung gewertet werden.

Damit ist der außergerichtliche Einigungsversuch gescheitert. Mittels der darüber zu erstellenden Bescheinigung kann Susi sodann einen Insolvenzantrag nebst Antrag auf Restschuldbefreiung beim zuständigen Amtsgericht stellen.

Im anschließenden gerichtlichen Einigungsverfahren kann die fehlende Zustimmung ggf. durch das Gericht ersetzt werden, sodass sich die Eröffnung eines gerichtlichen Insolvenzverfahrens (mit anschließender 7-jähriger Wohlverhaltenszeit) erübrigt.

H. Mandantenorientierte Sachbearbeitung

Fall 686 Firmengründung
Wahl der Rechtsform und Haftung, Firmenbezeichnung, Vertretung

Lösung Aufgabe 1:

Aufg.	Unternehmensform	Einkünfte Vater/Sohn	gewerbesteuerliche Besonderheiten
1a	typische stille Gesellschaft	Vater: Gewerbebetrieb Sohn: Kapitalvermögen	Hinzurechnung des Gewinnanteils des stillen Gesellschafters (§ 8 Nr. 3 GewStG)
1b	atypische stille Gesellschaft	Vater: Gewerbebetrieb Sohn: Gewerbebetrieb	
1c	OHG	Vater: Gewerbebetrieb (einschl. Vergütung) Sohn: Gewerbebetrieb	Tätigkeitsvergütung ist bei der OHG gewstpfl. Sie ist Teil des gewerblichen Gewinns gem. § 15 Abs. 1 Nr. 2 EStG
1d	KG	Vater: Gewerbebetrieb (einschl. Mieten) Sohn: Gewerbebetrieb	Die Mieten sind bei der KG gewstpfl. Sie sind Teil des gewerblichen Gewinns gem. § 15 Abs. 1 Nr. 2 EStG
1e	GmbH & Co. KG	Vater aus KG: Gewerbebetrieb Sohn aus KG: Gewerbebetrieb Vater aus GmbH: Kapitalvermögen Sohn aus GmbH: Kapitalvermögen	
1f	GmbH	Vater aus GmbH: Kapitalvermögen Sohn aus GmbH: Kapitalvermögen Vater als Gesch.-F.: nichts. Arbeit Sohn als Gesch.-F.: nichts. Arbeit	kein Freibetrag (§ 11 Abs. 1 Nr. 1 GewStG), keine Staffelung (§ 11 Abs. 2 GewStG)

Lösung Aufgabe 2:

Haftung	GmbH/OHG/KG	Vater	Sohn
Einzelfirma Vater ist Inhaber, Sohn ist Arbeitnehmer	entfällt	Haftung mit seinem Gesamtvermögen	keine Haftung

Haftung	GmbH/OHG/KG	Vater	Sohn
Einzelfirma Vater ist Inhaber, Sohn ist stiller Gesellschafter	entfällt	Haftung mit seinem Gesamtvermögen	Haftung in Höhe des Verlustanteils bei nicht erbrachter Einlage (§ 236 Abs. 2 HGB)
GmbH Vater und Sohn sind beteiligt Sohn hat einen Teil seiner Stammeinlage noch nicht erbracht	GmbH haftet mit dem gesamten Betriebsvermögen	keine Haftung	Haftung in Höhe der noch ausstehenden Stammeinlage (§ 22 Abs. 1 GmbHG)
OHG Vater und Sohn sind beteiligt	OHG haftet mit ihrem gesamten Betriebsvermögen	Haftung mit dem gesamten Privatvermögen (§ 128 HGB)	Haftung mit dem gesamten Privatvermögen (§ 128 HGB)
KG Vater ist Komplementär, Sohn ist Kommanditist	KG haftet mit ihrem gesamten Betriebsvermögen	Haftung mit dem gesamten Privatvermögen (§§ 161, 170 HGB)	Haftung ist beschränkt auf die Einlage (§§ 161, 170 HGB)
GmbH & Co. KG Vater und Sohn sind Kommanditisten	KG haftet mit ihrem gesamten Betriebsvermögen, GmbH haftet mit dem gesamten Betriebsvermögen	Haftung ist beschränkt auf die Einlage (§§ 161, 170 HGB)	Haftung ist beschränkt auf die Einlage (§§ 161, 170 HGB)

Lösung Aufgabe 3:

zu a)

Eine Haftungsbeschränkung des Komplementärs ist nicht zulässig. Bei einer KG muss mindestens ein Vollhafter vorhanden sein (§ 161 Abs. 1 HGB).

zu b)

Die Einlage in Form von Sachwerten kann vereinbart werden. Es besteht keine gesetzliche Regelung, die die Art der Einlage zwingend vorschreibt.

zu c)

Die von den Mandanten gewünschte Firmenbezeichnung Mc FUN-CAR ist im Prinzip nach § 18 HGB zulässig, weil sie die Geschäfte des Kaufmanns bezeichnet und nicht irreführend ist. Nach § 19 Abs. 1 Nr. 3 HGB muss dieser Firmenbezeichnung die Bezeichnung „Kommanditgesellschaft" oder die Abkürzung „KG" zugesetzt werden.

zu d)

Die Beschränkung des Umfangs der Vertretungsmacht des Komplementärs kann zulässig vereinbart werden. Diese Vereinbarung gilt nach § 126 Abs. 2 i. V. mit § 161 Abs. 2 HGB nicht gegenüber Dritten. Es kommen bei Kaufverträgen, die ohne Zustimmung des Kommanditisten abgeschlossen werden, rechtswirksame Verträge zustande. Wegen Überschreitens seiner Befugnisse laut Gesellschaftsvertrag ist der Komplementär evtl. dem Kommanditisten schadenersatzpflichtig.

Lösung Aufgabe 4:

Sachverhalt	Handlungsvollmacht	Prokura
Die Vollmacht berechtigt nur zur Vornahme von gewöhnlichen Rechtsgeschäften	ja	nein
Der Umfang der Vollmacht ist gesetzlich geregelt	nein	ja
Die Vollmacht muss ins Handelsregister eingetragen werden	nein	ja
Die Vollmacht kann auch stillschweigend erteilt werden	ja	nein

Fall 687 Verträge

Vertragsarten, Formvorschriften, Störung von Verträgen, Verjährung, Buchung entsprechender Geschäftsvorfälle, gerichtliches Mahnverfahren

Lösung Aufgabe 1:

zu a) Pachtvertrag (§ 581 BGB): entgeltliche Überlassung eines Gegenstandes und der Erträge daraus. Kein Mietvertrag, weil das überlassene Grundstück so eingerichtet ist, dass es durch den Berieb genutzt werden kann.

zu b) Leihvertrag (§ 598 BGB): unentgeltliche Gebrauchsüberlassung einer Sache d. h. an einem Gegenstand oder Recht.

zu c) Werkvertrag (§ 631 BGB): Herstellung oder Veränderung einer Sache.

zu d) Kommissionsvertrag (§ 383 HGB): Verkauf von Waren in eigenem Namen für fremde Rechnung.

Mandantenorientierte Sachbearbeitung – Lösungen 717

zu e) Darlehensvertrag (§ 607 BGB): Empfang von Geld oder vertretbaren Sachen mit der Verpflichtung, das Empfangene in gleicher Art und Güte zurückzuerstatten und ggf. dafür Zinsen zu zahlen.

Lösung Aufgabe 2:

Beabsichtigter Vertrag	Formvorschrift
a) Kaufvertrag über den Kauf einer neuen Hebebühne	keine
b) Es soll ein Betriebsgrundstück gekauft werden.	notarielle Beurkundung
c) Die 84-jährige Mutter will Herrn Stegemann sen. deshalb 50 000 DM schenken.	notarielle Beurkundung
d) Für den Rest des Kaufpreises ist ein Darlehn erforderlich. Die Mutter will für das Darlehn bürgen.	Schriftform

Lösung Aufgabe 3:

Forderungen/Verbindlichkeiten	Verjährungsfrist
a) Die Honorarrechnung des Rechtsanwalts, der bei der Abfassung des Gesellschaftsvertrages geholfen hat, ist noch nicht bezahlt.	2 Jahre (§ 196 Abs. 1 Ziff. 15 BGB)
b) Die KG hat einen Gebrauchtwagen an einen Privatmann geliefert. Der Kaufpreis ist noch nicht beglichen.	2 Jahre (§ 196 Abs. 1 Ziff. 1 BGB)
c) Wegen finanzieller Engpässe konnte die KG die mtl. Zahlungen für Büro und Werkstatt seit längerer Zeit nicht mehr leisten.	4 Jahre (§ 197 BGB), weil nicht unter § 196 Abs. 1 Ziff. 6 BGB fallend
d) Der Lkw des Baustoffhändlers Kleimann wurde repariert. Die Forderung ist seit langem fällig.	4 Jahre (§ 196 Abs. 2 i. V. m. § 196 Abs. 1 Ziff. 1 BGB)
e) Die KG hatte einem ihrer Arbeitnehmer ein Darlehn i. H. von 2 000 DM gewährt. Der Arbeitnehmer hat gekündigt. Eine Tilgung ist bisher nicht erfolgt.	30 Jahre (§ 195 BGB)
f) Die Zinsen für das dem Arbeitnehmer gegebene Darlehn sind auch noch nicht bezahlt.	4 Jahre (§ 197 BGB)

| g) Die Forderung gegen den Kunden Kuhnert wurde zur Konkurstabelle angemeldet. Die Konkursquote betrug nur 10 %. Die Restforderung ist noch offen. | 30 Jahre (§ 218 BGB) |

Lösung Aufgabe 4:

zu a)

Der Forderung liegt ein Werkvertrag zugrunde. Da die Leistung nicht für den Gewerbebetrieb des Kunden erfolgt, beträgt die Verjährungsfrist gem. § 196 Abs. 1 Ziff. 1 BGB zwei Jahre.

Die Verjährungsfrist beginnt am **31. 12. 1998 um 24.00 Uhr**. Nach §§ 201 und 198 BGB ist für den Beginn der Verjährung der Ablauf des Jahres maßgeblich, in dem der Anspruch entsteht, die Fälligkeit der Forderung eintritt und der Gläubiger damit die Zahlung verlangen kann.

Die im Jahre 1998 erfolgten außergerichtlichen Mahnungen führen weder zu einer Hemmung, also einer Verlängerung der Verjährungsfrist (§§ 202 bis 207 BGB) noch zu einer Unterbrechung der Verjährung, d. h. einem Neubeginn der Verjährungsfrist (§§ 209 ff. BGB).

Durch die Teilzahlung erkennt der Schuldner den Anspruch der KG an. Es tritt deshalb nach § 208 BGB eine Verjährungsunterbrechung ein, die zu einem Neubeginn der Verjährungsfrist führt. Die neue Verjährungsfrist beginnt sofort nach Beendigung der Unterbrechung, wobei gem. § 187 Abs. 1 BGB der Tag der Unterbrechung nicht mitgerechnet wird. Die neue zweijährige Verjährungsfrist beginnt am **11. 06. 1998 um 0.00 Uhr** und ist damit am **11. 06. 2000 um 24.00 Uhr** abgelaufen. Die Restforderung ist verjährt.

Da die Restforderung in Höhe von 200 DM nicht mehr realisiert werden kann, ist sie zum 31. 12. 2000 im Rahmen der Einzelwertberichtigung auf Forderungen mit 0 DM zu bewerten. Nach § 6 Abs. 1 Nr. 2 EStG und § 253 Abs. 3 HGB muss der Ansatz mit dem niedrigeren Wert erfolgen.

Nach § 17 Abs. 2 u. ·1 UStG kommt es zu einer Änderung der Bemessungsgrundlage. Die Umsatzsteuer ist entsprechend zu berichtigen.

Buchung:

```
2405    Forderungsverluste    172,41 DM
1770    Umsatzsteuer           27,59 DM  an 1400 Forderungen    200 DM
```

zu b)

Die Verjährungsfrist gem. § 196 Abs. 2 und 1 Ziff. 1 BGB vier Jahre, weil die Leistung für den Gewerbebetrieb des Kunden erfolgte.

Nach §§ 201 und 198 BGB ist für den Beginn der Verjährung der Ablauf des Jahres maßgeblich, in dem der Anspruch entsteht. Die Verjährungsfrist beginnt am **31. 12. 1998 um 24.00 Uhr.**

Mahnungen führen weder zu einer Hemmung (§§ 202 bis 207 BGB) noch zu einer Unterbrechung der Verjährung (§§ 209 ff. BGB).

Die Forderung ist im Mai 2000 bei Eröffnung des Konkursverfahrens noch nicht verjährt. Durch die Feststellung zur Konkurstabelle verlängert sich nach § 218 BGB die Verjährungsfrist auf 30 Jahre. Die Forderung ist damit nicht verjährt.

Da im Konkursverfahren nicht mit der vollen Bezahlung gerechnet werden kann, muss die Forderung im Rahmen einer Einzelwertberichtigung auf die zu erwartende Konkursquote von 10 % abgeschrieben werden.

Nach § 17 Abs. 2 und 1 UStG i. V. mit Abschn. 223 Abs. 5 UStR kommt es zu einer Änderung der Bemessungsgrundlage in voller Höhe. Die Umsatzsteuer ist in Höhe von 480 DM zu berichtigen.

Buchungen:

1460	zweifelhafte Forderungen	3 480 DM	an 1400 Forderungen	3 480 DM
2405	Forderungsverluste	2 700 DM		
1770	Umsatzsteuer	480 DM	an 1460 zweifelhafte Forderungen	3 180 DM

zu c)

Es wurde ein Verkvertrag ausgeführt. Da die Leistung nicht für den Gewerbebetrieb des Kunden erfolgt, beträgt die Verjährungsfrist gem. § 196 Abs. 1 Ziff. 1 BGB zwei Jahre.

Die Verjährungsfrist beginnt am **31. 12. 1997 um 24.00 Uhr.** Nach §§ 201 und 198 BGB ist für den Beginn der Verjährung der Ablauf des Jahres maßgeblich, in dem der Anspruch entsteht.

Die im Jahre 1998 erfolgten außergerichtlichen Mahnungen führen weder zu einer Hemmung (§§ 202 bis 207 BGB) noch zu einer Unterbrechung der Verjährung (§§ 209 ff. BGB).

Der Stundungsantrag vom 15. 11. 1998 bedeutet Schuldanerkenntnis, Unterbrechung der Verjährung und Neubeginn der Verjährungsfrist. Die neue Verjährungsfrist beginnt sofort nach Beendigung der Unterbrechung, wobei gem. § 187 Abs. 1 BGB der Tag der Unterbrechung nicht mitgerechnet wird. Die neue zweijährige Verjährungsfrist beginnt am **16. 11. 1998 um 0.00 Uhr** und würde mit **Ablauf des 15. 11. 2000** enden.

Durch die Stundung kommt es jedoch nach § 202 BGB zu einer Hemmung der Verjährung für drei Monate, sodass sich die Verjährungsfrist um diesen Zeitraum bis zum **15. 02. 2001 24.00 Uhr** verlängert. Die Forderung ist deshalb am 31. 12. 2000 noch nicht verjährt.

Zum 31. 12. 2000 muss die Forderung im Rahmen einer Einzelwertberichtigung nach § 6 Abs. 1 Nr. 2 EStG und § 253 Abs. 3 HGB mit dem niedrigeren Teilwert bewertet werden. Zu einer Änderung der Bemessungsgrundlage nach § 17 UStG kommt es noch nicht, da ein Ausfall bzw. Teilausfall der Forderung noch nicht feststeht. Die Abschreibung auf 30 % kann sich deshalb nur auf den Nettobetrag der Forderung beziehen.

Lösung Aufgabe 5:

Der Gläubiger hat grundsätzlich zwei Möglichkeiten, seine Forderung zu realisieren:

a) Er kann bei Beträgen bis 10 000 DM beim Amtsgericht, bei höheren Beträgen beim Landgericht den Schuldner auf Zahlung verklagen.

Durch die Klage wird die Verjährung unterbrochen (§ 209 Abs. 1 BGB).

b) Er kann beim Amtsgericht das gerichtliche Mahnverfahren (§§ 688 ff. ZPO) betreiben und einen Mahnbescheid gegen den Schuldner beantragen. Dieses Verfahren ist schneller und kostengünstiger.

Das Amtsgericht stellt ohne vorherige Prüfung der Rechtmäßigkeit der Forderung dem Schuldner den Mahnbescheid zu. Durch Zustellung des Mahnbescheides wird die Verjährung nach § 209 Abs. 2 Ziff. 1 BGB unterbrochen.

Der Schuldner kann gegen diesen Mahnbescheid binnen 2 Wochen Widerspruch einlegen und eine Gerichtsverhandlung beantragen, in der über die Rechtmäßigkeit der Forderung entschieden wird.

Legt der Schuldner innerhalb von 2 Wochen keinen Widerspruch ein und leistet keine Zahlung, kann der Gläubiger beim Amtsgericht einen Vollstreckungsbescheid gegen den Schuldner erwirken. Der Glubiger hat dadurch einen „vollstreckbaren Titel", er kann die Zwangsvollstreckung gegen den Schuldner betreiben.

Auf Antrag des Gläubigers kann der Gerichtsvollzieher mit der zwangsweisen Eintreibung der Geldforderung beauftragt werden. Zahlt der Schuldner nicht, pfändet der Gerichtsvollzieher. Es kommt dann zur Versteigerung des Pfandes und zur Auszahlung des dem Gläubiger zustehenden Betrages.

Bleibt die Pfändung fruchtlos oder unbefriedigt, kann der Gläubiger Antrag auf Abgabe einer eidesstattlichen Versicherung über die Vermögensverhältnisse des Schuldners stellen. Der Schuldner wird in ein öffentliches Schuldnerverzeichnis eingetragen.

Buchungen:

1460	zweifelhafte Forderungen	5 220 DM	an 1400 Forderungen	5 220 DM
2405	Forderungsverluste	3 150 DM	an 1460 zweifelhafte Forderungen	3 150 DM

Fall 688 Auslandsbeziehungen

Im- und Exporte, innergemeinschaftliche Lieferung, innergemeinschaftlicher Erwerb, Buchung entsprechender Geschäftsvorfälle, Rechnen mit ausländischer Währung

Lösung Aufgabe 1:

zu a) *Ausfuhrlieferung (§§ 4 Nr. 1a, 6 UStG):*
Lieferung von Gegenständen aus einem Mitgliedstaat der Europäischen Union (EU) in Länder, die nicht zur EU gehören (sog. Drittländer).
Einfuhr (§ 1 Abs. 1 Nr. 4 UStG):
Gegenstände gelangen aus Drittländern in das Inland.
innergemeinschaftlicher Erwerb (§§ 1 Abs. 1 Nr. 5, 1a Abs. 1 UStG):
Erwerb von Gegenständen aus einem anderen EU-Mitgliedstaat
innergemeinschaftliche Lieferung (§§ 4 Nr. 1b, 6a UStG):
Lieferung von Gegenständen in einen anderen EU-Mitgliedstaat.

zu b) Die Ausfuhrlieferung und die innergemeinschaftliche Lieferung sind unter den Voraussetzungen der §§ 6 und 6a UStG steuerfrei.

Die Einfuhr wird, wenn sie nicht nach § 5 UStG steuerfrei ist, nach dem Wert bzw. der Wertsteigerung des eingeführten bzw. wieder eingeführten Gegenstandes (§ 11 UStG) besteuert (Einfuhrumsatzsteuer).

Der innergemeinschaftliche Erwerb wird, wenn er nicht nach § 4b UStG steuerfrei bleibt, nach dem Entgelt (§ 10 Abs. 1 UStG) besteuert (sog. Erwerbsteuer).

Die Einfuhrumsatzsteuer und die Erwerbsteuer sind nach § 15 Abs. 1 Nr. 2 und 3 UStG im Normalfall als Vorsteuer wieder abzugsfähig. Sie wirken sich dann für die KG erfolgsneutral aus.

Ein Ausschluss vom Vorsteuerabzug tritt nach § 15 Abs. 2 und 3 UStG nicht ein, wenn der Ausgangsumsatz als Ausfuhrlieferung oder innergemeinschaftliche Lieferung nach § 4 Nr. 1a und 1b UStG steuerfrei ist.

Lösung Aufgabe 2:

Differenzbesteuerung nach § 25a UStG

Die KG braucht bei Lieferungen, die steuerpflichtig sind und die unter der Differenzbesteuerung fallen, nur den Unterschiedsbetrag zwischen Verkaufspreis und Einkaufspreis zu versteuern. Voraussetzung ist, dass

- der Unternehmer als Wiederverkäufer mit beweglichen körperlichen Gegenständen handelt,
- die Gegenstände im Gemeinschaftsgebiet an ihn geliefert wurden und
- für diese Lieferung keine Umsatzsteuer geschuldet oder erhoben wurde oder die Differenzbesteuerung beim Lieferanten durchgeführt wurde.

Ein gesonderter Steuerausweis ist im Falle der Differenzbesteuerung nicht zulässig.

zu a) Es wird eine Lieferung ausgeführt (§ 3 Abs. 1 UStG). Die Lieferung erfolgt nach § 3 Abs. 6 UStG im Inland, da hier die Beförderung des Gegenstandes beginnt. Da alle anderen Steuerbarkeitsvoraussetzungen des § 1 Abs. 1 Nr. 1 UStG vorliegen, ist die Lieferung steuerbar.

Die Lieferung ist nach §§ 4 Nr. 1a und 6 Abs. 1 Nr. 2 UStG steuerfrei, weil das Fahrzeug in ein Drittland gelangt und der Abnehmer ausländischer Abnehmer ist. Wegen der Steuerfreiheit der Lieferung kommt die Differenzbesteuerung nicht in Betracht.

Die Vorsteuer aus Anschaffung und Reparatur sind abzugsfähig. Ein Ausschluss vom Vorsteuerabzug nach § 15 Abs. 2 und 3 UStG tritt nicht ein.

Buchung:

1000   Kasse   2 000 DM   an 8120 steuerfreie Umsätze
                                       (§ 4 Nr. 1a UStG)   2 000 DM

zu b) Die Lieferung an den Kunden aus England ist steuerbar, aber nicht als innergemeinschaftliche Lieferung steuerfrei. Für die Steuerbefreiung des innergemeinschaftlichen Erwerbs ist nach § 4 Nr. 1b UStG und § 6a UStG Voraussetzung, dass der Abnehmer Unternehmer ist und den Gegenstand für sein Unternehmen erwirbt. Dies ist nicht der Fall.

Der Umsatz ist mit 16 % steuerpflichtig. Die Bemessungsgrundlage kann nach § 25a UStG berechnet werden:

	Verkaufspreis	25 600 DM
abzügl.	Einkaufspreis	12 000 DM
Bemessungsgrundlage	=	13 600 DM × 16 % = 2 176 DM

Buchung:

1000	Kasse	25 600 DM	an 8600 sonst. Erlöse	23 424 DM
			1700 Umsatzsteuer	2 176 DM

zu c) Der Verkauf des Opel durch die KG ist eine Lieferung. Sie erfolgt im Inland und ist damit steuerbar.

Die Lieferung ist als innergemeinschaftliche Lieferung nach §§ 4 Nr. 1b und 6a UStG steuerfrei. Der Pkw ist in einen anderen Mitgliedstaat gelangt, und der Abnehmer ist Unternehmer und hat den Pkw für sein Unternehmen erworben. Bei angegebener USt-IdNr. sind Unternehmereigenschaft und Erwerb für das Unternehmen zu unterstellen.

Wegen der Steuerfreiheit der Lieferung kommt es nicht zur Differenzbesteuerung.

Die Vorsteuer aus der Anschaffung ist abzugsfähig. Ein Ausschluss vom Vorsteuerabzug nach § 15 Abs. 2 und 3 UStG tritt nicht ein.

Die trotz Steuerfreiheit gesondert ausgewiesene USt wird nach § 14 Abs. 2 UStG geschuldet. Eine Berichtigung der Rechnung ist zulässig.

Buchung:

1000	Kasse	8 700 DM	an 8125 steuerfreie Umsätze	
			(§ 4 Nr. 1b UStG)	7 500 DM
			1770 Umsatzsteuer	1 200 DM

zu d) Die KG erbringt eine sonstige Leistung (§ 3 Abs. 9 UStG), die als technische Beratung unter die Regelung des § 3 Abs. 4 Nr. 3 UStG fällt. Ort der sonstigen Leistung ist nach § 3a Abs. 3 UStG der Wohnsitz des Kunden. Der Leistungsempfänger ist Nichtunternehmer und wohnt in einem Drittland. Die sonstige Leistung ist damit nicht steuerbar.

Buchung:

1000	Kasse	1 000 DM	an 8600 sonst. Erlöse	1 000 DM

zu e) Die KG tätigt einen innergemeinschaftlichen Erwerb i. S. des § 1a UStG. Der Abschleppwagen gelangt bei Lieferung durch den Hersteller von einem EU-Mitgliedstaat in einen anderen, und der Erwerber ist Unternehmer und erwirbt den Gegenstand für sein Unternehmen.

Ort des innergemeinschaftlichen Erwerbs ist nach § 3d UStG dort, wo sich der Gegenstand am Ende der Beförderung befindet. Der Erwerb erfolgt damit im Inland und ist steuerbar und mit 16 % steuerpflichtig. Bemessungsgrundlage ist nach § 10 Abs. 1 UStG das Entgelt in Höhe von 38 000 DM. Die Steuer beträgt 6 080 DM.

Die Erwerbsteuer ist gem. § 15 Abs. 1 Nr. 3 UStG als Vorsteuer abzugsfähig.

Buchung:

0350	Lkw	38 000 DM	an 1000 Kasse		38 000 DM
1573	abziehbare Erwerbsteuer	6 080 DM	an 1773 Umsatzsteuer aus EU-Erwerb		6 080 DM

zu f) Die Lieferung betrifft ein Neufahrzeug i. S. des § 1b Abs. 2 und 3 UStG. Sie erfolgt im Inland und ist somit steuerbar. Sie ist nach §§ 4 Nr. 1b und 6a Abs. 1 Nr. 2c UStG steuerfrei. Bei Neufahrzeugen ist für die Steuerbefreiung Unternehmereigenschaft nicht erforderlich. Die Bemessungsgrundlage ist damit nicht durch Differenzbesteuerung zu ermitteln.

Buchung:

1000   Kasse   28 000 DM   an 8125 steuerfreie Umsätze (§ 4 Nr. 1b UStG)   28 000 DM

Lösung Aufgabe 3:

Yen:

Berechnung der erhaltenen Anzahlung: $\dfrac{1\,800\,000 \times 1{,}47\text{ DM}}{100}$ = 26 460 DM

Verbleibende Restzahlung: 42 000 DM
./. 26 460 DM = 15 540 DM

Überweisung in Yen: $\dfrac{15\,540\text{ DM} \times 100}{1{,}40}$ = 1 110 000 Yen

US-Dollar:

Berechnung der erhaltenen Anzahlung: 140 000 × 1,85 DM = 259 000 DM
Verbleibende Restzahlung: 282 000 DM
./. 259 000 DM = 23 000 DM

Überweisung in US-$: $\dfrac{23\,000\text{ DM}}{1{,}88}$ = 12 234,04 $

Lösung Aufgabe 4:

Umrechnung in sfr: $\dfrac{11\,800\text{ DM} \times 100\text{ sfr}}{125{,}20\text{ DM}}$ = 9 424,92 sfr

./. Provision 0,3 %   28,27 sfr
Auszahlung   9 396,65 sfr
Ausgaben für Spesen und Ersatzteile   3 250,00 sfr
Restbetrag   6 146,65 sfr

Umrechnung in US-$: $\dfrac{6\,146{,}65\text{ sfr} \times 1\text{ US-\$}}{1{,}55\text{ sfr}}$ = 3 965,58 US-$

./. Provision 0,3 %   11,90 US-$
Auszahlung   3 953,68 US-$

Fall 689 Kauf/Miete eines bebauten Grundstücks

Vor- und Nachteile, Finanzierungsfragen, Zugehörigkeit zum Betriebsvermögen mit steuerlichen Auswirkungen, Erstellung der Anlage V und einer Umsatzsteuer-Erklärung

Lösung Aufgabe 1:

Kauf
a) sichere Geldanlage
b) Wertsteigerung ist zu erwarten

c) langfristige Nutzungsmöglichkeit

d) An-, Um- oder Ausbauten sind problemfreier möglich

Pacht
a) kurzfristiger Standortwechsel möglich
b) keine langfristige Bindung von Eigen- oder Fremdkapital
c) Eigen- und Fremdkapital können effektiver im Betrieb eingesetzt werden.
d) der Betrieb kann flexibler auf eine veränderte Marktsituation reagieren

Lösung Aufgabe 2:

a. **Ermittlung des Eigenkapitals**

Kaufpreis	1 200 000 DM
zzgl. Nebenkosten 7 %	84 000 DM
Anschaffungskosten	1 284 000 DM
·/. Fremdkapital	
●Hypothek	540 000 DM
●Bauspardarlehn	350 000 DM
Eigenkapital	394 000 DM

b. **AfA-Berechnung**

Anschaffungskosten gesamt	1 284 000 DM
·/. Grund u. Boden 40 %	513 600 DM
= Anschaffungskosten Gebäude	770 400 DM
× 3,5 % AfA-Satz	26 964 DM

c. **Rentabilitätsberechnung**

● Mieteinnahmen Erdgeschoss (netto)	48 000 DM
● Mieteinnahmen 1. OG	24 000 DM
● Mieteinnahmen/Mietwert	9 600 DM
Erträge (netto)	81 600 DM
·/. Ausgaben	
● Zinsen Hypothek 540 000 DM × 6,25 %	33 750 DM
● nicht umlagefähige Hauskosten 170 DM × 12	2 040 DM
● Reparaturen 380 qm × 11 DM	4 180 DM
● Abschreibung (s. o.)	26 954 DM
wirtschaftlicher Überschuss	14 676 DM

$$\frac{14\,676 \times 100}{394\,000 \text{ DM}} = 3{,}72\,\%$$

Das von Herrn Stegemann eingesetzte Eigenkapital wird sich mit 3,72 % verzinsen.

Lösung Aufgabe 3:

zu a) Nach R 13 Abs. 4 EStR besteht das Gebäude aus drei Wirtschaftsgütern, weil es auf drei verschiedene Arten genutzt wird:
- eigengewerbliche Nutzung
- fremdgewerbliche Nutzung
- Nutzung zu eigenen Wohnzwecken

Der der Mc FUN-CAR KG verpachtete Grundstücksteil ist nach R 13 Abs. 12 EStR als notwendiges Sonderbetriebsvermögen des Gesellschafters Wolfgang Stegemann und damit Betriebsvermögen der KG. Er ist damit als eigengewerblich genutzt anzusehen.

zu b) Nach dem Grundsatz der Einzelbewertung müssen die Anschaffungskosten für jedes Wirtschaftsgut einzeln ermittelt werden:

Grundstück Kaufpreis	1 200 000 DM
Grunderwerbsteuer	42 000 DM
Notarkosten (netto)	11 400 DM
Gerichtskosten	2 660 DM
Gesamtkosten (netto)	1 256 060 DM
·/. Grund u. Boden 30 %	376 818 DM
Gebäudekosten (netto)	879 242 DM

Davon entfallen auf:

	eigengewerbl.	fremdgewerbl.	eigene Wohnung
200/380	rd. 462 759 DM		
100/380		rd. 231 379 DM	
80/380			rd. 185 104 DM
+ nicht abzugsf. Vorsteuer von 80/380 von 1 824 DM	0,00 DM	0,00 DM	384 DM
Anschaffungkosten	462 759 DM	231 379 DM	185 488 DM

zu c) eigengewerblicher Teil

Nach R 13 Abs. 12 EStR gehört dieser Grundstücksteil zum notwendigen Sonderbetriebsvermögen. Da der Bauantrag nach März 1985 gestellt wurde, muss die AfA-Berechnung nach § 7 Abs. 4 Nr. 1 EStG mit 4 % für 3 Monate vorgenommen werden. Die AfA beträgt damit 462 759 DM × 4 % × 3/12 = rd. 4 628 DM. Die Vereinfachungsregelung der R 44 Abs. 2 EStR gilt nur für bewegliche Anlagegüter.

Die AfA ist bei der KG Sonderbetriebsausgabe und mindert damit den steuerlichen Gewinn der KG und den Gewinnanteil von Herrn Stegemann als Komplementär.

fremdgewerblicher Teil

Grundsätzlich könnte der vermietete Gebäudeteil als gewillkürtes Betriebsvermögen behandelt werden. Da lt. Aufgabenstellung das Gebäude in möglichst hohem Umfange Privatvermögen bleiben soll, wird diese Wahlmöglichkeit nicht ausgeübt. Damit ergibt sich für die AfA-Berechnung nach § 7 Abs. 4 Nr. 2 EStG ein AfA-Satz von nur 2 %: 231 379 × 2 % × 3/12 = rd. 1 157 DM.

Die AfA ist als Werbungskosten aus Vermietung und Verpachtung bei Herrn Wolfgang Stegemann (Anlage V) abzuziehen.

eigene Wohnung
Dieser Gebäudeteil ist notwendiges Privatvermögen. Eine AfA-Berechnung ist für steuerliche Zwecke nicht erforderlich, weil keine Einkünfte erzielt werden. Die Höhe der Anschaffungskosten könnte ggf. bei der späteren Berechnung eines evtl. eingetretenen Spekulationsgewinns aus der Veräußerung des Objekts von Bedeutung sein.

Lösung Aufgabe 4:

zu a) Die Einkünfte aus Vermietung und Verpachtung umfassen nur Einnahmen bzw. Ausgaben für den an den Rechtsanwalt vermieteten Gebäudeteil (1. Etage). Aufwendungen, die auf die Verpachtung an die KG entfallen, sind Sonderbetriebsausgaben (SBA) des Gesellschafters Wolfgang Stegemann und müssen bei der Gewinnermittlung und -verteilung der KG berücksichtigt werden. Aufwendungen für die eigene Wohnung sind als Lebenshaltungskosten (LHK) nicht abzugsfähig.

Bei der Ermittlung der Einnahmen und Ausgaben ist das Zufluss-/Abflussprinzip des § 11 EStG zu beachten. Durch Option sind die Mieteinnahmen steuerpflichtig und die Vorsteuern aus Anschaffungskosten und Werbungskosten, soweit sie auf diesen Gebäudeteil entfallen, abzugsfähig.

Einnahmen
Mieten RA-Praxis 2. Etage (einschl. Umsatzsteuer) 6 960 DM

Werbungskosten

	gesamt (netto)	davon LHK	davon SBA	davon WK
Gebäudeversicherung	1 026 DM	216 DM	540 DM	270 DM
Anstrich Treppenhaus	3 800 DM	800 DM	2 000 DM	1 000 DM
Reparatur Praxistür	1 200 DM	0 DM	0 DM	1 200 DM
Renovierung Wohnung	8 200 DM	8 200 DM	0 DM	0 DM
Schornsteinfeger	190 DM	40 DM	100 DM	50 DM
Darlehnstilgung	1 350 DM	0 DM	0 DM	0 DM
Darlehnszinsen	8 775 DM	1 847 DM	4 618 DM	2 309 DM
AfA Gebäude (s. o.)			4 628 DM	1 157 DM
gezahlte Umsatzsteuer				
• Pacht KG	1 280 DM		0 DM	
• Miete RA	640 DM			640 DM
Vorsteuer				
• aus Notar-Rechnung	1 824 DM	0 DM	0 DM	480 DM
• aus Anstrich Treppenhaus	608 DM	128 DM	0 DM	160 DM
• Rep. Praxistür	192 DM	0 DM	0 DM	192 DM
• Renovierung eig. Wohnung	1 312 DM	1 312 DM	0 DM	0 DM
• Schornsteinfeger rd.	30 DM	6 DM	0 DM	8 DM
Summe SBA/WK			**11 886 DM**	**7 466 DM**

Berechnung der Einkünfte aus VuV

Summe der Einnahmen	6 960 DM
Summe der Werbungskosten	7 466 DM
Verlust	506 DM

Die Sonderbetriebsausgaben mindern den steuerlichen Gewinn der KG. Bei der Gewinnverteilung der KG sind dem Komplementär nicht nur die aus der Grundstücksverpachtung an die KG erzielten Mieterträge, sondern auch die damit verbundenen Sonderbetriebsausgaben (= 11 886 DM) vorab zuzurechnen bzw. abzuziehen. Die Vorsteuern aus Anschaffung und lfd. Grundstückskosten mindern den Gewinn der KG nicht, weil sie als Vorsteuern abgezogen werden können. Die Sonderbetriebsausgaben werden wie der KG-Gewinn durch Betriebsvermögensvergleich ermittelt. Das Zufluss-/Abflussprinzip des § 11 EStG gilt insoweit nicht.

zu b) Das UStG kennt keine Einkunftsarten. Der Unternehmer hat unabhängig von der Einkunftsart die Umsätze aus seiner gesamten unternehmerischen Tätigkeit anzumelden. Die USt-Erklärung für 2000 umfasst deshalb sowohl die Umsätze und die abzugsfähigen Vorsteuern aus der Verpachtung an die KG als auch die aus der Vermietung an den Rechtsanwalt.

Umsätze 2000
- Pacht KG (Erdgeschoss)   12 000 DM
- Miete Rechtsanwalt   6 000 DM

18 000 DM × 16 %   2 880 DM

Vorsteuern
- aus Notarrechnung
  - Anteil Erdgeschoss   960 DM
  - Anteil 1. Etage   480 DM
- aus Anstrich Treppenhaus
  - Anteil Erdgeschoss   320 DM
  - Anteil 1. Etage   160 DM
- aus Rep. Praxistür   192 DM
- aus Rep. Schornsteinfeger
  - Anteil Erdgeschoss   16 DM
  - Anteil 1. Etage   8 DM   2 136 DM

Steuerschuld 2000	744 DM
gezahlt	1 920 DM
Erstattung 2000	1 176 DM

Fall 690

Abgrenzung von privaten und betrieblichen Aufwendungen, nicht abzugsfähige Betriebsausgaben, Bewertung des Betriebsvermögens, Gewerbesteuer-Rückstellung, Gewinnverteilung

Lösung Aufgabe 1:

zu a) Nach § 4 Abs. 1 Satz 2 EStG wird eine Entnahme durch den Gesellschafter Wolfgang Stegemann vorgenommen, die mit dem Teilwert (8 000 DM) anzusetzen ist.

Es handelt sich um eine unentgeltliche Zuwendung der KG an den Gesellschafter, die nach § 3 Abs. 1b UStG einer Lieferung gegen Entgelt gleichgestellt wird.

Bemessungsgrundlage sind nach § 10 Abs. 4 Nr. 1 UStG die Wiederbeschaffungskosten (= Teilwert in Höhe von 8 000 DM). Die USt beträgt damit 1 280 DM.

1900	Privatkonto Wolfgang Stegemann	9 280 DM	an 8935	unentgeltliche Zuwendung von Gegenständen	8 000 DM
			an 1770	Umsatzsteuer	1 280 DM

zu b) Nach § 4 Abs. 1 Satz 2 EStG liegt eine Entnahme des Gesellschafters Günter Stegemann vor, die nach § 6 Abs. 1 Nr. 4 EStG mit dem Teilwert(= Kosten) anzusetzen ist. Die Kosten betragen insgesamt 6 300 DM (netto).

Es liegt eine unentgeltliche sonstige Leistung i. S. des § 3 Abs. 9a Nr. 2 UStG vor, die einer entgeltlichen sonstigen Leistung gleichgestellt wird.

Bemessungsgrundlage sind gem. § 10 Abs. 4 Nr. 3 UStG die Kosten. Die von der KG geschuldete USt beträgt 1 008 DM.

Buchung:

4655	nicht abzugsf. BA Günther Stegemann	7 308 DM	an 8925	unentgeltliche sonst. Leistung	6 300 DM
			an 1770	Umsatzsteuer	1 008 DM

Die nicht abzugsfähigen Betriebsausgaben sind dem Handelsbilanzgewinn zur Ermittlung des steuerlichen Gewinns hinzuzurechnen. Dieser vom Gesellschafter nicht bezahlte Vorteil ist ihm bei der Ermittlung seines Gewinnanteils als Gewinn-Vorab zuzuschlagen.

zu c) Die private Pkw-Nutzung ist eine Entnahme, die mit dem Teilwert bzw. den Kosten anzusetzen ist. Weil kein Fahrtenbuch geführt wird, sind die Kosten pauschal mit 1 % des nach § 6 Abs. 1 Nr. 4 EStG maßgeblichen Listenpreis pro Monat zu berechnen:

12 % von 75 000 DM = 9 000 DM

Es liegt eine Verwendung eines Unternehmensgegenstandes für Zwecke außerhalb des Unternehmens i. S. des § 3 Abs. 9a Nr. 1 UStG vor, die einer entgeltlichen sonstigen Leistung gleichgestellt wird.

Bemessungsgrundlage für vor dem 01. 04. 1999 angeschaffte Fahrzeuge sind gem. § 10 Abs. 4 Nr. 2 UStG die Kosten, soweit sie zum Vorsteuerabzug berechtigt haben. Bei Berechnung der privaten Kfz-Kosten nach der 1 %-Methode werden pauschal 20 % der Kosten als nicht vorsteuerbelastet angesetzt. Der verbleibende Restbetrag unterliegt der USt:

Kosten der privaten Kfz-Nutzung (pauschal)	9 000 DM
davon 20 % Kosten ohne Vorsteuern	1 800 DM
= Kosten mit Vorsteuern (Bemessungsgrundlage)	7 200 DM
16 % USt	1 152 DM
	8 352 DM

Buchungen:

4655	nicht abzugsf. BA Günther Stegemann	1 800 DM	an 8929	unentgeltliche sonst. Leistung ohne USt	1 800 DM
4655	nicht abzugsf. Günther Stegemann	8 352 DM	an 8925 an 1770	unentgeltliche sonst. Leistung Umsatzsteuer	7 200 DM 1 152 DM

Zu beachten ist, dass für vor dem 01. 04. 1999 angeschaffte Fahrzeuge der volle Vorsteuerabzug aus den lfd. Kosten nach § 27 Abs. 3 i. V. mit § 15 Abs. 1b UStG erhalten bleibt.

zu d) Die Fahrten zwischen Wohnung und Betrieb führen zu nicht abzugsfähigen Betriebsausgaben nach § 4 Abs. 5 Nr. 6 EStG. Weil kein Fahrtenbuch geführt wird, sind zur Kostenberechnung pauschal 0,03 % des maßgeblichen Listenpreises pro Monat und für jeden Entfernungskilometer anzusetzen. Davon sind abzugsfähige Betriebsausgaben in Höhe der Arbeitnehmer-Pauschalen für die Fahrten Wohnung – Arbeitsstätte abzuziehen. Der positive Unterschiedsbetrag ist nicht abzugsfähige Betriebsausgabe.

0,03 % × 12 Monate × 75 000 DM × 22 Entf.-km   5 940 DM
abzügl. 200 Tage × 22 Ekm × 0,70 DM (= abzugsf. Betriebsausgabe)   3 080 DM
= nicht abzugsfähige Betriebsausgaben   2 860 DM

4655	nicht abzugsf. BA	2 860 DM	an 8950	nicht steuerbare Umsätze	6 300 DM

Eine entsprechende Vorsteuerkürzung bzw. eine Umsatzbesteuerung ist gesetzlich nicht vorgesehen.

zu e) Für ab 01. 04. 1999 angeschaffte Fahrzeuge, die auch für Zwecke außerhalb des Unternehmens genutzt werden, ist nach § 15 Abs. 1 Nr. 1b UStG der Vorsteuerabzug aus der Anschaffung und den lfd. Kosten nur noch in Höhe von 50 % möglich.

Nach R 86 Abs. 5 Satz 4 EStR gehören die nicht abzugsfähigen Vorsteuerbeträge aus der Anschaffung zu den Anschaffungskosten des Fahrzeugs.

0320	Pkw	86 400 DM			
1570	Vorsteuern	6 400 DM	an 1200	Bank	92 800 DM

Wegen des nur zu 50 % zulässigen Vorsteuerabzugs aus den lfd. Kosten ist es erforderlich, dass die Buchhalterin sich das Kennzeichen des auch privat genutzten Fahrzeugs notiert. Außerdem müssen Rechnungsbelege über Fahrzeugkosten künftig mit dem Kennzeichen des Fahrzeugs versehen werden, das diese Kosten verursacht hat. Nur so ist eine ordnungsgemäße Buchung der halben Vorsteuer möglich.

Nach § 3 Abs. 9a letzter Satz UStG i. V. mit § 27 Abs. 3 UStG ist die Umsatzbesteuerung der außerunternehmerischen Fahrzeugnutzung für nach dem 31. 03. 1999 angeschaffte Fahrzeuge nicht mehr vorgesehen. Das gilt auch für die nicht abzugsfähigen Betriebsausgaben aus den Fahrten zwischen Wohnung und Betrieb. Durch den halben Vorsteuerabzug ist alles abgegolten.

Nur noch der Privatanteil ohne Umsatzsteuer ist dem Privatkonto zu belasten:

    12 % von 96 000 DM   11 520 DM

Buchung:

1900   Privat   11 520 DM   an 8929 unentgeltliche
                                                                                     sonst. Leistung
                                                                                     ohne USt   11 520 DM

Lösung Aufgabe 2:

Konto Fahrzeuge

zu a) Für den VW-Kombi muss noch AfA bis zum Verkauf für 10 Monate berechnet werden. Dabei ist bei einer Restnutzungsdauer von 2,5 Jahren auszugehen. Der Restbuchwert ist als Anlageabgang auszubuchen.

    Buchwert 31. 12. 07   14 264 DM
    : 2,5 Jahre × $^{10}/_{12}$ = rd. 4 755 DM
    Anlagenabgang   9 509 DM

Buchung:

2310   Anlagenabgang   9 509 DM   an 0320 Pkw   9 509 DM

zu b) Der Audi A8 hat noch eine Restnutzungsdauer von 2,5 Jahren. Hier kann zur linearen AfA übergegangen werden:

    Buchwert 31. 12. 07   58 905 DM
    : 2,5 Jahre   23 562 DM
    Buchwert 31. 12. 08   35 343 DM

    Die AfA für den VW-Transporter beträgt wie bisher 16 000 DM.

zu c) Der Abschleppwagen ist höchstmöglich mit 30 % degressiv für ein Jahr abzuschreiben: AK 38 000 DM × 30 % = 11 400 DM

zu d) Nach Zahlung unter Abzug von Skonto sind die Anschaffungskosten, Vorsteuern und sonstige Verbindlichkeiten zu korrigieren.

Buchung:

1700   sonst. Verbindl.   1 160 DM   an 0320 Pkw   1 000 DM
                                                                           an 1570 Vorsteuern   160 DM

Die Anschaffungskosten des Opel Caravan betragen damit 49 000 DM. Die AfA ist mit 30 % degressiv für ein halbes Jahr zu berechnen.

Die Summe der AfA für sämtliche Fahrzeuge beträgt lt. Anlageverzeichnis 70 417 DM

Konto BGA

zu a) Die Richtbank und der Computer sind weiter mit 30 % degressiv vom Restwert abzuschreiben.

Der Schreibtisch ist mit 10 % weiter linear abzuschreiben. Ein Übergang zur degressiven AfA ist unzulässig.

zu b) Die Anschaffungskosten der Hebebühne betragen:

    Netto-Kaufpreis   28 000 DM
    Montage, netto   1 200 DM

·/. 20 % Rabatt				5 600 DM
·/. 2 % Skonto von 22 400 DM				448 DM
Anschaffungskosten				23 152 DM

Buchungen:

0400	BGA	28 000 DM		
1570	Vorsteuern	4 480 DM	an 1700 sonst. Verbindl.	32 480 DM
0400	BGA	1 200 DM		
1570	Vorsteuern	192 DM	an 1700 sonst. Verbindl.	1 392 DM
1700	sonst. Verbindl.	6 496 DM	an 0400 BGA	5 600 DM
			an 1570 Vorsteuern	896 DM
1700	sonst. Verbindl.	27 376 DM	an 1200 Bank	26 856,32 DM
			an 0400 BGA	448,00 DM
			an 1570 Vorsteuern	71,68 DM

Die AfA für die Hebebühne darf nach § 7 Abs. 2 EStG höchstens mit dem 3fachen der linearen AfA berechnet werden und 30 % nicht übersteigen. Bei einer Nutzungsdauer von 12 Jahren darf deshalb nur mit 25 % degressiv abgeschrieben werden.

Konto GWG

Nach § 6 Abs. 2 EStG können Anlagegüter, deren Anschaffungskosten (netto) 800 DM nicht überschreiten, im Jahre der Anschaffung in voller Höhe als Betriebsausgaben abgesetzt werden:

• Bohrmaschine	295 DM	
• Leiter	186 DM	
• Schweißgerät	766 DM	1 247 DM

Sonstiges

Der Schrank wurde durch eine Einlage des Gesellschafters Günter Stegemann zum Betriebsvermögen der KG. Die Einlage ist nach § 6 Abs. 1 Nr. 5 EStG grundsätzlich mit dem Teilwert anzusetzen. Erfolgte die Einlage jedoch innerhalb von drei Jahren nach der Anschaffung, sind höchstens die Anschaffungskosten im Privatbereich abzüglich der auf die private Nutzung entfallenden AfA anzusetzen.

Berechnung:	Anschaffungskosten (privat)	1 860 DM
	abzgl. AfA (privat) für 2 Jahre	620 DM
	Höchstwert für die Einlage	1 240 DM

Für die AfA-Berechnung im Privatbereich gilt die Vereinfachungsregelung nach R 44 Abs. 2 EStR nicht. Degressive AfA ist ebenfalls unzulässig, da kein Anlagevermögen vorlag.

Da der Teilwert des Schrankes niedriger ist als der Höchstbetrag, ist der Teilwert (750 DM) als Einlagewert zu berücksichtigen. Nach § 6 Abs. 2 EStG kann der Einlagewert im Jahr der Einlage als GWG in voller Höhe als Betriebsausgaben abgesetzt werden. Das Anlageverzeichnis ist entsprechend zu ergänzen.

Anlageverzeichnis der Fa. Mc FUN-CAR KG, Bielefeld

Konto-Bezeichnung	Art des Anlagegutes	Ansch.-Datum	Ansch.-Kosten	ND	AfA-Satz	AfA bis 31.12.99	Buchwert 31.12.99	AfA 00	Anlagen-abgang	Buchwert 31.12.00
Fahrzeuge	VW-Kombi	08.10.97	34 250	5	30	19 986	14 264	4 755	9 509	0
	Audi A8	05.10.98	99 000	4	30	40 095	58 905	23 562		35 343
	VW-Transporter	16.05.99	48 000	3	33 ⅓	16 000	32 000	16 000		16 000
	BMW 525	22.01.98	12 000	2	50	12 000	0	0		0
	Fiat Abschlepper	25.06.00	38 000	5	30			11 400		26 600
	Opel Caravan	01.12.00	49 000	5	30			14 700		34 300
								70 417		**112 243**
BGA	Richtbank	12.08.97	84 200	10	30	49 131	35 069	10 521		24 548
	Schreibtisch	11.05.98	3 400	10	10	680	2 720	340		2 390
	Computer	05.12.99	5 132	4	30	770	4 362	1 309		3 053
	Hebebühne	02.05.00	23 760	12	25			5 940		17 820
								18 110		**47 811**
GWG	Bohrmaschine	28.04.00	295	4	100			295		0
	Leiter	02.11.00	186	4	100			186		0
	Schweißgerät	04.11.00	766	4	100			766		0
	Schrank	04.11.00	750	4	100			750		0
								1 997		**0**

Lösung Aufgabe 3:

zu a) Ausgangswert für die Berechnung der Gewerbesteuer-Rückstellung ist der vorläufige steuerliche Gewinn, wobei sich die Gewerbesteuer nicht als Betriebsausgabe ausgewirkt haben darf (R 20 Abs. 2 EStR).

Zur Ermittlung des vorläufigen steuerlichen Gewinns müssen dem HB-Gewinn nach § 15 Abs. 1 Nr. 2 EStG Vergütungen der Gesellschaft an ihre Gesellschafter hinzugerechnet werden. Davon sind Tätigkeitsvergütungen, Mieten/Pachten und Zinsen betroffen. Sonderbetriebsausgaben müssen abgezogen werden. Außerdem sind die nicht abzugsfähigen Betriebsausgaben (Konto 4655) hinzuzurechnen.

Vorläufiger HB-Gewinn der KG	58 220 DM	
+ Tätigkeitsvergütung W. Stegemann	60 000 DM	
+ Tätigkeitsvergütung G. Stegemann	36 000 DM	
+ Tätigkeitsvergütung Buchhalterin	0 DM	(nicht beteiligt)
+ Pachtzahlung an W. Stegemann	48 000 DM	
./. Sonderbetriebsausgaben W. Stegemann	./. 11 886 DM	
+ nicht abzugsfähige Betriebsausgaben	20 686 DM	
= vorläufiger steuerlicher Gewinn	211 020 DM	
+ gebuchter Gewerbesteuer-Aufwand	12 400 DM	
= Ausgangswert	223 420 DM	

+ Hinzurechnungen (§ 8 GewStG)
 Nr. 1   50 % der Dauerschuldzinsen   11 306 DM
 Nr. 7   50 % der Leasingraten
         (Leasinggeber ist gewstpflichtig)   0 DM

./. Kürzungen (§ 9 GewStG)
 Nr. 1   1,2 % vom anteiligen EW × 140 %
         (erst ab 09, da keine Grundsteuerpflicht
         in 08)   0 DM
= vorläufiger Gewerbeertrag   234 726 DM
  Abrundung (§ 11 Abs. 1 GewStG)   234 700 DM
./. Freibetrag (§ 11 Abs. 1 Nr. 1 GewStG)   48 000 DM
  verbleibender vorläufiger Gewerbeertrag   186 700 DM

Vorläufiger Messbetrag:
24 000 DM × 1 %	=	240 DM	
24 000 DM × 2 %	=	480 DM	
24 000 DM × 3 %	=	720 DM	
24 000 DM × 4 %	=	960 DM	
90 700 DM × 5 %	=	4 535 DM	6 935 DM
Hebesatz der Stadt Bielefeld			× 520 %
= vorläufige Gewerbesteuer			36 062 DM
Divisor bei max. Staffelsatz 5 % und Hebesatz 520 %		=	1,26
= endgültige Gewerbesteuer		rd.	28 620 DM
./. geleistete Vorauszahlung			12 400 DM
= GewSt-Nachzahlung/-Rückstellung			**16 220 DM**

HB-Gewinn

vorläufiger HB-Gewinn	58 220 DM
./. Gewerbesteuer-Rückstellung	16 220 DM
= endgültiger HB-Gewinn	42 000 DM

Steuerlicher Gewinn

Vorläufiger steuerlicher Gewinn (s. o.)	211 020 DM
abzgl. Gewerbesteuer-Rückstellung	16 220 DM
= endgültiger steuerlicher Gewinn	194 800 DM

zu b) Die Verteilung des HB-Gewinns auf die Kapitalkonten der Gesellschafter richtet sich nach den Vereinbarungen im Gesellschaftsvertrag. Da die Tätigkeitsvergütungen und die Pacht bereits ausgezahlt sind, ist nur noch der endgültige HB-Gewinn entsprechend der Gewinnverteilungsabrede aufzuteilen:

Wolfgang Stegemann	70 % von 42 000 DM	= 29 400 DM
Günter Stegemann	30 % von 42 000 DM	= 12 600 DM
HB-Gewinn		42 000 DM

zu c) Die steuerliche Gewinnverteilung hat vom endgültigen steuerlichen Gewinn auszugehen. Am Ergebnis zeigt sich, welcher Gesellschafter für welche Einkünfte aus Gewerbebetrieb Einkommensteuer zahlen muss.

Berechnung:

	Gehalt	Pacht	Sonder-BA	nicht abz. BA	Rest 70 : 30	Summe
Wolfgang Stegemann	60 000	48 000	./. 11 886	17 460 70 % = 2 258	29 400	145 232
Günter Stegemann	36 000	0		30 % = 968	12 600	49 568
gesamt	96 000	48 000	./. 11 886	20 686	42 000	**194 800**

Fall 691 **Betriebliche Kennzahlen, Kalkulation**

Lösung Aufgabe 1

Durchschnittlicher Warenbestand

$$\frac{\text{Waren 1. 1.} + \text{Waren 31. 12.}}{2} = \frac{84\,500 + 144\,220}{2} = \underline{\underline{114\,360 \text{ DM}}}$$

Wareneinsatz

Wareneingang		=	385 200 DM
+/./. Warenbestandsveränderung	hier: abzgl.	=	./. 59 720 DM
			325 480 DM

Umschlagshäufigkeit des Warenbestandes

$$\frac{\text{Wareneinsatz}}{\text{Durchschnittlicher Warenbestand}} = \frac{325\,480\text{ DM}}{114\,360\text{ DM}} = \underline{\underline{2{,}85\text{ mal}}}$$

Durchschnittliche Lagerdauer

$$\frac{360\text{ Tage}}{\text{Umschlagshäufigkeit des Warenbestandes}} = \frac{360}{2{,}85} = \underline{\underline{\text{rd. }126\text{ Tage}}}$$

Rohgewinn

Umsatz/Erlöse	1 234 560 DM		
abzgl. Wareneinsatz	325 480 DM	=	909 080 DM

Handelsspanne (Rohgewinneinsatz)

$$\frac{\text{Rohgewinn} \times 100}{\text{Umsatz/Erlöse}} = \frac{909\,080\text{ DM} \times 100}{1\,234\,560\text{ DM}} = \underline{\underline{73{,}64\,\%}}$$

Kalkulationszuschlag (Rohgewinn-Aufschlagsatz)

$$\frac{\text{Rohgewinn} \times 100}{\text{Wareneinsatz}} = \frac{909\,080\text{ DM} \times 100}{325\,480\text{ DM}} = \underline{\underline{279{,}3\,\%}}$$

Lösung Aufgabe 2:

zu a)

	Einkauf		Verkauf
Listeneinkaufspreis	800 DM	Listenverkaufspreis	1 200 DM
./. Rabatt 25 %	200 DM	./. Wiederv.-Rabatt 33 ⅓ %	400 DM
Zieleinkaufspreis	600 DM	= Zielverkaufspreis	800 DM
./. 2 % Skonto	12 DM	./. Skonto 3 %	24 DM
Bareinkaufspreis	588 DM	= Barverkaufspreis	776 DM
+ Bezugskosten	22 DM	./. Selbstkosten	732 DM
Bezugspreis	610 DM	= **Gewinn/Fass**	44 DM
+ Handlungkosten 20 %	122 DM		
= Selbstkosten	732 DM		

zu b)

		ESSO		SHELL
Brutto-Rechnungsbetrag		812,00 DM		
./. 16 % USt		112,00 DM		
Netto-Rechnungsbetrag		700,00 DM		650,00 DM
./. Rabatt	5%	35,00 DM	6 %	39,00 DM
Zieleinkaufspreis		665,00 DM		611,00 DM
./. Skonto	3%	19,95 DM	ohne	0,00 DM
Bareinkaufspreis		645,05 DM		611,00 DM
+ Bezugskosten	ohne	0,00 DM		40,00 DM
Bezugspreis		645,05 DM		651,00 DM

Der Bezugspreis für das Markenöl liegt bei beiden Konkurrenten über dem Angebot der ARAL.

Stichwortverzeichnis

(Die angegebenen Zahlen beziehen sich auf die Fälle.)

A

Abfindungen, Auflösung des Dienstverhältnisses 113
Abgabenordnung 299 ff.
Abgeschriebene Forderungen 403
Abgrenzung, Privataufwendungen 690
Abgrenzungsposten 479
Ablaufhemmung, Festsetzungsverjährung 320
Abnutzbares Anlagevermögen, AfA 501
Abweichendes Wirtschaftsjahr 14
Abzugsverfahren 280
AfA, abnutzbares Anlagevermögen 501 ff.
–, Gebäude 32, 494
Aktiengesellschaft 683
Allwertabschreibung 510 c
Alterseinkünfte 49
–, weitere 52
Altersentlastungsbetrag 56, 57
Altersversorgung 116
Änderung, Bemessungsgrundlage 254
–, Steuerbescheide 322
Anfechtung, Vertragsabschluss 596
Anlagenverkehr, Buchungen 425
Anmeldungssteuern 350
Annahmeverzug 606
Annehmlichkeiten 118
Anschaffung eines Fahrzeuges 271
Anschaffungskosten, Gebäude 33, 494
Anschaffungsnaher Herstellungsaufwand 506
Ansparrücklage 526 ff.
Antrag, Steuerbescheid 326
–, Veranlagung 138
Anzahlung 259
–, Ware 410
Anzahlungen 392 ff.
–, Einnahme-Überschuss-Rechnung 16
Arbeitnehmer, Veranlagung 102 ff.
Arbeitsentgelt, Sozialversicherung 621

Arbeitslohn 107 ff.
Arbeitslosengeld 625
Arbeitslosenhilfe 625
Arbeitsmittel 119, 120
Arbeitsrecht 626
Arbeitsverhältnis, Beendigung 130
Arbeitszimmer 122
Arztleistung 231
Aufhebung, Steuerbescheide 324
Auflösung, Ehe 89
Aufteilung, Grundstückskosten 36, 37
–, Vorsteuer 274
Aufwendungen, außergewöhnliche Belastungen 79
Ausbauten 43
Ausbildungsfreibetrag 84
Ausfuhr 219
Ausgaben, ersparte 5
Ausgeschüttete Gewinne, Kapitalgesellschaften 27
Aushilfslöhne 446
Auskünfte 308
Ausländische Währung, Warenverkäufe 407
Ausländischer Arbeitnehmer 220
Auslandsbeziehungen 688
Ausschluss vom Vorsteuerabzug 272
Außergerichtliches Rechtsbehelfsverfahren 356 ff.
Außergewöhnliche Belastungen 77 ff.
Aussetzung der Vollziehung 360

B

Barscheck 636
Bebautes Grundstück, anschaffungsnaher Aufwand 35
Beförderungslieferung 181
Behandlungsleistung, Arzt 197
Bekleidung, Anschaffung 383
Bemessungsgrundlagen, Umsatzsteuer 236 ff.

Berechnungsbogen, Einkommensteuer 4
Berichtigung, offenbare Unrichtigkeiten 322
–, Vorsteuerabzug 276
Berufsausbildung, Aufwendungen 69
Berufsrecht 361 ff.
Berufsunfähigkeitsrente 51
Besitzermittlungsverhältnis 607
Besitzkonstitut 607
Besondere Veranlagung 91
Besteuerungsgrundlagen, gesonderte Feststellung 317
Betriebliche Kennzahlen 691
Betriebsausflug 118
Betriebs-Pkw, unentgeltliche Nutzung 117
Betriebsvermögen 492
Betriebsvermögensvergleich 371
Beweismittel, Steuerbescheid 329
Bewertung des Betriebsvermögens 690
Bewirtungskosten 421, 422
Bindungswirkung, AO 315 ff.
Bonus 409
Buchführung 364 ff.
Buchführungspflicht 364 ff.
Buchungen, Anlagenverkehr 425
–, Personalbereich 444 ff.
Bürgschaft 660

D
Damnum 483
Darlehen, Betriebsschuld 493
Darlehensaufnahme 482
Dauerfristverlängerung 278
Dauerschulden, Zinsen 142
Diebesgut, Verkauf 156
Diebstahl 401
Differenzbesteuerung 256
Disagio 483
Diskontrechnung 589 ff.
Diskontsatz 647
Doppelte Haushaltsführung 127
Dreisatz 537 ff.
Drittländer, Wareneinkauf 387 b

Durchschnittsrechnen 540 ff.

E
EC-Schecks 637
Ehegatten, Altersentlastungsbetrag 56 ff.
–, Fahrten zwischen Wohnung und Arbeitsstätte 126
–, gekürzte Vorsorgepauschale 64, 66
Eheschließung, Lohnsteuerklassen 129
–, Veranlagung 90
Eigentumsvorbehalt, Lieferung 605
Eigentumswohnung, Anschaffung 39
Einfamilienhaus, Herstellung 38
–, Öko-Förderung 40
Einfuhr, Steuerbarkeit 205
Einfuhrumsatzsteuer 268
Einheitlichkeit der Leistung 152
Einkommensteuertarif 92 ff.
Einkünfte aus Gewerbebetrieb, Einnahme-Überschuss-Rechnung 15
Einkünfte aus nichtselbständiger Arbeit 24
Einkünfte, Gewerbebetrieb 14
–, Kapitalvermögen 26, 27
–, Land- und Forstwirtschaft 13
–, selbständige Arbeit 21
–, Vermietung und Verpachtung 30 ff.
Einkunftsart, Bestimmung 25
Einkunftsgrenzen, Wohnraumförderung 44
Einlagen, Bewertung 497 ff.
Einmaliger Umsatz 166
Einnahmeerzielung 168
Einnahme-Überschuss-Rechnung 15 f., 534 ff.
Einspruchsfrist 305, 321, 357
Einspruchsverfahren 356
Einstufung der Leistung 153
Einteilung, Steuern 284 ff.
Entgelt 236
Entgeltsbegriff, Umsatzsteuer 198 ff.
Entnahme, Bemessungsgrundlage 242
–, Gegenstand 159, 411 ff.
–, Geldbetrag 160

Stichwortverzeichnis 739

Erfolglose Unternehmensgründung 167
Erfüllungsort 603
Erklärungsfristen 313
Erklärungspflichten 309
Erlass, Säumniszuschläge, Einkommensteuer 354 ff.
Ermittlungszeitraum 6
Erstattungszinsen 342
Erweiterungen 43
Erwerb für das Unternehmen 208, 223
Erwerbsschwelle 212
Erwerbsteuer 269
Erziehungsgeld 624
EU-Länder, Wareneinkauf 387 a

F
Fachaufgabe Gewerbesteuer 147
Fachaufgaben Einkommensteuer 104
Fachaufgaben Steuerwesen 105 ff.
Factoring 663
Fahrschulunterricht 379
Fahrten zwischen Wohnung und Arbeitsstätte 124
Fahrtkosten 424
Fahrzeuglieferer 172
Familienleistungsausgleich 96 ff.
Festsetzungsverjährung 318, 319
Festverzinsliche Wertpapiere, Zinsen 29
Finanzämter, Zuständigkeit 299 ff.
Finanzierung 648 ff.
Firma 672 f.
Firmenbezeichnung 686
Firmengründung 686
Firmenwert 509
Fixgeschäfte 604
Flugzeug, Verkauf 186
Folgeobjekt 41, 42
Forderungsausfall 397
Freiberufler, Gewinnermittlung 22
Freibetrag, Lohnsteuerkarte 136 f.
Fristberechnungen 307
Fristen 305 ff.
Funktionsändernde Werkleistung 210

G
Gebäude, AfA 32
Gehaltsbuchung 447 ff.
Gekürzte Vorsorgepauschale 65
Gerichtliches Rechtsbehelfsverfahren 356 ff.
Geringfügige Beschäftigungsverhältnisse 135
Geschäftsfähigkeit 592
Geschäftsveräußerung 217
Geschäftsvorfälle, Gewinnauswirkung 376
Geschenkaufwendungen 419 a, 420
Gesellschaftsformen 674
Gesellschaftsrecht 674 ff.
Gesonderte Feststellung, Besteuerungsgrundlagen 317
Gesonderter Steuerausweis 264
Geteilter Steuertarif 92 ff.
Gewerbeanmeldung 665
Gewerbebetrieb, Einkünfte 14
Gewerbeertrag 144
–, Kommanditgesellschaft 140
Gewerbesteuer 139
Gewerbesteuer-Rückstellung 143, 146, 487, 690
Gewinnanteile, Personengesellschaft 17
Gewinnauswirkung 375
Gewinnermittlung, § 4 Abs. 3 EStG 534 ff.
–, Freiberufler 22
–, selbständige Arbeit 21
Gewinnermittlungsarten 370
Gewinnverteilung 690
–, Kommanditgesellschaft 18
Gewöhnlicher Aufenthalt, Inland 3
GmbH 680 ff.
Grundstückskosten, Aufteilung 36, 37
Grundstücksumsatz 229
Güterbeförderung 190
GuV-Methode 375

H
Handelskalkulation 556 ff.
Handelskauf 606
Handelsrecht 664 ff.
Handelsregister 666
Handelsvertreter 670
Handlungsvollmacht 669
Härteausgleich 101
Haushaltsfreibetrag 99
Häusliches Arbeitszimmer 122, 386
Heilbäder, Verabreichung 251
Herstellungskosten, Fertigerzeugnisse 495
–, Gebäude 34
Höchstbetragsberechnung, Sonderausgaben 60 ff.
–, Spendenabzug 74
Hoher anschaffungsnaher Aufwand 35

I
Indossament 644
Industriekalkulation 571 ff.
Inland, gewöhnlicher Aufenthalt 3
–, Umsatzsteuer 180 ff.
Innenumsatz 179, 199
Innerbetriebliche Nutzung 391
Innergemeinschaftliche Lieferung 221
Innergemeinschaftlicher Erwerb 206
–, Bemessungsgrundlage 241
–, Fahrzeuge 215, 216, 260 ff.
Innergemeinschaftliches Dreiecksgeschäft 185
Insolvenz 684 ff.

J
Jahresabschluss, Buchungen 479 ff.
Jahreswagenverkäufer 164
Juristische Person des öffentlichen Rechts 211

K
Kalkulation 691
Kapitalgesellschaft 678
Kapitalkontoentwicklung 373
Kapitalvermögen, Einkünfte 26, 27
Kassenbericht 374
Kauf, bebautes Grundstück 689
–, BGB 592 ff.
Kaufmannseigenschaft 664
Kaufpreisminderung 405
Kaufvertrag 599
Kennzahlen, betriebliche 691
Kinderfreibeträge 96 ff.
–, Anzahl 128
Kindergartenkosten 378
Kindergeld 96 ff.
Kirchensteuer 351
Kleinbetragsrechnung 275
Kleinunternehmer 282
Kommanditgesellschaft 679
–, Gewerbeertrag 140
–, Gewinnverteilung 18
Kommission 671
Kontokorrentschulden, Zinsen 142
Kontokorrentzinsen 141
Kosten der Lebenshaltung 12
Kreditgewährung 228
Kundenskonti 398
Kündigungsschutz 626 ff.

L
Ladengeschäft, Verkauf 180
Land- und Forstwirtschaft, Einkünfte 13
Lastschriftverfahren 631
Leasing 661 ff.
Lebenshaltungskosten 12
Leistung an Arbeitnehmer 203
Leistung für private Zwecke 267
Leistung von Privatperson 266
Leistungsaustausch 198
Lieferschwelle 188
Lieferung 150
–, Arbeitnehmer 408
Lieferverzug 604
Löhne und Gehälter 444 ff.
Lohnsteuer 107 ff.
–, verspätete Zahlung 348

Lohnsteuerkarte, Freibetrag 136 f.
Lohnsteuerklassen 128
–, Eheschließung 129
Lohnsteuerpauschalierung,
  Teilzeitbeschäftigte 132 ff.
Lohnveredelung 158

M
Mahnverfahren 687
Mandantenorientierte
  Sachbearbeitung 686 ff.
Mängelrügen 609 ff.
Mehrtägige Dienstreise 454
Mengen- und Preisabzüge 553 ff.
Miete, bebautes Grundstück 689
Mindestbemessungsgrundlage 244
Mitgliederbeiträge 201, 385
Mittagessenzuschuss 116
Mutterschaftsgeld 624

N
Nachhaltigkeit 165
Nachzahlungszinsen, Einkommen-
  steuer 341
Nebeneinkünfte, Arbeitnehmer 103
Netto-Allphasen-Umsatzsteuer 148
Neue Tatsachen, Steuerbescheid 328
Nichtabgabe, Steuererklärung 314
Nichtabzugsfähige Aufwendungen 270
– Ausgaben 12
– Betriebsausgaben 690
– Zinsen 419
Nichtselbständige Arbeit, Einkünfte 24

O
Objektbeschränkung 41, 42
Offene Handelsgesellschaft 676
Öko-Förderung, Einfamilienhaus 40
Option 234, 235
Organschaft 170
Ort des innergemeinschaftlichen
  Erwerbs 214
Örtliche Zuständigkeit 299 ff.

P
Pension 50
Pensionskasse 50
Personalbereich, Buchungen 444 ff.
Personenbeförderung 189
Personengesellschaft 678
–, Gewinnanteile 17
–, Gewinnverteilung 529 ff.
Persönliche Steuerpflicht 1, 2
Pflegekosten 85, 86
Pkw, Privatnutzung 23
–, Vermietung 194
Preisnachlass 390
Private Veräußerungsgeschäfte 53 ff.
Private Verwendung, Gegenstand 161
Privatentnahmen, Kommanditgesell-
  schaft 679
Privatnutzung 416 ff.
–, betrieblicher Pkw 23
Privatvermögen, Abgrenzung 492
Progressionsvorbehalt 94
Prokura 667
Prozentrechnen 547 ff.

Q
Quittung 627

R
Rabatt 395
Rahmen des Unternehmens 174, 175
Rechnungen, Vorsteuerabzug 263
Rechtsanwalt, Tätigkeit, Umsatz-
  steuer 192
Rechtsbehelfsverfahren 356 ff.
Rechtsfähigkeit 592
Rechtsformwahl 686
Rechtsgeschäfte 598
Reihengeschäft 184
Reisekosten 452 ff.
Reiseleistungen 255
Rücklage für Ersatzbeschaffung 525
Rücklagen 543 ff.
Rückstellungen, Bildung 486 a

S
Säumniszuschläge 349, 352
Schadensersatz 200
Schätzungsbescheid 316
Schecks, Vorlegungsfristen 636 ff.
Scheinrechnung 265
Schlechterfüllung, Vertrag 608
Selbständige Arbeit, Einkünfte 21
Skonto 395
Skontoabzug 389
Sonderausgaben 59
–, Abzug 70, 71
–, Fachaufgabe Einkommensteuer 76
Sonstige Einkünfte 45 ff.
– Leistung 150
Sozialversicherung 620 ff.
Spenden 72
Spendenabzug, Begrenzung 73
Splittingverfahren 93
Steueransprüche 339
Steuerbarkeit 150 ff.
–, Umsatzsteuer 206 ff.
Steuerbefreiung, innergemeinschaftlicher Erwerb 233
Steuerbefreiungen 218 ff.
Steuerberater, verspätete Abgabe 311
Steuerberatungskosten 382
Steuerberatungsrecht 361 ff.
Steuerberechnung, Umsatzsteuer 277
Steuerbescheid, Änderung 322
–, Form 315
–, Aufhebung 324
Steuererhebungsverfahren 339 ff.
Steuerermittlungsverfahren 308
Steuerfestsetzungsverfahren 315 ff.
Steuerfreier Umsatz 240
Steuerklassenwahl 131
Steuerliche Nebenleistungen,
 Buchung 456 ff.
–, Stundung 346
Steuern, Buchung 456 ff.
–, Einteilung 284 ff.
Steuerpflicht 1
Steuersätze 247 ff.
Stille Gesellschafter 675
Stückzinsen 28, 29

Stundung, Einkommensteuer-Abschlusszahlung 343
Stundungszinsen 344

T
Tag der Bekanntgabe 305
Tarif, § 32 a EStG 92 ff.
Tarifbegrenzung, gewerbliche
 Einkünfte 95
Taschengeld 593
Tatsächliche Warenbewegung 222
Tausch, Bemessungsgrundlage 246
Tauschähnlicher Umsatz 406
Teilselbständigkeit 169
Teilzahlungen, Stundungszinsen 345
Teilzeitbeschäftigte,
 Lohnsteuerpauschalierung 132 ff.
Telefongebühren 123
Telefonkosten 114, 380
Theaterumsätze 250
Typische Berufskleidung 377

U
Überschuss-Rechnung 534 ff.
Umlaufvermögen, Bewertung 511 ff.
Umsatzsteuer 148 ff.
Umsatzsteuer-Abschlusszahlung, Fälligkeit 340
Umsatzsteuer-Erklärung, Erstellung 689
Umsatzsteuer-Identifikationsnummer,
 Güterbeförderung 191
Umsatzsteuer-Voranmeldung, Frist 306
Umschlag, Ware 192
Umtausch, Waren 402
Unberechtigter Steuerausweis 253
Unbestellte Ware 601
Unentgeltliche Lieferung, Gesellschaft 162
Unfall, Arbeitsstätte 125
Unfallfolgen, Schadensersatz 384
Unfallversicherung 622
Unrichtiger Steuerausweis 252
Untergang der Ware 149

Unterhaltsleistungen 68, 80, 81
Unternehmens-Insolvenzverfahren 684
Unternehmer 163
Unternehmereigenschaft, Ende 173
Unternehmerischer Gegenstand, Verwendung 243

V

Veranlagung, Antrag 138
–, Arbeitnehmer 102 ff.
–, Ehegatten 88
Veranlagungsformen 88 ff.
Veranlagungszeitraum 6
Verausgabung 7 ff.
Veräußerungsgeschäfte, private 53 ff.
Veräußerungsgewinn 19 f.
Verbraucher-Insolvenzverfahren 685
Verbrauchsteuerpflichtige Waren 213
Verbringen eines Gegenstandes 225
Verbringen 209
–, Bemessungsgrundlage 245
–, Gegenstand 157
Vereinnahmung 7 ff.
Vergütungsverfahren 281
Verjährung 613 ff.
Verjährungsfrist 618
Verkauf eines neuen Fahrzeugs 224
Verkauf, Anlagegegenstand 176
–, geerbter Gegenstand 177
Verlustabzug 75
Verlustausgleich 75, 76
Verluste, Gewerbesteuer 145
Vermietung und Verpachtung, Einkünfte 30 ff.
Vermietungsleistung 151
Vermietungsumsatz 230
Vermittlung 196
Vermittlungsleistung 227
Versandhandel 187
Verschiebung, Lieferungsort 183
Versendungslieferung 182
Versicherungsvertreter 232
Verspätete Abgabe, Erklärung 310
Verspätete Zahlung, Umsatzsteuer 347
Verspätungszuschlag 313

Verteilungsrechnen 542 ff.
Verträge 687
Vertragsabschluss 595
Vertragserfüllung 602
Vertretung, Firmengründung 686
Verwarnungsgeld 381
Verzehr an Ort und Stelle 248
Vorauszahlungen, Einnahme-Überschuss-Rechnung 16
Vorbehalt der Nachprüfung 331
Vordatierter Scheck 637
Vorläufige Steuerbescheide 325
Vorschuss 445
Vorsorgeaufwendungen 60 ff.
Vorsorgepauschale 63
–, Mischfälle 67
Vorsteuer 263 ff.
Vorsteuerabzug, Umsatzsteuer 148

W

Wahl, Steuerklasse 131
Warenbewegung 207
Wareneinkauf 387
Warenrücksendung 400
Warenverderb 396
Warenverkauf 388 ff.
Warenverkehr 387 ff.
Wechsel 641
Wechselprotest 645
Wechselverkehr, Buchungen 467 ff.
Werkleistung 155, 226
Werklieferung 154
Wertberichtigung 518
Wertpapierverkehr, Buchungen 473 ff.
Wiedereinsetzung in den vorigen Stand 359
Willenserklärung 594
Wirtschaftsjahr, abweichendes 14
Wirtschaftslehre 592 ff.
Wohnraumförderung 38 ff.
Wohnsitz im Ausland 171
Wohnung, Vermietung 195

Z
Zahlungsarten 628 ff.
Zahlungsverjährung 321
Zahlungsverkehr 627 ff.
Zahlungsverzug 612
Zinsen, festverzinsliche Wertpapiere 29
–, Werbungskosten 27
Zinsrechnung 576 ff.
Zu versteuerndes Einkommen, Berechnung 4
Zumutbare Belastung 78
Zusammenfassende Meldung 279
Zusammenveranlagung 91
Zusätzliches Entgelt 239
Zuschuss 202
Zuständigkeit, Finanzämter 299 ff.
Zuständigkeitswechsel 304